南華禪寺 纂修

上

南方出版傳媒
廣東人民出版社
·廣州·

圖書在版編目（CIP）數據

曹溪通志 / 南華禪寺纂修. — 廣州 : 廣東人民出版社, 2021.9
ISBN 978-7-218-13926-5

Ⅰ. ①曹⋯ Ⅱ. ①南⋯ Ⅲ. ①佛教—寺廟—史料—韶關 Ⅳ. ①B947.265.3

中國版本圖書館CIP數據核字（2019）第230336號

CAOXI TONGZHI
曹溪通志
南華禪寺 纂修

出 版 人：蕭風華

封面題字：饒宗頤
出版策劃：鍾永寧
責任編輯：李永新　李展鵬　王俊輝
裝幀設計：廣州瀚文
責任技編：吳彦斌　周星奎

出版發行：廣東人民出版社
地　　址：廣州市海珠區新港西路204號2號樓（郵政編碼：510300）
電　　話：（020）85716809（總編室）
傳　　真：（020）85716872
網　　址：http://www.gdpph.com
印　　刷：韶關市新華宏達印務有限公司
開　　本：889毫米×1194毫米　1/16
印　　張：69.75　　字　　數：890千
版　　次：2021年9月第1版
印　　次：2021年9月第1次印刷
定　　價：586.00元（上下册）

《曹溪通志》編委會

梵戒精嚴

林森 [seal: 林森] 題

民國二十五年（1936）國民政府主席林森爲南華寺傳戒法會題詞

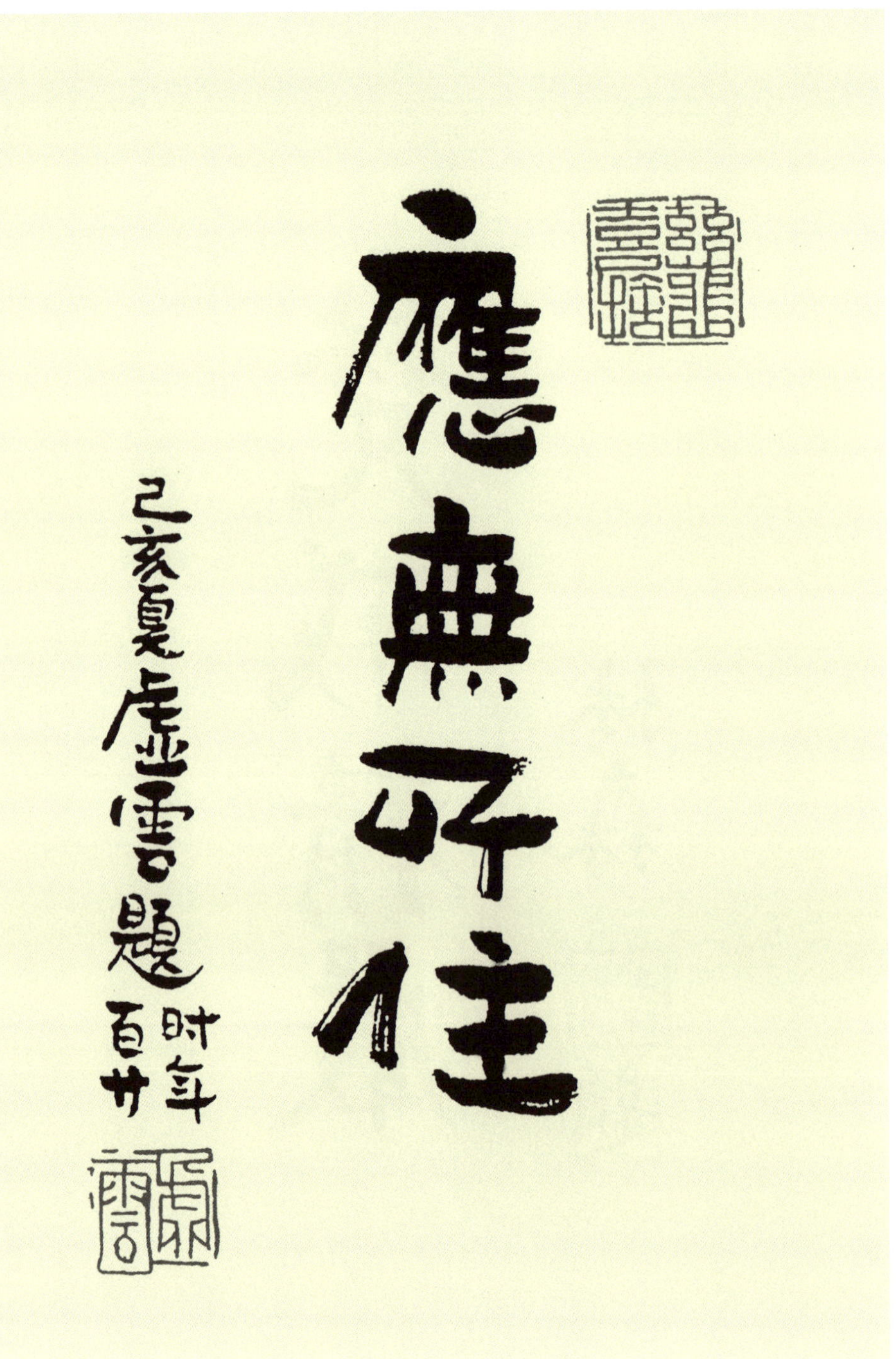

1959年夏虛雲和尚於雲居山真如寺書

現將軍身以護國現居士身以護法萬
古曹溪洞大千三生故宅留佳話歸心遠
繫佛堂燈遺影長依虛老畫

公元一九八七年十二月 李漢魂先生之子女奉 先生遺影及 虛雲大師
畫像歸國安供其故居佛堂以存永念 爰作此讚

趙樸初

1987年12月中國佛教協會會長趙樸初爲李漢魂先生遺影及虛雲大師畫像安奉故居佛堂所作詩讚

莊嚴佛地

壬申 葉選平題

1992年全國政協副主席葉選平爲南華寺題詞

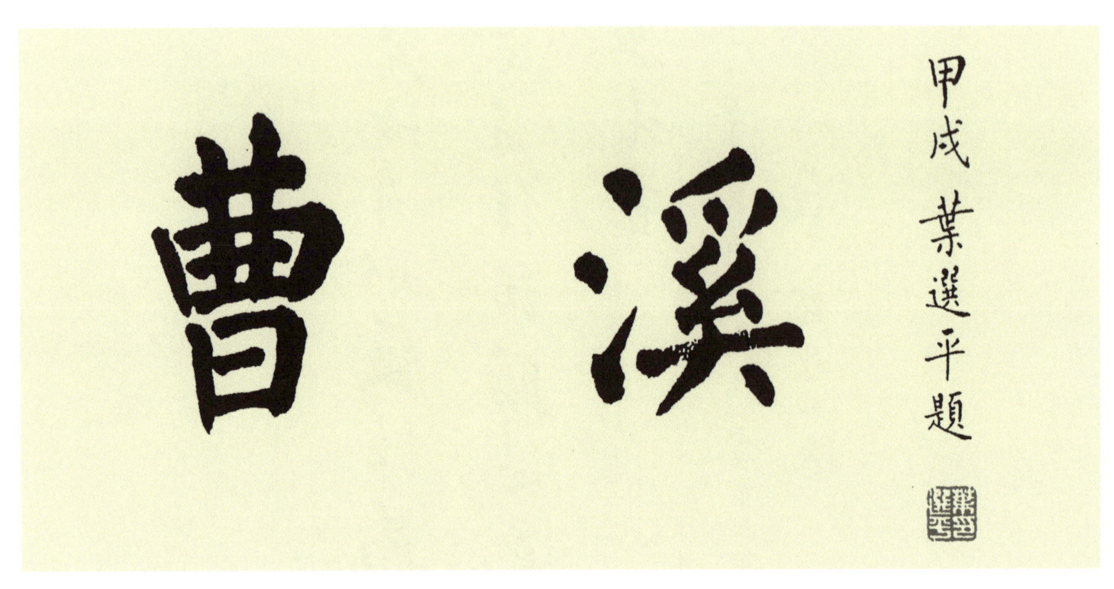

1994年全國政協副主席葉選平爲南華寺題詞

曹溪通志問世

曹溪編通志
南華集高賢
文史千古記
聖跡萬代傳

佛曆二五四二
歲次戊寅年
雲居一誠恭賀

1998年一誠法師題詞

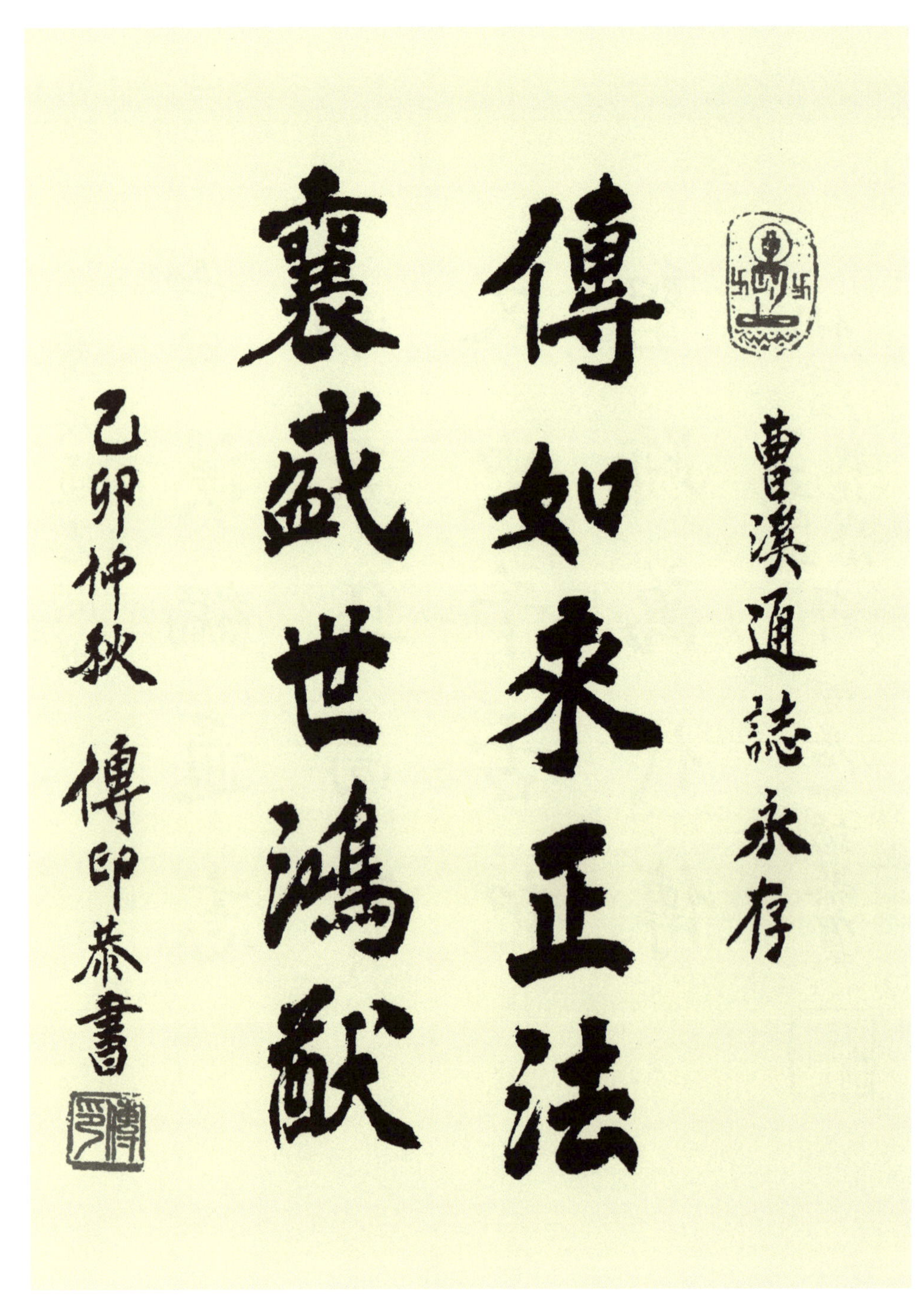

1999年傳印法師題詞

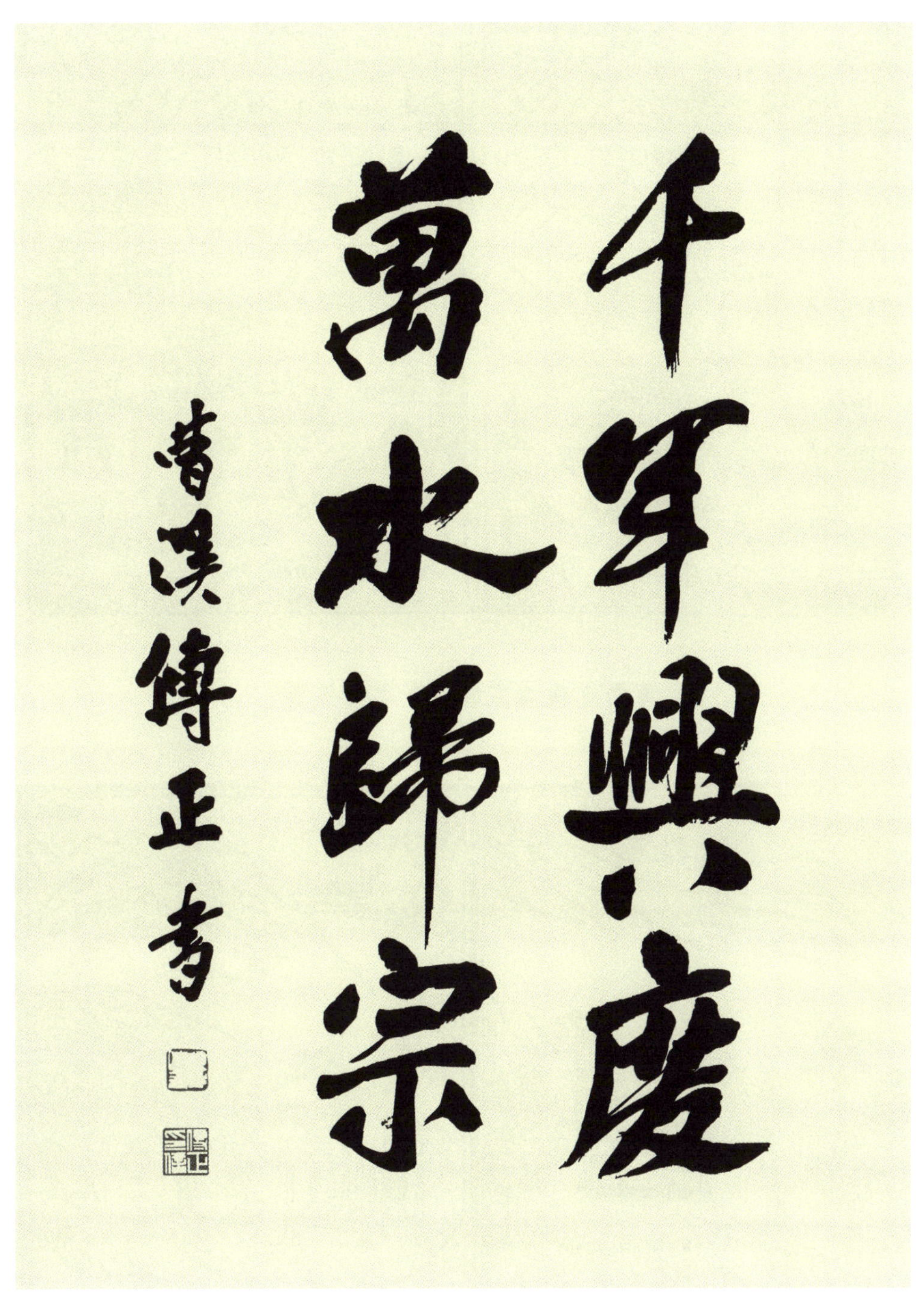

2019年傳正大和尚題詞

萬曆《嶺海名勝記》之曹溪圖

康熙《曹溪通志》之曹溪圖

九

康熙《曹溪通志》之曹溪圖

抄 道光十六年劉学礼重刊 曹溪通志 撮要

一、南華寺四山區域

東至天王嶺外下七里名社溪

南至天王嶺外下五里名鵝鼻

西至天王嶺外下三里名馬鞍山高陂角

北至天王嶺外漳溪下名紫笋[illegible]

此四至之內有可耕之田約五十餘頃係六祖開山時陳亞仙佈施之地見志書所載

四天王嶺乃樓經所載四天王現身之處也

祖師袈裟定界東合 肴廟今南廟廢

高陂角即譚田頭惡有厚峰寺 社溪舊有涤峯寺

二、康熙五年三月告示 銘記祖山後龍界至

東至象尾坑水為界

與此界至範圍太縮小 疑非本寺全部境界

西至天王嶺上拜石為界

南至祖師後龍山為界

北至大溪田邊為界

東至象尾坑水為界 此雍正年間勘界西至象尾坑水為西 第一西字相反 亦可疑也 或有東字之誤 東象曹溪庵故疑亦有西象

三、雍正三年十月勘定四至地界

東至寶蓋嶺頂為界

南至南華楊梅沖為界

西至象尾坑水為界

北至二坑田口墾塹。至象尾坑口大石下

接鵝鵝田坳。至篠山沖坑水為界。

此第三次界至則少數近但其範圍比第一石有之界縮小 又北界象尾坑口与上文象尾坑水是一是二耶 楊梅田頭山舊有[illegible]寺 是否即在楊梅沖附近

（高陂角東係本寺境 即西便界至）

花果院 祖師遊境羽化勝處集鶴止其地遂成蘭若 十刹所隸入本寺 又即淨化之田庄

興雲寺 在庫前

資聖寺 在石寶坪

當林寺 在曹岡

寶興寺 在濱山嶺村

高泉寺 在漳溪

崇雲寺 在楊梅田頭山（雍正勘界南至楊梅沖 亦在此地）

望雲寺 在木坪

靈山寺 在双石嶺尾即虎榜山水口

厚峰寺 在譚田頭 即高陂角

鬱林寺 在其田

東林寺 在蒼村

涤峯寺 在社溪（社溪東係本寺東便界至）

又寺僧庄居十一處 十一房僧分八房居以便耕種 即田庄也 原名花果院 相傳祖師時立寺年納香灯十六石供眾僧

一在黄泥塘 一在曹溪水尾 一在上塅 一在中塅 一在下塅

一在磨院殊勝園 一在觀音橋 一在東象曹溪庵（有東象料 亦有西象）

一在天子岡 一在車頭嶺 一在水頭庄

香燈田 有在寺境外者並列之 亦有地名不清楚過罕 尚無可尋者乃後人既盡其田又没其名削其跡 致無可查 殊[illegible]惡

一、補鉢庄 坐落曲江蕩善鋪 四頃七十九畝零 納糧十五石三斗五升零

一、黄巢庄 東至碧崗及龍所庵 西至金鸡崗及楊山頭 因在黄巢嶺下 故有此名 田八頃十二畝零 納糧廿六石三升零 田地山塘

偶為寺管

一、寄莊 翁源太平庄者樸坑桐子鎮 六頃

一、猫兒岙 在天王外田五十二畝零

一、土名雷破石 在天王外田十四畝零

民國三十二年（1943）抄舊志南華寺四周界址

一、老企嶺田壹在天王外田八畝七分零
一、老海溪中心壩 在天王外 田三畝零
一、白沙溪 在天王內 田廿四畝零
一、老船天坵 在天王內 田五畝零
一、鉢盂石、在天王內 田九畝零
一、新坡鄧希謨田九十四畝零
自猫兒屋至此共八處 共田二頃零九畝三分零 該糧四石
五斗六升零 此田係常住積資續置

㊙甲
東天王嶺下七里名社溪
南嶺外下五里名鷺鼻
西嶺外下三里名馬鞍山高陂角、
北嶺外濮溪下名紫荊座

㊀乙 康熙時
東至豬尾坑水為界
西至天王嶺上拜石為界
南至祖師後龍山為界
北至大溪田边為界

丙 雍正時
東至寶蓋嶺頂為界
南至南華楊梅沖為界
西至豬尾坑水為界
北至二坑田口經塹至豬尾坑口大石下穩鶴鵲
田坳至後山沖坑水為界

民國三十二年（1943）抄舊志南華寺四周界址

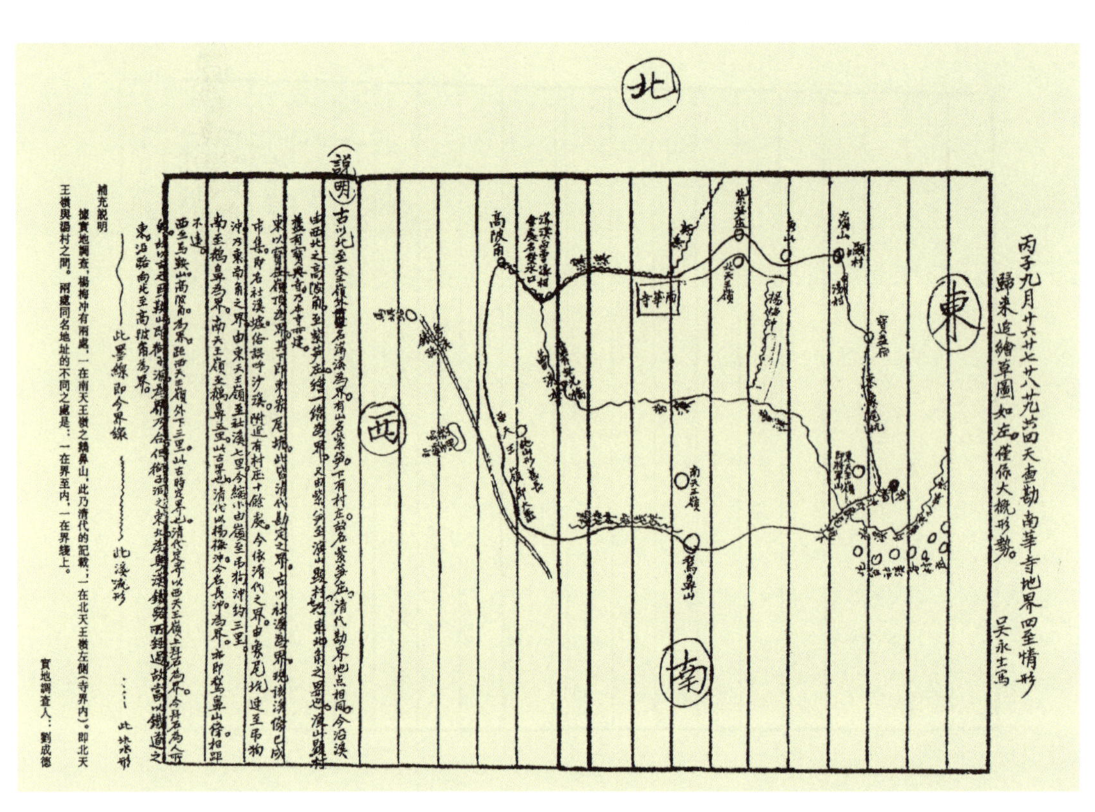

南華寺四圍界址圖經地方法院公證處批准

本圖經核對與曲江縣政府南華寺產劃界卷藍圖無異

民國三十年十月六日經本院公證處推事何士和證明在卷茲

因據原聲請人南華寺住持虛雲聲稱原圖被地政處遺

失聲請補發繳圖蓋印證明應予照准

廣東曲江地方法院公證處推事丘道忠

中華民國三十一年八月　二十八日

曲江縣政府批財地字第1080號　具呈人南華寺監院

觀本于本年九月不列日呈乙件為請求登記界圖證明

地權由　呈附均悉准予備案

仰即知照　此批

中華民國三十二年十月九日　縣長陳任之

26

一、此圖寫得太草，請遠師膝下清呈老師父寄下

二、路口係不精多餘　三份，以免遺失

三、將一份寄唯因師請其參看寺机，能否加入老和尚

寺綫冊內

四、此圖文呈全寺寬度，加入路目字 [illegible]

五、請好好稿多四　寬賢

寬賢

民國三十二年（1943）抄舊志南華寺四周界址

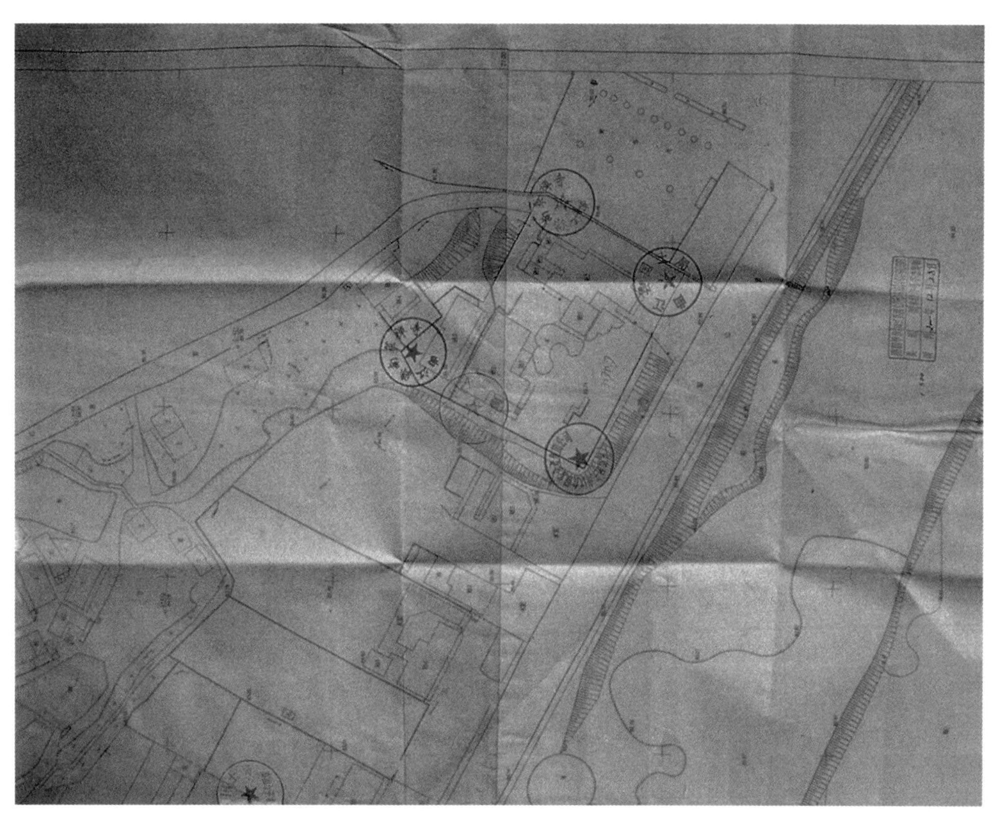

南華寺曹溪河畔徵地範圍圖（一）

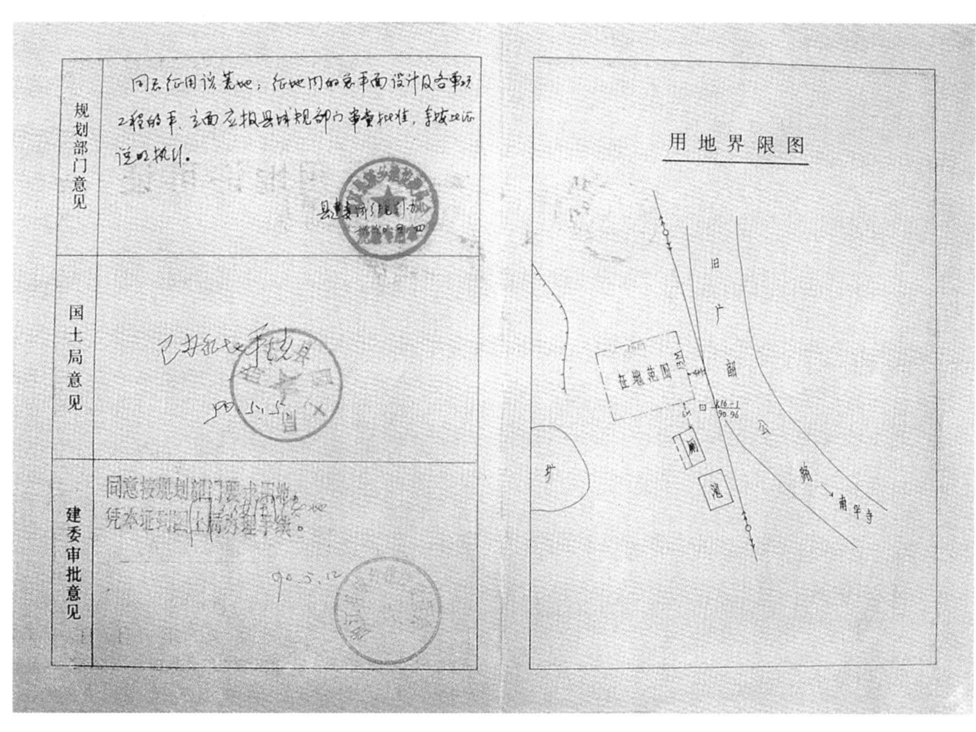

规划部门意见	同意征用该荒地，征地内的总平面设计及各单项工程的平、立面应报县城规部门审查批准，手续按法定程序执行。 县建委城乡规划办
国土局意见	已办征地手续
建委审批意见	同意按规划部门要求用地，凭本证到国土局办理手续。 90.5.12

用地界限图

南華寺曹溪河畔徵地範圍圖（二）

2002年5月29日松山學院、南華寺部分土地交接暨頒證儀式於韶關市政府舉行

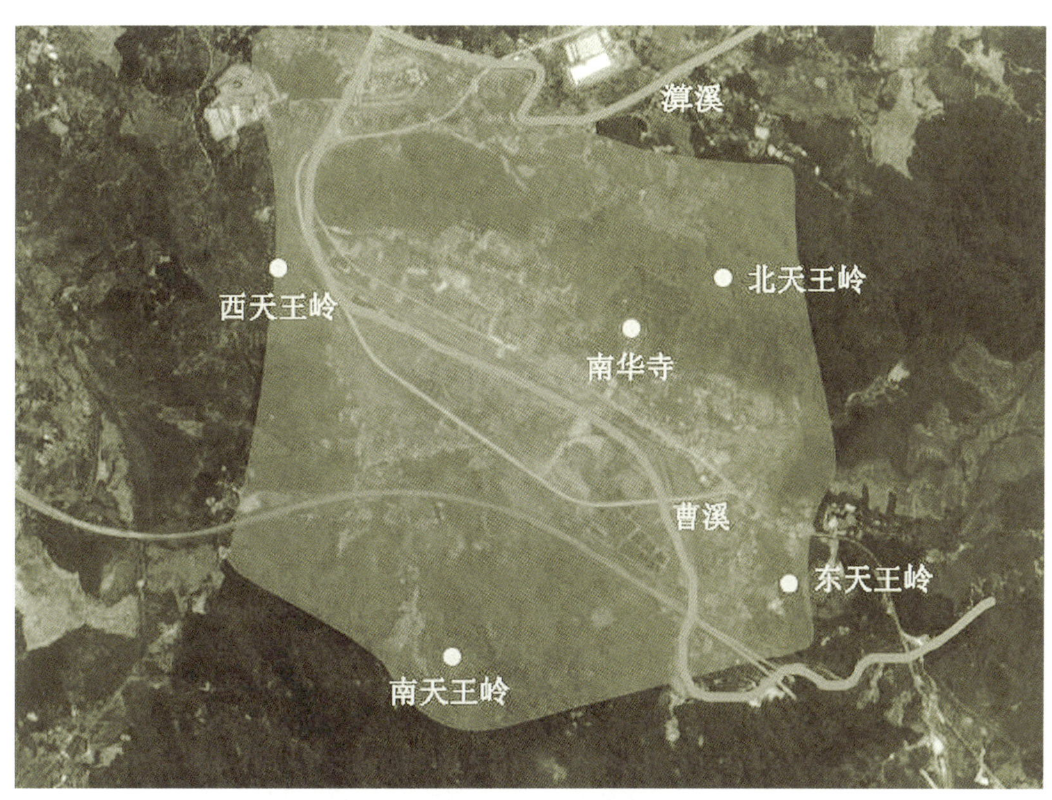

南華寺範圍草圖及其航拍示意圖

南華寺四境圖

曹溪門額　民國十七年（1928）攝

大雄寶殿　民國十七年（1928）攝

大雄寶殿大佛造像　民國二十五年（1936）攝

大雄寶殿、降龍塔、碑閣　民國十七年（1928）攝

寶林山門　民國十七年（1928）攝

五祖殿、六祖塔　民國十七年（1928）攝

六祖殿　民國十七年（1928）攝

南華寺鳥瞰圖

丹田真身

惠能真身

憨山真身

2012年9月17日南華寺舉行祖印重光六祖真身歸位法會

捨山檀越陳亞仙像

虛雲和尚法相　民國二十四年（1935）攝於曹溪南華丈室

1949年四月初八日（農曆）虛雲（左）與本煥（右）合影

民國二十七年（1938）南華寺春戒期間，虛雲（中）與妙參（右一）、觀本（右二）、心悟（左二）、純果（左一）於大雄寶殿合影

二十世紀八十年代初，又果（二排右一）、佛源（前排右二）、惟因（前排右三）、本煥（前排左四）、傳正（二排左四）等人於南華寺合影

1982年6月4日李漢魂（左二）訪問南華寺與住持惟因（右一）於六祖殿合影

1986年3月16日（農曆二月初七日）南華寺隆重舉行六祖惠能大師誕辰暨佛菩薩聖像陞座慶典法會。前排左起：南華寺住持惟因、别傳寺住持本煥、香港寶蓮寺住持聖一、香港佛教聯合會會長覺光、韶關雲門山大覺禪寺住持佛源；後排左起：又果、旭林、心明、泉慧、緣如、李志真

2002年10月意超（中）、淨慧（右）與傳正（左）於南華寺方丈室合影

民國三十七年（1948）五月十一日（農曆）虛雲與南華戒律學院全體師生合影

2011年7月14日曹溪佛學院舉行首屆研究生畢業論文答辯會並與導師們合影。院長傳正（前左四）、靜波（左三）、楊曾文（右四）、濟群（右三）

2002年10月紀念南華禪寺建寺一千五百週年典禮合影

正法眼藏 佛祖源流

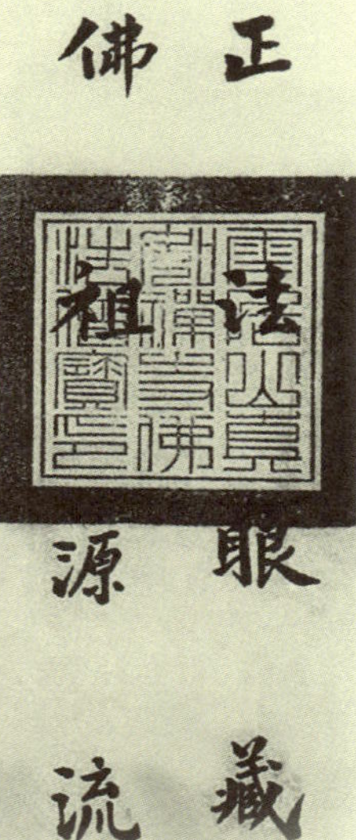

南無本師釋迦牟尼文佛

西天初祖摩訶迦葉尊者　第二祖阿難尊者　第三祖商那和修尊者
第四祖優婆毱多尊者　第五祖提多迦尊者　第六祖彌遮迦尊者
第七祖婆須蜜尊者　第八祖佛陀難提尊者　第九祖伏馱蜜多尊者
第十祖協尊者　第十一祖富那夜奢尊者　第十二祖馬鳴大士尊者
第十三祖迦毗摩羅尊者　第十四祖龍樹尊者　第十五祖迦那提婆尊者
第十六祖羅睺羅多尊者　第十七祖僧伽難提尊者　第十八祖伽耶舍多尊者
第十九祖鳩摩羅多尊者　第二十祖闍夜多尊者　第二十一祖婆修盤頭尊者
第二十二祖摩拏羅尊者　第二十三祖鶴勒那尊者　第二十四祖師子比丘尊者
第二十五祖婆舍斯多尊者　第二十六祖不如蜜多尊者　第二十七祖般若多羅尊者
西天二十八 東土初祖菩提達摩尊者　第二十九祖慧可大師　第三十祖僧璨大師
第三十一祖道信大師　第三十二祖弘忍大師　第三十三祖慧能大師
第三十四祖南岳懷讓禪師　第三十五祖馬祖道一禪師　第三十六祖百丈懷海禪師

潙仰宗派

潙仰第一代靈佑禪師
第二世仰山慧寂禪師　第三世西塔光穆禪師　第四世資福如寶禪師
第五世報慈德韶禪師　第六世三角志謙禪師　第七世興陽詞鐸禪師
第八世德清虛雲禪師

傳潙仰正宗第八代德清虛雲老人今將
正法眼藏　囑咐
第九代宣化度輪禪人善自護持
表信偈曰

宣潙妙義振家聲　化承靈嶽法道隆
度以四文傳心印　輪旋[illegible]濟善倫

潙仰續派

詞德宣衍道大興　戒鼎馨徧五分新
慧焰彌布周沙界　香雲普蔭燦古今
慈悲濟世願無盡　光照日月朗太清
振啟拈花宏潙上　圓相心燈永昌明

佛曆二千九百八十三年歲次丙申
潙仰第八代德清虛雲書於真如禪寺法堂

續潙仰宗派序

查此宗昔佑祖啟四傳至芭蕉慧清祖後繼徹禪師從慧字起演派二十字但祖下應是妙字順次以紹先宗查興陽宗三角志謙興陽詞鐸二公止有載志公為文詞公為七世有載二公為昆季同嗣於祖作文世今見南華辦二位供存以詞公準七世今依佑祖七傳至詞祖以詞公占余名補上一宗但演五十六字。

德清虛雲謹識

潙仰宗第九代宣化度輪禪人法卷

正法眼藏

佛祖源流

南無本師釋迦牟尼文佛

洞雲宗派

傳洞雲正宗第五十世惟因今果禪師

今將

正法眼藏

第五十一世 傳正日明

囑咐

禪人善自護持

表信偈曰

日光普照　明顯十方

法水源流　世代綿長

洞雲續派

慧元道大興　法界鼎一新　通天兼徹地　耀古復騰今

鼓山續派

今日禪宗振　宏開洞上傳　正中妙挾吉　虛融照獨圓

佛曆二千五百二十[illegible]年癸亥九月十九日

洞雲第五十世惟因今果書于曹溪南華禪寺丈室

洞雲宗第五十一世傳正日明禪人法卷

唐代千佛袈裟（局部）

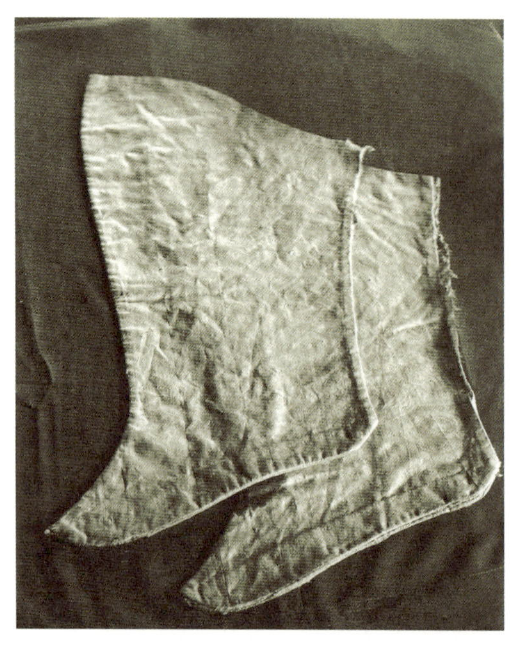

花緞襪（清代倣製品）

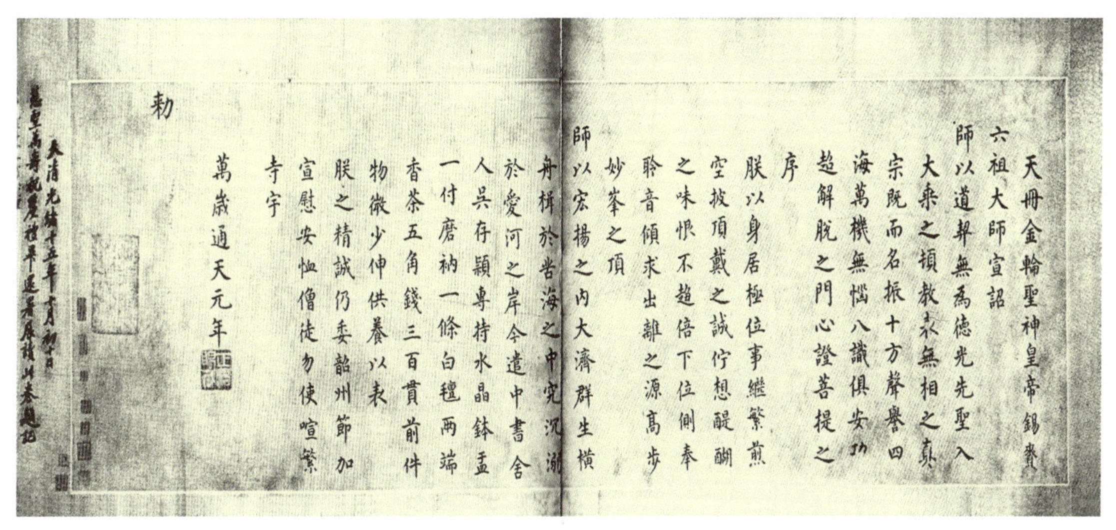

天冊金輪聖神皇帝錫賚
六祖大師宣詔
師以道契無為德光先聖入
大乘之頓教承無相之真
宗既而名振十方聲譽四
海萬機無惱八識俱安功
超解脫之門心證菩提之
序
朕以身居極位事繼繁煎
空披頂戴之誠佇想醍醐
之味悵不趨倍下位側奉
聆音傾求出離之源高步
妙峯之頂
師以宏揚之內大濟群生橫
舟楫於苦海之中究沉溺
於愛河之岸今遣中書舍
人吳存穎專持水晶鉢盂
一付磨衲一條白氎兩端
香茶五角錢三百貫前件
物微少伸供養以表
朕之精誠仍委韶州節加
宣慰安恤僧徒勿使喧繁
寺宇
萬歲通天元年
勑

武則天聖旨

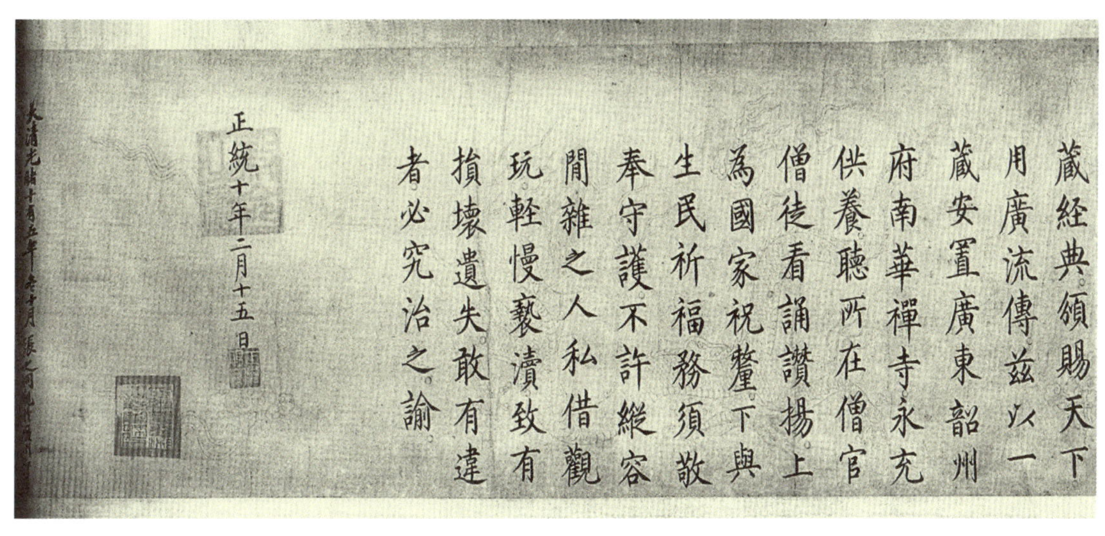

藏経典頒賜天下
用廣流傳茲以一
藏安置廣東韶州
府南華禪寺永充
供養聽所在僧官
僧徒看誦讚揚上
為國家祝釐下與
生民祈福務須敬
奉守護不許縱容
閒雜之人私借觀
玩輕慢褻瀆致有
損壞遺失敢有違
者必究治之諭
正統十年二月十五日

明正統十年頒賜《大藏經》敕書（局部）

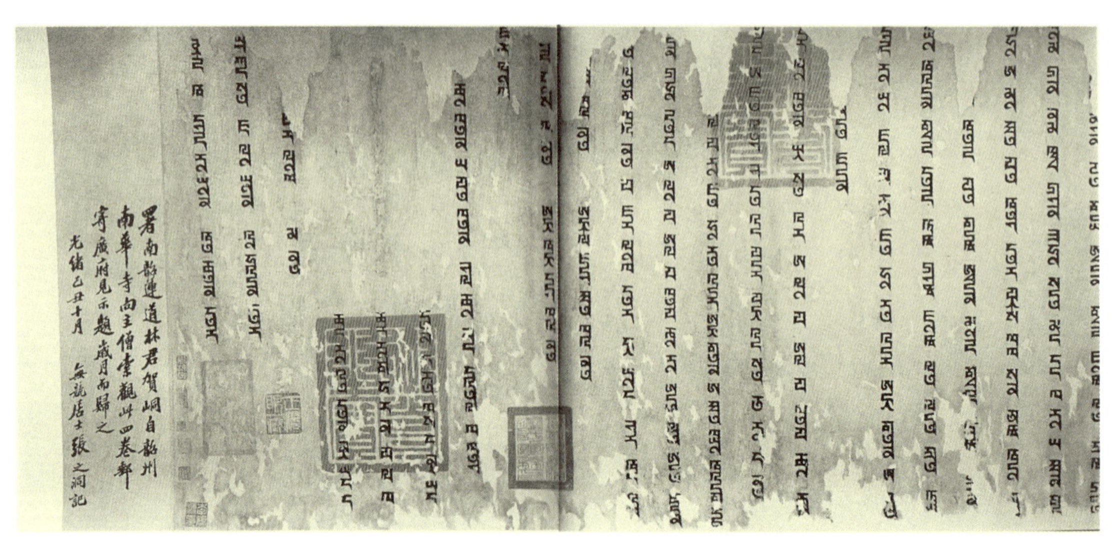

署南韶連道林君賀峒自韶州
南華寺向主僧索觀此四卷郵
寄廣府見示題歲月而歸之
光緒己丑十月　無競居士張之洞記

八思巴文聖旨

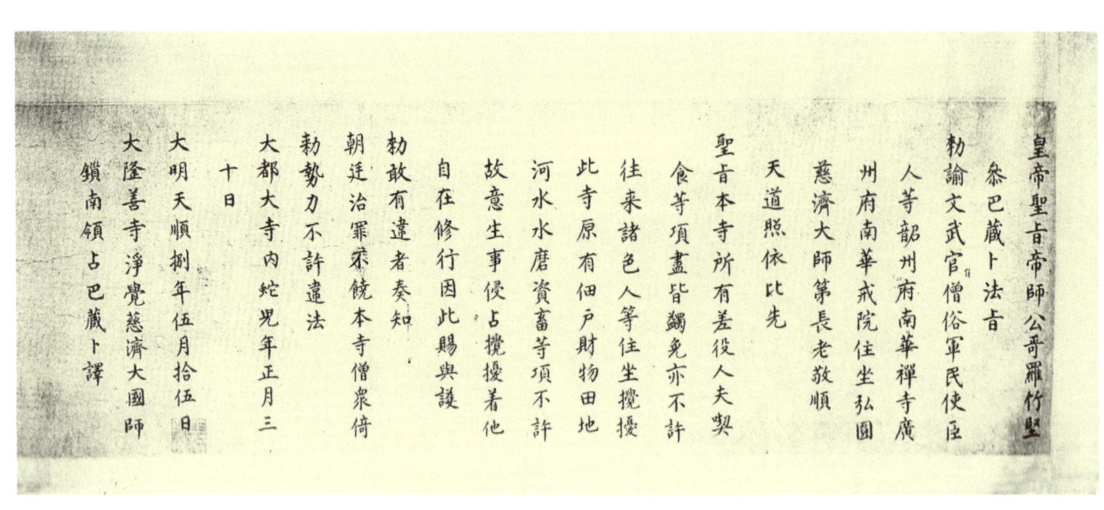

皇帝聖旨帝師公哥羅竹堅
叅巴藏卜法旨
勅諭文武官僧俗軍民使臣
人等韶州府南華禪寺廣
州府南華戒院住坐弘圓
慈濟大師第長老敬順
天道照依比先
聖旨本寺所有差役人夫契
食等項盡皆蠲免亦不許
往来諸色人等住坐攪擾
此寺原有佃戶財物田地
河水水磨資畜等項不許
故意生事侵占攪擾着他
自在修行因此賜與護
勅敢有違者奏知
朝廷治罪采饒本寺僧衆倚
勅勢力不許違法
大都大寺内蛇兒年正月三
十日
大明天順捌年伍月拾伍日
大隆善寺淨覺慈濟大國師
鎖南領占巴藏卜譯

護寺免差敕書（漢語譯文）

護寺免差敕書（藏文）

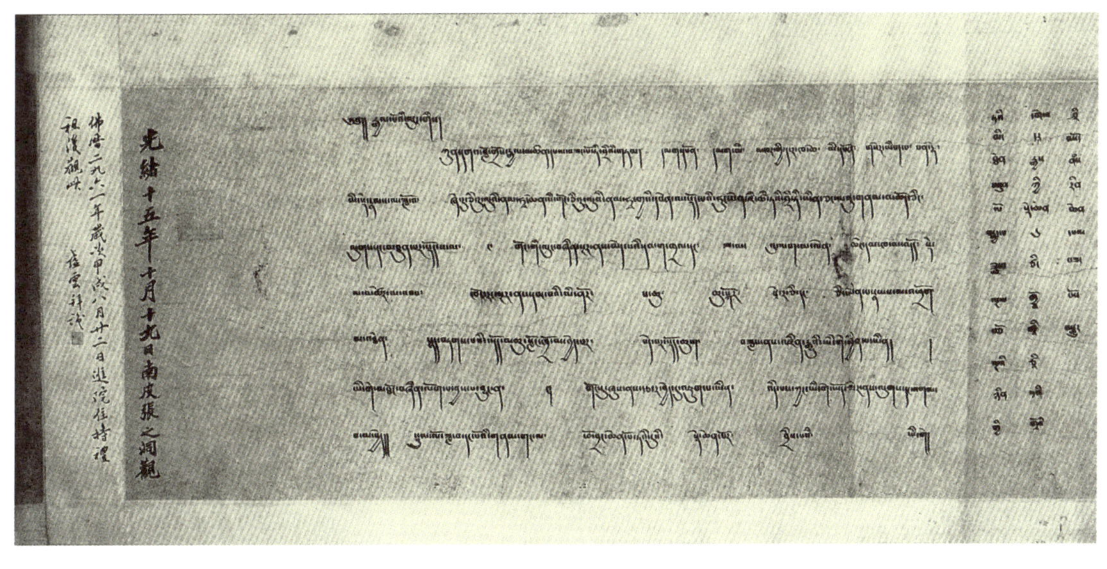

護寺免差敕書（藏文）

六祖大師法寶壇經

門人　法海　編集

後學　德清　勘校

自序品第一

時大師至寶林韶州韋刺史（名璩）與官僚入山請師出於城中大梵寺講堂為衆開緣說法師升座次刺史官僚三十餘人儒宗學士三十餘人僧尼道俗一千餘人同時作禮願聞法要大師告衆曰善知識菩提自性本來清淨但用此心直了成佛善知識且聽惠能行由得法事意惠能嚴父本貫范陽左降流于嶺南作新州百姓出身不幸父又早亡老母孤遺移來南海艱辛貧乏於市賣柴時有一客買柴使令送至客店客收去惠能得錢却出門外見一客誦經惠能一聞經語心即開悟遂問客誦何經客曰金剛經復問從何所來持此經典客云我從蘄州黃梅縣東禪寺來其寺是五祖忍大師在彼主化門人一千有餘我到此中禮拜聽受此經大師

壇經　一

明萬曆《六祖大師法寶壇經》

重修曹溪通志卷第一

建鄴長干釋德清重修

剡邑周汝登繼元甫校

嶺南郭　棐篤周甫考

南海王學曾唯吾甫訂

山川形勢品第一

經云一切世界草芥微塵因心成體易曰乾坤立而易行乎其中矣是知大地山河皆吾圓妙明心之所融結但鍾氣厚薄而質有精麤故山水不在高深而僊靈是托托之久近在脉之淺深如心結為形而有貴賤之差是以吾佛降神迦毘托靈鷲以棲焉此自然之形勢也按輿圖天竺有五當贍部之心北則水自星宿河源出積石穿龍門入華夏天垂一線遶洛陽而東注於海蓋夷志所稱葱嶺之東地方萬里名赤縣神州故彼目此為震旦亦云支那司馬遷云中國名山有七而五嶽為尊山自崑崙發源走關中屹立太華枕河流而鎮西極首首陽

曹溪通志　卷一　乙

明萬曆《曹溪通志》

北宋羅漢像木雕 （群像）

明代靈通侍者木雕

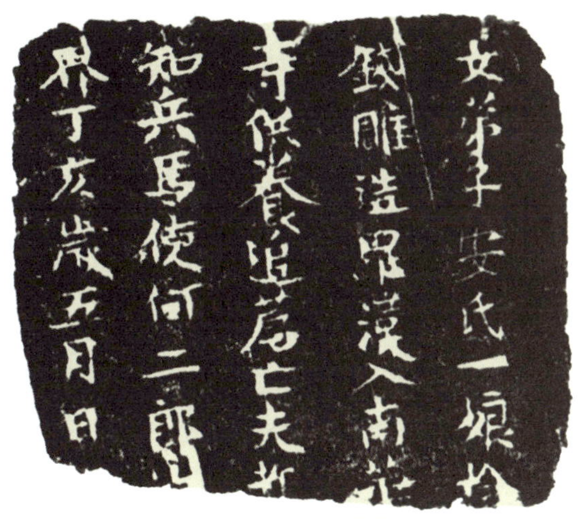

北宋木雕羅漢像造像記

明代六祖銅像

清代羅漢像木雕 （群像）

南漢鐵鑄千佛塔

明代鐵鼓

明代銅鏡

清康熙吳儀書匾額

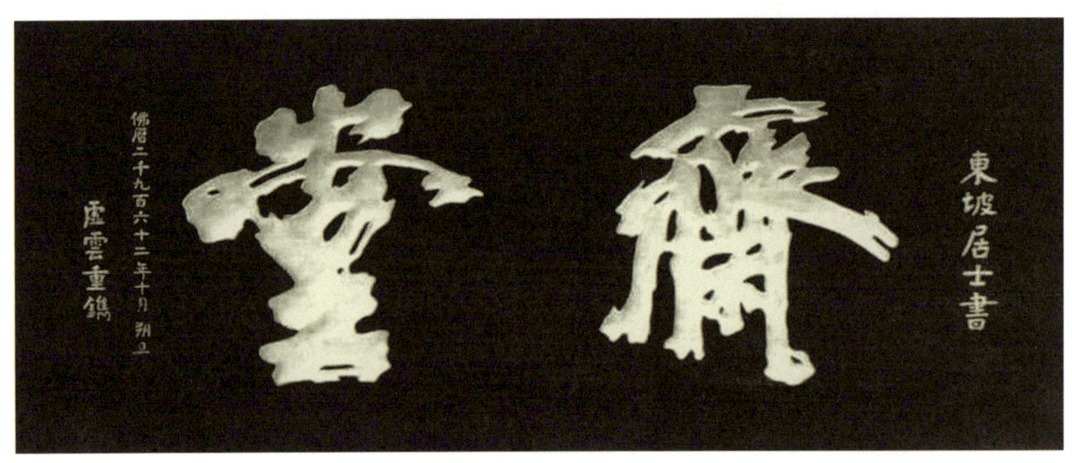

民國虛雲重鐫蘇軾書匾額

民國李漢魂書匾額

序一

曹溪，在今廣東省韶關市曲江區，是聞名中外的禪宗祖庭南華禪寺所在地。提到曹溪，人們自然會聯想到禪宗六祖惠能禪師（六三八—七一三），聯想到記述他生平和語録的《六祖壇經》。這是中國僧人撰寫的著述中唯一被尊奉爲「經」的典籍。

公元前後從古印度傳入中國的佛教，要在中國傳播，必須適應中國社會環境和中國民衆信仰需要，必須走中國化的道路。在五六百年的傳播過程中，佛教經典與中國傳統文化和民間習俗深入融通結合，至隋唐時期相繼形成帶有民族特色的佛教宗派，即天台宗、三論宗、法相宗、律宗、華嚴宗、淨土宗、禪宗、密宗。在這八大宗派中，以天台宗、華嚴宗和禪宗最富有民族特色，而尤以禪宗最具有現實主義精神和開放包容、兼收並蓄的風格，最善於吸納佛教各宗思想和其他文化成分來豐富自己，引導信衆確立自信，在現實生活中修行，在現實人間覺悟，在現實社會中利益群生，運用的傳法方式既簡易又活潑，語言簡練而生動，最接近社會廣大民衆的日常生活，因而易於得到士大夫和廣大民衆的歡迎。

禪宗奉北魏時來華的印度僧菩提達摩爲初祖，嗣後經過隋代的二祖惠可（約四八七—五九三）、三祖僧璨（五一〇—六〇六）的醞釀階段，至唐代在黄梅的四祖道信（五八〇—六五一）、五祖弘忍（六〇二—六七五）創立「東山法門」，標誌禪宗正式成立。六祖惠能自廣東北上從弘忍嗣法，南歸之後在粵北曹溪寶林寺開法，創立一直綿延傳至後世的「頓教」禪法。在唐末五代，從惠能後裔法系相繼形成「禪門五宗」，即潙仰宗、臨濟宗、曹洞宗、雲門宗、法眼宗，將禪宗推向日趨興盛的局面，以至在進入宋代以後發展成爲佛教的主流派，對中國歷史和思想文化産生了多方面的影響。

因此，曹溪在中國佛教史和思想文化史上占有重要的地位，是中國含有豐厚人文意藴的名勝之一，既是佛教信衆參拜的神聖祖庭，也是廣大民衆參觀訪問的熱點人文景區。

曹溪，原稱曹溪村或曹溪口村。據撰於唐代的《曹溪大師傳》記載，南朝梁武帝天監元年（五〇二）有印度僧智藥三藏來到此地，看到山水秀麗，讚歎猶如西天的寶林山，勸村民建寺，以「寶林」爲名。天監五年（五〇六），梁武帝賜名寶林寺，逐漸成爲遠近聞名的寶刹。惠能大師從黄梅受法南歸，曾經三年隱遁於新州、四會和懷集之間，後輾轉到了廣州法性寺（今光孝寺），得以正式受戒出家，並應請在菩提樹下説法，此後被曹溪信衆迎請入住寶林寺。惠能在此前後傳法四十年，門下弟子中著名的有法海、志誠、法達、智常、志徹、志道、法珍、法如、神會、行思、懷讓等人，其中行思和懷讓的後裔法系一直傳承至今。

曹溪寶林寺，唐中宗敕改中興寺，敕韶州加以重修後賜額法泉寺，三年後改名廣果寺，玄宗時改名建興寺，肅宗時改名國寧寺，直到宣宗時才改名南華寺，相沿至今。曹溪，也是從寶林寺至改名南華寺的統稱。

中國自古有重視修史的傳統，各種體裁的史書在中華文獻寶庫中占有重要地位。自隋唐以後，朝廷在主持編修正史之外，尚提倡編纂地方志（或稱「方志」）；進入宋代，正式成立修志機構，並制訂編撰規格和體例。著名的地方志有唐代《元和郡縣圖志》、元代《大元大一統志》、明代《大明一統志》、清代《大清一統志》，此外尚有數量龐大的府志、州志、縣志、山志等。

寺志，是地方志的一種，是記載佛教寺院建置和沿革、歷代住持和高僧、傳法事跡和教示、有關寺院的碑刻和文獻以及著名外護居士等的史書，爲人們瞭解中國佛教歷史文化提供重要文獻，對考察中國社會歷史和文化也有重要參考價值。

從現存寺志來看，很多是在明清兩代盛修方志之後編纂的。在綜合性的寺志中，著名的有明代葛寅亮編《金陵梵刹志》，清代孫文川、陳作霖編《南朝佛寺志》，黄之雋編《江南梵刹志》等。然而，數量最多的是記述某一寺院建置、人物、事跡、史事的寺志。自一九八〇年至一九八五年，臺灣明文書局、丹青出版公司出版了杜潔祥主編的《中國佛寺史志彙刊》三輯，總共收録歷代寺志九十七種一百一十册。自然，這未必包括所有的寺志。

曹溪南華寺也有寺志，編纂於明後期，名《曹溪通志》，作者是明代四大高僧之一的憨山德清大師。德清（一五四六—一六二三），字澄印，號憨山，俗姓蔡，安徽全椒人，曾得到篤信佛教的明神宗之母慈聖太后（孝定李太后）的尊崇。德清爲了收藏太后所賜《大藏經》（明北藏），在自己修行弘法所在的即墨牢山（今稱嶗山，在青島）建海印寺。然而在明神宗萬曆二十三年（一五九五）被告，由京城有司判以「私創寺院」之罪，遣戍雷州。德清到雷州不久，按鎮府的安置徙住廣州。廣東按察司僉事周汝登知悉南華寺尚無寺志，仰慕德清之名，請他爲南華寺編纂寺志。至萬曆二十八年（一六〇〇），寺志四卷編纂完成，三年後由周汝登寫序刊印。德清於萬曆三十四年（一六〇六）被赦，應請住持曹溪南華寺，著手將久已頹敗的禪宗祖庭加以修復振興。《憨山老人夢遊集》卷五十三《憨山老人自序年譜實録》記述：「開闢祖庭，改風水道路。選僧受戒，立義學作養沙彌。設庫司清規，查租課，贖僧産，歸侵占。一歲之間，百廢具舉。」明熹宗天啟三年（一六二三）十月，德清在南華寺逝世，壽七十八，後世奉爲曹溪中興祖師。

德清編纂的《曹溪通志》，後世稱爲「曹溪古志」，在明代天啟、清代順治年間曾重刊過，至清康熙十年（一六七一）韶州知府馬元參訪南華寺，見舊志「斷簡殘編，蕪穢特甚」，當即囑方丈真樸雪槱加以校勘重編，不到兩月書成，署名《重修曹溪通志》，在馬元撰序後刊印。卷首《曹溪通志凡例》説：「舊但稱《南華寺志》，今以「通志」言之者，蓋曹溪爲天下禪宗本源之地，若洙泗（按：借指孔子儒家，因孔子當年聚徒講學於曲阜北的洙水、泗水之間）云。（中略）今志意取中國率土之形，由崑崙發源，山從東走，水自西來，而禪家道脈，亦自西而至，故遠取禪源自七佛始，以至釋迦所傳，西天四七，東土二三（按：印度二十八祖、中國六祖），散於四海，列爲五宗，其事雖不覈，而意實相通，故其志不在山水，而在道脈，故曰通志。」强調南華寺是「天下禪宗本源之地」，相當於儒家發源地曲阜洙泗。

康熙《重修曹溪通志》在内容上承襲德清所編寺志，但在編排上稍有改變，將卷數從四卷改編爲八卷。主要内容包括：寺院的山川形勢、古跡、建制規模、道脈源流（佛法、禪宗源流）、傳燈人物（惠能及其弟子傳記）、繼席宗匠（惠能之後從令韜至曹溪阿盤的十九代方丈）、佛法提綱（上堂説法要領）、王臣外護（皇帝的詔敕，各級官員、儒者及其他外護所寫序、疏記、碑記、塔記及其他題材的文章、詩偈等）。在第六卷「王臣外護第七之末・實録」中摘取《憨山老人夢遊集・曹溪中興録》的主要内容，增編爲《憨大師中興曹溪實録略》，分爲十項，即培祖龍以完風氣、新祖庭以尊瞻仰、選僧行以養人才、驅流棍以洗腥穢、復産業以安僧衆、嚴齋戒以勵清修、清租課以裨常住、免虚糧以蘇賠累、復祖山以杜侵占、開禪堂以固根本，從而爲世人瞭解德清中興南華寺所作出貢獻帶來方便。

曹溪南華寺在明代德清中興之後，經過清代，進入近代以後又荒圮頹敗。一九三四年，近代高僧虛雲長老（一八四〇—一九五九）應廣東護法居士和李漢魂將軍之請駐錫曹溪南華寺，歷八年艱辛，加以興復。

中華人民共和國成立以後，人民政府多次撥款維修南華禪寺。在進入改革開放新時期以後，恢復叢林方丈制度，禮請嗣法於虛雲長老，又爲中國佛學院首届畢業生的惟因法師（一九一三—一九九〇）出任方丈，在黨和政府關懷指導下，致力於寺院修復、擴建，建立僧伽培訓班，培育人才，嚴正寺院清規和管理制度。惟因逝世後，傳正法師從代理方丈到正式就任方丈，繼往開來，團結全寺僧衆，適時地重新制定寺院建設和發展，修復和擴建寺院建築，緑化和美化環境，成立曹溪佛學院，發展文教事業，聯合學界舉辦學術會議，開展社會慈濟和國際佛教文化交流，爲振興嶺南第一禪宗祖庭做出卓越成績。

盛世修史是中國的優良傳統。傳正法師繼承南華寺重視編纂寺志的傳統，在經過醖釀準備之後，組織班子編纂了《曹溪通志》十卷。新志在結構章節上吸收以往寺志的部分編排方式，有很大創新，諸如「清規典職」「弘化行實」「文物典藏」及後附自南朝梁、陳直至二〇一五年的「大事年表」，都是以往寺志篇目所没有的。至於寺志内容，跨度很廣，豐富多彩，幾乎可以説是一部南華寺通史，從中可以瞭解南華寺的肇始和歷代滄桑盛衰。從禪宗六祖惠能大師以來歷代高僧的弘法業績，展現了南華寺在佛教文化發展史上的地位和影響；從中也可以看到南華寺在進入新時期以後在堅持中國化方向，弘法利生，發展文教和團結信衆，參加社會主義現代化建設，傳承中華文明，增强民族自信心等方面所作出的貢獻。

據悉，在新修寺志後面的附編中，還載録南華寺傳廣法師搜集的明代憨山德清大師編纂的舊志諸刊本和清代康熙《重修曹溪通志》，並且附載德清大師當年勘定的《六祖壇經》。

筆者因爲長年研究中國禪宗歷史和禪宗文獻，經常寫到或提到《壇經》和曹溪，並且曾應邀參加過南華寺主辦的學術會議，在曹溪佛學院講過課，帶過兩届研究生，所以與南華寺一直保持密切聯繫。二〇一九年十月初，突然接到傳廣法師的來電，告知《曹溪通志》已經完成，希望我爲之作序，不久後收到了《曹溪通志》書稿。筆者已年過八十，身體明顯大不如前，又有很多難以推脱的事纏身，雖口頭痛快地答應下來，卻一直未能動筆。從上周開始，堅持每天下午參閲以往南華寺志，參考相關資料，並對照翻閲新修寺志書稿，然後起筆陸續寫了上述文字。

值此《曹溪通志》即將交付出版之際，謹以此文表示祝賀并以爲序。

杨曾文，二〇一九年十一月二十九日於北京華威西里自宅

（作者爲中國社會科學院榮譽學部委員、世界宗教研究所教授）

序二

法不孤起，仗境方生；道不虚行，遇緣則應。天下曹溪，飲源一滴；法乳淵遠，影響寰宇。因緣甚深，不可思議，非在名而在實，既在昔亦在來，有寺志可徵焉。

夫寺志也者，存往以開來、紀實以傳信者也。昔澹歸和尚作《曹溪新舊通志辨證》，頗可見於寺志修纂，旨在學術，更在佛法。大凡正誤、拾遺、刊謬，無不賴於寺志修撰之時，做一番考信徵實之功夫，是在必需。而令一切無眼衆生開眼，令聞正言而生信，尤當爲寺志之大宗旨。

曹溪六祖緣由，起於尼無盡藏，事載《六祖壇經》，則《壇經》亦紀實如寺志也。《機緣》《付囑》，載之甚詳，誠曹溪志傳之源。僧傳、燈録，如《祖堂集》《景德傳燈録》等，雖非專志，每載曹溪寶林舊事，推其原，《壇經》已開其例。至唐貞元中，始有《大唐韶州雙峰山曹溪寶林傳》，書名曰傳，即志也、記也，記道脈源流，録人物事跡。

自唐末乃至明中，未知是否有曹溪專門志書。然今可考者，曹溪有志，在憨山祖師之前，先題曰「南華」，而憨祖易名爲「曹溪」，今因其名；然南華、曹溪，實爲一耳。題曰「南華寺志」之書，時在明嘉靖年間，又在萬曆時重修。此於寺志，洵爲草創。明萬曆二十七年（一五九九）起，憨山祖師應道臺周汝登之請，費時約兩年編成《曹溪通志》，四年後初版，二十年後憨祖重修。入清之後，澹歸禪師於是編頗有存是去非之功。然直至康熙十年（一六七一），始有馬元、釋真樸《重修曹溪通志》，時距憨祖初修，又七十年矣。然康熙志遭禁燬，至道光十六年（一八三六），劉學禮訪得舊本，加以梓行，其時又在康熙志修成之後一百六十五年矣。民國二十一年（一九三二），張日麟據道光本續修成《重修曹溪通志》，時又在近百年之後。

上觀近百年來，衆生病苦，神州浩劫，曹溪歷史，庶幾湮滅。所幸自二十世紀後半葉起，國家政策開放，道場恢復，而祖庭重光。弘法方可利生，正所謂性空而業不空。纂修文史，乃是「睹喬木而思故家，考文獻而愛舊邦」，佛法不離世間法，意亦在於斯乎？是故，先有惟因老和尚《南華小志》（一九八〇年），後有拙衲《新編曹溪通志》（宗教文化出版社二〇〇〇年）、《南華史略》（中國社會科學出版社二〇〇二年），誠欲繼往哲之遺緒，開來學之新風。

時光荏苒，前編至今，又二十年矣。世事無常，而佛事在成。二十年來，拙衲親歷南華禪寺之恢復重興過程。特別重要的是，得到了國家領導人的關懷與扶持，得到了衆居士護法之努力，因而徵回本寺舊有土地，這些土地本爲南華寺産，因社會動盪爲人侵吞，終有回寺之日，護法龍神永在。此外，寺院大力建設南華佛學院，培養僧才甚衆；還開展大南華建設，廣泛接待境外與海外的同道；在做好弘法利生的本分事的同時，參加國家的精神文明建設，爲南華寺迎來了歷史的嶄新一頁。其中，與舊志相比，可志不忘者衆矣。而舊志或有偏誤，我今則存其是，並不敢非其非，故此又作重修《曹溪通志》之舉，實出於必要也。

需要指出，此番梓行，又將近年多方尋訪、勞苦搜集之明清舊本《曹溪通志》共四種，用原版影印方式，與重修部分一同刊印，使前衆人僅見於著録之文獻，得以呈現全貌於讀者眼前。佛事人文，供養大衆。

南華寺志此番重修，則努力於史地人文、事物法教之全備，文字追求精簡，事實考察可信，體例安排周備，非曰能，是所願。美成在久，時光不再，我非聖賢，難免不足，則冀望將來。天下曹溪，任重事繁，若二十年一修寺志，能成規例，亦所盼望。

饒宗頤先生題簽、楊曾文教授作序，使寺志增光，今一並致以謝忱。

庚子歲初，南華禪寺方丈釋傳正

目録

序一……楊曾文　一
序二……釋傳正　七
凡例……一
卷一　山川形勝……三
地理概述……四
一、地理位置……四
二、自然資源……五
三、氣候特點……六
四、交通之便……六
山川形貌……七
一、山谷巖石……七
二、溪流井泉……一一
植被奇珍……一二
一、古樹嘉木……一二
二、土産奇珍……一四
周邊村鎮……一五
人文勝跡……一八
一、佛教遺跡……一八
二、山中石刻……二九
三、新三十三景……四〇
四、大南華文化圈……四三
卷二　歷史沿革……四七

道場興廢……四八
一、曹溪建刹……四八
二、唐代輝煌……四八
三、宋元續燄……五三
四、明朝經營……五八
五、清代重建……八二
六、民國復興……九七
田産賦役……一一四
一、曹溪田産……一一五
二、田産糾紛……一一九
三、其他寺産……一二九
四、歷代賦役……一三三
歷代外護……一四九
一、唐前……一四九
二、唐五代……一五〇
三、宋元……一五一
四、明代……一五二
五、清代……一五七
六、民國……一六一

卷三　南華重光

卷三　南華重光……一六七
黨和國家領導人關懷……一六七
與時俱進……一七三
一、社會主義建設初期……一七三
二、「文化大革命」時期……一七七
三、改革開放初寶刹重新時期……一八〇
四、新世紀佛教文化弘揚時期……一九七
大南華文化建設……二一二
梵宫生輝……二三三
一、山門建築……二三六
二、中軸主殿建築……二三七
三、兩廂建築……二四二

四、配套建築……二五〇
五、新創文化建築……二五八
六、獨立建築……二六二
七、下院……二六四
附南華寺修復捐助功德主名單……二六五
附南華寺建築實測圖……二六六

卷四　道脈源流

卷四　道脈源流……二九一
開法祖師……二九二
曹溪高弟……二九七
五家七宗……三一〇
一、南嶽懷讓法系祖師……三一一
二、青原行思法系祖師……三一五
三、五家七宗祖師……三一九
四、曹溪法系表……三二四
民國燃燈……三五八
一、臨濟法脈……三六二
二、曹洞法脈……三六四
三、溈仰法脈……三六六
四、雲門法脈……三六七
五、法眼法脈……三六八
海外流播……三六九
一、越南法脈……三六九
二、朝鮮半島法脈……三七五
三、日本法脈……三八二
四、東南亞諸國法脈……三九一
五、美洲法脈……三九四
六、歐洲法脈……三九六

卷五　興復碩匠

卷五　興復碩匠……四〇一
開山祖師……四〇一
一、智藥三藏……四〇一

二、無盡藏尼……四〇二
中興巨擘……四〇二
一、憨山德清……四〇二
二、古巖虛雲……四〇八
當代龍象……四二二
一、本煥乘妙……四二二
二、惟因知果……四二七
三、佛源妙心……四六〇
四、傳正日明……四七〇
卷六　祖庭椽棟……五〇一
歷代住持……五〇二
一、唐朝……五〇二
二、宋朝……五〇三
三、元朝……五一一
四、明朝……五一三
五、清朝……五二五
六、民國……五四六
從上古德……五五一
一、傳法門人……五五一
二、本山名釋……五五八
三、過化高僧……五六二
卷七　清規典職……五七九
寺院清規……五八〇
一、古代清規……五八〇
二、民國清規……五八五
三、當代清規……五九八
日用儀規……六〇二
一、禪堂儀規……六〇二
二、禪七儀規……六〇五

三、諸事儀規……六一〇
管理規制……六四三
一、南華寺文物保護規定……六四三
二、南華寺治安管理制度……六四五
三、南華寺保安消防管理規定……六四七
四、南華寺衛生管理規定……六四八
五、南華寺醫務所制度……六四九
六、財務管理規約……六五〇
七、崗位責任……六五四
歷代典職……六五九
一、古代歷任典職……六六〇
二、民國歷任典職……六六四
三、當代歷任典職……六六五

卷八　弘化行實……六七一

經籍弘傳……六七二
一、六祖壇經弘傳……六七二
二、寺志編纂……六七五
三、其他史料編寫……六八二
四、文集刊物編輯……六八四
曹溪辦學……六八五
一、古代講習……六八五
二、民國曹溪南華戒律學院……六八六
三、曹溪佛學院……六九二
法會弘化……七二七
一、傳戒法會……七二八
二、佛事法會……七三六
三、放生法會……七三九
四、紀念法會……七四〇
五、慶典法會……七四二
六、文化交流法會……七四四
慈善公益……七四七

一、息災賑濟……七四七
二、扶貧公益……七五三
對外交流……七五九
一、國内交流……七五九
二、海外交流……七六四
卷九　文物典藏……七七五
祖師信具……七七五
歷朝聖旨……七七八
經籍法器……七八三
一、寺藏經籍……七八三
二、法物供器……七八四
寺藏造像……七九〇
一、金屬造像……七九〇
二、泥陶造像……七九五
三、木雕造像……七九六
四、竹刻造像……七九九
匾聯書畫……八〇〇
一、匾額……八〇〇
二、楹聯……八〇四
三、曹溪禪繪……八〇八
卷十　藝文詞翰……八一五
碑記……八一五
書翰……八四一
雜文……八五八
題詠……八九八
大事年表……九八〇
參考文獻……一〇四〇

凡例

一、位於廣東省韶關市曲江區的南華禪寺，是梁智藥三藏所倡建、唐惠能弘法之道場。後惠能稱禪宗六祖，其所創立的頓教開花散葉，七派並行於世，南華寺乃被尊爲南宗祖庭，影響深遠。其能屢經興衰，延續至今，而與時俱進，法運日隆，固與歷代祖師之撑持、檀越居士之維護以及四衆之供奉關係甚大，而得當今黨和政府之關懷愛護之力尤巨。其間明萬曆憨山大師之振興，民國虚雲和尚之接續法脈，及當代在黨和政府領導下惟因、佛源和尚之重光，傳正和尚之「大南華」建設，最爲世所矚目。斯人也，斯事也，斯時也，實六祖智燄不滅、曹溪法脈不絶、祖庭棟宇不傾之大關鍵，南華不可不表，四衆不可不知也。

二、南華寺志，有史可考者，最先殆起於明嘉靖四年（一五二五）參政羅僑所録南華寺有關碑銘以及題詠詩文。嘉靖二十一年（一五四二），廣東參議徐九皋即令韶州府以羅僑所録爲底本纂修《南華寺志》，知府符錫用府學訓導龔邦柱主其事。萬曆十年（一五八二）前後，南韶道沈植又屬黄鉞、曾旦增補之，題《重修南華寺志》。然一寺之志書稱爲「通志」者，始於明萬曆三十二年（一六〇四）憨山德清之手。清順治七年（一六五〇）至十八年（一六六一）間，又對憨山《通志》本進行增修。清康熙初年，平南王尚可喜重修南華寺宇，於是乎清康熙十年（一六七一）有韶州知府馬元、曹溪住持僧真樸又重纂《曹溪通志》，將舊本五卷擴爲八卷。此本清道光及民國間均有重印，新近有楊權等點校流通，影響頗廣。一九九五年，佛源、傳正「思先輩恩光絶不可没，念法脈歷程應有所記，秉承虚雲長老編修新志之遺願」，確定「將清代康熙十一年之後曹溪史實記事，與明代憨山主修、清康熙十年重修之《曹溪通志》，進行增補接續」。歷時五年，至二〇〇〇年始成《新編曹溪通志》，分上、下兩卷：上卷録清康熙《重修曹溪通志》，加以點校；下卷分十二章，新增此後數百年内容，並附有南華寺相關照片。今又過二十年，乃持「承前啟後」之旨，重修此志，記述上限仍爲智藥三藏來曹溪創寺之梁天監元年（五〇二），下限定爲二〇一六年十二月，時間跨度爲千五百餘歲。

三、憨山大師中興曹溪之餘，乃發凡起例，纂成《曹溪通志》，爲之鼓吹讚歎，其深心可謂良苦矣。其書名所以不依常例而稱「通志」者，「蓋曹溪爲天下禪宗本源之地若洙泗云。況山水皆無異西天，故其所取不獨區區尺寸之地，所記又不僅目前變幻山水而已」，「其志不在山水而在道脈，故曰『通志』」；所以不稱「寺志」，而稱「志曹溪者，從山也。舉山而建制備矣，故以名志」。此固是祖師胸襟卓爾不群、超凡入聖之所造，實亦曹溪道場具有崇高地位之客觀現實所決定者。後清康熙間馬元、真樸繼起，亦沿用不改。前之《新編》也，雖結局不同，而其題名與立意沿襲之。今之重修也，不惟其題名與立意，即其結構亦仍遵憨山大師、馬元、真樸舊本通志，而略爲變通耳。

四、此志分設十卷：卷一山川形勝，述曹溪地理位置、自然資源、氣候特點、交通之便，以及山谷巖石、溪流井泉、植被奇珍、周邊村鎮、人文勝跡等。卷二歷史沿革，略述曹溪建刹至民國復興期間千數百年之大概，以及寺中歷代田産、賦役情況，檀信外護附焉。卷三南華重光，先總述黨和國家領導人對南華寺之親切關懷，後分述其經歷社會主義建設初期、「文化大革命」時期、改革開放初實剎重新、新世紀佛教文化弘揚、「大南華」建設等過程中與時俱進的經驗與成果。又專闢「梵宮生輝」一項，述寶林梵剎現今之宏偉氣勢與結構。其中山門建築、中軸主殿建築、兩廂建築、配套建築、下院等大多爲歷史之已有者，而新創文化建築、獨立建築乃新時期「大南華」建設中之新起者，均一一爲簡介之。卷四道脈源流，述開法祖師及其座下高弟、五家七宗祖師、民國燃燈以及曹溪法脈之海外流播情況。卷五興復碩匠，述開山祖師梁韶州月華智藥三藏尊者、唐韶州尼無盡藏禪師，中興巨擘明代憨山德清、民國古巖虚雲，以及當代龍象本煥、惟因、佛源、傳正等。卷六祖庭椽棟，述自唐以迄當代之歷屆住持，以及傳法門人、本山名釋、過化高僧等。卷七清規典職，述寺院清規、日用規儀、新時期各種寺務管理規制及歷代典職。卷八弘化行實，述經籍弘傳、曹溪辦學、法會弘化、慈善公益及對外交流情況。卷九文物典藏，交代寺中祖師信具、歷朝聖旨、經籍法器、寺藏造像、匾聯書畫的收藏情況。卷十藝文詞翰，彙録山中歷代碑記、書翰、雜文與題詠。志後附有大事年表和參考文獻。通覽全志，曹溪之地、寺、人、物、事、文等均包羅無闕矣。

五、前纂之《新編曹溪通志》於曹溪道脈尤爲留心。其重大貢獻之一，在於增補資料，使曹溪法脈具體化、細緻化，並設《曹溪法系表》使曹溪道脈更爲直觀化。《曹溪法系表》雖大多承襲别本而來，然亦實爲此志最殊勝之處。今之新修，即吸收此表，並對其中錯亂、訛誤、疏漏之處，一一更改補正而成新表，以期信於天下後世。然此事亦正如掃秋葉，若大言新表毫無缺憾則豈敢，懇請方家有以教之。

六、前纂之《新編曹溪通志》另一貢獻，在於表彰民國時虚雲和尚在護法大居士李漢魂支持下振興南華祖庭、支持抗戰之功業。其不足處，在與虚雲接續法脈之功混爲一爐，略無分别。今之新修，固已在「道脈源流」卷中立虚雲和尚傳，以突出其在接續曹溪法脈上的意義及在中國禪宗史之地位；又在

「祖庭椽棟」卷中設虛雲和尚傳，突出其住持曹溪、振興祖庭之大德。二者各有所側重，有主有次，有表有裏，有近有遠，合而觀之，更能見其在救亡圖存的大背景下，團結教界、愛國愛教、增强民族文化自信力與凝聚力之深心。

七、曹溪祖庭，其名歷代多有變更，尤以唐代爲繁，或稱寶林，或稱法泉，或稱南華，不一而足。此正可見六祖禪法如日中天之地位，亦可反映朝廷及信衆之重視。然惠能寂後，祖庭住持大多寂寂無聞，此亦盛極難繼之常理也。故志之編事，尤於祖庭之千五百年間歷代住持傳遞源流考索爲難。取觀寺中保存之文檔及學界研究之著述，或有零星片段之記載考述，然以新出之達亮《韶州南華寺歷代住持考述》一文（載《中國禪學》二〇一九年第九卷）可稱詳贍，然細按之，仍不無漏登者。兹事體大，不敢掉以輕心，乃又搜尋資料，在前人時賢基礎上加以甄別擴充。雖仍有不安，仍有遺憾，然亦無可奈何，且俟之來者。

八、本志内容雖貫穿今古，其資料之富，度越前人不啻倍蓰。編纂之際，不惟謹遵憨山遺軌，揀擇舊志之已述者，亦發掘文獻，補綴前修之未備；更搜羅檔册、石刻等資料，用發清康熙以迄民國曹溪歷代祖師之潛德幽光。他志所有者，今亦抉摘入之；他志所無者，必搜羅增補，考證確實，期之以「全」。至於近二十年來，曹溪在傳正大和尚帶領下重光之事業、成就與影響，則尤爲本志重中之重。其「大南華文化圈」概念之提出，可謂立於時代前沿，眼光獨到，超越古賢前修。揣其志，蓋不僅止於一寺之寺宇建設、道風修持，作出世之想；更勇於參入世間，以曹溪佛教傳統文化之魅力和特殊作用，推廣普及於地方和社會。在黨和政府强力支持下，「大南華文化圈」的建設突飛猛進，不惟寺宇建設，其他如曹溪辨學、曹溪傳戒及慈悲弘化等各部工作全面鋪開，階段性成果已卓然樹立，令人矚目。此次寺志之新修，其基本著力點正在於此，爲以往各志所不及者，故得不惜濃墨重彩。總以略古詳今、求真務實爲準則。

九、寺廟碑石，實屬古跡，似應入「文物典藏」卷。然曹溪碑刻，歷代多有遺失，存者十不一二，往往散見各處，並未集中保藏，而其內容帶有强烈的佛教人文特徵，正可點綴江山，故本志以之居於「山川形勝」卷之「人文勝跡」類。惟其碑記文字，無論存之石本或録入舊志，內容頗爲複雜，未可一概彙録。其中大多篇章，富含有關歷史人物、事件之信息，遠超乎辭藻之上，故提之入「歷史沿革」「南華重光」中，以證曹溪人事之興廢流變。其文勝質者，又擇乎名流手筆，方許入之「藝文詞翰」，以免濫收之誚。

一〇、本志除以上所設十卷，分地、人、事以志曹溪道場之外，其末又附「大事年表」，以紀曹溪內設外施、影響較大之活動。此於本志有分部編年、縱横比勘之助，於讀者亦有前後貫通、參互閲覽之便，似非可有可無也。

一一、古來地志之纂，左圖而右史。此次新修，爲保存文獻故，於書前專擇其有關土地四至、山川風物、寺宇殿堂、人物活動、歷代文物之舊有圖版若干幅，以與文字互爲印證。

一二、但凡道場之興，必使僧侶所處之國土莊嚴清淨，其人身無罣礙，心不旁騖，方可勇猛精進，以致佛法廣大，且能普度衆生，以輔世道興隆。而國土之莊嚴清淨，無時不與外部之善緣息息相關。曹溪歷千百祀衰而復振，乃至於今，固歸功於歷代祖師守衛祖庭千數百年之忠孝，又豈不得力於上自朝廷、下至鄉野之護法居士爲其降魔護法、鼓吹讚歎耶?就此一點，於今改革開放時代尤爲顯著洞明。蓋以國家正爲實現中華民族偉大復興而努力，而傳統佛教爲社會主義精神文明之助不可或忽。然古志之例，其首概述歷代皇帝敕諭及地方官員來訪禮謁，下羅列其他著名護法之法施功德。而今非昔比，黨和國家各級政府領導之關懷曹溪深切入微，不但制定和貫徹宗教政策，且設立專門機構，配備專管或專職幹部，寺中一應大小事務，無不參與規劃，甚或親臨現場指導，其於佛教文化之發展貢獻巨大，有目共睹。而一言一行，均秉「爲人民服務」之宗旨，代表政府和人民，非其個人護法之舉也。倘將今之領導亦如古人之例，編入檀信外護，不但有違黨之思想原則，即其本人亦當謙謝辭讓不及也。又，當代各護法居士大多健在，而「生者不立傳」乃修志之通則，即其往故者，其事跡亦班班可考見於「當代重光」卷中矣，故此志一律不入當代護法，諸佛菩薩想必亦能諒諸。而歷代護法以其內容偏少，難以成卷，故本志附入「歷史沿革」中，使各隨其時而安其處，不再立「檀信外護」卷。

一三、舊志多有「山中雜事」一項，以紀因果報應、不可思議之神通故事。此不惟可作傳奇之助，於初機之士，勸善懲惡，實不無少補。而本届新修，念之雖能使佛教深入人心，而終難一一考覈的確，無可備史家之引證，故乃一秉無徵不信之法則，暫行删削。

一四、本志所據之原始資料，主要來源於曹溪舊志（志中萬曆《曹溪通志》簡稱萬曆志、順治《曹溪通志》簡稱順治志、康熙《曹溪通志》簡稱康熙志、道光《曹溪通志》簡稱道光志、《新編曹溪通志》簡稱新編志）及南華寺近年整理之重要研究文獻著述。以六祖惠能和南華祖庭影響巨大，自古及今、國內海外，宣傳、整理及研究之成果前後相踵，滿目琳瑯，足資考據。然倘均以其欄入志中，入不勝入矣。今以親到曹溪者爲原則，或全録，或摘録，如澹歸、巨贊、羅香林、饒宗頤者；未到曹溪而僅爲研究之著述，雖與曹溪有關，亦不數及，即極重要者亦僅附文名或提要鉤玄而已。本志之採摘引用，除南華寺現存公移文書爲原原本本，其他雖無一字無來歷，但一般不註明出處，而在參考文獻中列其版本。文字有誤者，與其他典册參互旁證，據以校正。

一五、本志資料由曹溪南華寺提供，林子雄、陳澤泓、黄志輝、王燄安、苗儀等增删數四，積有數年之功。其後編撰過程謹遵傳正大和尚授命指示，達亮主之。志書由李福標承擔結構的調整。内容編纂的分工大致爲：李福標承擔凡例、卷一山川形勝、卷二歷史沿革、卷三南華重光、大事年表；達亮承擔卷四道脈源流、卷五興復碩匠、卷六祖庭椽棟、卷七清規典職、曹溪法系表；鍾東承擔卷八弘化行實、卷九文物典藏、卷十藝文詞翰。前後歷時十年有奇。幸得中山大學黄國聲教授、中國社會科學院黄夏年教授、北京師範大學徐文明教授、上海師範大學侯沖教授、武漢大學姚彬彬教授、暨南大學江泓研究員等專家厚愛扶持，協助審讀志稿，本應稱心滿意，惜在具體編纂中，終嫌編者内外之學修養均不甚深，不免眼高手低之病，以至謭陋錯謬，當不在少。尚祈讀者慈悲加被，無吝指摘迷誤。

卷一　山川形胜

卷一　山川形勝

曹溪，乃廣東省韶關市區北部一普通地名，亦中華佛教史上一蜚聲中外之道場名。地志之書，實正史之分蘖，其名目有總志，有方志，有專志。寺志專輯一寺之人事，歷來多附爲山水志之一支，且在山水之中又係弱門，少有爲人矚目者。惟曹溪之志迥出其例，自明末憨山德清大師整齊以來，即命爲「通志」，其意不局於南華一寺之本身，而在曹溪道場自六祖寂滅後，南宗法脈流布海内外，有「一花五葉七宗」之盛也。今之新修，内容較前人新添絶多，其體例自當與時俱進而有所變通，而其要實亦沿古賢之結局。其所志之時，即自梁代卓錫開山之始以至於今之開放時代；所志之人，即開山祖西天智藥禪師，東土禪宗頓教之祖惠能，中興之祖憨山德清、古巖虚雲，重光之住持本焕、惟因、佛源、傳正，歷代掌燈續燄之丈席、撑持弘化之高僧，以及散布南北中外之法系子孫；所志之地，即此曹溪道場及周邊山川形勢、人文古跡。顧而思之，智藥三藏爲何駐足於此而懸記以待來者？六祖惠能爲何數千里求法而流連於此，後遁跡人群一去十五年，最終仍返歸寶林，以追古人，以開萬世？明末憨山、民國虚雲及今之大德高僧又爲何踵武前修，重光舊跡？其人無不是佛門龍象也。法眼具在，山川爲開，寶林從地湧出，曹溪不可謂無其善因在。故志中第一要對其地理略作交代。

地理概述

一、地理位置

韶關據廣東省北部，在湞江、武江、北江三水交會處，北與湖南、江西接壤，西與廣西毗鄰，素稱「三省通衢」，是粵北區域規劃發展中心城市，又是粵、湘、贛交界地區商品集散地，自古地理位置極爲重要。南華寺，即位於韶關市曲江區馬壩鎮東南郊曹溪之畔，距韶關市區二十四公里，去廣州約二百五十公里，界清遠、翁源之間。其北爲南嶺，與中原阻隔；其南爲遼闊的珠江三角洲，與南海相望，呈背山面海之勢。康熙志描述其地云：

背武夷而面南嶽，左二羅而右庾嶺。湞桂相交西來，衆河帶其前；牂牁、蒼梧東注，三水鎖其左。環大海而披五嶺，躔鶉尾而接斗牛。誠山水之奥區，乾坤之靈宅也。寺居河北，去濛瀼三十里，萬山環抱，衆水纏綿；自庾嶺分脈，飛揚磅礴，不遠數百里至攸嶺。西北行四十里許，融結寶山，頂開帳特；出大象嶺，乃轉一山，端聳寺後，悠然結局。左麓寬展而右緊抱，宛如象鼻之捲。其餘支四折而盡於小象嶺。二水合處，爐峰高起爲朝山，左右羅漢諸峰，聯絡參拱，以漸而殺。東西列嶂，周迴環抱，曹溪遶其前，潭溪纏其後，會於小象嶺下，折而西流，可五里許，馬鞍、石寶二山對，若捍門然。又流十里許，至虎榜山與湞江會。形勢奇秀，風氣綿密，宛若布蓮華而峨天冠。

世易時移，社會結構變遷已天翻地覆，而曹溪自開闢以來以至於今，其地理形勢可謂千年一瞬，幾無更改。

二、自然資源

曹溪所在之韶關物華天寶，人均擁有土地資源、水能資源、森林資源、礦産資源居廣東各市首位。其地是丘陵紅壤土分布區，森林覆蓋率達百分之七十以上。曲江區境内現有韶關鋼鐵廠、韶關發電廠等多家大型工業企業。

韶關自古風景優美，其旅遊文化資源之豐富，在廣東省内乃至整個嶺南地區首屈一指。從南華寺向北約一小時車程，即是國家風景名勝區、國家級地質地貌自然保護區、國家AAAA級旅遊區、國家地質公園、世界地質公園、「中國紅石公園」、「世界自然遺産」的丹霞山。丹霞山不僅是廣東省面積最大、景色最美之風景區，而且有著名佛教道場别傳禪寺以及八十餘處石窟寺遺址，歷代文人墨客在此留下了許多詩詞和摩崖石刻，極具歷史文化價值。

從南華寺駕車約五十分鐘，可到雲門寺。該寺位於粤北乳源縣城東北六公里處，由五代時期文偃禪師開創於南漢乾亨七年（九二三），是南禪雲門宗開宗道場，距今有一千餘年歷史。雲門寺内建有虚雲紀念堂和舍利塔。雲門寺周邊有觀音山、桂花潭風景區，有桂花潮、出米石、九仙巖、慈悲峰、鐵鼓山等山水名勝。

韶關市南郊大寶山百丈崖峽谷，緊臨京珠高速公路，北依南華寺，車程亦衹需十分鐘，旅遊觀光極爲方便，譽爲「京珠第一漂」，還可欣賞原始森林風光。

就南華寺本身而言，帶有鮮明佛教文化特色之名勝古跡遍布山中，亦爲中外遊客所讚歎。

三、氣候特點

曹溪地處北回歸線之北，屬中亞熱帶季風型氣候區，有明顯濕熱和乾冷大陸性氣候。全年盛行南北氣流，春秋偏南風與偏北風互爲交替，夏季偏南風爲主，冬季偏北風爲主，夏長冬短。年均温度二十點一攝氏度，七月份最熱，平均二十八點九攝氏度，極端最高氣温三十九點五攝氏度；一月份最冷，平均氣温九點六攝氏度，極端最低氣温零下五點三攝氏度。

四、交通之便

韶關自古交通便利，爲五嶺南北經濟、文化交流之樞紐，湘、粤、贛交通之咽喉，今更譽爲粤港澳輻射内陸腹地的「黄金通道」，列爲國家規劃發展一級鐵路樞紐和公路運輸樞紐城市。京廣鐵路、京珠高速公路、韶贛高速公路、一〇六國道和北江航道貫通南北，三二三國道横穿東西，省道與地方公路縱横密布。高鐵至北京七小時，至廣州、香港、澳門、長沙、桂林等地均在兩小時交通圈内。

山川形貌

一、山谷巖石

曹溪山川形貌，舊志言之甚詳。千百年來，人事紛遷如白雲蒼狗，而地形除不可抗之天災及人爲改造外，變更相對遲緩。今據舊志所載及實地考察，得南華寺四周山峰巖石略有：

寶　山　又名寶林山、大寶山。在寺東十五里。舊志稱：山自庾嶺分脈，蜿蜒磅礴，不遠數百里融結於此，狀類寶蓋，故名寶林。山出迷軍，環拱中支，衍化南華寺主山大、小象嶺。又東南出狗耳嶺，曹溪發源於彼，亦即寶林山之來龍。高約二里，端嚴凝厚，爲南華寺主峰。傳云南朝梁天監元年（五〇二），智藥三藏經此，見峰巒奇秀，即謂曰：「此水與西天通，此山似西天之寶林。」

石堡山　又稱石堡坪、石寶山。在寺西南二十里，今屬馬壩鎮轄。此山與馬鞍山相對，若捍門然。曹溪水經其南。

獅巖山　舊稱招隱巖。在寺西十里。有巨石卓起，高十數丈，其半有巖。舊志稱惠能常隱居於此，後僧即巖中祀師父母。宋提刑耿南仲大書「招隱」二字刻於石。明萬曆時巖半腰建有招隱寺。

演　山　在寺西北十里，呈東北西南走向。舊爲曹溪北去出口，因三面環山，形似燕窩，故名燕山，後諧音稱演山。舊志載惠能於演山顯村興建寶興寺，爲古蘭若十二所之一。

天子岡　在寺東南五里。三面環山，呈寬約一公里平坦谷地，有曹溪穿流。域内有盪水石。明憨山示寂，於此建塔院。後虚雲遷古無盡庵於此地柏樹下。

漘　溪　在寺正北三里，古紫筍莊所在。今屬馬壩鎮轄。地勢呈狹長谷，又有漘溪水自東迂回轉西向流，故得名。因酷似南華形勝，而有「小南華」之稱。

沙　溪　古稱社溪，後以諧音稱沙溪。在寺東南十里之寶山谷脈，舊爲曲江通翁源孔道，爲古曹溪東出口。山林茂密，形勝完聚，礦藏資源豐富。

木　坪　在寺東北二十里。周邊高山聳立，成狹長平谷，漘溪發源於谷底，自西北流東南。四季温潤，冬暖夏涼。

鵝鼻山　在寺正南十五里。京廣鐵路北。今屬烏石鎮轄。四面環山，爲沖積盆谷，故名鵝鼻洞。山北五里即曹溪寶林北天王嶺所在。舊爲曹溪南去出口。

濛　瀼　在寺西南三十里。今屬烏石鎮轄。三面環山，氣流濕温，常濛霧彌天，故稱濛瀼。北江在此由北向南，流經山谷峽口，形成衝積平地，爲南北通衢，古設濛瀼巡檢司。舊南華寺下院月華寺在此。

楊　梅　在寺東南二十里。今屬烏石鎮轄。爲古曹溪南出之口，三面環山，成狹長地帶，與鵝鼻同處衝溝盆谷。古爲招提朗演法之地。

曹　岡　在寺西北二十里。今屬馬壩鎮轄。

虎　榜　又稱掛榜山、迴龍山。在寺西南二十五里。今屬馬壩鎮轄。與白土鎮街道隔北江雄峙東岸，湞水、江灣河西注，東有曹溪從南蛇嶺匯入。

迷軍山 在寺東七里。山勢南北環拱，東南與狗耳嶺相鄰。山出三支：南出其一爲香爐、羅漢諸峰，曹溪循其麓而西注；北出其一環拱於溽溪之北岸，與南支合成一正圓形；中出一支爲寶林山，衍爲大、小象嶺。三支横亘而成太極圖狀。傳云昔黄巢破嶺南，寇至寺，毁大鑒左指節持去，至此山，忽黄霧四塞，軍行失道，隨送還寺，禮謝而去，故又稱黄巢山。山不高峻，而雄厚有餘。

迴龍山 在寺西十里。曹溪自東向西流經寺旁，至此回折向北，與溽溪匯，故名。又山出小象嶺，稱爐峰朝山，其左右羅漢諸峰參拱。

鉢盂嶺 在寺正南，出迷軍山環拱南支，與香爐、羅漢諸峰相連。上有二石，一仰一俯，圓整相合，狀類鉢盂。

馬鞍山 在寺西北八里。舊志云：怪石卓地，高數十丈，絶頂一石，儼如馬鞍。曹溪水出其下。

老鴉山 在寺主山後，古有紫筍莊（今蒼村），北天王嶺所在。其前有拜石，舊志記惠能於此拜佛，膝痕尚存。溽溪流經其北。

大象嶺 在寺後，長約里許，爲寶林主山。舊志載：嶺自寶山演迤而來，勢正形昂，坡陀蹲伏，真若白象駝經負寶之狀，故名。

小象嶺 嶺出寶林山，衍大象嶺西迴龍山，位於寺西三里。又稱爐峰朝山，其左右羅漢諸峰參拱。曹溪與溽溪匯流於嶺下。

四天王嶺 坐鎮四隅，爲祖師袈裟定界。舊志載寺院四至：東至天王嶺外下七里社溪；南至天王嶺外下五里鵝鼻；西至天王嶺外下三里馬鞍山高陂角；北至天王嶺外溽溪下紫筍莊。東天王嶺在寺東南寶

（林）山餘脈狗耳嶺内，亦即古稱象尾坑下内將軍山（現稱將軍石）；南天王嶺在寺正南，在鵝鼻山北五里；西天王嶺在寺西南（現石寶山）；北天王嶺在大象嶺後、潢溪南紫筍莊（今老鴉山）。

狗耳嶺　在寺東南十五里。係寶山南餘脈。二峰插天，尖如狗耳，故名。曹溪發源於此，亦即寶林山之來龍。向西北行接迷軍山而分三支：其一爲香爐、羅漢諸峰，環拱於南，曹溪循其麓而西注；其二環拱於潢溪北岸，與南支合成一圓形；其三即寶林山及大小象嶺，横亘其中而成太極圖狀。又嶺東北連接翁源雞鳴山，爲曲江、翁源兩縣孔道。

羅漢嶺　又稱羅漢峰。有二：一在寺山門外正南，諸峰出迷軍山東南，如羅漢環拱狀；一在寺西迴龍山小象嶺，爐峰高起爲朝山，左右羅漢諸峰拱立，以漸而殺東西。

香爐山　有二：一在寺山門外，古名大安山，出迷軍山，東南環拱，如爐峰高起，爲寺正南朝山；一在寺西迴龍山小象嶺。

灩水石　在寺東五里。據曹溪上流，狀如伏犀；又如灩澦堆，中截水口，分左右流，漩洄而下。或云出招隱巖下，巖水噴射，自下騰上，聲吼如雷，故名龍門。又峽口一石，偃蹇數丈，水浮石面，宛如龍卧，故又名卧龍石，坐鎮水口。城隍廟在鎖龍石上，萬曆二十三年（一五九五）住持法閏重建。今不存。

鎖龍石　在寺西水尾，當水口之衝。郭棐《嶺海名勝記》云：「寺西一里當曹溪轉處，一石横偃，故名鎖龍。」

二、溪流井泉

溪流井泉，其形體小於山峰巖石，其間有造化所設，亦有人力所穿鑿者。

曹溪水 發源於寺東南十五里狗耳嶺。因水自東繞山西流三十里經魏武玄孫曹叔良所居曹村，故稱曹溪。盤繞寺門，折而北流，復折而東，與潩溪合。

潩溪水 發源於寺東北木坪，西流四十里納蒼村水，繞經北天王嶺（老鴉山），流向西南迴龍山小象嶺，東匯曹溪水，入馬壩河西流，由虎榜山入湞江。

蒼村水 在寺東北七里，與潩溪水合，繞北天王嶺，西南匯入曹溪水。旁有蒼村，其地今建蒼村水庫。

明通泉 發源寺東，出象嶺頭石下。舊志載每遇卓錫泉脈枯澀，寺僧持祖衣拜叩石穴，泉遂通流，因而名之。每大旱不竭。今泉脈佚。

卓錫泉 在寺後一里許。萬曆志載：六祖欲浣所授衣，苦無美泉，見寺後山林鬱茂，瑞氣盤旋，振錫卓地，泉應手而出，乃跪膝浣衣石上。東坡有銘。康熙志載：「憨大師龕爲强者移往匡廬，泉忽竭，及師龕還山，溢流如故。明崇禎十六年（一六四三）八月，復竭。明年李日宣入山禮祖，率衆禱之，水復流。」康熙四年（一六六五），復涸。六年（一六六七）春，尚之信隨其父尚可喜入山謁祖，見泉竭草荒，顧謂衆曰：「吾當爲師卓一錫也。」乃默禱之，泉復濆湧。

雪濤泉 出寶蓋山下，從地濆湧，味殊甘冽。舊爲祖師玩憩處。康熙時監院可相築精舍面泉而居，號爲幽勝。

毗盧井 在毗盧殿右。民國中興曹溪時，井廢填埋。

羅漢井 在羅漢樓前。民國中興曹溪時，井廢填埋。

古　井 在西廊殿腳。民國中興曹溪時，井廢填埋。

植被奇珍

一、古樹嘉木

曹溪寶山，山不甚高，而古木參天，濃蔭蔽日，清涼滿目。不惟修靜之道場，亦實可作憩遊觀賞之勝區。自古及今，天生或人力所植之嘉木略有：

南華菩提 桑科、無花果屬。國家三級保護植物。寺內藏經閣兩側現存兩株，樹齡均在二百五十年左右。二〇〇二年，列入韶關市古樹名木名録。史載梁天監年間，智藥三藏自印度攜菩提一株，植於廣州光孝寺內，不久引種曹溪寶林寺。清嘉慶二年（一七九七）閏六月，光孝寺菩提樹爲颶風所壞，僧喬庵離相來南華寺分其種，仍栽故處，今存。菩提樹幹有大小不一之突起部與凹陷部，葉互生，帶卵形而稍尖。菩提葉經浸洗除去葉肉後，剩下之葉脈具纖維質，拉力頗强，可編製菩提紗等名貴工藝品。

水　松 松科半落葉喬木，稀有古生樹種之一，迄今衹有我國尚存水松活樹，稱爲「活化石」，可爲多種學科作研究標本，爲建立長時間序列年輪表奠定物質基礎。爲國家一級保護樹木。寺内後山九龍泉畔尚存九株，其中三株列入韶關市古樹名木名録。樹幹通直圓滿，高達四五十米，主樹幹需二三人方可環抱。常年青翠濃緑，古藤纏繞。適逢繁花綻放，猶如空中花園，粉蝶飛舞，爲古寺奇觀，故古有南華勝景之「參天水松」。據二〇〇二年鑽取樹芯獲取年輪數，與相關文獻參照得知，現存水松爲明正德十二年至十四年、清康熙初年、同治十三年（一八七四）等不同時期重修寺宇時所種。因環境汙染等人爲不利因素，近年已有一株完全乾枯，三株基本枯萎，三株長勢堪憂，僅餘二株長勢良好。

香　樟　國家二級保護樹木，寺内主要古樹種之一。二〇〇二年，其中三株樹齡超過四百年的香樟入列韶關市古樹名木名録。

細葉榕　國家二級保護樹木，寺内主要古樹種之一，其中位於寺院後山右側橋邊一株，樹齡超過四百年，二〇〇二年列入韶關市古樹名木名録。

南華楓香　國家二級保護樹木。分布於寺院後山，其中一株樹齡超過三百五十年，樹高十二米，徑圍二點三米，冠幅八米。二〇〇二年列入韶關市古樹名木名録。

銀　杏　寺内稀有樹種之一。在大雄寶殿前、九龍泉一側等處均有分布，尤以天王殿前右一株樹齡最長，超百年以上，樹高二三十米。

古　柏　大雄寶殿前千年古柏二株，爲惠能手植，扶疏直上數丈餘，無旁枝曲幹，至極頂，乃作盤髯翔鳥之勢，見者肅然起敬。

千葉寶蓮　芭蕉科、地湧金蓮屬。其花數年乃至數十年一開，極難得睹，被寺院尊爲「五樹六花」

之一。南華寺禪海岸植兩株。二〇一二年千葉寶蓮盛開，四方賓客競相觀賞，以爲瑞徵。

二、土產奇珍

曹溪四圍林麓，舊時寺僧各分管種植竹木花果。所產茶，氣味清甜；產椒，亦香美異常，擅名嶺南。又產棕毛、南華李、南華草菇等。今其土產奇珍尚有：

南華茶 又稱南華甜茶、禪茶、製茶。北宋釋惠洪有《雲老送南華茶榜》文。屈大均《廣東新語》載：「曹溪茶氣味清甜，歲凡四采，采於清明、寒露者佳。」此茶用九龍泉水衝泡，茶湯微紅，香氣四溢。然產量低，獲之不易。入清，南華茶入列曹溪貢品。至民國，年產僅爲二百擔。一九四九年後，南華茶一度爲寺院收入重要來源之一。二十世紀八十年代，南華茶入列廣東名茶。

南華李 原產濛瀷月華寺，相傳爲智藥三藏從印度傳入，後移至南華寺栽培，取名南華李。於每年大暑前成熟。清代列爲貢品。同治《韶州府志》載：「李，屬內所產甚繁。出南華寺、（翁源）三華鎮者，皮有白黴，味最甜美，餘則甘酸錯出。」二十世紀八十年代，爲恢復和發展此名產，曲江縣科委在南華惠英村選擇純種，育成李苗二萬株，在龍歸、鳳石、羅坑、烏石、周田等地推廣種植。果品入列廣東名果而遠銷港澳，供不應求。

南華草菇 食用菌中難得之珍品。據國際熱帶地區菇類學會會長張樹庭（澳大利亞籍）考證，世界草菇栽培起源於南華草菇。清代爲貢菇。同治《韶州府志》載：「貢菇，產南華寺，味香甜。種菇以早稻稈堆積，清水澆之，隨地而生，今鄉人效種頗多，惟馬壩、沙溪、狗耳嶺得曹溪水者尤佳。國朝例貢曲江南華菇四箱，由撫署檄縣採辦。」清末民初，南華草菇作爲素菜被推廣。栽培技術相繼傳至潮汕及福建、江浙一帶，今省内外仍有傳統方法栽培。二十世紀八十年代，曲江縣科委曾通過收集野生草菇子實體，用科學新法培育菇種，成功獲得改良堆菇技術成果。

周邊村鎮

曹溪所在之曲江地區，歷史文明悠久。自十三萬年前即有人類祖先「馬壩人」繁衍生息，又是「石峽文化」發祥地。西漢元鼎六年（前一一一）始設曲江縣，屬桂陽郡。三國吳甘露元年（二六五）設始興郡，曲江爲郡治。隋開皇九年（五八九）改設韶州，因州北有韶石山而得名，傳云古聖王舜帝在此奏韶樂。唐宋因之。此後元、明、清皆爲韶州路、府治所。民國三十二年至三十四年（一九四三—一九四五）間，爲廣東省臨時省會。一九四九年十一月，廣東省設北江臨時行政委員會，在曲江城區設韶關市，轄曲江縣等十七縣市。一九五〇年北江臨時行政區委員會更名北江專區。今爲曲江區。

曹溪自梁智藥三藏開山，以及唐惠能開法，歷宋、元至明初，終爲禪宗叢林勝境，而其四周則累代故爲荒丘，荆榛蔓草，幾不可問。至明正統間，始有遷民開隴畝，置版籍。萬曆間，曹溪所在屬曲江濛溪都、仁務都地界，四天王嶺内盡爲寺院屬地。清沿明制。民國時期，南華行政區屬曲江縣十一區，隸馬壩鎮轄。南華四至外，有石堡、南華、濛溪、演山等十一鄉。民國三十六年（一九四七），南華四至外十一區改爲一區，轄馬壩、烏石、沙溪三鄉。中華人民共和國成立初期，一區轄内擴大至馬壩、石堡、濛溪等十九鄉，南華四至範圍内分布有石堡、濛溪等五鄉。「文化大革命」時期，南華寺先後劃入馬壩鎮人民公社南華生産大隊。改革開放後，一九八三年撤銷馬壩人民公社，成立馬壩區，一九八六年馬壩撤區建鎮，南華四至内分布有馬壩、沙溪、烏石三鎮，十餘個管理區。現分别略作介紹：

馬壩鎮 在寺西六公里，係曲江區政府所在地。因鎮南有山，狀如馬鞍，又山南有溪河，蜿蜒西流，在當地形成沙壩，故名。馬壩鎮今轄十六個行政村、八社區。

沙溪鎮 原名社溪。在寺東南，南鄰翁源縣，距離曲江城區馬壩十一公里。沙溪鎮總面積二百一十平方公里，轄七個行政村、一社區。

烏石鎮 在寺南，距曲江城區十公里。地南側平地二天然巨石聳立，呈橢圓形，烏黑發亮，故名。轄六個行政村、二社區。又有一九五九年考古發掘之床板嶺遺址，爲曲江區文物保護單位。

曹溪村 又稱曹侯村，在寺東南。因魏武玄孫曹叔良避地居此，有一水自東繞山而西經村下，故稱曹溪，並以名村。境内三面環山，呈寬約一公里平坦谷地，谷底曹溪穿流。梁天監元年（五〇二）智藥三藏掬水而飲，窮其源，尋見此「峰巒奇秀、山水清幽」之勝境。今屬馬壩鎮，轄十二個自然村。

演山村 在寺西北。其地三面環山，形成峽谷狀，谷底有合水溪流。舊志載惠能於演山顯村建「寶興寺」花果院。今屬馬壩鎮，轄十七個自然村。

轉溪村 在寺北。轉溪原名湞溪。因地勢走向爲狹長谷，轉溪自東迂迴彎曲轉流西向，故名轉溪。境内係曹溪北天王嶺所在，嶺上舊有天王廟。今屬馬壩鎮，轄十四個自然村。

蒼　村 在寺東北七里。四面環山，呈三角狀小盆地，有湞溪（又稱轉溪）流經，四山翠緑，故名蒼村。舊志載惠能於此建花果院東林寺。今屬馬壩鎮轄，其地建有蒼村水庫。

石堡村 在寺西南。境内三面環山，呈寬約兩公里長狀盆地，石堡山與馬鞍山「對若捍門」拱衛南華寺北門。舊志載惠能於此建花果院資聖寺。今屬馬壩鎮，轄三十一個自然村。

其田村 在寺東北三十里。傳説秦末陳勝、吴廣在大澤鄉揭竿起義之際，當地農民起而響應，倡「耕者有其田」，故名「其田」。舊志載惠能於此建有花果院鬱林寺。今屬大塘鎮，轄十一個自然村。

長坪村 在寺東北。境内四面環山，地形山脈東西偏北向，呈狹長山谷，故稱長坪。長年温濕，有長坪水東入木坪匯入曹溪，又有西入轉溪，南合曹溪。今屬沙溪鎮，轄九個自然村。

東華村 在寺東。四周高山聳立，中爲盆地。因與翁源接壤，古爲曲江東出翁源通衢。今屬沙溪鎮，轄十一個自然村。

沙溪村 古稱社溪。在寺東南。曹溪匯流於此向西。舊志載惠能於此建花果院深峰寺。今係沙溪鎮政府所在地。

木坪村 在寺東北。四周高山聳立，形狹長平谷。轉溪發源於谷底，自西北向東南穿流。舊志載惠能於此建花果院望雲寺。今屬沙溪鎮，距鎮九點五公里。轄十個自然村。

展如村 在寺正南。四面環山，形成衝溝盆谷，故名鵝鼻洞。一九五一年改名展如村。鵝鼻山北五里，爲寺北天王嶺所在，舊志載嶺上有天王廟，明時已廢。今屬烏石鎮，轄十八個自然村。

濛瀼村 在寺西南三十里。三面環山，北江在此由北向南，流經山谷峽口，形成衝積平坦地段。因山高重疊，氣流濕温，常呈現濛霧彌天，故稱濛瀼。又因此地爲北江峽口，爲南來北往通衢，古設濛瀼巡檢司。其地有月華寺。今屬烏石鎮，轄十五個自然村。

人文勝跡

一、佛教遺跡

梁天監間，智藥三藏尋見曹溪，遂有寶林梵宫之創。及唐，惠能赴黄梅求法過境，曹叔良率鄉民重營寶林舊區，延師居之，四衆雲集，俄成寶坊，且有四周蘭若之興。宋元時期，歷代祖師苦心經營，然史册無載，人文勝跡多不可考。至明萬曆，《曹溪通志》載新安陳履祥撰《南華三十三景偈記》云：「佛祖以三十三天而立派於南華終，予亦以三十三祖而取景爲南華偈云。」所取三十三景爲寶山、象嶺、四天王嶺、羅漢嶺、卓錫泉、拜石、祖師肉身、伏虎亭、曹侯村、不二門、陳亞仙祖墓、降龍塔、曹溪水、信衣、避難石、鉢盂嶺、盪水石、腰石、花果院、鎖龍石、化人亭、坐石、香爐峰、迷軍山、招隱巖、萬人井、説法堂、馬鞍山、西來橋、挹翠亭、明鏡堂、迴龍山、響鞋。每景附一偈，每偈四句，如寶山偈云：「自性七寶集，須彌無頂畛。一領索一珠，大千注不盡。」説法堂偈云：「曹溪一字無，大藏五千説。春深鳥自呼，風掀月不缺。」馬鞍山偈云：「人馬不度海，水馬不度山。解鞍縱天馬，來往四禪關。」取景混雜不倫，偈亦淺俗，然一時風會，遺跡亦略可睹，姑存之不論。

晚明時，南華寺歷憨山中興三十餘年，享譽禪林。惜遭明清鼎革之際兵燹人禍，一旦被毁，無復舊觀。清順治間雖有大雄寶殿、祖殿等重修之舉，亦無奈寺宇頹敗之狀。及康熙年間，始有平南王尚可喜重興南華寺土木之舉。初有韶州布衣文人廖燕在「曲江二十四景」中列曹溪三景，以「曹溪香水」「南華晚鐘」「獅巖招隱」贊題曹溪勝境。後龔鼎孳遊曹溪，撰《南華賦紀八章》詩，實概詠所目驗之曹溪山水、自然風物及人文勝跡。雖每首有具體詠及之對象，而並非某首單題某景、某跡者。此後周日燦、陸世楷、孫之屏、王令、葉芳、張瑋、錢朝鼎諸人亦各撰詩，轉相酬唱，影響頗大。即當時未到曹溪之名士，亦有遙和、追和者，如曹溶即撰《遊南華寺不果紀事八首》，陳昉有《次韻奉和龔孝升總憲遊曹溪瞻禮六祖並拜憨大師》八首，趙霖吉有《步王季重遊南華八首》，凌作聖有《和天拙和尚次龔總憲韻八首》等。清同治、光緒間，大護法倡修南華祖庭，而寺貌爲之一新。曲江縣志乃以「曹溪香水」「南華晚鐘」「獅巖招隱」勝景，列入「曲江二十四景」。

自晚清民國毀寺興學運動起，宗教文化暫歇。此是時代災難使然，南華寺亦受到一定程度衝擊。在虛雲入曹溪前後，其情狀略可從羅香林、釋萬均（巨贊）文中窺其一斑。

參禮祖庭記·現狀

釋萬均

自馬壩站下車後，南向行三里至光華亭，即見「通南山」三大字刊於對面山坡，蓋即小象嶺也。自此更行二里，渡曹溪即至嶺下。曹溪之水清澈見底，而疾流有聲，膽卻者臨其上，必將掩耳而走，令人想見大鑒之惡辣棰椎。循嶺東行百餘步，石壁上有廣東某居士題「禪關」二字；又數十步，有李根源題「菩提無樹」四字，而曹溪一帶適皆無樹，過客見者，莫不作會心之笑也。更東行二里，達曹溪門，南華寺之頭山門也。屋三大間，近簷際橫建額曰「曹溪」，其後豎建額曰「敕賜南華禪寺」。有聯曰：「塵緣空寶鏡，嶺表一袈裟。」宣二年立。前右闢曠地五畝略種花木，曰南華公園，乃六十七師四零二團第五連築公路時所布置者。

曹溪門後數十步爲寶林門，額曰「寶林」，光緒二年額哲克、張希京、鄭紹忠、華祝三等建。有聯曰：「東粵第一寶刹，南宗不二法門。」民二十二年吴川李漢魂撰書。此後數十步，有井一口，石欄剥蝕，不見款識，殆即所謂「羅漢井」也。其後一二十步，爲羅漢樓，上下兩層，各三大間，今皆拆毁，余猶及見之。上層簷際額曰「衆山一覽」，乾隆丁亥立；後額曰「羅漢樓」。左側空地置一銅鐘，高六七尺，大四圍，有文曰：「敕著韶州曹溪寶林山南華禪寺住持，嗣祖賜紫正覺了悟大師奉寧，謹募十方善男信女資財，鑄造大鐘，永鎮祖席。以此殊勳，仰祝今上皇帝聖壽無疆，十方捨財檀信增延壽福者。皇宋乾道三年歲次丁亥。」鐘後石堆旁有萬曆十年捨資僧信斷碑及嘉靖甲午修羅漢樓記碑。

羅漢樓後十餘步，即龍潭遺址，舊建大雄殿於其上，今已拆去。志稱殿前二柏，祖所手植，亦已不存。降龍塔則因修造尚未就緒，拆置地上。塔鐵質，共五級，每級高廣各二尺，上鑄佛像甚多，故又稱千佛塔，乃雍正五年所改造者。其旁有鐵鐘一口，高約三尺，大一圍半。有文曰「元豐五年第七代住持志拱造」。又民國八年趙藩書「聞思修」三字碑，有跋云：「南華寺巨鐘四，一南漢大寶七年，一宋元豐二年，一元豐五年，一乾道三年，名藍閟寶也。猶有元明製者，年近不録。願禪和子勵聞思修，庶不負東序之陳列焉。」

龍潭舊基之左，即新大殿。袤四十三步（常步），廣四十九步，高約六丈，土木工程費約四萬元。中塑大佛三尊及迦葉、阿難，左右兩壁塑五百羅漢，後爲泛海觀音，裝塑包銀共三萬元。門首有額三：一曰「法鼓宏宣」，林森書；一曰「宣揚佛典」，蔣中正書；一曰「妙湛圓明」，葉恭綽書。又大銅鐘一口，有文曰「大漢皇帝維大寶七年歲次甲子，正月一日戊寅，鑄造洪鐘一口，重銅一千二百六十斤，於長壽寺永充供養」。又曰「南華禪院奉敕宣賜廣州長壽寺鐘一口，將鎮祖山，助資國祥。開寶九年院主惠正大師懷感，都監超淨大師道隆」。

殿後支巨鐵鍋一口，高與人齊，大六圍，厚二寸，傳謂六祖在時所用之千僧鍋，恐不衆據，亦無款識可考。此後歷十餘級而上即靈照塔。塔五級，八方，每方闊七步。高約八丈。「靈照」二字，二十二年李漢魂篆。下層供一銅像，僉謂即是六祖，而頂平額方，高顴闊項，與真身絶不相似。據云自五祖殿移來，恐是五祖之像，慈悲超脱，亦非常人相也。登塔石梯殊陡窄，最上兩層壁上皆生青苔，當是塔頂滲漏之故。四圍山色，空翠襲人，鐵馬嘶風，頗令人作遐想。第三層懸一牌，上題「在任遇缺前即補道署韶州府事廣州府知府蕭韶、四品頂戴署韶州府曲江縣事候補糧道府富純敬獻」。

塔左搭樹皮棚二進，每進五間，前爲臨時齋堂，後爲大寮，皆不蔽風雨。右亦有樹皮棚五間，係工人寮。其後下八級爲五祖殿五間，今改爲禪堂。梁下懸匾一，曰「一花六葉」，不辨款識，似御題。有鐵鐘一，高三尺，大二圍，元豐二年造。又李根源補刻、趙藩補書、盧鑄補篆柳宗元《大鑒禪師碑》。

塔後四步，即陳亞仙祖墓，略具墓形。墓上建屋如廊，左右各設門便出入。墓前建碑曰「施地檀越主陳亞仙祖墓」。又有萬曆丙申買田碑，李根源等重遊南華題名碑等。

墓後門側，有大鑒祖師遺像碑，李根源書趙藩跋云：「六祖像石刻碑，仆草棘中，騰越李希白始搜得之。像爲釋了暉倩龔生所繪，釋德光作贊，釋祖瑩跋而鐫石，時則宋淳熙戊申秋也。《曹溪志》失載，亟重樹之。民國八年二月趙藩記。」按該碑高四尺，像係半身，披袈裟，戴風帽，垂老之狀，約略似塔中銅像，不似真身，可異也。祖瑩跋云：「大鑒祖師掩跡四百餘祀，其遺風德韻，凜凜如生。雲礽相承，遍滿天下，而曹溪藐焉。五嶺之外，竟不識其慈容□表爲何□哉！有龔生者，妙得僧繇之筆，□寫□真。比丘了暉□□數十里負囊□□□□□□□□□□□□叩題□□且刊諸豐石，以□其傳。□□□□睹□加□儼然□在□□□□□□□本來□□□□□□□□燦發□□□□而□□□□□□□淳熙□□□元日敕住曹溪第十九世法孫比丘祖瑩跋。」又「南華僧了暉持」六字。又「大鑒祖師遺像命贊，且欲鐫石流傳不朽云。淳熙戊申仲秋朔，住阿育王山第十八世法孫德光稽首。非風旛動露全機，千古叢林起是非。咄這新州賣薪漢，得便宜是落便宜」。此外又有七十九代住持虛中觀意禪師行狀記碑，成化二十一年御製六祖壇經法寶序碑等。

墓後過小天井即祖殿，其前左廂小三間爲客堂。堂後樹皮棚三間，爲招待遊客之所，與大寮相聯。右廂三間爲雲水堂。祖殿係二層式，上下各三間。上層簷際豎建額曰「祖殿」，又橫建額曰「法衍南宗」。下層簷際有額曰「南天佛地」。聯二，李漢魂、章士釗撰書。殿中建石座，高三尺，長一丈，廣八尺，上供大鑒真身塔。形如育王舍利塔，木質，身高七尺，方四尺，頂高五尺，底座方五尺。四周護以紅泥，謹從前方啟幙處可以窺見真容。聳頂高顴，廣顎闊口，一望而知爲具大手眼人。千數百年，英英如生，足以令人瞻仰徘徊而不能已。

真身之前，有兩立像，各高一尺，左作梵僧狀，右則護法神像。考《通志》卷三，德清爲《靈通侍者戒酒文》云：「予初入曹溪，持瓣香敬謁六祖大師，時見主塔僧每月朔望之期以酒供奉靈通侍者。詰其所因，僧曰侍者本西域波斯國人，乘海舶至廣州，聞六祖大師，因隨喜歸依，願爲侍者，永充護法，衛安曹溪道場。但性嗜酒，不能戒飲，大師許其偷飲。以此妄傳，愚僧不達，遂爲常規，相習至今，凡千年矣，未有能爲侍者洗其汙者。末法弟子某，蒙荷祖師攝受，來整曹溪，已經期年。今於萬曆辛丑臘月八日，乃吾佛成道之辰，特爲合山衆僧授戒法，慮愚僧執迷不化，乃先爲侍者洗白一心，以謝衆口。敬拈瓣香，上稟祖命，告侍者曰（略）」但憨山去後，愚僧執迷，仍供酒漿。虛雲和尚繼憨山之志，爲侍者説皈依已，將酒器盡皆毀棄。去冬，闔寺大病，有疑爲靈通侍者所播弄者，虛雲和尚則具疏文向侍者解勸而無應驗。是亦宗門趣史也。

祖塔後左右各有石座，高二尺半，方四尺，各建木製小殿於其上。左供憨山真身，方面聳頂，氣宇堂堂，於脱灑中見英武。右供丹田禪師真身，長頤隆準，老實修行人相也。

祖殿上層，除祖塔之上未鋪樓板外，四周各鋪板度藏經，故其後簷有額曰「藏經閣」，亦李漢魂書。所度藏經有《影宋磧砂藏》及《龍藏》。此後爲蘇程庵，今改爲法堂及方丈室，上下各五間。考坡公《蘇程庵碑記銘》，蘇程庵，初名程公庵，乃南華長老辯公爲東坡表弟程德孺所作。坡公南遷過之，始更名蘇程云。其前有清桂禪師行述碑，剥蝕不可卒讀。又孫光庭補書東坡蘇程庵記碑，民國八年李根源等重修南華寺記碑。又御書「敬佛」二大字碑，有款曰「爲木陳老人」「癡道人」。

毗連法堂之左，又有屋上下各五間。下層中間爲功德堂，供陳亞仙、蘇東坡、蕭詔、尚可喜等神位，及李漢魂、李根源、鄒海濱等長生禄位。左右爲職事所居。其前有屋二進，各五間，西向，爲男客房。上層中間，供陳信具。衣懸於亭式玻璃櫥中，絲織品，繡千佛，係我國近代製品，稍有破損，以白綾襯裏，高約四尺半，長約八尺。又二如衣而較小，鋪陳衣下，恐是□具。鉢置其上，口徑約五寸，厚三分，外塗漆，於破損處知用銻鐵造成。內置木匙、銅匙各二，棕刷一。其前桌式玻璃櫥中有墜腰石，色青黑，質甚堅，重約十餘斤，作上後下前形。長尺餘，厚四寸，上端有洞通前後，下端僅有凹痕。有文鐫其上曰：「龍朔元年鐫，師墜腰石，盧居士誌，桂林龔邦柱書。」志謂此石本在黃梅，嘉靖間鄉人有宦于楚者，舁以歸。而文不甚可通，頗滋人疑。又有鞋三雙：一黃布繡口，綁式如今之僧鞋，底則官靴式；一僅存官靴式底；一軟底黃緞面，繡花。又綢襪一雙。又所謂響鞋者，志謂三寶太監所供，今僅存一底。皮質十層，厚約一寸，頭大跟小，如拖鞋。有小銀鈴六，約略如小兒之繫於腕上者，不知究作何用。又唐萬歲通天元年敕書一卷，元延祐五年藏文護寺免差敕及明天順間釋本合裝一卷，不能識別之異域文書一卷，明正統十年頒大藏敕書一卷，有南皮張之洞等跋。又元延祐四年賜金書《孔雀經》，及明宣德間賜金書《法華經》，皆失佚不全。

考《增一阿含經》《涅槃經》《大智度論》等，雖俱有世尊付法迦葉之説，而皆未言衣鉢相傳。《付法藏因緣經》云：「迦葉至雞足山，於草敷上跏趺而坐，作是願言：今我此身著佛所與糞掃之衣，自持己鉢，乃至彌勒，令不朽壞，使彼弟子皆見我身而生厭惡。」是則迦葉雖傳衣鉢而未付諸阿難。《寶林傳》《傳燈録》同，但「糞掃衣」則易爲「金縷僧伽梨」。至於達磨傳於二祖之衣，據《傳燈録》，乃其自所服用者，鉢未見傳。其後二祖傳三祖，乃至四祖傳五祖，亦皆僅云傳衣法而不及鉢。《壇經·自序品》始有傳衣鉢之文，則恐五祖自用之鉢耳。《曹溪通志》乃謂鉢是四天王供養如來之物，衣即金縷袈裟，誤矣。又考清張爾岐《蒿庵閒話》卷一云：「六祖衣鉢，傳自達磨，藏廣東傳法寺。衣本西方諸佛傳法信器，鉢則魏主所賜。嘉靖中莊渠魏校督學廣東，取衣焚之，鉢碎之。」據此，則今日所見之衣鉢，非惟不足以表信，抑將令人失信，爲其贋造故也。

毗連法堂之右，亦有屋上下各五間，則尼戒堂及女客房也。寺東百餘步有別墅式之屋三所，一曰南華精舍，一曰證因小築，一曰種石讀書處。南華精舍較寬大，布置亦較精潔，正應供達磨以下五祖之像。

寺前曹溪一帶，統稱南華洞，而實無洞，殆與廬山白鹿洞命名之意相同。洞中有村莊四，每村有屋百餘間或數十間不等。在昔皆爲寺中子孫之私宅，今則由寺召租，不准僧人寄居，而子孫派始無可托跡，此乃復興南華寺之要策也。惟屋宇皆甚卑隘，用草蓋者占大半。余嘗至其中一院落參觀，上漏下濕，雞豕與人雜處，糞穢遍地，腥臭刺鼻。雖有佛堂，而昏暗不能辨佛貌，其餘室内皆不通光線。亦有樓，余於其上揀得清息柯居士著《歸石軒畫談》卷八至卷九一册，異之，叩諸同行，知係去春駐軍所遺者。不然，安於陋巷，而猶不忘風雅，其僧亦大可與語矣。

副寺語余曰：「南華四至，昔日縱横三十里，今僅收穀三百餘石。望中諸山，雖名爲南華所有，而無力管轄，頗有爲豪民所侵占者。」此南華寺之現狀也。《海潮音》十九卷第八期

民國期間，因韶關一度爲廣東省省會之區，各政要及文化名流多流連於此，禪宗祖庭曹溪又爲人所重視，乃至邀禪宗泰斗虚雲老和尚駐錫於此，掃蕩穢跡，重新布局，而宗風復得振起。

綜覽舊志，且觀現狀，曹溪歷代佛教遺跡除寺院殿宇之外，其尤著者略有：

避難石 在寺南五里，三石品列，其中獨巨。舊志載：六祖居寶林九月，預知惡黨尋害，遁於前山。惡黨果至，縱火焚草木，乃隱身挨入石中得免，故名。或云六祖黄梅得法持衣鉢歸，遭惡黨追殺，遁於前山。惡黨火燒前山，祖師隱身挨於石中得免。石色紅紫，深二三尺，宛如一龕，有師趺坐膝痕及衣布之紋。

坐　石　在象山之麓。舊傳六祖喜玩山水，常日打坐石上，聖跡尚在。

拜　石　在寺北天王嶺前。古記六祖於此拜佛，膝痕尚在。

招隱巖　又稱獅子巖。見前。

降龍塔　舊傳寺有潭，龍常出没其間，觸撓林木。一日現形甚巨，波濤洶湧，雲霧陰翳，徒衆皆懼。師叱之曰：「汝能大而不能小，若爲神龍，當能變化。」其龍忽没，俄頃現小身，躍出潭面。師以鉢舀之，持歸説法堂，龍遂蜕骨而去，長可七寸，首尾角足皆具。師遂以土石堙其潭，殿前有鐵塔鎮之。鐵塔清代猶存，民國時拆毁，現藏於鼓樓内。

伏虎亭　舊時寺後林木深阻，猛虎據之，遺患遠近。元住持僧首衆説法，虎皆馴伏。因在龍王井前建亭。康熙二年，監院可相重修，韶州知府趙霦吉作記。後廢。

飛錫橋　寺後伏虎亭下有石橋，相傳祖師望雲於此，慨然曰：「予親隴在南，而錫駐於此。」因名。橋上有亭，扁曰「洗心」。清順治時釋真修重修。

曹侯村　魏武帝玄孫曹叔良所居，康熙時仍存，在相公橋左王宅園。

陳亞仙祖墓　在靈照塔後，六祖殿前，爲寺院最古老建築之一。當年陳亞仙施地建寺時，要求留下祖墳之地，得惠能讚許。

陳亞仙祠　陳亞仙去世後，其後代將其葬於寺廟靈照塔後。後又在曹溪門左，建陳亞仙祠，以永遠紀念這位大功德主。

洗硯池 在飛錫橋側。明萬曆年間憨山中興曹溪，在華嚴堂注經、勘校，以曹溪水洗硯。時撰《六妙銘并引》，曰：「前峰緊抱，彎環如角，予名之曰麟角，且喻獨也。庵前有池，俗呼洗硯。蓋東坡嘗三遊兹山。」

拜經臺 舊在主刹東（今佛學院所在）。丹田十八歲投曹溪智璉法師座下剃染，在此「日誦《金剛經》不輟」，今舊址無存。

花果院 唐儀鳳二年（六七七），惠能復歸曹溪，弘揚東山法門。其足跡遍及曹溪四境，遂開蘭若勝景十三處，爲花果院。北宋禪宗大盛，曹溪四境檀越、信衆施地捨産，入籍寺門，蘭若、精舍四起。曹溪花果院之設，漸爲寶林主刹寺僧莊居，或附爲曹溪腳院，年納香燈十二石。入元後，政府重教抑禪，曹溪禪式微，花果院設寺僧莊居。及明，大部堙没或淪爲寺庵。萬曆志載蘭若名爲十三所，然實際僅得十二所：一興雲寺，居庫前；一資聖寺，居石寶坪；一當林寺，居曹崗；一寶興寺，居演山顯村；一高泉寺，居潭溪；一望雲寺，居木坪；一崇雲寺，居楊梅田頭山；一靈山寺，居雙石嶺尾，即虎榜山水口；一厚峰寺，居譚田頭，即高陂角；一鬱林寺，居其田；一東林寺，居蒼村；一深峰寺，居社溪。康熙志載「寺僧莊居」，謂：「一在黄坭塘，一在曹溪水尾，一在上壩，一在中壩，一在下壩，一在磨院殊勝園，一在觀音橋，一在東象曹源庵，一在天子岡，一在車頭嶺，一在水頭莊。皆十一房僧衆分居，以便耕種。」又謂腳院「原名花果院」，此見惠能所建四境蘭若至明代已俱久廢，至清初衹存十一處，久廢之庵址，無有復之者。今將明清舊志所載花果院、寺僧莊居及相關記述列表如下。

花果院蘭若表

寺名	花果院	寺僧莊居	所處區位
興雲寺	在庫前	天子岡	主刹東五里
高泉寺	在紫筍莊潭溪	磨院殊勝園	主刹象嶺靠背山後
東林寺	在蒼村		主刹東北紫筍莊
寶興寺	在演山顯村	上壩	主刹西北十里
厚峰寺	在譚田頭（即高陂角）	中壩	主刹西北馬鞍山東
資聖寺	在石竇（堡）坪	下壩	主刹西南二十里
靈山寺	在雙石領尾（即虎榜山水口）	曹溪水尾	主刹西南二十五里
望雲寺	在木坪	東象曹源庵	主刹東北二十里
崇雲寺	在楊梅田頭山	黄坭塘	主刹東南二十里
深峰寺	在社溪		主刹東十里
當林寺	在曹崗	水頭莊	主刹西北二十里
欝林寺	在其田	車頭嶺	主刹東北三十里

二、山中石刻

石刻作爲重要歷史文化載體之一，無異點綴於山川之瑰寶。人們流連於自然美景間，摩挲辨識殘碑斷碣，可誎古人，可追來者，心馳而神搖，其樂何極！

唐韋璩六祖碑　刻於唐先天二年（七一三）。《壇經·付囑品第十》：「韶州奏聞，奉敕立碑，紀師道行。」此爲曹溪爲惠能所立第一通碑石。據唐最澄《曹溪大師別傳》云：「有殿中侍御史韋據爲大師立碑。後北宗俗弟子武平一，開元七年磨卻韋據碑文。」則唐開元時已不存。

唐王維撰六祖能禪師碑銘　碑文不具年月，據神會相關行狀，可大致考訂爲唐開元二十二年（七三四）所撰。碑已佚，文見「藝文詞翰」。

曹溪第六祖賜謚大鑒禪師碑　唐柳宗元撰。文中稱「大鑒去世百有六年」，則爲唐元和十年（八一五）撰。據蘇軾《書柳子厚大鑒禪師碑後跋》，唐石北宋已亡。道光《廣東通志·金石略》案，碑經明嘉靖間重刻者亦不見。今寺存民國八年（一九一九）李根源重鐫碑。碑銘文見「藝文詞翰」。

大唐曹溪第六祖大鑒禪師第二碑并序　碑傳不落年月。據文中「後三年有僧道琳率其徒由曹溪來，且曰願立第二碑」，則唐元和十三年（八一八）劉禹錫貶任連州第三年撰。碑已佚，文見「藝文詞翰」。

招隱石刻　寺西十里有巨石卓起，高數十丈，其中有巖，唐惠能曾棲隱於此。宋政和間提刑耿南仲題「招隱」二字。古「曲江二十四景」有「獅巖招隱」，清廖燕有《獅巖招隱》詩贊。今石刻已佚。

韶州曹溪寶林山南華禪寺重修法堂記碑　北宋余靖撰，刻於康定二年（一〇四一）十二月。碑佚，文見「歷史沿革」。

韶州南華寺慈濟大師壽塔銘　北宋余靖撰。年月稍晚於慶曆元年（一〇四一）前撰之《韶州曹溪寶林山南華禪寺重修法堂記》。據《法堂記》云，本塔銘由惠實礱石乞詞。碑石已佚，文見「祖庭椽棟」。

六祖石刻像碑　刻於南宋淳熙十五年（一一八八），現嵌於方丈樓前照壁中（祖殿後）。碑中央陰刻六祖半身像，披袈裟，戴風帽，垂老之狀。像下方原有碑文，因風化剥落，今字跡無法辯讀。碑右上角刻李根源書趙藩跋：「六祖像石刻碑，仆草棘中，騰越李希白始搜得之。像爲釋了暉請龔生所繪，釋德光作贊，釋祖瑩跋而鐫石，時則宋淳熙戊申秋也。曹溪志失載，亟重樹之。民國八年二月趙藩記。」民國三十二年（一九四三）虛雲《重興曹溪六祖道場記》：「又建延壽堂，安諸老人。平地基時發現宋淳熙年間所刻六祖真像及碑銘，移存祖殿照壁廊內。」即此。

卓錫泉銘碑　在卓錫泉一側。北宋紹聖元年（一〇九四）八月，蘇軾來寺所作。原碑佚。明嘉靖韶州知府陳大倫與推官李鐫、曲江知縣王欽等倣舊碑重立，亦佚。文見「藝文詞翰」。

卓錫泉碑　在寺後西北之九龍泉，嵌於九龍泉壁間。碑已風化，字跡多模糊。蘇軾遊曹溪，應住持重辯請作《卓錫泉銘》，并題「卓錫泉」。原石佚。明嘉靖二十七年（一五四八）重刻，亦佚。今刻係民國八年（一九一九）李根源囑趙藩重書。

蘇程庵銘碑　北宋紹聖元年（一〇九四）八月蘇軾撰。原碑文舊刻於蘇軾書柳宗元《賜謚大鑒禪師碑》後，早佚。明崇禎八年（一六三五），余大成重刻，亦佚。今寺存「蘇程庵銘」石碑爲民國八年（一九一九）孫光庭書，李根源刻，立於今方丈樓前照壁間。文見「藝文詞翰」。

請超公禪師住持南華寺疏碑　南宋淳熙九年（一一八二）刻，嵌於六祖殿前側廊間。大理石質。行書陰刻。碑微風化，原有裂痕。碑中月與日之間有篆體印鑒「廣南東路轉運使印」，下有五行老宋體，較難辨認，每行末端有楷書，分别爲徐、林、楊、王、鞏五字，爲五位官員之姓。此碑爲寺内現存碑中最早者。文見「祖庭椽棟」。

鼎造六祖大師塔記　明成化十三年（一四七七）立，在藏經閣東壁。青石質，暈首，篆額，額兩側飾麒麟紋。碑文楷書陰刻。款署「制授承旨講經兼賜寶藏圓融顯密大宗□播陽道深撰，資善大夫工部尚書前翰林侍書太常少□□陵趙榮書，奉天翊衛推誠宣力武臣特進光禄大夫柱國太保□□□□南□繼宗篆，成化十三年歲次丁酉冬十一月二十一日立石」。

重建大鑒禪師信具樓碑記　明弘治三年（一四九〇）撰。款署「賜進士出身嘉議大夫户部左侍郎兼都察院左僉都御史南海李嗣撰并書篆，賜進士出身中憲大夫南雄府知府貴溪江璞主緣。弘治三年龍集庚戌秋吉，門徒明鑒、明照，孫真全、真常、圓璽、圓璧立石」。碑青石質，暈首，篆額，額飾龍紋，記文楷書陰刻。文見「藝文詞翰」。

重修説法堂碑　在方丈前照壁。明正德五年（一五一〇）知縣黄璉撰。文見「藝文詞翰」。

南華禪寺分豁紀事碑　碑存寺中。青石質。明正德五年（一五一〇）撰，楷書陰刻。文見「歷史沿革」。

敘南華禪寺七十九代住持虛中觀意禪師行狀記　存寺中。青石質，周飾卷草紋。不具年月，約撰於嘉靖間。文見「祖庭椽棟」。

御製六祖壇經法寶序碑 立於祖殿前屏墻左側。石灰巖質。碑文陰刻楷書，碑首浮雕雙鳳朝陽，四周陰刻十二雲龍。明憲宗撰於成化七年（一四七一），左下方有明嘉靖二十一年（一五四二）韶州知府符錫附題碑文。文見「歷史沿革」。

重建敕御經樓碑記 存寺中。青石質。立於明萬曆二年（一五七四）。碑文已模糊。

六祖常住香燈大坪莊糧田印信案碑記 在祖殿前照壁。明萬曆十八年（一五九〇）立。青石質，楷書陰刻。文見「歷史沿革」。

王弘誨詩碑 存祖殿前照壁。明萬曆二十一年（一五九三）二月禮部尚書王弘誨遊寺賦詩而刻。詩見「藝文詞翰」。

衆信捨財買田記碑 存於陳亞仙墓祠外墻左。石灰巖質。立於明萬曆二十四年（一五九六）。文見「歷代沿革」。

重修南宗六祖大鑒禪師寶塔碑記 碑存寺中。青石質。明萬曆四十五年（一六一七）立，署款「賜進士第觀户部政古嵒黄公輔撰文，韶州府推官莆田許穆篆額，南□府推官五羊王安舜書丹。時萬曆四十五年歲次丁巳季春之吉，第一百四十三代冠帶住持道宣同合山耆舊僧衆敬立」。民國三十二年（一九四三）虚雲築戒壇時，在土内挖出萬曆修塔碑，豎立雨花臺壁中，即此碑。

葉紹顒詩碑 在靈照塔後陳亞仙墓祠外墻。行草字體。明崇禎八年（一六三五）立。詩見「藝文詞翰」。

重建方丈碑記 碑存於陳亞仙墓右。青石質。韶州府推官洪琮撰立於清順治十七年（一六六〇）。

碑文已模糊。文見「歷史沿革」。

敬佛碑 嵌於寺中祖殿後廊前照壁右側。石灰巖質地，殘。碑首陰刻篆體「御書」二字，兩旁各陰刻一龍，四周卷雲圍繞。「敬佛」二字行書陰刻。左右款「爲木陳老人」「癡道人」，旁刻印鑒兩方。無刻石年月。史載清世祖好佛，時有木陳、玉林二師爲取法名「行癡」。則此碑或爲順治帝所題。

重興南華寺記碑 碑存寺中。青石質，碑首篆額，兩側飾龍紋。楷書陰刻。清平南王尚可喜撰，康熙七年（一六六八）立。文見「歷史沿革」。

重修御經閣記碑 碑原存御經閣內，清初於閣地興建祖殿，移祖殿前照壁。青石質，暈首，篆額，額兩側飾雲龍紋，正文楷書陰刻。康熙十一年（一六七二）立，款署「大清康熙十一年歲次壬子孟冬吉旦，平南王尚可喜薰沐敬題。督修信官萬有才、馬必騰、高天爵，管工官沈得勝、田武、張起勝、閆應上、蘇啟召、吳有才，管工匠陶國亮，管油漆張國祥，主法沙門真樸，勸緣戒僧真修，督理都綱司可相，耆舊宗葦、清晃，住持圓科，塔主德興、能持，都管真祥、福寬」。文見「歷史沿革」。

重建蘇程庵碑 碑存舊方丈照壁中。青石質。清康熙十九年（一六八〇）立，篆額，款署「時大清康熙十九年歲次庚申臘月吉旦立，賜進士出身敕贈文林郎知乳源縣事升授韶州府督糧通判馬騮撰」。文見「歷史沿革」。

陟巘逢源碑 碑存於卓錫泉側。刻於清康熙二十七年（一六八八）。

光緒曲江縣令立禁碑 存寺中。青石質，楷書陰刻。調署曲江縣事和平縣正堂陳撰，清光緒十三年（一八八七）立。

南華寺遊記碑　碑存陳亞仙墓祠左側外墻。民國七年（一九一八）七月立，李根源撰，鄧爾雅書。

重遊南華禮題憨山詩三首碑　碑存陳亞仙墓祠外墻。民國八年（一九一九）立。款署「己未人日重遊南華禮憨山禪師塔，敬寫遺詩三首，以志嚮往，騰衝李根源書」。跋「民國八年春三月，滇軍講武分校長張鑑桂、提調周興權、教官李德瑚（中略）率步騎炮工科學生三百七十六人野外演習，至此同謁祖庭敬題」。

李印泉修繕南華碑　嵌於鐘樓外墻。民國八年（一九一九）立。款署「嶺南道尹建水楊晉記，東官鄧爾雅書」。文見「歷史沿革」。

勵聞思修碑　嵌於寺院鐘樓門側壁。民國八年（一九一九）趙藩書。碑右、左款題「南華寺巨鐘四：一南漢大寶七年，一宋元豐二年，一元豐五年，一乾道三年。俱名藍閟寶也。猶有元明製者，年近不録，願禪和子勵聞思修，庶不負東序之陳列焉」，落款「中華民國八年歲次己未秋日趙藩題識」。

六祖行年考碑　存寺中。青石質，楷書陰刻。民國八年（一九一九）趙藩撰，李學詩監刻，鄧爾雅補篆額。文末小識：「遊南華寺，住蘇程庵，參六祖、憨山、丹田遺象，觀寺藏金石墨敕，雨雪寒□，□筆爲此考。同遊者騰越李根源洎孫光庭、盧鑄、蔡守、鄧爾雅、劉祖武、潘龢、二子宗瀚。時民國八年己未正月穀旦也。趙藩記。」

重修南華禪寺記　存寺中。民國二十三年（一九三四）李漢魂立，鄒魯書。

南華寺抗戰陣亡將士紀念碑記　存主刹東登覺橋左中山亭內。民國二十八年（一九三九）七月立，廣東省財政廳廳長兼廣東省銀行行長顧翊群撰并書。

石鼓刻 在祖殿前舊方丈丹墀前兩側。由鼓座、鼓石組成。抗戰時期，兼理雲南監察使李根源捐修，上刻蘇東坡詩「飄流百戰偶然存」。

禪關石刻 在寺西二里小象嶺廣韶公路旁崖壁。「禪關」二字隸書。左款楷書「賁嵎簡經綸」。不署年月。此地舊名「水尾橋」，爲寺西北面地界。

九龍壁石刻 在卓錫泉前。由五方石刻板組成。石刻須彌座，壁面兩側刻九龍戲海，中部刻惠能卓泉傳説組圖。一九九七年住持佛源重建，調整布局。

曹溪講壇石刻 「弘法利生圖」六方，在曹溪講壇大廳東西兩側小廳外墻。東側爲「玄覺持錫杖繞師轉三圈碑」「薛簡奉旨迎師供養碑」「韋璩請惠能大梵寺説法碑」；西側爲「神會曹溪拜六祖碑」「師囑衆要參訪善知識碑」「唐中宗下詔褒獎惠能碑」。「法脈傳承圖」三幅，由五方石碑組成，在曹溪講壇地下展廳進出大門前廳。居中一幅以惠能爲中心，從左至右依次刻南嶽懷讓、青原行思、南陽慧忠、永嘉玄覺、荷澤神會五位祖師刻像。左右兩幅石碑分别爲「師惠能教人棄惡從善圖」「六祖惠能傳法圖」。建成於二〇一五年底。

十方檀越施田芳名碑 在祖殿前屏墻。青石質。額楷題「十方檀越施田芳名」。碑文殘。

趙樸初題蘇軾南華詩碑 在祖殿前舊方丈室墻，一九九二年立。碑文後有「蘇東坡南華寺詩，公爲此詩時殆已了悟前因緣，故其詩真摯動人，絶非泛泛口頭禪語」，落款「佛源大和上駐錫南華，敬書此以爲供養。壬申佛吉祥日。趙樸初」。

南華寺現存碑刻一覽表

碑刻	方位	規格（釐米）		年代
		高	寬	
請超公住持南華寺	祖殿前左側墻	160	60	淳熙九年（一一八二）
大鑒祖師遺像碑題跋	舊方丈室墻壁	140	78	淳熙十五年（一一八八）
鼎造六祖大師塔記（道深）	法堂右側壁	190	88	成化十三年（一四七七）
南華禪寺分豁紀事碑	舊方丈室內墻壁	80	70	正德五年（一五一〇）
重建大鑒禪師信具樓記（李嗣）	法堂左側壁	210	110	弘治三年（一四九〇）
重修普庵殿記碑	鐘樓內	173	93	嘉靖九年（一五三〇）
敘南華禪寺七十九代住持虛中觀意禪師行狀記碑	祖殿前照壁	110	70	嘉靖十八年（一五三九）
重建方丈碑記	陳亞仙墓右側	93	70	嘉靖十八年（一五三九）
閱《六祖壇經》仰見我（符錫）	祖殿前照壁	260	130	嘉靖二十一年（一五四二）
卓錫泉銘并序（蘇軾）	九龍泉左側	97	73	嘉靖間（一五二二至一五六六）
重修敕御經樓碑記（紹稅）	祖殿前照壁	235	113	萬曆三年（一五七五）
六祖常住香燈大坪莊糧田印信案碑記	祖殿前照壁	210	100	萬曆十八年（一五九〇）
謁六祖有作碑（王弘誨）	祖殿前照壁	140	86	萬曆二十一年（一五九三）

衆信捨財買田記	陳亞仙墓左	100	68	萬曆二十四年（一五九六）
重修祖殿墻碑記	靈照塔北面	48	68	萬曆四十年（一六一二）
重修南宗六祖大鑒禪師寶塔碑記	法堂左側壁	230	110	萬曆四十五年（一六一七）
協力抽資同修碑	祖殿前照壁	125	82	萬曆間（一五七三至一六二〇）
鄧德俊捨田碑	祖殿背墻	40	30	萬曆間（一五七三至一六二〇）
葉紹顒題詩碑	祖殿前右廊	140	80	崇禎八年（一六三五）
蘇程庵銘并引（余天成書）	舊方丈室内墻壁	198	112	崇禎八年（一六三五）
募修佛樓題名碑記	鼓樓内	210	116	康熙七年（一六六八）
重興南華寺記（尚可喜）	鐘樓内	330	153	康熙七年（一六六八）
重修御經閣碑記（尚可喜）	祖殿前照壁	240	110	康熙十一年（一六七二）
重建蘇程庵碑（馬騮）	舊方丈室墻壁	196	108	康熙十九年（一六八〇）
楊宏階施田供養碑	祖殿背墻	62	43	乾隆五十一年（一七八六）
祖師兑換衆嚮田碑記	祖殿背墻	40	38	乾隆五十一年（一七八六）
邱見華、邱甲鳳家人施田供養碑	祖殿背墻	46	32	嘉慶二年（一七九七）
楊文韜施田供養碑	舊方丈室内墻壁	32	44	嘉慶六年（一八〇一）
饒裕嘉捨田碑	祖殿背墻	46	32	光緒二年（一八七六）
李印泉修繕南華碑（楊晉）	鐘樓右側	220	115	民國七年（一九一八）
勵聞思修碑（趙藩）	鐘樓左側	170	91	民國八年（一九一九）

續表

碑刻	方位	規格（釐米）		年代
		高	寬	
重遊南華禮題憨山禪師塔詩三首碑（李根源）	陳亞仙墓右側	228	134	民國八年（一九一九）
南華寺遊記	陳亞仙墓左側	245	113	民國八年（一九一九）
曲江六祖大鑒禪師行年考（趙藩）	鐘樓內	223	106	民國八年（一九一九）
宋蘇文忠南華寺蘇程庵銘	舊方丈室內墻壁	68	94	民國八年（一九一九）
靈照（李漢魂書）	靈照塔	20.8	10.8	民國二十二年（一九三三）
重修南華寺記（李漢魂）	鐘樓內	180	78	民國二十三年（一九三四）
重修南華寺捐款芳名表（两碗）	鐘樓內	180	76	民國二十五年（一九三六）
南華寺抗戰陣亡將士紀念碑（顧翊群）	中山亭內	158	98	民國二十八年（一九三九）
南華瑞柏碑	鼓樓內	176	76	民國三十二年（一九四三）
應無所住碑（虛雲）	九龍泉左壁廊	110	66	一九五九年
重修祖殿碑記	舊方丈室墻壁	80	50	一九八一年
謁六祖題詩碑	祖殿前照壁	158	95	一九八七年
趙樸初題蘇軾南華詩碑	舊方丈室墻壁	145	54	一九九二年
重修靈照塔記	陳亞仙墓左側	144	77	一九九三年
平南王尚可喜重興南華寺記	天王殿前右側	300	120	一九九七年重立
六祖能禪師碑銘并序	天王殿前右側	300	120	一九九七年重立

中興曹溪禪堂香燈記（釋德清）	天王殿前右側	300	120	一九九七年重立
重修法堂記（釋覺慧）	法堂右側壁	116	65	一九九八年
重建鐘樓碑記（何明棟）	鐘樓右側	120	78	二〇〇〇年
重建鼓樓碑記（何明棟）	鼓樓左側	120	78	二〇〇〇年
多寶閣碑記	多寶閣前	170	90	二〇〇六年
重修大雄寶殿記	大雄寶殿後	264	100	二〇〇九年
重修大雄寶殿護法居士芳名碑	大雄寶殿後	264	100	二〇〇九年
衆信芳名碑	鼓樓右側	218	118	
御書「敬佛」碑	舊方丈室墻壁	190	96	
十方檀越施財芳名碑	祖殿前照壁	150	98	
信衆芳名碑	祖殿前照壁	110	83	
卓錫泉（趙藩）	九龍泉右側	113	66	
靈山密旨迦葉印心曹溪廣播耀古騰今（本焕）	九龍泉左壁廊	52	66	
靈山微笑旨迦葉得傳心法乳源流遠曹溪耀古今（雲峰）	九龍泉左壁廊	60	66	
重修南華寺显名碑	鼓楼內	294	150	字跡不清
南華寺太平寶塔記	鼓楼左側	200	110	字跡不清
重修説法堂輪充塔	舊方丈室內墻壁	136	82	時間不詳

三、新三十三景

一九四九年後，南華寺長期被外單位徵用，先後變成農場、五七幹校、紅衛兵接待站、華南礦冶學院等。幸祖殿未全燬，改革開放之後，得國家政策大力支持，住持惟因苦心經營之，衆護法居士慷慨助施，又俄成寶坊矣。自二〇〇〇年始，住持傳正先以新收回之主刹東側土地，增建曹溪佛學院，並完善其規制，新建多寶閣、息心園禪修中心等；又於山門主刹西側土地上，新建拈花笑處祖師殿、曹溪講堂、萬佛塔等建築。與此同時，大興山門主刹，拓開寶林勝境。歷近二十年，全寺景觀焕然一新。乃有居士繪成《新三十三景圖》，以取信於後世云。

寶林聖峰　景取寶林枕山象嶺。象嶺又稱雙峰山，以六祖承襲黄梅雙峰山禪法而名。唐儀鳳二年（六七七）春，惠能重返曹溪弘法，山嶺亦欲爲諸佛龍象。

卓錫流泉　景取曹溪寶林卓錫泉，爲曹溪古跡之一。

寶林秋楓　寶林深秋，晨曦細雨，高嶺雲霧繚繞，如法雨生雲，蒼翠近林，片片紅楓，點綴山色。

曹溪水松　寺後山卓錫泉潭邊水松數株，常年青翠濃緑，古藤纏繞，逢繁花綻放，猶如空中花園，粉蝶飛舞，群蜂嗡嗡。趙樸初《題南華寺》詩云：「古樹多依古寺門，參天千丈水松青。舉頭欲乞天龍力，與我曹溪一勺清。」

南華銀杏　景取寺院大雄寶殿前、九龍泉側銀杏樹。初冬樹葉金黄，猶如黄金布地，與寺院紅墻緑瓦交相輝映，春天枝頭抽芽吐緑，恰似點點翠珠，使寺院生意盎然，多姿多彩。

萬佛朝宗　景取曹溪勝境羅漢諸峰。中爲香爐、鉢盂二山，山峰奇異，形態飄逸。香爐高起爲朝山，左右羅漢諸峰，聯絡參拱，仿佛數十位活佛排列盤坐，構成萬佛朝宗群山景。

法乳之源　景取寺東南二里半寶林山盪水石，溪水自東流西，水流激盪溪中巨石，晝夜轟鳴。

千古靈照　景取寺内重新之靈照古塔。

護祖藏石　景取寺院西南五里之六祖避難石。

叢林塔影　景取虚雲、惟因舍利塔。

祖印重光　景取靈照塔後舊祖殿景。祖師殿，即信具樓，六祖衣鉢所藏。歷經興廢，於一九八三年、二〇一二年兩度重建，恢復明代磚木結構原貌。

雲水南渡　景取曹溪山門外廣場雲水橋，建成於二〇〇九年。橋名取自佛教古曲《雲水禪心》，寓意曹溪南華禪猶如雲水，盡渡禪修僧衆。

曹溪挹翠　景取曹溪山門。曹溪門舊有挹翠亭，又前爲曹溪古渡亭。又寺古三門，曹溪、寶林、羅漢，夾道古樹蒼鬱茂密。蓋自有寺以來，即有此樹，遊憩者多作清涼極樂之思，是山門第一勝景。

南天浮屠　景取曹溪拈花笑處祖師殿前萬佛塔。

凌煙祖閣　景取新建祖師堂。參見「南華重光」之「拈花笑處」條。

通幽長廊　景取南華長廊。廊内枋梁繪惠能、虚雲事跡彩畫。參見「南華重光」新文化建築。

古庵清幽　景取古無盡庵。

香積待賢　景取南華香積廚、齋堂。

息心禪園　景取息心園。　參見「南華重光」之「息心園」條。

禪林惠流　景取曹溪佛學院。

法堂悟經　景取藏經閣，又稱法堂，乃寺院講經説法、藏經之場所。

禪緣五香　景取曹溪山門後放生池放生橋、中央五香亭。

寶殿聽誦　景取大雄寶殿。

多寶開示　景取南華多寶閣佛學院講堂。

弘法講堂　景取南華主刹西側新建曹溪講堂。

曹溪觀水　景取舊建曹溪山門外西一里處飲香亭。此處原建有茶亭，據萬曆志載，係寺僧伺接上官之地。始建時間未詳，明嘉靖年間重修，清末亭廢。

悟法坐香　景取禪堂。

曹溪坐禪　景取曹溪象嶺「坐石」。

祖師拜經　景取曹溪北天王嶺六祖惠能「拜石」。

憨祖注經　景取憨山德清駐錫曹溪，於華嚴堂爲《壇經》作注，設立僧學，啟蒙僧童等史實。

洗硯靜心　景取憨山駐錫曹溪時之洗硯池。

丹田曬經　景取傳説中丹田駐寺時之拜經臺。

閉關修禪　景取曹溪象嶺閉關房。相傳六祖惠能開法曹溪，於象嶺山中，闢禪修關房悟法之道。此後，祖庭閉關修禪代代相承。今舊址無存。

四、大南華文化圈

爲保護歷史遺産，弘揚六祖文化，發展文化旅遊，藉以振興地方經濟，南華寺在國家、省、市、區各級政府支持下，努力打造「大南華文化圈」。

「大南華文化圈」構想起於二〇〇四年。其取得突破性進展，乃在二〇〇七年三月韶關市政府召開第二次「大南華佛教文化規劃」聽證會，會議聽取廣東省城鄉規劃設計院所作《大南華文化旅遊規劃》報告，並對規劃中所提「大南華」定位、規劃範圍，以及近、中、遠期實施目標進行討論。南華寺方丈傳正提出：「規劃」要力求做到保護現有建築群與恢復歷史遺址、遺跡並重，保護現有山水生態。韶關市市長鄭振濤要求：「規劃」應以「禪宗祖庭，佛教勝地」理念爲定位，規劃範圍要擴大，格局要大，品位要高。正式規劃「大南華文化圈」範圍爲：以南華禪寺四周山脈分水嶺爲界，北起寶林山北麓山腳，南至羅漢峰諸頂，西到六祖避難石西側山腳，東至塔子坳，面積約一千六百八十一點二九公頃。規劃控制範圍：西起禪關，東至塔子坳，南至大寶山礦鐵路專線，北至寶林山分水嶺，面積約七百二十點一七公頃。構築「山、林、寺、溪、田」相交融之生態景觀格局，形成「一環、一心、兩軸、三區、多節點」之景觀系統。「一環」指周邊背景山體和曹溪以南之農田，形成山林景觀和田園景觀滲透，展現「嵯峨寶林，悠悠南山」之禪宗意境和古典韻味之田園風光。「一心」即南華禪寺，乃大南華地區核心景觀，展現「禪宗祖庭」千年古刹風貌。「兩軸」即禪宗朝聖軸線，體現莊嚴神聖之宗教朝聖景觀；曹溪自然軸線，體現「曹溪香水」之文化與景觀魅力。「三區」即五宗禪源主題景區，展現宗教朝聖、禪宗溯源特色景觀；一花五葉主題景區，展現歷史文化韻味濃厚之傳統寺院園林景觀；禪修中心主題景區，展現山水禪意、參與性强之人文生態景觀。「多節點」即南、西、東三個門户節點，展示大南華地區形象；多個重點項目景觀節點，展現佛教與六祖禪宗文化主題景觀。參見「南華重光」。

卷二　歷史沿革

卷二　歷史沿革

因地域懸隔，嶺南文化與中原文化自古頗有差異性，海洋外來文化特徵較顯，故人民心理和精神面貌自成別樣格局，民風淳樸而體氣雄直，言談拙樸而行爲敏捷。而韶州本爲南北交通之咽喉，亦海上絲綢之路連通内地之門户。唐曲江張九齡鑿開庾嶺之後，其地理、交通地位之重要性更爲顯豁。衆所周知，佛教之西來，向有陸、海二通道。陸路由浩瀚磧砂而入長安，輻射全國；海路則經萬里波濤而入廣州，再經韶州而北上。海路因商隊而來，商業文明與中原古農業文明碰撞最爲直接之處，亦正是五嶺南麓之韶關。此地儒風向來淡泊，又是南北、中外風會之區，故佛教一旦傳入此地，尤易生根開花，且其生長之勢、盛開之花，與陸路之傳入者頗異其趣。蕭梁時有天竺僧智藥三藏提倡曹溪寶林之創，又有唐六祖惠能之大開鑪鞴，開宗立派，法系流出古今中外，實有其地理之方便，更與諸護法助施緊密相關。僅有道場而無外緣之供養維持，辦道亦不能安心，何談繁榮昌盛？以下謹敘其自開創以迄民國之歷代沿革大概，兼及其寺産賦役，並表彰歷代護法之功德。

道場興廢

一、曹溪建刹

梁天監元年（五〇二），西域智藥三藏航海而來，自南海（今廣州市）北上至韶州，到曹溪口，目睹其地宛如西天寶林山，乃謂居民曰：「可於此山建一梵刹，一百六十年後，當有無上法寶於此演化，得道者如林，宜號寶林。」聞於有司，韶州牧侯敬中表奏朝廷，梁武帝敕建並賜額「寶林」。至梁天監三年（五〇四），寶林寺建成。雖無文獻可具體考證當時開山建寺之規模、布局與營造法式，然既是官寺，煙雨樓臺，似可想見。又，寶林寺創建時究係何人主寺，亦不可考，或以爲智藥三藏自主之。然智藥三藏爲何又在寶林之外别建月華？月華寺與寶林寺是何關係？亦不得而知其曲折矣。

二、唐代輝煌

（一）寶林重開

寶林寺於隋末隳敗，幾爲丘墟。唐龍朔元年（六六一），惠能赴黄梅求法過境，初抵曹溪，與劉志略之姑無盡藏尼釋《涅槃經》義。尼告鄉里耆艾云：「盧道者能是有道之人，宜請供養。」居人競來瞻禮。衆皆云近處有寶林古寺舊地，乃籌劃營葺，使惠能居之，就便問道。惠能赴黄梅期間，曹溪之人亦不廢寶林古寺重修之工。正因曹溪有此盛舉以待之，故惠能得法之後即踐約而返。

據《壇經·自序品》云：「惠能後至曹溪，又被惡人尋逐。」此次僅居九月，其爲當地人士之所推崇，而嫉之者得以按圖索驥，遠來加害，今香爐峰下猶有避難石云。後六祖混入獵人隊中，隨處説法，一去十五年。於儀鳳元年（六七六），在廣州法性寺落髮受戒，開壇講法。二年春，辭歸曹溪寶林寺，印宗與緇白送者千餘人。時荆州通應律師與學者數百人依祖而住曹溪，有魏武侯玄孫曹叔良及居民復參與修建梵宇，俄成寶坊，延師居之，一時四衆雲集。因殿堂湫隘，不足容衆，乃乞地於里人陳亞仙。

由劉志略、無盡藏尼等發起，曹叔良、陳亞仙等續成重建之寶林寺，其建制規模已不可具考。然據文獻可知，六祖建方丈以爲主刹靠背，前設法堂，即當時諸祖悟道之禪堂。又建香積廚，並盡設僧居。於寺西（陳亞仙祖墓右側）龍潭放水填潭，以蓋佛殿。建信具樓，藏以衣鉢。

曹溪自六祖開法以來，四天王內，周環數十里，惟僧修習之場，並無民居。然時諸方來聽法者衆，乃又選四天王內外勝處十三處，建蘭若以安之。故時曹溪道場非止寶林一寺而已，周邊實有寺院群落以圍護之。諸本舊志均載有蘭若十二所舊址，亦即花果院。見「山川形勢」之「花果院」條。舊志所載《六祖大師法寶壇經略序》云：「師遊境地山水勝處，輒憩止，遂成蘭若十二所，隸籍寺門。」若將花果院之地亦附於曹溪之內，則絕非「袈裟所罩」之地所能包括。由此可想見，寶林道場規模之宏敞，僧團、信衆數量之巨矣。

（二）壇經成立

儀鳳二年（六七七），韶州刺史韋璩率同僚入山，恭請惠能往韶州城，於大梵寺（西渡五里，址在今韶關市婦幼保健院）講堂爲衆説法，兼授無相戒。僧尼道俗集者千餘衆。門人法海録惠能當時法語，成《六祖法寶壇經》。寶林開山祖智藥三藏「一百六十年後，當有無上法寶於此演化，得道者如林」之懸記於是乎應驗。

（三）朝廷褒賜

惠能之名，迅爾廣播，而上達朝廷。武則天萬歲通天元年（六九六）下詔：「委韶州節加宣慰，安恤僧徒，勿使喧繁寺宇。」並賜惠能水晶鉢盂一副、磨衲一條、毛氈兩端、香茶五角、錢三百貫，遣中書舍人吳存穎專程送至寶林寺。唐中宗神龍元年（七〇五），又遣内侍薛簡南來迎惠能進京，惠能以「子牟之心，敢忘魏闕；遠公之足，不過虎溪」爲辭。「簡問道因緣、法語，具載《壇經》。簡馳歸，奏師法語，上大悦。」是年九月，中宗下詔禮謝惠能，並賜磨衲袈裟一領、水晶鉢一口、絹五百匹，以爲供養。同年十二月，中宗下詔改寶林名爲「中興禪寺」，命韶州刺史重修。於是乎曹溪道場又恢復爲官寺。

唐神龍三年（七〇七）十一月，朝廷敕韶州刺史對中興禪寺重加崇飾，並賜額曰「法泉寺」。後又改「廣果寺」。時「六祖造寺，其寺墻外爲陳亞仙祖墳，墓右悉爲龍潭。六祖降龍蜕化，欲湮其潭以建僧舍」。先天元年（七一二），「工未半」而惠能於新州國恩寺圓寂。先天二年（七一三），衆弟子築曹溪塔（木塔）於陳亞仙祖墳前，以祀惠能。次年，奉六祖肉身入塔供奉。又於陳亞仙祖墓旁新建信具樓爲祖殿，以爲惠能衣鉢所藏之室，原信具樓址改設爲御經閣。

唐玄宗時又改名「建興寺」。唐肅宗上元元年（七六〇），朝廷遣使迎請六祖衣鉢入京，留宫内供養，詔改寶林寺爲「國寧寺」。永泰元年（七六五）五月，代宗皇帝夢惠能請歸衣鉢，乃派遣鎮國大將軍劉崇景頂戴護送六祖衣鉢還曹溪。詔「如法安置，專令僧衆親承宗旨者，勿令遺墜」。貞元十二年（七九六），德宗命皇太子於内殿集諸禪師，楷定禪門宗旨，立神會爲第七祖。元和八年（八一三）十二月，嶺南節度使馬總以惠能未有稱號，上疏憲宗，乃詔謚「大鑒禪師」，塔爲「靈照之塔」。十年（八一五）十月，憲宗敕封惠能爲「禪宗六祖」，改寺名爲「南華寺」。柳宗元《曹溪第六祖賜謚大鑒禪師碑》稱：「下尚書祠部符到都府，公命部吏洎州司功掾告於其祠，幢蓋鐘鼓，增山盈谷。」十四年（八一九），連州刺史劉禹錫應曹溪僧道琳等請，撰《大唐曹溪第六祖大鑒禪師第二碑》。

（四）五家七宗

惠能到曹溪寶林開山授禪法三十六載。此三十六年間，山門之鼎盛絶後空前，被譽爲曹溪之黄金時代。惠能以「開悟頓教」「即心即佛」諸義啟發門徒，得法弟子四十三人，最著者十二人，然未傳授衣鉢。惠能寂後，弟子亦多未留滯曹溪，而遵囑弘法演教於諸方。唐開元八年（七二〇），得法弟子神會到北方宣揚南派禪法。時兩京皆宗神秀，而經神會百折不撓之努力，終論定禪宗法統，使禪宗南派頓悟法門獨尊，《壇經》流布於天下，此後「凡言禪，皆本曹溪」。

南禪頓宗因此發展迅猛，勢頭强勁，隊伍龐大，形成荷澤神會、南嶽懷讓、青原行思三大宗派系統。荷澤宗弟子有五臺無名、磁州法如等人。華嚴宗宗密一度弘傳此一系佛學思想。中唐以後，荷澤宗盛極一時，但猶如曇花一現，未久便趨衰落。南嶽一宗，由懷讓傳馬祖道一，馬祖道一傳百丈懷海。至百丈懷海門下又分爲兩支，一支爲潙山靈祐所創潙仰宗，另一支爲再傳弟子臨濟義玄所創臨濟宗。臨濟宗到宋代又分黄龍、楊岐兩派。而青原宗由青原行思傳出，爾後經幾代傳承，形成雲門、曹洞、法眼三宗。雲門宗由雲門文偃創立，曹洞宗由洞山良价、曹山本寂合力形成，法眼宗以清涼文益爲代表。至此，由惠能所創之禪宗南派發展至唐末五代，最後便形成潙仰、臨濟、雲門、曹洞、法眼五家，加上宋代臨濟宗下分出黄龍、楊岐兩派，合稱「五家七宗」。六祖惠能影響之大，南宗佛法之盛若此。曹溪寶林寺，遂以南派禪法祖庭而爲天下所共尊。

（五）獅吼歇息

惠能廢除傳衣之法，其高弟乃星布四方，法脈日盛，而曹溪寶林卻無復昔日之輝煌，僅有令韜留守領衆，亦未敢稱「住持」，但自云「守塔僧」而已。令韜之後，住持究係何人，史闕記載，寺中有何高僧大德，亦闕略無聞。如是平穩度過二百年。曹溪祖庭儘管有官府及信衆護持，甚至仍有來自中央之垂顧，似乎僅被天下法子作爲符號、象徵而尊奉。及至唐末南漢時期，佛教在嶺南一度興盛。南漢皇帝每遇上元燒燈，均至曹溪迎請六祖真身入興王府（廣州）供養，爲民祈福。而於曹溪寶林周邊之韶州境内，亦增建、修繕不少寺宇，其中尤以文偃所創之禪宗一派雲門大覺寺最爲著名。此可謂曹溪六祖弘法極盛後之迴光返照。大寶十二年（九六九），南漢屯兵六萬於韶州，與宋兵交戰。蓮花山一役，南漢兵敗，曹溪寺宇毁於兵燹。又，韶州盜周思瓊叛亂，塔廟悉成灰燼，幸真身爲守塔僧保護無所損。

三、宋元續談

（一）三朝優禮

北宋開寶元年（九六八），太祖敕令興復寶林，賜名「南華禪寺」。並敕建塔，賜六祖封號、塔名。修建尚未竣工，太宗繼位。太平興國元年（九七六），遣郎中李頌、司徒張公到韶州，在寺院重修靈照塔，加謚惠能「大鑒真空禪師」，御書額「太平興國之塔」，曹溪乃重見興盛之象。端拱二年（九八九），南華寺於寺外建西來橋，以迎諸方參禮者。如前所述，惠能示寂後，曹溪「傳法得眼者散而之四方」，曹溪本身則反而未有出色禪師住持，已從禪寺變爲律寺。天禧四年（一〇二〇），真宗同莊獻皇太后遣使往曹溪，恭迎請六祖法衣到京。同年，廣南東路韶州轉運使陳絳乘此無上機緣，上奏朝廷，請從全國名山中普選高僧住持曹溪。未久，南陽賜紫僧普遂應選，受詔入京，仁宗賜號「智度禪師」，並賜藏經、供器、金帛等物。智度受命入本山後，即以仁宗所賜，先後興建衣（鉢）樓、藏（經）殿收藏。天聖十年（一〇三二），仁宗又遣使具安輿到南華寺，迎請六祖真身及衣鉢入大内供養。熙寧元年（一〇六八），神宗趙頊加謚惠能「大鑒真空普覺圓明禪師」。三朝優禮，不讓李唐，祖庭固仍盛也。

宋仁宗康定至皇祐年間（一〇四〇—一〇五四），經湖南按察使推薦，仁宗敕任雲門宗僧寶緣任南華寺住持，並賜袈裟，賜法號「慈濟禪師」。寶緣住持南華寺十二年，「蓄羨餘，廣購募，窮山跨谷以求棟幹，殫能極藝以召匠碩」。其重修法堂之舉，乃爲追慕六祖惠能弘法精神。此爲一寺之盛事，康定二年（一〇四一）十二月，郡人余靖爲撰《韶州曹溪寶林山南華禪寺重修法堂記》：

孟子曰：「聖人者，百世之師也。」蓋至聖之道，高深廣博，百世而下，遺烈猶存。賢者襲其規模，學者窺其户牖。此其所以日鑽歲仰，歸之無窮者也。然而道之大者，必久而後隆；事之美者，不一而能具。昔者六祖大鑒禪師初傳信器，歸隱海嶠，混跡弋獵，艱難備嘗。及其建梵宫，登師座，敷陳真覺，開道人天，其亦勤矣。滅度已來，四百餘載，雖千燈繼照，光遍河沙，而布金遺址，筌蹄寂寞。向非睿哲當天，英材接跡，講求世務，餘力佛乘，曷能恢復宗風，以續先軌者哉？天禧四年，前轉運使、起居舍人陳絳上言：「曹溪演法之地，四方瞻仰，歲入至豐，僧徒至衆。主者不能均濟，率多侵牟。乞於名山僉選宿德，俾其舉揚宗旨，招來學徒。」制詔曰：「可。」於是南陽賜紫僧普遂首膺是命。莊獻皇太后、今皇帝親遣中貴人詣山，迎致信衣，禁闈瞻禮。遂師得於便座召對移刻，陛辭之日，賜號「智度禪師」，錫以藏經、供器、金帛等。當時恩顧，莫與爲比。歸作衣樓、藏殿，以示光寵，餘亦未遑開緝也。遂師即示中旨，付荆湖南路博訪高僧。今長老緣師，自南嶽雲臺山再當是選。紹光正念，宣揚了義，居者蒙潤，來者如歸。乃擊鐘而謀曰：「嗣其業者，爲之子也；誨於人者，爲之師也。子之克劭，然後起家；師之不嚴，何以尊道？此世教之所以壯堂構也。日明月暗，墻壅户通，因分別以見塵緣，視頑虚而識空性，此梵刹之所以崇堂宇也。」由是蓄羡餘，廣購募，窮山跨谷以求棟幹，殫能極藝以召匠碩。協定星之期，觀大壯之象。材得以成其美，工得以肆其巧。計廣以席，度深以筵。外象祇陁之居，中施獅子之座。尋聲至者，圜立於前，如渴飲河，滿腹而去。嗟乎！聖不世出，故微言易絶。昔仲尼生於郰魯，去世未久，而楊、墨、申、韓各就其術，爲異同之論，以戕賊教化。所賴荀、孟大儒，開陳仁義，然後君臣上下，大倫以篤，夫子之道，不絶如綫，況其遠者乎？如來生於西域萬里之外，寂滅千歲，教乃東被。而語皆重譯，書不同文，故翻經著論，得以紛綸其説。昏愚迷妄，貪著福報，淪家耗國，棄實趨權，亦賴諸祖以實際理地，密相付囑，然後知佛不外求，見於自性，造惡修善，俱同妄作。所以遣空破有，不陷邪觀者，宗乘維持之力也。不然者，天下嗷嗷奔走，有爲之果，何能已乎？初，大鑒以諸佛大法眼藏傳青原思，思傳石頭希遷。如是輾轉相傳，至今長老緣師爲十世矣。佛教之來中國也，達磨最後。諸祖出世，各分宗派，而曹溪之胄最衆。乃知道在乎要，不在乎先後矣。緣師，興元南鄭人，本府出家受具，得大乘之要於漢東祚師，遂振錫至于南嶽。郡將邦伯，悉欽其名，乃于唐興、南臺、雲蓋三啟禪師，稱爲「嶽中之冠」。及被朝旨，乃克歸紹本統，而肯其基構。六祖之道，由是中興矣。前所謂「必久而隆、不一而具」者，有待而然也。緣師狀其事，請辭鑿石，以圖不朽。且予里閈所託，故於辭爲備云。康定二年十二月日記。 武溪集

在擴建寺院，重建法堂之同時，又整頓寺規。余靖《韶州南華寺慈濟大師壽塔銘》云：「一音演説，四方流布，衆中得法而去者多爲人師。其機緣語句，門人各著序録，此不復記。教門崇建，規制鼎新，可謂祖堂中興矣。」

因六祖禪之興盛，南華祖庭重新成爲僧徒輻輳之地。韶州府登黃籍、入僧户之人口不斷增多，幾爲廣東其他地區之一倍。余靖撰《韶州善化院記》有詳載云：「韶州生齒登黃籍者三萬一千户，削髮隸祠曹者三千七百名，建刹爲精舍者四百餘區。」余靖在《韶州光運寺重修證真照寂大師塔銘》中也描述道：「曲江素號山川奇秀，而復熏以南宗之風，由是占形勝、依邑落而樹刹構舍爲精廬者，差倍他境。

緇衣之徒，渡江而來，不之衡、廬，則之曹溪。」

北宋中後期，曹溪四境蘭若遍及州城曲江四隅。舊六祖惠能蘭若十三所亦以登黃籍者施地，由「花果院」改爲寺僧莊居，爲曹溪香火供奉腳院。據萬曆志「香火供奉品第七・腳院」載：「一在黃坭塘，一在曹溪水尾，一在上壩，一在中壩，一在下壩，一在磨院殊勝園，一在觀音橋，一在東象曹源庵，一在天子岡，一在車頭嶺，一在水頭莊。皆十一房僧衆分居，以便耕種，原名花果院。」

（二）文士參禮

因爲朝廷對南華寺之重視，地方官員亦經常往來寺中。如元祐七年（一〇九二），程之元任廣南路轉運使，過曹溪，住持重辯爲之於寺內建程公庵，供其憩止。紹聖元年（一〇九四），蘇軾貶惠州過境，來寺禮拜六祖真身。應重辯禮請，蘇軾更程公庵名爲「蘇程庵」，撰《與南華辯老十三首》《蘇程庵銘》與《卓錫泉銘》。後重辯又託蘇軾書柳宗元《曹溪第六祖賜謚大鑒禪師碑》。建中靖國元年（一一〇一）正月，蘇軾遇赦北歸過曹溪時，撰《與南華明老三首》《南華長老題名記》《南華寺六祖塔功德疏》及《書南華長老辯師逸事》等詩文。

（三）南宋修建

南宋時期，南華寺先後增建、重修六祖塔、方丈室、觀音殿、普庵殿等。紹興二十四年（一一五四），靈照塔復被火，紹興三十二年（一一六二）住持奉寧重建，并撰《重新祖塔記》：

> 六祖大鑒禪師寶塔，創於唐先天年間。元和中，憲宗賜額曰「元和靈照之塔」。皇宋開寶初，

王師平南海劉氏，殘兵作梗，遂爲煨燼。尋有制興修，功未竟，會太宗即位，留心禪門，詔遣郎中李頌、司徒張公前來措置，重新建造。工畢，上奉御筆，賜額曰「太平興國之塔」。至紹興二十四年甲戌歲十二月十五日，復罹回禄之變。奉寧庚辰春准敕差住持當山，於壬午歲三月丁酉朔十五日辛亥，募緣鳩工，鼎新建造。奉寧忝繼祖芳，謹次其實，所將功德，上祝當今皇帝聖壽無疆，聖文睿武，掃蕩妖氛，恢復故基，廓清天宇，萬邦道泰，四海昇平，文武官僚增崇禄位，風調雨順，稼穡豐登。 康熙志

（四）元主護法

入元後，皇慶元年（一三一二）仁宗下詔，諭各級官員及軍人保護曹溪寺産，聖旨云：「在他們的寺院、房舍裏，使臣不得下榻，不得索取鋪馬、祇應，不得徵收地税、商税，不得搶奪寺院所屬土地、河流、園林、碾磨、店舍、解典庫、浴池、船栰。」延祐四年（一三一七），仁宗頒護寺敕：「諭文武官員、僧俗軍民人等，不許往來諸色人等住擾此寺。原有佃户、財物、田地、河水、水磨、資畜等項，不許故意生事，侵占攪擾，敢有違者，奏知朝廷，治罪不饒。」賜金書《孔雀經》一部。次年，帝師公哥羅竹堅參巴藏卜法旨，賜曹溪護寺免差敕。再下聖旨免差，「兹按以前的聖旨，不承擔任何差發」。延祐五年（一三一八），仁宗再頒護寺聖旨。天順元年（一三二八），賜南華寺金書大字、小字《華嚴經》各一部。

元代初期，南華寺已初具規模，主刹建有祖塔、講法堂、藏殿、鐘鼓樓、方丈室等建築。於主刹後、山門外，又興建有橋、亭、庵等建築，如至元四年（一三三八），僧首衆即建有伏虎亭。四至境内所建四隅天王廟、蘭若十二所等，仍保持原有規制不變。而元末明初，韶州群盜蜂起，所至焚掠，曹溪

自亦不免。時嶺南戰火不斷，南華寺三遭兵燹，頹敗不堪，漸趨式微。

四、明朝經營

（一）朝廷屬意

明代之初，南華僧衆日散，祖庭衰落，四境蘭若大多荒蕪。雖主刹殿宇小有修繕，又有靠背主山之經營，仍不掩頽敗之象。殆百十年後，朝廷方留意南禪祖庭所在。宣德二年（一四二七），宣宗賜南華寺金書《法華經》及十八幅絲繡羅漢像。正統十年（一四四五）二月十五日，英宗賜《大藏經》，且頒賜聖旨云：

朕體天地保民之心，恭成皇曾祖考之志，刊印大藏經典，頒賜天下，用廣流傳。兹以一藏安置廣東韶州府南華禪寺，永充供養，聽所在僧官、僧徒看誦讚揚，上爲國家祝釐，下與生民祈福。

天順間，英宗賜金書《華嚴經》二部。成化元年（一四六五），憲宗迎六祖衣鉢入内供養，仍命諸刹掌教迎供及百官士民各赴瞻禮。七年（一四七一），憲宗命廷臣趙玉芝重加編刻《壇經》，并御製《壇經法寶序》云：

朕聞：佛，西方聖人也，爲善不倦，博濟無窮。又曰：佛，弼也，其能弼世教而隆大行者也。故《周頌》曰「佛時仔肩，爲我顯德行」。是知「佛」爲「弼」訓，無餘藴矣。昔達磨遠歸東土，不立文字，直指人心，見性成佛。夫性，天人一也，文字惟心之畫，而性融焉。有善有惡，有邪有正。得其正，則性善而言順；得其邪，則性惡而言乖。子思曰：「自誠明謂之性。」又曰：「誠者天之道，不誠無物。」苟能於性上究其真宗，辨其善惡，則聖賢地位何患乎不至耶？故佛樂於爲善，心無邪見，性體圓明，虛靈淡泊，於空而不著空，於相而離諸相，所以成佛果而弼隆朕治道也。若謂崇供養而求福田利己，朕所不取焉。越之南，有禪和者盧惠能，乃新州人也。師於黄梅，得衣鉢之傳，究性宗之學，隱於曹溪。没後，其徒會其言，傳爲《壇經》法寶。其言正，其性善，大概欲人循諸善道，離諸惡趣，與吾儒窮理盡性、自誠入聖之理而無殊矣。因萬幾之暇製爲序，命廷臣趙玉芝重加編録，鋟梓以傳，爲見性入善之指南云，故序。康熙志

後憲宗及王太后賜南華寺無盡燈一座、珍珠鞋一雙。上行而下效，總督兩廣軍門、南韶兵巡道、韶州府、曲江縣多次發布文告、批文，保護南華寺産，免除寺僧役税。成化間，儘管寺産屬地又一度遭豪右併吞，然經寺僧具疏赴闕，始行勘定復業，無復往昔告訴無門之窘迫矣。其時祖庭刷新之務亦提上日程。

（二）中葉撑持

成化十三年（一四七七），住持僧榮美、首座宗曉主持重建六祖塔，去木塔而易之以磚，道深、趙榮、孫繼宗爲撰《鼎造六祖大師塔記》：

六祖大師實行，具載《法寶壇經》與《傳燈録》，見諸典籍，炳然如星日，而耀古輝今。□□□□□按，大師名慧能，嶺南新州人。其父盧姓，其母李氏，誕其於貞觀戊戌。既長，二十有四往黄梅印證，遂受達磨□□□□□□龍朔辛酉。以儀鳳丙子，方削髮於廣之法性光孝。出世利

生三十七載，中宗賜之磨衲、寶鉢。其得法者四十三員，□□□□叵知其數。已而，春秋七十有六示寂，立塔於韶陽寶林之曹溪南華，肅宗嘗迎衣鉢於內。憲宗謚其號「大鑒」，題其□□□「靈照」。宋太宗加號「真空」，塔曰「太平興國」。仁宗亦迎衣鉢於宮掖，加號「普覺」。神宗加號「圓明」。宋□宗加號「廣照禪師」。自□□□丑入滅，歷宋及元，達我聖朝大明一統之天順甲申，與明年成化改元乙酉，凡七百六年也。其塔久□□□落，然尤興替關時，而幸喜得其人。是以昨歲癸未，住持榮美、首座宗曉偕黔國公、追封黔寧昭靖王之冢嗣、太傅、定遠忠敬王沐公盛，所治雲南之□□□□以大師之行跡，逮昔伽葉親傳釋迦之袈裟、非金非鐵之鉢來貢。欽蒙御覽甚悅，可其躬募諸緣，復修彼塔。則由是京之列刹，皆得爭迎其衣鉢供養，國王、大臣、國師、掌教、僧録、兩街善世、衆官並諸士夫、老稚巨細，群機皆得□□稱讚瞻禮而頂戴歟？其將請還，欽依舊貫鼎造原塔，磚砌龕室，妥安大師之真身、衣鉢。而欲層簷面各燃燈□□昏衢，其庶幾乎金碧稜層而壯觀邦邑者也。預命述記，以俟功完刻石，以示不泯焉。洪惟國家富有四海，八荒膺服，則猶恒思至治，以弘吾教，以輔唐虞之化，而斯塔指日嵯峨，陰翊皇圖永固于萬年，保寧民物於千載，則必不負旌崇矣。然大師前塔之碑文，屢有唐尚書王維、刺史柳宗元、劉禹錫之著作，顧愚後進，粗言此復新歲月之概，奚敢並先進之宏辭。成化十三年歲次丁酉冬十一月二十一日立石。

韶關歷代寺院碑記研究

成化二十一年（一四八五），僧慧淳重建信具樓。弘治間，僧文瑞重修禪堂。正德二年（一五〇七）至五年（一五一〇），住持僧如靖重修説法堂，知縣黃璉撰《重修六祖説法堂記》：

佛法自達磨東土來，而其教始演。至其所以爲教，則又不在言語文字之末，蓋直指人心，見性成佛，法固若無費於辭説矣。何則？道以言而明，亦以言而晦，是故惡夫費者，不曰「法因言而敷，人因言而悟」耶？況人不皆智慧也？不皆自識其心，自見其性也？會佛法於不言之表，契妙道于無師之傳者幾何？釋氏六代祖大鑒盧禪師，而欲覺悟世人，同登彼岸，故於佛法必詳爲之語，説至亹亹不已焉者，又以此也。慨惟曹溪一脈，源嗣黃梅，盛化弘敷，施及南北。當時門徒暨諸緇白，爭先執侍而願聞法要者，殆以千計；而四方來學，各執厥疑，以求盧禪師爲之指説，而冀有以得其宗旨者，又爾雲集；非弘大其堂宇弗能以盡容者，此南華寺説法堂所由設也。歲久頹圮，蓋土木形骸耳。國朝弘治間，得今住持如靖，廣州新會俗家也，來師拜寺僧惠鉛，從頓教焉。經典有暇，每注意於修復，無力不逮，餘二十年於兹矣。正德丁卯，適今上皇帝御極之二年也。人和歲豐，民有儲積，如靖謀於其師曰：「時可以有爲矣，化諸有緣者，當得厚助。」於是疏出而四遠樂於捐資者響應，遂鳩材命工，乘是秋興事焉。越明年丙寅冬十月之吉，堂復落成矣。材美工巧，百爾規劃，倍精於昔。三年庚午秋八月三日，予因遊南華，得睹是堂，簷楹峻聳，昂出乎層霄；金壁輝煌，交映乎群刹。月冷風清之夕，雲和日麗之辰，盧師時必有以現其三身而臨乎其上者，若將以萬法爲諸學人説其究竟，而聽者亦唯唯；時或於法寶光中，恍若有見乎盧禪師之英靈，精采赫赫，若當日陞座景象，非其神有樂於此耶？惠鉛備述以請予爲記其事，而鑽之堅珉，而因以垂資助者之姓名於後世焉。噫！堂具在矣，而其説之見於經者亦具存矣。尋既墜之緒於遺言，續如綫之脈於欲絕，盧禪師不能無望於今之後學也。然務博者不知約，得意者又忘言，説即雖有萬，合理還歸一，豈貴博者哉？又曰「經誦三千部，曹溪一句無」，此忘言者之偈也。後之欲陞斯堂而思嗣厥傳者，

慎無泥於其説之煩也。　康熙志

正德十一年（一五一六），僧智漢重修祖塔。明年，住持清潔重修大雄寶殿，韶州太守姚鵬作《重修南華寺大雄寶殿記》：

南華寺，韶郡大刹也。先是，異僧智藥三藏自西天來國，道經曹溪，掬水而飲，知有異境，乃往蹤跡之，遂言於曹侯村及居人曰：「後此百七十年，當有無上法寶於此演法，得道者如林。宜以其地建梵刹，號『寶林』。」此寺之所由以始也。既而惠能禪師者，受黄梅五祖衣鉢之傳，自唐儀鳳元年以其法來顯兹土，適符其期。由是徒日衆，其法浸盛未艾。夫自儀鳳以來，至於我皇明，上下且八百餘歲，凡寺之殿宇僧舍稍有傾圮，寺僧有修葺之舉。即遠近之人，無智愚賢不肖，皆争先樂施，以相厥成，惟恐後。所以然者，蓋佛氏之言尤爲近理，而况死生輪迴之説，浸灌於人心者已久，尚何怪其言哉？余自正德丙子叨守是郡，下車來，以軍旅事往來，止宿於寺者至再，每涉歷其山水佳處，令人應接不暇，真所謂别有世界者。至於佛氏之旨，未暇究其詳也。未幾，其當山住持僧清潔，别號静堂，以重建大雄寶殿成，來求予記。予喜其能不背師而以身任締構之責，視吾人儒名而墨行者，是可尚已，故撮其大概如此。若夫其徒有如文暢者，尚當以吾儒之道道之。殿爲間者三，經始於正德十二年六月，落成於十四年七月，其規制悉仍其舊云。　康熙志

弘治、正德間，曹溪寶林又一度爲土豪地痞覬覦侵蝕，「四方流棍漸集於山中。始以傭賃，久則經營，借資於僧，而僧不察。以山門通滃源入府孔道，而漸成窟穴，羅於道側，開張市肆。豈特鳩居鵲巢，將使狼據師窟，僧亦捨寺而住莊庵」（《憨山老人夢遊集》卷三十七）。嘉靖間，廣東督學魏校又

「大毀寺觀淫祠」，勒令僧尼還俗，嶺南佛教衰微之勢日著。然曹溪祖庭所在，又僻處粵北，幸未遭受大衝擊。且弘治及嘉靖朝，仍有九蓮觀音像及護持金牌之賜。

嘉靖九年（一五三〇），重建普庵殿，何文邦爲撰《重建普庵殿記》。

嘉靖十六年（一五三七）正月，僧太倉自費重修祖殿，翌年二月竣工。祖殿高四丈八尺，廣倍之。其拜殿亦隨而新之。府學訓導鄧泮爲撰《重修祖殿記》：

南華寺者，佛氏之六祖能禪師衣鉢演法之場也。自唐開元三年仲冬遷神龕於此，凡若干年。祖殿之修建，亦既屢矣。歲月滋久，上雨旁風，不稱瞻禮。一日，都綱應珍告予曰：「寺有老僧太倉者，年躋八十，矍鑠而知好善，嘗聚其徒謀曰：『祖殿頹圮，往來檀越實且慟，矧嗣宗夙霑法雨者乎？然與其仰資於人，孰若取辦於己？』遂出其餘貲，鳩工市材，合拜殿而更新之。始事於嘉靖十六年正月初吉，越明年二月既望，厥功告成。應珍敢請記其事而勒諸石。」予惟禪宮梵刹，凡所興作，其流則輒具疏禮拜，仰給十方緣化而後濟者多矣。至於富室豪門，推厥羨餘以求福田利益，累有德色。巧僞之徒，猶或竊之以爲己有，潤其身，恣其欲，間有就緒，每抑掠人之美以售己之功也。其視太倉僧慨念法寶，愍茲頹弊，發心興建，銳意圖成，雖倒囊而出其所盈之錢，傾廩而發其所餘之粟，充然泊然，無所顧惜，方許千竭十方以就一己之功者，不啻霄壤不侔矣。祖殿崇四十有八尺，廣倍之，拜殿則少劣於祖殿。其取材必良，伐石必堅，施工必緩，而永久是望。及其成也，規制宏廠，輪焉奐焉，視昔有加。故不敢以不文辭，而樂道善以垂示於後云。康熙志

嘉靖二十年（一五四一），僧悟全重建方丈。祖庭慧命，賴此得免於中絕。「即於此時，復由十方

制而變爲子孫制」（巨贊《參禮祖庭記》）。嘉靖四十四年（一五六五），世宗賜南華寺「太子千秋」金牌一塊。

萬曆二年（一五七四），兵巡陳侶梅爲卓錫泉旁原伏虎亭書「洗心」匾，住持行裕因將伏虎亭重建爲「洗心亭」。後憨山德清爲撰《重修卓錫泉洗心亭銘并序》：

曹溪大師初卓錫得泉，泉前有溪，溪上有橋曰飛錫，橋眉有亭曰洗心，皆本無也。是則泉因卓錫而有，卓者我師；橋因好事而作，好事者誕。烏得而名焉？亭因取象而名。名之者誰？前觀察侶梅陳公也。然泉有時而竭，竭則禱而應，疏而通。禱之者誰？故長老辯公。而銘之者誰？東坡居士也。橋久而圮，亭久而傾，傾則經之營之，緝而新之。經營者誰？今住持行裕。而銘之者誰？憨山道人也。亭始建於萬曆甲戌，道人以幻業遷訛來於丙申，其銘則於戊戌仲夏觀察海門周公屬修其志時，裕公請之而作也。銘曰：

性色真土，氣聚而靈。性空真水，緣會而形。法本無相，觸事而真。宗本無住，遇物而名。物本無名，名之則妄。心本無塵，洗之則誑。水既即心，心不灌心。心既即水，水不洗水。若有可灌，空花閃電。説無可洗，猶落塵滓。我師説法，本來無物。如何性空，而有可觸？試揣此心，何處容塵？即有塵處，如何著水？水不到心，洗但虛稱。心不到水，何處受洗？展轉求之，二皆妄想。心水兩忘，敲空作響。但不强名，諸妄自息。不用洗心，自藏於密。 康熙志

同年，僧紹稅重建御經樓（御經閣）。明年成，有《重建敕御經樓碑記》：

皇明萬曆三年歲次乙亥春一月吉日，前第九十六代住持僧悟全領衆同加立石，曲江縣小坑信官

楊廷□施銀一兩，韶地都綱何憲助米壹石，信士張廷榮各奉和。縣信士吴廣華同弟施銀五錢（以下爲芳名，略）。大明萬曆二年甲戌夏六月日，耆舊僧紹税領衆興工同建。謹意門徒方舜（下闕）

寺存碑記

萬曆十八年（一五九〇），住持上書韶州府請重修南華寺，同知劉承範與巡視官程達等參與其事，兩廣總督劉繼文贊成之。一年之中，幽者更而爽之，蠹者易而新之，增建英廟敕書碑亭，重修御經閣，以廣經書圖録之藏。更壇門外挹翠亭，豎一石坊，題曰「嶺南第一山」，翌年竣事。是役計費捐金僅一百八十八兩，而古刹焕然一新。劉繼文撰《重修南華寺碑記》：

南華，韶郡名刹也。先是，西國異僧掬水覽山，揚言於衆曰：「後百六十年，當有無上法寶於此演法。」既而能禪師起自新州，受法黄梅，得衣鉢之傳還，果説法斯地，其徒稱爲六祖。適協僧期，而寺從兹建矣。自唐迄宋，代有詔褒，莫可殫述。明興，宣廟則有金書《法華》及繡絨羅漢之賜，英廟則有金書《華嚴》及護持敕書之賜，孝廟、世廟則有九蓮觀音與護持金牌之賜，而憲廟《御製壇經序文》，尤炳如日星，學士大夫咸服膺焉。昭哉寺之爲國重也，非他琳宫梵宇侔。第歲久就圮，本來、説法諸堂，幽然無光，而迴廊一帶，蟲齧且盡，寺駸駸非其舊。且憲廟序文建有碑亭，英廟敕書雜奚囊，甚非所以妥神靈而崇國寶也。直指程公觀風其地而有慨焉，爲之遲回者久之。適住持以修理狀請之府，府上之道，道上之直指及余，咸可其請。委官勘計，幽者更而爽之，蠹者易而新之，英廟敕書碑亭與憲廟序文東西並峙，又稱廊。御經閣，以廣經書圖籙之藏。又更壇門外挹翠亭，豎一石坊，題曰「嶺南第一山」，以示雄瞻。是役也，經始於庚寅年十一月初二日，落成於辛卯年閏三月十五日，計費僅捐金一百八十八兩，而古刹煥然一新矣。余因惟禪教與吾儒未始不相發明，吾儒曰「性善」，又曰「人性上不加一物」，彼則曰「明心見性」。惠能頓悟自性，偈曰：「本來無一物，何處惹塵埃。」因此遂得信具，卓爲南宗。揆厥本旨，實默與吾儒合。且鷙桀之徒、頑嚚之婦，語以聖謨王法，彼皆悍然不顧，而一語之以禪家之因果，則靡不降心而揖志焉，惟恐不克於佛氏之收以庶幾於善之什一，則禪教又自陰助吾儒者也。故《御製壇經序》亦曰「佛，弼也」，謂能弼此教而隆大行。此列聖褒崇本意也，豈謂求福田利己而皈依之耶？知列聖褒崇本意，則今日修葺之故可知已。是役成，而下使小夫愚婦益興起其爲善之心，中使吾儒之徒因禪悟性，各自得其本來，上則不惟永護御珍，而列聖弼成世教之意又至是而益光大矣。倘所謂一舉而三得焉者非耶？向非直指公之目擊而決其議，亦安能不日而成，若斯之速耶？予幸贊直指而樂觀其盛也，故遂爲之記如此云。直指公名達，號信吾，清江人，登萬曆丁丑科進士。與議則分守嶺南道、左參政李君得陽，帶管分巡屯鹽道游君樸，分巡道、僉事王君制，韶州府陳知府奇謀，黄推官萃秀。而任勘督之勞者，則同知劉承範也。例得並書。　康熙志

（三）晚明中興

萬曆二十四年（一五九六），憨山德清充軍嶺南雷州。二十八年（一六〇〇）十一月，憨山至曹溪禮祖，見「四方流棍，集於山門，開張屠沽，穢汙之甚，積弊百餘年矣。墳墓率占祖山，僧産多侵之，且勾合外棍，挾騙寺僧，無敢正視者」（《憨山老人自序年譜實録》），憨山乃尋求兩廣總督戴耀幫助。戴耀即下令本縣坐守，限三日內盡行驅逐，不留一人，鋪居盡拆，不存片瓦。自此曹溪山門，積垢

如洗。又見「祖庭初以改信具樓爲之，殊爲卑陋，入門不見眉目，禮拜不能重列，且前有拜殿接簷，殊爲幽暗。墓前一塔屹立，塔前又有諸天殿重疊，破碎壘砌，當襟無一隙地。近殿左有僧房，如拳拄頤，右下角有户長廚屋，糞穢垢積。兩腋僧居，郎當敗椽，如荆棘林然。外望屋宇，參差嵯岈，略無一綫通透。」「故得重修祖殿，高敞可觀。前設兩配殿，欲奉南嶽、青原五宗諸像。其大門房周圍一十五間，將奉傳燈諸祖兒孫，如七十子之從祀於孔子也。但前路壅塞，乃買空地，移有礙僧房三主，乃大闢神路，直與寶林門齊，中與羅漢樓並。起華嚴樓三間，爲祖庭頭門。其上爲禪堂，諸僧書《華嚴經》所。如此，天然成一勝概矣」。

憨山念禪堂爲道場根本，而痛心於「清淨寶地，變爲糞壤」，乃自減衣鉢之資，搜買空地，各移僧房，貼價另蓋，換出空地，新建禪堂一區。「師以禪堂既立，而食指爲難，遂將前南華寺供中興庵租銀三十一兩，又將翁源新增租銀十三兩，告贖紫筍莊田地山場，原價二百餘兩。並買黄山、柴山一片，用價若干兩，又將自買旃檀林房一座，换香積廚後僧房二主，一併通歸禪堂」。繼修正堂五間，前殿五間，穿堂三間，左右廊房各七間，方丈、庫房各三間。又「立十方堂於山門外以接待往來。而内堂但安本寺，作養後學僧徒，專心淨業」。復建無盡庵以補漢龍，買僧寮以爲藥寶，立智藥三藏爲開山祖。（《曹溪中興實録》）是年秋，憨山「開闢祖庭，改風水道路。選僧受戒，立義學作養沙彌。設庫司清規，查租課，贖僧産，歸侵占。一歲之間，百廢具舉」。（《憨山老人自序年譜實録》）

萬曆二十九年（一六〇一），助住持悟全重建方丈樓，韶州府學訓導龔邦柱爲撰《重建方丈記》：《書》曰：「若考作室。厥子乃弗肯堂，矧肯構？」爲人子者，上以承考，下以貽謀，於堂構猶弗肯者，況其他乎？住持香溪悟全，事六祖法門菩提之教，持戒具足。凡有私施香資，不敢私蓄也。積百餘金，鼎建方丈一所，燕息有室，寢處有室，館穀器用有庫，廚有香積，廄有芻秣，百凡備具，將以待四方賢之來遊者。歲辛丑春落成，予以韶郡司教謬承重修本山志適至，隨喜諸法堂，過而憩息於兹，見其虛廠壯麗，視昔代所建諸方丈益偉焉。乃曰：「香溪其肯堂肯構者矣，非善信專門而守其教者，能如是乎？」蓋自周末百家並興，太史公更以四民别爲九流。别其流者，所以使之各守其業也。故業擅專門，不能專者，由弗信與弗守也。東漢中，佛教自西域入中國，魏晉始興，齊梁爲極盛。凡中原名山，若梁之西華、益之峨眉、雲中之五臺，延于大江以南，一丘一壑之奇，皆爲浮屠所據，琉璃金碧，梵宇輝煌。昔人有「天下名山僧占多」之句，信斯言也。六祖以黄梅衣鉢之傳，演教於兹，乞坐具一袈裟地，而其徒布滿曹溪者，梵宇連亘，方三十里。自唐儀鳳迄今千百年，雖經黄巢大變，終無離散解體者，不過於是法門之教能篤信而死守之耳。使世之爲人子者，於彝倫敷教亦能篤信而死守之，安有不肯堂肯構，延蔓於千百祀者乎？乃知古今天下有異教，無異人，信不信、守不守者之異也。信而守者，其利益如此；不信不守者，將誰罪耶？又將誰挽之耶？香溪曰：「至敬無二，萬法皆一。」請書之以爲方丈紀。　康熙志

萬曆三十年（一六〇二），憨山「重修祖殿，培後龍，改路徑，以屠肆爲十方旦過寮，闢神道，移僧居，拓禪堂，創立規制」。三十二年（一六〇四）春正月，憨山離開曹溪。三十三年（一六〇五）秋七月，復返曹溪。去時祖殿已拆，修造工未止，歸時則完者十之六七，所負工料將近千金。憨山乃化兩内使者施捨，以盡償之。是年，憨山又修五羊長春庵，以爲曹溪廨院。

期間興建，除主刹「廓廊廡以整瞻視」外，山門外先後建有曹溪門、挹翠亭，最前爲曹溪古渡亭，亭前即曹溪。挹翠亭東爲觀音橋，又東爲東來橋，於通翁源路側建有重辯禪師塔、古衲和尚塔等；挹翠亭西爲西來橋，又西爲飲香亭，於通曲江路側建有慈濟大師塔，並分布有化人亭、萬人井等。幾七年而工將半，即有「豪右忌之，誣以侵吞常住，訟於按臺。經年案白，而師以老病謝事。」（《憨山老人自序年譜實録》）。自憨山以萬曆二十八年（一六〇〇）來曹溪，念祖庭法道攸繫，乃從根本上有針對性地著手整理，勞心勞力，鞠躬盡瘁。其艱苦卓絶之努力，具見於《曹溪中興録》中。其文曰：

中興因緣

師曰：曹溪者，乃昔曹叔良爲魏武之裔，避地於此，因以名焉。其道場自梁神僧智藥三藏從西天泛海而來，攜菩提樹於五羊之法性寺，讖云：「百六十年，有肉身菩薩于此出家，度人無量。」將入嶺，過曹溪水口，掬水飲之而甘且香，乃曰：「此我西天水也，原上必有聖地。」因溯流而上。至，觀其山似象形，曰：「此山宛似我西天寶林山也。」乃謂居人曹叔良曰：「此山宜建梵刹，百六十年後，當有肉身菩薩于此説法。」叔良即白州牧某，具奏，梁武帝遂命建寺，額曰「寶林」，乃開山之始也。至唐龍朔間，有新州盧道者，得黄梅衣鉢，號爲六祖，回至曹溪。時寶林已廢，有尼僧名無盡者，見六祖，問《涅槃經》義，知是異人，乃白其父兄，重修寶林，延祖居之。未幾，有害祖者，祖遂避難於懷、會，隱獵隊中一十五年。後至五羊法性寺，露穎而出，遂於菩提樹下剃髮。即回曹溪，開法于寶林，時山已易主爲陳氏矣。祖説法多年，雲集者衆。以其山如生象，齒鼻完具，先寺坐于左頷大牙之內。其鼻在右，業爲陳氏祖墓，故其寺址甚迫隘。祖一日謂居人陳亞仙，乞一坐具地。亞仙許之，祖以坐具一展。盡罩四山之嶺。時四天王出現四隅，亞仙即許之，曰：「也知和尚法力廣大，當盡捨之。但先祖墓在寺右，他日修建，望乞存留。」又曰：「此山形乃生龍白象來脈，他日興造，祇可平天，不可平地。」於是亞仙遂攜家隱去，不知所之。故此山自六祖開創已來，四天王內，周環數十里爲一蘭若，並無民居。其山形風氣完密，即少林已下諸祖道場，未有如此之勝者，向僧皆以爲藏修地。至我國初開阡陌，而環山之內，皆爲田疇，收入版籍。則僧以務農爲本業，樹藝孳畜，不異俗人，然從來未有民居。及弘、正間，四方流棍漸集於山中。始以傭賃，久則經營，借資於僧，而僧不察。以山門通滃源入府孔道，而漸成窟穴，羅於道側，開張市肆。豈特鳩居鵲巢，將使狼據師窟，僧亦捨寺而住莊庵。則山門日空，流棍日集，禍害日作，而僧徒竟爲此累，以至幾不可保矣。丙申春，予蒙恩放嶺外，初入山禮祖，見其凋弊不堪之甚，未幾而禍患果作，僧至流離，於是一時當道汲汲拯救之。初，制府大司馬陳公，欲予往救正之。未既，而觀察海門周公甚留心祖道，方從事於此，頃即入賀去。繼巡道祝公，乃極力致予。因是寺僧某等，相率來歸，請授具戒，堅意懇請，予應之，於庚子秋九月入山。即以祖庭爲心，遂拚捨身命，一一綜理，次第建立，如下所列，其概皆大壞極弊，不容一日安者。幸仗佛祖之靈，當道護法，神力冥加，八年之中，略有頭緒。雖未究竟卒業，而心膂俱竭。其所建者，皆可爲恒規，僧徒苟能自此謹守勿失，亦可保此道場世世無虞矣。時師命昌曆等在寺訓諸沙彌，凡所作事皆目擊之，及所發言，即日録之，久而成帙，題曰《中興實録》。首列開創事宜十則，其示衆法語、清規、手札、雜著，並次第於後云。

培祖龍以完風氣

師初入山，因見祖庭破壞，乃集諸弟子曰：佛説大地山河，唯一真心之所融結。雖形家之説未必盡信，而至理存焉。亞仙初捨地，即云：「此山乃生龍白象來脈，他日興造，祇可平天，不可平地。」此蓋言地形之不可傷也。觀此曹溪主山，儼然象形，而四足六牙，鼻口俱備。其寶林初開時，山勢完密，故寺坐頷中，左大牙包裹，與右牙連合。唇內爲龍潭，即如象口；其寶林右壁，儼然象鼻，而陳亞仙之祖墓先葬其上。六祖存日，其寶林墻外即其墓也，故乞其地而擴之。其口爲龍潭，滀水於內，有龍居之。及祖降其龍，乃鑿二牙交關處，放水填潭，以蓋佛殿。然龍既蜕，水既竭，而靈氣已泄。故佛殿雖備，其潭未填完而祖師化去，至今殿前猶爲深窟，乃前未竟之功也。故丹墀剛半，師察知其故，乃填平之。前羅漢樓，乃初鑿嶺之缺，後人因而爲山門。既久，建樓于上，師欲改補而未及。以象之食賴鼻，而命即在鼻。其鼻當有數節，而陳墓正當中，故六祖入滅，所存肉身，初即建木塔於墓前以安供養，後建信具樓以藏衣鉢。至我明成化間，有僧某者去木塔，易之以磚，其中陰濕。未幾，祖現夢於郡守，乞一安居，守命改信具樓爲祖殿。其空塔在前，返爲胸中壘塊矣。其祖殿後爲程蘇閣，乃嘉靖丙午間郡守陳豹谷所建。師至，則見殿左爲方丈，當中開一路入後山，斬斷象鼻。其殿後低窪，爲北風所劫，來脈有傷，故道場頽敗，職此之由也。師因察象鼻之形，則殿後當有一高阜。時一老僧爲師言：「初爲沙彌時，見殿後一堆如壘土。比陳公修閣時，令僧削去。某時爲沙彌，亦在擔土列。」師知其信然，乃令所選三學教授僧率肄業沙彌百餘人，每日各擔土十回以培之，三月而成一山，如固有。於是改中路于曹溪邊爲迴廊，右繞祖庭而行入後山，由是風氣始完。其於山門之內，凡有凶煞者盡除之，而衆僧遂安。其祖殿後一澗，爲飛錫橋，過橋爲卓錫泉，即象咽喉，師引其泉入香積廚。泉右一小嶺如舌狀，右一鍋鉗即右領，古爲無盡尼所居之庵，乃重興寶林之主，故師中興必首新之。此最初入山開創之始也。

新祖庭以尊瞻仰

祖庭初以改信具樓爲之，殊爲卑陋，入門不見眉目，禮拜不能重列，且前有拜殿接簷，殊爲幽暗。墓前一塔屹立，塔前又有諸天殿，重疊破碎，壘砌當襟，無一隙地。近殿左有僧房，如拳拄頤。右下角有户長廚屋，糞穢垢積。兩腋僧居，郎當敗椽，如荊棘林然。外望屋宇，參差嵯岈，略無一綫通透。此祖道所以壅塞而不暢有由矣。師深見開闢之難，日夜以思，竟無規畫，不能成局。每每登塔眺望，諦觀全寺大勢，其左方丈、法堂、禪堂，前即鐘鼓兩樓，翼峙成一局。師曰：「此必寶林開山初創之制也。而右爲佛殿，乃祖師存日填龍潭而爲之者。後有經閣，前羅漢樓及寶林山門，通爲一局，乃後人增修，故祖殿居中，僧房雜居，塞其神路，全無瞻仰氣象耳。今欲分條析理，以就規模，非巨靈之手何能劈之耶！」因是見羅漢樓之西山，如虎頭回望。師買其山，取土填大殿之潭窟，出地以移祖師殿左之僧居。仍别買房屋，以易經閣後之僧房爲户長公廨，以除祖殿西角之穢汙。其兩廊之僧，各别置安居。拆其前後諸天拜殿，則目前地平如掌矣。遂極力經營，一一如畫，故得重修祖殿，高敞可觀。前設兩配殿，欲奉南嶽、青原五宗諸像。其大門房周圍一十五間，將奉傳燈諸祖兒孫，如七十子之從祀於孔子也。但前路壅塞，乃買空地，移有礙僧房三主，乃大闢神路，直與寶林門齊，中與羅漢樓並。起華嚴樓三間，爲祖庭頭門。其上爲禪堂，諸僧書《華嚴經》所。如此，天然成一勝概矣。今之觀者，但見一目了然，而不知開闢之難爲力也。

選僧行以養人才

本寺僧徒，向以便安莊居，種藝畜養，與俗無異。寺中百房，皆扃其户，入門絶無人跡，唯祖殿侍奉香火數僧及住持方丈數輩而已。以是山門任其流棍縱横，僧徒出入皆避影潛蹤，可恨也。師初至，首以作養人才爲急。即選合寺僧衆，四十已上者聽其自便。若四十已下、二十已上者，每房一二人在寺安居，日日登殿，逐日四時，功課諷誦，祝延聖壽，誤者各罰有差。於是集者得百餘僧，俱爲授戒。從此晨昏鐘鼓，經聲相續不斷，儼然一勝道場。僧徒亦知有本業，而外侮亦漸知警矣。但諸僧徒習俗成風，凡幼童出家，祇見師長務農，不異俗人，竟不知出家爲何業。而畜其徒者，止利其得力於畎畝，而無一言及出世事，其來久矣。欲望其成人，安可得乎？師至寺之初，即選衆中有通問學堪爲師範者本昂等三人，乃勸合寺僧衆，凡有行童二十已下、八歲已上者，盡行報名到住持，拘集在寺，立三學館，分三教授教習經典。一年之中有通二時功課者，乃延請儒師孝廉馮生昌曆，茂才龍生璋、梁生四相，教習四書，講貫義理。其束脩供餽，師自備之。如是三年，有成者，乃爲披剃爲僧，總入禪堂，以習出家規矩。令知修行讀誦、書寫經典，各有執業。即今禪堂諸僧，皆吾師作養之人才也。又謂佛法所貴，熏聞成種。嶺南久無佛法熏習，以乏種子，故信心難生。先教諸得度沙彌書寫《華嚴》大經，一以法緣廣大，爲最勝種子；二以借書寫攝持之力，資初心觀行，以助入道資糧。初則二三人，已而人人相望發心，不十年間，書此經者，已成十餘部矣。此吾師作人之功灼然者也。

驅流棍以洗腥穢

師見曹溪道場之破壞，蓋因四方流棍聚集山中，百有餘年，牢不可破。而俗人墳墓，皆盈山谷，視爲己業矣。始也起於傭賃，久則經營借資於僧，當山門外起造屋廬，開張鋪户，屠沽賭淫，日滋其害。而愚僧不察，與之親狎夤緣，交相爲利，故僧之所畜多歸之。噬齧日深，則謀爲不法。於是多方誘引，以酒色爲坑穽，盲者一墮其中，則任其食啖，膏脂盡竭。以故僧之田地、山場、房屋，因是而准折者蓋多矣。頃則附近豪强亦垂涎其間，乃通同衙棍，互相架搆。以包姦爲詞，訐告道府，借爲口實，以張騙局，聳動上司，駭心驚聽，遂以爲實，乃具申軍門。令下，將莊居盡行拆毀，僧不如法者驅逐。時奉令者無良，信其耳目，以爲奇貨，乃親入山踏勘。每至一莊居，備估其值，輸半乃免。由是寺僧盡入網羅，業已失其半，而禍方滋蔓，不遑一息安堵。當師度嶺之二年，爲丁酉歲。初謁制府大司馬陳公，因得概申衆僧之情狀，乃寢其令，幸得免。即欲以師往整之，師以方在席稾，未敢奉命。明年戊戌，屯鹽道周公署南韶事，欲拯之，屬師修《通志》，未幾入賀去。己亥，南韶道祝公涖事，自號「曹溪行脚僧」，痛惜其弊，力致師以整頓之。庚子歲，公亦以入賀去，濱行面囑，且令寺僧懇請，師應命。於是九月入山，見此輩縱横，乃祖庭心腹之疾也，不瘳，則六祖慧命終難救矣。於是乘改風水，將山門大路東西填塞，移至溪邊，直出水口爲通途。如是則向之市店皆圍於山門之內，而往來者不便於食宿矣，然終無術以去之也。居三月，歲暮往謁制府大司馬戴公，備陳爲害之狀。公曰：「此護法之責也。但出一令，責守土者嚴督之，此一尉吏之任耳。」歲旦行該縣，坐守驅逐，不留一人。將鋪店盡拆，不存片瓦。於是山門百餘年來所集腥穢，一旦洗之，而衆僧之禍害永絶矣。鋪店既拆，市街一空，師即于西街向之居肆修旦過堂，以接待十方之禮祖者。東街修公館，以爲滃源官長入郡之停驂處。其山門道路初則一綫，而左則列肆直抵當心，因盡拆之。石坊先在上，今則移置溪邊。開闢壅塞，相望如引繩，遂成一大觀矣。爲害之源，不能盡述而根深難拔，一旦盡絶，概録於此，以示來者爲龜鑒云。

復産業以安僧衆

師以流棍既驅，向之所騙田地、山場、房屋，皆執其左券，故此輩戀戀，終無究竟，思非善後長策，因設齋于祖殿，盡邀其賓主，各出券相對。查原有本而子息未及者，補償之；息過其半者，已之；其有本已得過而以息重累者，及口腹虛花者，罷之。於是盡焚其券，而以田地、山場、房屋盡歸其故主。自此外患方絶，而貧累之僧得以安居無擾矣。時人或慮師任怨者，師曰：「不然。凡人雖不善，必有本心之良者，苟開曉分明，人各自知其非，無有不心服者。」於是諸棍漸引去，然亦竟無他虞。

嚴齋戒以勵清修

先是，寺僧多不守齋戒，畜養孳牲，以恣宰殺。故凡上司府縣入山，當里甲供應者必責寺僧，而差役恃此以利其口腹。即上用其一，而下十倍之。故所傷生命及所費資財，歲不勝紀，而本寺之累，亦無底止。且來者以禮祖爲心，而腥葷羅列於前，殊非清供，亦非仁者本心也。積弊已久，思革爲難。初，幸觀察海門周公開禁革之端，准其呈狀；及署篆觀察余公，乃嚴禁宰殺，案載志書。故凡供應官長，例以蔬齋清供。自師入山始，但慮兩院威嚴，難以必行，值直指顧公入山爲二親祈福，本縣急督如故事，公行齋戒令，則自此一定爲恒規矣。此事一既行，不唯保護生命，雅肅清規，即省費資財，歲計不貲，而常住亦免苦累，即僧持戒者日益增進，叢林清肅，亦自此一舉矣。復蒙祝親詣山中，教諭僧徒，戒養孳牲宰殺，變魚塘爲蓮池，自此山門頓改觀矣。

清租課以裨常住

師初入山，於祖殿閱常住歲計記籍，見券帖數紙，皆祖師貸約，中載七八分之利息者，師扣之主僧，應云：「此常住供應缺乏，乃借貸以支給者。」師爲之痛心，及詢常住，舊有香燈、莊田租稅，何所歸耶？即聚衆備查祖師香燈。有黄巢、滃源補鉢及本山續置各項莊田，每歲總計約租有四百餘金，何所支銷而言不足？衆曰：「各莊逐年但聽十房管事僧輪流徵收，即聽彼銷繳。及察其故，乃管事與佃户通同作弊，故致拖欠不完，徒有虚名而無實惠，所以常住日見其匱乏耳。」師即選衆，舉公正廉能者十僧管事，令對祖發誓，刺血書盟，不私一毫。唤集各莊佃户，立定規則、歲期以限約，赴寺交納。仍設庫司立管常住，監寺四人執掌收支。於是總計各莊，每歲徵足若干兩，計其所入，將本寺各項應用派有定規，著爲章程，纖細不遺，除支尚有剩餘。從此不唯常住豐贍，而祖師法利，如一雨普霑，且不爲泥犁種子矣。

其清規條例，别列如左（按：此處略，參見「清規典職」）。

免虚糧以蘇賠累

初，本寺翁源一莊，乃鄉民謝氏所施六祖爲供贍香燈者，歲入祖課銀一百二十兩。萬曆六年間，遊學林涣乃本府王郡丞之親友，送寓本寺，意有所欲於寺僧，未遂，因譖於郡丞，謂此莊厚利皆歸於僧，丞誤聽，值署府事，遂將本莊租銀分六十兩以抵曲江蛋户虚糧，具申兩院司道，立爲章程。其存寺六十兩，又因佃户姦頑拖欠，累及寺僧無已，屢告上司，甚至費千餘金，竟不能免。後遇軍門劉下議，本府申詳，將浛光廠税課乃軍門兵餉内扣羡餘抵補，以免僧累，一向無異。至萬曆庚子，摧税使者出，即以廠税入内監。比告軍門戴，蒙准仍照前行。嗣税監自行差官徵收，則無羡餘可扣。師知之，親詣軍門陳白之，蒙行本縣，查無礙抵補，不得仍累寺僧。本縣再三挨查無出，因議各山通江小河出穀小艇設税，計得二十六兩，未足。續查濛瀼對面山鄉，舊有蠱毒田一所，向未起科，遂將此田設租三十四兩，取足，具申准議。自此永杜山門之害，皆制臺護法之力也。既免此累，而本莊佃民姦頑，又以隔縣難制，向以此田致累，僧區内追田爲費，因與衆議，將前莊田變賣，得價收贖寺内近田爲便。具告軍門准批本道行府、縣議以爲便。比衆佃從祖已來世耕，即同己業，不捨別賣，情願重丈增租，永守寺業無替。曲江二尹徐公署翁源事，拘集衆佃丈量，委實田地有餘，遂於正課之外，量加新增租銀一十四兩有零，具申上司詳允，乃與衆佃每歲約期交納到庫。時寺住持、衆僧議新增租課係師之力，當歸中興常住。師遂併前無盡庵香燈一並歸於禪堂，以爲供贍，永爲定規。惟此一事，實山門無已之害。前幸制臺劉公權宜於前，竟蒙戴公永絶其累，且爲後福。是知佛法付囑王臣，非仗大力外護，何以能保永永哉！此卷案具在府縣。

復祖山以杜侵占

曹溪祖山，宛若象形，前後首尾分明。今山後一帶，乃全體也。其紫筍莊，乃祖師存日所遊花果園十二之一，向有僧七主，名小南華，其來久矣。成化元年，韶州始開阡陌、定井田，本山盡爲豪右併吞。時年僧滿滄盛公，具疏赴闕，奏行撫按，勘定復業，則以占紫筍莊爲首懲也。後因僧多不律，致附近居民蠶食爲害，竟不能安。各歸寺住，遂棄此業。萬曆二十年間，豪民江應東假買僧田，盡占後山一帶，圖爲風水，以至象脊與祖山中分，且砍伐漸侵内地。師心痛曰：「從此祖山將盡爲民業矣！」遂激勸衆僧赴告軍門，蒙准批本道行府親勘。比蒙署篆肇慶府通判萬親詣山中踏勘，定立界石，斷將前田令僧收贖，以絶禍源。師自行募銀二百兩，將前田贖回，連後山場樹木，一併盡爲禪堂永遠供贍。不唯保全祖山，且爲禪堂永永之業。然師以此致怨，而不法之僧交結外侮爲害，然竟以堅固立碑爲金剛幢矣。

開禪堂以固根本

師一日示衆曰：「叢林之有禪堂，如國家之有學校，乃養育材器之地。自古爲國者以儲材爲本，而法門亦然。自達磨西來，衣鉢止曹溪。當時六祖座下，悟道者三十餘人，而南嶽、青原爲上首。其寶林禪堂乃諸祖出身之地，故天下禪宗，《傳燈》所載者一千七百餘人，皆出曹溪一脈，如孔門之洙泗。是則本山禪堂，乃禪宗根本地也。夫何歲月已久，僧徒失守，而禪堂幾於湮没。其舊基地雜居僧房有七，而香積廚有二，則溷廁豕牢，亦各有九。以清淨寶地，變爲糞壤矣。」師甚哀之。因思叢林百年，須樹之以人。今選沙彌教習成人，教而不育，則如農知種而不知耘，終難成實。若無禪堂，後輩將何賴焉？以此日夜以思，苦心焦慮，遍察地宜。自以衣鉢減口之資，積金若干兩，搜買空地。各移僧房，貼價另蓋，换出禪堂空地。寸寸計之，以十易一，方得均齊方正。竭力盡心，乃起禪堂一區，雖不全舊制，其規模已盡此矣。又思若照諸方常套，決不能久，因立十方堂於山門外，以接待往來。而内堂但安本寺，作養後學僧徒，專心淨業，幸有成規。則在堂之僧濟濟可觀，儼然一道場矣。師以禪堂既立，而食指爲難，遂將前本寺供中興庵租銀三十一兩，又將翁源新增租銀十四兩，告贖紫筍莊田地山場，原價二百餘兩。並買黃山、柴山一片，用價若干兩。又將自買旃檀林房一座，換香積廚後僧房二主，一併通歸禪堂，以爲中興常住始終。併修造所費，即此一所，不下千金，皆出師一力。自此僧徒衣食足而禮義興，故今在堂僧徒所受用者，皆師當日苦心血汗也。後之安享者，可不知其本耶！僧徒欲食已足，又能以法食充之，則佛祖慧命可賴此永固矣。（《憨山老人夢遊集》卷三十七）

而憨山於修建之外，最大功德則是《曹溪通志》之修纂。唐六祖惠能固然已爲天下宗，然南華寺之歷史地位並未爲人所共識。故憨山整齊舊志，從理論上肯定曹溪乃天下禪宗之淵藪，而名南華寺志爲《曹溪通志》。以前或僅重其人而未重其地，或因人而重其地，從此不僅重其人，亦重其地，而更重其爲禪宗道脈之所繫。

憨山離開曹溪後，其弟子繼承其復興事業。萬曆四十五年（一六一七），住持道宣重修靈照塔，黃公輔爲撰《重修南宗六祖大鑒禪師寶塔碑記》（許穆篆額，王安舜書丹）：

萬曆丁巳仲春□五日，余以假滿還部，道經濛瀼，入謁南華禪寺。適住持上人道宣挹余，曰：「寺中寶塔，其來舊矣，乃歲月遷流，丹碧施落，風雨摧荒涼之狀，煙雲生慘澹之容。萬曆丙辰，奉本府□刑許公之檄而重修之，其盛舉也。道宣乃謀諸耆舊，合僧衆各捨衣鉢之資，鳩集良材，經始於十一月廿三日，落成於二月十六日。道宣等竊謂長者布金蘇□留王錐地供藉□□風隨德化，願丐片言以識不朽焉。」余曰：「浮屠紀載，汝能詳述之乎？」道宣曰：「自慈雲西蔭，覺影東臨，周室集恒星之光，漢帝夢如日之瑞，而神州赤縣聲教潛通矣。粵自韶之南五十里，蔚然奇秀而回環者，曹溪寶林山也。梁天監初竺僧智藥航海而至，掬水飲之，曰：『此水與西天無別，源上必有仙靈窟宅。』乃溯流而上，顧其生龍白象之勝，歎曰：『宛似西天寶林也。』示居民曰：『可建梵刹於此，當有法寶演化。』按《唐書》云：『後魏之末，有僧號達摩者，得禪宗妙法自釋迦牟尼佛，以正法眼藏傳之慧可，可傳僧粲，粲傳道信，信傳弘忍，忍傳惠能。能于達摩，在中國爲六代祖。』爰逮師居曹溪，隨機利物，而直指人心，見性成佛。得其法者則青原、南嶽二師，實爲之冠。厥後派得五宗，源流彌遠矣。南華禪寺開寶間賜額，中有寶□，創□於先天年中，乃大師真身靈鎮之所也。初唐天后詔曰：『師以道契無爲，德光先聖。既而名播十方，聲譽四海。朕空披頂戴之誠，佇想醍醐之味，恨不趨陪下位，側奉聆音。』師謝表有云：『遠公之足，不過虎溪；子牟之心，敢忘鳳闕？』竟以此辭。唐憲宗賜謚『大鑒』，塔曰『元和靈照』。其餘系載唐尚書王維、刺史柳宗元等碑。宋太宗即位，留心禪門，詔新師塔，加謚『真空』，塔曰『太平興國』。宋仁宗天聖十年，具安輿迎師真身入大內供養，加謚『普覺』。宋神宗加謚『圓明』。復興梵刹事跡，元獻公晏殊、長公蘇軾具之詳矣。國朝賜《大藏經》及□環等寶，崇奉益加隆焉。其可按而述者若此。」余欣然曰：「洞天福地，多産異人，而其玄蘊之以陰翊皇猷，滋培國脈。伏睹高皇帝《御製心經序》曰：『自佛入滅之後，其法流中國。間有聰明者，動演人天小果，猶能化凶頑爲良善，況知大乘而諳宗旨者乎？』先衆重興祖庭之業，藉此焚修，上祝聖壽無疆，下祈九埏有永，俾歸依者蒙庇，而即心見佛者，咸得以迓休集祉，其借筏於世教豈淺哉！」筆之以紀貞珉。銘曰：羅浮之北，庾嶺之南。中有名區，爰敞精藍。象峰嵯峨，曹源映帶。蘊異鍾靈，別生世界。代有覺雄，名山坐鎮。衣止不傳，獨受心印。□□三乘，均霑一雨。聲達九重，德光遐邇。憩此登臨，風淳且厚。耕鑿優遊，旛之鶴友。浮屠如故，法運維新。仰希前哲，齊盟許詢。勢凌日月，峻極蒼穹。金莖承露，寶鐸流風。□苑標奇，靈場絢彩。劫後可磨，斯貞不改。禪庭廣蔭，國祚遐長。永綏景福，萬古津梁。時萬曆四拾五年歲次丁巳季春之吉，第壹百四十三代冠帶住持道宣同合山耆舊僧衆敬立。

天啟二年（一六二二），憨山應韶陽太守張三星之請，再入曹溪，爲衆説戒講經。天啟三年（一六二三）憨山圓寂於曹溪，張三星於寺東天峙岡建憨山大師塔院，去寺二里而近。陸夢龍爲撰《憨山大師塔院碑記》：

嶺南無佛，五祖所譏。而能大師出其無根之智，剖三光而剗五嶽。掃軌易向，以師百世，何其盛也！玄風既衰，法地亦墜。積劫之因，是爲闢始。師與達觀滌源曹溪之盟，結想未紓，師乃被難。達觀聞之驚曰：「憨公已矣，此願曷酬？」而師以主恩佛佑，流宥五刑。適赴其地，雖業累所纏，然亦因緣之願力也。初至解紛，上將督府德之，願爲護法。先時道場土宇，割裂侵并，流徒肆爲屠沽。至是檄縣，期以三日盡之。因謂師：「六祖羶膻已爲滌，然生靈塗炭，請師救濟。其一珠船千艘，皆海上巨盜，資以欽採之勢，踰期不歸，横掠海上，吏不能制。其一礦役暴横，掘墓破居。」師乃徐動榷使，啟誘信心。嚴約珠船，徹所遣役歸有司歲額解進，民自此安枕矣。遂闢祖庭，立義學，登壇説法。自宰官文士，下及販夫，咸遂皈依。改徑拓産，歸所侵田。以屠肆爲十方旦過寮，設庫司。清規井然，如官府法。歲大饑疫，勸施掩骼，作濟渡道場。夫無著之機，棄絶聖智；有爲之化，波潤津梁。大小精粗，至人畢貫。所以君子契其精玄，小人懷其樂利，没而不忘，其在斯乎？玄圃蕭先生北上入訪，因遊次謂曰：「已爲師覓一片福地。」問：「何在？」曰：「天峙岡。」師戲云：「天峙岡宰相定穴，非吾法王，孰能居之？」既別，即示微疾，數日而逝。甲子春，廬山弟子福善等至，請龕還廬。嶺南弟子歐文起、劉起相暨山寺大衆議留，乃鬮卜之，三鬮皆得「留」字。韶太守張三星爲建塔院，即所指天峙岡也。然龕卒歸五乳，是爲衣履之藏。銘曰：聰明聖智道不涉，焦金腐芥世喪裂。大師精神十方徹，撓挑風雷弄日月。波瀾不蕩光不滅，曹溪中流祖源遏。刊山滌源九州列，洪鐘在函無扣歇。水逝風行非續絶，曹溪五乳無跡轍，與塔而三共巀嶪。天啟七年六月，賜進士出身、廣東等處提刑按察司按察使會稽陸夢龍撰。《憨山老人夢遊集》卷四十

五、清代重建

（一）清初興復

明清之際，南明永曆政權據嶺南與清軍抗衡，曹溪南華禪寺一旦爲戰火殃及，又復荒廢，堂殿周廊半就傾圮。順治四年（一六四七），住持真修發起重修寺院，諸善人感其誠，施以千金，重修大殿，不數月而工竣。曾弘爲撰《重修大殿記》：

達磨西來，不立文字。六傳至能大師，目不識丁，聞客誦《金剛經》，至「應無所住而生其心」，恍然有契。嗣法黄梅，韜光弋獵，偶與印宗法師論風旛之義，出語驚人。自是宗風大振，龍象交參。始飛錫曹溪，雨大法雨，吹大法螺，擊大法鼓，演大法義。爾時英靈衲子，如青原、南嶽

之流，以及毒龍、猛虎、人、非人等，得未曾有。此大殿之所由建也。自唐迄今，顯晦迭更，然而中興祖道，代不乏人，如實行修公，有足多者。實行，豫章名家子也。幼孤，能自立，長而爲商，喜任俠。禮曹溪六祖塔，忽發深省，遂投師出家。甫披剃，即有中興曹溪之志。自以般若行淺，無緣識字，因閉關禮《華嚴》，一字一拜，雖瑞相屢現，愈加刻厲。丁亥與予定方外交，始知離世間法，別無出世間法。卒有緩急叩門，不以有無爲辭。天下咸藉藉曰：「實公，禪而俠者也。」大軍之後，白骨如麻，予兩人百計以掩之，一骼未收，泣數行下。當路者以其事上聞，遂賜紫。實公謙讓不遑，愀然曰：「所貴爲佛子者，將此身心奉塵刹耳。曹溪一滴，五宗於此支分焉，今大殿高危，墻壁隤落，梁棟傾斜，能不愧於心乎？」諸善人感其誠，施以千金，不數月而殿工告成，百廢遞舉。金繩珠網，碧瓦銀墻，廣華飾也；座擁尊天，威德自在，盛莊嚴也；溪舌廣長，演偈萬千，泉涓濬湧也；錫飛橋畔，虎伏亭前，神通遊戲，應變無方也。且也二王南征，慈勇兼濟，惠澤旁溥，其與實公機緣契合，種夙世因也。鑾輿及門，無力下牀，志高尚也。環珮珊珊，五體投地，則又君夫人之爲法忘軀也。噫！從來龍象交參之會，定有人天稀有之緣，值茲祖庭秋晚，古殿荒涼，而實公精誠通天，金沙布地，功豈在盧祖下哉！雖然，翠竹黃花，迥非外境；塵毛草芥，悉現全身。實誌公云：「終日拈香擇火，不知身是道場。於斯明，拈一莖草，現出瓊樓玉宇；於斯不明，瓊樓玉宇，被一莖草蓋卻。」直饒單刀直入，與誌公把手同行，猶是建化門庭，更有佛未出世、祖未西來一著。願與實公共勉之。 康熙志

順治五年（一六四八），真修重修靈照塔。七年（一六五〇），重修大雄寶殿，平南王尚可喜發心

護法，慨然助捐。八年（一六五一），尚可喜在廣州開府建第，捐資廣建佛寺，乃與靖南王耿繼茂延請南華寺住持融六至廣州長壽禪林講《楞嚴經》，祝國佑民。南華寺重興之機緣於是乎更加顯著。十四年（一六五七），提刑洪琮謁祖庭，心照禪師乃請修方丈。越三年成，洪琮撰《重修方丈碑記》：

刹之有方丈也，譬諸肯堂者之於亭館乎？家之中事先有廟，燕息有寢，享會有堂，誦有塾，藏有庫，下至與雞塒、馬廄、牛棲、豕圈之屬，靡不森森蔚蔚，有以全其天而安其性。況乎越國貴賓，惠然肯來，而顧令之憩息無所，飲膳無方，其於設燎監濯之誼，無乃闕乎？曹溪叢林甲天下。丙申秋，予奉簡命提刑韶陽。越明年，告謁祖殿，觀其殿塔堂宇，突兀璀燦，令人眩目。予周章省覽，歎詠者久之。既而贊拜已竣，退金水堂而息焉。考《通志》，金水堂在方丈之前，乃祖師伏龍古跡，後代因之，以爲知識提唱談經之地。若宰官之有事於兹者，是惟方丈，今捨彼而館于此者何居？詢之僧，則以「將頹」對。蓋曹溪自憨師中振，層軒紺宇，踵事增華，至今十房禪院未改舊觀，獨方丈爲衆共公之場、肅客之地。情好不繫，其廢其興，功罪可諉，故視之漫不經心，宜其傾圮剥落，以至於斯也已。心炤禪師以維新請，越三年庚子，予以量移大行，將朝京師，心炤告落成，且請記焉。夫心炤，大休和尚之高弟也。其人續祖風旛之教，播揚法道之宗，相對寂然，如寒巖特立，蓋其胸無一事。及其謀公也，漫不辭難，汲汲如人之謀其私，故能不起於座，而千秋之故物斯還。今觀其前後結搆，卓犖宏敞，若作室者之圖其久大，必至於貽厥而始快也。然予聞天下之事，廢興更疊，如環無端，文之所不能留也。昔柳子厚、劉禹錫爲曹溪碑記，其文妙絶一時，今問其殘碑斷簡，已無存者，苔封蘚剥，碑之壽幾何？心公大師請曰：「碑之永不永，不足計也。獨是方丈之頽已數十年，而紹新于公之修謁，今之落成，又值公入覲之日，因緣妙合，可無一言以附于蘇程故事乎？」予笑而然之，於是乎書。時順治庚子六月吉日。康熙志

康熙二年（一六六三），韶州知府趙霦吉重修伏虎亭，并撰《重修伏虎亭碑記》：

韶之陽有曹溪，爲唐朝大鑒禪師之道場也。群峰拱秀，環繞如蓮，又曰南華。其中紺殿琳宮，叢林古木，具諸幽勝，備載《曹溪志》內，無庸贅述。惟當日六祖卜築時，緇流雲集，百緣如意，獨艱於水，乃去寺後數武，旋爲卓錫，錫起水湧，涓涓不斷，迄今闔山僧衆咸飲於斯焉。泉之前舊有一亭，名曰「伏虎」，蓋非昉於唐，實係後人創立。或者毒龍受制於前，猛虎馴伏於後，此亦道法廣大，戒律精嚴，特佛氏分內事耳，余姑勿論。第斯亭之廢興無常，凡物之遭逢不偶，昔之巋然於泉上，助名山之奇觀而標宗風於不墜者，傾圮無存，求所爲坡老之遺蹤、陳公之載搆，已入蒼煙蔓草中矣。余庚子春來守是邦，越二年，於政事之暇，瞻禮祖庭，因探閱其地，見墻欹礫積，碑勒苔封，詢之住持敬公，曰：「此古伏虎基也。向爲陳郡公諱大綸者重葺，見有碑記可識，於兹幾及百年，未能踵紹斯舉。」余慨故址久湮，即捐俸與之，并令敬公董厥事。乃鳩工庀材，所費不敷，猶賴韶協林公暨同寅傅公、楊公、邵公輩互相捐助，而斯亭遂成。較之昔日，輪奐有加，且于九曲池畔鑿石欄以護之，俾樵夫牧豎不得過行浣濯以汙清流。而泉之高阜有龍王祠，率所屬吏爲之整輯，一帶臺榭逌新。爰與二三同事眺臨亭上，山光雲影，鬱然深秀，兼之禽聲上下，梵唄悠揚，頓令人有潚灑脫塵之想。以視昔之風雨淋漓、蘼蕪充塞、入目淒其者，不大相徑庭也哉！余因蕭然遐思，敬爲之辭曰：名山粤區，百神擁麓。維彼猛獸，偃然馴伏。固知道妙，萬彙咸服。亭以紀勝，

奕禩儼肅。寺衺其南，泉出於北。兀兀中峙，雲霞入宿。山圍翠繞，媚玆幽獨。自愧勞人，風塵碌碌。藉此勝緣，用抒逐逐。緬維陳君，鳩庀重築。日月易邁，廢興倏忽。荆榛砂礫，蕭條盈目。我履其地，諮諏釋族。慨告同人，率捐俸穀。旬月落成，崔巍迥矗。登臨眺瞻，簷陰覆緑。剨然長嘯，聲震林木。爲語後人，嗣延永福。不有承之，其胡能淑？綿衍斯亭，千秋可卜。時康熙二年癸卯冬月記。　康熙志

同年，方國龍始重修觀音堂。歷四五年成，方國龍撰《重修觀音堂應夢記》：

人惟心稱靈，緣感而動，而感於夢者常靈。蓋夢者心之神明，不由造作，而相通於動靜之際，是故盈虚消息之數，吉凶悔吝之機，無端預見而一毫莫爽。然而有心無心之辨：有心之夢，心入於夢者也，故以昏悼而幻；無心之夢，夢引於心者也，故以虚靜而真。而究惟心之靈，有以使知之，一切真幻之見，可以不攝，第夢者未之醒耳。余癸卯春仲赴省，泊舟濛瀼，夢遊南華，至一殿，見其榱棟傾頹，階楹蕪没。有一人若大士狀，向予而言曰：「子得無意乎修此殿耶？」余以俸薄辭。月餘復夢遊南華，大士又向予曰：「此山在在有宰官新之，子何辭此役？不爾，側有書寓每蓄雞鶩汙我，子能禁之耶？」覺而思大士之靈，如明月之在天，流水之在地，一隙無不照，一泓無不澄，凡水月所在之處，無不見我大士，何獨南華？然在南華則顯其靈於南華，亦理之固然者。時吏事紛集，未遑造訪，凡南華僧至韶，必致問，無一識者。秋八月，禪師敬止來，復爲致問，曰：「有之，殿將圮矣。」余不禁慨然也。夫以南華之勝，大士之靈，至殿之將圮，而山之僧無盡識者，使大士不見夢於予，則鐘鼓不揚，鏡燈不耀，豈顧問哉？然則天下之梵刹，將圮而不見夢，不盡識而

不盡修，湮没無傳者，蓋已衆矣。亟俶裝往謁，見其榱桷階楹，猶夢也。瞻仰之下，余能辭此役哉！爰屬主僧鏡、敬二公董其事，計工較材，不靳餘力，越歲而告成。懸諸約示，一切不敬者盡除之，題其額曰「幻引珠林」，雖無海岸梅岑之概，庶不致後之騷人韻士登斯堂也，致慨於風淒雨濕、震瓦頹垣之戚耳。使踵事而增美，則此殿之于南華不更相終始乎？時客有就予而言曰：「福緣衆種，今公獨一力，何私之耶？」余曰：「此蓋有緣焉。始余之至韶也，知韶之有南華，何知南華之有大士殿？自有此夢，而知南華之有大士殿也，大士之責在我矣。且今之都顯名席厚實者何限，大士不見於他人，而獨夢於余，余與大士，蓋非今日之緣，而亦非他人之比，豈敢分其責於他人哉！天下之人，以醒爲真，以夢爲幻。若夫此心之靈，不分夢醒，安在幻者之非真而真者之非幻耶？此余所爲兢兢也。」客曰：「此可爲醒者傳矣。」因稽首爲記。時康熙七年冬月吉，當代住持明曜立。　康熙志

康熙初年，平南王尚可喜興崇梵宇。知海内選佛名場，曹溪實首屈一指，即爲規畫修復。康熙六年（一六六七），尚可喜撰《募化南華寺祖殿周廊疏》，擬重修祖殿。七年（一六六八），又以曹溪自明成化年修建以來，歲久不葺，堂殿周廊半就傾圮，謀對全寺進行重修，「自二殿至諸樓，至前後門廡，規制宏敞，焕然改觀矣」，土木所費，約十餘萬，總理其事者爲真修實行和尚。尚可喜又從廣州延成已和尚出任南華寺住持，曹溪祖庭重新逐步進入興盛時期。尚可喜撰《平南王重興南華寺記》：

自像教東來，應化震旦，寓以内寶山鉅刹古德振錫者，更僕不能數也。而選佛名區，輒以南華屈第一指，以其爲世尊衣鉢而五宗之派之所由衍耳。余生長三韓，飫聞已久，天南萬里，引睇無

從。順治己丑奉簡書，同靖藩恢克東粵。過迴龍之峽，指象嶺之峰，爲低回者久之。至於今垂二十年，以戎務方殷，未遂瞻禮。康熙丁未春，幸藉國靈，境內安堵，烽燧不驚，軍府多暇，遂得一展謁焉。自明成化修建以來，歲久不葺，堂殿周廊，半就傾圮。眺覽之際，深用憮然。因不揣綿力，僭爲倡首。而自靖藩以及宦粵諸君子，皆踴躍獎奮，捐助有差，亦足見瞿曇之默佑，而樂善之有同心矣。但念祖殿居佛殿東，道紆地隘，厥制弗稱。又祖之立教以無念無住，號不二法門。而佛殿、祖殿歧出兩途，厥義亦弗稱。竊欲移祖殿於佛殿後，移藏經樓於祖殿之址，以見正印真傳、頓教直入之意。適青烏家相度形勢，審曲繪圖，不謀而符，遂決意更之，庀材鳩工，即卜吉矣。而卓錫泉枯涸多年，忽爾濬發，萬衆翕然，以爲得未曾有，下至工役，無不生歡喜心，子來恐後焉。啟工於丁未之秋初，落成於戊申之春杪，計費銀若干兩，食米若干石。木石陶瓦購之本山者外，基石街石則購自廣、韶二郡，鐵力木則購自粵西。水逆灘高，山深路遠，運致艱難，工力繁浩，冥冥中實陰翊之。今自二殿至諸樓，至前後門廡，規制宏敞，煥然改觀矣。一時之盛事，亦千秋之善果也。故余不憚不斐，直述其概，勒之貞珉，以示於後人，且欲舉曹溪一滴，沛之大千，爲同善者勸焉。　康熙志

康熙七年，尚可喜第三子尚之廉入南華驗視重修工程，瞻禮天峙岡憨山塔院，見堂宇寥寥，主之乏人，乃捐金重建。據康熙志載：建成後，憨山真身堂後爲樓，樓上奉毗盧佛，左準提王，右觀音大士。院前左爲尚公祠院，右爲廚庫、庖湢諸寮。前爲涼亭，額曰「別一天」。因塔院右路狹小，難通車馬，院主成己又募翁源令翟公延棋捐俸，南華寺僧體慈、能持等將山門前田一帶，左改爲路，右爲菜圃，內

外規模，始稱完美。事竣後尚之廉作《重建憨山大師塔院碑記》：

我佛别傳之旨，自達磨西來，六傳至曹溪而大著，其後五燈分化，宗風益盛，並祖曹溪。由唐五代迄宋元明，臨濟、曹洞之哲匠大老，濟濟嗣興，闡法諸方。而祖庭徒視爲香火之地，振起無人，幾致法堂前草深一丈，以紫柏之手眼，亦對之浩歎而已。轉荆棘爲旃檀，則實爲憨山大師深德厚力，起數百年之衰，而重立叢林制度，規矩賴以不墜，厥功莫比懋焉。計師勤勞營建，循循訓誨，與夫清糧免役，致歲粒充飽，凡所以利造曹溪者，費殫心力幾三十年，厥德莫比盛焉。師以童年薙染于金陵報恩寺，稍長，矢志行腳，遍參名碩，師承歷歷，既悟而加修，得禪定三昧，龍天推贊。萬曆中，爲國祝儲應禱，受尚方供養。忌者中之，遣戍雷陽，遂成曹溪因緣出現，竟示寂於兹地，非偶然也。其詳則大宗伯錢公謙益所爲塔銘中具矣。初，邕州大學士蕭公雲舉素與師善，因朝覲道韶陽，入山訪師。蕭公明陰陽堪輿術，指左峰佳勝處爲師壽塔，師笑而頷之。公别去，未踰嶺而師謝世。公聞之，移書韶守爲建塔院。時門人多吳人，力請肉身歸匡山。久之，順德孝廉劉君起相，亦師門下士也，爲瑞州司理，詣山掃塔，念師志在曹溪，乃復請龕還舊塔。後總戎宋公用兵楚粤之界，地邇曹溪，夜夢一僧，面如滿月，舉止異常，勸以撫降納順，可不血刃。將行，頗以把茅蓋頭爲托。覺而異之，私恨未詢異僧姓名。次夕復夢，且自言憨山也。宋公初不識憨山誰何，明日適有浙僧至，詢之，乃知爲師，而靖亂一如夢所示。乃命浙僧其子入山啟龕，貌如生，指髮俱長，見者無不驚歎。遂捐金布漆，視六祖焉。然舊塔院規模未盡如法，僧病不能久居，又外寬内狹，非蕭公本指也。歲戊申，予奉家王命送七弟還朝，便道觀所修祖庭殿宇落成，暇遊塔院，則門徑蕭然，一僧僅供灑掃，方爲心惻，會所善省中四無上人適至，試與謀之。四公慨然任董厥成，余爲捐募千金重建。始於是歲仲秋鳩工，上爲三嘯樓，供毘盧準提大士像，中堂祀師肉身，前則山門，左右分祠、亭，種竹千竿，引泉通廚碓，改徑而迴折之，頓加幽勝。四公胸中富丘壑，眼裏無纖塵，三載拮据，始獲就緒。至棄其省屋賣之，不足，仍稱貸，得金以兩計，凡五百餘。其友洪讚上人，助者亦百金，方竣事焉。其中與曹溪實公、耆宿懋公協力成美，而監院敬公喜助瓦木，清還租穀，皆堪書厥績，以垂永久。而予不佞，雖非給孤布地，亦獲效其願力，圓滿初心，快何如也。四公請勒貞珉，予不文，用述始末，以俟志名山者焉。四無者，名成己，原江南籍，薙髮訶林，住持省中夢覺庵，今爲院主也。康熙志

是時尚之信隨父瞻禮祖庭，捐資興復卓錫泉，後撰《俺達公卓錫泉碑記》：

曹溪寺後里許，有井香潤流溢而美者，曰卓錫泉。相傳師浣所授衣無美泉，振錫卓地，泉遂溢出，其水濆薄洋溢，甘冽異他處。有時竭，則隨禱而應。舊建碑亭，題「卓錫泉」。傍鐫宋蘇端明學士銘語，傳之故老。明代崇禎年間泉涸七閱月，吉水尚書李日宣者來山焚祝，泉洄故流。今康熙四年，泉又竭，視井若焦燥，不復浥，剌之戛戛皆砂石聲，蓋兩年間如一日矣。丁未杪春，予隨父王瞻禮登陟，遍訪諸名跡。寺僧導行，指其處，兼述所以。中暨他碑，向之所謂卓錫泉碑者，湮没荆棘中，横斷剥蝕，蘚漬塵封，字不可辯，幾不知有所謂卓錫泉也者。余笑謂僧曰：「我當爲師卓一錫也。」僧不解余語之故，曰：「是宜還他卓錫泉。」爲是損貲，命僧重鐫勒石，且默禱之。遂於是年四月念有八日碑成建置。五月朔四日黎明，溪雲不生，明星在天，微聞井上漉漉有聲，童子

歸報寺僧，水已寸許，煙霞鬱蒸從井上盤結，踰時方散。闔寺僧衆，宣諷羅拜。頃之盈溢，滿井泓流，不異他時。雖源流去來，冥然難稽，然際會適及，謂非一日因緣異數不可也，遂記之。因作偈曰：泉之生，誰或激？泉之滅，原不息。不生不滅，真諦誰識？外枯中腴，靈機偶寂。我今從師，爲師卓錫。康熙七年歲次戊申仲夏吉旦。

康熙志

康熙十一年（一六七二），尚可喜又以舊祖殿地重建御經閣。事竣後有《平南王重建御經閣碑記》：

予自丁未重建曹溪，取「法門不二」之義，遷祖殿於御經閣地，直大雄殿後。戊申，既竣事矣，將以舊祖殿地建閣，命日者卜期，云歲在壬子協吉，因休諸役以俟時。及今春以期至告，乃遣官召匠，選材必良，程工必固，以斲以構，載覆載塗。經始於七月十七日，落成於十月念七日，具勒緣起，以詔來者。蓋天下道場多有藏經，讚揚諷誦，所以祝釐祈福，依教修行。然每由於僧徒上請，而曹溪一藏爲明英宗特賜，重以敕書，始構傑閣，名曰「御經」，所以尊休命而誇付囑之盛事也。萬曆甲戌、辛卯再修，康熙丙午復修，稍撤朽蠹，飭以丹堊，予則盡易其舊而新是，圖與前後殿庭共垂悠遠。良以國王大臣，惟法是護，不忘誓願，用極莊嚴，將使閣中一部一函與龍宮華藏同放光明，同聞敷奏，陰翊王度，洵非小補。若乃曹溪建置，特地更新，閣基之祖殿既成，祖基之經閣復舉，雖踵事增華，而適還本有。規模嚴整，氣象完密，與山川深秀之勢，妙合自然。則予鎮撫南服二十餘年，風雨順時，民物安阜，藉地方之同心同力者，答天庥而垂下澤，於此道場迴向結緣，若合符節。是舉也，總督大司馬周公諱有德北歸禮祖，捐金倡助，在庚戌秋；而總督少司馬金公諱光祖、巡撫中丞劉公諱秉權、提督左都督嚴公諱自明，及藩臬諸大夫左布政使徐炟、按察司佟養鉅、督糧道參議徐養仁、督學道僉士沈令式、驛鹽道僉士王令、掌印都司金珙，各出淨壇，嘉與有集。予嗣子少保公之信、次子都統之孝，咸體予懷，相率供事，皆與予樂相其成，非敢云靈山一會儼然未散，庶幾於六祖門庭得大觀而收全局，以祝我國家金甌無缺，玉燭長調，是予之願也矣。

康熙十一年十月　日。　康熙志

尚可喜重新曹溪寶林自康熙六年始，至此歷時五載，可謂於六祖門庭得大觀而收全局矣。未久，粵東提督嚴自明以「近見珠宮紺宇，金碧輝煌，真赫赫然大觀也哉！然經樓、禪堂、客堂間有未備」，因謀修復，撰《募修南華經樓禪堂客堂引》。康熙十二年（一六七三），韶州知府馬元發起重修大鑒寺，撰《募修曹溪下院大鑒寺疏引》。十七年（一六七八），廣東中鎮總兵官甯天祚駐守韶州，來寺拜謁六祖真身，爲住持阿盤捐修方丈室，并撰《重修本來方丈碑記》：

佛法入東震旦後四百餘年，而衣鉢始至嶺南。又百餘年而新州至，人肩所荷，負石開闢，曹溪遂與少室、黄梅鼎立並峙。海内崇信奔趨，沛然若百川之赴大壑，亦如峨眉、五臺、九華、普陀，所謂「支那四大道場」者，猶加盛焉。予嘗謂靈鷲之視曹溪，猶尼山之有紫陽也。法乳所滴，盡四大海水，悉變醍醐。自五宗嗣教以來，紹隆弗替，法王龍象，所在都有，而歷代帝王卿相復悉力外護法，作大檀那，以故慧燈普明，刹竿永堅，所由來矣。國家誕受貞符，肇造區夏，首隆象教，以鞏皇圖。而章皇帝十八年間，無日不思振揚宗風爲事。於是平藩先敵，王仰體内廷，崇嚮至意，入粵未幾，首損歲禄，修復斯刹。琳宫紺宇，翬革改觀，洵爲南宗選佛第一場矣。戊午歲，予奉命出師韶石，戎機之暇，即齋後瞻禮名區，首謁大鑒真身，求昔時方丈故跡。堂頭出迓，叩之則洞宗三十傳阿盤禪師也。阿公現象王身，振獅子吼，人天推出，開法斯土，一時緇素道侶愛慕景仰，特爲師重修本來方丈也。予聞斯舉，亦歡喜讚歎。尋倡賢士大夫并多布金十八項，尚比太虛微塵，余又何敢尸其勞哉！雖然，自一花五葉以來，智珠獨朗，法輪大播，雪隱鷺鷥，魚龍莫辨，誰能於無所住頓證本來，芟了葛藤，虛空粉碎，俾狐禪注腳，君臣賓主，窠臼全翻，豈非調御丈夫真事業哉！如是名爲報佛恩，如是名爲衛王教，如是名有功人心世道。予于師蓋深切望之矣。道光志

康熙十九年（一六八〇），西粵都督譚雲揚捐修蘇程庵，乳源知縣、韶州府督糧通判馬騮爲撰《重建蘇程庵碑》：

禪門之曹溪，猶儒之洙泗也。山川形勝，爲五嶺之冠。古來名公巨卿，車轍所至，留題建置，皆與名山同不□。宋東坡居士、德孺居士，流連山水，建庵，額曰「蘇程」。考蘇、程二居士，文章政績，雜見□□，記者故多，而湮没亦復不少。惟斯庵巋然獨存，而敗草頹垣又半之□□爲之先，爲之後，今昔之感，豈不愴然！已未春，西粵都督雲揚譚公起而重建之，計費不下千金，莊嚴宏麗，□成巨觀。溯譚公挺生粵左東官也，與六祖之新州，道里非遥。六祖□道成，演法曹溪。譚公未經登臨，捐資修庵于舊六祖殿之後掖。興會機緣，似有冥□。庵成，宜佛宜禪，宜經宜律。而管教祥公、吕公，住持密公，暨道開和尚先後□緣，可標勝義。夫度一切厄，佛性也；成一切善，佛才也。譚公舉名山之勝跡，從而光大之，已徵佛才，且以前賢已墜之跡而復之，同圓種智。起蘇程□□，日與譚公千古同堂，聲氣應求，又寧非三賢一德哉！因爲篆。寺存碑記

（二）晚清重修

南華寺歷乾隆、嘉慶朝，一度中落。道光、咸豐年間，曹溪又遭兵燹，而受太平天國戰爭之災尤酷，寺門幾至頹廢。同治十一年（一八七二）南韶連道林述訓、曲江知縣張希京以「寺經二百年來風霜剥蝕，祖殿僅完，而大雄殿則皆荒煙蔓草」，乃由韶州孝廉歐樾華製疏緣募捐，「一時四方嚮應，合三州官紳士庶，輸款萬金有奇，遂鳩工庀材。」自是年八月起，至次年十月，祖殿暨大雄寶殿以次工竣。十三年（一八七四），林述訓有《重修南華寺碑記》：

古者神道設教，立之壇壝祠廟，以爲民祈報。自梁天監年佛入中國，則又建寺塔以與民修福果，此其事殊而爲教一也。曹溪南華古寺，冠嶺表叢林之勝，開山者爲六祖禪師。考師自黄梅得道，至曹溪立闢寶林，大演南宗。在唐憲宗時，賜謚「大鑒」，塔曰「元和靈照」。在宋太宗時，加謚「真空」，塔曰「太平興國」。沿及勝國，憲宗親製《壇經序》，尊之曰「西方聖人」，時并建本來堂。之數君者，聰明天授，乃敬信之，若此，則建寺之舉，亦弼教之一端耳。我聖朝聲教暨訖，赫濯海隅，平藩奉命南征，默叨佛佑，爰有康熙年重修之役。斯亦戢兵安民，將以崇禮祖師，廣宣至教與？予巡斯郡，歲在辛未，適遭旱魃，徧祀弗雨，乃偕曲江張尹詣寺，親禱頂禮畢，陰雲四合，一雨三日，苗以浡然。民歌曰：「祖師來兮靈昭昭，至誠感兮肅星軺，沛甘澍兮養我良苗。」隨有和者曰：「慈雲擁兮雨瀟瀟，慰農望兮不崇朝，雖樂歲兮殿宇漂摇。」蓋寺經二百年來，風霜剥蝕，祖殿僅完，而大雄殿則皆荒煙蔓草矣。予繹歌，以寺工謀諸僚友，鄭軍門慨然曰：

「是在予二人廉捐首倡。」乃進郡紳歐孝廉製疏緣勸，一時四方響應，合三州官紳士庶，輸款萬金有奇。遂鳩工庀材，經始壬申八月，越癸酉初冬，祖殿暨大雄寶殿以次工竣。涓吉仲冬望，進香供奉。前一夕，適鹺使鍾君至，語及郡人將有事于南華，喜甚，約與偕行。翼日至寺門，歎曰：「此真西天寶林也！」登堂展禮，周覽寺宇，更謀葺羅漢樓，相與盤桓而返。比回舟，遣使齎金來，言曰「備門材」，若與祖師有夙契焉者。今年夏，予以入覲解篆，未獲再圖，封金遺張尹爲葺樓計，而鄭軍門復念工鉅費繁，多方集腋，以期蕆事，吾知功德水其有以滿之也。頃將戒行，郡紳以殿成請記，謹援佛有弼教之義，略紀斯役，俾勒諸石，並鐫簽助姓氏於碑陰，以爲樂善勸。時同治甲戌仲夏穀旦記。同治《韶州府志》

同年，林述訓晉京述職，重修之工未竣，南韶連道張銑、曲江知縣張希京等亦裒貲勸其成。祖殿、大雄殿以及羅漢樓、鐘鼓樓、山門等處，朽者完之，毀者補之，皆輪奂一新。張銑撰《重修羅漢樓記》：

水泉深，則魚鼈歸之；樹木盛，則飛鳥歸之。況天地靈異之氣，萃於山川，蜿蜒磅礴，鬱鬱葱葱，爲洞天，爲福地，有不爲仙靈之所歸者乎？六祖大鑒禪師，以新州樵子，目不知書，訪道黃梅，僧衆攩挒挨抌，亡所不爲，師夷然不以屑意。腰石爲舂，卒因一偈之妙悟，得正法眼藏，攜衣鉢南歸。於是建大道場，吹大法螺，演大法事。坐具浮而境土皆歸，杖錫卓而枯泉立湧。琳宮紺殿，切漢凌雲，龍象皈依，人天歡喜。而南華寺之名，遂爲嶺南甲。顧由唐以來，歷千餘歲，興廢無常。至國朝平南王增其式廓，宏闡宗風。迄今又二百餘年，風霜剥蝕，瓦墮垣頽，幾有荆棘銅駝之慨。前觀察林公述訓與曲江令張君希京，因歲旱潔齋往禱，歸至中途，而澍雨大沛。感沐神庥，謀諸今鎮帥鄭公紹忠，施大願力，倡始布金。諸檀越踴躍輸助，修復大雄寶殿。工甫竣，而林公以秩滿去位。鎮帥語予曰：「大雄殿之前有羅漢樓者，規制宏偉，屹然對峙，非並加崇飾不足以壯觀瞻。」乃復踵而成之。昔張文定謂「《壇經》超乘子輿」，東坡亦云「願洗綺語硯」。六祖自性不二，住煩惱而不亂，處禪定而不寂，實與吾儒「素位而行」之旨相發明。豈必如陶謙斷三郡委輸，大起浮屠寺，累金盤、衣錦綵而後爲崇奉哉！顧吾嘗觀范《史》，載大秦國黄金爲柱，白玉爲堂，古佛之所都，極宫室之壯麗。予嘗泝曹溪，登法界，瀏覽形勝，瞻禮祖庭，歷代寶書，輝映雲日，信哉南天之佛國也。今雖樓殿已成，而所謂方丈、禪堂、香積廚、長生庫者，皆鞠爲茂草。適予受代，不獲竟此全功，則啟三塗而開覺路，朱楹碧砌，盡復舊規，是所望於後之諸善信及士大夫之蒞兹土者。光緒《曲江縣志》

張希京撰《重修南華寺記》：

幼時閲《傳燈録》，至能禪師偈曰：「菩提本無樹，明鏡亦非臺。本來無一物，何處惹塵埃？」未嘗不三復斯言，以爲深得釋氏津梁，宜五祖於五百人中，獨傳衣鉢於過量人也。余雖心契斯語，亦未考六祖顛末。迨咸豐丁巳，奉檄來粵，始耳曹溪名，多勝跡，爲嶺南第一叢林，供六祖法身焉。因詢其來去，自白花白鶴之兆，詢至落葉歸根之語，翕加禮敬，謹佩之弗敢諼，遂殷然有瞻拜意，爲宦途絆多，不果。同治己巳，來宰斯土，因公至祖殿，敬以瓣香。自幸幼時僅聞其語，今乃獲見其人焉。住持僧款以齋蔬，出《曹溪通志》。復導遊勝境，見有朽蠹者，有傾斜者，有全毁僅餘梁棟者，余惻然心動，有倡修志。去年春魃甚，禱雨皆不應，乃隨林觀察親詣祖殿叩禱，祝起，雲油然作，方回轅，膏雨滂沱，歲遂大熟。嗟乎！六祖去今千餘年矣，其身至今存，其色相猶活現於今，宜神之洋洋在上，不可度而射也。世之有功德於民者，尚隆以廟，祀其木偶，況六祖爲禪林洙泗，澤潤生民，至今且未有艾，忍令不著一物之身爲真塵埃之所汙乎？適當道諸公僉議捐廉倡修，余亦裒貲樂勷其成。祖殿則葺修之，大雄殿則鼎新之，以及羅漢樓、鐘樓、鼓樓、山門等處，朽者完之，斜者正之，毀者補之，皆輪奐一新，洵壯觀也。經始於同治壬申年八月，越光緒元年工竣，費逾萬金。住持僧徵余記，欲泐諸貞珉。顧余服習孔氏書，於釋教懵未有聞，曷以記？且即幼時三復偈語者記之。我夫子繼堯、舜、禹、湯、文、武、周公而集大成者，爲萬世師。六祖受釋迦、達摩諸祖衣鉢，開演大乘，度人至今，其有功於釋教，與我夫子有功於聖道，有隱隱不約而同者，其即禪林洙泗之意乎？故樂爲之記，且以誌幼時佩服之意云。時光緒乙亥孟冬穀旦記。光緒《曲江縣志》

光緒、宣統兩朝，時局動盪，內憂外患，國無寧日。曹溪古刹雖僻處粵北，亦未脱厄運，隨之頹廢，諸事不舉，僧徒四散，即留守寺中者亦漸趨俗化。

六、民國復興

民國七年（一九一八），駐粵滇軍首領、督辦韶州軍務李根源訪謁曹溪。見祖庭荒蕪，乃捐廉力事整修。又主持重刻寺中留存故碑。楊晉爲撰《李印泉修繕南華碑》：

中華民國七年七月，督辦粵贛湘邊防軍務滇軍總司令、陝西省長騰衝李公印泉始遊南華，見廟宇荒敝，僧衆四散。以爲曹溪祖庭所在，而宗風衰替，及今不治，廢墜且莫知所底，慨然有存名跡、安戒納之志。乃捐廉二千圓爲倡，命守土之吏，籌資鳩工，從事修繕，至八年六月畢工，都計用銀四千圓。有曲江縣知事周濂、見任陸光鑫實董斯役。晉幸陪雅遊，爲紀其事于石。嶺南道尹建水楊晉記，東官鄧爾雅書。　寺存碑記

民國十三年（一九二四）十月二日，孫中山督師北伐，駐韶關時，偕同夫人宋慶齡、段祺瑞代表許世英，隨行者伍朝樞、譚延闓、廖仲愷、楊虎、柏文蔚及衛士隊警衛軍百餘人，乘專列抵馬壩，參訪南華寺。曹溪五房住持僧率衆僧迎接。孫中山得知寺院因缺乏資金而需砍伐四周樹木以變賣時，囑寺僧要保護好寺院樹木，並捐贈三百元，以解寺院燃眉之急。

民國二十一年（一九三二），廣東西北綏靖區綏靖委員、廣東獨立第三師師長李漢魂駐防韶州，公務之暇，初遊曹溪，知祖庭已爲子孫叢林，見諸殿瓦破屋漏、墻塌梁傾，佛像不全，人畜糞穢，宰殺烹飲，賭博吸煙。念千年祖庭頽敗至此，乃慨然發願護法重興之。二十二年（一九三三），李氏在廣州倡議成立重修南華禪寺籌備委員會，並帶頭捐獻巨款，籌集資金。國民政府官員李宗仁、陳濟棠、余漢謀以及巨商霍芝庭等紛紛響應，慷慨解囊以助。重修之資，耗費數萬，更捐廉奉《大藏經》，復祖殿爲藏經閣，造儲寶櫥庋法物，以永其傳。翌年，祖庭初復佛寺之象。李漢魂撰《重修南華寺記》：

釋氏之入震旦，始於漢永平，千八百餘年矣。能師振錫，而南宗稱盛，厥後衣鉢不傳。是南華實集佛教之大成，其聲聞宏遠，蓋有由矣。夫因果之説，聖人不諱。釋氏之廣大深微，足以賅納

上智；顯示諸象，足以警惕下愚；而中土存亡，亦能戒懼身心，旁輔政教，爲智者闢禪悅之門，愚者導遷善之徑，而其象教越世，開哲學之津涯，尤彰彰也。今大府倡存名勝，向之摧陷廓清者，咸命有司謀所以保存之，著爲令。曹溪於南中國爲名叢林，顧自唐龍翔而還，代遠年湮，雖屢完繕，亦就荒圮。漢魂受命綏靖，典軍韶關，治軍之餘，少得瞻仰，憮然興重修之願，爰徵賢達醵貲，逾二萬金。且以廣州籌備會之推責也，不敢引辭，爰命秘書吴種石董其事。鳩工庀材，簡員設計，因其地以結廬築榭，闢曹溪林，營南華精舍，拓田園五百畝，藝花果千萬株。草萊者芟之，剥食者新之，而斯寺以濯以顯。經始於民國二十二年九月，越歲八月而工竣。更捐廉奉《大藏經》，復祖殿爲藏經閣，造儲寶櫥庋法物，以永其傳。且禮請虛雲老和尚來主是寺。於戲！宏宗闡法，非漢魂鈍根所敢聞。他日祇園永茂，華實增繁，嘉樹成林，民生少補，寓勝殘於去殺，期解甲以銷兵，庶不負斯舉歟！謹以崖略志於石，與事捐助，例得另書。民國二十三年八月，吴川李漢魂記，大埔鄒魯書。　寺存碑記

重修竣工之後，方丈虛席。民國二十三年（一九三四），李漢魂多次函電禮請禪宗泰斗、時住福州鼓山湧泉寺方丈虛雲移錫南華寺。虛雲提出三個條件：第一，六祖道場南華寺，永遠成爲十方叢林，允許過往僧人棲止掛單；第二，因現在南華寺還有一些房屋在繼承該寺子孫房衆手裏，要動員他們交出，不能强迫他們服從；第三，所有出入貨財、清理産業、交涉訴訟等事，概由施主負責。李漢魂應允，并表示願意永爲曹溪座下護法。八月，乃派秘書吴種石偕敬禪、之清、福果等，專程入鼓山恭迎。虛雲以「夜夢六祖相召『時至矣，汝當回』」云，又李將軍急電邀請」，乃辭去鼓山住持職務，正式入住南華寺。

虚雲初入寶林，見聖地變修羅惡境，祖庭爲牧畜之所，殿宇成屠宰之場，且寺中僧衆不逾十人，卻分五房而立，各攜家眷居住寺外，無異俗人。寺中香火收入，皆由鄉民管理。虚雲發心重振宗風，建樹十方叢林規制，恢復道場清淨莊嚴。自明代憨山以來，曹溪又一次迎來中興之機。

在此後十年内，一俟祖庭「内部情形，略爲就緒」，虚雲即次第規劃，齊頭並進，舉十事以作興復大計。先更改寺前曹溪水流方向，以避凶煞。繼而更新曹溪正門，將山門前亂崗鏟平，並培高後山，以土石築成左右護山，以成主體。而致力尤甚者，乃新建殿堂。時南華寺宇除祖殿、寶塔、蘇程庵稍爲完整外，其它大殿、經樓、方丈、僧寮建築均皆摧朽。以曹溪禪門洙泗，乃著手先行培修祖殿，復在祖殿兩廂建東賢殿、西賢殿，塑五宗有功法門諸祖，若孔門之七十二賢。又「建報恩堂，安奉聖父、聖母。於祖龕之左另製一龕，以奉憨山；右製一龕，以奉丹田。建伽藍殿以奉伽藍神」。又於祖殿之西，並爲建觀音堂一所，共十五間；建外衆圍及雜屋九間，内衆圍及浴房七間。移奉靈照塔内之觀音大士，並爲女衆受戒掛搭之所。又將方丈内之六祖銅像，供於靈照塔内。祖殿之後，舊名蘇程庵，架以層樓，通連祖殿，暫作方丈。方丈之東，爲一土坡，將土挑培主山，築樓房上下各五間，以作祖堂，供歷代祖師及南華繼席宗匠牌位。方丈之西，即新建觀音堂。大雄寶殿、天王殿、虚懷樓、雲海樓、香積廚、齋堂、藏經閣、方丈室、祖師殿、功德堂、鐘鼓樓、禪堂、如意寮等亦次第新建或重修。共修建寺宇房舍二百四十餘楹，重造大小佛像六百九十餘尊，氣勢雄偉，宏敞莊嚴。又，民國三十年（一九四一），因無盡藏尼爲六祖最初護法，其庵址舊在卓錫泉右邊，憨山祖師曾經重修，傾圮已久。乃在寺東二公里許柏樹下村購得土地民房，將寺中古無盡尼所居之庵遷於寺外，移女衆於此地修持。三十二年（一九四三），又因南華舊無普同塔，歷代亡僧隨山亂葬，日久遂形拋露，乃於主剎東約一公里處，設荼毗爐，以焚遺蜕，並建海會塔「以藏七衆」。海會塔其上並建念佛堂，塔左右各建樓房四楹，以作看塔念佛人住所。湯瑛撰《南華寺七衆海會塔記》：

荼毗爲四大葬法之一，西竺古制也。自大教東來，四衆悉依，明代尤盛，逮清而稍替矣。粤中叢林間亦有普同塔之建，然乏閎構。民國二十三年虛雲老和尚卓錫南華，即欲籌建比丘、比丘尼、沙彌、沙彌尼、優婆塞、優婆夷及式刹摩那尼等七衆海會塔，並建佛殿僧舍，薰修持誦，普利幽冥。時以祖庭傾圮，百廢待興，建設數年，未遑並舉。至癸未春，得潮洲鄭子嘉居士相助，始克完竣。而此事因緣之奇，昭靈之感，有不可不記者。初，居士僑商香港，爲巨室。民國三十年冬，香港淪陷，閭閻騷然，人且相食，惶惶然不終日。居士夜夢武士披甲擎杵，示以避逃方所，醒而識之，挈眷急行，沿途危難，皆化險爲夷，若有神助。歷時兼旬，路經南華寺，下車歇息，信足遊覽。至天王殿後，仰瞻韋馱菩薩像，則赫然夢中所見之武士也。居士駭愕，五體投地，感極而泣，乃詣方丈，謁虛雲老和尚，且白其異，併發心歸依，願捐資造寺，用報菩薩加被之恩。雲公以南華殿宇大致竣工，乃語缺海會塔事，居士聞命踴躍，立捐國幣五萬元。其哲嗣應時亦鋭任勸募。周懷遠居士聞風隨喜，亦助二萬元。張子廉居士助一萬元，同爲之倡。其後善信接踵捐助。斯塔莊嚴，遂爾從地湧出。計始於癸未春，竣工于本年臘月，共費國幣約百餘萬元。捐款芳名，另勒碑石。烏呼！諦觀鄭居士如上因緣，韋馱菩薩固屹然未嘗少動也，豈祗韋馱菩薩未少動，即我佛如來，乃至虛雲老和尚，亦未嘗少動也。經云：「隨緣赴感靡不周，而恒處此菩提座。」佛法之不可思議，豈在纏縛凡夫所能測度也！鄭居士以宿世善因，獲兹善果，隨緣清信，又因斯善果，而植善因，萬善

齊彰，同圓種智，是宜操觚記實，以詔來茲。　虛雲和尚年譜

從事殿堂建設之外，又清丈界址，以保古跡。民國二十五年（一九三六）九月，虛雲察勘地界既竟，請李漢魂指示曲江縣勘查南華寺四至，頒行地界管理規定。三十一年（一九四二），廣東省政府主席李漢魂依據道光《曹溪通志》記載康熙五年三月及雍正三年十月勘定四至地界，重新劃定南華寺四至範圍：「東至寶林山象尾，南至鵝鼻山，西至馬鞍山（獅子洞），北至紫筍莊。」李漢魂、吳種石將寺屬基地、創辦林場明確劃定外，又將寺外四周山地五百畝交寺管理。

爲保證寺僧安心辦道，乃藉助政府力量，驅逐流棍，革除積弊；增置產業，以維常住。爲續佛慧命，乃創禪堂，安僧衆，遵《百丈清規》，以定共住規約。晉院之初，虛雲即應衆護法之請，於寺開壇傳法授戒。寺宇重興後，逢年傳戒。民國三十二年（一九四三），創辦南華戒律學院，伺新戒青年深造，人才培養，助興弘佛法、佛學傳揚。以上曲折，具見於虛雲《重興曹溪南華寺記》。其文曰：

於一毫端現寶王刹，坐微塵裏轉大法輪。盡虛空，遍法界，何處不是道場？一累土，一畫沙，何事而非佛事？語其極則，動念即乖，寧有語言文字可記載耶？然而世有遷流，界有方位，道有隱顯，事有廢興。況夫道在人弘，理因事顯，欲承先而啟後，續慧命以傳燈，又烏可無語言文字以記載耶？曹溪爲六祖大鑒禪師道場，傳東山法脈，弘南頓宗風，一滴曹溪，灑遍寰宇。五宗競秀，千載向風，若闇若彰，成佛成祖者不知若干人。報本思源，丕顯奕世，不綦重哉！是則更不可無語言文字以記載也。雲老矣，耄齡始得來曹溪爲六祖作掃除隸，追懷往事，若有夙緣。十載經營，綜理次第，心力交瘁，始具規模。後之僧徒，守此勿失，永保道場，上以微報佛祖之大恩，外亦不辜護

法之宏願，是雲所以望諸來者。

中華民國七年歲次戊午，雲在滇南雞足山時，李公根源督辦韶州軍務，修理南華寺。訊至滇，屬雲來主持斯事。雲以雞山因緣未竟，謝卻之。民國十七年戊辰，雲與王居士九齡同寓香港。時粵主席陳公銘樞邀至珠江，亦請雲住持南華。而先有海軍部長楊樹莊、方聲濤等，以閩之鼓山寺急待整理，派人挾伴雲往。雲以出家鼓山因緣，勿能卻也，遂之鼓山，數載辛勞，略有建制。至民國二十三年甲戌四月，粵僧敬禪、之清、福果等，參禮鼓山，屢言粵中佛法衰落，祖庭傾圮，欲雲赴粵中興之，意未決。一夜連獲三夢，六祖喚來南華。次日向諸人敘述夢緣，感歎稀有。不數日，粵北綏靖主任、今省府主席李公漢魂電函邀約住持南華，衆亦以夢境敦勸。雲意動，即擬三事復李公相商：一、六祖道場南華寺永作十方叢林，任僧棲止；二、宜徵取原有子孫房衆願意交出，不可迫脅；三、所有出入貨財、清理產業、交涉訴訟等事，概由施主負責。倘允三事，即來參看。李公復電照行，並派吳秘書種石暨廣州、香港緇素十餘人到鼓山迎迓。雲遂赴粵，詣曹溪，禮祖庭。觀察形勢，左右閉隔，向背失宜，因謂李公曰：「此事實費躊躇，貧僧力薄，恐不勝任矣。」李公曰：「何謂耶？」雲曰：「此係宇內名勝祖庭，今頹廢若此，非掀翻重建，不足暢祖源而裕後昆。若作成次序如法，亦非歷數年工程、費數十萬金不辦。貧僧安有此力哉！」李公曰：「師勉任之，籌款我當盡力耳。」命繪圖參酌。雲以重念祖庭故，遂許之，時正民國二十三年八月二日，祖師聖誕節也。乃解辭鼓山職務，鞠躬盡瘁，以事祖庭。

先相度全山形勢。考天監初，智藥尊者化曹侯開山，建寶林禪寺，其基地似在左邊，即今南華精舍之下。至唐儀鳳初年六祖來此，已閱一百七十年。舊寺久廢，山場亦歸陳姓管業。六祖欲恢復舊寺，時陳亞仙之先人墳地已葬寺之右邊矣。六祖感動四天王定界，亞仙乞留祖墓，保存至今。故當日六祖造寺，其寺墻外爲陳亞仙祖墳。墓右悉爲龍潭，六祖降龍蜕化，欲堙其潭以建僧舍，工未半而祖入滅。後弟子奉祖肉身，築塔於亞仙祖墳前，初爲木塔，不甚高也。至憲宗元和七年，賜謚「大鑒禪師」，塔曰「元和靈照」，稍加修飾。宋太宗太平興國元年，詔新師塔七層，易以磚石，塔曰「太平興國之塔」。以後歷代修繕，皆沿其址。後人觀察浮圖高聳，壓亞仙祖墳，未詳此一段經過事實。以形勢言，該塔壓寺右臂，伸縮妨礙，以百房子孫至明代而僅存十餘房。讀南華事略，不禁掩卷三歎。萬曆二十八年庚子秋，憨山清公始入山重興祖庭，意欲填築龍潭，統一各家方位，糾正山向。閲時八載，工程及半，以魔事去。後雖重來，不久示寂。讀《夢遊集》誓願文，冀後輩重興，滿其素願，迄今又越三百餘年矣。清代康熙年間，雖經平南王尚可喜重修，納形勢家言，填塞龍潭，將全寺殿堂移置陳亞仙祖墳右，而靈照寶塔又壓住寺之左臂。且也卓錫泉出自象口，寺後横山是象牙，乃本寺之主靠山。自憨山挑培以後，歷次修繕者不審山脈，削去靠山，使飛錫橋水直衝寺後，形成洗背水，此一忌也。龍潭之右小岡，形似象鼻，係寺内之白虎山，挖斷數處，包圍不密，缺乏遮蔽，此二忌也。外往濵溪路之山坳，破缺多處，正當北風，又無叢林掩護，此三忌也。寺之前後靠向不正，舊日頭進山門，即在現今西邊大樟樹林内，中有深坑，如現今之曹溪門前，墓地丘陵起伏，穢積亂葬，坎坷寓目，幽明不安，此四忌也。雲海樓下之井，名羅漢井，在舊天王殿西邊，井右有一高坡，逶迤達天王殿門口，成爲白虎捶胸格，此五忌也。寺後大山雖號雙峰，其實太弱，更因寺之坐靠不依正主，以凹窪爲背，是以子孫日漸衰弱。雲至曹溪，房分祇有五家，其數不上十人，不居寺内，各攜家眷住於村莊，耕植牧畜，無殊俗類。其祖殿香燈僧，歸鄉人派管。每逢二、八兩月祖誕，所有收入，由鄉村管理。宰殺烹飲，賭博吸煙，人畜糞穢，觸目掩鼻，視憨山所記當日情形，尤有甚焉。夫以我六祖大鑒禪師，道侔千佛，德被含生，固足以耀後世而垂無窮，獨於其肉身所在道場，區區咫尺之地，輒不及百年而即中落者，雖曰人謀之不臧，要亦未嘗非地形之失利。相其陰陽，觀其流泉，豈虛語哉！雲察勘既竟，商諸李公，先定山場，以圖展布。李公與吴君種石，將寺屬基地創辦林場，劃出寺外四周山地五百畝，交寺建築。雲不得不殫心竭力，從事建置。初雲入山時，除祖殿、寶塔及蘇程庵一部份稍爲完整外，其大殿、經樓、方丈、僧寮均皆摧朽，容衆無所，暫搭杉皮茅蓬二十餘間，作大寮客、堂及緇素工人食宿處。乃著手先行培修祖殿。殿內祖坐木龕，以年遠故，被白蟻損壞。乃請出祖師肉身聖像，重新裝修。另照育王塔式，作祖坐龕。龕外塑南嶽、青原、法海、神會四位侍側。以南嶽、青原爲祖在日之上首弟子，五宗皆由二派流出，法海則流通祖師法寶，神會在滑臺大振頓宗，若孔門之四哲也。復在祖殿兩廂建東賢殿、西賢殿，塑五宗有功法門諸祖，若孔門之七十二賢也。曹溪爲禪門洙泗，應先正名定位。原先殿左供聖父聖母，右供伽藍神，中製靈通侍者酒亭，比憨山公當日戒靈通飲酒時，尤變本加厲焉。又憨公肉身原供靈照塔內，有一四尺餘高之銅鑄觀音大士，供在憨山下位，序次失儀。而丹田肉身原供祖殿東廂，已爲駐兵之所，積穢不堪。雲乃先建報恩堂，安奉聖父聖母。于祖龕之左另製一龕，以奉憨山；右製一龕，以奉丹田。建伽藍殿以奉伽藍神，儕靈通侍者于內，撤其酒亭，另爲文祭告。又于祖殿之西建觀音堂一所共十五間，建外衆圍及雜屋九間、內衆圍及浴房七間。移奉靈照塔內之觀音大士，并爲女衆受戒掛搭之所。將方丈內之六祖銅像供於靈照塔內。（此像原在韶州大鑒寺，因寺燬乃移奉南華）祖殿之後，舊名蘇程庵，積穢充滿，清除修建，架以層樓，通連祖殿，暫作方丈。方丈之東，爲一土坡，將土挑培主山，築樓房上下各五間，以作祖堂，供歷代祖師及南華繼席宗匠牌位。方丈之西，即新建之觀音堂也。內部情形略爲就緒，雲乃預期十事，次第進行。

一、更改河流，以避凶煞

考曹溪河流，由東天王嶺繞出寺前，西達虹光橋，以入馬壩。寺門距溪邊約一百四十餘丈。因年遠失修，沙石壅塞，溪水改向北流，直衝寺前大路邊，向寺門激射，此反弓格也。故必先更改河流，恢復舊道，以避凶煞。民國二十四年乙亥夏，勘定水線，計挑築新河，填補舊河，全程共八百七十餘丈，所費甚巨。正擬動工，乃於七月二十日夜雷雨大作，水漲平堤，衝開新河。舊河已被泥土淤塞，砂石湧起，反形成寺前之一字案。此護法神之力也，雲何功焉！今寺前林木蔥鬱，沙環水帶，非復曩時景象矣。

二、更正山向，以成主體

查舊日山門在樟樹西邊，越過深坑乃得出入，不成門面。而現在山門外之大路坪場，坡陀歷亂，野葬縱橫。因此先遷葬亂墳，挑平土石，即以土石築成左右護衛山，高有數丈。以其基地改爲曹溪正門，外闢廣場，栽種樹木，綠蔭翳天，白雲覆地，望之儼然一清淨道場。

三、培主山以免坐空，及築高左右護山，以成大場局

寺所枕山，形像似象。後人將方丈後之靠山分段鏟去，使寺後落空無主。寺坐象口，其左右係象之下頷，夷成平地，陰陽不分。其右係象鼻，應當高聳，分節起伏，又被人在毗盧井處切斷（井

在今禪堂後西角）。一路挖平，直到頭山門，成大空缺，又無樹木擁護，遠望孤寺無依，近察鼻節已陷，殊痛恨也。雲於拆平舊殿堂及丹墀時，所有土石，悉歸三處。右高於左，形象鼻也；稍曲而東，形鼻之捲也；中鑿蓮池，象鼻之吸水處也；培高後山，依倚固也。三處皆栽林木，今幽翠矣。

四、新建殿堂，以式莊嚴

民國二十五年丙子，新建大雄寶殿。按舊日殿基，在現今之功德堂後，靈照塔壓其左臂。其方向爲坐艮向坤，平藩尚可喜所建也。雲以大殿爲全寺主體，關係重大。乃相度地勢，鳩工備材，移大殿於塔前。即以靈照塔作殿之靠背，去壓臂之患，獲端拱之安。其方向以坐癸丑向丁未，癸丁八度，兼丑未線，將與寶林門同一方向。既協定星，復觀大壯，堂堂正正，煒然巨觀。外像象王之居，中施獅子之座。塑五丈高金身大佛三尊，迦葉、阿難二尊者侍側，四周塑五百羅漢，左右文殊、普賢二菩薩，座後塑觀音大士。使尋聲而至者，覿面相呈；慕曹溪而來者，飽嘗而去。築殿基時，土中挖出鐵塔一座，高尋丈，爲清代雍正時造。志書載爲降龍塔，非也。移鐵塔于鼓樓下，全飾而莊嚴之。復將平藩二碑分嵌於鐘鼓樓內，以備考古。同時挑平今曹溪門地基及門口之亂坡，砌泄水溝五十餘丈，自象鼻岡下穿過山隈，挖成水洞，注入曹溪門內水池。池週四十餘丈，中建五香亭。其形如象鼻之捲蓮花也，鱗甲之類，以棲息焉。廿六年丁丑，建曹溪門（原昔曹溪門在西邊大樟樹下）。現稍移東，取坐癸丑向丁未六度兼癸丁線，與四天王殿同向。舊日天王殿，在今之西歸堂後，今之殿址多爲亂坡，夷平之下，以建四天王殿。其左爲虛懷樓，右爲雲海樓。復建香積廚、齋堂、庫房等屋宇。建香積廚時，土中挖出千僧大飯鍋一具，元代物也。移置大殿後觀音菩薩座前，以植蓮花。廿七年戊寅，建寶林門。其原址在現今西邊空缺處，坎坷不平，乃挑其土以培高左右抄手。雲海樓下有一古井，名羅漢井，原在深坑內，加高一丈另五寸，使與園地平衡，中闢神道，左右各築蓮池。重建鐘樓。此銅鐘爲宋代物，埋土中，出而懸之，聲聞十里，發人深省也。又建報恩堂、伽藍殿及客堂。廿八年己卯，建鼓樓、祖師殿，供東土初祖以至六祖及本寺開山智藥尊者七位。又建西歸堂，安僧衆覺靈。建功德堂，奉各護法主位。建雲水堂，接待來往僧衆。廿九年庚辰，建禪堂，依制坐香。建韋馱殿、班首寮、維那寮，以嚴督察。又建如意寮，置備醫藥，以調養病苦；指定售南華茶葉入款，以爲湯藥之費。又鑿通方丈後山，引導卓錫泉水源，砌成水洞，安置總分鐵管，直透香積廚及各堂寮。三十年辛巳，將大殿之後、靈照塔之前，建法堂一座。其上爲藏經樓，內藏廿五年由北京請回《龍藏》全部、《大藏遺珍》全套，又李伯豪主席送《磧砂藏》一部。築戒壇時，在土內挖出萬曆年修塔碑，竪立雨花臺壁中。建迴向堂，安奉國殤忠魂。建迎賢樓，招待來往賓客食宿。建無盡庵，以爲女衆清修（按：無盡藏尼，爲六祖最初護法，其庵址似在卓錫泉右邊，憨山祖師曾經重修，傾廢已久。雲以庵與寺太近，故清出離寺東約三里許之柏樹下村莊房，榜曰「古無盡庵」，移女衆于此修持。至無盡尼之真身，現在曲江灣頭村西華庵。今依其形貌塑像一尊，供於庵中，以作女衆修持模範）。三十一年壬午，于左殿左邊建念佛堂，以安修淨土者。掘地時得萬曆年余大成蘇程庵碑，足資考據，竪立於念佛堂照墻內。又建延壽堂，安諸老人。平地基時，發現宋淳熙年間所刻六祖真像及碑銘，移存祖殿照壁廊內。又在鐘樓之後建碾米房、沐浴室、工行寮、儲蓄所及東圍。於其地掘出無數人骨及一丈六尺之杓棺數具，其中火坯之穀類甚多，待考證也。三十二年癸未，建海會塔於寺東二里許。緣南華舊無普同塔，歷代亡僧隨山亂葬，日久遂形抛露，莫慰先靈。乃先設茶毗爐，以梵遺蛻。嗣建斯塔，以藏七衆。該塔用鋼筋水泥築成，堅固異常，足納灰塔數百萬具。其上建念佛堂，長年念佛，以利冥陽。於塔左右各建樓房四楹，以爲看塔念佛人住所。又於塔前圍築圍埸，遍栽林木。門外鑿一方池，以植蓮花。又重修卓錫泉，因舊日無池蓄水，飲料不潔，乃鑿池蓄水，中隔砂井，施以藥物，用鐵管引入大寮。又修飛錫橋，以保存古跡；修伏虎亭，以弭虎患。又因曹溪各村貧苦兒童無力就學，因設義學教之。此民國三十二年事也。

綜上十年，雲重新祖庭，至此始成具體，茲再條析述之。綜覽全局，計自曹溪門至卓錫泉，由南至北，深一百五十一丈；由東邊寺墻至禪堂西壁，廣三十九丈五尺。首進曹溪門，上下各一楹。越圍坪，度放生池，中有五香亭一座。次進爲寶林門，樓上下各五楹，歷神道至陛階，至四天王殿五大楹。殿左爲虛懷樓，上下各五楹；殿右爲雲海樓，上下各五楹，均南向。由韋馱殿經花園，上丹墀，大雄寶殿五楹。殿後法堂、戒壇及藏經閣，上下各五楹。法堂之後爲靈照塔，塔後爲祖殿，殿後爲方丈，上下各五楹。方丈後繞道依山，至飛錫橋、伏虎亭，以達卓錫泉，此中路也。東邊由虛懷樓後，報恩堂樓上下各二楹，鐘樓三層各一楹，伽藍殿上下各五楹，客堂樓上下各五楹，齋堂樓上下各五楹，庫房樓上下各五楹。歷階至迴向堂五楹，迴光堂五楹，延壽堂樓上下五楹。進爲念佛堂樓上下各五楹，均西向。至祖堂樓上下五楹，則南向矣。此東路也。西邊至雲海樓後，西歸堂樓上下各二楹，鼓樓三層各一楹，祖師殿樓上下各五楹，雲水堂樓上下各五楹。西入禪堂五楹，南向。韋馱殿、維那寮共七楹，北向。班首寮、如意寮各七楹，東西向。再上爲西圍。計外堂廁所及雜屋共九楹，內堂廁所及沐浴室七楹。進爲返照堂五楹。經祖殿兩傍建東賢殿三楹，西賢殿後達觀音堂，共計樓上下各十五楹，此西路也。附于東路者，爲客堂後之待賢樓，上下各五楹。齋堂之後，香積廚五楹、沐浴室七楹、碾米房一楹、工人室三楹、柴草寮五楹、東圍五楹。隸屬寺管者，無盡庵三十八楹。海會塔正座樓上下各三楹，兩旁樓房各四楹，幼幼亭右守望所三楹。總計新建殿堂房宇庵塔約二百四十三楹，其中間隔各部分寮房若干間，亦足以暫容清修勝侶矣。又塑造大殿及兩序大小佛像，共計約六百九十尊，備極莊嚴。

五、驅逐流棍，革除積弊

雲自甲戌八月入山，見聖地道場變作修羅惡境，祖庭成牧畜之所，大殿爲屠宰之場，方丈作駐兵之營，僧寮化煙霞之窟，菩提路列肉林酒肆，袈裟角現舞扇歌衫，罪穢彌綸，無惡不作。雲始以善言相勸，置若罔聞。稍示權威，則持刃尋逐，瀕於生死者亦屢矣。終仗護法大力，切實嚴禁，督警驅除，與之爭持，歷三四年乃掃除淨盡。復于寺外大路以南，蓋板屋十餘間，遴選善人，販賣茶果，祇許素食，均能奉持，以至於今。得以重興殿宇、莊嚴淨域也。

六、清丈界址，以保古跡

自祖師募化檀越陳亞仙捨地，以四天王嶺爲界，千載以來，已成定案。第因年代久遠，人事變遷，雖志書所載甚詳，而實際反空無所有。僧餘破壁之參，佛久積塵之坐。尺天寸地，指點無從。至民國廿五年丙子九月，請省府令行派員履勘劃界，保存古跡，繪圖立案，出示曉諭，照圖管業，使界址復明。

七、增置產業，以維常住

查南華寺産，志書所載甚多。歷經豪右併吞，奸僧盜賣，雲入山時僅有租穀二十擔，千分不逮一也。乃著手整頓，擬先清理産業，調驗契據。如無紅契而屬寺産者，不容侵占。有紅契而原屬寺産者，准以七成贖之。正計劃中，而時局屢變，風波動盪，無從進行。祇有從前北區綏靖處所辦之林場，於民國廿五年由政府批准，交回寺内管業。惟所入無多，不足以贍常住。雲至，乃募資漸次收買，至民國廿八年連贖回及新買之稻田若干畝，每年租穀約數百擔（另詳《香火田産記》）。至是，常住始有粒食可靠。然所歷艱苦，不可言喻（其最苦者，厥爲後山紫筍莊寺田三百數十丘爲黎、謝二姓所侵占，被人從中舞弊，向政府交涉，又因時局變遷，迄未清回，望後來者有以收回之）。

八、嚴守戒律，以挽頹風

昔我佛入滅，垂誡後人以戒爲師，嚴規行也。今雖末法，僧伽墮落，粤中尤甚。顧念南華爲宇内祖庭，豈容汙合？今茲冷灰再煙，非宏法不能重興，非守戒不能宏法。雲乃遵《百丈清規》，嚴肅綱紀。一粥一飯，持午因時；一步一趨，悉守儀範。爲真佛子，乃可保叢林於久遠也。

九、創禪堂，安僧衆，以續慧命

初祖西來，單傳直指。六祖得法，弘揚五宗，禪波羅蜜也。《五燈會元》所記諸佛諸祖，無不自禪定中來，得大機大用，渡生無算。今我六祖頓教道場，寂寞久矣。雲乃造禪堂，定香數，發警策，下鉗槌，冀其磨練身心，渡己渡人，以續我佛慧命。

十、傳戒法，立學校，以培育人材

時當末劫，法運垂秋，痛心下淚，何也？佛所囑咐：「波羅提木叉爲汝等大師。」又云：「戒如明日月，能消長夜暗。」又曰：「此經能住世，佛法得熾盛。若不持此戒，世界皆暗冥。」今玆佛法衰微，三門塗炭，豈非無因？無奈釋子掛名受戒，而不遵崇，外服袈裟，行同凡俗，是波旬徒屬，作獅子身中虱耳。雲爲挽頹風，捐費信施財物，成玆大廈，意欲一一如法，培植人材，常轉法輪，慧命是續。因此建立長期戒壇，逢年傳戒。道不論遠近，人不論多寡，依時而來，傳受戒法，期滿後入學戒堂重行熏習，以資深造。不受寄名，不容簡略，肅戒律也。雲入山十年矣，仗佛祖威靈，檀越護法，預期十事，次第完成，聊竟憨公未竟之志。今堂宇可容僧伽五百人，祖穀亦差足半年糧食。四事供養，具體而微。佛子住持，寧心無慮，敬祈執事，保此道場。雲於此十年間，左支右絀，辛苦撑持，委曲求全，濟變禦侮，其困苦艱難有不堪殫述者。雲今去矣，付與僧徒復仁住持，書此事實，以勵後昆。其或有超世高人、空宗大士，認此爲空花佛事、水月道場，雲又何辭？雲嘗恭讀《壇經》，至五祖以袈裟遮圍，爲祖説《金剛經》，至「應無所住而生其心」，祖於言下大悟，即啟五祖言：「何期自性，本自清淨。何期自性，本無生滅。何期自性，本自具足。何期自性，本無動摇。何期自性，能生萬法。」一路説來，如天花亂墜。前四句「何期」，是攝用歸體；後一句「何期」，是全體大用。前四句是自渡，後一句是渡生。能生萬法者，一切種智也。我佛以一大事因緣，出現於世，開示悟入佛之知見，廣佛法於無邊，渡衆生於無盡。故釋迦不終老於雪山，六祖不永潛於獵隊，爲傳佛種智耳。雲雖行能無似，然不敢作最後斷佛種性人。因此數十年來，屢興道場，不惜作童子累土畫沙事，亦本於教亦多術，逗機接引，以傳佛種智耳，安敢作有相無相之論哉！「有情來下種，因地果還生。」願一切有情，同圓種智。　虛雲和尚年譜

虛雲於十年間復興曹溪祖庭外，於民國二十九年（一九四〇）尋「靈樹道場」至乳源雲門山，發願重興大覺寺。時值抗戰，韶州係國民政府廣東省政府戰時所在地，廣州淪陷後，各地大量民衆、僧尼紛至逃亡，一時韶州人口驟增。本年五月春戒後，虛雲與弟子寬鑑乃發心復修韶州大鑒禪寺，作爲南華祖庭下院，用以廣往來接待。經年餘，先後重修大鑒寺大雄寶殿、觀音殿、方丈樓、功德堂、鐘樓、鼓樓等，使其成爲一座較完整的寺院。三十年（一九四一）秋，廣東佛教會成立，於大鑒寺掛牌，大鑒寺香火供奉人數猛增。又復增廣曲江月華寺，以供逃亡僧衆駐足。

民國三十二年（一九四三）十二月，虛雲從南華寺退院，以「一笠、一佛、一鏟、一背架之隨身」，移錫乳源雲門大覺寺，而曹溪祖庭交由復仁住持。復仁接續中興之炬，在曹溪「躬親勞役，凡事不肯假手他人」。四年後（一九四七），復仁退院，移錫香港，修圓繼席。又不足一年，修圓移錫雲南，靈源代理住持，僅數月又移錫香港大嶼山，南華寺交由本焕住持。虛雲雖常住雲門大覺寺，實亦常來往二寺之間。且該寺本係六祖禪宗衍生五派之一「雲門宗」發祥地，虛雲以興起偃祖道場爲念，歷時九載，先後新建殿、堂、閣、寮、廳、樓、庫等一百八十餘間，並造菩薩聖像八十餘尊，一時士庶瞻禮，十方僧衆雲集，宗風大振。南華祖庭亦因雲門之重見世間，而大增其聲勢，更輝其光耀矣。

虛雲復興祖庭之舉，除得李漢魂大力護法之外，國民政府要員及社會各界之支持亦復不小。民國

二十五年（一九三六）春，蔣中正與林森、居正等政府要員先後來南華寺禮佛，並捐款資助虛雲重開新河之舉。此外，陳銘樞、李濟深、屈映光等官員、名流及衆多地方護法居士，或以「法施」，或極盡所長，以其義施，助法隆興。在戰火紛飛之世，伴隨「人間佛教」之興，曹溪佛教在虛雲引導下，逐步走向助持社會發展之路。尤其在抗戰時期，南華寺收留和保護衆多難民，以特殊方式支援抗戰；虛雲和尚更遠赴重慶等地，舉行水陸法會，超度抗日英烈亡魂。南華寺護教愛國之高尚精神和優良傳統，將永垂青史。

田產賦役

佛陀於菩提樹下證道，初無居所，亦無食廚。其在世時設分衛制，逐日領衆持鉢入城，次第乞食，不分貴賤貧富，其目的正在「折己慢幢，破彼慳貪」，令徒衆在日常飲食處修行辦道。然佛教寺院之有常住之需，大概亦起於西域，佛滅度後，即有天竺國王割儲以供那爛陀寺可證。中土之供施始於晉、宋、齊、梁之代，名公碩士捨宅爲寺，在在而有。至若捨田爲常住，則極盛於唐，以及宋元。然寺田乃保持叢林、衛護道業者，禪僧因之有「一日不作，一日不食」之教。而於一國中，王道先養而後教，佛法亦先食輪而後法輪，有田產則有賦役，此天經地義之事。曹溪田土雖微，亦必有郡邑之財賦，諱之必遭昌黎之毀也。

一、曹溪田産

曹溪之土地、田産，蓋始於曹叔良所施，而廣於陳亞仙之捨。儀鳳二年（六七七）春，惠能由廣州法性寺辭衆歸寶林，睹堂宇湫隘，不足容衆，欲增擴之，遂謁里人陳亞仙，求坐具地。亞仙言：「吾高祖墳墓，並在此地，他日造塔，幸望存留，余願盡捨，永爲寶坊。」遂有曹溪寶林四境，即康熙志所載：「東至天王嶺外下七里，名社溪；南至天王嶺外下五里，名鵝鼻；西至天王嶺外下三里，名馬鞍山高陂角；北至天王嶺外潭溪下，名紫筍莊。此四至之內，約田六十餘頃，係六祖開山，乃袈裟所罩，陳亞仙所施之祖業也」。此曹溪興盛之初基，功德千秋無量也。

惠能寂後，曹溪本山寂寂無聞，是否有施捨入寺，無可考據。至南漢時，寶林寺又一度爲皇室所崇奉，舊傳劉鋹妻有施補鉢莊一項。自宋太祖復興南華寺後，歷真宗、仁宗、神宗三朝優禮，不讓李唐。曹溪四境，從陳亞仙施祖地之四天王現身地擴至方圓三十里。南宋時，又有廣州馬氏、孫氏勇於護法，於嘉定四年（一二一一）捐輸錢三十萬，維修寺宇。五年（一二一二）捨銀一百二十萬，鑄太子像及羅盤。六年（一二一三），施錢三百萬買得新會水口洲、小砂洲、裹肚坦、菱角洲、上月峰洲；又於廣州設廨院一區，以供寺僧往來居住。黄君亮爲撰《廣州馬氏捨田記》：

自西方兩足尊之教漫衍宇內，十方檀信，恭敬作禮，傾府藏布施，以求福田利益，其教法然也。曹溪寶林，六祖道場，西天屈眴之衣在焉。雲遊過客，陸續於寺，飾廚傳，將迎無虛日。每歲聖節，許依郡例啟建滿散，并僧期月功德奏疏，附州以聞。其法門大，則其徒衆繁；其徒衆繁，則其用度倍蓰於他剎。歲率食鹽五千觔，他費稱是。嶺南地曠人稀，田廢弗治。年不順成，則用不足；施利不入，無以贍大衆。廣州馬氏偕、孫氏妙德與佛有緣，發弘誓願。嘉定辛未，以塔柱弗葺，召匠計修之，縻錢三十萬。明年，捨銀鑄太子像及羅盤，總計銀一百二十兩。又明年，用錢三百萬，買没官田充常住，歲藉其田之所入回易鈔鹽，以供寺之歲用。又於五羊造廨院一區，山門選僧掌之，爲祖師及其徒往來憇宿之地。輸財獻佛，今世寡比，而其歡喜皈依之念未艾也。昔曾南豐記分寧雲峰院，言其土俗，富兼田千畝，廪實藏錢，至累歲不發，視捐一錢可以易死，寧死無所捐，其貪鄙嗇施如此。則踰嶺而南，有若馬、孫氏之傾財樂施，可嘉尚也已，盍記諸以勸來者。

康熙志

及至元、明、清三代，除明萬曆初有謝良善施翁源縣太平莊田之外，外護所施田地寖少，而新增寺産多爲寺僧所置辦，如累年春秋二會、十方聚會檀越所施，供奉祖師香燈所需，寺僧節之縮之而貯於庫藏，寸積銖累，置爲田土以爲永久者。據康熙志統計，舊志所載彼時新增田産，約有如下幾項：

衆僧自置田産　南華寺四山區内，東至天王嶺外下七里，名社溪；南至天王嶺外下五里，名鵝鼻；西至天王嶺外下三里，名馬鞍山高陂角，北至天王嶺外濵溪下，名紫筍莊。此四至之内，田約五十餘頃，係六祖開山，乃袈裟所罩，陳亞仙所施之祖業也。累代故爲荒地，荆榛蔓草，幾不可問。至明正統間，移民韶陽開隴畒，即有豪强周氏乘機開墾，收入户籍。後周氏尋傾，其所開之田，南華寺衆僧各募資陸續置買。至明正德間，天王内地多半歸寺，正統間始得克復，均齊方正，而爲各僧己業，其隨田糧差，亦僧辦納，僧徒永入編氓之例矣。

常住舊設香燈田三處 一、補鉢莊，在曲江萬善鋪。舊傳南漢劉鋹妻誤墮六祖鉢而壞缺，乃施此田爲補鉢之資。原爲二頃七十畝，清康熙時丈出四頃七十九畝餘，田甚膏腴，能納糧十五石三斗五升有零。二、黄巢莊，田八頃十二畝餘，東至礬崗及龍所庵，西至金雞崗及楓山頭，因在黄巢嶺下，故名。能納糧二十六石三升有零。三、寄莊，即翁源縣太平莊，土名横坑桐子鎮。原額田四頃，弓丈計六頃，納糧十八石三斗有零。原係翁源縣善民謝良善所施。

新增香燈田八處 一、貓兒莊，在天王外，田五十二畝餘，糧一石六斗七升有零。二、土名雷破石，在天王外，四十畝餘，糧四斗五升有零。三、土名企嶺田莊，在天王外，八畝七分餘，糧一斗八升有零。四、土名潩溪中心壩，在天王外，田三畝餘，糧九升七合有零。五、白沙溪，在天王內，田二十四畝餘，糧七斗八升有零。六、土名船頭丘，在天王內，田五畝餘，糧一斗六升有零。七、鉢盂石，在天王內，田九畝餘，糧二斗九升有零。八、新收鄧希謨田，九十四畝餘，糧二石八斗九升有零。以上八項，共田二頃九畝三分餘，該糧四石五斗六升有零。此田俱係常住累年所積續置，以供祖師香燈者，除納糧外，餘利俱入常住。

以上各項田産，歷史上有些變化，或爲豪右所侵，或爲官府撥出。如舊志載，這些田地中後又有乾没田二處，寄莊新會田，九十頃八十畝，康熙時久爲勢豪侵占；寄莊番、南二縣田，二十三頃，舊屬廣州廨院寺，寺廢，田併入光孝寺。又，嘉靖二十八年由韶州府撥與韶州通天塔守塔僧供奉田三處：土名小溪，田五十畝；土名金剛堆黄塘隊，田八畝；土名圓石，田五畝。總計六十三畝。

腳院二宗　一、寺僧莊居十二所，原名花果院。相傳祖師盛時，每寺一年納香燈十二石供養。康熙時寺久廢，改作庵址，皆十一房僧衆分居耕種。參見前「山川形勢」之「佛教遺跡」。二、濛瀼月華寺。乃智藥三藏肉身所在，蓋亦六祖時重建。後經廢毀，居民復移建於溪東小嶺下，南華寺捨田若干，歲收租銀六兩以供香燈。居民陳春捨田若干，歲收租銀三兩以贍僧用。萬曆二十六年，屯鹽道周公命巡檢李世魁將近寺周圍空地查給南華寺。時居民侯環、侯大潤、侯大游、侯大浚送出契一紙，將附寺山地盡捨爲常住。其契內四至，東至侯環田，南至官路河邊，西至古營場曹養土田，北至嶺頭下分水。周公仍爲文刻石以志之。

康熙十年（一六七一）馬元、真樸修《曹溪通志》之後，據文獻所載，乾隆五十一年（一七八六），有善信楊宏階施田，寺中立《楊宏階施田供養碑》，其文曰：

佛六祖大鑒禪師，功德固無遠弗屆，而于左近之區，恩膏尤更渥焉。其將何以報之宏遠，以用價銅錢四十四千文買得本寺糧田二號，土名白雲堂門前大砂壩大小共田五畝，共載糧米一斗一升六合正，將紅契二張送入祖殿，另有現送施銅錢一十五千文，交到當年壇主法興用，合山十房等見面照數點清，權輸糧食年收祖上恩以益（下闕）　寺存碑記

又，嘉慶六年（一八〇一），有監生楊文韜合家施田三處十二坵共貳畝，供奉六祖香燈。寺中立有《楊文韜施田供養碑》，其文曰：

（上闕）更無念而弗酧。茲我敕封六祖大鑒禪師，接衣鉢於黃梅，廣演西方之緒；顯靈通於唐

世，永開南華之傳。□乃托體東土，合家屢蒙庇佑，忖思報答菩薩，聊將瘠土奉酧。今有□後社面前與背仔下田大小五坵，横□大圳下田大小七坵，共三處載種弍畝，實載糧米七升正，進于六祖座前，以爲玉盞長明。然此但表悃愫之意，豈敢要檀越之稱？故香廚盛饌，愧無纖毫供獻；而梵刹上人，諒必廣大涵容。言念畎畝既進之後，伏乞南宗六祖暨衆神，明鏡爲臺，俾生合家解災而去阨，菩提有路，且並獲□而延齡，生合家不勝戴德無涯矣。且□爲序。監生楊文韜同妻鄧氏、吴氏，偕男□、毓，嘉慶六年二月初八日吉立。寺存碑記

又據道光志載，道光間於東、南天王嶺内外新復香燈田、供奉田，並復六祖惠能寺僧莊居十一所，重置濛瀼月華寺。

二、田産糾紛

歷元至明正統間，韶州府「始遷民韶陽開隴畝，以置版籍」，曹溪四域皆開爲田疇。乘此開荒之風，明成化間，寺院本有屬地亦遭豪民周氏併吞，至寺僧具疏赴闕，朝廷始行勘定復業，其所開之田，本寺衆僧各募資陸續置買。而後因循日久，世道淪替，此前信士所供香燈田被勢豪蠶食現象不減反增。而僧又弱門，首戒貪嗔，地方豪族更無顧忌，兼併日甚。而祖庭寺僧爲斤斤保護田産，而忘其念佛本業，至有墮於流俗，樹藝孳畜，入於編氓，以務農爲本業者。其中奸徒，竟資爲奇貨，且招納外侮以辱祖庭，破教傷風，尤爲乖異。自明代至民國間，曹溪田産糾紛較大者，約有如下幾次：

（一）明萬曆兵夫砍竹木案

明萬曆初，南華寺住持性鍦於《呈乞給示再禁》稱，翁源大徵地方兵夫，屢行秉牌來往住歇，將竹木斬取槍桿已盡，僧人不能抵擋。竹木本爲「遮護本寺，壯麗風景」，故請嚴禁竊取擅伐。萬曆四年（一五七六）五月，韶州府發布《爲乞恩分豁貽累事》文告，指示南華寺僧在寺院周圍張貼文告，嚴禁附近鄉民並經過兵夫人等强斬南華寺周圍樹株竹木，如違，許南華寺僧人拿送赴府治罪。「如各屬奉有明文，取討竹木、棕皮等項，亦須通都均取答應，毋得獨累衆僧，如違重究。」順治志

（二）明萬曆憨山大師處理曹溪田産案

萬曆二十年（一五九二），豪民江應東、楊憲等假買僧田，盡占後山一帶，謀圖爲安葬地。不久，幸得憨山德清來寺，赴控軍門，請道府親勘，斷占所買田山，令僧贖回，以絶禍源。由正統至萬曆憨山中興，百有餘年，而天王内地始得依藉官府而恢復，均齊方正。然憨山竟以豪强與寺僧、寺僧與寺僧間盤根錯節之寺産問題所累幾死，不禁歎曰：「比以世衰道遠，在在皆然，而曹溪之累尤甚。」乃憤而辭院務。此間曲折，具見於萬曆三十六年自撰《中興曹溪禪堂香燈記》：

曹溪自梁智藥三藏開山，及六祖大師得黄梅衣鉢來至此，因無盡尼重修寶林以居之，其山之靈有自來矣。大師開法十方，從者日益衆，乃建精舍以安居，此禪堂之所由設也。座下悟道者四十五人，青原、南嶽爲上首，其後傳燈五宗，盡出於此。既乞陳亞仙一袈裟地，大師暮年乃填龍潭，建殿宇，功未完而化，至今猶然故物也。大師既滅，而弟子各散去，隨方化導，其守寺之徒亦分煙散

火，而禪堂遂廢。其有檀越所施莊田，歲計所入數百餘金，以供山門常住。久而僧佃通同，侵漁乾没，而山門圮矣；僧徒各務莊農，失其本業，而修行廢矣。又久而僧不法，招集四方亡命，盤據山中，開張鋪店，屠沽淫賭，初借資於僧而後返爲害，山場、田地、房舍多被吞噬，日久廬墓遍山中，積年既深，牢不可破。僧俗倒置，穢汙叢雜，殿宇之傾頹，山門之破敗，無復清淨之觀，大壞極弊，至有不忍言者。由是而外侮日至，官訟勾牽，動以姦爲名，而僧不堪命，千年道場，一旦化爲狐兔魍魎之窟矣，當事者愍焉。初，屯鹽海門周公署南韶，欲力振之，未幾而去。既而悝存祝公視事本道，乃毅然拯救，數令寺僧延予以整理之。辭不獲已，以庚子冬日始應命入山，睹其敗壞之狀，若人有必死之症，盧扁之所束手。因念祖庭法道攸繫，遂死誓爲之調理，思從根本次第焉。乃選僧諷誦以祝釐，授戒法以勵清修，教僧童以樹人材，培祖龍以護道脈，改風水以消凶殺，驅流棍以除腥羶，新祖庭以崇香火，闢神路以壯規模，廓廊廡以整瞻視，清租課以厚常住，立庫藏以儲蓄積，設監寺以專典守，刻號票以明收支，種種頹靡，一旦而振起之。至若禪堂，爲道場根本，向爲僧居，予捐資買地，移七主，各爲修整安居，以易其基。乃修正堂五間，前殿五間，立智藥三藏爲開山祖；穿堂三間，左右廊房各七間，方丈、庫房各三間；又以自買栴檀林房以易僧居爲香積廚，修華嚴樓爲祖庭頭門，建無盡庵以補後龍，買僧寮以爲藥室。百廢具舉，幾七年而工將半。予初至，查有盜賣祖田者，追出，衆僧議爲予供贍，即以所追田租湊計歲輸銀三十一兩，爲無盡庵香燈。未幾禪堂成，乃以向作養行童披剃，教令安禪禮誦，即以前租送入堂內以供衆僧，不足仍以太平莊新增租十四兩併入之。山後故有紫笋莊僧居十餘所，久爲居民所撓，多傾其産，盡歸豪右，因而蠶食至祖山後龍一帶併吞之，予甚惜焉。會僧建白當道，議斷山還寺，田令減價收贖，計值一百四十餘兩。予稱貸不敷，乃支祖殿帽器六十七兩以贖。仍有山園被民占者，復募資一併收贖，併入禪堂爲供贍。內以安寺僧，外以接十方，道場賴以悠久，不負六祖建立之本意。居無幾何，而內魔潛滋。戊申歲，方奉制府司道議舉修大殿，予方搆材於端州回，卜期首事，適有孽僧數輩爲奸人，有所利而圖之，陰謀已就，遂作難鼓衆以沮，乃揑所支贖田帽器，妄誣予侵常住金數千計，及架誕詞成帙，訟於按臺，准行司理。予先是以建立始末清規册，具白本道吳公。行府查勘，蒙郡丞陳公按歷年執事號票摸算，與余一毫無干涉，始究其誣，覆太守任公，以住持願祖侵欺抵罪。既而司李蔣公訊其事，則將向設香燈斷歸佛殿，實爲誣者有焉，而禪堂斯廢，坐予以罪，仍逐之。事上按臺王公，蒙批：「願祖盜賣寺産，猶然刁逞，此祖師之罪人也，逐之當矣。德某道行夙著，不難捐數千金，皈心興復，計圖久遠，是大有功於此山者。乃與潑僧並逐，并其無盡庵而奪之，得無以此爲平等法門乎？」行道確查。時海道劉公署道事，復行本府郡丞陳公親詣山中，按其狀，事事盡虛，一時上下瞭然。予幸心跡始白，願祖懼，自死，以法科抵罪，而禪堂香燈什物，屬門人圓修主之。六祖如線之脈賴以存。事上本道，蒙慰予以完修造事，予以老病力辭，悉如議覆上按臺，蒙批：「南華有靈，法堂寺規幸藉德某修復，業已就緒，而潑僧憚其清規，架詞誣之，不令終其功德，良可扼腕。粵東不乏名山，佛門子弟住處爲家，德某何難飄然？原捐庫資，照數給還，聽其自便。某已墮地獄，某仍應徙逐，以正祖師之罪人，某等各杖。」由是事乃已，余即長揖山門矣。其所追給主若干兩，乃予立法之初，原捐墊庫預支者，至是查明應追給。顧予初心已捨，不復計，第於法不聽，領過半，其未完就中扣除六十七兩，以補贖田之帽器，餘悉捨爲修造資，則紫笱莊出予一力，歲入租課茶果，悉捨施爲禪堂香燈計，以免爭端。嗟乎，事業之難也！予平生以荷負法門爲心，竟以此致譴，今在罪鄉，猶然念六祖法道之衰，乃誓匡持，力救其傾頹。八年之內，無論所費不貲，即勞神焦思，冒險履危，辛苦萬狀以經營之，言之未嘗不飲泣也。第愧道力輕微，不足以消魔業，故功將成而沮之，豈非法緣哉！嗟予已矣，感一時當臺護法之盛心，及檀越施財之功德，恐其泯然無聞，乃直述其事，刻之貞石，以垂永久。若紀建立之因緣，當有望於後之君子云。康熙志

清康熙初澹歸大師至曹溪，於此猶獨慨然有說，撰《常住土田志論》云：

按憨公舊志，香火供奉品，即贍僧之資也。中間一爲衆僧自置田，不名常住，一爲常住舊設香燈田，再爲新增香燈田，俱入常住，非常住與衆僧分彼此，蓋衆僧與常住分彼此也。然不能合之，亦不敢誦言分之，故別立常住庫藏品，顯常住之名於庫藏，而隱常住之名於香燈，蓋不得已也。（中略）其餘一爲撥出田，猶奪之此僧以予彼僧也；一乾没田，新會最多，已爲勢豪侵占矣。南、番寄莊田全歸廨院，皆不可問。予聞考元時住持南華者常居廨院，蓋合曹溪之田僅七十七頃餘，而新、南、番乃一百十三頃餘，一山林，一城市，不容不擇便而居，亦利風所扇也。然使曹溪尚有此田，即内釁外患又當何等？憨公存其籍而不論，以爲不幸而失此田，亦幸而失此田，以免于新、南、番之編户也。然後終之以會計曰：曹溪之爲田七十七頃有零，爲糧二百二十三石有零，衆僧自納一百七十五石有零，常住四十八石有零，而太平莊則頑佃欠租，補鉢莊則豪民霸種，其田僅二十一頃零，已有十頃餘無所利焉。即衆僧千餘各食其田者，亦未足爲糊口計，蓋不啻大聲而疾呼也。憨公修志在戊戌、己亥間，住曹溪在庚子，其捐貲復紫筍莊及禪堂香燈諸田，皆未載，此後之修志者之責也。偏行堂集

又，澹歸《常住土田後論》云：

按「香燈供奉品」，衆僧自置田與常住香燈分而爲二，然憨公捐貲贖紫笥莊田，並無盡庵、太平莊新補田租所入俱歸禪堂，復稱「禪堂常住香燈」，又似析而爲三，蓋祖殿施利之出內，非十方所得問也。憨公自有記，新志載之，余集生中丞下有「置田贍衆」語。予丙戌至曹溪，亦曾聞諸老僧，皆所以嘉惠禪堂。新志於供奉等一切删去，是食輪可以不轉，復爲惡其害己而思去其籍者方便矣。嗚呼！憨公以清查盜賣祖田結顧祖輩之怨，倘前車之覆真足爲後車之戒歟？然因果較然，吾輩宜順佛敕以導群迷，固不應付之悠悠也。徧行堂集

（三）明天啟廣東布政使清靜山門案

明萬曆四十七年（一六一九）二月二十五日，住持僧積韜及户長僧、都管僧、耆舊僧、山長僧等呈稱：本寺近來每被附近奸黨縱令男婦越界砍伐竹木，破壞叢林；屢遭積惡遊棍，架以無影人命誣害僧家；又被四方流民、花子，日以吃食爲名，夜以鼠竊爲營，遍寺騷擾；各莊佃民糾黨，遞年拖欠佛祖。乞請官府嚴禁。韶州府乃發布文告：「嚴禁越界盜砍，杜絶遊棍圖賴，驅逐流民瘋廢，爲佛安僧，以靖山門。」四十八年（一六二〇）五月，韶州府又發布文告，稱：「爲懇恩驅逐黨棍，究懲奸邪，以杜違禁，以禁山門免致貽累事。」天啟元年（一六二一）九月，南華寺住持積韜等爲清淨道場，維護寺産，向廣東布政司申訴道場汙穢、鄉民越界及樹木被伐等問題。廣東布政使司爲此發布文告《爲懇乞天恩給賜，明示土豪流棍，杜絶害源，以靖山門，以安佛僧，永綏萬年香火事》。規定軍民人等並各僧「今後

不許在於寺門復開鋪店，各僧不得容歇匪人蓄養生命，汙穢道場。其本寺山場、田地，勢豪鄉民不得越界侵占，國課田租務要早完，毋得拖欠，風水樹株，奸徒毋得盜斫。」敢有故違，決不輕貸。同月，廣東提刑按察司巡視海道副使祝發布《爲禁約事》文告稱：「不許棍徒潛住僧房，開張屠沽鋪店，及侵占寺田、斫伐山木。如違，決不姑息。」 順治志

（四）清康熙張文炳處理鑿窯、侵葬案

清初，曹溪祖山爲土豪朱氏鑿窯燒灰、敗壞風水，又被周邊村民隨意侵葬。爲保護寺門，南韶道張文炳等於康熙元年（一六六二）、五年（一六六六）發布《嚴禁鑿窯破敗萬年香火》《嚴禁侵葬以培龍脈以護山門事》等告示，並明令規定「祖山後龍界至：東至象尾坑水爲界，西至天王嶺上拜石爲界，南至祖師後龍山爲界，北至大溪田邊爲界」，南華寺附近居民人等嗣後不得損壞勝地龍脈風水。敢有故違，嚴拿重究。

呈爲違禁鑿窯破敗萬年香火事

南華寺住持僧如權、塔主僧明哲、十房僧悟勝衆等爲違禁鑿窯破敗萬年香火事。切照祖師開山南華，卓錫飲泉，山林呵護，千有餘載，涓涓不竭，香火永賴。先年曾被近寺奸豪侵欺損害，屢叩顯官宰輔，榜示嚴禁，佛僧霑感。情因去年夏月內，陡被豪惡朱廷佐等擅違憲禁，在於來龍過脈、象腿等處鑿石挖窯，燒灰傷脈，以致井泉枯涸，僧衆彷徨。具呈本府，欽奉鈞票，著令住持僧如權、塔主僧明哲、十房僧悟勝衆等，逐一挨查。起去盜葬三坵，燒灰盡行禁止；開窯即令填塞。幸

于本年六月初三日井泉復流，香火重興。未經一月，又被群惡朱廷佐等，仍前恃衆强悍，違禁開挖燒灰。山長僧會中巡獲向論，被朱廷佐等統令二十餘兇手持槍刀大棍，擒僧赴毆，稱言復以人命加害。有此刁横，法紀成灰，道場傾圮。不甘，詞赴欽命太爺臺前，伏乞作主，勘究施行。道光志

南華寺住持僧如權塔主僧明哲十房僧悟勝衆等爲慘滅香火事

南華古刹，自古迄今，山靈呵護，卓錫泉馨。去歲遭孽朱廷佐等鑿窯，傷龍泉涸，千僧躑躅，叩禁泉流。未歲一月，復遭統兇朱廷申、廷佐等抗禁燒窯，沃土成焦。山長僧會中邏獲向論，挺槍趕殺，慘過强賊。可憐黄梅燈鉢，一旦磨滅；曹溪緇派，千命誰皈！泣控洪慈，批府勘究，佛僧銜結上告。

道爺批語：佛境靈泉，有關一方風氣，何物朱廷佐等，輾轉謀其燒斷，屢禁不遵，反持槍戕僧，何其兇横至此！飭府即嚴拿爲首者，重加究治。報。道光志

嚴禁侵葬以培龍脈以護山門事

廣東分守嶺南道、布政使司參政張，爲祖山泉源絶流，懇天給示，嚴禁侵葬，以培龍脈，以護山門事。康熙五年三月二十八日，據南華寺住持僧可相、塔主僧顯潔、十房僧性逵等呈稱「切惟南華象嶺卓泉，爲祖庭後龍，風水攸關，千年香火，泉流不息，稍有侵葬骸骨，以及盜砍木石，有礙龍脈，泉水即涸。歷來宰官護法結有鈞示在案。如崇禎甲申年，卓錫泉絶流半載，後蒙當道護法，嚴著侵葬奸刁起穴，遂得泉流如故。兹因泉水自去冬絶流，以至於今，合寺僧衆尋查，仍有無知僧民復行侵葬，毁傷龍脈，以至泉水壅塞。爲此，冒懇天威，給示曉諭：凡有僧民在於象嶺前後左右

盜葬者，著令別葬，並懇嚴禁附近居民不得盜砍山林樹木、打石燒灰，並挖煤炭等情，庶使祖庭香火悠久，泉流如故，則仁恩如曹源並永矣」等情到道，當批給示嚴禁。據此，合行給示嚴禁。爲此示，諭南華寺附近居民人等知悉，嗣後不得盜伐象嶺前後左右山林樹木，及打石燒灰，挑挖煤炭等項，有傷勝地龍脈；並不許僧民盜葬附近，損壞風水。示後敢有故違，許各僧指名呈報本道，以憑嚴拿重究，決不輕貸。須至告示者，右仰知悉。

康熙五年三月三十日給告示：銘記祖山後龍界至：東至象尾坑水爲界，西至天王嶺上拜石爲界，南至祖師後龍山爲界，北至大溪田邊爲界。道光志

（五）清雍正楊奇瑞占二坑田案

雍正三年（一七二五），有村民楊宗瑞兄弟等巧計吞没寶蓋山上下坑及尾象坑、杉樹坑、鷓鴣坑等屬常住之山場。住持僧福成等控於官府。韶州府宗思聖始派官親勘詳問審看，並根據歷代文獻記載，恢復南華寺對以上山場所有權。又應寺僧之請，重新勘定南華寺四至，勒碑以垂示久遠。

合寺爲楊宗瑞兄弟占寶蓋山上下二坑田山碑文

韶州府正堂、加二級、記録四次宗爲准立碑以分地界以杜後患事。

韶陽之有南華，乃唐朝之古刹也。自唐以來，田土山場，界限甚分明，豈容侵占？侵占則斷地脈，因相傳日久，僧又弱門，首戒貪嗔，後遂不無蠶食其間矣。如勝國成化年間，豪右併吞，僧具疏赴闕，始行勘定復業。既而萬曆二十年，豪民江應東、楊憲等，假買僧田，盡占後山一帶，謀圖爲安葬地。斯時僧憨山赴控軍門，批道府親勘，斷所買田山，令僧贖回，以絶禍源。凡此二案，

具載《曹溪中興録》中。嗣是以來，僧俗互安矣。不意于雍正三年，復有楊宗瑞兄弟等效尤計吞，住持僧福成、深湛、道峻、廣訥、侶樵、心廣、淨玉、十房真翠等，而有占業斬脈一案具控。府始委官，繼親勘詳問審看，得寶蓋山上下坑及尾象坑、杉樹坑、鷓鴣坑等山場，皆屬常住之業，開山以來，歷世籍印契，班班可考。庭訊之下，侵占之徒始吐實情，其契乃僞契也。即時塗銷，應當加以侵占之罪，姑念愚民無知，捐俸代清原價，以斬葛藤，並令僧俗公同定界存案。兹業回寺，地界明，案卷存，僧衆尤慮不能垂之久遠，又有懇准立碑之請，庶幾弊端永絶，可以終古而勿替也。並將親勘定四至地界開列于後。計開：東至寶蓋嶺頂爲界，南至南華楊梅沖爲界，西至象尾坑水爲界，北至二坑田口桱塹，至象尾坑口大石，下接鷓鴣田坳，至後山沖坑水爲界。雍正三年十月十五日立。道光志

（六）清光緒天王嶺背坳樹木砍伐案

光緒十三年（一八八七），南華寺住持慧心等，因天王嶺背坳樹木被砍伐，與地方邱國光等訴訟。是年訟案了結，曲江縣令爲護法息訟、杜絶爭端，立山界碑。此後近二十年，南華寺寺産、土地紛爭息訟。

光緒曲江縣令立禁碑

調署曲江縣事、和平縣正堂、加三級、紀録四次陳爲示禁事。案據南華禪寺住持僧静心等與生員邱國光等，互相控爭土名天王嶺背坳樹一案，疊經各前縣傳訊，各執一詞，未定斷。現經本縣傳集覆審，親詣勘明。該處天王嶺坳，自嶺下大路直至紫筍莊一帶，樹林叢密。其龍王塘東邊樹木

已被邱姓人等砍伐，四邊樹木尚多。察看該處山樹實爲南華禪寺後龍庇蔭，亟宜禁止砍伐，以護寺業而杜爭端。當經諭以該樹山乃從前善士陳亞仙施以供佛，無論何人均不得覬覦圖利。斷令自天王嶺大路東起，至紫筍莊止一帶，界內之樹，嗣後邱姓與寺僧人等均不准妄行動砍。如有壞木枯枝，始許寺僧人作柴取用，別人亦不得混爭。其未訊斷以前已伐樹株，姑免深究，仍令邱國光等出銅錢貳千文爲寺內香油費。兩造遵斷，各具摹結前來。除此控案註銷外，合行出示泐石，以垂永遠。爲此示仰該寺僧及邱姓等者與諸邑人等一體遵照。此示禁之後，倘有陽奉陰違，仍復盜砍該處山樹，滋生事端，一經訪聞，或被告發，定行嚴拘到案，從重究懲。本縣言出法隨，決不稍爲寬貸，其各凜遵毋違，特示。□佛祖重地，禁令森嚴，如有毀壞此碑，定以軍法從事不貸。光緒十三年正月日示。

告示發俾湞溪紫筍莊龍王祠前曉諭。寺存碑刻

（七）民國三十一年重新勘定南華寺四至案

見前「民國復興」。

三、其他寺産

除大宗田産、山場外，寺内尚有永利庫、長生庫、免軍庫、免丁庫等設置，以儲存各項盈餘，意在供養三寶，抵免寺僧賦役，且備不虞之用。

永利庫 乃宋淳熙九年（一一八二）廣南東路經略、轉運、提刑、提舉常平茶鹽市舶司批准南華寺

住持子超所置。子超因見寺門陵替，常住窘乏，借貸典質甚多，僧行稀少。加之寺在山林，罕得施主修設，乃將衣鉢估唱得錢一千貫陌，仍持疏抄題並諸監司所捨錢，計五千貫九十八陌，「一以齋僧祝聖，一以納衆僧免丁錢，一以給行者寒夏同利，一以積貯助買度牒，一以添同上四庫。」《順治志》載之甚詳。

長生庫　即通俗所謂之典當庫。宋寶慶元年（一二二五）住持閒雲所置。南宋嘉定七年（一二一四）前後，文三九娘與其姐弟相商，將歲時攢積，先後誠心施捨南華寺錢銀十一項，計千緡足。先有其表姪侯安信刻石紀之，後於寶慶元年閒雲建長生庫，其表姪進士侯安石乃撰《長生庫碑記》：

> 輕財樂施，世所罕得，第百千人中無一人焉；施財不倦，世尤罕得，雖千萬人中而無一人也。世之公卿大夫、富家巨室，莫不有女，少之時養於深閨，厚其粉華，豐其膏沐，幽閨雅麗，豔冶貢高。及其長也，奉金帛錢奩，具裝飭資，送以適他人，此猶人倫之大，不可忽也。間有士夫之家，不以人倫爲念，方其幼而無適詣，以出不祥，奉佛教。暨其長，則舉其所有之財，傾囷倒廩，以市度牒，圓其頂，方其袍，絶其人倫，不恤也。處子文三九娘，幼無父母，與女兄三八娘、妹四十娘、弟文通檀欒共居，營造生理，相守五六十年，始終以不適人爲願，亦不以出家爲是。歲時攢積，自常膳衣服之外，一無妄搆，繇此家道稍完。一日，姊妹相謂曰：「我與若小孤，父母之德未報，今幸有餘，欲以囊橐所有作良緣，聊伸追遠之義，併以修我姐妹兄弟來生之福道，不亦美乎！」咸誠心樂從之。於是捨錢二百貫足，入南華長生庫內：一百貫足，已追修姊三八娘七七水陸訖，尚有一百貫足，係三九娘七七水陸齋錢，存本運息，每歲七月二十四日爲母成氏小伸追遠齋供，俟三九娘終日，即支此項錢，照三八娘例修齋供。又捨錢一百二十貫足，三九娘、四十娘預

修水陸之費。又捨錢一百貫文，運息存本，每歲九月十九日與姊三八娘諱日齋供之費。又捨錢一百貫文，存本運息，每歲四月初一日爲三九娘生朝齋供，異日卻作諱辰之費。又捨一百貫文，運息存本，每歲正月十七日爲妹孺人四十娘追修之費。又捨錢六十貫足，崇建追修之費。又捨錢二十貫足，創建生祠堂內龕檯供器。又捨錢二十貫足，存本運息，爲生祠并佛祖燈油之費。以上捨財，嘉定七年歲在甲戌秋，管應嘗藳石以紀其先後之數，予弟安信爲之記，今碑猶存。既而其姊三八娘與弟文通又相繼渰没，獨三九娘在，痛念無以資其姊及弟冥途之福，乃發誠心、再施黄金七兩，命工鎔鏤金相一枚入寺，永充佛祖供具。又捨錢四十五貫足，預爲三九娘異時歿請釋大祥三會水陸之費。又捨錢三十貫足，入寺添修寢室工食之費，以資妹冥途生界。計在前所施八項，當錢六百三十貫文足，在後所施金相等三項，見錢共計二百二十五貫文足。通前後一十一項，所施幾千緡足。其輕財樂施如此，其誠施不倦又如此，可謂兩盡其美，真千萬人中而無一人也。設非與佛有因，與佛有緣，其可得耶？宜備狀其懿美，勒諸堅珉，以報我佛祖，以詔諸無窮，爲後之善男信女準則。求文三九娘乃予之表姑也，一日貽書其前後所施，俾予重爲之記，予不敢辭而書之 康熙志

免軍庫 宋寶慶元年（一二二五）住持惠照所置，鎮軍節度推官張兹儀撰記。康熙志

免丁庫 爲宋寶祐元年（一二五三）萬安軍維石巖主祖通所置。年代不詳，鎮軍節度推官張兹儀撰《南華禪寺新建免丁庫記》，其文曰：

萬安軍維石巖主祖通，持錢五百緡，來南華祖師塔頭作大法事。南華爲剎，積歲空虚，主去權來，澇漉幾盡。惟寺之大利害者，獨衆僧免丁一事頗涉有司，結制未講，僧官已來取索丁輸，急如

星火。堂僧禁足，主僧心移，東那西借，粗免急逼。今通巖主之錢不歸於長生庫，別立一庫，表以免丁，子本相生，不容他假。其錢積久，其利必博，僧不以丁而泥其跡，寺不以丁而窘於輸，可以長處安樂，長守利益也。 康熙志

以上寺産用度，純屬寺內事務，其管理嚴格，出納渠道較爲單一，而亦偶有糾紛。《南華禪寺分豁紀事碑》所記乃明正德五年（一五一〇）韶州府接南華寺僧妙宣批送廣州府實領銀兩賬目不清疑被貪汙案，即其一例。其文曰：

韶州府爲分豁事。據經歷司呈抄，蒙欽差巡按廣東監察御史劉案驗：據本府曲江縣南華寺僧妙宣狀訴，蒙倒案，即將追完贓銀貳佰柒拾伍兩給還僧如靖。本僧患病未痊，徒弟妙宣本年玖月貳拾肆日告領，蒙准批送廣州府，實領銀兩貳佰伍拾捌兩貳錢捌分。遵依打造鉢盂，補回常住供奉，內貳百壹拾壹兩肆錢，成色高低，傾折壹拾伍兩肆錢叁分，打造鉢盂貳副，大小捌箇，茶盞貳箇，碟伍箇，碗貳箇，共壹拾玖件，通計銀壹百玖拾伍兩玖錢柒分。手工銀柒兩伍錢，鍍金銀陸錢。剩銀三拾捌兩柒錢捌分，帶回本寺修補常住外，切思若不訴明，誠恐不忍之人廢壞，備情訴乞印信付照。□此案，查先爲照例嚴考察以勵庶官事，本院奏行吏部題奉聖旨，是欽此欽遵移諮備劄前來。行據廣東布政司經歷司呈備布、按二司會問過招罪緣由，開詳到院，已經案行布政司，將本犯追贓給領去後，會問過招罪緣由，遇布政司將本犯追贓給領去後，今據前因，仰抄案行府帖，付本僧執照。依蒙抄呈到府帖，仰本僧即將原領銀兩打造過前項供器，照數收貯在寺供養六祖，剩銀修補寺宇。如有貪官汙吏敢蹈前非，或本寺僧人不能謹守，□齎此帖告官。仍要大書深刻，立石六祖座

前，永作將來之戒。須至帖者。右帖付本府曲江縣南華寺僧如靖、智漢等，準此。正德伍年拾壹月日。寺存碑記

四、歷代賦役

由上可見，曹溪田土相對於其他寺院而言並非豐厚，又屢被地方豪族侵擾吞併，即使歲豐所得，亦僅可以維持寺僧日常而已，更何況歉收之年？然既有田産，則有賦税，既編入户籍，則有夫役。歷代地方政府於曹溪此事，頗有護持。

（一）明萬曆初韶州府復南華寺香燈田賦事

明萬曆初，翁源縣民謝良善夫婦將「横坑、鎮上、桐子、樹脚、寺背」幾處田産共實田六頃九十五畝餘，施與南華寺。幾處田産遠離寺場，荒埔磽土，熟少旱多。南華寺將其批給佃户鍾世鳳等耕種，每年收租銀一百二十兩，除納糧、差銀三十餘兩外，其餘可作奉香供僧之用。萬曆六年（一五七八），韶州府通判王命爵（按，王命爵萬曆三年任韶州府通判）採納遊學林渙建言，命南華寺以税銀六十兩充交糧差，六十兩代蛋民交課税，並於萬曆十年四月「内奉□□政司發下章程」。然逼迫之下，僅完一年，入不敷出，經營之寺僧即相繼逃竄。十年（一五八二）十一月二十六日，地方政府奉南韶道明文，準備用本縣議革冗濫鋪兵二十三名、歲入一百六十五兩餘之閒錢作爲查抵，並按照自萬曆八年起至今共未完銀三百七十兩零盡數追完，將六十兩抵補蛋户虚糧，以後每年循例如此。然南華寺僧超言、性憲依然深感難以維繫，衹好再三上訴，請並没此田，以免追徵之累。日久遷延，直至十八年（一五九〇）方有韶

州知府陳奇謀、同知劉承範等發心護法，並得兩廣總督劉繼文、廣東布政司左布政張大忠等支持，批准「寺租六十兩豁免」，仍於涺光廠税銀千餘動支六十兩編入章程，以補前銀之缺。將原解兵餉銀豁免，以充該寺供應。因此「蛋税克清，軍餉如額，曲江既無獨累，各縣亦免增編」。

及至萬曆二十八年（一六〇〇）庚子榷税使者四處徵繳，廠税併入内監，南華寺擔憂再次遭受六十兩租銀之損失，乃繼續申訴，蒙准仍照前行，卻已無税可替扣。韶州府乃將各山通江小河出谷小艇設税徵收，共計接近二十六兩，再加濛瀼對面山鄉舊有起科蠱毒田設租三十四兩取足，合計六十兩。又因田莊佃民奸頑抗租，隔縣難制，故南華寺擬將前莊田變賣，得價收贖寺内近田。然衆佃户以爲世代耕作此田，如同己業田而不捨，情願重丈增租，於是又新增租銀十三兩有奇。至此，南華寺獲租銀較前充裕。爲避免再生糾紛，立石以示永久。

六祖常住香燈大坪莊糧田印信案碑記

韶州府爲抄没佛田事，萬曆拾三年肆月二十三日抄。蒙巡按廣東□□□史汪□批，據南華禪寺僧户長僧超言、僧性憲等狀告稱：遊學林涣至寺毒計殺人，取材訕謗，去□□□知人情曲没□□□□糧田寄户翁源縣，與民□差申奪追租銀陸拾兩，充補曲江縣蛋户虚糧。一益一損，萬口含冤，一罄□□□□□納王□不已，道告送府憐憫，未復。忖税兩縣當差逼逐，僧徒流散等情粘連説帖，一紙赴告。蒙批：仰府查報，蒙此隨查。先萬曆拾壹年七月十七日，蒙欽差整飭南韶等處兵備兼分巡道、廣東等處提刑按察司僉事王□□□□僧超言、僧性憲等具狀，以佛惠能名字告爲抄没事。蒙批：該府查報依行，曲江縣提得僧超言、僧性憲、吴世魁等解□連人卷送本府理□。推官杜□查議回稱，看得本寺大坪莊田，原乃六祖傳留，歲收租利，世爲香燈，供費□□□差。今又斷補蛋户虛糧，以致各僧不平。況□年租收不足，里長取糧緊逼，官□蛋税尤速，遂有賠累之苦。今各僧□□□没□，無非脱離苦海之意，但前田原充六祖香燈，揆之律例，難擬没官等因，牒報回府。又蒙本道□□僧超言、僧性憲等狀催告爲歸結事。蒙批：仰府查報遵行。詳報間就蒙前因，依蒙□行翁源縣。查南華禪寺原寄僧田糧米歲共收租各若干，今每年議追租銀陸拾兩，克補曲江縣蛋户虛糧外，尚該剩租銀若干，遞年有無足納。□□備細查明，申報轉詳税。據該縣申稱，拘得僧超言、僧性憲等到縣，取出萬曆拾年□大造黄册，當堂查得：長三面□□□□鬱排下甲首僧亞龍户内，委有南華禪寺六祖敕遺土名横坑、鎮上、桐子、樹腳、寺背等處，奉清丈過，實田陸頃玖拾伍□□□三釐七毫陸絲。批耕歲收租銀壹百貳拾兩，内除輸納糧、差銀三拾餘兩，尚餘銀兩，向係六祖留收入寺，世奉香燈。審據僧亞龍、超言、性憲等吐稱，前田連山谷，□遠離寺場，荒埔磽土，熟少旱多。遞年批與佃田鍾世鳳等耕種，□□□拖負。至萬曆七年，因被遊學林涣誣害，追租銀陸拾兩，解充曲江縣蛋户税糧。兩縣當差，雪上加霜，□得翁源縣民謝、吴二姓前後捨田入寺，以供六祖之香燈，甚盛心也。今没補蛋税，是以翁源之田，供曲江之税，於理非宜。以一縣之産納兩縣之差，於僧愈困，委□佃户又有拖欠，遞年供應兩縣重差之外，所剩無幾等因，申報在案。萬曆拾陸年正月貳拾二日，又蒙南韶兵巡道副使龔批，據僧超言、僧性憲等狀告，爲乞天恩歸結抄没事。蒙批：仰府查□□催各僧審議未到。僧超言、僧性憲等又將前性於拾陸年閏陸月拾三日具狀爲占田事，赴巡按廣東監察御史蔡□告准。蒙批：仰府同李□究報該本官行提得僧超言、性憲等，並查弔南華禪寺新舊志書及本府文。議得南華禪寺六祖寺自唐宋開創，迨至國朝正統、天順等年節，奉欽賜金牌、藏經、衣鞋等項，並御製□□，□火叢盛，僧徒至千餘人，初非殘廢寺院之比。其田租壹百貳拾兩，以陸拾兩完納糧差，以陸拾兩修理常住雜費，亦如民間供税之外，資不盡以養家口。且田在本寺，僧人與佃民收租，無論布粟貨物，皆可准折充數。今議刊□□□充餉，凡頑佃節年拖欠，止責衆僧備銀上納，實難措辦。況鍾世鳳等佃田騙租，節年告府，成案可查。章程雖載，名有實無。今□□□百餘，群噪□庭，似有十分激切之情。職奉批前詞，若復避嫌觀望，甚非所以奉宣憲令□□□犢也。合□先行稟請，恭候憲示，或容令通詳□軍門，將南華禪寺刊入章程，田租銀陸拾兩行各屬查補，除豁寺租，或念古刹僧多，特賜徑行除豁由，呈詳本院。蒙批：以寺租而充軍餉，此前官條議者之過，無怪僧家□□□也。仰韶州府議處通詳，依蒙備行曲江等六縣查議抵補去後，陸續催□。據仁化、乳源、樂昌、英德四縣申稱，各縣錢糧一應起存銀兩，遞年俱奉，會計酌定盈□，行縣派徵。其起解既有定額，支給者並無盈餘。一歲之□重供之用，並不敢額外加派釐毫。此外並無剩存銀兩，堪以抵補前寺租餉。又據翁源縣申稱，本縣歲徵各項起存錢糧，遞年奉文，行縣會派，照款徵解，各有定額，支有定數，無容別議外，及查蛋户虛糧，原係曲江縣糧米，寺田原係□□縣民謝、吴二姓喜捨爲六祖香燈之資。縣見納本縣糧差，今聚議抵納曲江蛋户虛糧，委屬未妥。乞曲江縣自議抵補等因，各申報到府。並據曲江縣申稱，查得□議前銀抵補本縣河泊所蛋户虛糧。萬曆拾年肆月內奉□□政司發下章程，刊入南華禪寺田租銀陸拾兩充餉，然止追完萬曆八年、九年分租銀，每年陸拾兩解府轉訖，後因各僧外竄，絲毫難追。至萬曆拾年拾壹月二十六日，奉南韶道明文，查將本縣議革冗濫鋪兵貳拾三名，歲□□壹百陸拾伍兩陸錢係屬餘閒，相應查抵。仰縣自萬曆八年起至今，共未完銀三佰柒拾兩伍錢壹分零，盡數追完，內將陸拾兩抵補蛋户虛糧，以後年分一體施行。依經遵照，每年動支陸拾兩抵補外，自萬曆八年內奉明□□□□司鋪兵貳拾三名，銀壹佰陸拾伍兩陸錢，陸續追完，已盡數抵補魚課虛糧等項□用訖，並無餘剩，前項佛田難從借補等因，申報前來。本府覆議通□間，又據僧超言、僧性憲等具狀府告，准批：寺租係各僧香燈之費，乃□□□餉，一旦奪其所有，何怪僧衆之紛紛告復也。送練兵廳弔查，有行案卷裁議詳報，隨該本府清軍練兵。同知劉□□喚僧超言、僧性憲到廳，弁僅本府□行始末文卷，查審得本寺額田肆頃□丈陸頃有奇，載糧米壹拾捌□□□□籍翁源，批佃耕種，歲議租銀守□經行追，屢被各佃拖負，致累僧超言、僧性憲等賠貱不過。□□□佛恵能名目，願將前項莊田盡沒入官兵。蛋戶虛糧倉，令佃丁徑赴完壹百貳拾兩。向係本寺衆僧親收，辦納糧差，管備香燈，修葺寺宇，供給寺僧□□□用。續於萬曆七年內，因□□□同知□條議，將寺租銀陸拾□充辦糧差，陸拾兩□□曲江縣蛋戶虛糧。□□□拾年內，奉布政司將前租銀陸拾兩，刊入章程充餉，行府置立碑記，永爲遵守。□□□及屢行曲江縣查議，與前無異。看得南華禪寺□係□□□□累朝敕建名山，北之□祠有間，僧衆千人，皆府屬土著，見□□□縣糧□視之遊僧殊科。查各省沒官寺田，必係毀淫祠與無糧地土，然後以抵別項無徵額稅，非曰舉敕建神祠而盡廢之舉，有糧田地□盡□□也。前田原□翁源縣謝、吳二姓之業，□納翁源縣糧差壹拾捌石貳斗，今僧亞龍之寄莊可查，每年收租雖稱壹百貳拾兩，然雞啄菽粟皆可充數，且頑佃蛋騙數多則□□告案有處，今各僧屢屢哀告，且願將前田盡沒入官。其蛋戶虛糧迄今□甲徑赴該縣完納，此□萬不得已之計。爲照曲江、翁源□□雖並隸本府，然有分土，亦有分民。茲欲以翁源之田□曲江之稅，於法既有所不行，以□縣之產當兩縣之差，於情又有所不忍，匹夫婦□□□入除上供外，並得收其餘，以供人口。今僧亞龍實係寄莊，與編氓何異？隸□□□所有，□又欲稱貸以益之哉！況前租雖入章程，然自八年、九年而外，並未輸納。審據里排等吐稱，各僧所納，□年租銀又係典賣曲江田□□充。□拾三□□□□□□□□□□□本道行該縣查□□工食抵補。今據回稱，此後已□□□矣。若□備由申白，誠恐各僧終遠父母，又無家，將來追□嚴迫，必將散之四方，非惟六祖廟貌盡成丘墟，□兩縣里甲亦屬遜絶，信如前□之議，以僧□□□□□矣，不知將來又將以何者□□户乎？□乞通詳□兩院，如以□□封寺宇□不可廢，或照李同知□原議，將前項寺租量行豁免，如以章程餉銀，必不可少。或查各處餘税，別議抵補。如□庶餉額不至虛懸，□□□亦□□□□□由□報□府後，該本府知府陳□□□有得南華禪寺僧賦役繁□等項田租，事屬兩邑，真有不能奪此以補彼者，況自彼民施之本以供佛，乃前官欲以餉兵，無論拂民情，違古□，即於□本朝□□聖崇奉至□□□□□□□□也。□□□經各官勘議，目擊□狀□乞恩量賜豁免，不思□銀既入章程，事於戎政，萬萬不容已者。但節年已來，並屬拖欠，餉額虛懸，與其名存而實亡，孰若因名以求實？查得本府□屬有浛光廠商税，每□□□□□□□□□餉外，例報□□□餘兩，向收府庫，以待□軍□，不□□器□□內動支陸拾兩刊入章程，以補前銀之缺。庶兵有實餉而僧無虛賠，□體□累朝之綸音，存六祖之檀越，是在□憲臺盈□之，非本府所敢□也。□□□□□□□□欽差總□兩□□□□□□□以南華禪寺供佛□□補曲江蛋户虛糧，即僧衆無爭，亦於事情欠妥。矧各僧苦於追賠，而虛税亦何補於章程？原□兵餉銀陸拾兩，准行□□□充該寺供應，□□□人我□□□□□□□□□之數准□□□□□税照□□解仍□布政司□□□繳。又奉布政司左布政張批：據申南華禪寺僧田原係翁源縣施捨，乃今移補曲江縣蛋税，此誠條議者之苛，且拖欠□相沿，僅存虛額，無論群僧□□□□□□□□□□浛光廠□□□補前銀甚爲

□當□候□兩□□□繳。又奉□□官分守嶺南道左參議李批：據議以廠稅之餘，補□餉額，深得調停之法。仰候□兩院詳示。□又奉□帶官南韶兵巡道副□周批：□□□兩院□示□□□□查前事已經具由通詳去後，奉批：允□□□□□，此貼付南華禪寺户長僧超言、僧性憲等，照將原該寺没官充補曲江縣蛋户虛糧田租陸拾兩豁免。於洽光廠餘税銀，動支抵補前項租□□□□超言、僧性憲□□收歸寺，以供六祖香燈之□，毋得有違。須至帖者。

右帖付南華禪寺户長僧超言、僧性憲等執照，萬曆拾捌年三月十三日具告户長僧超言、僧性憲等抄白刻石暨帖，住持僧照權、户長僧真權、合山僧衆等同立石。新編志

此事經歷時間長，涉及人物多，影響頗大。王用汲爲撰《復南華寺田碑記》：

今天下輿圖，所在梵宇，往往而是，而韶石南華最著。考所從來，天監以前尚矣。國朝節御製碑文，崇奉益加隆焉。其間山川勝狀，衣鉢遺傳，已有別紀，兹弗具論。稽《志》，翁源謝、吴二姓，捨田六頃有奇，歲計租銀一百二十，除輸納縣官外，奉香燈、贍僧養，施至厚也。詎上六年，條議扣租銀之半，抵補曲江蛋户虛税，僅以其半充辦糧差，載諸章程，此實二郡署篆過聽遊學者之言，而當道者又過信二郡之言也。以故逦年稍饑，縣官即不收半餉之粟，而住僧轉相亡去。至以餘半，併願没官，而有司且苦業於軍輸，付之莫可奈何。或欲責補曲江革役，或欲分派各縣均賠，紛紛聚訟，竟無石畫云。會御史陳公出守是郡，僧超然等向公備陳其狀。公曰：「嘻，有是哉！夫洞天福地，多産異人；玄門象教，陰扶國脈。矧六祖之蜕殼猶在，列聖之崇奉有加，此非淫祀。仕兹土者，縱無能捐俸重創，獨奈何令其田浸没無存耶？且以寺租而充軍餉則神恫，非義也；以翁田

而抵曲税則滋弊，非策也。始欲蠲曲江蛋户，而終以累曲江，則醫瘡而剜肉矣。原無與各縣額税，而欲以繁各縣，則利一而害十矣。」遂集僚劉君、黄君、邑長劉君議，謂：「洽光廠餘税，歲可二千金，例貯庫以待軍門不時之需。今制府劉公方昭儉德以風四方，四方之物，蠕軟蛸翹，靡不得所，豈忍獨使寺僧顛連至是！請于内歲支銀六十兩以補前銀之缺，而寺祖如數豁還。」諸君曰善。議上，制府劉公欣然報可，一如太守議。而直指黄公、程公與諸司，俱先後得請。南華數載既没之田，一朝遂復；住僧累歲枵賠之苦，一旦頓解。蛋税克清，軍餉如額，曲江既無獨累，各縣亦免增編。上承列朝之典，遠綏六祖之靈。君子曰：一舉而數善備，澤莫大焉。顧法議新裁，非有獨見，必不敢破拘攣而易典章；餘税資需，非有涣居之職，必不能捐私封而惠緇黄。此蓋非陳公不能爲，亦非制府劉公不能行者。於是衆僧德劉公甚，思所以銘其德而丐文于余。余嘗節蒞粤中，徘徊曹溪間，睹色相留跡，既已雅志其勝，而兹聞僧言，又喜譚劉公之德，遂援筆爲之銘曰：於維南宗，鍾靈顯異。冥訂真訣，曹溪衍秘。歷代璽旌，福緣川至。亦越我明，矢奉維貞。金牌御製，法華寶經。懿彼善士，捨業輸誠。奈何靡詰，逞私以裂。維彼陳侯，慨然振刷。大司馬劉，幽隱洞徹。兩粤含生，胥康以寧。爰藉群議，惠斯衆僧。匪曰衆僧，惟祖是仁。清糧實餉，侑妥乃神。繄諸懋德，宜勒貞珉。神之鑒之，祚胤世世。建兹群公，丕顯奕世。　康熙志

陳大猷亦撰《復六祖香燈田碑記》：

天下之事，有可與民變革者，有不可與民變革者，惟其理而已。理之所非，則革之不爲苛；理之所是，即復之不爲執。何者？其理勝也。南華在韶州境，形勝奇秀，風氣完聚，寺建有唐，舊

矣。宋仁宗朝，具安輿迎師真身及衣鉢大內供養，後遣使敕送曹溪。明正統間，賜《大藏經》及履、環諸物，載在寺志，班班可考。崇重之典，代固有之。翁源謝、吴二善士施捨田數頃，爲本寺香燈。設歲中雖有租利之入，然輸税之外，僧衆不下千人，所得幾何，而供奉實費。萬曆六年，郡貳王公條議，被以遊學林涣所誤，將其半補曲江蛋額之失，具詳牒中。夫蛋額之失，曲江一邑耳，而田屬翁源，是資翁以供曲江，譬之割秦人之肉以肥越，宜户長僧超言、耆舊僧性憲等紛紛不平也。投詞上按院汪公、蔡公、黄公，南韶分守道李公、周公，巡道王公、龔公，各下府議之。通先後詳于藩司張公，轉詳制府劉公，直指程公，允之，王議遂寢。昔之奪其所有，今且還之僧矣。力主其議者，實郡守海樓陳公、郡丞育所李公、華陽劉公云。嗟嗟陳公，良二千石哉！公下車詔石，布德宣惠，弊革利興，士民熙熙，若登春臺，被清風，口碑藉甚于道路。今兹之業，主持申復，另行處餉給兵。其公移云：「與其名存而實亡，孰若因名以求實。」又曰：「體累朝之綸音，存六祖之檀越。兵有實餉，僧無虛賠。」至哉仁人之言！泰山埒高，江漢同深矣。嘗觀當事者之議，必曰：「前官議定，行之已久。」乃以一身肩之，不少遜避。或曰：「溺於佛教，偏護衆僧。」乃不恤人言，悉心詳議，而數年之計始決。上之延寺典于萬祀，下之免僧衆之流離，伊誰力哉！夫處大廈者，然後知棟宇之帡幪也；睹河洛者，然後知禹功之廣大也；觀齋供之常存，然後知郡公功德之無量也。非達因革之宜而破拘攣之見者耶？陳公昔官南臺，所至凜凜風裁，權奸膽落，兹其大概爾。異日者正色立朝，調燮陰陽，贊襄德業，霖雨天下，皋夔勳業，海宇賴之，豈惟妥一方之神靈已哉！書曰：「罔俾阿衡，專美有商。」不佞殆聿觀厥成矣。因勒之貞珉，用垂不朽云。時庚寅仲冬初吉，是爲記。陳公諱奇謀，號海樓。甲戌進士，浙之嘉

興人。劉公諱承範，號華陽，楚之監利人。康熙志

又，黎邦琰亦撰《復寺田碑記》：

南華寺起于梁天監三年，以西竺僧智藥三藏「品其水與西天之水無別，山即西天寶林山也。後一百七十年，當有法寶於此演法，得道如林」，韶州牧以其言奏聞，賜寺額曰「寶林」。唐龍朔元年，六祖果自黄梅傳衣鉢至，而寺已爲兵燹所毁。居民曹叔良即其故居重建梵宇、方丈、茅茨，延祖居之。九越月，遇惡黨，乃潛隱懷、會。儀鳳丙子，祖乃復居，大弘法席。開、寶之間，賜額「南華」，則寺所從來遠矣。國朝天順間，節奉欽賜金牌、御製序文，并金書《法華》、九蓮觀音、繡佛羅漢，崇奉加隆焉。田莊據誌，翁源縣民謝良善同妻吴氏捨土名横坑、鎮上、桐子、樹脚、寺背諸田，逦奉清丈，實田六頃九十五畝，歲收租銀一百二十兩，除納糧差三十餘兩，奉香燈兼贍衆僧之用。萬曆六年，遊學林涣者，以私忿條陳前任郡同王公，内扣租銀六十兩充補曲江蛋户虚税，以六十兩充辦糧差。遇歲凶荒，寺僧賠納不贍，轉而逃亡，故至今梵刹不及前朝之盛。於是寺長僧超言、性憲鳴于察院汪公、蔡公、黄公、程公，南韶分巡憲副王公、萬公、龔公、周公、李公，俱准行。韶州府議藉令郡佐李公、劉公、吕公、黄公僉議云：「南華寺乃累朝敕建，非淫祠比，寺税似當豁免，别議餘税抵補兵餉。」太守陳公即將原没官田充補曲江蛋户虚糧寺租六十兩豁免，仍於浛光廠税銀千餘動支六十兩，編入章程，以補前銀之缺。覆上大司馬劉公，曰可，准將原解兵餉銀豁免，以充該寺供應，以全國朝崇奉美意，原載章程銀數，以浛光廠餘銀解補，悉如太守議。并知會于大方伯張公，公曰善，所判如大司馬言，仍責條議者之苛。帶管分守少參李公、兵巡

憲副周公咸如議，而受成於撫、按兩院。

夫洞天福地，多産異人，而玄門象教，陰扶國脈，不可謂無故。如來利見於西竺，迦維託生於羅衛，韶之南華而六祖出焉，咸能行不捨之檀而運治功於群有者也。維我群公，智超萬物，德庇百靈，復寶林既墜之業，拯僧徒賠賍之苦，而仰體列朝崇奉之典，可不謂非常之遇哉！余嘗遊靈谷寺，伏睹高皇帝賜寺田幾千萬頃，咸免稅租於天界，載睹高皇賜寺蘆洲，皆與功臣等，豈上聖之知尚有所未融哉？兹條議者，本以膚淺之識，未嘗遊滄海之大耳。謹撰次群公之懿績，勒諸貞珉而垂之永世，豈但昔賢留帶山門之足稱哉！六祖有靈，當展衣鉢於象峰之上，而輔我國祚于億萬載無疆之休，佑群公世業簪組之傳於永永矣。余適請告南還，僧超言、性憲入廣州請余爲記，遂即其言而撰次之。銘曰：

於維南宗，鍾靈顯異。五師傳燈，一言闡秘。布席曹溪，衍法初地。學者雲從，福緣川至。有唐中宗，大鑒錫名。恭睹國朝，矢奉維貞。金牌御製，法華寶經。懿彼善士，捨業輸誠。奈何靡哲，逞私以裂。匪賍僧螫，實亡祖設。維大司馬，肇啟善端。爰藉群公，益弘善門。虚糧既蠲，官帑攸分。洽光允議，生我衆僧。匪曰衆僧，維祖是仁。嗟嗟我生，相厥百神。福善降祥，維皇克親。衛我國家，祚胤世世。逮兹群公，丕顯奕世。康熙志

（二）明萬曆豁免南華寺丁賦事

萬曆三十八年（一六一〇）九月，曲江縣轉發南贛軍門牛、布政司、韶州府批准之「爲乞恩超豁崇祀香丁以免偏累事」文告，稱：南華寺僧妙殷、淨泰、法袖等聯名申告，言該寺近來丁賦由六十人增派

到一百九十四人，「比民田苦累十倍」，實有不妥。故准豁免南華寺四十八丁，並「示諭通縣百姓人等知悉，即便一體遵照施行」。順治志

（三）清順治呈請豁免六祖香燈田糧米雜差事

奉上豁免六祖香燈田糧米雜差等項碑記

韶州府曲江縣爲頒恩俯准豎碑以彰浩蕩之仁以垂萬世永賴事。據南華寺户長現年僧宗肇、僧官圓旭、住持妙融、十房僧戒光暨合山僧衆等呈稱「祖師衣鉢傳于千年，自唐朝敕建寶林以來，屢蒙宰官護法，疊荷慈宦捐助，以致佛像增榮，福田廣種。額立常住香燈糧米五十石，悉出善信修布，祀佛齋僧，向來雜役，俱蒙蠲免。欣際清朝鼎建，深沐兩藩之洪慈，更霑院司之深恩、府縣之渥澤，查照舊規，將膳夫、日晨、雜派亦蒙概免。雖然，佛祖有靈，感德於靡竟，不若鐫之碑石，垂澤於千秋」等情到縣。當蒙本縣主老爺陶諱□□批：「六祖香燈糧田五十石，既經兩藩院司優免，相應准算免派雜差，著豎碑儀門、山門，永以爲例。此本縣遵奉兩藩、院司德意，非爲私也。合就豎立碑石，以傳奕禩，以垂不朽，故碑。」順治九年十月日協理嗣祖沙門德融立石。道光志

准免六祖香燈田糧米雜差事碑記

韶州府別駕周老爺諱憲章批免祖師糧米船隻，呈辭善事，刊刻流芳。

南華寺户長僧海瑩、協理糧事僧可相、十方僧智大等呈爲懇恩准免六祖香燈田糧米雜差事。祖師感靈，赫奕千古。歷代奉旨封禪，優免雜差。值清朝定鼎，蒙平靖兩王、部撫兩院，照舊蠲免。

目今答應大兵船隻解運，及馬料、鍋鐵、油麻、軍需、兵房，仍混將祖師香燈田糧五十石派取，船隻解運滿兵、米穀、禾草、夫役等項開派，懇乞仁慈，垂念祖庭，批免船隻雜項，功德福田，高深滄嶽。謹此上稟本府督糧官、署曲江縣事老爺臺前施行。

批辭：「向日東作無望，本館目擊心寒。步禱虔請祖師聖駕，出門便得滂沱大雨，三日不止，萬民莫不霑恩。祖師之靈應，可云赫赫。些須船隻雜差，均派各都，不爲偏徇也。准給照豁免。」（有印）順治十一年八月廿六日具呈。道光志

（四）清順治十八年免禪堂香燈膳田糧米事

順治戊戌年六月日奉免禪堂香燈膳僧田糧米碑記

遵奉本縣主老爺褚諱唐傑批：「雲水名流，互參禪室，接待浩繁，供粢頗澀。向者樂施膳田糧米壹拾壹石，或可爲清流一溉之助。除惟正之供而外，一概雜差、膳夫、日晨等項，曾奉鎮、道各臺同心蠲免，而本縣奚敢讓耶？准令勒碑，以垂永久。照。」當山主法洞宗第三十一世嗣祖沙門德融仝（承）監院慧聰立石。道光志

（五）清順治蠲免南華寺買米事

順治十八年（一六六一），南華寺户長僧德乘、十房僧達機等呈狀爲懇恩豁寺僧與世俗普通編户一樣買米之賦役。適平南王府輕車都尉尚之智來寺養痾，乃捐俸復其役，又與曲江知縣劉昺書，請求蠲免南華寺買米一節，以利寺僧之辦道。並刻石勒記，以期永爲定例。

蠲免南華買米事碑記

平藩阿達哈哈番尚老爺諱之智與曲江縣主劉老爺諱昺書：不佞武人也，素性鯁戇，不肯曠官侵職，開罪守令諸君。近以養病南華，見古刹巍然，比丘寥落，問其故，或曰：「曹溪雖云佛地，與民一體差徭，年來賦役頻加，供辦不給，何暇修行？」不佞乃捐俸紹期，復集十房僧衆，頃奉鈞票取米，紛紛告假措辦。貴治之下，自應趨承，但查此項非出正供，即有取買，例在見年。幸際臺翁新政，蠲免南華買米一節，永勒峴碑，則千載福田，從兹培植矣。仍命僧具手本，伏惟印照是荷。

附本寺手本：南華寺户長僧德乘、十房僧達機等爲懇恩豁免買米事。切照南華禪寺千有餘年，朝夕熏修，祝延聖壽，俱荷累朝恩庇，當道護持，奇逢縣主新臨，僧衆起舞。昨奉發價買米，敢不遵依？但目下取買甚廉，將來成例難繼。懇恩賜照蠲免，香火有賴，佛僧銜恩。爲此呈赴本縣老爺臺前，准照施行。

順治十八年十一月廿日縣主劉批：「官曲江，前業也。若再造業于南華，償業當又甚於曲江矣。況現銀平價，何處不可買米，而必以問僧乎？著以爲例，更有俟後來淨業之君子准照。」道光志

（六）清康熙蠲免雜派事

蠲免二項雜派碑記

康熙三年五月□□日，南華寺户長僧了凡、塔主僧積弘、監院僧可相具呈，蒙南韶道老爺張諱

文炳、本縣主老爺凌諱作聖批准，免六祖新增香燈糧米三石零一升一合、禪堂新施糧米三石四斗二升七合，二項雜派俱蒙蠲免，批呈存照。康熙志

（七）清康熙豁免派夫事

爲懇恩免派雇夫事

具呈南華寺住持僧德熙、十房管事僧如滿等呈爲懇天憐僧免派雇夫事。切照將軍王度嶺雇夫一事，萬分緊急，蒙天體恤，給發夫銀，設法都圖見排圍甲人等，開報煙竈，計家雇夫，此實衆擎易舉，分德均恩，合郡謳歌，萬民仰頌。痛南華古刹，乃六祖授衣鉢於黄梅，歷代隆寵，迄今無異。欣逢天臺現宰官身，弘菩薩願，祖道重光，僧衆有幸，適值將軍度嶺，所雇人夫，敢不遵依！但僧一寺空門，非同俗姓妻孥例比，難以僱夫，懇乞仁天大發慈航，憐恤蟻等，御筆批免，佛僧咸賴霑恩。上赴欽命老爺臺前，准免施行。韶州府正堂老爺劉批：「准免。」康熙六年三月廿六日具呈。

道光志

爲懇恩憐僧豁免煙灶僧夫事

具呈南華寺僧官弘裕、住持僧能遜、十房僧行章等，爲懇恩憐僧豁免煙灶僧夫事。蒙爺臺設法，煙灶計家出夫，答應將軍，誰不遵依？第忖南華古刹，乃六祖自唐開創以來，千有餘載，歷朝大差僧夫，皆蒙各憲恩批豁免，志書有載，迄今無異。幸逢天臺蒞政，合邑謳歌，萬民仰頌。今蒙派僧應夫，敢不欽遵？第僧一寺空門，非同俗姓例比，爲此哀懇天恩，大發慈航，憐恤僧等，金筆

批免，賞給印照。佛僧頂祝，鐫石勒志，公侯萬代，恩垂奕禩。上赴本縣老爺臺前，作主金批，即照施行。

曲江縣正堂老爺何諱廷球批：「該寺僧人耕食者准免，以供香火。故照。」康熙十三年二月□□日。

道光志

呈爲懇乞天恩准照豁免僧夫事

南華寺住持僧法乾、十房管事僧真謐等呈爲懇乞天恩准照豁免僧夫事。天臺德存撫字，澤遍寰區，仁慈布惠，恩施護法。近奉府縣爺臺牌行濛瀼司官，照煙派夫，以應公務。此實衆擎易舉，分德均恩，合郡謳歌，萬民仰頌。惟南華古刹乃六祖菩薩道場，千年香火，歷朝聖賢隆寵無異。奇逢王爺發心重建，佛祖重光，至於僧夫，向沐上臺恩恤豁免，批照存據。昨奉司官票差到寺，唤僧應夫，敢不遵依。但僧一寺空門，萍跡無定，非同俗姓妻孥例比，恐有違誤，誠爲不便。茲際天日照臨，倒懸可解，懇乞洪恩，大發慈悲，格外施仁，憐恤僧等，金批豁免。佛僧均感，香火永賴霑恩。上赴欽奉老爺臺前，准免施行。

韶州府正堂老爺李諱復修批：「出家之僧，自不應照民當差，准免。」康熙十六年十二月廿四日。

道光志

爲懇恩准照豁免僧夫事

呈具南華寺住持僧可宣、十房僧行哲等爲懇恩准照豁免僧夫事。天臺仁政，澤被萬民，山門久沐恩光，祖庭屢荷護法。茲痛南華古刹，六祖菩薩道場，千有餘載，歷朝隆寵無異。昨蒙爺臺金票到山，唤僧應夫，敢不遵依？第忖向蒙上臺豁免，載志歷歷可憑。僧等一寺空門，非同俗姓妻孥例比，恐有所違，誠爲不便。伏乞天臺廣施仁慈，格外施恩，憐恤僧等，金批豁免僧夫。鐫志勒碑，功垂不朽。佛祖戴德，僧衆銜恩，上赴老爺臺前，伏乞作主，給照准免施行。

韶州府曲江縣濛瀼司老爺黄諱錫裳批：「僧無家室，理不應夫。況已奉上蠲免，自當永爲定例。准。」康熙拾九年八月三十日具呈。道光志

歷代外護

曹溪自開闢以迄民國，千四百年營建、發展、撑持，均與護法居士之維護、供養密不可分。或財施，或法施，前之所述，已大略可睹。古語云「積土成山，風雨興焉」，豈不信然？然以上僅以事及之，以下則專列其人，稍及其施於曹溪之功德。此類皆本之於歷代文獻所録，難免掛一漏萬。

一、唐前

侯敬中 南朝梁韶陽太守。梁天監元年（五〇二），得智藥三藏倡議，乃表奏朝廷，請在曹溪建寺，得梁武帝敕准，並賜額「寶林」。

淳于忠 未詳其人。南朝陳天嘉元年（五六〇），爲寶林寺造銅佛像一區。

二、唐五代

曹叔良 曹溪村民。相傳爲魏武帝曹操後裔。龍朔元年（六六一），重建寶林，延惠能居之。

陳亞仙 曹溪村民。儀鳳二年（六七七）二月初八，廣州法性寺印宗與近千名僧衆護送惠能重歸寶林。次年，陳氏即捨地擴建寺宇及寺周蘭若。

韋　璩 韶州刺史。據稱，先天二年（七一三）韋璩嘗率僚屬入山，請惠能至大梵寺開緣説法，聽衆千餘人。六祖寂後，韋璩撰《第六祖韶州曹溪能禪師碑》。

薛　簡 唐中宗內侍。神龍元年（七〇五），持詔迎請惠能上京。能以疾辭。乃請能開示，回京以法語表奏。以此，中宗詔賜能磨衲袈裟一領、絹五百匹、水晶鉢一口。敕改寶林寺爲「中興禪寺」。宋端拱二年（九八九），寺內爲唐代護法薛簡、劉禹錫、劉崇景興建三相公祠，供像其中。

劉崇景 唐鎮國大將軍。肅宗上元元年（七六〇），遣使迎請惠能衣鉢入宮供養。代宗永泰元年（七六五）五月初五，持詔恭送衣鉢回曹溪，並囑韶州刺史楊瑊妥善安置，嚴加看護。宋端拱二年，與薛簡、劉禹錫供像三相公祠中。

楊　瑊 韶州刺史。永泰元年（七六五）五月初五，代宗詔派劉崇景恭送衣鉢回曹溪。楊瑊遵囑妥善安置，嚴加看護。

劉禹錫（七七二—八四二）　洛陽（今屬河南）人。貞元九年（七九三）進士及第。「永貞革新」失敗後，貶連州刺史。應請撰《大唐曹溪第六祖大鑒禪師第二碑》，又作《佛衣銘》。宋端拱二年（九八九），與薛簡、劉崇景供像三相公祠中。

馬　總（？—八二三）　扶風（今屬陝西）人。官至天平節度使、户部尚書。元和間任職嶺南，上表請賜惠能謚號。元和十一年（八一六），皇帝詔追褒曹溪第六祖能公，謚曰「大鑒」。

某　公　南漢人，佚名。施僧莊田三千畝，並建興福寺。

劉鋹妻　捨施補鉢莊。

三、宋元

李頌、張公　李頌，宋郎中。張公，名未詳，宋司徒。太平興國元年（九七六），太宗遣二人來重建廟宇。又復建靈照塔，太宗御書額「太平興國之塔」，加謚惠能「大鑒真空禪師」。

陳　絳　韶州轉運使。天禧四年（一〇二〇），奏請從全國名山選任高僧住持南華寺，南陽賜紫僧普遂入選，受詔住南華寺。

湖南按察使某　佚名。明道二年（一〇三三），經其推薦，寶緣任南華寺住持，并得賜袈裟，賜號「慈濟」。

楊仁禧等　廣州人。慶曆五年（一〇四五），組織寓居廣州信衆，捐造木雕五百羅漢。

郎簡（九六八—一〇五六）字叔廉，臨安人。景德進士。官至刑部侍郎。至和元年（一〇五四），提議契嵩編校《壇經》，并撰《六祖法寶記敘》，捐資印行。

程之元 眉山（今屬四川）人。蘇軾表弟。元祐七年（一〇九二），任廣南路轉運使。過曹溪，住持重辯爲其在寺建「程公庵」，以供其憩止。

馬階、**孫妙德** 廣州人。嘉定四年（一二一一），捐資三十萬貫維修南華寺柱塔。五年（一二一二），費白銀百二十兩，供鑄太子像及羅盤。六年（一二一三），以三百萬貫錢置田，供南華寺開支；又在廣州建廨院一所，以接待南華寺來往僧徒。

文三九娘 少孤，絶婚嫁，營造生理，歲時趲積。南宋嘉定間，姐弟輕財樂施不倦，施捨南華寺十一項計千緡足。

石祖通 萬安軍（今海南萬寧）巖主。寶祐元年（一二五三），捐五百貫錢來祖師塔做法事。住持惠照所捐錢別建免丁庫，使錢「子本相生」。

四、明代

蕭福、**江陵**、**法意** 宣宗時太監。宣德二年（一四二七），施捨金書《法華經》三部。

鄭和（一三七一—一四三三） 昆陽（今雲南晉寧）人。内官監太監。宣德六年（一四三一）至七年（一四三二），喜捨響鞋一雙、瑪瑙一串、鐵錫杖一枝入寺。

楊妙香　廣東新會人。景泰五年（一四五四）冬月，施捨鐵鼓一面。

羅　僑　字惟升，江西吉水人。嘉靖四年（一五二五）任廣東左參政，收録南華寺碑銘、題詠，編刻印行。

徐九皋、符錫、龔邦柱　徐九皋，字遠卿，浙江餘姚人，進士，廣東左參議。符錫，江西新喻人、舉人、韶州知府。龔邦柱，廣西桂林人，韶州府學訓導。嘉靖二十一年（一五四二），徐九皋命符錫、龔邦柱等人依嘉靖四年（一五二五）廣東左參政羅僑所輯南華寺碑銘詩文，編輯刊行《南華志》。

龔　亨　江西清江人。進士。嘉靖二十一年（一五四二）任廣東按察使。命按察司僉事沈植就符錫、龔邦柱纂《南華志》「重加修飾」，成《重修南華志》。

戴有孚　江西永新人。嘉靖二十三年（一五四四）任韶州府通判。明年，主持興建曹溪古渡亭。

陳大綸　廣西宣化（今南寧）人。進士。嘉靖二十五年（一五四六）任韶州知府。二十六年（一五四七），主持重建禪堂。

劉　穩　湖廣衡陽（今湖南鄙縣）人。進士。嘉靖四十四年（一五六五），任南韶兵巡道。發布《爲嚴禁約以蘇貧僧事》告示，追究公差使客擾僧，需索酒飯、土産或逼取人夫護送者。

舒大猷　湖廣通城（今屬湖北）人。舉人。隆慶五年（一五七一）韶州知府。次年頒《爲嚴禁需索山僧以安梵刹事》公告：凡過往使客、吏承、陰醫、驛巡等項弁役，敢有指稱公差，仍前求索飯食者，文本府查究。

南韶兵巡道某　隆慶六年（一五七二）三月，發布告示，不許「斫伐本寺四天王山界内外樹木，敢有故違，許僧人捉拿送道，究治不恕」。

沈 植 湖廣臨湘（今屬湖南）人。舉人。嘉靖間應按察使龔亨之命，纂《重修南華志》印行。萬曆七年（一五七九）十二月，在南韶兵巡道任上發布保護南華寺文告，禁止私發硃票，以低價向僧迫取椒茶、棕皮、竹杠等。

戴 燿（一五四二—一六二八） 字德輝，號鳳岐。福建長泰人。隆慶進士。官至兩廣總督、兵部尚書。憨山中興南華寺時，募近千金襄助修建大殿。萬曆十八年（一五九〇）六月，下發韶州府《爲申明寺田充餉銀兩事》文稱：「南華寺田租，刊載章程，充餉陸拾兩」，「每年仍於浛光廠餘剩稅銀動支抵解，毋得派累寺僧」。次年正月，又發布《爲禁約事》文告：曉諭住持僧衆人等知悉，即行拆盡在山近寺鋪店，盡行驅逐奸徒，如有恃惡不悛，騙僧害寺，寺僧衆可指名懲究。

陳奇謀 浙江秀水人。進士。萬曆十六年（一五八八）任韶州知府。十八年（一五九〇），與劉承範、張大忠批准「寺租六十兩豁免」，且從浛光廠稅中支出六十兩「以補前銀之缺」。二十一年（一五九三），助印《壇經》。

張大忠 廣東布政司左布政。萬曆間與韶州知府陳奇謀、同知劉承範等批准免南華寺歲租六十兩。參見「陳奇謀」條。

王用汲（一五二七—一五九三） 字明受，晉江（今屬福建）人。隆慶進士。官至吏部侍郎、南京刑部尚書。萬曆間撰《復南華寺田碑記》。

陳大猷 南海（今廣州）人。隆慶進士，官按察司副使。萬曆間撰《復六祖香燈田碑記》。

黎邦琰（？—一五八八）　字君華，從化（今屬廣州）人。隆慶進士。任廣東參政。萬曆間撰《復寺田碑記》。

劉承範　湖廣監利（今屬湖北）人。舉人。韶州府同知。萬曆十八年（一五九〇），同巡視官員程達協助修理寺宇。二十一年（一五九三），助印《壇經》。

程　達　韶州府巡視官。萬曆十八年（一五九〇），與韶州府同知劉承範參與協助修葺寺宇。明年閏三月完工，花費捐金一百八十八兩。

劉繼文　靈壁（今屬安徽）人。嘉靖進士。兩廣總督。萬曆十八年（一五九〇），韶州府同知劉承範與程達參與協助修葺寺宇。劉繼文撰《重修南華寺碑記》。

楊起元（一五四七—一五九九）　字貞復，號復所。歸善（今廣東惠州）人。萬曆進士。官至禮部尚書。萬曆二十六年（一五九八），重刻《法寶壇經》并作序。

陳　蕖　湖廣應城（今屬湖北）人，萬曆二十一年（一五九三）任兩廣總督。請憨山德清入曹溪，并爲其護法。

周汝登（一五四七—一六二九）　字繼元，號海門，嵊縣（今屬浙江）人。萬曆進士。萬曆二十六年（一五九八）任廣東按察使、署理南韶連道臺，請憨山纂修《曹溪志》，成《曹溪通志》稿，三十二年（一六〇四）刻印。天啟元年（一六二一），憨山重修《曹溪通志》，周汝登校，郭棐考，敘事延續至明天啟二年。

吳安國　字文仲，江蘇蘇州人。萬曆進士。任南韶道。萬曆三十六年（一六〇八），助持憨山中興曹溪禪堂。

陳國紀 浙江山陰人。舉人。韶州府同知。助持憨山中興曹溪禪堂。

任時芳 四川鹽亭人。進士。韶州知府。助持憨山中興曹溪禪堂。

蔣士綸 廣西全州人。舉人。韶州府同知。助持憨山中興曹溪禪堂。

郭　棐（一五二九—一六〇五） 字篤周，南海（今廣州）人。嘉靖進士。官至雲南右布政使。天啟元年（一六二一），憨山重修《曹溪通志》，郭棐參與校考。

王弘誨（一五四一—一六一七） 字紹傳，定安（今屬海南）人。嘉靖進士。官南京禮部尚書。萬曆十九年（一五九一），捐修御經閣内毗盧像。

祝以豳 字耳劉，海寧（今屬浙江）人。萬曆進士。萬曆二十八年（一六〇〇），時任南韶觀察，自號曹溪行腳僧，懇請憨山出任南華寺住持。

謝良善 翁源（今屬廣東）人。萬曆初，同妻吳氏捨施横坑、鎮上、桐子、樹腳、寺背田地六頃九十五畝太平莊田，作六祖香燈田，每年可收租銀百二十兩。

馮元成 萬曆三十六年（一六〇八）二月，任嶺西道臺，來寺造訪，得知憨山修葺大殿資金不足，乃向兩廣總督戴燿請求護法。戴燿依憨山議，募近千金。

許　穆 莆田（今屬福建）人。舉人。韶州府推官。萬曆四十四年（一六一六），倡議住持道宣動員僧衆捐資重新六祖靈照塔。明年（一六一七）二月竣工。

陳大科 字思進，號如岡，南通（今屬江蘇）人。隆慶進士。官至右都御史兼兵部尚書。萬曆間任兩廣總督時，助持憨山中興曹溪。

張翼軫 號三星，華亭（今屬江蘇）人。進士。天啟二年（一六二二）任韶州知府。萬曆年間韶州府官員，助持憨山中興曹溪。

余大成 字集生，江寧（今南京）人。萬曆進士。崇禎八年（一六三五），來寺小住，應請審訂《曹溪通志》，并撰《蘇程庵碑記銘并序》。另，往博山延請超麈禪師來曹溪訂立規矩，置田贍衆。

張育葵 字午卿，江陰（今屬江蘇）人。崇禎進士。曲江知縣。頒「爲禁約事」文告，特申五禁：一禁寺僧有不習焚修，毀破戒律，奸賭扛訟，與地棍結黨生事者；一禁寺佃欺僧，賴欠拖遲，或將低銀賤折，甚有私自退買，累僧賠稅者；一禁公差騷擾需索，甚或票取果茶，轉買應辦者，從重申究；一禁居民以耕種販易爲名，蓋造店鋪，養雞蓄豕，甚將近山寺田畝隱占，並山後一帶，開窯打石燒灰，破傷龍脈者；一禁遊手遊食、無籍生事及面生可疑之人，葷酒作踐，並擅取果木蔬菜等物。違者俱許稟究。

五、清代

屠高松 浙江秀水人。曲江知縣。順治九年（一六五二）十月，批准南華寺增添香燈糧米及蠲免傜役等項。

張國勳 遼東人。兩廣總督部院大廳都督。順治十一年（一六五四）邀請大休智珠入住南華寺。大休皈依弟子數千人，祖庭宗風得以重振。

周憲章　浙江紹興人。韶州府通判、督糧官、署曲江縣事。順治十一年（一六五四），寺僧向官府申請免除六祖香燈田糧米雜差，周憲章准之。

劉　昺　曲江知縣。順治十三年（一六五六）十一月，寺僧呈請「懇恩豁免買米事」，劉昺准免。得尚之智讚賞，爲之勒碑。

褚唐傑　曲江知縣。順治十五年（一六五八）六月，豁免南華寺正税之外其餘雜差、膳夫、日晨等項。

趙霦吉　河南睢州人。順治進士。韶州知府。順治十七年（一六六〇）正月，住持慧聰、監院可相等因駐軍要求寺僧出夫而申告，趙霦吉及清軍廳傅弘烈批示免派。康熙二年（一六六三），捐俸修建伏虎亭，撰《重修伏虎亭碑記》。

傅弘烈（一六二三—一六八〇）　字仲謀，號竹君，江西進賢人。韶州同知。順治十七年（一六六〇）正月，批示免派僧夫。

林本直　江南人。韶州協鎮。康熙二年（一六六三），協助韶州知府趙霦吉修建伏虎亭。

楊耀先　滿洲人。韶州通判。康熙二年（一六六三），協助韶州知府趙霦吉修建伏虎亭。

邵世茂　江南常熟（今屬江蘇）人。進士。韶州府推官。康熙二年（一六六三），協助韶州知府趙霦吉修建伏虎亭。

龔鼎孳（一六一六—一六七三）　字孝升，號芝麓，安徽合肥人。官左都御史等。康熙二年

（一六六三）春，來寺瞻禮，有《瞻禮六祖因拜憨大師塔院賦紀八章》詩，一時海内諸大家唱和不輟。又受錢謙益等之託，在廣東搜羅憨山《夢遊全集》稿本，輯刻之。

張文炳 直隸滄州（今屬河北）人。分守嶺南道布政司參政。康熙三年（一六六四）五月，與曲江知縣凌作聖等，准南華寺免除「新增香燈糧米」「禪堂新施糧米」若干，立《蠲免二項雜派碑記》。康熙五年（一六六六）三月，告示在南華寺祖山界東至象尾坑水，西至天王嶺上拜石，南至祖師後龍山，北至大溪田邊範圍内，嚴禁盜葬及盜砍樹木等，違者嚴拿，重究不貸。

凌作聖 江南五河（今屬安徽）人。曲江知縣。康熙三年（一六六四），免除南華寺「新增香燈糧米」「禪堂新施糧米」若干。

方國龍 浙江慈溪人。曲江縣芙蓉驛臣。康熙六年（一六六七），捐資重修觀音堂。翌年告成，撰《重修觀音堂應夢記》刻石。

尚可喜（一六〇四—一六七六） 字元吉，號震陽，海州（今遼寧海城）人。晉封爲平南親王。康熙六年（一六六七），發起重修南華祖庭，撰《重興南華寺記》。康熙十一年（一六七二）又重修御經閣，撰《重修御經閣碑記》。

尚之廉 字公潔，尚可喜第三子。敘功陞左都督。康熙七年（一六六八）春，來寺參禮。募得千金，重建憨山大師塔院。竣工後，撰《重建憨山大師塔院碑記》。

馬　元 字子貞，遼東籍直隸真定人。累官湖廣按察使。韶州知府。康熙十年（一六七一），與南華寺住持釋眞樸重修《曹溪通志》印行。

周有德　字彝初，漢軍鑲紅旗人。兩廣總督。康熙十一年（一六七二）尚可喜倡修御經閣，襄助之。

金光祖　滿洲人。兩廣總督。康熙十一年（一六七二）尚可喜倡修御經閣，襄助之。

劉秉權　字持平，奉天（今遼寧瀋陽）人。廣東巡撫。康熙十一年（一六七二）尚可喜倡修御經閣，襄助之。

嚴自明　陝西人。廣東提督。康熙十一年（一六七二）尚可喜倡修御經閣，襄助之。

徐　炟　江南興化（今屬江蘇泰州）人。進士。廣東左布政使。康熙十一年（一六七二）尚可喜倡修御經閣，襄助之。

佟養鉅　奉天（今遼寧瀋陽）人。廣東按察使。康熙十一年（一六七二）尚可喜倡修御經閣，襄助之。

何廷球　浙江諸暨人。曲江知縣。康熙十四年（一六七五），批免南華寺夫役。

李復修　字漁陽，直隸人。康熙十六年（一六七七）十二月，批免南華寺派夫。

甯天祚　廣東中鎮總兵官駐守韶州。康熙十七年（一六七八），住持阿盤重修方丈室，甯天祚捐資并撰《重修本來方丈碑記》。

譚雲揚　其人未詳。重建蘇程庵，馬騮爲撰碑記。

宗思聖　清直隸大興（今屬北京）人。韶州知府。雍正三年（一七二五），派員審勘確認南華寺山場地界，立碑。又，原南漢千佛鐵塔殘毀，倡議并捐俸重鑄。

李　林　字培生、韶石，翁源人。康熙進士。官翰林。後辭歸掌韶州府五經教授。雍正五年

（一七二七），爲南華寺新鑄千佛寶塔撰銘記。

劉學禮　曲江人。貢生。道光十六年（一八三六），重加校理刻印《曹溪通志》，補續康熙年後至道光間事。

林述訓　安徽和州人。分巡南韶連兵備道觀察。同治十一年（一八七二），募緣重修南華寺。十三年（一八七四）夏晉京述職，乃委託曲江知縣張希京等代爲組織修建。光緒元年（一八七五）全部完工，總計耗費萬金。

張希京　江西南豐人。曲江知縣。同治十三年（一八七四），住持慧心等爲天王嶺背坳樹木起訴邱國光等。張希京立碑爲界，禁止侵擾。又繼林述訓之後，重修南華寺。

鄭紹忠　廣東三水人，南韶連鎮總兵。募金修建羅漢樓等。

六、民國

林　森（一八六八—一九四三）　字長仁，號子超，福建閩侯人。曾任國民政府主席。民國二十五年（一九三六）春，與居正、蔣中正先後來寺禮佛，捐助虛雲重建大雄寶殿，並爲南華傳戒題詞「梵戒精嚴」。三十一年（一九四二）十二月，禮請虛雲赴重慶啟建四十九天「護國息災大法會道場」。

居　正（一八七六—一九五一）　原名之駿，字覺生，湖北廣濟縣（今武穴市）人。民國二十五年（一九三六）春，任司法院院長期間與蔣中正、林森先後來寺禮佛，捐助重建大雄寶殿。

霍芝庭（一八七七—一九三九）　廣東南海人。曾任廣州總商會會長。民國二十一年（一九三二），李漢魂在粵發起重修南華寺之時，慷慨捐款獻物。

李根源（一八七九—一九六五）　字印泉，雲南騰衝人。民國初國會議員，駐粵滇軍總司令。民國七年（一九一八）九月，駐防韶關，先後與李烈鈞、楊晉、朱培德、盧鑄、卓雲機、趙藩、孫光庭、蔡守、鄧爾雅、劉祖武、潘和、趙宗翰等來寺禮祖。捐俸倡修寺宇，又捐銀助刻《唐元和詔謚大鑒禪師碑》，又致函邀請虛雲法師住持曹溪而未應。後虛雲住持南華寺時，聯絡社會名流捐款捐物。

葉恭綽（一八八一—一九五八）　廣東番禺人。民國時期，曾任交通總長、鐵道部部長等。一九四九年後，任政務院文化教育委員。虛雲住持南華寺時，屢次來寺禮祖，組織捐款獻物，並題寫匾額、門聯多幅。

章士釗（一八八一—一九七三）　字行嚴，湖南長沙人。民國時期，曾任廣東軍政府秘書長。一九四九年後，任中央文史研究館館長。虛雲住持南華寺期間，屢次來寺參觀，並爲客堂等處題寫對聯。

岑學呂（一八八二—一九六三）　字伯渠，廣東順德人。曾任廣東省府秘書長，一度代理粵政。皈依虛雲，法名寬賢。虛雲住持南華寺期間，協助文墨之事，代撰《重興曹溪南華寺記》。曾囑編纂《曹溪通志》，因戰亂未成。後又編纂《雲門山志》《虛雲法師年譜》《虛雲和尚法彙》等。

李濟深（一八八六—一九五九）　字任潮，廣西蒼梧人。民國時期，曾任廣東省政府主席、國民黨革命委員會主席。一九四九年後，任中央人民政府副主席等。虛雲住持南華寺時，屢次前來探望，捐助南華寺、雲門寺重修。

陳銘樞（一八八九—一九六五）　字真如，合浦（今屬廣西）人。民國十七年（一九二八），任廣東省政府主席。期間，念南華寺長期荒蕪，在廣州面請虛雲來住持而未應。一九五二年，邀請虛雲北上進京弘法。

陳濟棠（一八九〇—一九五四）　廣東防城港（今屬廣西）人，國民黨陸軍一級上將，曾任國民黨中央執行委員。長期主政廣東，有「南天王」之稱。民國二十一年（一九三二），李漢魂發起重修南華寺之時，慷慨捐款獻物。

李宗仁（一八九一—一九六九）　廣西桂林人。曾任中華民國首任副總統、代總統。民國二十一年（一九三二），李漢魂在粵發起重修南華寺之時，慷慨捐款獻物。

李漢魂（一八九四—一九八七）　字伯豪，號南華居士，廣東吳川人。抗戰時期歷任軍長、集團軍總司令、廣東省政府主席。民國二十一年（一九三二），組織成立「重修南華禪寺籌備委員會」，帶頭捐資，籌得資金三萬餘元。二十三年（一九三四）八月，又派員到鼓山迎請虛雲任住持。後指示曲江縣勘查重訂南華寺「四至」，頒行地界管理規定。二十七年（一九三八），任廣東省政府主席，護持虛雲重興曹溪。一九八二年六月，以八十餘高齡專程從美國來寺禮祖。一九八七年病逝於美國，其骨灰送歸南華寺海會塔安放。趙樸初讚其畫像云：「現將軍身以護國，現居士身以護法。萬古曹溪潤大千，三生故宅留佳話。歸心遙繫佛堂燈，遺影長依虛老畫。」

余漢謀（一八九六—一九八一）　廣東高要人。國民黨陸軍一級上將，曾任陸軍總司令，一度主政廣東。民國二十一年（一九三二）李漢魂在粵發起重修南華寺之時，慷慨捐款獻物。

鄭子嘉、周懷遠、張子廉　民國間香港商人。民國三十二年（一九四三），鄭捐五萬元、周捐二萬元、張捐一萬元，助建七衆海會塔。

林洪勳　民國間律師。長期爲南華寺收回寺産、山林等事務提供法律服務。

張寬誠、**盧啟增**　虚雲住持期間，張氏和兒子盧啟增先後皈依虚雲，負責虚雲往來曲江之迎送。盧啟增屢次連夜來爲虚雲診病施藥，並將藥行作虚雲對外聯絡之用，負責書信收發、錢物取兑及保存。

劉寬培　民國間木工藝人。虚雲重建南華寺時，幫助維修殿堂及傢具。聯絡同參道友，倡建韶關佛教居士林，爲南華寺重建籌款募物，出力非小。

寬定、**寬慧**、**寬和**、**寬靜**、**宏願**　廣州太平蓮社、陶輪佛學社、香港志蓮淨苑諸尼。抗戰期間，南華寺經濟艱窘，各地逃難來寺之僧衆無處安身。寬慧乃託何寬智轉來美金柒佰陸拾元予以資助，虚雲、惟因覆函致謝。抗戰勝利後，先後爲南華寺募緣籌款，捐獻銅鐘、香爐等大批法器。一九五四年至一九五六年，又在港澳等地募得金箔萬餘張，用於南華寺諸佛菩薩像貼金。

卷三　南華重光

卷三　南華重光

自一九四九年中華人民共和國成立至二〇一六年近七十年中，中國社會結構之變化可謂天翻地覆，佛教事業亦隨之揭開新篇章。從中央到地方，黨和政府重視宗教及其文化傳統之繼承與發展，而於禪宗祖庭南華寺尤爲關心愛護。不僅密切關心南華寺寺僧之身心安樂，而且最大程度地保護殿宇及寺藏文物，使之不受損壞。更鼓勵寺僧把佛教事業參與到「爲人民服務」及建設社會主義精神文明之偉大工程中。數十年來，南華寺在社會主義建設初期儘管經歷過曲折和劫難，乃至一度委頓，但在改革開放之後，在黨和政府指引下，在衆多護法居士及廣大信衆護持下，南華寺抓住機遇，突飛猛進。尤其是近年更加緊「大南華文化圈」建設步伐，其已獲成就在歷史上前所未有，令人歡喜讚歎。

黨和國家領導人關懷

一九五八年八月十七日，中共中央政治局在北戴河召開擴大會議，會上毛澤東主席讚歎：「（惠能）不識字，很有學問，在廣東傳經，主張一切皆空。這是徹底的唯心論，但他突出了主觀的能動性，在中國哲學史上是一個大躍進。」翌年，毛澤東主席同班禪談話時，稱佛經可分爲上層和勞動人民兩個部分，「六祖惠能的佛經《法寶壇經》，就是勞動人民的」。高度評價惠能之歷史貢獻及禪宗文化之當代價值。南華寺亦因此受到特別關懷和愛護。在此前後，以迄於今，黨和國家領導人多次親臨南華寺視察，指導工作，給予政策支持。今謹依年份先後録之：

一九五八年六月，中共中央委員、廣東省委第一書記、省長陶鑄來寺視察。

一九六四年一月，全國人大常委會委員長朱德夫婦到南華寺視察，囑地方政府保護好南華寺文物及森林果木。

一九六五年十一月，中共中央政治局常委、中央書記處總書記鄧小平來寺視察。

同年，中共中央政治局常委、中央委員會副主席陳雲，全國政協副主席謝覺哉等先後到南華寺視察。

一九七九年，廣東省委第一書記、省長習仲勳專派主管宗教事務官員前來南華寺處理相關事宜。

一九八三年二月七日，中共中央總書記胡耀邦，偕中央書記處候補書記郝建秀、廣東省委書記林若、省長劉田夫、韶關地委書記馬一品、市委書記李海濤等，蒞寺視察。在大雄寶殿，胡耀邦盛讚南華寺文物保護工作；在六祖殿，胡耀邦仔細端詳六祖真身；在藏經閣，胡耀邦細緻查看千佛袈裟和歷代皇帝聖旨、詔書，並指示將民國時期蔣中正來寺參觀時所書牌匾修復好，保管好；在休息大廳，胡耀邦詢問南華寺僧尼人數和生活待遇、習禪狀況，並向曲江縣領導建議：要把中央關於宗教問題之文件張貼出來，讓所有到寺參觀遊覽者瞭解宗教政策。

一九八五年四月，中共中央統戰部召開落實宗教政策座談會，中央書記處書記習仲勳發表《一定要抓緊落實黨的宗教政策》講話，指出：「寺觀移交以後，要真正由僧道自己管理。這樣辦暫時有困難的，也要積極創造條件，逐步做到。我們的幹部衹能扶持、幫助僧道人員管理好寺觀，而不要越俎代庖。」根據講話精神，南華寺即取消事務管理委員會，正式由僧人負責管理，全面落實宗教政策。

一九八六年，全國政協副主席、中國佛教協會會長趙樸初訪問南華寺。

二〇〇〇年六月，中共中央政治局委員、廣東省委書記李長春，省委常委蔡東士、副省長鍾啟權一行到寺視察。李長春對南華寺近年恢復重建工作表示讚賞，指出：「佛教文化也是中國的傳統文化，要注意保護和繼承！」臨別時，住持傳正向李長春面呈「關於要求落實宗教政策，解決寺院被占用土地問題的請示」。

二〇〇三年七月，中共中央政治局委員、廣東省委書記張德江，副省長游寧豐，在韶關市委書記覃衛東、市長徐建華、副市長楊春芳及曲江縣領導陪同下，視察南華寺。張德江一行參觀大雄寶殿、天王殿、藏經閣、六祖殿、九龍泉等，聽傳正介紹寺院環境建設及文物保護情況。張德江對寺院各項工作給予充分肯定，對寺院優美環境讚歎不已，並指示「一定要做好寺院文物的保護工作」，繼承好寶貴文化遺產，讓其煥發出新魅力。

二〇〇四年二月，中央軍委主席江澤民蒞寺視察。傳正向江澤民彙報南華寺建設與發展情況。江澤民指示：「禪宗文化也是我國傳統文化的組成部分，要好好繼承和發揚！」並現場指示鐵路部部長：「快把鐵路修通，將來這寺院不得了！」

二〇〇八年四月十日，中共中央政治局常委、全國政協主席賈慶林，中共中央政治局委員、廣東省委書記汪洋，省長黃華華等來寺視察。賈慶林高度評價六祖惠能和禪宗思想在中國佛教和思想文化歷史上的重要地位，對南華寺愛國愛教、繼承和弘揚禪宗優秀傳統文化、文物保護等方面給予肯定。並詢問寺院與曹溪佛學院基本情況，勉勵南華寺堅持「弘法利生」宗旨，加强對青年僧人培養，爲建設和諧社會作貢獻。

以上黨和國家領導人對南華寺之關懷和支持，亦帶動各級地方政府對南華寺佛教事業之具體保護、扶助工作，僧衆深受鼓舞，佛日爲之重輝。與此同時，僧人政治地位日益提高，參與社會政治熱情高漲。

二〇〇一年三月，曹溪佛學院教務長妙峰，應邀爲北江監獄三百多名公安幹警及家屬作專題開示，揭露批判「六三〇」（法輪功）邪教組織本質。

二〇〇二年三月，傳正向韶關市人大常委會、曲江縣人民政府以及政協部門提交《關於南華禪寺申報世界文化遺産的提案》。

八月，韶關市統戰部舉辦「紀念鄧小平誕辰一百週年」紀念大會，傳正發表《對鄧小平理論宗教觀的認識與感受》講話。

二〇〇七年十一月三十日晚，南華寺組織僧衆和曹溪佛學院全體師生共三百餘人在大齋堂學習中共十七大精神，傳正主持學習活動。

二〇〇八年八月，國家宗教局在長沙召開「中南地區宗教院校思想政治教育工作調研會」，南華監院、曹溪佛學院副院長果智出席，就曹溪佛學院思想政治課程設置、學僧思想教育工作以及佛學院辦學八年之經驗，作大會發言。

曹溪南華寺僧衆參政表

曲江縣政協委員

屆別	時間	姓名	職別	說明
第一屆	一九八一年三月至一九八四年三月	林得衆	政協副主席	
		釋惟因	政協常委	
		釋又果	政協委員	
第二屆	一九八四年三月至一九八七年二月	林得衆	政協副主席	一九八六年八月三十一日調曲江政協任專職副主席
		釋惟因	政協常委	
		李志真	政協委員	
第三屆	一九八七年二月至一九九〇年三月	林得衆	政協副主席	一九九〇年五月退休
		釋惟因	政協委員	
		李志真	政協委員	
第四屆	一九九〇年三月至一九九三年三月	釋傳正	政協副主席	
		釋惟因	政協委員	一九九〇年六月二十九日晚九時在南華禪寺圓寂
		李志真	政協委員	一九九〇年五月二十三日調曲江縣宗教辦任副主任
第五屆	一九九三年三月至一九九七年	釋佛源	政協副主席	
		李志真	政協委員	一九九四年十一月退休

省市縣各級人大代表

級別	屆別	姓名	說明
曲江縣人大代表	第六屆	釋惟因	一九八一年一月至一九八四年六月
	第七屆	釋又果	一九八四年六月至一九八七年三月
	第八屆	釋又果	一九八七年三月至一九九〇年三月
	第九屆	釋傳正	一九九〇年三月至一九九七年三月
韶關市人大代表	第七屆	釋德修	一九八七年十一月至一九九〇年十二月
	第九屆	釋繼融	一九九三年十一月至一九九六年十二月
廣東省人大代表	第十屆	釋傳正	二〇〇三年一月至二〇〇八年一月
	第十一屆	釋傳正	二〇〇八年一月至二〇一三年一月
	第十二屆	釋傳正	二〇一三年一月至今

與時俱進

一、社會主義建設初期

一九四九年中華人民共和國成立後，南華寺仍由本煥任住持，惟因任首座代監院。時纔經戰事，百廢待興，宗教事務遠非國家所急。且人民窮困，信衆到寺院禮佛、布施人數不多，故寺院日常維持頗艱。一九五〇年，南華寺先後被列入省、市（縣、區）人民政府文物保護單位，寺院文物及殿宇、寺址，均劃入保護範圍。同年，實行土地改革及工商業改造，寺宇經濟處於困難期。故此，政府將原有六百餘畝土地分配給寺僧自耕，時有僧二十餘人，每人分田地一份，每份兩畝六分。土地改革完成後，寺院田土林地大多分給當地農民或收歸國有，惟保留百畝田土，以供寺衆生産、生活之需。時曹溪僅餘寺院一隅，常住僧衆數十人響應廣東省人民政府愛國愛教之號召，按照中央人民政府一九五〇年頒布之《三自革新宣言》（即自治、自養、自傳），改變過去以接受布施、依靠做功德法事爲主要收入之生活方式，發揮禪農結合傳統，實行自耕自養，自食其力，而政府在資金和税收方面給予資助。二十世紀五十年代後期，寺辦自救自養之農場、果園併入國有或集體企業。一九六〇年三月，廣東省宗教事務處在南華寺召開全省佛道教代表現場會議，表彰南華寺農禪並重、自力更生先進事跡，號召全省宗教界學習其先進經驗。

從一九五〇年至一九五七年，爲續佛慧命，虚雲和尚仍從雲門寺來南華寺開壇傳戒。然寺中部分殿堂破舊，不足容衆，僧侣、信衆遠道而來，食宿頗有不便。一九五三年韶關市委撥款重修寺宇，中共華南局亦指示廣東省文化局核撥維修寺宇專款，共計四千五百萬元（時幣）。與此同時，寬定、寬慧、寬和、寬靜及宏願等尼師在香港、澳門等地籌募金箔，運到南華寺。從一九五四年至一九五六年，南華寺在人民政府資助及衆檀越居士護法下，對寺宇進行必要維修，爲南華寺及大鑒寺所有佛像、菩薩像重新貼金。

一九五七年「反右運動」開始，運動擴大化後波及南華寺。一九五八年，住持本焕、西堂連生等五人被錯劃爲「右派分子」。本焕因所謂「歷史問題」在大鑒寺被捕入獄，雲門寺當家林得衆接任住持。同年，寺院更换方丈制，成立南華禪寺事務管理委員會。僧衆一百零三人，依「一日不作，一日不食」之祖訓，耕種七十餘畝土地，生産自養。一九五九年七月六日韶關市委發布《中國共産黨韶關市委員會（通知）》，加强對南華寺之管理與維修：

查南華寺是我市名勝古跡之一，亦屬全國性保留寺廟，在國内外都有一定影響（特别是對東南亞國家的影響更大，在港澳也有一定影響，年中不少華僑還專從國外回來到該寺朝拜，不少外賓也經常到寺遊覽）。爲此，我們必須加强對該寺的管理與維修。

但自去年「大躍進」以來，由於社會主義建設的迅速發展，我市已成爲華南重工業基地。因此，房舍場地也日感不足，故一些駐韶機關單位，臨時借用了該寺部分房舍場地使用。計現借用了該寺房地的單位有專區工商講習班、專區運輸局汽車訓練班、專區公路修路隊、馬壩公社轉溪生産大隊（積肥隊）等單位，達五六百人；借用了該寺鐘、鼓二座大樓（這是該寺的名勝之一，旅客遊覽之地，但鼓樓的大鼓最近也被拆卸下來）及部分房地。但自借用以來，對該寺的維修管理產生一定困難，對寺容及環境衛生也產生一些影響。最近還發生在該寺居住的一職工家屬，因家庭爭吵而在該寺的「放生池」內投水自殺，影響甚爲不好，該寺僧尼也逐漸產生了意見。爲此，爲了做好對該寺加强管理維護及美化寺容工作，以供國內外人士之遊覽及維護祖國的歷史文物，經市委研究決定，對前所駐該寺的單位、團體及群衆，均請於本月十五日前全部搬出，希有關單位協助辦理爲盼。

二十世紀六十年代初，南華寺作爲千年古刹，得到中央、省、市各級人民政府更多關懷、重視和保護。其中大事件約有：

一九六一年四月十三日，廣東省文化局、省文物管理委員會發布《關於公布南華寺爲韶關市第一批文物保護單位》文，南華寺被列爲韶關市第一批文物保護單位。

韶關專署文化局：

最近國務院發布了《關於進一步加强文物保護和管理工作的指示》及《文物保護管理暫行條例》，並公布了第一批全國重點文物保護單位名單，責成各地必須重視和加强對文物的保護管理工作。位於你專區轄內之南華寺，爲我省現存少數古代建築之一，又經常有外賓及海外僑胞前去參觀，一九五七年經省人民委員會批准列爲第一批省級重點文物保護單位，因此尤應加緊保護管理。近據省宗教事務委員會反映，該寺目前保護管理存在一些問題，對該古建築的安全有影響，要求注意改善。爲此，除我局已將該寺修建撥款事函請省委批示安排外，請你局對該古建築情況進行一次檢查，根據存在問題採取一些必要的保護措施，並將情況復告。

一九六一年十月三十一日，廣東省人民委員會發布《關於重新公布廣東省第一批省級文物保護單位名單的通知》，公布南華寺等爲第一批省級文物保護單位。

廣州市人民委員會、海南行署、各專署，各市、縣、自治縣人民委員會：

爲進一步做好對我省具有歷史、藝術和科學價值的革命遺址、紀念建築物、古建築、石刻、古文化遺址、古墓葬等文物的保護工作，省文化局根據國務院今年三月發布的《文物保護管理暫行條例》的精神，重新提出了廣東省第一批省級文物保護單位（共計一百一十二處）的名單，現經省人民委員會核定，予以公布，並將一九五七年三月二十日頒布的名單作廢。

保護好革命文物和歷史文物，對於促進科學研究和社會主義文化建設，以及向廣大人民進行革命傳統教育和愛國主義教育，起著重要的作用。因此，各級人民委員會應當根據《文物保護管理暫行條例》的規定，在短期内組織有關部門對本地區内的文物保護單位劃出保護範圍，作出標誌説明，逐步建立科學記録檔案，切實妥善做好保護管理工作。對於已經發現但尚未列入第一批文物保護單位名單以及今後繼續發現的重要文物古跡，應即報告省文化局，以便繼續分批核定公布。

此次廣東省第一批省級文物保護單位共一百一十二處，其中革命遺址及革命紀念建築物十四處、古建築及歷史紀念建築物四十四處。韶關有南華寺和曲江縣馬壩。

一九六二年七月，廣東省人民委員會發布「文辦（六二）字三八六號」文，重新公布南華寺等爲第一批省級重點文物保護單位。

一九六三年十月十日，曲江縣人民委員會下發《關於重新公布第一批縣文物保護單位的名單及文物保護暫行管理條例》，再次明確南華寺爲第一批省級重點文物保護單位，保護範圍包括「全座寺及寺内一切附屬文物」。

一九六三年十一月，廣東省文化局撥出專款維修六祖殿，此爲人民政府修繕南華寺第一筆撥款。

一九六四年三月，廣東省文化局下撥二十四萬元專款維修南華寺。

一九六四年十月，廣東省文化局又撥款維修六祖殿。連同一九六三年十一月所撥款，兩次共計人民幣二十四萬五千元。

二、「文化大革命」時期

一九六六年「文化大革命」後，南華祖庭與全國其他文物保護單位一樣，遭受史無前例之衝擊與破壞。南華寺以在佛教文化界及中國傳統文化史上之特殊地位，幸未遭受滅頂之災。

（一）遭受厄運

一九六六年八月，數百紅衛兵「造反派」闖進南華寺「破四舊」，逼迫寺僧衆吃葷易俗服，勒令停止一切佛事活動，砸爛十八伽藍、哼哈二將、功德堂牌位及横匾、楹聯等。並欲毁壞六祖真身，幸得韶關地委書記陳大良等政府領導嚴厲制止，真身方免遭毁壞，古刹基本保存完整，主要建築、文物未遭嚴重損毁。

一九六七年，南華寺被曲江縣「五七幹校」擠占，寺院僧衆轉爲幹校職員。

一九七〇年，曲江縣「五七幹校」遷出南華寺，而廣東礦冶學院遷入，並計劃兩年内將寺院大拆大改，組建爲華南工業學校。是時，青年法師傳正隻身來寺拜謁六祖真身，目睹寺廟墻垣傾頹，有扼腕捶胸之痛。在大雄寶殿上得拜三尊佛像及五百羅漢，乃發大誓願，他日定當重振曹溪祖庭，光大六祖慧業。

一九七一年年初，廣東礦冶學院成立籌建處，改建第一道山門。而後又將楊梅沖一帶南華寺管轄之古無盡庵、普同塔、化身窑、憨山祖師紀念園等建築一一拆毀。

（二）迎來轉機

一九七三年，廣東省委書記王首道就南華寺保護問題，專程來寺調研，並作出「保護南華禪寺佛教古建築，礦冶學院遷出寺外建校」的指示，南華寺僧衆再次倖免被趕出寺院，寺院建築及文物等亦由此得到保護。八月七日，廣東省教育局下發《對礦冶學院遷出南華寺安排的意見》文。

省科教辦公室：

關於礦冶學院遷出南華寺的問題，我們同意礦冶學院八月一日給我局的報告（已抄報科教辦），即根據他們校舍建築進度和新生入學情況，爭取於十月十五日前交出四大殿樓，其餘部分用房如醫務室、子弟小學、幼稚園、招待所、廚房及部分家屬宿舍等，待該院基建竣工逐步分期搬出。

特此報告。

八月十七日，廣東省革命委員會辦事組下發《關於礦冶學院遷出南華寺問題的批覆》文。

省教育局：

省科教辦公室轉來你們一九七三年八月七日《對礦冶學院遷出南華寺安排的意見》，省革委會領導同志已批閱。考慮到南華寺四大樓殿的維修需要一段時間，如果礦冶學院延至十月十五日才遷出，將會影響該寺在明年雨季前維修好。爲及早動工維修，廣東礦冶學院以盡早搬出該寺四大樓殿爲好。

特此函告。

一九七五年九月七日，曲江縣革命委員會發布嚴格保護南華寺一切文物、財物及自然環境之「曲革發（一九七五）九六號」布告。

南華寺是我省重點文物保護單位之一，是我國南方的名勝古跡，所保存的一批歷史文物，栽培的大批林木、花果，這些都是國家的歷史文物和寶貴財富。解放後，特别是「無産階級文化大革命」以來，黨和政府對該文化遺産很重視，曾採取一系列措施進行保護和維修。爲了進一步做好南華寺内文物的保護和修建工作，特作如下規定：

一、嚴禁損毀寺内一切歷史文物。

二、嚴禁任何單位或個人拿走寺内一切財物。

三、嚴禁進入南華寺區域内亂砍亂伐林木及攀折踐踏栽種的各種樹木、花草；未經許可，不准進入區内撿柴。

四、嚴禁任何人持鳥槍進入南華寺區域内打鳥，嚴禁釣魚。

以上布告，希遵照執行。

是年十二月，廣東省文化局下發《關於南華寺保護範圍等問題的覆函》，首次劃定南華寺山林、土地保護範圍：南起曹溪，北迄寶林山，東到青龍山脚的廣東省礦冶學院新修村道，西止石階路界。

一九七六年七月，廣東省文化局撥款重修藏經閣、六祖殿，撥款金額達五萬元（一九七七年十月又追加款額）。

三、改革開放初寶刹重新時期

一九七六年十月，「文化大革命」結束。一九七七年九月，曲江縣革命委員會在南華寺召開座談會，寺院與相關部門負責人繼續就南華寺山林、土地保護範圍問題，進一步協商，以劃定南華寺山林地界四至。一九七八年元旦，中共韶關地委、曲江縣委發布《關於曹溪南華禪寺重新對外開放、恢復宗教活動的通告》，南華寺重新對外開放，並恢復宗教活動，寺院土地亦逐步納入到被保護範圍。

（一）南華寺管理處主持期

一九七八年，南華寺成立管理處，僧衆轉爲職工，並將農田移交馬壩鎮辦農場。七月，經廣東省革命委員會批准，南華寺重新列爲廣東省省級文物保護單位。同年，曲江縣政府劃定南華寺風景區範圍：東至楊梅沖，西至石階路，南至曹溪河，北至寶林山頂，風景區屬全民所有。中共第十一屆三中全會召開後，落實宗教信仰自由政策，寺院逐步恢復僧人管理，佛教事業正式進入中興軌道。

一九七九年，中共中央對「反右」運動之冤假錯案進行平反，南華寺本煥、佛源等一批法師恢復自由與名譽。佛源和尚奉調北京中國佛學院主講律學，其間將「文化大革命」中祖師真身遭遇劫難的情形，告之明真、巨贊及中國佛教協會會長趙樸初。趙樸初乃委派佛源回寺，並即致函廣東省委書記習仲勳，請求處理此事。習仲勳接信後，即派主管宗教事務之副省長來寺，協助南華寺恢復六祖、丹田、憨山真身。惟因寫信給香港聖一法師、意超法師、鍾燕萍女士等，請他們來寺商量恢復事宜。惟因對「文化大革命」期間的事情比較了解，一直守護南華祖庭，保護三尊真身，功不可沒。

是年四月，曲江縣委辦公室召集南華寺周邊四鄉生産大隊及廣東礦冶學院，重新明確南華寺風景林木保護區範圍，訂立《關於保護南華寺風景林木議定書》，劃定南華寺保護區範圍：東至楊梅沖的臘燭山埂至山頂；西至南華寺開闢的防火線直上至山頂，下至公路邊；南至曹溪河邊高岸；北至寶林山頂。此次勘定，將南華寺保護區東界址由原青龍山腳擴至楊梅沖臘燭山埂。

一九八〇年，香港大嶼山寶蓮寺方丈聖一、古巖淨苑方丈意超與曾壁山、姚榮梅、鍾燕萍等爲重修南華寺祖殿，募捐港幣五十六萬五千餘元、人民幣三萬二千四百元、美金三千六百五十元、《大藏經》一部、汽車三輛。五月，重修工程開工。十月，廣東省文化局撥款一萬元資助維修六祖殿，撥款八千元購置文物櫃、藏經櫃。

一九八一年十月，六祖殿重修完工，共花費人民幣二十一萬元。南華寺隆重舉行開光法會，六祖惠能真身、憨山真身、丹田真身被重新請入六祖殿安座，接受信衆供奉。此爲「文化大革命」結束後南華寺首場法會。是年，廣東省政府批轉《關於落實宗教團體房産政策問題的報告》，要求各級政府認真落實有關宗教團體房産政策。南華寺收回韶關市區興隆街大鑒禪寺。

（二）惟因住持期

一九八二年五月，中共中央頒發《關於我國社會主義時期宗教問題的基本觀點和基本政策》文。同年，曲江縣政府按照國務院《關於漢族地區佛教道教寺觀管理試行辦法》文，決定撤銷南華寺管理處，恢復南華禪寺方丈制。僧衆推選虛雲徒孫、洞雲宗五十世惟因爲住持。惟因率僧衆恢復叢林規制，主持寺宇禪堂、天王殿、藏經樓、方丈寮、伏虎亭、中山亭、放生池等修復重建工作。

一九八三年，南華寺被國務院列爲國家重點寺院。住持惟因得四方信衆護持，在無盡庵後重建海會塔，耗資人民幣九萬餘元。另，惟因、本煥及香港聖一、意昭等法師共同發起重建無盡庵以安頓尼衆修行之建議，得性智尼等衆助緣。九月，惟因重開南華寺僧伽培訓班。十月十三日，曲江縣政府發布《曲江縣人民政府關於保護南華寺文物和風景區的布告》，明確南華寺保護範圍、保護內容及事項：

南華寺是國家的重點佛教寺廟，也是我省的重點文物保護單位及遊覽勝地之一。爲維護寺廟的秩序及環境風貌，保障寺內的文物、園林免遭破壞，使之更好地爲繼承和發揚祖國的歷史遺産、開展科學研究、建設社會主義精神文明服務，根據國務院頒發的有關保護歷史文物的規定，特布告如下：

一、南華寺保護區範圍：東至楊梅沖（即廣東礦冶學院學生宿舍區東側山塘邊）；西至大圍墻及山上防火線；北至寶林山頂防火線；南至曹溪河。在上述範圍內的一切建築物、宗教陳設、生活設施及花草樹木等，均屬保護範圍。

二、在保護區範圍內，任何單位和個人不得擅自興建房屋、開築道路、毁林開荒、砍伐竹木、狩獵及放牧。如有特殊需要建築，必須與南華寺事務管理委員會商議，並經縣人民政府同意，呈報上級人民政府批准，方可施工。施工單位必須嚴格保護寺廟原有格局和風貌。已擅自建造的房屋、道路，一律限期拆除、封閉。已毁林開荒的，應限期停止耕作，退還土地。

三、在寶林門以內，嚴禁堆放易燃品、爆炸品及各種腐臭物品；禁止燃放煙花、爆竹；禁止在指定地點之外燃燒香燭、紙錢；禁止攀登佛像拍照；禁止各種擺賣活動。

四、任何單位和個人，必須持有縣工商行政管理局發給的在南華寺地區的營業執照，並經南華寺事務管理委員會及派出所統一安排，方可在寺轄範圍內設置商業、服務行業網點或擺設攤檔。嚴禁在南華寺轄區範圍內出售非法出版的各種刊物（包括各種印刷品），取締占卜、算命及各種非法經營活動。

五、維護公共秩序，保持公共衛生。在寺轄區範圍內，不得隨地大小便、吐痰及拋棄果皮、雜物；嚴禁聚衆鬧事。在佛殿內，不得大聲喧鬧。保護國家文物，是每一個公民的責任。《中華人民共和國刑法》第一百七十四條規定：「故意破壞國家保護的珍貴文物、名勝古跡的，處七年以下有期徒刑或者拘役」。這個規定人人都不能觸犯。今後對維護本布告作出貢獻的單位和個人，應給予表揚或物質獎勵；對違反本布告規定者，應給予批評教育或罰款，情節嚴重觸犯刑法者，要依法懲處。

十一月，南華寺重新啟壇傳授三壇大戒。惟因爲傳戒和尚，慧原爲羯磨和尚，清和爲教授和尚，爲數百名新戒授戒。一九八四、一九八五、一九八九年亦相繼開壇傳戒。

一九八四年四月四日，曲江縣政府發布《關於頒布第一批縣級重點文物保護單位的布告》稱：馬壩區南華寺爲屬廣東省四處重點文物保護單位之一，是進行愛國主義和革命傳統教育的好教材，任何單位、團體、個人都不得隨意拆除、改建和改變文物現狀，違者一律按《中華人民共和國文物保護法》有關規定處理，情節嚴重者追究刑事責任。十一月，曲江縣政府撥專款十萬元，重修曹溪門，並對大雄寶殿五百羅漢像重新上彩。

一九八六年三月，全國政協副主席、中國佛教協會會長趙樸初偕夫人陳邦織來寺禮佛拜祖，瞭解宗教政策落實情況、寺宇修復重建及僧衆修持等方面情況。住持惟因一一作了彙報。趙樸初對寺院管理作出指示，並題「南華禪寺」匾額，題「明月清風無盡藏，悲心忍土有深緣」無盡庵門聯，即興賦詩二首。

一九八七年八月，曲江縣政府頒發《關於南華寺景區建設管理的暫行規定》，明確「以南華寺爲中心，東至南華寺背面一帶山峰，西至曹溪河西河岸，南至塔子坳，北至禪關」爲風景區建設管理保護範圍。

一九八八年五月八日，曲江縣政府再發《批轉縣聯合調查組關於南華寺所屬範圍界至和權屬問題的通知》：

縣建委、國土局、宗教辦、城規辦、馬壩鎮政府、南華風景區管理處、南華禪寺、南華村委會：

經縣政府研究，同意縣聯合調查組《關於南華寺所屬範圍界至和權屬問題的調查報告》，現予以批轉印發。報告中的附圖就是今後南華寺的權屬範圍界至和整體開發規劃的依據。今後在範圍界至內的開發建設和土地徵用，均由縣建委和縣國土局負責規劃辦理和實施。

並有二附件。附件一爲《關於南華寺所屬範圍界至和權屬的調查報告》（節略）：

曲江縣人民政府：

爲進一步明確弄清曲江縣南華寺所屬範圍界至和權屬，以利於南華寺的管理和開發，迎來更多的國內外遊人觀光遊覽。我們調查組根據縣政府領導的指示，於一九八七年十月二十七日至一九八七年十二月二十日就有關南華寺所屬範圍界至和權屬問題，進行了爲期一個多月的調查，現將調查情況報告如下：

一、關於南華寺所屬範圍界至和權屬問題

爲了調查清楚南華寺所屬範圍界至問題，調查組在開展工作過程中，先分成兩個小組進行，然後集中到實地踏看，在調查過程中，先與南華寺廟負責人和南華村委員會負責人召開了五次座談會，提供資料人員有：

南華寺：方丈惟因師、林得衆（原南華寺事務管理委員會主席）、李志真（原南華寺事務管理委員會副主席）、釋緣如等人。

土改幹部：鄧亞新、丘志華、曾祥勝。

南華村委員會現任幹部：陳學荀、廖永祥、黄付仁、楊憲法、桂定修、丘志軍、朱亞芳。

從上述有關單位和人員提供的有關資料看，南華寺所屬範圍界至和權屬應分爲二段：一是解放前，二是解放後。

（一）解放前：南華寺歷史悠久，至今有一千四百多年的歷史，歷來有「袈裟之地」之説，是沙溪、曹溪、轉溪之總地。當時所屬範圍界至爲：東至大安山、楊梅沖、柏樹下；南至案臺（現新黄屋）；西至水尾橋（現禪關石）；北至大象山（又稱寶林山頂）。周圍生長是樟樹、桉樹、楓樹、松樹，其中有一部分是李漢魂派兵種的。除黄屋人原籍曲江南華爲本地人外，其它村人均是從五華、連平等外地遷來的。有的搭草棚，耕南華寺廟的田，耕者每年向南華寺繳燈油十斤至十五斤（按田畝折算），有的耕地主的田。上下丘、黎屋、惠英村、新建隊等村均是解放後於一九六〇年前後和一九八〇年前後，逐漸搬來新建的，大家都很自覺地按歷史傳統的習慣保護南華寺周圍的風景樹木，衹有少數人偷砍柴火，但從來没有爭議過。就是解放後初期，當時的區、縣領導人官懷民同志曾明確指定，南華寺周圍的風景林屬南華寺所有，其它任何人不准偷砍和破壞。

（二）解放後：隨著時間的轉移、歷史的變遷發展，除南華寺的主要風景林外，其餘的地段（即南華寺東邊、西邊，均逐步形成當地村民的割草地和放牧地），但風景林不准砍伐，南華寺大門口（即大門以南至原來曹溪河邊，除草坪外，其它都是風景林，如現在道班、新建的南華村委員會和新建隊，是當時風景林中的草坪地，又名叫牛圍坪）衹准放牛不准砍樹。爲此，再次形成南華寺廟第二階段的解放初期權屬範圍界至。當時界至：東至楊梅沖，土改時和尚分了天子江，楊梅沖的田有二十一份，每份爲二畝六分；南至原來曹溪河邊（即現新公路邊）；西至原來過轉溪石街路；北至寶林山頂（又名象鼻山）。南華寺大門口在解放前和解放初期有三户人家，張洪發和其弟，徐妙來，還有一户叫員警林，以上四人除張洪發外，其餘三户人均在七聯組分了田，何全華別圳背村（八聯組）也分了田，土改時何自己搬到南華寺搭棚做小生意，一直經營至今（即現南華飯店）。姓張兄弟原有三間土磚房，先後賣給新建隊，後又賣給供銷社，供銷社又賣給新建隊，新建隊又以二百元賣給農機廠，以後農機廠又賣給九龍泉飯店做冰室，現冰室又承包給别人做南華飯店。

現在的南華寺派出所房子，胡所長住房，解放前是員警所，解放初期空著，一九六〇年後做農科所，後給五七幹校，隨後轉讓給礦冶學院，礦冶學院改爲紅磚房，現在又轉讓給曲江縣南華派出所用。

原南華寺大門口坪屬公用荒草坪，高級社時（一九五四年）楊屋、犁屋二村爲曬穀方便，經南華寺同意打成一畝多的一塊曬穀坪。公路道監獄和現在公路上側的合作商店的建房，當時都是經南華寺同意才建的。一九七〇年廣東礦冶學院搬來南華寺建校，先後在南華寺東西兩側，徵用上丘村山林十三畝、水田二點七九畝、旱地二畝，徵黎屋村水田八點八三畝、旱地五點八畝，徵收費用一千九百五十四元三角八分（一九八三年三月十一日南華寺同意在子弟學校東北角第一百三十九至一百四十圖板外劃給礦冶學院山地十六畝）。以上權屬，當時礦冶學院持有徵地協議、批覆機關的證件和山林證件、立界標圖等資料，縣宗教辦存有一份。

根據上述調查的有關資料和證件，曲江縣南華寺的所屬範圍界至，應在一九七九年四月二十一日由曲江縣委辦公室、曲江縣文化局、曲江縣馬壩公社、南華寺管理處、南華大隊、曹溪大隊等單位簽字明確的《廣東省曲江縣南華寺管轄保護區域地界圖》的「東至楊梅沖的臘燭埂至山頂；西至南華寺開的防火線直上山頂，下至公路；南至曹溪河邊高岸；北至寶林山頂」爲基礎（除去原礦冶學院已徵用的東西兩側外）。

（一）東側以新建的廣韶公路東邊涵洞往北直角入三十五米（含距新公路九點五米），然後以九十度角往西直接大樟樹對立的高壓線杆，再往北沿著八棵樹（楓樹、樟樹）到廣韶公路，再接與韶鋼廠公界的紅磚圍墻往山埂延伸，經南華寺地開圖的⊙⊙⊙三個點，經防火路至山頂。

（二）西側以新建廣韶公路涵洞至西點的三百二十五公尺的終點（一支高壓線杆）直角往北，經小田埂至小魚塘西北角，再沿原風景林基駁到黎屋角的公路涵洞接三角地南端，再沿原廣韶公路邊接與韶鋼的分界線到海會樓門圍墻往北山埂防火路至山頂。

（三）北側以寶林山頂界（又名象鼻山）。

（四）南側以南華寺大門口坪經老廣韶公路往南延伸到新廣韶公路邊緣，原南華寺風景林的曹溪河邊，其正殿東西兩側內縱橫寬度爲三百二十五公尺以內。以上四至界線以內爲南華寺所屬範圍的界至，也是保護管理、開發區，地産權歸國家所有。值此要説明的是：按上述界至，須徵耕地（水田）約八畝左右，魚塘約半畝左右，以及要補償開荒熟耕地約五畝左右，現有建築物未計（後附詳細的標示界圖）。

至於南華寺新標示的重點保護開發管理線以外的東西兩側風景保護林區（即東側以防火線至楊梅沖臘燭埂），西側以防火線至轉溪路以內的一九七九年四月明確的風景林保護區，地産權仍屬國家所有，可由南華村委會造林種果，保護、管理、得益，但須砍伐樹木和改變使用性質時，要報經縣人民政府批准。

根據這次明確標示的南華寺所屬範圍界至和所屬權，請縣人民政府重新發文立圖公布，其界至以內的地産權歸國家所有，由縣人民政府宗教辦、南華寺風景管理處、南華寺派出所，會同南華寺共同管理保護、開發和使用，其它任何單位、個人不得以任何理由改變其使用性質，更不能擾亂和破壞，如須改變需經縣人民政府批准。至於南華寺大門口東西兩側，以及現行車輛的廣韶公路以南車站、飯店、小賣店、道班、新建隊南華村委會新建辦公室，以及其它建築物，都要服從南華寺整體規劃和開發方案的實施，有關拆遷事宜由縣建委城規辦按國家有關規定執行，有關當地村民的插花耕地（水田、魚塘、熟耕旱地、開荒地）由縣國土局按國家土地管理法和有關政策辦理執行。

關於南華村委會的辦公地點，如需搬遷（面積按實地丈量爲準），縣人民政府授權縣城規辦、縣國土局按照國土政策辦理各項徵用手續，在有利於南華寺整體規劃開發的前提下，在東側劃出適應的地點安排其新建村委會辦公用地和適量的經濟開發用地（即東側新公路涵洞以內五十米，縱深三十五米，含離開公路九點五米）。西側邊處劃出三畝左右給馬壩鎮政府做經濟開發點和建信用社營業點。

以上報告如無不妥，請縣人民政府審定轉發有關單位。

曲江縣南華寺權屬範圍界至和權屬調查組

縣政府辦：龔紹清。縣宗教辦：陳榮。縣國土局：許宗愛。縣城規辦：胡斯堂。縣南華風景管理處：甘志榮。馬壩鎮人民政府：徐炳東。南華禪寺：釋緣如。南華村委會：廖永祥、陳學荀。

附：

一、新標示的南華寺權屬範圍界至圖一份。

二、廣東省曲江縣南華寺管轄保護區域地界圖一份。

三、關於保護南華寺風景林議定書一份（略）。

四、廣東工學院曲林證字〇〇九九四〇號（略）。

五、有關調查材料九份（略）。

一九八七年，惟因自江西雲居山請來虛雲舍利三顆。一九八八年，於寺東側山上興建虛雲舍利塔。至一九九二年落成，惟因撰《虛雲老和尚舍利塔碑文》曰：

公俗姓蕭，梁武帝之後也，世居湖南湘鄉。父玉堂爲福建泉州府幕僚，母顔氏年逾四十無子，憂無後，禱觀音大士得孕。父母同夢一長髯者著青袍，頂觀音聖像跨虎而來，躍上臥榻，驚喜互告，聞異香滿室。公誕生於清道光二十年（一八四〇）七月三十日寅時。初墜地爲一肉團，母大駭慟，以今後無復舉子望，氣壅而亡。翌日有賣藥翁來，剖團得男，庶母王氏爲育之。七歲在署試讀，不喜葷腥。十三歲隨叔進香南嶽，不欲回家。父知有出塵志，留在家中讀書。一日乘叔外出，打包向南嶽去。以歧路多，半途被截回，送至泉州。十七歲因兼祧繼爲定二室，一田氏，一譚氏，舉行婚禮。禁錮與二氏同居而無染，爲説佛法，變夫妻成法侶。十九歲決志離俗，探知鼓山路程，作《皮袋歌》一章留别田、譚二氏。逃至湧泉寺，禮常開老人，爲披剃。依妙蓮和尚，受具足戒，名古巖，又名演徹，字德清，六十歲後改别號虚雲。出家後，初隱山後巖洞，禮懺三年，不敢露面。後知父親告老還鄉，二十三歲回寺任職四年，自水頭、行堂諸苦行事，無不爲之。後聞父在原籍病故，並知父殁後庶母王氏領二媳出家爲尼，王氏法名妙淨，田氏法名真潔，譚氏法名清節。二十八歲復住後山，居巖穴，食松毛、青草葉，渴飲澗水，静坐觀心。三十一歲禮天台華頂泉庵鏡禪師，識爲法器，令往國清寺參禪，至方廣寺習《法華》。三十七歲由普陀回寧波，至阿育王寺拜舍利，在天童聽《楞嚴宗通》。後其發願行脚朝拜四大名山，徧參善知識。四十三歲再朝普陀，在法華庵起香，三步一拜至五臺。飽受冰雪饑寒酷暑疾病之苦，而道心益堅，感文殊菩薩示化引路。四十八歲在終南山南五臺茅蓬與諸師共參，深有心得。四十九歲到寶光寺，經川入藏，歷時一年。跋山涉水，每數日不遇一人，氣俗皆異。五十歲由藏入印度，過喜馬拉雅山至楊甫城禮古跡，至孟加拉大埠，渡錫蘭朝聖地。至緬朝大金塔，回至雲南雞足山、昆明、貴陽、湖北武昌、九江廬山、寶華、金陵、金山各處參學。五十三歲，上九華山修翠峰茅蓬，研究《華嚴經》。五十六歲，揚州高旻寺辦十二七期。由九華山下山，至大通荻港失足落水，浮沈一晝夜，在南京采石磯遇漁民救起，送至寶積寺，口鼻大小便皆出血。居數日，赴高旻寺禪堂中打七，晝夜精進，澄清一念，經廿餘日病癒，工夫落堂。至臘月第八個七第三晚六支香開靜，護七衝開水濺手上，茶杯墮地，一聲破碎，頓斷疑根，豁然悟道，即説偈曰：「杯子撲落地，響聲明瀝瀝。虛空粉碎也，狂心當下息。」又偈：「燙著手，打碎杯，家破人亡語難開。春到花香處處秀，山河大地是如來。」五十八歲，再往阿育王寺拜舍利，燃指供佛報父母恩。六十一歲，自感在江浙已住十年，又思遠遊，欲赴終南修隱。因亂事日甚，仍退回北京。遇八國聯軍宣戰，天津失守，太后離京，相識者勸偕伊等隨扈蹕西行。出長城，入雁門關，至西安，巡撫岑春煊請在臥龍寺祈禱雨雪息災。佛事畢，上終南嘉五臺獅子巖，結茅潛修，改號虛雲。次年除夕，煮芋待熟，跏趺習禪，不覺入定半月。六十五歲，住雲南雞足山，重修迦葉尊者道場。於歸化寺講《圓覺經》，振興律儀，傳授大戒，受戒者七百衆，皈依者三千。六十六歲，往南洋弘法，在仰光講《法華經》，馬六甲講《藥師經》，吉隆坡講《楞嚴經》，皈依者萬餘人。六十七歲回國，經臺灣、日本到上海後，與佛教會代表寄禪進京，爲寺産事請願。肅親王善耆請爲太福晉説戒法，各王公大臣多來相見，朝廷加賜雞足山「護國祝聖禪寺」額，欽賜《龍藏》、鑾駕全副，欽名方丈，御賜紫衣鉢具，欽賜玉印、錫杖、如意，封賜住持虛雲「佛慈洪法大師」。六十八歲，赴泰國講經，入定九日，轟動國王、大臣、官紳、士庶。講經畢，國王請至宮中講經，虔誠供養，並受皈依。隨後往檳榔嶼講經。七十歲，到仰光，請玉佛一尊回雞足山祝聖供養。李根源率全家皈依作大護法。是年冬，收到上海急電請往滬，與寄禪等晤孫中山，商定佛教會章程。爲護寺産，復往北京晤袁世凱，寄禪急病逝於法源寺，爲料理後事，護柩至滬。

與太虛、楊仁山等在靜安寺開佛教總會成立大會。七十三歲，回滇省辦佛教分會。七十五歲，經維西、中甸、阿敦子至西藏，參觀喇嘛十三大寺。九十歲時，閩主席楊幼京、前主席方聲濤率官員請爲鼓山住持，廣建寺宇，創辦戒律學院，傳戒講經。九十五歲，三夢六祖召返曹溪，重修南華禪寺。省主席李漢魂作大護法，全面修葺一新。總計新建殿堂、房宇、庵塔二百四十三楹，塑造大小佛像六百九十尊，備極莊嚴。修建海會塔，創設戒律學院，弘傳戒法，新建禪堂，坐香打七。有枯柏重生，白狐皈依，樹神求戒，更改河流，龍神助力。壬午年冬月，國府主席林森及中央各院部長派屈映光、張子廉到寺請往重慶，分別在慈雲寺、華巖寺建息災法會四十九天，長官設齋款待，蔣中正詳細問法，條列唯物、唯心及神與基督之理，以書作答。在慈雲寺、華巖寺上堂説法，侍者惟因筆記。三月回南華禪寺，時值抗日，每日二時禮懺，薦亡息災。節食晚餐，支援抗戰。所積二十餘萬元，全交政府，救濟饑民。又重修無盡庵、烏石寺、月華寺、韶關大鑒寺，辦僧衆工廠。在寶林門内辦義務小學，收教鄉村貧民子弟。公自民國二十三年八月蒞寺至三十二年十二月，歷時十年，功成身退，將南華禪寺寺務付復仁主持。一百有五歲，省主席李漢魂護送，駐錫乳源雲門山大覺寺文偃祖師道場。抗日時期，人力財力維艱，晝夜操勞，事無巨細，親自檢點。領衆挑土築堤，改移寺向；自燒磚瓦。經八年艱苦經營，寺貌鼎新，建殿堂樓閣等二百餘間，塑佛菩薩像八十餘尊，十方衲子雲集，大振宗風。發揚六祖家風，農禪並重，建立僧伽農場，開荒植種，坐香參禪，住三百餘衆。並赴廣州、澳門、香港主持各種法會。美國詹寧女士來雲門求受皈依，參加禪七。岑學呂居士編撰《雲門山志》。一百一十二歲三月初三，患重病並遭災難，九天未見水米。一生寶貴著述均被毀失，有《楞伽》《楞嚴經講義》等。不久請上北京休養，由侍者佛源隨侍，經武昌，住玉佛寺，住持大鑫與中南區陳銘樞接待。七月廿八日，由中南護送進京，中央人民政府副主席李濟深等到火車站歡迎接待，初住廣化寺，再住錫廣濟寺。冬月，中央統戰部長李維漢于南池子設齋宴請，有巨贊法師、葉恭綽、周叔迦等作陪，共議成立中國佛教協會，即席成立籌備委員會。起草文書，提請中央頒布宗教政策，對規定人民有信仰之自由，速定對於寺廟之保存與管理方法。十月一日，在廣濟寺代表全國佛教徒接受錫蘭（今斯里蘭卡）等國贈給中國三件寶物，即佛像、舍利、貝葉經。同年冬，趙樸初等代表上海佛教界，禮請至玉佛寺主持和平法會，並打禪七。次年春，相繼在杭州淨慈寺、蘇州西園寺主持和平法會，皈依者近十萬，瞻禮者如潮。訪虎丘，修復紹隆祖師塔；上靈巖遊聖地，禮南通狼山大勢至菩薩像，回上海。一九五三年，由滬返京，成立中國佛教協會，爲名譽會長。旋往大同，瞻禮雲岡佛窟。五月與佛源同至武漢，遣之先返雲門，接任住持；自上廬山養病。有雲居僧稟告真如寺被日寇全部焚毁，僅毗盧遮那佛像兀坐於蔓草之中，乃惻然傷之，發願修復。七月初五，由匡廬往雲居，住牛棚內。各方僧人，聞風雲集，墾荒開田，種植茶園。生活艱苦，環境惡劣，而殿堂佛像修塑，極爲莊嚴。五年時間，天上雲居，又現人間；衲子雲集，宗風大振，實乘願再來，無愧爲南華、雲門、雲居一大中興祖師也。病於一九五九年一百二十歲時。農曆九月十二日，中午自起床，取水洗面禮佛畢，唤侍者一齊進來，舉目曰：「汝等侍我多年，辛勞可感。從前的事不必説了，近些年來，受謗受屈，我皆由他。祇想爲國內保存佛祖道場，爲寺院祖德清規，爲出家人保住此一領衣服。汝等皆我入室弟子，日後如有把茅蓋頂，或應住各方，須堅持佛戒，保存圓領。」説畢合掌道珍重，即右脅作吉祥臥示寂。十九日荼毗，得五色舍利百餘粒，有蠶豆、黄豆大者，晶瑩光潔現佛影者，建紀念塔藏之。公壽一百二十歲，僧臘一百零一夏。五宗嗣法弟子，弘法五大洲，剃度與皈依者有「寬宇滿天下」之稱。聞公示寂，海內四衆弟子、佛教團體紛紛舉行追悼，營造舍利塔和紀念塔。香港芙蓉山有虛雲紀念堂，沙田有古巖淨苑，美國檀香山有虛雲寺。此乃弟子們不忘老人恩德的心意表現，生平事跡有《年譜》《法彙》等詳述之。

佛曆二千五百三十年戊辰臘月初八日南華禪寺建造，公元一九八八年住持惟因編記，林得衆居士敬書。

從一九八一年至一九八九年，南華寺接受檀越、居士捨資達數百萬元，祖殿、方丈室、僧寮、古無盡庵等先後得以修復，並重建海會塔。一九九〇年五月三十日，住持惟因圓寂。他以近十年之努力，使曹溪祖庭常住道風脱俗，僧團興旺，法務昌隆。

（三）傳正代理住持期

惟因圓寂後，其法嗣傳正被推舉爲代理住持。此後二年，傳正承繼惟因之遺願，堅持中興祖庭事業。主持改建二十世紀三十年代破舊僧寮，擴建上客堂，修復伽藍殿、祖師殿、玉佛殿、西歸堂、報恩堂、功德堂、齋堂、虛懷樓、雲海樓、影堂等建築，並興建惟因舍利塔。同時，繼續開辦僧伽培訓班，每年啟建息災水陸法會，每年冬季主持禪七，以光大雲公道風。

一九九一年，在省、市、縣各級政府支持下，南華寺開始清遷山門內外各處葷腥、煙酒店鋪，將占用南華精舍長達十年之九龍泉飯店遷出寺外，曹溪叢林初步復歸清淨。一九九二年四月，贖回寺院西側土地、九龍泉飯店。是時傳正因寺務操持過度，不堪勞累，兩序大衆乃禮請乳源雲門寺方丈佛源大和尚任住持。

（四）佛源住持期

一九九二年，佛源接任，首先整頓曹溪山門外攤肆雜陳、人車混雜、了無秩序之狀況。一九九三年冬，爲莊嚴道場，募緣營建曹溪第一山門前石牌門樓，次年夏竣工，總造價約爲人民幣五十八萬五千元。香港蓮池寺願炯撰有《興建第一山門牌樓記》。

一九九三年，衆護法檀越、居士助捐改造二十世紀三十年代舊僧寮，擴建上客堂，並相繼修復或粉飾天王殿、寶林門、藏經樓、伽藍殿、祖師殿、玉佛殿、西歸堂、報恩堂、功德堂、齋堂、虛懷樓、雲海樓、影堂等，新建卓錫泉牌坊。又募緣整修靈照塔，香港何傳行捐資三十萬元，香港宗圓佛堂衆弟子及廣州信士劉粤湘等捐資十六萬元，韶關市、曲江縣有關單位捐資四十餘萬元。此後，又以各方樂助印經緣款重印《金剛經·六祖口訣》，贈送諸方以結法緣。

是年十月，中國佛教協會第六屆全國代表會議通過《全國漢傳佛教寺院共住規約通則》，廣東省佛教協會第三屆代表會議正式通過《廣東省佛教寺庵管理規定》。此後佛源邀請中國佛教協會副會長聖輝法師到南華寺，向衆僧講解《通則》。從此，南華寺管理有明確可依之國家法規條文，走上規範化、法制化軌道。

一九九四年，佛源主持修建藏經閣。一九九六年，募緣興建虛雲老和尚紀念堂。又重修法堂，兩年而成，釋覺慧撰《重修法堂記》曰：

天下禪法，源自曹溪。唐朝高僧、禪宗第六代祖師惠能駐錫曹溪，弘揚禪法三十餘載。嗣法傳人，遍滿寰宇。而法堂之創立，始於百丈懷海禪師。故天下禪院，無不遵循也。宋時天禧五年至康定二年辛巳，智度禪師主修南華禪寺法堂一座，美極壯觀。而後歲月流逝，滄桑變遷，法堂之修繕或重建，不知凡幾也。近代高僧虛雲禪師移錫曹溪，重振祖庭。於民國三十年辛巳，將大殿之後、靈照塔之前主建法堂一座。其上爲藏經樓，內藏二十五年由北京請回《龍藏》全部及《宋藏遺珍》全套。又粵省主席李漢魂送《磧砂藏》一部。樓下設方戒壇，逢年傳戒，培育弘法僧才。此乃雲公高舉祖印，丕振宗風也。當今住持佛源禪師，因見法堂年久失修，白蟻叢生，傾圮之危，迫在眉睫，故於一九九六年冬，落架重建。以非洲紅木作構架，保持明代建築風格之法堂，莊嚴肅穆，煥然一新，耗資人民幣數百萬圓。予所聞見，謹而記之也。

公元一九九八年戊寅孟春，本寺知客釋覺慧。

一九九七年，佛源主持興建智藥三藏尊者紀念堂。

一九九八年修復六祖殿，釋繼光爲撰《重修六祖殿記》曰：

靈山會上，釋迦世尊拈花示衆，默不作聲。諸大弟子，不解其意。惟有迦葉尊者，開顔微笑，契悟佛旨，得傳正法眼藏、涅槃妙心。禪修一法，由是而立。傳至菩提達摩爲西天二十八代。達摩來東土，隨其所止，誨以禪法，是爲中國禪宗初祖。二傳慧可，三傳僧璨，四傳道信，五傳弘忍，六傳惠能。六祖惠能自黄梅得法南歸，于唐儀鳳元年駐錫曹溪。弘揚禪宗三十七載，嗣法弟子四十三人，悟道超凡者莫知其數。先天二年秋，六祖入滅，留真身，由新州還曹溪，供奉塔内。因孝子取首事覺，乃遷于信具樓，後改爲殿。至明弘治三年，住持惠淳重建祖殿。四十七年之後，嘉靖十六年，太倉禪師又重建祖殿，後改爲御經樓。清朝康熙六年丁未，平南王尚可喜移建祖殿於佛殿之後，移藏經樓于祖殿之址，以見正印，煥然改觀。民國二十四年，虚雲禪師謹將憨山、丹田二真身，移奉祖殿六祖真身之左右兩旁。在「文化大革命」十年浩劫中，祖殿及祖師真身，稍有破壞。一九八〇年後，宗教政策得到落實。住持惟因禪師及香港意超法師等發心，祖殿得以重修。一九九八年，住持佛源禪師，再將祖殿内外進行裝修一新。予爲記之。

公元一九九八年戊寅仲春，本寺首座釋繼光。

一九九八年，虚雲、智藥紀念堂相繼完工。佛源先將西方二十八代、中土禪宗六代佛祖道影，鐫石於法堂内，永作十方供養。爲頌揚曹溪古德偉功，選曹溪六祖惠能至洞雲宗法脈第五十一世傳人傳位南華寺「繼席高賢」，鐫石形影「供養于六祖殿内」。又鐫六祖壇經碑林碑石一百一十六塊，建卓錫泉碑林、頭山門第一牌坊等。祖庭建制漸趨完備。

四、新世紀佛教文化弘揚時期

一九九九年七月，佛源辭去方丈，傳正繼席。時值世紀之交，外緣具足，内緣充溢，曹溪迎來當代中興最好之發展時機。傳正明確曹溪祖庭在新時代佛教弘傳之著力點，繼承自六祖以來弘宣「人間佛教」之傳統，又粉碎虚空，努力開闢「以文化興教」之發展道路，突出六祖禪宗文化，並緊跟時代步伐，將其與黨和政府社會主義文化自信建設緊密結合。傳正帶領衆僧與諸善信，孜孜矻矻，堅韌不拔，持之以恒，其成就可稱輝煌，足令寶林重光。以下録其在寺院硬件建設方面之重要工作，以見其大概。

（一）恢復被占土地

二十世紀九十年代，寺院建制規模不斷擴大，南華寺界址内歷史遺留問題日見突出。一九九四年六月，曲江縣政府發布《關於公布我省縣級文物保護單位保護範圍和建設控制地帶的通知》，並附件一《曲江縣縣級文物保護單位保護範圍和建設控制地帶》、附件二《省人民政府公布的我縣省級文物保護單位保護範圍和建設控制地帶》。附件一第一款即關乎南華寺，其保護範圍及建設控制地帶爲：「馬壩鎮南華管理區以南華寺爲中心，東至天王山防火線以東山脊倒水，南至廣韶公路，西至南華寺圍墻和天王山倒水及防火線，具體位置見界樁從保護範圍外緣起向外延伸八十米，爲一級控制。」一九九九年下半年傳正陞座伊始，即提請韶關市、曲江縣兩級政府會同工商、城建、國土等管理部門，發布《關於整頓曹溪山門外市場秩序的通告》，以清理山門外雜貨攤販。將寺院西側全部攤鋪拆遷至寺東公路界外，實行統一規劃管理，並將汙穢嘈雜之農貿市場遷於山門外東側，收回曹溪山門外西側土地産權。又經多方不懈努力，著手解決長久以來南華寺其他寺屬土地被占問題，爭取恢復南華祖庭原有建制規模。

二〇〇〇年一月，傳正當選政協曲江委員會第六届委員之後，他就南華禪院土地被占問題提請解決議案，並就恢復「文化大革命」時期原廣東礦冶學院占用曹溪河、寶林山等土地問題分別向省、市、縣有關部門書面反映。五月，曲江縣人大常委會應傳正請求，組織由省、市、縣人大代表組成之調研組，就南華寺被占土地情況開展聯合考察後，縣人大常委會印發《部分省、市、縣人大代表視察南華寺寺院管理建設的會議紀要》，指出：「必須落實黨的宗教政策，無條件恢復南華寺在一九六二年『四固定』期間確定的界址和被毁的宗教建築物；曲江縣政府有責任協助南華寺向省和中央有關部門申訴，爭取早日解決這一問題。」廣東省國土廳亦派員到寺院核查占用土地情況。

六月二十九日，中共中央政治局委員、廣東省委書記李長春，與省委常委蔡東士、副省長鍾啟權一行到南華禪寺視察，傳正向李長春面呈《關於要求落實宗教政策的請示》，請求廣東省委、省政府解決禪寺被占土地與房産。

七月，曲江縣政府宗教事務辦公室向廣東省民宗委報送《關於南華寺房地産歷史問題的情況彙報》，南華寺向省人大華僑民族宗教委員會呈報《關於籲請執行省人大〈廣東省宗教事務管理條例〉，盡快妥善解決南華寺房地産歷史遺留問題請示報告》。八月，曲江縣國土局發布《關於劃撥土地使用權給曲江縣南華寺使用的通知》。十二月，曲江縣政府、縣人大常委會通過《南華寺風景名勝區前規劃控制範圍》決議。

年末，傳正又寫信給全國政協副主席葉選平，反映南華寺徵地之困難，即得到廣東省委書記李長春支持，委派省長盧瑞華處理此事。省政府高度重視，組成以副秘書長黄業斌爲組長之七人小組，會同韶關市有關部門來寺具體落實徵地事宜。

二〇〇一年初，在曲江縣政府及衆檀越、居士護法助持下，以贖買方式收回曹溪山門外西側部分被占土地，並出資贖回山門前曹溪河段。

是年六月，南華寺被列入國務院公布的第五批全國古建築類國家級重點文物保護單位。六月八日，曲江縣十一届人大常委會第二十三次會議通過《關於批准南華寺佛教場所和佛教建築遺址保護範圍及建設控制地帶的決議》：

根據《廣東省宗教事務管理條例》和《中華人民共和國城市規劃法》的規定，縣十一屆人大常委會第二十三次會議認真審議了縣人民政府提請的《關於南華寺佛教場所和佛教建築遺址保護範圍及建設控制地帶的報告》，決定批准劃定這個保護範圍和控制地帶。在保護範圍和控制地帶內，任何單位和個人不准興建與佛教無關的建築，對違反規定進行建設的單位和個人要依法嚴格查處。

依據《中華人民共和國城市規劃法》第二十一、二十二條規定，今後，凡涉及和變更該保護範圍及控制地帶的建設規劃審批，須報縣人大常委會審查同意。

七月，曲江縣國土局核查確認寺院四至土地範圍。八月，曲江縣政府批覆《曲江縣南華禪寺建設總體規劃》。十一月十九日，廣東省政府派遣以省政府副秘書長黄業斌爲組長，省民宗委副主任黄德才、省國土資源廳副廳長胡紅兵爲副組長，省政府辦公廳、國土資源廳、教育廳、法制辦、民宗委人員爲組員之土地問題聯合工作組，召集南華寺住持和松山職業技術學院領導，到南華寺主刹東側爭議地塊開展實地考察與調解協商。此後廣東省人民政府印發《關於對南華禪寺東側土地歷史遺留問題處理的批覆》，指出按照「六個一點」原則辦法解決南華禪寺土地歷史遺留問題。十一月二十日，於韶關市政府會議室，在工作組見證下，傳正、有學、覺慧、妙慧代表南華寺與松山職業技術學院院長張秉釗簽定《關於解決南華寺東側土地問題的協定》，協定規定二〇〇二年六月之前學院應將一百七十二點三三畝土地及房産一併交還南華寺。十二月，韶關市國土局依據廣東省政府《關於對南華禪寺東側土地歷史遺留問題處理的批覆》，發文確認調整廣東松山職業技術學院（韶鋼松山學院）占用南華寺東側一百七十二點三三畝（合十一萬四千八百九十平方米）土地使用權，定於二〇〇二年六月前交還南華寺。並劃定南華寺山林土地範圍四至：東至以松山學院（舊廣韶公路邊曹溪管理區朱屋村十九號民宅西北墻角）爲起點，沿松山學院西面建築物外墻的山沖往北走向一號樁點，順次至九號樁點，再從九號樁點連至寶林山原韶鋼地界樁（高程爲一百三十點八米）爲終點；西至南華寺東側圍墻；南至舊廣韶公路北面路邊；北至寶林山原韶關鋼鐵廠地界樁爲界。

二〇〇二年一月，曲江縣政府發出《關於收回位於南華寺東側國有土地使用權的通知》。未久，廣東省政府下達《關於對南華寺東側土地歷史遺留問題處理的批覆》，決定將南華寺東側被原廣東礦冶學院占去的一百七十二點三三畝土地，重新劃歸南華寺。五月，韶關市政府舉行松山學院、南華寺部分土地及房産移交儀式，廣東省政府副秘書長黄業斌、廣東省國土資源廳領導、韶關市副市長楊春芳、南華寺方丈傳正、松山學院校長張秉釗等出席儀式。松山職業技術學院將位於南華寺主刹東側原屬南華寺土地一百七十二點三三畝及該土地上之房産，一併交還給南華寺。六月一日，南華寺與松山學院就部分山林、土地劃歸南華寺舉行交接及頒證儀式。至此，南華寺主刹東側被松山學院占用土地部分回歸寺院。

八月，曲江縣政府在南華寺方丈接待室召開現場會議，討論落實寶林山土地問題。會議由曲江縣縣長練建秋主持，與會者有南華寺住持傳正、曲江縣副縣長以及縣國土、環保、城建、宗教等部門負責人。會議決定將寶林山八百餘畝林地，交由南華寺管理使用。至此，南華寺部分歷史遺留土地問題，在省、市、縣各級政府大力支持下，最終得到解決，寺院環境由此取得極大改善。

（二）突出寺宇修建之文化特色

一九九九年繼席之初，傳正即爲承法惟因和尚立舍利石塔。並復建惟因老和尚方丈室，本年十一月功成，撰有《重修方丈室碑記》：

方丈爲住持統領大衆、協調寺務、弘法利生之所。南華禪寺古稱寶林禪寺，南北朝開山，方丈隨因緣而多有建廢重興。今之方丈，乃太師公虛雲老和尚于一九三六年重振祖庭時將原蘇程庵改建而成。而後數十年中，風雨侵蝕，白蟻蛀損，以至墻體剥落，成爲危房。恩師惟因和尚，住持南華法席，有見於此，遂於一九八一年首倡募修。得諸緣具足，四衆同力，次年即告竣工。計有堂室三間，前有天井，總面積達一百一十七平方米。復現古色，布置素雅，爲南華禪寺重大盛典與接待貴賓之場所。不慧受命住持南華丈席，飲水思源，銘記恩師之不朽功德，以昭示來者，特囑學人法印撰記，勒石爲碑，以志紀念。

住持傳正率兩序大衆立，佛曆二五四三年，公元一九九九年十一月。

一年之內，傳正經營壁畫，重置曹溪門前廣場，廣場左右各安一座經幢及蓮花緑化島；改牌坊前圍墻，築一排七座石塔；改建天王殿前及牌坊前水泥路，鋪以青石板，增建緑化帶；改造主刹兩廂僧寮房頂，以琉璃瓦取代陶瓦；重塑（貼）曹溪門左右兩將軍金身，繪殿梁彩雲，增紅木圍欄弔頂；重塑（貼）天王殿四大天王金身。曹溪佛學院之建設亦被提上議程。至二〇〇〇年春，初見修復之效，環境大爲改善，寺宇更加莊嚴。何明棟爲撰《南華禪寺修復事略》：

曹溪南華，禪宗洙泗。梁代肇建，興在唐代。六祖駐錫，法流寰宇。明代憨公，力主中興。時及近代，虛公和尚鼎力重興，輝煌興盛。然世事多變，「文革」風起，古刹罹難，殿宇破敗，真身遭損。「文革」結束，春風再沐。惟因和尚，率衆修復，十方善信，同具善緣。一九八〇年始，修復六祖聖殿，重現祖庭風光。翌年告成，四衆歡慶。一九八六年，重建禪堂，再興禪風，培養僧才，光耀宗風。一九八九年，興建虛雲和尚舍利塔，以供後人瞻仰供奉。與此同時，土木大動，齋堂、伽藍殿、報恩堂、掛單寮、上客堂，次第落成；西歸堂、功德堂、養生堂，相繼完工。一九九〇年，惟公西歸，中梁頓折。南華衆僧，承志力奮，鼎興念佛堂，以接善信。惟因和尚舍利塔屹立寺東，一代宗師，高風傳世。一九九二年，修飾靈照塔，固定塔體，油漆塔面，煥然一新，令人景仰。修復僧寮，泥房更新貌，護教安僧。與此同時，藏經古樓，亦得修復，寬敞明亮，經寶無虞。而後興建曹溪牌坊，立爲第一山門。繼而興建虛雲和尚紀念堂，一代中興，功垂千古。智藥三藏尊者紀念堂，矗立寺旁，開山肇建，名傳汗青。二〇〇〇年，世紀之交，新舊之替，南華禪寺，壯貌再現。佛學院大樓，破土而起。花圃緑地，美化寺宇，淨化人間。古刹新貌，不斷更臻。僧衆六和，寺宇興盛，國泰民安，世界和平。「文革」後之修復，初由惟因和尚主持，弟子傳正助之。於初之時，人物兩難，外部環境，尤難順意。種種逆緣，重重考驗，道心堅定，一心祖庭，全力以赴，嘔心瀝血，率領僧衆，同展鴻圖。一九九〇年五月，惟公西歸，傳正法師代理住持，修復之舉，奮力相繼。一九九二年始，佛源和尚住持法席數年。一九九九年傳正法師榮膺方丈，光大師願，壯志再酬。十方善信，共力相助，功德無量。望諸大衆，刻苦用功，惜此因緣，再興祖庭。

南華住持沙門釋傳正率兩序大衆立石，虔州何明棟敬撰，時在二〇〇〇年歲次庚辰春三月。

一九九九年冬，傳正見鐘樓梁柱蛀蝕，發心重修，募得中山許繼海居士襄助一百萬元，鐘樓得以重建；後汕頭黄振達、黄亞琴居士助捐一百二十餘萬元，鼓樓亦得重修。二〇〇〇年八月，鐘、鼓二樓成，何明棟爲撰《重建南華禪寺鼓樓碑記》：

南華祖庭，屹立曹溪河畔，始於梁武，興於中唐。六祖惠能大師，嶺南一介樵夫，領黄梅法旨而南返，弘頓悟法門于曹溪。法鼓震大地，妙音驚十方。禪燈長亮，鼓音久響。南華禪寺，歷盡滄桑。至明更有憨山大師，繼擊法鼓，再興道場。而後，南華禪寺多有興衰，燈有暗明，然鼓音不斷，名揚四方。時至民國，虚雲和尚再主中興。重建寺宇，復建鼓樓，三層結構，莊嚴雄偉，海内罕見。時移日换，迄至紀末，時逾數十載。南華鼓樓，遭白蟻蛀蝕，險象百出。住持傳正和尚，繼守祖庭，莊嚴道場。千年祖庭，再呈祥光。立志光大宗風，確保法鼓長響，發心重建鼓樓。汕頭護法黄振達、黄琴居士闔府，虔誠奉佛，捐獻巨資，誠建鼓樓。善願天成，佳德世傳。今日樓重建告竣，特立碑以載事，揚誠虔善心，彰護法懿行。惟願法鼓長鳴，祖庭永興。

南華禪寺住持傳正率兩序大衆立石，虔州何明棟恭撰，時在公元二〇〇〇年歲次庚辰八月吉日。

又撰《重建南華禪寺鐘樓碑記》：

佛法東傳，寺始白馬。鐘聲響起，聲震冥陽，驚醒十方。啟迷悟之輩，警失落之人。世由緣聚，法得僧傳。南華禪寺，智藥三藏尊者肇建，至盛唐之際，六祖惠能大師振興。香火傳千年，鐘聲悠十方。然而世事滄桑，時至民國之初，南華禪寺多歷災難，破敗不堪，得虚公老人重振宗風，鐘樓再建。南華鐘樓，又歷數十載。南方氣候，時燥時濕，白蟻横行，蛀空巨梁。時至一九九九年冬，鐘樓險狀，令人憂心，住持傳正和尚，法承洞雲，志守伽藍，重光祖庭，發心再修鐘樓，善願一立，應者如雲。檀越許繼海先生，乃粤省中山市名人，善心充滿，法樂和盈，捐資百萬元，助祖庭鐘樓得以重建。當年開工，次年八月告竣。宏鐘倍響，聲尤振盪。祖庭雄姿，屹立寶林。惟願鐘聲震十方，祖庭禪燈永光明。

南華禪寺住持傳正率兩序大衆立石，虔州何明棟恭撰，時在公元二〇〇〇年歲次庚辰八月吉日。

二〇〇二年五月，南華寺收回寺院東側「文化大革命」時期被華南工業學校（松山職業技術學院）所占之地。六月，傳正利用此地興建曹溪佛學院教學大樓，韶關居士陳法泉、翁清和闔家捐助。十一月十七日竣工，傳正撰《新修曹溪佛學院教學樓記》：

佛光普照，法以莊嚴。物由人造，事從緣生。兹值國家昌盛、政通人和之際，宗教信仰自由政策重新落實，南華禪寺山林土地得以歸還。此乃當今住持傳正法師，不失時機，辛勞奔赴省市縣政府有關部門，誠意請求，並感動各級領導關懷和大力支持，將在「文革」期間被外單位侵占之寺産，得到妥善解決，此乃功在千秋也。欲登覺岸，莫如布施爲先；廣種福田，無過建寺供僧。爲使收回一百七十多畝山林土地不至荒廢，爲培養教育弘揚佛法、愛國愛教之僧伽人才，翁清和闔家共同施捨淨資，新建曹溪佛學院教學樓宇一座，建築面積兩千七百多平方米。長六十四米，寬十三米多。混凝土紅木結構。門窗雕刻，技藝精巧。此大檀越財無虛棄，福不唐捐，心住善法，護持三寶之效，流芳百世可知也。南華禪寺始建於南朝梁武帝天監元年（公元五〇二年），今壬午年（公元二〇〇二年）十月初六日隆重舉行建寺一千五百年紀念慶典法會，邀請海内外諸山長老、檀越和各級政府領導光臨慶祝，並參加教學樓落成剪綵儀式。如此盛會，史無前例。古人云：千秋偉業，萬古轟動；功德圓滿，難盡讚揚。是爲記也。

壬午年十一月十七日，住持傳正暨兩序大衆謹立。

是年，又收購、改造山門外葷食飯菜酒店、旅館，並疏浚山門前曹溪水流，山門廣場煥然一新。又將東側餐館、柴房改建爲齋堂、上客堂。亦著手重建、新建部分殿宇，自主刹天王殿至陳亞仙祖墓建築兩邊水泥柱，覆以花崗巖裝飾。新增無盡庵念佛堂，並拓寬其大雄寶殿內兩側房間，改供緬甸玉佛、十八羅漢，將殿內供奉西方三聖移至新建念佛堂。

二〇〇三年，爲使主刹與曹溪佛學院貫通，傳正主持興建文化長廊，即息心園、多寶閣、新僧堂等。未久，新建寶林長廊功成，傳正撰《新建寶林長廊記》：

梁天監元年，西僧智藥三藏泛舟渡海而來，北上傳法，過境曹溪，掬水香甜，遂溯源而上。見曹溪源上，峰巒起伏，景色秀美，宛若西天寶林，預言百七十年後，當有無上法寶在此演法，曹溪由此開山，梁武賜額「寶林」，梵刹興起。唐儀鳳二年，祖師惠能自廣州法性寺登壇，返曹溪弘法，得陳亞仙施助祖地，寶林山寺，由是閎崇。歷宋元數百年，雖象嶺山巒林木葱蘢，氣勢雄偉，然南華禪院茅茨不翦，興廢無常。明清時期，曹溪寶林先歷憨山大師中興，廣闊宏宇，完善規制；清康熙間，又有平南王尚氏父子，續以禪院東擴之建，增置憨山塔院、曹溪歷代祖師塔林。由此西起禪關，東至楊梅（今曲江林場），寺宇建築，宛蜒十里之地。民國時期，虛雲大師再續憨山中興寶林之舉。爲培祖庭之基，虛雲師更門向，填龍潭，曹溪寶林建築漸成樓亭、寮舍對稱布局。中華人民共和國成立初期，曹溪寶林禪院十載紓困，又歷十年「文革」，禪綱不舉，寺院山林土地、建築，遂廢被拆，被移作他用。至上世紀七十年代末八十年代初，伴隨國家改革開放，宗教政策逐步得到落實，曹溪寶林禪寺殿閣、樓亭在續任住持惟因、傳正、佛源復興建設下，重現古松參天、環境清幽之勝景。世紀之交，復任住持傳正，收回禪院東側土地，增制興建曹溪佛學院。二〇〇二年，爲將回收寺院東側土地，與主刹禪院連成曹溪景區，傳正再興寶林長廊之建，歷時近一年而成。新成長廊，柱梁架構，依象嶺南麓丘陵地勢起伏，以雨花鵝卵石鋪地；長廊西起香積齋廚庫房，廊中分兩向，主廊東至曹溪佛學院西側僧學寮，長三百餘米；分廊南至息心園連接園樓，長百餘米，木製柱梁；長廊西、南兩端，各建有歇山式八角重簷倣古廊亭，廊亭建築華麗雄偉，輔以梁坊藝術彩繪，盡顯長廊傳統古典藝術韻味。藉寶林長廊新成，乃爲文以記。

時二〇〇三年歲次癸未仲秋吉日，曹溪南華禪寺住持傳正率兩序大衆立石。

二〇〇三年又建佛學院教學樓配套設施。二〇〇四年，再增建圖書館、講經堂，傳正撰《復興曹溪佛學院碑記》：

吾祖惠能大師駐錫曹溪開法，止傳衣鉢，以涅槃妙心，不立文字，以心傳心，開啟曹溪禪林續宗傳承，遂有得法弟子四十三人續燈。自此曹溪寶林，一滴洙泗，法潤天下禪林；一花五葉，繁衍五湖四海。宋元時期，曹溪叢林戒律教習，依師承教習律，寓於禪堂中。有明一代，憨山宗師中興曹溪，開創選僧行，育人才，立禪院，設教習之規。《中興録》有記：「師初至，首以作養人才爲急，選合寺僧衆，二十已上者，每房一二人，在寺安居，日日登殿，逐日四時，功課諷誦。」又「凡有行童二十已下、八歲已上者，盡行報名到住持，拘集在寺。」寺院設立三學館，分三教授，教習經典。如是三年有成者，乃爲披剃爲僧，總入禪堂，以習出家規矩，令知修行讀誦、書寫經典。民國時期，虛雲大師復興曹溪南華禪寺，復傳教習之規。民國三十二年（一九四三）春，首開曹溪南華戒律學院之例，擬《曹溪南華戒律學院章程》，訂《學戒堂規約》《教習學生規約》，曹溪禪教習之規，趨於完備。中華人民共和國成立後，曹溪南華重興。承繼虛雲大師教習之例，八十年代初，惟因法師重振道風，續以開辦曹溪僧伽培訓班，復興傳教習之規。世紀之交，正值國家昌盛，政通人和，曹溪禪門新得宗教政策落實，住持傳正不遺餘力，感召省市縣地方護法、檀越之助，曹溪寶林禪寺東側百七十餘畝被占山林土地得以復歸。秉持「廣種福田，莫如建寺供僧」之佛旨，爲造僧才，續佛慧命，傳正住持再續惟因曹溪僧伽培訓前緣，高揚愛國、愛教旗幟，復興、新辦曹溪佛學院。壬午年（二〇〇二）夏，得居士陳法泉、翁清和施淨資，學院教學樓動工，歷夏秋兩季，建築面積兩千七百多平方米的教學樓，聳立於曹溪主刹東側寶林象嶺之下。佛學院教學樓依山而建，坐北向南，其建築由主殿樓、兩廂、亭樓構成，占地總面積近千平方，建築面寬六十公尺，進深十五公尺；主殿樓爲三層七楹重簷倣古柱梁斗拱翹角設計，殿頂灰脊吻獸，琉璃緑瓦頂；殿樓兩側連接的是三層四楹柱梁廊式廂廡，廡頂爲硬山單簷柱梁結構，灰脊，琉璃緑瓦頂，雙廡並列，各有四廂；於主殿兩廂東西端，各連接三層重簷六角攢尖塔樓，塔樓採用柱梁斗拱結構，緑色攢尖琉璃瓦頂，襯托出教學大殿倣唐古樸典雅的風格。氣勢宏偉的教學大樓，成爲曹溪續燄禪燈、培育僧才的搖籃。所謂法不孤起，仗緣方生，癸未年（二〇〇三），爲謀依止善根，安僧樂道，住持傳正又興僧學寮配套設施建設，致力於僧學、教習才俊居住、生活、學習之環境改善，先後興建包括教學大樓西側的僧學大寮，歷時兩載。兩幢共四棟的新建學寮，屹立於曹溪佛學院大樓西側。自甲申年（二〇〇四）起，曹溪佛學院建置再有增楹多寶閣佛學院圖書館、講經堂等，校園建設占地一百七十餘畝。呈現園林式建築環境布局，遍布花草名木，精巧的人文山水、小橋造景，構成了禪宗祖庭優雅的教學環境。常言道：十年樹木，百年育人。曹溪佛學院承載著育化僧才、紹隆佛種、續佛慧命的歷史使命。祈願曹溪禪門傳燈永盛，續燄不斷，是爲記。

甲申年十一月十七日，住持傳正暨兩序大衆謹立。

二〇〇四年，興建禪海岸功成，釋智楠撰《興建禪海岸碑記》：

南華禪寺，歷史悠久，據書所載：於梁武帝天監元年，高僧智藥三藏來自西域，觀此山水，峰巒環繞，宛如西天寶林山貌，若建佛刹，聖教必興，百餘年後，定有聖人於此敷衍。由是發心，建寺安僧。武帝賜額，寶林寺名。逮至六祖惠能大師，黃梅接法，傳佛心印，開創南宗頓教法門，直指人心，見性成佛，接上乘人，大振宗風。歷代相傳，風旛無動。千餘年來，六祖禪理雖爲不變，而其寺貌必有興廢。虛雲長老、惟因和尚等，都是中興南華寺之高僧。就「文革」浩劫之後而言，惟因和尚解行並重，自利利他，除領衆修行之外，急切之務是修復祖庭。於是相繼修復大雄寶殿，重修六祖堂、禪堂、虛公舍利塔等。還創辦僧伽培訓班，爲佛教培養接班人。任勞任怨，獻出畢生的精力，爲後學樹立光輝的典範。佛源和尚爲振興祖庭，重修藏經閣，重建曹溪山門，以及虛雲和尚紀念堂等，也作出了巨大的貢獻。傳正方丈與六祖道場緣深，于恩師惟因和尚修復南華寺期間，已是大力協助，盡自己之所能，參加修復工作。在一九七八年落實宗教政策後，遊客日增，市一單位在左側建一座葷菜館，名九龍泉飯店，由於地形較高，每天髒水流入寺內，臭氣令人難以忍受，雖經多次交涉，但無效果。當時之傳正大知客，以無畏的精神，堅强的毅力，多年的時間，不怕疲勞，請示政府給予解決。天不辜負有心人，終於在一九八九年，以南華寺停車場西邊土地無償讓出，重建九龍泉飯店，並將葷菜館改爲素菜館，解決此遺留問題。自從一九九九年六月，傳正法師接任住持以後，南華的寺貌更是發生了巨大變化，一派生氣勃勃的景象出現在眼前，諸山長老來往絡繹不絕，寺內僧衆日增，繁榮昌盛，如日中天。舊齋堂用餐已成問題，日常用齋人員已達三百餘人，接待各方大德住宿，亦難以安排。二〇〇二年又是建寺一千五百週年的難得機遇，爲舉行這個難得的慶典，決定同時舉辦禪學研討會，聘請國內外對禪宗有研究實踐的法師、教授、專家、居士等，對禪宗的歷史價值、教理認識、歷代高僧的典範等，進行深入研究、探討。發揚六祖的「佛法在世間，不離世間覺。離世覓菩提，恰如求兔角」的精神。把禪宗的思想，傳播到每個角落去，化度群生。故此，應先做好各項準備工作，而於各項工作之中，急需解決接待貴賓及用餐場所等問題。於是用三年的時間，進行籌備、規劃、建設、整修，其各項工作，包括了禪海岸、無憂寮、齋堂、大寮、竹園等設施，並以禪海岸爲重點的工程。準備將禪海岸作爲方丈接待諸長老、大德、高僧休息之場所。從二〇〇〇年起開始動工，聘請名師，對禪海岸工程進行規劃，繪製藍圖，起草方案，反復磋商，最終確定模型。設計將禪海岸分爲上下兩層，選用優質石木爲主要原材料，於上下樓大廳之兩邊，合共建二十八間房間，中間爲天井。總占地面積爲二千三百四十二平方。並將禪海岸前面左邊之素菜館遷出，改建爲無憂寮、齋堂、大寮，同時對竹園進行整修，使禪海岸、無憂寮、齋堂、大寮形成一直線，達到其整體規劃設計合理、美觀幽雅、氣勢雄偉、高大雅典、樸實大方，有著清閒、幽靜、自在、禪悅的感覺。這些布局，既是寺內日常生活之所需，不可缺少，又爲常住的發展增添了無限的光彩，爲二〇〇二年舉行建寺一千五百週年的慶典活動，起了重要的作用。其慶典法會，盛況空前，因緣殊勝，參加的人數多達十餘萬人。曲江縣、韶關市以及乳源縣所有賓館、旅社，均被全部租完，真是前所未有。於法會期間，還有諸多神異感應，大衆無不歡喜讚歎，實爲不可思議，此不贅述，祇略記興建禪海岸等之因由。總觀南華禪寺，在傳正方丈的率領下，日益强盛，爲舉行建寺一千五百週年之慶典活動，而開設禪學研討會，由是興建禪海岸及諸配套設施。六祖聖地又增光，承先啓後代代傳。南頓北漸皆妙法，一部壇經宇宙環。

佛曆二五四八年歲次甲申（二〇〇四）巧月，揭西縣棉湖花果寺西堂釋智楠敬撰，曲江南華禪寺住持傳正率兩序大衆立。

同年，曹溪東禪堂成，傳正撰《新建曹溪東禪堂碑記》：

十方同聚會，個個學無爲。此是選佛場，心空及第歸。曹溪禪堂之建，肇起於宋，初名僧堂、大徹堂。明代憨山中興南華，更僧堂名，改稱華嚴堂，設於主刹寺中，訓習入道學者。清同治間，華嚴堂改稱禪堂，移建寺東，至此，禪堂鵲起，爲寺僧依制坐香、參禪之所。民國時期，虛雲復興曹溪，遷建禪堂於寺西今址，正名曹溪禪堂。中華人民共和國成立之初，曹溪禪堂雖歷清風徐來，然法門水波不興殆三十年。上世紀八十年代，國家推行改革開放，宗教政策得以落實。一九八五年，曹溪住持惟因先師，行禪院重興之舉，續燄禪燈，開辦曹溪僧伽培訓班，復新禪堂祖制。九十年代，雲門佛源再續惟因前緣，重新禪堂之建。千禧之交，新任住持傳正晉院，爲宏大曹溪法門，藉寺東山林土地贖回，興建曹溪佛學院，續佛慧命，培育僧才。爲助後學、信衆坐禪修學，弘增祖制，於主刹寺東，新建曹溪大衆禪堂。得潮籍檀越黄廣賢、黄雨珍居士淨資助捐，歷寒暑兩載，癸未八月，禪堂告竣。新建禪堂坐北向南，氣勢恢弘，古色古香。主體建築占地千餘平方，二層迴向廊式重簷大殿，以二十六根外柱、二十二根内柱架梁，形成内局二層坐堂。南向禪堂殿門，由主殿中局内外四柱，加門前二柱，構成禪堂單簷殿門樓。大殿殿頂，採用歇山柱梁斗拱翹角設計，緑琉璃瓦面。佛日東高懸，曹溪一派光明世界；法輪續大轉，南華祖庭普利人天。曹溪禪林，洙泗弘傳；汩汩禪泉，知見指引；明心見性，心空及第。藉曹溪東禪堂新成，普願大衆同修，僧俗普同精進，乃爲文以記。

時二〇〇四年歲次甲申仲秋穀旦記，曹溪南華禪寺住持傳正暨兩序大衆鐫石立。

大南華文化建設

二〇〇二年十一月五日至六日，「曹溪南華禪寺建寺一千五百週年禪學研討會」在韶關市隆重舉行，來自大陸、臺灣及日本、韓國學術界和佛教界的一百多名代表出席。十一月十日，舉行「紀念南華禪寺建寺一千五百週年慶典」法會，國家宗教局，廣東省及韶關市、曲江縣領導，和國内外曹溪法脈大德高僧、檀越居士近十萬人參加。中國佛教協會副會長聖輝贈送金線繡趙樸初所題「佛」字，香港石景宜先生贈送三套巴利文《貝葉經》，全國政協副主席葉選平、香港立法會議員譚耀宗、葉國謙題字、題匾，香港護法居士王永强、王華君、徐猛等助資重印《六祖壇經》。又，護法居士陳法泉、賴漢標、翁清和、林淦明、黄偉璿等二十二人捐資鑄造高一點八米、直徑兩米青銅貼金之「六祖衣鉢」，作爲慶典吉祥物及標誌性法物。此法會之舉辦，標誌著南華寺在惟因圓寂後，佛源、傳正兩位繼席大德又經十餘年發展，已實現二十世紀八十年代黨和政府恢復宗教政策以來之跨世紀文化復興，曹溪祖庭成爲嶺南乃至國内外著名叢林。

與此同時，南華寺亦得到黨和國家更大關懷與扶持，肩負更重要之使命和責任。二〇〇三年，各級領導來寺參訪、視察與調研者有：廣東省省長黄華華、副省長雷于藍，國家勞動保障部副部長王東進，國家宗教事務局長葉小文及廣東省民宗委主任温蘭子、副主任李秀英等。

二〇〇四年二月，中共中央軍委主席江澤民親臨南華寺視察，對南華寺之成績表示讚賞，並提出殷切期望。由此，曹溪開啟祖庭文化建設新里程。七月，住持傳正首次提出「大南華」文化圈建設概念，並制定《大南華建設規劃圖》。按照一期規劃設計，南華寺將主刹西側二公里，西起禪關，東至曹溪佛學院共二百二十點零九畝土地，分別建設禪關、禪宗祖師殿、碑林、圖書館、佛學院大殿等三十餘個景點，擬恢復唐代惠能時代建築格局。

是年，各級領導來寺參訪、視察與調研者還有：全國人大外事委員會副主任委員馬文普，中共中央紀律檢查委員會原副書記徐青，廣東省副省長許德立、李容根。本年，廣東省佛教協會授予南華寺「廣東省宗教文明活動場所」稱號。

二〇〇五年九月，按照中共中央政治局委員、廣東省委書記張德江所提「保護和改善生態，建設綠色廣東」，打造韶關旅遊文化品牌「左爲自然生態大丹霞，右爲歷史文化大南華」之要求，韶關市委、市政府將建設「大南華」文化旅遊項目列入韶關市國民經濟發展「十一五」規劃中。是年，全國政協常委、中國佛教協會副會長、西藏自治區佛教協會會長珠康活佛，全國政協民宗委考察組，全國政協常委盧榮景，全國人大華僑事務委員會副主任張幗英，廣東省人大主任黄麗滿，廣東省原省長盧瑞華，廣東省委常委、廣州市委書記林樹森，廣東省佛教協會會長明生等，先後到寺參觀視察，對「大南華」文化旅遊項目進行調研、指導，韶關市委書記覃衛東、副市長鄭振濤、人大副主任楊春芳、政協主席鄧蘇夏等領導陪同到訪。年底，韶關市、曲江縣兩級政府將山門外西側計二平方公里土地重新正式劃歸南華寺，興建「大南華」規劃建設專案之一「拈花笑處」，按倣唐宋風格分別興建「禪宗祖師殿」「萬佛塔」以及「曹溪講壇」三大園林，總占地面積約五萬平方米。

二〇〇六年，經省、市、縣人民政府反復調研論證，以打造生態旅遊爲目標之「大南華旅遊文化發展規劃」開始全面實施。「西起禪關，東至東天王嶺，北部包括寶林山，南面達大寶山礦專用鐵路爲界」，土地面積達五點五六平方公里（八千三百四十畝）之「大南華文化圈」格局，成爲曹溪祖庭此後十年建設主要任務，曹溪再次迎來當代中興新時期。

啟動大南華構想工程之初，大興寺宇西側重歸土地之規劃建設，以復曹溪「大唐盛世」景象。於新闢主剎西區「拈花笑處」新建祖師殿，用於供奉八十八尊在禪宗傳承中有傑出貢獻之禪師像。於寺院東增建「多寶閣」，以爲曹溪佛學院圖書館、學術會議報告廳。改造曹溪門廣場，傳正撰《擴建曹溪山門廣場記》：

《華嚴經》云：「佛剎微塵法門海，一言演説盡無餘。」曹溪南華祖庭，自唐儀鳳二年六祖惠能開頓悟不二法門，一滴法露甘霖，洙泗天下叢林。爲達聖智，化導衆生，寶林法門，歷數千百年而不殆，法乳盈流不竭，普潤神州大地。曹溪山門之建，肇起於唐舊制山門，始自羅漢樓門（今天王殿所在），明嘉靖甲午，有曹溪住持僧太倉增建門制，名曰寶林門。乙巳年，再有住持淨琛重建山門，增楹曹溪門。至此，曹溪山門備制羅漢、寶林、曹溪三門。明萬曆間，憨山中興曹溪，培祖根基，更制曹溪山門向。崇禎間，又有住持宗政、真馮、子欽三人，興山門重修之舉。由此，自曹溪門起，歷寶林、羅漢，三門夾道皆古樹盤礡，蒼鬱茂密，蔽虧雲日，遊憩者多作清涼極樂之思。自清康熙至同治，曹溪山門歷二百餘年，曾屢有新修、重修。民國年間，韶州軍務督辦李漢魂禮請虛雲禪師重興曹溪，以「更正山向以成主體」移建山門，將曹溪門自西稍移東，取坐癸丑向丁未六度兼癸丁線，與羅漢天王殿同向。又重建寶林門，乃挑其土，以培高左右抄手。又更曹溪河道；民國丙子年七月二十夜，雷雨終宵，如萬馬奔騰，水漲堤平，將曹溪水患「反弓格」河道，衝開新河，舊道爲砂石淤塞，且湧起數尺，形成寺前之一字案，曹溪山門前廣場形成。中華人民共和國成立後，曹溪山門歷三十年興衰，寺宇雖有重修，然山門前庭髒亂汙穢之現象，雖治而不見成效。幸賴二十世紀八十年代，國家推行改革開放，伴隨宗教政策的逐步落實，始有山門重興重建之舉。八十年代初，先有政府整頓曹溪前庭農貿市場，惟因法師重新山門，復修曹溪前庭清靜、莊嚴廣場。九十年代，佛源住持擴建山門廣場，立曹溪門前牌坊，曹溪祖庭重復昔日輝煌。世紀之交，傳正法師陞座晉院，續佛源擴建山門廣場因緣，契合政府整頓廣場、擴充曹溪山門公路之需，統一規劃前庭廣場，拆立前門牌坊，擴充馬路；又遷寺東農貿市場，闢建統一規制供佛法香商鋪。於寺西公路一側，贖回、遷出雜亂食肆，統一設爲素食齋廚。又於廣場中，復山門曹溪河道之建，新增曹溪雲水橋，並將西側民國舊建曹溪公園、花圃，闢建爲停車場。歷近五載春秋，曹溪山門廣場儼然已成寬闊、莊嚴、有序之梵刹。廣場文明日盛，信衆、遊客絡繹不絕。新建曹溪廣場之東西兩側，香鋪、齋廚，分立兩局；廣場中局，曹溪雲水橋立。身居其中，覽斯場也，方石鋪地，兩側花壇，緑草茵茵，環境秀雅。北觀山門，古樹映天，陣陣清風吹動，宛如禪和之韻，鳴響耳際；南望遠山，群山綿延不斷，尤如羅漢來朝，香爐生煙。睹斯曹溪聖境，可不令人心曠而神逸，我等當更提起正念，念念不墜，以承繼惠能法門，普度衆生，再創世紀輝煌！是爲文鐫石以記之。

時公元二〇〇六年乙酉月，曹溪南華禪寺住持傳正率兩序僧衆立石。

二〇〇六年七月，歷時二載，由護法居士李子龍、李宋明合捐淨資助建的曹溪佛學院圖書館落成。在「廣東禪宗歷史文化長廊」主題展覽開幕式上，傳正將圖書館命名爲「多寶閣」，並爲撰《曹溪南華禪寺多寶閣碑記》：

達摩初祖一葦渡江，東來震旦傳靈山法旨。六傳至惠能，傳東山法脈，以無相爲宗，廣衍頓教，寶林道場開洙泗禪門，天下緇素景仰。《壇經》問世，五家七宗傳遍寰宇，曹溪法乳一滴，普被五洲。禪乃無文字之教，教乃有文字之禪，端能明教，定許會禪，教乃佛語，禪乃佛心，爲續佛慧命，禪燈永明，禪宗泰斗虛雲老和尚創辦南華律學院，禪門龍象輩出。惟因上人創辦廣東省唯一一所僧伽培訓班，育佛門菁英。學人不佞，繼承先賢遺志，復辦曹溪佛學院，諸方衲子，雲集曹溪，解行並舉，代有繼承。爲使佛學院校區建設更趨完善，爲莘莘學子創造良好的修學之所，學人廣結善緣，發願修建多寶閣，恭藏如來金口宣揚殊勝妙法，總綱經、律、論三藏，總綱都攝戒、定、慧三學。值殊勝因緣，潮籍檀越李子龍、李宋明二護法居士，歡喜施資並親自督造多寶閣。寶坊既成，巍峨莊嚴，多寶閣中法寶，南禪佛地悟真禪，諸佛歡喜，龍天護持，各界信善，隨喜讚歎，是以立碑以記之。

時維佛曆二千五百五十年歲次丙戌（二〇〇六）八月初三日，曹溪南華禪寺住持釋傳正暨兩序大衆立。

是年，國家宗教局局長葉小文、中央組織部副部長李智勇、廣東省委組織部副部長林華景、國家民委副主任吳仕民等，先後到寺進行「大南華」建設項目考察。

又，中國科協黨組書記鄧楠、外交部原部長李肇星、文化部副部長周和平、全國人大民族委員會副主任尤仁、廣東省政協副主席李統書、省政協民族宗教委員會副主任黄小梅、廣東省委宣傳部副部長方建宏、省佛教協會副主席宏滿法師等，分别到寺參觀、調研，指導工作。廣東省民宗委主任陳緑平一行也專程到寺，就「大南華」建設之具體思路進行深入討論。

二〇〇七年三月，韶關市政府舉行第二次「大南華佛教文化規劃」論證會，市長鄭振濤、副市長藺茵，曲江區副區長盧春燕、高冬瑞等等三十餘人出席會議。會議由廣東省城鄉規劃設計院作《大南華文化旅遊規劃》説明，並就規劃中涉及之「大南華」定位、規劃範圍、近中遠期實施目標進行討論。傳正在會上提出，規劃要力求做到保護現有建築群與恢復歷史遺址、遺跡並重，並保護現有山水生態。鄭振濤要求，規劃應定位在「禪宗祖庭，佛教勝地」上。

五月，爲保護南華寺遺址，韶關市政府就上年底曲江區人大常委會審議通過之《關於批准「擴大六祖避難石和禪關摩崖石刻文物保護單位建設控制地帶」的決議》，發文公布「南華禪寺唐代六祖避難石、清代禪關摩崖石刻」爲市級文物保護單位。九月，於寺院主刹西側土地新建成祖師殿園林，改造擴建曹溪門廣場，新建三無橋以及上客堂相繼完工，對外開放。是年，祖師殿「拈花笑處」、多寶閣與停車場先後竣工，並啟動「萬佛塔」建築工程。

二〇〇八年三月，南華寺向曲江區政府提出申請，將曹溪河北岸一〇六公路以南卡丁車場緊靠曹溪河邊計四十多畝土地劃撥給南華寺進行規劃建設。曲江區政府同意按每畝三萬元出讓。四月，南華寺按照曲江區人大上年底審議通過之《關於批准「擴大六祖避難石和禪關摩崖石刻文物保護單位建設控制地帶」的決議》要求，向曲江區政府申請徵用馬壩、南華村委兩處共約一萬平方米山地，獲得曲江縣政府批准。

六月二十二日，國家宗教局宗教一司司長徐遠傑一行，在廣東省民宗委黄心怡、韶關市民宗局蔡昌芳等領導陪同下到寺參觀。徐遠傑讚歎南華寺環境優美、建築宏偉、文物寶貴，指示佛學院要加强道風、學風建設，建立健全各項規章制度，加强師資力量，培養更多優秀青年僧才。

九月十四日，全國人大副委員長烏雲其木格，在韶關市委書記徐建華、曲江區委書記闞定勝陪同下來寺視察。烏雲其木格讚歎南華寺文物歷史與藝術價值，對「大南華」建設規劃給予充分肯定。

十月，爲制定「大南華」長遠發展規劃，廣東省城鄉規劃設計研究院規劃四所所長許險峰一行到南華寺開展調研。按照規劃，「大南華」文化建設將劃分爲禪宗文化休閒區、宗教朝聖文化旅遊區、自然生態旅遊區、城鄉協調發展區等四區。其中在宗教朝聖文化旅遊區，南華寺將按「修舊如舊」原則恢復禪關、避難石、無念亭、玉佛閣、養心院、鳳來亭、妙音谷等歷史遺跡。

十二月二十五日，廣東省副省長宋海、省教育廳廳長羅偉其、省科技廳副廳長葉景圖、韶關市市長鄭振濤、副市長藺茵等來寺考察。傳正向宋海彙報「大南華」建設發展情況。宋海指示，要求松山職業技術學院引進自來水，儘快禁止使用地下水，以免導致地基下沈、南華寺建築墻壁嚴重裂縫等問題。

是年，全國政協副主席鄭萬通、中南六省區人大常委會主任團等來訪。

二〇〇九年五月，中國建設部副部長龍新南、廣東省建設廳副廳長劉錦紅、韶關市建設局局長吴振華等來訪。六月十五日，由國家宗教局四司司長吕晉光、院校處處長李革、院校處調研員趙紅宇、中國佛教協會清遠法師組成的國家宗教局調研組，在廣東省民宗委副主任楊源興、省佛教協會副會長耀智法師、韶關市民宗局局長蔡昌芳陪同下蒞寺，對曹溪佛學院申報國家級佛學院進行調研考查。

八月一日，廣東省副省長宋海再次來寺視察。傳正向宋海介紹「大南華」規劃、建設實施情況。宋海希望「大南華」建設項目順利進行，爲中國文化以及韶關旅遊經濟建設發展起到積極推動作用。

九月三日，廣東省民宗委主任陳綠平、副主任楊源興，韶關市副市長蘭茵、市政府副秘書長陳爲佳等，到寺檢查「第二届禪宗六祖文化節」籌備工作。

九月二十日至二十三日，「二〇〇九廣東禪宗六祖文化節」在南華寺隆重舉行。廣東省副省長雷于藍、廣東省原省長盧瑞華，國家宗教局副局長齊曉飛、廣東省政府副秘書長江海燕、韶關市委書記徐建華、廣東省民宗委主任陳綠平、廣東省文化廳廳長方建宏、韶關市市長鄭振濤、中國建設銀行廣東省分行行長曾建華、廣東省佛教協會會長明生、中國佛教協會副會長祜巴龍莊勐、臺灣中國佛教會理事長淨良、澳門佛教總會理事長健釗、香港佛教僧伽聯合會會長紹根、南華禪寺方丈傳正及海内外有關方面負責人、專家學者、高僧大德和信衆居士二千餘人參加開幕式。此是南華寺啟動「大南華」建設以來之文化盛會，不僅是當代中國禪宗「人間佛教」發展成果展示，亦是曹溪祖庭啟動「大南華」建設後寺院文化發展成果之集中展現。由此，南華寺文化建設步入鞏固發展、創新提高階段。

是年十月，啟建南華禪院禪修中心淨壇法會在息心園舉行。十月十一日，禪修中心奠基，次年七月落成。傳正撰《新建息心園禪修中心碑記》：

梵語謂沙門者，勤修善法，息滅惡行；漢言息心，蓋息意去而歸於無爲，乃即攝心，不狂不躁，平静如水。曹溪寶林，自六祖惠能立明心見性法門，綿延千百餘年，以其祖庭之望，宗門衍流天下。南華禪門静地，遂成淨行息心之所，和光同塵，其入世之法，令千萬息心參禪者心歸於善，行止於美。歷千年風霜，曹溪叢林，雄偉秀麗。今值盛世新紀元，丙戌（二〇〇六）仲春，曹溪南華住持傳正，續禪院新園之築，名曰息心，歷春秋寒暑，占地近八百平方米的曹溪息心園，屹立于曹溪主刹之東、象嶺之下。息心園建築主體，坐東向西，由主殿門樓、兩廡廂樓，呈「凹」形對稱園式布局。主殿門樓爲歇山重簷柱梁四層結構設計，殿頂斗拱翹角，灰脊，吻獸，緑琉璃瓦面。殿樓採用花格硬質木門窗。門樓東背靠曹溪東禪堂。主殿門樓兩側，輔以重簷三層廊式廡廂，南北相向對稱，廡頂柱梁斗拱，緑琉璃瓦面，廊樓柱梁斗拱三層單簷共十二楹，東端各與主殿門樓連接。息心諦觀，曹溪承續祖庭明心見性法門，以古制息心建園，歷久再新禪修之法，昭示曹溪明日之發展。己丑年（二〇〇九）壬申，藉息心園曹溪南華禪修中心掛牌，淨行息心典事，和其光，同其塵，爲文鐫石以記之。

時公元二〇〇九年歲次己丑孟秋吉日，曹溪南華禪寺住持傳正率兩序大衆立石。

重修大雄寶殿及五百羅漢、佛像貼金等工程也相繼完工，傳正撰《重修曹溪大雄寶殿記》：

法布於天下，脈運於人身。曹溪南華，自六祖惠能開續東山法門，創立頓悟宗門於此，龍象交參，僧俗雲集，宗風大振，法門道傳，逾千百年而不衰。夫曹溪大雄寶殿，立於元大德十年（一三〇六），初名大殿，亦稱三寶殿。創始之建，大殿偏隅今殿所在西南一側，茅茨土階，蠖屈蝸潛，歷二百年興衰。明正德十二年，曹溪住持清潔静堂，重修大殿，歷時春秋二載，大殿落成於十四年七月，規制悉仍其舊，正名大雄寶殿。明萬曆間，憨山大師中興曹溪寶林，再興大殿之建，無奈殿前坑窟，勢如涸潭，有志填築而未果。至清順治、康熙年間，兩度新建，以次填平，爽塏宏敞，遂成壯觀，緑瓦朱楹，金壁交光，掩映雲日。民國二十五年（一九三六），虚雲老和尚復興曹溪寶林，更制南華寶林道場祖庭風水，填龍潭，移建大雄寶殿於靈照塔前，以塔作大殿之靠背，致寶殿與寶林門同向，遂成今見之格局。中華人民共和國成立初期，曹溪禪院歷更元紓困，在人民政府助持下，南華大雄寶殿曾歷數度維修。一九五四年，得廣州、香港、澳門寬定、寬慧、寬和、寬静及宏願等尼師護持，在香港、澳門等地募得金箔萬餘。至一九五九年，包括曹溪南華大雄寶殿等寺内佛像、菩薩像，均得金箔重塑。上世紀八十年代初，曹溪南華伴隨國家宗教信仰政策之逐步落實，祖庭重興。一九八四年，禪院住持惟因法師，在曲江縣人民政府護持下，復新大雄寶殿，對殿内五百羅漢泥塑重新上彩。一九九六年，繼任住持佛源，得檀越、護法助捐，再新曹溪大雄寶殿佛像、羅漢造像。世紀之交，繼任住持傳正，荷擔復興祖庭重任。二〇〇七年，再續大雄寶殿重修前緣，依殿古制，更新、修繕大殿主體結構，恢復完善東西兩側山墻五百羅漢，並以重彩重繪，又增大殿三寶佛像貼金，增盈三寶佛後屏墻，塑立觀音菩薩像，完善大殿供佛、香案規制。至二〇〇九年八月，歷時兩年更新修繕，曹溪大雄寶殿面貌焕然一新。大殿三寶佛像，同符合契；五百羅漢山墻，渾然一體，氣勢磅礴。時值己丑農曆八月初三日，曹溪大殿新成典禮，撰此文以爲記。

曹溪住持傳正率兩序大衆勒石，公元二〇〇九年仲秋吉日。

二〇一〇年三月十六日，中國法官協會名譽會長、最高人民法院原院長肖揚，在韶關市檢察院檢察長闞定勝、曲江區委書記胡書臣、區長吳春騰等陪同下來寺參觀。肖揚對「大南華」的建設與發展給予充分肯定，並希望南華寺繼續做好寺院文物保護工作。

三月二十七日，國務院發展研究中心主任、黨組書記張玉臺一行，在韶關市委副書記、市長鄭振濤等陪同下，到寺考察。張玉臺對南華寺和諧寺院工作給予高度肯定，並鼓勵僧衆在促進經濟社會發展及社會和諧建設中發揮積極的作用。

四月一日，中共中央原政治局委員、中央軍委原副主席遲浩田來寺參觀。

六月，中共中央統戰部副部長楊晶、廣東省發展改革委員會副主任張力軍等先後到寺院參訪，調研「大南華」建設發展情況。

是月，在主刹西側「拈花笑處」啟建曹溪講壇，採用倣唐宋園林結構，由山門、講堂、法相殿、碑廊等幾部分組成，占地面積八十餘畝。

九月十三日，廣東省副省長劉昆，韶關市委書記徐建華、市長鄭振濤、副市長鄒永松、市政府秘書長王青西，以及市經信局、財政局、外經貿局等單位領導到寺參觀視察。劉昆高度讚揚傳正近年來在恢復禪宗祖庭、實施「大南華」建設的成績，和促進韶關文化旅遊經濟發展、建設文化强省所作的貢獻。

十九日，廣東省委統戰部部長、民宗委主任陳緑平，在韶關市副市長蘭茵、曲江區委書記胡書臣、韶關市民宗局局長蔡昌芳等陪同下，到曲江調研「大南華文化創意産業園」開發規劃建設情況，充分肯定「大南華」建設總體規劃，指出要保護不可再生資源，保護和弘揚南華寺禪宗文化，充分發揮南華寺在廣東宗教文化中之支點和輻射帶動源作用，將「大南華」建設成爲弘揚禪宗優秀文化，促進曲江、韶關經濟社會發展之民心工程。

十月，曲江區提出《大南華文化創意産業園規劃》，計劃以首期「五個一」（即「一場禪宗音畫大典」「一條祈福大道」「一個禪宗廣場」「一個佛家園林」「一座祈福名城」）專案作爲依託，用三到五年時間，分三期進行，達到一年成典（禪宗盛典）、三年成園（禪宗園林）、五年成城（祈福名城），完成南華文化旅遊園、禪宗文化創意園、曹溪河兩岸及周邊温泉區域建設目標。

二〇一一年四月十一日，廣東省委常委、宣傳部部長林雄一行，在韶關市委書記鄭振濤、曲江區委書記胡書臣等陪同下參觀南華寺。

六月二十一日，中央統戰部副部長楊晶一行，在廣東省副省長雷于藍、省民宗委主任陳緑平以及韶關市委書記鄭振濤、副市長蘭茵、曲江區委書記胡書臣等人陪同下來寺視察。傳正彙報了「大南華」建設規劃、南華寺文物保護情况。

是月，按照「大南華」文化旅遊規劃，南華寺啟動「六祖講壇」建設項目，規劃總占地面積八十多畝，建設專案包括山門、講堂、法相殿、副殿、文化碑廊、書畫展廳、會議廳、多功能廳等。韶關市委書記鄭振濤、副市長蘭茵、民宗局局長趙衛東、曲江區區長吳春騰、廣東省佛教協會會長明生等參加了奠基法會。

十月三日，全國政協副主席張思卿夫婦來寺參訪。

二〇一二年二月十日，曲江區委書記陳向新、副區長盧春燕、區民宗局局長梁志勇來寺調研。傳正彙報了近年「大南華」建設情況。陳向新表示，將盡全力幫助解決「大南華」建設之困難與問題。

三月二日，廣東省委統戰部副部長、省民宗委主任陳小山，在省民宗委黨組成員徐廣福、曲江區委書記陳向新、曲江區區長吳春騰、副區長盧春燕等陪同下來寺調研。傳正就近年來韶關市佛教協會和南華寺工作情況及以後工作設想作了彙報。陳小山表示省民宗委將盡力協助「大南華」建設。他同時希望南華寺將六祖弘法度世之精神繼續發揚光大。

是月，啟動祖殿重修工程，至十二月完工。傳正撰《重修曹溪祖殿碑記》：

曹溪南華祖庭，自唐儀鳳二年六祖惠能在此弘傳東山法脈，演立頓悟法門，曹溪一滴，演播大千。南華祖殿之建，始於信具。史載惠能演法曹溪，依師弘忍囑託，止傳衣鉢，以心傳心，建信具樓，掩黄梅得衣，藏武皇賜袈。唐先天二年，惠能圓寂新州，曹溪以信具樓所建，新制祖殿，留存真身。至唐開元三年仲冬，移祖師惠能法身佛龕重返曹溪，由是祖殿屹立南華，歷逾千百年。宋元至明初，歲月滋久，祖殿亦屢經重新。明弘治、嘉靖有住持惠淳、太倉績以重修。明萬曆間，憨山中興曹溪，以祖殿殊爲卑陋，拆移有礙祖殿周邊一切建築，又出地移祖殿左之僧居，易藏經閣後之僧房爲户長公廨，以除祖殿西角之穢汙。由此，曹溪祖殿高廣可觀。清康熙年間，平南王尚可喜易地現址重建。民國時期，再有虛雲大師復興曹溪祖庭之舉。民國二十三年，大師初至祖庭，以祖坐木龕，經年久遠，白蟻損壞，先行培修祖殿，請出祖師肉身，重新裝修。另照阿育王塔形式，重新製作祖師坐龕，龕外塑南嶽、青原、法海、神會四位之像侍側。又於祖殿兩廂，建東西二賢殿，塑五宗有功法門諸祖。中華人民共和國成立初期，曹溪雖歷更元紓困，然而禪院道風不濟，尤其十年「文革」中，祖庭又歷更制，禪道漸趨頹廢。至上世紀七十年代末，伴隨國家改革開放及宗教政策之逐步落實，曹溪南華祖庭遂爾復興。一九七九年秋，在海外僧衆、檀越發心護持下，祖殿頽圮，重獲彌新。在惟因法師主持下，歷經春秋二載，祖殿莊嚴再現。一九九八年，續任住持佛源再作曹溪祖殿飾修。時至公元二〇一二年，曹溪南華續任住持傳正，藉曹溪禪院舉辦「紀念六祖惠能圓寂一千三百週年」慶典，新得檀越朱帆居士淨資助捐，重建曹溪祖殿。二月初八六祖誕日，傳正率衆信移祖師真身入大雄寶殿，工程動工，歷春夏二季，祖殿頽敝山墻、柱梁、斗拱等，依原規制重新，恢復古制營式，面貌煥然一新。壬辰八月初二日，大和尚傳正率兩序大衆及四衆弟子，將六祖大鑒禪師、憨山德清禪師、丹田真覺禪師真身，及六祖大師座下上首弟子青原行思、荷澤神會、韶州法海、南嶽懷讓四位弟子塑像，移入佛龕，從大雄寶殿安奉于新成祖殿。觀祖殿其成，美輪美奂，視昔有加，故繼而爲文，以垂示於後，祈曹溪南華，法鼓長鳴，正法永住，祖庭常新。

時壬辰九月仲秋吉日記，曹溪住持傳正率兩序大衆鐫石，公元二〇一二年九月六祖誕日立。

是月，「拈花笑處」落成，楊曾文爲撰《曹溪南華禪寺拈花笑處碑記》：

佛教發源於古印度，公元前後經絲綢之路傳入中國，經過漫長的民族化歷程，至隋唐相繼形成帶有鮮明民族特色的佛教宗派。在這些宗派中，禪宗最富有民族特色，對中國宗教和其他文化形態産生深遠影響。禪宗也稱佛心宗，以傳承佛的清淨心法自任，奉「不立文字，教外別傳，直指人心，見性成佛」爲宗旨。佛書記載，佛在靈山會上拈花示衆，衆皆茫然，唯有摩訶迦葉心領神會，破顔微笑。佛云：「吾有正法眼藏，涅槃妙心，實相無相，微妙法門，不立文字，教外別傳，付囑摩訶迦葉。」此後迦葉傳阿難，阿難傳商那和修，如此代代相傳。至第二十八代菩提達摩祖師浮海來華，越過南方，乘一葉之扁舟渡江，依止於少林，傳法於嵩洛，爲中華禪宗初祖。慧可、僧璨次第嗣其後，至四祖道信、五祖弘忍創東山法門于黄梅，禪宗從此成立。六祖惠能大師從新州至曹溪，留居修學佛法三年，然後北上黄梅投師於五祖門下，受法南歸。歷經磨難後，時值上元之夜，於廣州法性寺以評風旛之議的妙論，受到印宗法師賞識，親自爲他主持剃髮授戒儀式，並擁送曹溪寶林寺駐錫傳法。六祖大師在曹溪四十年，弘揚頓教禪法，宣示識心見性，自成佛道。門下弟子衆多，高足十有二人。法海禪師集其事跡、語録編爲《法寶壇經》，成爲中國佛教著述中唯一被奉爲「經」的寶典。曹溪法乳，廣布天下，凡言禪者皆以曹溪爲源頭。唐末五代，禪門五宗迭興，進入宋代以後，盛行於社會廣大民衆之中。以至如近代太虚大師所説，蓋中國自晚唐、五代以來之佛教，可謂完全是禪宗之佛教；禪風之所播，不惟遍及佛教之各宗，且儒家宋明理學，道家之性命雙修，亦無不受禪宗之醞釀而成者。故禪宗者，中國唐宋以來道德文化之根源也。又説，中國佛法之骨髓，在於禪。在中外文化交流過程中，中國禪宗和其他佛教宗派也先後傳到韓國、日本、越南，近代以後也傳入歐美諸國，對這些國家的歷史文化産生多方面的影響，並且成爲聯結中外人民相互瞭解和友誼的重要紐帶。曹溪南華禪寺作爲六祖居住弘法和真身奉安的聖境，雖歷經興衰和曲折坎坷，然而其神聖的禪宗祖庭地位從未動摇。當今適逢盛世，南華禪寺已翻修一新和擴建，連年香火興旺，法事繁盛。現於此處建立祖師殿堂，供奉六祖大師、五家七宗祖師莊嚴寶像和禪宗公案壁畫，供信衆參拜、世人瞻仰；特名「拈花笑處」者，爲提示人們當憶佛拈花示衆，迦葉微笑默受心印的佳話，以直探心源，見性悟道也。曹溪南華禪寺方丈傳正法師，嗣法於惟因法師，以高揚祖道爲己任，致力弘法利生和文教事業，並重視寺院設備健全和創新，建立佛學院以培養僧才，舉辦禪悦行以薰陶四衆。拈花笑處殿堂現已落成開光，特囑筆者撰碑以記之。筆者遵囑，謹撰以上文字以爲碑記。

中國社會科學院榮譽學部委員、世界宗教研究所教授楊曾文，公元二〇一二年十月二十八日於曹溪南華禪寺。

八月，南華寺隆重舉行「祖印重光」暨二〇一三年紀念六祖惠能大師示寂一千三百週年啟動儀式，三位祖師真身和四位祖師法像安奉在新修落成的六祖殿。廣東省民宗委原主任劉文炎、宗教一處處長黄心怡、韶關市委副書記陳向新、曲江區委書記黄勁東、韶關市副市長藺茵、市人大原副主任楊春芳、市民族宗教局局長趙衛東、曲江區區長范國文、曲江區委宣傳部副部長鍾日强、中國佛教協會副會長、廣東省佛教協會會長明生等，參加儀式。中新社、《南方日報》、香港《文匯報》、廣東電視臺等新聞媒體進行了報導。

二〇一三年，紀念六祖惠能圓寂一千三百週年暨二〇一三廣東禪宗六祖文化節分别在韶關、廣州、雲浮三市舉辦。作爲主辦單位和紀念大會主會場，南華寺舉辦了「紀念六祖惠能大師涅槃一千三百週年法會暨曹溪講壇落成六祖聖像開光典禮」。此前，籌備工作得韶關市委書記、市人大常委會主任鄭振濤，韶關市委常委陳向新、許紅、黄勁東，韶關市市長艾學峰，副市長藍茵、李安平，曲江區委副書記黄健庭、范國文，副區長盧春燕等市、區領導的大力支持，督促各籌備工作組把責任及各項工作落到實處。同月七日，南華寺「紀念六祖惠能圓寂一千三百週年法會暨曹溪講壇落成、六祖聖像開光典禮」在曹溪講壇如期隆重舉行。

九月七日，「曹溪講壇」舉行落成開光儀式，並投入使用。曹溪講壇占地總面積五萬平方米，建築面積三萬平方米，主體建築由山門、講壇、大殿以及文化碑廊組成，倣唐園林風格。

二〇一四年六月，韶關市城市規劃局發布《韶關市大南華地區控制性規劃》。按韶關市委、市政府十二五「大南華」專案規劃，專案面積達五千六百畝，總投資約十億元，區域空間結構形成「一心兩軸五區」，使之成爲集旅遊、飲食、休閒、娛樂、購物於一體的佛教文化旅遊區。

韶關市大南華地區控制性規劃

規劃目的

爲貫徹廣東省建設文化大省的戰略決策、落實韶關市開發大南華地區的決定，進一步指導大南華地區的歷史文化遺產保護和開發建設，提供政府部門科學合理的規劃管理依據，根據《中華人民共和國城鄉規劃法》和《城市規劃編製辦法》的規定，制定本規劃。

規劃範圍

一、規劃研究範圍：以南華禪寺四周山脈分水嶺爲界，北起寶林山北麓山腳，南至羅漢峰諸頂，西到六祖避難石西側山腳，東至塔子坳，面積約一千六百八十一點二九公頃。

二、規劃控制範圍：西起禪關，東至塔子坳，南至大寶山礦鐵路專線，北至寶林山分水嶺，面積約七百二十點一七公頃。

發展目標

一、總目標

保護歷史遺産，弘揚六祖文化，發展文化旅遊，振興地方經濟。

二、分目標

（一）保護六祖文化遺産，傳承禪宗法脈。

（二）重塑「禪宗祖庭」，再現盛唐「南天佛國」勝景。

（三）發展禪宗文化旅遊，帶動地方經濟發展。

（四）弘揚六祖禪宗文化精髓，共同創建和諧社會。

在以上分目標的基礎上，積極支援大南華地區申報世界文化遺産。

附規劃總平面圖

規劃定位

一、總體定位

禪宗祖庭，佛教聖地。

二、規劃定位細分

（一）宗教文化定位：我國華南地區的佛教文化中心之一，六祖禪宗文化特色突出、能予人以精神啟迪的世界知名的佛教禪宗聖地。

（二）區域戰略定位：韶關城市的核心歷史文化特徵景區，韶關市的歷史文化名片；韶關市主要的歷史人文旅遊發展區，帶動能力强勁的旅遊增長極點。

（三）産業發展定位：以文化旅遊産業爲主導，以六祖禪宗文化爲核心吸引力的高品位的禪宗文化旅遊區。

（四）景觀風貌定位：以盛唐時建築風格爲主，蘊涵六祖禪宗文化内涵，歷史韻味濃厚、兼具時代特色，人文景觀與自然景觀相交融的園林化佛教文化景區。

總體格局控制

尊重規劃區的生態脈絡與文脈肌理，保護生態格局，整體控制爲「山、林、寺、溪、田」相交融的生態景觀格局。

規劃結構

確定大南華地區的空間結構爲「一心兩軸四區」。「一心」即南華禪寺，「兩軸」分别爲沿南華禪寺中軸綫形成的禪宗朝聖軸綫、沿曹溪形成的曹溪自然軸綫，「四區」分别爲禪宗朝聖區、禪宗文化區、禪宗體驗區、自然生態區。

道路交通控制

對外交通與出入口控制

一、一〇六國道改綫

（一）一〇六國道現狀禪關至惠英村路段南移至大寶山礦鐵路專線北側，紅線寬度控制爲二十一點五米。

（二）現一〇六國道禪關至惠英村路段，除南華禪寺兩側局部路段以外的其他路段予以取消。

二、出入口控制

（一）規劃區主要對外出入口共四處，分別是南出入口、西出入口、東出入口、避難石方向出入口。

（二）南出入口是大南華地區主要的機動車出入口和步行入口，在南出入口處設置一條分流輔道，避免出入口交通與一〇六國道交通相互干擾。

內部道路系統控制

一、道路系統

道路系統爲自由式布局，形成由「南出入口—渡船碼頭」「禪關—南華禪寺—楊梅沖」「楊梅沖—朝聖廣場—避難石」三條主要線路組成的環形交通線路。

二、道路等級

規劃區內道路劃分爲一級、二級、三級機動車道和步行道四個等級。其中：

（一）一級機動車道紅線寬度控制爲三十米。

（二）二級機動車道紅線寬度控制爲十五米、十二米。

（三）三級機動車道紅線寬度控制爲九米。

（四）步行道依據不同地形條件，取一至三米不等。

電瓶車、自行車交通依託機動車道，不設置專用車道。各級機動車道路控制見附表五「道路主要技術指標表」。

配套服務設施控制

配套服務設施以利用大南華以外地區，特別是曹溪温泉假日度假村以及曲江、韶關城區的設施爲主，限制大南華地區配套服務設施的建設規模。在本規劃區內有針對性地布置必要的配套服務設施，與佛教和禪宗文化不協調的設施，限制其在規劃區內布局。

景觀風貌控制

構築「山、林、寺、溪、田」相交融的生態景觀格局，形成「一環、一心、兩軸、三區、多節點」的景觀系統。

一、「一環」指周邊的背景山體和曹溪以南的農田，形成山林景觀和田園景觀滲透，展現「嵯峨寶林，悠悠南山」的禪宗意境和古典韻味的田園風光。

二、「一心」即南華禪寺，是大南華地區的景觀核心，展現「禪宗祖庭」的千年古刹風貌。

三、「兩軸」即禪宗朝聖軸線，體現莊嚴神聖的宗教朝聖景觀；曹溪自然軸線，體現「曹溪香水」的文化與景觀魅力。

四、「三區」即五宗禪源主題景區，展現宗教朝聖、禪宗溯源特色景觀；一花五葉主題景區，展現歷史文化韻味濃厚的傳統寺院園林景觀；禪修中心主題景區，展現山水禪意、參與性强的人文生態景觀。

五、「多節點」即南、西、東三個門户節點，展示大南華地區形象；多個重點項目景觀節點，展現佛教與六祖禪宗文化主題景觀。

附規劃道路交通圖、景觀規劃結構圖

廣東省韶關市城鄉規劃局二〇一四年六月

是年八月，於主刹西側土地上啟動萬佛塔園林建築工程。萬佛塔擬建十三層，總高一百零八米，塔内供奉佛舍利及緬甸玉佛一萬尊，寓意「一佛（六祖）出世，萬佛護持」。將建造一百零八座小塔，環繞於主塔四周，以祈禱世界和平、國泰民安。

二〇一五年三月，於曹溪講堂前興建經幢廣場，增立石刻《壇經》經柱等。至年底，以《韶關市「大南華」旅遊發展規劃》構想形成的曹溪寶林禪宗祖庭，四至面積達五點五六平方公里（八千三百四十畝）。「大南華」規劃建設初顯規模，前景廣闊。

梵宫生輝

南華寺殿宇，梁智藥三藏、唐六祖時之建置布局及規模已不可考，然大雄殿與法堂分爲二區，大雄殿譬之宗廟，鐘、鼓樓翼然於法堂之前，禪堂、選僧堂，與蒙堂、延壽堂合爲一區。宋時，南禪宗迅速發展，號「一花五葉」，奠定曹溪的東土禪宗祖庭地位。寺院仍保留惠能道場規制之外，先後增建古齋廚、蘇程庵（乾道間改爲方丈）、普庵殿、五祖影堂、伽藍殿、韋馱殿、觀音殿、選僧堂等建築。元代又增修大雄殿（三寶殿）、鐘鼓樓、諸天殿等，建置規模日加宏敞。入明後，成化十年（一四七四）增修羅漢樓，爲曹溪山門。嘉靖十三年（一五三四），寺僧太倉增建寶林門，置二金剛像。二十四年（一五四五），住持淨琛重修山門，增建曹溪門。至憨山中興，其建置已達相當規模。據萬曆志載，時寺宇布局大致爲：

其制分爲二區，其正區則大雄寶殿爲刹主，其左臂則祖師殿以當正脈，殿前陛即所謂陳亞仙之祖墳在焉，故瞻禮者必先亞仙而後入祖師之室，豈非以不住相布施所得福德，而得與祖道共之耶？其祖師殿之右爲御經閣，前左右列御碑亭，亭前爲大雄寶殿，其基即古龍潭也，六祖降其龍，乃填其潭而爲殿，殿之左尚有鐵塔以鎮壓之。又前爲羅漢樓，樓下列四天王像，蓋即古制山門也。大雄殿之左爲普庵殿，爲鼓樓。東向翼法堂前折而西爲南廊，盡于應真橋，又前折而左爲蒙堂，爲延壽堂，餘皆僧寮。大雄殿之右爲西廊，亦僧寮。前折而左爲南廊，盡于羅漢橋，此正區也。祖師殿之前陛即亞仙祖墓，墓前爲拜殿，殿前爲寶塔，塔前爲諸天殿。祖師殿之左爲方丈，前爲本來堂、説法堂，前爲禪堂，又前爲五祖影堂。説法堂之東爲護法堂，爲韋馱殿，殿前之側爲觀音殿、爲選僧堂，皆西向。護法堂之前即東廊，爲香積廚、爲鐘樓，亦皆西向，此左區也。祖師殿之後爲二賢閣，閣之左掖後爲靈源門，右掖爲古齋廚，又左後爲飛錫橋，爲伏虎亭、卓錫泉，東坡有泉銘在焉。亭後爲龍王亭，亭後即主山，所謂生龍白象之來脈也。其正區羅漢樓之前爲寶林門，又前爲曹溪門，爲挹翠亭，最前爲曹溪古渡亭，亭前即曹溪。挹翠亭之東爲觀音橋，又東爲東來橋，通翁源路；挹翠亭之西爲西來橋，又西爲飲香亭，通曲江路。

入清後，歷經康熙、同治、光緒三朝數次重修，寺内殿堂建築逐步形成左、中、右三區分制。重修規模，以康熙間爲大，尚可喜撰《平南王重興南華寺記》有詳細記載。至同治末光緒初，南韶連道林述訓等重修，亦大致不出康熙時尚可喜重修之範圍。民國間虚雲復興曹溪，建築布局依平面方形，以南北縱深軸線組織主刹空間，對稱穩重的兩廂建築群體，奠定今日南華建築與自然融爲一體、天人合一的建築格局。三區分制中路、東西兩廊。以中路爲主刹，由南至北深一百五十一丈，由東邊寺墻至禪堂西壁廣三十九丈五尺。南以曹溪門爲始，越圍坪，度放生池中有五香亭一座。次進爲寶林門。歷神道至陛階，至四天王殿。殿左爲虚懷樓，殿右爲雲海樓，均南向。由韋馱殿經花園，上丹墀，進大雄寶殿。殿後法堂、戒壇及藏經閣。法堂之後爲靈照塔，塔後爲祖殿，殿後爲方丈。方丈後繞道依山，至飛錫橋、伏虎亭，達卓錫泉，此爲中路。東邊由虚懷樓後接西向報恩堂樓、鐘樓、伽藍殿、客堂、齋堂、庫房，歷階至迴向堂、迴光堂、延壽堂，進爲念佛堂樓。折西接祖堂樓，南向，此爲東廊。西邊至雲海樓後，接東向西歸堂樓、鼓樓、祖師殿、雲水堂。迴廊通道，西入禪堂，南向韋馱殿、維那寮，北向班首寮、如意寮，東西向再上爲西圊、外堂、廁所、雜屋九楹及内堂、廁所、沐浴室七楹。進爲返照堂，經祖殿兩傍建東賢殿、西賢殿，後達觀音堂。此爲西路。另附於東路者，爲客堂後之待賢樓。齋堂之後爲香積廚、沐室、碾米房、工人室、柴草寮、東圊等。另，寺外建有無盡庵、海會塔、幼幼亭等建築。

歷代建置規模大略如上述。一九四九年後，南華寺殿宇亦有重修，「文化大革命」期間雖遭受衝擊和毀壞，而得到及時較好保護，民國重修之格局幾無更改。八十年代改革開放及二〇〇〇年以來，祖庭重光後殿宇亦是續增前制。收回寺院被占用土地之後，於寺東增築一系列以弘揚佛教文化爲主題之建築群，如曹溪佛學院教學樓、圖書館（多寶閣）、息心園（禪修中心）、東禪堂等，然梵宇大體格局仍一應自南而北縱深排列，主軸線南端以曹溪山門爲始，建築依次爲放生池、寶林門、天王殿、大雄寶殿、藏經閣、祖塔、祖殿，順序向北縱列，再輔以兩廂建築及其他建築。以下謹分述現今建置及其規模。

一、山門建築

曹溪門　主剎正門，亦即第一山門，亦稱「三門」，意謂觀法無我、遠離色相、無起無作之三解脱門。坐北向南。南華寺早期山門係以舊制羅漢樓爲門，明嘉靖十三年（一五三四），僧太倉增修寶林門，並於門置二金剛像。二十四年（一五四五）住持淨琛重建山門，增曹溪門爲主剎山門，增二金剛像。萬曆間憨山中興後，至崇禎六年（一六三三），住持宗政、真馮、子欽三人再有重修之舉。由此，自曹溪門歷寶林、羅漢三門，夾道皆古樹，磅礴蒼鬱，可蔽雲日。清康熙初、同治年間，山門屢有重修。民國間，李漢魂禮請虚雲重興祖庭，以「更正山向以成主體」移建山門。民國二十六年（一九三七），將曹溪門從西邊大樟樹下「稍移東，取坐癸丑向丁未六度兼癸丁線，與四天王殿同向」。又重建寶林門，挑土以培高左右抄手，遂成今日曹溪山門坐向。一九四九年後，曹溪門、寶林門多次重修，建築規模與形制亦有改觀。一九六五年重建。一九七一年廣東省礦冶學院進駐，山門被改建，無復古建風格。一九八六年惟因主持修繕曹溪門，按舊門格式重建。原爲磚木結構，改爲磚鋼筋混凝土混合結構。方向南偏西二十六度。門樓面寬二十二點四五米，進深九點五五米，高十二點五米。磚墻到頂，重簷歇山頂，柱頭斗拱和轉角斗拱均用一斗三升。脊吻及屋角翹起，均用蔓草式。正脊兩端飾龍脊頭，琉璃珠脊刹。兩旁脊腰各置鼇魚。斗梁間懸康熙十八年（一六七九）吳儼題「曹溪」匾額。門楣懸掛中國佛教協會會長趙樸初題「南華禪寺」匾。左右楹聯：「庾嶺繼東山法脈，曹溪開洙泗禪門。」一九九三年冬，佛源又興建第一山門牌樓，一九九四年夏竣工，總造價約人民五十八萬五千元。二〇〇〇年，傳正主持爲曹溪門四大天王貼金身、畫雲彩，並加紅木圍欄、弔頂。

寶林門　主刹二道山門，舊址在今西側，原規模略小。嘉靖十三年（一五三四）僧太倉修。康熙間重修。民國二十七年（一九三八），虛雲移位重建於現址。磚木結構，門洞式硬山頂，普通瓦面。一九九四年建時改爲重簷歇山頂，方向南偏西二十三度，面寬二十二點七米，進深十一點六米，磚墻到頂，門洞寬四點九米，屋高九點八米（比原建提高一米）。出簷和轉角均爲一斗三升斗拱。綠色琉璃瓦面，琉璃寶珠脊刹，正副脊均爲蔓草脊吻。門楣懸掛「寶林道場」匾額，爲國民政府主席林森題於民國二十七年（一九三八）。左右楹聯：「東粵第一寶刹，禪宗不二法門。」

二、中軸主殿建築

天王殿（羅漢樓）　位於主刹中軸寶林門後，舊制爲羅漢樓，始建年代不詳。明成化十年（一四七四），住持惠勉重建，位於現天王殿靠西一側，樓内設四天王像，初爲曹溪山門。邑人蕭韶有記。嘉靖十四年（一五三五）住持真滿重建，大理寺副金山有記。萬曆七年（一五七九），巡察使龔懋賢題額「南海西天」。清康熙、道光、同治、光緒年間俱重修。民國二十六年（一九三七），虛雲東移羅漢樓而重建爲天王殿，並於兩側分别增建虚懷樓、雲海樓，即今之規制。一九四九年後，天王殿曾歷惟因、佛源、傳正三代住持重修。現爲鋼筋混凝土結構，殿寬五楹二十二點四米，進深十八點六米，高十二點五米。磚墻到頂，重簷歇山頂。柱頭和轉角斗拱均用一斗三升，脊吻及屋角翹起均用蔓草式。正脊兩端飾龍脊頭，琉璃碧瓦，寶珠脊刹。兩旁脊腰各置鼇魚。殿門懸「天王寶殿」額。門聯：「祖庭開象鼻山前是莊嚴初地，法輪轉龍漢劫後有欣慨滿懷。」殿内正面供奉彌勒佛，塑像正坐於正中屏墻神龕上，四大天王塑像兩兩分立殿東西兩廂，手持法器。殿内背面供韋馱塑像。

大雄寶殿 在天王殿後，藏經閣前。舊稱大雄殿、三寶殿。唐儀鳳二年（六七七），惠能始建佛殿；元大德十年（一三〇六），位於今殿靠西偏南一側。明正德十二年（一五一七），僧清潔、圓通重修，知府姚鵬有《重修南華寺大雄寶殿記》。萬曆間憨山中興，見「殿前坑窟，勢如湖潭」，欲填築而未果。清順治、康熙年間兩度重建，以次填平，爽塏宏敞，遂成壯觀。大殿緑瓦朱楹，金璧交光，視前制更加宏麗。民國七年（一九一八），李根源又重修。二十五年（一九三六），虚雲按舊殿規模重建，移址於靈照塔前，方向南偏西二十八度，磚木擡梁式結構，七架梁，緑琉璃瓦，重簷歇山頂。面寬七楹三十五點四米，進深七楹二十九點二五米，副階寬前後三點三五米，東西三點二五米。以靈照塔爲大殿靠背，使大殿與寶林門同向，遂成今見之規制。一九四九年，本焕主持重修大殿及禪堂。一九四九年後，大殿曾歷惟因、佛源重建新修。二〇〇六年九月，香港佛光工程基金會徐銘禪居士等十人贈施「一切如來心秘密全身舍利寶篋印陀羅尼」花崗巖寶塔，安奉殿内，塔高三點三米，蓮花座高近二米，座分八面，分别雕刻有當來下生彌勒菩薩、智慧文殊師利菩薩、大行普賢菩薩、大慈悲觀世音菩薩、大願地藏菩薩、虚空藏菩薩、除蓋障菩薩、金剛手菩薩的原身莊嚴法相。塔基一側石碑刻寫《一切如來心秘密全身舍利寶篋印陀羅尼經》，塔身雕刻有八十八佛名號，及《一切如來心秘密全身舍利寶篋印陀羅尼經》的梵文本。二〇〇七年，傳正重修大殿，重點修繕寶殿主體框架及重彩重繪五百羅漢像，爲佛像貼金等，至二〇〇九年完工，始有寶殿今日規模。現大殿建築高十六點七米、寬三十四點二米（七楹）、進深二十八點五米（七楹）。鋼筋混凝土結構。殿前有月臺，四周迴廊，緑琉璃瓦，重簷歇山頂，飛簷飾坐獅，頂用雙魚吻，門窗格子式。門楣懸「大雄寶殿」額。門前兩柱有李根源篆書聯：「重新震旦河山，幸結法緣參六祖；誰弄修羅兵杖，終資威力殄群魔。」殿内正中屏墻神龕上，立東方琉璃世界藥師佛（左）、本師釋迦牟尼佛（中）、西方極樂世界阿彌陀佛（右）三寶大佛像，全身遍貼金箔，連座均高八點三一米。觀音菩薩泥塑立於「横三世佛」後屏墻，高四米，遍貼金箔，跣足立於鼇頭，左手倒持淨瓶，右手輕執柳枝。五百羅漢泥塑群分塑大殿四壁及後屏墻，每尊高約一點一米。

藏經閣（御經閣）　在大雄寶殿後。舊制原信具樓，位於今祖殿西側。始建於唐開元十年（七二二）前。初爲藏衣鉢之所，師入塔後，因孝子取首事覺，乃遷於樓。明洪武間毁於兵燹。正統間改建爲御經閣，貯御賜《大藏經》。成化二十一年（一四八五），住持惠淳復建信具樓，樓前增建拜殿，南雄知府江璞捐資建造，弘治三年（一四九〇）李嗣有《重建大鑒禪師信具樓記》。萬曆二年（一五七四），都綱弘琛、住持悟全重修。十九年（一五九一），兩院司道重建，復改稱御經閣，禮部尚書王弘誨捐修樓下毗盧像。清康熙十一年（一六七二），尚可喜重修祖庭，移建御經閣於祖師殿西側、大殿後，更名藏經閣，并撰《重建御經閣碑記》。民國三十年（一九四一），虛雲移建大殿，於大殿後、靈照塔前營建法堂，移藏經閣於法堂上，仍名藏經閣，故閣亦稱法堂。一九七七年重修加固。二〇〇〇年一九九六年，佛源重修藏經閣，將四周出簷加寬，恢復明制風格，改抬梁式爲穿斗式梁架。二〇〇〇年後，傳正又作重新。現藏經閣建築係虛雲復興南華時建規制，面寬七楹二十八點八五米，進深五楹十八米，閣高十三點零八米，建築面積五百一十九點三平方米。爲斗拱柱梁兩層傳統建築，上下五楹四周壁廊，單簷歇山頂，面覆琉璃緑瓦，灰脊寶珠脊刹，蔓草脊吻，變體獸龍脊頭，格子門窗。主樓前突爲亭，又名御花臺，面寬七點三米，進深二點七米，亭高八點三米。上層懸「藏經閣」額，下層法堂前柱有秦萼生書聯：「曹溪法乳，澤洽新容，畢竟佛能超萬劫；梵殿潮音，聲宏塵世，慰教人得拜雙林。」正門懸「法雨歡騰」額。藏經閣内珍藏大批珍貴文物，其中國家一級文物三百二十七件，二級文物一百六十五件，三級文物四十九件。年代最早者爲北齊皇建元年（五六〇）銅佛像；最著者有惠能真身塑像、唐千佛袈裟和歷代聖旨；數量最多者有北宋木雕羅漢像三百六十件（原五百四十餘件）；還有隋鐵鑄佛像、宋大銅鐘、元鐵鑄大鍋、明木雕四大天王像、明重刻蘇東坡手跡碑銘、清千佛鐵塔及《金剛經》銅印版等珍貴文物。

祖殿　在靈照塔後，殿前爲舊制陳亞仙祖墓拜殿。初爲信具樓，以藏衣鉢。明正統間，改爲御經閣，貯御賜《大藏經》。成化間，寺僧重新祖殿前靈照塔，未幾，韶州知府移靈照塔六祖真身於殿内，命改信具樓爲祖師殿。成化二十一年（一四八五），住持惠淳將御經閣移建於拜殿（陳亞仙墓）前，祖殿更名六祖真身殿。侍郎李嗣有記。嘉靖八年（一五二九），住持圓璽重修祖殿，南安府知府何文邦撰記。嘉靖十六年（一五三七）正月，僧太倉、圓通自費重修祖殿，翌年二月十五竣工，高四丈八尺，廣倍之，府學訓導鄧泮應都綱應珍之請，撰《重修祖殿記》。萬曆年間，憨山拆移有礙祖殿建築，重新之。清康熙七年（一六六八），尚可喜改御經閣爲祖殿。民國初年，李根源重建，改祖殿回陳亞仙墓後方；後虛雲又培修之，殿内倣阿育王塔式作祖坐龕，龕外塑南嶽、青原、法海、神會像侍側，又復在祖殿兩廂建東、西賢殿，塑五宗有功法門諸祖，奠定今祖殿規制。一九七九年秋，惟因在香港古巖淨苑住持意超、居士鍾燕萍資助下，重修祖殿，更木製殿樓爲混凝土結構，仍保留廊式倣古二層柱梁斗拱設計，重簷歇山式，灰脊寶珠脊刹，蔓草脊吻，面覆琉璃緑瓦，門窗爲格子式。殿高十四點二米，寬五楹二十三點九米，進深五楹十九點四米。四周迴廊，前廊深三點一米，左右廊寬二點八米。上層門楣懸「祖殿」額，下層門懸「祖印重光」匾。門前兩柱有李漢魂魏碑體聯：「衣鉢真傳，明心見性；菩提無樹，落葉歸根。」又有清光緒三年（一八七七）督修（祖殿）信官蔡潤泉題聯：「嘗一勺之甘泉，毓秀鍾靈，不異西天福地；受六傳之法雨，明心見性，無殊東魯淵源。」殿内一層中央三座倣阿育王式木塔佛龕，居中供奉惠能真身，左右爲明代丹田、憨山真身。一九九八年三月，佛源選録自惠能至傳正「繼席高賢」二十三人，鐫石形影，供養於六祖殿内。二〇一二年三月，住持傳正又重修祖殿，保留原有規制，恢復柱梁斗拱木結構。九月十七日（農曆八月初二日），將惠能、憨山、丹田真身及惠能上首弟子青原行思、荷澤神會、韶州法海、南嶽懷讓塑像，移入佛龕，從大雄寶殿安奉於新落成之祖殿。二〇一三年九月七日，舉行「祖印重光」重建六祖殿落成典禮。

方丈樓　在祖殿後，舊制爲蘇程庵，北宋年間改建爲方丈室。明嘉靖十八年（一五三九）住持悟全以私施香資所積百餘金重建，韶州知府舒大猷題「定靜境界」匾懸於室内，韶州府學訓導龔邦柱撰《重建方丈記》。二十五年（一五四六），韶州知府陳大倫改建爲二賢閣。萬曆二十九年（一六〇一）憨山中興，重建方丈樓，韶州府學訓導龔邦柱有記。清順治十七年（一六六〇），心照復修，洪琮有記。民國年間，虛雲改建爲磚木結構，兩層，二樓設有板橋，連通祖殿。一九八一年，惟因募修方丈室，得四方僧衆、檀越布施，改原磚木結構爲混合結構，一九八二年竣工。一九九九年十一月，傳正撰立《重修方丈室碑記》碑。二〇〇〇年後，方丈室改建他處，原樓更作他用。現方丈樓爲兩層混凝土結構倣古建築，面寬十九米，進深九米，建築面積三百四十二平方米，保留惟因重修時規制。

祖　堂　又名影堂，在祖殿後原方丈樓東側。民國間虛雲復興曹溪時始建，舊制爲兩層磚木結構，上下五楹。一九八二年，代住持傳正主持重修，面寬二十一米，進深七米，建築面積二百九十四平方米。兩側各隔出寮房兩間。樓下中爲祖堂，内供歷代祖師及南華繼席宗匠牌位和雕像。二樓均作寮房。

三、兩廂建築

寺院建築，先制分正區、左區依次築殿堂，清代進而更迭爲左、中、右三區。民國間虛雲更正山向，以正主體，依中軸坐向依次營建主刹，又改舊制建築設兩邊廂房及各殿堂，成主刹各殿堂庭院布局。兩廂建築自主刹天王殿兩側南向虛懷樓、雲海樓，折北作曲尺形順次延伸。

（一）南　廊

虛懷樓　在天王殿東側，爲天王殿兩廡之一。呈倒向「L」格局，與天王殿連接。民國二十六年（一九三七）始建，原係磚木結構。一九九一年，代住持傳正改建爲兩層磚木混合結構，硬山頂琉璃瓦剪邊，樓上爲招待所，樓下爲會議室，建築面積二百一十六平方米。門北向，中爲天井，北有圍墻，形成小庭院格局。二〇〇二年，寺院組建弘法團，首層改爲聽法堂，二層改作弘法用。

雲海樓　在天王殿西側，爲天王殿兩廡之一，與虛懷樓相對。連接天王殿西側，呈倒向「L」格局。始建年代、結構與虛懷樓同。原爲磚木結構，一九九一年，代住持傳正改建爲兩層混合磚木結構，均設爲僧寮。

（二）東廂廊

東廂從南到北共一百五十三米，建築順山勢次第，坐東西向，分三級臺階北延，各堂樓殿一應爲廊式連體建築，多爲單簷柱梁斗拱上下兩層，硬山頂緑琉璃瓦。順序排列如下：

東廂廊第一臺階平面建築連體分别爲：

報恩堂　在鐘樓南，與天王殿東虛懷樓相接。民國二十七年（一九三八）始建，面寬六點五米，進深九米，建築面積五十八點五平方米。兩層，樓層爲寮房。一九九〇年，代住持傳正主持重修。

鐘　樓　位於東廂廊，南連報恩堂，北接伽藍殿。元大德五年（一三〇一）由住持法脈始建，兩層一楹。樓内供奉有觀音像，鐘樓上懸銅鐘重數千斤。明永樂六年（一四〇八），住持觀意重修。嘉靖三十六年（一五五七），住持廣粢重新之，更换巨鐘重數千斤，郡人寺丞吴世實有記。清康熙間，平南王將其與鼓樓俱改建，配佛殿兩傍，在羅漢閣前左，下有觀音像，與鼓樓相對。同治末年，南韶連道林述訓重新。民國二十六年（一九三七），虛雲移現址重建，改爲三層一楹。二〇〇〇年，住持傳正重修，爲三層柱梁單簷斗拱建築，歇山頂簷角挑起，二三層爲格子花窗。一層西向正門題額「鐘樓」，兩側墻各嵌碑二方，内懸宋代鑄造萬斤銅鐘。何明棟撰《重建南華禪寺鐘樓碑記》。

伽藍殿　在東廂廊，南接鐘樓，北連佛經流通處。北宋元豐三年（一〇八〇）始建於現西廊外舊禪堂右。明成化間重修。民國二十六年（一九三七），虛雲移現址重建，改爲上下兩層五楹。一九九〇年，代住持傳正重修，面寬十米，進深九米，占地面積九十平方米。樓上爲寮房。殿門楹聯：「資護法於伽藍，笙磬聲中標玉尺；尊遺囑於佛敕，頻繁座上禮金仙。」

佛經流通處 在東廂廊，南接伽藍殿，北連客堂。民國三十一年（一九四二）始建，爲上下五楹客堂樓。今住持傳正復修，改爲佛經流通處，主要銷售佛經、佛像、法器等。面寬八米，進深九米，面積七十二平方米，樓層爲寮房。

東廂廊第二臺階平面建築連體分别爲：

客　堂 位於第二臺階平面第一間，民國三十一年（一九四二）始建，爲上下五楹齋堂樓。後屢有重修。二〇〇〇年，住持傳正又重修，改爲客堂樓，面寬二十二米，進深九米，面積一百九十八平方米。室内左右各隔出一間僧寮（右爲知客寮，左爲僧值寮）。二樓原是寮房，今改爲殿堂，安放惟因玉石雕像，兩側隔爲寮房。客堂内有二聯，民國八年（一九一九）臨時執政府司法總長、教育總長章士釗題，其一爲：「湖海漫周遊，媿見眉山悟通礙；溪雲看仔細，更登祖殿認菩提。」其二爲：「客塵易伏，家賊難防，各自謹守；堂前掃淨，賓主相逢，去送來迎。」

講　堂 在東廂廊、大雄寶殿東側，與客堂隔一通道。原爲齋堂，民國二十九年（一九四〇）虚雲復興南華時始建，上下各五楹，下爲齋堂，上爲庫房。一九四九年後曾兩次重修。二〇〇二年，住持傳正新建齋堂，改原齋堂爲講堂，原二層庫房改建爲水陸内壇，又將香積廚改建爲上客房。今講堂爲柱梁斗拱兩層倣古建築，硬山頂緑琉璃瓦，樓寬二十一米，進深十四米，建築面積五百八十八平方米。

説法堂 宋康定二年（一〇四一）建，郡人余靖有記。政和八年（一一一八）重修。明正德二年

（一五〇七）住持如靖重建，五年（一五一〇）八月，曲江知縣黃璉撰《重修六祖説法堂記》。民國三十年（一九四一），虛雲在大殿之後、靈照塔之前主建法堂一座。一九九六年，佛源見法堂年久失修，白蟻叢生，有傾圮之危，決定依明代風格重建，以非洲紅木爲構架。歷時一年多，花費人民幣數百萬元。覺慧撰《重修法堂記》。一九九八年，住持佛源將印度二十八祖、中國六祖形影鐫石供於法堂。

東廂廊第三臺階平面建築連體分别爲：

迴向堂 在東廂廊第三臺階平面，民國三十年（一九四一）始建，初與向光堂、延壽堂連體，各上下五楹。一九九〇年，代住持傳正重修，改磚木瓦頂結構爲混凝土柱梁斗拱倣古建築，硬山頂兩層緑琉璃瓦。二〇〇二年傳正又重修，一層面寬二十三米，進深九米，建築面積二百零七平方米。二樓爲僧房，歷階而上。原迴光堂、延壽堂改作寮房，面寬十七米，進深九米，建築面積一百五十三平方米。二樓設玉佛殿，兩側作寮房。一九九〇年，緬甸釋妙智尼和香港四衆弟子捐贈高二點四米、重三噸多的漢白玉釋迦牟尼像一尊，以充玉佛殿法供。

念佛堂 在東廂第三臺階平面，南連迴向堂，北接祖堂樓。民國三十一年（一九四二）始建，初爲上下五楹。一九九〇年，代住持傳正重修，改磚木瓦頂結構爲混合柱梁斗拱倣古建築，硬山頂緑琉璃瓦。二〇〇二年住持傳正又重修，首層面寬十九米，進深九米，建築面積一百七十一平方米。二樓均爲寮房。自迴向堂至念佛堂止，衹有前廊，没有後廊。

另，附於東廂廊後又有二列平行建築。其一與東廂廊相接：

待賢樓 在東廊客堂後，原爲廣東礦冶學院招待所。一九八八年住持惟因募捐，知客傳正負責重建，將原單層土墻建築改爲混凝土結構兩層樓房。二〇〇〇年，傳正於其北增建待賢樓，中隔一天井連接招待所，爲兩層混合結構，琉璃瓦面剪邊樓頂。首層作客膳廳，往南分別有寮房、衛生間、車庫等，二樓間隔客房六間（即待賢樓），總面積六百八十四平方米。又二樓自待賢樓往南均爲賓客招待所。

竹　園　在待賢樓北端，與東廂廊隔一天井，南連待賢樓。爲二層閣樓，西向，混凝土柱梁硬山頂，琉璃緑瓦翅角面。二〇〇〇年，住持傳正新建。

上客房　在東廊客堂後，與待賢樓相接。原爲香積廚舊址。二〇〇二年，傳正移建香積廚，改爲上客房。面寬二十三米，進深十一米，面積二百五十三平方米。

其二與待賢樓東廂廊連接：

香積廚　在待賢樓東。始建於唐代，位於現大雄寶殿東側外，宋、元俱曾重修。元至元四年（一三三八）鑄有大灶銅鍋，重可數百斤。明正德間，寺僧圓璧易地重建，奉監齋神像，以大灶銅鍋祀。憨山中興時，移廚於左區新置禪堂東。民國二十六年（一九三七），虚雲於東廂廊齋堂後重建香積廚五楹（今講堂後）。一九八九年，知客傳正改單層平房，磚木結構爲混合結構。二〇〇二年，住持傳正移香積廚於待賢樓東面重建，香積廚舊址改建爲上客堂。現香積廚與齋堂同屬一棟建築，香積廚居下層中位。上下二層共二十楹，中有天井，二層有走廊與待賢樓相接，其建築爲混凝土結構，尖頂，琉璃瓦面剪邊。

齋　堂　在待賢樓東、香積廚北。舊齋堂始建於民國二十九年（一九四〇），初位於主殿東廊，與大雄寶殿東側對應，爲樓上下各五楹。堂門懸虚雲重刻蘇軾題「齋堂」匾。一九八九年始有重新。

二〇〇二年，住持傳正移建於待賢樓和招待所東面，中間隔一通道。從北至南長九十九米，進深十九米，兩層。一層爲齋堂、香積廚、開水房和柴房；二層爲庫房和客膳廳。北接新客房，聯體爲兩層建築，共十六間客房，二層有通橋與庫房、客膳廳相接，渾然一體，混凝土結構，琉璃瓦面剪邊，總建築面積二千七百六十二平方米。

無憂寮　在齋堂北端，東與竹園相隔通道對望。二〇〇〇年，住持傳正新建，兩層楹樓，北向，混凝土框架結構硬山式，緑琉璃瓦頂。高十二點八米；南北進深十五點三二米，其中走廊寬二點五米；東西十七點四米；總面積二百六十六點五六平方米。

禪海岸　在東廊後待賢樓與香積廚通道最北端。二〇〇〇年住持傳正新建，爲方丈接待場所。歷階而上，爲禪海岸門樓，兩層五楹，南向。兩廡分别爲兩層三楹北向翼樓。中有天井，兩廂左右爲上下兩層四楹連體廊樓相對，與北面南向兩層五楹廊式主樓形成别院格局。門樓與主樓爲混合柱梁斗拱兩層結構，重簷歇山頂，緑琉璃瓦面剪邊。兩廂爲廊式單簷硬山頂，緑琉璃瓦頂。天井四方置緑花壇。

（三）西廂廊

西廂廊自雲海樓從南至靈照塔西，全長一百二十八米，坐西東向，順山勢次第分三級階臺北延，堂樓殿一應爲廊式連體建築，多爲單簷柱梁斗拱上下兩層，硬山頂緑琉璃瓦。順序排列如下：

西歸堂　在鼓樓南側，與天王殿西側雲海樓相接。民國二十八年（一九三九）虚雲始建，以安僧衆覺靈供位。初爲上下二楹。一九九一年，代住持傳正重修。面寬六米，進深八米，建築面積九十六平方米。一樓爲正堂，二樓爲寮房。廊式單簷歇山頂，緑琉璃瓦。

鼓　樓　在西廂廊，南連西歸堂，北接祖師殿。元大德五年（一三〇一）住持法脈建，兩層一楹。明永樂六年（一四〇八），住持觀意重修。嘉靖九年（一五三〇），住持真圓又修，府學教授陳一貫作記。嘉靖三十六年（一五五七），住持廣粢重新，寺丞吳世賓記。萬曆二年（一五七四），住持海袖、如用、性幃、惠宣重修。清康熙尚可喜將其與鼓樓俱改建，配佛殿兩傍，羅漢閣前右，與鐘樓對峙。二樓翼説法堂，下有觀音像。同治末年，南韶連道林述訓重新。民國二十八年（一九三九），虛雲移今址重建，改爲三層一楹。二〇〇〇年，住持傳正重修。樓爲三層單簷斗拱歇山頂，二三層爲格子花窗。一層東向正門題額「鼓樓」，樓內置降龍塔。

祖師殿　在西廂廊，南接鼓樓，北連功德堂。原在舊大殿前，清康熙間尚可喜新建，壯麗莊嚴。民國二十八年（一九三九），虛雲重建，上下各五楹。一九九一年，代住持傳正重新。二〇〇二年，住持傳正再重新。面寬九米，進深八米，建築面積七十二平方米。殿內安放東土初祖至六祖及南華寺開山祖師智藥尊者等七尊雕像。二樓爲僧房。一層殿門懸「祖師殿」匾，殿聯：「祖意西來，一葦渡江雲月冷；玄風東播，五燈映地水天長。」

功德堂　在西廂廊，南連祖師殿，北接雲水堂。原建於東廊，現在講堂之南。民國二十八年（一九三九），虛雲重新。一九九一年，代住持傳正移建現址，兩層柱梁斗拱廊式，堂面寬十三米，進深八米，建築面積一百零四平方米。堂內供陳亞仙、蘇東坡、蕭詔、尚可喜等神位，及李漢魂、李根源、鄒海濱等長生牌位。

雲水堂　在西廂廊，南接功德堂，北連如意寮。民國二十八年（一九三九）始建，爲樓上下各五楹，接待來往僧衆。一九九一年，代住持傳正重修。兩層柱梁斗拱廊式建築，面寬十二米，進深八米，面積九十六平方米。二樓作寮房。

如意寮　在西廂廊，南連雲水堂，北接僧寮房。民國二十九年（一九四〇），虛雲始建，置備藥物，以治僧衆疾病，並指定每年出售南華茶葉收入，作爲湯藥經費。今樓保留民國初建時規制，爲東西向七楹，三層（含地下室一層，門向禪堂）。寮面寬二十一米，進深四米，面積八十四平方米。中間留一門洞，西入禪堂，歷階而上爲寮房，總面積一百二十三平方米。

觀音殿　位於祖殿西側，北折東向，通後山門與方丈樓相接。南宋嘉熙元年（一二三七）始建，明景泰間重修。清康熙二年（一六六三），方國龍重修並撰碑記。民國間，虛雲於方丈西新建觀音堂。一九九一年，代住持傳正重修爲二層九楹混合結構，硬山頂琉璃瓦剪邊，面寬二十二米，進深八米，總面積一百七十六平方米，二樓爲寮房。

附於西廂廊後之建築：

禪　堂　在西廂廊如意寮後。原爲祖殿舊址，宋政和間始建。明弘治間寺僧文瑞重修。嘉靖二十六年（一五四七），韶州知府陳大倫重建。萬曆二十二年（一五九四），寺僧重修。憨山中興曹溪時，改爲華嚴堂，以訓習學者。康熙間，尚可喜重修。同治間，南韶連道林述訓重修，移建於平南王生祠後（今寺東廊）。民國二十九年（一九四〇），虛雲移建祖殿，改建爲禪堂（僧衆依制坐香之所），更木製爲磚木結構。一九六五年，禪堂因年久失修而倒塌。一九八五年，住持惟因重建，改舊制磚木結構爲鋼筋混凝土構架倣古建築，樓高兩層，硬山式混凝土望板墻直上，琉璃瓦面。樓面向南偏西十度，堂面寬二十六米，進深十五米，總面積三百九十平方米。

韋馱殿　在禪堂南，隔天井與禪堂相對。北宋慶曆二年（一〇四二）建，明弘治間寺僧明鑑重修，移建於太平興國塔東、伽藍殿左。明萬曆二十九年（一六〇一）重建。清同治間，南韶連道林述訓移建於平南王生祠後，與禪堂相對（今鐘樓後）。民國二十九年（一九四〇），虛雲移殿於今禪堂南面，單層磚木結構，面寬十一米，進深八米，北向，殿兩側是維那寮，共五間，總面積八十八平方米。

福慧樓（班首寮）　在禪堂西側，東向。民國二十九年（一九四〇）始建，單層平房結構。一九四九年後，住持惟因重修。今寮房建築高十點一米，南北三十七點四八米，東西十點七九米，其中走廊寬二點八米，總面積四百零五平方米。北進爲禪堂後花圃，南接西寮僧樓。建築群依南北向，以禪堂爲主體，前有韋馱殿，左右配上如意、班首兩寮，構成一座安靜舒適的别院。

僧　寮　在禪堂南側，東與雲海樓相接，折北連西廊祖師殿後。始建於二十世紀八十年代。改革開放後，海内外香客陡增，尤其是每年兩期「六祖誕」，僧衆雲集。爲解決僧客住宿問題，於雲海樓西、祖師殿後增建寮房。兩層樓制，下層部分與西廊殿堂通連，二層爲西向寮房。高十點一米，南北七十二米，東西十三點九九米，其中走廊寬二點二米。總面積一千零八平方米。樓上下各分十三間（其中一間爲梯間）。柱梁混合結構，硬山琉璃瓦頂，中隔天井與西僧寮相對，中爲僧寮菜園。

四、配套建築

自古曹溪南華建築，以園林布局爲勝。今觀其寺宇、樓榭、池橋、亭塔與山水和諧相融，徜徉其間，當有助於佛門禪修。

放生池　在主刹曹溪門後，寶林門前。民國二十五年（一九三六）虛雲始建，自象鼻岡下穿過山隈，挖成水洞，注入曹溪門内水池。池週四十餘丈，中建五香亭，其形如象鼻之卷蓮花。一九六三年、一九七八年兩次重修，改蓮花狀爲橢圓形。池面寬東西四十八米，南北三十九米，面積約一千四百平方米，深約四米。終年蓄水供放生。

蓮花池　在主刹東路一側，順象嶺南坡至惟因塔院所在東山西側。池水源自舊明通泉，循象嶺東麓南向延伸，形成兩級池面：第一級在惟因塔院西側，池面約一百三十平方米，池北有橋連接香積廚後山；第二級在寺院東門一側，池面約六十餘平方米，中有登覺橋連接主刹與息心園、多寶閣。二池舊皆爲放生池。

雲水橋　在曹溪門廣場，始建於二〇〇七年，二〇〇九年落成。依舊地曹溪河床恢復河道，河長一百一十九米，面積一千零二十三平方米，新建三座單拱石橋。橋拱高約一點五米，長十四米，寬三米。中橋距東西兩橋等距約五米，以花圃間隔。橋面兩側以石望柱嵌石欄板，柱頭以神獸裝飾。橋兩端砌石階作引橋。三橋兩側各立神獸大象。

放生橋　在放生池上，南北横跨池面。民國二十五年（一九三六），與放生池同建。原爲木板橋，上置五香亭。一九六三年改爲鋼筋混凝土結構。長三十九米，寬二點七米，採用望柱通花橋欄。

飛錫橋　在寺後卓錫橋前。始建年代不詳。寺後伏虎亭下有石橋，相傳惠能望雲於此，慨歎「予親隴在南，而錫駐於此」，因名。石築拱橋，單券，長八米，寬五米。清順治八年（一六五一）釋真修重修。民國間虛雲再重修。一九八八年，惟因於橋面移建伏虎亭。

登覺橋　又名未名橋。在主刹東側中山亭東。橋東轉通往多寶閣、息心園、曹溪佛學院。住持傳正始建於二〇〇〇年。橋長八十八米，寬八米，橋下原爲蓮池，改爲放生池。橋建成後，將寺東與主刹連爲一體。

五香亭　在曹溪山門後，放生池中放生橋中央。五香，即戒香、定香、慧香、解脱香、解脱知見香。民國二十五年（一九三六），與放生橋同建，木結構。一九六三年重建，改爲鋼筋混凝土結構。二〇〇〇年重修，改爲八角攢尖頂，緑琉璃瓦面，葫蘆亭刹。二〇〇二年四月，住持傳正修繕、粉飾、彩繪。

伏虎亭　在卓錫泉前飛錫橋上，傳云寺後林木深阻，猛虎貽患遠近，元住持僧首衆説法，虎皆馴伏，因建亭於龍王井前。明嘉靖二十七年（一五四八），韶州知府陳大倫重建，刻蘇東坡《卓錫泉銘》碑於此。萬曆元年（一五七三），光孝寺住持應堅建爲卓錫泉亭。二年（一五七四），兵巡陳侶梅書匾「洗心」，住持僧行裕重建爲洗心亭，學官張希九撰《重修洗心亭序》。萬曆二十六年（一五九八），憨山應行裕請，撰《重修卓錫泉洗心亭銘并序》。清康熙二年（一六六三），監院可相重修，韶州太守趙霖吉有記。民國三十二年（一九四三），虚雲重修此亭，磚木結構。「文化大革命」期間被毁。一九八八年惟因復建，移於飛錫橋上，鋼筋混凝土結構，四柱八角攢尖頂，緑琉璃瓦面，葫蘆亭刹。

中山亭　在曹溪門東側、未名橋西林間。民國二十八年（一九三九），虚雲爲紀念淞滬八一三抗戰及追薦所有爲國捐軀陣亡將士而建，木結構。一九四九年後，因梁柱腐蛀而倒塌。一九八六年住持惟因重建，改爲鋼筋混凝土框架結構。亭高二層，四柱直上，內置圓空通頂，八角重簷攢尖頂，緑琉璃瓦面。亭內立《南華寺抗戰陣亡將士紀念碑記》碑。

靈照塔 在藏經閣後。又稱六祖塔。寺內至今仍在原址的最古、最高的建築。建於唐先天間（七一二—七一三），初爲木塔。元和七年（八一二），憲宗賜額「元和靈照之塔」。宋太宗繼位（九七六），奉太平興國年號，重建靈照之塔七層，御題「太平興國之塔」。紹興二十四年（一一五四），燬於戰火。三十二年（一一六二），住持奉寧新建。明成化十三年（一四七七）重建，去木塔，易之以磚，僧道深記其事。正德十一年（一五一六），住持僧智漢重修。嘉靖二十七年（一五四八），住持僧淨鏡重修，郡人寺丞吴世寶作記。萬曆四十四（一六一六）又重修，湖廣布正司參議黄公輔撰《重修南宗六祖大鑒禪師寶塔碑記》。清順治五年（一六四八）住持福恩、真修重修；康熙間，尚可喜重興祖庭，新飾古塔，均保持明代原貌。民國多次重修。一九九二年，佛源重修靈照塔，香港宗圓佛堂衆弟子、廣州居士劉粵湘信士等捐資十六萬元，香港何傳行居士等募得三十餘萬元，韶關市有關單位贈捐四十餘萬元。現爲樓閣式八角五層磚塔，高二十九點六米，底徑十一米。塔頂用生鐵鑄成覆鉢式，塔刹爲銅鑄寶瓶。塔底一層有門洞，內沿壁梯盤旋而上。門洞上方有民國李漢魂書「靈照」匾。一九九六年，南海市信衆曹樹康、曹仲橋等捐資四萬餘元，重新粉飾之。

虛雲塔院 在寺院卓錫泉西北、化身窯南，其東隔山崗與虛雲紀念館相鄰。一九八七年，住持惟因前往江西雲居寺迎請虛雲舍利回寺供養，募緣興建虛雲舍利塔。塔院始建於一九八八年。爲覆鉢式寶瓶塔，高七點八九米，由塔座、塔身、塔刹三部分組成。塔座爲四方須彌座，座身四面雕花邊，刻虛雲傳記。塔身四層，一層爲圓形梯面覆鉢，二層爲蓮花座，三層寶鉢形甕，四層爲六面石柱甕蓋，正南刻「虛雲老和尚舍利塔」字樣。塔刹爲二層圓椎柱直上。塔北依山面建有碑墻，刻惟因撰《虛雲和尚略傳》、笠舟撰《興建虛雲和尚舍利塔記》。一九九二年與惟因舍利塔同時落成，傳正爲虛雲舍利塔勒石銘記。塔院坐北向南，東西寬二十八點三米，南北進深十六點零八米，總面積一千零九十九平方米。

惟因塔院　在寺東二里原蓮池東山崗上。二〇〇〇年住持傳正建。塔院坐北向南，依象嶺靠背，東西寬二十八點三米，南北進深十六點八米，總面積一千一百四十六平方米。北建有塔院碑墻。塔臺南向，面積一百八十平方米。由塔座、塔身、塔刹組成。塔座爲六邊形須彌座，座身六面雕花邊，刻惟因傳記。塔身爲圓階梯座寶鉢，朝南刻「惟因大和尚舍利塔」字。鉢上覆方形石板，置塔刹椎柱直上。塔高七十六米。

海會塔　在無盡庵後。民國三十二年（一九四三）虛雲因南華寺舊無普同塔，歷代亡僧隨山亂葬，日久遂形拋露，莫慰先靈。乃先設荼毗爐，以焚遺蜕，嗣建斯塔，以藏七衆。原在寺東約一公里處，爲鋼筋混凝土結構，其上有念佛堂。塔左右建四楹樓房，作看塔念佛人住所；塔前築圍場，遍栽林木。門外鑿方池，以植蓮花。一九七一年，廣東省礦冶學院在此建校，塔毁。一九八三年，住持惟因在寺西無盡庵後重建。塔樓面寬十五米，進深九點二米，占地面積一百九十八平方米。塔高二層，底層能納灰塔數萬具。二樓爲念佛堂。塔前左右建寮房，看塔念佛僧居之。

日光塔　在主刹西側拈花笑處，又稱萬佛塔。爲「大南華」建設規劃重點工程。二〇〇九年籌建，二〇一四年八月動工。共十三層，採用傳統青磚、貝灰等材料修建。塔内供奉佛舍利、緬甸玉佛及青銅佛一萬尊，表「一佛（六祖）出世，萬佛護持」之意；環繞主塔四周修建一百零七座小塔，合主塔共一百零八，示爲吉祥，以祈禱世界和平、國泰民安、風調雨順，同時供信衆禮拜瞻仰。

附康熙志載歷代建築而今久廢者

普庵殿 宋嘉熙三年（一二三九）建。明嘉靖八年（一五二九）住持圓璽重修，南安府知府何文邦記。未知何時廢。

諸天殿 元延祐四年（一三一七）建，明成化間重修，嘉靖三十二年（一五五三）住持悟環重修。未知何時廢。

拜　殿 明弘治三年（一四九〇）惠淳建，嘉靖十六年（一五三七）僧太倉、通圓重修。未知何時廢。

祖堂古齋厨 明隆慶五年（一五七一）僧正袖重修，爲朝夕上祖師齋供之所。未知何時廢。

五祖殿 奉達摩以來諸祖像，明正統間建，景泰間重修。未知何時廢。

延壽堂 僧之疾篤者居此，明萬曆間住持海登建，禮部侍郎楊起元撰記。未知何時廢。

蒙　堂 在延壽堂前，訓諸行童之所，以上二堂（延壽堂、蒙堂）建修年號俱無可考，明萬曆間住持如清重建，有記。未知何時廢。

明鏡堂 在方丈後，始末無考，未知何時廢。

本來堂 位於主刹東北角（舊「方丈室」所在地）。明成化十三年（一四七七）寺僧崇曉建，堂内設有祖師本來石刻像；萬曆元年（一五七三）住持了傾重建，郡人通判吳穆撰記。韶州府舒大猷改「行臺」，遷石像于二賢閣下。萬曆二十、二十一年間（一五九二—一五九三），韶州府謝臺卿又改建爲門，曰「不二門」，設亭曰「靜觀」，後俱撤去，仍爲本來。未知何時廢。

不二門　原爲靜觀亭，萬曆元年（一五七三）住持妙善、性奎建，南贛軍門李公書額懸於外。民國虚雲將原建築拆除，闢爲寺園菜園。二〇〇〇年住持傳正移建方丈室接待室，闢爲禪海岸。

靈源門　明萬曆七年（一五七九）住持紹傳重建。未知何時廢。

四天王廟　各居四隅，即《壇經》所謂「四天王」現身處，原各有廟存焉，康熙時南廟廢。其餘三廟不知何時廢。

御碑亭　明嘉靖二十一年（一五四二），住持悟全立明孝皇《御製壇經法寶序》碑，韶州知府符錫書刻，先立於祖庭前。萬曆二十一年（一五九三），户長僧積昌、正華、妙傳、超言、智鰲、真權、性憲、法泉重建，移置御經閣左界，復建坊於前，江西提學甘雨書「何塵界」匾於外，監察御史王學曾書「瞻天語」匾於內。清康熙時亭久廢，碑存。

龍王亭　位於卓錫泉前、飛錫橋後。原爲龍王廟，明隆慶五年（一五七一），住持悟全、淨琛、户長僧如積改建爲亭，易木柱爲石柱。康熙六年（一六六七），尚之信重修。未知何時廢。

挹翠亭　位於舊制曹溪山門前，宋蘇軾立，明永樂間重建。萬曆十九年（一五九一），兩院拆建石坊。萬曆二十一年（一五九三），僧法閏、子賢復建，豎一牌坊，題額「嶺南第一山」，應天府尹游季勳記。康熙時已廢。

曹溪古渡亭　位於舊制曹溪山門前，始建於明嘉靖三十四年（一五五五），韶州府通判戴有孚建。康熙時已廢。

欽香亭　位於舊制曹溪山門外西側，亦名茶亭，係寺僧伺接上官之所。始建時間不詳，明嘉靖二十六年（一五四七），寺僧明紀、智綱重修。至清末亭廢。

重辯禪師塔　在寺東數里。未知何時廢。

慈濟大師壽塔　在寺西南二里。未知何時廢。

古衲和尚塔　在觀音橋東。未知何時廢。

超塵首座塔　在憨山塔院左。未知何時廢。

大休禪師塔　在憨山塔院左。未知何時廢。

天拙禪師塔　在憨山塔院左。未知何時廢。

憨山大師塔院　在寺左天峙岡，去寺約二里。建於天啟三年（一六二三），錢謙益撰碑銘。清康熙七年（一六六八），尚可喜自省中延院主成己重修，有碑記。未知何時廢。

菩提塔院　在花果園後。未知何時廢。

應真橋　位於舊制羅漢樓前，從此登羅漢樓。萬曆二年（一五七四）修。未知何時廢。

觀音橋　位於曹溪山門外。明萬曆七年（一五七九）住持應頎于挹翠門東建。未知何時廢。

西來橋　位於曹溪山門外西側，建有三相公祠，建於北宋端拱二年（九八九），祀唐薛簡、劉禹錫、劉崇景，內塑三相公像。明洪武間重修。未知何時廢。

東來橋　位於觀音橋東，北宋端拱二年（九八九）始重建，明嘉靖間重修。未知何時廢。

五、新創文化建築

智藥三藏尊者紀念堂 在祖殿東南、南華精舍右側，供奉智藥三藏法相。一九九七年住持佛源倡建，耗資二百餘萬元。歇山頂重簷二層五楹廊柱樓閣，面寬十三點二米，進深九點四米，樓高九點九米。磚木結構，擡梁構架，斗拱飛簷，緑琉璃瓦，龍頭脊吻，倉脊置神獸。靈文撰《智藥三藏尊者紀念堂記》。

虚雲老和尚紀念堂 在卓錫泉西側約六十米處，中隔一小山梁，原爲無盡庵舊址。一九九六年住持佛源建，東莞許寬輝、辛寬揚居士等捐資數十萬元。一九九八年竣工。參照祖殿營造法式，爲歇山頂重簷二層五楹樓閣。面寬十六點二米，進深十二點八米，緑琉璃瓦，灰脊，琉璃珠脊刹。釋繼賢撰《虚雲禪師紀念堂記》。

惟因知果紀念堂 在惟因舍利塔東側，建於二〇〇一年，二〇〇七年工竣，是曹溪佛學院配套工程，兼圖書館、展覽館、講堂等衆多功能。占地面積約二百七十平方米，主殿殿基長十五米，寬十二米；殿堂採用廊式重簷柱梁斗拱設計，歇山頂緑琉璃瓦面，灰脊吻獸，中堂由十八根外柱、八根内柱形成内殿，面寬十二米，進深八米，廊寬一點五米。内殿中立有佛龕供奉惟因塑像。殿正門外置堂院，院周有石刻圍欄。

多寶閣 在寺院主刹東側，曹溪佛學院西側。二〇〇四年十月，由潮陽居士李子龍、李宋明助建。建築面積八千零八十平方米。坐北向南，呈回字形庭院布局。主殿樓高三層，歇山頂單簷梁柱結構，樓面寬三十五米，進深二十米，灰脊緑琉璃瓦頂。底層爲曹溪佛學院講堂，二三層爲圖書館；主樓兩廂爲二層梯間、廂房，硬山頂，灰脊緑琉璃瓦頂。主殿樓兩側爲東西相對兩級上下兩層（四楹）廊樓，樓面長三十五米，進深六米，硬山頂，灰脊緑琉璃瓦頂。一層爲僧居，二層東、西分别爲寺院網路辦公機房、寺院檔案室。門樓爲歇山式單簷，二層廊殿樓，面寬二十米，進深十米，灰脊緑琉璃瓦。門樓兩側爲連體兩層廂廊，單廂廊長十米，進深七米，灰脊緑琉璃瓦。門樓外二層門楣懸全國政協副主席葉選平題「多寶閣」匾，門柱題聯：「多寶閣中無法寶，南禪佛地有真禪。」門樓前園，立有《多寶閣功德碑》、傳正撰《多寶閣碑記》。二〇〇七年九月紀念六祖大師圓寂一千二百九十四週年法會期間，多寶閣落成投入使用。

文化長廊　在寺院主刹東側。二〇〇三年建。西起香積廚南端車庫南山墻外，綿延向東，止於曹溪佛學院教學大樓西側。中有南廊連接息心園。主廊全長約三百米，寬三點五米，均高三點八米。爲倣古斗拱梁柱建築，木石結構，緑琉璃瓦頂，木質雕花簷，內著彩繪，雨花石鋪砌地面。廊兩側對稱建重簷八角攢尖亭。

息心園禪修中心　在寺院主刹東側南，登覺橋東南。二〇〇二年始建，二〇〇七年落成。呈凹字形布局。主殿樓坐東向西，由主殿門樓加兩廡構成，面寬約六十米，進深十四米。主殿門樓爲重簷四層結構，寬十三米，進深十七米，歇山式灰脊，緑琉璃瓦面，硬質木門窗花格。二層門樓外楣懸傳正題「息心園」匾。主殿門樓兩側配有重簷三層四楹廡廂，單廂長二十二米，進深十四米。硬山頂緑琉璃瓦，南北端有廊連接兩廡廊樓。南北兩翼廡廊樓相對，重簷三層十二楹。廊樓總寬十八米，長約五十米，廊寬一點五米，歇山頂緑琉璃瓦。兩廡東端有樓廊連接主殿門樓。西爲息心園大門，園前爲寺內東停車場。

東禪堂　在息心園禪修中心東側。二〇〇六年由居士黄廣賢、黄雨珍助資興建，二〇〇七年落成。兩層廊式重簷建築，坐北向南。大殿寬三十五米，長二十六米，占地面積九百一十平方米。主殿外廊寬一點五米，内殿面寬三十二米，進深二十三米，由二十六根外柱、二十二根内柱架梁，形成内部兩層禪堂。主殿設重簷二層門樓，面寬十二米，進深四米，高三點四米，主殿内外四柱，門前二柱。禪堂主樓爲歇山頂緑琉璃瓦。

拈花笑處　在南華寺主刹西側約一公里處。原爲曹侯村所在，宋代隸籍寺門，於該處建有西來橋、飲香亭等。元明兩朝，此地先後興建化人亭、萬人井等。明中期祖庭衰落，此地及建築被侵占。至憨山中興曹溪時，得到逐步恢復。清代，此地屬寺産香燈田。民國時闢爲南華公園。一九五〇年土改期間，此地保留爲寺産僧田。後歷「文化大革命」，此地被侵。至九十年代，逐步重歸寺院。二〇〇五年，啟動「大南華」項目，此地重新劃歸南華寺，賴漢標、林樂文捐建拈花笑處。按規劃總占地面積約十萬平方米，按唐宋風格興建祖師殿、萬佛塔、曹溪講堂三大園林，歷時三年竣工。

祖師殿　在拈花笑處西側，距寺主刹約兩公里。二〇〇四年十月住持傳正募建，二〇〇五年底居士賴漢標、林樂文捐淨資助建。二〇〇七年九月，舉行「拈花笑處」禪宗祖師殿落成開光法會。係由一組具有唐宋園林風格建築群構成，主建築由一座主殿和兩座偏殿組成，殿堂之間有迴廊連接，殿内外彩繪，四壁繪有描述禪宗祖師大德弘法内容的壁畫，須彌座高達數米，上供六祖惠能及弟子、虛雲、惟因等在禪宗傳承過程中傑出的歷代禪宗祖師鎏金銅像八十八尊，是目前國内規模最大之禪宗祖師銅像群。主殿堂四周爲園林布局，遍布植物名木花草，人工湖，假山、瀑布，拱橋，構成優雅的園林。時爲國内第一座專爲供奉禪宗祖師的殿堂。

曹溪講壇 在南華寺主刹西側拈花笑處。動工於二〇〇九年，二〇一三年八月落成。占地面積約五萬平方米，建築面積三萬平方米。講壇建築外觀倣唐代風格，採用回字形園林布局。主體建築爲三部分：一是大殿，位於園林中心區；二是門、廊、樓、亭、榭，分布於園林四至周邊，爲講壇園林附屬；三是迴環溪流造景建築，環繞於講壇大殿，依附園林四至周邊樓、亭、廊、榭。正南大門，由主門大殿和兩廡廂廊構成，全長一百八十米。主門大殿歇山頂斗拱重簷，琉璃瓦面。殿門大廳柱梁結構，面寬三十米，進深十七點五米，總高十六米。門楣懸饒宗頤題「曹溪講壇」額。立柱爲傳正題楹聯：「曹溪一滴潤法界，六祖四句定乾坤。」兩廡外平行主門建築封墻，爲內廂廊，左右對稱。單廡廂廊長七十四米，廊深八米，高七點八米。主殿位於講壇園林中心區，占地面積六千八百平方米，平面方型高臺結構。分臺、殿兩層，上層倣唐宮廷大殿形式，歇山頂斗拱重簷，灰脊琉璃瓦面。殿堂爲立柱架梁廊式結構，環列內外廊柱各三十六根，構築穹窿頂、大跨度、無立柱講堂大廳。環繞大廳東西兩側分別設不二門、小曹溪、論禪處、聚賢閣四廳（各廳面積近一百九十平方米）。環講壇大廳內廊寬七米。大廳總寬六十米，深六十五米。北向主席臺，階梯型地面排列座椅，共一千三百個座位。大廳正南及東西兩側分別設六個出入口。其中，東西兩側各二出入通道爲穹窿藻井設計。大廳配有中央空調、人性化座椅、聲光傳譯等現代化設備。主殿下層臺基爲綜合匯展區，東西長八十米，南北寬八十五米，占地面積近七千平方米。匯展區內分爲主展區及東西分展區。主展區以展示寺藏文物、大型珍貴禪繪以及供養法物爲主；東西分展區用以展示寺藏現代書畫作品及舉辦各類中小型書畫展覽。講壇園林最北端爲法相殿，由三層主殿樓配以兩廡廂廊構成，面寬三十二米，進深十七點六米。歇山頂重簷斗拱，灰脊琉璃瓦面。一層爲法相殿，供奉惠能塑像，左右分立惠能四位弟子塑像；二層爲迴廊式樓層建築；三層爲廊式大殿。

法相殿樓兩側，爲東西對等二層樓式兩廡廂廊，硬山頂琉璃瓦單簷斗拱柱梁結構。單廡廂廊長四十二米，廊寬三點七米，廂深八米，各設廂房五間，爲常住居室。對接法相殿樓兩廡廂廊爲講壇園林東西兩翼碑廊。兩廊總長四百餘米，寬約三米。碑廊中各設亭，採用福建泉州花崗巖青石刻碑一百二十八方，登録南華寺向海内外徵集並選擇自唐代以來歷代著名高僧以及檀越衆信的詩文書法墨寶，共一百零六件一百八十餘幅，其中不乏曹溪舊刻古碑墨跡。碑廊内側，是環繞講壇園林的曹溪山水人工造景。

六、獨立建築

曹溪佛學院　在寺院主刹東側。民國三十二年（一九四三），虚雲爲培養戒律人才而始創，初名戒學堂，後改戒律學院，後停辦。一九八三年，住持惟因復辦僧伽培訓班，歷時十年。二〇〇〇年七月，住持傳正正式復辦，取名曹溪佛學院，韶關居士陳法泉、翁清和闔家施淨資興建，二〇〇二年十一月落成。學院爲園林布局，總占地一萬一千多平方米。其中主教學樓位於象嶺主峰山麓，依山而建，坐北向南，東臨松山職業技術學院，西靠南華寺主刹，南向對接寺院東南山地。由殿樓、兩廂廡連接亭樓構成，占地面積九千七百零二平方米，建築面積四千零二十平方米。主樓加兩廂寬約六十米，進深十五米。爲三層七楹歇山式重簷結構，灰脊吻獸，緑琉璃瓦。樓一層爲前門廳與教學講堂，前門廳面寬十五米，進深十五米；二層爲多媒體教室；三層爲會議室。主樓前廳外正中懸傳正題「曹溪佛學院」額。主樓兩側連接三層四楹廊式廂廡，硬山頂，灰脊，緑琉璃瓦，單廡廂長二十米，進深十米，廊寬三米，列四間廂房。一層左廂爲曹溪佛學院教學處、辦公室及會客室，右廂爲學院院刊《曹溪水》編輯部及庫房；二層左右廂爲教室；三層分别設置有電教室、法師電腦室及庫房等。兩廂東西端分别連接重簷六角攢尖塔樓，塔樓採用柱梁斗拱結構，緑琉璃瓦攢尖頂。總面積二千七百多平方米。在主教學樓西側和西南側，興建有學僧寮區。西側由兩組共四棟學僧宿舍樓組成，爲廊式倣古兩層梁柱結構，樓面長九楹四十五米，進深五米，廊寬一點五米。單間寮房面積約二十平方米。硬山式單簷梁柱設計，灰脊，緑琉璃瓦。西南側由三棟寮樓構成，其中兩棟爲東西向並列，廊式倣古二層梁柱結構，樓面長七楹三十四米，進深五米，廊寬一點五米，單間寮房面積二十平方米，硬山頂單簷梁柱設計，灰脊，緑琉璃瓦；另一棟爲南北向寮樓，現代二層平樓，緑琉璃瓦頂。除學僧寮外，還有教學附屬設施多寶閣、禪堂等。

古無盡庵　惠能往黄梅求法，途經曹溪曹侯村，無盡藏尼告鄉人「宜請瞻禮」，村民曹叔良乃率衆於寶林寺舊址爲惠能重建殿宇。無盡藏尼圓寂後，惠能於寶林寺側廂幽静處建無盡庵，設龕供奉觀音大士法相和無盡藏尼真身。據史志考證，卓錫泉西側今建虚雲和尚紀念堂處，即古無盡庵舊址。歷宋、元、明、清四朝，無盡藏庵屢有增修。民國三十一年（一九四二），虚雲中興南華禪寺，考慮庵與寺太近，有所不便，故遷庵離寺東三里柏樹下，移女衆於此修持。一九四九年後，土改時庵屋分給農民，又將庵遷至寺東約一公里之海會塔。一九五七年，爲便寺院管理計，將尼衆全數移入南華寺内。八十年代，南華寺重新開放，僧尼日增。一九八四年，住持惟因與雲門住持佛源、南華寺僧又果、傳正及林得衆、李志真居士等共同倡議，募緣重建曹溪古無盡庵。香港般若精舍比丘尼性智首先捐獻港幣十萬元，其他法師、護法居士亦紛紛樂施捐助。一九八六年，在離寺西約一百五十米處選址興建，一九八七年竣工，總面積三千多平方米。一九八八九年，惟因又與本焕、佛源、聖一、意超、緣如、傳正、寬純、性智、宏勳、寬榮、寬敬、傳真、巨集智、性德、寬哲、傳信、衍慈、隆慶及辛寬揚、鍾燕萍居士共同倡議，募緣增建古無盡庵，在香港共募得數十萬善款。一九九九年，傳正晉院，又先後增建重修無盡庵之天王殿、大雄寶殿、三聖殿、齋堂等建築。其中，天王殿位於無盡庵正門右側，建築面積二百零一平方米；三聖殿位於庵院內，建築面積三百平方米；齋堂位於庵內大雄寶殿側，建築面積三百一十二平方米。

七、下院

月華寺　該寺靠近北江之濱，位於韶關市曲江區濛瀼村，占地面積約一千平方米（長約五十米、寬約二十米），主刹三層，分設三寶殿、祖師殿等殿堂。寺内曾保存智藥三藏真身。相傳此寺爲南北朝時期天竺僧智藥創建，是招提朗演法之地。約唐儀鳳二年至先天二年間（六七七—七一三），惠能重建月華寺。後居民捐資在小嶺下再建，寶林寺捨田若干，歲收租銀六兩，以供香燈；居民陳春捨田若干，歲收租銀三兩，以贍僧用。明萬曆二十五年（一五九七），驛丞鄭敦於朔望率居民就月華寺爲會約。二十六年（一五九八）正月，南韶兵巡道周汝登路過月華寺，參拜智藥三藏真身，囑令巡檢李世槐將近寺周圍空地查給南華寺。當地居民侯環、侯大潤、侯大游、侯大俊迅即捐出寺廟周圍山地，並在契書上載明：「東至侯環田，南至官路河邊，西至古營場曹養士田，北至嶺頭下分水。」以此爲築墻之界。周汝登撰有碑文。清康熙時已廢，道光間重置。民國抗戰期間，虛雲和尚復增廣之，以接納逃難民衆。一九四九年後，寺院一度頽弱。「文化大革命」期間智藥三藏真身被毁，寺院被改爲農業中學校舍。二十世紀九十年代，得善信樂捐，大殿重新修建，免費開放。

大鑒寺　在韶關市區興隆街。原名大梵寺，始建於唐顯慶五年（六六〇），至今已有一千三百多年歷史。六祖惠能在黃梅東山得法後，駐錫寶林寺，多次應邀到大梵寺講經説法。六祖圓寂後，唐中宗謚其爲「大鑒禪師」。至宋朝，大梵寺先後改名崇寧寺、天寧寺，又爲紀念六祖改名大鑒寺。大鑒寺歷史上曾長期爲南華寺下院，幾經興衰。一九八五年，政府成立韶關大鑒寺籌建委員會，先後重修大雄寶殿、功德堂、齋堂、招待所、僧人宿舍，重塑釋迦佛、藥師佛、阿彌陀佛、觀音菩薩等佛像，一九九四年舉行開光儀式。

附南華寺修復捐助功德主名單

黃振達、吳友和、朱帆、賴漢標、李楚亮、翁輝基、蔣樂文、李宋明、黃三河、薛博然、方明治、龍廣、鄭松才、秦新鴻、方少清、賴煉、黃振蒙、梁亮勝、江東霖、黃暢然、翁廣松、李鳳珠、李潮昊、張創壇兄弟、郭波元、李吟發、陳來泉、翁清和、李子龍、深圳市日昇創元資産管理有限公司、廣州恒和集團、廣東迎海集團公司、林榮霖、周楚龍、翁曉雲、黃慧玲、朱孟依、池彩萍、楊楚賢、黃偉璇、陳中華、朱海軍

附南華寺建築實測圖

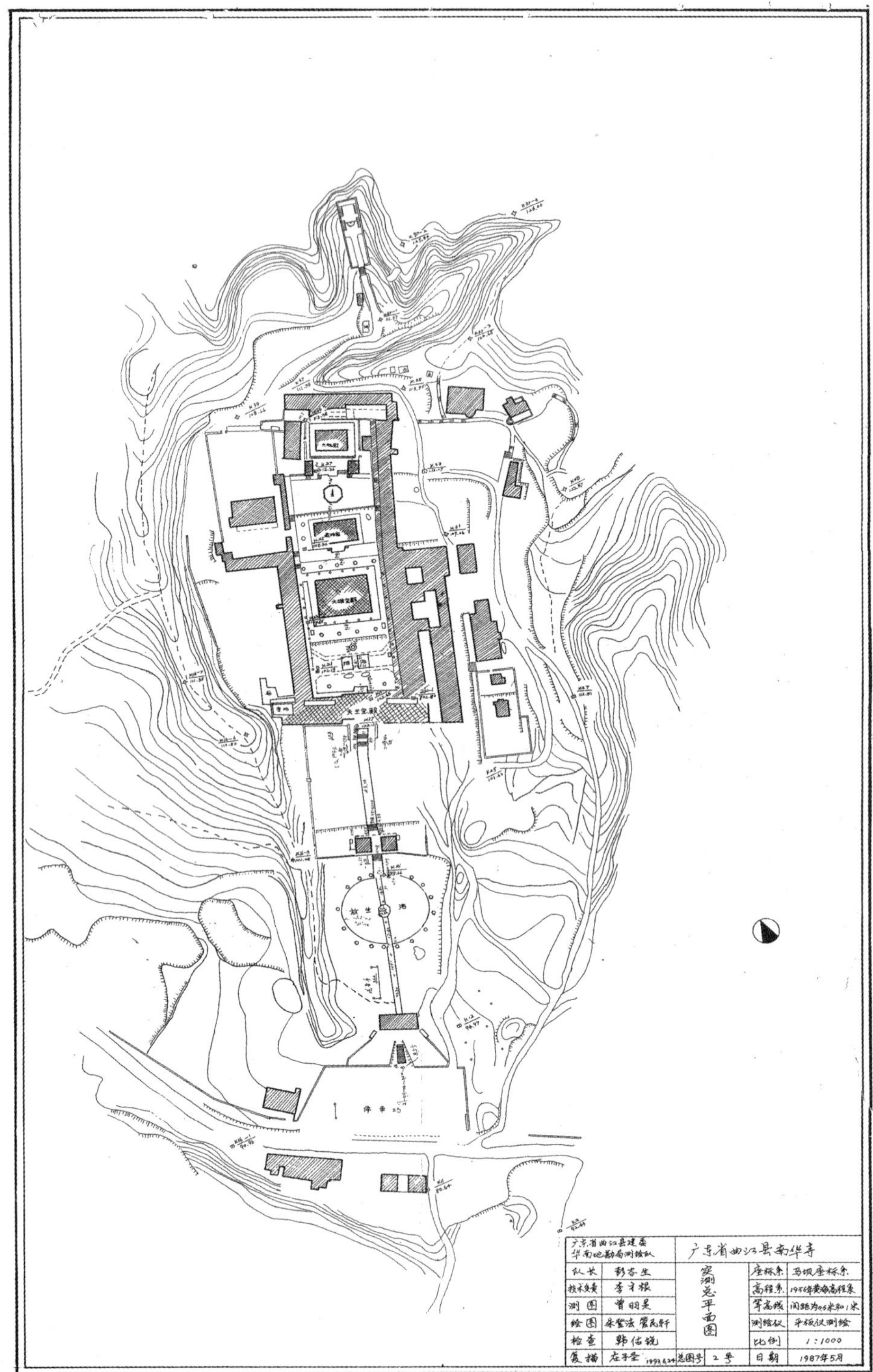

實測總平面圖

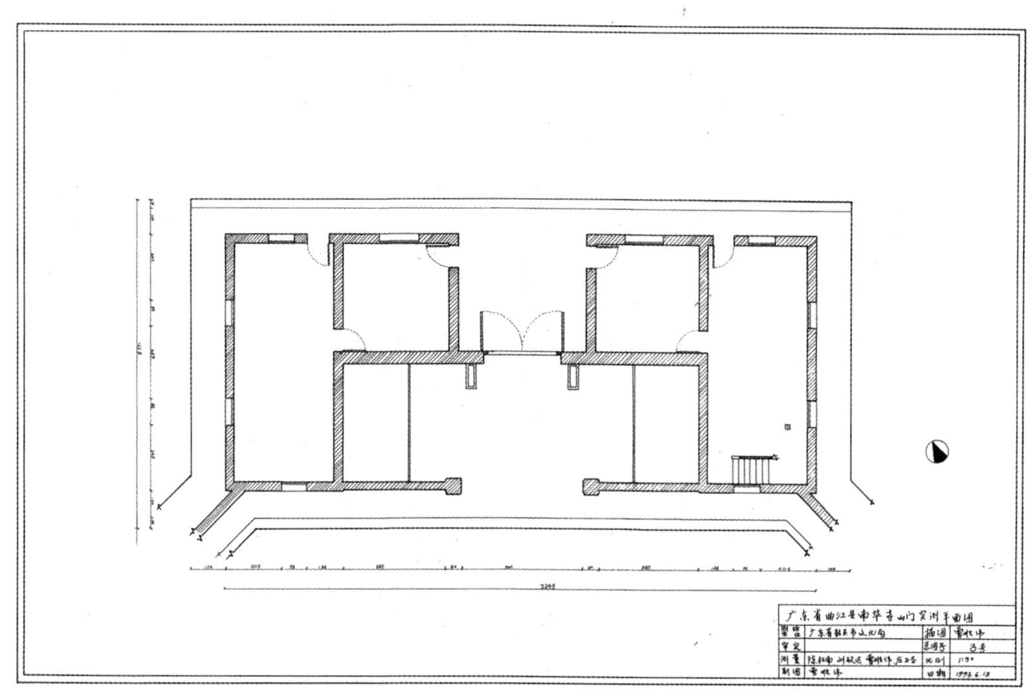

山門實測平面圖

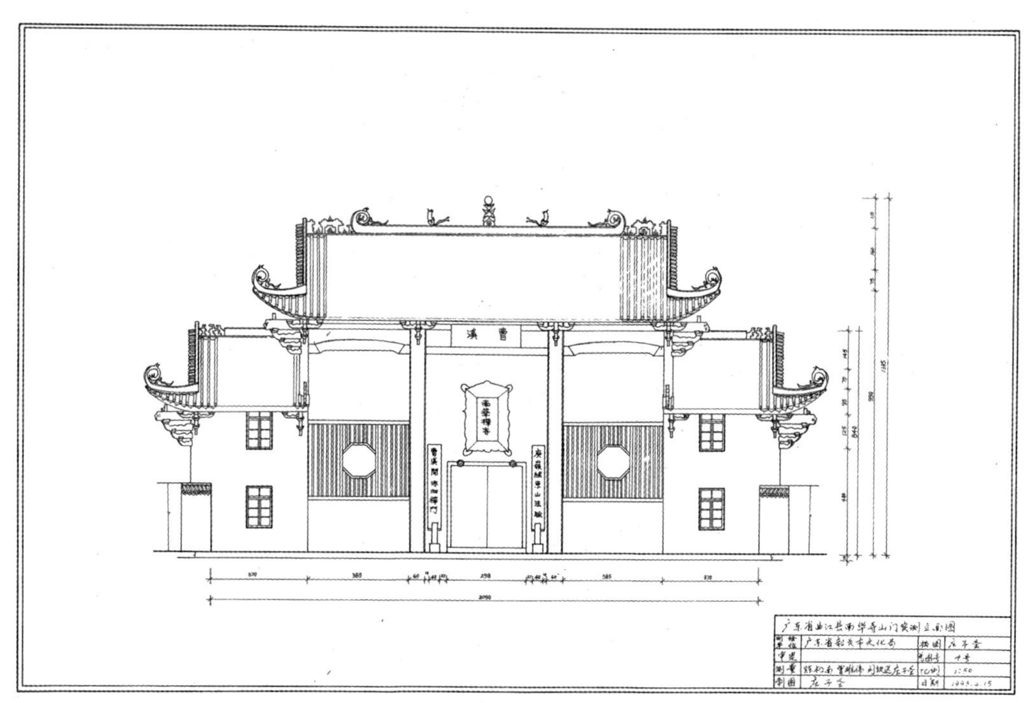

山門實測立面圖

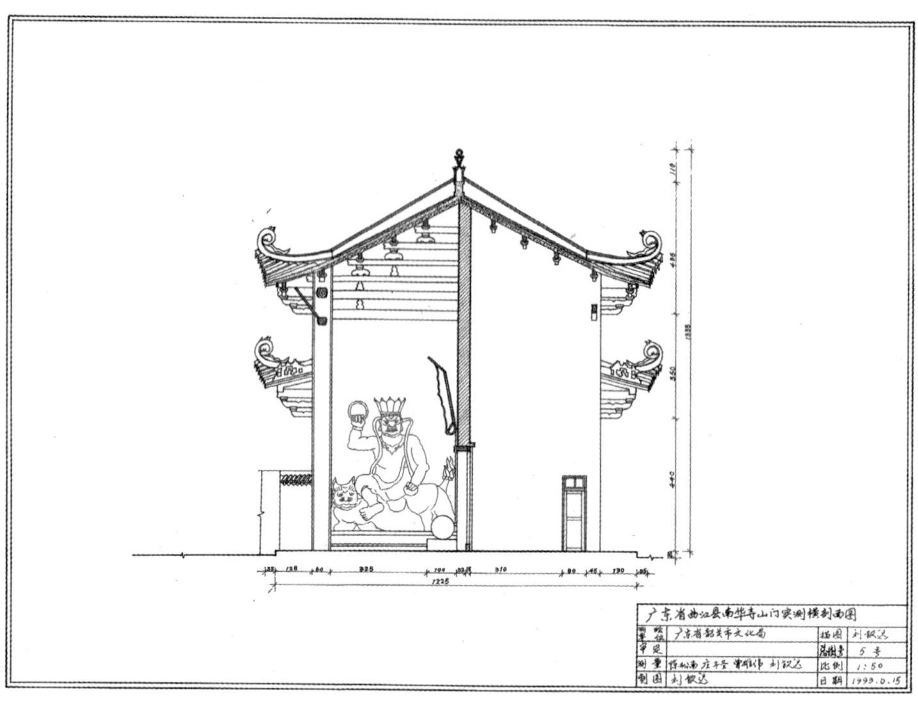

山門實測横剖面圖

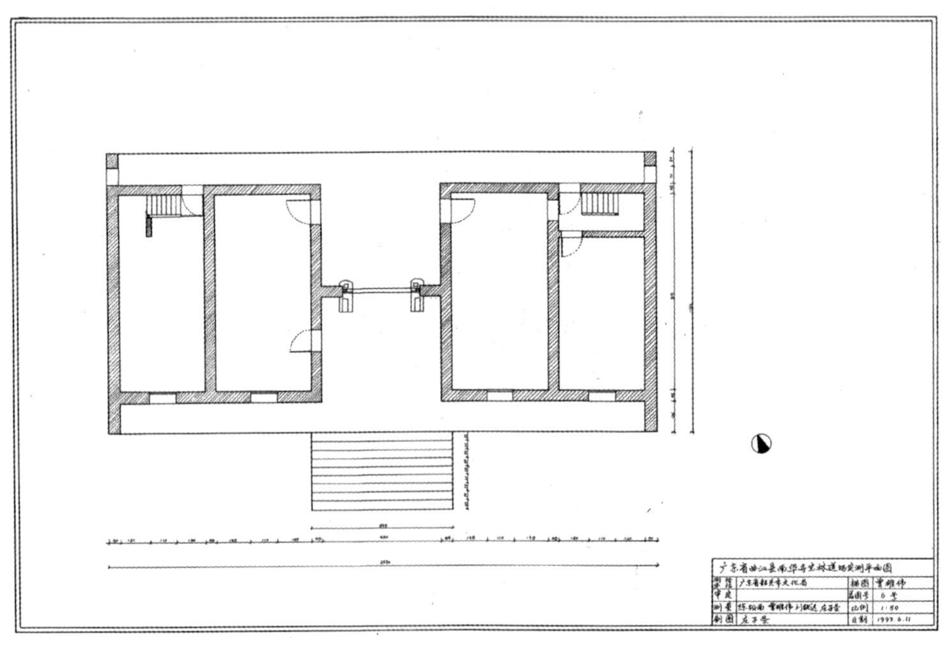

寶林道場實測平面圖

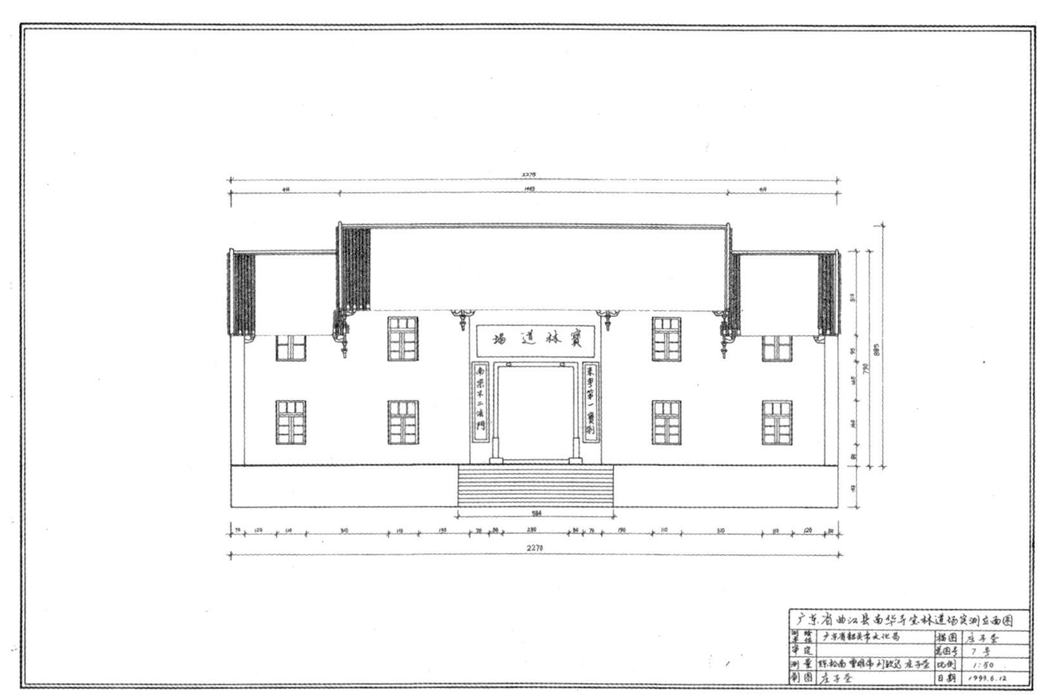

寶林道場實測立面圖

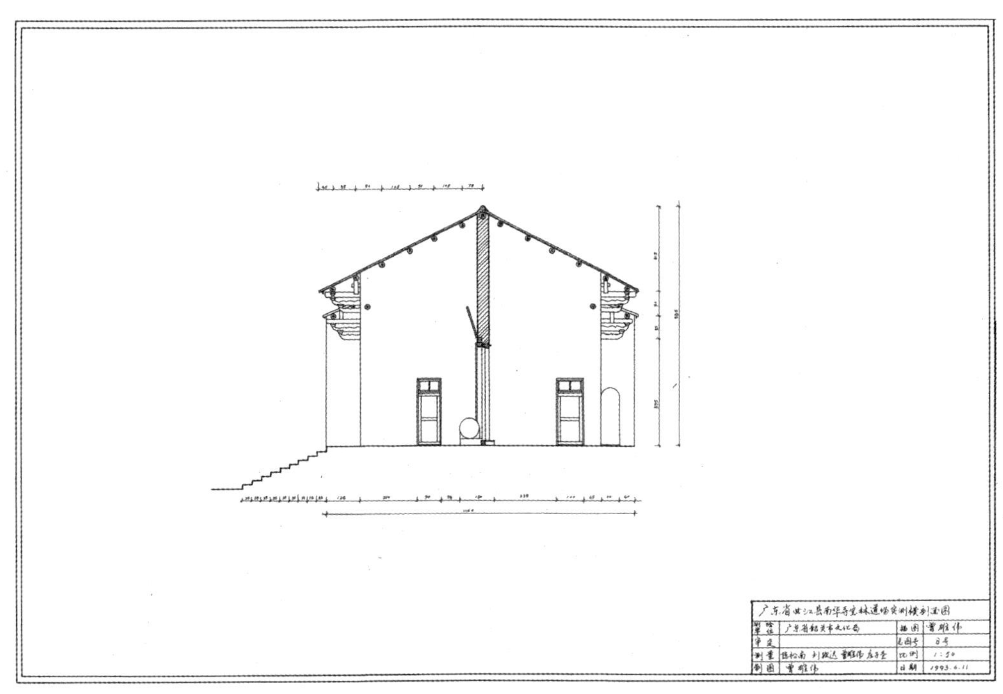

寶林道場實測橫剖面圖

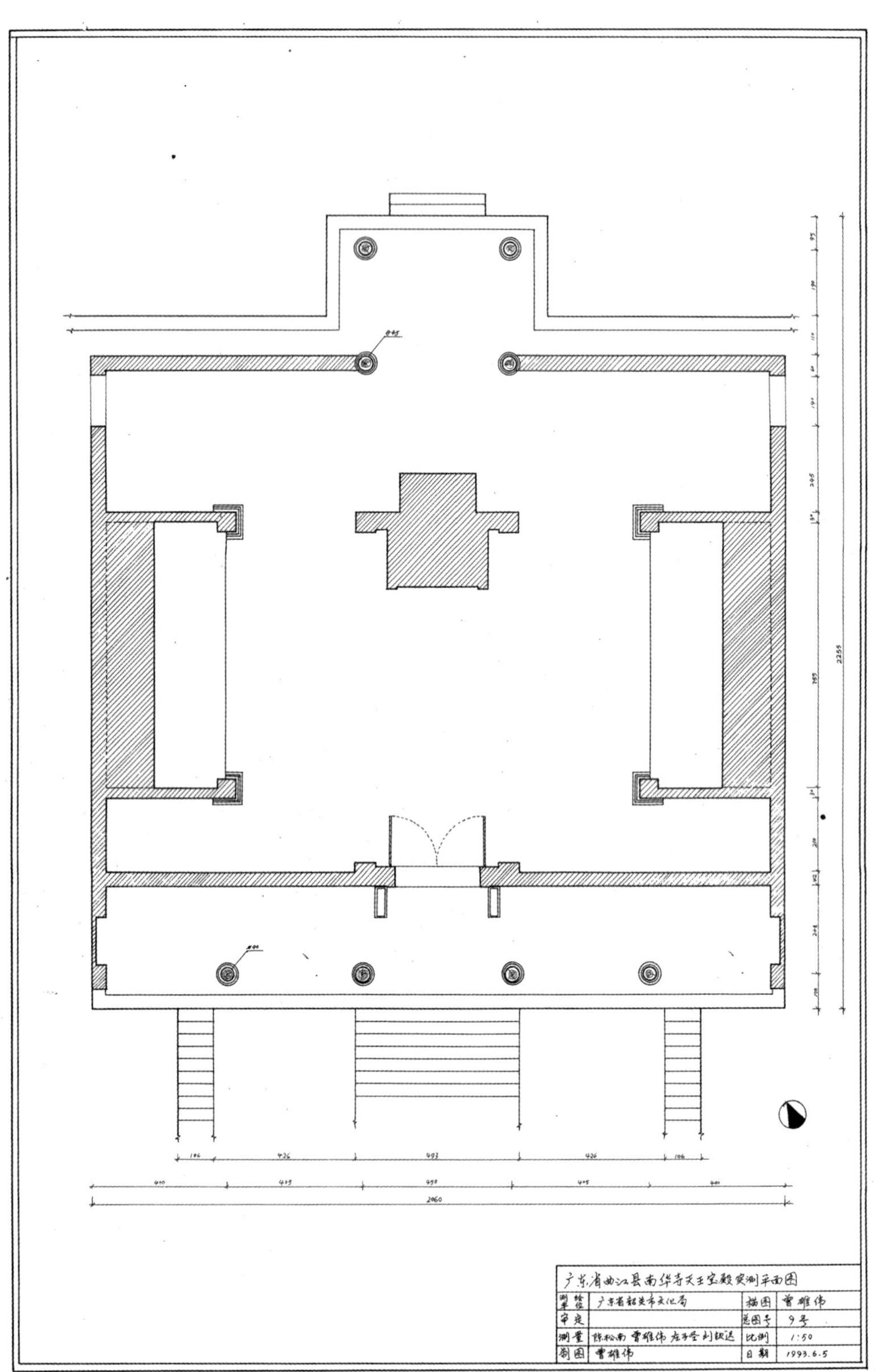
106
426
426
106
405
2060
2255
广东省曲江县南华寺天王宝殿实测平面图
测绘单位 广东省韶关市文化局
描图 曾雄伟
审定
总图号 9号
测量 陈松南 曾雄伟 左子坚 刘钦达
比例 1:50
制图 曾雄伟
日期 1993.6.5

天王寶殿實測平面圖

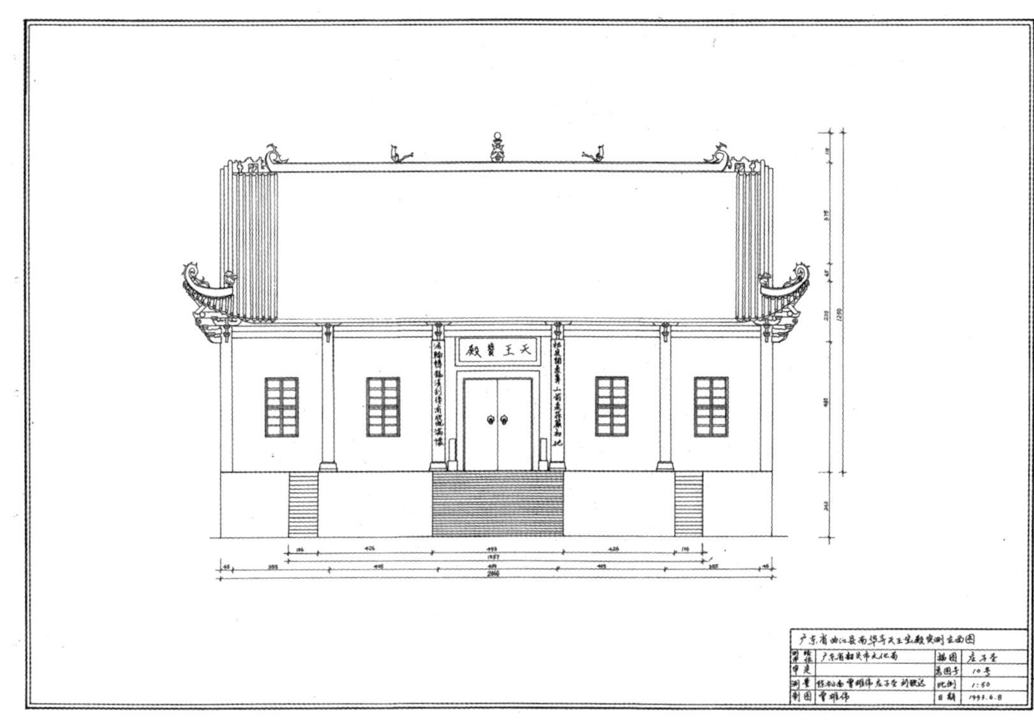

天王寶殿實測立面圖

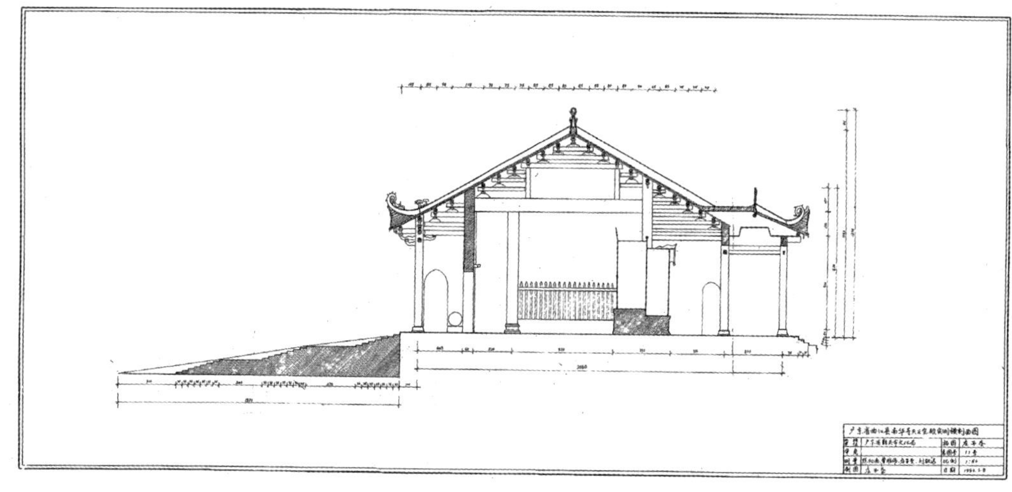

天王寶殿實測横剖面圖

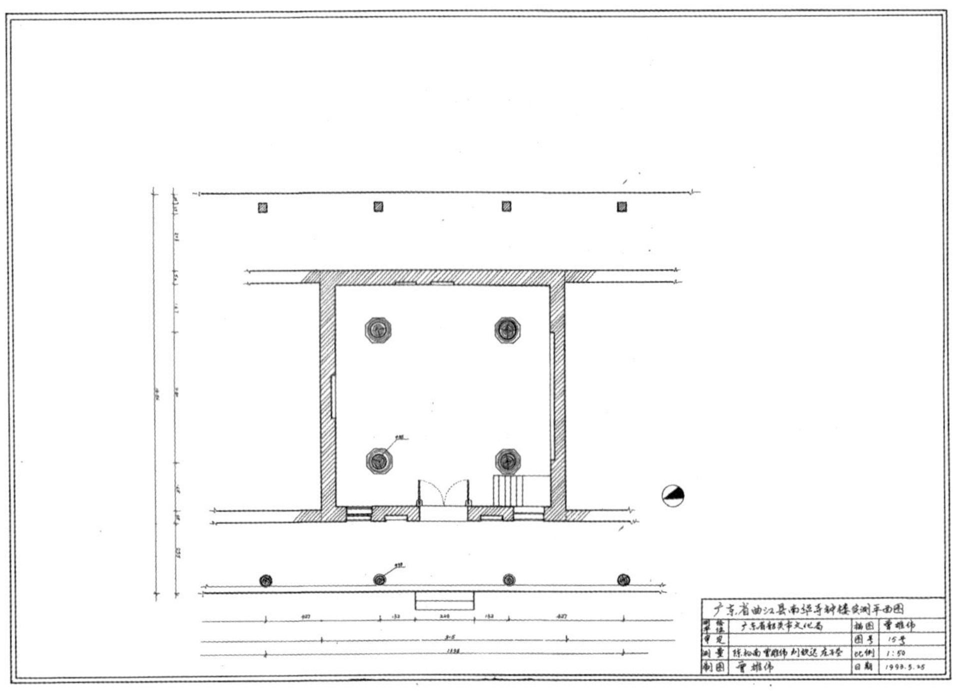

鐘樓實測平面圖

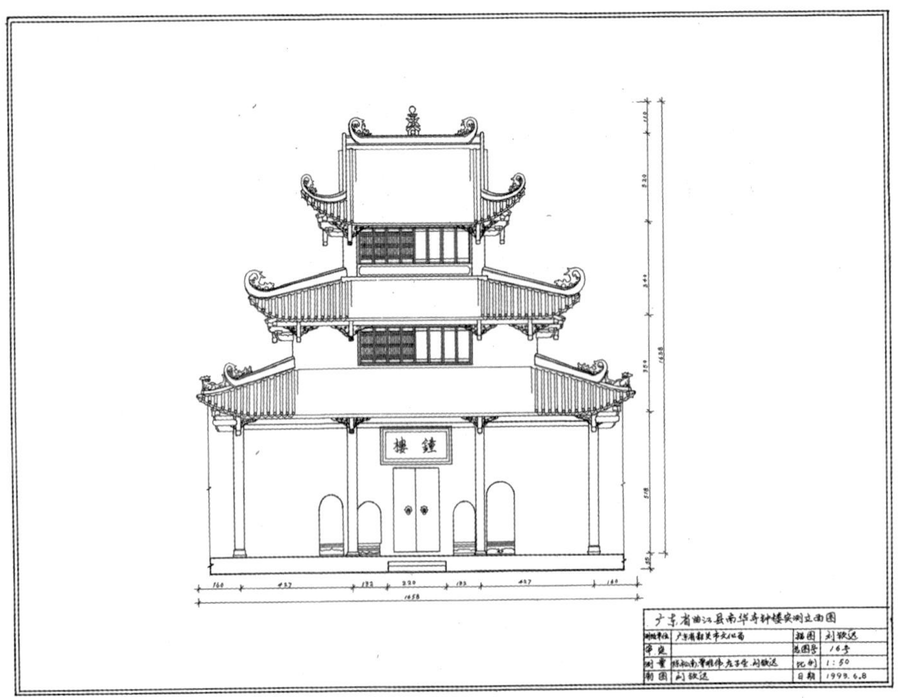

鐘樓實測立面圖

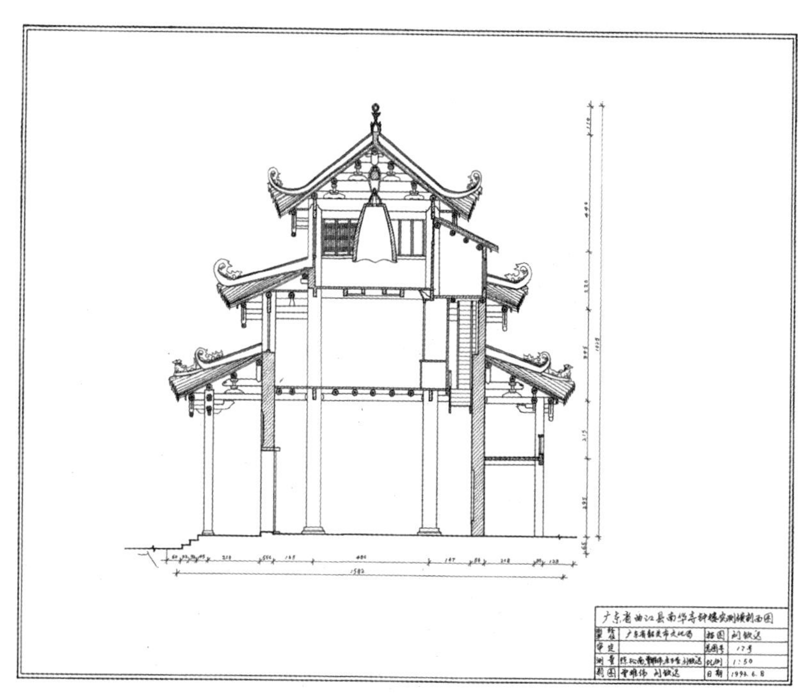

鐘樓實測橫剖面圖

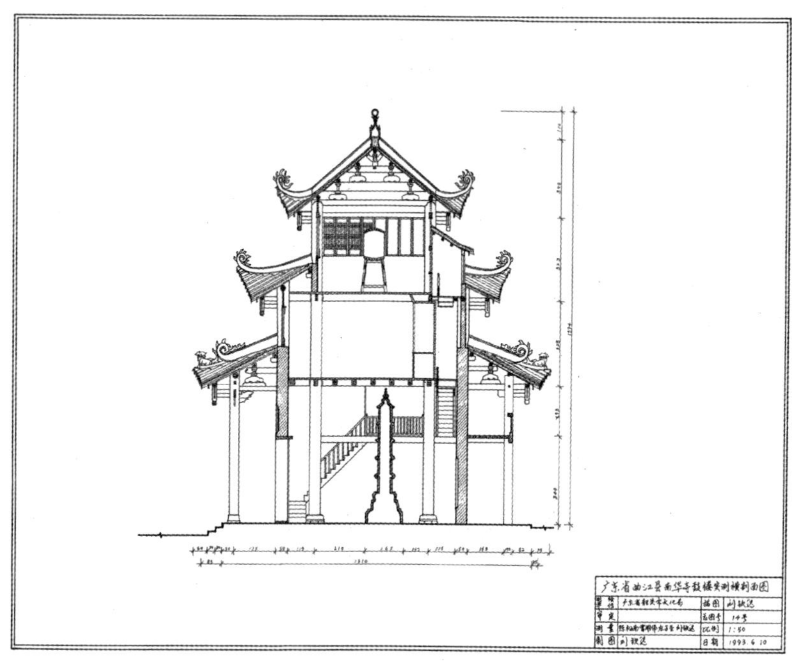

鼓樓實測橫剖面圖

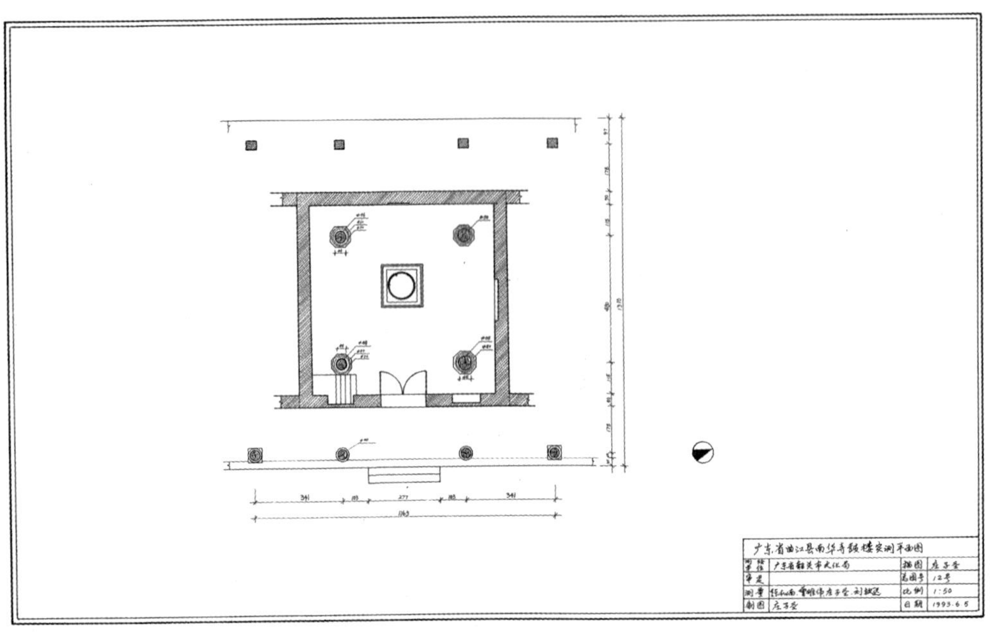

鼓樓實測平面圖

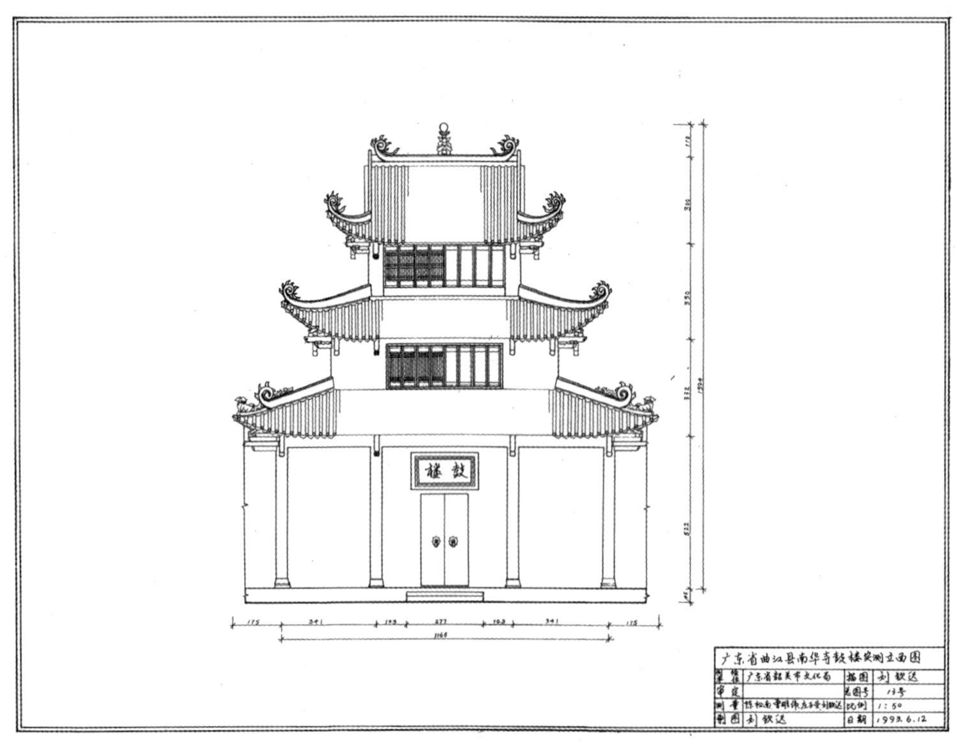

鼓樓實測立面圖

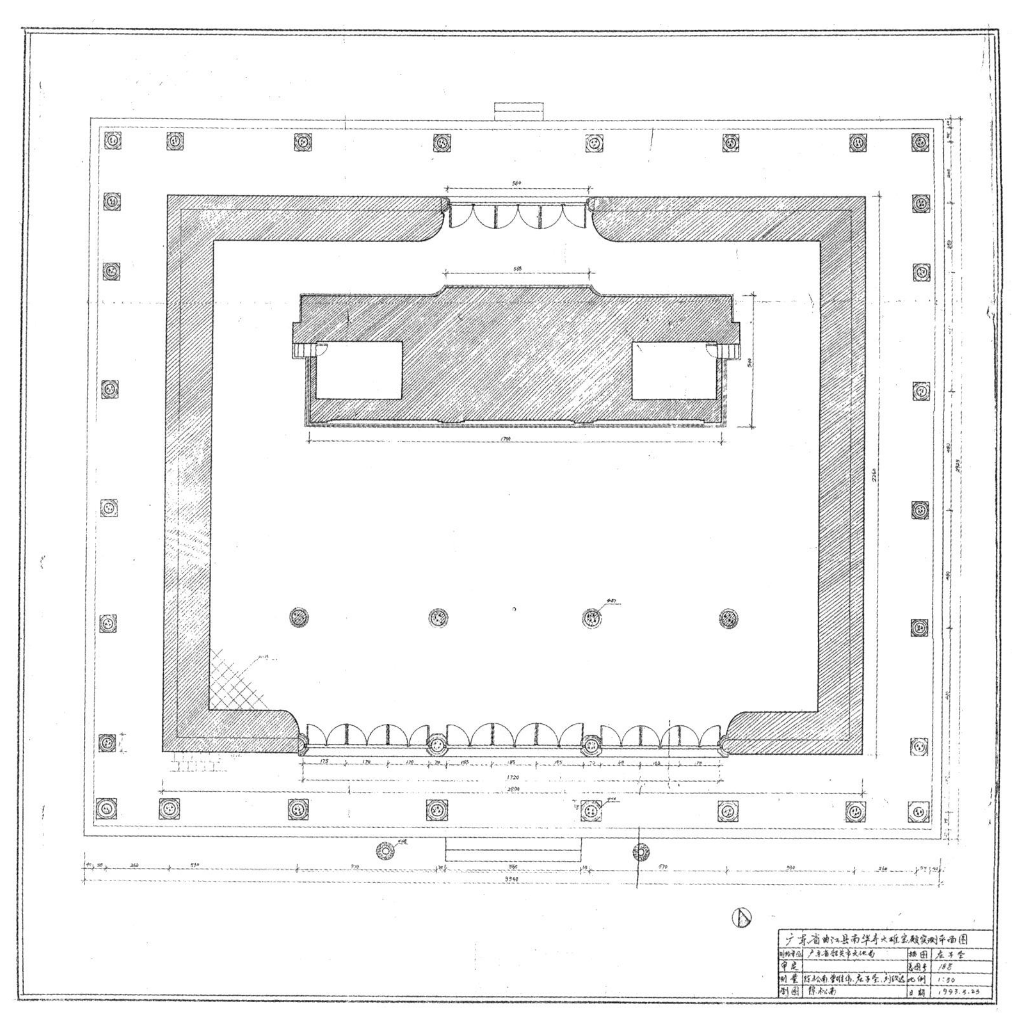

大雄寶殿實測平面圖

广东省曲江县南华寺大雄宝殿实测横剖面图
单位 广东省韶关市文化局
审定
测量
制图
描图
图号 20号
比例 1:50
日期

大雄寶殿實測横剖面圖

大雄寶殿實測立面圖

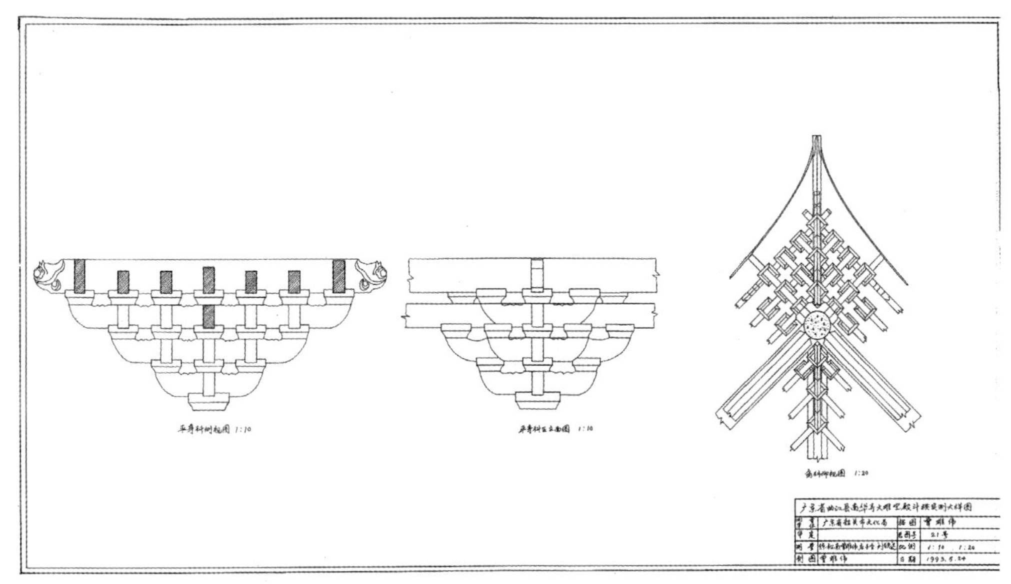

大雄寶殿實測大樣圖

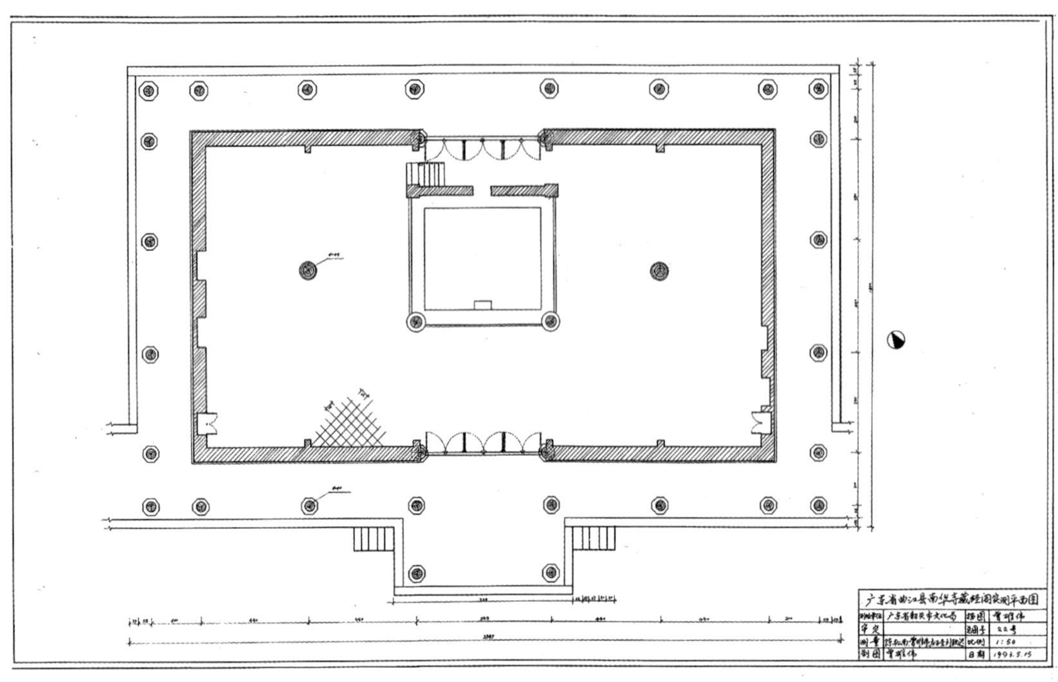

藏經閣實測平面圖

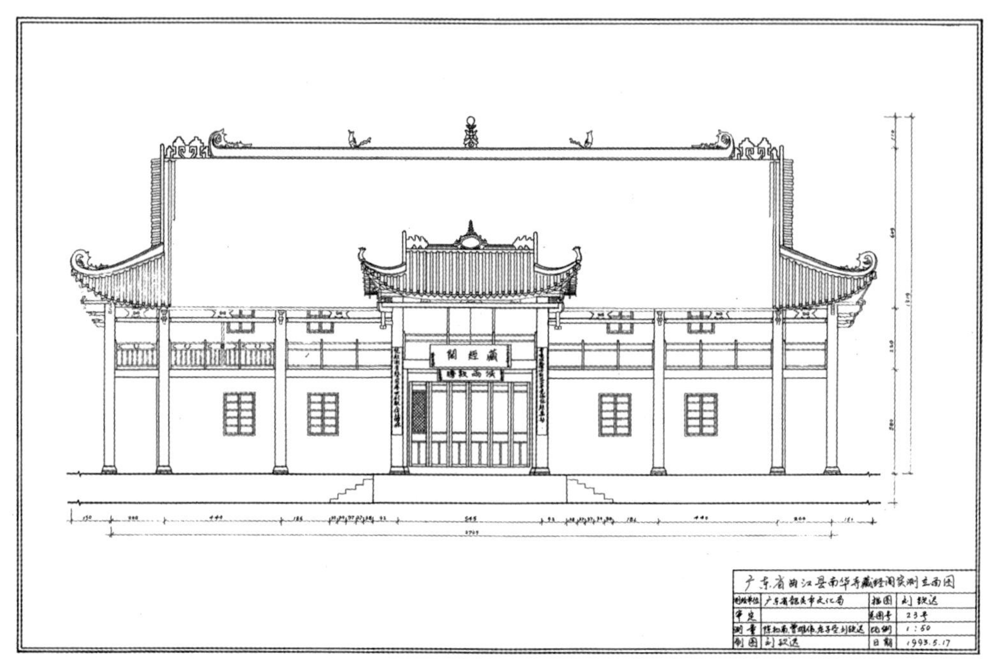

藏經閣實測立面圖

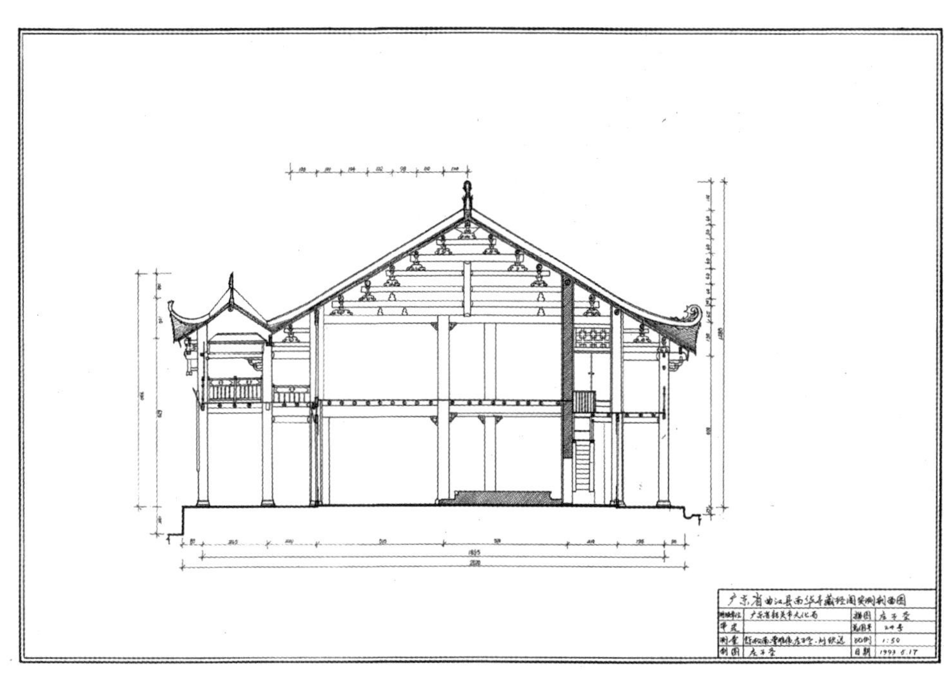

藏經閣實測剖面圖

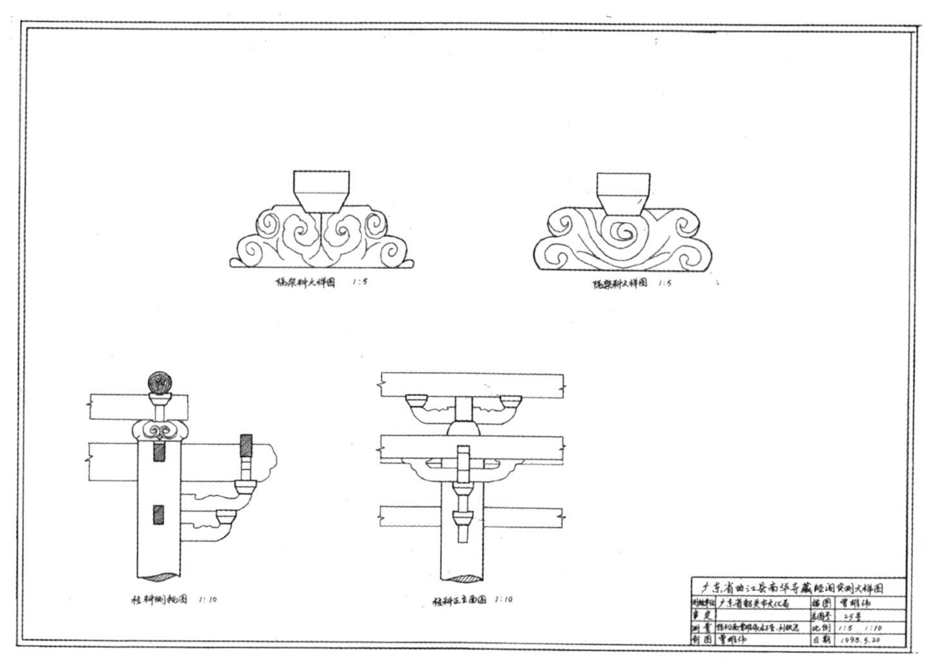

藏經閣實測大樣圖

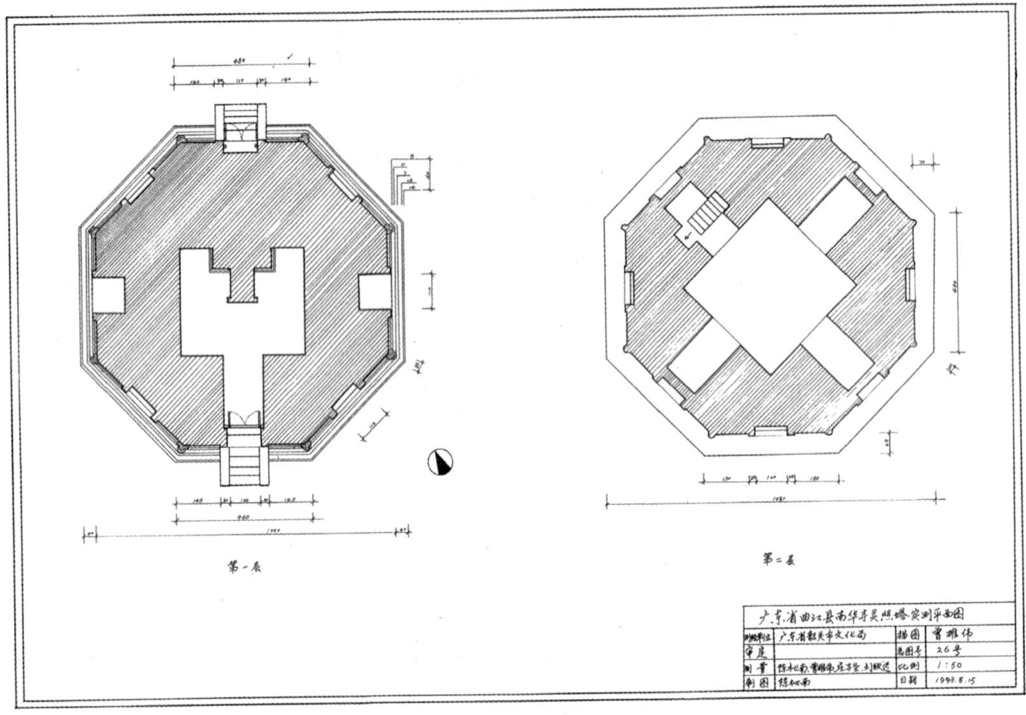
第一层
第二层
广东省曲江县南华寺灵照塔实测平面图
测绘单位 广东省韶关市文化局
描图 曾雄伟
总图号 26号
比例 1:50
日期 1993.5.15

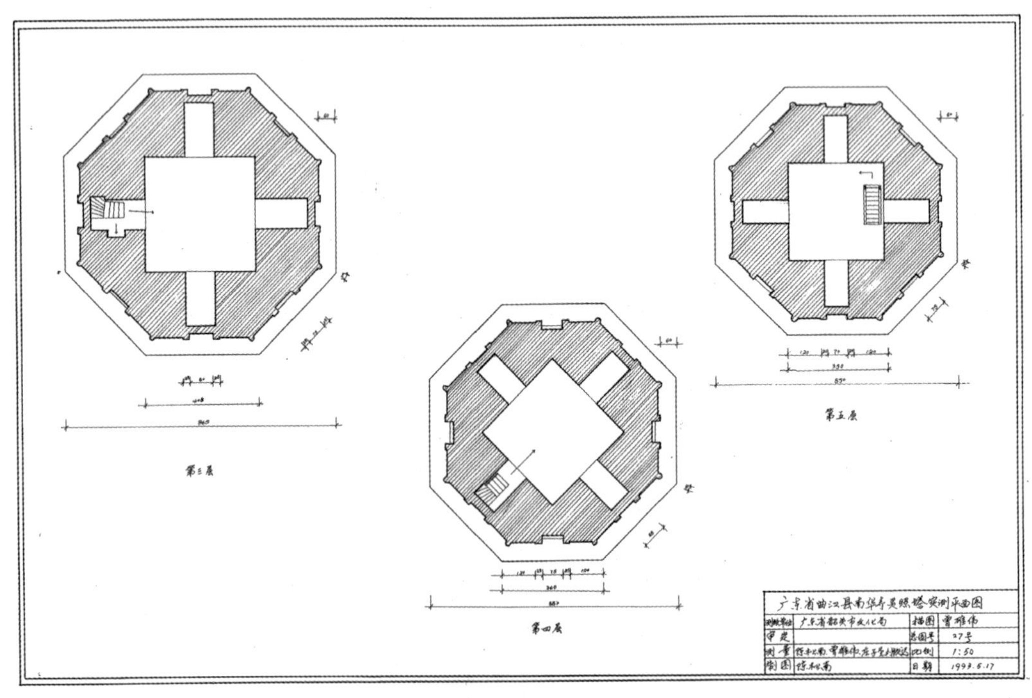
第三层
第四层
第五层
广东省曲江县南华寺灵照塔实测平面图
测绘单位 广东省韶关市文化局
描图 曾雄伟
总图号 27号
比例 1:50
日期 1993.5.17

靈照塔實測平面圖

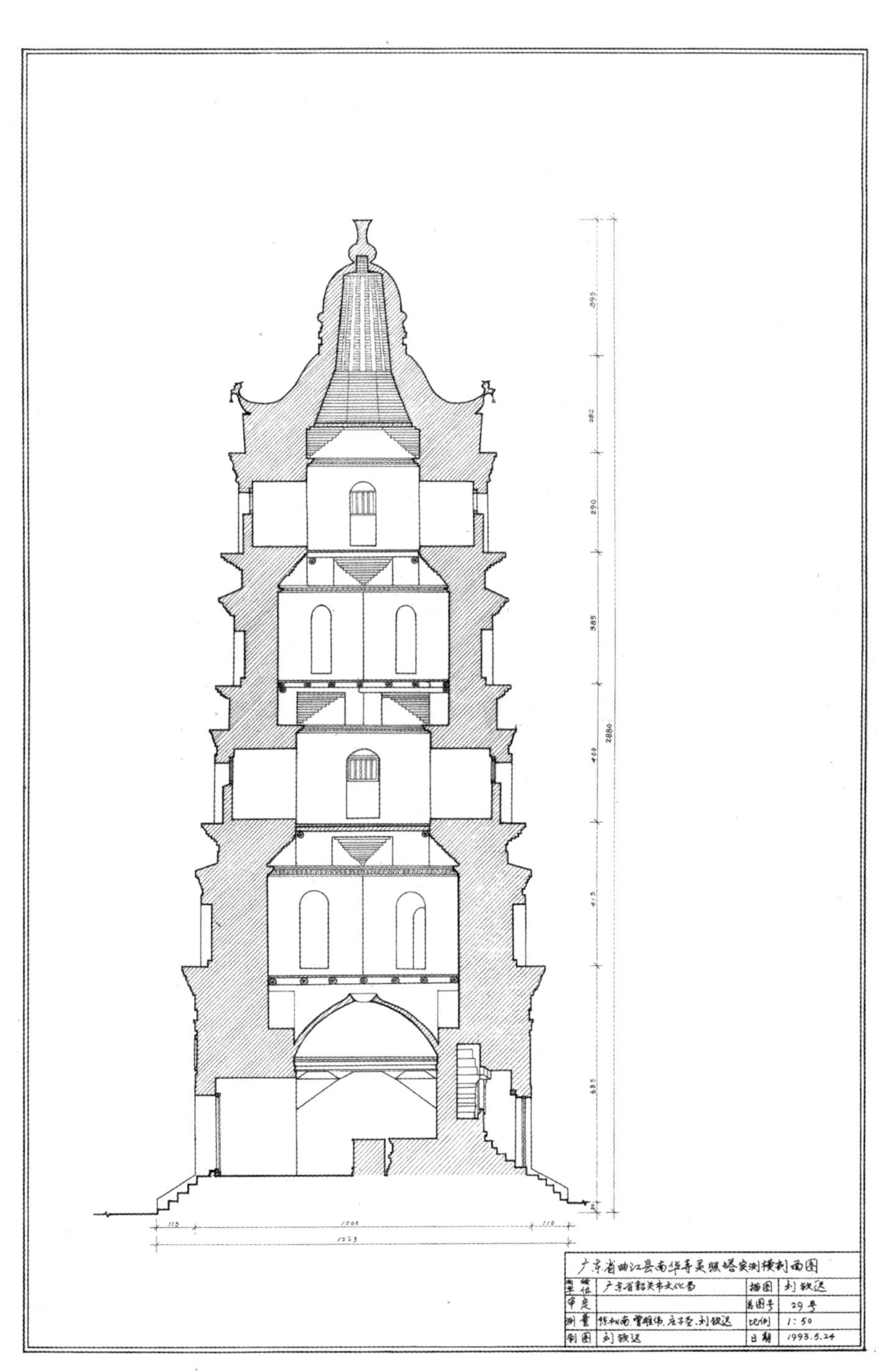
广东省曲江县南华寺灵照塔实测横剖面图
单位
广东省韶关市文化局
描图
审定
总图号
29号
测量
比例
1:50
制图
日期
1993.5.24

靈照塔實測橫剖面圖

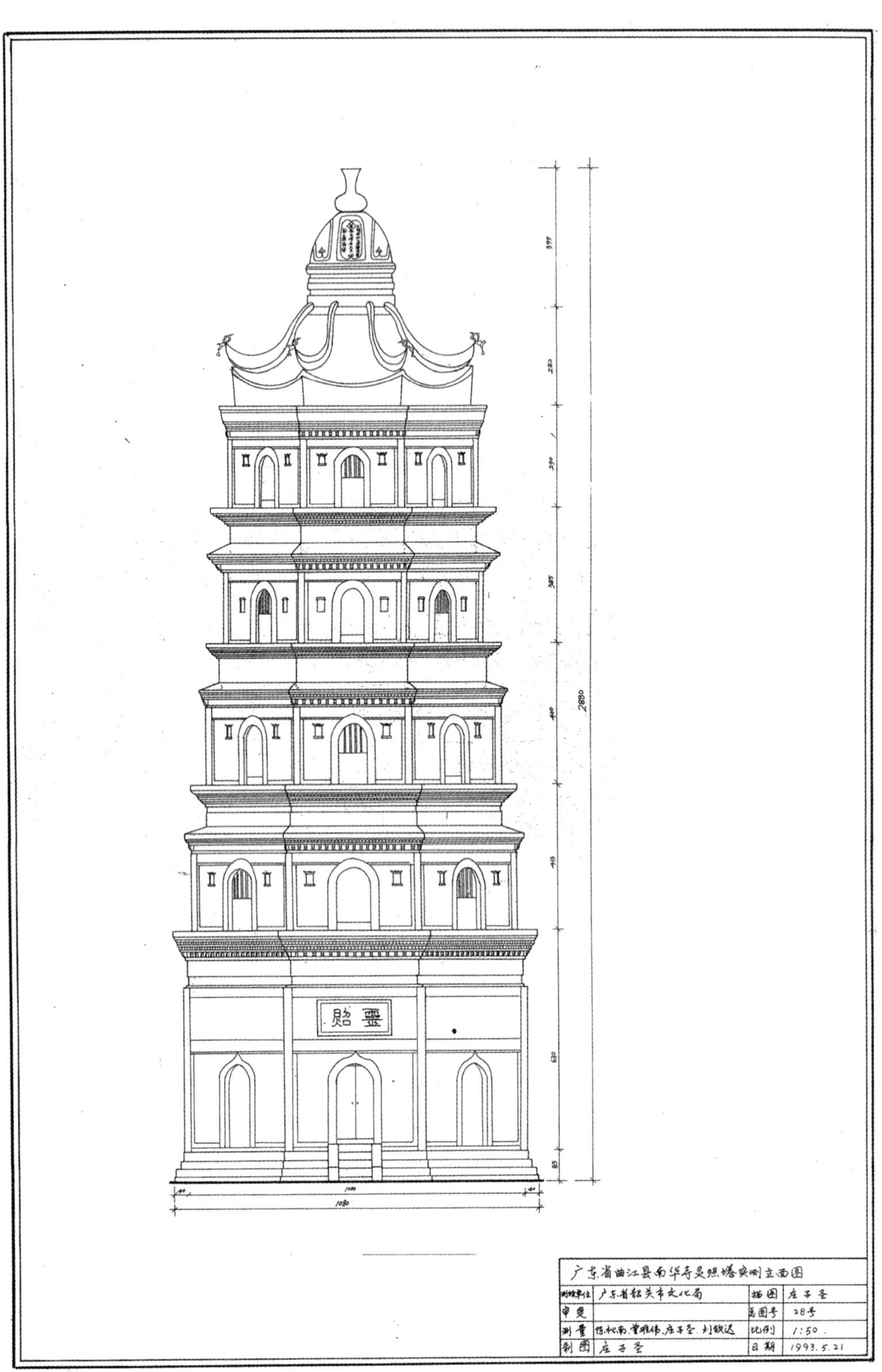
靈照
2880
1080
广东省曲江县南华寺灵照塔实测立面图
测绘单位 广东省韶关市文化局
描图 庄子圣
审定
总图号 28号
测量 陈枕南、曾雅伟、庄子圣、刘钦达
比例 1:50
制图 庄子圣
日期 1993.5.21

靈照塔實測立面圖

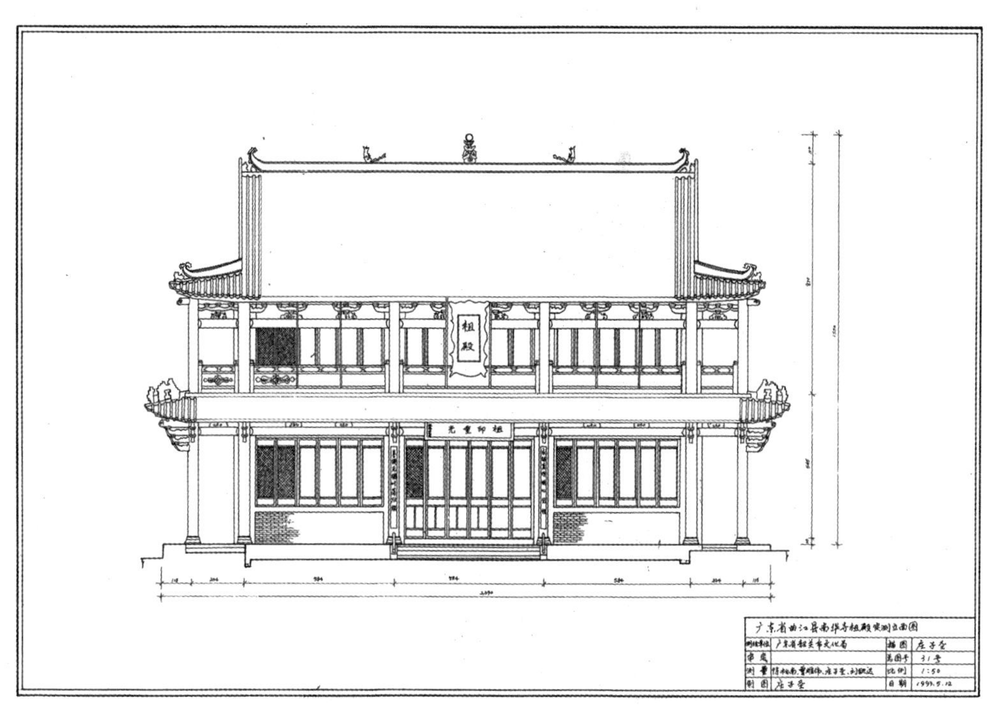

祖殿實測立面圖

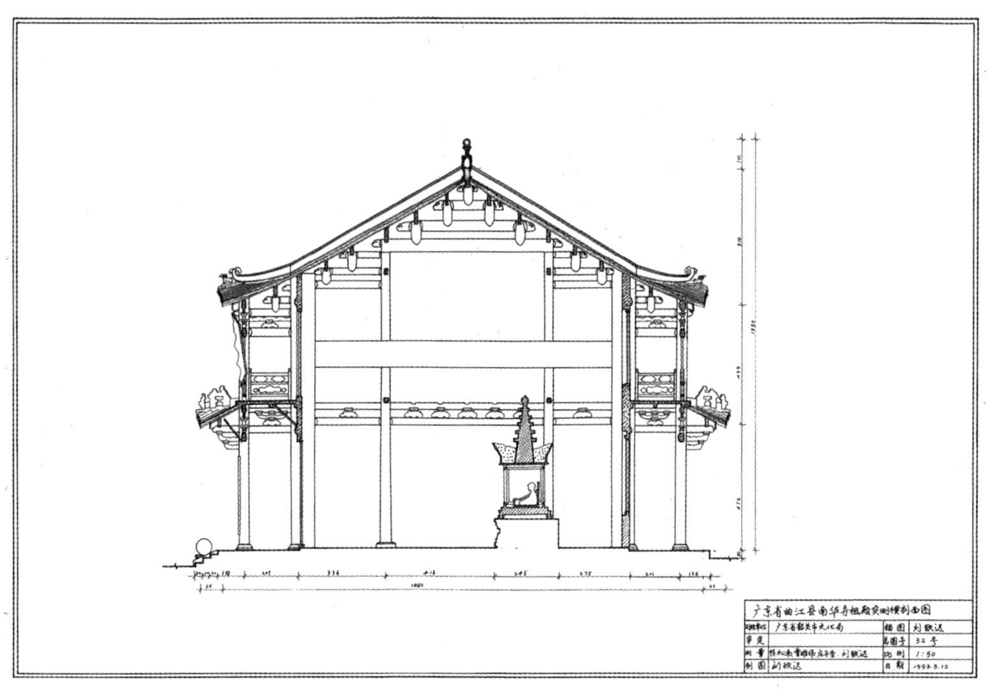

祖殿實測橫剖面圖

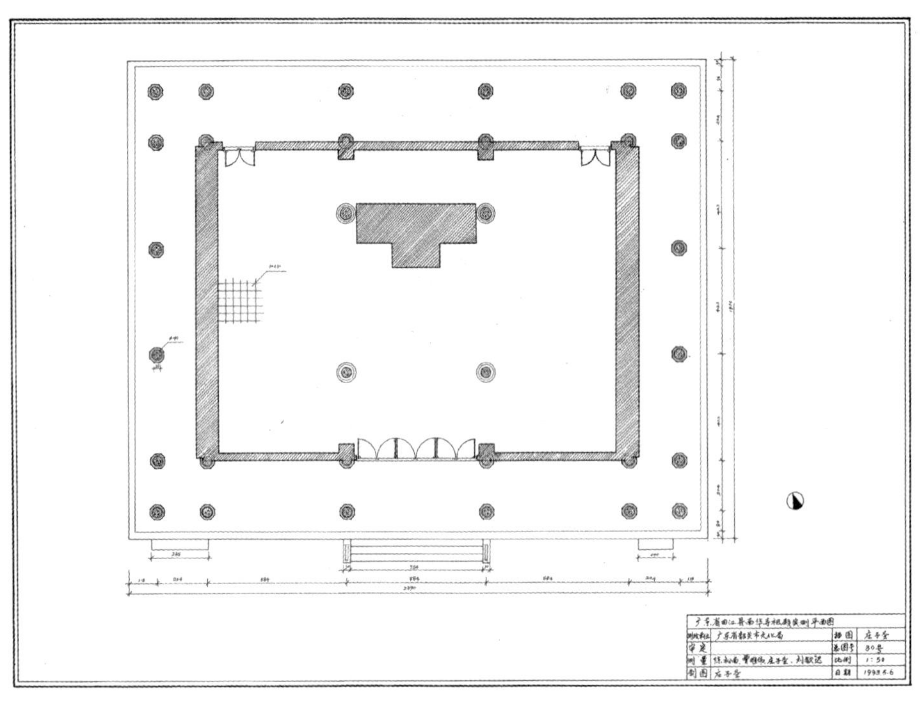

祖殿實測平面圖

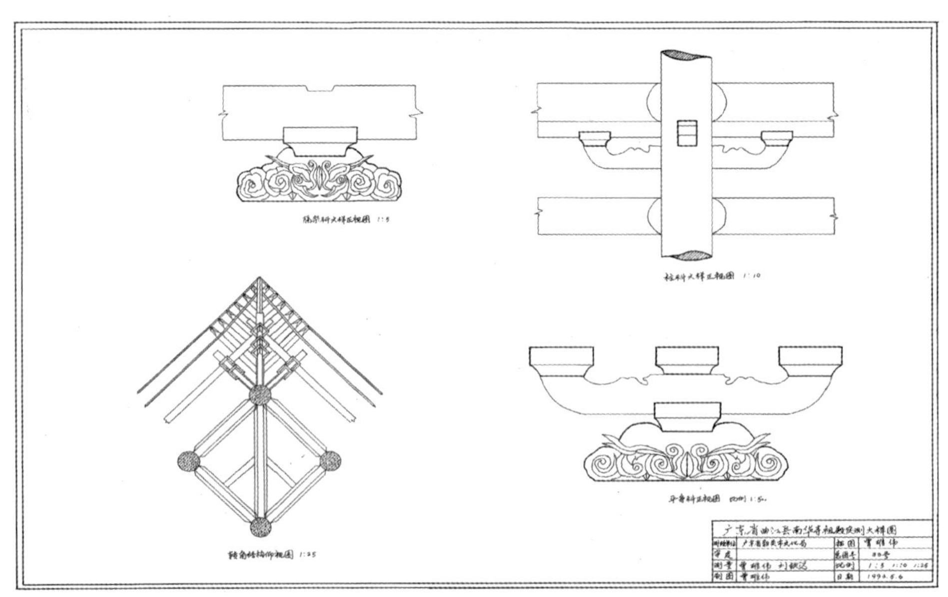

祖殿實測大樣圖

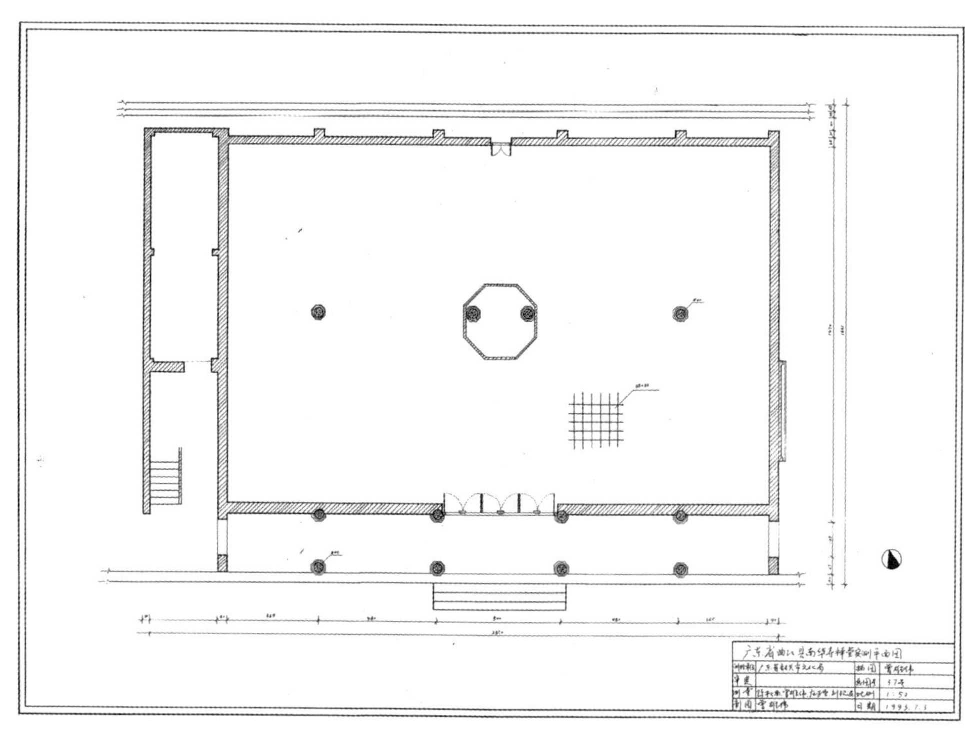

禪堂實測平面圖

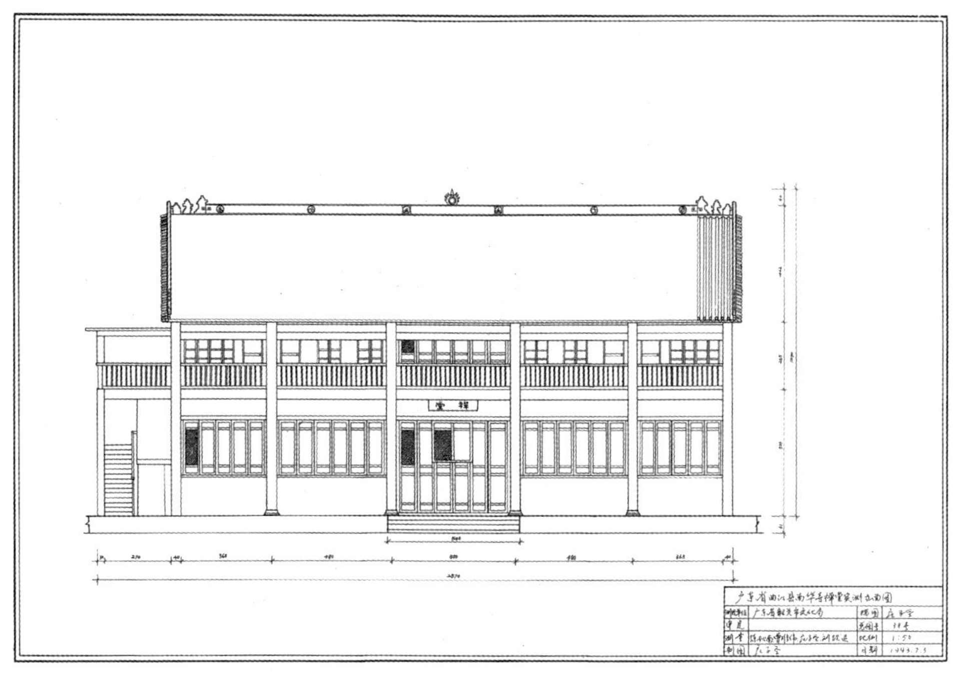

禪堂實測立面圖

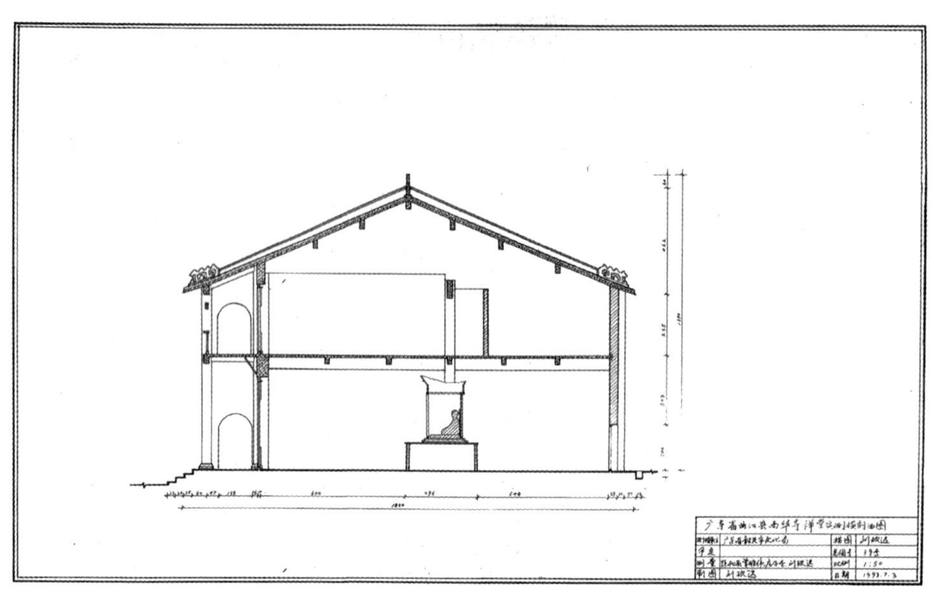

禪堂實測橫剖面圖

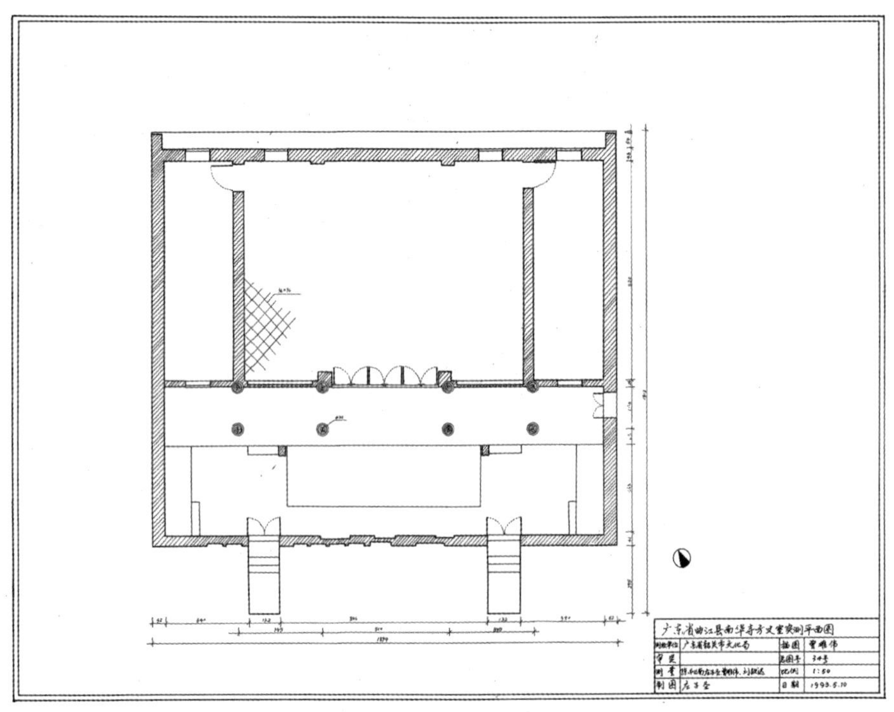

方丈室實測平面圖

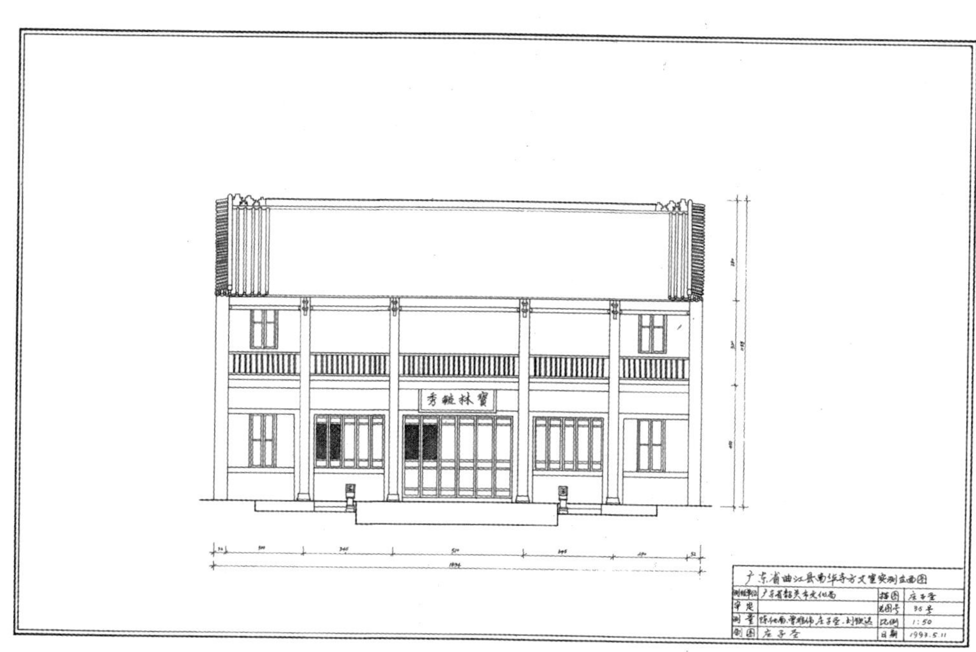

方丈室實測立面圖

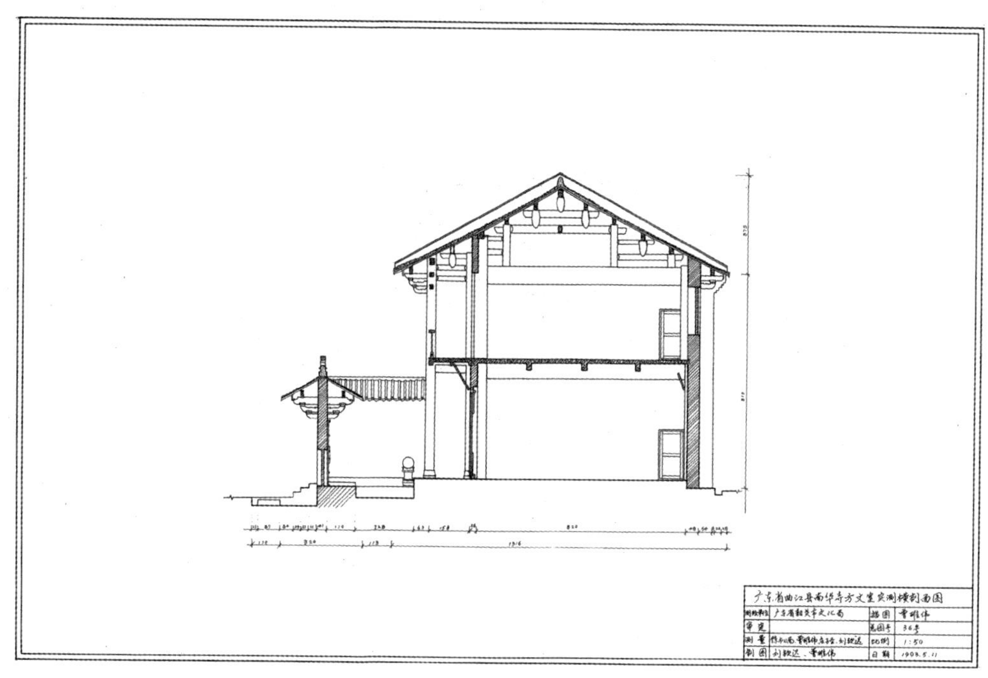

方丈室實測橫剖面圖

卷四　道脈源流

卷四　道脈源流

譬如大地山河，山有脈，水亦有脈，且山之脈與水之脈兩者之間或分或離，互爲糾纏。沿其波以討其源，則有大小遠近之異，山高源遠者則流大，山卑源近者則流小。倘從星宿以尋其蹤，出地入地，萬餘里而流合於東南之海，脈之所通，山川無阻。其實世間萬物皆是如此，樹葉有脈，身體有脈，族群有脈，命運有脈。即出世間之道法，又何嘗不然？曹溪之道法，正爲中國宗教史上之最高典型。其突起如高山，激射如巨川，源自七佛，流遍五宗，法脈清晰，可以按驗。梁武帝時，智藥三藏跋涉萬里而來，一見曹溪山水，即驚歎其來自西天，與寶林之甘香無二。故西天法滴，匯聚於唐，乃有六祖應懸讖而坐道場，轉正法輪，以單傳直指之道，接引來學，後又散爲五派，遍於海内。故信衆之信奉曹溪，景慕南華，乃爲推重六祖之道脈也。然明清兩代曹溪祖庭法嗣不顯，傳燈乏人。至民國間，虛雲高踞寶座，力撐法船，疏浚源流，五宗並弘，佛日復曜。從此，六祖燈譜不惟接通千祀，且遠達歐美矣。此卷乃志曹溪之開法祖師及受業高弟，並及自唐以迄於今散播於海内外之法系子孫，以見「通志」之根本大義。

開法祖師

自菩提達磨渡海西來，禪法正式立宗開派，稱西天二十八祖、中土初祖。嗣其法者慧可大師，稱中土二祖。可傳僧璨，稱中土三祖。璨傳道信，稱中土四祖。信傳弘忍，稱中土五祖。忍傳惠能，稱中土六祖，爲曹溪第一世。

曹溪惠能大師，俗姓盧，唐河北范陽人。父行瑫，武德三年左遷新州，即爲新州人。母李氏，初夢庭前百花競發，白鶴雙飛，異香滿室，覺而有娠，遂潔齋戒。於貞觀十二年二月八日子時生師，名曰惠能。惠者，以法惠濟衆生；能者，能作佛事。三歲父喪。及長復移南海，家貧無以供母，採薪以給。一日市中聞客讀《金剛經》，心即開悟，因與客語，客曰：「此《金剛經》，得於黄梅忍大師。」師欲辭母，爲法尋師。適有客聞之，即取金十兩贈師充老母衣食資，促其行。時爲咸亨二年。

師至黄梅，謁祖曰：「弟子遠來禮師，惟求作佛。」祖曰：「汝是嶺南人，獦獠何堪作佛！」師曰：「人有南北，佛性本無南北。」祖云：「這獦獠根性大利。汝更勿言，著槽廠去。」師退至後院，破柴踏碓。經八月餘，祖一日唤大衆曰：「我尋常向汝説生死事大，汝等終日祇求福田，不求離生死苦海。自性若迷，福何可救？汝等取自本心般若之性，各作一偈，不得遲滯。」時會下七百餘僧，有上座神秀者，學通内外，衆稱尊宿，乃書一偈於廊壁間曰：「身是菩提樹，心如明鏡臺。時時勤拂拭，勿使惹塵埃。」祖曰：「後代依此修行，亦得勝果。」令各念誦。時盧在碓房聞之，良久曰：「美則美矣，了則未了。」至夜，請江州別駕張日用書一偈於秀偈之側曰：「菩提本無樹，明鏡亦非臺。本來無一物，何處惹塵埃？」祖見之曰：「此是誰作？亦未見性。」衆聞之罔然，遂不顧。次日，祖潛至碓房，見師腰石舂米，歎曰：「道人爲法忘軀，當如是乎！」即問曰：「米熟也未？」師曰：「米熟久矣，猶欠篩在。」祖以杖擊碓三下而去。師默會其意，三鼓入室，祖以袈裟遮圍，不令人見，爲説《金剛經》，至「應無所住而生其心」，師言下大悟。遂啟祖曰：「何期自性，本自清淨；何期自性，本不生滅；何期自性，本自具足；何期自性，本無動搖；何期自性，能生萬法。知悟自性，即名大丈夫、天人師、佛。」祖即授以衣鉢，偈曰：「有性來下種，因地果還生。無情既無種，無性亦無生。」師跪受衣法已，啟曰：「法則受已，衣付何人？」祖曰：「昔達磨大師初來此土，人未之信，故傳此衣以爲信體，代代相承，法則以心印心，皆令自悟自解。自古佛佛惟傳本體，師師密契本心。今信心已熟，衣乃爭端，止汝勿傳。若傳此衣，命如懸絲。汝須速去，恐人害汝。」師曰：「當何所隱？」祖曰：「逢懷則止，遇會且藏。」師是夜南邁，祖送至九江口，囑曰：「以後佛法，由汝大行。汝去三年，吾方逝矣。汝今好去，努力向南。不宜速説，佛法難起。」

師辭祖已，經兩月日，至大庾嶺。逐後數百人來，欲奪衣鉢。一僧名惠明者，俗姓陳，先爲四品將軍，性粗猛，極意參尋，爲衆先登，趁及師。師擲衣石上，云：「此衣表信，可力爭耶！」慧明至，提掇衣鉢不動，乃連喚曰：「行者行者，我爲法來，不爲衣來。」師遂出坐磐石上，明作禮云：「望行者開示法要。」良久，師爲明曰：「不思善，不思惡，正與麼時，那個是明上座本來面目？」明言下大悟，曰：「慧明雖在黃梅，實未省自己面目。今蒙指示，如人飲水，冷煖自知。今行者即吾師也。」明受法，禮辭回。明後避師諱，改名道明。師因是得歸，曹溪居民曹叔良等重修寶林寺，延師居之。越九月餘日，又被惡人尋逐，師乃遁於前山，被其縱火焚燒草木，師隱身挨入石中得免。師憶五祖「懷會止藏」之囑，乃隱於四會，避難獵人隊中，隨宜説法，凡經一十五載。

師一日思維弘法時至，不可終遯，遂至廣州法性寺。值印宗法師講《涅槃經》，時有風吹旛動，一僧云風動，一僧云旛動，諍論不已。師進曰：「非風非旛，仁者心動。」一衆駭然。印宗延至上座，執弟子禮，徵詰奧義，並告請出示傳來衣鉢，悉令瞻禮。宗復問法，師曰：「佛言善根有二：一者常，二者無常。佛性非常非無常，是故不斷，名爲不二。一者善，二者不善，佛性非善非不善，是名不二。蘊之與界，凡夫見二，智者了達，其性無二。無二之性，即是佛性。」宗聞説，歡喜合掌，讚曰：「某甲講經，猶如瓦礫；仁者論議，猶如真金。」於是普集四衆，爲師於菩提樹下剃髮，時儀鳳元年正月十五日。於二月八日就智光律師授滿分戒，其壇即梁跋陀三藏所建，記曰「後當有肉身菩薩於此壇受戒」者；其菩提樹即智藥三藏西域攜來植於壇側，記曰「此後一百六十年，當有肉身大士於此樹下出家，演無上乘，度無量聚」者。師於此祝髮受具，開東山法門，宛如宿契。明年二月八日，欲歸舊隱，印宗即與緇白千餘人送歸寶林。韶州刺史韋璩請於大梵寺轉妙法輪，並受無相心地戒。後返曹溪，雨大法雨，學者不下千數。

中宗神龍元年降詔云：「朕請安、秀二師宫中供養，萬機之暇，每究一乘，二師並推讓，曰南方有能禪師，密受忍大師衣法，可就彼問。今遣内侍薛簡馳詔迎請，願師慈念，速赴上京。」師上表辭疾，願終林麓。簡曰：「京城禪德皆云，欲得會道，必須坐禪習定；若不因禪定而得解脱者，未之有也。未審師所説法如何？」祖曰：「道由心悟，豈在坐也？經云：若見如來，若坐若臥，是行邪道。何以故？無所從來，亦無所去。心無生滅，是如來清淨禪。諸法空寂，是如來清淨坐。究竟無證，豈況坐耶？」

簡曰：「願和尚慈悲，指示心要。」祖曰：「道無明暗，明暗無盡，亦是有盡，相待立名。故經云：『法無有比，無相待故。』」簡曰：「明喻智慧，暗喻煩惱。修道之人，倘不以智慧照破煩惱，無始生死，憑何出離？」祖曰：「煩惱即是菩提，無二無別。若以智慧照煩惱者，此是二乘小見，羊鹿等機，大智上根，悉不如是。」簡曰：「如何是大乘見解？」祖曰：「明與無明，其性無二。無二之性，即是實性。實性者，處凡愚而不減，在賢聖而不增，住煩惱而不亂，居禪定而不寂，不斷不常，不來不去，不在中間及其內外，不生不滅，性相如如，常住不遷，名之曰道。」簡曰：「師說不生不滅，何異外道？」祖曰：「外道所說不生不滅者，將滅止生，以生顯滅，滅猶不滅，生說不生。我說不生不滅者，本自無生，今亦無滅，所以不同外道。汝若欲知心要，但一切善惡都莫思量，自然得入清淨心體，湛然常寂，妙用恒沙。」簡蒙指教，豁然大悟，禮辭歸闕，表奏祖語。有詔謝師，並賜磨衲袈裟、絹五百匹、寶鉢一口。十二月十九日，敕改古寶林爲中興寺。三年十一月十八日，又敕著韶州刺史重加崇飾，賜額爲法泉寺，祖新州舊居爲國恩寺。

一日，祖謂衆曰：「諸善知識，汝等各各淨心，聽吾說法。汝等諸人，自心是佛，更莫狐疑。外無一物而能建立，皆是本心生萬種法。故經云：心生，種種法生；心滅，種種法滅。若欲成就種智，須達一相三昧，一行三昧。若於一切處而不住相，彼相中不生憎愛，亦無取捨，不念利益成壞等事，安閒恬靜，虛融澹泊，此名一相三昧。若於一切處行住坐臥，純一直心，不動道場，真成淨土，名一行三昧。若人具二三昧，如地有種，能含藏長養，成就其實。一相一行，亦復如是。我今說法，猶如時雨溥潤大地。汝等佛性，譬諸種子，遇諸霑洽，悉得發生。承我旨者，決獲菩提；依吾行者，定證妙果。」先天元年七月六日，命弟子往新州國恩寺建報恩塔。先天二年七月一日，謂門人曰：「吾欲歸新州，汝速理舟楫。」告衆偈曰：「心地含諸種，普雨悉皆生。頓悟華情已，菩提果自成。」復曰：「其法無二，其心亦然。其道清淨，亦無諸相。汝等慎勿觀淨及空其心。此心本淨，無可取捨。各自努力，隨緣好去。」時大衆哀慕，乞師且住，祖曰：「諸佛出現，猶示涅槃。有來必去，理亦常然。吾此形骸，歸必有所。」又問：「師之法眼，何人傳受？」祖曰：「有道者得，無心者通。」言訖，往新州國恩寺。其年八月三日，沐浴跏趺而化。世壽七十六，法臘五十二。十一月十三日入曹溪之塔，韶州刺史韋璩撰碑。塔中有達磨所傳屈眴布信衣，中宗賜磨衲、寶鉢，弟子方辯所塑真相並道具等，主塔侍者尸之。開元十年八月三日夜，汝州梁縣孝子張淨滿於洪州開元寺受新羅僧金大悲錢二十千，令取六祖首歸海東供養。衆覺，見師頸有傷，聞於州縣。祖上足令韜曰：「若以國法論，理須誅夷；但以佛教慈悲，寃親平等，況彼欲求供養，罪可恕矣。」遂赦之。上元元年，肅宗遣使請師衣鉢入内供養。永泰元年五月五日，代宗夢六祖大師請衣鉢。七日，敕刺史楊瑊曰：「朕夢感禪師請傳法袈裟卻歸曹溪，今遣鎮國大將軍劉崇景頂戴而送，朕謂之國寶，卿可於本寺如法安置，專令僧衆親承宗旨者嚴加守護，勿令遺墜。」憲宗謚「大鑒禪師」，塔曰「元和靈照之塔」。

粤自曹溪開法，衣止不傳。師始終説法三十七年，尋常垂示法語，門人海禪者記録，目爲《壇經》，盛行於世。按《壇經》所載，師得法弟子四十三人，惟青原行思、南嶽懷讓最居上首，而永嘉玄覺精悟超絶，號「一宿覺」。思、讓大闡玄宗。讓居南嶽，其下則出馬祖道一，居江西，門下同時悟道登壇者八十餘人。道一下百丈海爲上首，海出溈山祐，居湖南；黄蘗運，居閩中。祐出仰山寂，是爲溈仰宗；蘗出臨濟玄，居河北，是爲臨濟宗。思居吉州青原山，其下則出石頭遷，遷出藥山儼、天皇悟，悟出龍潭信，信出德山鑑，鑑出雪峰存，存出雲門偃、玄沙備，偃爲雲門宗；備出羅漢琛，琛出清涼益，是爲法眼宗。㒑出雲巖晟，晟出洞山价，价出曹山寂，是爲曹洞宗。由是道被寰中，稱爲五家宗派。

曹溪高弟

六祖開山，得法弟子最著者四十三人，以懷讓、行思、神會、慧忠、玄覺爲「五大宗匠」，而青原、南嶽最居上首。其人飲曹溪水，得曹溪法，並傳播四方，流傳永久。爲曹溪六祖下第二世。青原、南嶽以其爲開宗立派之主，法系子孫衆多，故別立傳以彰之，其餘著名者則爲之簡介如下：

西域崛多三藏　西域天竺人。於六祖言下契悟。後遊五臺，見一僧結庵靜坐，問曰：「你一人孤坐做什麼？」答曰：「觀靜。」師又問：「觀者何人，靜者何物？」僧作禮問：「此理何如？」師曰：「汝何不自觀自靜。」僧迷茫不知其旨。師得知僧乃神秀禪師弟子，不禁感歎道：「我西域異道最下種者都不墮此見。兀然空坐，於道何加焉！」且道：「汝何不速往曹溪，決其真要。」僧即循言趕往曹溪參六祖。六祖垂誨，僧即悟入。崛多三藏乃最早將六祖禪傳入五臺山的祖師之一。後不知所終。

韶州法海　廣東曲江人，生平不詳。初見六祖，便問：「即心即佛，願垂指喻。」六祖道：「前念不生即心，後念不滅即佛。成一切相即心，離一切相即佛。吾若具説，窮劫不盡。」又示一偈：「即心名慧，即佛乃定。定慧等持，意中清淨。悟此法門，由汝習性。用本無生，雙修是正。」法海於言下大悟，遂以偈贊曰：「即心元是佛，不悟而自屈。我知定慧因，雙修離諸物。」今《壇經》傳本最早即由法海所整理者。

吉州志誠　江西泰和人。少時出家，投荆州玉泉寺神秀禪師座下。時禪宗分南北頓漸，一般學人不知宗旨，妄生彼此。六祖訓徒曰：「人有南北，法即一種。見有遲疾，何名頓漸？」神秀亦告門下曰：「能大師深悟上乘，吾不如也。且吾師五祖親付衣法，豈徒然哉！吾所恨不能遠去親近，虚受國恩。汝等諸人無滯於此，可往曹溪質疑。」志誠乃秉承師命，前往曹溪，隨衆參請。六祖問道：「秀大師何所教也？」志誠道：「嘗指誨大衆，令住心觀靜，長坐不臥。」六祖示偈曰：「生來坐不臥，死去臥不坐。元是臭骨頭，何爲立功過？」志誠驚服，乞曰：「弟子生死事大，和尚慈悲，更爲教示。」六祖道：「吾若言有法與人，即爲誑汝，但且隨方解縛，假名三昧。如汝師所説戒定慧，實不可思議，吾所見戒定慧又别。」志誠道：「戒定慧衹合一種，如何更别？」六祖道：「汝師戒定慧接大乘人。吾戒定慧接最上乘人。悟解不同，見有遲疾。汝聽吾説，與彼同否？吾所説法，不離自性。離體説法，名爲相説，自性常迷。須知一切萬法，皆從自性起用，是真戒定慧法。聽吾偈曰：「心地無非自性戒，心地無癡自性慧，心地無亂自性定。不增不減自金剛，身去身來本三昧。」志誠於言下大悟。六祖又道：「汝師戒定慧，勸小根智人。吾戒定慧，勸大根智人。若悟自性，亦不立菩提涅槃，亦不立解脱知見。無一法可得，方能建立萬法。若解此意，亦名佛身，亦名菩提涅槃，亦名解脱知見。見性之人，立亦得，不立亦得。去來自由，無滯無礙。應用隨作，隨語隨答，普現化身，不離自性，即得自在神通，遊戲三昧，是名見性。」志誠再次禮拜，進云：「如何是不立義？」六祖道：「自性無非、無癡、無亂，念念般若觀照，常離法相，自由自在，縱横盡得，有何可立？自性自悟，頓悟頓修，亦無漸次，所以不立一法。諸法寂然，有何次第！」聽聞開示，志誠歡欣踴躍。自此執侍六祖，再未離曹溪。

匾擔曉了 生平不詳。北宗門人忽雷澄禪師爲撰塔碑，云：「師住匾擔山，號曉了，六祖之嫡嗣也。師得無心之心，了無相之相。無相者森羅眩目，無心者分别熾然。絶一言一響，響莫可傳，傳之行矣；言莫可窮，窮之非矣；師得無無之無，不無於無也；吾今以有有之有，不有於有也。不有之有，去來非增；不無之無，涅槃非滅。嗚呼！師住世兮曹溪明，師寂滅兮法舟傾。師譚無説兮寰宇盈，師示迷徒兮了義乘。匾擔山色垂兹色，空谷猶留曉了名。」

河北智隍 里籍不詳。參學五祖，後入河朔結庵隱修廿年。一日，六祖弟子婺州玄策遊方河朔，見智隍入定，問：「汝言入定，有心也無？若有心入，一切有情含識皆應得定；若無心入，一切無情草木亦合得定。」智隍道：「不見有有無之心。」玄策道：「不見有有無之心，即是常定，何有出入？若有出入，即非大定。」智隍大慚，良久問：「請問尊師？」玄策道：「我師曹溪六祖。」智隍聞言，乃南下曹溪，禮六祖。六祖問：「仁者何來？」智隍於是將與玄策禪師辯難因緣稟六祖。六祖對智隍不遠千里而求法，心生憫念，乃開示道：「誠如所言，汝但心如虛空，不著空見，應用無礙，動靜無心，凡聖情忘，能所俱泯，性相如如，無不定時也。」智隍言下大悟，心中二十年禪修所得知見，一掃而空。智隍開悟之夕，河朔人聞空中有聲曰：「隍禪師今日得道。」智隍不久回到河北，大開法化。

洪州法達 江西豐城人。七歲出家，持誦《法華經》。受具後，即入曹溪。自以念《法華經》已及三千部，功德不小，故心懷我慢，初禮六祖時，頭不至地。六祖道：「汝若念至萬部，得其經意，不以爲勝，則與吾偕行。汝今負此事業，都不知過。聽吾偈曰：「禮本折慢幢，頭奚不至地？有我罪即生，亡功福無比。」六祖又示一偈：「汝今名法達，勤誦未休歇。空誦但循聲，明心號菩薩。汝今有緣故，吾今爲汝説。但信佛無言，蓮華從口發。」法達頓生慚愧，懺悔道：「學人愚鈍，從來但依文誦念，豈知宗趣！」命法達高聲念誦經文至《譬喻品》時，六祖道：「止！此經元來以因緣出世爲宗。縱説多種譬喻，亦無越於此。何者因緣？」經云：「諸佛世尊唯以一大事因緣故出現於世。」一大事者，佛之知見也。世人外迷著相，內迷著空。若能於相離相，於空離空，即是內外不迷。若悟此法，一念心開，是爲開佛知見。佛猶覺也。分爲四門：開覺知見，示覺知見，悟覺知見，入覺知見。若聞開示，便能悟入，即覺知見，本來真性而得出現。汝慎勿錯解經意，見他道開示悟入，自是佛之知見，我輩無分。若作此解，乃是謗經毀佛也。彼既是佛，已具知見，何用更開？汝今當信，佛知見者，衹汝自心，更無別體。蓋爲一切衆生自蔽光明，貪受塵境，外緣內擾，甘受驅馳，便勞他從三昧起，種種苦口，勸令寢息，莫向外求，與佛無二，故云開佛知見。吾亦勸一切人，於自心中，常開佛之知見。世人心邪，愚迷造罪。口善心惡，貪嗔嫉妒，諂佞我慢，侵人害物，自開衆生知見。若能正心，常生智慧，觀照自身，止惡行善，是自開佛之知見。汝須念念開佛知見，勿開衆生知見。開佛知見即是出世，開衆生知見即是世間。汝但勞勞執念謂爲功課者，何異犛牛愛尾也？」法達問：「若然者，但得解義，不勞誦經耶？」六祖道：「經有何過，豈障汝念？衹爲迷悟在人，損益由己。口誦心行，即是轉經；口誦心不行，即是被經轉。聽吾偈曰：『心迷法華轉，心悟轉法華。誦經久不明，與義作仇家。無念念即正，有念念成邪。有無俱不計，長御白牛車。』」法達聞偈，言下大悟，不覺悲泣。進云：「經云諸大聲聞，乃至菩薩，皆盡思度量，尚不能測於佛智，今令凡夫但悟自心，便名佛之知見，自非上根，未免疑謗。又經說三車，羊車、鹿車與白牛之車，如何區別？願和尚再垂宣說。」六祖道：「經意分明，汝自迷背。諸三乘人不能測佛智者，患在度量也。饒伊盡思共推，轉加懸遠。佛本爲凡夫說，不爲佛說。此理若不肯信者，從他退席。殊不知坐卻白牛車，更於門外覓三車。況經文明向汝道，唯一佛乘，無有餘乘，若二若三，乃至無數方便，種種因緣、譬喻言詞，是法皆爲一佛乘故。汝何不省！三車是假，爲昔時故；一乘是實，爲今時故。衹教你去假歸實，歸實之後，實亦無名。應知所有珍財，盡屬於汝，由汝受用，更不作父想，亦不作子想，亦無用想。是名持《法華經》，從劫至劫，手不釋卷，從晝至夜，無不念時也。」法達蒙六祖開示，一切疑惑一時冰消，踴躍歡喜，作偈贊曰：「經誦三千部，曹溪一句亡。未明出世旨，寧歇累生狂。羊鹿牛權設，初中後善揚。誰知火宅內，元是法中王。」六道祖：「汝今後方可名念經僧也。」法達頓悟一乘妙旨之後，仍誦經不止。

壽州智通 安徽安豐人。讀《楞伽經》千餘遍，而不會三身四智。禮六祖，求解其義。祖曰：「三身者，清淨法身，汝之性也。圓滿報身，汝之智也。千百億化身，汝之行也。若離本性，別說三身，即名有身無智。若悟三身無有自性，即名四智菩提。聽吾偈曰：自性具三身，發明成四智。不離見聞緣，超然登佛地。吾今爲汝說，諦信永無迷。莫學馳求者，終日說菩提。」師曰：「四智之義，可得聞乎？」祖曰：「既會三身，便明四智，何更問邪？若離三身，別譚四智，此名有智無身也。即此有智，還成無智。」復說偈曰：「大圓鏡智性清淨，平等性智心無病。妙觀察智見非功，成所作智同圓鏡。五八六七果因轉，但用名言無實性。若於轉處不留情，繁興永處那伽定。」師禮謝，以偈贊曰：「三身元我體，四智本心明。身智融無礙，應物任隨形。起修皆妄動，守住匪真精。妙旨因師曉，終亡汙染名。」

江西志徹 江西人，姓張，名行昌。有俠行。自南北分化，二宗主雖無彼我，而徒侶競起愛憎。時北宗門人自立秀禪師爲六祖，而忌能大師傳衣爲天下所聞，乃委行昌懷刃入祖室，將欲加害。祖預知其事，舒頸而就，行昌揮刃者三，都無所損。行昌驚仆，久而方蘇，求哀悔過，即願出家。祖遂與金，曰：「汝且去！恐徒衆翻害於汝，汝可他日易形而來，吾當攝受。」行昌稟旨宵遁，投僧出家，具戒精進。一日憶祖言，遠來禮覲，曰：「昨蒙和尚捨罪，今雖出家苦行，終難報於深恩，其唯傳法度生乎！弟子嘗覽《涅槃經》，未曉常無常義，乞和尚慈悲，略爲宣說。」祖曰：「無常者，即佛性。有常者，即善惡一切諸法分别心也。」曰：「經説佛性是常，和尚卻言無常。善惡諸法乃至菩提心，皆是無常，和尚卻言是常。此即相違，令學人轉加疑惑。」祖曰：「《涅槃經》，吾昔者聽尼無盡藏讀誦一遍，便爲講説，無一字一義不合經文，乃至爲汝，終無二説。佛性若常，更説甚麼善惡諸法，乃至窮劫，無有一人發菩提心者。故吾説無常，正是佛説真常之道也。又一切諸法若無常心者，即物物皆有自性，容受生死，而真常性有不遍之處。故吾説常者，正是佛説真無常義也。佛比爲凡夫外道執於邪常，諸二乘人於常計無常，共成八倒，故於《涅槃》了義教中，破彼偏見而顯説真常、真樂、真我、真淨。汝今依言背義，以斷滅無常，及確定死常而錯解佛之圓妙最後微言，縱覽千遍，有何所益！」行昌忽如醉醒，乃説偈曰：「因守無常心，佛演有常性。不知方便者，猶春池拾礫。我今不施功，佛性而見前。非師相授與，我亦無所得。」祖曰：「汝今徹也，宜名志徹。」師禮謝而去。

信州智常　江西貴溪人。髫年出家，志求見性。一日參六祖，曰：「學人近禮大通和尚，蒙示見性成佛之義，未決狐疑。至吉州遇人指迷，令投和尚，伏願垂慈攝受。」祖曰：「彼有何言句，汝試舉看，吾與汝證明。」師曰：「大通曰：『汝見虚空否？汝見虚空有相貌否？』對曰：『見。虚空無形，有何相貌？』彼曰：『汝之本性，猶如虚空。返觀自性，了無一物可見；是名正見；無一物可知，是名真知。無有青黄長短，但見本源清淨，覺體圓明，即名見性成佛，亦名極樂世界，亦名如來知見。』學人雖聞此説，猶未決了，乞和尚示誨，令無疑滯。」祖曰：「彼師所説，猶存見知，故令汝未了。吾今示汝一偈曰：『不見一法存無見，大似浮雲遮日面。不知一法守空知，還如太虚生閃電。此之知見瞥然興，錯認何曾解方便。汝當一念自知非，自己靈光常顯見。』」師聞偈已，心意豁然，乃述一偈曰：「無端起知解，著相求菩提。情存一念悟，寧越昔時迷。自性覺源體，隨照枉遷流。不入祖師室，茫然趣兩頭。」

廣州志道 廣東南海人。初參六祖，問：「學人自出家覽《涅槃經》十餘載，頗有疑惑。」祖曰：「汝作麼生疑？」對曰：「一切衆生皆有二身，謂色身、法身也。色身無常，有生有滅。法身有常，無知無覺。經云：『生滅滅已，寂滅爲樂』者，未審是何身寂滅？何身受樂？若色身者，色身滅時，四大分散，全是苦，苦不可言樂。若法身寂滅，即同草木瓦石，誰當受樂？又法性是生滅之體，五蘊是生滅之用。一體五用，生滅是常。生則從體起用，滅則攝用歸體。若聽更生，即有情之類不斷不滅。若不聽更生，即永歸寂滅，同於無情之物。如是則一切諸法，被涅槃之所禁伏，尚不得生，何樂之有？」祖曰：「汝是釋子，何習外道斷常邪見，而議最上乘法？據汝所解，即色身外，別有法身，離生滅求於寂滅。又推涅槃常樂，言有身受者，斯乃執吝生死，耽著世樂。汝今當知，佛爲一切迷人，認五蘊和合爲自體相，分別一切法爲外塵相，好生惡死，念念遷流，不知夢幻虛假，枉受輪迴，以常樂涅槃翻爲苦相，終日馳求。佛愍此故，乃示涅槃真樂，刹那無有生相，刹那無有滅相，更無生滅可滅。是則寂滅見前，當見前之時，亦無見前之量，乃謂常樂。此樂無有受者，亦無不受者，豈有一體五用之名？何況更言涅槃禁伏諸法，令永不生？斯乃謗佛毀法。聽吾偈曰：『無上大涅槃，圓明常寂照。凡愚謂之死，外道執爲斷。諸求二乘人，目以無爲作。盡屬情所計，六十二見本。妄立虛假名，何爲真實義。惟有過量人，通達無取捨。以知五蘊法，及以蘊中我。外現衆色象，一一音聲相。平等如夢幻，不起凡聖見。不作涅槃解，二邊三際斷。常應諸根用，而不起用想。分別一切法，不起分別想。劫火燒海底，風鼓山相擊。真常寂滅樂，涅槃相如是。吾今彊言説，令汝捨邪見。汝勿隨言解，許汝知少分。』」師聞偈踴躍，作禮而退。

法性印宗　江蘇吳郡人，姓印氏。從師出家，精《涅槃》大部。咸亨元年抵京師，敕居大敬愛寺，固辭。往蘄春謁忍大師。後於廣州法性寺講《涅槃經》，遇六祖能大師，始悟玄理，以能爲傳法師。又采自梁至唐諸方達者之言，著《心要集》，盛行於世。先天二年二月二十一日，終於會稽山妙喜寺，壽八十有七。會稽王師乾爲立塔銘。

永嘉玄覺　浙江永嘉人，俗姓戴。八歲出家，博探三藏，尤通天台止觀。於温州龍興寺側自構禪庵，獨居研修禪觀。後因左溪朗禪師激勵，起與東陽玄策共遊方尋道。至韶陽，謁曹溪惠能，振錫繞祖三匝，卓然而立。祖曰：「夫沙門者，具三千威儀，八萬細行。大德自何方而來，生大我慢？」師曰：「生死事大，無常迅速。」祖曰：「何不體取無生，了無速乎？」曰：「體即無生，了本無速。」祖曰：「如是如是。」於時大衆無不愕然。師方具威儀參禮，須臾告辭，祖曰：「返太速乎！」師曰：「本自非動，豈有速邪？」祖曰：「誰知非動？」師曰：「仁者自生分別。」祖曰：「汝甚得無生之意。」師曰：「無生豈有意邪？」祖曰：「無意誰當分別？」師曰：「分別亦非意。」祖歎曰：「善哉善哉！少留一宿。」翌日即歸温州龍興寺，學者輻湊，號真覺大師，時人稱「一宿覺」。壽四十九入寂，塔於西山之陽，敕謚「無相」。有《證道歌》《禪宗悟修圓旨》《永嘉集》。弟子惠操、惠特、等慈、玄寂，皆爲世所推重。

按：惠能四十三弟子中，舊志除爲南嶽懷讓、青原行思立傳外，其餘惟永嘉玄覺禪師有傳。其故或如釋澹歸《曹溪通志新舊凡例折衷》云：「憨師未嘗削去諸弟子，特以青原、南嶽爲五宗所自出，故傳之，而永嘉從《維摩》《楞嚴》等經悟入，可以消宗教兩歧之爭，故並傳之耳。」

司空本淨　山西絳州人，姓張氏。幼歲披緇，於曹溪受記，隸司空山無相寺。天寶三年，玄宗遣中使楊光庭入山禮問，曰：「弟子未審佛之與道，其議云何？」師曰：「若欲求佛，即心是佛。若欲會道，無心是道。」光庭作禮信受。即詔師到京，敕住白蓮亭。越明年正月十五日，召兩街名僧碩學赴內道場，與師闡揚佛理。時有遠禪師者曰：「祇如禪師所見，以何爲道？」師曰：「無心是道。」遠曰：「道因心有，何得言無心是道？」師曰：「道本無名，因心名道。心名若有，道不虛然。窮心既無，道憑何立？二俱虛妄，總是假名。」遠公聞語失色，逡巡避席。師有偈曰：「四大無主復如水，遇曲逢直無彼此。淨穢兩處不生心，壅決何曾有二意。觸境但似水無心，在世縱横有何事？」復云：「若明四大無主，即悟無心。若了無心，自然契道。」

又，志明禪師問：「若言無心是道，瓦礫無心，亦應是道？」又曰：「身心本來是道，四生十類皆有身心，亦應是道。」師曰：「大德若作見聞覺知會解，與道懸殊，即是求見聞覺知之者，非是求道之人。經云『無眼耳鼻舌身意』，六根尚無，見聞覺知，憑何而立？窮本不有，何處存心，焉得不同草木瓦礫？」明杜口而退。師有偈曰：「見聞覺知無障礙，聲香味觸常三昧。如鳥空中祇麼飛，無取無捨無憎愛。若會應處本無心，始得名爲觀自在。」

又，真禪師問：「道既無心，佛有心否？佛之與道，是一是二？」師曰：「不一不二。」師乃説無修無作偈曰：「見道方修道，不見復何修？道性如虛空，虛空何所修？遍觀修道者，撥火覓浮漚。但看弄傀儡，線斷一時休。」

又，法空禪師問：「佛之與道，俱是假名，十二分教，亦應不實。何以從前尊宿皆言修道？」師曰：「大德錯會經意。道本無修，大德彊修。道本無作，大德彊作。道本無事，彊生多事。道本無知，於中彊知。如此見解，與道相違。從前尊宿不應如是。自是大德不會，請思之。」師有偈曰：「道體本無修，不修自合道。若起修道心，此人不會道。棄卻一真性，卻入鬧浩浩。忽逢修道人，第一莫向道。」

又，安禪師問：「道既假名，佛云妄立，十二分教亦是接物度生，一切是妄，以何爲真？」師曰：「爲有妄故，將真對妄。推窮妄性本空，真亦何曾有故。故知真妄，總是假名。二事對治，都無實體。窮其根本，一切皆空。」安慚伏不知所措。師有偈曰：「推真真無相，窮妄妄無形。返觀推窮心，知心亦假名。會道亦如此，到頭亦只寧。」

又，達性禪師問：「禪師至妙至微，真妄雙泯，佛道兩亡，修行性空，名相不實，世界如幻，一切假名。作此解時，不可斷絶衆生善惡二根。」師曰：「善惡二根，皆因心有。窮心若有，根亦非虛。推心既無，根因何立？經云：『善不善法，從心化生。善惡業緣，本無有實。』」師有偈曰：「善既從心生，惡豈離心有？善惡是外緣，於心實不有。捨惡送何處，取善令誰守？傷嗟二見人，攀緣兩頭走。若悟本無心，始悔從前咎。」上元二年歸寂。敕謚「大曉禪師」。

婺州玄策 浙江金華人。遊方至河朔，有智隍禪師者，曾謁黄梅，自謂正受。師知隍所得未真，見隍入定，師曰：「汝言入定，有心邪？無心邪？若有心者，一切蠢動之類，皆應得定。若無心者，一切草木之流，亦合得定。」曰：「我正入定時，則不見有有無之心。」師曰：「既不見有有無之心，即是常定，何有出入？若有出入，則非大定。」隍無語，良久問：「師嗣誰？」師曰：「我師曹溪六祖。」隍曰：「六祖以何爲禪定？」師曰：「我師云：『夫妙湛圓寂，體用如如。五陰本空，六塵非有。不出不入，不定不亂。禪性無住，離住禪寂。禪性無生，離生禪想。心如虛空，亦無虛空之量。』」隍聞師説，遂造於曹溪，頓決疑翳。師後卻歸金華，大開法席。

曹溪令韜 江西吉州人，姓張氏。依六祖出家，未嘗離左右。祖歸寂，遂爲衣塔主。開元四年，玄宗聆其德風，詔令赴闕，以疾辭。上元元年，肅宗遣使，取傳法衣入內供養，仍敕師隨衣入朝，亦以疾辭。終於本山，壽九十五。敕謚「大曉禪師」。

南陽慧忠 浙江諸暨人，姓冉氏。自受心印，居南陽白崖山黨子谷，四十餘祀不下山，道行聞於帝里。肅宗上元二年，敕中使孫朝進賫詔徵赴京，居千福寺西禪院。代宗臨御，復迎止光宅精藍十有六載，隨機説法。時西天大耳三藏到京，云得他心通。肅宗敕國師試驗。三藏纔見師便禮拜，立於右邊。師問：「汝道老僧即今在甚麼處？」曰：「和尚是一國之師，何得卻去西川看競渡？」再問：「汝道老僧即今在甚麼處？」曰：「和尚是一國之師，何得卻在天津橋上看弄猢猻？」師良久，復問：「汝道老僧即今在甚麼處？」藏罔測，師叱曰：「這野狐精，他心通在甚麼處？」藏無對。

一日喚侍者，者應諾。如是三召三應。師曰：「將謂吾孤負汝，卻是汝孤負吾。」

南泉到參，師問：「甚麼處來？」對曰：「江西來。」師曰：「還將得馬師真來否？」曰：「祇這是。」師曰：「背後底聻！」南泉便休。麻谷到參，繞禪牀三匝，振錫而立。師曰：「汝既如是，吾亦如是。」麻谷又振錫。師叱曰：「這野狐精出去！」

上堂：「禪宗學者，應遵佛語。一乘了義，契自心源。不了義者，互不相許，如師子身中蟲。夫爲人師，若涉名利，別開異端，則自他何益？如世大匠，斤斧不傷其手。香象所負，非驢能堪。」僧問：「若爲得成佛去？」師曰：「佛與衆生，一時放卻，當處解脱。」問：「作麼生得相應去？」師云：「善惡不思，自見佛性。」曰：「若爲得證法身？」師曰：「越毗盧之境界。」曰：「清淨法身作麼生得？」師曰：「不著佛求耳。」曰：「阿那個是佛？」師曰：「即心是佛。」曰：「心有煩惱否？」師曰：「煩惱性自離。」曰：「豈不斷邪？」師曰：「斷煩惱者，即名二乘。煩惱不生，名大涅槃。」

曰：「坐禪看靜，此復若爲？」師曰：「不垢不淨，寧用起心而看淨相？」問：「禪師見十方虛空，是法身否？」師曰：「以想心取之，是顛倒見。」問：「即心是佛，可更修萬行否？」師曰：「諸聖皆具二嚴，豈撥無因果邪？」又曰：「我今答汝，窮劫不盡。言多去道遠矣。所以道：說法有所得，斯則野干鳴。說法無所得，是名師子吼。」

南陽張濆行者問：「承和尚說無情說法，某甲未體其事，乞和尚垂示。」師曰：「汝若問無情說法，解他無情，方得聞我說法。汝但聞取無情說法去。」濆曰：「祇約如今有情方便之中，如何是無情因緣？」師曰：「如今一切動用之中，但凡聖兩流都無少分起滅，便是出識，不屬有無。熾然見覺，祇聞無其情識繫執。所以六祖云：『六根對境，分別非識。』」

肅宗問：「師在曹溪得何法？」師曰：「陛下還見空中一片雲麼？」帝曰：「見。」師曰：「釘釘著，懸掛著？」帝又問：「如何是十身調御？」師乃起立曰：「會麼？」帝曰：「不會。」師曰：「與老僧過淨瓶來。」帝又曰：「如何是無諍三昧？」師曰：「檀越蹋毗盧頂上行。」帝曰：「此意如何？」師曰：「莫認自己清淨法身。」帝又問，師都不視之。曰：「朕是大唐天子，師何以殊不顧視？」師曰：「還見虛空麼？」帝曰：「見。」師曰：「他還眨目視陛下否？」

魚軍容問：「師住白崖山，十二時中如何修道？」師喚童子來，摩頂曰：「惺惺直言惺惺，歷歷直言歷歷，已後莫受人謾。」

師與紫璘供奉論義。既陞座，奉曰：「請師立義，某甲破。」師曰：「立義竟。」奉曰：「是甚麼義？」師曰：「果然不見，非公境界。」便下座。一日，師問紫璘供奉：「佛是甚麼義？」曰：「是覺義。」師曰：「佛曾迷否？」曰：「不曾迷。」師曰：「用覺作麼？」奉無對。奉問：「如何是實相？」師曰：「把將虛底來。」曰：「虛底不可得。」師曰：「虛底尚不可得，問實相作麼？」

僧問：「如何是佛法大意？」師曰：「文殊堂裏萬菩薩。」曰：「學人不會。」師曰：「大悲千手眼。」

師以化緣將畢，涅槃時至，乃辭代宗。代宗曰：「師滅度後，弟子將何所記？」師曰：「告檀越造取一所無縫塔。」帝曰：「就師請取塔樣。」師良久，曰：「會麼？」帝曰：「不會。」師曰：「貧道去後，有侍者應真卻知此事。乞詔問之。」大曆十年十二月九日，右脇長往，塔於黨子谷。謚「大證禪師」。代宗後詔應真問前語。真良久，曰：「聖上會麼？」帝曰：「不會。」真述偈曰：「湘之南，潭之北，中有黃金充一國。無影樹下合同船，琉璃殿上無知識。」應真後住躭源山。

荷澤神會　湖北襄陽人，姓高氏。年十四爲沙彌，謁六祖。祖曰：「知識遠來大艱辛，將本來否？若有本，則合識主，試説看。」師曰：「以無住爲本，見即是主。」祖曰：「這沙彌爭合取次語。」便打。師於杖下思惟，曰：「大善知識，歷劫難逢。今既得遇，豈惜身命！」自此給侍。他日，祖告衆曰：「吾有一物，無頭無尾，無名無字，無背無面，諸人還識否？」師乃出曰：「是諸佛之本源，乃神會之佛性。」祖曰：「向汝道無名無字，汝便喚作本源佛性？」師禮拜而退。祖曰：「此子向後，設有把茆蓋頭，也祇成得個知解宗徒。」法眼云：「古人授記人終不錯。如今立知解爲宗，即荷澤也。」師尋往西京受戒。景龍中，卻歸曹溪。閱《大藏經》有疑，問曰：「所用戒何物，定從何處修。慧因何處起，所見不通流。」祖曰：「定即定其心，將戒戒其行。性中常慧照，自見自知深。」問：「本無今有有何物，本有今無無何物。誦經不見有無義，真似騎驢更覓驢。」祖曰：「前念惡業本無，後念善生今有。念念常行善行，後代人天不久。汝今正聽吾言，吾即本無今有。」問：「將生滅卻滅，將滅滅卻生。不了生滅義，所見似聾盲。」祖曰：「將生滅卻滅，令人不執性。將滅滅卻生，令人心離境。未即離二邊，自除生滅病。」問：「先頓而後漸，先漸而後頓。不悟頓漸人，心裏常迷悶。」祖曰：「聽法頓中漸，悟法漸中頓。修行頓中漸，證果漸中頓。頓漸是常因，悟中不迷悶。」問：「先定後慧，先慧後定。定慧後初，何生爲正？」祖曰：「常生清淨心，定中而有慧。於境上無心，慧中而有定。定慧等無先，雙修自心正。」問：「先佛而後法，先法而後佛。佛法本根源，起從何處出？」祖曰：「說即先佛而後法，聽即先法而後佛。若論佛法本根源，一切衆生心裏出。」祖滅後二十年間，曹溪頓旨沈廢於荆、吳、嵩嶽，漸門盛行於秦、洛。師入京，天寶四年方定兩宗，南能頓宗，北秀漸教。乃著《顯宗記》，盛行於世。一日鄉信至，報二親亡。師入堂白槌曰：「父母俱喪，請大衆念摩訶般若。」衆纔集，師便打槌曰：「勞煩大衆。」師於上元元年奄然而化，塔於龍門。

正榦　何喬遠《閩書》記載，福建福清黄檗山有惠能弟子名正榦，此人不在燈史所載四十三人之內。後止於黄檗山，造般若臺。貞元八年，又改爲建福禪寺。

五家七宗

從禪宗初祖達摩至六祖惠能止，衣鉢相傳，正法眼藏，心心相印。西天四七，東土二三。六祖惠能後，祇傳法印，不傳衣鉢。惠能嗣法弟子四十餘人，以南嶽讓、青原思、南陽忠、永嘉覺、荷澤會爲著名，荷澤會封惠能南宗取得正統地位功莫大焉。荷澤會的法系被稱爲荷澤宗，但惠能下南嶽讓、青原思的法系於唐末成爲禪宗主流。

惠能圓寂後，青原行思、南嶽懷讓先後傳承惠能法脈，開宗立派。南嶽懷讓系逐步發展爲臨濟、潙仰兩宗；青原行思系逐步發展爲曹洞、法眼、雲門三宗。五代宋初，惠能法脈「一花五葉」格局初步在全國形成，臨濟、曹洞、雲門三宗在全國各地全面發展，雲門宗在嶺南日益興盛。宋太宗、真宗年間，臨濟宗又分出楊岐、黃龍兩派，形成「一花五葉七宗」的繁盛局面。六祖之道經弟子越傳越廣，影響越來越大，展現出强大生命力，在中國佛教史上占有非常重要的地位。

一、南嶽懷讓法系祖師

南嶽懷讓（六七七—七四四）爲三十四祖，曹溪惠能下第二世。姓杜氏，金州人。唐儀鳳二年四月八日生。家有三子，惟師最小，炳然殊異，性惟恩讓。父乃安名懷讓。十歲即喜佛書，時有三藏玄靜過舍，告其父母曰：「此子若出家，必獲上乘，廣度聚生。」至垂拱三年，年十五依荊州玉泉寺弘景律師出家，通天二年受戒，後習《毘尼藏》。次謁嵩山安和尚，蒙其啟發，詣曹溪參六祖，祖問：「甚麼處來？」曰：「嵩山來。」祖曰：「甚麼物，恁麼來？」師無語。經八載，忽然有悟，乃白祖曰：「某甲有個會處。」祖曰：「作麼生？」師曰：「說似一物即不中。」祖曰：「還假修證否？」師曰：「修證則不無，染汙即不得。」祖曰：「祇此不染汙，諸佛之所護念。汝既如是，吾亦如是。西天般若多羅讖『汝足下出一馬駒，踏殺天下人』。應在汝心，不須速說。」後隨侍能師十五載。先天二年住衡嶽般若寺，宣能師禪法。有沙門道一，即馬祖也，開元中至衡嶽山，問曰：「大德坐禪圖甚麼？」一曰：「圖作佛。」師乃取一磚，於彼庵前石上磨。一曰：「磨作甚麼？」師曰：「磨作鏡。」一曰：「磨磚豈得成鏡耶？」師曰：「磨磚既不成鏡，坐禪豈得作佛？」曰：「如何即是？」師曰：「如牛駕車，車若不行，打車即是，打牛即是？」一無對。師又曰：「汝學坐禪，爲學作佛？若學坐禪，禪非坐臥；若學作佛，佛非定相。於無住法，不應取捨。汝若坐佛，即是殺佛。若執坐相，非達其理。」一禮拜，問曰：「如何用心，即合無相三昧？」師曰：「汝學心地法門，如下種子。我説法要，譬彼天澤，汝緣合故，當見其道。」又問：「道非色相，云何能見？」師曰：「心地法眼，能見乎道。無相三昧，亦復然矣。」一曰：「有成壞否？」師曰：「若以成壞聚散而見道者，非見道也。聽吾偈曰：『心地含諸種，遇澤悉皆萌。三昧華無相，何壞復何成？』」又曰：「一切法皆從心生，心無所生，法無所住。若達心地，所作無礙。非遇上根，切宜慎之。」一蒙開悟，心意超然。讓師知爲法器，侍奉十秋，日益玄奧。於讓師處得法印可，闡化於江西。師問衆曰：「道一爲聚説法否？」衆曰：「已爲衆説法。」師曰：「總未見人持個消息來。」衆無對。因遣一僧去，囑曰：「待伊上堂時，但問作麼生。伊道底言語，記將來。」僧去，一如師旨，回謂師曰：「馬師云：自從胡亂後，三十年不少鹽醬。」師然之。天寶三年八月十一日，圓寂於衡嶽。謚「大慧禪師」，塔曰「最勝輪之塔」。入室弟子六人，師各印可。道一闡化於江西，創臨濟、潙仰宗派，能師禪法遠播流長。

南嶽懷讓法系子孫較著者略如下：

江西道一　曹溪惠能下第三世。

南泉普願、百丈懷海、大珠慧海、鼓山靈嶠、鵝湖大義　曹溪惠能下第四世。

黄蘗希運、溈山靈祐　曹溪惠能下第五世。

睦州道明、臨濟義玄、仰山慧寂、乳源靈樹如敏　曹溪第六世。

興化存獎、西塔光穆　曹溪第七世。

南院慧顒、資福如寶　曹溪第八世。

風穴延沼、報慈德韶　曹溪第九世。

首山省念、三角志謙　曹溪第十世。

汾陽善昭　曹溪第十一世。

石霜楚圓、興陽詞鐸　曹溪第十二世。

按：謙、鐸二公，一説爲昆仲，一説爲法嗣，今從後者説。

黄龍慧南、楊岐方會、龍湖普聞　曹溪第十三世。

白雲守端　曹溪第十四世。

五祖法演　曹溪第十五世。

圓悟克勤　曹溪第十六世。

大慧宗杲、虎丘紹隆　曹溪第十七世。

應庵曇華、濟顛道濟　曹溪第十八世。

密庵咸傑　曹溪第十九世。

破庵祖先　曹溪第二十世。

無準師範　曹溪第二十一世。

雪巖祖欽、無用賢寬　曹溪第二十二世。

高峰原妙、高麗鐵山瓊、獨庵道衍、石溪無一全　曹溪第二十三世。

斷崖了義、中峰明本、璧峰寶金、松隱僧茂、絶學世誠　曹溪第二十四世。

天如維則、千巖元長、無照玄鑑、徑山季潭泐、華亭玄峰、宗照蓮峰　曹溪第二十五世。

萬峰時蔚　曹溪第二十六世。

寶藏普持　曹溪第二十七世。

東明慧昱、古庭善堅　曹溪第二十八世。

海舟普慈　曹溪第二十九世。

天奇本瑞　曹溪第三十一世。

無聞明聰　曹溪第三十二世。

笑巖德寶　曹溪第三十三世。

幻有正傳、真圓月潭　曹溪第三十四世。

密雲圓悟、天隱圓修、雪嶠圓信、如滿月輪　曹溪第三十五世。

本安無心、五峰如學、破山海明、費隱通容、石車通乘、朝宗通忍、石奇通雲、木陳道忞、牧雲通門、萬如通微、浮石通賢、林野通奇、林皋通豫、玉林通琇、箬庵通問、用周水月　曹溪第三十六世。

茆溪行森、一默宏成、知空中峰、鐵舟行海、華巖聖可　曹溪第三十七世。

海會溟波、法乳超樂　曹溪第三十八世。

楚雲明慧、波停上淵、圓通明廣、量聞明詮　曹溪第三十九世。

普荷擔當、大曉實徹、高旻天慧實徹　曹溪第四十世。

紅螺徹悟　曹溪第四十一世。

石鐘松波　曹溪第四十二世。參見《佛祖道影》。

二、青原行思法系祖師

青原行思（？—七四〇）　吉州安城人，俗姓劉。爲三十四祖，曹溪惠能下第二世。惠能五大弟子之一，世稱青原行思。幼歲出家，每群居論道，師惟默然。聞曹溪法席盛，遂前往參禮，問曰：「當何所務，即不落階級？」祖曰：「汝曾作甚麽來？」師曰：「聖諦亦不爲。」祖曰：「落何階級？」師曰：「聖諦尚不爲，何階級之有？」祖深器之。會下學徒雖衆，師居首焉。一日，祖謂師曰：「從上衣法雙行，師資遞授，衣以表信，法乃印心。吾今得人，何患不信？吾受衣以來，遭此多難，况乎後代，爭競必多。衣即留鎮門，汝當分化一方，無令斷絶。」師既得法，歸住青原淨居寺駐錫，暢能師禪法數十載，道法大振，故青原山遂成南派禪宗道場。六祖將示滅，有沙彌希遷，問曰：「和尚百年後，希遷未審當依附何人？」祖曰：「尋思去。」及祖順世，遷每於靜處端坐，寂若忘生。第一座問曰：「汝師已逝，空坐奚爲？」遷曰：「我禀遺誡，故尋思爾。」座曰：「汝有師兄思和尚，今住吉州，汝因緣在彼。師言甚直，汝自迷耳。」遷聞語，便禮辭祖龕，直詣靜居參禮。師曰：「子何方來？」遷曰：「曹溪。」師曰：「將得甚麽來？」曰：「未到曹溪亦不失。」師曰：「若恁麽，用去曹溪作甚麽？」曰：「若不到曹溪，爭知不失？」遷又曰：「曹溪大師還識和尚否？」師曰：「汝今識吾否？」曰：「識。

又爭能識得？」師曰：「衆角雖多，一麟足矣。」遷又問：「和尚自離曹溪，甚麼時至此？」師曰：「我卻知汝早晚離曹溪。」曰：「希遷不從曹溪來。」師曰：「我亦知汝去處也。」曰：「和尚幸是大人，莫造次。」他日，師復問遷：「汝甚麼處來？」曰：「曹溪。」師乃舉拂子曰：「曹溪還有這個麼？」曰：「非但曹溪，西天亦無。」師曰：「子莫曾到西天否？」曰：「若到即有也。」師曰：「未在，更道。」曰：「和尚也須道取一半，莫全靠學人。」師曰：「不辭向汝道，恐已後無人承當。」師令遷持書去南嶽讓和尚曰：「汝達書了速回，吾有個鈯斧子，與汝住山。」遷至彼，未呈書便問：「不慕諸聖不重己靈時如何？」嶽曰：「子問太高生，何不向下問。」遷曰：「寧可永劫受沈淪，不從諸聖求解脱。」嶽便休。玄沙曰：「大小石頭被南嶽推倒，直至於今起不得。」遷便回。師問：「子返何速，書信達否？」遷曰：「書亦不通，信亦不達。去日蒙和尚許個鈯斧子，祇今便請。」師垂一足，遷便禮拜。尋辭往南嶽。師既付法石頭，唐開元二十八年十二月十三日陞堂告衆，趺跏而逝。僖宗謚「弘濟禪師」，塔曰「歸真之塔」。石頭遷既得法，嗣法弟子開創雲門、法眼、曹洞宗派，能師禪法之傳承，師功大焉。

青原行思法系子孫較著者略如下：

石頭希遷（七〇〇—七九〇） 三十五祖，曹溪惠能下第三世。俗姓陳，端州高要人。初詣曹溪得度，未具戒。六祖圓寂，秉遺命謁青原，爲青原行思法嗣。開元十六年，於羅浮山受具足戒。唐玄宗天寶初，奉師遺命赴衡山，弘法結庵於山南寺東石臺上，時人稱「石頭和尚」。有《參同契》《草庵歌》。貞元六年庚午十二月二十五日順寂，世壽九十一，僧臘六十三。門人慧朗、振朗、尸利、智舟、道悟、道銑、惟儼。長慶中，國子博士劉軻爲其碑記紀德。唐德宗賜謚「無際大師」，門人建塔於東嶺，塔曰「見相」。

藥山惟儼、天皇道悟、大顛寶通　曹溪第四世。

雲巖曇晟、龍潭崇信　曹溪第五世。

洞山良价、德山宣鑑　曹溪第六世。

曹山本寂、巖頭全奯、雲居道膺、雪峰義存　曹溪第七世。

同安道丕、雲門文偃、玄沙師備、鼓山興聖國師　曹溪第八世。

同安觀志、乳源雙峰廣悟、香林澄遠、地藏桂琛、沖煦慧悟、黄龍誨機　曹溪第九世。

梁山緣觀、智門光祚、法眼文益　曹溪第十世。

大陽警玄、雪竇重顯、天台德韶國師、金陵法燈　曹溪第十一世。

投子義青、天衣義懷、永明延壽、佛印了元、雲居道齊　曹溪第十二世。

芙蓉道楷、圓照宗本、靈隱文勝　曹溪第十三世。

丹霞子淳、宗賾慈覺、長蘆崇信、智者嗣如　曹溪第十四世。

真歇清了、天童宏智、慈受懷深、寶林文慧　曹溪第十五世。

天童宗珏、祥符良度、靈隱慧光　曹溪第十六世。

雪竇智鑑、中竺元妙　曹溪第十七世。

天童如淨、已庵深　曹溪第十八世。

鹿門自覺　曹溪第十九世。

普炤希辯　曹溪第二十世。

大明法寶　曹溪第二十一世。

王山覺體　曹溪第二十二世。

雪巖慧滿　曹溪第二十三世。

萬松行秀　曹溪第二十四世。

雪庭福裕　曹溪第二十五世。

靈隱文泰　曹溪第二十六世。

還源弗遇　曹溪第二十七世。

淳拙文才　曹溪第二十八世。

松庭子嚴　曹溪第二十九世。

凝然了改　曹溪第三十世。

俱空契斌　曹溪第三十一世。

無方可從　曹溪第三十二世。

月舟文載　曹溪第三十三世。

大章宗書　曹溪第三十四世。

幻休常潤、蘊空常忠　曹溪第三十五世。

慈舟方念、無明慧經　曹溪第三十六世。

湛然圓澄、無異元來、晦臺元鏡、永覺元賢　曹溪第三十七世。

三宜明盂、瑞白明雪、石雨明方、爾密明湲、雪關道誾、覺浪道盛、爲霖道霈、惟靜道安、嵩乳道密、空隱宗寶　曹溪第三十八世。

蕃光淨璨、久默大音、孤崖淨聰、元潔淨瑩、雲淙淨訥、伴我淨侶、遠門淨柱、三疾淨甫、天愚淨寶、多福淨啟、位中淨符、南庵大依、靈瑞弘曇、恒濤大心、山庾弘能、靈餤弘燭、破巖弘繼　曹溪第三十九世。

子賢興紀、子成傳遂、義雲興徹、古巖興莞、童求傳昱、遍照興隆　曹溪第四十世。

白光德明　曹溪第四十一世。

了堂鼎徹　曹溪第四十二世。參見《佛祖道影》。

三、五家七宗祖師

溈山靈祐（七七一—八五三）　南嶽懷讓法系，溈仰宗開創者之一。福州長溪趙氏子。年十五出家，依本郡建善寺法常律師，剃髮於杭州龍興寺，究大小乘。二十三遊江西，參百丈，許入室，居參學之首。初至天台國清，繼謁泐潭大智，得其真傳。入長沙大州溈山結茅，漸成梵宇名藍，號同慶寺。人稱溈山靈祐，開一代之宗。會昌法難，改服白衣。大中啟教，信衆迎返故寺，巾服説法，不再薙染。裴休勸請，始回緇流。入室弟子四十一人，唐大中癸酉正月九日盥漱敷坐，怡然而寂。壽八十三，臘六十四。塔於本山，敕謚「大圓禪師」，塔曰「清淨」。

仰山慧寂（八〇七—八八三）　南嶽懷讓法系，溈仰宗開山祖之一，人稱「小釋迦」。韶州懷化（一説湞昌）葉氏子。少投廣州和安寺，依不語通出家。年十四斷二指，誓求正法。年十八往韶州南華真藏主位下聽經，依通禪師下削染，尚爲息慈。後往吉州孝義寺禮性空，再次出家。未圓具即遊方，初謁耽源，悟玄旨。尋往江陵受戒，探律藏。後參巖頭、溈山，盤桓十五載，遂入堂奥。得法後，歸隱韶州東平。咸通中隨大安至福州長慶寺。安寂，衆請紹席，弗允。咸通辛卯，飛錫至廣州，廣帥迎入法性寺説法度衆。未幾還至觀音。乾符間，開法袁州仰山。寂前有偈云：「年滿七十七，無常在今日。日輪正當午，兩手攀屈膝。」言訖，以兩手抱膝而終。謚「智通大師」，塔號「妙光」。翌年，南塔光湧還塔於仰山。

臨濟義玄（？—八六六）　南嶽懷讓法系，臨濟宗開創者之一。曹州南華（今山東曹縣西北）邢氏子。幼負出塵之志，及落髮進具，便慕禪宗，參學諸方，不憚難苦。初參江西黄檗希運，又參大愚、靈祐，後回黄檗，受希運印可，乃北歸。大中八年（八五四），住真定滹沱河側臨濟院，指示法要。禪風機鋒峻峭，自成一家。後居大名府興化寺東堂。咸通七年（八六六）四月十日，將示滅，説傳法偈：「沿流不止問如何，真照無邊説似他。離相離名人不稟，吹毛用了急須磨。」説畢坐逝。得法者二十二人，各弘一方。謚「慧照禪師」，塔曰「澄靈」。有《鎮州臨濟慧照禪師語録》傳世。

洞山良价（八〇七—八六九）　青原行思法系，曹洞宗創始人。會稽諸暨（今屬浙江）俞氏子。幼歲往五洩山禮靈默披薙。年二十一詣嵩山受具。遊方首謁南泉，次參溈山。復謁雲巖曇晟，蒙印可。

大中十三年（八五九）倡道於新豐山，晚移高安洞山，權開五位，善接三根，大闡一音，廣弘萬品。弟子本寂住曹山，深明法旨，妙昌嘉猷，由是洞山玄風播於天下。咸通十年（八六九）三月坐化，緇徒悲號，師復啟目開道，久之方寂。世壽六十三，法臘四十二。敕謚「悟本禪師」，塔曰「慧覺」。有《寶鏡三昧歌》。法嗣有本寂、道膺等二十六人。

雲門文偃（八六四—九四九）　青原行思法系，雲門宗創始人。姑蘇嘉興（今浙江）張氏子。幼依空王寺志澄律師出家。敏質生知，慧辯天縱。及長，落髮稟具於毗陵壇，侍澄數年，探窮律部。以己事未明，初參睦州陳尊宿，發明大旨。後至靈樹開法，嗣雪峰義存。遷韶州雲門山光泰寺，偃以身率，門庭整肅，其道大振，學者望風而至，衆逾千人。時值世亂，疑猜屢興，而終不及偃，南中大法，賴以維護。天復三年（九〇三）召入內殿咨問法要，賜號「匡真禪師」。其禪法以三句爲要：函蓋乾坤，截斷衆流，隨波逐浪。乾祐三年（九四九）四月十日順寂，塔全身於方丈。法嗣有德山、緣密等八十八人。後十七載，奉敕迎請內庭供養。因改寺爲大覺，宋乾德四年（九六六）謚「大慈雲門匡真弘明禪師」。

法眼文益（八八五—九五八）　青原行思法系，法眼宗創始人。餘杭（今浙江）魯氏子。七歲依新定智通院全偉禪師落髮，秉具於越州開元寺。於明州鄮山育王寺聽希覺講毗尼，究其微旨。復旁探儒典，遊文雅之場，覺師贊爲釋門游夏。辭抵福州，參長慶慧稜。後至漳州地藏院叩桂琛，居月餘，忽爾大悟。後往臨川崇壽院。南唐中主李璟迎住金陵報恩禪院，署號「淨慧禪師」。旋移清涼寺。道化之盛，遠被高麗、日本。周顯德五年（九五八）七月十七日示疾，國主親加禮問。告衆訖，跏趺而逝，世壽七十有四，臘五十四。於江寧縣丹陽起塔，李璟敕謚「大法眼禪師」，後再謚「大智藏大導師」，塔曰「無相」。法嗣有天台德韶、報慈文遂、高麗慧炬、龍光泰欽等六十三人。有《宗門十規論》。

黄龍慧南（一〇〇二—一〇六九）　南嶽懷讓法系，臨濟下八世，臨濟宗黄龍派開創者。信州玉山（今屬江西）章氏子。童齔不茹葷，不嬉戲。年十一，師事定水院智鑾，十九受具戒。遍叩諸宿，皆器之。先從泐潭懷澄學雲門宗，得印證，分座接物，名震諸方。後禮臨濟石霜楚圓，雲峰文悦又加點化印證，遂得真旨，爲楚圓禪師法嗣。出住同安（今屬福建）崇勝院，旋遷廬山歸宗寺、筠州（今江西高安）黄檗山。後住隆興府（今江西南昌）黄龍山崇恩禪院，倡「觸事即真」之旨，世稱「黄龍慧南禪師」。曾上堂開示云：「道不用修，但莫汙染。禪不假學，貴在息心。心息，故心心無慮。不修，故步步道場。無慮，故三界可出。不修，則無菩薩可求。」宗風嚴峻，人喻之如虎。自言：「黄龍出世，時當末運，擊將頽之法鼓，整已墜之玄綱。」於學人設三轉語，先問：「人人盡有生緣，上座生緣在何處？」正當問答時，卻把手伸出問：「我手何似佛手？」再問學人所得時，卻把腳垂下問：「我腳何似驢腳？」如此三十餘年，其目的在欲使學人觸機即悟，叢林稱之爲「黄龍三關」。作頌曰：「生緣斷處伸驢腳，驢腳伸時佛手開。爲報五湖參學者，三關一一透將來。」法嗣八十三人，晦堂祖心、真淨克文、東林常總三系皆出其門。祖心一系經日本僧人明庵榮西傳入日本，開立臨濟宗。大觀間，謚「普覺禪師」。

楊岐方會（九九二—一〇四九）　南嶽懷讓法系，臨濟宗楊岐派開創者。袁州宜春（今屬江西）冷氏子。少警敏，及冠爲吏，坐不職當罰，乃宵遁，入筠州（今江西高安）九峰山落髮爲僧。石霜慈明住南源，往依參叩，隨佐理院務。得法後辭歸九峰。及慈明遷興化，衆請住袁州楊岐。清苦精修，投叩日增，名聞諸方，因稱「楊岐方會」。繼承臨濟禪風，闡發「三世諸佛在爾諸人脚跟下轉大法輪」玄理，人稱「宗風如龍」。皇祐改元，示寂，塔於雲蓋。法嗣有守端、仁勇等十二人。有《楊岐方會禪師語録》。

附記：據饒宗頤《慧能及六祖壇經的一些問題》稱：唐代宗密《中華傳心地師資承襲圖》，其中關於五、六、七祖傳法之譜系資料極爲重要，如慧能部分有四川一系。六祖思想亦因神會而輸入四川，有資州詵、益州金、資州處寂及保唐宗等禪宗支派活動。從藏文資料有關記載如「頓」「漸」二字譯音目之，內地禪學之傳播已不限於嶺南及中原，亦通過四川禪系傳入西藏。

又，川上天山《關於西夏語譯六祖壇經》云：內蒙古黑城出土《六祖壇經》西夏文選譯本（《北平圖書館館刊》「西夏文專號」有羅福成漢語重譯），是西夏惠宗李秉常即位第四年（一〇七一）作爲官營事業而於瓜州（即敦煌）附近翻譯者。故西夏本與敦煌本同，然衹保留相當於「行由第一」「般若第二」「疑問第三」部分殘缺文字。由此可知，於韶州成立之《壇經》自唐末五代至北宋中葉傳入敦煌，並向北傳入黑城。

四、曹溪法系表

説　明

（一）爲便於查閲，本表每頁排十行，按惠能、青原、南嶽、潙仰、臨濟、黄龍、楊岐、雲門、法眼、曹洞相續順序列出；本山住持以黑圈序號標出，黑方塊序號對應補表中之序號，以標示表中出現之順序。

（二）本法系表依《新版禪學大辭典·禪宗法系譜》爲準，據之與傳記、世譜、燈録等佛教文獻相參考，對歷代禪師的法嗣傳承、名號，在各書出現誤植、誤脱等情況，逐一進行校訂。

（三）關於收録者時代大致下限爲中國至清朝末期，朝鮮至李朝末期，日本至江戶時代末期。

（四）同一人中有字號、法名、別號等情況，首記主稱，次稱則列入左側括號中。

（五）續表爲法嗣子孫衆多者，補表則爲本山住持法嗣及對續表内容之補充。

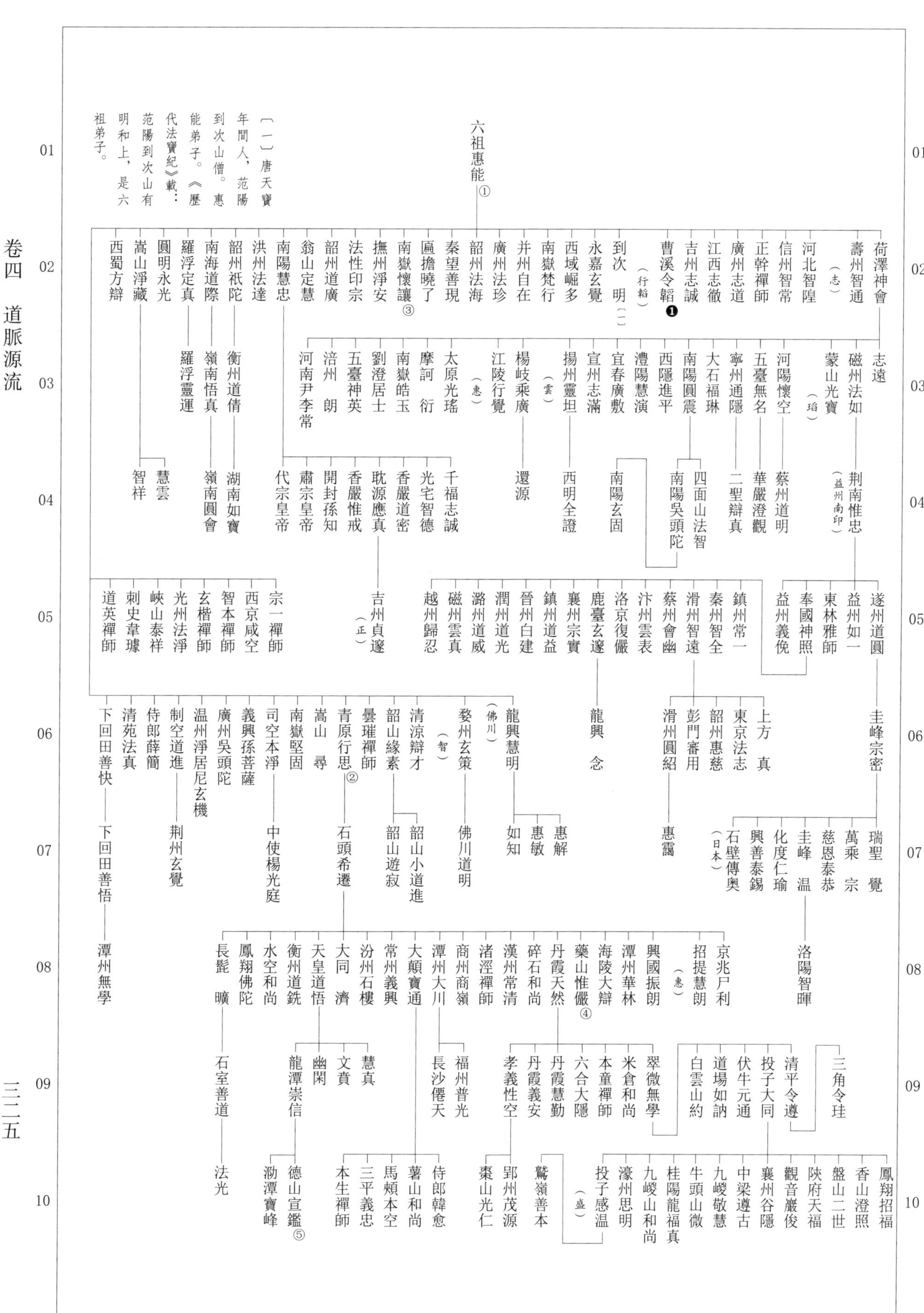
01
02
03
04
05
06
07
08
09
10
六祖惠能①
〔一〕唐天寶年間人，范陽到次山僧。惠能弟子。《歷代法寶紀》載：范陽到次山有明和上，是六祖弟子。
荷澤神會
壽州智通（志）
河北智隍
信州智常
正幹禪師
廣州志道
江西志徹
吉州志誠
曹溪令韜❶（行韜）
到次　明〔一〕
永嘉玄覺
西域崛多
南嶽梵行
并州自在
廣州法珍
韶州法海
秦望善現
匾擔曉了
南嶽懷讓③
撫州淨安
法性印宗
韶州道廣
翁山定慧
南陽慧忠
洪州法達
韶州祇陀
南海道際
羅浮定真
圓明永光
嵩山淨藏
西蜀方辯
志遠
磁州法如
蒙山光寶（琄）
河陽懷空
五臺無名
寧州通隱
大石福琳
南陽圓震
西隱進平
澧陽慧演
宜春廣敷
宣州志滿
揚州靈坦（雲）
楊岐乘廣
江陵行覺（惠）
太原光瑤
摩訶　衍
南嶽皓玉
劉澄居士
五臺神英
涪州　朗
河南尹李常
衡州道倩
嶺南悟真
羅浮靈運
荊南惟忠（益州南印）
蔡州道明
華嚴澄觀
二聖辯真
四面山法智
南陽吳頭陀
南陽玄固
西明全證
還源
千福志誠
光宅智德
香嚴道密
耽源應真
香嚴惟戒
開封孫知
肅宗皇帝
代宗皇帝
湖南如寶
嶺南圓會
慧雲
智祥
遂州道圓
益州如一
東林雅師
奉國神照
益州義俛
鎮州常一
秦州智全
滑州智遠
蔡州會幽
汴州雲表
洛京復儼
鹿臺玄邃
襄州宗實
鎮州道益
晉州白建
潤州道光
潞州道威
磁州雲真
越州歸忍
吉州貞邃（正）
宗一禪師
西京咸空
智本禪師
玄楷禪師
光州法淨
峽山泰祥
刺史韋璩
道英禪師
圭峰宗密
上方　真
東京法志
韶州惠慈
彭門審用
滑州圓紹
龍興　念
龍興慧明（佛川）
婺州玄策（智）
清涼辯才
韶山緣素
曇璀禪師
青原行思②
嵩山　尋
南嶽堅固
司空本淨
義興孫菩薩
廣州吳頭陀
溫州淨居尼玄機
制空道進
侍郎薛簡
清苑法真
下回田善快
瑞聖　覺
萬乘　宗
慈恩泰恭
圭峰　溫
化度仁瑜
興善泰錫
石壁傳奥（日本）
惠靄
惠解
惠敏
如知
佛川道明
韶山小道進
韶山遊寂
石頭希遷
中使楊光庭
荊州玄覺
下回田善悟
洛陽智暉
京兆尸利
招提慧朗（惠）
興國振朗
潭州華林
海陵大辯
藥山惟儼④
丹霞天然
碎石和尚
漢州常清
渚涇禪師
商州商嶺
潭州大川
大顛寶通
常州義興
汾州石樓
大同　濟
天皇道悟
衡州道銑
水空和尚
鳳翔佛陀
長髭　曠
潭州無學
三角令珪
清平令遵
投子大同
伏牛元通
道場如訥
白雲山約
翠微無學
米倉和尚
本童禪師
六合大隱
丹霞慧勤
丹霞義安
孝義性空
福州普光
長沙僊天
慧真
文賁
幽閑
龍潭崇信
石室善道
鳳翔招福
香山澄照
盤山二世
陝府天福
觀音巖俊
襄州谷隱
中梁遵古
九峻敬慧
牛頭山微
桂陽龍福真
九峻山和尚
濠州思明
投子感温（盛）
鷲嶺善本
郢州茂源
棗山光仁
侍郎韓愈
薯山和尚
馬頰本空
三平義忠
本生禪師
德山宣鑑⑤
溈潭寶峰
法光

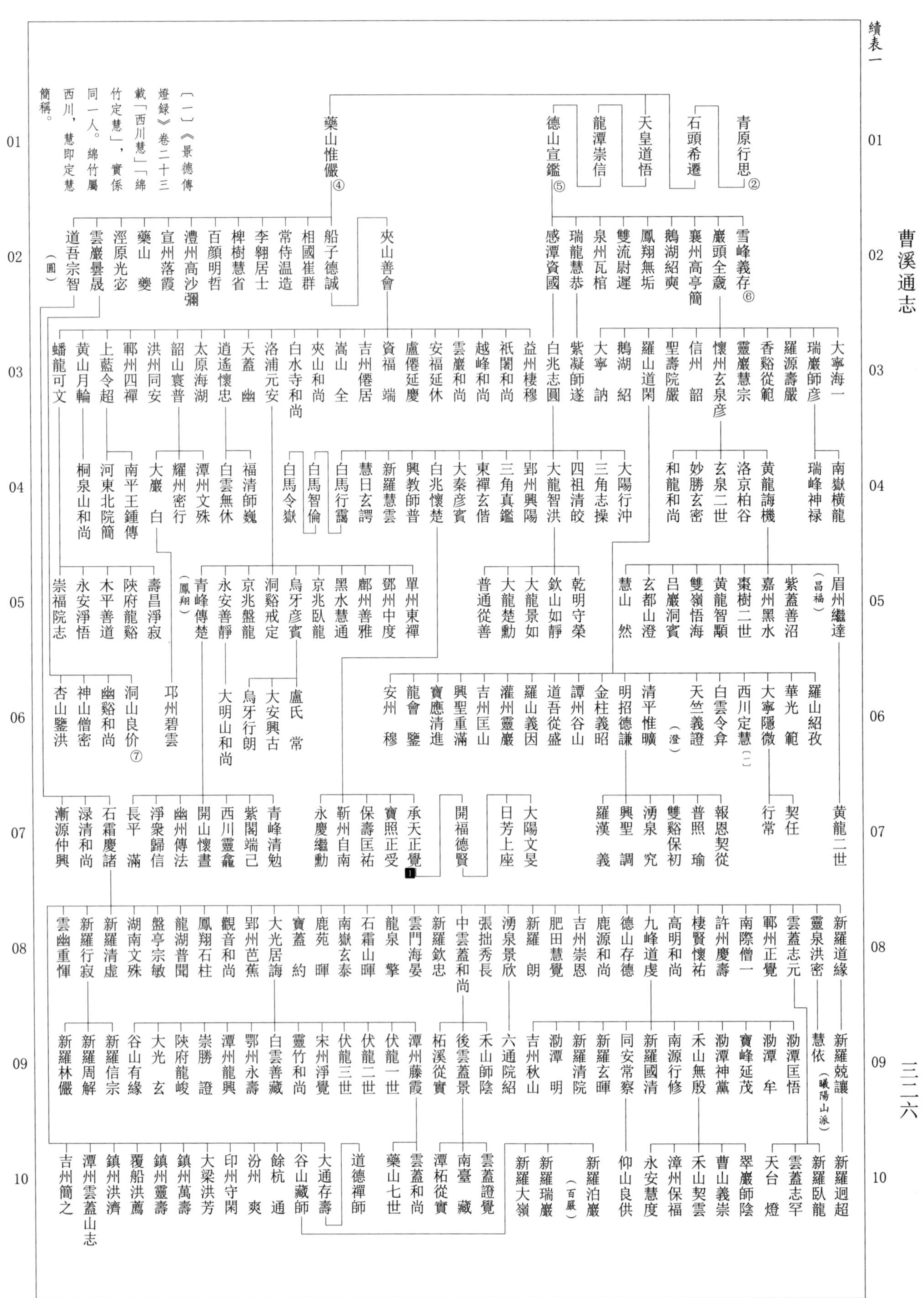
01 青原行思② 石頭希遷 天皇道悟 龍潭崇信 德山宣鑑⑤ 藥山惟儼④
02 雪峰義存⑥ 巖頭全豁 襄州高亭簡 鵝湖紹爽 鳳翔無垢 雙流尉遲 泉州瓦棺 瑞龍慧恭 感潭資國 夾山善會 船子德誠 相國崔群 常侍温造 李翱居士 椑樹慧省 百顔明哲 澧州高沙彌 宣州落霞 藥山 夔 涇原光宓 雲巖曇晟 道吾宗智（圓）
03 大寧海一 瑞巖師彦 羅源壽嚴 香谿從範 靈巖慧宗 懷州玄泉彦 信州 韶 聖壽院嚴 羅山道閑 鵝湖 紹 大寧 訥 紫凝師遂 白兆志圓 益州棲穆 祇闍和尚 越峰和尚 雲巖和尚 安福延休 盧僊延慶 資福 端 吉州僊居 嵩山 全 夾山和尚 白水寺和尚 洛浦元安 天蓋 幽 逍遥懷忠 太原海湖 韶山寰普 洪州同安 鄆州四禪 上藍令超 黄山月輪 蟠龍可文
04 南嶽横龍 瑞峰神禄 黄龍誨機 洛京柏谷 玄泉二世 妙勝玄密 和龍和尚 大陽行沖 三角志操 四祖清皎 大龍智洪 郢州興陽 三角真鑑 東禪玄偕 大秦彦賓 白兆懷楚 興教師普 新羅慧雲 慧日玄謂 白馬行靄 白馬智倫 白馬令嶽 福清師巍 潭州文殊 耀州密行 大巖 白 南平王鍾傳 河東北院簡 桐泉山和尚
05 眉州繼達（昌福） 紫蓋善沼 嘉州黑水 棗樹二世 黄龍智顒 雙嶺悟海 吕巖洞賓 玄都山澄 慧山 然 乾明守榮 欽山如靜 大龍景如 大龍楚勳 普通從善 單州東禪 郢州中度 鄜州善雅 黑水慧通 京兆臥龍 烏牙彦賓 洞谿戒定 京兆盤龍 永安善靜 青峰傳楚（鳳翔） 壽昌淨寂 陝府龍谿 木平善道 永安淨悟 崇福院志
06 羅山紹孜 華光 範 大寧隱微 西川定慧〔一〕 白雲令弇 天竺義證（澄） 清平惟曠 明招德謙 金柱義昭 譚州谷山 道吾從盛 羅山義因 灌州靈巖 吉州匡山 興聖重滿 寶應清進 龍會 鑒 安州 穆 盧氏 常 大安興古 烏牙行朗 大明山和尚 邛州碧雲 洞山良价⑦ 幽谿和尚 神山僧密 杏山鑒洪
07 黄龍二世 契 任 行 常 報恩契從 普照 瑜 雙谿保初 湧泉 究 興聖 調 羅漢 義 大陽文旻 日芳上座 開福德賢 承天正覺❶ 寶照正受 保壽匡祐 蘄州自南 永慶繼勳 青峰清勉 紫閣端己 西川靈龕 開山懷書 幽州傳法 淨衆歸信 長平 滿 石霜慶諸 淥清和尚 漸源仲興
08 新羅道緣 靈泉洪密 雲蓋志元 鄆州正覺 南際僧一 許州慶壽 棲賢懷祐 高明和尚 九峰道虔 德山存德 鹿源和尚 吉州崇恩 肥田慧覺 新羅 朗 湧泉景欣 張拙秀長 中雲蓋和尚 新羅欽忠 雲門海晏 龍泉 擎 石霜山暉 南嶽玄泰 鹿苑 暉 寶蓋 約 大光居誨 郢州芭蕉 觀音和尚 鳳翔石柱 龍湖普聞 盤亭宗敏 湖南文殊 新羅清虚 新羅行寂 雲幽重惲
09 新羅兢讓 慧依（曦陽山派） 潙潭匡悟 潙潭 牟 寶峰延茂 潙潭神黨 禾山無殷 南源行修 新羅國清 同安常察 新羅玄暉 新羅清院 潙潭 明 吉州秋山 六通院紹 禾山師陰 後雲蓋景 柘溪從實 潭州藤霞 伏龍一世 伏龍二世 伏龍三世 宋州淨覺 靈竹和尚 白雲善藏 鄂州永壽 潭州龍興 崇勝 證 陝府龍峻 大光 玄 谷山有緣 新羅信宗 新羅周解 新羅林儼
10 新羅迥超 新羅臥龍 雲蓋志罕 天台 燈 翠巖師陰 曹山義崇 禾山契雲 漳州保福 永安慧度 仰山良供 新羅泊巖（百巖） 新羅瑞巖 新羅大嶺 雲蓋證覺 南臺 藏 潭柘從實 雲蓋和尚 藥山七世 道德禪師 大通存壽 谷山藏師 餘杭 通 汾州 爽 印州守閑 大梁洪芳 鎮州萬壽 鎮州靈壽 覆船洪薦 鎮州洪濟 潭州雲蓋山志 吉州簡之
〔一〕《景德傳燈録》卷二十三載「西川慧」「綿竹定慧」，實係同一人。綿竹屬西川，慧即定慧簡稱。

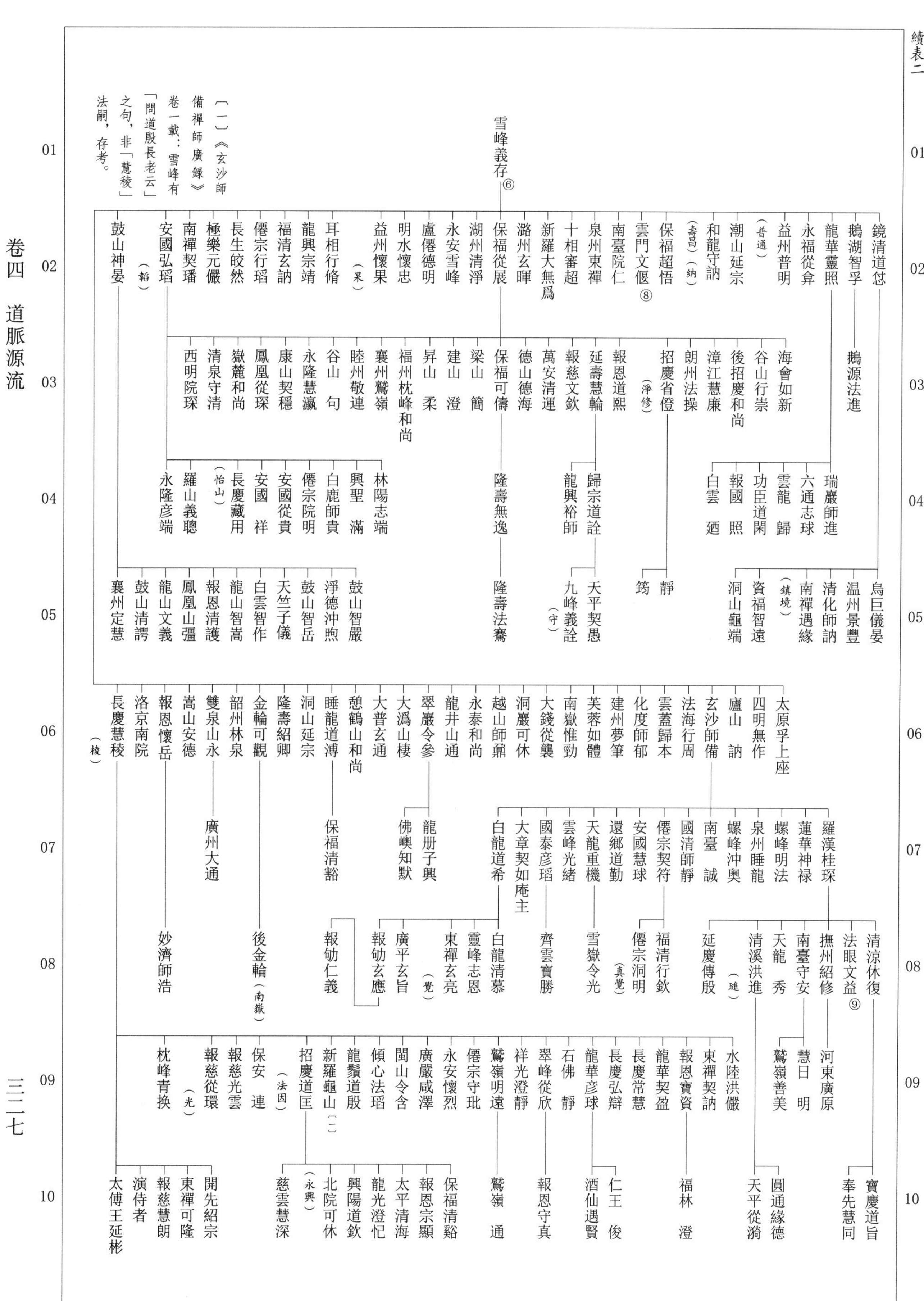

〔一〕《玄沙師備禪師廣録》卷一載：雪峰有「問道殷長老云」之句，非「慧稜」法嗣，存考。

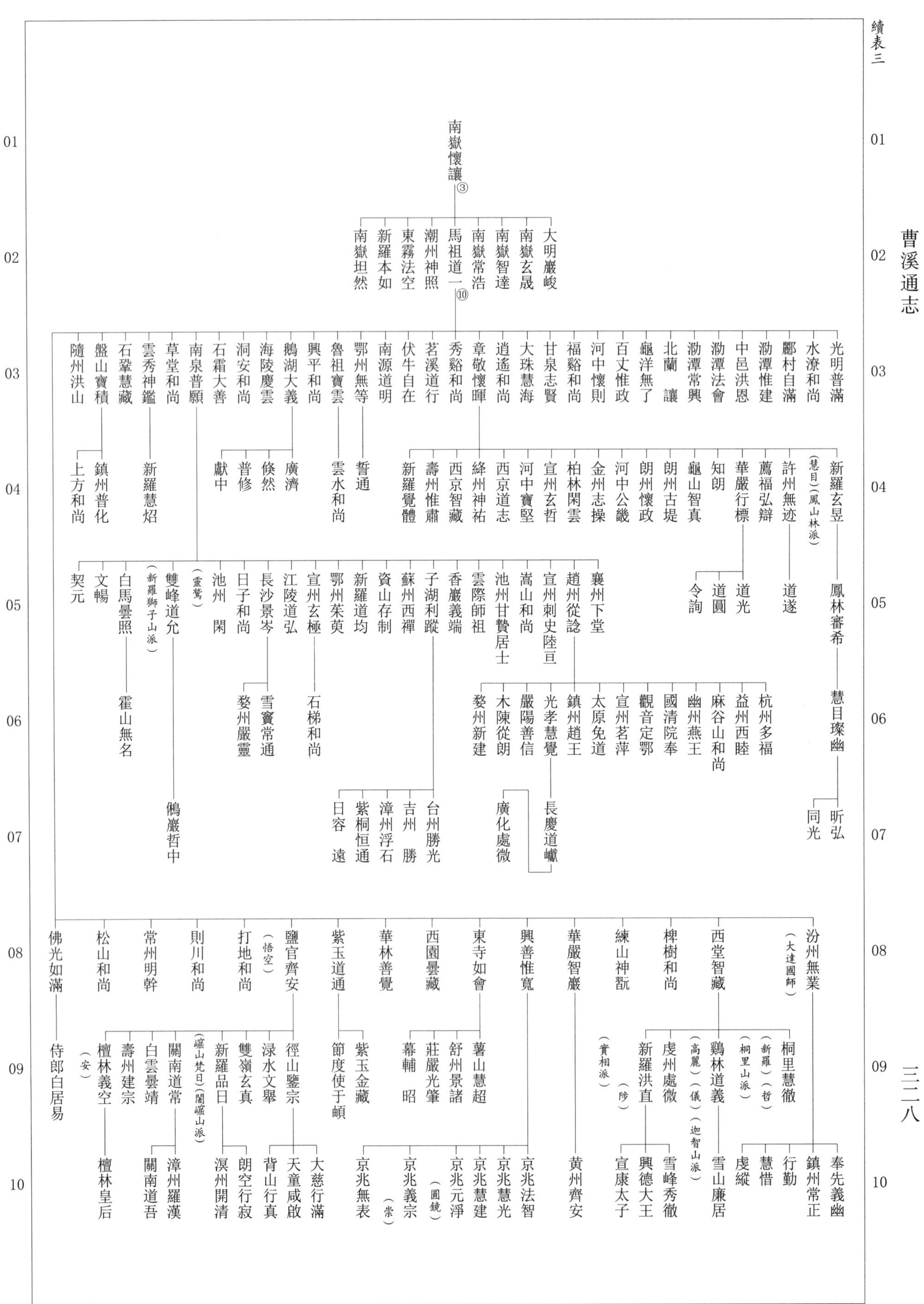
01
02
03
04
05
06
07
08
09
10
南嶽懷讓③
大明巖峻
南嶽玄晟
南嶽智達
南嶽常浩
馬祖道一⑩
潮州神照
東霧法空
新羅本如
南嶽坦然
光明普滿
水潦和尚
鄺村自滿
泐潭惟建
中邑洪恩
泐潭法會
泐潭常興
北蘭 讓
龜洋無了
百丈惟政
河中懷則
福谿和尚
甘泉志賢
大珠慧海
逍遙和尚
章敬懷暉
秀谿和尚
茗溪道行
伏牛自在
南源道明
鄂州無等
魯祖寶雲
興平和尚
鵝湖大義
海陵慶雲
洞安和尚
石霜大善
南泉普願
草堂和尚
雲秀神鑑
石鞏慧藏
盤山寶積
隨州洪山
新羅玄昱
（慧目）（鳳山林派）
許州無迹
薦福弘辯
華嚴行標
知朗
龜山智真
朗州古堤
朗州懷政
河中公畿
金州志操
柏林閑雲
宣州玄哲
河中寶堅
西京道志
綘州神祐
西京智藏
壽州惟肅
新羅覺體
誓通
雲水和尚
廣濟
倏然
普修
獻中
新羅慧炤
鎮州普化
上方和尚
鳳林審希
道遂
道光
道圓
令詢
襄州下堂
趙州從諗
宣州刺史陸亘
嵩山和尚
池州甘贄居士
雲際師祖
香巖義端
子湖利蹤
蘇州西禪
資山存制
新羅道均
鄂州茱萸
宣州玄極
江陵道弘
長沙景岑
日子和尚
池州 閑
（靈鷲）
雙峰道允
（新羅獅子山派）
白馬曇照
文暢
契元
慧目璨幽
杭州多福
益州西睦
麻谷山和尚
幽州燕王
國清院奉
觀音定鄂
宣州茗萍
太原免道
鎮州趙王
光孝慧覺
嚴陽善信
木陳從朗
婺州新建
石梯和尚
雪竇常通
婺州嚴靈
霍山無名
昕弘
同光
長慶道巘
廣化處微
台州勝光
吉州 勝
漳州浮石
紫桐恒通
日容 遠
鴝巖哲中
汾州無業
（大達國師）
西堂智藏
棲樹和尚
練山神翫
華嚴智巖
興善惟寬
東寺如會
西園曇藏
華林善覺
紫玉道通
鹽官齊安
（悟空）
打地和尚
則川和尚
常州明幹
松山和尚
佛光如滿
桐里慧徹
（新羅）（哲）
（桐里山派）
鷄林道義
（高麗）（儀）（迦智山派）
虔州處微
新羅洪直
（陟）
（實相派）
薯山慧超
舒州景諸
莊嚴光肇
幕輔 昭
紫玉金藏
節度使于頔
徑山鑒宗
淥水文舉
雙嶺玄真
新羅品日
（崛山梵日）（闍崛山派）
關南道常
白雲曇靖
壽州建宗
檀林義空
（安）
侍郎白居易
奉先義幽
鎮州常正
行勤
慧惜
虔縱
雪山廉居
雪峰秀徹
興德大王
宣康太子
黄州齊安
京兆法智
京兆慧光
京兆慧建
京兆元淨
（圓鏡）
京兆義宗
（常）
京兆無表
大慈行滿
天童咸啟
背山行真
朗空行寂
溟州開清
漳州羅漢
關南道吾
檀林皇后

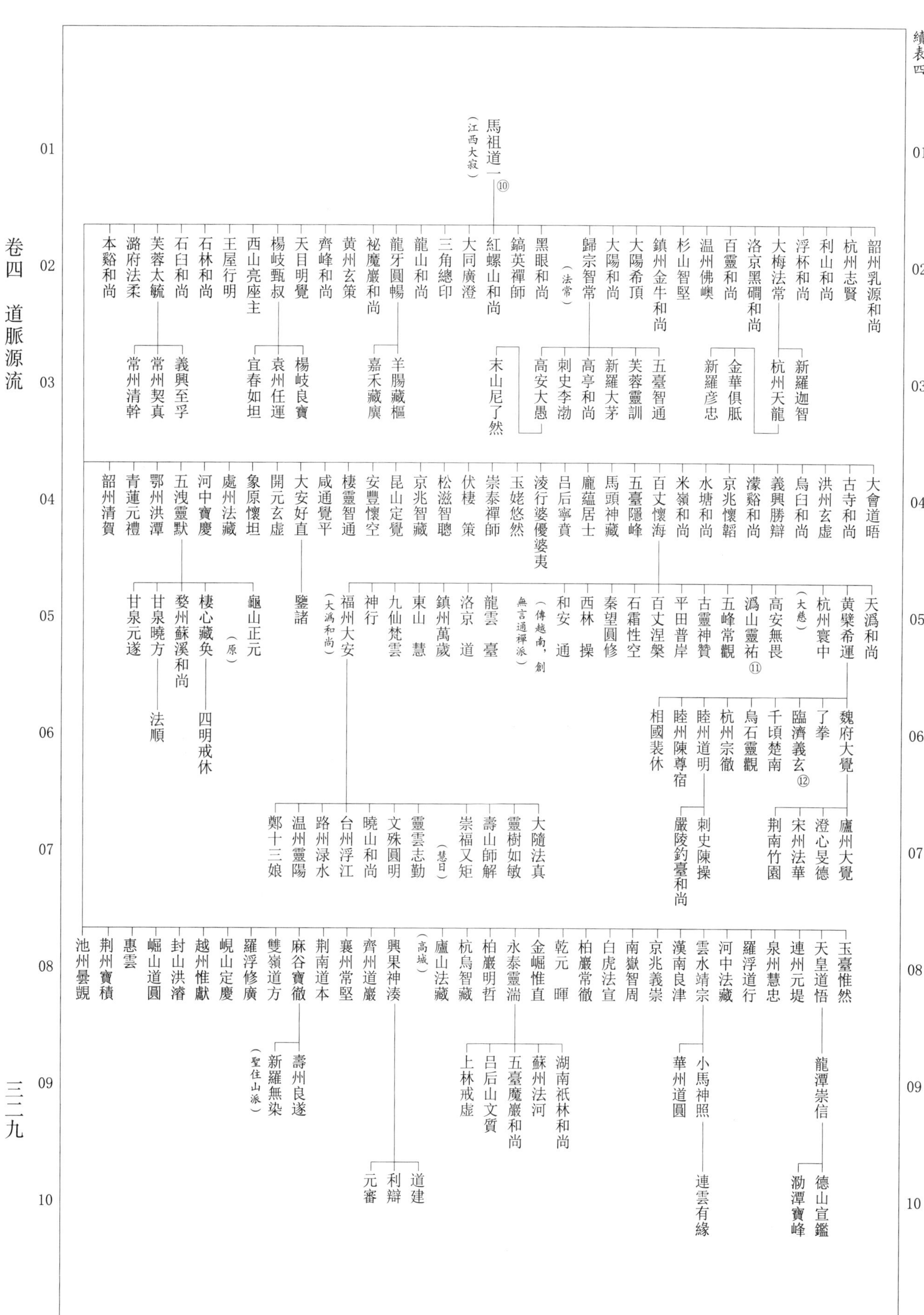
馬祖道一⑩（江西大寂）
韶州乳源和尚
杭州志賢
利山和尚
浮杯和尚
大梅法常
新羅迦智
杭州天龍
洛京黑磵和尚
百靈和尚
金華俱胝
新羅彥忠
溫州佛嶼
杉山智堅
鎮州金牛和尚
大陽希頂
大陽和尚
歸宗智常（法常）
五臺智通
芙蓉靈訓
新羅大茅
高亭和尚
刺史李渤
高安大愚
末山尼了然
黑眼和尚
鎬英禪師
紅螺山和尚
大同廣澄
三角總印
龍山和尚
龍牙圓暢
羊腸藏樞
祕魔巖和尚
嘉禾藏廙
黃州玄策
齊峰和尚
天目明覺
楊岐甄叔
楊岐良寶
袁州任運
宜春如坦
西山亮座主
王屋行明
石林和尚
石臼和尚
芙蓉太毓
義興至孚
常州契真
常州清幹
潞府法柔
本谿和尚
大會道晤
古寺和尚
洪州玄虛
烏臼和尚
義興勝辯
濛谿和尚
京兆懷韜
水塘和尚
米嶺和尚
百丈懷海
五臺隱峰
馬頭神藏
龐蘊居士
呂后寧賁
湊行婆優婆夷
玉姥悠然
崇泰禪師
伏棲　策
松滋智聰
京兆智藏
昆山定覺
安豐懷空
棲靈智通
咸通覺平
大安好直
鑒諸
開元玄虛
象原懷坦
處州法藏
河中寶慶
五洩靈默
龜山正元（原）
棲心藏奐
婺州蘇溪和尚
甘泉曉方
甘泉元遂
四明戒休
法順
鄂州洪潭
青蓮元禮
韶州清賀
天溈和尚
黃檗希運
魏府大覺
廬州大覺
澄心旻德
宋州法華
荊南竹園
了拳
臨濟義玄⑫
千頃楚南
烏石靈觀
杭州宗徹
睦州道明
刺史陳操
嚴陵釣臺和尚
睦州陳尊宿
相國裴休
杭州寰中（大慈）
高安無畏
溈山靈祐⑪
五峰常觀
古靈神贊
平田普岸
百丈涅槃
石霜性空
秦望圓修
西林　操
和安　通（傳越南，創無言通禪派）
龍雲　臺
洛京　道
鎮州萬歲
東山　慧
九仙梵雲
神行
福州大安（大溈和尚）
大隨法真
靈樹如敏
壽山師解
崇福又矩（慧日）
靈雲志勤
文殊圓明
曉山和尚
台州浮江
路州淥水
溫州靈陽
鄭十三娘
玉臺惟然
天皇道悟
龍潭崇信
德山宣鑑
泐潭寶峰
連州元堤
泉州慧忠
羅浮道行
河中法藏
雲水靖宗
小馬神照
連雲有緣
華州道圓
漢南良津
京兆義崇
南嶽智周
白虎法宣
柏巖常徹
乾元　暉
金崛惟直
永泰靈湍
湖南祇林和尚
蘇州法河
五臺魔巖和尚
呂后山文質
上林戒虛
柏巖明哲
杭烏智藏
廬山法藏（高城）
興果神湊
道建
利辯
元審
齊州道巖
襄州常堅
荊南道本
麻谷寶徹
壽州良遂
新羅無染（聖住山派）
雙嶺道方
羅浮修廣
峴山定慶
越州惟獻
封山洪濬
崛山道圓
惠雲
荊州寶積
池州曇晸

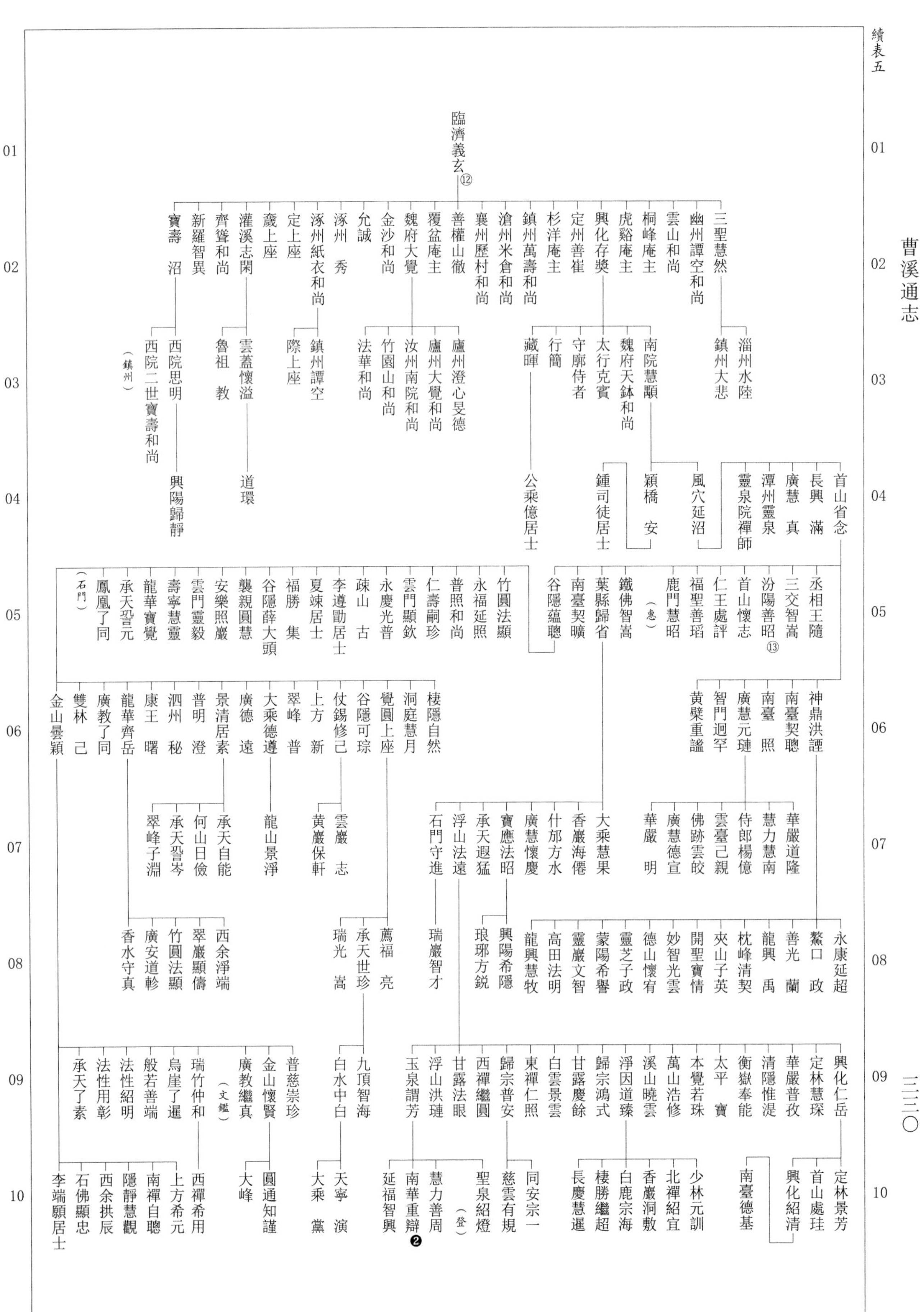
01
臨濟義玄⑫
02
三聖慧然
幽州譚空和尚
雲山和尚
桐峰庵主
虎谿庵主
興化存奬
定州善崔
杉洋庵主
鎮州萬壽和尚
滄州米倉和尚
襄州歷村和尚
善權山徹
覆盆庵主
魏府大覺
金沙和尚
允誠
涿州 秀
涿州紙衣和尚
定上座
奯上座
灌溪志閑
齊聳和尚
新羅智異
寶壽 沼
03
淄州水陸
鎮州大悲
南院慧顒
魏府天鉢和尚
太行克賓
守廓侍者
行簡
藏暉
廬州澄心旻德
廬州大覺和尚
汝州南院和尚
竹園山和尚
法華和尚
鎮州譚空
際上座
雲蓋懷溢
魯祖 教
西院思明
西院二世寶壽和尚
（鎮州）
04
首山省念
長興 滿
廣慧 真
潭州靈泉
靈泉院禪師
風穴延沼
穎橋 安
鍾司徒居士
公乘億居士
道環
興陽歸靜
05
丞相王隨
三交智嵩
汾陽善昭⑬
首山懷志
仁王處評
福聖善瑫
鹿門慧昭
（惠）
鐵佛智嵩
葉縣歸省
南臺契曠
谷隱蘊聰
竹園法顯
永福延照
普照和尚
仁壽嗣珍
雲門顯欽
永慶光普
疎山 古
李遵勖居士
夏竦居士
福勝 集
谷隱薛大頭
襄親圓慧
安樂照巖
雲門靈毅
壽寧慧靈
龍華寶覺
承天晉元
鳳凰了同
（石門）
06
神鼎洪諲
南臺契聰
南臺 照
廣慧元璉
智門迥罕
黃檗重謐
棲隱自然
洞庭慧月
覺圓上座
谷隱可琮
仗錫修己
上方 新
翠峰 普
大乘德遵
廣德 遠
景清居素
普明 澄
泗州 秘
康王 曙
龍華齊岳
廣教了同
雙林 己
金山曇穎
07
華嚴道隆
慧力慧南
侍郎楊億
雲臺己親
佛跡雲皎
廣慧德宣
華嚴 明
大乘慧果
香巖海僊
什邡方水
廣慧懷慶
寶應法昭
承天遐猛
浮山法遠
石門守進
雲巖 志
黃巖保軒
龍山景淨
承天自能
何山日儉
承天晉岑
翠峰子淵
08
永康延超
鰲口 政
善光 蘭
龍興 禹
枕峰清契
夾山子英
開聖寶情
妙智光雲
德山懷宥
靈芝子政
蒙陽希譽
靈巖文智
高田法明
龍興慧牧
興陽希隱
琅琊方銳
瑞巖智才
薦福 亮
承天世珍
瑞光 嵩
西余淨端
翠巖顯僖
竹園法顯
廣安道軫
香水守真
09
興化仁岳
定林慧琛
華嚴普孜
清隱惟湜
衡嶽奉能
太平 寶
本覺若珠
萬山浩修
溪山曉雲
淨因道臻
歸宗鴻式
甘露慶餘
白雲景雲
東禪仁照
歸宗普安
西禪繼圓
甘露法眼
浮山洪璉
玉泉謂芳
九頂智海
白水中白
普慈崇珍
金山懷賢
廣教繼真
（文鑑）
瑞竹仲和
烏崖了暹
般若善端
法性紹明
法性用彰
承天了素
10
定林景芳
首山處珪
興化紹清
南臺德基
少林元訓
北禪紹宜
香巖洞敷
白鹿宗海
棲勝繼超
長慶慧暹
同安宗一
慈雲有規
聖泉紹燈
（登）
慧力善周
南華重辯❷
延福智興
天寧 演
大乘 黨
圓通知謹
大峰
西禪希用
上方希元
南禪自聰
隱靜慧觀
西余拱辰
石佛顯忠
李端願居士

續表六

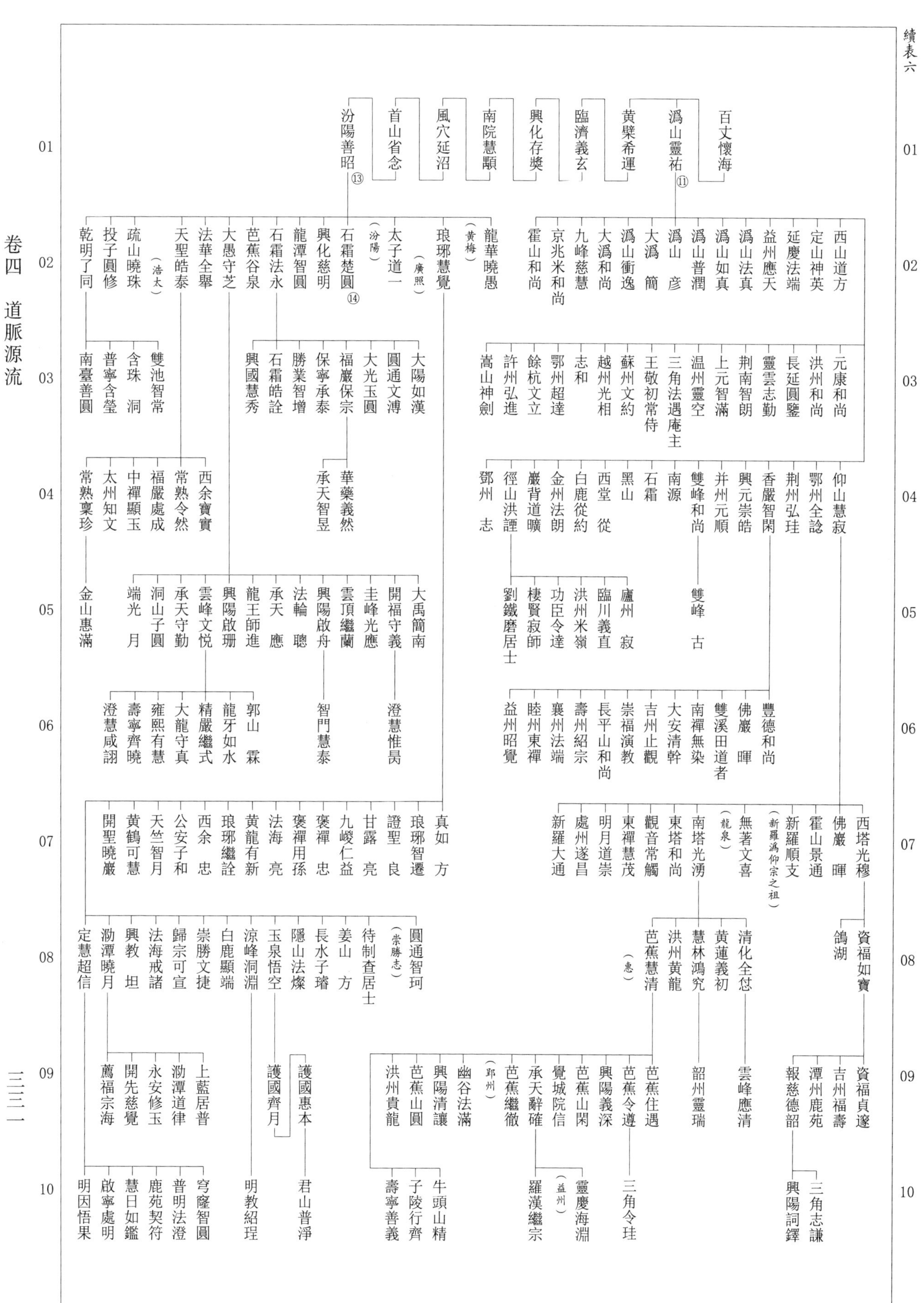

01
百丈懷海
潙山靈祐⑪
黄檗希運
臨濟義玄
興化存獎
南院慧顒
風穴延沼
首山省念
汾陽善昭⑬
02
西山道方
定山神英
延慶法端
益州應天
潙山法真
潙山如真
潙山普潤
潙山　彦
大潙　簡
潙山衝逸
大潙和尚
九峰慈慧
京兆米和尚
霍山和尚
龍華曉愚（黄梅）
琅琊慧覺（廣照）
太子道一（汾陽）
石霜楚圓⑭
興化慈明
龍潭智圓
石霜法永
芭蕉谷泉
大愚守芝
法華全舉
天聖皓泰（浩太）
疏山曉珠
投子圓修
乾明了同
03
元康和尚
洪州和尚
長延圓鑒
靈雲志勤
荆南智朗
上元智滿
温州靈空
三角法遇庵主
王敬初常侍
蘇州文約
越州光相
志和
鄂州超達
餘杭文立
許州弘進
嵩山神劍
大陽如漢
圓通文溥
大光玉圓
福巖保宗
保寧承泰
勝業智增
石霜皓詮
興國慧秀
雙池智常
含珠　洞
普寧含瑩
南臺善圓
04
仰山慧寂
鄂州全諗
荆州弘珪
香嚴智閑
興元崇皓
并州元順
雙峰和尚
南源
石霜
黑山
西堂　從
白鹿從約
金州法朗
巖背道曠
徑山洪諲
鄧州　志
華藥義然
承天智昱
西余寶實
常熟令然
福嚴處成
中禪顯玉
太州知文
常熟稟珍
05
雙峰　古
廬州　寂
臨川義直
洪州米嶺
功臣令達
棲賢寂師
劉鐵磨居士
大禹簡南
開福守義
圭峰光應
雲頂繼蘭
興陽啟舟
法輪　聰
承天　應
龍王師進
興陽啟珊
雲峰文悅
承天守勤
洞山子圓
端光　月
金山惠滿
06
豐德和尚
佛巖　暉
雙溪田道者
南禪無染
大安清幹
吉州止觀
崇福演教
長平山和尚
壽州紹宗
襄州法端
睦州東禪
益州昭覺
澄慧惟昺
智門慧泰
郭山　霖
龍牙如水
精嚴繼式
大龍守真
雍熙有慧
壽寧齊曉
澄慧咸詡
07
西塔光穆
佛巖　暉
霍山景通
新羅順支（新羅潙仰宗之祖）
無著文喜
南塔光湧（龍泉）
東塔和尚
觀音常觸
東禪慧茂
明月道崇
處州遂昌
新羅大通
真如　方
琅琊智遷
證聖　良
甘露　亮
九峻仁益
褒禪　忠
褒禪用孫
法海　亮
黄龍有新
琅琊繼詮
西余　忠
公安子和
天竺智月
黄鶴可慧
開聖曉巖
08
資福如寶
鴿湖
清化全怤
黄蓮義初
慧林鴻究
洪州黄龍
芭蕉慧清（惠）
圓通智珂（崇勝志）
待制查居士
姜山　方
長水子璿
隱山法燦
玉泉悟空
涼峰洞淵
白鹿顯端
崇勝文捷
歸宗可宣
法海戒諸
興教　坦
泐潭曉月
定慧超信
09
資福貞邃
吉州福壽
潭州鹿苑
報慈德韶
雲峰應清
韶州靈瑞
芭蕉住遇
芭蕉令遵
興陽義深
芭蕉山閑
覺城院信
承天辭確
芭蕉繼徹（郢州）
幽谷法滿
興陽清讓
芭蕉山圓
洪州貴龍
護國惠本
護國齊月
上藍居普
泐潭道律
永安修玉
開先慈覺
薦福宗海
10
三角志謙
興陽詞鐸
三角令珪
靈慶海淵（益州）
羅漢繼宗
牛頭山精
子陵行齊
壽寧善義
君山普淨
明教紹珵
穹窿智圓
普明法澄
鹿苑契符
慧日如鑑
啟寧處明
明因悟果

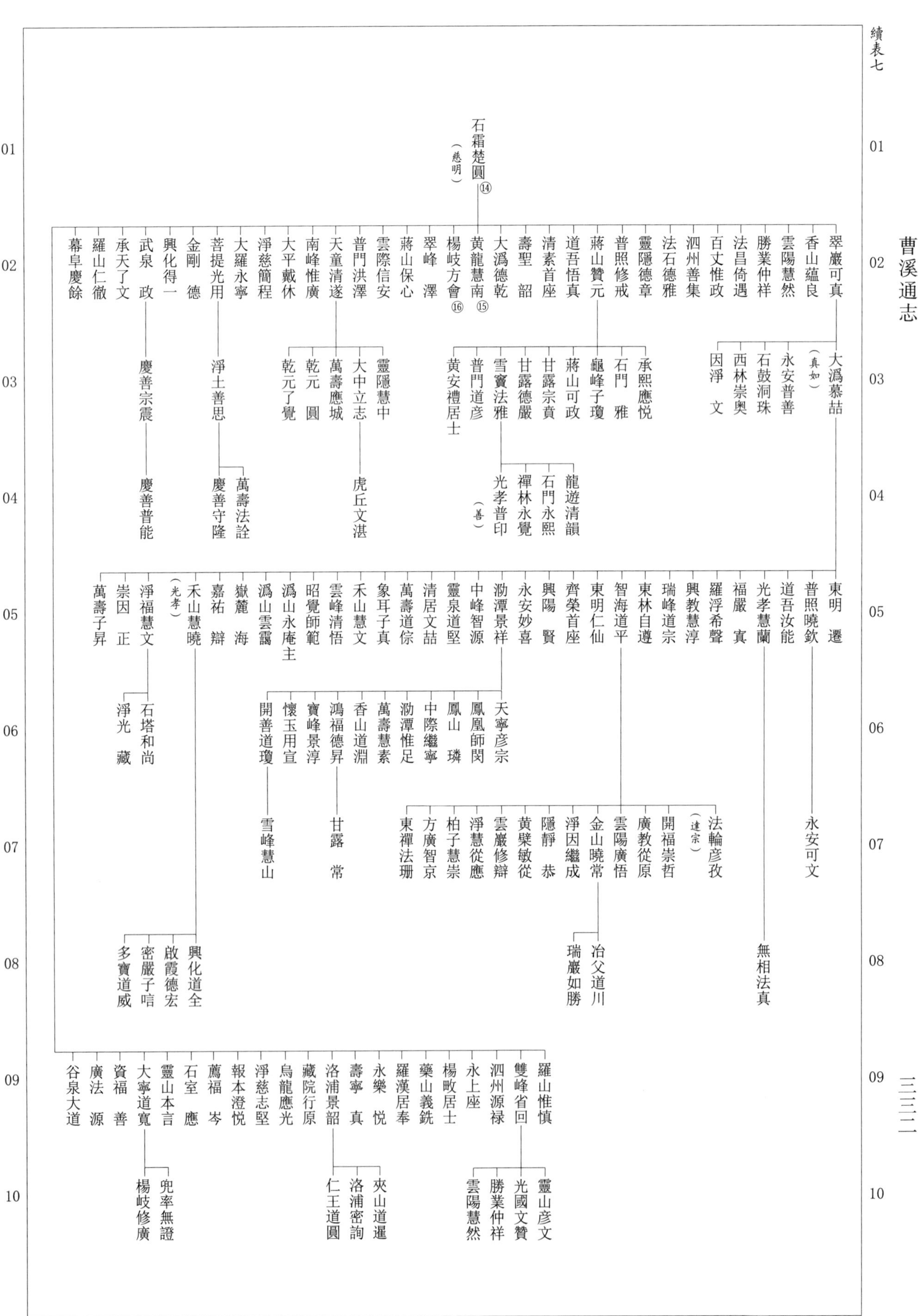
石霜楚圓⑭（慈明）
翠巖可真
香山蘊良
雲陽慧然
勝業仲祥
法昌倚遇
百丈惟政
泗州善集
法石德雅
靈隱德章
普照修戒
蔣山贊元
道吾悟真
清素首座
壽聖　韶
大溈德乾
黃龍慧南⑮
楊岐方會⑯
翠峰　澤
蔣山保心
雲際信安
普門洪澤
天童清遂
南峰惟廣
大平戴休
淨慈簡程
大羅永寧
菩提光用
金剛　德
興化得一
武泉　政
承天了文
羅山仁徹
幕阜慶餘
大溈慕喆（真如）
永安普善
石鼓洞珠
西林崇奧
因淨　文
承熙應悦
石門　雅
龜峰子瓊
蔣山可政
甘露宗賁
甘露德嚴
雪竇法雅
普門道彥
黃安禮居士
靈隱慧中
大中立志
萬壽應城
乾元　圓
乾元了覺
淨土善思
慶善宗震
龍遊清韻
石門永熙
禪林永覺
光孝普印（善）
虎丘文湛
萬壽法詮
慶善守隆
慶善普能
東明　遷
普照曉欽
道吾汝能
光孝慧蘭
福嚴　寘
羅浮希聲
興教慧淳
瑞峰道宗
東林自遵
智海道平
東明仁仙
齊榮首座
興陽　賢
永安妙喜
泐潭景祥
中峰智源
靈泉道堅
清居文喆
萬壽道倧
象耳子真
禾山慧文
雲峰清悟
昭覺師範
溈山永庵主
溈山雲靄
嶽麓　海
嘉祐　辯
禾山慧曉（光孝）
淨福慧文
崇因　正
萬壽子昇
天寧彥宗
鳳凰師閔
鳳山　璘
中際繼寧
泐潭惟足
萬壽慧素
香山道淵
鴻福德昇
寶峰景淳
懷玉用宣
開善道瓊
石塔和尚
淨光　藏
永安可文
法輪彥孜（達宗）
開福崇哲
廣教從原
雲陽廣悟
金山曉常
淨因繼成
隱靜　恭
黃檗敏從
雲巖修辯
淨慧從應
柏子慧崇
方廣智京
東禪法珊
甘露　常
雪峰慧山
無相法真
冶父道川
瑞巖如勝
興化道全
啟霞德宏
密嚴子咭
多寶道威
羅山惟慎
雙峰省回
泗州源禄
永上座
楊畋居士
藥山義銑
羅漢居奉
永樂　悦
壽寧　真
洛浦景韶
藏院行原
烏龍應光
淨慈志堅
報本澄悦
薦福　岑
石室　應
靈山本言
大寧道寬
資福　善
廣法　源
谷泉大道
靈山彥文
光國文贊
勝業仲祥
雲陽慧然
夾山道暹
洛浦密詢
仁王道圓
兜率無證
楊岐修廣

續表八

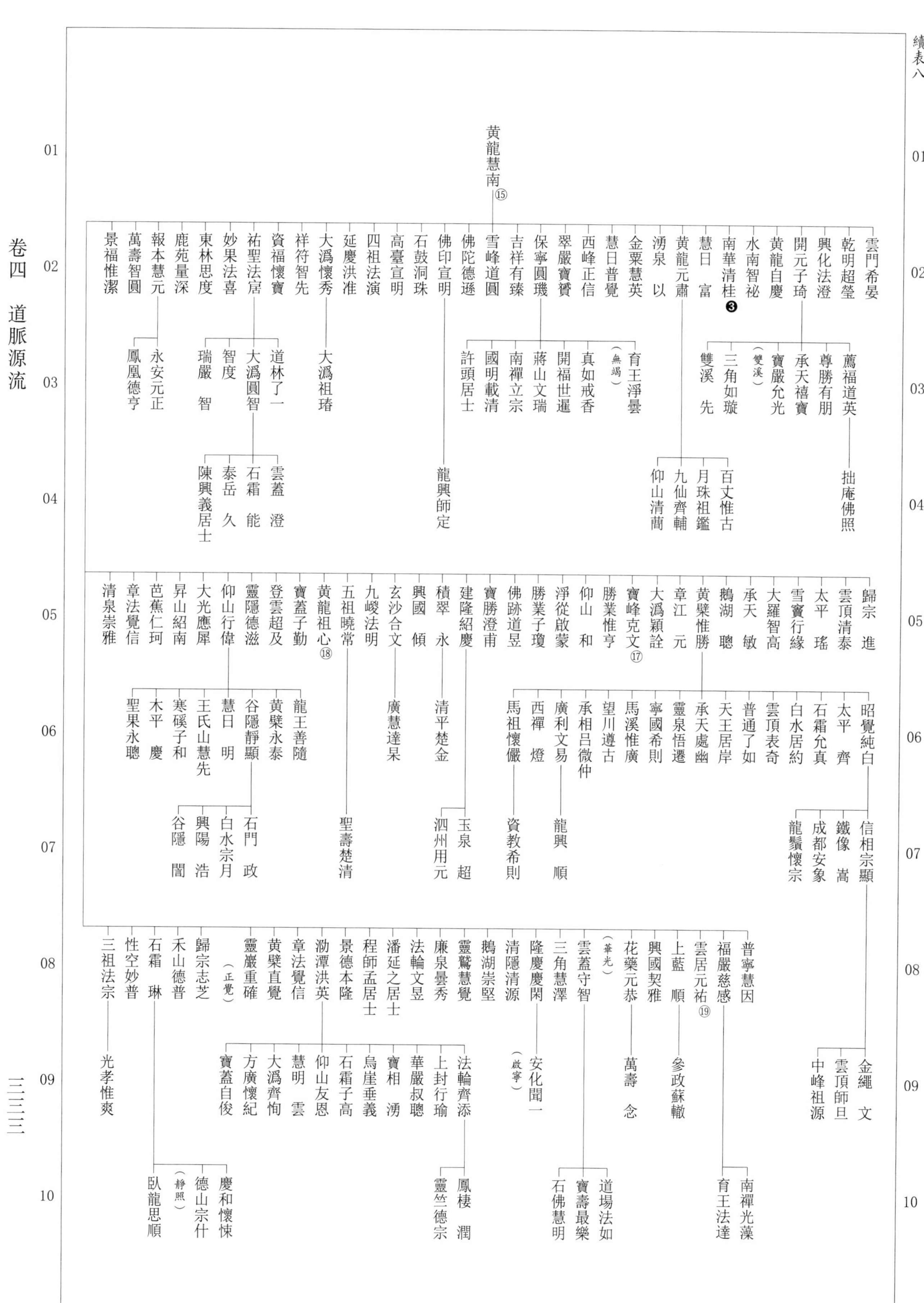
黃龍慧南⑮
雲門希晏
乾明超瑩
興化法澄
開元子琦
黃龍自慶
水南智祕
南華清桂❸
慧日　富
黃龍元肅
湧泉　以
金粟慧英
慧日普覺
西峰正信
翠巖寶賢
保寧圓璣
吉祥有臻
雪峰道圓
佛陀德遜
佛印宣明
石鼓洞珠
高臺宣明
四祖法演
延慶洪准
大潙懷秀
祥符智先
資福懷寶
祐聖法居
妙果法喜
東林思度
鹿苑量深
報本慧元
萬壽智圓
景福惟潔
薦福道英
尊勝有朋
承天禧寶
寶嚴允光（雙溪）
三角如璇
雙溪　先
育王淨曇（無竭）
真如戒香
開福世暹
蔣山文瑞
南禪立宗
國明載清
許頭居士
大潙祖琇
道林了一
大潙圓智
智度
瑞巖　智
永安元正
鳳凰德亨
拙庵佛照
百丈惟古
月珠祖鑑
九仙齊輔
仰山清藺
龍興師定
雲蓋　澄
石霜　能
泰岳　久
陳興義居士
歸宗　進
雲頂清泰
太平　瑤
雪竇行緣
大羅智高
承天　敏
鵝湖　聰
黃檗惟勝
章江　元
大潙穎詮
寶峰克文⑰
勝業惟亨
仰山　和
淨從啟蒙
勝業子瓊
佛跡道昱
寶勝澄甫
建隆紹慶
積翠　永
興國　傾
玄沙合文
九峻法明
五祖曉常
黃龍祖心⑱
寶蓋子勤
登雲超及
靈隱德滋
仰山行偉
大光應犀
昇山紹南
芭蕉仁珂
章法覺信
清泉崇雅
昭覺純白
太平　齊
石霜允真
白水居約
雲頂表奇
普通了如
天王居岸
承天處幽
靈泉悟遷
寧國希則
馬溪惟廣
望川遵古
承相呂微仲
廣利文易
西禪　燈
馬祖懷儼
清平楚金
廣慧達杲
龍王善隨
黃檗永泰
谷隱靜顯
慧日　明
王氏山慧先
寒碌子和
木平　慶
聖果永聰
信相宗顯
鐵像　嵩
成都安象
龍鬚懷宗
龍興　順
資教希則
玉泉　超
泗州用元
聖壽楚清
石門　政
白水宗月
興陽　浩
谷隱　闇
普寧慧因
福嚴慈感
雲居元祐⑲
上藍　順
興國契雅
花藥元恭（華光）
雲蓋守智
三角慧澤
隆慶慶閑
清隱清源
鵝湖崇堅
靈鷲慧覺
廉泉曇秀
法輪文昱
潘延之居士
程師孟居士
景德本隆
泐潭洪英
章法覺信
黃檗直覺
靈巖重確（正覺）
歸宗志芝
禾山德普
石霜　琳
性空妙普
三祖法宗
金繩　文
雲頂師旦
中峰祖源
參政蘇轍
萬壽　念
安化聞一（啟寧）
法輪齊添
上封行瑜
華嚴叔聰
寶相　湧
烏崖垂義
石霜子高
仰山友恩
慧明　雲
大潙齊恂
方廣懷紀
寶蓋自俊
光孝惟爽
南禪光藻
育王法達
道場法如
寶壽最樂
石佛慧明
鳳棲　潤
靈竺德宗
慶和懷悚
德山宗什（靜照）
臥龍思順

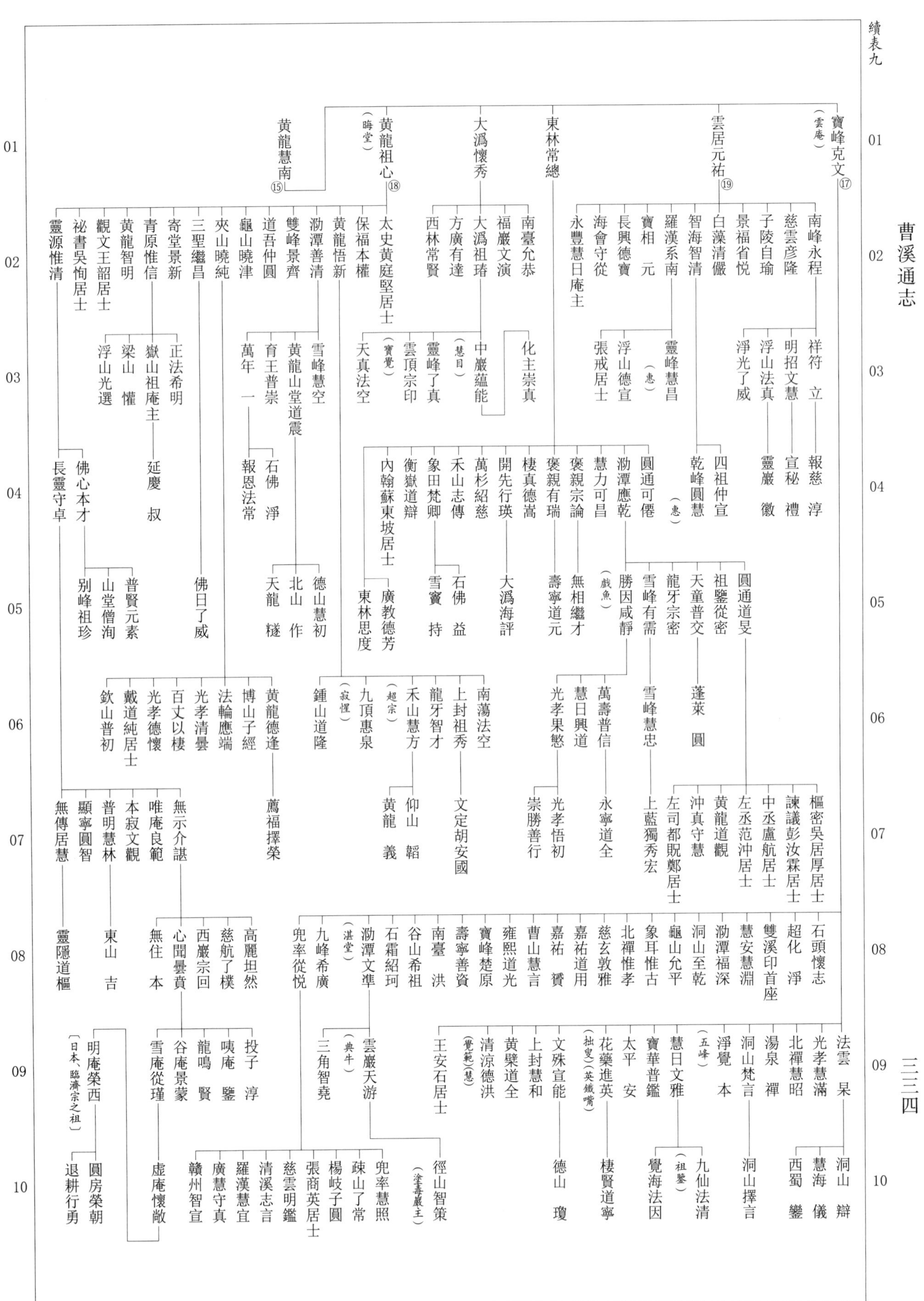
01 寶峰克文(雲庵)⑰ 雲居元祐⑲ 東林常總 大溈懷秀 黃龍祖心(晦堂)⑱ 黃龍慧南⑮
02 南峰永程 慈雲彥隆 子陵自瑜 景福省悅 白藻清儼 智海智清 羅漢系南 寶相 元 長興德寶 海會守從 永豐慧日庵主 南臺允恭 福巖文演 大溈祖琇 方廣有達 西林常賢 太史黃庭堅居士 保福本權 黃龍悟新 泐潭善清 雙峰景齊 道吾仲圓 龜山曉津 夾山曉純 三聖繼昌 寄堂景新 青原惟信 黃龍智明 觀文王韶居士 祕書吳恂居士 靈源惟清
03 祥符 立 明招文慧 浮山法真 淨光了威 靈峰慧昌(惠) 浮山德宣 張戒居士 化主崇真 中巖蘊能(慧目) 靈峰了真 雲頂宗印(寶覺) 天真法空 雪峰慧空 黃龍山堂道震 育王普崇 萬年 一 正法希明 嶽山祖庵主 梁山 懽 浮山光選
04 報慈 淳 宣秘 禮 靈巖 徽 四祖仲宣 乾峰圓慧(惠) 圓通可僊 泐潭應乾 慧力可昌 褒親宗論 褒親有瑞 棲真德嵩 開先行瑛 萬杉紹慈 禾山志傳 象田梵卿 衡嶽道辯 內翰蘇東坡居士 石佛 淨 報恩法常 延慶 叔 佛心本才 長靈守卓
05 圓通道旻 祖鑒從密 天童普交 龍牙宗密 雪峰有需 勝因咸靜(戲魚) 無相繼才 壽寧道元 大溈海評 石佛 益 雪竇 持 廣教德芳 東林思度 德山慧初 北山 作 天龍 檖 佛日了威 普賢元素 山堂僧洵 別峰祖珍
06 蓬萊 圓 雪峰慧忠 萬壽普信 慧日興道 光孝果慜 南蕩法空 上封祖秀 龍牙智才 禾山慧方(超宗) 九頂惠泉 鍾山道隆(寂惺) 黃龍德逢 博山子經 法輪應端 光孝清曇 百丈以棲 光孝德懷 戴道純居士 欽山普初
07 樞密吳居厚居士 諫議彭汝霖居士 中丞盧航居士 左丞范沖居士 黃龍道觀 沖真守慧 左司都貺鄭居士 上藍獨秀宏 永寧道全 光孝悟初 崇勝善行 文定胡安國 仰山 韶 黃龍 義 薦福擇榮 無示介諶 唯庵良範 本寂文觀 普明慧林 顯寧圓智 無傳居慧
08 石頭懷志 超化 淨 雙溪印首座 慧安慧淵 泐潭福深 洞山至乾 龜山允平 象耳惟古 北禪惟孝 慈玄敦雅 嘉祐道用 嘉祐 贇 曹山慧言 雍熙道光 寶峰楚原 壽寧善資 南臺 洪 谷山希祖 石霜紹珂 泐潭文準(湛堂) 九峰希廣 兜率從悅 高麗坦然 慈航了樸 西巖宗回 心聞曇賁 無住 本 東山 吉 靈隱道樞
09 法雲 杲 光孝慧滿 北禪慧昭 湯泉 禪 洞山梵言 淨覺 本(五峰) 慧日文雅 寶華普鑑 太平 安 花藥進英(拙叟)(英鐵嘴) 文殊宣能 上封慧和 黃檗道全 清涼德洪(覺範)(慧) 王安石居士 雲巖天游(典牛) 三角智堯 投子 淳 吷庵 鑒 龍鳴 賢 谷庵景蒙 雪庵從瑾 明庵榮西(日本、臨濟宗之祖)
10 洞山 辯 慧海 儀 西蜀 鑾 洞山擇言 九仙法清 覺海法因(祖鑒) 棲賢道寧 德山 瓊 徑山智策(塗毒庵主) 兜率慧照 疎山了常 楊岐子圓 張商英居士 慈雲明鑑 清溪志言 羅漢慧宜 廣慧守真 贛州智宣 虛庵懷敞 圓房榮朝 退耕行勇

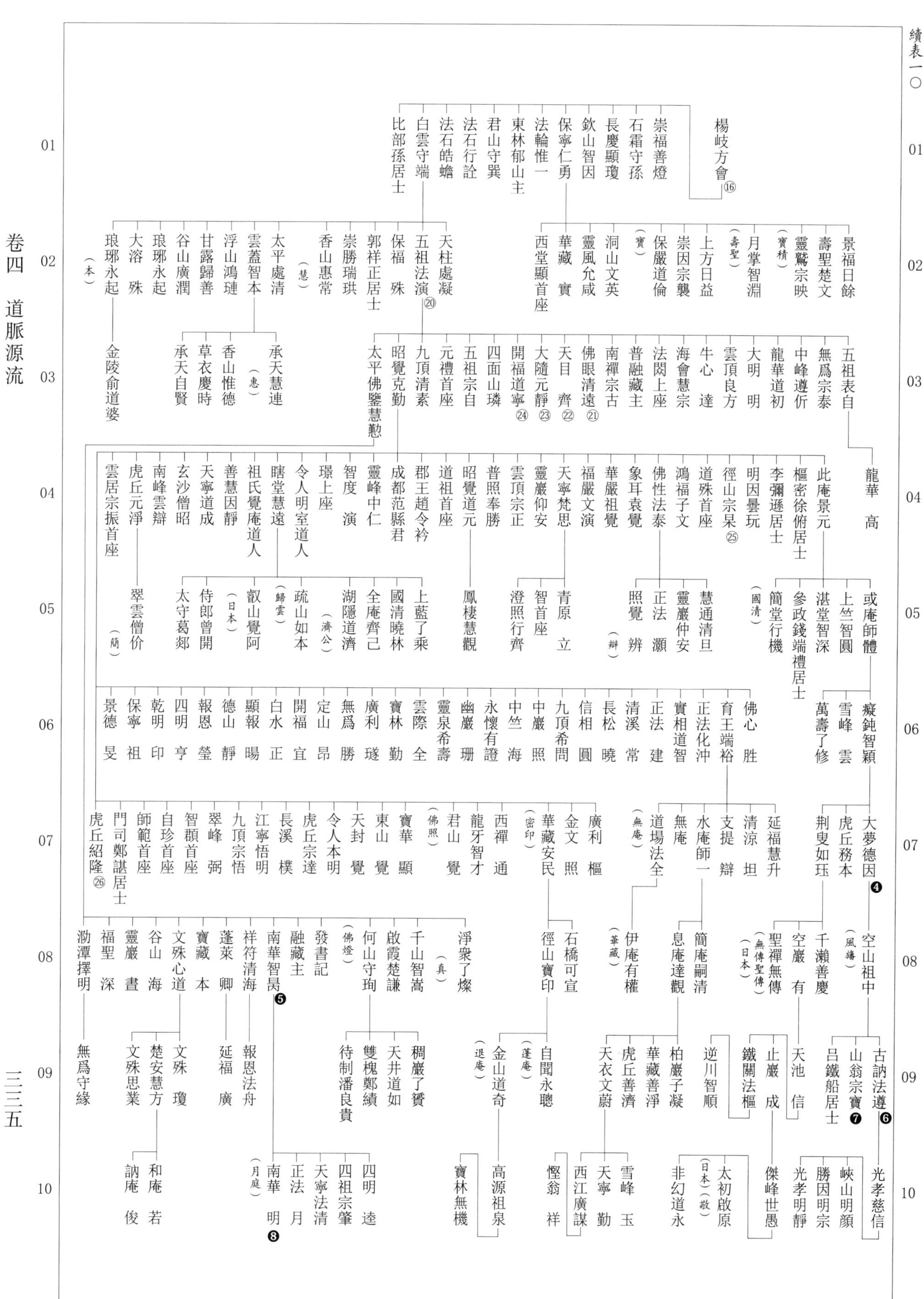
01
楊岐方會⑯
崇福善燈
石霜守孫
長慶顯瓊
欽山智因
保寧仁勇
法輪惟一
東林郁山主
君山守巽
法石行詮
法石皓蟾
白雲守端
比部孫居士
02
景福日餘
壽聖楚文
靈鷲宗映（寶積）
月掌智淵（壽聖）
上方日益
崇因宗襲
保嚴道倫（寶）
洞山文英
靈風允咸
華藏實
西堂顯首座
天柱處凝
五祖法演⑳
保福殊
郭祥正居士
崇勝瑞珙
香山惠常（慧）
太平處清
雲蓋智本
浮山鴻璉
甘露歸善
谷山廣潤
琅琊永起
大溶殊
琅琊永起（本）
03
五祖表自
無爲宗泰
中峰遵衎
龍華道初
大明明
雲頂良方
牛心達
海會慧宗
法閎上座
普融藏主
南禪宗古
佛眼清遠㉑
天目齊㉒
大隨元靜㉓
開福道寧㉔
四面山璘
五祖宗自
元禮首座
九頂清素
昭覺克勤
太平佛鑒慧懃
承天慧連（惠）
香山惟德
草衣慶時
承天自賢
金陵俞道婆
04
龍華高
此庵景元
樞密徐俯居士
李彌遜居士
明因曇玩
徑山宗杲㉕
道殊首座
鴻福子文
佛性法泰
象耳袁覺
華嚴祖覺
福嚴文演
天寧梵思
靈巖仰安
雲頂宗正
普照奉勝
昭覺道元
道祖首座
郡王趙令衿
成都范縣君
靈峰中仁
智度演
璟上座
令人明室道人
瞎堂慧遠
祖氏覺庵道人
善慧因靜
天寧道成
玄沙僧昭
南峰雲辯
虎丘元淨
雲居宗振首座
05
或庵師體
上竺智圓
湛堂智深
參政錢端禮居士
簡堂行機（國清）
慧通清旦
靈巖仲安
正法灝
照覺辨（辯）
青原立
智首座
澄照行齊
鳳棲慧觀
上藍了乘
國清曉林
全庵齊己
湖隱道濟（濟公）
疏山如本
叡山覺阿（歸雲）（日本）
侍郎曾開
太守葛郯
翠雲僧价（簡）
06
癡鈍智穎
雪峰雲
萬壽了修
佛心胜
育王端裕
正法化沖
實相道智
正法建
清溪常
長松曉
信相圓
九頂希問
中巖照
中竺海
永懷有證
幽巖珊
靈泉希壽
雲際全
寶林勤
廣利璲
無爲勝
定山昂
開福宜
白水正
顯報暘
德山靜
報恩瑩
四明亨
乾明印
保寧祖
景德旻
07
大夢德因❹
虎丘務本
荊叟如珏
延福慧升
清涼坦
支提辯
水庵師一
無庵
道場法全（無庵）
廣利樞
金文照
華藏安民（密印）
西禪通
龍牙智才
君山覺（佛照）
寶華顯
東山覺
天封覺
令人本明
虎丘宗達
長溪樸
江寧悟明
九頂宗悟
翠峰弼
智頴首座
自珍首座
師範首座
門司鄭謀居士
虎丘紹隆㉖
08
空山祖中（風礦）
千瀨善慶
空巖有
聖禪無傳（無傳聖傳）（日本）
簡庵嗣清
息庵達觀
伊庵有權（華藏）
石橋可宣
徑山寶印
淨衆了燦（真）
千山智嵩
啟霞楚謙
何山守珣（佛燈）
發書記
融藏主
南華智昺❺
祥符清海
蓬萊卿
寶藏本
文殊心道
谷山海
靈巖書
福聖深
泐潭擇明
09
古訥法遵❻
山翁宗寶❼
呂鐵船居士
天池信
止巖成
鐵關法樞
逆川智順
柏巖子凝
華藏善淨
虎丘善濟
天衣文蔚
自聞永聽（蓬庵）
金山道奇（退庵）
稠巖了贇
天井道如
雙槐鄭績
待制潘良貴
報恩法舟
延福廣
文殊瓊
楚安慧方
文殊思業
無爲守緣
10
光孝慈信
峽山明顏
勝因明宗
光孝明靜
傑峰世愚
太初啟原（日本）（啟）
非幻道永
雪峰玉
天寧勤
西江廣謀
慳翁祥
高源祖泉
寶林無機
四明逵
四祖宗肇
天寧法清
正法月
南華明❽（月庭）
和庵若
訥庵俊

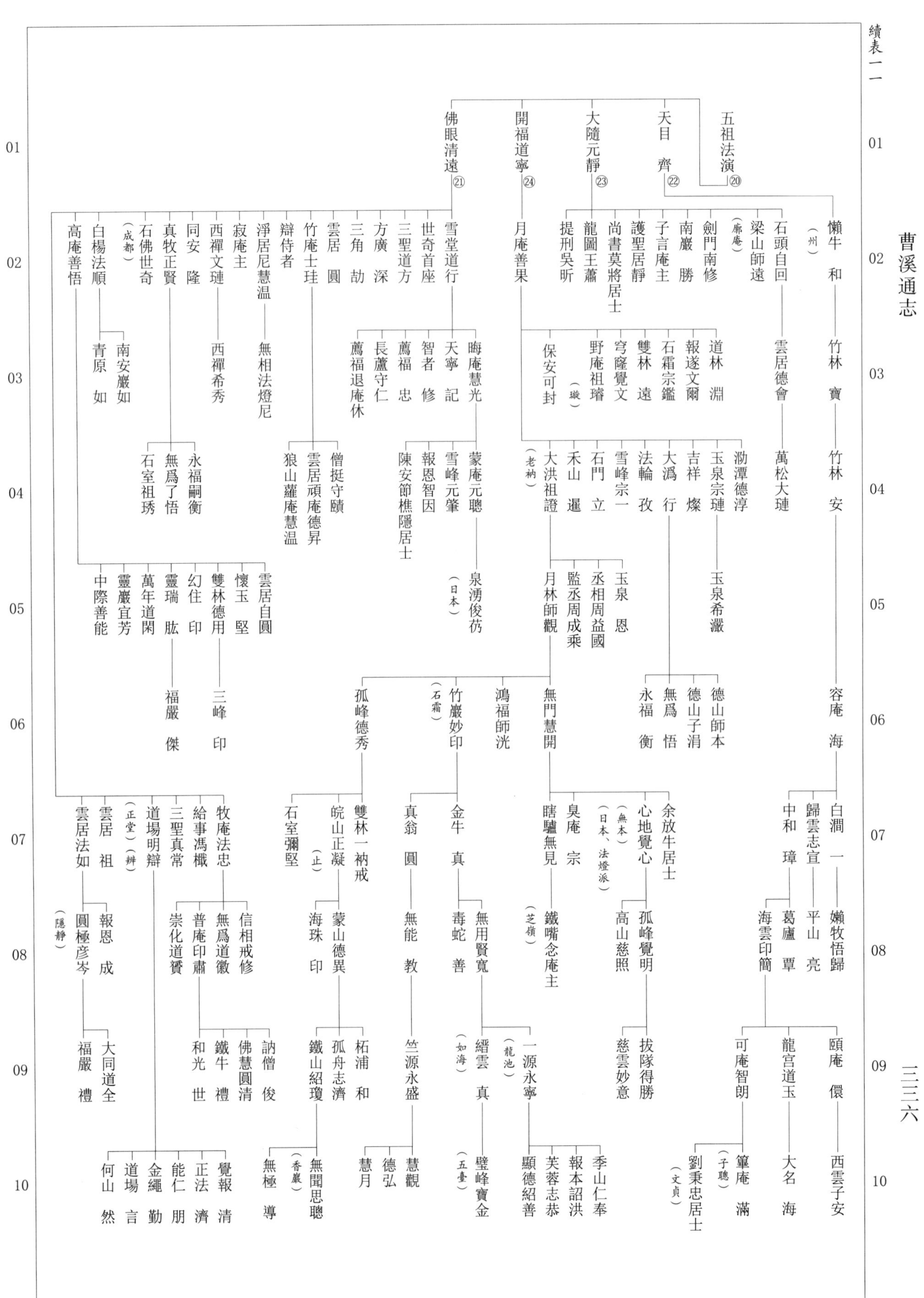
01 02 03 04 05 06 07 08 09 10
五祖法演⑳
天目 齊㉒
大隨元靜㉓
開福道寧㉔
佛眼清遠㉑
懶牛 和（州）
竹林 寶
竹林 安
容庵 海
白澗 一
嬾牧悟歸
歸雲志宣
平山 亮
中和 璋
葛廬 覃
海雲印簡
頤庵 儇
西雲子安
龍宮道玉
大名 海
可庵智朗
筆庵 滿（子聰）
劉秉忠居士（文貞）
石頭自回
雲居德會
萬松大璉
梁山師遠（廓庵）
劍門南修
南巖 勝
子言庵主
護聖居靜
尚書莫將居士
龍圖王蕭
提刑吳昕
月庵善果
道林 淵
報遂文爾
石霜宗鑑
雙林 遠
穹窿覺文
野庵祖璿（璇）
保安可封
劭潭德淳
玉泉宗璉
玉泉希瀫
吉祥 燦
大溈 行
德山師本
德山子涓
無爲 悟
永福 衡
法輪 孜
雪峰宗一
石門 立
禾山 暹
大洪祖證（老衲）
玉泉 恩
丞相周益國
監丞周成乘
月林師觀
無門慧開
余放牛居士
心地覺心（無本）（日本、法燈派）
孤峰覺明
拔隊得勝
慈雲妙意
高山慈照
臭庵 宗
瞎驢無見
鐵嘴念庵主（芝嶺）
鴻福師洸
竹巖妙印（石霜）
金牛 真
無用賢寬
一源永寧（龍池）
季山仁奉
報本詔洪
芙蓉志恭
顯德紹善
縉雲 真（如海）
璧峰寶金（五臺）
毒蛇 善
真翁 圓
無能 教
竺源永盛
慧觀
德弘
慧月
孤峰德秀
雙林一衲戒
皖山正凝（止）
蒙山德異
柘浦 和
孤舟志濟
鐵山紹瓊
無聞思聰（香巖）
無極 導
海珠 印
石室彌堅
雪堂道行
晦庵慧光
蒙庵元聰
泉湧俊芿（日本）
雪峰元肇
報恩智因
陳安節樵隱居士
天寧 記
智者 修
薦福 忠
長蘆守仁
薦福退庵休
世奇首座
三聖道方
方廣 深
三角 劼
雲居 圓
竹庵士珪
僧挺守賾
雲居頑庵德昇
狼山蘿庵慧溫
辯侍者
淨居尼慧溫
無相法燈尼
寂庵主
西禪文璉
西禪希秀
同安 隆
真牧正賢
永福嗣衡
無爲了悟
石室祖琇
石佛世奇（成都）
白楊法順
南安巖如
青原 如
高庵善悟
雲居自圓
懷玉 堅
雙林德用
三峰 印
幻住 印
靈瑞 肱
福嚴 傑
萬年道閑
靈巖宜芳
中際善能
牧庵法忠
信相戒修
無爲道徽
普庵印肅
訥僧 俊
佛慧圓清
鐵牛 禮
和光 世
崇化道賓
給事馮楫
三聖真常
道場明辯（正堂）（辯）
覺報 清
正法 濟
能仁 朋
金繩 勤
道場 言
何山 然
雲居 祖
雲居法如
報恩 成
圓極彥岑（隱靜）
大同道全
福嚴 禮

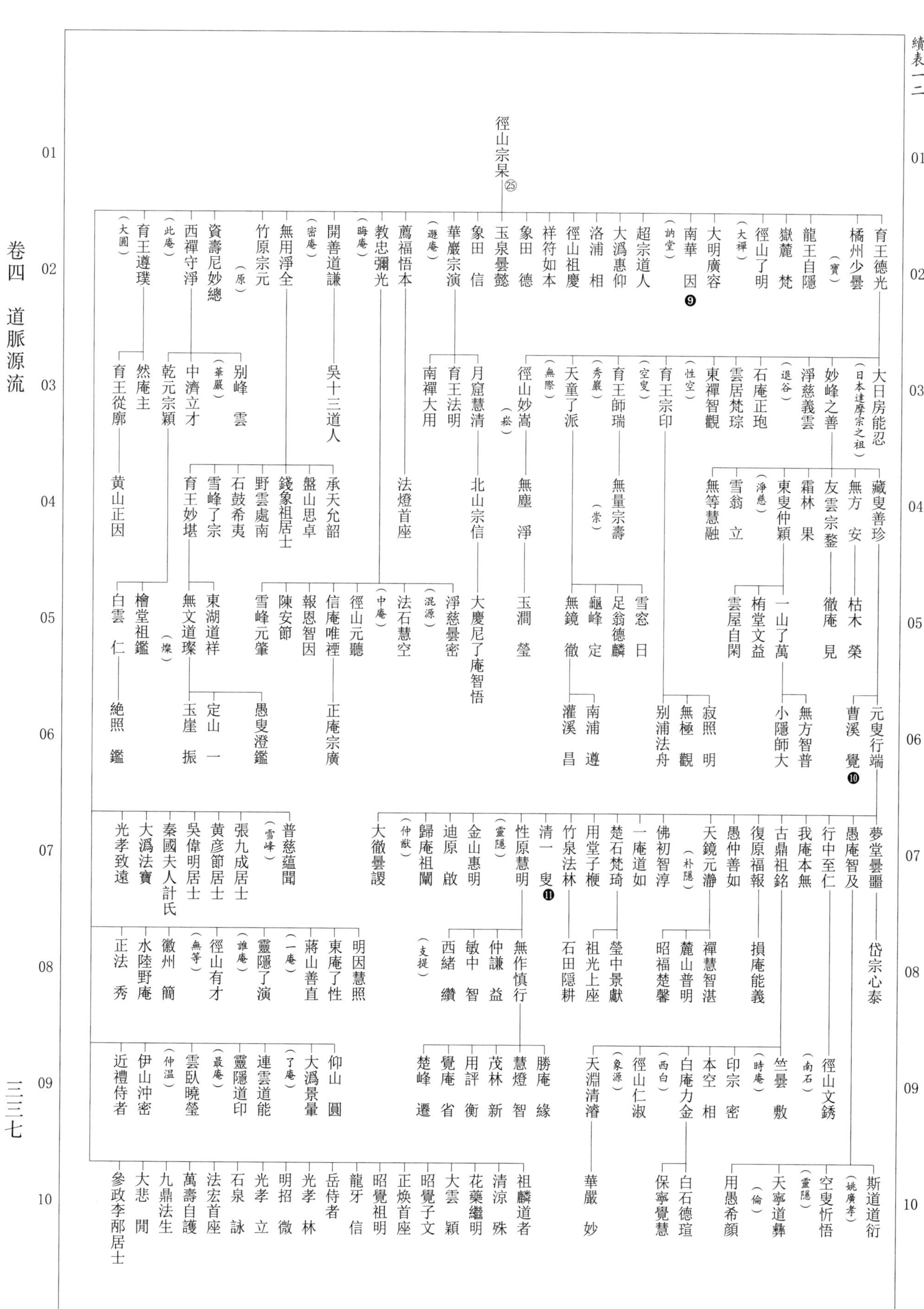
徑山宗杲㉕
育王德光
橘州少曇（寶）
龍王自隱
嶽麓梵
徑山了明（大禪）
大明廣容
南華因❾（訥堂）
超宗道人
大溈惠仰
洛浦相
徑山祖慶
祥符如本
象田德
玉泉曇懿
象田信
華嚴宗演（遯庵）
薦福悟本
教忠彌光（晦庵）
開善道謙（密庵）
無用淨全
竹原宗元
（原）
資壽尼妙總
西禪守淨（此庵）
育王遵璞（大圓）
大日房能忍（日本達摩宗之祖）
妙峰之善
淨慈義雲
（退谷）石庵正玿
雲居梵琮
東禪智觀
（性空）育王宗印
（空叟）育王師瑞
（秀巖）天童了派
（無際）徑山妙嵩（崧）
月窟慧清
育王法明
南禪大用
吳十三道人
別峰雲
（華嚴）中濟立才
乾元宗穎
然庵主
育王從廓
藏叟善珍
無方安
友雲宗鑿
霜林果
東叟仲穎（淨慈）
雪翁立
無等慧融
無量宗壽（崇）
無塵淨
北山宗信
法燈首座
承天允韶
盤山思卓
錢象祖居士
野雲處南
石鼓希夷
雪峰了宗
育王妙堪
黃山正因
枯木榮
徹庵見
一山了萬
栴堂文益
雲屋自閑
雪窓日
足翁德麟
龜峰定
無鏡徹
玉澗瑩
大慶尼了庵智悟
淨慈曇密（混源）
法石慧空（中庵）
徑山元聽
信庵唯禋
報恩智因
陳安節
雪峰元肇
東湖道祥
無文道璨（燦）
檜堂祖鑑
白雲仁
元叟行端
曹溪覺❿
無方智普
小隱師大
寂照明
無極觀
別浦法舟
南浦遵
灌溪昌
正庵宗廣
愚叟澄鑑
定山一
玉崖振
絕照鑑
夢堂曇噩
愚庵智及
行中至仁
我庵本無
古鼎祖銘
復原福報
愚仲善如
天鏡元瀞（朴隱）
佛初智淳
一庵道如
楚石梵琦
用堂子梗
竹泉法林
清一叟⓫
性原慧明（靈隱）
金山惠明
迪原啟
歸庵祖闡（仲猷）
大徹曇諟
普慈蘊聞（雪峰）
張九成居士
黃彥節居士
吳偉明居士
秦國夫人計氏
大溈法寶
光孝致遠
岱宗心泰
損庵能義
禪慧智湛
麓山普明
昭福楚馨
瑩中景獻
祖光上座
石田隱耕
無作慎行
仲謙益
敏中智
西緒纘（支提）
明因慧照
東庵了性
蔣山善直（一庵）
靈隱了演（誰庵）
徑山有才（無等）
徽州簡
水陸野庵
正法秀
徑山文琇（南石）
竺曇敷（時庵）
印宗密
本空相
白庵力金（西白）
徑山仁淑（象源）
天淵清濬
勝庵緣
慧燈智
茂林新
用評衡
覺庵省
楚峰遷
仰山圓
大溈景暈（了庵）
連雲道能
靈隱道印（最庵）
雲臥曉瑩（仲溫）
伊山沖密
近禮侍者
斯道道衍（姚廣孝）
空叟忻悟（靈隱）
天寧道彝（倫）
用愚希顏
白石德瑄
保寧覺慧
華嚴妙
祖麟道者
清涼殊
花藥繼明
大雲穎
昭覺子文
正煥首座
昭覺祖明
龍牙信
岳侍者
光孝林
明招微
光孝立
石泉詠
法宏首座
萬壽自護
九鼎法生
大悲閒
參政李邴居士

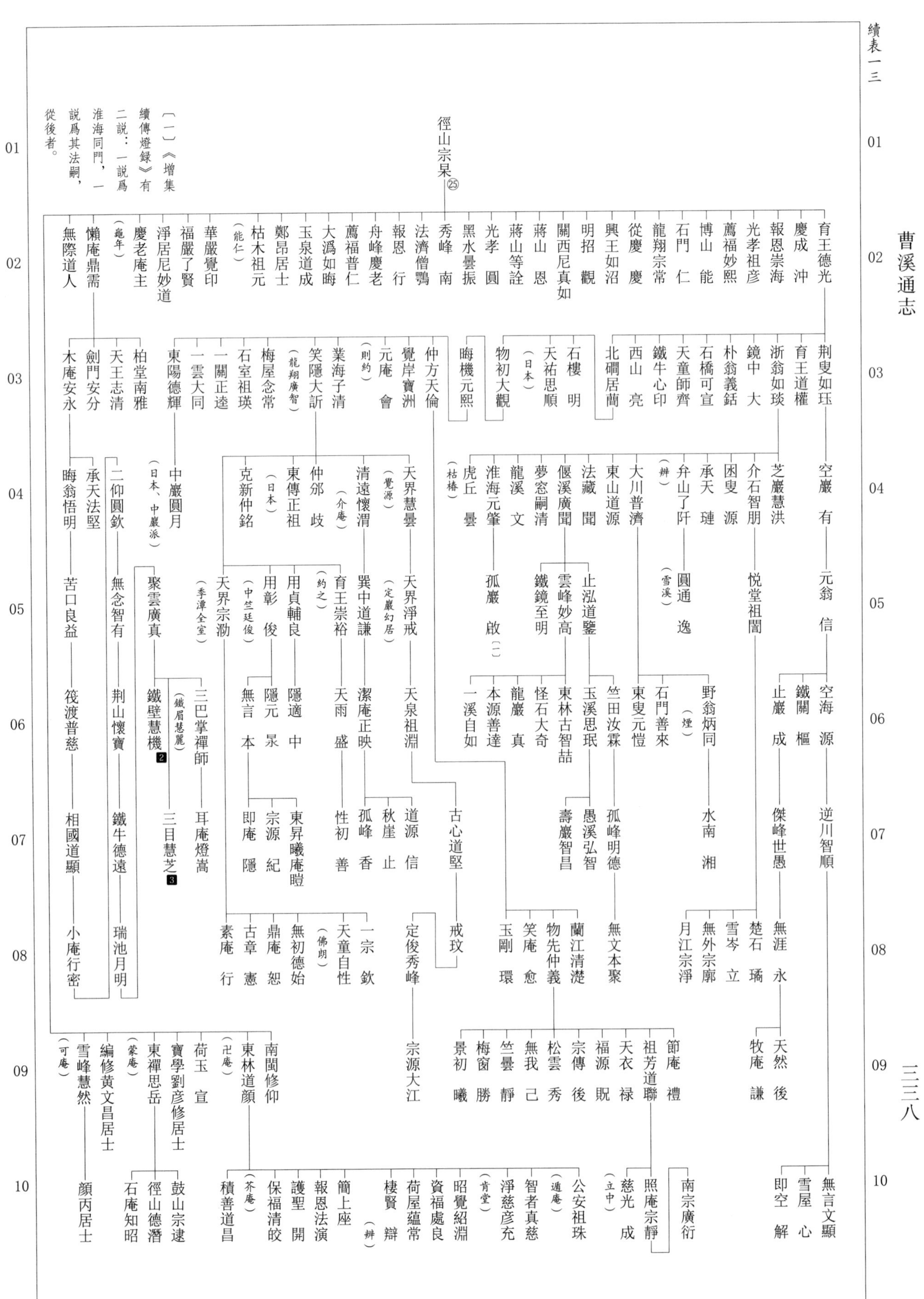
徑山宗杲㉕
育王德光
慶成 沖
報恩崇海
光孝祖彥
薦福妙熙
博山 能
石門 仁
龍翔宗常
從慶 慶
興王如沼
明招 觀
關西尼真如
蔣山 恩
蔣山等詮
光孝 圓
黑水曇振
秀峰 南
法濟僧鶚
報恩 行
舟峰慶老
薦福普仁
大溈如晦
玉泉道成
鄭昂居士
枯木祖元（能仁）
華嚴覺印
福嚴了賢
淨居尼妙道
慶老庵主（龜年）
懶庵鼎需
無際道人
〔一〕《增集續傳燈録》有二説：一説爲淮海同門，一説爲其法嗣，從後者。
荊叟如珏
育王道權
浙翁如琰
鏡中 大
朴翁義銛
石橋可宣
天童師齊
鐵牛心印
西山 亮
北磵居簡
石樓 明
天祐思順（日本）
物初大觀
晦機元熙
仲方天倫
覺岸寶洲
元庵 會（則約）
業海子清
笑隱大訢（龍翔廣智）
梅屋念常
石室祖瑛
一關正逵
一雲大同
東陽德輝
柏堂南雅
天王志清
劍門安分
木庵安永
空巖 有
芝巖慧洪
介石智朋
困叟 源
承天 璉
弁山了阡（辯）
大川普濟
東山道源
法藏 聞
偃溪廣聞
夢窗嗣清
龍溪 文
淮海元肇
虎丘 曇（枯樁）
天界慧曇（覺源）
清遠懷渭（介庵）
仲邠 岐
東傳正祖（日本）
克新仲銘
中巖圓月（日本、中巖派）
二仰圓欽
承天法堅
晦翁悟明
元翁 信
悅堂祖誾
圓通 逸（雪溪）
止泓道鑒
雲峰妙高
鐵鏡至明
孤巖 啟〔一〕
天界淨戒（定巖幻居）
巽中道謙
育王崇裕（約之）
用貞輔良
用彰 俊（中竺廷俊）
天界宗泐（季潭全室）
聚雲廣真
無念智有
苦口良益
空海 源
鐵關 樞
止巖 成
野翁炳同（煙）
石門善來
東叟元愷
竺田汝霖
玉溪思珉
東林古智喆
怪石大奇
龍巖 真
本源善達
一溪自如
天泉祖淵
潔庵正映
天雨 盛
隱適 中
隱元 炅
無言 本
三巴掌禪師
鐵壁慧機❷（鐵眉慧麗）
荊山懷寶
筏渡普慈
逆川智順
傑峰世愚
水南 湘
孤峰明德
愚溪弘智
壽巖智昌
古心道堅
道源 信
秋崖 止
孤峰 香
性初 善
東昇曦庵暟
宗源 紀
即庵 隱
耳庵燈嵩
三目慧芝❸
鐵牛德遠
相國道顯
無涯 永
楚石 琦
雪岑 立
無外宗廓
月江宗淨
無文本聚
蘭江清濋
物先仲義
笑庵 愈
玉剛 環
戒玟
定俊秀峰
一宗 欽
天童自性（佛朗）
無初德始
鼎庵 恕
古章 憲
素庵 行
瑞池月明
小庵行密
天然 後
牧庵 謙
節庵 禮
祖芳道聯
天衣 祿
福源 晛
宗傳 後
松雲 秀
無我 己
竺曇 靜
梅窗 勝
景初 曦
宗源大江
南閩修仰
東林道顏（卍庵）
荷玉 宣
寶學劉彥修居士
東禪思岳（蒙庵）
編修黃文昌居士
雪峰慧然（可庵）
無言文顯
雪屋 心
即空 解
南宗廣衍
照庵宗靜
慈光 成（立中）
公安祖珠
智者真慈（遁庵）
淨慈彥充
昭覺紹淵（肯堂）
資福處良
荷屋蘊常
棲賢 辯（辯）
簡上座
報恩法演
護聖 開
保福清皎
積善道昌（芥庵）
鼓山宗逮
徑山德濬
石庵知昭
顏丙居士

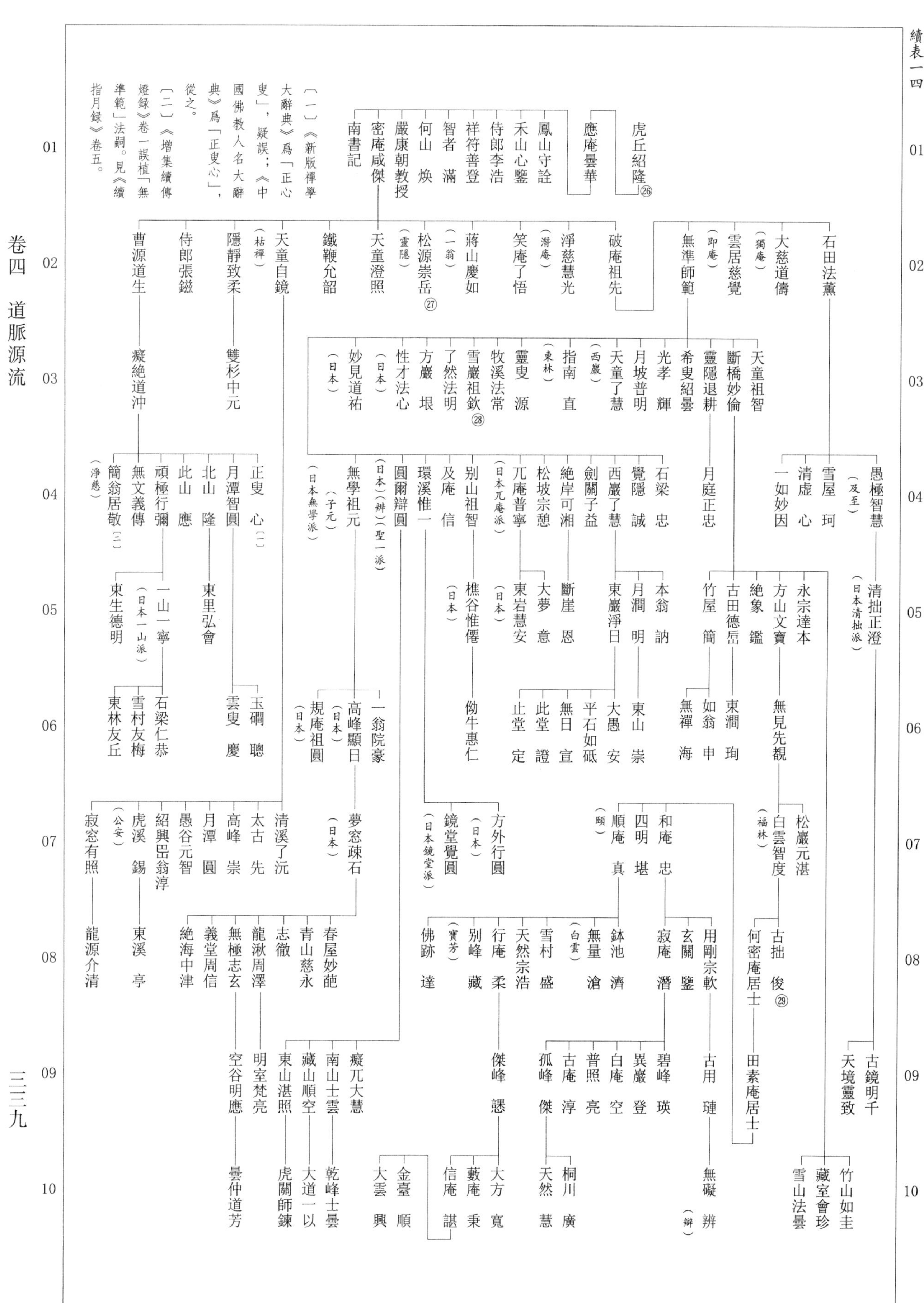

〔一〕《新版禪學大辭典》爲「正心叟」，疑誤；《中國佛教人名大辭典》爲「正叟心」，從之。

〔二〕《增集續傳燈録》卷一誤植「無準範」法嗣。見《續指月録》卷五。

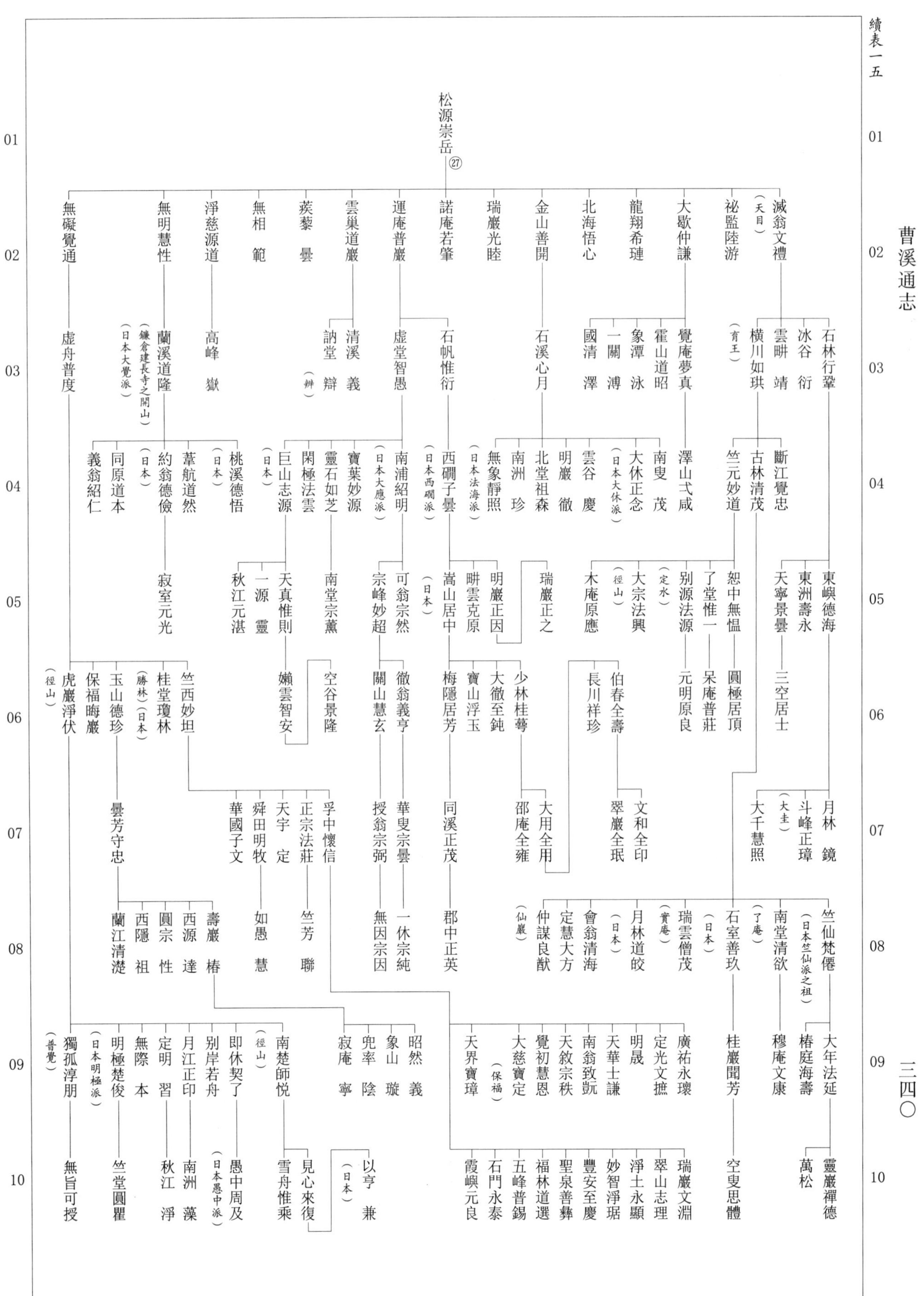
續表一五
01 松源崇岳㉗
02 滅翁文禮（天目） 祕監陸游 大歇仲謙 龍翔希璉 北海悟心 金山善開 瑞巖光睦 諾庵若肇 運庵普巖 雲巢道巖 蒺藜曇 無相範 淨慈源道 無明慧性 無礙覺通
03 石林行鞏 冰谷衍 雲畊靖 橫川如珙（育王） 覺庵夢真 霍山道昭 象潭泳 一關溥 國清澤 石溪心月 石帆惟衍 虛堂智愚 清溪義 訥堂辯（辯） 高峰嶽 蘭溪道隆（鎌倉建長寺之開山）（日本大覺派） 虛舟普度
04 斷江覺忠 古林清茂 竺元妙道 澤山弌咸 南叟茂 大休正念（日本大休派） 雲谷慶 明巖徹 北堂祖森 南洲珍 無象靜照（日本法海派） 西礀子曇（日本西礀派） 南浦紹明（日本大應派） 寶葉妙源 靈石如芝 閑極法雲 巨山志源（日本） 桃溪德悟（日本） 葦航道然 約翁德儉（日本） 同原道本 義翁紹仁
05 東嶼德海 東洲壽永 天寧景曇 恕中無慍 了堂惟一 別源法源（定水） 大宗法興（徑山） 木庵原應 瑞巖正之 明巖正因 畊雲克原 嵩山居中（日本） 可翁宗然 宗峰妙超 南堂宗薰 天真惟則 一源靈 秋江元湛 寂室元光
06 圓極居頂 呆庵普莊 元明原良 三空居士 伯春全壽 長川祥珍 少林桂萼 大徹至鈍 寶山浮玉 梅隱居芳 徹翁義亨 關山慧玄 空谷景隆 嬾雲智安 竺西妙坦 桂堂瓊林（勝林）（日本） 玉山德珍 保福晦巖 虎巖淨伏（徑山）
07 月林鏡 斗峰正璋（大圭） 大千慧照 文和全印 翠巖全珉 大用全用 邵庵全雍 同溪正茂 華叟宗曇 授翁宗弼 孚中懷信 正宗法莊 天宇定 舜田明牧 華國子文 曇芳守忠
08 竺仙梵僊（日本竺仙派之祖） 南堂清欲（了庵） 石室善玖（日本） 瑞雲僧茂（寶庵） 月林道皎（日本） 會翁清海 定慧大方 仲謀良猷（仙巖） 郡中正英 一休宗純 無因宗因 竺芳聯 如愚慧 壽巖椿 西源達 圓宗性 西隱祖 蘭江清濴
09 大年法延 椿庭海壽 穆庵文康 桂巖聞芳 廣祐永瓖 定光文摭 明晟 天華士謙 南翁致凱 天敘宗秩 覺初慧恩 大慈寶定（保福） 天界寶璋 昭然義 象山璇 兜率陰 寂庵寧 南楚師悦 即休契了（徑山） 別岸若舟 月江正印 定明習 無際本 明極楚俊（日本明極派） 獨孤淳朋（普覺）
10 靈巖禪德 萬松 空叟思體 瑞巖文淵 翠山志理 淨土永顯 妙智淨琚 豐安至慶 聖泉普彝 福林道選 五峰普錫 石門永泰 霞嶼元良 以亨兼（日本） 見心來復 雪舟惟乘 愚中周及（日本愚中派） 南洲藻 秋江淨 竺堂圓瞿 無旨可授

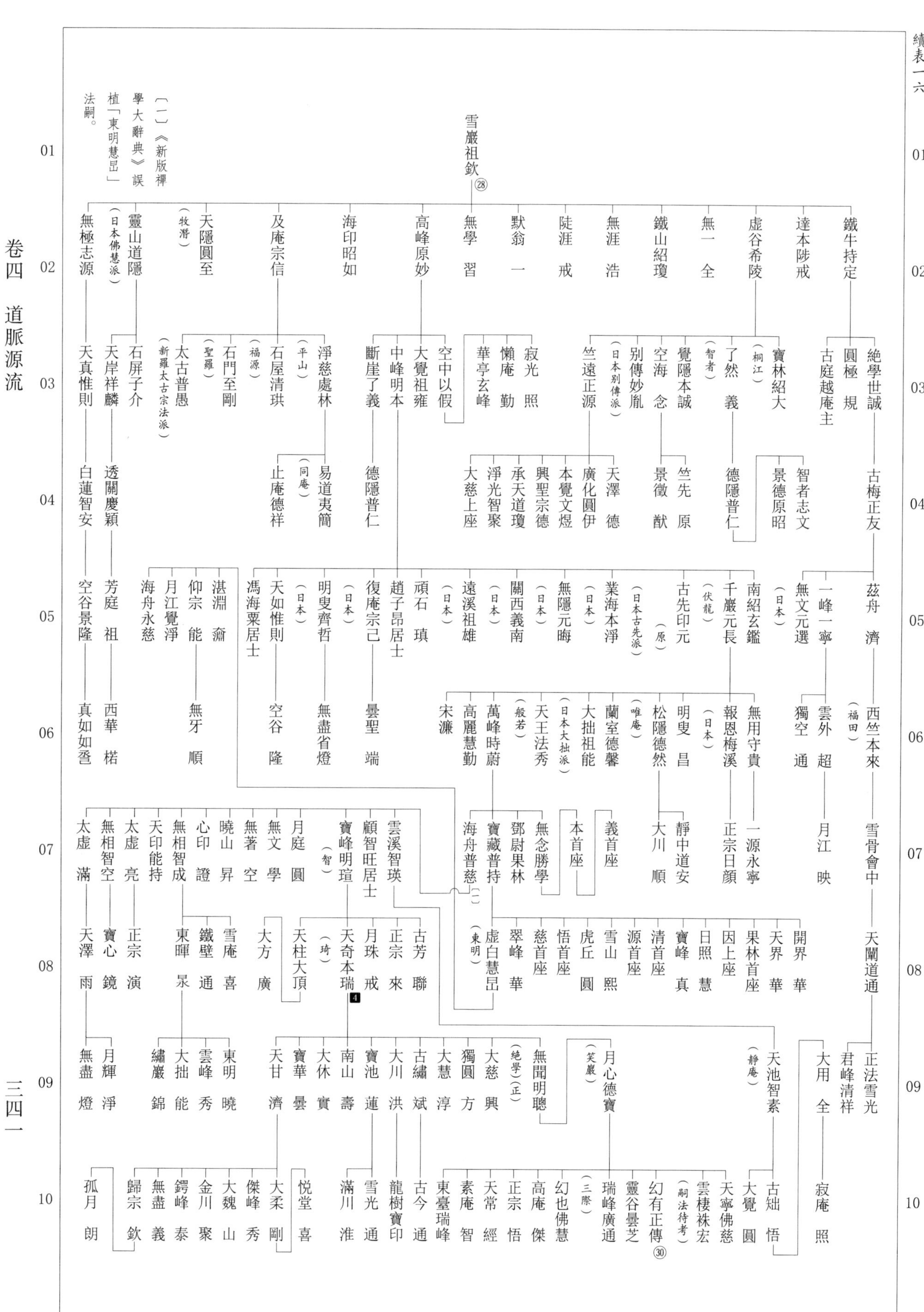
雪巖祖欽㉘
（一）《新版禪學大辭典》誤植「東明慧旵」法嗣。
鐵牛持定　達本陟戒　虛谷希陵　無一全　鐵山紹瓊　無涯浩　陡涯戒　默翁一　無學習　高峰原妙　海印昭如　及庵宗信　天隱圓至（牧潛）　靈山道隱（日本佛慧派）　無極志源
絕學世誠　圓極規　古庭越庵主　寶林紹大（桐江）　了然義（智者）　覺隱本誠　空海念　別傳妙胤（日本別傳派）　竺遠正源　寂光照　懶庵勤　華亭玄峰　空中以假　大覺祖雍　中峰明本　斷崖了義　淨慈處林（平山）　石屋清珙（福源）　石門至剛（聖羅）　太古普愚（新羅太古宗法派）　石屏子介　天岸祥麟　天真惟則
古梅正友　智者志文　景德原昭　德隱普仁　竺先原　景徽猷　天澤德　廣化圓伊　本覺文煜　興聖宗德　承天道瓊　淨光智聚　大慈上座　德隱普仁　易道夷簡（同庵）　止庵德祥　透關慶穎　白蓮智安
茲舟濟　一峰一寧　無文元選（日本）　南紹玄鑑　千巖元長（伏龍）　古先印元（原）（日本古先派）　業海本淨（日本）　無隱元晦（日本）　關西義南（日本）　遠溪祖雄（日本）　頑石瑱　趙子昂居士　復庵宗己（日本）　明叟齊哲（日本）　天如惟則　馮海粟居士　湛淵𣝣　仰宗能　月江覺淨　海舟永慈　芳庭祖　空谷景隆
西竺本來（福田）　雲外超　獨空通　無用守貴　報恩梅溪（日本）　明叟昌　松隱德然（唯庵）　蘭室德馨　大拙祖能（日本大拙派）　天王法秀（般若）　萬峰時蔚　高麗慧勤　宋濂　曇聖端　無盡省燈　空谷隆　無牙順　西華楉　真如如卺
雪骨會中　月江映　一源永寧　正宗日顏　靜中道安　大川順　義首座　本首座　無念勝學　鄧尉果林　寶藏普持　海舟普慈（一）　雲溪智瑛　顧智旺居士　寶峰明瑄（智）　月庭圓　無文學　無著空　曉山昇　心印證　無相智成　天印能持　太虛亮　無相智空　太虛滿
天闡道通　開界華　天界華　果林首座　因上座　日照慧　寶峰真　清首座　源首座　雪山熙　虎丘圓　悟首座　慈首座　翠峰華　虛白慧旵（東明）　古芳聯　正宗來　月珠戒　天奇本瑞❹（琦）　天柱大頂　大方廣　雪庵喜　鐵壁通　東暉杲　正宗演　寶心鏡　天澤雨
正法雪光　君峰清祥　大用全　天池智素（靜庵）　月心德寶（笑巖）　無聞明聰　大慈興（絕學）（正）　獨圓方　大慧淳　古繡斌　大川洪　寶池蓮　南山壽　大休實　寶華曇　天甘濟　東明曉　雲峰秀　大拙能　繡巖錦　月輝淨　無盡燈
古炪悟　大覺圓　寂庵照　天寧佛慈　雲棲袾宏　幻有正傳㉚（嗣法待考）　靈谷曇芝　瑞峰廣通　幻也佛慧（三際）　高庵傑　正宗悟　天常經　素庵智　東臺瑞峰　古今通　龍樹寶印　雪光通　滿川淮　悅堂喜　大柔剛　傑峰秀　大魏山　金川聚　鍔峰泰　無盡義　歸宗欽　孤月朗

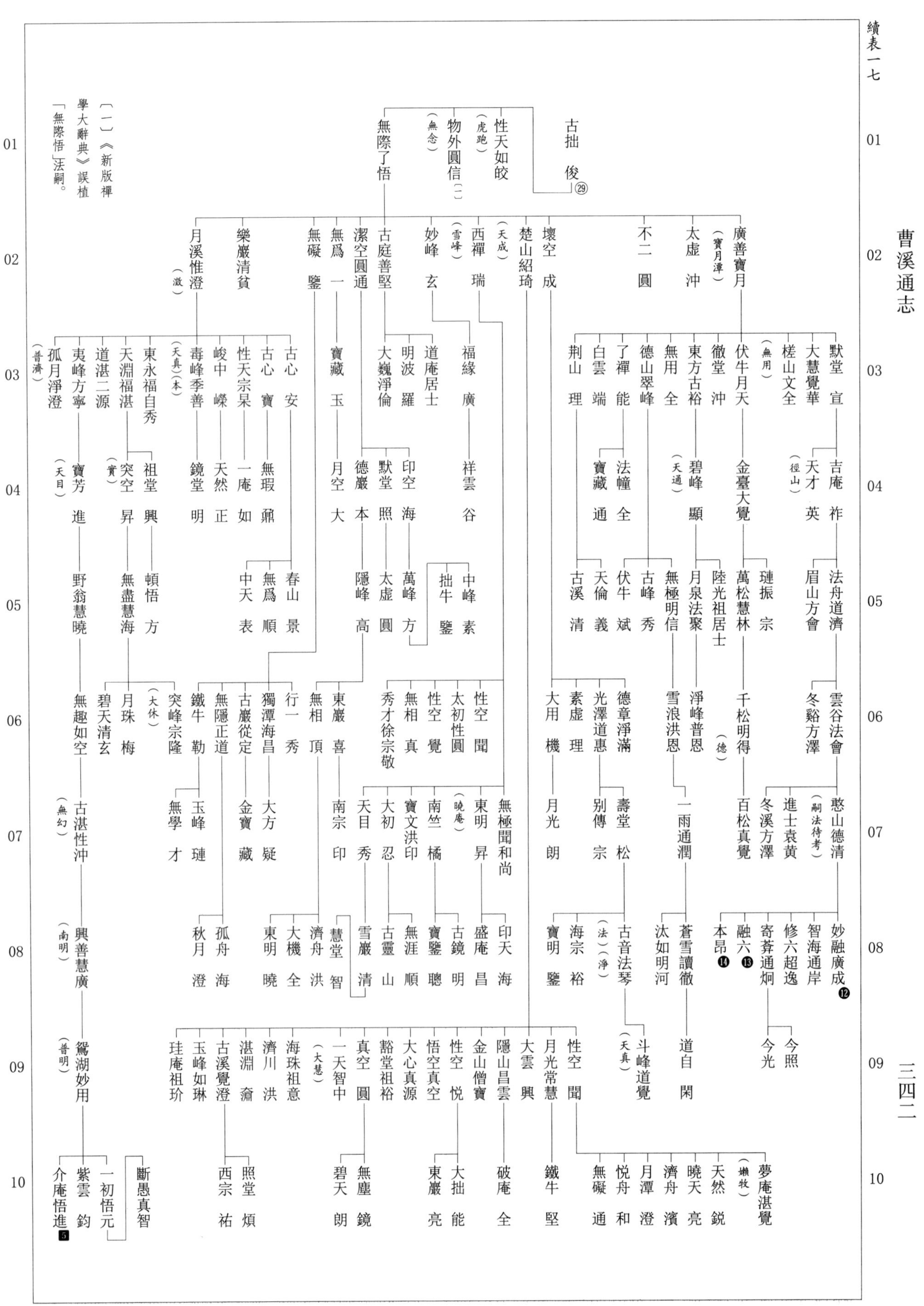

[一]《新版禪學大辭典》誤植「無際悟」法嗣。

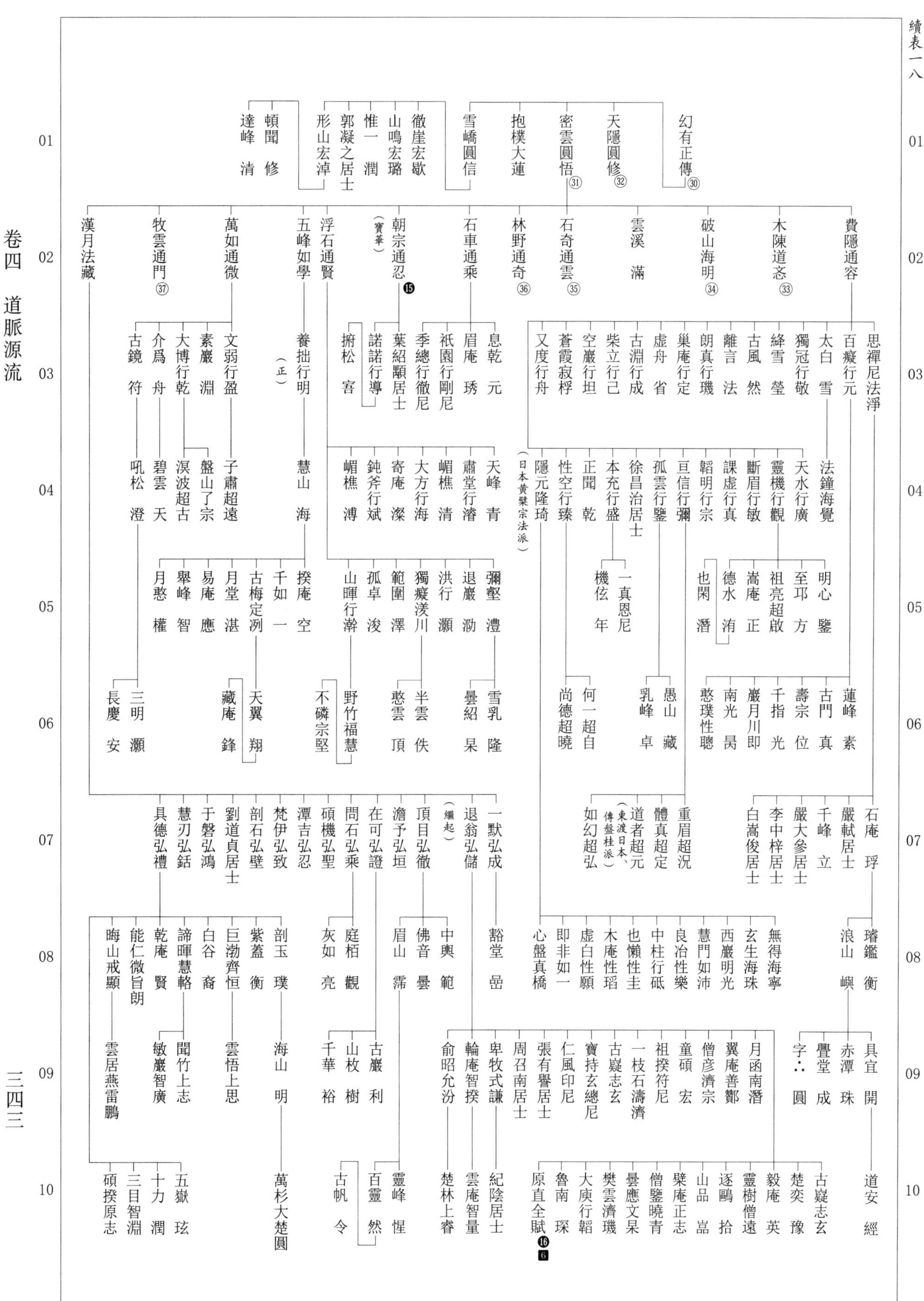
01
幻有正傳㉚
天隱圓修㉜
密雲圓悟㉛
抱樸大蓮
雪嶠圓信
徹崖宏歇
山鳴宏璐
惟一潤
郭凝之居士
形山宏淖
頓聞修
達峰清
02
費隱通容
木陳道忞㉝
破山海明㉞
雲溪滿
石奇通雲㉟
林野通奇㊱
石車通乘
朝宗通忍⓯（寶華）
浮石通賢
五峰如學
萬如通微
牧雲通門㊲
漢月法藏
03
思禪尼法淨
百癡行元
太白雪
獨冠行敬
絳雪瑩
古風然
離言法
朗真行璣
巢庵行定
虛舟省
古淵行成
柴立行己
空巖行坦
蒼霞寂桴
又度行舟
息乾元
眉庵琇
祇園行剛尼
季總行徹尼
葉紹顒居士
諾諾行導
擠松宮
養拙行明（正）
文弱行盈
素巖淵
大博行乾
介為舟
古鏡符
04
法鐘海覺
天水行廣
靈機行觀
斷眉行敏
課虛行真
韜明行宗
亘信行彌
孤雲行鑒
徐昌治居士
本充行盛
正聞乾
性空行臻
隱元隆琦（日本黃檗宗法派）
天峰青
肅堂行濬
嵋樵清
大方行海
寄庵溙
鈍斧行斌
嵋樵溥
慧山海
子肅超遠
盤山了宗
溟波超古
碧雲天
吼松澄
05
明心鑒
至邛方
祖亮超啟
嵩庵正
德水洧
也閑潛
一真恩尼
機佽年
彌壑澧
退巖泐
洪行灝
獨癡湲川
範圍澤
孤卓浚
山暉行浡
揆庵空
千如一
古梅定冽
月堂湛
易庵應
舉峰智
月憨權
06
蓮峰素
古門真
壽宗位
千指光
巖月川即
南光昺
憨璞性聰
愚山藏
乳峰卓
何一超自
尚德超曉
雪乳隆
曇紹杲
半雲佚
憨雲頂
野竹福慧
不磷宗堅
天翼翔
藏庵鋒
三明灝
長慶安
07
石庵琈
嚴軾居士
千峰立
嚴大參居士
李中梓居士
白嵩俊居士
重眉超況
體真超定
道者超元（東渡日本、傳盤桂派）
如幻超弘
一默弘成
退翁弘儲（繼起）
頂目弘徹
澹予弘垣
在可弘證
問石弘乘
碩機弘聖
潭吉弘忍
梵伊弘致
剖石弘璧
劉道貞居士
于磐弘鴻
慧刃弘銛
具德弘禮
08
璿鑑衡
浪山嶼
無得海寧
玄生海珠
西巖明光
慧門如沛
良冶性樂
中柱行砥
也懶性圭
木庵性瑫
虛白性願
即非如一
心盤真橋
豁堂嵒
中興範
佛音曇
眉山霈
庭栢觀
灰如亮
剖玉璞
紫蓋衡
巨渤齊恒
白谷裔
諦暉慧輅
乾庵賢
能仁微旨朗
晦山戒顯
09
具宜開
赤潭珠
疊堂成
字∴圓
月函南潛
翼庵善鄺
僧彥濟宗
童碩宏
祖揆符尼
一枝石濤濟
古巖志玄
寶持玄總尼
仁風印尼
張有譽居士
周召南居士
卑牧式謙
輪庵智揆
俞昭允汾
古巖利
山枚樹
千華裕
海山明
雲悟上思
聞竹上志
敏巖智廣
雲居燕雷鵬
10
道安經
古巖志玄
楚奕豫
毅庵英
靈樹僧遠
逐鷗拾
山品嵓
檗庵正志
僧鑒曉青
曇應文杲
樊雲濟璣
大庾行韜
魯南琛
原直全賦⓰6
紀蔭居士
雲庵智量
楚林上睿
靈峰惺
百靈然
古帆令
萬杉大楚圓
五嶽玹
十力潤
三目智淵
碩揆原志

續表一九

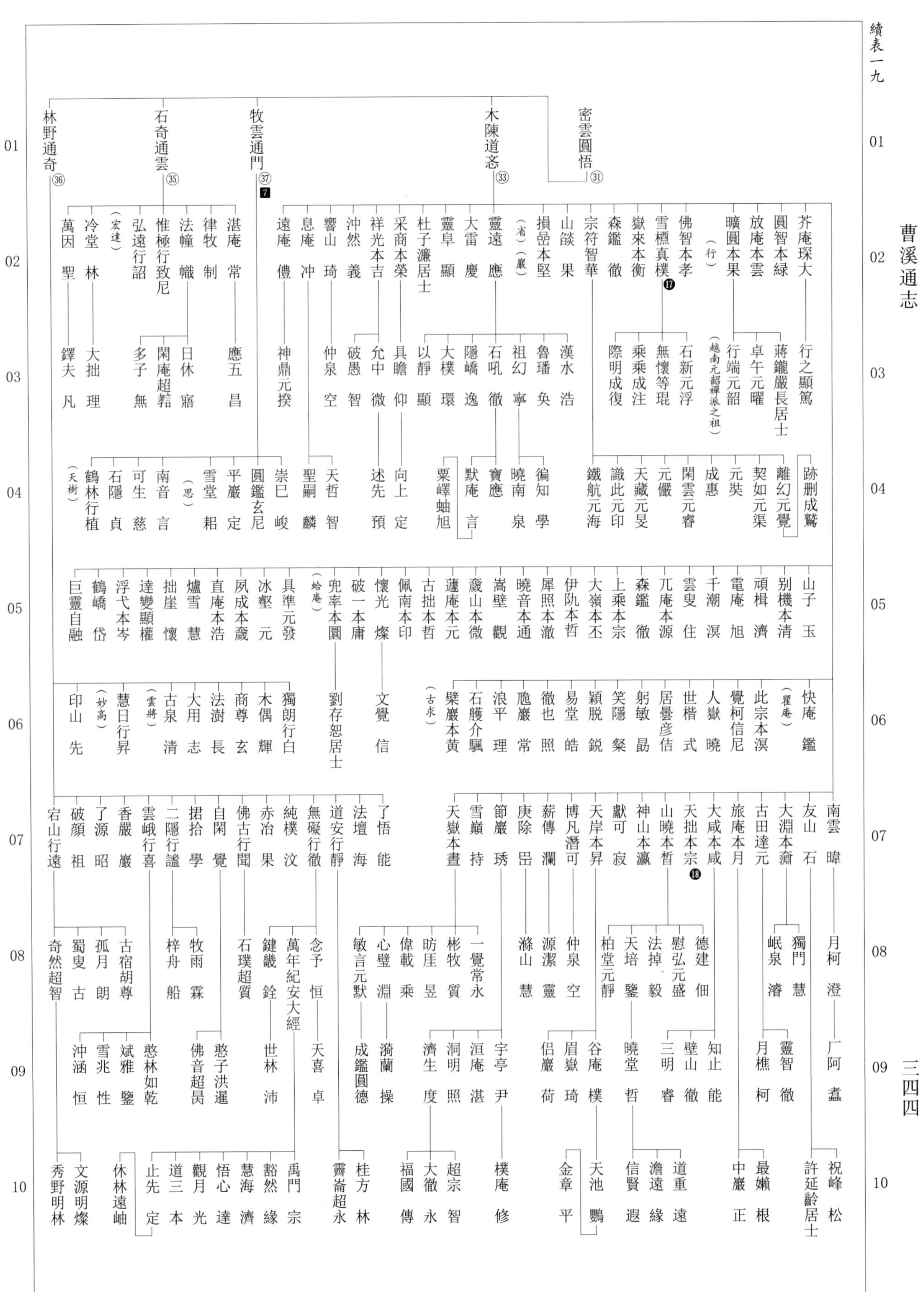
01
密雲圓悟㉛
木陳道忞㉝
牧雲通門㊲ 7
石奇通雲㉟
林野通奇㊱
02
芥庵琛大
圓智本緑
放庵本雲
曠圓本果（行）
佛智本孝
雪樵真樸⑰
嶽來本衡
森鑑 徹
宗符智華
山 燄 果
損嵒本堅
（省）（巖）
靈遠 應
大雷 慶
靈皐 顯
杜子濂居士
采商本榮
祥光本吉
沖然 義
響山 琦
息庵 冲
遠庵 僼
湛庵 常
律牧 制
法幢 幟
惟極行致尼
弘遠行詔（宏遠）
冷堂 林
萬因 聖
03
行之顯篤
蔣鑨嚴長居士
卓午元曜
行端元韶（越南元韶禪派之祖）
石新元浮
無懷等琨
乘乘成注
際明成復
漢水 浩
魯璠 奐
祖幻 寧
石吼 徹
隱嶠 逸
大樸 環
以靜 顯
具瞻 仰
允中 微
破愚 智
仲泉 空
神鼎元揆
應五 昌
日休 寤
閑庵超若
多子 無
大拙 理
鐸夫 凡
04
跡删成鷲
離幻元覺
契如元渠
元奘
成惠
閑雲元睿
元儼
天藏元旻
識此元印
鐵航元海
徧知 學
曉南 泉
寶應
默庵 言
粟峄岫旭
向上 定
述先 預
天哲 智
聖嗣 麟
崇巳 峻
圓鑑玄尼
平巖 定
雪堂 耜
（思）
南音 言
可生 慈
石隱 貞
鶴林行植（天樹）
05
山子 玉
別機本清
頑梠 濟
電庵 旭
千潮 溟
雲叟 住
兀庵本源
森鑑 徹
上乘本宗
大嶺本丕
伊阢本哲
犀照本澈
曉音本通
嵩壁 觀
巖山本微
蘧庵本元
古拙本哲
佩南本印
懷光 燦
破一本庸
兜率本圓（蛤庵）
具準元發
冰壑 元
夙成本巖
直庵本浩
爐雪 慧
拙崖 懷
達變顯權
浮弋本岑
鶴嶠 岱
巨靈自融
06
快庵 鑑
（瞿庵）
此宗本溟
覺柯信尼
人嶽 曉
世楷 式
居曇彥佶
躬敏 勗
笑隱 粲
穎脱 鋭
易堂 皓
徹也 照
廄巖 常
浪平 理
石蘐介驅
檗巖本黄（古求）
文覺 信
劉存恕居士
獨朗行白
木偶 輝
商尊 玄
法澍 長
大用 志
古泉 清（雲將）
慧日行昇（妙高）
印山 先
07
南雲 暐
友山 石
大淵本齋
古田達元
旅庵本月
大咸本咸
天拙本宗⑱
山曉本皙
神山本瀛
獻可 寂
天岸本昇
博凡潛可
薪傳 瀾
庚除 昷
節巖 琇
雪巔 持
天嶽本晝
了悟 能
法壇 海
道安行靜
無礙行徹
純樸 汶
赤冶 果
佛古行聞
自閑 覺
捃拾 學
二隱行謐
雲峨行喜
香嚴 巖
了源 昭
破顔 祖
宕山行遠
08
月柯 澄
獨門 慧
岷泉 濬
德建 佃
慰弘元盛
法掉 毅
天培 鑒
柏堂元靜
仲泉 空
源潔 靈
滌山 慧
一覺常永
彬牧 質
昉厓 昱
偉載 乘
心璧 淵
敏言元默
念予 恒
萬年紀安大經
鍵鐵 銓
石璞超質
牧雨 霖
梓舟 船
古宿胡尊
孤月 朗
蜀叟 古
奇然超智
09
厂阿 盡
靈智 徹
月樵 柯
知止 能
壁山 徹
三明 睿
曉堂 哲
谷庵 樸
眉嶽 琦
侶巖 荷
宇亭 尹
洹庵 湛
洞明 照
濟生 度
漪蘭 操
成鑑圓德
天喜 卓
世林 沛
憨子洪暹
佛音超昺
憨林如乾
斌雅 鑒
雪兆 性
沖涵 恒
10
祝峰 松
許延齡居士
最孏 根
中巖 正
道重 遠
澹遠 緣
信賢 退
天池 鸝
金章 平
樸庵 修
超宗 智
大徹 永
福國 傳
桂方 林
霽崙超永
禹門 宗
豁然 緣
慧海 濟
悟心 達
觀月 光
道三 本
止先 定
休林遠岫
文源明燦
秀野明林

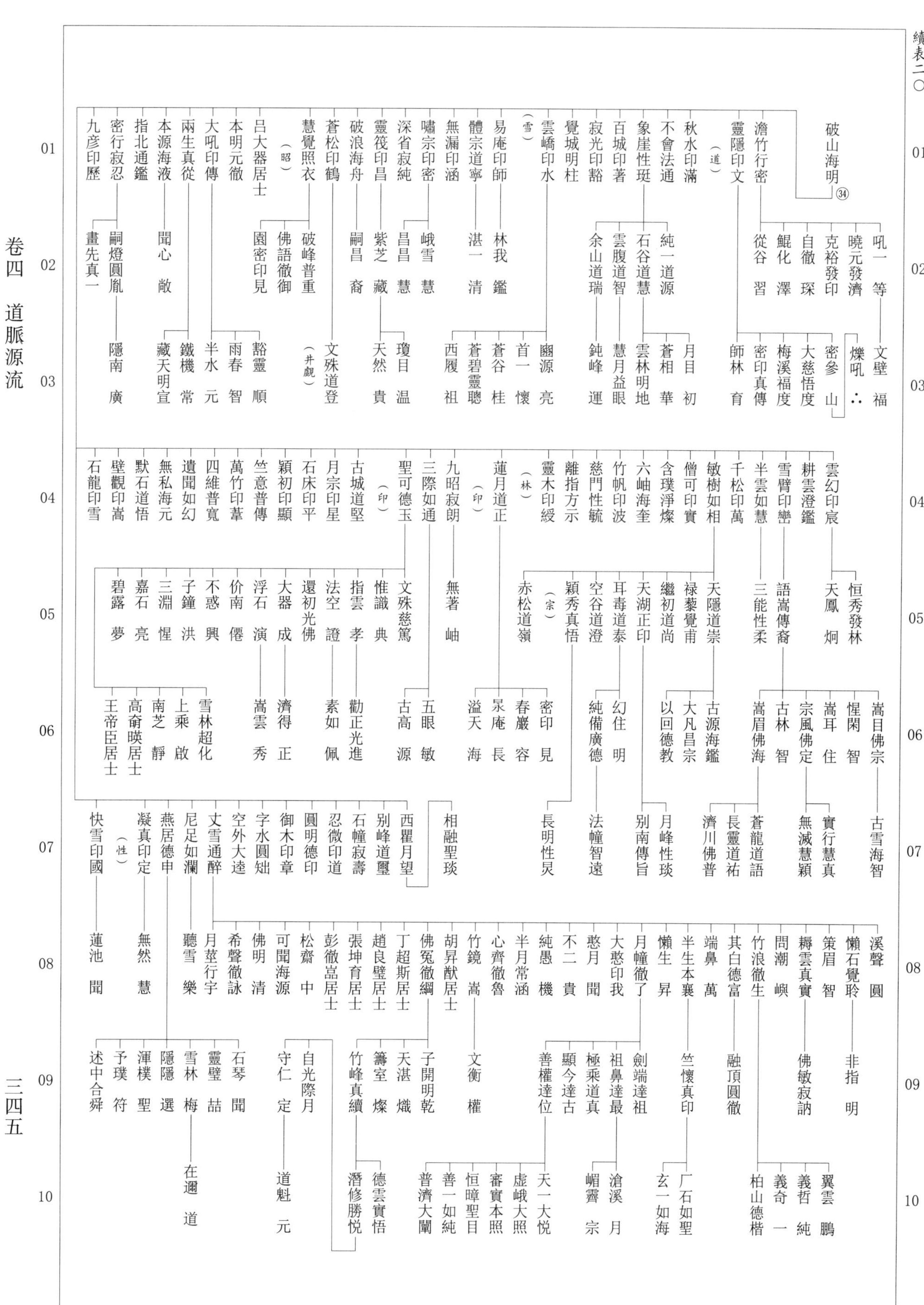
破山海明㉞
澹竹行密
靈隱印文（道）
秋水印滿
不會法通
象崖性珽
百城印著
寂光印豁
覺城明柱
雲嶠印水（雪）
易庵印師
體宗道寧
無漏印涵
嘯宗印密
深省寂純
靈筏印昌
破浪海舟
蒼松印鶴
慧覺照衣（昭）
呂大器居士
本明元徹
大吼印傳
兩生真從
本源海液
指北通鑑
密行寂忍
九彥印曆
吼一等
曉元發濟
克裕發印
自徹琛
鯤化澤
從谷習
純一道源
石谷道慧
雲腹道智
余山道瑞
林我鑑
湛一清
峨雪慧
昌昌慧
紫芝藏
嗣昌裔
破峰普重
佛語徹御
園密印見
聞心敞
嗣燈圓胤
畫先真一
文壁福
爍吼∴
密參山
大慈悟度
梅溪福度
密印真傳
師林育
月目初
蒼相華
雲林明地
慧月益眼
鈍峰運
豳源亮
首一懷
蒼谷桂
蒼碧靈聰
西履祖
瓊目温
天然貴
文殊道登（井觀）
豁靈順
雨春智
半水元
鐵機常
藏天明宣
隱南廣
雲幻印宸
耕雲澄鑑
雪臂印巒
半雲如慧
千松印萬
敏樹如相
僧可印實
含璞淨燦
六岫海奎
竹帆印波
慈門性毓
離指方示
靈木印綬（林）
蓮月道正
（印）
九昭寂朗
三際如通
聖可德玉
（印）
古城道堅
月宗印星
石床印平
穎初印顯
竺意普傳
萬竹印葦
四維普寬
遺聞如幻
無私海元
默石道悟
壁觀印嵩
石龍印雪
恒秀發林
天鳳炯
語嵩傳裔
三能性柔
天隱道崇
祿藜覺甫
繼初道尚
天湖正印
耳毒道泰
空谷道澄
穎秀真悟（宗）
赤松道嶺
無著岫
文殊慈篤
惟識典
指雲孝
法空證
還初光佛
大器成
浮石演
价南僊
不惑興
子鐘洪
三淵惺
嘉石亮
碧露夢
嵩目佛宗
惺閑智
嵩耳住
宗風佛定
古林智
嵩眉佛海
古源海鑑
大凡昌宗
以回德教
幻住明
純備廣德
密印見
春巖容
杲庵長
溢天海
五眼敏
古高源
勸正光進
素如佩
濟得正
嵩雲秀
雪林超化
上乘啟
南芝靜
高奇暎居士
王帝臣居士
古雪海智
實行慧真
無滅慧穎
蒼龍道語
長靈道祐
濟川佛普
月峰性琰
別南傳旨
法幢智遠
長明性炅
相融聖琰
西瞿月望
別峰道璽
石幢寂壽
忍微印道
圓明德印
御木印章
字水圓炪
空外大逵
丈雪通醉
尼足如瀾
燕居德申
凝真印定
（性）
快雪印國
溪聲圓
懶石覺聆
策眉智
耨雲真實
問潮嶼
竹浪徹生
其白德富
端鼻萬
半生本襄
懶生昇
月幢徹了
大憨印我
憨月聞
不二貴
純愚機
半月常涵
心齊徹魯
竹鏡嵩
胡昇猷居士
佛冤徹綱
丁超斯居士
趙良璧居士
張坤育居士
彭徹嵩居士
松齋中
可聞海源
佛明清
希聲徹詠
月莖行宇
聽雪樂
無然慧
蓮池聞
非指明
佛敏寂訥
融頂圓徹
竺懷真印
劍端達祖
祖鼻達最
極乘道真
顯今達古
善權達位
文衡權
子開明乾
天湛熾
籌室燦
竹峰真續
自光際月
守仁定
石琴聞
靈璧喆
雪林梅
隱隱選
渾樸聖
予璞符
述中合舜
翼雲鵬
義哲純
義奇一
柏山德楷
厂石如聖
玄一如海
滄溪月
嵋霽宗
天一大悅
虛峨大照
審實本照
恒暉聖目
善一如純
普濟大闡
德雲實悟
潛修勝悅
道魁元
在邇道

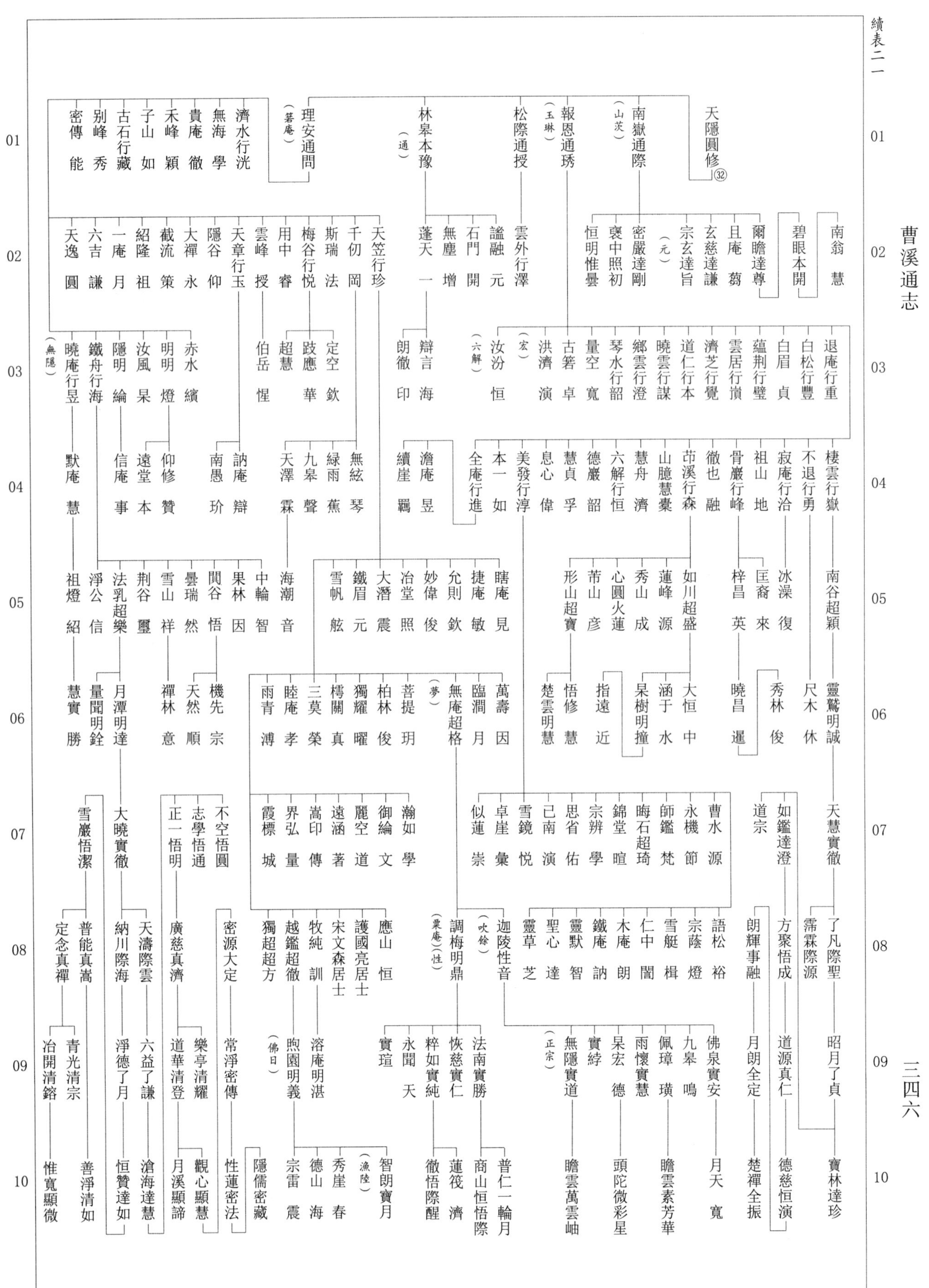
01 天隱圓修㉜ 南嶽通際（山茨） 報恩通琇（玉琳） 松際通授 林臯本豫（通） 理安通問（箬菴） 濟水行洸 無海學 貴庵徹 禾峰穎 子山如 古石行藏 別峰秀 密傳能 01
02 南翁慧 碧眼本開 爾瞻達尊 且庵蒚 玄慈達謙 宗玄達旨（元） 密嚴達剛 褢中照初 恒明惟曇 雲外行澤 謐融元 石門開 無塵增 蓬天一 天笠行珍 千仞岡 斯瑞法 梅谷行悅 用中睿 雲峰授 天章行玉 隱谷仰 大禪永 截流策 紹隆祖 一庵月 六吉謙 天逸圓 02
03 退庵行重 白松行豐 白眉貞 蘊荊行璧 雲居行嵿 濟芝行覺 道仁行本 曉雲行謀 鄉雲行澄 琴水行韶 量空寬 古箸卓 洪濟演（宏） 汝汾恒（六解） 辯言海 朗徹印 定空欽 跂應華 超慧 伯岳愷 赤水續 明明燈 汝風杲 隱明綸 鐵舟行海 曉庵行昱（無隱） 03
04 棲雲行嶽 不退行勇 寂庵行洽 祖山地 骨巖行峰 徹也融 茚溪行森 山臆慧橐 慧舟濟 六解行恒 德巖韶 慧貞孚 息心偉 美發行淳 本一如 全庵行進 澹庵昱 續崖羈 無絃琴 綠雨蕉 九臯聲 天澤霖 訥庵辯 南愚玠 仰修贊 遠堂本 信庵事 默庵慧 04
05 南谷超穎 冰澡復 匡裔來 梓昌英 如川超盛 蓮峰源 秀山成 心圓火蓮 茚山彥 形山超寶 睛庵見 捷庵敏 允則欽 妙偉俊 冶堂照 大潛震 鐵眉元 雪帆舷 海潮音 中輪智 果林因 閬谷悟 曇瑞然 雪山祥 荊谷璽 法乳超樂 淨公信 祖燈紹 05
06 靈鷲明誠 尺木休 秀林俊 曉昌暹 大恒中 涵于水 杲樹明撞 指遠近 悟修慧 楚雲明慧 萬壽因 臨澗月 無庵超格（夢） 菩提玥 柏林俊 獨耀曜 樗關真 三莫榮 睦庵孝 雨青溥 機先宗 天然順 禪林意 月潭明達 量聞明銓 慧實勝 06
07 天慧實徹 如鑑達澄 道宗 曹水源 永機節 師鑑梵 晦石超琦 錦堂暄 宗辨學 思省佑 已南演 雪鏡悅 卓崖彙 似蓮崇 瀚如學 御綸文 麗空道 遠涵著 嵩印傳 界弘量 霞標城 不空悟圓 志學悟通 正一悟明 大曉實徹 雪巖悟潔 07
08 了凡際聖 霈霖際源 方聚悟成 朗輝事融 語松裕 宗蔭燈 雪艇楫 仁中闇 木庵朗 鐵庵訥 靈默智 聖心達 靈草芝 迦陵性音（吹餘） 調梅明鼎（粟庵）（性） 應山恒 護國亮居士 宋文森居士 牧純訓 越鑑超徹 獨超超方 密源大定 廣慈真濟 天濤際雲 納川際海 普能真嵩 定念真禪 08
09 昭月了貞 道源真仁 月朗全定 佛泉實安 九臯鳴 佩璋璜 雨懷實慧 杲宏德 實綍 無隱實道（正宗） 法南實勝 恢慈實仁 粹如實純 永聞天 實瑄 溶庵明湛 煦園明義（佛日） 常淨密傳 樂亭清耀 道華清登 六益了謙 淨德了月 青光清宗 治開清鎔 09
10 寶林達珍 德慈恒演 楚禪全振 月天寬 瞻雲素芳華 頭陀微彩星 瞻雲萬雲岫 普仁一輪月 商山恒悟際 蓮筏濟 徹悟際醒 智朗寶月（漁陸） 秀崖春 德山海 宗雷震 隱儒密藏 性蓮密法 觀心顯慧 月溪顯諦 滄海達慧 恒贊達如 善淨清如 惟寬顯微 10

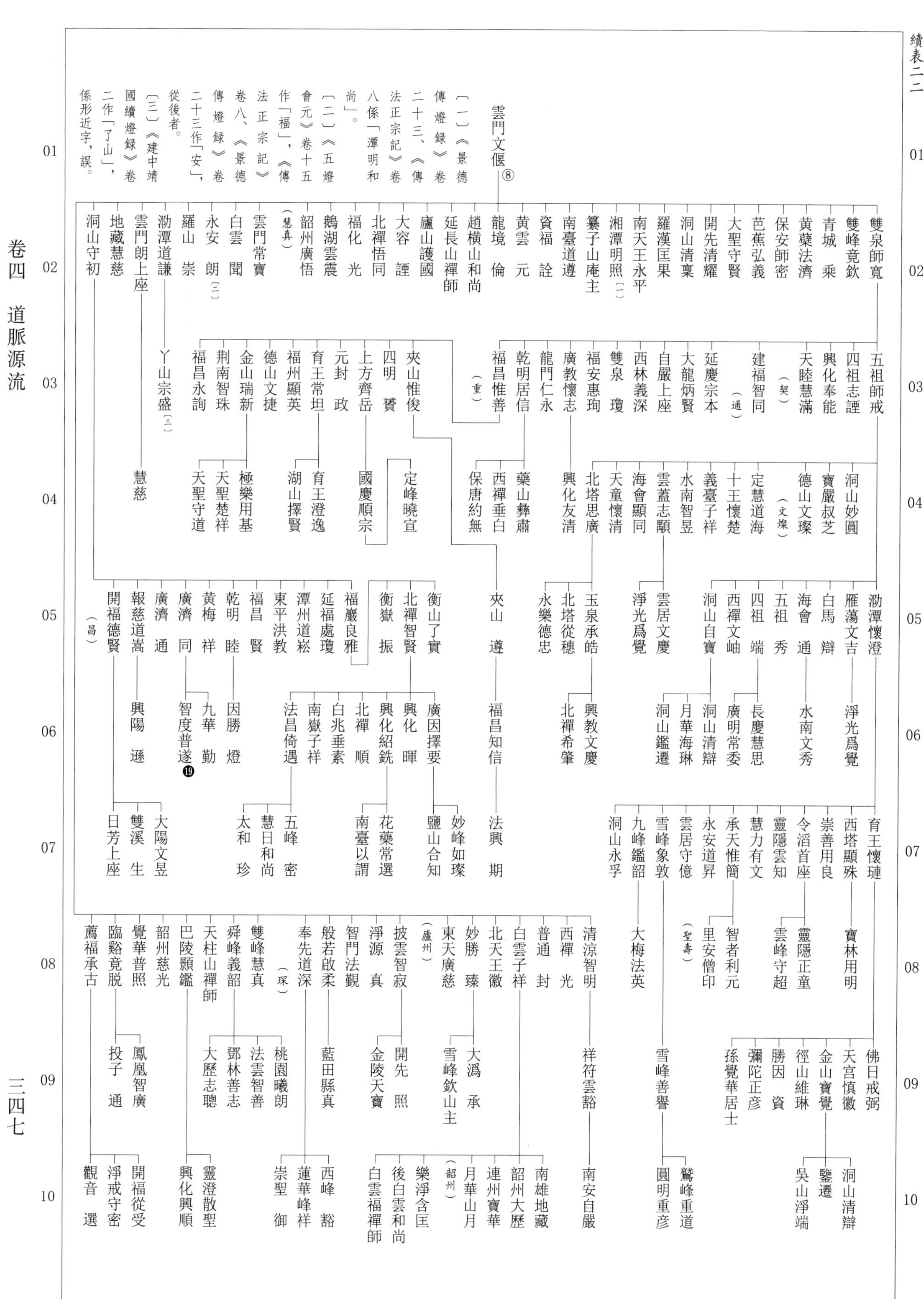

雲門文偃⑧
〔一〕《景德傳燈録》卷二十三、《傳法正宗記》卷八係「潭明和尚」。
〔二〕《五燈會元》卷十五作「福」，《傳法正宗記》卷八、《景德傳燈録》卷二十三作「安」，從後者。
〔三〕《建中靖國續燈録》卷二作「了山」，係形近字，誤。
雙泉師寬
雙峰竟欽
青城　乘
黃蘖法濟
保安師密
芭蕉弘義
大聖守賢
開先清耀
洞山清稟
羅漢匡果
南天王永平
湘潭明照〔一〕
纂子山庵主
南臺道遵
資福　詮
黃雲　元
龍境　倫
趙横山和尚
延長山禪師
廬山護國
大容　諲
北禪悟同
福化　光
鵝湖雲震
韶州廣悟（慧真）
雲門常實
白雲　聞
永安　朗〔二〕
羅山　崇
渤潭道謙
雲門朗上座
地藏慧慈
洞山守初
五祖師戒
四祖志諲
興化奉能
天睦慧滿（契）
建福智同（通）
延慶宗本
大龍炳賢
自嚴上座
西林義深
雙泉　瓊
福安惠珣
廣教懷志
龍門仁永
乾明居信
福昌惟善（重）
夾山惟俊
四明　賨
上方齊岳
元封　政
育王常坦
福州顯英
德山文捷
金山瑞新
荆南智珠
福昌永詢
丫山宗盛〔三〕
洞山妙圓
寶嚴叔芝
德山文璨（文燦）
定慧道海
十王懷楚
義臺子祥
水南智昱
雲蓋志顒
海會顯同
天童懷清
北塔思廣
興化友清
藥山彝肅
西禪垂白
保唐約無
定峰曉宣
國慶順宗
育王澄逸
湖山擇賢
極樂用基
天聖楚祥
天聖守道
慧慈
渤潭懷澄
雁蕩文吉
白馬　辯
海會　通
五祖　秀
四祖　端
西禪文岫
洞山自寶
雲居文慶
淨光爲覺
玉泉承皓
北塔從穗
永樂德忠
夾山　遵
衡山了實
北禪智賢
衡嶽　振
福巖良雅
延福處瓊
潭州道崧
東平洪教
福昌　賢
乾明　睦
黃梅　祥
廣濟　同
廣濟　通
報慈道嵩
開福德賢（昌）
淨光爲覺
水南文秀
長慶慧思
廣明常委
洞山清辯
月華海琳
洞山鑑遷
興教文慶
北禪希肇
福昌知信
廣因擇要
興化　暉
興化紹銑
北禪　順
白兆垂素
南嶽子祥
法昌倚遇
因勝　燈
九華　勤
智度普遂⑲
興陽　遜
育王懷璉
西塔顯殊
崇善用良
令滔首座
靈隱雲知
慧力有文
承天惟簡
永安道昇
雲居守億
雪峰象敦
九峰鑑韶
洞山永孚
法興　期
妙峰如璨
鹽山合知
花藥常選
南臺以謂
五峰　密
慧日和尚
太和　珍
大陽文昱
雙溪　生
日芳上座
寶林用明
靈隱正童
雲峰守超
智者利元
（聖壽）里安僧印
大梅法英
清涼智明
西禪　光
普通　封
白雲子祥
北天王徽
妙勝　臻
東天廣慈（廬州）
拔雲智寂
淨源　真
智門法觀
般若啟柔
奉先道深（琛）
雙峰慧真
舜峰義韶
天柱山禪師
巴陵顯鑑
韶州慈光
覺華普照
臨谿竟脱
薦福承古
佛日戒弼
天宮慎徽
金山寶覺
徑山維琳
勝因　資
彌陀正彥
孫覺華居士
雪峰善譽
祥符雲豁
大溈　承
雪峰欽山主
開先　照
金陵天寶
藍田縣真
桃園曦朗
法雲智善
鄧林善志
大歷志聰
鳳凰智廣
投子　通
洞山清辯
鑒遷
吳山淨端
鷲峰重道
圓明重彥
南安自嚴
南雄地藏
韶州大歷
連州寶華
月華山月（韶州）
樂淨含匡
後白雲和尚
白雲福禪師
西峰　豁
蓮華峰祥
崇聖　御
靈澄散聖
興化興順
開福從受
淨戒守密
觀音　選

續表二三

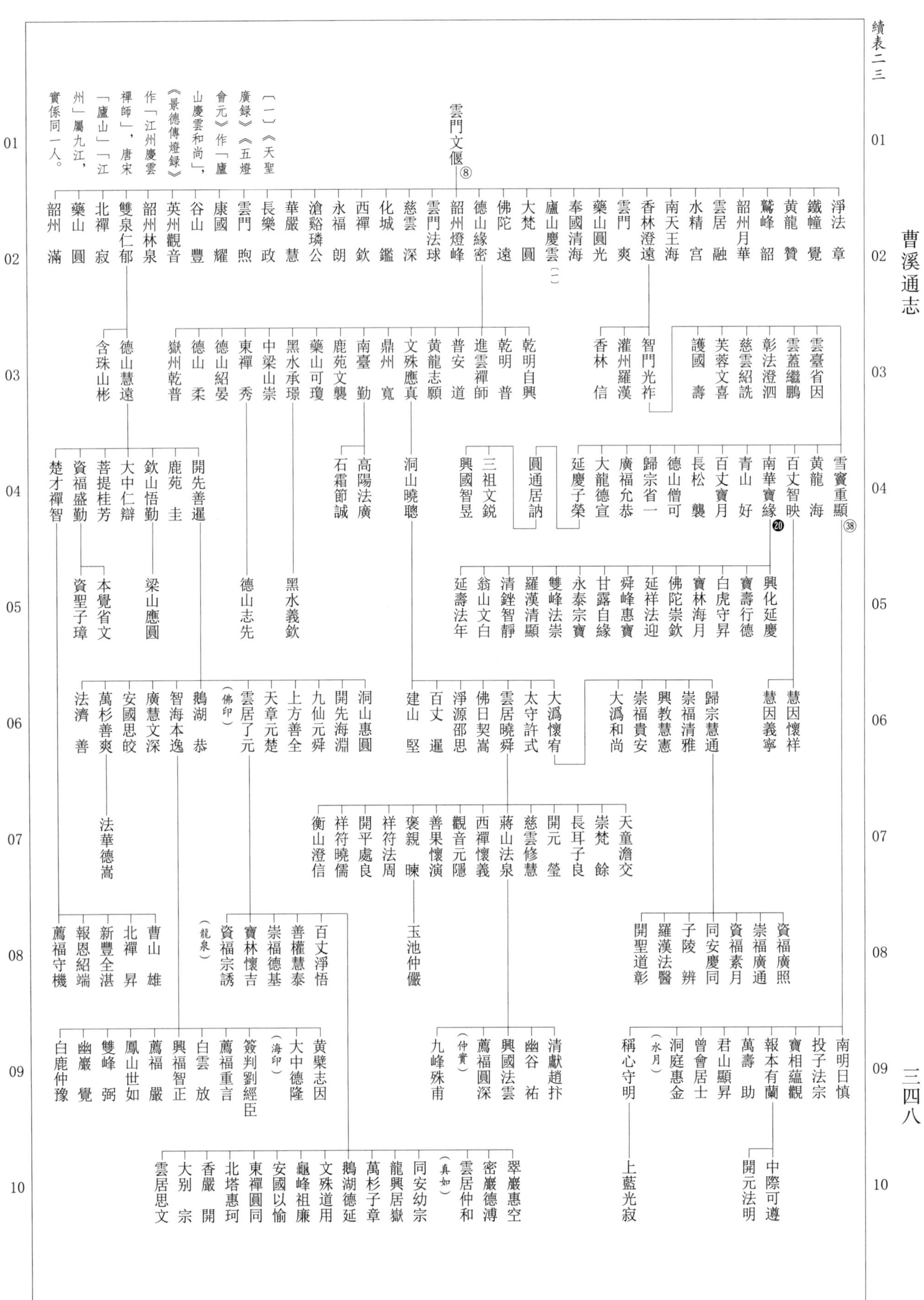

（一）《天聖廣録》《五燈會元》作「廬山慶雲和尚」，《景德傳燈録》作「江州慶雲禪師」，唐宋「廬山」「江州」屬九江，實係同一人。

續表二四

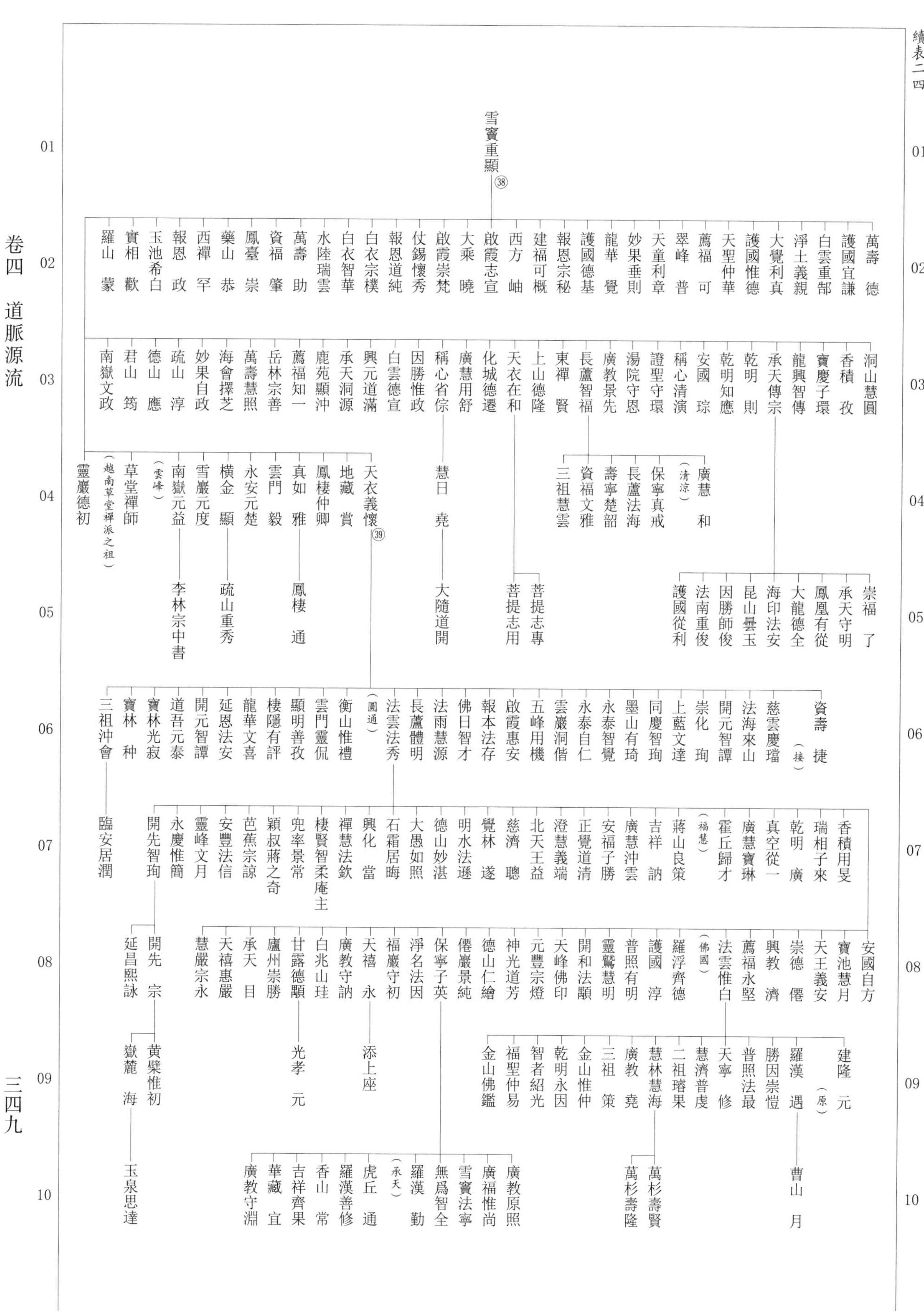

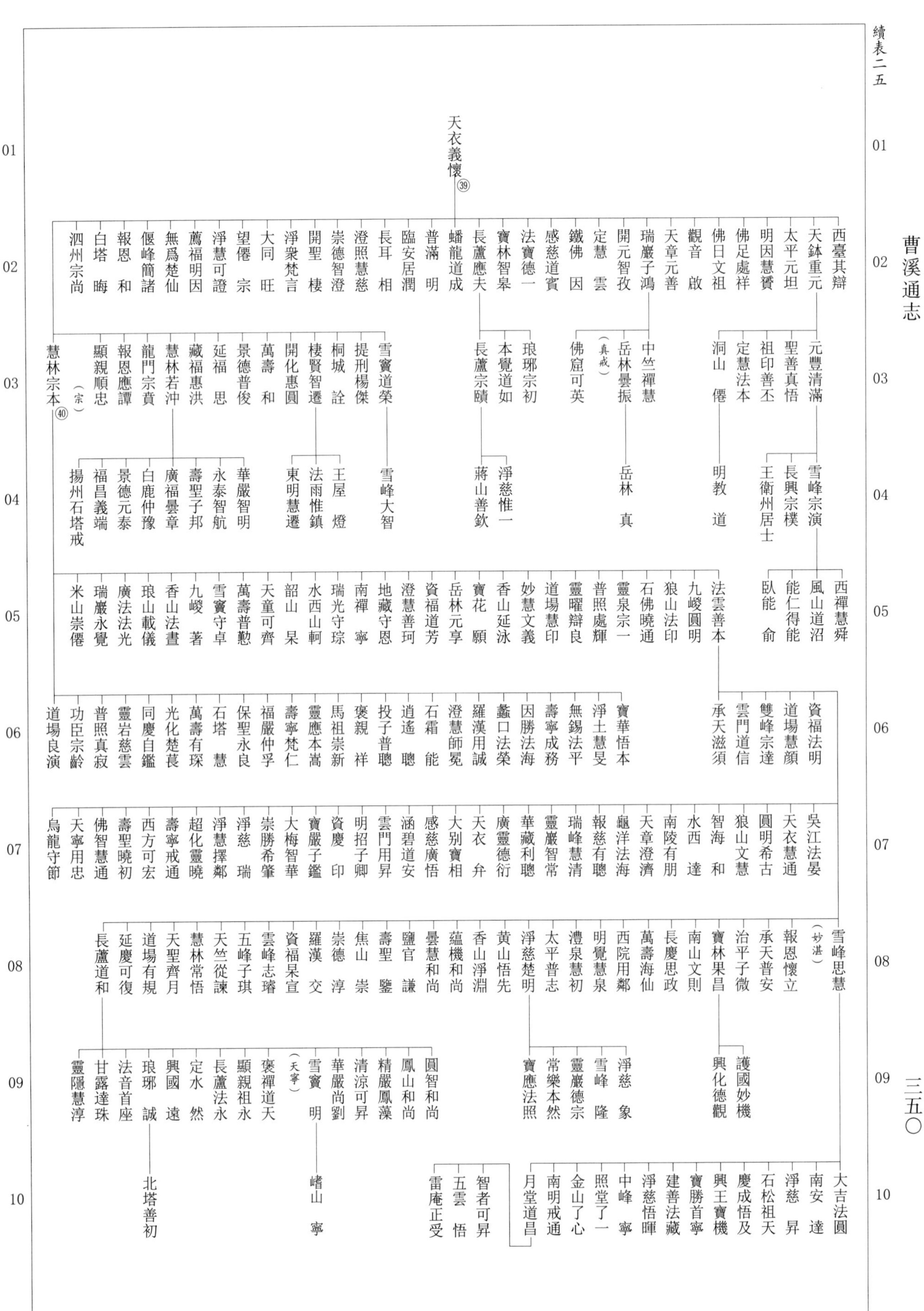
天衣義懷㊴
西臺其辯 天鉢重元 太平元坦 明因慧贇 佛足處祥 佛日文祖 觀音啟 天章元善 瑞巖子鴻 開元智孜 定慧雲 鐵佛因 感慈道賓 法寶德一 寶林智皋 長蘆應夫 蟠龍道成 普滿明 臨安居潤 長耳相 澄照慧慈 崇德智澄 開聖棲 淨衆梵言 大同旺 望僊宗 淨慧可證 薦福明因 無爲楚仙 偃峰簡諸 報恩和 白塔晦 泗州宗尚
元豐清滿 聖善真悟 祖印善丕 定慧法本 洞山僊 中竺禪慧 岳林曇振（真戒） 佛窟可英 琅琊宗初 本覺道如 長蘆宗賾 雪竇道榮 提刑楊傑 桐城詮 棲賢智遷 開化惠圓 萬壽和 景德普俊 延福思 藏福惠洪 慧林若沖 龍門宗賁 報恩應譚 顯親順忠（宗） 慧林宗本㊵
雪峰宗演 長興宗樸 王衛州居士 明教道 岳林真 淨慈惟一 蔣山善欽 雪峰大智 王屋燈 法雨惟鎮 東明慧遷 華嚴智明 永泰智航 壽聖子邦 廣福曇章 白鹿仲豫 景德元泰 福昌義端 揚州石塔戒
西禪慧舜 風山道沼 能仁得能 臥能俞 法雲善本 九峻圓明 狼山法印 石佛曉通 靈泉宗一 普照處輝 靈曜辯良 道場慧印 妙慧文義 香山延泳 寶花願 岳林元亨 資福道芳 澄慧善珂 地藏守恩 南禪寧 瑞光守琮 水西山軻 韶山杲 天童可齊 萬壽普懃 雪竇守卓 九峻著 香山法書 琅山載儀 廣法法光 瑞巖永覺 米山崇僊
資福法明 道場慧顔 雙峰宗達 雲門道信 承天滋須 寶華悟本 淨土慧旻 無錫法平 壽寧成務 因勝法海 蠡口法榮 羅漢用誠 澄慧師冕 石霜能 逍遙聰 投子普聰 褒親祥 馬祖崇新 靈應本嵩 壽寧梵仁 福嚴仲孚 保聖永良 石塔慧 萬壽有琛 光化楚萇 同慶自鑑 靈岩慈雲 普照真寂 功臣宗齡 道場良演
吳江法晏 天衣慧通 圓明希古 狼山文慧 智海和 水西達 南陵有朋 天章澄濟 龜洋法海 報慈有聰 瑞峰慧清 靈巖智常 華藏利聰 廣靈德衍 天衣弁 大別寶相 感慈廣悟 涵碧道安 雲門用昇 明招子卿 資慶印 寶巖子鑑 大梅智華 崇勝希肇 淨慈瑞 淨慧擇鄰 超化靈曉 壽寧戒通 西方可宏 壽聖曉初 佛智慧通 天寧用忠 烏龍守節
雪峰思慧 報恩懷立（妙湛） 承天普安 治平子微 寶林果昌 南山文則 長慶思政 萬壽海仙 西院用鄰 明覺慧泉 澧泉慧初 太平普志 淨慈楚明 黃山悟先 香山淨淵 蘊機和尚 曇慧和尚 鹽官謙 壽聖鑒 焦山崇 崇德淳 羅漢交 資福杲宣 雲峰志璿 五峰子琪 天竺從諫 慧林常悟 天聖齊月 道場有規 延慶可復 長蘆道和
護國妙機 興化德觀 淨慈象 雪峰隆 靈巖德宗 常樂本然 寶應法照 圓智和尚 鳳山和尚 精嚴鳳藻 清涼可昇 華嚴尚劉 雪竇明（天寧） 褒禪道天 顯親祖永 長蘆法永 定水然 興國遠 琅琊誠 法音首座 甘露達珠 靈隱慧淳
大吉法圓 南安達 淨慈昇 石松祖天 慶成悟及 興王寶機 寶勝首寧 建善法藏 淨慈悟暉 中峰寧 照堂了一 金山了心 南明戒通 月堂道昌 智者可昇 五雲悟 雷庵正受 嵖山寧 北塔善初

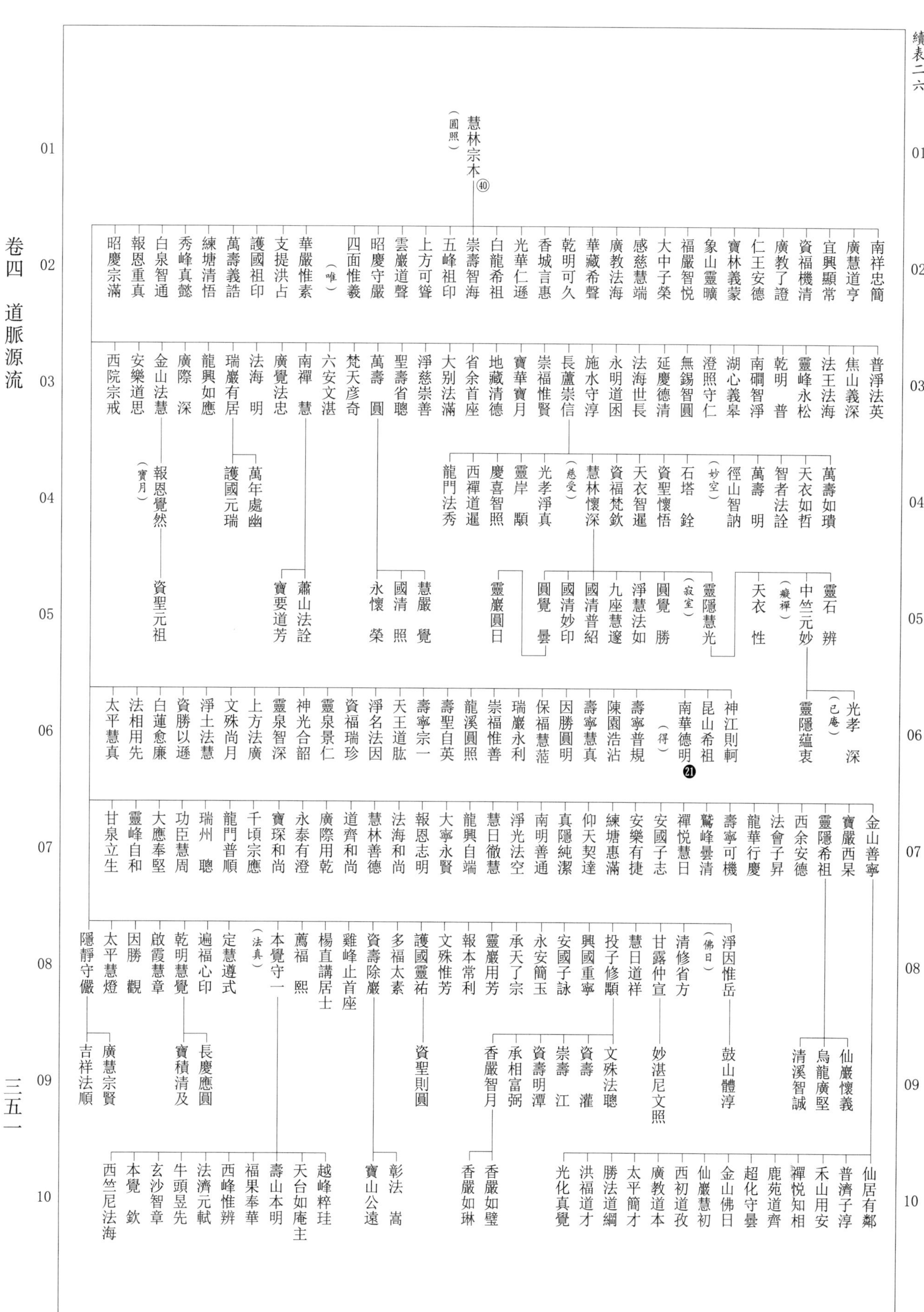
01 慧林宗木（圓照）㊵
02 南祥忠簡 廣慧道亨 宜興顯常 資福機清 廣教了證 仁王安德 寶林義蒙 象山靈曠 福嚴智悅 大中子榮 感慈慧端 廣教法海 華藏希聲 乾明可久 香城言惠 光華仁遜 白龍希祖 崇壽智海 五峰祖印 上方可聳 雲巖道聲 昭慶守嚴 四面惟義（唯） 華嚴惟素 支提洪占 護國祖印 萬壽義詰 練塘清悟 秀峰真懿 白泉智通 報恩重真 昭慶宗滿
03 普淨法英 焦山義深 法王法海 靈峰永松 乾明普 南硐智淨 湖心義皋 澄照守仁 無錫智圓 延慶德清 法海世長 永明道因 施水守淳 長蘆崇信 崇福惟賢 寶華寶月 地藏清德 省余首座 大別法滿 淨慈崇善 聖壽省聰 萬壽圓 梵天彥奇 六安文湛 南禪慧 廣覺法忠 法海明 瑞巖有居 龍興如應 廣際深 金山法慧 安樂道思 西院宗戒
04 萬壽如瑱 天衣如哲 智者法詮 萬壽明 徑山智訥（妙空） 石塔銓 資聖懷悟 天衣智暹 資福梵欽 慧林懷深（慈受） 光孝淨真 靈岸顒 慶喜智照 西禪道暹 龍門法秀 萬年處幽 護國元瑞 報恩覺然（寶月）
05 靈石辨 中竺元妙（癡禪） 天衣性 靈隱慧光（寂室） 圓覺勝 淨慧法如 九座慧邃 國清普紹 國清妙印 圓覺曇 靈巖圓日 慧嚴覺 國清照 永懷榮 蕭山法詮 寶要道芳 資聖元祖
06 光孝深（已庵） 靈隱蘊束 神江則軻 昆山希祖 南華德明（得）㉑ 壽寧普規 陳園浩沾 壽寧慧真 因勝圓明 保福慧蒞 瑞巖永利 崇福惟善 龍溪圓照 壽聖自英 壽寧宗一 天王道肱 淨名法因 資福瑞珍 靈泉景仁 神光合韶 靈泉智深 上方法廣 文殊尚月 淨土法慧 資勝以遜 白蓮愈廉 法相用先 太平慧真
07 金山善寧 寶嚴西杲 靈隱希祖 西余安德 法會子昇 龍華行慶 壽寧可機 鷲峰曇清 禪悅慧日 安國子志 安樂有捷 練塘惠滿 仰天契達 真隱純潔 南明善通 淨光法空 慧日徹慧 龍興自端 大寧永賢 報恩志明 法海和尚 慧林善德 道齊和尚 廣際用乾 永泰有澄 寶琛和尚 千頃宗應 龍門普順 瑞州聰 功臣慧周 大應奉堅 靈峰自和 甘泉立生
08 淨因惟岳（佛日） 清修省方 甘露仲宣 慧日道祥 投子修顒 興國重寧 安國子詠 永安簡玉 承天了宗 靈巖用芳 報本常利 文殊惟芳 護國靈祐 多福太素 資壽除巖 雞峰止首座 楊直講居士 薦福熙 本覺守一（法真） 定慧遵式 遍福心印 乾明慧覺 啟霞慧章 因勝觀 太平慧燈 隱靜守儼
09 仙巖懷義 烏龍廣堅 清溪智誠 鼓山體淳 妙湛尼文照 文殊法聰 資壽灌 崇壽江 資壽明潭 承相富弼 香嚴智月 資聖則圓 長慶應圓 寶積清及 廣慧宗賢 吉祥法順
10 仙居有鄰 普濟子淳 禾山用安 禪悅知相 鹿苑道齊 超化守曇 金山佛日 仙巖慧初 西初道孜 廣教道本 太平簡才 勝法道綱 洪福道才 光化真覺 香嚴如璧 香嚴如琳 彰法嵩 寶山公遠 越峰粹珪 天台如庵主 壽山本明 福果奉華 西峰惟辨 法濟元軾 牛頭昱先 玄沙智章 本覺欽 西竺尼法海

續表二七

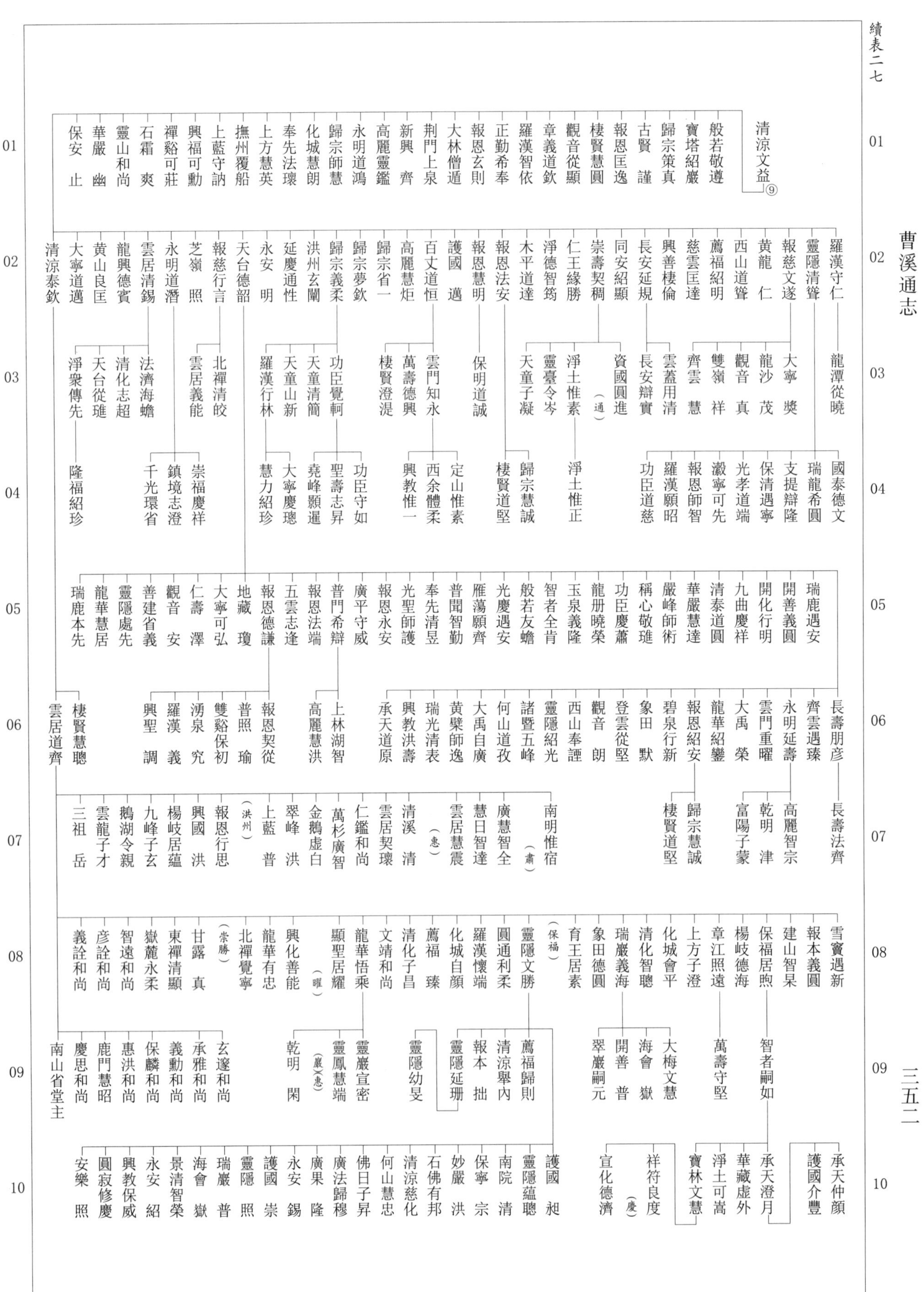
01
清涼文益⑨
般若敬遵
寶塔紹巖
歸宗策真
古賢 謹
報恩匡逸
棲賢慧圓
觀音從顯
章義道欽
羅漢智依
正勤希奉
報恩玄則
大林僧遁
荊門上泉
新興 齊
高麗靈鑑
永明道鴻
歸宗師慧
化城慧朗
奉先法瓌
上方慧英
撫州覆船
上藍守訥
興福可勳
禪谿可莊
石霜 爽
靈山和尚
華嚴 幽
保安 止
02
羅漢守仁
靈隱清聳
報慈文遂
黃龍 仁
西山道聳
薦福紹明
興善棲倫
慈雲匡達
長安延規
同安紹顯
崇壽契稠
仁王緣勝
淨德智筠
木平道達
報恩法安
報恩慧明
護國 遹
百丈道恒
高麗慧炬
歸宗省一
歸宗夢欽
歸宗義柔
洪州玄闡
延慶通性
永安 明
天台德韶
報慈行言
芝嶺 照
永明道潛
雲居清錫
龍興德賓
黃山良匡
大寧道邁
清涼泰欽
03
龍潭從曉
大寧 奬
龍沙 茂
觀音 真
雙嶺 祥
齊雲 慧
雲蓋用清
長安辯實
資國圓進（通）
淨土惟素
靈臺令岑
天童子凝
保明道誠
雲門知永
萬壽德興
棲賢澄湜
功臣覺軻
天童清簡
天童山新
羅漢行林
北禪清皎
雲居義能
法濟海蟾
清化志超
天台從璡
淨衆傳先
04
國泰德文
瑞龍希圓
支提辯隆
保清遇寧
光孝道端
瀫寧可先
報恩師智
羅漢願昭
功臣道慈
淨土惟正
歸宗慧誠
棲賢道堅
定山惟素
西余體柔
興教惟一
功臣守如
聖壽志昇
堯峰顥暹
大寧慶璁
慧力紹珍
崇福慶祥
鎮境志澄
千光環省
隆福紹珍
05
瑞鹿遇安
開善義圓
開化行明
九曲慶祥
清泰道圓
華嚴慧達
嚴峰師術
稱心敬璡
功臣慶蕭
龍冊曉榮
玉泉義隆
智者全肯
般若友蟾
光慶遇安
雁蕩願齊
普聞智勤
奉先清昱
光聖師護
報恩永安
廣平守威
普門希辯
報恩法端
五雲志逢
報恩德謙
地藏 瓊
大寧可弘
仁壽 澤
觀音 安
善建省義
靈隱處先
龍華慧居
瑞鹿本先
06
長壽朋彥
齊雲遇臻
永明延壽
雲門重曜
大禹 榮
龍華紹鑾
報恩紹安
碧泉行新
象田 默
登雲從堅
觀音 朗
西山奉諲
靈隱紹光
諸暨五峰
何山道孜
大禹自廣
黃檗師逸
瑞光清表
興教洪壽
承天道原
上林湖智
高麗慧洪
報恩契從
普照 瑜
雙谿保初
湧泉 究
羅漢 義
興聖 調
棲賢慧聰
雲居道齊
07
長壽法齊
高麗智宗
乾明 津
富陽子蒙
歸宗慧誠
棲賢道堅
南明惟宿（肅）
廣慧智全
慧日智達
雲居慧震（恵）
清溪 清
雲居契瓌
仁鑑和尚
萬杉廣智
金鵝虛白
翠峰 洪
上藍 普（洪州）
報恩行思
興國 洪
楊岐居蘊
九峰子玄
鵝湖令親
雲龍子才
三祖 岳
08
雪竇遇新
報本義圓
建山智杲
保福居煦
楊岐德海
章江照遠
上方子澄
化城會平
清化智聰
瑞巖義海
象田德圓
育王居素
靈隱文勝（保福）
圓通利柔
羅漢懷端
化城自顏
薦福 臻
清化子昌
文靖和尚
龍華悟乘
顯聖居耀（曜）
興化善能
龍華有忠
北禪覺寧（崇勝）
甘露 真
東禪清顯
嶽麓永柔
智遠和尚
彥詮和尚
義詮和尚
09
智者嗣如
萬壽守堅
大梅文慧
海會 嶽
開善 普
翠巖嗣元
薦福歸則
清涼舉內
報本 拙
靈隱延珊
靈隱幼旻
靈巖宣密
靈鳳慧端（巖惠）
乾明 閑
玄邃和尚
承雅和尚
義勳和尚
保麟和尚
惠洪和尚
鹿門慧昭
慶思和尚
南山省堂主
10
承天仲顏
護國介豐
承天澄月
華藏虛外
淨土可嵩
寶林文慧
祥符良度（慶）
宣化德濟
護國 昶
靈隱蘊聰
南院 清
保寧 宗
妙嚴 洪
石佛有邦
清涼慈化
何山慧忠
佛日子昇
廣法歸穆
廣果 隆
永安 錫
護國 崇
靈隱 照
瑞巖 普
海會 嶽
景清智榮
永安 紹
興教保威
圓寂修慶
安樂 照

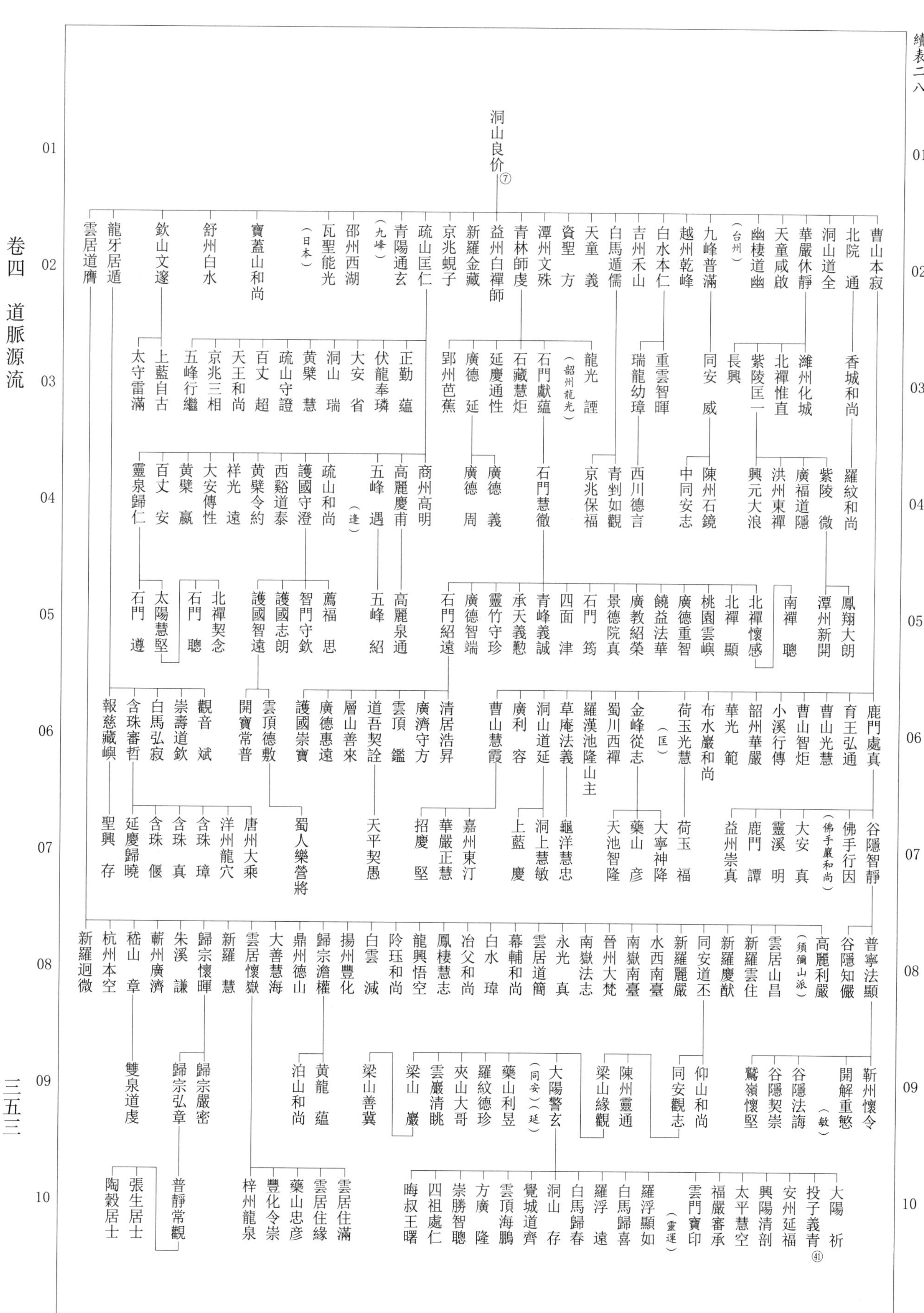

01 洞山良价⑦
02 曹山本寂　北院通　洞山道全　華嚴休靜　天童咸啟　幽棲道幽（台州）　九峰普滿　越州乾峰　白水本仁　吉州禾山　白馬遁儒　天童義　資聖方　潭州文殊　青林師虔　益州白禪師　新羅金藏　京兆蜆子　疏山匡仁　青陽通玄（九峰）　邵州西湖　瓦聖能光（日本）　寶蓋山和尚　舒州白水　欽山文邃　龍牙居遁　雲居道膺
03 香城和尚　濰州化城　北禪惟直　紫陵匡一　長興　同安威　重雲智暉　瑞龍幼璋　龍光諲（韶州龍光）　石門獻蘊　石藏慧炬　延慶通性　廣德延　郢州芭蕉　正勤蘊　伏龍奉璘　大安省　洞山瑞　黃檗慧　疏山守證　百丈超　天王和尚　京兆三相　五峰行巒　上藍自古　太守雷滿
04 羅紋和尚　紫陵微　廣福道隱　洪州東禪　興元大浪　陳州石鏡　中同安志　西川德言　青剉如觀　京兆保福　石門慧徹　廣德義　廣德周　商州高明　高麗慶甫　五峰遇（逢）　疏山和尚　護國守澄　西谿道泰　黃檗令約　祥光遠　大安傳性　黃檗贏　百丈安　靈泉歸仁
05 鳳翔大朗　潭州新開　南禪聰　北禪懷感　北禪顯　桃園雲嶼　廣德重智　饒益法華　廣教紹榮　景德院真　石門筠　四面津　青峰義誠　承天義勳　靈竹守珍　廣德智端　石門紹遠　高麗泉通　五峰紹　薦福思　智門守欽　護國志朗　護國智遠　北禪契念　石門聰　太陽慧堅　石門遵
06 鹿門處真　育王弘通　曹山光慧　曹山智炬　小溪行傳　韶州華嚴　華光範　布水巖和尚　荷玉光慧　金峰從志（匡）　蜀川西禪　羅漢池隆山主　草庵法義　洞山道延　廣利容　曹山慧霞　清居浩昇　廣濟守方　雲頂鑑　道吾契詮　層山善來　廣德惠遠　護國崇寶　雲頂德敷　開寶常普　觀音斌　崇壽道欽　白馬弘叔　含珠審哲　報慈藏嶼
07 谷隱智靜　佛手行因（佛手巖和尚）　大安真　靈溪明　鹿門譚　益州崇真　荷玉福　大寧神降　藥山彥　天池智隆　龜洋慧忠　洞上慧敏　上藍慶　嘉州東汀　華嚴正慧　招慶堅　天平契愚　蜀人樂營將　唐州大乘　洋州龍穴　含珠璋　含珠真　含珠偃　延慶歸曉　聖興存
08 普寧法顯　谷隱知儼　高麗利嚴（須彌山派）　雲居山昌　新羅雲住　新羅慶猷　同安道丕　新羅麗嚴　水西南臺　南嶽南臺　晉州大梵　南嶽法志　永光真　雲居道簡　幕輔和尚　白水璋　冶父和尚　鳳棲慧志　龍興悟空　玲珏和尚　白雲滅　揚州豐化　歸宗澹權　鼎州德山　大善慧海　雲居懷嶽　新羅慧　歸宗懷暉　朱溪謙　蘄州廣濟　嵇山章　杭州本空　新羅迥微
09 蘄州懷令　開解重愍（敏）　谷隱法誨　谷隱契崇　鷲嶺懷堅　仰山和尚　同安觀志　陳州靈通　梁山緣觀　大陽警玄（同安）（延）　藥山利昱　羅紋德珍　夾山大哥　雲巖清眺　梁山巖　梁山善冀　黃龍蘊　泊山和尚　歸宗嚴密　歸宗弘章　雙泉道虔
10 大陽祈　投子義青㊶　安州延福　興陽清剖　太平慧空　福嚴審承　雲門寶印　羅浮顯如（靈運）　白馬歸喜　羅浮遠　白馬歸春　洞山存　覺城道齊　雲頂海鵬　方廣隆　崇勝智聰　四祖處仁　晦叔王曙　雲居住滿　雲居住緣　藥山忠彥　豐化令崇　梓州龍泉　普靜常觀　張生居士　陶穀居士

續表二九

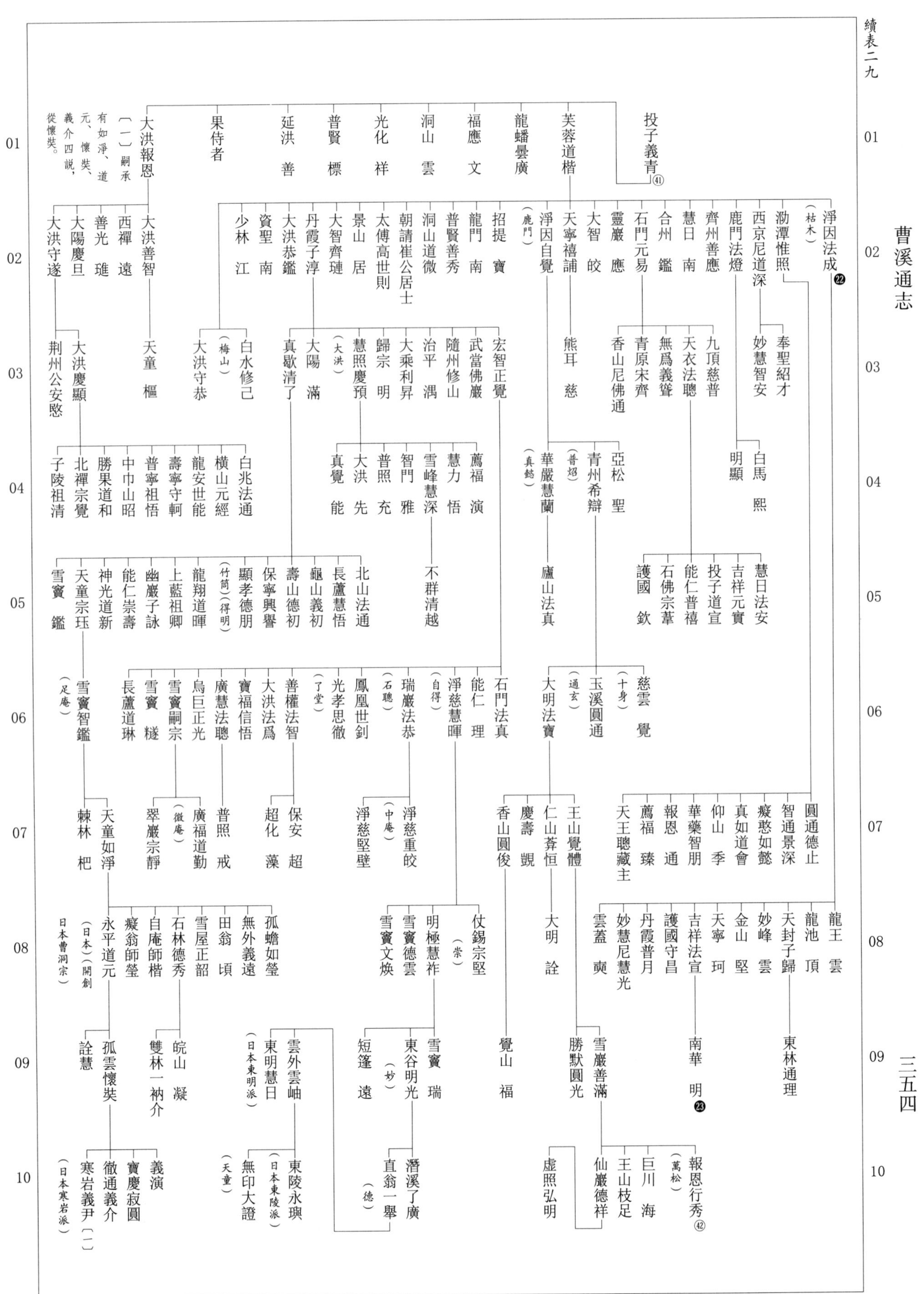
01
投子義青㊶
芙蓉道楷
龍蟠曇廣
福應 文
洞山 雲
光化 祥
普賢 標
延洪 善
果侍者
大洪報恩
（一）嗣承有如淨、道元、懷奘、義介四説，從懷奘。
02
淨因法成㉒（枯木）
沏潭惟照
西京尼道深
鹿門法燈
齊州善應
慧日 南
合州 鑑
石門元易
靈巖 應
大智 皎
天寧禧誧
淨因自覺（鹿門）
招提 寶
龍門 南
普賢善秀
洞山道微
朝請崔公居士
太傅高世則
景山 居
大智齊璉
丹霞子淳
大洪恭鑑
資聖 南
少林 江
大洪善智
西禪 遠
善光 璡
大陽慶旦
大洪守遂
03
奉聖紹才
妙慧智安
九頂慈普
天衣法聰
無爲義聳
青原宋齊
香山尼佛通
熊耳 慈
宏智正覺
武當佛巖
隨州修山
治平 湡
大乘利昇
歸宗 明
慧照慶預（大洪）
大陽 滿
真歇清了
白水修己（梅山）
大洪守恭
天童 樞
大洪慶顯
荆州公安慤
04
白馬 熙
明顯
亞松 聖
青州希辯（普炤）
華嚴慧蘭（真歇）
薦福 演
慧力 悟
雪峰慧深
智門 雅
普照 充
大洪 先
真覺 能
白兆法通
横山元經
龍安世能
壽寧守軻
普寧祖悟
中巾山昭
勝果道和
北禪宗覺
子陵祖清
05
慧日法安
吉祥元實
投子道宣
能仁普禧
石佛宗葦
護國 欽
廬山法真
不群清越
北山法通
長蘆慧悟
龜山義初
壽山德初
保寧興譽
顯孝德朋
（竹筒）（得明）
龍翔道暉
上藍祖卿
幽巖子詠
能仁崇壽
神光道新
天童宗珏
雪竇 鑑
06
慈雲 覺（十身）
玉溪圓通（通玄）
大明法寶
石門法真
能仁 理
淨慈慧暉（自得）
瑞巖法恭（石聰）
鳳凰世釗
光孝思徹（了堂）
善權法智
大洪法爲
寶福信悟
廣慧法聰
烏巨正光
雪竇嗣宗
雪竇 樾
長蘆道琳
雪竇智鑑（足庵）
07
圓通德止
智通景深
癡憨如懿
真如道會
仰山 季
華藥智朋
報恩 通
薦福 臻
天王聽藏主
王山覺體
仁山莽恒
慶壽 覬
香山圓俊
淨慈重皎（中庵）
淨慈堅壁
保安 超
超化 藻
普照 戒
廣福道勤（徹庵）
翠巖宗靜
天童如淨
棘林 杷
08
龍王 雲
龍池 頂
天封子歸
妙峰 雲
金山 堅
天寧 珂
吉祥法宣
護國守昌
丹霞普月
妙慧尼慧光
雲蓋 奭
大明 詮
仗錫宗堅（常）
明極慧祚
雪竇德雲
雪竇文焕
孤蟾如瑩
無外義遠
田翁 頃
雪屋正韶
石林德秀
自庵師楷
癡翁師瑩
永平道元（日本）（開創日本曹洞宗）
09
東林通理
南華 明㉓
雪巖善滿
勝默圓光
覺山 福
雪竇 瑞
東谷明光（妙）
短篷 遠
雲外雲岫
東明慧日（日本東明派）
皖山 凝
雙林一衲介
孤雲懷奘
詮慧
10
報恩行秀㊷（萬松）
巨川 海
王山枝足
仙巖德祥
虚照弘明
潛溪了廣
直翁一舉（德）
東陵永璵（日本東陵派）
無印大證（天童）
義演
寶慶寂圓
徹通義介
寒岩義尹（一）（日本寒岩派）

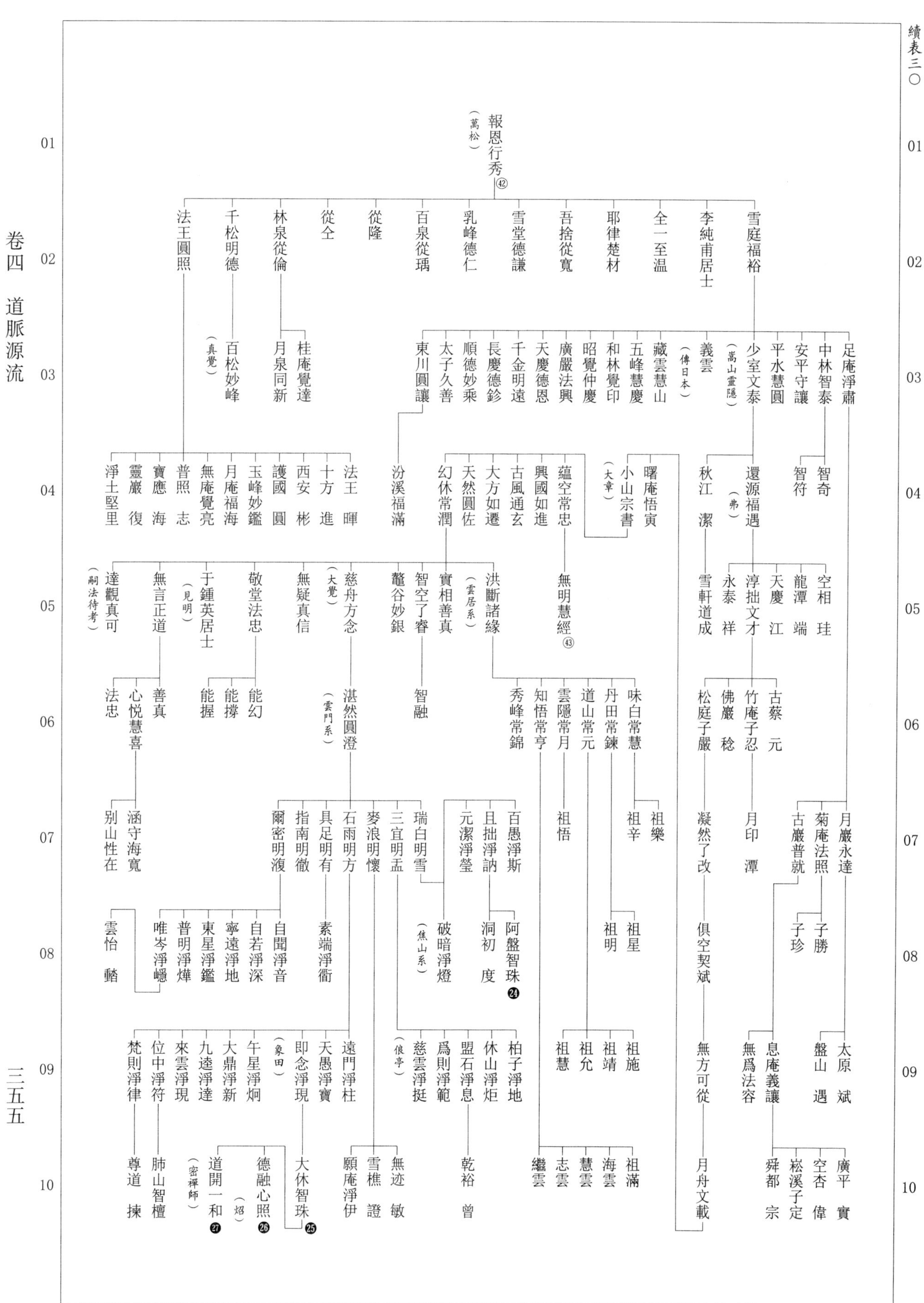
01
02
03
04
05
06
07
08
09
10
報恩行秀㊷（萬松）
雪庭福裕
李純甫居士
全一至温
耶律楚材
吾捨從寬
雪堂德謙
乳峰德仁
百泉從瑀
從隆
從仝
林泉從倫
千松明德
法王圓照
足庵淨肅
中林智泰
安平守讓
平水慧圓
少室文泰（嵩山靈隱）
義雲（傳日本）
藏雲慧山
五峰慧慶
和林覺印
昭覺仲慶
廣嚴法興
天慶德恩
千金明遠
長慶德鈔
順德妙乘
太子久善
東川圓讓
桂庵覺達
月泉同新
百松妙峰（真覺）
智奇
智符
還源福遇（弗）
秋江 潔
曙庵悟寅
小山宗書（大章）
蘊空常忠
興國如進
古風通玄
大方如遷
天然圓佐
幻休常潤
汾溪福滿
法王 暉
十方 進
西安 彬
護國 圓
玉峰妙鑑
月庵福海
無庵覺亮
普照 志
寶應 海
靈巖 復
淨土堅里
空相 珪
龍潭 端
天慶 江
淳拙文才
永泰 祥
雪軒道成
無明慧經㊸
洪斷諸緣（雲居系）
實相善真
智空了睿
龕谷妙銀
慈舟方念（大覺）
無疑真信
敬堂法忠
于鍾英居士（見明）
無言正道
達觀真可（嗣法待考）
古蔡 元
竹庵子忍
佛巖 稔
松庭子嚴
味白常慧
丹田常鍊
道山常元
雲隱常月
知悟常亨
秀峰常錦
智融
湛然圓澄（雲門系）
能幻
能擴
能握
善真
心悅慧喜
法忠
月巖永達
菊庵法照
古巖普就
月印 潭
凝然了改
祖樂
祖辛
祖悟
百愚淨斯
且拙淨訥
元潔淨瑩
瑞白明雪
三宜明盂
麥浪明懷
石雨明方
具足明有
指南明徹
爾密明復
涵守海寬
別山性在
子勝
子珍
俱空契斌
祖星
祖明
阿盤智珠㉔
洞初 度
破暗淨燈（焦山系）
素端淨衜
自聞淨音
自若淨深
寧遠淨地
東星淨鑑
普明淨燁
唯岑淨巘
雲怡 豁
太原 斌
盤山 遇
息庵義讓
無爲法容
無方可從
祖施
祖靖
祖允
祖慧
柏子淨地
休山淨炬
盟石淨息
爲則淨範
慈雲淨挺（佷亭）
遠門淨柱
天愚淨寶
即念淨現（象田）
午星淨炯
大鼎淨新
九逵淨達
來雲淨現
位中淨符
梵則淨律
廣平 實
空杏 偉
崧溪子定
舜都 宗
月舟文載
祖滿
海雲
慧雲
志雲
繼雲
乾裕 曾
無迹 敏
雪樵 證
願庵淨伊
大休智珠㉕
德融心照㉖（炤）
道開一和㉗（密禪師）
肺山智檀
尊道 揀

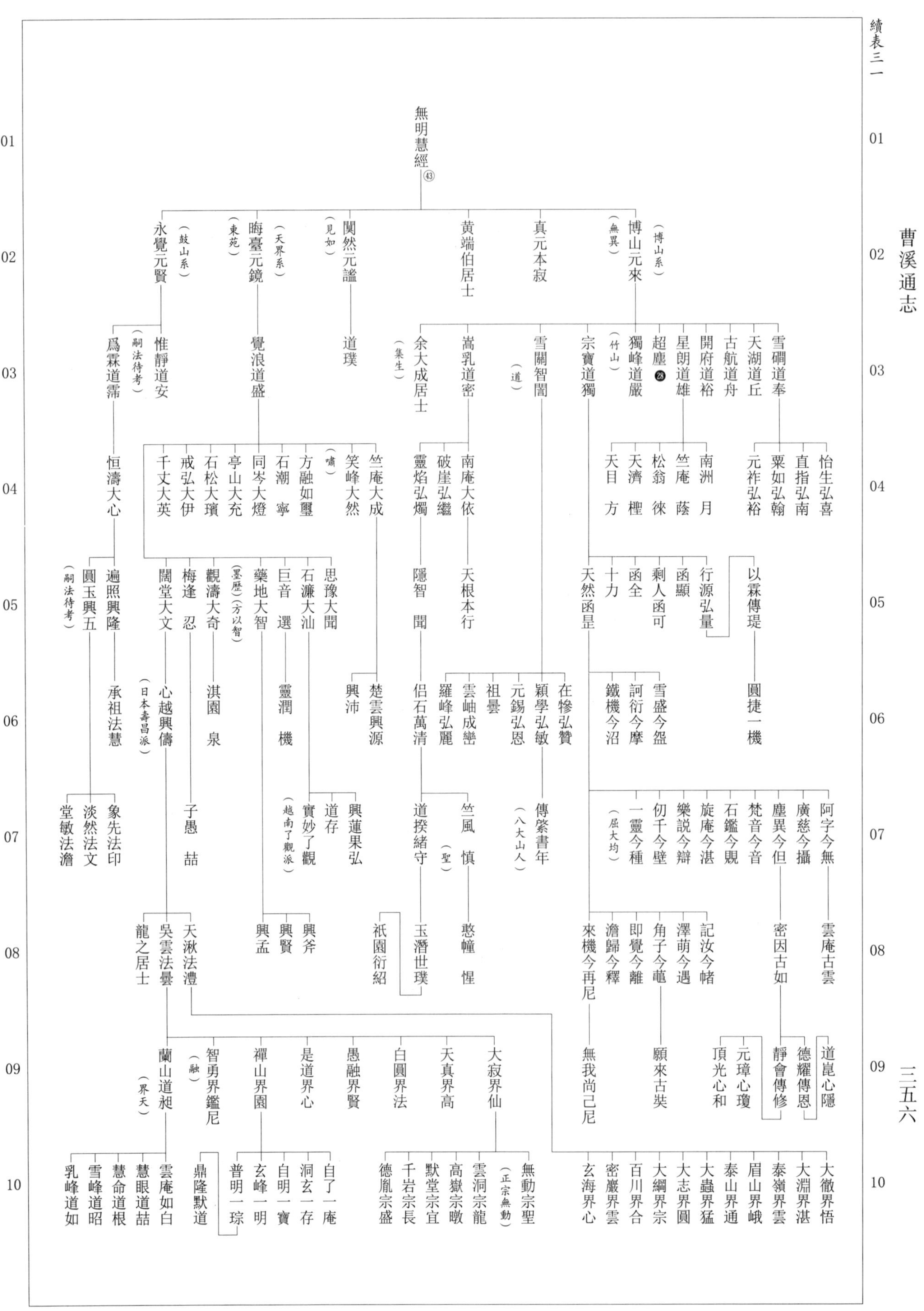
01
無明慧經㊸
02
博山元來（博山系）（無異）
真元本寂
黃端伯居士
闃然元謐（見如）
晦臺元鏡（天界系）（東苑）
永覺元賢（鼓山系）
03
雪磵道奉
天湖道丘
古航道舟
開府道裕
星朗道雄
超塵㉘
獨峰道嚴（竹山）
宗寶道獨
雪關智誾（道）
嵩乳道密
余大成居士（集生）
道璞
覺浪道盛
惟靜道安（嗣法待考）
爲霖道霈
04
怡生弘喜
直指弘南
粟如弘翰
元祚弘裕
南洲月
竺庵蔭
松翁徠
天濟樫
天目方
南庵大依
破崖弘繼
靈焰弘燭
竺庵大成
笑峰大然
方融如璽（嘯）
石潮寧
同岑大燈
亭山大充
石松大瓚
戒弘大伊
千丈大英
恒濤大心
05
以霖傳瑅
行源弘量
函顯
剩人函可
函全
十力
天然函昰
天根本行
隱智聞
思豫大聞
石濂大汕
巨音選
藥地大智（墨歷）（方以智）
觀濤大奇
梅逢忍
闊堂大文
遍照興隆
圓玉興五（嗣法待考）
06
圓捷一機
雪盛今盌
訶衍今摩
鐵機今沼
在慘弘贊
穎學弘敏
元錫弘恩
祖曇
雲岫成巒
羅峰弘麗
侶石萬清
楚雲興源
興沛
靈潤機
淇園泉
心越興儔（日本壽昌派）
承祖法慧
07
阿字今無
廣慈今攝
塵異今但
梵音今音
石鑑今覞
旋庵今湛
樂說今辯
仞千今壁
一靈今種（屈大均）
傳綮書年（八大山人）
竺風慎（聖）
道揆緒守
興蓮果弘
道存
實妙了觀（越南了觀派）
子愚喆
象先法印
淡然法文
堂敏法澹
08
雲庵古雲
密因古如
記汝今帾
澤萌今遇
角子今黿
即覺今離
澹歸今釋
來機今再尼
憨幢惺
玉潛世璞
祇園衍紹
興斧
興賢
興孟
天湫法澧
吳雲法曇
龍之居士
09
道崑心隱
德耀傳恩
靜會傳修
元璋心瓊
頂光心和
願來古奘
無我尚己尼
大寂界仙
天真界高
白圓界法
愚融界賢
是道界心
禪山界園
智勇界鑑尼（融）
蘭山道昶（界天）
10
大徹界悟
大淵界湛
泰嶺界雲
眉山界峨
泰山界通
大蟲界猛
大志界圓
大綱界宗
百川界合
密巖界雲
玄海界心
無動宗聖（正宗無動）
雲洞宗龍
高嶽宗瞰
默堂宗宜
千岩宗長
德胤宗盛
自了一庵
洞玄一存
自明一寶
玄峰一明
普明一琮
鼎隆默道
雲庵如白
慧眼道喆
慧命道根
雪峰道昭
乳峰道如

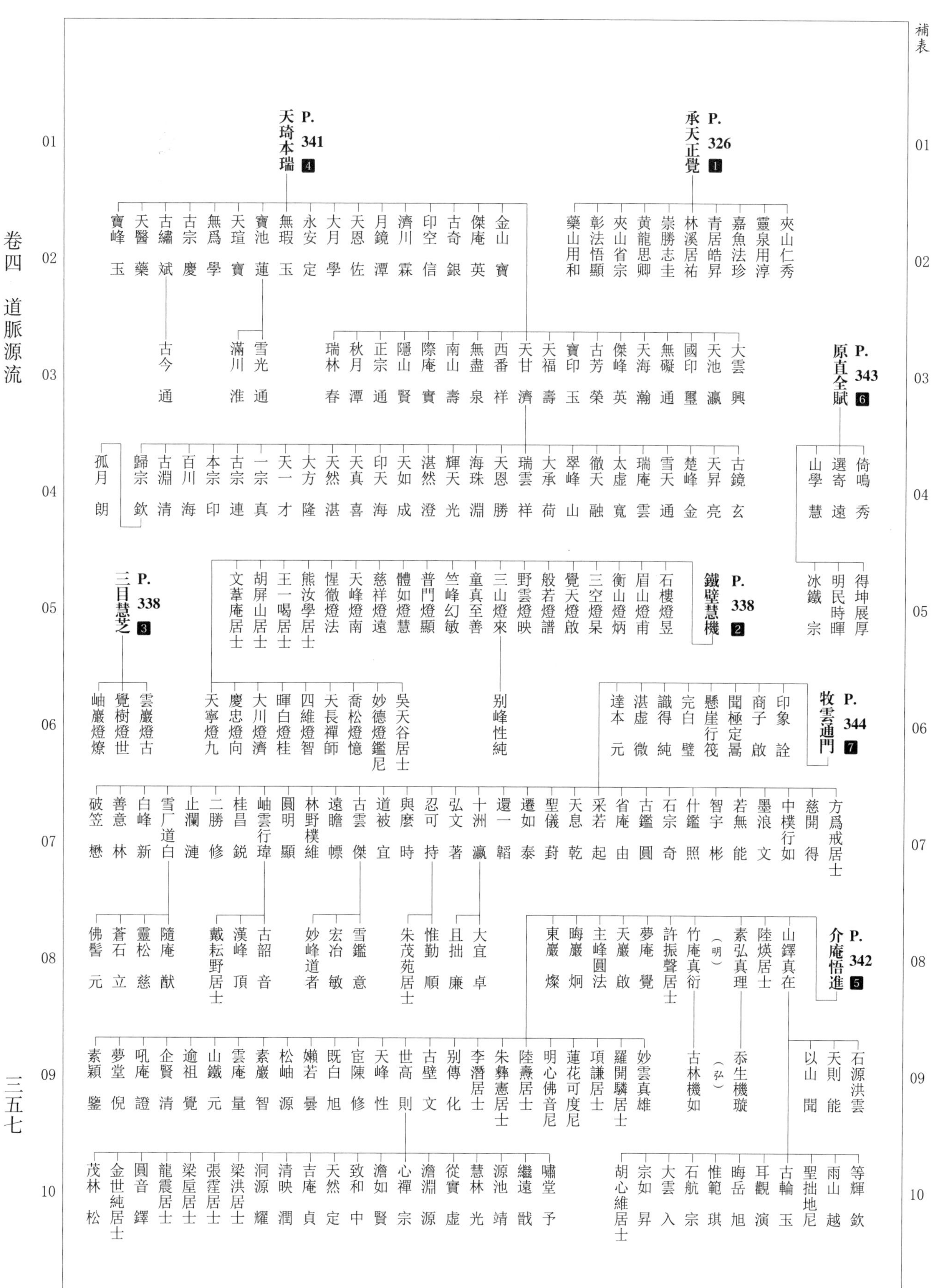
01
承天正覺 P. 326 1
天琦本瑞 P. 341 4
02
夾山仁秀 靈泉用淳 嘉魚法珍 青居皓昇 林溪居祐 崇勝志圭 黃龍思卿 夾山省宗 彰法悟顯 藥山用和
金山寶 傑庵英 古奇銀 印空信 濟川霖 月鏡潭 天恩佐 大月學 永安定 無瑕玉 寶池蓮 天瑄寶 無爲學 古宗慶 古繡斌 天醫藥 寶峰玉
03
原直全賦 P. 343 6
大雲興 天池瀛 國印璽 無礙通 天海瀚 傑峰英 古芳榮 寶印玉 天福壽 天甘濟 西番祥 無盡泉 南山壽 際庵實 隱山賢 正宗通 秋月潭 瑞林春
雪光通 滿川淮 古今通
04
倚鳴秀 選寄遠 山學慧
古鏡玄 天昇亮 楚峰金 雪天通 瑞庵雲 太虛寬 徹天融 翠峰山 大承荷 瑞雲祥 天恩勝 海珠淵 輝天光 湛然澄 天如成 印天海 天真喜 天然湛 大方隆 天一才 一宗真 古宗連 本宗印 百川海 古淵清 歸宗欽 孤月朗
05
得坤展厚 明民時暉 冰鐵宗
鐵壁慧機 P. 338 2
石樓燈昱 眉山燈甫 衡山燈炳 三空燈杲 覺天燈啟 般若燈譜 野雲燈映 三山燈來 童真至善 竺峰幻敏 普門燈顯 體如燈慧 慈祥燈遠 天峰燈南 惺徹燈法 熊汝學居士 王一喝居士 胡屏山居士 文葦庵居士
三目慧芝 P. 338 3
06
牧雲通門 P. 344 7
印象詮 商子啟 聞極定畧 懸崖行筏 完白璧 識得純 湛虛微 達本元
別峰性純
吳天谷居士 妙德燈鑑尼 喬松燈憶 天長禪師 四維燈智 暉白燈桂 大川燈濟 慶忠燈向 天寧燈九
雲巖燈古 覺樹燈世 岫巖燈燎
07
方爲戒居士 慈開得 中樸行如 墨浪文 若無能 智字彬 什鑑照 石宗奇 古鑑圓 省庵由 采若起 天息乾 聖儀葑 遷如泰 還一韜 十洲瀛 弘文著 忍可持 與麼時 道被宜 古雲傑 遠瞻嫖 林野樸維 圓明顯 岫雲行瑋 桂昌鋭 二勝修 止瀾漣 雪厂道白 白峰新 善意林 破笠懋
08
介庵悟進 P. 342 5
山鐸真在 陸煐居士 素弘真理（明） 竹庵真衍 許振聲居士 夢庵覺 天巖啟 主峰圓法 晦巖炯 東巖燦
大宜卓 且拙廉 惟勤順 朱茂苑居士 雪鑑意 宏冶敏 妙峰道者 古韶音 漢峰頂 戴耘野居士 隨庵猷 靈松慈 蒼石立 佛髻元
09
石源洪雲 天則能 以山聞 忝生機璇（弘） 古林機如
妙雲真雄 羅開驎居士 項謙居士 蓮花可度尼 明心佛音尼 陸燾居士 朱彝憲居士 李潛居士 別傳化 古壁文 世高則 天峰性 宦陳修 既白旭 嬾若曇 松岫源 素巖智 雲庵量 山鐵元 逾祖覺 企賢清 吼庵證 夢堂倪 素穎鑒
10
等輝欽 雨山越 聖拙地尼 古輪玉 耳觀演 晦岳旭 惟範琪 石航宗 大雲入 宗如昇 胡心維居士
嘯堂予 繼遠戩 源池靖 慧林光 從實虛 濟淵源 心禪宗 濟如賢 致和中 天然定 吉庵貞 清映潤 洞源耀 梁洪居士 張霍居士 梁屋居士 龍震居士 圓音鐸 金世純居士 茂林松

民國燃燈

禪宗法脈之潙仰、法眼等宗，至宋元時代即已不傳。自明清以至民初，南華寺祖庭傳燈尠有其人，法脈存在長期衰歇中斷現象。直到靜光、瓊山出任住持，方纔承續法嗣。民國二十一年（一九三二），虛雲從福建鼓山移錫曹溪，即以臨濟、潙仰、曹洞、法眼、雲門五宗法嗣弘傳曹溪法脈，曹溪法脈再次進入興盛發展階段。

虛雲和尚（一八四〇—一九五九）　名古巖，字德清，晚年自號虛雲。湖南湘鄉蕭氏子，清道光二十年（一八四〇）生於泉州。年十五隨叔父至南嶽，萌出家之願。咸豐八年（一八五八），虛雲至福州鼓山湧泉出家，翌年於妙蓮座下受具足戒。自明以來，臨濟、曹洞並傳，妙蓮以臨濟而接曹洞法脈。蓮老以兩宗正脈付之虛雲。民國二十三年（一九三四），應李漢魂之請主席曹溪南華。三十二年（一九四三），由南華移居乳源雲門。一九五三年九月，遷錫於江西雲居真如結茅而居。一九五九年農曆九月十三日於雲居茅蓬示寂。世壽一百二十，僧臘、戒臘一百零一。虛雲於禪法聖脈「一髮危秋」之際，在鼓山、曹溪、雲門，傳曹洞，兼嗣臨濟，中興雲門，匡扶法眼，延續潙仰，興滅繼絶。又將祖嗣派流，上溯淵源，下次統緒，彙爲一編，題曰《星燈集》。其《禪宗五派源流》云：

禪宗五派上溯，始自天竺迦葉，二十八祖傳至達摩，遂稱「東土初祖」。又五傳而至曹溪惠能禪師，是爲六祖。然單傳之説，祇就衣鉢授受而言。若夫傳法，西天固未可考，震旦已有分支。如牛頭融師承三祖之後，自成一家。余輯《增訂佛祖道影》一書，亦列其世系。六祖既止，衣鉢不傳。昔人記其世系，多由南嶽、青原二家起。余於《佛祖道影》，亦依此兩家，分列其次序，惟五祖門下尚有神秀，行於北方，再傳而息，固勿論矣。六祖門下，得道者多，著名者如神會禪師，傳圓頓之宗於北方，使漸宗絶息，其功固不可没。然再傳至圭峰，又爲華嚴宗之祖師，故其世系亦無可述。

今就南嶽、青原兩家世系言之。青原思傳石頭遷，石頭分傳藥山儼及天皇悟，藥山傳雲巖晟，晟傳洞山良价，价傳曹山本寂，後人稱爲曹洞宗。天皇悟傳龍潭信，信傳德山鑒，鑒傳雪峰存，存傳雲門文偃，是爲雲門宗。又傳玄沙備，備傳地藏琛，琛傳法眼文益，是爲法眼宗。故青原之後，分爲曹洞、雲門、法眼三宗。南嶽讓傳馬祖一，一傳百丈海，而百丈分傳潙山祐、黄檗運二人，潙山靈祐傳仰山慧寂，是爲潙仰宗。黄檗運傳臨濟義玄，是爲臨濟宗。故南嶽之後分爲潙仰、臨濟二宗。此五宗派源流，余有《校正星燈集》之輯述，亦曾附録及之。

南嶽下第六十世東明昱之嗣法，有海舟永慈（按：《僧傳要目一覽》有嗣法「天印能持」之語）與海舟普慈二人。永住金陵東山，普住杭州東明，《續指月録》兩存之。按天童密雲悟及錢謙益，皆爲普慈立傳，稱爲昱祖嗣法。《宗統編年》載，萬曆六年辛酉（按：當爲戊寅），東明昱示寂，海舟普慈嗣法。據上所記，南嶽六十一世，應定爲東明普慈。臨濟一宗，本五派最盛，尚有此淆訛。曹洞宗五傳至警祖稍息，得遠公嗣法，燈燈相續未泯。然青原下第四十五世，蓉楷嗣法，有《祖燈大統》一書，徑列鹿門覺，將丹霞淳至天童淨中間五代削去，爲霖大師曾辨其謬。按《宗統編年》載，宋重和元年楷祖示寂，丹霞淳嗣。明年，淳示寂，真歇了嗣。其後三十有四載，了示寂，天童珏嗣。越十四年，珏示寂，雪竇鑑嗣。經五載，鑑示寂，天童淨嗣。又二年，淨示寂，鹿門覺始嗣，去楷祖示寂時，歷五十五年矣。何得竟以鹿門覺嗣芙蓉楷，顯紊世次？故余於《增訂佛祖道影》一書，附《法系考正》一文，以辨正之。

余居南華，甲戌夏，長沙郭涵齋寬慧居士、南嶽寶生長老與九成了照首座等，相繼由大潙山來，懇請興修大潙，意以此宗居五家之長，惜乏後嗣，致祖庭息燄。現係濟宗鐘板，此次遭匪焚毀，盡爲灰燼，決議改弦更張，恢復潙仰一脈。大衆以予壽高臘長，爲諸山敬信，請余繼振潙仰宗。余因南華未能謝責，情不獲已，勉循記載。查此宗是靈祐祖師起，四傳至芭蕉慧清，其徒「繼徹起演」二十字，「繼」字下應是「妙」字，順次以紹先宗。然書載宋三角志謙及興陽詞鐸二公止。一説二公爲昆仲，同嗣報慈韶祖作六世；一説志謙爲六世，詞鐸爲七世。今因此宗傳承甚少，故雙存之，以興陽詞鐸嗣三角志謙爲七世。以後已無考據，兹以詞公與余各摘上一字，繼演五十六字，以待後賢，紹續無窮。

又，余在南華，因悉雲門祖庭，香燈斷續無定，勉爲興復。查此宗起於文偃祖師，十一傳至南宋末温州光孝己庵深淨禪師止，後失典籍。原派是偃祖下八世「優鴻曾演」二十字，後不知誰又出二十字，古派分三，今欲重繼，不知從何字起。故惟從己庵淨公與余各摘上一字，繼演五十六字，期之後賢，傳燈無盡。

癸酉春，有明湛禪者，由長汀到南華，謂在長汀創建八寶山，志願欲紹法眼一宗，不知所由，懇授其法眼源流。因嘉其志，乃告之曰：此宗發源在金陵清涼山，早廢，兹時不易恢復。從宋元來，紹化乏後，查諸典籍，自文益祖師七傳至祥符良慶禪師止，其後無考。舊派益祖六世祖光禪師立二十字，後不知何人立四十字。雖有二派，子孫停流，鮮有繼起。又查益祖出天台德韶國師與清涼泰欽禪師。傳載韶、欽二公下五世良慶禪師，其中秉承，有繼韶公者，有嗣欽公者，紛紜不一。有記益、韶、壽、勝、元、慧、良爲七世，有記益、欽、齊、煦、元、慧、良爲七世，今欲繼起，艱於考證。惟有秉承韶公，續從良慶禪師與余各摘上一字，繼演五十六字，以待後賢繼續，傳之永久。

或云：虛雲於五十六歲以前是自度，五十六歲以後是度人。觀其行履，志大氣剛，心堅行苦，故能度生衆而收效弘。歷盡折磨，九死而不死；坐閱世變，有生而無生。至其建大小梵刹數十，皈依門下弟子中外百數十萬人，此舉世所共知者也。而獨於其重振綱宗，續佛慧命，有爲世所不盡知者。溯自達摩西來，至六祖而「一花五葉」。臨濟開玄要之宗，洞山立君臣之義，溈仰發體用之論，雲門示三關之捷，法眼呈六相之分，拈花妙義，大布東方。及後則曹洞專主少林，溈仰則圓相漸隱，雲門於韓大伯後難見其人，法眼盛於永明而入高麗，獨臨濟尚存香火耳。元明以降，禪門宗匠，自中峰楚石以遞紫柏、憨山、天童、玉琳，屈指可數。虛雲以五宗傳法，命其門人分別承繼五宗。曹洞宗法嗣有寬賢復徹、淨慧復性、寬淨復興、寬志復仁、傳士復堪、佛瑩禪師。雲門宗法嗣有妙道朗耀、妙定寬度、妙宗淨慧、妙慈法雲。溈仰宗法嗣有宣法自壽、宣化度輪、宣成達定、宣揚性福、宣玄聖一、宣雲滿覺、宣傳月川（傳印）、宣明心明。法眼宗法嗣有本智、本觀。臨濟宗法嗣有海燈本明、觀本明一。因在曹溪祖庭日久，承續法脈尤力，法嗣尤盛。其嶺南法系子孫較著者：雲門宗十三世佛源；臨濟四十四世觀本、本煥、意昭，四十五世戒晟、新成，四十六世明生；曹洞四十八世復仁，五十世惟因，五十一世傳正、心印、弘澈、新琳、光輝；曹洞五十二世達詮；雲門宗十四世明向。座下剃度、得法、受戒、皈依弟子數百萬之衆，遍布於華夏，遠及東南亞、歐美諸國。印順撰舍利塔銘贊曰：「體道也深徹，履踐也篤實，利生也過化存神。值危難之秋，行難忍之事。若和尚者，可謂不可思議者矣。」

一、臨濟法脈

虚雲在鼓山湧泉寺從妙蓮接臨濟宗法，受臨濟衣鉢，是臨濟宗龍池系法派。按其源流偈云：「覺性本長寂，心惟法界同。如緣宏聖教，正法永昌隆。」妙蓮爲虚雲取法號性徹，爲四十三世。虚雲按此派傳法偈，嗣法人取法名用「本」字。因其又從常開剃度，從剃度方面而言，則按臨濟宗智祖系字派排輩。智祖系法派源流偈：「智慧清淨，道德圓明。真如性海，寂照普通。心源廣續，本覺昌隆。能仁聖果，常演寬宏。惟傳法印，正悟會融。堅持戒定，永繼祖宗。」常開爲虚雲取法名演徹，爲五十四世。虚雲按此派傳法偈，嗣法人取法名用「寬」字。虚雲傳臨濟法嗣有貞訓修圓、佛耀本動、本達印玄（體光）、本焕乘妙、本宗淨慧、傳心心性等三十餘位弟子。

（一）龍池法派

第四十四代　本宗淨慧、本明海燈、觀本明一、本焕乘妙、本然傳士、本昭聖空（意昭）、本達印玄（體光）、本妙知定、佛瑩、本湛青持、本悟演遍、本善、本淨、本鑑（六榕寬鑑）、本暉、本定復興、本性等。

第四十五代　常妙一誠（代觀本傳法）、常慧戒晟。觀本傳。　常道海音。傳士傳。　常亮瑞覺、瑞開、徹性。海燈傳。　常廣印恭、常真印空、常徹惟覺、常參界明、常成明賢、淨一、有明、聖修、仁德、覺仁、海燈、妙靈、慧明、光慧、印融、印惠、輝禪、真道、道明、性妙、常滿新成、健釗、印朗、常利印覺、能修、印嚴、常若廣照、明澈、印通、常興印順。本煥傳。　常紹明奘、常如明海、常演覺乘、常願明啟、常仁明恕、常觀無用、常毅寂仁、常嚴界讓、常輝明續、常思明憨、常普學賢、常善淨仁、常法惟聖、常體海素、常化明舟、常相道極、常用如正、常益真修、常量真廣、常君明潤、常敬明思、常聞明基、常蘊明馨、常應智悟、常解達詮、常融門富、常尊明仰、常通照力、常堅賢志、常證性空、常修悟證、常悔大癡、常嶽存海、常安寬祥、常契聖哲、常依明來、常一賢純、常敏法振、常柔素聞、常瑄靜法、常佺持中、常得中慧、常津妙一、常臻妙行。淨慧傳。　常本慧青、常源、常妙。本湛傳。

第四十六代　寂融覺明。一誠傳。　戒忍、本權、印樂、志宗、正剛、允觀。有明傳。　妙俠、妙空。印恭傳。　寂心光明、寂旺光盛、寂群法衆、寂明超慧（明生）、寂淨光秀。新成傳。　聖君、慈光、聖輝慧果。仁德傳。　寂靖惟賢、寂妙。雪松傳。

第四十七代　傳燈芳振。聖修傳。　正圓、正穎、正天。惟賢傳。

（二）智祖法派

第五十五代　寬宗、寬印（圓）佛慧、寬素素根、寬性安性、寬佛佛果、寬照佛光（惠光）、寬心佛慧（定慧）、寬鑑佛淵、寬律佛行、寬明佛願、寬慈佛願、寬敬佛成、寬法佛忍、寬遠、寬定、寬敬佛成、寬能佛緯。

第五十六代　宏妙靈源。寬印傳。　靈妙。寬照復定傳。

第五十七代　惟柔知剛（聖嚴）、惟覺知安、惟慎知光（文晟）、見性、惟定、知覺。靈源傳。　惟源。寬鑑傳。　知果惟因。靈妙傳。

第五十八代　日明傳正。知果惟因傳。　傳顯見密（繼程〔馬來西亞〕）。聖嚴傳。

第五十九代　會空禪溪、正渡禪行、法照禪煦、應學禪勝、傳文禪度、傳性禪炯、仁德禪頫、宏稱禪稠、耀塵禪慕、仁法禪超、法施禪榮、頓如覺法（美國夏威夷）、法廣禪睿、昌念禪述、新孝禪利。日明傳正傳。

二、曹洞法脈

明清之際，曹洞宗發展迅速，有慧經派下演二十字傳法偈：「慧元道大興，法界一鼎新。通天兼徹地，耀古復騰今。」後竺庵大成禪師從壽昌派下「今」字起又續派二十字：「今日禪宗振，宏開洞上傳。正中妙挾旨，虛融照獨圓。」虛雲在鼓山所接曹洞宗法，爲江西壽昌無明慧經傳承法系。續耀成法，自號古巖，爲第四十七世法嗣。一九五三年，虛雲自雲門移錫雲居後，念及曹洞宗自二世雲居道膺禪師起法道大興，乃將「曹洞宗」易名「洞雲宗」。下傳各代爲：

第四十八代　復徹寬賢、復性淨慧、復興寬淨、復定寬照、寬法佛忍、貞訓修圓、復仁寬志、復堪傳士、佛瑩、復耀（佛耀恍然）、本明、復仁法宗、復華聖揚、復聖維賢、寬定復耀、復振妙峰、妙禪、復振妙空、復性宏超、復本性果、復本禪道、復輝聖輝。

第四十九代　宏法、明海、明憨、道智、利生、騰思素聞、騰悲道慈、騰照華忍、騰峰印覺、騰實明虛、騰浩法青、騰果明因、騰波覺海、騰智果慧、騰理印正、騰如學賢、騰樸大緣、騰海妙山、騰性純空、騰俊明傑、騰願妙勝、騰廣明仰、騰義能修、騰然宗慧、騰懷悟性、騰應佛祥、騰戒正修、騰觀中慧、騰性果玄、騰超妙光、騰睿宗舜、騰契寂靜、騰庵如性、騰慶明勇、騰嘉明影、騰昭寬成、騰暢崇佩、騰帆定明。淨慧傳。騰生宏清。寬賢傳。騰了海音。傳士傳。騰智海燈、騰欽道源。復仁傳。靈妙騰清、宏清。寬照復定傳。騰詮達詮。復輝聖輝傳。

第五十代 知果惟因。宏清傳。明賢。海音傳。

第五十一代 日明傳正、日永傳昌、日圓寬敬、日中繼光、日天宏滿、日新傳開、日遍有學、日性心印、日觀宏林、日廣清林、日開又果、日法果正、日智弘澈、日定隆嚴、日弘清遠、日光智楠、日耀演誠、日聖光鎮、日輝圓淨、日淨繼迪、日禪宏悟、日燈惟振、日徹光輝、日慧新琳、日道澄觀、日光能如、日滿惟銘、日真傳輝、心靈、傳遠、惟聰惟真、惟禪、惟素、巨集務、巨集通、巨集害、成果、寬靜。知果惟因傳。

第五十二代 禪慧聖君、禪林光茂、禪智如峰、禪一法諦、禪門果智、禪心法蜜、禪果敷淨、禪性法廣、禪宗法隆、禪法悟單、禪印頓瀚、禪悟妙壽、禪慧智巖、禪光智淨、禪海傳祥、禪念了塵、禪亮門淳、禪生廣弘、禪朗定超、禪圓素道、禪湛覺明、禪耀宗岳、禪楊見明、禪德明光、禪光慧賢、禪華源祿、禪弘界空、禪普智澄、禪靈傳珂、禪安仁悟、禪理妙航、禪華悟佛、禪化妙相、禪廣照賢、禪果延超、禪行戒忍、禪密法平、禪浩延逢、禪廣滿峰、禪能隆相、禪亦仁富、禪月慧定、禪茂計然、禪文傳法、禪恒行念、禪觀法日、禪紹證道、禪開定心、禪締寂如、禪妙達明、禪化本願、禪祥隆瑞、禪宜照化、禪靜普聖、禪通慧然、禪頌華慧、禪峰振學、禪真徐斌、禪林高覺、禪楨源開、禪瑞演宗、禪繼妙緣、禪學衍然、禪慈賢樂、禪空傳榮、禪昌延郡、禪潤行瑞、禪聖妙理、禪潤超澤、禪學照廣、禪瑞古月、禪聖普能、禪慈日照、禪海法中、禪實正智、禪義法楊、禪果持佛、禪持瑞雲、禪純常戒、禪明悟陀、禪治通揚、禪彰果書、禪中果護、禪乘然一、禪澤國棕、禪證有恩、禪淳本道、禪順源田、禪裕常樂、禪訓古林、禪仁果剛、禪定蓋亮、禪舒可融、禪緣戒德、禪照古耀、禪濟題光、禪波瑞恒、禪周隆照、禪鋭源聰、禪覺印珩、禪銘法偉、禪有智相、禪永道榮、禪意仁悟、禪同昌明、禪堅成東、禪意宗安、禪演法南、禪可法臻、禪哲一山、禪良照賢、禪如恒持、禪勤行覺、禪寶常往、禪升達離、禪舸道立、禪維妙益、禪曙偉光、禪虚正誠、禪祚萬龍、禪振惟增、禪利新孝、禪聞仁錚、禪韶法恒、禪炯傳性、禪道道沅、禪起□仁、禪秉頓念、禪晟道因、禪瑨悟詢、禪汭傳廣、禪東慧芝、禪世妙印、禪卓心審、禪勁法莊、禪勖法立、禪亘傳智、禪證通蓋、禪暢耀如、禪儉達詮、禪鵬頓如、禪皓惟賢、禪宇常慧、禪提晟明、禪賡法源、禪焜中涵、禪戡演化、禪旻常成、禪璞寂印、禪琛印德、禪鼎悟江、禪耿行湛、禪鑒常聖、禪茗常慧、禪頓滿深、禪炅法祥、禪暉法祥、禪皞果玉、禪保昌生、禪締思悟、禪感悟海、禪泓耀覺、禪建法强、禪駒宗恒、禪昊定昌、禪鋒嘎拉桑奥斯爾尼瑪、禪源宗正道圓（韓國）、禪廣弘仁慧照（韓國）。傳正傳。

三、溈仰法脈

據《虛雲自述年譜》載，民國二十三年（一九三四）夏在南華寺時，有長沙郭涵齋寬慧、南嶽寶生、九成、了照，相繼由溈山來懇請興修大溈密印寺，以「祖庭息餤」「盡遭匪焚」之故，禮請虛雲恢復溈仰一脈。乃查閲典籍，以溈仰法脈傳承依溈山靈祐、仰山慧寂、西塔光穆、資福如寶、報慈德韶、三角志謙、興陽詞鐸，共傳七世，自爲第八世「德」字輩（按：《世譜》《燈録》以謙、鐸二公爲昆仲，雲公以二公爲嗣法傳燈，非同門），並繼演溈仰傳法偈：「詞德宣衍道大興，戒鼎馨遍五分新。慧餤彌布周沙界，香雲普蔭燦古今。慈悲濟世願無盡，光昭日月朗太清。振啟拈花宏潙上，圓相心燈永昌明。」下傳各代爲：

第九代 宣化度輪（安慈）、宣玄聖一、宣揚性福、宣明海燈、宣雲滿覺、宣成達定、宣傳月川（傳印）、宣慧禪道、宣德紹雲、宣法自壽、宣道淨慧、宣航晚融、宣靈、宣聖法亮（心明）。

第十代 衍心一誠、衍妙戒全、衍徹果圓。性福傳。衍悟悟聖。滿覺傳。衍行、衍威、衍祥、衍亮、衍空、衍健、衍嵩、衍隆、衍智、衍淳、衍光（大悲法師）、衍嚴、衍申。聖一傳。衍明寂融、衍智寂超、寂（濟）平。海燈傳。如禪、衍真、性妙、真廣。傳印傳。化來、恒持、恒道、恒佳、恒律、恒實、濟群、德禪、衍和聖越、衍輝輝華、衍徹徹光、衍慧照禪、衍成淨行、衍養純願、衍善守初、衍妙戒全、寂心妙性（傳）。宣化傳。

第十一代 妙華、開起、宏端、道開妙虛、因尼、照禪、道笈明賢、道安養航、道源純聞、純源、純一、道空輝悟、道弘純非、道雲通能、道慈延可、道慧聞靜、道持養空。一誠傳。道真聖海。戒全傳。

第十二代 示如、淳法、法流、大顯心明。開起傳。能壽。明道傳。

四、雲門法脈

民國三十二年（一九四三），虛雲應李濟深、李漢魂等之請，從南華寺移錫雲門大覺寺。因悉雲門宗自文偃祖師傳香林澄遠、智門光祚、雪竇重顯、天衣義懷、慧林宗本、長蘆崇信、慧林懷深、靈隱慧光、中竺元妙、光孝己庵，共十一世，後雲門祖庭香燈斷續無定。原派是偃祖下八世優鴻曾演二十字，後不知誰又出二十字。今欲重繼，不知從何字起。乃自續爲第十二世，法號虛雲演徹。繼演傳派字偈五十六字：「深演妙明耀乾坤，湛寂虛懷海印容。清淨覺圓懸智鏡，慧鑒精真道德融。慈悲喜捨昌普化，宏開拈花續傳燈。繼振雲門關一旨，惠澤蒼生法雨隆。」下傳各代爲：

第十三代　妙宗淨慧、妙心佛源、妙道朗耀、妙定寬度、妙慈法雲、妙虛寬能、妙慧戒輪（慧定）、妙性佛雲、佛瑩、幻齊妙正、妙心如雲、妙真嗣雲、妙悟續雲、妙智繼雲、妙通心妙（玄通）、妙定佛慧（寬定）、妙和廣妙、妙如佛智（寬如）、妙榮佛慧（寬榮）、妙慧佛慈（寬慧）、妙純佛智（寬純）、妙慈法慧、妙禪願雲、妙門繼雲、妙雲佛寶（紹門）、妙法能宏（得衆）、妙覺佛心（覺民）、妙常慈藏、妙淨楊智。

第十四代　明圓寂祥、明宗仁智、明悟演成、明靜象性、明禪藏智、明戒融忠、明照光湛。朗耀傳。明空惟升、明賢隆德、海長、明向本佛、明良、明舒、明海、明選、明嚴、明靜、明醒、明禪、靈化、明瑞、來光、馮學成、性妙、永國、明照心覺、計開、明真。佛源傳。　明果、明白。妙法傳。　明夷崇照。淨慧傳。　明願靈航。□□傳。

第十五代　清光。□□傳。

五、法眼法脈

民國三十一年（一九四二），福建長汀青持明湛赴曹溪謁虛雲，並望其紹隆法眼一宗。次年五月十一日，虛雲嘉其志，查閱典籍，確定法眼宗法脈傳承爲法眼文益、天台德韶、永明延壽、保福居煦（按：《佛祖道影》誤記爲雲門宗「圓照宗本」）、智者嗣如、寶林文慧、祥符良度，共七世。虛雲以遙承祥符良度，自爲第八世，號虛雲古巖。並演法眼傳法偈：「良虛本寂體無量，法界通融廣含藏。遍印森羅圓自在，塞空情器總真常。惟斯勝德昭日月，慧燈普照洞陰陽。傳宗法眼大相義，光輝地久固天長。」下傳各代爲：

第九代　本湛青持、本性淨慧、本智寬志、本觀慧果、本寬慧果、本禪、本智信清。

第十代　寂照靈意。本觀傳。　寂樂心澄、寂心妙性、寂悟素聞。本智傳。　寂照宏如。本寬傳。　寂照慧瑛、寂本慧青。本湛傳。

第十一代　體妙明賢。寂照靈意傳。　光良。寂照慧瑛傳。　體華光昇。寂照宏如傳。

海外流播

惠能所創南派禪宗是中國佛教史上流傳最廣、影響最大之禪宗派別，亦是中國化禪宗之惟一正宗，甚且幾成爲中國佛教之代名詞，不僅對中國文化思想及社會生活影響廣泛而深遠，且遠播海外，對世界文化繁榮頗有貢獻。

一、越南法脈

越南早期流傳之禪法乃由隋代毗尼多流支（？—五九四）傳入。毗尼多流支爲南天竺人，相傳曾到中國跟隨禪宗三祖僧璨學禪，得其心印。後至交州（今越南北部）法雲寺弘法，宣揚「真如佛性，不生不滅」「衆生同一，真如本性」，創毗尼多流支禪派，亦稱滅喜禪派。其弟子法賢（？—六二六）以《楞伽經》爲傳法心要，法賢弟子後又以《金剛經》爲傳法心要，其教法與惠能南宗頓悟禪法日趨接近，被稱爲越南禪宗前派。唐元和十五年（八二〇），百丈懷海弟子無言通（？—八二六）到越南北寧省住持建初寺，將惠能南禪正式傳至越南，創無言通禪派，亦稱越南禪宗後派。該派主張佛性無所不在，以及「心、佛、衆生」三無差別等思想，並運用中國禪宗現成公案和體驗方法，對越南佛教發展影響頗大，並一直流傳至今，成爲越南禪學主流。宋時，雲門宗雪竇重顯（謚「明覺大師」）門下草堂禪師赴越南昇龍（今河内）開國寺，倡「禪淨一致」，創立雪竇明覺派，亦稱草堂禪派。草堂禪師後被李朝聖宗尊爲國師。十三世紀，越南陳朝皇帝陳太宗隨中國赴越南傳教之天封禪師和德誠禪師學禪，於是臨濟宗被引入越南，三傳而至陳仁宗。仁宗曾到安子山東究寺出家，登基後朝政交給太子陳英宗，自己卻周遊全國傳禪説法，後於安子山東究寺創立竹林禪派。其教法以臨濟爲主，又融合無言通禪派和草堂禪派之思想，乃形成越南化之臨濟禪。竹林禪派後逐漸趨向禪淨合一。總之，越南各禪派均與曹溪禪有著千絲萬縷之聯繫，曹溪禪以其獨特之宗趣，滲透越南文化與越南生活習俗之中，成爲越南民族精神内在支柱之一。

（一）南嶽懷讓法脈

越南懷讓法脈，創始自南嶽懷讓三世孫百丈懷海法嗣無言通。

無言通（？—八二六），亦稱和安通、南華通，俗姓鄭，唐廣州人。投婺州（今浙江金華）雙林寺出家，後禮江西馬祖道一。道一寂後，求學百丈懷海，得其印法。返廣州，住持和安寺。未久移曹溪，指教慧寂（仰山）參學話頭禪。元和十五年（八二〇），遊方至交州，住錫仙遊山扶董鄉建初寺。寶曆二年（八二六），傳禪法弟子感誠，爲南嶽系越南第一代法嗣。後南嶽系在越南共傳十六代，歷四百餘年，得法者七十四人。

第二代：感誠；第三代：善會；第四代：雲峰；第五代：匡越大師吳真流；第六代：多寶；第七代：禪老、定香；第八代：太宗、圓照、究旨、寶性、心明、廣智等；第九代：通辨、滿覺、悟印、悟法華；第十代：道惠、辨才、寶鑒、空路、本淨；第十一代：明智、信學、淨空（中國）、大舍、淨力、智寶、長原、淨戒、覺海、願學；第十二代：廣嚴；第十三代：常照；第十四代：通師（居士）、神儀、神隻；第十五代：息慮、現光、隱空；第十六代：應王、道圓、一宗。

（二）雲門宗法脈

越南雲門宗法脈，創始自文偃三世孫雪竇重顯法嗣草堂。

草堂（一〇〇五—一〇六五），乃越南雲門宗草堂禪派之開創者，於十一世紀中葉至占婆（今越南中部）弘傳佛教。後李朝國王李聖宗征伐占婆，草堂被俘至昇龍（今河內），封爲國師，賜居昇龍開國寺。因草堂禪派主要在當時知識分子及高級官員中傳承和發展，故又稱「知識禪派」或「儒禪禪派」，深受李朝皇室、大臣護持，李聖宗、英宗、高宗三代國王及太傅杜武、杜常等，均爲草堂歷代法嗣。越南草堂禪派流傳五代，歷近二百年，至李朝滅亡始日益衰落。下傳第二代：李聖宗、般若、遇赦；第三代：吳益、紹明（弘明）、空路、定覺（覺海）；第四代：李英宗、杜武、梵音、杜都；第五代：張三藏、真玄、杜常；第六代：李高宗、海淨、阮識、范奉御。

（三）臨濟宗法脈

越南臨濟宗法脈，創始自陳朝開國皇帝陳太宗。史傳陳太宗曾受教於赴越弘傳臨濟禪法之天封禪師，後參學德誠，又從學無言通禪派定香、圓照、道惠等。三傳至陳仁宗，自號竹林大士，創竹林禪派。十五世紀陳朝滅亡以後，竹林禪派亦告解散，越南佛教由盛轉衰。直至十七世紀，隨著拙公等中國禪師之南來，越南佛教始得以復興。拙公應邀住持河内看山寺，又往隆恩寺説法，住持北寧筆塔寺，開創拙公禪派。十七世紀中葉，有臨濟第三十三代傳人元紹到越南歸寧府弘法，創越南臨濟元紹禪派。十七世紀末、十八世紀初，有越南臨濟第三十五代傳人了觀創立了觀禪派。

竹林禪派　陳朝第三代皇帝陳仁宗（一二五八—一三〇八），自幼篤信佛法。十六歲被立爲太子，而欲離家學佛。後又禪位於陳英宗，在寧平省出家，居武林行宫（後改爲武林寺），旋復還京。後正式出家至安子山紫雲峰（即廣寧省東潮縣境内）學佛，創立竹林禪派，自號香雲大頭陀、竹林大士。此爲佛教正式越南化之標誌，在越南佛教史上意義甚巨。其法嗣法螺（一二八四—一三三〇），後英宗賜號「普惠尊者」，明宗又賜號「明覺」。曾住持超類寺、報恩寺。此派傳法共三代。下傳第二代：法螺；第三代：玄光。

拙公禪派　中國臨濟禪派最早由拙公禪師傳入越南塘外（北河），而碌湖圓景、大深圓寬禪師傳入越南唐中（南河）。拙公（一五九〇—一六四四），明福建海澄（今龍海縣）人，臨濟三十四世。俗名李天祚，法名圓炆，號拙拙，慣稱拙公。拙公幼失父母，由嬸母撫養，聰明穎悟，博通經史。約十五歲出家，初參禪於漸山寺，嗣後謁南山寺德冠陀陀和尚爲師。萬曆三十五年（一六〇七）受具，始雲遊四方，隨化度人。至古眠（今柬埔寨）弘法十六載，國王以師禮遇之，諸大臣咸皈依。天啟三年（一六二三）返漳州。未久再赴越南廣南，順化說法七八載，得廣南阮氏厚待。崇禎三年（一六三〇），拙公離開廣南、順化，赴河内途中駐義安天象寺、清化澤林寺弘法。六年（一六三三）抵河内，應邀住持河内看山寺。後赴北寧住持佛跡寺七八載，其間又到河内看山寺、隆恩寺講法，主張「三教融合」「禪教雙運」，創拙公禪派。十五年（一六四二），住持北寧筆塔寺。十七年（一六四四）七月，於寧福寺圓寂。黎真宗皇帝追封「明越普覺廣濟大德禪師肉身菩薩」。其肉身至今保存於越南佛跡寺祖堂内。拙公被視爲越南北方臨濟宗開山祖師。拙公禪派傳法偈云：「明真如性海，金祥普照通。智道成正果，覺悟證真空。」共傳十代，歷二百餘年。

下傳第二代：在在明行（中國）、明良、明光、明德、明宗、明道、明顯、明嚴、明如、明無、明好、明正、明性、明廣、明規、明令、明通、明圭、明敏、明祥、明義、明法、明全、明恩、明海、明直、明燈、明善、明觀、明萊、明年、明正覺、明高、明時、明壽、明喬、明因、明癡、明覺、明靜、明淨、明戒、明盛、明道、明照、明心、明足、明進、明體、明萬、明忍、明林、明額、明彦、明珠、明志、明辨、明命、明昭、明福、明理、明忠、明惠、明宣、明普、明慎、明蘭、明桂、明妙、明在、明藏；第三代：真住、妙慧、正覺真源、真見、真本、真業、真淵、真融、真門、真祥、真齊、真真、真楊、真詮、真情、真和、真仲、真實、真識、真賢、真論、真曆、真恩、真清、真性、真持、真妙、真禄、真松、真慎、真慈、真知、真通；第四代：如隨、如澄（麟角上士）、如現、如山、如智；第五代：性惀、性泉、性嵺；第六代：海迴、雨花；第七代：寂傳、寂譽；第八代：照寬、正心；第九代：

普性、普算；第十代：精金、通榮。

元韶禪派 元韶（一六四八—一七二八），清廣東潮州程鄉縣（今梅州市）人。俗姓謝，字焕碧，法名元韶。康熙五年（一六六六）於廣州報資寺依曠圓和尚剃度出家，並受法印可，臨濟三十三世，爲木陳道忞法孫。十六年（一六七七）從船舶南來，卓錫歸寧府。二十二年（一六八三），創辦佛學院，建十塔彌陀，廣開象教。不久至順化富春山創建國恩、普同塔。康熙三十五年（一六九六）前後，奉阮主福淍命延請廣州長壽石濂大汕，並請佛像、經卷及法器遞回來往，大汕未行。及還，率僧衆返越，奉旨住持河忠寺，開創越南臨濟元韶派，禪派之祖係曠圓本果。保泰九年（一七二八）十月書偈而逝。偈云：「寂寂鏡無影，明明珠不容。堂堂物非物，寥寥空勿空。」世壽八十一，僧臘六十三。其門人較著者三：成等、成樂、明物一智。阮主阮福澍賜諡「行端禪師」，并撰塔銘。元韶禪派在越南法脈綿長，從十八世紀起至今已傳承十二代。

了觀禪派 了觀（一六七七—一七四三），俗姓黎，諱實妙、覺圓，法名實耀。越南扶安省人。了觀禪承明弘子融（廣東）衣鉢，爲臨濟宗第三十五代傳人。少從濟圓習禪，後投順化報國寺覺封，再回順化隨靈姥寺中國禪僧石濂大汕修習禪觀，住龍山慈曇寺，後於承天省天台禪宗寺，綜合中國臨濟與元韶禪派教義，開創觀禪派。了觀示寂後，朝廷追謚「正覺圓悟和尚」。了觀禪派廣泛流傳於越南南方，共有七代傳承。下傳第二代：濟愍祖訓、湛觀、濟仁覺圓、濟根慈照；第三代：大慧昭然、大義（志）智浩、大月靈照、大德萬福；第四代：道明普淨、道心忠厚、道用廣德、道圓知鑒；第五代：性天一定、性慧一真、性通覺悟、性定龍光；第六代：海順良緣、海紹綱紀、海全靈機、海流密念、天恩；第七代：慧法、福旨、普光、文質。

（四）曹洞宗法脈

越南曹洞宗法脈主要有水月禪派，創始於水月通覺。水月通覺（一六三七—一七〇四），越南太平省先興府御天縣人。早年在雄嶺山寺出家。清康熙三年（一六六四），至中國浙江湖州鳳凰山，參學曹洞宗三十五代一句智教（焦山碩庵行載法嗣）。三年後得法，爲第三十六代。即返越南，住任安山望老寺，創立水月禪派，傳曹洞宗禪法。下傳第二代：宗演真融；第三代：淨覺慈山；第四代：性燭道周；第五代：海奠密多、海在智浹、海弘淨德；第六代：寬仁普濟、寬翌普照、寬教善根；第七代：覺林、明了；第八代：明正清談、道生、光壢、明達。自第九代起，水月禪派分化三個支派，各支派又各自傳承四代。今越南禪宗高僧中，多受水月禪派影響。寧平省碧洞寺、河內市洪福寺、鎮國寺、含龍寺都是曹洞宗寺院，與水月禪淵源頗深。

（五）潙仰宗法脈

越南潙仰宗法脈，始自二十世紀五十年代，時有虛雲傳潙仰弟子、代傳人宣聖悟法移住越南，在越南衍傳潙仰宗法脈。

二、朝鮮半島法脈

朝鮮半島禪宗以惠能南宗爲主流，惠能《壇經》契嵩三卷本在朝鮮半島尤其流行。在《六祖壇經》

中，新羅僧扮演一極特殊之角色。新羅文獻《雙溪寺記》亦載，有新羅和尚名三法，心慕六祖，無緣師事，讀《六祖壇經》中惠能預言「吾滅後五六年，當有一人來取吾首」時，發願成就此事，以化新羅。故特赴唐竊回惠能頭顱，在智異山建塔供奉，並精進習禪，在禪坐諷誦《六祖壇經》時圓寂。由於六祖惠能真身像至今仍完好地保存在韶州南華寺，而《雙溪寺記》亦無任何歷史佐證其取首成功，但由此可見新羅佛教與六祖南禪之關係密切。即今在韓國全羅南道智異山麓雙溪寺，仍聳立一座供奉禪宗六祖惠能頭顱之石塔「六祖頂相塔」，尤是朝鮮半島與曹溪禪關係密切之物證。今韓國佛教主要宗派曹溪宗，亦得名於惠能創宗之地韶州曹溪。

唐建中五年（七八四），有新羅道義入唐求法，正值惠能「頓悟」禪法風行中土，道義乃入曹溪祖庭禮謁祖師，依止南嶽懷讓法系西堂智藏、百丈懷海三十七載，後回新羅傳惠能「直指人心、見性成佛」禪法，宣導「無念無修」「無爲任運」之旨。於穆宗長慶元年（八二一）回國傳法，因與此前神行所傳北宗禪不同，故不爲時人所喜聞。後海東所傳禪宗轉爲以南宗爲主，道義被尊爲迦智山第一祖。又有真鑒慧昭（七七四—八五〇），從滄州惠能南宗馬祖道一弟子神鑒大師受禪法四十餘載，唐太和四年（八三〇）回到新羅，後在智異山花開谷三法和尚建寺之處重建佛刹，並在寺中立「六祖影堂」，擴大惠能在朝鮮半島之影響。據《祖堂集》載，大中十二年（八五八），尚有新羅順支禪師入唐，隨仰山慧寂學禪，後將溈仰宗傳入新羅，爲新羅溈仰宗初祖。十世紀後，新羅禪門逐步形成九大禪宗門派：實相山派、迦智山派、桐里山派、聖住山派、闍崛山派、獅子山派、鳳林山派、曦陽山派及須彌山派，九山禪派均由來華學禪者回國所創，並均出自惠能南宗門下。高麗時期，禪門發展一度受挫，但很快得以恢復。至十二世紀，高句麗王朝學一、坦然、智訥等集九山禪門而創曹溪宗，倡頓悟本心，禪教兼修，後一度與天台宗合併，稱爲禪宗。李朝肅宗五年（一六七九），正式改稱曹溪宗，以示繼承六祖惠能之法脈。二十世紀初，日本吞併朝鮮半島後，曹溪宗受日本佛教影響，信徒宗教生活有所改變，甚至出現娶妻食肉之現象。一九二〇年，蓄髪帶妻的一派從曹溪宗分離出去而另成立太古宗。一九四一年，韓國僧伽以太古寺爲總本山，舉起統一曹溪宗旗號。爲了適應現代宗教與社會發展的要求，曹溪宗還創辦了弘揚佛教之東國大學。目前在朝鮮半島上，韓國佛教極盛，派别衆多，仍以曹溪宗勢力最大。

（一）南嶽、青原法脈

新羅南嶽法系創始於道義、真鑒慧昭，後又有洪陟（直）、惠哲（徹）、無染、玄昱、梵（品）日、道允等入唐參學南嶽懷讓，返新羅後，各創門派，成「禪門九山」。九山禪派中除須彌山派傳青原下曹洞宗禪法外，其他皆傳南嶽下馬祖道一禪法。

實相山派　洪陟創立。據《祖堂集》載：洪陟禪師唐元和六年（八一一）入唐，參學於西堂智藏門下，得法後在興德王即位時回國，住持實相山，爲實相山寺始祖。門下弟子千餘人。下傳第二代：片雲、雪峰秀徹、宣康太子、興德大王；第三代：飲光、款休、遂日、踰海。

迦智山派　道義創立。據《祖堂集》《禪門寶藏録》載：道義，法號元寂，又號明寂，高麗北漢郡人。唐建中五年（七八四）隨高麗使臣入唐，入曹溪禮六祖惠能肉身，再到洪州參西堂智藏，再參百丈懷海。在唐三十七載，於長慶元年（八二一）回國，住持迦智山，爲迦智山派始祖。下傳第二代：雪山廉居；第三代：體澄；第四代：英惠、清奂、義車、迥微、學一、見明、一然、普愚。

桐里山派　惠哲創立。惠哲（七八五—八六一），慶州人。唐元和九年（八一四）入唐，參西堂智藏，得心印。開成四年（八三九）返新羅，駐錫桐里山大安寺，創立桐里山派。下傳第二代：慶寶道詵、○如和尚、允多、慶甫、勸通、玄可。

聖住山派　無染創立。無染（八〇〇—八八八），唐長慶元年（八二一）隨新羅使船來唐，先到終南山聽講《華嚴經》，後入洛陽佛光寺如滿門下問法，再參學麻谷寶徹，得法。會昌五年（八四五）回國，應文聖王之邀住持聖住寺，開聖住山派。下傳第二代：圓藏、靈源、普慎、詢乂、玄暉、大通、麗嚴、僧光、僧亮。

闍崛山派　梵日創立。梵日（又名品日，八一〇—八八九），新羅雞林人。隨新羅貢使團至唐，參學馬祖道一法嗣鹽官齊安。會昌四年（八四四），『誓向韶州，禮祖師塔，不遙千里，得詣曹溪』。會昌六年（八四六）返回新羅，應請住持白達山崛山寺，開闍崛山派，弘法四十餘年。下傳第二代：有寂、朗圓、朗空、開清、信義；第三代：行謙、邃安、信宗、讓規，神鏡、聰靜、越晶。

獅子山派　道允創立。道允（七九八—八六八），漢州鵂巖人。唐寶曆元年（八二五），隨新羅使臣入唐，參學馬祖道一法嗣南泉普願。大中元年（八四七），返回新羅，駐錫楓嶽山雙峰寺，創獅子山派。下傳第二代：鵂巖折中；第三代：如宗、弘可、理靖、智空。

鳳林山派　玄昱創立。玄昱（七八七—八六八），唐長慶四年（八二四）入唐，參學馬祖道一法嗣章敬懷暉。回國後應景文王之邀住持慧目山高達寺，創鳳林山派。下傳第二代：審希；第三代：璨幽、景質、融諦、慈寂；第四代：昕弘、同光、綽麟、承湛。

曦陽山派　兢讓創立。兢讓（八七八—九六五），忠清南道人。唐光化三年（九〇〇）入唐，參學曹洞石霜慶諸法嗣道緣，得法。後唐同光二年（九二四）回國，住持康州伯嚴寺，後重建尚州曦陽山鳳巖寺，創立曦陽山派。下傳兢讓；第二代：新羅迥超、新羅智宗。

須彌山派 利嚴創立。利嚴（八七〇—九三六），唐乾寧三年（八九六）入唐，隨曹洞宗雲居道膺禪師學法六年。後梁開平五年（九一一）回國，敕建廣照寺於須彌山（今黄海道海州郡），弘揚禪法。下傳第二代：高麗處光、高麗道忍、高麗貞能、高麗慶崇。

（二）潙仰宗法脈

新羅潙仰宗法脈由順支了悟、大通傳入。順支，大中十二年（八五八）隨新羅使臣入唐，參仰山慧寂。乾符元年（八七四）學成回國，得松嶽郡元昌王后及其子威武大王護持，捐施五冠山龍嚴寺，請順支入住弘法，開創新羅潙仰法脈。又，有新羅大通參學慧寂門下，回國後弘傳潙仰心印。兩人傳承法脈不詳。

（三）曹洞宗法脈

新羅曹洞法脈由慶甫、麗嚴、慶猷等傳承。

慶甫（八六九—九四八） 全羅南道人。幼年出家，景福元年（八九二）入唐，參學曹洞良价法嗣疏山匡仁，得疏山匡仁禪法。後梁貞明七年（九二一）回國後，先後住持南福禪院、白雞山玉龍寺。慶甫下傳泉通。

麗嚴（八六一—九二九） 景福元年（八九二）入唐求法，參曹洞良价法嗣雲居道膺，悟得真傳。後梁開平三年（九〇九）回國，應高麗太祖王建邀，住持菩提寺，傳承曹溪心印，聖住山派嗣法門人。

慶猷　光啟四年（八八八）入唐，參雲居道膺。後梁開平二年（九〇八）回國，適逢高麗太祖王建立國，在戰場上恭迎法師聽法而皈依。即王位後，慶猷受爲王師，住日門寺。圓寂後，謚號「法鏡」，塔號「普照慧光」。

（四）法眼宗法脈

新羅法眼法脈由慧矩、靈鑑、玄暉、智宗傳承。慧矩、靈鑑上承清涼文益，下傳法嗣不明。玄暉（八七九—九四一），入浙江金華九峰寺拜道潛爲師。後唐同光二年（九二四）回國，高麗太祖王建賜京郊淨土寺請其住持。教化弟子三百餘人。智宗（九三〇—一〇一八），俗姓李，全州人，八歲出家。後周顯德六年（九五九）來唐，拜永明延壽爲師。兩年後，獲心印。北宋開寶三年（九七〇）回國，高麗光宗請主金光禪院，穆宗請主佛恩寺及外帝釋院。

（五）曹溪宗法脈

新羅曹溪法脈由知訥創立。知訥（一一五八—一二〇一），又名智訥，黄海道瑞興郡人，隨曹溪八代宗暉剃度，十五歲受具足戒。後到昌平清源寺修行，讀《六祖壇經》，如獲至寶。宋淳熙十年（一一八三），入下柯山普門寺，閱《大藏經》，以大慧宗杲是曹溪直下正脈，私淑之。紹熙元年（一一九〇），至公山居祖寺，創定慧社。慶元三年（一一九七），命弟子守愚、天真、廓照等重建吉祥寺，開禧元年（一二〇五）更名爲定慧寺，奉敕將松廣山定慧社更名爲曹溪山修禪社，經過發展而成曹溪宗。曹溪宗名遂從高麗時期一直沿傳至今。法脈傳承六代。第一代：慧諶；第二代：夢如、真訓、覺雲、麻谷；第三代：混元；第四代：天英；第五代：沖止；第六代：萬恒、復丘。

二十世紀初，曹溪宗又得到進一步弘傳。著名代表人物有崇山。崇山（一九二七—二〇〇四），原名李德仁，一九四七年出家，法名行愿，朝鮮平壤人。二戰期間，因抗日判死刑。日本投降後，就讀漢城大學。一九四八年始接觸佛教，研讀《金剛經》，即發心出家。剃度後在圓覺山閉關一百天。一九五〇年，得到韓國古峰印可，嗣承曹溪宗法脈，爲第七十八代傳人。在韓國出任多所寺院方丈，並啟建觀音禪院。後將其擴充爲國際性禪院，先後在日本、香港等處設分院，香港分院又名秀峰禪院。七十年代初，隻身前往西方弘法，將禪學傳至歐美。一九七二年，在美國普羅維登斯首創禪學中心。從一九七三年起，劍橋禪中心、達摩禪心、曹溪國際禪心分別在劍橋（馬薩諸塞州）、洛杉磯、紐約陸續建立。繼之在美洲其他國家及東西歐、俄羅斯、非洲等創設禪學中心。一九八三年，創辦國際觀音禪派。一九九三年，發起組織國際性禪學組織「世界一花」。一九九四年至曹溪南華寺朝禮祖庭。一九九六年第四届「世界一花」法會在南華寺舉行，崇山作專題講話，介紹曹溪宗歷史發展情況及中國禪法傳入韓國之歷史。文見「祖庭椽棟」。

（六）太古宗法脈

新羅太古宗屬臨濟法脈，由太古普愚禪師創立。普愚（一三〇一—一三八一），忠清南道洪城郡人。至正五年（一三四五）入元，七年（一三四七）參臨濟第十九世石屋清珙，得印可。次年回國。二十二年（一三六二），應高麗恭愍王請駐錫迦智山寶林寺，傳太古宗法脈，後移錫廣明寺。下傳第二代：幻庵混修、圓應粲英、內願祖異；第三代：龜谷覺雲、平原、登階、尚玆；第四代：碧溪淨心、千峰萬雨、古巖天亘；第五代：碧松智嚴、妙覺守眉、淨蓮法俊；第六代：隱庵靈觀、休翁一禪、秋月祖能、白霞禪雲；第七代：清虚休静、蓮霞玉晶、淨休善修。

三、日本法脈

曹溪禪弘傳日本始於晚唐，會昌五年（八四五）、大中十二年（八五八）入唐求法之圓仁、圓珍回國時帶去大量佛教經典，雖絶大部分爲密宗書籍，其中卻有一本《六祖壇經》。大和八年（八三四），日僧慧萼到杭州靈池寺禮馬祖道一法嗣齊安，齊安向他推薦法嗣義空。大中八年（八五四），義空在慧萼邀請下東渡至日本京都，受到日本皇室和佛教界隆重接待，被安置在東寺西院暫住，未久檀林皇后下旨在京都右京區嵯峨修建檀林寺，迎請義空爲檀林寺開山鼻祖，是爲中國禪宗正式傳入日本之標誌。宋代，日僧榮西（一一四一—一二一五）入中國參禪，遊學於天台、廬山、天童等處，得臨濟心印，回國後創立日本臨濟宗，爲惠能南宗禪在日本之弘傳擴大聲勢。其再傳弟子道元（一二〇〇—一二五三），在嘉定十六年（一二二三）亦入南宋，受天童山長翁如淨啟發而開悟，蒙印可。回國後開山永平寺，創日本曹洞宗。此後，中日兩國禪僧交往愈爲頻繁，大力推動惠能禪在日本之傳播。元僧東渡有史可徵者，有一山一寧、西磵子曇、石梁仁恭、靈山道隱、清拙正澄、明極楚俊、東陵永璵等十三人。明初東渡僧侶，有天龍寺龍室道淵、建長寺喜江及静山諸人。明清之際，福建黄檗山高僧隱元隆琦（一五九二—一六七三）與十餘名弟子東渡日本，形成日本黄檗宗，大受日本朝野僧俗擁護。黄檗宗在參禪念佛時使用漢語，飲食生活保持中國習慣，即寺院構造、禪堂設備亦依中國禪寺之唐宋風格，較之臨濟、曹洞二宗更多葆有中國特色和惠能南宗傳統，且能與日本民族文化融爲一體。

（一）臨濟宗法脈

宋代，先後有三位日僧來中國習臨濟宗。天台宗覺阿，南宋乾道七年（一一七一）到杭州靈隱寺，參臨濟宗楊岐派佛海慧遠，習禪四年，回國後住比叡山弘揚楊岐禪風，是日本有臨濟禪之始。日本僧人能忍在大阪、兵庫一帶建三寶寺，精心研讀禪宗著作，傳授禪法。淳熙十六年（一一八九），能忍派弟子練中、勝辨到寧波阿育王山拜謁臨濟宗楊岐派大慧宗杲弟子拙庵德光，請其印證。拙庵德光將法衣、道號及有題贊之達摩像作爲信物，交練中、勝辨帶給能忍。能忍因有傳承法脈，聲譽高漲。法嗣有覺晏，覺晏再傳懷奘、懷鑒。

日本古代臨濟宗形成二十一派法脈：

千光派 明庵榮西所創。榮西（一一四一—一二一五），乾道三年（一一六七）、淳熙十四年（一一八七）先後入宋求法，得其師虛庵懷敞印可。紹熙二年（一一九一）歸國，創京都建仁寺，弘化禪宗，兼修台、密二宗。宋孝宗賜「千光法師」稱號，爲黃龍派日本惟一傳承人。下傳第二代：圓房榮朝、退耕行勇、道樹明全、天庵源祐；第三代：圓爾辨圓、大歇了心、藏叟朗譽、西勇。

聖一派 圓爾辨圓所創。辨圓（一二〇二—一二八〇），靜岡縣人。端平二年（一二三五）入宋，至明州（今寧波）徑山，謁佛鑑無準師範，嗣其法。淳祐元年（一二四一）二月回國。下傳第二代：東山湛照、無關普門（玄悟）、白雲慧曉、山叟慧雲、藏山順空、無爲昭元、月船琛海、癡兀大慧、直翁智侃、南山士雲、雙峰宗源、潛溪處謙、天桂宗昊；第三代：虎關師鍊、虚室希白、乾峰士曇、友山士偲、正堂士顯、大道一以；第四代：性海靈見、龍泉令淬、日田利涉、回塘重淵、道山玄晟、玉山玄提、鉤叟玄江、金光竺翁、巖實明投。

法燈派　心地覺心所創。覺心（一二〇七—一二九八），信濃國（今長野縣）人。淳祐九年（一二四九）春隨商船入宋，歷參癡絶道沖、荊叟如珏諸師。因無準師範已圓寂，拜無門慧開爲師，嗣其法。寶祐二年（一二五四）返國，駐錫高野山金剛三昧院。後應願性請建西方寺（後稱興國寺）。敕謚「法燈禪師」「法燈圓明國師」。下傳第二代：高山慈照、孤峰覺明、心開鐵關、默翁祖久、辨翁智訥、覺勇、覺山心曉、恭翁運良、無住思賢、東海竺源、嫩桂正榮；第三代：拔隊得勝、慈雲妙意；第四代：俊翁令山、通方明道、無住道雲、宗翁祖元、真翁玄可、花林昌；第五代：賢叟道智、梅林周檀、靈堂祖麟、天叟祖文、福舟梵禧。

大覺派　蘭溪道隆所創。道隆（一二一三—一二七八），四川涪陵人。先後參徑山無準師範、南京蔣山癡絶道沖及杭州淨慈北磵居簡等名師，後轉謁無明慧性，得其印可。南宋淳祐六年（一二四六），與弟子義翁紹仁、龍江德宣等數人乘日本商船東渡至日本弘揚禪法。開慶元年（一二五九），應詔住持建長寺。景定二年（一二六一），開山禪興寺。賜謚號「大覺禪師」，爲日本禪師謚號之始。下傳第二代：約翁德儉（日）、桃谿德悟（日）、無隱圓範、義翁紹仁、桑田道海、葦航道然；第三代：寂室元光、太虛元壽、象外禪鑑。

兀庵派　兀庵普寧所創。普寧（一一九七—一二七六），四川人。先拜南京癡絶道沖爲師，後謁寧波阿育王山無準師範，得其印可。南宋景定元年（一二六〇），應日僧邀請東渡，先住博多聖福寺，後住持建長寺。咸淳元年（一二六五）回國。下傳第二代：東岩慧安、大夢意；第三代：本覺上座。

大休派　又稱佛源派，大休正念所創。正念（一二一五—一二八九），浙江温州人。拜石谿心月爲師，得其印可，承臨濟宗松源系禪法。南宋咸淳五年（一二六九）至日本鎌倉幕府，先後住持禪興寺、建長寺、壽福寺、淨智寺、圓覺寺。下傳第二代：鐵庵道生、大川道通、秋磵道泉、東峰通川；第三代：無涯仁浩、岳雲祖松、之庵道貫；第四代：傑翁是英、惟中通恕。

法海派 又稱佛心寺派，由無象靜照所創。靜照（一二三四—一三〇六），日本鎌倉人。南宋淳祐十二年（一二五二），至杭州徑山參石溪心月，承繼松源系法脈。後至靈隱寺參虚堂智愚。咸淳元年（一二六五）回國。先後住持法源寺、博多聖福寺、山崎靈松山大慶寺、淨智寺、佛心寺。下傳第二代：大林善育、梅峰德英；第三代：大中善益、廷用文珪、安中善齊、巨川善容、大全晃德、西隱善金、善牧；第四代：旨源善宗。

無學派 無學祖元所創。祖元（一二二六—一二八六），浙江寧波人。十四歲拜無準爲師。遊歷臨安、明州兩地間，參謁諸尊宿。淳祐九年（一二四九），無準師範示寂，轉參靈隱石溪心月。嗣後離靈隱轉赴阿育王寺，參偃溪廣聞。元至元十六年（一二七九），受日本北條時宗邀請住持建長寺。又爲圓覺寺開山祖。下傳第二代：高峰顯日（佛國派之祖）、一翁院豪、規庵祖圓；第三代：夢窓疎石（夢窓派之祖）、天岸慧廣、太平妙準、元翁本元、此山妙在；第四代：無極志玄（慈濟門派之祖）、春屋妙葩（僧録司之始）、龍湫周澤、義堂周信、古天周誓、絶海中津；第五代：萬宗中囦、玉畹梵芳、空谷明應、明室梵亮、權中中巽、玉岫英種、寶山乾珍、大椿周亨、禮巖中和、笑巖中訢。

一山派 一山一寧所創。一寧（一二四七—一三一七），浙江台州臨海人。咸淳六年（一二七〇）於普光寺出家，習大慧法系禪法。後拜天童寺簡翁居敬、環溪惟一、阿育山寺藏叟善珍、東叟元愷、寂窓有照、横川如珙爲師，獲頑極行彌印可，爲臨濟楊岐派十世法裔。元大德三年（一二九九），至日本九州博多，執權北條貞時任命其爲建長寺住持。六年（一三〇二），北條貞時任命兼任圓覺寺住持。皇慶二年（一三一三），應後宇多法皇邀請，任南禪寺住持。下傳第二代：雪村友梅、石梁仁恭、東林友丘、無著良緣、無相良真、無惑良欽；第三代：雪溪支山、太清宗渭；第四代：太白真玄；第五代：季瓊真蘂；第六代：萬里集九。

大應派　南浦紹明所創。紹明（一二三五—一三〇八），日本靜岡縣人。南宋開慶元年至二年（一二五九—一二六〇），至杭州淨慈寺，參虛堂智愚，獲其印可。咸淳三年（一二六七）回國，先後住持福岡縣興德寺、博多崇福寺、萬壽禪寺、建長寺。下傳第二代：絶崖宗卓、通翁鏡圓、宗峰妙超；第三代：徹翁義亨、關山慧玄、海岸了義、白翁宗雲；第四代：授翁宗弼；第五代：雲山宗峨、無因宗因、華藏曇、有鄰德。

西磵派　西磵子曇所創。子曇（一二四九—一三〇六），浙江台州人。參杭州淨慈寺石帆惟衍，得其印可，承繼松源法系。南宋咸淳七年（一二七一）應日本將軍時宗邀請東渡日本，元至元十五年（一二七八）回國。大德三年（一二九九），與一山一寧再次東渡，應北條貞時之請住持圓覺寺、建長寺。下傳第二代：嵩山居中（日本）、畊雲克原、明巖正因；第三代：梅隱居芳、寶山浮玉、少林桂萼、瑞巖正之；第四代：同溪正茂、大用全用、邵庵全雍；第五代：長川祥珍、伯春全壽；第六代：文和全印、翠巖全珉。

鏡堂派　鏡堂覺圓所創。覺圓（一二四四—一三〇六），四川崇慶人。參環溪惟一，得其法。元至元十六年（一二七九），與無學祖元、梵光一鏡東渡日本，歷任興禪寺、淨智寺、建長寺、圓覺寺、建仁寺住持。下傳第二代：無雲義天；第三代：月堂圓心；第四代：伯師祖稜。

佛慧派　靈山道隱所創，亦稱破菴派。道隱（一二五五—一三二五），浙江杭州人。參雪巖祖欽，得其法。元延祐六年（一三一九）東渡日本，住持建長寺。下傳第二代：天岸祥麟、石屏子介；第三代：透關慶穎；第四代：芳庭祖；第五代：西華楉。

清拙派　亦稱大鑒派，清拙正澄所創。正澄（一二七四—一三三九），福建福州人。爲杭州淨慈寺愚極智慧法嗣。元泰定三年（一三二六）應邀赴日，先後住持建長寺、淨智寺、圓覺寺、建仁寺、南禪寺、開善寺。下傳第二代：天境靈致、古鏡明千、大翁清淳；第三代：斯文正宣、春澤清正、伯元清禪。

明極派　明極楚俊所創。楚俊（一二六二—一三三六），浙江寧波人。參虎巖淨伏。元天曆三年（一三三〇），應邀與竺仙梵僊等一同赴日。住持建長及京都南禪、建仁諸寺。下傳第二代：惟肖得巖、竺堂圓瞿。

愚中派　愚中周及所創。周及（一三二三—一四〇九），日本岐阜人。十九歲入元，至寧波曹源寺參見月江正印爲師，後到鎮江金山寺參即休契了，得其法。二十九歲回日本。十五年後，應請住持丹州金山天寧寺。下傳第二代：覺隱真知、宗綱惠統、千畝周竹、諾溪清唯；第三代：心翁賓順、雪岑祥銀、蘭翁世春；第四代：雲溪祥瑞、真空慧久、養源善牧；第五代：雪庭善立、廣山周澤、月溪祥泉、見外智參；第六代：重翁祖心、超文鄉苑、雪巖梵繼、月舟照運；第七代：榮巖智盛、東明全桑、芳仲智香、明室全賀。

竺仙派　竺仙梵僊所創。梵僊（一二九二—一三四八），浙江寧波人。參古林清茂，得其法。元天曆三年（一三三〇），應邀與明極楚俊同赴日。先任建長寺首座，後受執權北條高時邀請住持淨妙寺，再受足利尊氏、足利直義邀請住持淨智、無量壽、南禪、真如、建長諸寺。下傳第二代：椿庭海壽、大年法延；第三代：靈巖禪德、萬松。

別傳派　別傳妙胤所創。別傳（？—一三四七），從仰山虛谷希陵處得法旨。元天曆二年（一三二九），應日本足利尊氏邀請回日本，先後住持淨智寺、報國寺、建仁寺。下傳第二代：大治永鉗、玉岡藏珍。

古先派　古先印元所創。印元（一二九五—一三七四），日本鹿兒島縣人。元延祐五年（一三一八）入元，參謁中峰明本爲師，得其法。泰定三年（一三二六），隨清拙正澄一同回國，先後住持惠林寺、淨智寺、圓覺寺、建長寺。下傳第二代：竺西等梵、東曙等海、友峰等益、照中等暾、中和等睦；第三代：正中祥端、喜江壽歡；第四代：月舟壽桂、清淵壽井、仙甫壽、汝興芳、惟馨德、掞山祖友；第五代：如月壽印、繼天壽戩。

大拙派　大拙祖能所創。祖能（一三一三—一三七七），日本相模人。三十歲來中國求法，先在福州參無言先，後參泉州雙林寺東陽德輝、天目山千巖元長。四十五歲時回國，先後住持永德寺、顯孝寺、天龍寺、圓覺寺、楞嚴寺。下傳第二代：龍室元珠、德操天松、白崖寶生、明遠天哲、心源善從；第三代：藍英善玉、汝宗弘、文溪歡、不藏青丹、覺翁祖傳、夢庵祖覺、南巖天陽；第四代：梅巖芳、在天從龍、南景祖椿、天叟香祐、竹印昌嚴；第五代：巨建、桐雲圭、一華宗嚴、以心真傳；第六代：菊隱令、傑洲曇英、節叟存貞。

中巖派　中巖圓月所創。中巖（一三〇〇—一三七五），二十五歲入元，二十九歲參東陽德輝，得其印可。三十二歲回國，先後住持上野吉祥寺、鎌倉萬壽寺、京都萬壽寺、建仁寺、等持寺、建長寺。下傳第二代：南宗建幢、仲和原禮、大業建紹、西昆原池、子建淨業、歸宗淨惲、東生淨旭、東湖淨曉；第三代：祝庵原松、嶼溪建洋、隱之顯；第四代：雲壑圓松；第五代：九天永範。

（二）曹洞宗法脈

日本僧人道元首將中國曹洞宗傳入日本，回國後，先在本州北部山村一帶傳播。十四世紀後逐漸擴展至本州東北部、中部乃至九州一帶，形成道元派、東明派、東陵上派、壽昌派四支。經瑩山紹瑾努力，曹洞宗進一步發展，又形成明峰派、峨山派二大門派。

道元派　希玄道元所創。道元（一二〇〇—一二五三），日本京都人。南宋嘉定十六年（一二二三），隨明全師搭商船至寧波天童山。先參無際了派，後參如淨，得其法。寶慶三年（一二二七）回國，先後住持京都興聖寺、吉峰寺、大佛永平寺。下傳第二代：孤雲懷奘、詮慧；第三代：徹通義介（价）、寒巖義尹、寶慶寂圓、報恩義演、永德義準；第四代：瑩山紹瑾、宗圓、懷暉、義雲、斯道紹由、鐵山士安、愚谷常賢、釋運；第五代：明峰素哲、峨山紹碩、珍山源照、無涯智洪、壺庵至簡、孤峰覺明、默譜祖忍尼、金燈慧球尼；第六代：大源宗真、通幻寂靈、無端祖環、大徹宗令、實峰良秀；第七代：梅山聞本、了堂真覺、了庵慧明、石屋真梁。

東明派　東明慧日所創。慧日（一二七二—一三四〇），浙江鎮海人。參青原下十七世天寧山直翁德舉，得其法印。後於白雲山寶慶寺開堂說法。至大元年（一三〇八），應日本北條貞時請，東渡傳法，任禪興寺住持，遷圓覺寺住持。越七載，應幕府之命，先後住持建長、萬壽、東勝、壽福。下傳第二代：别源圓旨；第三代：玉岡如金。

東陵派 東陵永璵所創。永璵（一二八五—一三六五），號東陵，浙江鄞縣人。拜天童山雲外雲岫爲師。元至正十一年（一三五一），東渡日本，歷任天龍、南禪、建長、圓覺妙智諸寺住持。下傳第二代：中叟善庸、玄庵宗。

壽昌派 東皋心越所創。心越（一六三九—一六九五），浙江金華人。二十歲於江蘇天界寺參覺浪道盛。三十歲至杭州皋亭山顯孝寺參闊堂大文，承嗣衣鉢，爲曹洞宗三十五世。康熙十年（一六七一），受杭州永福寺住持之邀，駐錫杭州永福。十六年（一六七七），應日本長崎興福寺第四代住持澄一道亮邀請赴日本。因異宗僧徒誣陷，遭受禁錮。晚年創祇園寺，主興福寺法席，演説壽昌派禪旨。下傳第二代：吳雲法曇、天湫法澧；第三代：泰山界通、大寂界仙、禪山界園、智融界鑑尼、蘭山道昶；第四代：高嶽宗皦、慧命道根、兒玉空空；第五代：備前玉堂。

（三）黄檗宗法脈

日本黄檗宗法脈由隱元隆琦所開創。隆琦（一五九二—一六七三），福建福清人，參密雲圓悟，越兩載悟旨心宗。南嶽下三十四世祖費隱通容法嗣。崇禎十年（一六三七），任黄檗萬福寺住持。清順治十一年（一六五四），始東渡日本，應長崎興福寺住持逸然性融之請任崇福寺住持。十二年（一六五五），應龍溪宗潛邀請任普門寺住持。十六年（一六五九），任萬福寺住持。留日十九載。下傳第二代：木庵性瑫、即非如一、慧林性機、獨湛性瑩、大眉性善、南源性派、獨吼性獅、龍溪性潛、獨照性圓、獨本性源；第三代：鐵牛道機、潮音道海、鐵眼道光、高泉性潡、柏巖性節、千呆性侒、圓通道成、悦峰道章、法眼道印、月潭道澄。

四、東南亞諸國法脈

十九世紀下半葉，大量華人移民南洋謀生，内地禪僧亦越洋弘法。清同治元年（一八六二），續行到暹羅參學，後得暹羅五世皇朱拉隆功讚賞，撥地興建龍蓮寺，爲第一任住持。光緒十四年（一八八八），曹洞妙蓮赴馬來西亞弘法。雖此時所傳禪法多與淨土信仰相結合，亦融入媽祖等中國民間宗教信仰，但禪宗精神與禪修方法開始在東南亞地區流行，並與當地宗教與文化相結合。二十世紀初，中國禪宗名僧如虚雲、圓瑛、太虚等法師積極赴東南亞參方、弘法，推動曹溪禪之傳播。民國二十六年（一九三七），應旅菲中華佛學研究會邀請，福建南普陀寺代理住持性願應邀到菲律賓信願寺任住持。二十世紀五十年代以後，曹溪禪在東南亞地區之傳播勢頭未減，且傳入緬甸、泰國、斯里蘭卡諸國。

（一）新加坡法脈

近代鴉片戰爭以後，禪宗隨海外貿易及移民潮逐步傳入新加坡。民國九年（一九二〇），新加坡華僑居士鄭雨生獻出土地，胡文虎出資資助，在新加坡光明山建普覺寺，並請福建轉道出任住持，其後宏船、演培、隆根、瑞今相繼出任住持，推動曹溪禪在新加坡傳承。

（二）馬來西亞法脈

曹溪禪傳入馬來西亞始於清光緒十四年（一八八八）。曹洞宗妙蓮在馬來亞檳榔嶼弘法，受當地僑紳善信推崇，住持廣福宫。由於寺院地處鬧市，不便静修，在僑紳張弼士等護持下，經十五載，於光緒三十一年（一九〇五）建成集衆講經道場極樂寺，迎請《龍藏》入寺。光緒帝御賜「大雄寶殿」匾，慈禧太后頒賜「海天佛國」匾。是年虚雲弘法緬甸、馬來西亞，受妙蓮委託，在極樂寺開講《法華經》，聽經、皈依者數百人。民國二十七年（一九三八），勝進到馬來亞弘法，在怡寶興建東蓮小築。三十年（一九四一），慈航駐錫馬來亞弘法，應大護法兼信理人、檳榔嶼殷商林耀椿母子禮請，住洪福寺與寶譽堂，爲開山祖。三十一年（一九四二），福建高僧會泉在馬來亞升旗山興建妙香林寺，爲開山祖。圓寂後，由宏船繼任。一九五〇年，演本在馬來亞金馬倫高原興建萬佛寺，爲開山住持。一九五八年圓寂後，由本道繼任。一九五四年，竺摩在馬來亞檳榔嶼弘法，一九六二年在檳城興建三慧講堂道場，爲開山住持。一九六九年，又在檳城創馬來西亞禪學院，培養漢傳禪宗僧尼。

（三）印尼法脈

一九六九年九月，應印尼李弗蓀邀請，在馬來西亞弘法之高僧竺摩組成佛教訪問團，先後到棉蘭十餘座寺院弘法，並發表演講，皈依者數千人。時李弗蓀及菩提中小學校師生，集體皈依三寶。一九七一年，又有臺灣東初應印尼佛教會邀請訪問印尼，在雅加達等地受到華人佛教徒熱烈歡迎，參觀數十所佛寺。一九七二年，竺摩第二次到印尼弘法，爲皈依弟子林賽娥伉儷創辦之智光學校主持開幕典禮，作

《現代佛教需要學校教育》演講。

（四）泰國法脈

曹溪禪弘傳於泰國，始自清同治元年（一八六二）。時有續行參學於佛教聖地暹羅（泰國），初住曼谷斗巷觀音宮弘傳禪宗，受到暹羅五世皇朱拉隆功賞重。同治二年（一八六三），在暹羅五世皇主持下，續行在曼谷修建龍蓮寺，經八年建設，於十年（一八七一）竣工，任第一任住持，至今已傳承至第九代仁晁。宣統二年（一九一〇），泰國華僑領袖鄭智勇向各華人商號發起募捐，在帕抛猜路買地，建大峰祖師廟報德堂。一九五九年，普淨在曼谷然那瓦縣沙徒巴立路興建普門報恩寺，六年後初具規模，由泰國君主拉瑪九世敕賜奠界。報恩寺是繼龍蓮寺後又一所華人所建禪宗寺院，現任住持爲仁德。仁德在泰北清萊府建成萬佛慈恩寺。

（五）菲律賓法脈

民國二十年（一九三一），旅菲中華佛學研究會在菲律賓成立。二十五年（一九三六），旅菲中華佛學研究會發起募捐，在馬尼拉興建信願寺。二十六年（一九三七），應旅菲中華佛學研究會主席吳江流及各董事邀請，性願到菲律賓弘法，任信願寺住持。三十五年（一九四六），瑞今應性願邀請，與廈門妙釋寺住持善契到菲律賓弘法，駐錫信願寺，協助性願開展法務活動。三十七年（一九四八），瑞今繼任住持。一九六五年，廣範雲遊棉蘭老島弘法，度化信衆。一九六六年，護法居士發心捐地，廣範興建龍華寺，任第一任住持，二〇〇二年能振繼任。一九八九年，臺灣佛光山前往菲律賓弘法，在菲律賓興建佛光講堂、慈恩寺及多所佛光苑。

五、美洲法脈

（一）美國法脈

臨濟宗法脈　隨著近代東西文化交流日漸繁榮，曹溪禪傳入美國。清光緒十九年（一八九三），世界宗教會議在芝加哥召開，日本臨濟宗禪師洪岳宗演首次向西方學術界介紹禪宗，譽之爲「東方文化瑰寶」，西方學者爲之矚目，有三藩市羅素夫婦參學於宗演門下。光緒二十三年（一八九七），宗演推薦其高足鈴木大拙赴美，與美國學者保羅·卡洛斯合作，首次用英文將《大乘起信論》及所著《大乘佛教概論》譯出，使西方人初步感受東方禪文化之獨特魅力。民國十六年（一九二七），鈴木大拙《禪佛教論集》出版，引起現代科技與理性主義高度發達之西方社會廣泛關注。日本臨濟宗宗演另一弟子宗活於光緒三十二年（一九〇六）來到美國，率十四名弟子在三藩市建立禪中心，開展禪修活動。民國十七年（一九二八），宗活又委派其在家弟子佐佐木指月到美國傳禪，並於十九年（一九三〇）在紐約建立美國佛教協會，後改名爲「美國第一禪堂」。十八年（一九二九），宗演弟子千崎如幻於洛杉磯創立禪修中心。一九五六年，虛雲弟子知定赴美弘傳禪宗，成爲首位在夏威夷傳大乘佛教之中國僧侶。知定得衆多美籍華裔僧侶支持，在檀香山興建美洲有史以來最大的禪宗佛寺虛雲寺。經過近十年募化，一九六七年春，虛雲寺落成，知定爲首任住持。二〇〇三年知定圓寂後，由其弟子頓如續任住持，頓旻爲監院。

曹洞宗法脈 在臨濟禪傳入美國之同時，曹洞宗亦開始在美國傳播。民國三年（一九一四），日本曹洞宗禪師磯部峰仙到美國，在檀香山創辦首座曹洞宗寺院，有「北美曹洞宗第一開教使」之稱。隨後，續有日本禪師到美國弘傳曹洞禪法，培養弟子。民國十八年（一九二九），太虛到美國弘法，宣講曹洞宗法旨，成爲首位到美國傳播曹洞宗之中國僧人。一九四九年後，日本曹洞宗法系大量湧入美國，先後興建芝加哥佛禪寺，成立三藩市禪中心、蒙特列禪團等。二十世紀六十、七十年代，肯妮特在美國先後創立禪傳道會、霞斯塔寺院，並在加州、俄勒岡、華盛頓、蒙他那等地設立禪傳道會分支機構。美國人理查德·貝克成爲鈴木順瀧法嗣，理查德·蘭格羅斯任芝加哥佛禪寺住持，並在威斯康辛州設立芝加哥佛禪寺分院，傳承法脈。

臨濟曹洞合一禪法脈 由日本發心寺原田祖岳創建。一九六〇年，原田祖岳派其弟子安谷白雲、卡普勒（美國）、前角泰山傳法入美，合美國臨濟、曹洞爲一禪。安谷白雲在檀香山金剛僧伽會、加州菩薩會、紐約禪學研究會擔任禪師。卡普勒在紐約創立羅契斯特坐禪中心，前角泰山則創立洛杉磯禪中心。一九七八年，洛杉磯禪中心成立超越文化研究學院。一九七五年，應美國沈家楨邀請，聖嚴前往美國弘揚曹洞、臨濟兩系禪法。在紐約布朗士區大覺寺兩年時間，聖嚴根據西方人重實際之特點，側重於學禪打坐之推廣，並首次舉辦禪七活動。二〇〇〇年，聖嚴在美國象岡道場舉辦默照禪四十九天，爲禪宗能在美國生根開花，其要求美國各分支道場「當以禪風一致化、人事本土化爲原則，以利純粹禪法之不墮」。

潙仰宗法脈 一九五九年，虛雲弟子宣化在美國成立中國佛教總會，後改爲法界佛教總會。一九六二年，應美國佛教人士邀請，宣化再次到美國三藩市弘法。一九六八年，宣化在三藩市開設楞嚴講修班，華盛頓州立大學三十多名學生前來修習。講修班結束時，有五名美籍青年懇請剃度出家，創下美國佛教史上有僧相之記録。經其苦心經營數年，在美國萬佛聖城建立具有國際性宗教中心性質之道場，並在此創辦法界佛教大學。此外，在美西岸各城市，宣化分别建立分道場。

自二十世紀五十年代後，禪宗在美國得到迅速傳播，陸續建立一些參禪組織及禪學研究會。例如，紐約有紐約禪學研究會、國際大菩薩禪堂，洛杉磯有羅契斯特坐禪中心、禪宗研究會等。目前，美國各地均有禪宗學院，每一座大城市均有禪修中心，各大學校園常舉行坐禪補習班及討論會。禪師們應邀到天主教、基督教堂去講禪，基督教會則把佛教之禪定、氣功引入其宗教儀式中，並稱之爲「沈思」。美國天主教領袖撰寫《天主教禪》一書出版，使禪更爲美國社會所接受，坐禪團體比比皆是。

（二）加拿大法脈

曹溪禪加拿大法脈傳承始於二十世紀八十年代。一九八一年五月，越南臨濟僧悟德在加拿大湛山精舍禪修四年，禪法精進，與信衆善果因緣日厚，在多倫多市中心興建華人佛教道場大悲精舍。一九九〇年，改建西人教堂爲第一所華人佛教寺院妙覺寺。一九九二年九月，依靠信衆資助，在多倫多市中心買下東正教會所，經四年改造，建成正覺寺，並任住持。

六、歐洲法脈

（一）英國法脈

曹溪禪英國法脈傳承於日本，二十世紀初鈴木大拙傳日本禪宗入英國，並以日英交换教授身份，先後在劍橋、牛津等多所大學開設《禪與日本文化》講座，並設坐禪會，指導聽衆坐禪。民國十三年（一九二四），英國洪飛斯成立佛教中心，後改爲佛教協會。一九七二年，英籍日本曹洞宗比丘尼肯妮特在英國諾桑伯蘭谷地創立霞斯塔寺院分支機構瑟羅塞爾洞修道院。在肯妮特推動下，禪宗很快在英國流行，各地紛紛建立坐禪中心，其中以法屋、倫敦禪學社等最爲著名。禪師不僅指導修習坐禪，且積極參與社會活動，諸如爲青年主持婚禮，爲幼兒舉行命名宗教儀式，爲死者舉辦葬禮，舉辦各種紀念儀式及佛教節日慶典活動，禪宗在英國社會中逐漸風行。據一九九〇年版《大英百科年鑒》統計，時歐洲有二十二萬佛教徒。時值今日，英國傳承之中國禪宗主要以臨濟、曹洞法脈爲主。在英國佛教派別中，禪宗地位僅次於藏傳佛教。

（二）法國法脈

曹溪禪法國法脈傳承始於民國間，主要爲臨濟、曹洞二系。民國十七年（一九二八），臨濟太虛到馬賽、巴黎弘法，授中國禪宗法脈，得法國知名學者歡迎，發起籌建世界佛學院，法國政府決定撥地助建。十八年（一九二九），在太虛促成下，羅絲貝莉法國佛教友誼會成立，後更名巴黎佛教協會，臨濟宗開始傳入法國。一九七〇年後，日本 Taisen Deshimaru 禪師將日本禪修方法傳入法國，並在羅爾河和謝河、亞德斯市分別建立大溪禪寺、禪修中心。一九七六年，凡泰仙禪師將日本曹洞法脈傳入巴黎。此後，日本曹洞法脈遍及法國各地。一九七八年秋，世界佛教徒聯誼會第十二屆大會決定吸收法國爲歐洲禪宗聯盟區域中心，機構設在巴黎。

（三）德國法脈

曹溪禪德國法脈傳承始於民國年間。民國十八年（一九二九），太虛到德國講學，與德國學者論説禪宗。二十二年（一九三三），德國斯泰克自德國至南京棲霞山皈依虛雲，取法名照空。二十三年（一九三四），首届國際佛學會議在倫敦召開，斯泰克被選爲主席。第二次世界大戰爆發後，斯泰克住德國南部，專事寫佛書、講佛經。二〇〇九年十月二十三日，淨慧將臨濟宗法脈第四十五代法卷傳給德國本篤禪修中心導師威里吉斯·雅各爾，爲中國禪宗法脈正式進入德國之標志。現在德國人信奉禪宗雖較少，然漢堡禪中心在德國具有一定影響力。

（四）意大利法脈

二十世紀六十年代，Martinelli 在佛羅倫薩創建意大利佛教協會。同時，淵源於中國南禪宗之日本黄檗宗傳入意大利，爲人關注。

一九八三年，意大利法師 Fausto Taiten Guareschi 獲日本弟子丸泰仙（Taisen Deshimaru）大師禪旨，成爲其得法弟子，是第一個歐洲黄檗宗嫡傳人。一九八四年，Fausto Taiten Guareschi 在佩魯賈省興建 Fudenji 寺，出任住持。寺中常住僧尼大約十五至二十人，時有居士和禪宗愛好者在此修行學法。Fudenji 寺是意大利黄檗宗協會總部。在米蘭、諾瓦拉、布雷西亞、瓦雷澤等市都有 Fudenji 寺附屬中心。此外，還有特爾尼省晉化宗寺廟、羅馬及熱那亞菩提達摩中心（Centro Bodhidharma）、阿雷佐 Pieve Asolana 塔和諾瓦拉禪屋學院（Scuola Chanwu）。

卷五　興復碩匠

卷五　興復碩匠

傳曰：「人能弘道，非道弘人。」又，論者稱：「天下佛土，不乏莊嚴，有其人則開正眼，無其人則陷魔軍。」自梁智藥三藏開闢曹溪，創立道場；唐尼無盡藏慧眼識人，爲惠能興復寶林；惠能大師使寶林寺終成禪宗聖地，曹溪法脈流衍古今中外；明憨山德清以戴罪之身整頓曹溪道場，使之振起，聳動中外；民國虛雲更在時局動蕩、民族危亡之際毅然復興祖庭，遥接法脈，五宗並弘；中華人民共和國成立後，本煥、惟因、佛源等勉力撑持，使祖燈重輝；進入新世紀，傳正收復寺産，莊嚴寺宇，並大力建設「大南華」，將祖庭禪宗文化及整個嶺南禪文化推上新臺階。斯數人，無不是使曹溪「開正眼」之人。或興或復，其弘揚之功，不可磨滅。

開山祖師

一、智藥三藏

智藥三藏，西天竺人。梁天監元年（五〇二）航海至廣州，將彼土菩提樹一株，植於法性寺宋求那跋陀羅所建戒壇旁，讖曰：「後百七十年，有肉身菩薩於此樹下演上乘，傳佛心印。」求那建壇，亦曾立碑曰：「有肉身菩薩，於此受戒。」天監元年至唐儀鳳元年（六七六）凡百七十五年，六祖至此受戒弘法，兩師之言乃驗。智藥復由南海經曹溪口，掬水而飲，味美甘芳，謂徒曰：「此水與西天無別，溪源必有勝地可爲蘭若。」至源上觀山水，曰：「此地宛如西天寶林。」謂居民曰：「可於此建梵刹名寶林，百七十年後有菩薩來此演化，得道如林。」後果如所讖。又建羅浮、月華等寺。

二、無盡藏尼（?—六七六）

無盡藏尼，曲江曹侯村人。俗姓劉，儒士劉志略之姑也，常誦《大涅槃經》。時六祖往湖北黃梅學法，途經曹溪曹侯村，住劉志略家。聽師誦經，即知妙義，遂爲解說。師乃執卷問字，祖曰：「字即不識，義即請問。」師曰：「字尚不識，焉能會義？」祖曰：「諸佛妙理，非關文字。」師驚異之，遍告里中耆德云：「此是有道之士，宜請供養。」時寶林古寺自隋末兵火已廢，村民曹叔良率衆等於其舊址重建殿宇，延祖居之，俄成寶坊。惠能隱居懷集後，無盡藏尼雲遊到江西贛州境內建庵隱修，唐上元三年（六七六）圓寂。

中興巨擘

一、憨山德清（一五四六—一六二三）

名德清，字澄印，別號憨山。俗姓蔡，安徽全椒人。父彥高，母洪氏。幼習儒業，能詩文。十二，投金陵報恩寺西林。十九，謁棲霞雲谷披剃，自號澄印。次年，從無極受具足戒。初參徧融（真圓）、笑巖（德寶）諸宿，請示禪要。明萬曆四年（一五七六）袾宏遊五臺，特訪敘談五日。後以黄冠所誣，坐以私創寺院，遣戍雷州。二十四年（一五九六），至韶州禮祖，偈曰：「曹溪滴水自靈源，流入滄溟浪潑天。多少魚龍爭變化，源頭一脈尚泠然。」二十六年（一五九八），應廣州光孝僧請，住訶林之椒園，於寺内講《四十二章經》。二十八年（一六〇〇），入住曹溪。三十一年（一六〇三），因僧達觀事累及，再次遣返雷州。三十四年（一六〇六），免戍，再回曹溪。留曹溪又九載，始還僧服。遊於湖南、江浙近十載，廣做佛事。天啟二年（一六二二）十二月，受請回曹溪，爲衆説戒講經。次年十月，圓寂於曹溪南華，壽七十八，僧臘五十九，戒臘五十八。塔全身於天子岡。謚「弘覺禪師」。富於著述，門人福善、通炯、劉起相等爲刻《憨山老人夢遊集》四十卷行世。

法　語

示曹溪諸僧

曹溪爲天下禪宗道脈之源，而山川之勝冠嶺表，故叢林甲於諸方，所稱由來舊矣。爰自大鑒禪師入滅以來，而南嶽、青原二大老抽枝發幹，普蔭人天；至若一言半句之下、揚眉瞬目之間而得超生脱死者，不可勝數。自爾此山寂寥，幾千年矣，豈非枝大而批其本耶？然其道雖曰無相，而實寓有形。是故與時升降，固其理也。所以遠求五宗之源，其本無二，其建立之旨，亦在隨宜。自宋而元，如高峰、斷崖、中峰諸大老，皆力振家聲，而雷電之機不減叢林盛時。至明興以來，其風浸微，不敢望其真履實證，求其有志向上一路者，蓋亦幾希。而他方尚或有一二知此道者，若曹溪爲當家的骨兒孫，獨不識袈裟爲何物、剃髮爲何事也，豈獨人與道違，即山川之勝、叢林之茂，想亦無復當時矣！況爲惡魔所侵，作諸難者非一，豈非其道與時升降，而與山川共爲休戚乎！余於丙申春蒙恩遣雷陽，道經曹溪口，因得參謁六祖大師。正值衆僧遭燒煮之餘，鼎沸未消，余爲潸然者久之而去。明年秋，蒙制臺大司馬陳公念曹溪禪門洙泗，欲置余於其間，爲供灑掃。余是時方慚愧爲法門玷，懼辱祖庭以謝。又明年，觀察海門周公攝治南韶，心與陳公合，余堅讓不已，但命執筆重纂其志，剛成草而周公以入賀去。未幾，觀察惺存祝公蒞其政，公自號「曹溪行腳僧」，下車不數日，無論地方盜弭訟息，民享太和，即曹溪山門，百廢一時悉舉，宛若大鑒重拈袈裟角耳。而向之不識不知之僧，皆煥發佛性光明，此豈非「有情來下種，因地果還生」耶？公久欲得區區爲大鑒侍者，冀將焚香洗鉢之勞，以續破法之愆。余慚愧者久之。頃公以入賀去，濱行，乃令寺僧長老率諸大衆作禮，辱公先以書抵，復面，叮嚀之意，懇懇至再。余感公高妙，此行不以官爲得意，而喜得作曹溪主人，是其幻化門頭，現宰官身而作佛事者乎？蓋亦世道交興，故能令此山色溪聲挺露法身而吐廣長舌相也。顧區區罪垢之軀，不敢蹈寶華、撾毒鼓，聊書此以付來僧，且爲異日得度因緣，作升堂入室之券。時庚子三月既望。

寄示禪堂諸弟子

老人初爲祖師建立之時，大衆不知老人之心。今日老人行後，凡山門利害及禪堂設立，汝等皆樂入堂安居，是知老人之苦心也。若知老人之心，則當知佛祖之心矣。今思得老人似前教誨，不可得也。然聚散之緣，雖佛祖不免。在諸弟子，能知恩報恩，依教修行，雖佛祖滅後，亦同在世親近不異。故佛臨入滅時，諸大弟子請問：「若佛滅後，衆等以何爲師？」佛言：「當尊重波羅提木叉，是汝等大師。」梵語「波羅提木叉」，此云戒也。故佛常言：「汝等比丘能守吾戒，雖千里外如在左右；若不奉我戒，縱對面猶千里也。」此吾佛大師金口親囑之語，可不遵乎！況今末法，去聖時遥，若佛弟子不秉佛戒，將何以爲修行之地，奈何以出生死之苦海乎！老人臨行，特爲汝等就梵綱戒，不知汝等一一能堅持否？佛制，比丘半月半月誦此戒經，如從佛親聞作法羯磨，毋令毁犯。令三業六根，念念檢點觀察，不許闇生罪遇，不得毁犯戒根，即此便是真實修行，坐進此道，不必遠訪明師，徒增辛苦也。若汝等向來未能堅持，則當從今半月半月對佛宣誦《梵綱戒經》，十重四十八輕，一一戒條，熟記分明。如犯一條，則於誦戒之日，請軌範師作證，衆中遞相驗舉，犯者對衆懺悔，再不許犯。如此，則改過自新，道業可就。其所犯之罪，除懺悔外，衆等議定清規罰例，以便遵守。如老人向日所遺教條，可爲常法也。衆等戒經習熟，則當背誦《四十二章》《佛遺教經》《楞嚴》《法華》《楞伽》諸經，以爲佛種。其參禪一著，當遵六祖開示慧明「不思善，不思惡，如何是當人本來面目」公案，蘊在胸中，時時參究，久之自有發明時節。如此，方是續佛祖慧命之大事因緣也。汝等能遵此語，則如老人常住曹溪，汝等亦不必參方行脚矣。

示曹溪沙彌

庚子歲，當道延予料理曹溪，余應之，至則百廢概不能舉。因思爲治之道，以養材爲本，遂選諸沙彌設義學，延賓師以教習威儀，誦讀内外經書。稍知信向，則披剃立禪堂，使就清規，受戒法，晝夜禮誦。是時諸沙彌始知有出家業，皆厭耕鑿而慕清修矣。余苦心十年，差有可觀，遂棄去。今老矣，隱居南嶽。其諸沙彌昔受化者，先未深知老人，今乃深思之，雖求一日之執侍、一言之教導，難矣。沙彌某比時在孩稚，今從衆中始知老人心，求親近不可得，乃具册遥乞開示。老人聞而悲且喜也。昔佛在時，恐久住世間，薄信衆生多不敬信，遂上昇忉利令衆慕，而後來則人人皆生難遭想矣。若老人久住曹溪，諸人安能戀慕如今日哉！以沙彌之心觀衆心，豈無佛性者耶？今示沙彌：若思老人，不若思念佛、思念六祖也。若思念佛，當來必有見佛之時；若得見佛，便是出生死時也。思念六祖，當初一賣柴漢耳，如何得今日人天供養？再思今日供養，乃從母親拋卻恩愛，走向黄梅會下，負石舂米辛苦中來。再思六祖，三更入黄梅方丈，得受衣鉢，憑何知見，向五百衆中獨自得之？且人人一個臭皮袋，死了三五日便臭爛不堪，爲何六祖一具肉身，千年以來如生一般？此是何等修行，得如此堅固不爛？沙彌如此細細一一思想，思想不透，但將《壇經》熟讀細參，參之又參。全部不能，但祇將「本來無一物，何處惹塵埃」一句藴在胸中，行住坐臥，喫茶喫飯，搬柴運水，迎賓待客，二六時中，一切處頭頭提撕，直使現前定要見「本來無一物」是個甚麽，如何是「不惹塵埃」的光景。若能如此用心，是名參禪。若參到自信不疑之地，則能真見六祖面目，方知老人鼻孔，方是沙彌真正出家了生死得時節也。若不肯向己心中苦求本分事，空思老人有何利益？一往諸沙彌但知親受老人教導，惟習威儀動静、禮誦文字而已，若從今日始，都與沙彌所請開示，如此一力做工夫，方是老人真實訓誨。老人老矣，此乃最後開示也。若錯過今日，將來縱向十方世界參訪知識，總是他家活計，慎勿以老人此言爲空談也。

示旦過寮融堂主

天下叢林，爲十方衲子行脚者之傳舍。以萬里雲遊，跋踄登山，衝風冒雨，躡雪履冰，饑寒困苦，弔影長途而莫知所止，故望一叢林以求一夕之安，如窮子之望父母廬舍也。萬一到處主者不得其人，視其漠然而不加意，使饑者不得食，渴者不得飲，勞者不得息，病者不得安，則其淒楚苦惱之懷，又將何以控告耶？此從古十方接待叢林之設，深有見於此也。諸方四路，各有退步，或有鄰封里市，容可不得其所而更之他。至若嶺南曹溪道場，六祖肉身現在，以故海內衲子所必往而禮覲者所必至，數千里外，單單度嶺，特爲此事，況冒煙瘴之鄉，出九死一生之地，繭足而至，此中可無接待之設乎！老人未到曹溪之日，聞衲子至者，無安居息肩之所，求其一飲一食而不可得，率皆旋行托鉢，僧房皆閉門而不納；即得米升合，又無炊爨，皆拾薪就澗，或得一食而行，乃其幸也。老人憂之，乃逐屠沽之肆，闢爲接待十方禪堂，別立齋廚以便其食，所需皆取給於內堂，必使周足，聽其饑者食，渴者飲，勞者息，病者調理，汙者浣濯，任其久近，隨其去來，是以業海而爲樂土矣。但求一主者不易得也，且有即此而造地獄者，比比也。或有獅蟲集此以作魔撓，力不能制者，多未安也。頃昂公來云：「近得融公爲旦過堂主，事事如宜，足副建立之心，居三年如一日也。」老人聞而喜曰：「此老人願力所至也。」持此請益，老人因示之曰：常思菩薩修行，以慰安衆生爲本。當思一切衆生，老者如父，少者如兄弟，一以孝順心而敬事之，況在法門，有同體之誼，又非其他可比也。苟能以孝順心而敬事之，是則以佛心爲心也。何也？豈不聞《梵網戒經》乃佛之心地法門也，首稱孝名爲戒，所謂孝順三寶，孝順師僧，孝順至道之法。若能受此戒，即入諸佛位。是即以孝順爲戒之本，戒爲成佛之本，故能行此行，即是作佛之基，不用別求佛法矣。《華嚴經》云：「菩薩布施衆生頭目身肉首足，有來乞者，隨與而去。」且自慶曰：「彼來乞者，皆我善知識，爲我不請之友，能成就我無量功德，令我堅固菩提願力。」由是觀之，則今十方來者，皆我不請之友。融公若能以孝順心恭敬供養，以滿金剛戒品爲成佛種子，即此一行，全攝衆行，又何捨此而別有玄妙佛法哉！融公能諦信老人，從此深心以盡身命供養十方，堅志不退，即是菩薩以頭目手足而施衆生等，無有異也。求佛妙道，又何如於此也。其或未然，又將六祖「本來無物」一語横在胸中，久之，一旦識得自己本來面目，是時則將六祖鼻孔一串穿卻，乃見拈一莖草即是已建梵刹，惟恐十方雲水之不早至，又何疲厭之有哉！嗟予老矣，愧不能再爲六祖作奴郎，公能體此，即是代老人常轉如是法輪也。

二、古巖虚雲（一八四〇—一九五九）

名古巖、演徹、性徹，字德清，晚年自號虚雲、幻遊。祖籍湖南湘鄉，俗姓蕭，名靈球。生於泉州，父玉堂，母顔氏，由庶母王氏撫養。咸豐八年（一八五八）至福州鼓山湧泉寺禮常開出家；翌年於妙蓮座下受具足戒。承嗣五家法脈，臨濟宗四十三世，曹洞宗四十七世，溈仰宗第八世，雲門宗第十二世，法眼宗第八世，承前啟後，演衍宗風。當禪法聖脈「一髮危秋」之際，於鼓山傳曹洞，兼嗣宗臨濟，中興雲門，扶持法眼，延續溈仰，興滅繼絶。奉師參學，遍歷大江南北，習禪研教，親近善知識。跪拜普陀朝五臺，歷三載；隻身入藏地，遠至錫蘭、暹羅、緬甸。光緒二十一年（一八九五）於揚州高旻寺悟透禪關。二十三年（一八九七）於寧波阿育王寺禮舍利，燃指供佛度親。三十年（一九〇四）於大覺禪寺成立滇西宏誓佛教學堂，三十二年（一九〇六）獲光緒帝所賜紫衣、鉢盂、玉印、錫杖、如意、全副鑾駕及佛慈弘法大師之號。民國十八年（一九二九）正月，由滬回福州鼓山湧泉寺。二十三年（一九三四），應李漢魂之請來南華，駐錫祖庭近二十載。期間改曹溪河流向，立曹溪正門，護山植林木；建殿宇庵塔二百四十三楹，塑佛像六百九十尊；嗣承法脈，傳四十六堂大戒。三十一年

（一九四二），應林森之請赴重慶主持「護國息災大悲法會」，嗣後於韶關大鑒寺、廣州六榕寺、潮州開元寺、香港華東醫院相繼做水陸法會，超度陣亡將士和遇難同胞。三十二年（一九四三），由南華移錫雲門。三十七年（一九四八），組建「重興光孝寺委員會」。一九五二年參與發起組織中國佛教協會。一九五三年九月遷錫於雲居山真如，重建祖師道場。一九五九年農曆九月十三日於真如雲居茅蓬示寂，建舍利塔於雲居山之陽。荼毗獲舍利數百粒，供奉於雲居、南華、香港等處。世壽一百二十，僧臘、戒臘一百零一。歷坐十五座道場，先後中興雲南祝聖、昆明華亭、鼓山湧泉、韶關南華、雲門大覺、雲居真如六大祖庭，重建大小寺院庵堂八十餘處，創辦滇西宏誓佛學院、福州鼓山佛學院、曹溪南華戒律學院、雲居山佛學研究苑等以培育僧才，并建叢林、立清規、定次序、安職位，制定一系列規約。歷任中國佛學會名譽理事、中國佛教協會名譽會長。一生建寺安僧，振興禪宗，提倡戒律，興學育僧，農禪並重，重視史文，愛國愛教，福利社會。著述豐富，後人輯有《虛雲和尚年譜》《虛雲和尚法彙》《虛雲和尚法彙續集》《虛雲和尚全集》行世。

法　語

南華寺進院陞座法語

民國二十三年甲戌，受李漢魂之請，由福州鼓山至廣東曲江，重修曹溪南華寺。八月初二日，闔郡官紳士庶送入曹溪。是日適祖師誕日，進香夾道，緇素萬人。

初到曹溪門，以柱杖點云：「南柯一夢到曹溪，天涯窮子今來歸。今日有無權且置，呼爲明鏡尚成非。黄梅夜半傳衣鉢，堂堂千古放光輝。入室兒孫誰繼武，燈燈相續顯靈威。」

至寶林門，以柱杖指云：「明明曹溪路，寶林門洞開。十方禪和子，悠悠任去來。達此逍遙境，清虛絶塵埃。法界匪中邊，一門衆妙賅。」

彌勒殿，云：「大腹便便笑呵呵，大千沙界雨芬陀。不離布袋乾坤大，三會龍華補佛陀。」展拜。

韋馱殿，云：「三洲感應現童真，降魔伏醜具威神。咦！靈山咐囑猶留耳，赫赫將軍護法身。」展拜。

五祖殿，云：「東土傳承，一花五葉。北秀南能，枝枝葉葉。」展拜。

六祖殿，拈香云：「年年二八八二日，現出空中飛鳥跡。雖然遍界不曾藏，離婁窺測不能及。畢竟如何委悉呵？」燒香云：「今日分明指示。」

憨山大師座前，拈香云：「海內無敵手，鼓山是對頭。一回思憶著，令人恨不休。爲甚麼不休？」召大衆云：「兩個泥牛鬥入海，一度拈香一度愁。」再上香云：「今德清，古德清，今古相逢換了形。」法運興衰聽時節，入林入草不曾停。」展拜。

大殿，拈香云：「娑婆教主，義闡無生。甚深妙法，誰佛誰生？」展拜。

入方丈，云：「入先德之堂，登先祖之座。橫按鏌鋣，全提正令。此是歷代祖師宏法利生之處，今日不肖到來，又作麼生？」彈指三下云：「彈指圓成八萬門，一超直入如來地。」展拜。

至法堂，以柱杖指法座云：「巍巍寶座，祖祖相傳。頭頭無礙，法法皆玄。當陽頭出，躋攀迥絶。鐵眼銅睛，仰之不及。山僧到來，有甚奇特？欲窮千里目，更上一層樓。」以柱杖一指云：「陞！」陞座拈香云：「此一瓣香，不從天降，豈屬地生？爇向爐中，耑申供養。本師釋迦牟尼佛，及一切諸佛諸大菩薩，西天東土歷代祖師，本寺開山智藥尊者、六祖大師，中興繼位諸老和尚，伏願佛日增輝，法輪常轉。」斂衣就座，上首白椎云：「法筵龍象衆，當觀第一義。」執杖云：「大事分明無一法，因緣未了又多端。憨山去後來今我，古刹重興賴衆緣。本寺是從智藥尊者開山，讖後一百七十年，有大聖人來此説法度人，成聖者數多如林，故名寶林。至我六祖來開化，至今千數百年，度生無數。雖其中不無興替，至明代憨山祖師重興，挽回綱宗。今又越三百餘年，繼起乏人，久成荒廢。此次山僧在鼓山，三夢六祖喚來，復承宰官居士發起重修，派人到鼓山簡請，事不獲已，勉應其誠。今日雖臨此座，自慚德薄慧淺，理事生疏，全仗大衆護持，灑甘露於枯枝，布慈雲於火宅，共維祖庭。即今勉力維持，作恁麽生？」向東西合掌云：「袈裟角下四天王。」下座。

戒靈通侍者酒并偈 民國二十三年

甲戌歲秋，雲初入山禮祖殿，見祖坐龕內，一金色鬚髮狀如歐人之像者，名曰靈通，雖《壇經》未見記載，而諸籍中稱「侍者」，爲波斯太子，慕道而來，性好酒，於祖在日，許其偷飲云云。又於龕之右，設一酒亭，金碧檀欒，備極工致，中具香爐、花瓶、酒缸、杯箸。余怪，以問香火僧，僧曰：「侍者好酒，不獻則不利。」余謂：「爾輩欲飲，以侍者爲雉耳！」僧曰：「和尚若不信，請驗之。」乃命其注酒缸內，守視之，不數時，而酒化水矣。三日如是，怪矣！

溯勸靈通侍者戒酒，以達觀可公爲第一次，憨山清公爲第二次，撤其酒器，爲文祭告，越今已三百餘年矣。侍者當時已戒酒，豈已後又再飲耶？悟後仍迷，無是理也。余重思之，恍然有悟。侍者於侍祖日，飽嘗法味，必不嗜酒，即使偶爾偷飲，經達觀、憨山之勸，亦必斷除，何以至今仍有烈酒化水之異？其必野狐精怪之輩嗜飲，以侍者爲憑藉。此一念之邪也，以邪招邪，於是一班閒神野鬼，感應其邪念而來，侍者不飲，而野狐精怪及閒神野鬼皆大醉。酒乃化水，理不當有，事則無疑。於是余毅然撤其酒亭，毀其杯酌，奉侍者於伽藍殿重塑其像，使兩手空空，不復提壺，因爲之偈曰：「侍者有德號靈通，誓輔祖庭衆所尊。人多訛傳師好酒，師奉千佛無此風。想是佞惡竊尊譽，嫁罪自飾將無同。今爲拈出雪此恥，長伸兩手振吾宗。」

再告靈通侍者文　民國二十六年

丁丑秋，寺內僧俗多病，衆議紛紜，以格侍者酒供爲詞，因再爲文以告之曰：

維歲丁丑，維月庚戌，是月之朔，壬申之日，南華禪寺住持虛雲，率領監院合山大衆等，虔備清齋酥酡妙供，沐手焚香，上稟祖師，奉告尊侍曰：

雲之不德，入侍祖庭，舉墜興廢，三年於兹矣。各事進行，均稱順利。正當恢宏殿宇，百工斯勤，惟自本年入夏以來，僧衆匠工多病，百般醫治，效果殊微。豈以雲改建殿宇、重新祖庭而未稟命乎？雲朝乾夕惕，鞠躬盡瘁，此心當爲祖師所諒也。謂爲禁格侍者飲酒乎？則佛制戒律甚嚴，以酒器過人者，五百世無手。雲不敢以害侍者及禍僧衆也，因之曾爲偈以戒侍者。今僧衆工匠，又因病而涉及禁侍者飲酒問題，雲不得不上稟祖師寂光加被，再告侍者絶酒耽禪，並以解一般僧人之惑。

我中國自儀狄作酒，禹飲而甘，曰：「後世必有以亡其國者。」其旨深哉！延及周初，世人皆中於酒。其時流風所被，必有極擾亂社會秩序者，於是周公作《酒誥》曰：「酗於酒者，繫歸周，殺無赦。」可謂嚴厲之極。降至唐宋元明諸代，無不時有酒禁，而禁終不能絶，此何故也？必有所至矣。夫酒之性有二：一曰麻醉，二曰興奮。世俗人以之合歡，以之解愁。誠以世俗之人，處五濁惡世，八苦交煎，借酒澆愁，其中固似別有天地。何也？中酒有三：大醉則狂，狂斯亂；中醉則昏，昏斯沈；微醉則酣，酣斯暢。昏狂皆足戕己害人，不必論；即以酣暢而言，亦不過麻醉神經，興奮血脈，使其微適，將平時煩惱、焦悶、抑鬱、恐怖暫忘卻耳，及其醒時，則借酒澆愁愁更愁也。世俗人不知禪悅，乃以醉鄉爲世外桃源，故千里禁之而不絕。若乎靈通侍者，親侍祖師，必得甚深禪悅。即今日僧衆禪堂坐香，試問到初地定時，百骸調適，身心俱忘，萬象如如，孤明歷歷，此時境界，以視哺糟啜醨而爲酣暢，不亦天淵也哉！初地尚如此，甚深禪定可知也。明夫此，則不戒而自戒矣。自今以後，不許滴酒入祖庭；如有疹厲，雲自當之。用是稟我祖師，啟我侍者大師，告我僧伽，從茲共勵，維護祖庭。侍者功德，福濟無窮，內外清淨，頓消滓塵，靈源迸溢，枯木逢春，出門寧靜，共轉法輪。

南華寺上堂一則 民國二十三年

僧問：「如人上樹，口銜樹枝，手不攀枝，脚不踏樹。有人來問，如何答話？」師云：「懸崖有個玉麒麟。」進云：「未審是樹上語？樹下語？」師云：「踏破孤峰月更明。」僧一喝，師打云：「不知春色早，猶待雪花飛。」有居士問：「二龍爭珠，誰是得者？」師云：「山僧脚下兩重泥。」士無語，師打云：「鷸蚌相持，漁人得利。」乃云：「今辰三岔衆居士，敦請山僧舉向上宗乘。無奈住持事繁，且舉一則現成公案，不負當人之請。昔王常侍參臨濟，問曰：「衆僧看經否？」濟云：「不看經。」「還參禪否？」濟云：「不參禪。」「既不看經，又不參禪，作個甚麼？」濟云：「總教伊成佛作祖去。」侍曰：「金屑雖貴，落眼成翳。」濟云：「將謂汝是個俗漢。」師著云：「相隨來也！敢問大衆，山僧這一轉語，是常侍相隨臨濟？是臨濟相隨常侍？」喝一喝，下座。

今朝三月十五，衆集鳴鐘擂鼓。啟請説戒上堂，宗律一如波水。萬法本自圓明，切忌分歧彼此。若執向外馳求，面南欲看北斗。喝一喝，云：「古云：『昨日夜叉心，今朝菩薩面。菩薩與夜叉，不隔一條線。』諸子今即得戒，已田衣覆體，究竟是僧耶？俗耶？大須仔細，直須掀翻。坐斷兩頭，中亦莫立。聽吾頌云：『昨是白衣身，今成釋子面。緇素一齊拋，凡聖都不見。』誠能如是，上報四恩，下濟三有；如或不然，祇名名字比丘去也。且道如何是名字比丘？傷兹末運，獅蟲亂法，誠可嗟歎！身披袈裟，不守佛戒，是非人我如山，嫉妒顛狂猶昔，無明貢高，貪嗔我慢，本願爲僧圖謀解脱，未能悔過，罪惡重加。大衆莫謂雲上座不惜口業，説得利害，切須珍重始得。

佛成道日衆居士請上堂 民國二十三年

子夜踰城到雪山，藤蘿青嶂白雲間。蘆芽穿透金剛眼，頂上容巢任鳥還。果滿三祇成正覺，一生補處道心安。祇因錯認明星現，四十餘年把釣竿。

僧問：「夜睹明星即不問，如何是諸佛印？」師云：「杖頭一句垂方便。」問：「如何是道人心？」師云：「湯火無虞泛碧流。」進云：「佛祖一口吞盡，還有衆生可度麽？」師云：「疑則別參。」進云：「學人到此，染汙不得。」師打云：「頂戴奉行。」

問：「佛祖未生時還有向上事無？」師云：「有。」進云：「若道有則觸，若道無則背，請和尚判斷。」師云：「頂門一具黄金骨，造次凡流豈可明？」問：「如何是内？」師云：「人貧志短。」問：「如何是外？」師云：「馬瘦毛長。」進云：「内外中間俱不著時，和尚在何處安身立命？」師云：「棒頭有眼明如日，教人到處得逢渠。」乃云：「急著眼，快先登，雪到紅爐一點清。個裏若無仙子客，臨機棒下豈容情。」

沙彌尼宏度請上堂　民國二十三年

執杖云：「昔佛姨母大愛道，求佛出家。佛制，女人不准出家。阿難再三懇請，佛説八敬法，令阿難傳達姨母，姨母遵受。佛許開戒，遂減正法五百年。雖然，非阿難不知世尊密意，非世尊無以度脱女人。自始以來，諸女輩於佛出家，悟道證果，不可勝計。法華會上，諸尼受記，奮迅比丘尼，善財參叩總持，灌溪服膺於末山，大慧之印可妙總，妙湛圓明，豈分男女？衹在一念迴光，始信與佛無異。爾諸尼衆，得受淨戒，雖未即到無垢成佛，亦幸解脱女形之累，得參三寶之尊，亦是火裏生蓮，不易得也。從今已往，宜各發出世心，修出世行，迥超物外，毋染塵緣，以智慧明鑒自心，以禪定安樂自心，以精進堅固自心，以忍辱滌蕩自心，以持戒清淨自心，以布施解脱自心。自他兼利，兩足圓成，作苦海之慈航，爲法門之柱石，名真佛子，真報佛恩。現前諸尼，宜共勉勵！」

開經日上堂法語　民國三十一年，重慶南岸獅子山慈雲寺啟建護國息災大悲法會道場

以杖指法座云：「衹這寶華王、三世諸佛、歷代祖師，天下老和尚，靡不從此豁開人天之正眼，蕩掃魔外之邪宗。即今老衲上來，卻作麼生即得？」震聲一喝云：「獅子窟中獅子吼，象王行處象王威。」登座，拈香云：「此一瓣香，根盤劫外，葉蔭寰區。拈起則地震山摇，放下則河清海晏，爇向爐中，端爲祝延中華民國國府元尊，福壽無疆。伏願金輪鞏固，道運遐昌。此一瓣香，威寧四海，德垂萬民，爇向爐中，奉爲滿朝文武，闔國官紳，高增禄位；護法檀那，現前大舉，增

延福壽。伏願縱橫掛域中日月，卷舒立方外乾坤。此一瓣香，荊棘林中，枝枝毓秀，葉葉聯芳，爇向爐中，專申供養湧泉堂上得戒本師妙蓮老和尚、傳法源流耀成老和尚、本寺諸位老和尚、天下宏宗律教淨諸大善知識。伏願悲願洪深，建法幢於處處；慧燈光燄，拯長夜之漫漫。」斂衣就座，維那白椎畢，師執拄杖云：「觀音妙智力，能救世間苦。三災八難除，蒼生咸覺悟。國泰民安樂，雨順風調護。菩薩降吉祥，除苦灑甘露。今日政府元尊、闔國官紳，啟建全國護國息災大悲法會道場四十九日，令山僧率領全體僧伽，諷誦諸品尊經，加持廣大圓滿無礙大悲心大陀羅尼，稱揚嘉號。祈觀音之慈濟，禱普賢之宏願，轉國運於興隆，使民安物阜，劫難消除，冤敵滅蹤。此界他方，均成樂土。化身隨應，演諸妙法。陣亡將士，死難同胞，聞法超昇。即泥犁苦趣，餓鬼道中，或放大光明，或見諸神變。凡有見其相，乃至聞其名，皆發菩提心，永出輪迴苦。火鑊冰河之地，變作香林；飲銅食鐵之徒，化生淨土。披毛戴角，負債含怨，盡罷辛酸，咸沾利樂。疾疫世而現爲藥草，救療沈痾；饑饉時而化作稻粱，濟諸貧餒。以此功德，迴向法界。七趣十生，齊成佛道。今日法會，衆善信等，請法設齋，爲祈植福延齡，災劫消除，且道因齋慶贊作恁麼道？」良久云：「四方共樂無爲化，同誦堯天舜德明。」交杖下座。

朱鏡宙與虛雲和尚論禪宗問答辭

弟子寬鏡問：「老和尚座下，修持有心得者究有幾人？」師歎息曰：「現在連找一個看門人竟不可得，遑言其他。南華至今丈席猶虛，即可概見。」寬鏡又問：「知幻即離，能所雙忘。正這麼時，是否與六祖告明上座不思善，不思惡，正與麼時，那個是明上座本來面目相契合？」師曰：「這是六祖勘問之語。知幻即離，尚有所在，不能謂爲能所俱忘也。」又問：「天台宗三觀之義，是否與三性之義相合？」師言：「台宗設三觀以爲用功次第，而禪宗無次第。」語已，出觀源居士撰《質疑》一書見示。最後論及《金剛經》，師笑曰：「《金剛經》注釋多至數百種。」寬鏡曰：「然。」但弟子讀經，從未讀注。師曰：「不讀注亦好，熟能生巧。祇要科判明白，久讀而能了悟。讀注反易受其左右。」寬鏡歸讀《質疑》竟，而後知一切擬議皆是戲論，未證而説，開口便錯，不禁汗下，深自懺悔。憨山大師云：「依經解義，三世佛冤。離經一字，即同魔説。」説法之難有如是者。

如何學佛　靜坐法要

民國三十二年一月十七日，於重慶慈雲寺開示

今日諸位發心來歸依三寶，老衲甚爲欣慰！諸位遠道過江來此，無非希望得些益處。但若想得益，自須有相當行持，如徒掛空名，無有是處。諸位須知，現既歸依，即爲佛子。譬如投生帝王之家，即是帝王子孫，但能敦品勵行，不被擯逐，則鳳閣鸞臺，有分受用。自今以後，須照佛門遺教修持。要曉得世間萬事如幻，人之一生，所作所爲，實同蜂之釀蜜，蠶之作繭。吾人自一念之動，投入胞胎，既生以後，漸知分别人我，起貪嗔癡念。成年以後，漸與社會接觸，凡所圖謀，大都爲一己謀利樂，爲眷屬積資財，終日孳孳，一生忙碌，到了結果，一息不來，卻與自己絲毫無關，與蜂之釀蜜何殊？而一生所作所爲，造了許多業障，其所結之惡果，則揮之不去，又與蠶之自縛何異？到了最後鑊湯爐炭，自墮三塗。所以大家要細想，要照佛言教，宜吃長素，否則暫先吃花素，尤不可爲自己殺生。殺他之命，以益自己之命，於心何忍？試觀殺雞，捉殺之時，彼必飛逃喔叫，祇因我强彼弱，無力抵抗，含冤忍受，積怨於心，報復於後。以較現在武力强大之國，用其兇器，毁滅弱小民族，其理正同。諸位既屬佛子，凡悖理之事，不可妄作。佛法本來没甚稀奇，但能循心順理，思過半矣！許多人見我年紀虚長幾旬，

見面時每有探討神通之情緒，以爲世外人能知過去未來，每問戰事何日結束，世界何日太平。其實神通一層，不但天魔外道有之，即在鬼、畜俱有五通，此是性中本具，不必注意。我們學佛人，當明心見性，解脱生死，發菩提心，行菩薩道。從淺言之，即諸惡莫作，衆善奉行。不但不可損人利己，更宜損己利人。果能切實去做，由戒生定，由定生慧，一切自知自見，自不枉今日歸依也。方才有幾位詢問《楞嚴經》意旨，兹乘大衆在此機緣，略説概要。此經原有百卷，而此土所譯，衹有十卷。初四卷示見道，第五、第六等卷示修行，第八、第九卷漸次證果，最後並説陰魔妄想。阿難尊者爲衆生示現詢問，而佛首明諸法所生，惟心所現。因阿難尊者見佛三十二相，如紫金光聚，心生愛樂，佛問其將何所見？阿難尊者白佛言：「用我心目，由目觀見如來勝相。」佛問：「心目何在？」阿難尊者白佛言：「縱觀如來青蓮華眼，亦在佛面。我見觀此浮根四塵，衹在我面，如是識心，實居身內。」佛告心不在内，不在外，亦不在中間，若一切無著，亦無是處。諸修行人，不能得成無上菩提，皆由不知二種根本：一者無始生死根本，則汝今者與諸衆生用攀緣心爲自性者；二者無始菩提涅槃元清淨體，則汝今者識精元明，能生諸緣，緣所遺者。由諸衆生遺此本明，雖終日行而不自覺，枉入諸趣。應知諸法所生，惟心所現。一切因果，世界微塵，因心成體。而一切衆生不成菩薩，皆由客塵煩惱所誤。色、聲、香、味、觸、法爲六塵，眼、耳、鼻、舌、身、意爲六根，是爲十二處；加眼識、耳識、鼻識、舌識、身識、意識六識爲十八界。另地、水、火、風爲四大，再加空大、見大、識大爲七大，合爲二十五數，由二十五位賢聖分别自陳宿因、入道途徑。至於六道輪迴，淫爲其本；三界流轉，愛爲之基。阿難尊者爲衆生示現，歷劫修行，幾難免摩登伽之難。所以示罪障之中，淫爲首要。因淫損體，遂殺生補養，而盜、妄等惡，亦隨之而生。阿難見了如來三十二相，如紫金光聚，對摩登伽之美色，而不愛樂。男子見了女子，或可觀想自己亦作女子；女子見了男子，或可觀想自己亦作男子，以杜妄想。自己終日思想，確可轉移心境。譬如我從前幼時在家垂辮髮，衣俗衣，終日所觸所想，無非俗事，晚上做夢，無非姻親眷屬，種種俗事。後來出家所作所思，不出佛事，晚上做夢，亦不外念佛等等。至葱蒜五辛，不可進食，爲免助長慾念。所謂除其助因，修其正性，更加精勤增進，自能漸次成就。更須自己勤奮，不可依賴他人。阿難尊者以王子佛弟，捨其富貴，出家從佛，希望佛一援手，即得超登果位，詎知仍須自己悟修，不能假借。不過吾人如能發心勤修勿怠，則由十信、十住、十行、十迴向以至十地，亦自得步步進益，以達等覺妙覺。而三界七趣，無非幻妄所現，原本不出一心；即一切諸佛之妙明覺性，亦不出一心。是以心、佛、衆生，三無差別。香嚴童子可説即是我鼻，憍梵菩薩可説即是我舌。二十五位聖賢因地雖有不同，修悟並無優劣，不過現在時機，發心初學，似以第二十四之大勢至菩薩，及第二十五之觀世音菩薩，二種用功方法，或更相宜。觀世音菩薩於阿彌陀佛退位時，補佛位；而大勢至菩薩，則候觀世音菩薩退位時，補佛位。大勢至菩薩以念佛圓通，吾人學習，應念阿彌陀佛，都攝六根，淨念相繼，得三摩地。因十方如來，憐念衆生，如母憶子；若子逃逝，雖憶何爲？子若憶母，如母憶時，母子歷生，不相違遠。若衆生心，憶佛念佛，現前當來，必定見佛。至於觀世音菩薩，則從聞思修，入三摩地，上合十方諸佛同一慈力，下合六道衆生同一悲仰。若遇男子樂持五戒，則於彼前現男子身而爲説法，令其成就。若有女子五戒自居，則於彼前現女子身而爲説法，令其成就；如是或現天人，或現聲聞、緣覺以至佛身；所謂三十二應，以及十四無畏、四不思議，經無量劫，度無量衆生，衆生無盡，悲願無盡，諸位善體斯意可也。

侍者惟因筆録

雲門寺開示 民國三十三年五月二十六日至八月二十三日

民國三十三年（一九四四）五月二十日，抵韶關，乃詣馬壩曹溪南華禪寺。（中略）二十六日晨，謁虛雲老和尚求開示，首略述余生平經歷及學佛因緣，師問余《楞嚴經》要旨，多不知答。余問怎樣才得消除妄想，師言：「一、放下諸緣；二、時加覺照；三、起妄莫續；四、長期護持。」余曰：「弟子用功，不看念佛是誰，而直觀無念，不知對否？」師曰：「所謂話頭，即動念之前頭，古人原不講看話頭，亦不看念佛的是誰，後世不得已而用之。其實話頭甚多，有以看念佛是誰爲本參話頭的，有以看父母未生以前如何是你本來面目的。」余曰：「不論什麼話頭，結果都是觀心。」師曰：「是。」余問開、示、悟、入佛之知見，師曰：「開是開顯，示是指示，悟是了悟，入是證入。佛之知見，即如來藏心。如來藏生佛不二，衹爲衆生迷，故輪轉生死，無有了期。我佛憫之，因出現於世，將生佛不二之如來藏心，開顯指示，令衆生了悟，證入佛道，以免長劫沈淪，而獲登彼岸。此即佛出世之一大因緣也。」余辭出，禮謝畢，師曰：「來此有緣。」又曰：「幸勿執著。」

六月二十四日，師召寺中四衆訓話，略謂：「時局日益緊急，生死自有命定，躲脱不是禍，是禍躲不脱，大家毋庸惶懼憂慮，可安心在此，勇猛辦道。兹有數事告示大衆，望深信而篤行之。一者從今晚起，每日早午齋後及晚香時，齊在祖殿同念觀世音菩薩一枝香，一日三次，普爲大地衆生消弭劫難。二者重要行李收藏起來，寄居男女居士皆裝成僧尼模樣。三者敵人或匪或盜，萬一來此，大家照常安居，毋庸驚恐，和平相待，勿與計較。彼若要東西或糧食，任其拿去，不必與爭。」大家聽已，皆靜心安居。

七月三日，大衆急念觀音後，師開示云：「敵人之不退，國難之不消，固由衆業所感，亦由吾人平日缺乏道德，臨事不夠誠心，大家須力行懺悔，具足誠心。」

智慧述虛老和尚異事，云：「一日，戴季陶居士率男女老幼多人禮和尚於南華寺，和尚以一小壺水輪酌三周未盡，以一疊瓜子遍散諸人不竭。及大衆辭出，以燭於大風中照大衆，由方丈室出山門，火不熄滅。衆皆心異之。」又云：「某巨室有怪異，人不敢居，旋迎和尚居住，自此無復變異。初來雲門時，遇狐跪伏，和尚爲授三皈依，乃去。」

南華禪七開示三則 民國三十七年冬

若論個事，本自圓成，在聖不增，在凡不減。如來輪迴六道，道道皆圓；觀音流轉十類，類類無殊。既然如是，求個什麼，覓他何來？祖云：「才有是非，紛然失心。未掛船舷，正好吃棒。」可憐啦！自家寶藏不開，卻來廁房擔草。這都是一念無明，狂心不死。所以棒頭覓頭，擔薪覓薪。大德們！何苦來？既不愛惜草鞋錢，我自不怕弄惡口：（震威一聲）釋迦老子來也！參！

古云：「舉一不得舉二，放下一著，早已十萬八千。」諸禪德既不嫌多，老衲也給你一個痛快。當佛在世，有一外道，兩手持花奉佛。佛見其來，即云：「放下。」外道聞聲，即將左手持花放下。佛再言曰：「放下。」外道聞聲，復將右手持花放下。佛復言曰：「放下。」外道聞聲，詫而問曰：「我兩手奉花供佛，今已遵佛旨次第放下。奉花已盡，佛再飭放下，其旨云何？」佛憫而謂曰：「我非囑爾放下手中花，係囑爾外捨六塵，中捨六根，內捨六識，名曰『放下』。」外道聞言，作禮而去。禪德們！我此法會，有麼有麼？有則鵬鳥沖天，無則蛟龍潛海。參！

禪德們！古人有言：「恰恰用心時，恰恰無心用。無心恰恰用，當用恰恰無。」如不到此地步，怎知他終日吃飯，未曾嚼著一粒米；終日行路，未曾踏著一寸地？這個若不知道，又從何處去發現、實悟真參？過去大慧宗杲禪師，作首座於圓悟座下，因參「樹倒藤枯」一句，三年開口不得。一日與圓悟祖師陪客午齋，杲師舉箸拾菜入口，一時竟忘取箸，神情不露，癡態可掬。圓祖見而謂曰：「這漢參黄楊木禪！」杲師聞而對曰：「此事恰似狗舔熱油鐺，雖然下不得嘴，卻是捨之不得。」圓祖聞曰：「你喻得極好。」禪德們！你們想想杲師那時之「參」，與你們現在的「參」，有別無別？如無別，則處處是樹倒藤枯，相隨來也；若有別，則時時是相隨來了，而樹倒藤枯。（拍板一下，云）不經一番寒徹骨，怎得梅花撲鼻香。參！

當代龍象

一、本煥乘妙（一九〇七—二〇一二）

俗姓張，名鳳珊、志山，湖北新洲人。自幼聰穎，七歲失怙，十餘歲輟學，遂往倉埠爲學徒。民國十九年（一九三〇）正月十五日投新洲報恩寺禮傳聖披剃，法名本幻，後改本煥。是年四月初八日於武昌寶通持松座下受具足戒。旋往揚州高旻參來果。越五載，爲維那、堂主。二十六年（一九三七），朝禮五臺，援入廣濟茅蓬任監院。歷數載繕寫《楞嚴》《地藏》血經。二十八年（一九三九），於廣慧座下受法脈。三十一年（一九四二），於五臺閉關三載。三十七年（一九四八），至曹溪南華。翌年正月初八承嗣虛雲法脈，爲大鑒下第四十八世，臨濟宗第四十四世。嗣後主席曹溪，屢次主持曹溪戒壇。一九五八年錯劃爲「右派」而繫獄，一九八〇年平反。歷任丹霞別傳、廣州光孝、黄梅四祖、新洲報恩、深圳弘法諸寺住持。曾往美國、泰國、新加坡、澳大利亞等國以及香港、臺灣等地區弘法傳戒。二〇一二年四月二日於弘法寺示寂。世壽一百零六，僧臘、戒臘八十三。嗣法門人印順、印覺、頓林。有《禪堂開示》行世。

法　語

曹溪佛學院開示法要　節録

出家是大事。俗話説，出家乃將相難爲之事。爲什麼這麼説？因爲大將能率領千軍萬馬打敗敵人，宰相能安邦定國，但卻不能打敗自己的煩惱，安頓身心。出家人首先要斷掉煩惱，去掉私心雜念，才能讓身心得到解脱，才能利益更多衆生。你們想想看，這是不是大事？釋迦牟尼佛放棄國王不做而出家，爲什麼？就是要利益更多衆生。怎麼樣利益更多衆生呢？那就要先把我們的煩惱、私心雜念斷掉，發大願，不爲自己求安樂，但願衆生得離苦。所以，你們現在要好好學習佛法，聽從法師們的教導。學好佛法，才能開大智慧；有了智慧，才能斷煩惱、利益衆生。

僧人是三寶代表。出家是件不容易的事，更不容易當的。常言説，出家人是人天師表。佛法僧三寶，僧人是三寶的代表。佛陀把覺悟到的教法留在世間，全賴僧人傳承和弘揚。因此，我們肩負著很大的責任，就是要繼承和發揚佛教，弘揚佛法；不衹是口頭上講的，要踏踏實實地修行。修行修得好，有道德，才能教化衆生，才能不汙僧寶的身份，才能讓佛法久住世間。我們今天出家學佛，首先就要明確自己的身份，時時反省，時時策勵。《遺教經》告訴我們，要常摸摸自己的頭。出家不是簡單事，信佛、學佛在家出家都可以，我們爲什麽要出家呢？希望大家好好想一想、常常想一想，這樣我們的道心就不會減退而常常增長！

紹隆三寶，續佛慧命。在家人娶妻生子，紹隆家業。出家人要紹隆三寶，續佛慧命。佛教二千多年來全靠僧人代代相傳；如果没有歷代祖師大德們的繼承和弘揚，我們今天又怎麽能聞到佛法呢？所以，我們要感謝佛陀，感恩前賢聖哲，同時還要感恩衆生的護持。因爲，他們紹隆三寶，佛法才能延續到今天，這是來之不易的。所以，你們不要辜負佛陀，不要辜負前賢聖哲，更不要辜負衆生。衹要努力修學，佛法代代傳播下去，就能續佛慧命。

妙峰記

曹溪南華傳戒開示

二〇〇二年春

在這裏受戒，這是你們無量劫以來種的善根，才有這麽殊勝的因緣。要知道珍惜，千萬不要在袈裟下失卻人身。古人云：袈裟下失卻人身是最苦的事。所以，你們一定要嚴格要求自己，時時刻刻要求自己，修行才有希望。在這裏受戒，與老和尚有緣、六祖有緣，這是你們的善根因緣。你們好好持戒，做個有利於佛教、有利於人民的出家人。自己稱讚自己没有用，要利益别人，得到别人的讚歎。今天能同堂共修，絶非一世兩世種的善根，而是無量劫來種的善根，也希望永遠相續下去。今天，你們得到傳戒諸師的教誡，要心中牢記，方不負父母師長的一片苦心。我時年九十五，出家七十三，光復丹霞山别傳寺、廣州光孝寺、深圳弘法寺、新洲報恩寺、黄梅四祖寺，這些廟宇都是男衆。有人説我重男輕女，所以又在南雄修建蓮開淨寺，成就女衆修學。

經云：人在臨命終時，擁有的一切要離我們而去，唯有普賢十大願不相捨離，導引誦經者往生極樂世界，見阿彌陀佛，並授記作佛而後廣度衆生。既受諸佛戒，得名諸佛子。佛子是菩薩，爲什麼叫菩薩？菩薩是利樂衆生，衆生無邊誓願度。不僅現在要度，盡未來際也要度。地藏菩薩發願度盡衆生方證菩提。不僅人要度，胎、卵、濕、化所有的衆生都要度，爲什麼呢？因爲菩薩屬於衆生。菩薩就要發願成佛，成佛就要度衆生。菩薩不容易做，希望你們受菩薩戒後，就要向菩薩學習，利益一切衆生。

地藏菩薩歷劫度化一切衆生。《地藏經》中釋迦佛給他摩頂授記，受戒就要向地藏菩薩學習。觀音菩薩已成佛，名正法明如來，釋迦佛時又倒駕慈航來度衆生。你們受戒後也要向這些菩薩學習；文殊、普賢十方諸菩薩，你們都要學習，學習他們的悲智行願。《梵網戒經》中說，佛陀來此世界八千番，是爲度衆生。《法華經》中就告訴佛陀來此世界幹什麼。所以，受菩薩戒，就要救度衆生。菩薩就是度有情，凡有生命的都是有情。你們受菩薩戒，若不行菩薩事，就太浪費。希望你們向菩薩學習，恭喜你們！　妙峰記

悟法心要　節録

古人講：「人之初，性本善；性相近，習相遠。」自性是清淨的，有了習氣的汙染，我們才有六道輪迴。學佛用功，是消除一切心，消除一切塵勞煩惱。怎麼消除呢？這些東西甩不掉，是因這些東西是無相的。罪業是無相的，身、口、意所造諸惡業，無量無邊。若有相時，虛空都不能容。既然罪業無相，那麼我們怎麼去消除它？不是拿一個什麼思想去消除它，也不是拿一個什麼東西來消除它，要拿我們這個心來消除它。每一個人就是一個心、一個念。既然是一個心、一個念，那裏

還在打妄想呢？我們用功的人，祇有一個心、一個念。

修行人用功時，知道有妄想，説明你在用功。如果你没有用功，就根本不知道什麽叫妄想。爲什麽？我們一個人幾十年，一日到晚都在妄想裏頭。生死及與其相關的一切，都是由妄想所造成的。不去用功，就不會察覺這種狀態，就不知道什麽叫妄想，什麽叫用功。如果你知道有妄想，那就證明你還在用功。高旻來果老和尚教我們起疑情，問念佛是誰？有了疑情就會明白，像我們吃東西，越吃越高興，吃酒、吃飯好得不得了，那個滋味很好的。功夫要在不明白這個地方、這個疑情上來回去追究。所以，疑情提起來，功夫就得現前。在疑情上繞來繞去參究，就在這個「誰」字上用功夫。

參話頭，念佛或念經咒，要好好用功。所謂「打得念頭死，法身方能活」，念頭打不死，法身不能活。所以，我們要想把妄想劃除掉，就要好好用功。要從根本上徹底把它劃除，這是真用功。用功的人都在静坐上用功，但一動起來就没有功夫，甚至在定中。

用功的人在静中用功是不夠的，還要在動中用功，動中一切處有功夫。静中有功夫，動中有功夫，還是不夠，要在睡夢中有功夫。有一禪師請開示，問他静中有没有功夫？他説有功夫。問他動中有没有功夫？有功夫。問他睡夢中有没有功夫？没功夫。没功夫怎麽辦呢？他就一天到晚睡覺，專門睡著來用功。一睡三年，最後枕頭掉到地下。呃！他開悟了。所以，我們在静中有功夫是不行的，還要在動中有功夫；動中有功夫還不行，還要在睡夢中有功夫。

爲什麽要這樣呢？念佛要念得打成一片，參禪要參得疑成一團。這個裏面没有其他東西，没有第二念。念佛，念前是佛，念後是佛，念念是佛。念佛静中念不夠，動中念佛，夢中念佛。這三點做到還不夠，爲什麽？大家想一想，一天二十四時，每時都有佛，這才是成一片。

二、惟因知果（一九一三—一九九〇）

俗姓黎，名志成，廣東番禺人。少慧早顯，家貧自學，名聞鄉里。稍長業於教育、稅政。民國二十八年（一九三九），赴南華禮靈妙剃度出家。翌年於虛雲座下受具足戒並任侍者。三十一年（一九四二），隨侍虛雲經湘、桂、黔入川，至重慶啟建護國息災法會。三十二年（一九四三），回粵任南華知客。是年隨侍虛雲移錫雲門。韶關淪陷，寺僧群散，師身兼知客、監院數職，苦心守護。嗣後隨侍虛雲赴廣州六榕、潮州開元啟建水陸法會，繼至香港、澳門、汕頭等地弘法。一九四九年曹溪南華傳戒，司陪堂；一九五三年任羯磨和尚。是年秋，虛雲代靈妙驚清嗣法於雲居法堂。一九五六年入中國佛學院就讀。嗣後至雲居真如承嗣虛雲洞雲宗法卷，爲大鑒下第五十四世、洞雲宗五十世。「文化大革命」後任曹溪南華首座之職，修復祖庭。一九八二年任曹溪南華住持。一九八三年、一九八五年、一九八九年任得戒和尚。居曹溪五十載，振興祖庭，重修殿宇，立寺界。開壇傳戒，恢復古制。創建韶關佛教協會。講經弘法，創辦僧伽培訓班，培養僧才。歷任中國佛教協理事、常務理事，廣東省政協委員，韶關市政協常委，廣東省佛教協會副會長兼秘書長，韶關市佛教協會會長，曲江縣人大常委。一九九〇年閏五月初七日示寂於南華寺，世壽七十八，僧臘五十二，戒臘五十一。嗣法門人傳正、傳昌、傳開、宏清、勝生。輯《虛雲老和尚法彙》，并撰《南華小志》《禪七開示》《惟因和尚法語》行世。

法語

十月十五日起七開示 一九八八年

是日下午，大衆先到方丈請生死假，專心用功，不上殿誦經。晚六時起七，和尚執香板進堂云：「十方同聚會，個個學無爲。此是選佛場，心空及第歸。起！」大衆同答：「起！」四支香，衆站立，和尚繞圈講開示：「現在好因緣，國泰民安，我們有幸，爲各人己躬大事，舉行禪七，克期取證，以求明心見性。看佛經悟佛理者，開圓解，禪宗雖説教外别傳，其修行路徑也不能離開經教。所謂『依文解義，三世佛冤；離經一字，還同魔説。』静坐是初入佛門的基本功，很重要。古云：『有人静坐一須臾，勝造恒沙七寶塔；寶塔畢竟化爲塵，一念淨心成正覺。』坐時的姿態要平時鍛煉好，端身正坐，坐如鐘。不要冷著腿，凍著腰。先調身，次調心，身心安樂，才能不出毛病，是爲至要。希望大家提起話頭來。參！」

十月十七日開示

有人認爲神秀大師的「時時勤拂拭，勿使惹塵埃」，不及六祖「本來無一物」高超，於是把「時時勤拂拭」忽略，誰知「時時勤拂拭」乃反省功夫。初發心人，時時檢查自己思想行爲上的塵埃，很有必要。再進一步，塵埃拂去，變爲肥料，六根六塵成妙用，你説好不好？世人總以爲自己樣樣都對，其實不然；衆生都有煩惱，都有過錯，時時拂拭，知錯能改就好。六祖聽《金剛經》至「應無所住而生其心」，才大徹大悟：何其自性，本自清淨；本不生滅，本自具足；本無動摇，能生萬法。有人衹注意「本來無一物」，不注意「能生萬法」，這就落於偏空。「本來無一物」，真空也；「能生萬法」，妙有也。空有齊泯，才是究竟。若空心靜坐，即落無記空。虛空雖空，能藏日月星宿，山河大地，下雨天晴，一切無礙。我們東想西想，固然不好，一切不想也不成；要轉變念頭，參禪或念佛。神秀大師與六祖都是老師，我們學習神秀大師「時時勤拂拭」的反省功夫；學習六祖大師「本來無一物」「能生萬法」「真空妙有，全體大用」「法無頓漸，人有利鈍」「理須頓悟，事要漸修」。以所悟之理，歷境驗心，「隨緣消舊業，更莫造新殃」。參！

十月十八日開示

第七識，執著我，我乃是生死根本。了脫生死，第一先要破我執。打香板警策，離文字，要親證，真參實悟。有人錯認識神爲本來面目。古人說：「學道之人不識真，祇爲從前認識神。無量劫來生死本，癡人喚作本來人。」請大家注意。又《菩薩戒經》云：「一切男子是我父，一切女人是我母，六道衆生皆是我父母，一切地水是我先身，一切火風是我本體。」既執著識神爲我，又執著色身爲我，修行要忘我，無我相，無人相。無我無我，怎麼無呢？轉識成智，轉小我爲大我，犧牲個人利益，服從大衆利益，學菩薩把一滴水放在大海，衆生與我一體無二。古人悟道詩云：「寂光三昧遍河沙，凡聖含靈共我家。一念不生全體現，六根才動被雲遮。去除妄想重增病，趨向真如亦是邪。隨順世緣無罣礙，涅槃生死等空花。」十方如來憐念衆生，如母憶子，但衆生不求佛，子不憶母，奈何？新時代播音，有答録機者，各處可以收聽，諸佛法身，遍一切處，感應道交。阿彌陀佛，無量壽，無量光，我們個個都有無量壽、無量光，祇要真實修行，就可以做到。參！

十月十九日開示

六祖在黃梅得法，南行到大庾嶺頭，與惠明說法一事，大家聽過許多遍。現在研究「不思善，不思惡，正與麼時，那個是明上座本來面目」。有的注解打問號，要各人自己參；有的不打問號，名爲「直指人心，見性成佛」。我以爲「直指」較好。因爲真如自性，實相無相，涅槃妙心，本自具足，一向被善惡二心遮障。現在正當不思善惡時，二心隱閉，無人相、無我相的本來面目，真性即顯。無二之性，即是佛性。實所不可指，接近而已。這種情形，冷暖自知。此是指示我們參禪法要。惠明原是武將，到此爲什麼提衣鉢不動？慚愧心一生，便即手軟，不好意思强奪他人衣鉢，如此解釋比較合理。順便一提，陳亞仙祖墓，相傳六祖展具，天王護法，歷史雖有記載，識者或明白高僧活動，可能具有肉眼看不見的特異功能。但一般介紹遊客參觀時，儘量減少神話爲好。説法要契理、契機，《普門品》觀世音菩薩「應以童男童女身得度者，即現童男童女身而爲説法」。我們要善於運用，對學生説書篇，對農民説時年。參！

十月二十日開示

去過南嶽的人都知道磨鏡臺。當時馬祖道一禪師在南嶽山習禪打坐，懷讓和尚問曰：「坐禪圖作什麼？」曰：「圖作佛。」讓乃取一磚於石上磨。師曰：「磨作什麼？」曰：「磨作鏡。」曰：「磨磚豈得成鏡？」曰：「磨磚既不成鏡，坐禪豈得作佛？」曰：「如何即是？」曰：「如牛駕車，車若不行，打車即是，打牛即是？」各位參究參究！心動念出山門口，脚即起行去山門口；心想做什麼，身便做什麼；身聽心指揮，捉賊先擒王。《心王銘》云：「莫言心王，空無體性。能使色身，作邪作正。非有非無，隱顯不定。心性離空，能凡能聖。」智者好自防慎，自己掌握命運。參禪爲悟道，道由心悟，初時由静坐開始，功夫做熟，行亦禪，坐亦禪，語默動静體安然。學人要善於體會佛言祖語，有時稱讚静坐好，有時又説：「生來坐不臥，死去臥不坐。一具臭骨頭，何爲立功課？」」這是針對祇顧靜坐而不用心的人來説的。須知未坐之前，身心都不安定，在靜坐攝其身的同時，又降伏其心，身心打成一片，最後忘卻身心世界，無人相，無我相，亦無坐相。這時才能體會佛言祖語的善巧方便。參！

十月二十一日開示

大珠慧海禪師初參馬祖，祖曰：「來須何事？」曰：「來求佛法。」祖曰：「我這裏一物也無，求什麼佛法？自家寶藏不顧，抛家散走作麼？」曰：「那個是慧海寶藏？」祖曰：「即今問我者是汝寶藏，一切具足，何假外求？師於言下，自識本心。」聽了這則故事，有啟發麽？原來人人有個金寶礦，但寶礦要經鍛煉才成真金。每個具足如來藏，真性被埋藏，悟後起修，少走彎路，不是悟了無事。佛者，覺也。覺悟過去不對，修行就是修正自己不正確的行爲。各人食飯各人飽，各人生死各人了。參禪與念佛，看似容易，做起來實在不簡單，要經過精進用功，才有好消息。我未大徹大悟，有責任幫助各位。你們有的現在二十歲，將來就算七十歲，還有五十歲在社會上生活，前程未可限量，趕緊修行，一輩子有受用，切莫空過光陰。參！

十月二十二日開示

明代憨山祖師，幼時見叔父死，屍陳床上，問叔何處去？衆答不知。於是「抱生來死去之疑」。後來，經過長期用功，在五臺山上悟道，説偈云：「瞥然一念狂心歇，内外根塵俱洞徹。翻身觸破太虚空，萬象森羅從起滅。」看破世界，看破人生。齋堂對聯：「粥去飯來莫把光陰遮面目；鐘鳴板響常將生死掛心頭。」《四十二章經》云：「人命在呼吸間。」這些警句，要我們莫放逸。我們做人，生不知來，死不知去，起疑情，自己提問題，自己解答。《般若波羅蜜多心經》説得明白：「不生不滅。不垢不淨。」但是，没有用過功，看注解也看不懂。若是經過一番參究，把生死問題解決後好做人。了死先要了生，先做五戒十善的善男子、善女人。未死之前，有所準備，即刻死也好，過若干年死也好，萬一遇著災禍，死了也安心，作得主，心無罣礙，無有恐怖。終日了生死，不見有生死可了。「諸法不自生，亦不從他生。不共不無因，是故説無生。」參禪就是悟無生法忍。參！

十月二十三日開示

方丈室懸掛達摩祖師的對聯：「無法向人説，將心與汝安。」破了我執，又破法執，性淨之理，無説無示，無開口處，哪有什麽頓法漸法？不是病人不服藥，無病何須醫？本無煩惱，焉有菩提？因有貪嗔癡，故立戒定慧。因爲我們有習氣毛病，所以要服藥，不可諱疾忌醫。有什麽病，服什麽藥，藥無貴賤，愈病者良。佛法者，醫心病之良藥也。佛陀一音演説法，衆生隨類各得解。樹大吸水多，樹細吸水少。天雨無私，不潤枯木，要有善根才得聞佛法。《梁皇懺》云，城東老母，佛出世不見不聞。我們住在六祖道場，到了寶林山，不可空手而回。現在講些六祖法語，作爲修行前進的指路明燈。「人雖有南北，佛性本無南北。」前幾年，日本人叫我寫字，我寫「人雖有南北，佛性本無南北」，他們很歡喜。佛性哪有中國人、外國人，哪有江西人、河北人之分？「凡聖含靈共我家」嘛！「煩惱暗宅中，常須生慧日。」日光勿被烏雲障蔽，真性勿爲無明蓋覆。「邪來煩惱至，正來煩惱除。邪正俱不用，清淨至無餘。」中道不著中，勿以爲我是好人，他是壞人；人我對立，不利團結。「心平何勞持戒？」心不平就要持戒。佛的境界「不戒不犯」。參！

十月二十四日開示

禪宗六祖下有臨濟、潙仰、曹洞、雲門、法眼五派。臨濟行棒喝，玄要分，賓主別，人與境，奪不奪。潙仰示圓相，暗投機，義海暢。曹洞傳寶鏡，定君臣，行正令。雲門顧鑒咦，一字關，透者希。法眼明六相，總、別、同、異、成、壞。古人因時因地接引學人的方式方法不同，我總覺得《六祖法寶壇經》容易明白。有人學佛法，希望有神通，而且强調神通。禪宗不把神通放在首位，認爲日常生活，行、住、坐、臥都是神通妙用。「雪峰飯頭，潙山典座。運水搬柴，不離這個。」所謂「平常心是道」。婆羅提尊者答異見王問：「在胎爲身，處世爲人。在眼曰見，在耳曰聞。在鼻辨香，在口談論。在手執捉，在足運奔。遍現俱該沙界，收攝在一微塵。識者知是佛性，不識喚作精魂。」各個人的本心本性，神通妙用，在日常生活中表現。拿聞性來講，鐘聲有生滅，有聲時聞，無聲時聞，性亦不即不離。夜晚無燈光，看不見物體時，黑暗裏用手拿東西，知道火柴，知道茶杯，碰著什麼知什麼，眼睛跑到手裏來了，千手千眼。北方有人玩把戲，口唱手動，十個手指做男做女做老做幼，一隻脚打鑼打鼓，全身一齊動。看過麼？什麼原因？人人本具，個個不無。以前出家，五夏以前，專精戒律；五夏以後，聽教參禪。話講多了，打閒叉。參！

十月二十九日開示

永嘉禪師《證道歌》云：「不除妄想不求真，無明實性即佛性，幻化空身即法身。」無二之性即佛性，灌輸佛法於色身，色身即法身。「不求真，不斷妄」，轉變妄想。若能轉物，即同如來，轉識成智。「捨忘心，取真理，取捨之心成巧僞。」不取不捨。「真不立，妄本空。」真妄無自性，因真立妄，因妄立真。水的作用，有益又有害，煮飯要水，但也有水災、水腫。反之，借妄想，發大願，廣度衆生，妄想成妙用。「行亦禪，坐亦禪，語默動静體安然。」行、住、坐、臥，真如之性，湛然不動。「自從頓悟了無生，於諸榮辱何憂喜？」悟了無生法忍，生死自在，榮辱既忘，優喜何有？「豁達空，撥因果，莽莽蕩蕩招殃禍。」豁達空，外道斷滅空。「諸佛法身入我性，我性同共如來合。」衆生心中諸佛，念念證真，一鼻孔出氣。「不離當處常湛然，覓即知君不可見。」佛身充滿於法界，普現一切衆生前。靈覺之性，不離十二時中，見聞覺知。「取不得，捨不得，不可得中祇麼得。」靈光洞達，無所不遍，諸佛悟之而不曾得，衆生迷之而不曾失。「痕垢盡除光始現，心法雙忘性即真。」心法雙忘，明心見性，學佛法，忘記佛法。我們用功，逼出無始煩惱習氣，業識種子，放得下，即過了關，三心不可得。華藏界，極樂界，娑婆界，界非界，非非界，重重攝，各無礙，無墻阻隔。百千燈，同一光，本無通，安有礙，清淨大海，銷鎔香臭。參！

十月三十日開示

六祖講定慧等學，「定慧一體不是二，定是慧體，慧是定用，即慧之時定在慧，即定之時慧在定。猶如燈光，有燈即光，無燈即暗。燈是光之體，光是燈之用。」電流是體，燈泡發光是用，內容與形式統一，身心打成一片，性相如如，燈泡有紅色綠色，電流無紅綠，電力强燈明，電力弱燈暗，內外互相聯繫。修行人對此要研究研究。俗云「言爲心聲」。説的話如何，乃內心的表現，心口相應，內心清淨，則三業清淨。內心不正，行爲不正，運用智慧，判斷問題，見外境不亂即定的作用。再講一個譬喻，這間房子，由磚、木、石、水泥等各種因素造成，除人工、材料之外，找這間房子的實體了不可得，祇有一個房子的空名。佛教講空、假、中道理。人是地、水、火、風集合，形成眼、耳、鼻、舌、身。我們的思想，是真如本性起作用。真如有性，所以起念，真如若無，眼、耳、鼻、舌、身當時即壞。靈覺之性，各人本自有之，與天同黨同壽，不生不滅。無量壽，無量光，與佛一樣，祇要修行無慮，心情舒暢。思想轉變，依舊穿衣吃飯，悟了還同未悟時；所謂「依然還是舊時人，不是舊時行履處」。終日了生死，不見有生死可了。把自己的生死問題，尚且放在一邊，没有什麽了不起的事情值得罣礙。如果有，就要發菩薩心，「不爲自己求安樂，但願衆生得離苦」，廣度有情，滿菩提願。參！

冬月初一開示

達摩祖師《破相論》云：「燒香者，非世間有相之香，乃無爲正法之香，熏諸臭穢，無明惡業。一戒香，能斷諸惡，能修諸善；二定香，深信大乘，心無退轉；三慧香，常於身心，内自觀察；四解脱香，能斷一切無明結縛；五解脱知見香，觀照常明，通達無礙。佛在世日，令弟子以智慧火，燒如是無價珍香，供養十方諸佛。」「長明燈者，即正常心，以覺明瞭，喻之爲燈。身爲燈臺，心爲燈炷，增諸戒行，以爲添油。智慧明達，喻如燈光，真正覺燈，照破無有癡闇。能以此法，轉相開示，即一燈燃百千燈，燃燈無盡，故號長明。」我們現在燒的香、點的燈，都是世間有爲法，不明佛理，積習難返。須知做好事則香，做壞事則臭。應當以實際行動，諸惡莫作，衆善奉行。做一個善男子、善女子，人成即佛道成。不可一時覺，一時不覺。依祖師教導，學長明燈，長期覺照，努力努力！修行人，學「大圓鏡」，物來即應，物去不留。勿學「照相機」，含藏善惡種子在八識田中，前念、後念、今念，念念想續不斷，名爲繫縛。若果不思前境，念念不住，即無縛。凡夫總想貪便宜，怕吃虧，本來面目無損益。參！

冬月初二日開示

有人以爲我們修行人能知過去未來。佛教不占卦算命，以四諦法「苦、集、滅、道」來判斷。現在得好果，是過去栽培善根，種了好因。想將來得好果，就要現在栽善因。所謂「欲知前世因，今生受者是。欲知來世果，今生作者是」。種瓜得瓜，種豆得豆，真實不虛。重要的是，現在收穫不好，勿悲觀消極，趕快下良種，合理施肥，把除蟲等各項「田間管理」工作做好，將來就有好收成。現在收穫雖好，也勿驕傲，不能放鬆，繼續栽培下去。一分耕耘，一分收穫，不去勞動，坐享其成，是不可能的。好事不會從天上掉下來，修行同一個道理。佛教講因緣，自己發心，同參道友幫助，諸佛菩薩加被。俗云「未成佛道，先結人緣」。要福慧雙修，「修慧不修福，羅漢托空鉢。修福不修慧，白象掛瓔珞」。做了好事，迴向法界，與一切衆生共，希望大家一起好；做了惡事，趕快懺悔，改過就好，改過就好，勿護自己短處，要懷中解垢衣。還要認識，倘若大家不好，我個人想好也好不來。無緣大慈，無條件同情他人；同體大悲，見他人受苦，感同身受。修道行人，若受苦時，怪自己過去宿殃，非別人給與，苦心忍受，不怨天尤人。《楞嚴經》云：「如澄濁水，貯於淨器，沙土自沈，名爲初伏客塵煩惱；去泥純水，永斷根本無明。」我們打禪七的目的是要開智慧，要把一盆濁水澄清。參！

冬月初三日開示

《六祖壇經》云：「真如自性是真佛，邪見三毒是魔王。邪迷之時魔在舍，正見之時佛在堂。

性中邪見三毒生，即是魔王來住舍。正見自除三毒心，魔變成佛真無假。若向性中能自見，即是成佛菩提因。不見自性外覓佛，起心總是大癡人。」「後代迷人，若識衆生，即是佛性。若不識衆生，萬劫覓佛難逢。祇爲衆生迷佛，非是佛迷衆生。自性若悟，衆生即佛；自性若迷，佛是衆生。自心是佛，更莫狐疑。」我們天天講「即心即佛」，佛者覺也，覺悟就是佛，指本心化性而言。今恐有人對「佛」字搞不清楚，略爲説明。佛、法、僧三寶，有住持三寶、一體三寶之别。太子出家，六年苦行，睹明星悟道，由人修行而成佛，是佛寶；説四諦法，是法寶；度憍陳如等五比丘爲僧寶。佛滅度後，刻鑄佛像爲佛寶，三藏經卷爲法寶，出家受戒的比丘、比丘尼入三寶者爲僧寶。上兩種爲住持三寶。六祖云，佛者覺也，法者正也，僧者淨也，是一體三寶。個個人本自具足，釋迦成佛，自覺覺他，覺行圓滿爲究竟佛。我們現在若徹悟自心本來是佛，是理即佛。方向明白，便好修行。照理來説，魔變成佛，祇要作得主，道行高，頓悟並非難事。但衆生妄想分别的七識，根深蒂固，魔强法弱，若無真功夫，不易把魔變成佛。魔非外來，出自我心。我對衆講話，出於不得已，有責任幫助大家。依經教來講，不爲他人説一句一偈。一微塵許法，就犯菩薩戒。古人云：「修行貴識路頭。路頭若識得，生死一時休。」參！

冬月初四日開示

六祖云：「外於一切善惡境界，心念不起名爲坐，内見自性不動爲禪。」「外離相爲禪，内不亂爲定。外若著相，内心即亂。外若離相，心即不亂。本性自淨自定，若見諸境心不亂者，是真定也。」「外於相離相，内於空離空。」「若修不動者，但見一切人時，不見人之是非善惡過患，即是自性不動。迷人身雖不動，開口便説他人是非長短好惡，與道違背。若著心著淨，即障道也。」

心淨即佛土淨，處處是道場，想功夫靠得住，不是關起門來修行，要見世面，在風雨中經得起考驗，八風（利、衰、毀、譽、稱、譏、苦、樂）吹不動。在火車站熱鬧的地方，心也不散亂，不容易做到。堂內坐禪，堂外禪坐，假戲當真來做，在喜怒哀樂中見本性，忘記初一十五、天冷天熱，忘卻身心世界。努力！禪堂又名般若堂，開智慧的地方，無人、我、衆生、壽者四相。六度：布施、持戒、忍辱、精進、禪定、智慧。以智慧爲統帥，有智慧如有眼目，無智慧如盲。布施：三輪體空，無施者，無受者，無中間物。持戒：勿説我持戒，他不持戒。忍辱：有我相即嗔恨。精進：勿分別彼此，勿退道心。禪定：外道有禪定無智慧。智慧：終日修智慧，不見智慧可修，無智亦無得。恃自己有本事，輕慢他人，是我相；我修行，他不修行，是人相；好事歸自己，惡事施於人，是衆生相；對境取捨分別，念念不忘，是壽者相。參！

冬月初五日解七開示

心心心，難可尋。寬時遍法界，窄也不容針。覓即知君不可見。隱顯不定，無少法可得，無立錐之地。一塵不染，心空及第歸。三個七，二十一天過去，大家用功，起早睡晚，功夫有無進步，自己知道。如有好消息，「不作聖心，名善境界，若作聖解，即受群邪。」「悟了還同未悟時，依然還是舊時人，不是舊時行履處。」天堂不享樂，地獄度衆生，息業養神，隨緣過日，無憂無慮，內無所得，外無所求。我們要善於吸取《壇經》的精華，從「時時勤拂拭」到「本來無一物」「能生萬法」，都是各人自己寶藏的家珍，理事無礙，卷舒自在。寶所不可指，指即是方所，接近而已，冷暖自知。做功夫靠平時，行亦禪，坐亦禪。日常生活工作，不做錯事，就是有智慧；心不散亂，就是有定力。打七功德圓滿，迴向世界和平、人民安樂。護七師打水各人洗衣服，早些開靜。解七法語：「妙湛圓寂，體用如如。五陰本空，六塵非有。不出不入，不定不亂。禪性無住，離住禪寂。禪性無生，離生禪想。心如虛空，亦無虛空之量。」解！念佛是誰？是本來面目、即心即佛、不生不滅、不來不去的靈覺性，假名爲心。未説即是，説了不是，相對真理。絶對真理，無開口處，世尊拈花，維摩杜口，臨濟棒喝，剷絶情識。傳正、繼光記

爲新加坡新戒傳靜、傳智上堂法語

前人授了戒，專研戒律五年，然後聽教參禪，可見持戒重要。戒律是基礎，基礎鞏固，建築高樓大廈才可無虞。現在講一段公案：神秀大師，「時時勤拂拭」的反省功夫，把思想妄念塵埃拭拂，有錯改了就好。當時五祖説依此偈修，有大利益，免墮惡道。但爲什麽説他未究竟呢？因爲執著能拂塵埃的人，又見有塵埃被我所拂，能所對立，顯然與《金剛經》「無我相，無人相」不相應。我們現在持戒做善人，很好！但又不能把不持戒的人作惡人看待，輕視他人，注意注意！今天新加坡新戒傳靜、傳智發上品心，求上品戒，爲廣結緣，敬設上堂大齋，供佛及僧，即今慶贊一句作麽生道？咦！持戒清淨，懺悔業障，修福修慧，功德迴向。如宗記

惟因知果堂主師講

諸禪德：若論此事，諸佛不見其始，衆生不見其終，講無可講，默無可默。如必須造此口業，我當不惜一杯濁水，儘量傾倒在你們頭上。祖云：「禪性無生，離生禪想；禪性無住，離住禪寂。」如能迴光返照，方能契會，此絶妙微言，否則纔有是非，紛然失心。所謂「迷聞經累劫，悟

則刹那間」。禪德們：凡有所相，皆是虛妄，執相如幻，離幻自淨。譬如我們日間做壞事，夜裏現魔境；日間做好事，夜裏現佛境。須知此魔佛二境，皆妄心所現之相，執相即昧本性，不執則洞明廓澈。蓋佛者覺也，覺真則假離，覺假則真隱。如得覺所覺，故知真非真，直至真假兩非，此時中道顯然。是以祖曰：「邪來煩惱至，正來煩惱除。邪正俱不用，清淨自無餘。」各位禪德：了即業障本來空，不了必須還夙債。究竟此一了字，如何了法？經云：「一根如還源，六根成解脱。」又云：「若能轉物，即同如來。」須知無住真心，處處道場，水聲鳥語，皆爲法音。可憐人人不了，個個自誤。祇知禮佛誦經，昧理執相，不知即色明心，一解六塵。如真實修行，當以明心爲本，本性空寂，人法雙忘，無生法中，無所不生，精微經旨，了無精微。以上所説，並無實義，不過藉指標月，切不可迷月認指。然而離指以外，月在那裏？參！

傳觀記

修行漫談

《法音》雜誌出版了，大家很歡喜。顧名思義，它的内容，既有佛法音聲，也應有國法音聲，我首先表示祝賀，希望它長期辦下去，做佛教徒的法螺。

現在就大家關心的問題，即佛教徒如何修行的問題，談一下個人的體會。

一、唐代高僧神秀禪師説：「時時勤拂拭，勿使惹塵埃。」這句法語是值得我們深思熟慮的。作爲一個佛教徒，應當明白佛教的道理，依法修行。如何修行呢？依經教來講，有許多與道不相應的塵埃，大的如貪、嗔、癡、十纏、十使等，小的還有塵沙無明。當我們起惡念時候，迅速覺照，使惡念不見諸行動。佛教稱起念這種境界爲打妄想，覺照即看這妄想從何而生。知妄即離，離妄即覺。古人說：「不怕念起，衹怕覺遲。」能夠覺照，妄念當下冰消瓦解。

要使思想清淨，不染塵埃，這是很不容易的事情，没有堅强意志，下大決心，塵埃是不易除掉的。稍一疏忽，染了塵埃還不知道。所以，一方面要廣學多聞，明白佛理，把塵埃（妄念）消滅於未萌之前；另一方面，發菩提心，積極多做善事，凡有利益，無不興崇。這樣再向前進，達到能所俱泯，人法雙忘，才是修行的極則。

二、唐代高僧惠能禪師說：「行住坐卧，純一直心，不動道場。」他的弟子永嘉大師說：「行亦禪，坐亦禪，語默動静體安然。」這説明二六時中，無不是修行的時刻。初學佛法的人，在一個時期内，静坐思維，參究禪理，這是必要的。環境幽静，比較容易入門。但若認爲不静坐便不是修行，那就錯了。一個人不可能每天從早到晚，或一輩子都静坐。若説静坐時有功夫，不静坐就没有功夫，那不算究竟。必須做到在鬧市中亦有功夫，行住坐卧，純一直心，專注一境，綿綿密密。

佛陀在世時，不拿銀錢，穿糞掃衣，乞食活命。彼一時，此一時。我國《憲法》規定，不勞動者不得食，公民在愛國守法的前提下，信仰自由，自己勞動生産，解決生活問題，是完全應該的。那麽，勞動是不是會影響修行呢？我認爲不會。因爲，修行目的是斷煩惱、證菩提。方法是勤修戒定慧，息滅貪嗔癡。止惡防非，衆善奉行，諸惡莫作爲戒；見境不亂，有條不紊爲定；明白事理，心地無癡爲慧。掌握戒定慧，工作一定做得好。當然勞動餘暇，早晚静坐或念佛，聽我自便。這樣精神舒暢，身心安樂，無形中就是修行。古德云：「不著佛求，不著法求，是真解脱。」總之，煩惱是無盡的，我們的菩提願力也永遠没有究盡，要盡未來際，常隨佛學，斷除煩惱，直至成佛。原載《法音》一九八一年第一期

福慧雙修

佛教徒之間往來書信或節日慶喜，往往互相祝願「福慧雙增」。如此良好祝願，乃人之常情。但仔細思量，口頭上祝福幾句，是否會滿足心願呢？依理而言，決無此事。要想增福增慧，必須躬行實踐。佛經上常講聞、思、修，信、解、行、證，這修行的修字，行持的行字，最爲吃緊，不能忽視。譬如想吃果子，就要澆水施肥，栽培果樹，否則便成空想。所謂修也好，行也好，無非就是修福修慧。因此，同初學佛法的人談談福慧雙修這個問題，也許不是没有意義。關於這個問題，我問過幾個人，各人的回答不一樣。淺説深説，各有各的道理，寫出來供大家參考。

甲説：我自幼喜歡做善事，見人有困難，盡力幫助，替人挑水、破柴、補衣裳、搞衛生；路上見有香蕉皮，怕滑倒人，自動拾起。自認爲這是修福的事情，應該去做，也樂意去做。及至成年，對於修橋補路，財物布施，均不敢後人。我覺得修福就應該有錢出錢，有力出力，二者的功德是一樣的。後來聽法師開示説，我這樣做是好的，但不能滿足，更不可驕傲，要繼續多做善事，利益更多的人，切勿得少爲足。而且做了善事不可執滯，要迴向無上菩提，把所修之福，施與一切衆生，不貪求個人享受。

乙説：修福還要修慧。修福，學大行普賢菩薩；修慧，學大智文殊師利菩薩。怎樣修慧呢？《楞嚴經》上説：「攝心爲戒，因戒生定，因定發慧，是則名爲三無漏學。」既是因定發慧，那麼禮佛、念佛、誦經、静坐等修行法門，衹要專一其心，斷除妄想，都可以智慧。比如禮佛時，身、口、意三業清淨，心住一境，能禮所禮性空寂，無人相，無我相，心無罣礙，智慧即現。念佛時，意志集中，正念現前，勤行精進，達到一心不亂，功夫純熟，不著靜境，不厭鬧市，處處是淨土，直心是道場，便能頓開佛慧。讀誦經典，依文解義，明白佛理，深入經藏，如理作意，由文字般若證到實相般若。靜坐思維，參究禪理，以般若之力，返照迴光，返聞自性，於相而離相，於空不著空，無我無人，冥心合道。終日修智慧，不見有智慧可修，不即不離。在發揮妙用時，智如泉湧，好似無底深潭，取之不竭，用之不盡。這是修行的極則。要達此境界是不容易的，但也不是高不可攀的，衹要信得及，行得切，是完全可以達到的。

還要知道，智慧不是別人給的，別人衹能指點提醒，行持則靠自己的努力，日久功深，必然見效。我們在日常工作中開動腦筋，多想辦法，圓滿完成和超額完成各項任務，乃至生産技術上的革新和發明創造，都是智慧的具體運用與表現。

修習智慧還要善於集思廣益。個人的智慧有限，衆人的智慧無窮。智慧是人人本具、個個不無的，但因妄想執著所障，故不能顯現，不會運用。所以要有正思維、正知見，在正確軌道上思考，不能胡思亂想，否則便入歧途。智慧與假聰明不同。損人利己，就是假聰明，其結果是自己受害。這種假聰明實是愚癡，不算智慧。因此，修習智慧的人還要推己及人，想到自己，也想到別人。自己不喜歡的，不要强加於人；對自己不利的事固然不做，對別人不利的事更不應該做。有智慧的人還能及時修正錯誤，從善如流；没有智慧的人，文過飾非，小錯不改，結果弄成大錯。學佛的人，不可不慎！

丙說：我們要福慧雙修。佛陀福足慧足，稱兩足尊。修福，包括從事一切有益於人類社會的資生事業，勤奮勞動，積極工作，提高物質生活水準；修慧，要求明心見性，自覺覺他，覺行圓滿。

這是我們學佛之人的終極目的。修福不修慧，或修慧不修福，都有偏差，都不圓滿。祇有福慧雙修，解決生活問題，使生活安定，才能用功修道。叢林裏有「法輪未轉，食輪先轉」的説法，就是這個意思。所以，增加生産，對人類多做貢獻，便是最大的修福；反之，浪費糧食和財物，就是最大的折福。種瓜得瓜，合符實際；想好做壞，背道而馳。有人口喊修福，又不去做修福的善事，好像在紙上畫餅，豈能充飢？總之，我們求福，就是種福、修福、培福、積福，不要享福；要惜福、增福、添福，多做善事，造福人民，切不可做折福、損福的惡事。須知積福難，損福易。如果消耗大，增添小，那就不合算。所以，要發長遠心，栽培善良，日積月累，多劫修行，才能證得菩提，圓成佛果。

丁説：般若即智慧，佛經讚歎般若，六度中把般若列在重要位置。布施、持戒、忍辱、精進、禪定五度，若無般若，即等於盲，拿布施來講，應無所住而行布施，爲利益一切衆生而行布施，能如是，則其功德不可思量。因爲住相布施則有分别，若有分别便有所企求，有所貪著；有企求有貪著，布施功德便有限量。要做到這一點，必須用般若作指導。所以，在六度中般若是統帥。佛教把智慧當作人的生命來看待，稱爲「慧命」。可見智慧是何等的重要。

還有一種錯誤的觀點需略加指明。有些人以爲有智慧就遇事能占便宜，不會吃虧。其實不然。有智慧的人，在一定的情况下，寧肯犧牲個人利益，服從大衆利益，决不斤斤計較個人得失，所以有「大智若愚」的説法。

上述這些道理説起來都很淺顯，做起來並不那麽容易。希望學佛的人（包括我自己在内）把這些淺近的道理當做一面鏡子，對照自己的思想言行，時時策勵，處處實行，以期福慧增長，道業克

成。　原載《法音》一九八二年第一期

解行相應

藥店裏的藥材很多，都是用來醫治疾病的，但卻没有萬能的藥。有些藥能醫這種病，不能醫那種病；有些藥適合小孩子，而不適合中年人。病對待每個人是那樣的「公道」。有病就要服藥。

藏經閣的佛經很多，有經、律、論三藏十二部。所有言論無非談佛理、談法門，都是醫治衆生疾病的。因此稱讚佛陀爲大醫王，經論稱爲法寶。衆生的根基不同，法門也多種多樣，通稱八萬四千法門。内中有了義的，也有不了義的。佛陀教導我們：要依了義，不依不了義。

衹有藥方不行，必須依方服藥。藥是苦口的，想醫好病，就不能怕吃苦口的藥。也就是説，想修證菩提，就要斷除惡習，經過刻苦鍛煉，付出辛勤、精進的代價。

《大般涅槃經·現病品》説病因時，曾指出貪、嗔、癡、慢四者是毒箭。維摩示疾，説是因癡愛則我病生，衆生有病，吾乃有病。既然生病，就需用藥，藥到病除，身心康泰。此佛陀之所以説法，而經典之所以由來也。無奈流布日久，趨於形式者多，功效少見，這有待於教徒們迅速覺悟，以身作則起示範作用。本文所談「病」字，包括色身病與思想病，故病癒曰身心健康。佛教歷史上，有示病行，用以教化衆生的；亦有知病性空，病不能惱，以病苦爲良藥的。上智之士，礙中無礙。蓋有身即有病，善於體會可也。有人認爲初發心者，要先看小乘《阿含經》，後看大乘《般若》，循序漸進。若果先《般若》，後《阿含》，便覺《阿含》乏味；而《阿含》是基礎，基礎堅固，方能建築高樓大廈。這種説法是有道理的，不過各人的機緣不同，不能强求一致罷了。

爲了避免盲目修行，必先瞭解佛教的道理，解後起行，方向明白，少走彎路，但若解而不行，也成空話。我們常説大乘小乘，乘有行義，能行即是乘，口説而不行便非乘。俗語有「説得一丈，不如行得一尺」。是故解與行有密切關係，要相應不要脱節，這是本文所需要討論的主題。

蓮池大師説：「看經須是周遍廣博，方得融貫，不致偏執。蓋經有此處建立，彼處掃蕩；此處掃蕩，彼處建立。隨時逐機，無定法故。假使祇看《楞嚴》，見勢至不入圓通，而不廣覽稱讚淨土諸經，便謂念佛不足尚矣。祇看達摩對梁帝語，見功德不在作福，而不廣覽六度萬行諸經，便謂有爲福德，皆可廢矣。」「譬如讀醫書不廣者，但見治寒用桂附而斥芩連，治虚用參耆而斥枳樸，不知芩連枳樸，亦有時當用，而桂附參耆亦有時當斥也。是故執醫之一方者誤色身，執經之一義者誤慧命。」

學佛法的人，文化高者喜看理論深的經典，否則便覺無味；文化低者要看淺近的經典，否則便看不懂，找不著門徑。經典文章有深有淺，各人領會不同。須知法有淺深，一切賢聖以無爲法而有差別。如果没有系統地看經論，往往看到有講「如來無法可説」「十地頓超」，也有講「不可躐等，要循序漸進」。乍看覺得彼此有矛盾，莫明其妙。其實，祇要深入思考就會明白，簡單説一個譬喻：大學、中學、小學各級課本放在一起，初學人看見大學課本，當然比較難懂，但要知道，不是談得高深不對，而是自己程度不及，一時理解不到。

原來佛陀無定法與人，説的法都是因病與藥，病瘉藥廢，醫亦不立。執法亦是病。迷則以藥治病，悟則無病無藥。所謂「如來無法可説」，是對「健康」人所説的。病好了何須用藥？過河須用筏，到岸不須舟。傳説「阿伽陀」是不死之藥，於今何在？人到死時藥不靈。有爲法如是，安得學無爲，到達無量壽的境界。話又講回來，你無病，我有病，有的病深，有的病淺，不可諱疾忌醫。爲了利益後來有病的人，一切有效的藥，凡是有用的，要保存下來，文化遺産之所以要被重視，原因就在這裏。

人自出世以來，生、老、病、死，受諸行無常的規律所制約，想什麽辦法去了脱生死的苦厄呢？這是個大問題，先哲於是乎推理、參究。追溯到衆生發生煩惱的原因、生死的根源，瞭解病根，對症下藥。現在我們提出一個要求——學習。求學、實習。學然後知，習然後得到證明。也就是解與行互相結合。先醫好自己的病，同時學醫生，去醫人，爲衆生解黏去縛。一句話：學以致用，自利利他。

世尊六年苦行，悟道後説法四十九年。以後經過歷代大德、善知識的闡述，流傳的法寶，甚爲豐富，既廣大又精微，值得我們研究、學習。惟是典籍浩瀚，殊非短少時間可能全部瞭解，而且每個人的機緣，差别很大。除了少數人有條件有機會系統地研經習教，博覽群書外，大多數的教徒，都是在工作餘暇，邊解邊行，那就起碼要懂得基本知識，才好依法行持。至於成就有多少，時間長短，要看各人的精進與否來決定。

現在舉例説明解行相應。某甲以前是惡口駡人的，因看佛經覺悟惡口不對，立刻知非便改，以後不再惡口駡人。當下理解，馬上實行，這就稱爲相應。但有些惡習是一時不易斷除的，是有反復的，衹要肯懺悔，隨覺隨改就好，最忌知錯不改，那就藥不可治。

先悟後修，先修後悟，兩種情況都有。解與行，初看是兩回事，做熟了貫串起來，不一定分家。有時先悟解，後實行；有時先實行後悟解。邊解邊行，邊行邊解。息慮忘念，心目開朗。今天對這個問題解行相應了，明天對那個問題可能又不相應。佛教的道理，我們不知道的還多，那就要不斷學習，向前進步，達到覺行圓滿。原載《法音》一九八三年第二期

自性自度

六祖惠能大師提倡學佛人「各須自性自度」，度自性衆生。他説：「邪來正度，迷來悟度，愚來智度，惡來善度，如是度者，名爲真度。」邪正迷悟，愚智惡善，怎樣來衡量判斷呢？佛教認爲：貪、嗔、癡三毒爲邪，戒、定、慧三無漏學者爲正；迷心迷色，悟無所得；愚人自縛，智者解脱；惡事害人害己，善事自利利他。

心、佛、衆生，三無差别。衆生與諸佛，本來平等，不假造作，本無所度。所謂度者，就是要明白心性動態，處理好身與心、心與境的關係，達到恢復自己本有覺性的目的。談到明白心性這個問題，確實不易，心猿意馬，不易調伏。《金剛經》一開始，須菩提便問佛陀：「云何降伏其心？」《楞嚴經》説，狂心若歇，即是菩提，制心一處，無事不辦。

古德把調心喻如牧牛。牛在未穿鼻之前，亂碰亂撞，爲害莊稼；穿鼻以後，聽牧童牽引，去東則東，去西則西，由不習慣到習慣。經過長期訓練，終於馴伏。離了身上繩索，也不亂動。牛喻妄心，牧童也是妄心，爲了約束妄心，以妄除妄，若執著牧童爲真心便錯了。真不立，妄本空，有心做到無心處，無心還隔一重山。牽鼻這繩，法則也。想在軌道上行走，無法便無準則，有出軌遇險之虞。牛是很有力量的，不會使用它，爲害不少，破壞力强；會使用它，利益同樣大。心性亦爾。損益由人運用，轉識成智，换名不换體。佛陀是降心的成功者、過來人、到彼岸的哲學家，所以稱

讚佛陀爲調御丈夫。

想消滅妄心是不成的。祇有轉變它，轉識成智，轉惡爲善，把毒草變成肥料，即將有害的變成有益的。

初用心人，念起即覺，覺之即無，能降的心，所降的妄，二俱遠離，人法雙忘，其心應無所住。防心如防川，缺堤便成災害。當善念與惡念爭鬥時，看哪一方勝利，如果善念鬥贏，即做善事爲善人；惡念鬥贏，便做惡事爲惡人。要好好掌握自己命運。會做人，可以做出很多有益於人類的事；不會做人，成社會渣滓，甚至淪爲罪人，可不懼哉！

各人自心有個「韋馱菩薩」，何以見之？當思想在善惡歧路口，將要越軌的時候，趕快提起正念，護持正法，不使惡事得逞，即此一念，便是「護法韋馱」之功。經常提撕，受用無盡。護法有所謂外護、內護之別。有人指點我迷津，使我迷途知返，成就我道業，幫助我物資者，是爲外護也；自己內心不被惡念邪見迷惑，降伏妄想，堅持正道，此心中護法，是爲內護也。

身與心，是互相影響的。試看，身有病，則心生煩惱；反之，若內心不正，出了錯主意，就會使身做惡事，口出惡言。由此可知，處理好身與心的關係，何等重要！學佛者都知道，人身是地水火風（四大）、色受想行識（五蘊）的幻合，無有實體。四大調和則身體健康，不調就會生病。而病從口入，往往是吃錯東西，冷熱不調，或有其它原因而致病。想卻病延年，必須講求衛生，善於調節起居飲食，而且要多勞動，使血脈流通，安排好作息時間，做到有勞有逸。有人説，身體是個臭皮囊，幻質匪堅，諸行無常，終歸老死，不要當作寶貝。當然，應當看得破，放得下，又要提得起。發菩提心，借此色身，來修六度萬行，莊嚴國土，利樂有情，對人類多作貢獻，這是相輔相承的哲理。

因怕老病死苦而來學佛法的人，以爲佛法可以爲他除苦。誰知佛法教人自性自度，各除各的苦。學了佛法多少，方才明白，自己不度自己，誰也没辦法。因爲佛陀無法與人，無法向人説，教人自性自度，度一切苦厄，這就是無法中的法。

書至此，有同參見文稿大笑曰：「禪宗直指人心，見性成佛，這許多囉嗦。」我説：《宗鏡録》云：「修習空花萬行，安坐水月道場，降伏鏡裏魔軍，大作夢中佛事。」然則我所談的，不過是空中鳥跡耳。原載《法音》一九八三年第四期

祭惟因法師文

釋雲峰

時維佛曆二千五百三十四年（一九九〇年）七月十九日，廣東省佛教協會會長雲峰法師暨省佛協（擴大）會議全體理事，恭逢惟因法師圓寂三虞之期，舉行追思，謹以香花果品供奉并爲文以頌曰：

惟因法師，秉性善良。壯歲出家，承事法王。南華受具，戒若冰霜。實參苦學，精進自强。曹溪一滴，如獲瓊漿。古巖座下，禪悟真常。福慧雙修，事理通融。農禪並舉，糧道兩豐。維護祖庭，蹈火赴湯。雖經磨折，捨得度量。培育僧才，自解私囊。誨人不倦，啟迪有方。愛國愛教，屢受表彰。慈悲喜捨，菩薩心腸。細讀遺著，後輩津梁。佛門楷模，永世留芳。方期住世，教澤延長。驚聞噩耗，四衆悲傷。緣盡歸去，捨報安詳。惟願再來，重建法幢。謹獻鮮花，敬祈師鑒，伏維尚饗！新編志

銘記師恩　守護祖庭

釋傳正

學人雖然童年脱俗，進入寺院生活，但世緣障礙，多遇艱難。「文革」間爲朝禮六祖惠能大師真身，冒險來到南華祖庭，雖未能盡願，卻與祖庭法緣加深。一九八〇年再往南華祖庭，得恩師惟因老和尚剃度。當時南華禪寺還是由管理處管理，恩師已是年過花甲的老人，但是一如既往在寺中種菜種花，很是發心。恩師上午勞動到十點左右回來吃中午飯，飯後就在小房裏打坐。每天如此，數十年如一日。即使到改革開放後，寺院没有田地，不能種菜，恩師就堅持帶領大家搞好環境衛生，種花除草。在此之中，恩師隨緣而過，隨緣修持，實踐百丈祖師「農禪並重」的遺訓。記得某年冬天，恩師的風濕病復發，而且很嚴重，他老人家仍然住在小樓上，上下樓都發抖，還是堅持種菜種花。過年的時候，他老人家的腿腫得很厲害，邁都邁不動，衹好用手扶著墻壁，慢慢地挪動著下樓。當時看到這樣的情景，很多人都勸他老人家不要下去，可他卻説能堅持就要下去，目的是爲青年人樹立一個榜樣。記得一九八〇年冬的某一天，天寒地凍。恩師抱病去鋤地，我則被分配在不遠的地方鋤草，見他老人家舉鋤頭都很勉强，就上前去要接他的鋤頭，替他鋤地，卻被他老人家拒絶。當時恩師很嚴肅地對我説：「你去做你的工，把草鋤好。我的勞動是我的事，實踐農禪並重，這是百丈祖師的教導，一日不作，一日不食。當年虚公主持修復南華祖庭已是百歲高齡，還每天參加勞動。今天我能勞動，就要參加，求己福報，示範來者。這是别人不能替代的。」對此，我很受感動，這是其他人做不到的，因而至今印象特别深刻。

「文革」中和結束後那一段時間，常住經濟十分困難，他老人家時時處處帶頭吃苦，帶頭勞動。

住在小小的房間裏，除了一張床、一張小桌子，别無他物。記得有一次福建海燈法師來拜訪恩師，正好遇上他老人家勞動回來，海燈法師見他老人家穿著當時所謂「牛鬼蛇神」的破衣服，頭戴爛草帽，很是難受。第二天晚上，海燈法師到我寮房來坐，談到恩師的情況不禁失聲痛哭。海燈法師一再説被恩師的風範所感動，連連讚歎説，這是中國當今難得的苦行僧，是大衆學習的榜樣。一九八一年，南華禪寺的情況有些好轉，但恩師仍是一如既往，嚴格要求自己。當時他老人家已年邁多病，可是每到初一、十五和佛誕、祖誕等重大聖典法會，總是親自當維那，率衆進行佛事活動。由於幾十年風風雨雨對身體的摧殘，當時恩師的唱念聲音較微，但他老人家卻依然十分認真地把兩堂功課作爲每天必須的頭等大事來完成。等到撤銷管理處，中央來文件，南華禪寺全部交由僧人管理，恢復十方叢林制度，恩師才披上方丈的大紅祖衣。當選爲南華禪寺方丈後的幾個月，恩師身邊還是不要侍者。看到佛教當時的狀況，人才青黄不接，也爲了更好地學習他老人家的高風亮節與禪修，有些小和尚多次自願請求去服侍他，恩師才讓安排侍者。所謂侍者，不外是上殿端香盤，其他工作則仍自理。即使是這樣，恩師對於身邊的侍者也時時教導説：「不必時時服侍我，我現在還可以自理，你們要好好學習早晚功課，練習毛筆字，背誦《六祖壇經》《金剛經》，我就高興。」老和尚的諄諄教導，侍者當時就激動得流淚。恩師嚴以律己，寬以待人，也給我們留下難忘的印象。他老人家對於自己的病痛看得很淡，有時在給培訓班學員講課時，忽然病痛發作，他老人家總是堅持，不影響講課。

恩師在南華禪寺五十多年，恒持慈悲之心，對大衆關懷備至。他老人家對大衆的關懷首先是在修行方面。恩師注意爲衆人做表率，堅持不懈。時時關心其他師傅的修行，特别是對剛出家的年輕人。一九八〇年，我們來到南華禪寺，什麼都不懂，恩師就耐心細緻地教，反反復復地教。而後，青年人越來越多，當時連早晚功課本都很少，恩師就把自己的衣單錢寄到浙江天台山國清寺，爲大家請來早晚功課本等。恩師對年輕師傅們嚴格要求，要求他們要背功課，背誦《六祖壇經》的重要內容。與此同時，恩師還很注意提高大衆師傅的文化素質，專門請人到廣州買來字帖，要求小和尚練習毛筆字。恩師十分認真，親自教授，手把手地教，不厭其煩地示範。而且時時檢查大家練習的情況，把大家的習作拿來批改，好的地方加圈加點以資鼓勵，不好的地方則及時指出。恩師對培訓班學僧的背功要求特別嚴，對要求要背誦的內容，做到每人過背，一點都不含糊。一次不行，回去再讀，回頭再背，一直到能背出來方可。恩師對前來求學的小和尚一視同仁，沒有門户之見。他老人家對自己的徒弟，認真教學，嚴格要求。對於不是自己的徒弟，也是這樣。如清遠、智楠等都是潮州開元寺慧原和尚的弟子；光念、繼迪等也都得到他老人家的熱心教育，認真培養。有的在培訓班結業後，恩師還把他們送到北京中國佛學院深造。

爲培養人才，恩師真可謂是嘔心瀝血。一九八〇年那一段時間，廣東省還沒有傳戒的寺院，包括南華禪寺在內的一些寺院的沙彌都跑到福建省去求戒，還有的跑到五臺山。而當時經濟困難的又較多，路費不夠，甚至於没有衣袍。每遇上這樣的情況，恩師總是盡力相助，從自己衣單費中給予解決。衣袍不夠，就托人從香港帶來。實在時間太急，恩師就讓人連夜在韶關縫製，而所有的費用都由他老人家承擔。一九八一年初，我向恩師提出向政府要求在廣東啟壇傳戒，恩師考慮很久才説，因緣不夠；因爲當時連南華禪寺都還是管理處管理。一九八三年，爲培養和造就僧伽人才，恩師主動向省、市有關部門提出開辦僧伽培訓班的請求。同年，請求得到政府同意，南華禪寺準備於年内傳戒。又根據省佛教協會安排，委託南華禪寺舉辦全省首屆沙彌培訓班。爲辦好培訓班，恩師真是費盡心血。從辦班指導思想的確立到教學計劃的制定，從對任教人員的物色、聘請到教材的編寫、印刷、裝訂等等，諸多事情，他老人家事必躬親。即使一時未能來得及處理，他老人家也總是要數番過問，直到事情辦妥，才放得下心。有時别人看到他老人家太累，勸他休息，可恩師總是説，辦培訓班，培養僧才，事關重大，關係到中國佛教的前途，關係到禪燈永亮的大事。既然省佛教協會委託我們來辦，那就一定要辦好，才對得起歷代祖師，才能報四衆恩。一九八三年培訓班辦起來後，恩師更加忙碌。他老人家親自開講《六祖壇經》《金剛經》等課程，平日還要給大家講書法，批閲習作。他又時時瞭解教學情況，詢問學員課聽懂没有，徵求他們對教學的意見與要求。不但如此，恩師對學員的生活也很關心，時時嘘寒問暖，問生活適應不適應；遇到學員有困難，恩師總是千方百計地爲之解决。對此，恩師時時教導我們，學員來到培訓班學習，我們就要讓他們學到真本事，真正成爲佛門有用之才，日後能承續祖燈，能光大宗風。恩師總是以這樣的責任感嚴格要求自己，辦培訓班是這樣，培訓班結束後啟壇傳戒時更是這樣。每到戒期，恩師尤其認真，常常告誡我們，傳戒乃佛門興衰之關鍵，千萬馬虎不得。强調佛教要發展，總要以戒爲師，那就要嚴守戒律，更要發長遠心。正是以此爲圭臬，每到戒期，他老人家對每天工作安排都親自過問。對於三師七證的禮請，他老人家尤其重視，常常以虚公的教導來警誡大家；强調三師七證爲人師表，稍有疏忽，有汙戒壇，上對不起歷代祖師，下則誤衆多戒子，那罪過就重了。因此，恩師在禮請三師七證時，很是嚴肅，請柬都是親自寫的，而且大多派人送去，以示莊重。在戒期之中，恩師對於每一次佛事，務必親自安排，他要求我們一定要如律如法。也正是在恩師的精心主持下，南華禪寺從一九八三年恢復啟壇傳戒，他老人家在世時於一九八四年、一九八八年、一九八九年都舉行傳戒，因緣具足，傳戒都很圓滿，至今談及當年傳戒的情景，人們都還讚歎。恩師主持在南華禪寺啟壇傳戒，不但注重戒壇的清淨莊嚴，如法守律，而且對衆戒子諸多方面都給予關懷照顧。一九八八年、一九八九年戒期，我都任維那兼戒期知客，又任引禮，工作量較大，但恩師每每見到我，總還是叮囑要發心，做好工作，要關心好衆戒子。當時來到南華禪寺求戒的戒子來自全國各地，甚至有專程從美國趕來的。有個從美國來的戒子，第一年未能趕上準時入堂，第二年又早早趕來，終於如願得以在南華祖庭圓具足戒。有的戒子經濟困難，連戒費都交不起。遇到這種情況，恩師總是以慈悲之心，關懷這些戒子。他老人家多次寫字條囑咐我：「邊遠省份戒子來南華祖庭求戒不容易，戒費收他的一半。戒期圓滿後，没有錢回去的，發還一部分爲路費。」他老人家的慈悲精神，可爲後學之楷模。

在如法守律傳好每一次戒的同時，恩師還認真辦好培訓班。一九八三年舉辦第一屆，而後逐年舉辦，而且越辦越好，一直辦到他老人家圓寂後，我仍主持續辦。恩師生前還花費不少精力恢復當年虚公創辦的南華戒律學院。爲此，他老人家四方聯絡，争取支持；親筆起草請示報告，物色主講律師。然而卻因緣不足，未能如願。這對恩師來説是一件憾事。

恩師的慈悲之心，不僅時時關懷常住大衆師傅，而且恩及南華四周鄉親。記得我剛到南華祖庭時，當時南華鄉有些農民生活比較困難，跑到寺裏來求恩師幫助。遇到這種情況，他老人家總是盡力相助。其實，他老人家並没有多少錢，多爲衣單錢。偶爾有人供養，他老人家也總是讓侍者交給常住。儘管這樣，恩師總是在生活上盡可能節儉，以最大的能力幫助别人。

恩師出家之後，注重修持弘法，一心爲南華祖庭的興旺而努力。對於常住的事情，恩師總是全力維護。一九四九年廣東解放前夕，有些不明真相的僧人也向海外跑去。恩師當年正值青年，也曾動念隨衆想往外跑，至馬壩車站等車之時，恩師忽然想到，如果大家都走了，特别是自己身爲知客兼監院，南華祖庭誰來守護？又念及虛公老和尚爲修復南華祖庭受苦受難的情景，仍歷歷在目，而且虛公對自己的諄諄教導，時時警策於心。想到這些，恩師毅然撿起背包，徒步返回南華祖庭。「文革」期間，南華禪寺的禪堂因年久失修而倒塌，恩師與一批老禪人看在眼裏，急在心中。然而當時又有誰敢説修復重建的事呢？「文革」結束後，寺院仍屬於管理處管理。一九八〇年，我剛來到南華祖庭不久，恩師就曾多次同我談到禪堂的修復重建的問題。直到全面恢復叢林管理，恩師受衆人推舉主持寺務，時值鄧小平「南方談話」之後，改革開放的春風沐浴大江南北，南華禪寺得到新的機遇，不少年輕人慕名來到這裏出家。恩師見此又喜又憂，喜的是佛教後繼有人，復興大有希望；憂的是南華禪寺是中國佛教禪宗祖庭，但禪堂倒塌數年，一直未能修復重建。現在因緣具足，一定要把禪堂修復重建。恩師同衆師父共同商量，大家想法一致，於是禪堂的修復重建工程很快擺上首要位置。在恩師的主持下，新禪堂很快就竣工，交付使用。同時，恩師也將工作的重點放在禪堂建置的恢復上。他老人家以年過古稀的體弱身軀，親自在禪堂教規矩，做示範，安排禪僧坐長香。繼而主持冬季禪七。由於很長時間没有舉辦，老人大多體弱多病，年輕人又不懂規矩。因此，恩師事必躬親，禪七之前的禪堂內布置，鐘板的懸掛，坐香、行香、接香板等禪堂規矩，均親自操持。禪七開始後，恩師和大家一樣，每天坐禪、跑香、行香，還要講開示，把自己幾十年禪修的心得和盤托出，傳教給大家。一九八八年冬，恩師親自主持三個禪七。每天都到禪堂講開示，引經據典，講公案。他老人家的開示言簡意賅，對學人諄諄教導，顯示出一代宗師的風範。許多年輕僧人聽過他老人家的法音，眼見老人家的菩薩真行，都爲之悦服，讚歎宛若虛公再世。也正是恩師光大虛公參學所得，對學人精心指導，很爲成功。連續幾年的禪七，恩師講的開示已有許多，後經師兄弟們整理印刷，交付流通，得到好評。繼而香港智凱法師、河北柏林寺淨慧法師等先後重印。淨慧法師曾親口對我説，惟因老和尚的開示講得很好，中國佛教協會會長趙樸初居士也大加讚歎。

「文革」結束後，恩師受衆人推舉主持南華祖庭法席。晉院之初，百廢待興。恩師首先從維護祖庭根本入手，著重重振六祖惠能大師、明代憨山祖師和近代虚雲老和尚的宗風，把禪堂修復重建，恢復叢林禪堂規約。與此同時，恩師十分注意南華祖庭的僧團建設。當時寺中人手不足，恩師全力培養新人。遇到不懂的地方，恩師總是不厭其煩地教導他們。對於寺内殿堂修復，恩師更是未雨綢繆，於因緣具足之時，組織施工。每到此時，恩師從工程設計、材料選購、施工隊伍選取等開始，到施工時每天的進展、工程質量的把關等等，都加以過問。從一九八一年開始，先是修復六祖殿，當時六祖殿遭白蟻蛀食嚴重，又得香港意昭法師、鍾燕萍居士等助緣。六祖殿修復竣工後，接著修復觀音堂、方丈室和禪堂，伏虎亭、中山亭等亦先後竣工。又重建無盡庵，讓女衆老有所歸。此後，南華祖庭的修復工程次第進行，恩師對此付出極大的心血。然而，恩師壯志未酬，竟遽西歸，直到他老人家往生之時，南華祖庭的修復重建工程仍在進行之中。今天，我們可以告慰恩師，在政府關懷和海内外四衆弟子共助之下，南華祖庭已經完全恢復，並在一定程度上超過「文革」前的規模。直到今天，南華祖庭的修復重建、擴建工程還在繼續，曹溪佛學院教學大樓正在建設之中。

南華禪寺開山於南北朝蕭梁時期，歷史悠久，聲名遠揚東南亞。中共十一届三中全會後，宗教政策得到恢復與落實，南華禪寺重組僧團，恢復叢林規制，寺貌煥然一新。許多海内外香客、護法檀越都是恩師的老朋友，他們不遠千里回國觀光，專程來到南華祖庭，看望恩師。恩師總是熱情接待，但一般情況下有條「語不過三」的原則，總是讓客人多拜佛，多拜六祖。臨别之際，恩師也總是叮囑他們，回去多念佛。有特别的客人，恩師他老人家親自爲之安排住宿。一九八〇年前後，南華禪寺尚由管理處管理時期，有客人來，恩師還親自到素菜館爲他們買好飯菜票，然後交代我們代他老人家陪客人吃飯。他老人家就一直坐在桌邊陪著，卻不下箸。因爲他老人家腸胃不好，不能吃乾飯。不但這樣，恩師由於腸胃不好，一般情況下，中午、晚上用餐時，他老人家仍是衹吃稀飯，或是喝米湯，而且用餐時絶不講話。因此，有客人來訪，都自覺地不敢去打攪而是在飯後再登樓拜訪。恩師的一言一行都給後人樹立學習榜樣，體現出真正禪和子的境界。在廣大信衆中，恩師威望很高，李漢魂先生對他十分敬重。一九八二年，李漢魂先生從美國回來，專程到南華禪寺，爲恩師守護南華祖庭而大加讚歎。也正是這樣，恩師以自己的行動爲南華祖庭增光添彩，得到大家的稱譽。

恩師是一個真正的禪門修行人，在注重實踐修持的同時，數十年如一日，深入經藏，學習祖師先賢參悟所得，進行佛學研究。他老人家除平日所説法語之外，還在《法音》《廣東佛教通訊》等刊物上發表《修行漫談》《福慧雙修》等正知正見、很有深度的文章。他一生堅守南華祖庭，尊敬師長，特别是對虚公更是禮敬有加。一九八七年，恩師以古稀高齡，迎請虚公舍利回南華禪寺，建塔供奉。恩師自青年出家，做到以禪僧規儀對俗家父母虔誠孝敬。在恩師老母親去世時，有人勸恩師回去。恩師説：「我回去她老人家能活嗎？」後來他老人家採用佛門儀規來表達自己的孝敬之情，安排普佛迴向母親，親自上殿拈香。長期以來，恩師雖然不善於言詞，但內心對母親的報恩之情，卻是那樣的淳樸，那樣的殷切。全寺僧尼都爲他老人家的高風亮節所感動。他老人家在表達出家人對俗親的孝心上，爲我們做出很好的表率，是我們的學習榜樣。

恩師自青年出家後，就一直住守在南華祖庭，毫無懈怠，成爲人們學習的楷模。他老人家不但愛護祖庭，而且愛國，抗日戰爭期間，爲維護南華祖庭，他老人家可以稱得上是嘔心瀝血。期間，恩師跟隨虛公老和尚到重慶參加息災和平法會，更是表現不凡。五十年代，恩師是南華禪寺的主要負責人之一。爲南華禪寺的維持與發展，他老人家全力以赴。在「文革」十年動亂中，恩師更是忍辱負重，堅守道心，團結僧衆，守護祖庭。「文革」結束後，春風再沐，南華祖庭又得重振。恩師受推舉爲方丈，爲常住僧團建設、規制重立、殿宇修復，恩師都身先士卒，事無巨細，周密計劃，認真實施。在中華人民共和國成立後的幾十年中，不管情況如何變化，恩師始終不渝地擁護黨的宗教信仰自由政策，響應政府號召，愛國愛教，數十次得到黨和政府的表揚，先後任廣東省暨韶關市政協常務委員、曲江縣人大代表，並多次出席全國佛教界會議。

一九九〇年初，恩師示疾，弟子們隨侍身邊。省市領導多次分别專程來到南華禪寺，探望恩師，表示關心與慰問，並囑咐我們要注意，一般事情不要讓他老人家操心云云。緣聚緣散，一九九〇年農曆閏五月，寶林山百獸哀鳴，曹溪河溪水斷流，一代宗師惟因老和尚與世暫别，四衆慟哭，林木凋零。南華梁傾，教内頓失良師。噩耗傳開，來自海内外的挽聯、唁電，貼滿南華。其中有挽聯云：「早年同甘共苦，今朝果證菩提。」荼毗後，得舍利子及堅固子無數，後分别在南華禪寺東面和江西彌陀寺建有舍利塔。光陰似箭，轉眼間恩師回歸兜率已有十年，不慧弟子傳正蒙師教誨，又得大衆師傅推舉，於師往生之後出任代理住持。受命之後，傳正全力以赴，率大衆師傅共守祖庭。承師遺志，繼續舉辦培訓班，以育人才。修復寺宇，健全規制，莊嚴道場。奈何勞累過度，胃病加劇，難於勝任住持之責。一九九二年，傳正親往雲門，禮請佛源老和尚前來主持南華法席，余則回汕頭養病。誰知回到汕頭，夙緣未了，應四衆弟子之請，傳正抱病主持惠來黄光山佛光寺與海門蓮峰古寺，建成高達二十四米阿彌陀佛像於黄光山。一九九九年七月，應廣大四衆弟子之請，經省佛教協會決定，報省宗教局批准，余又回到南華祖庭，擔任住持。晉院之後，弟子決心繼承恩師遺願，光大宗風，以報四恩。因此，弟子在整頓道風、嚴肅規矩的基礎上，加强僧團規制建設。同時，得四衆助緣，因緣具足，開辦曹溪佛學院，以育僧才。視因緣時機，弟子主持重建鐘樓、鼓樓，又緑化、美化寺宇，力求恢復南華祖庭花香鳥語、清淨幽雅的環境，使其成爲人間樂園、佛門聖地。

三、佛源妙心（一九二三—二〇〇九）

湖南益陽人。俗姓莫，名仁輝。十九歲投益陽會龍山棲霞寺智暉上人剃度，法名真空，號心愷。七日熟誦《楞嚴咒》。次年赴南嶽祝聖寺佛教講習所，旋至衡陽佛學院，親近空也、明真、靈濤諸公。民國三十五年（一九四六），至南嶽福嚴寺鎮清座下受具，嗣後旋讀於焦山佛學院、寧波觀宗學社。一九五一年雲門開壇傳戒，任知客。承嗣虚雲，授雲門法脈，法號佛源，字妙心，爲雲門宗第十三世。一九五二年虚雲受邀進京，師隨侍起居、書記，歷京、漢、蘇、滬、杭，協助申請籌備中國佛教協會。一九五三年主席雲門，農禪並舉，家風重振。一九五七年「反右」蒙冤入獄，至一九六一年獲釋。一九六一至一九七九年於南華寺勞動監管十八年。一九七九年赴中國佛學院主講律學，兼外事接待、文物管理。一九八二年重返雲門主持法席，續任丈席，主持雲門殿宇重建。一九八六年啟壇傳戒。一九九二年四月初八日主席曹溪南華，兼雲門丈席。是年創建雲門佛學院，任院長。一九九四年首次於曹溪啟壇傳授二部僧戒。次年應韓國華溪之請，主持戒壇。一九九六年啟建小西天二僧部戒。又任湖南益陽白鹿、南嶽祝聖、德山乾明住持。歷任中國佛教協會常務理事暨諮議委員會副主席、廣東省佛教協會常務副會長、廣東省人大代表、廣東省政協委員、韶關市佛教協會會長、湖南益陽政協名譽主席。二〇〇九年二月二十三日於乳源雲門示寂，世壽八十七，僧臘六十八，戒臘六十四。主修《新編曹溪通志》。後人輯有《佛源老和尚法彙》《佛源妙心禪師廣録》行世。

法語

進院法語 壬申四月初八日

山門：巍巍寶林門，東山不二宗。曹溪流法乳，五葉揚禪風。他鄉遊子喜今歸，就路還家不用疑。直入寶林門不二，曹溪勺水滌塵衣。回思往事渾如夢，此日重來尚迷離。榮辱一時齊打卻，本來無物悟菩提。

彌勒殿：放去收來皆自在，乾坤布袋總包容。歡天喜地呵呵笑，他日龍華會上逢。

韋馱殿：返照迴光面大雄，降魔執杵顯神通。安僧護法酬悲願，輔正匡助第一功。

千佛鐵塔：千秋如如不動，千佛同放光明。梵剎一毫端現，微塵大轉法輪。

伽藍殿：山門長守護，正法助興隆。龍象來迎送，邪魔拒不容。

大雄寶殿：丈六金身仰大雄，靈光獨耀覺群蒙。不來不去觀三界，鏡圓鏡明照萬空。直下承當無所得，拈花不語悟心宗。本來面目誰人會，都在破顏微笑中。

祖師殿：西天東土來，五葉一花開。衣鉢心宗授，如如明鏡臺。

觀音殿：五藴皆空觀自在，入流亡所證圓通。尋聲救苦甘霖灑，月照千江映現中。

六祖殿：衣鉢南來頓教演，壇經一卷契真詮。滄桑越歷渾閒事，不去不來坐法筵。五葉流芳傳四海，曹溪滴水洞淵源。劈柴舂米泯分別，自性如如即福田。

法堂：不二門中萬象開，天龍八部降雲來。山僧爲法來登座，一瓣心香獻寶臺。

方丈：窮子歸家日，飄零百感牽。登堂霑祖德，合掌禮先賢。丈室容獅座，天香散法筵。山僧來駐席，法乳蔭綿綿。

夫寶林古刹，衣鉢南來，傳燈繼燄，不二門開。龍象輩出，孕育英才，肉身菩薩，坐鎮法筵。越歷千秋，十方朝拜。近代高僧虛雲老和尚駐錫祖庭，重新殿宇，兼祧五宗，大轉法輪，神欽鬼服，四海尊崇。繼而當今，惟因和尚紹隆三寶，續佛慧命，三業精勤，永垂典範。今日佛源到來，感謝諸山大德提攜，本寺諸位善知識愛戴，政府領導關懷。祖庭繼席，來登法座。荷蒙諸山大德護念祖庭，而佛源自愧德淺，領衆無能，惟願祖德冥加，諸公匡助，令慧燈永耀，源遠流長，寶林航秀，大布禎祥。雖然如是，即今陞座又作麼道？衣珠刮目露堂堂，本地風光是故鄉。

爲新戒慈心、慈雲上堂法語

曹溪祖德蔭千秋，法乳淵源四海流。續燄傳燈光熾盛，天花繚繞戒香稠。寶林古刹，文慶傳燈，佛子莘莘，同沾法雨。曹溪勺水，普利有情，一花五葉，刹海同根。恭維主座惟因方丈，坐鎮祖庭，德高望重，道業繁興，大戒疊傳，龍天共慶。十方雲來，福田廣種。今有慈心、慈雲沙彌發上品心，求上戒，廣結善緣，法喜充滿。敬設上堂大齋，供養飯僧。山僧承惟因大和尚之請，爲上堂說法。

香積廚開法界施，香座佛難思，曹溪勺水，欣同沐洗，盡凡情，淨戒持。伏冀十方諸佛，常住三寶，刹海萬靈，同放毫光，降臨法筵，以此三德六味，普同供養，龍天歡喜，賜降吉祥，見聞隨喜，獲福無量。雖然如是，即今因齋慶贊，又作麽道？十方共沐無爲降，七衆咸霑法雨恩。傳慧記

無盡庵沙彌戒期上堂 甲戌十月初六日

十支淨戒授沙彌，止作開遮應仔細。僧數將成無作體，佛階品位此爲基。背真逆理皆魔業，逐物隨形失正知。勤學嚴持防過患，涅槃妙果始知斯。

奉維南華寺，乃六祖道場，山靈水秀，禪風廣播於天下，歷代高僧皆仰止於曹溪。今逢國道遐昌，風調雨順，宗教信仰自由，人心向善。故遵遺訓，啟建戒壇，爲諸佛子傳授三壇戒法。蓋戒爲成佛之階基，不能草率，宜明如日月，嚴若冰霜，一生受持，不能違犯。今乃傳授沙彌十戒之際，人天歡喜，諸佛興慈。湖北歸元寺昌明大和尚是中國佛教協會常務理事，兼任黄梅五祖寺住持，今爲求新受戒的羯磨阿闍黎，真是稀有難得。他以佛陀情懷設大供養，與諸新戒廣結勝緣，願諸新戒能得上妙法味，得證上妙戒品，勤學苦修，得證無上菩提，弘法利生，則四恩總報，三有齊資矣。雖然如此，即今因齋慶贊又作麽道？持戒清淨如寶月，人天路上作良師。四恩三有皆酬報，國泰民安雨露滋。

中國佛教禪淨雙修的傳統 節録

印度佛教自部派分裂以來，教義愈演愈繁，經院哲學的氣味愈來愈濃厚，雖然從哲學史、思想

史的角度來看，思維成果斐然，但作爲一種負有社會教化職責的宗教，教義艱深，名相紛紜，典藉浩瀚，便無法被廣大民衆所接受，難以在民間紮根，這是佛教弘傳中一個致命的問題，佛教於十三世紀在印度本土絶跡，這不能不説是一個重要原因。

佛教入華後，中國佛教大德們對印度佛學經過長期的整理研究，開闢具有中華文化特色、堪以針治印度佛學艱深繁瑣之弊的法門——禪、淨二宗，這兩宗的特質，是將大乘佛法的精髓，總攝於簡易切實的圓頓修持法門，充分表現出中土本有的儒道二家之學尚簡重行的傳統，因而能適應本地的民族文化心理，得以經久流傳，自唐代以來風靡社會，成爲中國漢傳佛教的主流，至今仍表現出茁壯的生命力。

禪、淨二宗，禪宗主自力解脱，入門掃蕩一切，逢佛殺佛，逢祖殺祖，「佛」之一字亦無安立之地，並以疑爲門徑，有「不疑不悟」之説。淨土宗則依賴他力救度，以深信爲前提，信阿彌陀佛、西方淨土實有不虚，一念單提，孜孜念佛不輟，兩家的路子似乎是南轅北轍，風格迥然相異，似難兼修或融通。兩家中人，互相是非，尤其禪宗人貶淨土者，不乏其徒。但這衹是浮面的淺見，若深入兩宗的底裏，則可見在理論和修持方法上，兩家不但可以融通，而且禪宗人兼修淨土，還有其必要性。

從大乘究極義理看，禪宗所欲明見的自心佛性或心性、自性，乃真如、實相乃至佛的同義語；淨土宗所念的「阿彌陀佛」，梵文原義爲無量光、無量壽，是對真如、實相的形象化、人格化的表述。淨土中説「自性彌陀，唯心淨土」，謂阿彌陀佛、西方淨土即是自己心性的顯現。依此理，淨土宗中把禪宗的「祖師禪」歸於「念佛禪」中專念自性佛的實相念佛一類。禪宗門下，歷來參禪者多，開悟者少，即使開悟，也衹是找到「安心」的處所，解決信解的問題，並非究竟成佛，了脱生死，尚有煩惱習氣須漸修以斷除。唐潙山靈祐禪師說：「可中頓悟正因，便是出塵階漸，生生若能不退，佛階決定可期。」强調頓悟自性者尚須漸除曠劫煩惱習氣。若煩惱習氣有絲毫未盡，便不得即生解脱，還須向六道中受生，難保證出胎不迷、生生不退。欲圖即生解脱，盡快成佛，尚須兼修念佛，求生淨土。唐代百丈懷海禪師示衆法語中即說：「修行以念佛爲穩當。」他制定的《百丈清規》，規定化送亡僧，須爲其念佛，祈願其往生西方淨土。淨土宗所修念佛禪的高層次，也須觀佛法身、觀實相，明見自心佛性，乃至見道證果，才能得上品往生。在修持方法上，禪宗的祖師禪參究話頭，與淨土宗念佛禪持佛名號，在實質上有一致之點，實相念佛與祖師禪更爲相近。因此，禪淨二宗完全可以兼修，可以融通。

自五代佛學集大成者——禪門法眼宗永明延壽禪師提倡參禪者兼修淨土以來，禪淨雙修蔚成風氣，禪淨雙融成爲中國佛學發展一個重要趨向。永明延壽參禪開悟的，爲主萬善齊修、趨歸淨土，撰《神棲安養賦》等弘揚淨土法門。他自己日誦佛號十萬聲，被後人尊爲淨土宗第六祖。傳爲他所撰的《禪淨四料簡》偈，强調禪宗人必修淨土，對後世禪宗的影響頗大，其偈云：「有禪無淨土，十人九蹉路。陰境若現前，瞥爾隨他去。」意謂參禪即使徹悟，煩惱多尚未斷除，若不修淨土，十人中有九人要於中陰境迷惑，隨所現煩惱而受生於天道中。祇有「有禪有淨土」，參禪開悟兼修淨土，才十拿九穩。「現世爲人師，來生作佛祖」，有如猛虎生角，無所畏懼。即使不參禪而專修淨土（無禪有淨土），也可「萬修萬人去，但得見彌陀，何愁不開悟」。

此後禪宗中人參禪開悟後兼修淨土，及從禪歸淨、力弘淨土者，不勝枚舉。如北宋臨濟宗匠死心悟新禪師，便常勸人修淨土，謂「參禪人最好念佛，根機或鈍，恐今生未能大悟，且假彌陀願力，接引往生」。曹洞宗人潛修淨土者更多，著名的真歇清了禪師，謂「洞下一宗，皆務密修（淨土）」，有「乃佛乃祖，在教在禪，皆修淨業，同歸一源」之説。雲門宗巨擘契嵩、義懷、宗本，皆兼修淨土，勸人念佛。宋代名居士中，如丞相張商英、侍郎王古、給事中馮楫等，皆弘淨土。元代明本撰有《淨土詩》百八首，有「禪外不曾談淨土，須知淨土外無禪」之句。其弟子惟則撰《淨土或問》，謂「合五家之宗派，盡天上之禪僧，無有一人不歸淨土者」。明代以來名禪師兼弘淨土者更爲普遍，明初最負盛名的禪師楚石梵琦，自幼兼修淨土，後名其室曰西齋，撰《西齋淨土詩》，宣導念佛。臨濟宗下的空谷景隆、密雲圓悟、雪嶠圓信、漢月法藏，曹洞宗下的壽昌慧經、永覺元賢、博山元來、覺浪道盛等大禪師，無不力弘淨土。明末四大高僧蓮池、憨山、紫柏、蕅益，參禪有悟，皆弘揚淨土。蓮池、蕅益專弘淨土，被尊爲淨土宗的八祖、九祖。清代徹悟禪師參禪開悟後，居京西紅螺山資福寺專弘淨土，被尊爲淨土宗第十二祖。現代禪宗泰斗虛雲老和尚，亦融通禪淨，勸人老實念佛，謂「參禪與念佛，在初發心的人看來是兩件事，在久修的人看來是一件事。」

禪淨融通，可溯源於大乘《般若經》中的「一行三昧」，「一行三昧」是一種以「法界一相」即真如、實相爲所觀境的禪定。《文殊説般若經》從稱念佛名入一行三昧之法云：「欲入一行三昧，應處空閒，捨諸亂意，不取相貌，繫心一佛，專稱名字，隨佛方所，端身正向，能於一佛念念相續，即是念中，能見過去未來現在諸佛。」「如是入一行三昧者，盡知恒沙諸佛法界無差別相。」意謂以無分別心專稱一佛名字，便能於定中見十方三世諸佛，盡知諸佛共同的法身理體——

實相，亦即明見自心佛性。按此，則淨土宗所修的持名念佛，念至功深力極，即可達禪宗所期的明心見性，如《楞嚴經·大勢至圓通章》所説：「不假方便，自得心開。」禪宗四祖道信，即依《文殊説般若經》「一行三昧」，教人「並除三毒心、攀緣心、覺觀心念佛，心心相續，忽然澄寂，更無所緣念」，識無所緣念、平等不二的心即是如來真實法性之身。五祖弘忍及其門下北宗系的神秀、南山系的宣什等，皆依《文殊説般若經》，以稱念佛名爲明心見自性的入手門徑。其法雖然涉於因定發慧一路，没有「隨方解縛」的南宗禪來得直截痛快，被南宗斥爲「法門是漸」，但其法畢竟宗依佛經，亦屬頓悟禪，自有其適宜於某類根器的價值。惠能所開創的南禪，亦稱「一行三昧」。後來宗密撰《禪源諸詮集都序》，説禪宗所傳祖師禪，即《楞伽經》中的「如來禪」，亦名「一行三昧」，可見禪淨二宗所修的禪，皆屬「一行三昧」一類。不過重在信願往生，即屬淨土宗；重在明見自性，即屬禪宗；而信願往生與明見自性，本應相輔相成，未必矛盾。

禪淨雙修的結果，必然導致禪淨融合，出現幾種禪淨二門融歸於一爐的持名念佛法門：

一、參究念佛

此念佛是將禪宗參、究參看話頭的方法，用於念佛，以念佛爲一則公案。最流行的念佛公案，是於念佛時參看「念佛底是誰」，此法始見於雲門宗開創者文偃禪師，明蓮池大師曾予提倡。又有以參話頭法，衹以「阿彌陀佛」四字爲話頭，直下提撕，以悟爲期，宋代真歇清了禪師曾以此法教人。還有用參看話頭之法，於念佛時反觀佛號的起處（話頭）落處及參究自性彌陀之説。如元釋普度（優曇）輯撰的《廬山蓮宗寶鑒》卷二「參禪念佛三昧究竟法門」，即詳述此法，大略於舉佛號三五聲後，迴光自看哪個是我自性彌陀，又看能觀之一念從何處起，復觀能覷破這一念者爲誰，反復舉佛號，反復參，便可豁然明悟，親見本性彌陀。明蓮池曾教人：「誠即此念佛，一念所起處覷得破，管取大事了畢。」憨山《夢遊集》卷五：「念佛參禪兼修之行，極爲穩當法門。若以念佛一聲，蘊在胸中，念念追求，審實起處落處，定要見個下落，久久忽然垢盡明現，心地開通。」

參究念佛，主要目的在明心見性，屬禪宗。明蕅益特撰《參究念佛論》，從淨土宗的角度，説參究念佛既有大利又有大弊：大利在能對治疲緩，悟念性本空，能所不二；大弊在單恃己力，不求佛力接引，有障礙往生之害，認爲「必淨土爲主，參究助之，徹與示徹，始不障往生。」現代印光法師亦説參究念佛「雖似禪淨雙修，實爲有禪無淨」。

二、追頂念

此法倡於明末漢月法藏禪師，他鑒於念佛者多泛泛悠悠，散心持名，難以達一心不亂，提倡結七閉關專念「阿彌陀佛」四字名號，以「極力追頂」爲快，一句追一句，一聲頂一聲，「如猛將提刀追賊相似，努力直前，無少憩息」，定要念到三際斷絶，五蘊冰消，虛空粉碎，了悟自性彌陀，始名一心不亂，方能保證往生淨土。法藏對閉關專修的法則，指示頗爲周詳。

三、理持與理一心

淨土宗所依《阿彌陀經》中執持名號「一心不亂」和《楞嚴經·大勢至圓通章》「淨念相繼」之念佛法要，可以作多種解釋。中土大德一般從華嚴宗一心四法界説事、理的角度，把一心不亂之心分爲事、理兩個層次。宋真歇清了禪師説，一心不亂兼含理、事，事一心謂執持名號，「一念不散，如龍得水，似虎靠山」；「若理一心，亦非他法，但將『阿彌陀佛』四字做個話頭，自晨朝十念之頃二六時中，直下提撕，不以有心念，不以無心念，不以亦有亦無心念，不以非有亦非無心念，前後際斷，一念不生，不涉階梯，徑超佛地」。意謂離絶名言分別心而持佛號，念到明見自性，名理一心。事一心有能念所念的二元對立，嚴格説來稱不起「一心」。所謂「一心」，即絶對心，即超絶能所對待、不生不滅的真心。明蓮池、憨山等皆説，念而無念的無心之心，始名一心，始名淨念。蕅益則謂持名持到無絲毫散亂，從而斷盡見思惑，名事一心；持到斷無明惑，見自性佛，名理一心。傳燈《淨土法語》説於事一心中了達能念所念本空，達念而無念，無念而念，爲於事一心中明理一心。

蕅益還分持名念佛爲事持、理持。事持謂未開圓解而以信願念佛，理持謂以圓解唯心淨土，自性彌陀的如理之心持名。他還依天台宗的「一念三千」之説，謂淨土之禪本無須參究、觀心，上根之人圓解「無念外之佛爲念所念，無佛外之念能念於佛」，徹了一句「阿彌陀佛」本來離過絶非、超情離念，從這種圓解直下念去，相續不斷，必定往生。清澈悟禪師稱這種依圓解持名念佛爲「以實相心念實相佛」，亦即實相念佛。現代太虛大師稱這種念佛法門爲「超禪越祖之淨」。

代表中國佛教兩極精神的禪淨二宗，由互補而互融，最終融歸於以祖師禪法和圓教義理深化了的持名念佛，對《文殊説般若經》的「一行三昧」從理論和實踐上作了淋漓盡致的發揮。禪淨雙修，及禪淨雙融的念佛禪，至今仍爲中國漢傳佛教界禪法的主流，有待於作進一步的發揮。禪淨雙融的念佛禪還傳往海外，直接影響了朝鮮的禪宗和越南的蓮宗、日本黄檗宗等。

原載《佛學研究》創

刊號，一九九二年十二月

四、傳正日明

俗姓林，名培庵，廣東惠來人。父福安，教書爲業；母張氏，茹素信佛。兄姊出家，法名明深、惟寶。七歲茹素，年十一投惠來普慧巖出家。「文化大革命」期間庵寺被毁，僧人星散，仍不改初衷。一九七〇年至曹溪南華，見寺毁壞不堪，即發願重振祖庭。一九八〇年於惟因座下披剃出家。次年從雪峰崇聖受戒。一九八二年承惟因洞雲宗法派第五十一世，臨濟宗第五十八世，大鑒下第五十五世。是年赴南京棲霞就讀，畢業回曹溪協助修復道場。一九九九年進院主席曹溪。

法　語

進院法語

山門：曹溪不二門，諸佛第一義。山僧今朝來，直入三摩地。

彌勒殿：坐乞有緣，步化迷顛。笑眉道破，腹容三千。

韋陀殿：權悲示現威德神，護道安僧誓弘深。執持寶杵貫金甲，輔正摧邪轉法輪。

伽藍殿：丹心赤顔行忠信，大權示現將軍身。南華僧伽共仰賴，內外吉祥獲安寧。

祖師殿：靈山教外一枝秀，無言直指堪稱奇。願使今朝花更茂，宗風再振日可期。

大雄寶殿：巍巍大覺尊，妙相無比倫。開演權實教，普度諸群生。

六祖殿：寶林演妙諦，一花開五葉。悟徹妙中意，曹溪水一滴。

法堂：第一義諦露堂堂，不待開口理昭彰。庾嶺梅花春信到，個中消息叵思量。

方丈：吉祥獅子座，龍天常護持。山僧今到止，化導有緣人。

此一瓣香，懷中取出，一塵不染，三德具足，爇向爐中，專申供養本寺堂上得法本師惟因老和尚，以報法乳之恩。再申供養崇聖堂上得戒本師清凱、瑞淼老和尚，用酬傳戒之恩。再申供養開平堂上剃度本師惟因老和尚，以報成就道業之恩。再申供養諸方大德、同參、上座，以報提攜成就之德。伏願慧燈不滅，正法永住。千峰巍巍朝寶林，萬聖堂堂聚靈鷲。昔年六祖説法處，水聲山色都是禪。

祖言：「諸佛妙理，非關文字。」宗門不許有開口處。如是，諸上座，即今陞座一句作麼生説？古刹傳燈知多少，曹溪一滴水滔滔。惟願四衆同合力，宗風再振看今朝。

禪悦行點燈

慧燈演妙諦，大地盡光明。一燈一世界，燈燈傳妙音。

上堂法語

佛説一切法，爲度一切心，衆生若無諸多實執心病，一切法當向何處安立耶？善惡業果，唯心造作，唯心覺受，不關餘事。生佛異同，亦於此之迷悟始有差別。迷此曰衆生，悟者名爲佛。故《華嚴經》云：「若人欲了知，三世一切佛。應觀法界性，一切唯心造。」若得了達是心是佛，人人彌勒，各各釋迦，個中滋味，如人飲水，冷暖自知。非關山僧口上語言事。今日香港、韶關護法檀越請法飯僧，爲祈所願如意。居士！若能身心放下，菩提本來無樹，何有明鏡爲臺。最後一句作麼生道？人天路上，福慧爲先；供佛齋僧，菩提爲本。

天王殿前「衣鉢」開光法語

自初祖達摩泛海西來，東土始傳正法眼藏，宗門初開，以心印心，頓悟成佛，直指單傳，付承衣鉢，以爲憑信，即所謂「內傳法印以契證心，外付衣鉢以爲信體」。遞至六祖惠能大師，十方皈信，魚龍從化，禪風遐邇，法雨廣布，方止以衣鉢爲憑之表信。然此衣鉢，實爲中土福慧之源，淄門資具之本，亦爲宗門心法承繼之象徵，因而别具特殊涵義。今逢南華禪寺建寺一千五百週年慶典殊勝因緣之際，特造鉢一具，陳奉天王殿前，作爲禪宗祖庭標誌性雕塑，以記此盛會，祝禱吉祥。願晝吉祥夜吉祥，晝夜六時恒吉祥。一切時中吉祥者，三寶加持大吉祥。

三位祖師真身復位暨四位尊者安座法語

諸佛清淨，法界藏身，常寂光中，無來去相。唯濟群迷，應機化現，彌同沙界，處所非一。祖意興慈，利濟宏深，建寺曹溪，初名寶林。幾經興廢，閲世千載，欣逢盛世，今復重興。今欣逢南華禪寺建寺一千五百週年慶典殊勝因緣，海内外諸賢雲集曹溪，沐手焚香，同朝祖殿，共禮歷代祖師。雖弘法衛道、建寺興教於當時，實則福慧恩澤利濟於後世。緬懷諸祖師慈濟厚德，並藉此盛會之際，謹申陳請六祖惠能大師、憨山大師、丹田大師回復原位供奉暨四位尊者安座。今幸復位安座已竟，奉行大典，虔誠頂禮西天東土歷代祖師，仰祈三寶慈光加被，賜諸吉祥，祝禱云：頓悟無生法門開，千年寂寞坐蓮臺。一花五葉中興後，再振宗風有人來。

上堂傳戒開示法語

《華嚴經》云：「戒爲無上菩提本，應當具足持淨戒，若能堅持於禁戒，是則如來所讚歎。」如來戒法即出世之寶筏，甫受大戒，即開解脱之門，持之無過，堪登覺路。昔世尊於婆羅雙林間示寂之先，告諸比丘：「於我滅後，當尊重珍敬波羅提木叉，入闇遇明，貧人得寶，當知此則是汝等大師。若我住世，無異此也。」經云：「毗尼若住，佛法亦住。」如是當知，佛法之道根在三學，三學之綱以戒爲首。僧寶所存，非戒不立，欲達聖果，持戒可期。時至今世，末法障深，無濁横流，能受持淨戒，實屬功德超勝。今仰三寶加被，衆戒子祈求殷重，衆緣具足，南華禪寺開啟秋季傳戒法會，以報三寶之恩。諸新戒，得此暇身，秉受淨戒，實屬難得殊勝之事。爾當至心於三寶前禮懺，以期得受清淨戒體，乘此殊勝因緣，吾等共相勉勵，同樹戒幢，荷擔如來家業，住持正法，利樂有情。諸善士，宗門立無念爲宗、無相爲體、無住爲本，外離諸相，性體清明。雖見聞覺知，不染萬境，而常自在。如《維摩經》云：「外能善分别諸法相，内於第一義而不動。」《菩薩戒經》亦云：「我本元自性清淨。」故知一切萬法盡在心中，何不從於自心，頓見真如本性。識見心性，自成佛道。即時豁然，還得本心。六祖大師云：「心地無非自性戒。」又云：「心平何勞持戒。」雖如是，「衣裏明珠」一句，又如何舉耶？「家珍不外得，外得既非家珍」。無量功德，發心爲先。種福田，種無上果。

禪悦行禪堂開示

虛雲老和尚偈語：「燙著手，打碎杯，家破人亡語難開。春到花香處處秀，山河大地是如來。」「杯子撲落地，響聲明瀝瀝，虛空粉碎也，狂心當下息。」而凡夫由於執著於我相，心没有一刹那停下來，煩惱無止無歇。年輕學子參悟《金剛經》「凡所有相皆是虛妄，若見諸相非相，即見如來」的奥義，能夠隨緣放下，將世間萬物看淡看破。禪堂又叫選佛堂，就跟考狀元一樣，叫誰選？誰能考上？一切都要靠自己，調試身心，慢慢調。用什麽調？就參「念佛是誰」。南華禪寺每年十月初一開始打七個禪七，最後一天維那師拿香板打肩膀問「念佛是誰」？大家最好不要動也不要開口，因爲我們都還没有開悟。馬祖大師云：學佛衹要肯下工夫，到宗門下，必定能登上金榜。學佛参禪亦難亦易，最重要的是升起「生死心切」之心，用功辦道。人身難得今已得，佛法難聞今已聞。希望大家有一顆感恩的心，在爲期七天「禪悦行」中，能夠有所精進，並在今後的生活中，將「禪悦行」中所學的運用到日常生活上，享受禪悦的生活。

淺敘曹溪禪宗的歷史沿革與承續意義

緒　言

佛教自兩漢時期由西域傳至東土，經歷不斷中國化的過程中，逐漸形成具有中國特色的中國佛教，而禪宗就是比較具有代表性的中國化佛教宗派之一。禪宗，自世尊拈花而迦葉會意，到達摩祖師西來，燈燈相傳，直至五祖忍大師時，其座下大弟子神秀大師在北方弘化，但不久漸趨衰落。其得法弟子六祖惠能大師在南方傳法，始將原來衹是禪學的教法，創立成具有中國特色的佛學教派——禪宗。六祖惠能大師住世七十六年（六三八—七一三），在曹溪（南華寺）弘傳教法長達三十七年。弟子法海禪師將其言行語録彙編成《六祖法寶壇經》。曹溪南華禪寺是六祖惠能大師弘法的道場，是曹溪法脈的源頭，曹溪禪宗文化的發祥地。所以，「學習中國佛教史，自然要學習禪宗。禪宗是具有中華民族特色的佛教派别。學習禪宗，不能不知道惠能，因爲惠能是禪宗南宗創始人，是禪宗學説系統的詮釋者。要瞭解惠能，還必須瞭解南華寺，因爲南華寺是惠能生前駐足時間最長久的寺院。所以，佛教、禪宗、惠能、南華寺是一體的，它們在佛教史和禪宗史上都占有非常重要的地位。」

一、爲弘揚曹溪禪宗文化，曹源諸德不遺餘力

六祖惠能大師正式建立禪宗門庭，將禪宗的體系構建完成以後，如何將禪宗推廣、弘揚的使命，自然就落到弟子們的肩上。虚雲老和尚在《重興曹溪南華寺記》中寫道：「南嶽、青原，爲祖在日之上首弟子，五宗皆由二派流出，法海則流通祖師法寶，神會在滑臺大振頓宗，若孔門之四哲也。」從中可以看出，他們皆是六祖門下傑出的龍象，曹溪禪宗文化發展工程的巨匠。以下就「四哲」對曹溪禪宗文化之貢獻略爲簡述：

（一）護法真誠神會

六祖惠能大師圓寂（七一三）後，弟子們稟承曹溪法門的頓悟宗旨，充分地發展起來，從而達到「凡言禪皆本曹溪」的盛況。曹溪禪宗文化的大發展，在中國文化史、中國佛教史上來説都是一大成就，因爲它幾乎充溢唐宋佛教史的全部内容，在這禪宗史中，首先見到的就是神會禪師向中原

傳播南宗頓教，爲護「正統」而「忘軀」的絢麗篇章。有些常以世俗眼光忽視客觀真理的人，就會把他的護法行爲看作是依傍禪門自爭名利，完全忽略他一生爲佛法、爲衆生殫精竭慮的那份真誠。《證道歌》：「圓頓教，勿人情，有疑不決直須爭。不是山僧爭人我，修行恐落斷常坑。」這種評斷筆者認爲才是較爲符合實際之見。

神會禪師（六八四—七五八），湖北襄陽人，俗姓高。童年從師學經史，尤好老莊，且精通儒道典籍，後讀《後漢書》初解佛教，即於國昌寺從顥元和尚出家。之後，按《圓覺經大疏鈔·神會略傳》：「謂會先事北宗秀三年。秀奉敕追入都，遂往嶺南。」史載神秀禪師被請入京前，曾勸弟子們到廣東韶州從六祖惠能大師學習，神會（十三歲）以聰敏好學，恃才而驕，到嶺南拜謁惠能大師時，據敦煌本《壇經》載：

> 神會，南陽人也。至曹溪山，禮拜問言：「和尚坐禪，見不見？」大師起，把打神會三下，却問神會：「吾打汝痛不痛？」神會答言：「亦痛亦不痛。」六祖言曰：「吾亦見亦不見。」神會又問大師：「何以亦見亦不見？」大師言：「吾亦見，常見自過患，故云亦見亦不見者，不見天地人過罪，所以亦見亦不見也。汝亦痛亦不痛如何？」神會答曰：「若不痛即同無情木石，若痛即同凡夫，即起於恨。」大師言：「神會向前！見不見是兩邊，痛不痛是生滅。汝自性且不見，敢來弄人！」神會禮拜禮拜，更不言。（中略）神會作禮，便爲門人，不離曹溪山中，常在左右。

這一段師徒相見的問答，徹底讓神會信服六祖，從此虔心跟隨六祖修學。在曹溪期間，神會禪師頗受六祖大師的器重，是六祖晚年最爲得力的弟子。從敦煌殘卷裏發現的神會禪師遺作，例如《南宗定是非論》《神會和尚語録》《南陽和尚頓教解脱禪門直了性壇語》《頓悟無生般若頌》，皆可得知神會禪師的禪宗思想及其禪風，最像六祖的嫡傳。不僅如此，《圓覺經大疏鈔》也記載有神會禪師在曹溪的行持：苦行供養，密添衆瓶，斫冰濟衆，負薪擔水，神轉巨石等。在曹溪門下，神會禪師是較年輕的一位，他精勤苦行，有六祖在黄梅時砍柴踏碓的模樣，都是從「爲法忘身，勤苦琢磨」而成大器。據敦煌本《壇經》記載，先天二年，六祖惠能大師臨入滅與衆僧告别：

法海等衆僧聞已，涕淚悲泣，唯有神會不動，亦不悲泣。六祖言：「神會小僧，卻得善等，毁譽不動，餘者不得。」「上座法海向前言：「大師！大師去後，衣法當付何人？」大師言：「法即付了，汝不須問。吾滅後二十餘年，邪法撩亂，惑我宗旨。有人出來，不惜身命，定佛教是非，竪立宗旨，即是吾正法。衣不合傳」。

這是六祖惠能大師臨終時留下將有人挺身護法的「懸記」。六祖惠能大師入滅後，神會禪師的行蹤，誠如六祖所言。《宋高僧傳》卷八「神會傳」：「居曹溪數載，後遍尋名跡。開元八年，敕配住南陽龍興寺。續於洛陽大行禪法，聲彩發揮。」「會之敷演，顯發能祖之宗風，使秀之門寂寞矣！」唐開元二十年（七三二），神會禪師在洛陽東北滑臺（今河南滑縣）大雲寺開無遮大會，所針對的問題就如《圓覺經大疏鈔》卷三之一所説：「能大師滅後二十年中，曹溪頓旨沈廢於荆吴，嵩嶽漸門熾盛於秦洛。普寂禪師，秀弟子也，謬稱七祖。」據《南宗定是非論》的記敘，神會禪師設無遮大會的目的是「不爲功德，但爲天下學道者定宗旨，爲天下學道者辨是非」，可見並非是形式的法統之爭，而神秀禪師門下「妄稱七祖」才是激起他設壇駁論的主因。獨孤沛《菩提達摩南宗定是非論》記載神會禪師在大會的論據：「秀禪師在日，指第六代傳法袈裟在韶州，口不自稱爲第六代。今普寂禪師自稱第七代，妄竪和尚爲第六代，所以不許。」神會禪師在發表震動當時批評北宗的宏論後，自身的處境就如《圓覺經大疏鈔》卷三之一所説：「俠客沙灘五臺之事，縣官白馬。衛南盧鄭二令文事，三度幾死。商旅縗服，曾易服執秤負歸。百種艱難，具如祖傳。達摩懸絲之記，驗於此矣！因淮上祈瑞，感炭生芝草，士庶咸睹，乃盡今建立，無退屈心。」雖過著貶逐的生活，兩年間就轉徙四處，顛沛之艱困是可以想像的！但種種打擊，並沒讓他氣餒。據説當時大雲寺的住持也曾質問他：「普寂禪師是全國知名的人物，你這樣非難他，不怕生命的危險嗎？」神會禪師卻從容地説：「我是爲了辨别是非、決定宗旨，弘揚大乘，豎立正法，哪裏能顧惜身命！」另外，《宋高僧傳》卷八「慧能傳」記載：「會於洛陽荷澤寺崇樹能之真堂，兵部侍郎宋鼎爲碑焉。會序宗脈，從如來下西域諸祖外，震旦凡六祖，盡圖繢其影。太尉房琯作《六葉圖序》。」這難道不是尊師重道之懿德！又據宗密《禪門師資承襲圖》：「荷澤宗者，全是曹溪之法，無别教旨。爲對洪州傍出，故復標其宗號。」「然能和尚滅度後，北宗漸教大行，因成頓門弘傳之障，曹溪傳授碑文已被磨换，故二十年中宗教沈隱。天寶初，荷澤入洛大播，斯門方顯。秀門下師承是傍，法門是漸。既二宗雙行，時人欲揀其異，故標南北之名，自此而始。」可見，説他是依傍禪門自爭名利，著實有僞。論定佛法宗旨，闡揚曹溪禪宗文化才是他的真正本懷。在神會禪師大力的弘傳下，曹溪禪法在中原等地終於紮下根基，六祖惠能大師爲禪宗六祖，永爲後代定論。神會禪師一生爲弘揚曹溪頓悟宗旨不遺餘力，爲曹溪禪宗文化的發展奠定堅實的基礎。

（二）曹源一脈，流衍天下

雖然神會禪師爲宣揚頓悟宗旨付出極大努力，但最終將曹溪法脈延續下來，將曹溪禪法弘傳開去的是青原和南嶽兩系。曹溪頓教在中唐漸興，至唐末就已成爲禪宗主流，六祖惠能大師座下弟子著名的青原行思、南嶽懷讓就是曹溪禪宗體系中的兩大枝幹，當時被稱爲「二甘露門」。

行思禪師（？—七四〇），俗姓劉，吉州廬陵（今江西吉安）人。是六祖惠能大師的法嗣，六祖圓寂後，遂至吉安青原山淨居寺弘揚曹溪的頓悟禪法，世稱青原行思。其所創立的青原派，直接繼承了六祖惠能大師「明心見性，頓悟成佛」之宗趣，把佛教從少數人的學問修行引入更多人的道德修行，得到廣大信衆的支持，從而有力地推進曹溪禪宗的全面性發展。行思禪師在青原山淨居寺弘法二十八年，法徒衆多，其中，雲門文偃開創雲門宗（廣東）；洞山良价和曹山本寂開創曹洞宗（江西）；法眼文益開創法眼宗（南京）。

懷讓禪師（六七七—七四四），俗姓杜，金州（今陝西安康）人。六祖惠能大師的高足，六祖示寂後，懷讓禪師便前往湖南南嶽般若寺宣揚曹溪禪法，世稱南嶽懷讓。南嶽門下大成就者有馬祖道一、智達、坦然、潮州神照、揚州嚴峻、新羅本如、玄晟、東霧法空等。其中，正如當年西天二十七祖所預言「馬駒踏殺天下人」的馬祖道一，其得力弟子多達一百三十九人，座下百丈懷海所制定的《禪門規式》，對於禪院的組織、體制、生活方式和行爲規範等禪院制度建設起到極其重要的作用，甚至《禪門規式》到元代被重修爲《百丈清規》時，已經是官方頒布的必行戒律。馬祖道一禪師對「一日不作，一日不食」的農禪思想也極力宣導，成爲禪宗史上又一重大革新。它不僅改變寺院經濟基礎，也緩解佛教與社會的經濟利益衝突。另外，其座下的溈山靈祐禪師和仰山慧寂禪師師徒二人開創溈仰宗，臨濟義玄禪師又開創臨濟宗，與青原門下三宗合稱「五家」。後臨濟門下又衍化出黃龍派和楊岐派，從而形成「五家七宗」的興盛局面。

五家七宗的形成，徹底令曹溪禪宗文化大放光彩，家家各有特色。其任運自然而灑脱靈活的接引方式，就如天目山高峰原妙禪師所概括：「臨濟痛快，潙山謹嚴，曹洞細密，雲門高古，法眼詳明。」法演禪師則用比喻説：「臨濟如『五逆聞雷』，顯其驚絶；雲門如『紅旗閃爍』，顯其微露；潙仰如『斷碑横古路』，顯其深奥；曹洞如『馳書不到家』，顯其回互；法眼如『巡人犯夜』，顯其隱微。」五家因爲門庭施設不同，接引學人方法也有所區别，以致形成不同宗風。宗風雖然不同，但都是直接繼承曹溪禪法「理事圓融」的宗旨義趣。同時，青原和南嶽兩系交流頻繁，如青原門下的石頭希遷就常至南嶽交流佛法，且全無門户之見，畢竟法乳同源。五家七宗隨緣任運的接化方法，既將六祖惠能大師的「頓悟宗旨」和「人間佛教思想」發揮得淋漓盡致，又豐富曹溪的禪宗文化，爲曹溪禪宗文化的發展作出巨大的貢獻。

五家七宗後嗣燦若繁星，曹溪法子遍布天下。法眼宗遠傳於泰國、朝鮮；曹洞、臨濟盛行於日本（日本鐮倉時代禪宗二十四派中，有二十派出於楊岐系）；雲門和臨濟更是遠傳到歐美。他們開啟禪法由中國向世界普傳的先河，爲中國佛教和對外文化交流作出重大的貢獻，不僅促進曹溪禪宗文化的發展，亦促進整個佛教的興盛。

（三）《壇經》傳世，功歸法海

作爲禪宗思想之靈魂的《法寶壇經》，從記録六祖在法壇上宣講言教得名，這部禪宗的奠基之作得以流傳後世，還應歸功於法海禪師對六祖説法度衆之言行的彙編、集録。

法海禪師（六五〇—七三〇），俗姓張，廣東曲江人，原來是一位儒學門生，值遇六祖，始篤信佛法。《景德傳燈録》和《五燈會元》對他的悟道經過是這樣記載的：初見六祖，法海禪師便問：「即心即佛，願垂指喻。」六祖道：「前念不生即心，後念不滅即佛。成一切相即心，離一切相即佛。吾若具説，窮劫不盡。聽吾偈曰：即心名慧，即佛乃定。定慧等持，意中清淨。悟此法門，由汝習性。用本無生，雙修是正。」法海禪師一聽，言下大悟，遂以偈贊曰：「即心元是佛，不悟而自屈。我知定慧因，雙修離諸物。」此後，即常隨六祖左右。

現存《壇經》的版本主要有四種：「法海本」即清末在敦煌發現的寫本，唐末以來，在世上没有得到流傳；「惠昕本」較之於法海本，内容稍有出入；「契嵩本」是宋代杭州靈隱寺名僧契嵩的傳本，契嵩本與法海本出入更大；「宗寶本」是元代曹溪南華寺宗寶禪師所對勘增修（釋宗寶禪師在元至元辛卯會集《壇經》，其在《跋〈六祖大師法寶壇經〉》文有：「按察使雲公從龍，號維山，（中略）一日過山房，見余所編，謂得《壇經》大全。」山房，謂曹溪住持丈室。雲從龍爲《古衲和尚舍利塔記》之撰文者，塔記稱古衲和尚於至元二十八年（一二九一）八月圓寂，此年即前「至元辛卯」，因後至元無辛卯。另外，丁福保《〈六祖壇經〉箋注》也曾謂「宗寶或云未詳，或云即韶州南華寺住持」）。在敦煌本或敦博本未問世以前，宗寶本一枝獨秀，爲明代後最通行、流傳最廣的版本。因爲此版本較先前其他版本内容最多，文字暢美，境界通達，所以流通最廣。明永樂《南藏》《北藏》《嘉興藏》《房山石經》（萬曆四十八年刻石）等都收有此書，至於單刻本也多屬此本。但無論是哪一個版本，都一樣能彰顯出《壇經》的核心思想，一樣能發揮《壇經》對曹溪禪宗文化發展所起的重要作用。據敦煌本《壇經》所載，「《壇經》，法海上座集。上座無常，付同學道際；道際無常，付門人悟真；悟真在嶺南曹溪山法興寺（南華寺），見今傳授此法」（唐代佛寺初無住持之名，設三綱，寺主、上座、維那，主持寺内事務）。唐代曹溪（南華寺）傳授六祖禪法就是《壇經》，六祖得法弟子青原、南嶽等四十三人，另尚有悟道超凡者三五千人，皆是「遍相付囑」。無《壇經》稟承，非南宗弟子也」。可見，正是因爲「遍相付囑」，才使得曹溪禪法久傳不衰，蓬勃發展。

《壇經》是六祖惠能大師一生説法的記録，是其一生思想内涵的集中體現，在中國思想史上深具影響力。清代陳在謙在《重刻壇經跋》中説：「《壇經》爲六祖談道之書，猶吾儒之《論語》《孟子》也。」毛主席也對六祖惠能大師與《壇經》的歷史地位和影響給予充分的肯定，他説：「惠能在哲學上有很大的貢獻，他把唯心主義的理論推到了最高峰，要比英國的貝克萊（一六八五—一七五三）早一千年。你們應該好好看看《壇經》，一個不識字的農民能夠提出高深的理論，創造出具有中國特色的佛教；佛經也是有區別的。有上層的佛經，也有勞動人民的佛經，如唐朝時六祖的佛經《法寶壇經》就是勞動人民的。」臺灣學者錢穆認爲：《壇經》是探索中國文化必讀之典籍之一，是中國第一部白話作品，强調人們在現實生活中的覺悟解剖，其核心「直指人心，見性成佛」，對中國傳統文化的影響，其意義作用遠遠超出佛教的範圍，無論在中國或世界都具有很大影響力。因爲《壇經》廣泛的流傳，六祖惠能大師的禪宗思想不斷地被澤後世，爲後人學習體悟提供指引，近代諸多學者都進行過非常深入的研究。如湯用彤在《隋唐佛教史稿》説：「此經影響巨大，實與達摩禪學有重大的發展，爲中華佛學之創造也。」此外，陳榮捷英譯《六祖壇經》、張仲元英譯《禪宗之源》等英譯論著對曹溪禪宗文化在西方國家的傳播也起到非常重要的影響。在英國倫敦大不列顛國家圖書館廣場，矗立著世界十大思想家的塑像，其中就有代表東方思想的先哲孔子、老子和六祖惠能大師，並列爲「東方三聖人」。《壇經》，這部在佛教史乃至世界的文學史、思想史、哲學史都具有重要地位和深遠影響的寶典，縱觀其傳世以來的影響力，足以感歎法海禪師彙編整理出六祖惠能大師禪法精髓——《壇經》，並使之得以傳世的功績，其功實是無人能比擬。對此，學者何方耀說：「《壇經》之能流傳於世，實賴斯人之力。」這是非常中肯的。

二、曹溪法水長流，祖庭智燈永耀

曹溪，始因溪水流經曹侯村而得名（相傳曹侯村爲三國時期魏武帝曹操玄孫曹叔良隱居處），後因六祖惠能大師在曹溪闡揚頓教法門，建立起「禪宗」體系而聞名天下。楊曾文教授在《山川無今古，曹溪氣象新》一文中就曾這樣總結道：「曲江曹溪，既不在國都，又不在大州都會，但唐宋以來一直遠近聞名，四方前來參拜者絡繹不絕。原因何在？衹緣這裏是中國禪宗的祖庭南華禪寺所在地。」清修《曹溪通志》曰：「山水不在高深，而仙靈是托。」曹溪地處粵北，但因山川久奠，靈瑞早積，所以感得聖靈托化，法社潛生。有道是「名山建名寺，名寺出高僧」。據有關史料記載，梁武帝天監元年，印度高僧智藥三藏來東土傳播佛教，從廣州北上途經曹溪，掬水而飲，以溪水甘美異常，即溯源而上，見溪源一帶山水宛若印度之寶林山，便立願在曹溪建寺，天監三年（五〇四）建成時，梁武帝賜額「寶林寺」。唐高宗龍朔元年（六六一），六祖惠能大師從東山得法南歸，住持寶林寺説法三十七載。期間，得旨嗣法的就有四十三人，明心見性者更是不計其數。自從六祖在此駐錫興化，曹溪始以禪門洙泗而馳譽於天下。曹溪祖庭一向高僧輩出，歷代住持功德卓越者不勝枚舉。唐代在六祖後繼席的兩位大德分别是：保護六祖真身衣鉢塔院主令韜禪師；集録、流通六祖法寶的法海禪師。至宋代，有「當時恩顧，莫與爲比」革律爲禪的敕差住持智度禪師；大文學家蘇東坡常與之書信往來的重辯禪師，余靖與之交往甚密的敕差住持慈濟大師；重建靈寶塔、鑄大銅鐘之敕差賜紫住持奉寧禪師；爲人嚴厲，時號「昺鐵面」的智昺禪師。元代有爲避兵燹、拒盜殺戮焚蕩，偕其徒數奉祖師並衣鉢出避入郛的古衲禪師；對勘增修《壇經》之宗寶禪師；護寺免差的福心弘辯慈濟大師。明代有重興南華禪寺、編纂《曹溪通志》的憨山祖師；禪宗史或介紹叢林文獻資料未嘗提及之第一百四十三代冠帶住持道宣禪師。清代有賜紫中興祖真修實行禪師；編纂《曹溪通志》的真樸雪櫎禪師。近代南華禪寺最後一位敕差賜紫的是禪宗泰斗虛雲禪師。以上所列當中，對於曹溪祖庭的衛護，大有文天祥「宗廟存一日則臣子盡一日之責」的令韜禪師、憨山祖師、虛雲老和尚等大德，至今每被言及，還是令人景仰讚歎不已。

令韜禪師（六七一—七五九），又號行滔，江西人，俗姓張。師從六祖惠能出家後，即不離六祖左右。《景德傳燈録》中記載：六祖滅度時，令韜禪師在諸大弟子中是比較年輕的一位，因其一向未曾離開六祖身邊，深得法要，故得法海等衆人的信賴，擔負起看護六祖真身舍利和衣塔的重任。

《韶州志》「守塔沙門令韜録」中記載：師入塔後，開元十年壬戌八月三日夜半，忽聞塔中如拽鐵索聲。衆僧驚起，見一孝子從塔中走出。尋見師頸有傷，具以賊事聞於州縣。縣令楊侃、刺史柳無忝得牒，切加擒捉，五日於石角村捕得賊人，送韶州鞫問。云姓張，名淨滿，汝州梁縣人，於洪州開元寺受新羅僧金大悲錢二十千，令取六祖大師首，歸海東供養。柳守聞狀，未即加刑，乃躬至曹溪，問師上足令韜曰：「如何處斷？」韜曰：「若以國法論，理須誅夷。但以佛教慈悲，冤親平等，況彼求欲供養，罪可恕矣。」柳守加歎曰：「始知佛門廣大。」遂赦之。

正是因爲令韜禪師對祖師的忠懇和對賊人的寬以爲懷，讓佛法的廣大在世人眼中昭彰其輝，也使我輩後人至今能在南華寺得以瞻仰六祖惠能大師的真身。令韜禪師衛護祖庭盡忠職守的精神，實無愧於一代住持的厚德衆望。對他的德行，唐尚書右丞王維、刺史柳宗元、刺史劉禹錫等在爲南華寺撰的碑文中皆有提及。

法脈的延續，作爲曹溪法子，責無旁貸，祖庭的衛護與中興亦是兩相並重。然「天將降大任於斯人也，必先苦其心智」，被後世尊爲「南華中興之祖」的憨山禪師亦同樣經歷重重的磨礪，甚至多次被誣入獄仍不改其志。憨山德清（一五四六——一六二三），字澄印，安徽全椒人。祖師至曹溪後，致力中興祖庭，披肝瀝膽。早在元代，南華寺數遭兵禍，寺院重創。到明清時期，因各種原因，祖庭仍衰微不振，廟宇頽敗，滿目瘡痍。憨山祖師當仁不讓，根除積弊，清淨道場。傳授戒法以勵清修，培樹僧才，立庫藏蓄積，設監寺守，並主修《曹溪通志》。歷時不久，南華禪寺百廢俱興。明天啟三年（一六二三）十月十一日，憨山祖師圓寂，謚號「弘覺禪師」。至今南華寺內仍供奉著憨山的肉身，並因其卓越貢獻，被後世尊爲「南華中興之祖」。祖庭宗業，代代相傳，俗世艱危，更顯其行。

到近代，外敵强虜，山河破碎。政治上又是風雲變化，叵測難安。但越是亂世，亦越可鑒心銘志，這就是南華禪寺最後一位敕差賜紫賜師號禪宗泰斗虛雲老和尚。虛雲老和尚（一八四〇——一九五九），法名古巖，又名演徹，字德清。俗姓蕭。虛老一生志大氣剛，悲深行苦，建樹卓著。民國二十四年（一九三五），虛老數夢六祖相召回曹溪，時值廣東西北區綏靖委員兼國民革命軍獨立第三師師長李漢魂將軍駐守韶關，目睹千年古刹淪落，發心重修，迎請《大藏經》，並請時任福州鼓山湧泉寺方丈的虚雲老和尚前來住持南華寺。虚老初至時，目睹寺宇破敗，僧人星散，極爲痛心，當即發願重興之，擬定十事：一、更改河流以避凶煞；二、更正山向，以成主體；三、培主山以免坐空；四、新建殿堂以示莊嚴；五、驅流棍以除積弊；六、清丈界以保古跡；七、罷産業以維常住；八、嚴守戒律以挽頽風；九、創禪堂安僧衆以續慧命；十、傳戒法立學校培育僧才。之後十事具得實現。抗日戰争時期，老和尚又率先倡議節減晚食，從中接濟難民，修復韶關大鑒寺，安置難民。虚老一生以振興天下叢林爲己任，修建、重建寺院無數。民國二十四年應請駐錫曹溪祖庭後，年屆九十五歲高齡的他相繼新建大雄寶殿、天王殿、雲海樓、香積廚、齋堂、藏經閣、方丈室、祖師殿、功德堂、報恩堂、鐘鼓樓、禪堂、觀音堂等殿宇房舍二百四十三楹，重塑大小佛像六百九十餘尊，等等。虚老一身兼祧五家法嗣，除傳承曹洞、臨濟法脈外，還應湖南寶生等之請，續潙山法脈，進承興陽禪師之法，爲潙仰宗第八世祖，繼良度之後爲法眼第八世祖，雲門宗第十二世祖。老和尚座下法嗣信徒更是數超百萬。一九五九年農曆九月十三日，虚老在雲居茅蓬内圓寂，世壽一百二十歲，僧臘一百零一。荼毗之後，得五色舍利子數百粒。江西雲居山等處都爲其建立舍利塔。一九九二年，家師惟因老和尚亦命余於曹溪祖庭爲虚老興建舍利塔，以供四衆瞻仰及緬懷這位禪宗泰斗。在現代佛教史上，虚老堅持精進苦行長達百餘年，歷坐十五道場，以百歲之身重興祖庭，建樹之宏偉，實無出其右者。

在千年衍續中，曹溪祖庭與禪門後秀珠璧相映，源遠流長。曹溪禪法，歷代傳承，《壇經》瑰寶，明珠遺世。曹溪，自六祖在此闢源，法嗣衍流，師資永續。神會護正統、法海彙《壇經》，一花五葉播植九洲，曹溪法乳惠澤天下，頓悟法門啟人心智。後繼有令韜守舍利，憨山、虚雲諸祖，中興祖庭，立我叢林，勵精圖治，始令曹溪祖庭慧燈續燃。現今，我輩欣逢盛世，在新的歷史條件下，南華禪寺爲了崇功念德，弘揚祖庭禪宗文化，最近十年正在恢復宗基，規劃恢復唐代之「大南華」風貌，增建寺内殿堂等建築及配套設施，興建禪宗祖殿「拈花笑處」及十三層萬佛寶塔。復辦曹溪佛學院（虛雲和尚創辦時稱「戒律學院」。一九八三年，上人惟因老和尚亦續辦廣東省唯一佛學培訓班），爲佛教培養人才，輸送人才；舉辦「禪悦行」實踐活動，提倡「一點識神，永爲道種」；創辦《曹溪水》及建立網絡信息部都是爲更好地宣傳佛教禪宗文化，淨化社會，止惡揚善；新建多寶閣圖書館，培養寺内僧伽和青年學僧，使其增加佛學知識，同時又是研究佛教、交流知識的重要場所；創建綜合檔案室，收集寺内各類檔案，爲延長檔案的使用壽命、存放檔案的環境及檔案保管提供優越條件，實現在搜核有關文獻資料時的便捷，以及進一步發揮檔案在寺院自身發展方面的服務作用。建寺辦學，這兩種重大專案，目的是重視佛教的文化事業及道德精神生活，一是爲安衆修持，二是爲弘法度衆，更重要的是法輪常轉，慧命是續，爲培養國家和佛教需要的佛教學術研究人才、寺廟管理人才及海外聯誼和國際佛學交流人才。曹溪聞名於世，垂芳千古，爲千百年來佛教史中最昭彰者，是歷史大浪淘沙後的精華凝結，其文化淵源，以及對後世影響不可估量。曹溪禪法對中國佛教的推廣、海峽兩岸的佛教發展及當代佛教建設都産生深遠影響。因此，弘揚曹溪禪宗文化，衹有不斷從這棵具有深厚文化根系的參天大樹中吸取其精華養分，才能使禪宗在新時期和諧社會的發展中再創輝煌。

原載《禪和之聲：二〇〇九年廣東禪宗六祖文化節學術研討會論文集》，宗教文化出版社二〇一〇年

漫談佛教教育對和諧社會發展的促進作用　節録

二十一世紀的今天，經濟全球化發展，科學技術推動人類社會文明不斷向前邁進。經過長期的探索與實踐，黨中央作出構建和諧社會的部署和決策，提出構建和諧社會的發展目標和原則，指出要「團結一切可以團結的力量，調動一切積極因素，形成促進和諧人人有責，和諧社會人人共用的局面」。並要「發揮宗教在促進社會和諧方面的積極作用」。佛教是世界三大宗教之一，創立流傳至今已有二千多年歷史，漫長的歷史檢驗證明，佛教的真諦法理在教化世人向善、穩定社會秩序等方面，都能起到很重要的作用。

一、辦好僧伽教育是開展佛教弘法事業的基礎

佛教初傳漢地，翻譯梵文經藏是佛教發展的第一步，最初的僧伽教育就是在譯經場中展開。主持譯經工作的鳩摩羅什、玄奘法師等大師俱是精通梵文、漢學，篤學三藏經論的高僧，參與譯經的僧人也都是經過嚴格挑選，且具有一定儒學文化和佛學基礎，譯經工作自然也就成了他們深入接受佛學教育的過程。

禪宗的興起是佛教在中國發展的轉捩點，過去佛教受主政者牽制較多，在大衆心中多被納入神、鬼一類敬待。至禪宗六祖惠能大師獨闢一徑，宣揚「明心見性」，宣導「佛法在世間」的禪法教育，其法嗣馬祖道一興叢林、建道場，弟子百丈懷海又結合漢地實情，創規立制。以僧團共修生活的叢林爲教育場所，在日常生活中開展佛教教育。此後，十方叢林始成爲唐代以後漢地佛教僧伽教育的主要場所之一。

近代太虛大師宣導「人間佛教」，提出「用佛教的道理來改良社會，使人類進步，把世界改善」。興辦佛教院校，振興佛教教育這一理念，多年來在海內外衆多高僧大德的推廣下，已爲教界所普遍認同。中國大陸近年來隨佛教事業的蓬勃發展，各地寺院新建、重建佛學院校日增，陸續從院校中畢業的學僧緩解僧才凋零的困境，並在弘法事業中發揮重要作用。

佛教是面向一切衆生的教育，佛教弘法的目的就是爲使人轉迷成悟，解除人生的一切煩惱痛苦。因此，佛學院的教育不同於世俗的院校教育，既不是文憑教育，更不是應試教育，僧伽教育是綜合的素質教育，是爲「續佛慧命，紹隆佛種」的需要，培養運用佛法真諦教化世人，拯救五欲中沈迷衆生的人間導師。僧才的有無直接關係到佛教的將來。所以，祇有先辦好僧伽教育，才能爲開展佛教普世教育打下堅實基礎。

二、加强傳統道德教育是促進社會和諧發展的要素

中國傳統道德文化教育在過去的社會發展中不斷修正補充，形成繁複龐大的體系，隨著時代的不同、歷史的發展，新舊文化交替等原因，傳統道德觀念一度被視爲封建思想而備受批判。然而，優秀的道德文化是歷史文明的積澱，始終不會因時代的變化而徹底消亡。如佛教宣導的六和敬、五戒、十善、報四重恩等理念，與儒家的仁、義、廉、恥、忠、孝等道德理念基本相契合，在衆多傳統道德文化概念中也已難分彼此。譬如爲大衆所熟知的「善有善報，惡有惡報」「自作自受」「天網恢恢，疏而不漏」等勸人向善的世間諺語，便源於佛教的因果法則。助人爲樂、樂善好施體現傳統社會的道德風尚，佛教則將「布施」作爲修行「四攝六度」之首，宣導「布施」精神。孝養

父母、尊敬長輩是中華民族的傳統美德，佛教宣揚「報四重恩」，感恩回報的思想由家庭延伸向國家、社會，乃至一切衆生，超越傳統道德教育的範疇。再如中國傳統文化推崇「和」的理念，也是源於佛教僧團共修生活的「六和敬」法規。要求同住共修大衆和睦相處，相互敬重，語業清淨，不粗言惡語，坦誠相待；意業清淨，理解互信，依戒修行，共霑法益；見解一致，建立共識，利益均等，共享正果。「六和敬」思想非常切合當前構建和諧社會的發展方向，它能正確引導家庭生活關係，成爲社會群體中人與人之間的行爲準則，成爲國家及地區之間平等對話、和平發展外交關係的準繩。社會需要精神文明建設加快發展，若能將傳統人文道德教育再加以發揚，在傳承中華民族優良文化的同時，以德育推動精神文明的進步，共同爲和諧社會建設添磚加瓦。

三、開展多元化佛教教育是當前精神文明建設的需求

（一）用藝術的形式表現佛教文化

「音樂是人類共同的語言」，好的音樂能觸動人的心靈，引起共鳴。佛教的唱誦純淨安寧，梵唄莊嚴肅穆，通過佛教音樂淨化人的心靈，能激發聽衆對佛法的興趣，從而走入佛門；書法是我國的傳統文化藝術瑰寶。現今，執筆書寫的方式雖受到電腦輸入的衝擊，但書法藝術厚重的文化思想底蘊卻永遠都無可替代。歷代高僧中不乏書法高手，唐代懷素和尚以草書聞名於世，其《四十二章經》是佛教書法藝術的傳世佳作。宋代莫庵道肯禪師以三十二體篆書謄寫《金剛經》，獨樹一幟，爲世間書法愛好者所珍藏。佛教藝術的表現還有舞蹈、繪畫、雕刻等多種形式，加以善用，表現佛

教文化，使大衆在愉悦中體悟藴含其中的佛法妙理，就是多元化的教育方式之一。

（二）在生活中融入佛教教育

現代人提倡健康飲食，素食已成爲獨樹一幟的飲食方式，從宣傳素食的健康概念著手，宣導佛教素食文化，宣講佛教的「戒殺」理念，以培養衆生的慈悲心。由「不殺生」，引導社會大衆參與佛教放生活動，感悟佛教慈悲的胸懷，淨化心靈，重拾遺落在濁世中的善良本性。今天的都市人遠離鄉野山林，體驗田園農耕的勞作已成爲休閒時的願望，禪宗的叢林生活中，出坡勞動是修行的方式之一。「一日不作，一日不食」的農禪生活，極爲符合中國的傳統美德教育。農禪勞動，能讓大衆體會禪宗獨特的修行方式。參與禪修活動，體驗叢林共修生活，指引大衆在調息身心的過程中，領悟禪修的真正意境，舒緩社會壓力，重新認識自我，從而更積極地投入到和諧社會的建設中。

（三）善用現代技術開展佛法教育

現代科技發展對傳統文明的衝擊甚大，資訊時代的來臨，互聯網的普及，爲人類開拓出全新的虛擬世界；又因各種不良資訊充斥網絡，毒害人的心靈，虛幻的空間成爲許多人消沈避世的場所。凡事皆有利弊，互聯網傳播不受地理方位、時間空間的制約，善用網絡，同樣能爲佛教弘法提供便利；用網站、博客、微博、視頻播放等方式進行佛法教育，宣傳道德文明，弘揚人間正氣。貼近世俗生活，以大衆喜聞樂見的方式開展佛教教育，做到「示教利喜」，讓聽者歡喜接受佛教義理，從而正確引導大衆追求積極向上、健康文明的精神生活。

四、推動社會和諧發展是佛教教育的重要目的

和諧社會是我們共同追求的目標。國家主席胡錦濤指出：「我們所要建設的社會主義和諧社會，應該是民主法制、公平正義、誠信友愛、充滿活力、安定有序、人與自然和諧相處的社會。」和諧社會，以人爲本。人自身的和諧，人與人之間的和諧，人與自然的和諧，都是和諧社會的重要標誌。佛教注重人的德行教育，宣揚「諸惡莫作，衆善奉行」的道德觀念，宣導奉行五戒、十善，廣修四攝六度的生活，息滅人的邪惡、貪欲心火，提高人性的修爲境界，達到身心俱能和諧的目的。弘揚佛教「六和敬」精神，促進家庭和睦，人與人之間坦誠交往，形成和諧社會的良好氛圍，宣揚佛教「知恩報恩」的思想，感恩回報的布施精神，推動社會慈善事業發展，修正當前扭曲的社會金錢價值觀、人倫道德觀，淨化人心，改良社會風氣。以戒殺放生理念教育大衆，宣揚衆生有情的大愛思想，推及至人與自然的和諧共處，就是我們弘揚佛法的目的所在。「一切衆生皆有如來智慧德相，但因妄想執著，不能證得。」佛教是人間的佛教，發展佛教普世教育，以佛理教化社會，提高衆生的思想道德素質，弘揚人間正義，改善社會面貌，推動人類文明的進程，最終實現社會和諧至善圓滿。

原載《第三届世界佛教論壇論文集》，二〇一二年

六祖惠能大師禪宗思想淺談 節録

六祖禪宗經弟子傳播到全國各地，後來形成五宗，即所謂「一花五葉」。禪宗後來不僅成爲中國佛教文化的主流，更遠播日本、朝鮮、東南亞及歐美等國家與地區。連印度也建有南華禪寺，弘

揚惠能大師禪學，足見其影響之大。不僅如此，惠能大師的禪宗思想更遠遠超出了宗教的範疇，成爲中國古代思想、學術的重要組成部分，成爲人類智慧的結晶。根據惠能大師法語整理而成的《六祖法寶壇經》，不僅是中國本土佛教史上惟一的經書，更是研究中國和世界佛教史、文化史、思想史、哲學史的典籍。正因如此，惠能與孔子、老子被稱爲「東方三大聖人」，歐洲則將他列爲「世界十大思想家」之一，其塑像被陳列於英國大不列顛圖書館廣場。中山大學教授、珠江文化研究會會長黄偉宗將惠能定位爲珠江文化的哲聖，與黄河文化的哲聖孔子、長江文化的哲聖老子並列。毛澤東於一九五六年對廣東省委領導人説：「你們廣東省有個惠能，你們知道嗎？惠能在哲學上有很大的貢獻，他把唯心主義的理論推到了最高峰，要比英國的貝克萊早一千年。你們應該好好看看《壇經》，一個不識字的農民能夠提出高深的理論，創造出具有中國特色的佛教。」實際上，毛澤東曾不止一次公開評價和讚揚六祖惠能大師，甚至是在中共中央政治局擴大會議的講話中。六祖惠能大師雖然圓寂已一千多年，但融匯他禪學思想的《六祖法寶壇經》卻仍流傳於世，影響久遠。毛澤東於一九五九年十月二十二日與班禪大師談話時説：「我不大懂佛經，但覺佛經也是有區别的，有上層的佛經，也有勞動人民的佛經，如唐朝時六祖的佛經《法寶壇經》，就是勞動人民的。」六祖惠能大師在韶州講學，由大弟子法海記録整理而成的語録稱爲《六祖法寶壇經》，又稱《法寶壇經》或《六祖壇經》。因世代輾轉傳抄，有幾十個版本，字數從一萬兩千至兩萬不等。其中最著名的有敦煌本、惠昕本、契嵩本與宗寶本四種版本。目前，爲世人公認最古老的版本是「敦煌寫本」，其全名爲《南宗頓教最上大乘摩訶般若波羅蜜經六祖惠能大師於韶州大梵寺施法壇經》。但無論是何種版本，萬變不離其宗，裏面都是提倡「直透心源」「見性成佛」的頓悟法門，充滿勸善與警世的文句與哲理，成爲禪門的傳世名典巨著，被後人視爲在中國前無古人、後無來者的獨一無二的絶版宗經法典。它不僅體現出精闢的佛理真義、物語禪機，而且融匯中國特有的儒道兩家傳統文化的精髓內涵，涵蓋中國哲學和民族思想文化的精湛內容。顯淺地説，就是將西方的佛教中國化、平民化、大衆化。它强調自我精神的獨立，是佛學理論上的一次巨大的突破與革新，在中國思想文化史上有著顯赫的地位。

《六祖壇經》是中國十大哲學著作之一。一千多年來，任滄桑變遷、朝代更迭，這部禪林的名典巨著，不但没有被歷史的塵煙所湮没，反而成爲中華文化的璀璨明珠；傳頌於華夏，流布於世界，是佛教文庫裏光芒熠熠的瑰寶，也是世界宗教的宗教學説之一。六祖惠能大師於韶州大梵寺之説法內容，由其弟子法海集録而成《六祖壇經》，全一卷，全稱《六祖大師法寶壇經》。此經收録於《大正寶藏》第四十八册，其敦煌寫本亦收於同册。共分十門：一、行由。敘説六祖之行跡、得法緣由，及對法性寺印宗所説之法要。二、般若。謂識自性即般若，即可見性成佛。三、疑問。乃應韋刺史之質疑，就達摩與梁武帝之問答，闡釋「無功德」之義，又辨明念佛往生唯心淨土之旨，並針對在家修行者之問，示以無相頌。四、定慧。解説此法門以定慧爲本，即住於定慧不二之一行三昧。五、坐禪。於外之一切善惡境界，心念不起，稱爲坐；於內了見自性不動，稱爲禪。六、懺悔。解説戒、定、慧、解脱、解脱知見等五香，此香各自內熏，非向外覓，稱爲無相懺悔；又明示四弘誓願、無相三歸戒之旨，而謂見得自性，乃真懺悔。七、機緣。記述六祖爲無盡藏尼、曹叔良、韶州法海、洪州法達、壽州智通、信州智常、廣州智達、青原行思、南嶽懷讓、永嘉玄覺、河北智隍等所舉示之禪要。八、頓漸。謂法本一宗，原無頓漸，然以人有利鈍之差異，故産生頓漸旨趣之別。又敍述六祖爲吉州志誠，就「戒定慧」之觀點，舉示與神秀教示之差異，並敍及接化江西志徹、荷澤神會之緣由。九、宣詔。記載固辭唐中宗神龍元年（七〇五）迎請之宣召，並爲敕使薛簡指示禪法。十、付囑。先舉示三科三十六教之法門，次揭示真假動靜之偈，末述自過去七佛、西天東土三十二祖以迄惠能之傳承次第，並囑以遞代流傳，莫令乖誤。就現存最古之敦煌本《壇經》言，其主要思想爲：一、見性成佛，此佛性即真我，具有：衆生本具足、衆生之真我、具足無量功德、能生萬法等四種特性。二、無相爲體、無住爲本、無念爲宗，此爲般若思想之展開，此三者係具體之修行方法，以遣除一切執著而達無煩惱之解脱境界。

《壇經》之中心思想並非止於此，尤其是較晚之元本《壇經》，然皆爲此二大中心思想之衍生，如：一、不落階級之頓悟説，指不須方便即可開悟，爲見性成佛之衍生。二、不立文字（教外別傳）之慢經、慢教説，後期禪宗乃極端慢經、慢教者，尤以南嶽下之洪州宗及青原下之石頭宗爲甚。更進而喝佛罵祖，此乃從不立文字演變而來，主要受牛頭宗之影響。三、禪宗之道家化，此主要受江左牛頭禪影響所致，注重實行之禪學，主要思想爲：空爲道本，無心合道；空既爲萬物之本，故一切本自解脱、本自合道，如此則無需經教、禮佛。此種放任、無爲、老莊化之禪，使禪宗脱離繁瑣之儀式教條而更爲興盛，更富中國色彩。唐代之有禪宗，不僅是佛學之革新，其後更成爲宋代理學之先河，而六祖則爲此一大轉捩中之關鍵人物，《壇經》更是一部扭轉乾坤之偉構。六祖自己所獨創之宗旨是在受到五祖傳授和啟發之後産生的，這就是「自性是佛」。六祖聞五祖講《金剛經》至「應無所住而生其心」時大悟，方知「一切萬法不離自性」，又言「何期自性，本自清淨；何期自性，本不生滅；何期自性，本自具足；何期自性，本無動搖；何期自性，能生萬法」，還稱「吾所説法，不離自性」，表現他對「自性是佛」之義的深刻理解。《壇經》的主要部分，在説摩訶般若法。禪宗的禪，特别是道信以來的東山法門即是以般若爲其旨歸。到了六祖，更把這種思想發展成一種「一超直入」的頓教。他揭出「直指人心，見性成佛」的途徑，即是修「般若行」。他説：「菩提般若之智，世人本自有之，祇緣心迷，不能自悟，須假大善知識，示道見性。當知愚人智人，佛性本無差别，祇緣迷悟不同，所以有愚有智。」又説：「若起真正般若觀照，一刹那間，妄念俱滅。若識自性，一悟即至佛地。」「以智慧觀照，内外明徹，識自本心。若識本心，即本解脱。若得解脱，即是般若三昧。」但《壇經》所説般若的涵義，和一般教家略有不同，如《壇經》説：「摩訶是大，心量廣大，猶如虚空。」「世界虚空，能含万物色像，日月星宿，大地山河，泉源溪澗，草木叢林，惡人善人，惡法善法，天堂地獄，一切大海，須彌諸山，總在空中。世人性空，亦復如是。」「般若者，唐言智慧也。一切處所，一切時中，念念不愚，常行智慧，即是般若行。」這是説衆生當前心性，即是般若真空，一念愚而著境即於一切法有取有捨，般若即絶；一念智而離境即於一切法不取不捨，般若即生。六祖之頓悟法門後來又得到神會的大力提倡，但六祖並不過分强調頓漸之分。他認爲「法無頓漸，人有利鈍」，由人根性之利鈍，才有法門之頓漸。利根見性疾，故有頓悟法門；鈍根見遲性，故立漸悟法門。由此，頓漸本無上下高低之分，根性利者宜學頓門，根性鈍者宜學漸門。頓漸本是見性之法門，佛法本身非有頓漸。「自性是佛」是六祖説法之真意，是六祖的宗旨，這一宗旨集中體現在大梵寺所説法上，而且表現在全部《壇經》中，可以説六祖所説的一切法都是「自性是佛」的體現，而六祖之後的禪宗一直是這一意旨的發展和展現。六祖還改變延續已久的秘傳制度，公開講述自己的新思想。六祖不再傳衣，也不指定傳法弟子，讓諸弟子通過自己的努力來顯示各人各派的佛學水準，避免不必要的爭端。公開向大衆講述自己的新思想，直示「自性是佛」是真意，使之得到最廣泛的傳播。公開性非常有利於六祖思想的傳播，當時曹溪聽法者就有數千人，其後學弟子又都是公開説法，使其思想越傳越廣，影響越來越大，在中國思想史上占有非常重要的地位。而且其思想也具有超時代的意義，還有破除迷信和個人崇拜，弘揚個性與自主意識，樹立自信、自立、自强的現代精神的作用，表現了永恒的强大生命力。

原載《禪和之聲：「禪宗優秀文化與構建和諧社會」學術研討會論文集》，宗教文化出版社二〇〇七年

南華禪寺　纂修

下

南方出版传媒
廣東人民出版社
·廣州·

卷六　祖庭椽棟

卷六　祖庭椽棟

曹溪開山於梁智藥三藏，時住持究係何人，已不可考。自唐惠能開創南宗禪門，一時極盛，且一花散五葉七派，歷千數百年以迄當代，繼宗高僧，代代相傳。然據《壇經·付囑品》，六祖將示寂時，召諸門人曰：「汝等不同餘人，吾滅度後，各爲一方師。」可知曹溪本山法席，六祖未嘗授弟子，諸弟子亦不忍儼然居祖之位，行祖之令。其後數年，上足令韜但稱「守塔沙門」，而不敢稱繼席。又歷百數十年，住持規制幾經變化，先爲子孫叢林，一度被降爲律寺。至宋天禧間普遂智度奉敕命入山，方又改爲十方叢林，普遂稱祖庭第一代住持。其後或由郡請而敕差可紀者八人。元承宋制，非宗門之裔不得住持。曹溪初奉敕差住持，與京師諸剎等，其間出轉運使牒，亦與各郡邑禪寺同。自明始設都綱，即用其寺之僧，一準於部劄府帖，住持之道雖壞而未斷絶，至清初已歷百六十餘代。清乾隆間，朝廷漸廢僧侶度牒管理，曹溪再爲子孫叢林，至光緒初年朝廷雖復度牒制，但實仍爲子孫叢林。民國二十三年（一九三四），虚雲應廣東省主席李漢魂之邀，駐錫南華寺，始復爲十方叢林。隨後，復仁、貞訓、靈源、本焕先後繼席。中華人民共和國成立後，本焕續任住持。一九五八年後成立南華禪寺管理委員會，林得衆任南華禪寺管理委員會主任。一九八二年國家落實宗教政策後，惟因任南華寺住持；一九九〇年五月，傳正代理住持；一九九二年，佛源繼任住持；一九九九年，傳正任住持。南華寺自開闢迄今，住持僧有名可考者約百二十餘人，但大多生平事跡不詳。其人以習禪爲主，其法派不出臨濟、曹洞、雲門三宗。以下試從歷代相關文獻中鉤稽山中住持大德有行實可睹者，傳以志之，山中耆宿、過化名賢附焉。若各大德或有法語留存，亦於傳末識之。其事無可考者，謹存其名。

歷代住持

一、唐朝

曹溪韜（六七一—七五九） 令韜，字某。惠能寂後遂爲衣塔主，奉爲首座，執領丈席，護六祖真身。《參禮祖庭記》載：「唐先天二年至肅、代之際，令韜禪師續六祖爲寶林住持。」戒行清循，德業孤秀，曾赦刺客張行滿罪，名滿京華。開元四年（七一六），玄宗聆其德風，詔令赴闕，辭疾不起。《景德傳燈録》載：「上元元年（七六〇）（按：「上元」應是「乾元」之誤），肅宗遣使取傳法衣入内供養，仍敕師隨衣入朝，師亦以疾辭。終於本山，壽九十五，敕謚「大曉禪師」。見「道脈源流」。

□□琳 道琳，字某。《景德傳燈録》載，令韜示化「後三年，有僧道琳率其徒由曹溪來，且曰愿立第二碑（即劉禹錫《曹溪第二碑》）」。後三年，即元和十四年（八一九）。上元元年，道琳曾卻肅宗入朝之詔，距元和十四年僅五十餘年，則道琳或是第三代住持。

二、宋朝

惠正感 懷感，字惠正。宋開寶九年（九七六）任院主。見巨贊《參禮祖庭記·現狀》。

智度遂 普遂，字智度，南陽人。「革律爲禪」後本山第一代住持。大鑒第十世，青原下第八世，雲門宗第四世，嗣法廣濟同（《宋僧録》爲「通」）禪師，洞山守初再傳弟子。天禧四年（一〇二〇），韶州轉運使陳絳上奏，建議從全國名山選任名師入住南華禪寺，使其舉揚宗旨，招來學徒，南陽賜紫僧普遂應選，奉詔入京，賜號「智度禪師」，並賜以藏經、供器、金帛等物。入山建樹良多，重光曹溪，演法度衆，規制鼎新。順治志列爲第一代住持（以下所稱某代住持，皆出順治志）。見《曹溪法系表》。

慈濟緣 寶緣，字慈濟，興元府南鄭人。師韶州出家受具，遊方至隨州參智門禪師光祚，投針契理，得意忘言，以心傳心，遂爲之嗣，爲大鑒下第十世，雲門宗第四世。遂振錫南嶽，稱嶽中之冠。明道二年（一〇三三）奉敕命繼普遂爲第二代住持（按：萬曆志稱「乾道二年敕差」，誤），賜袈裟，並賜號「慈濟大師」。住持南華寺達十二年。期間擴修寺院，重建法堂，並整頓寺規，可謂祖堂中興矣。余靖與之交往甚密。嗣法弟子甘露自緣、興化延慶、永泰宗寶、寶壽行德等十四人，皆爲世所推重。見《曹溪法系表》。

韶州南華寺慈濟大師壽塔銘

余靖

天下伽藍，以夏臘繼承自相統率者，蓋萬數焉。由郡縣之令選於州鄉以領其徒者，且千數。其名山福地，奉朝廷之命，擇於叢林以闡其教者，無數十焉。菩提達磨心法東傳，以衣爲證，止於大鑒，故曹溪之比，又加少焉。今皇帝嗣統之初也，奉母儀內助之慈，尊釋氏西來之教，詔於衡廬擇人，紹隆祖席。僉曰：「當今雄辯通識，無踰雲蓋禪師者。」湖南按察使即以名聞，詔賜命服、師號以寵之，俾擇名僧自佐。禪師名寶緣，興元人。遊方至隨州，參智門禪師祚。投針契理，得意忘言，以心印心，不煩機接，遂爲之嗣，即雲門之嫡也。尋領衆居唐興、南臺、雲蓋，皆南嶽之名藍也。點空破有，不涉名相；臨鋒迅發，直示宗乘。諸方稱服，謂之禪窟，故詔旨求人，無敢先者。駐錫茲山，殆將逾紀，一音演説，四方流布，衆中得法而去者，多爲人師。其機緣語句，門人各著序録，此不復記。教門崇建，規制鼎新，可謂祖堂中興矣。既而歎曰：「嘻，止矣！佛言世間、出世間法備矣。山河大地，有時而盡，況於人乎？雖性空無著，體質當有所歸。愚夫以死爲諱，小乘以涅槃爲樂，皆非中道。吾其自營壽藏，以安時處順，可乎？」旁鑿窺道，上爲窣堵，在寺之西南二里而遥，因僧惠實礱石乞銘以志之。其銘曰：拘士煩思，以身爲累。達人靜觀，如幻之寄。花葉盛衰，根性不隳。見聞覺知，豈藏於斯？《武溪集》卷九

法語

僧問：「如何是祖師西來意？」師曰：「青山緑水。」曰：「來時還有意也無？」師曰：「高

者高，低者低。」

行闇簡　第三代。

正闇端　第四代。

悟真同　第五代。

無照明　第六代。

北辰拱　志拱，字北辰。元豐五年（一〇八二）任。第七代。據《參禮祖庭記》載：「（羅漢樓）其旁有鐵鐘一口，高約三尺，大一圍半。有文曰：元豐五年任第七代住持志拱造。」

草堂芳　第八代。

景蟾桂（？—一〇九一）　清桂，字景蟾。本寺落髮出家。南嶽下第十三世，臨濟宗（黄龍系）第九世。爲第九代。有碑文記。嗣法洪州黄龍山慧南禪師。　見《宋僧録》《建中靖國續燈録》卷一三、《曹溪法系表》。

法語

僧問：「一大藏教，打頭一句如何？」師云：「如是我聞。」僧曰：「末尾一句如何？」師云：「信受奉行。」師良久云：「會麽？」僧曰：「不會。」師便下座，無疾而逝。　見《建中靖國續燈録》。

徹心辯（一〇三〇—一〇九八）　重辯，字徹心，廣東始興人。早年依天衣義懷出家，後雲遊至湖北當陽玉泉寺，參禮玉泉芳門下得眼，爲大鑒下十三世，臨濟宗第九世。元祐五年（一〇九〇）任南華寺住持，爲第十代。紹聖元年（一〇九四）八月，蘇軾入曹溪，晤重辯，作《卓錫泉銘》《蘇程庵銘》。爲南華寺書「寶林」二大字額。後蘇軾應辯長老請，書柳宗元《大鑒禪師碑》。見《曹溪法系表》。

法　語

僧問：「祖意西來即不問，最初一句請師宣。」師曰：「龍銜黑寶離滄海，鶴側霜翎下玉堦。」僧云：「一輪明月照，四海盡分明。」師曰：「夜半折開無縫塔，天明智積抱頭回。」乃曰：「會麼？五大未明，二儀無跡。威音王覷不見，大悲手摸無蹤。且道爲復神通妙用，爲復法爾如然；於斯明得，便乃高步毗盧頂上，坐報化佛頭；於斯未明，衹知事逐眼前過，不覺老從頭上來。咦！」《續傳燈録》卷三十六

心宗明　南華明公，亦作朗公，名知辯。嗣法太平州吉祥法宣禪師，大鑒下第十五世，青原下第十四世，曹洞宗第十一世。元符三年（一一〇〇），繼重辯禪師席，爲第十一代住持。東坡南遷自儋州北歸，重辯已逝。建中靖國元年正月一日，明禪師爲本山住持重辯禪師建壽塔，請蘇軾爲撰《南華長老題名記》。並有《南華老師示四韻事忙姑以一偈答之》詩。見《曹溪法系表》。

南華明　德（得）明，開法韶州南華。大鑒下第十四世，青原下第二十七世，雲門宗第七世。嗣法東京慧林寺圓照宗本，「言下契旨，遂嗣其法」。元符三年（一一〇〇）十一月，蘇軾與李公寅遊曹溪，至南華寺，會晤明老（德明禪師）、蘇堅（伯固）。當時繼重辯住持南華寺的是雲門宗慧林宗本弟子南華德明。蘇軾有《與南華明老三首》。見《建中靖國續燈録》卷一四、《曹溪法系表》。

睦州和　第十二代。

性中仁　第十三代。

悦巖愷　第十四代。

禪鑑先　第十五代。

普證成　第十六代。敕差任住持，嗣法芙蓉道楷。見澹歸《曹溪新舊通志辨證五十六則》。

曉山昺（一〇七八—一一五八）　智昺，一作知昺、知炳，字曉山。蜀川永康（今都江堰市）人。爲人嚴峻，號昺鐵面。久隨蔣山佛鑒惠懃禪師，盡得其奥妙。爲南嶽下第十五世，臨濟宗第十二世。懃薦爲太平住持，官府三請不出，隱避司空山。後奉旨居韶州南華，任十七代住持。法嗣四祖宗肇、天寧法清、正法月、南華明。

法　語

上堂曰：「此事最希奇，不礙當頭説。東鄰田舍翁，隨例得一橛。非唯貫聲色，亦乃應時節。若問是何宗，八字不著丿。」擊禪床，下座。上堂：「日日説，時時舉，似地擎山爭幾許。隴西鸚鵡得人憐，大都衹爲能言語。休思惟，帶伴侶，智者聊聞猛提取。更有一般也大奇，貓兒偏解捉老鼠。」上堂，以拄杖向空中攪曰：「攪長河，爲酥酪，蝦蟹猶自眼搭眵。」卓一下，曰：「變大地作黄金，窮漢依前赤肐軀。爲復自家無分，爲復不肯承當？可中有個漢，荷負得行，多少人失錢遭罪。」再卓一下，曰：「還會麼？寶山到也須開眼，勿使忙忙空手回。」上堂：「春光爛熳花爭發，子規啼落西山月。憍梵鉢提長吐舌，底事分明向誰説？啞！」

月庭明　生卒年無考。嗣法曉山昺，爲大鑒下第十七世，南嶽下第十六世。南宋紹興二十年（一一五〇）大慧宗杲至南華寺並留宿，時任本山住持，爲第十八代。

自心寧　奉寧，字自心。紹興三十年（一一六〇）春得皇帝恩准任本山住持，爲第十八代。萬曆志作「紹興二十九年敕差」，順治志卷三列爲「第十九代住持」，與碑記稍有出入。紹興三十二年（一一六二），主持重新六祖塔。乾道三年（一一六七），募捐鑄造大鐘一口，其鐘尚在，上有銘文。見「文物典藏」。

雪堂瑩　祖瑩，號雪堂。敕任本山第十九代住持。淳熙十五年（一一八八），六祖像石刻碑載：「敕住曹溪第十九世法孫比丘祖瑩跋。」（《大鑒祖師遺像碑題跋》）順治志卷三列爲第四十八代住持，淳祐十年（一二五〇）敕差，疑誤。

訥堂因　嗣大慧宗杲禪師法，大鑒下第十七世，南嶽下第十六世，臨濟宗第十三世。順治志爲第二十代。見《曹溪法系表》。

茂林椿　第二十一代。

混融然　第二十二代。

默堂超　子超，號默堂。第二十三代。先主席廣州光孝寺，後住持南華寺。見《請超公住持南華寺疏》。憨山大師《示曹溪寶林昂堂主》稱曰：「爲祖庭而經理家法者，獨宋子超一人而已。」碑記載淳熙九年（一一八二）敕差任住持，而萬曆志卷三、順治志卷三列爲淳熙十年（一一八三）敕差，第十九代住持，待考。建永利庫。

請超公住持南華寺疏

經略轉運提刑提舉常平茶鹽市舶司，竊見韶州南華禪寺，乃六祖大鑒禪師道場，見闕住持安衆。今敦請廣州報恩光孝禪寺住持超公禪師住持南華禪寺，開堂演法，爲國焚修，祝延聖壽者。右伏以從前諦義，首判風旛；向後因緣，爲留衣鉢。脚跡儼然似舊，路頭自可通行。超公禪師法性當權，南宗長價，望佛鄉而相接，振祖令以何難。正須飛錫横空，肯以宿桑起戀。林泉勝處，皆曹溪常住生涯；鐘鼓新時，看大鑒嗣孫手段。謹疏。康熙志

契闍證 第二十四代。

璞庵璲 第二十五代。

明庵生 第二十六代。

適庵茂 道茂，號適庵。第二十七代。慶元四年（一一九八）敕差任住持。先主席廣州光孝寺，後住持曹溪南華寺。順治志

直庵闇 第二十八代。

小拙崇 第二十九代。

南堂愷 了愷，號南堂。第三十代。開禧三年（一二〇七）敕差住持。

無言詩 第三十一代。

栢庭文 第三十二代。

閒雲侃 第三十三代。寶慶元年（一二二五）任。建長生庫。

和庵清 第三十四代。

大夢因（一一七八—一二四一） 大夢，字德因。第三十五代。嗣法痴鈍智穎。景泰三年（一二〇四）於廣州光孝寺受具足。住持阿育王、雪峰。見《曹溪法系表》、徐文明《光孝寺與絲路文明》。

按：《雪峰山志》卷五載：「德因大夢禪師，廣東番禺李氏子。嘉熙二年當山，淳祐元年示寂。壽六十四，臘三十七。塔於本山茶磨之傍。李忠簡昴英有詩贈之。」《高峰龍泉院因師集賢語録》卷十五有「横浦流寓淩江、曲江，暫駐翁源」之語。《曹溪法系表》楊岐方會下裔孫「大夢德因」，《明州阿育王寺山志》列大夢因爲第三十五代祖師，其再傳弟子山翁宗寶、古訥法遵係元代本山住持。查廣東地方志僧傳、《南宋元明禪林僧寶傳》皆未載，故録此旁證，以存疑待考。

月庵杲　第三十六代。

天岸麟　第三十七代。

玄象超　第三十八代。

欣巖喜　第三十九代。

無隱超　第四十代。

碧澗清　第四十一代。

澹庵旻　第四十二代。

月臺照　惠照，字月臺。第四十三代。寶祐元年（一二五三）任。建免丁庫。

就雲巖　第四十四代。

可堂悦　第四十五代。

無隱超　復任第四十六代。

退翁謙　第四十七代。

曹溪覺　第四十八代。大鑒下第二十世，南嶽下第十九世，臨濟宗第十六世。嗣法杭州徑山藏叟善珍（駐錫廣州光孝寺）。見《釋氏疑年録》《建中靖國續燈録》卷三六。

了翁亨 南宋時僧。第四十九代。按：順治志列第四十八代雪堂祖，疑誤，今據碑刻列爲第十九代住持。曹溪覺舊志未載。

三、元朝

古衲遵（一二三七—一二九一） 法遵，字古衲，廣東曲江李氏子。出世住月華、大鑒。嗣法廣州光孝寺住持空山祖中禪師。大鑒下第二十一世。至元七年（一二七〇）任本山第五十代住持。至正七年雲從龍有《古衲和尚舍利塔記》，云：「至元二十八年（一二九一）八月初三日，祖師諱辰，忽示微疾。」弟子法泳植塔曹溪。見《曹溪法系表》、康熙志、《增集續傳燈録》。

南海寶 宗寶，字某。廣東南海人。至元二十八年（一二九一）任本山住持。至元三十一年（一二九四）任光孝寺住持。校刊《壇經》。見《曹溪法系表》。

□□脈 法脈，字某。大德五年（一三〇一）任本山住持。建鐘鼓樓。

□□衍 德衍，字某。又稱「福心弘辯慈濟大師」。延祐四年（一三一七）任本山住持。延祐五年（一三一八）護寺免差。

清一叟（一三〇〇—一三六〇） 廣東新安人，住海光寺。參徑山端禪師，通内外典，留掌書記。未幾，宣政院舉充韶之南華寺住持。見《曹溪法系表》。

□□衆　首衆，字某。至元四年（一三三八）任本山住持。建伏虎亭，「爲虎説法」。鑄大鐵鍋一，重數百斤。

訥翁詠　第五十一代。

百川海　第五十二代。

訥翁詠　第五十三代。

無礙慧　第五十四代。

古泉錫　第五十五代。

愚叟智　第五十六代。

曉山照　第五十七代。

默庵演　第五十八代。

訥堂辯　第五十九代。

楚山璟　第六十代。

清庵一　第六十一代。

圓極規　第六十二代。

萬有化　第六十三代。

日方曜　第六十四代。

白石璨 第六十五代。

古巖通 第六十六代。

天寶華 第六十七代。

南山壽 第六十八代。

月庭觀 第六十九代。

可堂悦 首任四十五代，復任七十代。

按：前後兩任時間相距太遠，似無可能，待考。見濟歸《曹溪新舊通志辨正五十六則》。

文溪印 第七十一代。

四、明朝

桂庭昌 啟昌，字桂庭。第七十二代。正統間任都綱。

曉堂昶 第七十三代。

圓宗規 第七十四代。

象外超 第七十五代。

密林環 第七十六代。

智鑒慧 第七十七代。

師道學 第七十八代。

虛中意（一三四七—一四三九） 觀意，字虛中。第七十九代。祖籍曲江人，賢相白芒鄧氏子。七歲出家曹溪南華，嗣法道學禪師。永樂六年（一四〇八）任。正統四年（一四三九）十二月二十四日沐浴端坐而寂，世壽九十三，僧臘八十六。門徒五六人，遠孫淨琛繼爲第九十八代住持。重修鐘鼓樓。

敘南華禪寺七十九代住持虛中觀意禪師行狀記

禪師法諱觀意，其虛中別號也。祖貫曲江，賢相白芒鄧氏子也。生有智慧，俗七歲，自願出家，入寶林，禮道學爲師，授禪頓教。洪武二十五年，授欽之度。永樂間，曹溪大衆推重，遂領檄京師，領禮部歸，寺主七十九代席。弘開法要，曾登堂拋香，晉説之機。門徒五六人，自孫而曾，何其盛也。整堂待尊皆唱道，諸□授戒□不下三百餘人。永樂六年，□衣資募十方，復□□樓，高出□潢。師一日□，曰：「諸□□□□□南天。」正統四年十二月二十四日子時，沐浴端坐，告大衆示臘。僧□八十有六，□□啟蓬、吉和、志□、永康、永韶□□等□荼□之盛禮。至今大師去世，百有餘載。荷師□衍度，固爾僧之漬□慧命者也。而又遠孫淨琛，繼承九十八代住持，抽資重建曹溪門，繼善能也歟！師光前裕後，而末裔諸徒法子玄孫以狀諸追其記。□珎脱學抽劣，豈敢言其文，强爲大略，記其歲月□年。將仕佐郎、韶州府僧綱司正都綱碧山百拜。前住當山第七十九代住持虛中觀意禪師遠孫住持淨琛立石，遠孫淨□、淨慧、如相、淨綱、淨茂、如秀、如冠、德進、方悦。新編志

靜原真 本真，字靜元。第八十代。

玉林琛 子琛，字玉林。第八十一代。

了空性 第八十二代。

玉庭琳 第八十三代。

機圓美 榮美，字機圓。第八十四代。天順七年（一四六三）任。偕黔國公沐琮奉六祖衣鉢赴闕供養。欽蒙上悦，命列刹掌教迎供，及各官士民前赴瞻禮，並可其躬募諸緣，鼎造六祖大師塔。見《鼎造六祖大師塔記》。

辯宗諤 慧諤，字辯宗。第八十五代。弘治間（一四八八—一五〇五）任。

玉庭琳 復任第八十六代。

滿倉成 成化元年（一四六五）任。具疏赴闕，奏行撫按，勘定復業。

無相勉 惠勉，字無相。第八十七代。成化十年（一四七四）任。重建六祖塔，修羅漢樓。

善宗淳 惠淳，字善宗，南海農家子。第八十八代。景泰間（一四五〇—一四五七）禮廣聰禪師。成化二十一年（一四八五）任。弘治三年（一四九〇）建拜殿，重修信具樓，迎師真身，妥藏樓内。

瑞峰祥 第八十九代。

楚天靖 如靖，字楚天，廣州新會人。第九十代。嗣法惠鉛禪師。弘治間任。萬曆志稱「（如靖）以上俱奉禮部劄付」。重建説法堂。

碧霄漢 智漢，字碧霄。第九十一代。正德十一年（一五一六）任。重修六祖塔。

靜堂潔　清潔，號靜堂。第九十二代。正德十二年（一五一七）任。重修大雄寶殿。

印宗璽　圓璽，字印宗。第九十三代。嘉靖八年（一五二九）任。重修祖殿、普庵殿。

似鏡圓　真圓，字似鏡。第九十四代。嘉靖九年（一五三〇）任。修鼓樓。

剩堂滿　真滿，字剩堂。第九十五代。嘉靖十三年（一五三四）任。重建天王殿、羅漢樓。

泰倉□　□□，字泰倉，又作太倉。嘉靖十四年（一五三五）任。〔一説嘉靖十六年（一五三七）任，待考〕重修寶林門、六祖殿、拜殿，重刻《壇經》。

香溪全　悟全，號香溪。第九十六代。嘉靖十八年（一五三九）任。重修方丈、御經閣，建御碑亭，與住持淨琛改建龍王亭（即龍王廟）。

用周□　嘉靖十八年（一五三九）任。

按：寺存碑刻《重建方丈記》載有署款：「嘉靖己亥年仲冬當代住山用周、悟全立石。」各志未載，録此以待考證。

政和忠　定忠，字政和。第九十七代。

廷堅琛　淨琛，號石岡。第九十八代。嘉靖二十四年（一五四五）任。重建曹溪門，又與住持悟全改建龍王亭。

□□㴋　淨㴋，字某。嘉靖二十五年（一五四六）前任。

碧源浩　智浩，字碧源。第九十九代。

鐵峰鍦　淨鍦，號鐵峰。第一百代。嘉靖二十七年（一五四八）任。重修靈照塔。

□□滿　淨滿，字某。南華禪寺藏經樓左側外墻有一碑（碑無年代），字跡漫漶，云：「當代住持僧淨權助銀□□；前住持僧淨滿、淨鍦各助銀一兩；前住持僧悟全助銀五錢。」

月臺環　悟環，號月臺。第一百一代。嘉靖三十二年（一五五三）任。重建諸天殿。

勢然權　淨權，字勢然。第一百二代。見前住持「淨滿」條。

晴川昊　明昊，字晴川。第一百三代。

石臺啟　廣啟，字石臺。第一百四代。

悦才章　普章，字悦才。第一百五代。

智堂堯　宗堯，號智堂。第一百六代。

東湖袖　海袖，字東湖。第一百七代。萬曆二年（一五七四）復任。重建鼓樓。

□□粢　廣粢，字某。嘉靖三十六年（一五五七）任。重修鐘鼓樓，有碑記。

□□積　如積，字某。隆慶五年（一五七一）任户長僧（住持）。改建卓錫泉亭。

象江奎　性奎，字象江。第一百八代。萬曆元年（一五七三）任。建不二門。

盤山用　如用，號盤山。第一百九代。

煉峰鉷　真鉷，號煉峰。第一百十代。

寶溪傑　能傑，號寶溪。第一百十一代。

新庵善　妙善，號新庵。第一百十二代。順治志卷三載，隆慶六年（一五七二）任，或在性奎之前，待考。與性奎建不二門。有碑記。

靈谷頎　了頎，號靈谷。萬曆元年（一五七三）前任。第一百十三代。重建本來堂（方丈室）。

性鏡□　萬曆元年（一五七三年）任。維護寺產，訴官公斷。

按：順治志未列入住持序列，《田産賦役·田産糾紛》稱「南華寺住持性鏡」，補闕待考。

震溪清　如清，字震溪。第一百十四代。重建蒙堂。

月莆緣　積緣，字月莆。第一百十五代。萬曆三年（一五七五）任。

□□灝　積灝，字某。萬曆間任正都綱。萬曆志置積灝於月莆積緣與孤峰行之間。

孤峰中　行中，字孤峰。第一百十六代。

蘆洲傳　紹傳，號蘆洲。第一百十七代。萬曆七年（一五七九）重建靈源門。

南溪盛　方盛，號南溪。第一百十八代。

象湖登　海登，字象湖。第一百十九代。重建延壽堂。

□□頎　應頎，字某。萬曆七年（一五七九）任。修觀音堂、觀音橋。

崑泉瓛　宗瓛，字崑泉。第一百二十代。萬曆十年（一五八二）任。

卓泉裕　淨裕，字卓泉。第一百二十一代。

東湖賢　子賢，號東湖。生於曹溪，長於法門，老於佛事。時八十一，德清爲其作序祝壽。第一百二十二代。

桂庵常 本常，號桂庵。第一百二十三代。

雲空橋 悟橋，字雲空。第一百二十四代。

震埜權 照權，字震埜。第一百二十五代。

素林裕 行裕，字素林。萬曆二十六年（一五九八）任。重修卓錫泉洗心亭。第一百二十六代。

天湖閏 法閏，字天湖。第一百二十七代。

榕所化 明化，字榕所。第一百二十八代。

碧空平 法平，字碧空。第一百二十九代。

粤傳朗 法朗，字粤傳。第一百三十代。

鎮梅宣 道宣，字鎮梅。第一百三十一代。萬曆十五年（一五八七）首任。

按：萬曆志載，道宣後萬曆間住持，尚有正受、法科（萬曆間任副都綱）、德印（萬曆間任正都綱）、弘昭（萬曆間任副都綱）、法元、本欽諸人。

梅與受 正受，字梅與。第一百三十二代。

象漢權 真權，字象漢。第一百三十三代。萬曆二十八年（一六〇〇）前任。

愛松殷 妙殷，字愛松。第一百三十四代。萬曆間任劄付住持。

鏡臺倫 清倫，字鏡臺。第一百三十五代。

素林裕　復任第一百三十六代。

萬松祖　願祖，字萬松。第一百三十七代。萬曆三十六年（一六〇八）任。因誣陷憨山，爲官府查覺，懼自經死。

迥九聯　超聯，字迥九。第一百三十八代。

友章詔　通詔，字友章。第一百三十九代。

文溪模　清模，字文溪。第一百四十代。

密相元　法元，字密相。第一百四十一代。

無塵欽　本欽，字無塵。第一百四十二代。

鎮梅宣　道宣，見前。第一百四十三代。萬曆四十四年（一六一六）復任。重修靈照塔。

□□權（居所政）　照權，字某。第一百四十四代。萬曆十八年（一五九〇）任。

玉亭韜　□韜，字玉亭。第一百四十五代。萬曆間禮部劄付。

粤禪袖　□袖，字粤禪。第一百四十六代。

景陽照　□照，字景陽。第一百四十七代。天啟間禮部劄付。

茂松奇　□奇，字茂松。第一百四十八代。

等持融　□融，字等持。第一百四十九代。崇禎間（一六二八—一六四三）禮部劄付。

定吾欽　□欽，字定吾。第一百五十代。

萃芳聯 □聊，字萃芳。第一百五十一代。

居白響 □響，字居白。第一百五十二代。

元白新 □新，字元白。第一百五十三代。

舍虚益 □益，字舍虚。第一百五十四代。

等持融 □融，見前。復任第一百五十五代。

樂然濯 □濯，字樂然。第一百五十六代。

慕賢哲 □哲，字慕賢。第一百五十七代。

純化權 □權，字純化。第一百五十八代。

從聞思 □思，字從聞。第一百五十九代。賜紫住持。受左覺義僧録司事。

徧炤鑑 □鑑，字徧炤。第一百六十代。

謙益愚 □愚，字謙益。第一百六十一代。

按：順治志以懋修鑒爲第一百六十二代。本書卷七《清規典職·歷代典職》中十七位「都綱」未列入住持序列，故「懋修鑒」出住持序列，第一百六十二代住持付闕存疑。

義成勝 □勝，字義成。第一百六十三代。

澄輝慧 □慧，字澄輝。第一百六十四代。

按：順治志云：「皎環旭，第一百六十三代，都綱，任職年月無考。道生端，第一百六十四代，都綱，任職年月無考。」出現歷代住持代數重疊，故「都綱」不列住持序列。

天濟融 □融，字天濟。第一百六十五代。

應元選 □選，字應元。第一百六十六代。

啟傳聰 □聰，字啟傳。第一百六十七代。

東湖賢 子賢，號東湖。萬曆二十一年（一五九三）任。建挹翠亭。

按：與前當山第一百二十二代東湖子賢當屬同一人，存疑待考。

□□泉 法泉，字某。任職年月無考。

天湖閏 法閏，字天湖。萬曆二十一年（一五九三）任。萬曆二十三年（一五九五）重建盪水石。與子賢重修挹翠亭、鎖龍石上城隍廟。

按：與前當山第一百二十七代天湖法閏當屬同一人，存疑待考。

□□泰 淨泰，字某。任職年月無考。

□□韜 積韜，字某。萬曆四十七年（一六一九）任住持。

□□昂 本昂，字某。嗣法憨山德清，大鑒下第三十四世，臨濟宗第三十世。萬曆四十八年（一六二〇）曹溪堂主，重修祖殿。天啟五年（一六二五）任住持。見錢謙益《憨山大師塔銘》《曹溪法系表》

□□政 宗政，字某。崇禎六年（一六三三）任住持。與真馮、子欽重修曹溪門。

□□塵　超塵，字某。嗣法博山元來無異禪師，大鑒下第三十二世，曹洞宗第二十八世。崇禎八年（一六三五）任本山首座、代住持。余大成請至曹溪，訂規矩，置田贍衆。

朝宗忍（一六〇四—一六四八）　通忍，字朝宗。江蘇常州人。二十二歲禮長生庵獨知禪師出家。大鑒下第三十五世，臨濟宗第三十一世，嗣法密雲圓悟禪師。九坐道場，誓不肯輕授一人。崇禎十四年（一六四一）任住持。嗣法門人諸諸行導、葉紹顒。有《朝宗禪師語録》十卷。

法語

六祖涅槃日上堂。僧問：「法雷已震，選佛場開，不昧宗乘，請師直指。」師云：「試道看。」僧一喝，師云：「曲了也。」進云：「不是倩來底。」師云：「話頭也不識。」僧提起坐具，云：「摩竭提國親行此令去也。」師云：「且緩緩。」問：「人人道六祖八月初三日涅槃，某甲道八月初三日住世，請和尚道一句。」師曰：「離卻兩頭。」進云：「中間作麽生？」師打云：「是阿誰？」問：「靈山親囑老頭陀，續燄聯芳也不多。四七二三傳至此，五家一脈意如何？」師云：「衹在者裏。」進云：「恁麽則撐天拄地無人識，逼塞虛空古至今。」師云：「著急作麽！」僧作咳嗽聲，師云：「情知汝弄精魂。」僧拂坐具歸衆，問：「身前身後即不問，當下一句事如何？」師云：「一刀兩段。」進云：「如何是轉身一路？」師云：「切莫亂走。」問：「盧祖涅槃日，吾師陞座時。水雲千匝繞，渴仰一言施。」師曰：「水雲千匝繞。」進云：「一句親拈出，阿誰不霑恩？」師云：「試道看。」僧便喝，師便打。進云：「棒喝交馳即不無，端的一句請道來。」師打云：「難道不端的？」進云：「恁麽則禮拜和尚去也。」師云：「切莫承虛接響。」僧一喝，歸衆。師乃云：「三更傳法來，衣鉢留時已破；三更涅槃去，全身散處還留。破無所破，片片露祖師面孔；留無所留，年年逢入滅時辰。大衆且道，祖師還曾入滅也無？若道入滅，因甚千人萬人來朝拜個甚麽？若道不入滅，因甚個個都道是祖師底忌日？本無出没本來身，超生脱死憑斯旨。雖然示現有去來，究竟何曾離者裏？大衆，莫是象王鼻下，鉢盂峰前，是者裏麽？者是一塊頑土，有甚麽交涉？莫是全身布漆、錦繡莊嚴，是者裏麽？者是個臭皮囊，有甚麽交涉？既俱不是，且作麽生是不曾離底意？」良久云：「梧桐葉落子方老，丹桂香飄蕊正鮮。」卓拄杖，下座。

終冬開爐上堂。僧問：「選佛場開，大衆雲集，朕兆未分前，還許學人下筆也無？」師云：「許。」僧進語，師云：「鷂子過新羅，問祖道重開，則不問正法眼藏。」請師示現，師云：「眉毛下。」進云：「怎麽則靈山一會，今日儼然。」師云：「何必靈山。」僧擬議，師便喝。問：「始從六祖，直至如今。始從六祖則不問，直至如今事若何？」師云：「好個消息。」進云：「什麽處得來？」師云：「你試道看。」僧擬議，師云：「擬議即不堪。」問：「畢竟教學人如何去？」師云：「畢竟没有什麽，如何去？」進云：「然雖如是，學人無下手處。」師云：「如何尚不得，説什麽下手！」乃云：「把住繩頭，結百千萬億爲一綱；大開爐鞴，鎔鉼盤釵釧爲一金。密密綿綿，古往今來無可擬；堂堂赫赫，上天下地莫能儔。直得千聖躋攀無路，萬靈景仰無門。魔外潛蹤，狐狼絶跡。且道具甚麽神通？得恁麽自在？衲被蒙頭萬事休，此時山僧都不會。」下座。

上堂，僧問：「四大不分萬象主，色遷寒暑有凋零。如何是不避寒暑底意？」師云：「樹巒不落葉。」進云：「今日是冬至。」師云：「若作冬至會，入地獄如箭射。」進云：「和尚又作麽生？」師云：「天巒不落雪。」進云：「恁麽則寒時寒殺闍黎，熱時熱殺闍黎？」師云：「未是腳跟下事在。」進云：「和尚又生頭角。」師乃笑問：「大開洪爐，烹佛烹祖，建立法幢，摧邪顯正。爐鞴法幢則不問，如何是邪是正？」師展兩手。進云：「坐斷邪正去在。」師云：「見甚麼道理，便恁麼道？」僧便喝，師便打。問：「寒來暑往即不問，如何是今日秋收冬藏底意？」師云「一九二九，相喚不出手。」進云：「身非我有，爲甚麼認著者裏藏身？」師打云：「誰教你者裏藏身！」進云：「如來法眼，通天徹地，爲甚麼者裏不藏身？」師又打，云：「誰教你者裏不藏身！」進云：「人人與佛齊肩，和尚上堂有何法説？」師又打，云：「且道是藏身，是不藏身？」問：「身前身後，變驢變馬則不問，未開口時，請和尚道一句。」師云：「問者畜生作麼？」進云：「風吹不響鈴兒草，雨打無聲鼓子花。」師云：「那裏得者消息來？」僧一喝，師云：「你試道看。」僧擬開口，師擲退，乃云：「藏身處没蹤跡，風吹不響鈴兒草；没蹤跡處莫藏身，雨打無聲鼓子花。若向者裏會得，朕兆未分，早已全彰文彩；全彰文彩，依然朕兆未分。所以枯幹重榮，未是衲僧境界；冰河發燄，灼然歷祖家風。一等是個時節，爲甚有得有不得？雪粉易分光燦燦，墨煤難辨黑漫漫。」下座。

五、清朝

□□恩　福恩，字某。順治四年（一六四七）任。重修飛錫橋、六祖塔、靈照塔。

真修行　實行，字真修。豫章名家子。幼孤，能自立。長而爲商，喜任俠。甫披剃即有中興曹溪祖庭之志。順治四年（一六四七）任本山賜紫住持，重興曹溪。康熙間，尚可喜重修南華寺時董其事。後修大殿、靈照塔、經樓、禪堂、客堂、飛錫橋、六祖塔。

□□勝　悟勝，字某。順治六年（一六四九）任。督工重修曹溪寺宇。

□□六　融六，字某。嗣憨山德清禪師法。順治八年（一六五一）任本山賜紫住持。靖、平兩王延請於羊城長壽禪林講《楞嚴經》。見《曹溪法系表》。

廣成融　妙融，字廣成。嗣憨山德清禪師法。順治九年（一六五二）任本山住持。維護寺産，訴官公斷。見《曹溪法系表》。

大休珠（一六一五—一六五六）　大休，字智珠。俗姓周，父南津，母紀氏。二十二歲於越門和尚座下披剃，天童受戒，嗣法象田即念（即念淨現）。大鑒下三十四世，青原下三十三世，曹洞宗三十世。順治十一年（一六五四）六月，受總督兩廣部院大廳都督張國勳請住持南華寺。十月十五日進院。世壽四十二，僧臘二十。嗣法弟子五十餘人。後門人心照融亦主曹溪法席。

大休珠禪師塔銘

洪琮

曹洞一宗，代有傳人。至雲門湛老和尚，一燈出燄，千壑流輝。三傳而至象田，爲法求人嗣其後，求暢雲門之旨，闡象田之猷，悟法心源，向無佛處作佛者，惟師一人耳。師號大休，諱智珠，維揚華家莊周氏子也。父南津公，事母紀氏，以孝聞。念生死事大，矢志出家，母不許，延至二十二歲，方得披剃於越門和尚處。師昂藏磊落，心行純一，越門器之。越遽遷化，往謁天童受具。一見密和尚，便問曰：「弟子千里而來，請決生死。」童打云：「有甚麽生死可出！」師由是憤憤然，極力參究。忽聞人言無心方合道，師有省，便趨方丈，問曰：「若人識得心，大地無寸土。某覓心了不可得，又識個甚麽心？」童云：「即今在甚麽處？」師云：「在這裏。」童云：「且去，別時來。」時朝宗和尚爲西堂，師跨門便棒，師云：「莫塗汙人好。」機緣相契，時有「半個聖人」之稱。解期往參爾密和尚，依止三年，參咨不解，隨參具德和尚，命燒火一期。問具和尚曰：「趙州道無作麽生？」具云：「嗥嗥嗥！」師疑遂決，復還爾密和尚處。結制剛到半期，一日過浴堂時，迥然疑定，忽爾翻轉乾坤，人境兩忘，心法俱泯。師於是透蘊無餘，爰有「兜率三問」之頌，密深肯之。師復辭，遍扣名宿。至象田即念和尚會下，田問：「趙州道有道無意作麽生？」師云：「和尚手中是把木扒，某手中是把鐵塔。」爰有「道州狗子有無」二頌。念見頌大喜，知師得第一義矣。未幾，師又辭去，參石奇、笑雲二和尚，皆機緣契合。雲謂師：「選佛場中，爾登高第也。」稱道勿絕。時即念和尚順世，師不在傍，遺囑以袈裟源流親筆寫付古靈侍者，以待師承。師至，不以爲然。隨參石雨和尚。雨是象田師也，一見問師曰：「那裏人？」師云：「揚州人。」雨曰：「我不問爾揚州。」師曰：「和尚背後是個甚麽？」雨拈袈裟角。師云：「是衲衣。」雨曰：「有甚交涉？」師曰：「有甚交涉？」雨點頭者三，命充維那。期畢，雨將即念所遺袈裟付師，令嗣即念。遂爲偈曰：「一領破袈裟，今又缺一角。爾師留與爾，我今爲蓋卻。象耕鳥爲耘，異類行不群。有時苗秀實，表信露衣紋。」嗣後，師旋象田，結制期畢辭謝，陸沈衆中，苦行益勵。復潛入天童執爨，繼而紫氣外彰，四衆歡隨。師知因緣時至，弘法天華，遂上佛日謝法，一時烏鎮鄉紳請住密印，乃至定隱白蓮，坐振道場者七。後因總戎張公國勳者書迎三至，堅懇主法曹溪，爰錫南遊。見曹溪自憨師與朝和尚之後，不復知有性宗。師婆心善誘，扶翼中頹，凡歸從者不啻數千，以及宰官紳士緇流，秉戒披剃，不勝書也。且師行量過人，不屑屑於語言文字，雖高悟冥通而歷涉百艱，一往精進，數十年如一日。其住白蓮也，師親栲櫧負飯供衆；其住曹溪也，萬指繞匝，大衆歡洽，祖道宗風於茲重振矣。時大清丙申七月，染疾，置書與鶴林茂公等，云：「吾化緣已畢，不久將順世矣。」八月十四日，喚侍者擊鐘：「吾當告衆。」時合山耆宿洎百房聞鐘，咸集方丈。師曰：「山僧自浙來茲，仗祖靈光行道，三歷周星，化緣已畢，詰朝子時解脱幻境。有來必去，理所常然。爾等大衆，靜護山門，各究己躬大事，紹隆祖位，是山僧志願也。」大衆聽聞，羅繞頂禮。迨至十五早，師喚侍者曰：「時至矣，可鳴板。」侍方擊板三通，大衆執香盈前。師曰：「吾今長往，衆中還有知落處者麼？」良久，乃震威一喝：「衹在這裏。」跏趺而逝。師年四十有二，法臘二十有三，前後嗣法者五十餘人，其示人機緣語録，有譚埽庵司業而爲首序《天華百問》，盛行與世。闍維後頂骨、齒鮮不壞，建塔於憨師昭穴。門人心照融公持師行狀請記，乃爲之銘曰：奕奕曹溪，是大禪地。能祖憨公，龍麟鳳翼。惟明大師，洞宗良裔。遷跡白蓮，克承克繼。英英其模，琅琅其理。豈曰掇華，乃抉蹶裏。苦懷鬱確，没身靡已。普賢愨行，善財妙參。大師體之，備用以三。果熟之香，悠揚一世。摩尼之珠，妙雨無事。津梁是接，豈曰生前。我今遐稽，爰有德言。厥名不朽，以箴後賢。道光志

法語

上堂。僧問：「清淨本然，業從何來？」師展兩手云：「清淨本然，業從何來？」乃曰：「若恁麽問答，直下會得，不落意想。清淨本然，業從何來？然而清淨俱不得，善財彈指見彌勒。」

示衆。以拄杖擊香桌云：「太煞不近人情，動著胡亂打，未曾讀得古書，不解之乎者也。是以直不藏曲，智者如聾如啞。」卓拄杖云：「於此薦得，何勞東扯西扯。」

上堂。「姚老今冬六十四，問著生平不知數。自謙老拙百無能，我道其人有大智。西天達磨不

會彈，東魯仲尼不識字。山僧倒讀梵本書，卻把張三喚李四。大衆，爲甚麽卻把張三喚李四？喝一喝：衹許老胡知，不許老胡會。」　釋達珍編《正源略集》

□□瑩　海瑩，字某。順治十一年（一六五四）任户長僧（住持）。

天拙宗　本宗，字天拙。嗣法弘覺道忞禪師，大鑒下第三十七世，臨濟宗第三十二世。康熙初年（一六六二—？）任住持。其住持之期，應在大休與雪樵之間。　見《曹溪法系表》。

請天拙禪師住曹溪啓　林本直　江南人，韶協總鎮。　趙霖吉　河南睢州人，韶州太守。

伏以問水尋源，百萬支流歸尾閭；因心證性，大千品類合無生。衣鉢既在名山，嗣續猶需法乳。恭惟天拙大和尚宗門領袖，象教總持。紹弘覺之嫡傳，不愧於子；衍密雲之大派，端藉厥孫。智朗一燈，道涵群彙；錫飛五嶺，衣被單行。懷拯溺出生願力，何妨身作慈航；展超凡入聖辯才，直恁手撑鐵筏。窮山邃谷，頑孽未銷，夏楚或難施於寤寐；叢藪深林，負嵎自固，鬥刁豈易格於性情。惟此長槍大戟，端讓機鋒；以兹桎梏圜扉，還輸慧劍。棒喝可裨政教，竹篦原是爐錘。今者曹溪勝地，祖道久湮，幸逢法駕遄臨，敢翼宗風遐暢。伏願弘舒手眼，令迷離煙嶂，刹那間電卷雲飛；放下身心，使蠢動含靈，彈指頃智圓果滿。直等虔布悃誠，俯垂鑒照。臨啓曷勝歡忭瞻依之至。　道光志

請天拙禪師住曹溪啓　張日星、廖名世等公啓

伏以道登彼岸，久推濟世之津梁；教演上乘，重揭麗天之佛日。山色列屏而待，溪聲鳴玉以

迎。恭維天拙大和尚行超白足，舌吐青蓮。懸牟尼之珠，遇暗悉破；袖金剛之杵，無堅不摧。批明月，抹清風，每淩空而飛錫；稱覺玉，踞師座，常聚石而點頭。爭欽釋氏總持，允作儒林別傳。星等須彌芥子，大部微塵，自慚根器鈍頑，無由參悟，再見肉身菩薩，敢不皈依！爰協僉謀，卜涓南寺。冀佛印横薪於寶積，效惠連問字於獻師。伏望羽翊禪林，接大鑒不傳之真印；宣揚教典，結衆生無漏之勝因。萬户跏趺，十方頂禮。星等臨啟，可任欣忭舞蹈之至。道光志

法語

開爐上堂。問：「還丹一粒，默緘成金；至理一言，轉凡爲聖。如何是至理一言？」師云：「昨夜南山虎咬大蟲。」進云：「法幢再振，爐鞲重開，煉聖烹凡，作家手段。衹如不受鉗錘的人來，和尚如何設施？」師云：「你爲甚腦門著地？」進云：「早已爛額焦頭了也。」進云：「出群須是英靈漢，敵勝還他獅子兒。」師云：「你爲甚腦門著地？」進云：「恁麼則禮拜去也。」師云：「不得不如是。」問：「須彌作炭，大地爲爐，陶鎔四海英靈。有一漢不落正偏，不居玄要，和尚又作麼生？」師云：「你不是其人。」進云：「龍得水時添意氣，虎逢山勢長威獰。」師云：「腳跟下親切道將一句來。」進云：「慣向洪波釣巨鼇。」師云：「此是山僧境界。」問：「盡大地是一個禪堂，還許學人出入也無？」師云：「金剛手裏八稜棒。」進云：「衹如内不放出、外不放入時如何？」師云：「五鳳樓前聽玉漏，須彌頂上擊金鐘。」進云：「坐斷兩頭無縫隙，個中何處有親疏？」師云：「衲子難瞞，龍蛇易辨。」乃云：「舉不犯之令，行無爲之化，千差坐斷，萬類該通，邊鄙安寧，干戈偃息，無邊剎境，十世古今，浩然大均，同歸一致。掀翻佛祖窠窟，剷除生死根株。頭頭放大寶光，在在壁立萬仞。更説甚麼彼一時、此一時，爾爲爾、我爲我？清者自清，濁者自濁，是者自

是，非者自非，就使文殊、普賢、臨濟、德山、雪峰、雲門到者裏，也須交爲肘臂，互作主賓，負荷宗乘，贊襄祖席。」復拈拄杖卓一卓，云：「曹溪今朝大開爐鞴，莫道煅煉頑銅鈍鐵，縱有躍冶之金，亦教他立地百雜碎去！」良久，靠拄杖云：「莫怪渠儂多意氣，衹因曾踏兩頭關。」

上堂。問：「撾鼓陞堂即不問，曹溪消息事如何？」師云：「水猶西竺味，山共寶林幽。」進云：「開口成雙橛，揚眉落二三。離此二途，請師直道。」師云：「分明記取。」進云：「有一人，天不能蓋，地不能載，和尚者裏還著得他麽？」師云：「山僧著得你。」進云：「恁麽則禮謝和尚。」師云：「不消一句。」乃云：「一劍當軒，横屍萬里。全鋒敵勝，罕遇作家。若是同死同生底，冰凌上走馬，劍刃上翻身，又有甚麽難？直下向黄面瞿曇四十九年演説不到處，歷代老漢千七百則提持不及時，那邊更那邊，一坐坐定，如壯士展臂，不藉他力。然後興無緣慈，作不請友，行勝深事，發最上心，天上人間，魔宫虎穴，隨類示現，度諸有情，建大法施，廣爲饒益。乃至觀三千大千世界，無有如芥子許，不是我捨身命處。大丈夫寧作心師，不師於心，喜笑怒罵，舉動施爲，無非大用大機，豈是他小根魔子可以置喙於其間哉！所以我臨濟大師，或應物現形，或全體作用，或把機權喜怒，或現半身，或乘獅子，或乘象王，以毒攻毒，以楔攻楔，一一皆是金剛圈、栗棘蓬。有般擔板漢，自不曾夢見他古人汙臭氣，衹管説目視雲霄，口吞佛祖，手擎日月，背負須彌。我且問爾，寶蓋山作麽生負？直饒説得負處分明，祖師坐在象鼻峰，更與你索飯錢在！」卓拄杖，下座。

冬至，監院敬止四句初度，上堂。問：「世尊降生，後有雲門作證；監院慶誕，即今師意如何？」師云：「鐵輪天子寰中敕。」進云：「萬古千秋去也。」師云：「石筍抽條長丈二。」問：

「天地與我同根，萬物與我一體。即今陰極陽生，請師別通消息。」師云：「適來道過了。」進云：「父母已生置不問，未生已前是何意旨？」師云：「功不浪施。」進云：「大地從來無寸土，靈苗豈逐四時遷。」師云：「理無曲斷。」問：「果熟香飄遠，花開劫外春。今朝慶祝句，特地乞敷陳。」師打云：「也少者一棒不得。」進云：「不落壽量句，更請師道。」師云：「我若坐時你須立。」進云：「長將日月爲天眼，慣把須彌作壽山。」師云：「我若立時爾須坐。」乃云：「大人具大見，大智得大用。表裏融通，人天仰賴，梯航三有，津濟四生，輔弼宗師，綱維叢席。三世諸佛以之轉大法輪，歷代祖師以之傳持慧命。不伐不矜，任勞任怨。昔聞其語，今見其人。事既如是，理亦如然。括十虛作一金剛體，無欠無餘；總大地爲一堅密身，何增何減？閱古今而靡壞，歷劫石以常存。陰陽豈可推移，寒暑詎能遷變！能爲萬象主，不逐四時凋。草木昆蟲，悉凜威光，履地戴天，咸知慶賀。山僧今日也衹得應時及節，錦上鋪花，且作麼生得應時及節去？」以拄杖卓一卓，云：「君子道長，小人道消。」

心照融　德融，字心照。嗣法大休智珠禪師，大鑒下三十五世，曹洞宗第三十一世。順治十五年（一六五八）任住持。順治十七年（一六六〇）重修本來堂。嗣法同門道開一和，又稱密禪師，係本山住持。　見《曹溪法系表》。

請心照禪師住曹溪啟　褚唐傑　皈依弟子，係靖南王左部，理曲江縣正堂。

伏以大法雨幢，渴衆咸切霑濡；妙甘露味，饑流競思充足。理同感赴，機豈自由。念委去留，事隨緣起。恭惟心照大和尚佛窟爪牙，祖綱骨髓。三玄五位，燦星斗於性天；七縱八横，鼓風霆於舌浪。喝即耳聾，棒隨血出，雪消半點咿唔；背則合塵，觸則傷手，粉碎百般窠臼。洗小根之雜毒，荷大擔以穩行。辨析青黃，望傾緇白。五雲飛錫，知應凡聖交參；一日登壇，識爾宰官共住。一片清香，虔心敦請，三生俗念，矢志皈依之至。

啟平南王遷移換六祖舊殿基址

釋德融

曹溪敕賜南華禪寺傳曹洞正宗三十一世嗣祖沙門僧德融統領闔山僧衆等啟，爲王恩霑被，千秋祖殿，傳流百世，懇恩仍舊，神天瞻仰事。

曹溪爲天下道場，而祖殿先一山宗主。恭遇王爺殿下發心修建，三寶重光，澤流天壤，跂慕踴躍之私，不止闔山僧衆已也。兹有啟者：本山形如生象，牙角四足，儼然具備。而祖師殿正當象鼻之下，居於象之左頜，蓋象之性命在鼻，而頜在鼻下，祖殿居之，爲一山風脈所聚。歷來千餘年無異，以故陳亞仙生歡悦心而施捨於前，四天王顯大神通而護衛於外。梁神僧智藥師逆料於百六十年之前有聖僧説法於此，而若合符契。祖師肉身居此，神所憑依，至靈至異，自唐至今而不毀也。今蒙王恩修建，欲將祖師殿移建於藏經閣。僧融等竊念此係界水，非元氣所聚，且居象鼻之右偏，其爲脱氣，若一移建，不便有三：凡尋常土木之形，歷年已久，尚有靈驗，今以肉身菩薩居址，歷千餘年，豈無靈應，不便移動一也；祖師香火流傳，皆由祖殿踞山形之勝，一旦遷移脱氣，恐致山門寥落，不便二也；從來勝地有廢必有興，今將祖殿移建，則舊址便同甌脱，將來作何究竟？融等恐此基一空，將來啟外人覬覦之心，貽僧衆無窮之累，不便三也。有此三不便者，融等感恩之下，彌切憂懼。上以念祖師神靈之憑藉，一旦遷徙，致未妥安；下以慮意外兼併之事端，招致是非，致騰外議。至於山門將來之興廢、僧衆之安危，又非所計矣。爲此齊心竭誠，叩啟王爺，乞將祖殿仍舊勿遷，護佛及僧，其一切修造乃係王三生種德，萬古流芳，即龍象神天，無不敬仰。僧融衆等沐王盛澤，惟有朝夕梵修，祝王萬壽，願王世世子孫於萬斯年，享有天禄於勿替，端在此一舉矣。須至啟者。道光志

法語

開爐上堂。問：「法道驚天地，垊牛喚子規。啼動千江月，回首白雲飛。如何是白雲影中事？」師云：「孤峰無宿客，香氣滿乾坤。」進云：「寶蓋頂上金雞舞，大地山河玉兔飛。」師云：「日出天然異，光明照十方。」進云：「世間無一事，何用太平歌。」師云：「上天無路，入地無門。」進云：「不會無生意，乞師指示我。」師云：「日出東方月落西。」進云：「不是學人重拈出，個中消息幾人知？」師打云：「要知個作麼？」問：「寶林一花開五葉，曹溪萬派滴千峰。即今師繼盧祖位，大地法道遍寰中。」師云：「此花迥與人間别，結果開花處處香。」進云：「男兒惟舉通天眼，全憑和尚露玄風。」師打云：「漏逗不少，會即事同一家，不會萬别千差。」進云：「恁麼則慈雲普覆去也！」師云：「海岸天邊濶，長空月色高。」進云：「從上已蒙師指示，佛祖談不及處又作麼生？」師云：「野鵲帶帽去，木人穿靴來。」乃云：「結則眉毛掛劍，解則舌裏燃燈。但知結解兩字，何須疑議猜詳！莫是逆風左轉，海水左旋，擎起無舌人説法，使著無手人行拳。前後坐斷，一念萬年，然非曠劫，古今現前。莫是神通妙用，且道法爾如然。到這裏，不論通宗透教，祇貴直下承當。且問承當個甚麼？雲騰鳥舞，露結爲霜，蛟龍不宿死水，猛虎豈行路旁。透得這些關棙，誰立結解良方？休問先佛後祖，鼻孔一樣放光。化導三草二木，滋潤天地萬

邦。釋迦不肯泄破，達磨九年覆藏。曹溪不惜口業，今日爲衆舉揚。且道舉揚個甚麼道理？咦！盡力吐出虚空骨，撥轉須彌折斷腰。」卓拄杖下座。

四月八上堂。問：「香風遍滿瑞氣祥，光盡五湖四海洲。哮吼一聲天地動，世尊初生事如何？」師云：「何處不稱尊！」進云：「萬朵蓮花從地發，生來七步又如何？」師云：「張開大口。」進云：「九龍天外從今降，浴吐金身何所疑？」師云：「日出懸空鑑，曹溪滴翠流。」進云：「水清珠映現，放出枝頭明。」師打云：「香風吹烈國，長江萬里清。」乃云：「此個物上柱天、下柱地，乾坤作口，山河作鼻，萬物爲身，虚空爲意，日月作眼，照臨大地，一一分明，何處出氣？釋迦老子弄精魂，降誕王宫生下世。椎胸點足獨稱尊，賣弄人間多諱忌。賴有跛鱉這阿師，棒下乞命如恩底。自揚家醜放出門，帶累兒孫没巴鼻。且道有甚麼巴鼻？獨有曹溪即不然。既不然，合作麼生？下座同到殿上爲諸人泄氣。」

解制上堂。問：「紅爐翻雪浪，凡聖一齊烹。煉得塵埃盡，清風伴我閒。如何是明白位中事？」師云：「坐斷千峰雪，一劍倚天寒。」進云：「與麼湧出一輪紅耶？」師云：「古今無異路。」進云：「洗出千江月，一綫繫孤舟。」師云：「逆水灘頭快把著。」進云：「爲什麼『禹門三汲浪，平地一聲雷』去也？」師云：「奇特作麼。」問：「體露堂堂相，斬卻爇名香。九旬今日解，大地盡放光。」師云：「虚空生筋骨。」進云：「已度玄關去，沙界遍清涼。如何是清涼處？」師云：「難將尺霧點太虚。」進云：「恁麼『一脚踏開獅子吼』去也。」師打云：「有也無？」問：「了卻生死路，煙花滴翠微。塞斷虚空界，乾坤任我推。如何轉乾就位？」師云：「棲心歇地更無疑。」進云：「此是獅子林，掀翻坭牛洞。」師云：「大地不奈何。」進云：「與麼踏破千山月，驚起江南五百僧？」師云：「笑破土地口。」乃云：「百花影裏，凡聖同居。生死關頭，天地懸殊。若論此事，三世諸佛難下手，六代祖師難開口。曹溪今日且權爲方便解，應供依時。假若已窮這事，人各都明瞭，猶如太虛空相似，本無縛著，恁登寶蓋峰，或遊花果院。野外任往人，路旁癡禪漢。半笑半悲涕，真實堪讚歎。所以一任東者東往，長安一路坦坦；西者西去，大道本來無住。且道還有不去者麽？」良久，靠拄杖云：「人人唱道象山頭，曹水溶溶月川現。」喝一喝，下座。

□□聰　慧聰，字某。順治十七年（一六六〇）任。維護寺産，請官免差事。見「歷代典職」之「趙霖吉」條。

原直賦　全賦，字原直。嗣法靈巖弘儲禪師，大鑒下三十七世，臨濟宗第三十三世。順治十八（一六六一）任。法嗣冰鐵宗、明民時暉、得坤展厚、山學慧、選寄遠、倚鳴秀。見《曹溪法系表》。

法語

都寺冰鐵問：「説似一物即不中，如何今日卻子承父業？」師云：「大衆齊念摩訶般若。」進云：「嘉聲遠大，不惜坐斷天下人舌頭。」師打云：「行其禮，奏其樂。」僧一喝，師又打，雲「莫之能違也。」

師問監院敬止：「應無所住而生其心。六祖當時向這裏悟去，今日在監院還理會得也未？」院云：「某甲禮拜有分。」師云：「此猶如諸方抵對，作麽生是『應無所住』底心？」院云：「八角磨盤空裏走。」師云：「汝從看教得耶？從參禪得耶？」院云：「二途俱不涉。」師云：「畢竟從何得耶？」院云：「從來不借他人力。」師便打云：「異日兒孫遍天下在。」院即掩耳而出。師顧左右云：「衆角雖多，一麟足矣。」

□鏡 □鏡，字某。康熙元年（一六六二）在任。康熙元年捐奉與住持敬公鳩工重修伏虎亭，二年（一六六三）重修觀音堂。

□止 敬止，字某。康熙元年（一六六二）在任。重修觀音堂、伏虎亭。

□凡 了凡，字某。康熙三年（一六六四）在任。

□權 如權，字某。康熙四年（一六六五）在任。

按：順治十八年（一六六一）任，待考。

□相 可相，字某。康熙五年（一六六六）任都綱司。請官告示民衆，嚴禁在寶林四境亂葬。

□曦 圓曦，字某。康熙六年（一六六七）在任。督工重修曹溪殿宇。

□持 能持，字某。康熙六年（一六六七）在任。督工重修曹溪殿宇。

□熙 德熙，字某。康熙六年（一六六七）在任。請官准免僧差役，與俗人同等。

□葦 宗葦，字某。康熙六年（一六六七）在任。重修御經閣。

四無已 成已，又名成玘，字四無。康熙七年（一六六八）任。尚可喜自廣州延請任本山住持。金陵人，薙髮訶林，住持廣州夢覺庵。重修憨山大師塔院。

□□曜　明曜，字某。康熙七年（一六六八）任。

雪槱樸　真樸，亦作真璞，字雪槱、戴庵，自稱芃庵道人。福建漳州人，俗姓徐。明季舉人。明亡出家，得法於弘覺道忞，南嶽下第三十五世，臨濟宗第三十二世。住福建太平、惠州瑞開、廣州光孝。康熙七年（一六六八），平南王尚可喜禮請其專攝南華寺主，住曹溪十載。嗣法弟子石新元浮、無懷等琨、乘乘成注、際明成復。　見《曹溪法系表》。

請雪槱禪師住曹溪啟　馬元

遼東籍北直真定人，康熙間韶州知府。

伏以靈源洵美，從西土以飛來；慧日重輝，慶南宗之得主。蓮分九葉，泉匯四流。恭維雪槱大和尚朗照玉山，舊緣金粟。通身有仙骨，釣竿自拂珊瑚；秀世以道風，石畫可鐫琬琰。遂甘絶俗，真足遺榮。見性本是空明，何勞解脱；安禪既須瀟灑，尤積勤劬。乃溯曹源，實光韶郡。自陳居士博施而後，坐具常浮；洎憨大師圓寂以還，懸燈若綫。仗名藩之鼎鎮，帶礪皆磐；維墜緒於熙朝，堂皇忽啟。恭迎杖錫，丕振鼓鐘。表率同人，承家二十八字；皈依嗣祖，繼序百七十年。龍象咸歡，鶴猿不擾。弟元處固窺籠，遷猶觸網。升沈仕路，低徊鷺序鵷行；鞅掌塵沙，曲折羊腸鳥道。歷迷途則生悔悟，躬執熱而企清涼。幸近前峰，未能棄捐圭組；尚堪就教，方期晤對松篁。倘挹妙香，欲聞奇響。伏願賜衣不壞，傳鉢無私。體聖賢事以廣好生，湯火胥登衽席；行菩薩心而宏正法，羽麟倍景虯鸞。普雨其穌，慈航早渡。弟元曷勝翹首欣望之至。謹啟。　道光志

山門公啟

伏以五葉花分，自古獅林需嫡乳；三乘悟徹，由來象窟少凡蹤。惟薪傳有自，延智炬而續慧根；斯聖果待圓，蒸香雲而屑花雨。人天頂仰，遐邇環欣。恭惟雪翁老和尚八閩巨籍，三教淹通。性道優寰海，夙振曹源之真宗；緒演天童，永流滹水之法派。賢王法護於當今，作聖臘高於前古。性海涵虚，照映千江之明月；機鋒觸處，衝開百丈之明霞。轉學士以一言，再見垂腰玉帶；悟尚書於半偈，重瞻彈手金碁。可相、清晃等，衣慚領袖，舌媿廣長，謹率後學以欽仰光儀，猶賴前模而撫循龍象。心轉法華，爲選佛選祖門第；聲傳菜葉，作主宗主教師資。心照鏡湮，大地慮不磨之垢；額懸珠朗，祖庭光續燄之燈。斯時溪水流香，望真人而至止；異日嶺雲停蓋，聯高足以惠然。翹瞻錫振，仰切杯浮。謹啟。

康熙辛亥七月十五日，南華寺都綱司兼理禪堂監院可相、僧綱司性昂、住持清晃、户主法讚、塔主慧聰、耆舊德興、宗葦暨合山衆等同啟。道光志

法語

上堂。問：「七事横拈，戈矛滿地，法戰場中，請師出手。」師云：「琉璃瓶内托須彌。」進云：「定慧等學，明見佛性，此理如何？」師云：「日裏麒麟看北斗。」進云：「衆色歸空，空歸何所？」師云：「木馬上金梯。」僧禮拜歸位。問：「三藏十二部，一切修多羅，儘是佛説的，和尚今日上堂説個甚麽？」師舉拄杖云：「衹説者個。」進云：「疑情未斷，話頭不破，請師明

指。」師打一棒，云：「還知落處麼？」進云：「一棒一喝，吾師平日常用，除棒除喝，請師速道。」師震威便喝，僧罔措。師復打，乃云：「凍雲欲雪不雪，普賢象駕崢嶸；嶺梅半合半開，少堂真風漏泄。薦不薦，瞥不瞥，若也瞥，切忌眼中重著楔。」復舉龍門佛眼和尚云：「一入龍門事事奇，聞聲見色不思議。山青水緑緣何事？盡是諸人力使之。大小龍門，雖則面赤，不如語直，然無端向聲色門頭鼓動人家男女。曹溪則不然：一入曹溪絶正奇，離聲離色離思議。山青水緑原無事，著眼看來早錯之。大衆，龍門易登，曹溪難入。直饒入得曹溪門，猶未識關棙子在。欲識關棙子麼？問取降龍塔去。」

晚參：「世尊不説説，迦葉不聞聞。須菩提巖中宴坐，天帝釋動地雨花。直至如今塞眼塞耳，築頭築額。爭奈時人有眼如盲，有耳如聾，所以我若説時爾須聽，我不説時又聽個甚麼？直須我説時無一字到爾耳，我不説時爾須澆腸沃胃始得。然則山河大地、草木叢林、風聲樹聲、鳥聲水聲、刹説塵説熾然説，爾何不聞？既總不聞，不但不識説法底人，要且未識聽法底是個阿誰。不見古德云：『四大色身不解説法聽法，脾胃肝膽不解説法聽法，虚空不解説法聽法。』是甚麼解説法聽法？於斯明得，方知道世尊不説而説，迦葉不聞而聞。一切者凍膿拈椎豎拂，搖唇鼓舌，盡是熱椀鳴聲。雖然，更須信有無舌人解語，無耳人解聽，方有説法聽法分。祇如山僧與現前諸人，各各有舌有耳，又唤阿誰是無底露柱？」聞得呵呵大笑，云：「某甲豈不是？」使與劈頭棒，云：「我也知爾是個繫驢橛漢！」

臘八上堂。拈香：「此一瓣香，信手拈來，供養我本師釋迦牟尼佛。所要法界普薰，個個築著鼻孔；豁開夢眼，人人知有今朝。」斂衣就座。「皇宮不肯住，六載雪山居。煉將肉似骨，凍得眼如眉。猶然説寱語，剛道睹星奇。一言既出口，駟馬遠難追。欲將家醜洗，除是忤逆兒。大衆，曹溪是他家，兒孫爲甚不克紹祖父基業，祇一味播揚家醜？還會麽？劍爲不平離寶匣，藥因救病出金瓶。然則應時應節，也要徹底掀翻，免致諸人生受沈屈。祇如世尊道：『奇哉！一切衆生具有如來智慧德相，祇因妄想執著而不證。』得證不證且置，還知如來衆生落處麽？」乃舉拂，云：「祇在者裏。還知妄想德相落處麽？也祇在者裏。既總在者裏，方起妄想時，德相在甚麽處著？及證德相時，妄想又在甚麽處著？妄想既除，德相既證，通身是個如來，衆生又在甚麽處著？所以菩提涅槃是妄想，真如解脱是妄想，三聚淨戒、五分香薰是妄想，有佛道可成、有衆生可度是妄想，乃至欲除執著、欲證智慧也是妄想。既總是妄想，世尊爲甚麽卻恁麽道？要會麽？待少刻圓戒後與爾注破。」

解制上堂。問：「如何是第一義？」師云：「春雨細如絲。」進云：「離此還有向上事也無？」師云：「春泥滑似油。」進云：「結制後不悟，解制前不迷，如何是不迷不悟底道理？」師舉拄杖，云：「汝喚甚麽作拄杖？」進云：「祇如萬法歸一，某甲早已串卻了也。一歸何處？請和尚速道。」師以拄杖畫一畫，云：「還串得者個麽？」僧禮拜，云：「與麽則萬古山川海嶽止。」師便打，乃云：「盡十方世界是個禪堂，諸人作麽生結？盡十方世界是禪堂裏蒲團，諸人作麽生解？直饒道結底即是解底，解底即是結底，又何曾出得者圈䙡？所以前日結底，權且鉤簾歸乳燕；今日解底，祇是穴紙出癡蠅。事不獲已，依例攀條，且放你東去西去。然則門裏出身易，身裏出門難。諸人作麽生會得出身句？會得也吃曹溪棒，會不得也吃曹溪棒。何故？心不負人面身，缽盂捧在汝手，終是寶林門外漢。雖然，人人盡道鑒祖説法傳心，且道有法可説，無法可説？若道有法可説，祖師云『本來無一物』；若道無法可説，祖師又道『何期自性，本自具足』。畢竟如何折合？」以拄杖倒卓，復擲地，云：「還鄉盡是兒孫事，祖父從來不出門。」康熙志

□□晃　清晃，字某。康熙十年（一六七一）任。主持修訂山門公啟。

□□科　圓科，字某。康熙十一年（一六七二）任。繼續重修御經閣。

□□遜　能遜，字某。康熙十三年（一六七四）任。維持寺産，請官免僧税役。

□□裕　弘裕，字某。康熙十三年（一六七四）任。請官免僧税役。

□□乾　法乾，字某。康熙十六年（一六七七）任。請官豁免僧人差役等。

阿盤珠（一六二九—？）　智珠，字蘧宿，號阿盤。徽州婺源人，俗姓汪。年二十一受具戒，嗣法且拙淨訥禪師，大鑒下三十四世，青原下三十三世，曹洞宗三十世。二十六歲任諸名剎，六坐道場。康熙十七年（一六七八）任本山住持。見《曹溪法系表》。

法語

師名智珠，號蘧宿，有尊者之稱。江南徽州婺源汪氏子，生明崇禎己巳。母夢月輪入室而孕，胎素二七月方産。産時異鳥鳴庭，白煙篆室。五周能讀，喜持準提聖號，亦勤瞻禮。歲十五，於夫子一貫之義心性開朗。十七，遍參海内知識，發明向上玄微，擴通内外典籍。廿一，具戒於南嶽荊紫。廿四，嗣曹洞宗且拙訥翁。廿六，任諸名剎，六坐道場。四十九方住斯山。

結制上堂。曰：「凍雲深鎖曹溪，内不放出，外不放入。緑樹横施象嶺，上如布網，下若重

欄。於中表裏精麁，是非坐斷，不論眼底有筋、皮下無血者，一齊鑒定。於七尺單前，或行或坐，屏絶諸緣，但以一個撲不碎底泥團，壁立眉輪，如猛兕角力，直待曹源水漲，象嶺花開，方爲諸人解開線道，抛出行纏。若沖天之丹鳳，鼓翅太虛；如出網之金鱗，伏波群海。始顯我老祖門下施爲迥異，具殺活之權；應用超時，有通天之作。電機秋朗，下視諸方。還委悉麼！」遂揮拂，云：「金剛際下翻筋斗，無相峰前唱鷓鴣。」僧問：「封卻布袋口，打開柱杖頭，作麼是舉一不得舉二？」曰：「截耳臥街，鞭屍屈項。」曰：「放過一著，落在第二，又且如何？」曰：「番人不繫腰。」曰：「曹溪波浪如相似，無限平人被陸沈。如何得免斯患？」曰：「你即今在甚麼處？」僧沈吟，曰：「又没了一個僧。」便喝曰：「猶是棺材裏瞠眼。」

上堂：「擇乳鵝王，眼底光吞日月；吞龍金翅，胸中勢奪須彌。具如是度量，如是揀辨，曹溪看來，是甚傀儡抛絲底手段？不見道：『有照有用，座主施爲；全收全放，鬼家活計。』雖然如是，且道畢竟以何爲直截之機？」驀擲柱杖，云：「咦，火後一莖茆。」僧問：「擇乳鵝王，素非鴨類，未審以何爲用？」曰：「楚王城畔，汝水東流。」曰：「吞龍金翅有如是威力，爲甚不及佛之一縷？」曰：「澤廣藏山，理能伏豹。」曰：「如何是曹溪境？」曰：「水遠曲成沙若麪，山高盤就樹如鱗。」曰：「如何是境中人？」曰：「頷下藏睛眉兩朶，胸前蓋膽幾莖毛。」曰：「人中意又作麼生？」曰：「不賣雲門陳宿餅，豈容洞山一莖虀！」

解制上堂：「上林花發鳴新緑，低樹煙明繫澹紅。萬里悉成芳草徑，腰包又見逐春風。大衆，九十日飯錢，不與諸人打算。祇是東去西去，切不可踏著國王地。若踏著，即犯五逆大罪。爲甚如此？者裏明得，使知心法無形，貫通法界，諸法無生，因心而有。還有明得者麼？」僧問：「自在且置，如何是心法？」曰：「鬼爭漆桶。」曰：「如何是直指單傳一句？」曰：「羅浮蝴蝶大如籃。」曰：「畢竟傳個甚麽？」曰：「一犬吠虚，千猱嗟實。」

上堂。僧問：「秋風蹶起，品物咸凋。未審還有不凋者麽？」曰：「問處分明。」曰：「分明猶是現成境界，畢竟如何是不凋之物？」曰：「誌公原是晉時人。」僧禮拜，師打曰：「不得錯會。」問：「前唐法運如天壞，近日風規請指陳。」曰：「衣不離肩，鉢不釋手。」曰：「恁麽則律堂法制也？」曰：「者梵志家奴。」便打，乃曰：「三轉法輪成話柄，曹溪何事日無休？拈來五嶺雲顛倒，推出三山水逆流。不謂韶陽公案異，要知杖底別春秋。紫湖狗，大潙牛，戴角擎頭得自由。餿飯殘羹俱罄盡，維新一曲寄王侯。衆中莫有宫商一致者麽？」良久，曰：「水凍魚難躍，天寒草發遲。」

祖涅槃前二日，請上堂。問：「祖未涅槃，權開生殺；既涅槃後，如何鑒覺？」曰：「芙蓉江上秋風老，緑樹崖中夜色寒。」曰：「即今還是生殺也？鑒覺也？」曰：「峨嵋白長老。」曰：「畢竟作麽得一回端的？」曰：「巢知風，穴知雨。」曰：「恁麽則多謝桂花臺畔月，今朝共照我圖南。」曰：「仔細慢天網子。」問：「當陽佛法，似地擎天，正與麽時，請師高唱。」曰：「紅梅與緑柳爭妍。」曰：「者是體，如何是用？」曰：「玄鳥共白猿鬥富。」曰：「嶺頭昨夜秋聲靜，別有疏鐘透北垣。」曰：「封后先生。」問：「道歷秋深，光澄野水，如何是見性底意？」師隨聲便棒，僧擬開口，復棒曰：「性在甚麽處？」曰：「如何是非臺明鏡？」曰：「天外青山寡色。」曰：「無樹菩提又作麽生？」曰：「耳邊流水無聲。」曰：「恁麽則掀開日月光無盡，擊碎風雲絶默埃。」曰：「猶是髑髏裏境界。」乃曰：「問得金水橋起舞，降龍塔蹦跳，也是一場生滅因緣。欲知不生不滅底意麼？」良久，曰：「記得祖師有道『通貫無礙，難勝標旨』底密諭。天得之以統御堅，地得之而疆分固，人得之而聖，仙得之而玄，三乘得之而克證無漏，六道得之而永離酸楚。千百世之下，往往被不識本源者以生滅心左之右舞，移高補下，致使法社偃蹇，宗圖紊亂。不肖今幸值老祖歸寧之日，爲天下有本源者從頭拈出，庶令各個知有此段廣大秘藏。雖然如是，要且眼中著得須彌山，耳中納得大海水底，方許有少分領略。設以父母所生耳目作見聞，曾不啻韓獹逐塊。」乃豎拂，曰：「見麼？」拂拂，曰：「聞麼？若恁麼會去，話在言前，曹溪不惜唇皮，爲諸人一回頌出。」復揮拂曰：「五彩畫虛空，等閑便成跡。石女即爲宗，木人道不必。掀翻大日輪，照破空王脊。生也一二三，滅也三二一。真淨妙難思，幸勿於中立。且道爲甚如此？」擲拂，云：「昨日廿九，今朝初一。」

上堂：「明鏡當臺，攝盡百千邪照；神符肘後，招回無限跉竮。假使客鄉負販，異國徙流，於無量劫背覺亡返者，莫不知曹溪者裏峰巒高托梵天，古木勢無邊表，於中具大寶坊，設大法藥，能殺能活，能放能收。設有久經大冶、脱盡蓋纏者，自然於一切處不動一念而念念圓成，不起一塵而塵塵自在。有時建立，有時掃蕩，建立則不撥萬象，掃蕩則萬象凝然。所謂『是法住法位，世間相常住』。還識常住相麼？日日日從東畔出，朝朝雞向五更啼。」　道光志

□□宣　可宣，字某。康熙十九年（一六八〇）任。曹洞宗。

道開和　道開，字一和，人稱密公。雲頂戒。嗣法大休智珠禪師，大鑒下三十五世，曹洞宗三十一世。康熙十九年（一六八〇）任本山住持。　見《曹溪法系表》。

□□器　祖器，字某。康熙十九年（一六八〇）任。見《千佛鐵塔塔銘》。

□□成（城）　福成，字某。雍正三年（一七二五）任。呈批立山界碑。

□□湛　深湛，字某。雍正三年（一七二五）任。

□□樵　侶樵，字某。雍正三年任。

□□廣　心廣，字某。雍正三年任。

□□玉　淨玉，字某。雍正三年任。以上四人見《曹溪中興録》。

□□峻　道峻，字某。雍正五年（一七二七）任。

□□余　徵余，字某。同治十一年（一八七二）任。重修曹溪殿宇。

□□夫　舜夫，字某。乾隆五十九年（一七九四）任。

□□心　慧（靜）心，字某。同治十三年（一八八四）任。呈批立山界碑。見「張希京」條。

六、民國

靜光　民國二十年（一九三一）任。考證、修補千佛袈裟。

瓊山　民國二十一年（一九三二）任。辦農村兒童小學，任教師。

虛雲　民國二十二年（一九三三）任。見「中興巨擘」條。

復仁（一八八九—一九七三）　廣東大埔人，俗姓王，字法宗。二十六歲至暹羅（今泰國）經商。三十三歲投曼谷甘露寺，從盧慶披剃出家。具戒於天童文質。參淨心、果宗、融通、慈舟、來果、印光諸宿。禮普陀、五臺、鼓山，住高旻，歷經八載，有所省悟。民國二十年（一九三一），復依鼓山湧泉虛雲，重興南華。次年奉虛雲命，募化於南洋。二十七年（一九三八），從泰國曼谷至曹溪承接虛雲法印，爲曹洞宗第四十八世，大鑒下第五十二世。二十九年（一九四〇），虛雲派寬鑑、幻齊至泰邀師返南華爲傳戒和尚。戒期滿返曼谷居龍蓮，潛心禪學。三十一年（一九四二），歷經數月抵達曹溪南華。適虛雲應政府請往重慶，命師代理住持法席，兼衣鉢侍者。翌年冬，進院曹溪，虛雲回山送座，遂爲方丈，兼理南華財務，至三十五年（一九四六）退位。是年廣東省佛教協會成立，虛雲任會長，師任副會長。三十七年（一九四八），虛雲命其爲廣州六榕住持，辭不受，後居香港大嶼山茅棚，篤行精進。平生木訥寡言，篤行務實，四坐道場。一九七三年示寂於香港。世壽八十五，僧臘五十三，戒臘五十三，法臘三十六。

知定（一九一七—二〇〇三）　廣東曲江人，俗姓馮。畢業於廣東第三師範學校。民國二十六年（一九三七），於曹溪南華依虛雲剃度出家，受具足戒。隨侍虛雲三十餘載，任侍者、知客、庫房等職。三十年（一九四一），入江蘇焦山佛學院學習，後回南華寺，任南華戒律學院院長之職。三十二年（一九四三），虛雲移錫雲門，遵師囑代管南華寺務。一九四九年離曹溪赴香港。一九五六年移居美國檀香山，爲首位至美國弘傳大乘佛教之中國籍僧侶，早於宣化入美弘法十二載。一九六五年創建虛雲寺，被譽爲「美洲有史以來最大中國佛寺」。歷任中國佛教協會廣東分會理事，曲江佛教支會理事長，南華寺監院、代理住持，雲門寺監院、代理住持，南華戒律學院副院長，南華小學校長，檀香山華僑佛教總會永久董事長。二〇〇三年農曆二月十一日於檀香山虛雲寺圓寂。世壽八十七，僧臘六十七，戒臘六十七。

修圓（一九〇〇—一九五九）　字佛曦，號貞訓。雲南鎮南（今南化）人，俗名李永芳。民國五年（一九一六），十六歲到雞足山祝聖皈依虛雲，得法，爲大鑒下第五十二世，曹洞宗第四十八世。七年（一九一八），虛雲應唐繼堯請，到昆明舉辦超度陣亡將士水陸法會，隨虛雲荷負一笠、一鏟、一蒲團、一藤架，從雲南雞足山步行到昆明，重興雲棲寺。九年（一九二〇），唐繼堯聘請虛雲任華亭寺方丈，師先後擔任知客、監院等職。抗戰時期，隨虛雲中興南華。三十五年（一九四六），南華住持復仁退居，任代理住持，安僧撫衆。三十七年（一九四八），離粵返滇。一九五三年四月，任昆明佛教協會籌委會副主委；五月與弘傘、孫樂齋作爲雲南省佛教代表團，出席中國佛教協會成立大會。一九五五年，當選爲雲南省人民代表。一九五七年三月，當選中國佛教協會理事。一九五九年圓寂。

靈源（一九〇二—一九八八）　宏妙，字靈源，浙江臨海傅氏子。出生不久，項上長毒瘡，醫生束手，母誠心念觀世音聖號而自愈，故自幼即在母親教導下學習念誦佛號。青年時，對仙道頗有興趣，因閱《楞嚴經》而轉向佛教。民國十一年（一九二二），畢業於浙江第六中學，在家鄉任教職。二十一年（一九三二），至廈門湧泉，隨慈舟修補《大藏經》，後出家。由虛雲剃度，列爲徒孫，受具。嗣虛雲法，爲大鑒下第五十二世，曹洞宗第四十八世。三十七年（一九四八），奉虛雲之命，代理南華住持。未久，推讓南華住持之位，交由本煥接任。赴廣州，轉赴香港大嶼山寶蓮。一九五三年，到臺灣弘法，建大覺寺。一九八八年七月十六日，於大覺圓寂。世壽八十七，僧臘五十七，戒臘五十六。

法　語

南華本寺靈源代和尚開示

禪德們，十方同聚會，個個學無生，學到無生處，無生無不生。會麽？會則虛空粉碎，不會則粉碎虛空。哈哈，也大奇，也大奇，箱底藏珠不知用，累得淪落受苦辛。大德們，此次美國詹寧士女居士，爲一大事因緣故，出現此間；爲一大事因緣故，發心學佛；爲一大事因緣故，專機來華依止虛公老和尚。哈哈，這一場藤葛，千劫難逢，萬劫難遇，不知有人能否下得注腳底？有則大地震動，無則海晏河清，畢究一句，做麽生道？參！

難忍能忍

古云「不平則鳴」，世人無不皆然，而吾佛教則反是。蓋菩薩以利他爲主，故普行慈悲。《梵網經》云：「不得以嗔報嗔，以打報打。」當忍人之所不能忍，行人之所不能行。今觀虛雲老和尚名滿天下，昔平日修持，難忍能忍，難行能行，其事跡雖有載於典籍之中，實則未經記載者至多也。今美國阿難陀詹寧氏專機來華依止虛老，老人特爲彼舉行克期取證之禪七，於七期之第四晚養息香後云：「老人於光緒某年冬在金山七期中當監香，時有別號假韋陀之比丘者，點頭沖盹，老人至時，彼似有知，待老人行後，仍舊打盹。時雲公以悲憫故，回頭以香板警之。乃彼懷恨在心，待輪至假韋陀任監香時，行至雲公前，時雲公正話頭相應，彼爲報冤計，不顧規矩，驟以香板盡力砍下。雲公雖痛不可當，而勉强忍受，但膀骨已受重傷，全臂不能舉動。無辜遭此重擊，門堂諸師皆爲不平。開静後，維那班首諸師共相駭聞，欲以清規治彼假韋陀，闡斥其單。而雲公自思遭此冤業，終須忍受，故決不承認此一擊之傷。衆問：「何以膀臂不能舉動？」答云：「是卧時傷風，非關香板事。」此雲公忍人之所不能忍也。因而此假韋陀未遭清規之責，闡單之恥，自知有錯，慚愧無已，銘感五内。後雲公至育王燃指，朝禮名山，均受假韋陀之讚揚，並介紹善信皈依。此轉羅刹爲菩薩，假韋陀或真韋陀矣。此雲公之道德，以忍苦爲基礎，故得披忍辱衣，踞法王座，成今日之大名，非偶然也，烏得不受人天供養哉！然雲公之難忍能忍，實非全體放下者不能。若稍有放不下處，又奚能如是？今我輩後學，負血氣之勇，我慢之習，終日空過，自與道不相應。今聞雲公之耐苦忍辱，不自思勉勵者，自負多矣。新編志

本焕（一九〇七—二〇一二）　民國三十七年（一九四八）任住持。參見「興復碩匠」。

惟因（一九一三—一九九〇）　一九八二年任住持。參見「興復碩匠」。

佛源（一九二三—二〇〇九）　一九九二年任住持。參見「興復碩匠」。

傳正　一九九九年任住持。參見「興復碩匠」。

從上古德

一、傳法門人

自虛雲駐錫曹溪，中興法脈，曹溪近代傳法門人遍及海內外。其中，所傳曹洞法嗣寬賢復徹、法宗復仁等人，又傳法孫惟因今果等數十人；所傳法眼法嗣本智寬志、本觀慧果等人，又傳法孫靈意寂照等人；所傳臨濟法嗣海燈本明、本煥乘妙、觀本明一等人，又傳法孫一誠常妙、常徹惟覺、瑞覺常亮等數十人；所傳雲門法嗣妙道朗耀、妙定寬度、妙宗淨慧、妙心佛源等四十餘人；所傳溈仰法嗣宣法自壽、宣化度輪、宣玄聖一等人，又傳法孫衍心一誠、衍妙戒全、衍悟悟聖等數十人。其中不乏宗匠高僧。

寬鑑（一九〇二—一九五九）　廣東揭陽人，俗姓徐，名鑑淵，號明安。民國二十七年（一九三八），投南華虛雲座下剃度，二年後受具。嗣後受請爲南華寺堂主，繼出主韶關大鑒法席數載。後應請回汕頭，修復潮陽靈泉、惠來百花庵。三十五年（一九四六），受請爲潮州開元住持，次年退居，住持廣州六榕法席。未久遇寺僧偷運文物赴港，受虛雲重責，並登報聲明脱離師徒關係。寬鑑懺悔之餘返汕，入住潮陽靈山，興規矩，嚴道風，數年間寺貌一新。同時倣虛雲創辦雲門山大覺農場之舉，率衆組建靈山寺僧伽試驗農場，實踐「農禪並重」，成績顯著。一九五六年離粵，專程至雲居山親近虛雲，得寬恕，並受命前往修復馬祖道一弘法道場寶峰，將功補過。次年，即搭屋寮數椽，恢復香火，再鳴鐘鼓，聲名漸播。一九五八年三月赴武昌出席「中南區漢傳佛教界社會主義學習座談會」期間，被錯劃爲「右派分子」。是年秋被捕入獄，繼送勞改。一九五九年農曆十一月十九日於勞改農場圓寂，骨灰由其徒孫惟源奉歸潮陽靈泉寺。世壽五十八，僧臘二十二，戒臘二十。一九七九年、一九八四年，江西省委統戰部兩次宣布撤銷原錯誤結論，予以平反。

本智（一九〇四—一九九五）　遼寧人，生於八旗士族之家，俗姓蘇。青年時學佛，皈依月溪座下。民國二十三年（一九三四），於曹溪親近虛雲，爲僧衆施醫送藥。後隨侍於雲門。一九五六年於雲門虛雲座下剃度出家，法名寬志。次年於江蘇寶華山隆昌受具足戒，法號本智。一九五九年初，於虛雲座下承嗣法眼宗法脈，爲第九世。又得五臺碧山淨如代傳臨濟法脈，爲臨濟宗碧山支宗第四世。在家時窮究世學與醫術，出家後持戒精嚴，博通三藏。數十年持《華嚴》《法華》爲日課，屢次應請至曹溪南華、雲居真如戒壇爲教授、尊證阿闍黎。歷任廣州佛教協會理事，廣州光孝、雲門大覺山、曲江南華、雲居真如、大同華嚴等處首座，五臺碧山西堂。一九九五年於廣州捨報。世壽九十二，僧臘四十，戒臘三十九。

宣化（一九一八—一九九五）　吉林雙城（今屬黑龍江）人，俗姓白，名玉書。父富海，母胡氏。幼隨母至寺院拜佛，習讀經典。十九歲母辭世，墓側結廬守孝三年。期間從吉林三緣常智披剃出家，法名安慈。民國三十六（一九四七），於普陀山受具。三十七（一九四八）春，至曹溪禮謁六祖，親近虛雲。任祖師殿香燈執事，受請爲南華戒律學院監學，轉任教務主任。是年九月，南華遭匪劫，師僧相繼離去，師獨任學院課程。三十八年（一九四九）初，戒律學院因戰亂停辦，師退居藏經閣。是年春大戒，爲尊證阿闍黎。春戒後隨虛雲至韶州大鑒，又至乳源雲門任班首。入夏因濕氣病，辭別虛雲，經廣州移錫香港，陸續創建西樂園、佛教講堂、大嶼慈興等寺堂。一九五六年，蒙虚雲傳嗣潙仰宗法脈，賜名宣化，字度輪，嗣承潙仰宗第九世。成立香港跑馬地佛教講堂，創辦《心法》雜誌。一九五七年至緬甸。一九六二年離港赴美弘法，自號墓中僧。於加州成立法界佛教總會，出版《金剛菩提海》英文月刊。一九七〇年，於三藩市肇建金山、地藏女衆道場。一九七三年，創立國際譯經學院。一九七六年，創建萬佛城、法界佛教大學。一九七八年，率團赴馬來西亞和中國香港、臺灣等地弘法。一九八六年度化數位美籍青年出家。次年率團回上海等地朝禮，邀請廣濟、龍華僧伽法務團赴美舉辦水陸法會，影響甚巨。一九八九年秋邀一誠、傳印至萬佛城，爲美、英、法、柬諸國數百名戒子傳授大戒，再次轟動美國。先後於美、加、馬等國以及中國香港、臺灣等地區創立佛教道場近三十所，翻譯、印刷佛教經典數百萬册。師爲佛教傳入西方世界之先驅，功莫大焉。一九九五年六月七日，於洛杉磯圓寂。世壽七十八，僧臘五十八，戒臘四十九。

法　語

各位大德：説到心地法門，是最高無上的，然而真能自證，而得到解脱，卻是一件不易的事。我自己因爲對於這法門，未有深切的研究，故所講的都不是要旨，衹得隨便談談。先説參禪求證，就應該不離自心，然後才可證得。若不如此，則終不能達到目的地。現在我僅拿「戒定慧」三字來作一番討論。説到這個「戒」字，在禪宗裏頭，表面上看是輕鬆，如就其跑香、打坐、不動言語、不思雜念，也就是身、口、意三業清静的表現，可以説是不戒之戒。既然能做到「戒」，當然身心安寂。而到「定」字了，由是始終如一，漸漸光明，智慧遂由之而開，就做到「慧」字了。戒定慧既已具足，這就是覺悟境界。此時在内無我，在外無人，乃至山河大地，森羅萬象，一切皆無，一切皆空。空無所空，無無所無，寂湛自在，還我本來。此時也，非文字語言可表達，非思量分别可測度，這就是不可思議的境界。諸位如放得下，把無明煩惱，人我、貢高、諂曲、虚妄，一齊打入無生國裏。然後抱住所看的話頭，就是這一個「誰」字，綿綿密密，細細參去。參至水窮山盡，再進一步，懸崖撒手，絶處逢生，自然解脱。直到那時，才知歷代祖師大費唇舌的辛苦。會得麽？參！　恒定記

觀本（一八六八—一九四六）　法名明一，號觀本，廣東香山縣人。俗姓張，名壽波，號玉濤。早歲專致於儒學，光緒十七年（一八九一）舉人，主張維新圖强。東渡日本，爲横濱大同學校校長。中年篤志深研佛典，民國七年（一九一八）於澳門創設佛聲社，十七年（一九二八）於港創設念佛社，提倡五會念佛。二十一年（一九三二）春，赴鼓山依雲公薙染受具，爲鼓山增補各祖師傳記。二十三年（一九三四）春，辭福州湧泉監院，隨虚雲經港至曹溪南華。嗣後至澳任功德林法席。次年，虚雲至曹溪南華，邀師相助，任南華首座代監院。二十六年（一九三七）七月，廣州淪陷，廣東省佛教會遷至韶關。雲公遣師至港募集經費。三十年（一九四一）返曹溪南華，三十二年（一九四三）隨虚雲至雲門。三十四年（一九四五），雲公囑師回粤，擬接六榕法席。三十五年（一九四六）一月九日（農曆乙酉年十二月初七日），於菩提精舍示寂。世壽七十九，僧臘十五。著作頗豐，後人輯《香光閣集》二十卷、《五會念佛譜》行世。

聖一（一九二二—二〇一〇）　廣東新會人，俗名陳玄機。父煩容，母林氏。十六歲始念佛，十九歲至香港蓮花山西竺林信求座下剃度出家，嗣後至志蓮淨苑聽葦庵講經。民國三十四年（一九四五），

於曹溪虛雲座下受具。旋任復仁衣鉢侍者，兼理財務。遵虛雲囑，襄理廣東省佛教會事務。是年曲江淪陷，於炮火中籌糧以維常住。二戰結束後，離曹溪至廣州六榕、上海玉佛、鎮江定慧參學。三十七年（一九四八），回港經潮州，宣講《起信論》《楞嚴經》。一九五〇年於寶蓮任維那、西堂。一九五一年入住寶林，每年主持禪七。一九五八年至雲居山參禮虛雲，得心印，嗣承溈仰宗第九世。一九六九年應邀至越南華嚴寺傳戒。募緣資助雲居真如、安徽九華、廬山東林、西安臥龍、成都昭覺、南昌佑民、廣豐博山、山西大佛、五臺普壽之殿宇恢復重建。一九七〇年始籌天壇大佛，率衆籌助，得以竣工。一九七九年參學九華、普陀、五臺、峨嵋諸聖地。於香港開講《梵網菩薩戒經》《金剛經》。一九八三年主席寶蓮，爲第五代住持。「文化大革命」期間冒險至南華護六祖真身。屢次率衆朝禮南華，弘傳戒法。二〇一〇年於香港寶蓮捨報。世壽八十九，僧臘七十。

法 語

爲新加坡新戒沙彌尼傳靜傳智上堂說法

南華古刹筏筵開，十方衲子求戒來。律是無上菩提本，諸佛菩薩贊善哉。夫戒者是諸佛之本源，行善菩薩道之根本，是大衆諸佛子根本。是以釋子隨佛出家已，以佛爲師，必先授三壇大戒。沙彌戒，離塵脱俗；比丘戒，了生脱死；菩薩戒，度生成佛。由離塵故六根淨，六根淨故生死空，生死空故自度度他，共證菩提。何法復過於此？《四分律》云：「戒淨有智慧，便得第一道。」《般若經》云：「戒爲法界一切法趣，戒是不過，故號尸羅波羅蜜。」今有新加坡傳靜、傳智尼，萬里迢迢而來，沙彌戒受成，歡喜心生，竭誠供養，無住相布施，敬設大齋，供佛及僧，請法上堂，普利人天，不求餘物，唯求戒根清淨，戒體圓明，上報四恩，下濟三塗。即今因齋慶贊一句，

又作麼道？心淨國土淨，心忘罪也忘。情境兩俱空，杲日出扶桑。九月初八日傳慧記

一誠（一九二七—二〇一七）　湖南長沙人，俗名周雲生。一九四九年於望城洗心庵禮明心剃度出家，法號一誠，字悟圓。一九五六年冬，至江西雲居山親近虛雲，於曹溪南華虛雲座下受具，後隨虛雲返真如修行。一九五七年初，於性福座下承嗣潙仰法脈，爲第十世，賜法號衍心。又由虛雲代傳觀本明一法脈，爲臨濟宗第四十五世，賜法號常妙。「文化大革命」期間，不改初衷，持素獨身，誦經習禪不輟。一九七八年冬，與寬懷、達定等同參，於棲身茅屋舉辦全山首次佛事活動。一九八一年，隨悟源、朗耀返真如。次年，禮請爲知客兼事務管理委員會委員。一九八五年，任真如住持。一九八七年，主持真如僧伽培訓班。一九八九、一九九一、一九九四、一九九七年，傳授三壇大戒。一九八九年，應宣化之邀赴美國萬佛城傳戒。一九九二年，任江西寶峰住持，重建殿宇，塑佛像，拓建馬祖舍利塔。歷任江西省佛教協會會長、省政協常委，中國佛教協會會長、名譽會長，中國佛學院院長、北京法源寺方丈。一九九四年，屢次率衆赴日、韓等地參加佛事活動。長期以來對南華寺禮敬有加，一九九四年、一九九八年受請爲教授和尚與説戒和尚。一九九六年，爲南華寺撰立神龜碑。二〇一三年，獲第四届孔子和平獎。二〇一七年十二月二十一日，於真如示寂。世壽九十一，僧臘六十八，戒臘六十一。主持編纂《雲居儀規》《雲居山新志》《寶峰寺志》《法源寺志》。門人輯《一誠文集》行世。

意昭（一九二七—二〇一三）　又名意超。廣東南海人，俗姓汪。民國三十年（一九四一），於香港竹林禪院禮茂芬剃度出家，字聖空。三十三年（一九四四），於南華虛雲座下受具，後隨侍虛雲至雲門。三十五年（一九四六），於雲門丈室得虛雲傳嗣臨濟法脈，賜號本昭，爲四十四世。是年隨虛雲至

廣州六榕、潮州開元。又至廣西容縣雲溪弘法。三十七年（一九四八），遷錫香港。一九七七年，於香港拓建古巖淨苑。一九八〇年，於香港與聖一、鍾燕萍等爲修復六祖真身及南華殿宇，募集善款頗巨。歷任曹溪南華首座、香港竹林禪院住持。二〇一三年圓寂。世壽八十七，僧臘七十三，戒臘七十。

按：昭公有詩偈二首，其一云：「心無所住，染法不生。對境無著，苦樂無根。一念動時，成生滅因。了悟無常，得自在身。」其二云：「法性本體無生滅，一念無明證生因。了達無明本非我，漸入般若法性身。破盡無明煩惱結，即離六道四生因。常行六度四等法，直趨菩提住一真。」於自性中流露出般若妙諦。

淨慧（一九三三—二〇一三）　湖北新洲人，俗名黄建東。自幼家貧，被送入尼庵，由尼師撫養成人。一九四七年至武昌卓刀泉禮宗樵剃度，法名宗道，字淨慧。旋依武昌三佛大鑫。一九五一年，至雲門受戒，任虚雲侍者。是年冬禪七，因截流識心，虚雲授其五家法脈，爲雲門宗十三世，法號妙宗。一九五三年，爲雲門監院。一九五五年至江西雲居。一九五六年至一九六三年入中國佛學院就讀，完成本科、研究生學業。一九六二年，因編輯《虚雲和尚法彙續編》被錯劃爲「右派」，輾轉於京、粵、鄂等地接受勞動改造。一九七八年得以平反。一九七九年初返京，參與中國佛教協會各項恢復工作。一九八四年，任《法音》雜誌主編。一九八八年，主持趙縣柏林修復。二〇〇三年，應本焕邀請，繼任黄梅四祖正覺丈席，大振禪風。又先後重修邢臺玉泉、開元，黄梅老祖、蘆花庵，當陽玉泉、度門等道場，並任河北省佛教協會會長、河北省政協常委、中國佛教協會副會長等職。創辦《禪》雜誌及河北省禪學研究所，並連續舉辦十九届「生活禪夏令營」，爲「生活禪」創造者、「人間佛教」開拓者。於河北趙州成立虚雲印經功德藏，倡印《大藏經》。先後赴美、法、日、韓等國弘法利生。二〇〇九年十月，將臨濟宗第四十五世法脈傳至德國本篤禪修中心，名虚雲宗。屢次至曹溪參與法務。二〇一三年四月二十日圓寂於黄梅四祖寺。世壽八十一，僧臘六十七，戒臘六十三。著述宏富，並主編《虚雲老和尚法彙續編》《虚雲和尚全集》《中國禪宗燈録大全》行世。

二、本山名釋

無言通（七五九—八三〇）　唐朝僧人。亦稱和安通禪師。俗姓鄭，廣州人。投婺州（今浙江金華）雙林寺出家，大曆十三年（七七八）受具。後禮江西馬祖道一。道一寂後，求學百丈懷海，得其法。自幼寡言，時謂「不語通」，以不言著稱。元和九年（八一四），懷海入滅後至廣州和安寺，住持法席。十年（八一四）移錫曹溪，示教慧寂（仰山）參話頭禪，嗣其法印。元和十五年（八二〇），遊方至交州，住錫北寧仙游山扶董鄉建初寺，將惠能南禪正式傳至安南（今越南），創無言通禪派，亦稱觀壁派、越南禪宗後派。該派主張佛性無所不在；心性清淨，本自圓成，道不用修，但莫汙染；「心、佛、衆生」三無差别等思想。繼承懷讓、馬祖南嶽派宗風，成爲越南禪學主流。寶曆二年（八二六），傳禪法弟子感誠，爲南嶽懷讓法系越南第一世法嗣。歷主廣州和安、曹溪南華、安南建初。大和四年（八三〇）一月十二日圓寂。世壽七十二，僧臘五十二。南嶽法系在越南共傳十五世，歷四百餘年（八二〇—一二二一），嗣法者十七。《五燈會元》卷四、《景德傳燈録》卷四、《祖庭事苑》有傳。無言通於促進中越佛教文化交流及禪宗在越南發展，功莫大焉。

悟進（一五三五—一六一四）號丹田。廣東新會人，俗姓潘。明嘉靖三十二年（一五五三），年十八投曹溪南華智璉座下剃染。終年常守祖庭，日誦《金剛經》不輟。萬曆四十二年（一六一四）某月日，沐浴更衣，怡然坐化。世壽八十，僧臘六十二。四衆高其行業，謚號「真覺禪師」。肉身供奉於曹溪天峙岡本家靜室，後迎請供於曹溪南華寺。

道丘（一五八六—一六五八）道丘，字離際，號棲壑，别號雲頂和尚。廣東順德人，俗姓柯，母陳氏。幼隨母持素，年十七於廣州永慶庵禮碧崖禪師出家，翌年至曹溪侍憨山德清。年二十一至金陵，聞教於雪浪、一雨。年二十五至杭州參蓮池袾宏，得授淨土法門衣鉢。天啟三年（一六二三），從法性寄莽和尚受具。七年（一六二七），禮博山能仁元來無異參禪，爲曹洞宗三十五世。崇禎四年（一六三一），南歸廣州，駐錫白雲蒲澗。六年（一六三三）至香山講經。九年（一六三六）後，於鼎湖山開山主法二十三載。先後應邀至大雲龍興、寶安金繩、廣州長壽説法。順治十二年（一六五五），重建殿宇。十四年（一六五七），尚可喜贈法王座。改慶雲爲子孫叢林，下院有峽山、白雲、天寧、慧日、興元、新興國恩、新會玉臺、寶安廣慧，庵堂有躍龍、梅庵、觀音、石頭、華嚴、羅隱憇庵。順治十五年（一六五八）示寂。世壽七十三，僧臘五十六，戒臘三十五。得度弟子數百，得戒弟子三千有餘。

本果 初名行果，字曠園，號碩堂，湖北江陵人。生卒年未詳。與曹溪南華住持雪櫵真樸同出弘覺道忞門下，爲臨濟宗三十二世。出身詩書世家，早歲披剃受具，遍參尊宿。由江南至嶺南，參禮曹溪六祖塔。又參學羅浮山、朝陽靈山、曹溪南華、新州國恩、廣州報資等祖庭古刹，並主國恩、報資法席。離幻元覺、跡删成鷲與其相往來，與潘耒交遊頗契。康熙二十七年（一六八八），住錫廣州城西報資二十餘載，寺爲嶺南臨濟宗法窟。著有《靈山正弘集》。門人有行端元韶、卓午元曜、蔣龝居士。

巨贊（一九〇八—一九八四） 江蘇江陰人，俗姓潘。民國十六年（一九二七），畢業於江陰師範學校，後回鄉任小學校長。十九年（一九三〇），投杭州靈隱卻非座下出家，法名傳戒，字定慧。是年，於寶華山受具，改名巨贊。力窮唯識法相、天台教觀、四論、禪學等。二十二年（一九三三），入南京支那内學院，旁通德、英、俄等數種外語。二十六年（一九三七），至廈門南普陀佛學院任教。抗日戰爭爆發後，辭閩院教職至曹溪南華參訪。嗣後於南嶽率衆參加抗日救亡運動，又轉至桂林，任月牙山住持，創辦並主編《獅子吼》月刊，進行抗日宣傳。抗戰勝利後，於杭州主持浙江省佛教會，創辦武林佛學院。一九四九年冬，至北京參加全國政協第一届會議。是年入住北京廣濟寺，創辦大雄麻袋廠，實踐「農禪並重」。一九四九年，受邀參加開國大典。一九五〇年參與創辦並主編《現代佛學》。後參與發起成立中國佛教協會，先後當選爲常務理事、副會長。「文化大革命」期間受到迫害。歷任中國佛教協會副會長，全國政協第二、三、四届委員、第六届常委，武林佛學院院長。數十年中，對南華祖庭禮敬有加，多次來寺禮祖，弘傳法音。一九八四年四月七日於北京圓寂。世壽七十七，僧臘五十五，戒臘五十五。後人輯有《巨贊法師全集》行世。

寬律（一九〇八—一九九一） 字佛行，别號曹溪乞士。安徽歙縣人。幼受庭訓，讀聖賢書。年四十六於上海依虚雲剃度出家。居曹溪，時廣東解放未久，軍人曾駐南華藏經樓，時有經書被損毁。師與六僧檢視經書，日夜抄寫十月有餘，經籍始得完繕。嗣後，師至福建莆田廣化掛單。一九五八年前後回上海玉佛、静安兩寺掛單住錫，歷時八年有餘。「文化大革命」後，被遣返原籍，參與農村勞動改造。一九八〇年，恢復僧籍。一九八七年初，復至曹溪南華，住閒寮念佛。一九九一年十一月三十日圓寂於曹溪。世壽八十四，僧臘三十九夏。有《近代往生隨聞録》行世。

寬敬（一九二〇—二〇一三）　遼寧瀋陽人。一九五三年，於虛雲座下出家。曾住持揚州祇陀林、常州淨觀禪院。一九八六年，廣州無著庵恢復開放，主持維修重建。歷十七載，殿宇、教學樓拓建至五千多平方米。二十世紀九十年代，來自尼、印、泰、緬、越、馬、韓、美、英等國和中國香港僧尼一百零三人至庵受「二部僧戒」，任戒和尚，此爲中華人民共和國成立後中國佛教界首次舉辦對外傳戒活動。歷任中國佛教協會諮議委員會委員、廣東省佛教協會顧問、廣州市佛教協會諮議委員會副主席。二〇一三年十月十七日示寂。世壽九十四，僧臘六十一，戒臘五十八。

傳清（一九二二—二〇一〇）　字見淨。江西鉛山人，俗名鄭真章。一九四九年，畢業於上海國立暨南大學中文系。是年，依曹溪南華惟因披剃，虛雲座下圓具，並任侍者三載。後依成都能海。一九八九年，回南華潛心修學，承嗣洞雲宗法脈。歷任雲居山真如知客、南華首座。二〇一〇年六月十六日，結跏趺坐，捨報西歸。世壽八十九，僧臘六十二。荼毗得舍利數百枚，靈骨於南華海會塔安奉。

傳開（一九二三—二〇一〇）　江西南康人，俗姓袁。一九四八年，依止南華惟因披剃，法名傳開。一九四九年二月，於曹溪南華依虛雲座下受具，隨侍虛雲駐雲門。一九五二年，離雲門朝九華，駐錫三載，嗣後又至普陀、天童、阿育王、天台、國清諸寺參學，旋赴蘇州靈巖，親近了然、德森諸宿德，返九華雙溪翠峰。一九六一年，遷廬山東林。嗣遷武寧西瓜，前後住錫三十七載。一九八八年，曹溪南華惟因賜法卷，爲洞雲宗五十一世。一九八九年，興建武寧彌陀，歷十九載寺成，後返家鄉南康重修寶臺。歷任江西省佛教協會諮議委員會副主任，彌陀、寶臺住持。二〇一〇年捨報西歸，世壽八十八，僧臘六十三。

瑞經（一九二四—二〇〇六）　福建羅源人，俗名林德銓。一九五三年，抗美援朝退伍回鄉後，頓感生命無常，遂禮海燈出家。因仰慕惠能，一九八六年，至南華禮祖，時已花甲之年，體弱多病而又嚴重風濕，但仍精進參禪念佛。最終以坐代眠，晝勞夜坐。於曹溪後山搭茅而居，惟一禪凳、一佛像，别無他物。持頭陀行，日行一食，樹下一宿。一生無徒無友，曾於禪堂小房入定十八日。二十餘年，克勤克儉，默默奉獻。二〇〇六年於南華寺圓寂。世壽八十三，僧臘五十四。

又果（一九二四—二〇一〇）　廣西南寧人，俗名李子隆。十九歲於南海普陀山常樂庵依根造上師披剃，法名又果，號本行。一九五三年，依雲居山真如虚雲受具，爲洞雲宗五十一世，臨濟宗四十五世。一九五六年入南華，駐錫三十餘年。一九八七年初，隨本焕至光孝，任首座。精研音聲佛事，嫺熟儀規，顯密兼修。歷任福建東山東明、山東龍口南山、海豐雲臺、西樵山寶峰等寺住持，廣州光孝首座，廣東省佛教協會顧問。二〇一〇年一月十八日，圓寂於汕尾雲臺。世壽八十七，僧臘六十八，戒臘五十八。後人輯有《天月禪心：又果老和尚的故事》《又果和尚傳》行世。

三、過化高僧

鑑真（六八八—七六三）　廣陵江陽（今揚州）人，俗姓淳于氏。十四歲從揚州大雲寺智滿禪師出家，十八歲受具。二十一歲參學長安、洛陽，研習律宗、天台教義。數十年後，精通典藏，嚴守毗尼，應請住持大明寺。唐天寶元年（七四二），日僧榮睿等遣唐僧邀師前往日本傳戒，應允，並以「山川異域，風月同天」之句自勉。次年東渡，歷經四次均告失敗。九年（七五〇），第五次東渡途中因遇颱風漂流至海南，輾轉經瓊崖、廣州，至大雲寺爲盧奐授戒。抵曲江禪居寺、法泉寺，駐錫數日，禮拜惠能、智藥真身，訪開元，並爲四衆説法。返揚州後，第六次東渡成功。係日本律宗、天台宗之祖。後寂於奈良唐招提寺。世壽七十六，戒臘五十八，僧臘六十二。日人尊爲「天平之甍」。

無業（七六一—八二三）　陝西上洛（今商州）人。俗姓杜，母李氏。少小入道，能誦《華嚴經》《法華經》。九歲依於本郡開元志本禪師，授《大乘經》，五行俱下，諷誦無遺。年十二出家，二十受具於襄州幽律師，從究《四分律疏》。嗣後往洪州禮馬祖，傳其心印。尋詣曹溪南華禮祖塔，旋遊廬嶽、天台、清涼諸山，遍尋聖跡。後復住開元精舍。憲宗屢召，師以辭疾不赴。穆宗即位，再致禮聘不起。長慶三年（八二三）十二月二十一日示寂。世壽六十三，僧臘五十一，戒臘四十三。謚「大達國師」，塔曰「澄源」，汾州刺史楊潛撰碑文。

達岸（九一八—九七八）　宋僧。韶州曲江人（按：《南漢書》卷十七作「新州人」），名志清（按：《佛祖道影》卷四作「志靖」）。年十二，初禮慧濤。年十三，受五戒。年十八，披剃得度，後遂遊方參學。年二十，禮雲門文偃祖師受具足戒。乃至曹溪謁祖，南遊至廣州，掛搭訶林（今光孝寺）風旛堂。南漢主（劉晟）入寺與語，悦之，賜明月山覺通禪院，仍賜玉環、銀鉢、金襴袈裟，隆禮供養。後移駐大通，南漢主發帑藏，恢宏殿宇，賜名寶光。宋太平興國三年（九七八）正月十一日，無病別衆，趺坐而化。世壽七十二，法臘五十三。示寂後其肉身不變，門人弟子奉全身塔於丈室。政和六年（一一一六），經略使陳覺民請於朝，敕賜大通慈應禪院，號達岸慧通證覺禪師。明萬曆六年（一五七八），大旱，衆僧迎師之肉身至訶林祈雨，隨降。復欲還故寺，舉重不可移，乃改奉於訶林。

應堅　生卒未詳。任廣州光孝寺住持。萬曆元年（一五七三），於飛錫橋上捐資建卓錫泉亭。見「歷史沿革」。

真可（一五四三—一六〇三）　字達觀，晚號紫柏老人。吳江句曲人，俗姓沈。年十七依虎丘明覺薙髮，嗣法少室常潤禪師，青原下第三十三世。遍參諸方尊宿，其宗風足以遠追臨濟，上接大慧。一生復興十五座古道場，從未任過住持。萬曆二十八年（一六〇〇），先於憨山大師至曹溪南華主席。三十一年（一六〇三），忽妖書案發，師罹難。

淨空　生卒未詳。四川成都人。萬曆二十六年（一五九八），謁六祖於曹溪。因酬齋僧之願，與本山前住持僧行裕、真權、寺僧淨泰至廣州謁憨山大師，請教飯僧之法。以法爲導，以食爲資。受憨山提議，乃與行裕、真權糾實行僧四十八，於是年十月至次年十月，跪誦《華嚴經》千餘日。願已結，便杖錫遠遊，隨方演化。憨山撰碑以紀其事。

今釋（一六一四—一六八〇）　字澹歸。仁和（今浙江杭州）人，俗名金堡，字道隱，號衛公。明亡，走粤中，事永曆帝。清順治九年（一六五二）入廣州，參天然函昰。十二月受具雷峰，法名今釋。康熙元年（一六六二），上韶州仁化丹霞山，闢爲別傳，請師函昰主法席。七年（一六六八）得曹洞心法，爲函昰第四法嗣。生平著述甚富，欲修僧史，未成。有《徧行堂集》行世。康熙間，受邀來曹溪，審訂《曹溪通志》。

大汕（一六三三—一七〇四）　字石濂，號厂翁。江南吳縣人。少事浮屠，十九歲依江寧（今南京）覺浪道盛披剃。康熙二年（一六六三），移住廣州大佛寺。六年（一六六七），掃塔曹溪。應請主廣州獅子林、長壽、峽山飛來、澳門普濟禪院諸剎。因潮州程鄉謝氏之請，有安南（今越南）之行。三十四年（一六九五）春，越南王阮福周專使迎往說法，大見信重，逾年歸國。工詩善畫，爲世所貴。

與梁佩蘭、屈大均、石溪、陳恭尹、王士禛友好，又與衆多名流交酬唱和，時亦攻訐結怨。嗣法門人了觀、道存。後人輯《大汕和尚集》行世。

法　語

上堂：打開布袋口，飛走大蝴蝶。撞碎太虚空，風光都漏泄。到者裏又説甚麽？不是心，不是佛。麻三斤，乾屎橛。此非畫餅充飢，也是望梅止渴。既然古錐南天北地，何妨大汕東説西説。棒不枯不止，舌不爛不歇。累他八臂哪吒，十字街頭叫屈。可憐牛過窗櫺，衹有尾巴不得。

七期上堂：丈夫兒莫癡坐，又不如提婆達多。者一個毀法謗佛不甘心，雖在極惡魔中，到有些大丈夫底氣度。你不見，他直至於今，生陷地獄，如登三禪天快樂，至者裏，佛也無可擺布。諸昆季，果是者等不避生死，獨步獨行底，任是魔頭，也算他撑天拄一個。顧衆云：若道我認賊爲子，不妨我罪過。

太虚（一八八九—一九四七）　浙江崇德吕氏子。幼年喪父失母，五歲隨外祖母爲生。赴九華，朝普陀，禮天童、育王、靈峰諸刹。十六歲於蘇州小九華寺依監院士達出家，法名唯心。後依奘嚴，法號太虚。是年，從寧波天童八指頭陀受具。十七歲從永豐寺岐昌受《法華經》，後赴西方寺閲《大藏》。年二十一就讀於南京祇洹精舍，從楊仁山學《楞嚴》，從蘇曼殊習英文。宣統三年（一九一一），應棲雲之約赴廣州，任雙溪住持。因參與革命黨朱執信等人秘密活動，作詩憑弔黄花崗之役，不容於當道。民國元年（一九一二），於鎮江金山寺成立中國佛教協進會，被推爲會刊《佛教月報》總編。是年，上海佛教界於靜安寺舉行寄禪追悼會，於會上提出教理、教制、教産三大革命口號，并撰文宣傳佛教改革，建立新僧伽制度。六年（一九一七），赴臺灣弘法，並至日本考察佛教。八年（一九一九），於上海創建覺社，出版《覺社叢刊》（後改名《海潮音》）。翌年作《太虛宣言》，倡「僧自治説」，爲漢口佛教會院長。應李觀初邀，再次入廣州東堤、華林、六榕、嶺南大學等地講經。十一年（一九二二），創辦武昌佛學院。十三年（一九二四），於廬山舉行世界佛教聯合會。次年，率團出席日本召開的「東亞佛教大會」，講演中國禪學，考察日本佛教。十五年（一九二六），作《建設人間淨土論》，進而宣導佛僧、佛化、佛國之「三佛主義」。十六年（一九二七），任廈門南普陀住持，兼閩南佛學院院長。十七年（一九二八），創中國佛學會，並遊化歐美七國（英、法、德、比、荷、美、日）。在法國發起成立世界佛學苑。回國後，當選爲中國佛學會會長。二十年（一九三一），於北平柏林寺教理院倡「八宗平等」説。「九一八事變」後，起而號召「革日本軍閥政客之命」。次年，住持奉化雪竇寺，並於重慶創世界佛學苑漢藏教理院。二十四年（一九三五），任《佛教日報》社長。是年十二月，應虛雲邀請，至曹溪瞻禮六祖真身，並作開示。後從班禪受金剛阿闍黎灌頂。抗戰期間組織青年護國軍、僧侶救護隊及中國宗教徒聯誼會。三十二年（一九四三），與于斌、馮玉祥、白崇禧等組織中國宗教徒聯誼會。三十五年（一九四六）元旦，受國民政府宗教領袖勝利勳章。三十六年（一九四七）三月十七日，於上海玉佛寺圓寂。世壽五十九，僧臘四十三。後人輯有《太虛大師全書》等行世。

讚揚六祖功德以祝南華之復興

民國二十四年十二月於曹溪南華寺講

我這次一到廣州，即來曹溪，有兩點意思：一是來瞻禮六祖肉身，一是來慶祝六祖道場的重興。因禪宗叢林，由曹溪一脈遍於天下，如日本、高麗之禪寺，皆祖宗於曹溪。惟自六祖以後，這曹溪南華寺即興盛時少，衰替時多。但在明朝亦曾經憨山大師重興，今則復有虛雲和尚來謀振興，誠是千載難得之盛會！故我來瞻禮六祖肉身，同時也就是慶祝六祖道場的復興。這樣，可見我這次來，實是向方丈和尚及各位首領職事恭祝來的，本無什麼可說的法。但因在座還有如許新受戒的初發心者，及諸方來集的在家信衆，同在此六祖真身的道場相聚，實不無殊勝的因緣，故想讚歎一點關於六祖的功德，以資提倡。

在梁武帝時代，西土有智藥三藏航海南來。以前印度到中國的學者，大多取道西北而來；惟從海南而來，自三國時代的康僧會而後，恐就要算智藥三藏了。智藥三藏在廣東留有許多靈跡，先是在廣州光孝寺植菩提樹一株，預言百七十年後有肉身菩薩於此剃髮受戒。後到曹溪飲水有異香，乃尋至此處建寶林寺，並志預言曰：「一百七十年有肉身菩薩於此開演上乘，度無量衆，傳佛心印。」這所謂肉身菩薩，便是六祖大師，向來在佛教歷史上是早已證實了的。我們就在六祖一生的行事功德上，也可以確信六祖是大菩薩的應世。有許多人，往往以爲六祖是斫草挑柴的目不識丁者出身，於是就認爲佛教應該要完全棄離文字，因六祖不須文字而通達佛理。殊不知六祖是隨時機所宜示現如此，決非目不識丁者，而是成就無量言語文字三昧陀羅尼，非世間博學多聞、世智辯聰者所能望其項背的！這是從什麼地方證明呢？如《壇經》中所說，聞無盡藏尼誦《涅槃經》，即知妙義；又聽法達誦《法華經》至開示悟入佛之知見，即達奧旨。若非久植德本，深入藏經，智慧如海，何以臻此呢？又其聽人誦《金剛經》，即豁然開悟，亦是一種應機示現的方法；因當時《金剛經》正普遍弘盛於世，所以他就來參禮五祖，托聞《金剛經》而開悟了。因此，不但傳佛心印，而亦是傳持法藏；但這不單六祖如此，迦葉以來都是這樣的。又大小乘經論最精深微妙者，莫過於唯識各部經論，如《楞伽》《深密》《華嚴》諸經是，而《楞伽》四卷，傳佛心印，乃從初祖達磨歷代相傳者。在《壇經》中說，有智通比丘嘗看《楞伽經》約千餘遍，而不會三身四智，禮師求解其義。六祖當時便解答他説：「三身者，清淨法身，汝之性也；圓滿報身，汝之智也；千百億化身，汝之行也。」這樣寥寥數句，便把一切經論中所明三身之義，包括無遺。因其即在常人上説明三身，故説：「若離本性别説三身，即名有身無智。」蓋從本人而明三身，始顯佛法平等，學佛是人人本分上事，若不從自性明三身，則三身似乎完全屬於他人佛果上有的，豈非自己是無分的嗎？故考諸古德對經論三身所下之解義，未有若此昭然揭示者。

智通既明三身，復問四智之義云何？祖曰：「既會三身，便明四智，若離三身别談四智，此名有智無身。」此顯身智不二之理，與《成唯識論》《佛地經論》等所明三身、四智之理，極爲吻合。因法身即是四智所證清淨法界的理體，四智即是法身理體上所成之德用。《成唯識論》云：「四智品中真實功德，鏡智所起常遍色身攝自受用；平等智品所現佛身，攝他受用；成事智品所現隨類種種身相，攝變化身。」此中已説明四智和三身的交互關係，至於妙觀察智之妙用，即是觀機説法。故知三身不離四智，四智不離三身，此義甚深。佛常自説「我於凡愚不開演」，而被六祖數言道破了，可知六祖是大聖菩薩應現的，若真是目不識丁的人，怎麽對於唯識高深的學理，能有如此程度的見地呢？並且他還在那首簡略的偈頌中，顯明和概括了轉識成智的深義。偈云：「大圓鏡智性清淨，平等性智心無病。妙觀察智見非功，成所作智同圓鏡。五八六七果因轉，但轉名言無實性。若能轉處不留情，繁興永處那伽定。」「大圓鏡智性清淨」者，因第八阿賴耶識到佛果位轉成大圓鏡智之時，即捨去了一切有漏劣無漏的生死之法，與清淨的平等法界相應，無漏有爲無爲，徹底圓明。但清淨法界雖然自性本然，生佛平等，而衆生迷，故於中妄有生死，顛倒流轉；諸佛悟故，便如如相應，轉成大圓鏡智，究竟清淨法身了。

「平等性智心無病」者，我們衆生所以有種種生老病死的病，其癥結即在《維摩經》所謂「無明」「有愛」。這「無明」「有愛」，實是身心衆病的根源。廣言之，即是第七識恒時相應的我癡、我愛、我見、我慢的四種根本煩惱。因爲第七末那識在染汙因位，迷昧不智，恒執第八識見分爲自內我，這便是愚不可及的我癡；由愚癡不了第八識的真相，妄起我見；依之更起貪著，故有我愛；由我愛故，高舉凌人，故有我慢。由此四種煩惱，隨逐於心，無量煩惱皆因此起，就有心病了。若將第七識上之心病去掉，心病自然痊癒，平等性智也自然現行了。故以「心無病」三字顯明平等性智，極爲扼要。

「妙觀察智見非功」者，通常往往以爲妙觀察智，是一種由分別見解所起的智，實則妙觀察智乃是純粹的無分別智；若有分別的能觀所觀的見相，便落於顛倒分別的不妙觀想，反成爲妙觀察智的障礙物了。無分別智，即是般若妙慧，由文字般若而觀照般若，由觀照般若而實相般若，即是到了無分別智的境界。但其最初由文字教理而起觀照，此教理亦即無分別的教理，此觀照亦須無分別的觀照，然此二位，總在能所對待之上，其目標在求證無分別智，故起加行無分別智，即觀照般若亦成無分別智了。由此再進，證得實相般若的根本無分別智，則與無分別性體，如如相應，理智不二，能所雙亡，方是根本的無分別智；由此根本無分別智，則所起後得智、加行智，都是無分別智，這便是妙觀察智。故妙觀察智若在分別見中，即非妙觀察智，所以謂「見非功」也。須由無分別智，空蕩一切分別之見，如虛空粉碎，大地平沉，了無所得，妙觀察智方才顯現，故以見非功顯妙觀察智，其扼要亦爲諸論釋中所不能道者。

「成所作智同圓鏡」者，因前五識在因位中，與第八識同現量性境，若在見聞覺知上不落於獨頭意識，都和第八識一樣緣現量性境。但平常未與大圓鏡智相應，即無妙用，須待第八識轉成大圓鏡智、無垢識現五根清淨，則前五識亦隨之而轉成清淨的成所作事智，故云「同圓鏡」也。

所謂「五八六七果因轉」，但轉名言無實性，就是說前五識與第八識轉識成智是在果位，第六與第七識轉識成智是在因位；這在唯識諸經論中，有詳細的說明，而六祖以此一句即能概括其義。但所謂轉，即轉舍依他起性上所有遍計分別的名言習氣。此名言習氣，即五法中的「名」「相」「分別」。由此名言習氣，故從八識現起種種生滅流轉的染法。而所說的轉識成智，即轉此依他起性上名言習氣種種虛妄分別染法，便成爲純粹無漏的淨智，非別有實物可轉也。實性即指平等法身，從本以來，不增不減，不垢不淨，無動無搖，無轉無不轉，故雖明「五八六七果因轉」，唯轉生滅之法而成此實性本無轉變也。祇要在「轉處不留情」，當下即同佛果「繁興永處那伽定」，行住坐臥，語默動靜，無不在定慧中生活了。那伽是梵語，此譯爲龍，喻佛爲人中之龍，常處定中，所謂「那伽常在定，無有不定時」，行亦禪定，坐也禪定，覓四威儀相，了不可得，住於無住大般涅槃，寂而常用，用而常寂，常常應機現身說法而常常無相可得，常常無相可得而常常應機說法，窮未來際，無有窮盡。而六祖明轉八識成四智，即要歸到各人本身上來，要各人自己於轉處不留凡情，即是實現無分別無住相的四智菩提涅槃。平常日用行事，都是安住於四智菩提中，這是何等親切而有味！故六祖不但不目不識丁，而是具大智慧，具足文字語言三昧者，實非凡人所能測度的。

佛法簡直是各人本分上事，若於本分明瞭，則三藏十二部經，亦不過各人本分上的注解罷了。佛之說法度生，亦從其自己本分上示現說法度生，那末六祖之應化示現，亦何嘗不是自己本分上事呢！故「繁興永處那伽定」，亦可說是「那伽定永繁興用」。我們現在在六祖的道場中一切人物，莫非爲六祖的繁興大用所建立，莫非是六祖的等流法身功德所示現；則如憨山大師，固是六祖的功德所示現，如今虛雲老和尚應廣東四衆因緣請來興此道場，亦和六祖現身無異了！這樣去觀察體驗六祖的功德，則六祖功德遍滿此處，我們在六祖道場中的一切，都與六祖親切相應而當體無異六祖了。

現在各位新發心者在此受戒，須知六祖所說「心地無非自性戒」的義理。受戒時雖有三師七證，以及種種方法儀式，要之一切戒法，皆從釋迦牟尼佛身等流而出，法身生佛不二，本來自性清淨，自性清淨即是戒體，故受戒是不從他得，要以各人自性無垢心爲清淨戒體，方名得戒。則各人所得自性戒，即同六祖自性戒；而在此受戒者，亦應知戒和尚、引禮師等所有人物，都是六祖功德所等流示現。如此成就一切功德，則這個三寶道場就成爲真正的人天福田了。十二月十八日，參禮六祖後講。竹摩記。《海潮音》第十七卷第三號，一九三六年

茗山（一九一四—二〇〇一）江蘇鹽城錢氏子。父寶森，清末秀才。民國二十一年（一九三二），於家鄉從建湖羅漢院宏臺披剃出家，法名大鑫，號茗山。二十二年（一九三三），入焦山佛學院肄業。二十三年（一九三四），於鎮江焦山定慧受具。隨侍太虛至鎮江講經，赴武昌世苑圖書館研究部深造。次年，於湖南衡陽組織佛教會及佛學講習所。三十二年（一九四三），隨侍太虛弘法湖南。抗戰勝利後，太虛命師赴長沙指導湖南省佛教會整頓工作，籌備世界佛學苑潙山預習院。三十五年

（一九四六），創辦僧衆徹悟學校。是年初夏，入焦山定慧任監院，兼佛學院教務主任、《中流》月刊主編。「文化大革命」後爲修復寺院，培育僧才，貢獻卓著。先後出訪日本、東南亞各國和港澳臺地區。兼任江蘇省佛教協會副會長、會長，江蘇省政協常委，歷屆中國佛教協會理事、常務理事、中國佛教協會副會長，南京棲霞、焦山定慧、無錫祥符、寶華隆昌、南嶽溈山、耒陽金錢山、鹽城息心等寺住持，中國佛教僧伽培訓班班主任，中國佛學院棲霞山分院副院長等職。屢次至南華禪寺禮佛拜祖。二〇〇一年六月一日於上海圓寂。世壽八十八，僧臘七十年，戒臘六十八。後人輯有茗山文集、傳記、日記、講經集、詩詞楹聯集萃等，臺灣聖嚴撰塔銘。

慧原（一九一七—一九九六）　又名覺原。廣東潮州余氏子。年十七投潮州臨濟宗得玄祝髮，法名果因，號慧原。翌年受具足戒於蘇州獅子林。依止靈巖山印光大師，深獲法益。年三十一，至潮州開元，歷任維那、知客、監院、嶺東佛學院教師，後爲揭陽雙峰住持。雲公蒞潮汕弘法時，任翻譯。翌年，師辭職。一九五八年被劃爲「右派」，於開元寺監督勞動。一九六四年甄别平反。一九六五年成《開元寺志》稿四卷。一九八二年任開元住持，接曹洞宗法派，爲第四十三世，華首第十六世。曾任中國佛教協會理事、諮議委員，廣東省佛教協會理事、常務理事、副會長、名譽會長，汕頭市佛教協會副會長，潮州市佛教協會會長，嶺東佛學院名譽院長。多次至曹溪禮祖。一九九六年三月二十三日，於念佛精舍圓寂。世壽八十，僧臘六十四，戒臘六十三。有《潮州市佛教志·潮州開元寺志》行世。

昌明（一九一七—二〇〇七）　湖北枝江曹氏子。民國二十三年（一九三四）於枝江彌陀禮覺岸剃度，法號昌明。後參學湘、桂、浙，先後嗣承妙禮、覺華臨濟宗法脈，爲第四十六世。抗戰爆發，參加「南嶽佛道救難協會」抗日僧伽救護隊，兩度奔赴衡陽抗日前綫。一九五〇年駐錫彌陀。一九五四年入住武漢歸元，越二載任監院，一九七九年任住持。後又任黄梅五祖住持。歷任中國佛教協會諮議委員會副主席、湖北省佛教協會會長、湖北省人大代表、武漢市佛教協會會長等職。一九九八年曹溪南華戒期禮請爲羯磨和尚。二〇〇七年圓寂。世壽九十，戒臘七十三。

覺光（一九一九—二〇一四）　遼寧海城（今營口市）谷氏子。母虔誠信佛，師出生後即呈「胎裹素」。民國十八年（一九二九），於海城青一座下出家，法名安童。旋至滬海潮常住。十九年（一九三〇），於寧波天童圓瑛座下受具，賜法名覺光，入寧波觀宗弘法學院深造。二十八年（一九三九），隨寶靜至香港弘法精舍，研讀天台教義，嗣傳天台宗法脈，爲第四十六世。三十年（一九四一），日軍入侵香港，回粤至曹溪，親近虚雲。後轉住廣西桂平西山龍華，從巨贊參學。一九四五年重返香港，恢復實靜道場，重新組織佛教聯合會。一九四九年後，主持香海正覺蓮社法務，組成念佛會，創辦粉嶺正覺學校。一九六〇年，與松泉、元果共創《香港佛教》。一九六一年呈政府頒定釋尊誕辰爲公衆假期，歷經三十八載得以實施。一九六六年興辦佛教寶靜安老院。先後創辦佛教醫院、佛教李嘉誠護理安老院等慈善機構；創辦香港佛教僧伽學院、佛教梁植偉中學、馬錦燦紀念英文中學、正覺蓮社學校、陳式宏學校、普光特殊學校與慧光幼稚園等。歷任香港佛教聯合會會長（一九六七年任）、香港佛教僧伽聯合會名譽會長、香港特别行政區基本法起草委員會委員、港事顧問（一九九二年）。屢次至曹溪參與法事活動。二〇一四年十一月十六日於香港捨報，世壽九十六，僧臘八十六，戒臘八十五，法臘七十六。有《覺光法師文集》行世。

雲峰（一九二一—二〇〇三）　法奇，號雲峰，晚號榕蔭園主。廣東海康縣朱氏子。七歲喪父，年十歲投湛江南山上林禮宗和上人出家。民國二十五年（一九三六），入香港寶蓮寺嶼山佛學院就讀。

二十九年（一九四〇），於寶蓮筏可座下受具。一九五三年，任湛江佛教協會會長、市政協常委。一九五九年初，入中國佛學院進修、結業。是年任廣州市佛教協會副會長兼六榕當家，至一九六六年退任。「文化大革命」期間常住六榕並參加六榕紙類加工廠勞動。一九六四年至京參加中華人民共和國成立十五週年國慶大典。一九七八年，任廣州市佛教協會會長。一九八二年，任六榕住持，重修六榕及修復花塔。是年十二月任廣東省佛教協會會長。一九九九年，主持編纂《六榕寺志》。曾任中國佛教協會理事、常務理事、諮詢委員會副主席，廣東省人大常委會委員，廣州市政協常委。屢次至曹溪講學，並於僧伽培訓班講授《四十二章經》。二〇〇三年三月十八日寂於廣州。世壽八十三，僧臘七十三，戒臘六十四。後人輯《雲峰長老日記選》行世。

仁德（一九二六—二〇〇一）　江蘇泰縣李氏子。民國二十六年（一九三七），於泰縣泰慰庵禮松琴出家。三十七年（一九四八），於南京觀音受戒後，受請爲揚州高旻知客。一九五六年赴江西真如參學，親近虛雲。一九五七年入住安徽九華山九子巖。一九六二年九華山佛教協會成立並任副秘書長，嗣後任副會長、會長。創辦九華山佛學院及《甘露》雜誌。一九八六年十月任祇園首位住持。曾任安徽省佛教協會會長、九華山佛教協會會長、九華山佛學院院長、全國政協委員、中國佛教協會諮議委員會副主席等職。曾赴日、韓、美開展國際交流。舉辦首屆僧伽培訓班、佛教院校執事班，籌建地藏菩薩露天銅像。屢次至曹溪南華禮祖。二〇〇一年八月二十三日於祇園圓寂。世壽七十六，僧臘六十五，戒臘五十四。

能行（一九二七—二〇一二）　字福崇，河南鄧州人。十歲即素食。民國三十六年（一九四七）禮廣州六榕方丈覺澄剃度出家。一九五六年至曹溪南華於虛雲座下受具，爲臨濟宗四十五世、雲門宗十四世。一九八一年住錫北京法源，任監院兼客堂。曾住持河南南召丹霞、鄧州福勝、山東牛山、新西蘭崇福，歷任廣東雲門、南華及洛陽白馬首座，中國佛教協會第五、六屆理事。一九九八年冬於曹溪戒壇任教授和尚。二〇一二年三月十三日安詳示寂。世壽八十六，僧臘七十六，戒臘五十七。

崇山（一九二七—二〇〇四）　生於朝鮮平壤市一個基督教徒家庭。二戰期間，投入抗戰，被捕入獄。出獄後就讀於漢城大學。民國三十七年（一九四八），因讀《金剛經》而出家，閉關圓覺山。一九五〇年，得韓國古峰印可，嗣承曹溪宗法脈第七十八世。在韓國建觀音禪院。一九七〇年，初弘法歐美。一九九〇年，首至曹溪南華禮祖。一九九三年，組建「世界一花」禪學社。翌年再次至曹溪禮祖。二〇〇四年十一月三十日於漢城華溪圓寂，世壽七十八，僧臘五十七。

暢懷（一九二八—二〇一九）　名親極，字暢懷。河南武安縣王氏子。年十五投邯鄲禪房性崇和尚座下出家，旋參慈舟、圓瑛、倓虛學佛。諸大德爲法忘軀，言行合一，遂啟暢公智慧之門，爲天台宗四十五世。一九四九年至廣州，又旋至香港。一九五二年，入華南學佛院三載。一九六六年，任佛教普賢學校校監、香港佛教圖書館館長，香港天台精舍、荷石精舍、圓明住持，香港佛教青年協會導師。暢公持戒精嚴，自奉儉約。一九八九年南華寺傳戒，應邀任教授和尚。二〇一九年五月二十六日，圓寂於大嶼山寶蓮，世壽九十二，僧臘七十七。

法　語

諸法刹那生，諸法刹那滅。刹那生滅中，無生亦無滅。今有香港佛教青年協會定志、定本、定函、定善、定寶、定琴、定霞、定嬋、定裕、定瑞、佛珠諸大居士，發廣大心，設齋供僧，所得功德，不可思議，並請山僧上堂説法，普結法緣。諸上善人，需要了知，人生如夢，幻質非堅，觀相原妄，無可指陳。因緣和合，虛妄有生，因緣别離，虛妄名滅。當處出生，隨處滅盡，求於去來，本不可得。但是真性無生滅，廣大如虛空，覺海性澄圓，圓成覺原妙，淨極光通達，寂照含虛空，在凡既不減，成聖亦未增，此是微塵佛，一路涅槃門。諸大善士，能會得麼？人間富貴花間露，世上功名水上漚。九月初七日傳慧記

「諸法從緣生，諸法從緣滅。我佛大沙門，當作如是説。」今有潮汕衆新戒弟子發菩提心，設上堂齋，供佛及僧。所謂供佛一飯，多生人天，何況供養千佛大戒諸位同修。誠諦聽：諸法從本來，常住寂滅相，無物堪比喻，教我如何説？論云：「諸位不自生，亦不從他生，不共不無因，是名爲無生。」離言説相，離名字相，離心緣相，雖然如是，若有因緣亦可得説。世間無常，國土危脆，變異虛僞，無主宇宙人生，如幻如夢；森羅萬象，如泡如影。心本無生，因法而有；法本無因，因心而彰。經云：「由法生故，種種心生；由心生故，種種法生。」此有則彼有，此無則彼無，此生則彼生，此滅則彼滅。生滅有無，亦是戲論。心法二者，皆不可得。若明此理，則是真實佛法，亦名常住真心。諸位同修作麼生？溪聲盡是廣長舌，山色無非清淨身。九月十五日傳慧記

卷七　清規典職

卷七　清規典職

如來出現於世，原本無戒，後爲維護僧團清淨莊嚴，乃爲之提防約束，且以勸善懲惡。曹溪六祖接引學者，初亦告以「心地無非自性戒，心地無癡自性慧，心地無亂自性定」「心平何勞持戒，行直何用修禪」「依偈修行，見取自性，直成佛道」云。但末法之世，人情世態未免以散漫而自快；即出家之人，倘定力尚未充足，再加之外惡緣不時之擾亂，則「見性成佛」之事不可輕易言矣。六祖乃大根器人，頓悟法門之開，固大方便於衆生，然流傳既久且廣，末流受之，非但不能辨道，反致禪病氾濫不收之勢。故六祖惠能大師再傳弟子馬祖道一有鑒於此，特爲制定叢林制度，而道一禪師傳人百丈懷海禪師制定「一日不作，一日不食」之清規，無論頓悟漸悟、早課晚課之設，總不可使學人借參禪悟道爲名而偷懶犯渾。戒律從來是定慧之基石，清規典職亦使行者在菩提道上有所指引鞭策。故曹溪歷代祖師均嚴峻有法，南華一寺衰而復振，憨山、虛雲等中興大師及今本煥、惟因、佛源、傳正等繼起重光，無不慎之重之，惟恐稍有差池。惟中華人民共和國成立以來，以特殊因緣故，南華寺又曾有事務管理委員會之增制，以溝通內部僧徒與外部社會之關係。後雖撤除，然其影響及於今，亦不可不志其功德。

寺院清規

一、古代清規

唐貞元、元和間，曹溪禪宗法系百丈懷海訂立《百丈清規》，明確禪林十方叢林制度。自有唐至明嘉靖，曹溪祖庭亦沿用不廢。嘉靖時，南華祖庭分十一房户長僧，共住規約廢弛。萬曆年間，憨山德清任常住，爲振興祖道，乃訂立《曹溪寶林禪堂十方常住清規》，云：

惟我六祖大師説法曹溪，天下衲子歸之，祖設安居以容廣衆，此禪堂之設最初之始也。至百丈大師，立律條以約多人，此清規創初所由立也。自此凡天下叢林，皆有禪堂，以行清規，名爲十方常住。雖千萬指，如一人之身，頭目手足之相須耳。惟曹溪禪堂，自六祖之後，今千年矣，久而遂廢。凡本寺僧徒，分煙散火，居止不一，而清規不行，即十方衲子禮祖而至者，茫然無歸。雖有祖庭之設，無復清修之業，甚至不異編氓，豈禪源根本之地焉！老人蒙恩度嶺，承當道護法盛心，不忍祖庭之零落，命寺僧延予以整理之。予至則苦心一志，以中興祖道爲心，除修殿宇，乃清寶林舊址，僧房填塞，遂捐資别買空地，移僧房七所，闢成一區。復立内禪堂一座，以安常住僧衆；立外堂一座，接納十方往來。除常住香燈外，别捐己資，贖紫筍莊田、山園地土，以爲供贍，名爲十方常住。安居既就，四事既周，恐居是堂者不律身進道，及堂中主者不諳古德清規，事有差舛，言行乖違，有壞法門，不唯有辜創立之心，實負龍天護法之意。凡日用事宜，略設條例如左，賓主各宜遵守，以圖永久光揚祖道，庶使法門不墜，道業可成。老人仰續六祖如綫之脈，亦稍攄其本願矣。凡我弟子，務宜守之，慎勿輕忽。

佛説常住有二種：一常住，常住即今之寺，立住持以主之，稱曰長老，爲一寺領袖；一十方常住，即今之禪堂，立堂主以主之，爲十方領袖。故居是堂者，無論內外，皆稱十方，以發心修行，志超方外，非世俗比也。其清規禮法，如住持例。但住持與衆僧，有上下之分。若主禪堂法食均等者，則有師資之分，稱曰堂頭，如今之少林。若但掌禪堂事務，稱曰堂主，與衆有賓主之分，即今之諸方。凡在堂之僧，日用助道，四事因緣，皆實賴之。叢林一切大小事務皆仗荷之，衆皆拱手而已，非細事也。是須遞相恭敬，內外和合，以道爲懷，勿妄生議論，以求過端。所處禮法清規，自有定例，務安分守成，勿妄增減。

禪堂之設不輕，堂主之任甚重。以十方眼目，指屬一人，直須言行端潔，以副衆望。故居是任者，務秉慈悲心、廣大心、軟和心、忍辱心、謙下心，以菩薩修行心，如橋梁，如大地，方堪荷負衆生，乃稱妙行。故凡日用飲食，與衆同甘苦，不得私自偏衆；滴水莖菜，以衆爲心，不得專任己意，以取譏謗。衆僧有過，當白堂中板首，婉言方便處之。不得遽出暴言粗語，任情呵責；不得苛刻佃民，以招怨謗。凡一應執事，務要斟酌賢否，不得妄用匪人。常住錢穀，當撙節浮費，不得過用。若係當用，宜與板首預先商確可否。查書記簿，明開支銷，不得專任己意。

堂中歲計，即常住租課，每年不足三分之一，所欠甚多，並無實法，但憑大衆修行，以感龍天外護，俱在堂主一肩募化。萬一不足，大衆衹宜同甘淡薄，不得過求豐美，妄貸債負，以累常住。

作務行人，苦心勞力，終歲辛勤。冬夏二季，必須量給單布，以助道心。但常住歲計不足，實難定規，是在堂主多方設處，否則不能以安行人。其堂中在單僧衆，理宜均等，但力所不及，勢難措辦，貸則返累常住，難以持久。若就八月會中，緣難一定，抑恐預有借辦，當即填還。今照所有施利，先除還所負，餘則斟酌多寡，量散堂中，以助道緣，難爲定例。若更有餘者存貯，以實常住，不致空虛，庶可持久。儻有施主專意布施，隨所發心，不屬常例。

堂中歲計，全在八月會中，施主齋集，所有齋僧布施米則入庫，其有銀兩，當立櫃一具、簿一扇，書記請公正一人同掌，其有折米銀兩，即當據實眼同登簿，不得移作本色乾没。其辦齋銀兩，亦登入簿，儲積日逐，當衆支用，書記别登支銷簿，以備稽查。堂主不得私自出入。其有念經拜懺銀兩，亦登入簿，以待會罷通融散衆。堂中不得執爲己有，以在道場内外一力，故不得專。若外有送茶果之資，係堂主者，堂主自收入己。有送堂中者，及榜疏佛事等項，是在堂中專執。施主專心，則聽公取。如越例而争者，準清規例，據其所争，照數倍罰，辦齋一供。如不遵者，不共住。

堂中坐單僧衆，俱係作養。本寺僧徒，離居不遠，切近親朋，但恐熟處難忘，不得時常托故回房，縱意妄爲，飲酒博弈，遊蕩嬉戲，或酣醉到堂，觸穢神明，輕欺禮法。犯者，堂主白板首，重者不共住，輕者罰跪香一炷，懺悔改過。若不遵者，亦不共住。

在堂僧衆，皆老人作養，以光祖道。唯以修行爲心，各宜謹守戒法，調練三業，制伏過非，勿使造業。不得聚首妄生議論，蠱惑正人，以啟事端。或勾引匪人，破壞常住，盗取什物。違者與犯者同坐。

堂中一切事務，及歲計周支，俱在堂主一力擔荷。以一人而肩衆事，誠難一一恰好。倘有差失，大衆亦當體亮，念其勞苦，不得求全責備，妄指過端，以生別議。若果有過差，當會同板首，就方丈中茶話，款敘諫正。不得遽發粗言，以傷道體。

凡十方遠到衲子，俱在外堂旦過寮安歇。必須入堂問訊，板首即當領衆回禮敘謝，知賓款茶，不得坐慢，取罪十方。若是知識法師及高賢衲子，即白堂主。當延入內堂寢室安居，或經冬夏，務盡心恭敬供養。大衆朝夕諮請法要，不得輕慢，以增罪過。若在旦過寮借歇三五日者，其齋食皆出內庫。堂主務要時常經心檢點，勿使缺乏，當立寮主，以司接納。若內堂遇有辦齋，次堂亦當普請。

禪堂事務至簡，租課祇就板首催取，或堂主親徵，故執事不必多立。但知客一人，必不可少，以應答往來賓客，接待十方衲子。此職務在得人，如缺其人，即以堂中直日僧代管。客至必須款留待茶，若施主專至者，必白堂主禮待，勿退信心。若十方衲子，亦須辨白賢愚，勿輕去留。

叢林公務，有事不分內外，一例普請，此天下古今之通規也。今本山道糧則施主親齋，莊租則佃民自送，打柴則行人入山，此外無多勞役。唯有溪邊運柴、園中料理蔬菜而已。如遇普請，堂中止留直日一人看堂，其餘齊赴，不得躲避，違者罰跪香一炷。

天下禪林，無論內外，法屬同體。而在堂者，賴行人以助道業，行人施力用以資修行，其實勞者居多，非道心堅固者，不能久甘苦行，大段非世俗役使者比也。凡係常住公務，而禪堂板首領衆指點作爲，一一皆聽，不許抗違。若各人私事，非係熟情，不得私自驅用。即有務下行人叢雜，或致喧爭，及過費食物，或偏衆飲食，犯種種過者，先有典座，聽其約束，如不和合，聽堂主處分。照清規例，去留任理。堂中儻見有過者，亦當白堂主治之，不許徑自粗詈，以致諍論。以行人可否，皆堂主通達其情，非一偏可據。故其莊民，非公事不得擅用。

安務下行人，專在堂主檢點。安留堂中，不得私情，强留親友，恐有不法，破壞常住，以累舉者。事發有犯連坐。

在堂皆係作養本寺僧徒，今見叢林有緒，規模可觀，或有本寺後進之徒，素無德行，不服受業師長教訓，希圖安閒快意，假以入堂爲名者，决不許入。或已入堂，不守清規戒律，任情狂爲，不隨衆禮誦，專一養懶，或不時在外，仍行飲酒茹葷，全無慚愧，祇託虛名，不務實行，攪群亂衆者，堂中板首悦衆，請堂主同白住持頭首，即遣出堂，不許久留，以傷衆德。如不遵者，住持當以法治，慎勿狥情，養成後害。

天下叢林，自有《百丈清規》，永爲成法。但本山禪堂名雖十方，非諸方比也。以老人入山之初，切念祖道衰微，僧失本業，老人志在中興，以人材爲本，故始捐束修，以教習沙彌及披剃，則建禪堂以教修行，捐衣資以置供贍，種種苦心作養，無非上爲六祖以續道脉，下接十方以光叢林。今奈老人薄德，不能以滿本願，則立十方堂主，以代老人之勞。但一應所用，欠缺尚多，堂主縱體老人之心願，亦無老人之道力，恐有缺漏，不能周至。本寺頭首執事，耆舊大衆，各宜體諒。當念祖庭無禪堂不足稱道場，無堂主不能接十方、保多衆。若屬本寺，狥俗則不久而廢。是故本山與堂主有賓主之義，各當以道爲懷，賓主各盡其禮，不得任情苛責，以傷和合，則有壞叢林，以負老人建立之意，獲罪六祖，取譴龍天，是當謹戒。

右上條件甚多，不能備悉，即此所列事宜，雖非古規，乃切救時弊，就此寶林道場，苟能一一遵而行之，則祖道之興，在此舉矣。幸勿視爲尋常，輕而忽之，有負建立之心也。凡在堂者，各宜勉之。

萬曆四十一年十一月十二日，中興曹溪寶林禪堂憨山老人德清書於十方常住。

憨山離曹溪後，所定常住清規殆束之高閣。又，崇禎八年（一六三五），余大成往博山延請前廣州光孝寺住持超塵禪師來曹溪訂立規矩，置田贍衆。然具體如何不可知矣。清初，平南王尚可喜復興曹溪，其間所遵循者，或以憨山所訂而參酌諸方所用，具體無考。

二、民國清規

民國二十三年（一九三四），李漢魂邀虛雲住持南華寺。時曹溪荒廢已久，虛雲爲重振道風，乃興清規，建綱紀，援鼓山、雞足復興時所訂萬年簿、教習學生、共住、客堂、雲水堂、禪堂、戒堂、愛道堂、衣鉢寮、庫房、大寮、浴室等規約，又增補坐香、學戒堂、農場組織、水陸法會念誦執事等戒規、規約，更加細密嚴峻，從而使南華寺重歸清淨修行之路。

共住規約

棲心息影，端藉名藍，修道循規，必須同志。久參耆宿，以遊歷深而百緒叢生；後進時流，因知見淺而初心漸退。以致綱宗失旨，模範多乖，習以爲然，積成法弊。久參後進，駑驥並處；法末之際，正邪莫辨。惟冀方來賢衆，共遵佛説戒律、祖制規繩，調治三業，折伏過失，住斯叢林，願共遵守，熏就法門之龍象、中流之砥柱。如若不然，無勞共住。

一、犯根本一戒者，不共住。

二、破口相罵、交拳互毆者，不共住。
三、談論國事、遊心世俗者，不共住。
四、私收徒衆、破壞和合僧者，不共住。
五、不存正念、不依規矩者，不共住。
六、有犯清規，不遵議罰者，不共住。
七、任意出入，不白執事者罰。
八、不持鉢過堂者，罰。無者，向常住借用。
九、佛制不得非時食，不聽而過午私食者罰。
一〇、閒闖寮房及吸煙、飲酒、談話者罰。
一一、私造飲食及私應經懺者罰。
一二、衣著服飾，須合佛制，不許戴小帽及穿短衣外行，違者罰。
一三、公事不到，及坡事不隨衆者罰。
一四、動止不隨衆，殿堂不到，私帶小菜過堂者罰。
一五、不習僧禮，粗心忽略者罰。
一六、黑白月布薩，三世諸佛儀式令法久住，聞揵椎不到者罰。
一七、非禮責人，及私心訕謗者罰。
一八、結不正之友以爲朋黨者罰。
一九、結夏安居，不遵佛制者罰。

二〇、侵損常住、破期告假者罰。

二一、住不滿期誘衆他去，私自逃走者，掛牌。

二二、以常住物私作人情者罰。

以上條約，必須遵守，如有違犯，決不循情。凡共住者，各宜慎重。

客堂規約

擔囊負鉢，本爲參尋；撥草瞻風，曾無別事。既垂見訪，宜禁喧囂；諸凡安排，有事隨衆。動靜凜夫人表，閒忙卓乎衆先。有法可嚴，有儀可範，如此法器，可謂高流。所有規約，幸相共鑒。

一、客至，茶湯、點心、被單，一一調停；若不相識，即請問名號住處，不得疏慢失誤，違者罰。

二、值日知客，不拘有事無事，須坐客堂靜候，失誤者罰。

三、早晚上殿，若無僧值，由知客照應路燈及大殿蒲團，並照管諸師站立行序。如不到者，問明公事有無，若誤者罰。

四、聞梆聲，諸師過堂，若無僧值，由知客照應打大滾板及站立齋堂，若誤者罰。

五、遇班首秉拂，或八節犒勞，及兩序公幹出寺等事，須知客自請，次後再使照客請之。

六、官員來往，帖到即差照客白住持，知客先爲侍陪奉茶，誤者罰。

七、凡二板客堂議事，副寺舉買賣用費，悦衆報堂中事，侍者白住持上下通事，知客開時節人情當作一切大小等事，議畢，同白住持。

八、內外諸師有事，白值日知客理問，若置之不問者罰。口角相爭，白客堂，值日宜秉公直言；如不服者，請衆知客公議處罰之；倘不服，公擯出院。若循私情，斷事不公，一併處罰。

九、外來閒遊雜人在寺鬧事，知客須極力相勸，值日畏不向前坐視者罰。

一〇、知客無事，須上殿、過堂、出坡；除有病外，餘不到者罰。

一一、諸師出入，不到客堂告假、銷假，及在外閒遊放逸，執事不舉者同罰。

一二、知客一應事務，或有專權自主，同寮互相嫉妒，及私情偏袒者，白衆同寮議罰。

一三、知客雖非值日，亦不得在外閒遊，違者罰。

一四、禪客至，不得一例。諸方耆宿安上客房；舊執回來，素有功於常住者，送上客房五日作客；次安賢者寮。遠來禪衲及久住，三日作客；初參晚學，送上客堂隨衆行事。江湖混雜之流，早到一餐，晚到一宿，即令其別行。混誤者罰。

一五、別刹長老至，請淨面吃茶，即報住持，然後領見；至齋畢，送客單至尊客寮，後派一侍者侍候。彼若參堂巡寮，大衆齋禮，法堂左設一座；若看兩序，另看單。彼不參堂巡寮，大衆不禮；惟兩序看單，彼亦看兩序。

一六、齋主設齋散嚫等事，副寺協同知客公議如一，或給供小食。除客堂待賓客，內外一例散嚫。雙嚫照規。

一七、客至或法眷及道人，俱送客寮暫住，然後再斟酌送客寮，如混送入堂者罰。

一八、凡求共住者，先令看規約。共住欲進堂者，先看禪堂共住規約。須商諸執事，察其立志係參學之人，方許安單；若邪知見或粗野頑劣之人，皆不可入堂妨衆，混送者罰。

一九、客堂床帳等一切物件，俱宜檢點如法，不得私借外寮及諸閒住之人。如有以舊兑新，察出，雙倍賠罰，不賠者遷單。

二〇、佛事，命照客預先掛牌，失誤者罰。

二一、凡有書信禮物至，問明送某處即登簿；當時收送交代，有回書付來手，誤者罰。

二二、客堂衆執事犯諍鬧者，即時抽單逐出，勿論是非。或恃强偏見、障礙同寮等執事，不肯同和商議，有礙常住事，倍罰出寮。

二三、凡起單必須細檢物件，防錯攜帶常住等物，如失誤者罰。

二四、凡開期有求戒者來，須查其來歷，並經律、衣鉢、香敬、席銀等齊備，書記登簿，引見住持，送堂；若不如法，誤許者罰。

二五、逢各殿堂换職事，該處所有物件，知客、僧值，約同監院三處，當衆與新舊職點交清楚，如有損失，令舊職賠還原物，不如法者罰。

二六、應用人情、錢物及公署禮等，須兩序同爲商議，若己見自行者罰。

二七、施主來往，銀錢進出，多從客堂經手，善惡因果不爽，各宜慎之慎之。

二八、逢年四季告香及黑白月布薩，客堂掛牌。時至，僧值巡查，不到者罰之；如無僧值，知客兼理。

禪堂規約

古規失檢，怠惰成風；時弊多端，提撕貴密。雖則現成公案，要須大衆共知。行解相應，則無愧於先宗；道德兼資，乃有利於來學。是在同心，共相遵守。

一、鐘板參差者，巡寮跪香行禮，不服者出院。

二、挑唆是非，交拳破口者出院。

三、除老病公事，私自逃單者出院，掛牌，不復共住。

四、禪堂內外閒談雜話者罰，靜中響動驚衆者重罰，不服者出堂。

五、鳴魚、鐘板等參差不清者罰。

六、不顧本分、交頭接耳者重罰。

七、上堂小參等，各搭衣持具，齊集法堂，次第而立，有問則出，不得參差，違者罰。

八、不滿期不許出堂，除充公執事，不許私自告假，不遵者重罰。

九、偷看典章者罰，非時私睡者罰。

十、出不白執事者罰，止静不到者罰。

一〇、行香、坐香不到者罰，失誤巡香、散香者罰。

一一、值日交代不清者罰，破壞什物者罰。

一三、不顧本分、亂逞機鋒者罰，妄作拈頌評論、公案者罰。

一四、堂中出入，次第而行，違者罰；若攛單亂位，穿堂直過，並無事闖寮者罰。

一五、私借堂內什物出入者罰。

一六、滋事失儀，不聽執事規諫者罰；不服者出堂。

一七、行坐、課誦、受食、出坡，不隨衆者罰。

一八、檢點他人是非，攪亂群衆者罰。

一九、警策昏沈，三香板不下位者罰。

二〇、故縱昏沈者罰，爭香板者罰，不服者出堂。

二一、警策後昏沈如故立參，再三香板警策仍見昏沈者跪參，不服者出堂。

二二、經行縱横，談笑涕唾，鞋物作聲者罰，不服者出堂。

二三、出外不穿直裰、衣不過膝者罰。

二四、有事他出，歸期失限者罰。

二五、尊客參堂，各依位坐，不得失儀，違者罰。

二六、擅入客堂與人雜話者，重罰。

二七、開大静後語笑者，在監值寮、在外寮閙閫者，重罰。

二八、私造飲食者，及煙酒者，重罰。

二九、閙静者罰。

三〇、巡香循情，或以公報私故打者罰，違者重罰。

三一、小恙給假三日，重病者出堂調養，不得故留妨衆，違者罰。

三二、年逢七期，更深點心，祇可乾點，不得使用鍋火碗筷，違者罰。

以上各條，本分攸關；如或不遵，自失善利。同居大衆，戒之慎之！

戒堂規約

夫戒法爲定慧基礎，當先遵故，釋迦世尊於涅槃時，遺囑弟子當依「波羅提木叉」爲師。雖律有明條，依法而受，然新發意者，未登法壇前，無所依憑；既同堂共住，又不可無條章以範圍之。因依古今規制，訂定數條，以便四威儀中有所矩矱，方不負佛祖垂訓，諸師成就，及各人出家之初衷、檀那信施之緣法也。

一、不遵堂規、破根本大戒者，罰擯。

二、樹立朋黨者，擯。

三、不真心求戒，祇圖虚名，而故犯律儀者，罰。

四、引禮師命行則行，命止則止；倘有執拗不遵者，罰。

五、出入往返，均須告假、銷假；若不呈白師承許可，自由行動者，罰。

六、受罰不服，重罰。

七、破口相駡，交拳相打者，不分曲直，量情處罰。

八、不真心學佛，談論國事者，罰。

九、任意涕唾者，罰。

一〇、凡出堂外，見老戒及師承，不合掌讓路，並師承進堂，不起立合掌者，罰。

一一、除病及公務，而殿堂不隨衆者，罰。

一二、凡行一切佛事，若不志誠懇切者，罰。

一三、吸食三煙、飲酒食肉、私造飲食者，罰。

一四、當監值不盡心作務、交代不清者，罰。

一五、錯誤揵椎，及雜語鬧静者，罰。

一六、故意毁損公物，加十倍罰。

一七、戒期未滿，不得外出，違者罰。

一八、小淨、大便，不准言笑，若故違者，罰。
一九、有故上單，須先向師承告假；如未經許可，擅自上單者，罰。
二〇、上單、下單，不隨衆一律者，罰。
二一、攢單、攢位者，罰。
二二、眼根不收者，罰。
二三、聞犍椎聲不依時集衆、點名不到者，罰。
二四、過午飲食者，罰。
二五、佛事問答，不留心學習，臨事不如法者，罰。
二六、著短衣出外及戴小帽、不緋褲脚者，罰。
二七、上單捫蝨者，罰。
二八、擅出堂外者，罰。
二九、殿堂偷安者，罰。
三〇、穿堂直過者，罰。

衣鉢寮規約

衣鉢寮事，乃内輔監院，外執衣鉢，常理常住莊嚴法器、財物等事，故惟老誠者爲之，立心端謹，遇事通融，庶幾上和下睦。輕浮之人，切不可用。所有寮規七條，當熟記之。

一、莊嚴法器，出入清楚；登記失記者，罰。
二、銀錢出入，隨登帳目；若有錯誤不清者，罰。

三、果品食物，愛惜收藏，清潔奉客；私食者，罰。

四、住持外出，方丈內更須留心照應；有誤者，罰。

五、客至方丈，所設某事，著小老請知客查明，事白監院定奪；或需茶點飯食，見機以待。每逢禮物香敬，不可私開；違者罰。

六、同寮及行者，須嚴正處之，不得嬉戲；違者罰。

七、客房用物，或用或藏，不得損壞；違者罰。

庫房規約

愛惜常住物，如護眼中珠。興利莫如除弊，盡公自爾無私。信施膏脂，沾染便成業海；伽藍因果，明察即是福基。銘云：物屬招提，絲毫難犯。守在爾躬，必慎必敬。清若澄潭，正如直杆。無曲無私，何憂何患！一有參差，天龍較勘。

一、監院乃大衆所倚，須發好心，扶持叢林。弊端要革，利益要興；不可糊塗度日，祇圖虛名。所爲悖理，大衆勸不從者，罰出院。

二、衆職皆有人充，監院所管何事？須總理一切，時時覺察，處處留心巡視，各職有事，俱白監院議斷，亦不得自專。凡事必同兩序大衆共議。否則，若稱能，辦事不妥，小則容之，大則罰出院。

三、副寺出納常住財物等件，須登記明白。失記者，罰；糊混不清者，罰；以及出田收租收銀，銀至，通知兩序同看，驗過封記，用時當衆開封，私用者，罰。

四、庫司管田務各事，交付器物，必須明白，不得損壞。如有失落者，令賠之，賠銀仍買原物，違者罰。

五、庫頭管各色物件出入，當與不與，不當與而與之者，皆罰。

六、發給香燭、油米、果菜等，須照例而給之。如循私加減者，罰。

七、買賣或收租時，暗中取利者，罰後出院。

八、米麥等收至，查明登記。此係大衆慧命所關，不許出還店鋪債賬及出糶等情，如有違者，大衆公擯之。

九、各殿堂、寮房在庫房領取各物，庫房須立簿記賬。

一〇、一切財物，若以公濟私，及私情假借，交代不清者，罰。

一一、飲食背衆，及恣意多用常住物者，罰。

一二、各處香燭及一切應用之物，須預先備妥；用時不齊者，罰。

一三、監修將工人所用之物件出入，隨手登記，失記者，罰；如偷安不查工匠，及工賬不清者，罰。

一四、病人需要物件，看病之輕重及需要之多少，從公給之；如違者罰。

一五、飲食不時檢查，若以餿爛與衆食，不當心承管者，罰。

一六、若有亡僧遺物，不得誤用；違者罰。

一七、每月初三日，須召集兩序，核算上月出入帳項，一次不清者，罰。

一八、每年完糧税票，須呈存方丈；如私藏者，罰。

一九、庫房職事如有調換，舊任須一一點明；當監院交與新職事，違者或交代不清者，賠罰。

大寮規約

寸薪粒米，當思來處之艱難；滴水殘虀，須念作時之不易。既不暴殄天物，復當調和口味。鹹淡適度，香軟得宜，慎重烹飪，勿生輕忽。以供養爲懷，不貪口腹；雖隨衆作務，常抱道心。粥飯二時，不可一朝失慎；晨昏二課，何妨片刻清修。銘曰：雪峰飯頭，潙山典座。古德芳風，於今未墮。攝爾狂心，慎爾口過。運水搬柴，毋忘這個。堂內坐禪，堂外禪坐。誰知傳衣，不離碓磨。故此苦行，佛天所喜。求福則得，造業則失。勤謹嚴防，求福之本。偏衆懈怠，造業之基。遵守規銘，爲汝良師。

一、廚房共住者，二時粥飯俱在廚下，同衆甘苦，一概不許別處私食，及私留鮮美自食。違者罰。

二、盜取常住油鹽食物者，賠罰。

三、飯頭煮大衆二時粥飯，務要刻刻當心，不得太多太少。香到開梆，失誤者，罰。

四、菜頭洗大衆菜，必須乾淨，鹹淡調和。食畢，菜鍋自洗及打火板。誤者，罰。

五、大衆各執事人，各宜盡心，勿得懈怠。凡典座有齋，一應相幫。不到，妨誤公事者，罰。

六、聞叫香，各處到大寮打飯，先盡齋堂，次客堂、方丈等處。務報人數，打飯毋許爭論，不得紊亂。違者罰。

七、所剩粥飯，必須盡心料理，不可損壞，留存後吃。違者罰。

八、大寮閒談雜話、高聲大叫，闖寮、吃煙、辛酒、賭博、破口交拳者，罰；不服者，出院。

九、除公事外，皆要上殿、過堂，隨衆出坡，懶惰偷安者，罰。
一〇、不許滾湯潑地，免傷蟲命。違者罰。
一一、大寮門户火燭，必須互相照應。違者罰。
一二、外寮人不許閒竄大寮飲食，搬弄是非。違者罰。
一三、外寮諸師，不得擅入大寮私食菜飯。違者罰。
一四、有公事或客到，隨報客飯，不得假借客名報飯。查出者罰。
一五、雲水堂本當不應非時食，因念行脚辛苦，准聽初到三日，隨工人方便晚粥。過限者，罰。
一六、工人晚該吃粥；倘有重務，則吃飯。違者罰。
一七、凡執事見有犯規矩者，應檢舉按罰。如有不服者，重罰出院。
以上各條，務希各人切實遵守。

浴室規約

蕩滌盡也，未是本來面目；盥沐潔矣，終非無位真人。未達色空，衹道塵末身外；了知冷暖，方明自性本靈。果有一絲不掛之禪客，正好向這裏摸索。銘曰：山巍路遠，致其柴薪。瀹釜燃火，效其勤勞。昧者不知，浴身偏緊。年少嬉笑，沸湯交淋。凡此暴褻，永宜自箴。洗心滌慮，日新又新。何以報德，忽悟水因。其或未然，且遵規銘。

一、凡浴日，圊頭挑水，料理燃火熱水，設監浴位。少時，先請住持，次請尊客、兩序頭首。擊梆一下，禪堂諸師浴；擊梆二下，列職等師浴；擊梆三下，普浴。

二、凡浴者，各宜聽梆聲依次而浴，不得蹉跎。違者罰。

三、不得高聲大笑。違者罰。

四、脱衣穿衣，各宜回護，不得放縱。違者罰。

五、在浴堂，左右顧視及談笑、喧嚷、涕唾者，罰。

六、浴時各宜自量，不得堂中久戀，致礙後來。違者罰。

七、用香胰、肥皂者，罰。

八、有疥癬各宜自量，在後洗浴。違者罰。

九、僧值監浴，留心照察。有犯者，照例罰。失照者，同罰。

三、當代清規

南華寺因「反右」及十年「文化大革命」運動，宗教活動一度中止。一九七八年元旦，南華寺終由「五七幹校」轉爲南華寺管理處管理，重新對外開放。一九八二年五月，南華寺管理處撤銷，南華寺恢復寺院方丈制，惟因禪師被推舉爲住持。一九八六年，在惟因主持下，寺院組織各大常住討論制訂《南華禪院管理制度》。其所遵循者，大體以民國間虚雲老和尚所定曹溪規約爲本。一九八九年十二月，中國佛教協會發布關於實施《漢傳佛教寺廟共住規約通則》通知，以此爲準，南華寺重新制訂《共住規約》。一九九三年十月，中國佛教協會第六屆全國代表大會通過《全國漢傳佛教寺院共住規約通則》。一九九四年二月，南華寺又以「曲江縣南華寺事務管理委員會」名義，制訂具有法律效力之《共住規約》。經過一年試行，一九九五年修訂《共住規約》作爲定本，遵照執行。一九九七年三月，南華寺再次以「曲江縣南華禪寺事務管理委員會」名義修訂《共住規約》。本次修訂，將原有二十條增至二十五條。一九九九年，傳正繼任住持後，更重視以叢林綱紀規範化寺院管理，又按國家《宗教事務管理條例》及《漢傳佛教寺院共住規約通則》等法規文件精神，主持重修寺院管理規定。

共住規約

馬祖興叢林，百丈立清規，旨在安僧辦道，以修正因。三寶住世，道場莊嚴，十方禪院，非閒僧遊食之地，欲使佛種不斷，必須糾察愚昧，令其玩劣者歸向正法。

爲了不負歷祖遺訓，護持道場清淨，根據中國佛教協會一九九三年十月二十一日通過的關於《漢傳佛教寺院共住規約通則》精神，謹訂共住規約，共勉遵守。

一、全寺僧衆必須遵守《憲法》和法律，恪守六和，嚴護威儀，謹守佛制，犯根本大戒者，不共住。

二、挑撥是非，擾群亂衆，惡口相罵，誹謗別人名譽，交拳相打，侵犯人身安全，侵損常住，或竊取常住公物及私人財物者，輕者批評教育，重者遷單，觸犯法律依法處理。

三、全寺僧衆，均需僧裝整齊，剃除鬚髮，清淨素食。不得飲酒、食肉、吸煙、賭博、看淫穢影視、黄色書刊和録影，如不遵守者，不共住。

四、首領職事，任職、退職或革職，關係到常住興衰之大事，必須民主商定（呈報當地政府宗教部門及佛教協會備案）聘請之。必須推選德才兼備、愛國愛教者。不得以師徒、師兄弟、同學、同鄉世俗私情，損害常住及宗教政策，如有拉幫結派、聚衆威脅鬧事等，不聽勸告者，不共住。

五、未經住持同意，不得在寺內私收徒衆、濫授皈戒。

六、一切經濟收支、物品出入，必須賬目清楚，各首領職事應認真做到節支增收，民主理財。凡侵吞常住布施財物，給予賠償損失，白衆悔過，擯出山門。情節嚴重者，交政府處理。

七、住持乃一寺之主，統理全寺一切教務和寺務，是協調僧衆、適應社會的法定代表人。各大首領執事和全寺大衆，理應同心協力，尊重擁護，各盡其職，秉公辦事。重大寺務和巨款開支，必須請示住持同意批准，方可行事。如居功驕傲，假公濟私，横蠻專權，工作失職，或誣陷善良，或互相挾制，經勸告不改者，不共住。住持不稱職，可以隨時報請宗教部門及佛協罷免。

八、住持依選賢制産生，每届任期三年，連選連任。首領執事，由住持依叢林制度，擇選賢能任之。

九、爲維護佛教正信正行，禁止在寺内抽籤、問卜、畫符治病、看相、算命等封建迷信，禁止借佛斂財、危害人民、破壞國家的宗教政策，如不遵守者，不共住。

十、寺內外應時時保持清潔，愛護、培植竹木花草，不得私自砍伐，私送人情。包區、包片，全日保持清潔，否則辭退出院。

十一、保護寺院文物及一切用品，愛護常住物，如護眼中珠。若故失職，造成損失或損壞，輕則賠償，珍貴物品送交政府有關部門處理。防火防盗，時時警惕，各殿堂寺門保證開關有人專管。若故失職，經教不改出院。

十二、不得以常住名義搞化緣活動，如某寺請去開光等佛事活動，應取得常住首領協商，和尚同意，方可派出，如與常住無甚關係，均不應酬。

十三、全寺僧衆如有親朋好友來寺探訪者，均帶到客堂登記招待，不得私自在房中招待。凡未經客堂登記、同意者，不得在寺内食宿，否則交公安派出所處理。

十四、無盡庵是安置原常住的年老尼衆和接待各地尼衆來南華寺禮祖及參學的道場，任何人不得亂收徒衆和來南華寺擅拜師父。

十五、行腳僧人，臨時掛單，方便食宿，必須持有關身份證和戒牒證明，嚴格遵守國家有關户口管理規定。或過日、或三宿爲限。如發現持有僞造假冒或行騙等不法之徒，即時交政府處理，如怠忽職守，造成危害者，按情節輕重處理。討單或掛長單應持醫院體檢等有關證明，凡健康者，方可接受，否則概不留單。

十六、上殿必須聽從維那、僧值、知客、監院及首領職事安排，必須嚴肅整齊，不得任意走動。誦經人人要出聲，不得交頭接耳，大聲喧嘩。每人每月上五十堂殿（公事出差、病假及六十歲以上的有功老和尚例外），實行發功課票制度，上一堂殿，放一張功課票。每月上殿少於四十五堂者，齋堂白衆；超過三次，出院。滿堂（計六十堂）獎勵一百元，包含公事。進禪堂應服從維那、班首職事安排，不得聲喧影響他人用功；除病、事假外不進禪堂，經警告不服者，出院。

十七、過堂按三餐過堂制，按時用餐，不得提前。用餐時不得隨意走動、挑好菜，過堂時除和尚開示，僧值、知客、當家表堂外，任何人不得講話，大聲喧嘩。香客未經客堂同意，任何人不得隨意帶客用餐。

十八、出坡勞作，必須聽從首領職事安排，除公事、有病，人人必須參加勞作，定時完成勞作任務。不按時上崗、缺崗，一經發現，第一次警告，第二次下崗（進禪堂），扣除崗補，第三次自動離寺（除特殊事情）。

十九、請假制度：一年每人四十天假，凡請假者必須經過客堂同意，首領職事經和尚同意，並實行請假條制度，消假時在請假條上簽字。超過一天假者罰五十元，一年未請一天假者奬五百元。超過十五天假者，出院（除特殊情況外）。重大節誕任何人不得請假，去韶關、馬壩需到客堂請假，外面過夜要寫請假條。出外不請假者，自動離院。

二十、出家人以寺爲家，不得藉任何人或親屬名義，在馬壩、韶關等地購置房屋，搞小家庭，若故犯者出院，報上級部門没收其財産。

以上規約，爲約束身心、安心辦道、行六和敬，令正法久住，希各遵守，莫負衆望，慎之慎之。

南華禪寺 一九九九年九月二十三日立

其餘殿堂規約，現仍基本遵循民國間虚雲和尚所訂者（見上）執行。

日用儀規

一、禪堂儀規

禪堂爲十方叢林核心，故古稱大徹堂、選佛場、大冶洪爐等，指信衆須將身心放入，經歷種種規矩約束與師父棒喝，煉成佛子之地。曹溪禪堂始建於宋政和間，代有增制。民國間虚雲復興曹溪，移祖殿改爲禪堂，成今禪堂規制。禪堂門窗以布幕遮掩，門口置「止靜」「放參」小木牌。前後壁有禪床，設廣單；前壁東邊設香案，上放坐禪所用器物，如引磬、木魚、香爐、香板等。香案正中另放慧命牌。慧命牌前有小香爐，每日起香時燃一炷香。香案上方懸報鐘。又，二〇〇七年住持傳正於寺主剎東息心園後新建東禪堂（四衆禪堂），供十方信衆禪修之用。中央置佛龕，供奉憍陳如尊者。佛龕周圍空地爲行香之用。堂内四周有禪櫈、坐墊，僧衆按其帖單標名位置打坐。東、西、北靠墻各並列雙行坐禪櫈，供僧人休息，稱「廣單」。以東、西兩大廣單爲序，廣單每年請職貼單條。

民國間虚雲和尚擬定曹溪禪堂坐香法則，今亦基本遵循執行。

禪堂坐香四季長短法則

夏日長香有準，二十四氣非移。但梆有遲早不定，天有陰晴不同。香料亦有輕重不同，不過大概如是，總依香到頭，方打抽解開靜，開梆爲定。然看香一職，並非等閒。逐日加減，切切留心。所曰「大衆慧命，在汝一人；汝若不顧，罪歸汝身」，豈輕言哉！

夏日長，午飯後香，回堂香行（坐）大板。行（坐）大板，行二（坐大）板，該香二尺五寸。點心後香，大板香一支，看天氣早（晚）加減。

大暑換。養息香時，依數合配，大板香一支，可早起香。

芒種香，早粥回堂，大行香四支，日長夜短。

立秋、夏，午飯後香，行（坐）大板，行二（坐大）板，行（坐）二板，該香三尺九寸四分。點心後香，大板一支，看天氣早晚加減。

白露換。養息香時，大板一支，可早起香。

穀雨香，早粥回堂，大行四支，夜短日長。

春、秋分，午飯後香，回堂，行二（坐大）板香，行（坐）大行。行（坐）大行，該香三尺七寸八分。點心後香，二板香一支，看天氣早晚加減。

霜降換。養息香時，大板香一支，看瓦溝不明起香。

驚蟄香，早粥回堂，大行香四支，小行香一支。

立春、冬，午飯後香，回堂行二（坐大）板香，行（坐）小行。坐（行）小行，該香二尺八寸八分。點心後香，二板香一支，看天氣早晚加減。

大雪換。養息香時，大板香一支，可遲起香，夜長。

大寒香，早粥回堂，大行香二支，小行香二支，短。

冬至香，午飯行香，回堂，行小行、坐二板。行（坐）小行。行（坐）小行，該香二尺。點心後香，大行香一支，看天氣早晚加減，該香一尺二寸。養息時香，大板香一支。可遲起香，夜長。

五分正，早粥回堂，大行香一支，小行一支，大板香，長七寸八分。大行香，長五寸三分，四樣俱依裁尺。二板香，長六寸五分。小行香，長四寸二分，依裁尺定準。此數以夏至日，五支大板香，每支七寸二分，二板香一支，共長數四尺五寸。二板六寸五分，用五因折半手扣。冬至短日，香數計二寸五分，又將長短兩折。春秋分晝夜平等，數計三尺三寸八分，平等對，長日兩折。立秋、夏，數計三尺九寸四分，平等對，短日兩折。立春、冬，數計二尺八寸二分。以此日推算，則四之數瞭如指掌焉。

二、禪七儀規

曹溪禪七規矩，始自古制，自宋以後廢弛無聞。至民國間，虚雲復興祖庭，將近代禪宗清規引入，禪七儀規日漸完善。今録本煥《禪堂規矩》之禪七規矩如下：

打禪七之前一天，大衆穿大褂，到禪堂掛腿子坐下，維那師派悦衆師請和尚或班首進堂教演規矩。維那師見和尚或班首進堂，呼大衆起立合掌，和尚或班首坐下，維那師呼：「大衆向上，頂禮和尚三拜。」和尚或班首答：「不爲禮，大衆掛腿坐下。」和尚開示打禪七的重要性與有關規矩，講完至佛前教演行香、姿勢。擺手原則是右七分左三分。喚「起」字時，跑香的姿勢：身向前斜，頭小低，跑小步。同時也把行香跑香、不上規矩的樣子表演給大衆看，接著表演八種香板的拿法，即方丈、首座、西堂、後堂、堂主、維那、監香、巡香等八種。行香時，除巡香板以外，其餘香板一律夯在肩上（即香板的側面按在肩上，執香板的手對著口，香板放置前低後稍高）。喚「起」字時，和尚、班首站在最外圈，手舉香板，香板的高度爲執香板的手平對著口。維那師喚「起」，站在東邊後面角落，也是手舉著香板；喚最後一個「起」字，要轉手指、揚香板對香案，並隨喚聲歸維那位。指揚香板，即爲暗示當值師歸位，拿板鐘椎，準備打板鐘。維那、班首喚「起」字時，監香師執著香板，一邊隨大衆跑，一邊對答「起」字。

起七

晚課下殿，班首、維那帶大衆到丈室向主七和尚告「生死假」，排班進丈室，爲首者呼「頂禮和尚三拜」，和尚答「一拜」。隨後和尚講開示，要求大衆發心用功。開示完畢，爲首呼「禮謝和尚」，和尚答「不爲禮」，大衆出班回寮，放養息。

六時，當值師打一下槌子開靜，維那師打三下叫香，監值師開門掛簾子，當值師打二下槌子，起養息香。維那師説「上架房趕快，回來行香」，監香於禪堂門口打三陣叫香，悦衆到外寮打三陣叫香。示令大衆回堂行香。大衆到齊後，監香師於門口再打一陣叫香，維那、監香師進堂。監值放簾子，行香時間到，當值師掛二板一鐘，大衆掛腿坐下。監值師掛簾子，大衆喝茶。待杯籃子出堂後，香燈師於佛前擺一法座（椅子），上面放「直旨牌」。維那師招呼大衆起身排班，二位悦衆師穿袍執引磬，站立堂在口，班首、維那、執事、監香平胸拿香板於佛前排八字班，衣鉢傳「起七」牌。維那師呼「同寮師打引磬迎請和尚」，悦衆師往丈室請和尚。回堂後，悦衆站在門外，和尚進堂，用香板直指法座。香燈師挪走法座，和尚站立佛前，維那師呼「頂禮和尚三拜」，和尚答「不爲禮」。悦衆師敲三陣引磬，最後打四下押磬。和尚説法，説到最後，和尚用香板尖點地一下，呼一聲「起」。當值師打二下催板，維那呼大衆行起來。和尚靠邊喚「起」字，二位班首喚二個「起」字，維那師喚第四個「起」字，當值師打抽解槌子，大衆站立，維那師呼「上架房趕快，回堂坐香」；監香師出堂外打三陣叫香，大衆回堂；監香師再打一陣叫香，維那、監香同進堂走圈子。維那師走西邊繞圈，監香師走東邊繞圈，到佛前兩人共卓香板，維那師説「養息香，打起精神來」。當值師打三板一鐘止靜。監值師關門，當值師隨引磬禮佛三拜，監香師巡香四圈。坐香時間到，維那招呼悦衆打一下引磬開靜。

禪七喚「起」字、走圈子時間表

坐香	喚「起」字 走圈子	規矩	時間	備注
早課香	喚四個「起」字 走四個圈子	煞五板敲報鐘三陣	04:30—06:00 06:00—06:30	喝鹽開水 早齋過堂
早板香	喚四個「起」字 走四個圈子	掛二板開示	06:30—08:30	開靜
早四支香	喚四個「起」字 走四個圈子	打站板喝茶	08:30—10:00	開靜
早六支香	喚四個「起」字 走四個圈子	打站板講開示	10:00—11:00 11:30—12:00	開靜 午齋過堂
午板香	喚六個「起」字	掛二板喝茶 坐香中間打警策	12:00—13:40	開靜
午四支香	喚四個「起」字 走四個圈子	打站板講開示	13:40—15:00	開靜
晚課香	喚四個「起」字 走四個圈子	打站板講開示	15:00—16:00 16:00—18:00	開靜 放養息
養息香	喚四個「起」字 走四個圈子	掛二板喝茶	18:00—19:00	開靜
吃（包子）放參			19:30—19:45	用藥石

續表

坐香	唤「起」字 走圈子	規矩	時間	備注
晚四支香	唤六個「起」字 走四個圈子	打站板、打警策、 講開示	19：45—21：00	開静
晚六支香	唤六個「起」字 走四個圈子	打站板喝茶 坐香中間打警策	21：00—22：30	開静
晚八支香	唤六個「起」字 走四個圈子	打站板講開示	22：30—23：30	開静
晚十支香	唤三個短聲「起」字 走三個圈子	和尚、班首走圈子	23：30—00：00	養息

解七

第七天，坐早課香，用完早餐回堂，悦衆師帶引磬在堂外，用引磬頭敲維那位的窗門一下，當值師於堂內用板椎頭頂窗門一下互相示意。悦衆師打第一下引磬，當值師打一下報鐘板；打第二下引磬，當值師打一下報鐘；打第三下引磬，當值師打二下木魚，起早板香，大衆行香，監香師於堂外打叫香三陣。大衆到齊，監香師再煞一陣叫香進堂。監值放簾子，維那師等喚四個「起」字，當值師掛二板一鐘，大衆站立，維那師走圈子，和尚進堂打警策並進行考功。（和尚考驗大衆坐禪的功夫，看誰能開悟）没有考出來，説明大衆功夫不得力，須再加一把火。此時和尚招呼當值師打催板，維那師呼大衆行起來。大衆繼續跑香，此時和尚靠邊先喚「起」字，所有班首先後也喚「起」字，維那師喚最後一個「起」字。當值師打站板，大衆站立，再次進行考功，和尚考功完畢出堂。所有班首也先後輪流考功，最後一位班首考完説：「我没有道德，考不出大衆的功夫，請當值師打抽解梆子。」大衆出堂上架房，監香師在堂外打三陣叫香。大衆回堂再打一陣叫香。維那、監香進堂各走圈子，到佛前共卓香板。當值師敲三板一鐘止静；監值師放簾子、關門，隨後和尚出位打警策（大衆坐著），和尚歸位後静中講開示。開示完畢，悦衆師打一下引磬開静，監值師開門，方丈回丈室。班首、維那、執事穿袍，香燈師於佛前放法座與「直旨板」。二悦衆師穿袍執引磬站立堂門口，班首、維那、執事、大衆於佛前八字排班，衣鉢傳「解七牌」後，維那師呼同寮師鳴引磬迎請和尚。悦衆請和尚回堂，站於堂口兩邊。和尚進堂於法座坐下，手執「直旨板」，維那師呼「頂禮和尚三拜」，和尚答「不爲禮」。二悦衆師同音敲引磬三陣，煞四下押引磬。和尚説法語，至最後用「直旨板」點地唤一聲「解」。維那師呼「禮謝和尚三拜」，和尚答「不爲禮」，維那師再呼「同寮師打引磬恭送和尚回丈室」，和尚答「不用送」。隨後，班首、維那、執事穿袍至丈室向和尚謝法。晚課下殿，班首、維那帶大衆向和尚消「生死假」。

三、諸事儀規

經云：「三千威儀，八萬微細。性業遮業，悉皆清淨。身心寂滅，成阿羅漢。」叢林清規戒律固稱凛然嚴峻，而沙門日用儀軌更可謂繁瑣細密。古代曹溪祖庭雖多有荒廢，然在興盛之時，諸方無不仰重，其所行儀軌亦必有可觀，惜今已無可考據矣。民國時期，虚雲和尚所制定者，於僧值日行交簽式、早課上殿儀式、僧值禮祖法則、齋堂法則、坡事法則、夜晚開大靜法則、表堂開口法則、討單儀式、晚課小參、十五日解制儀式、晚課下殿告假、十六日早課維那云告假、新安維那送位交香板送寮房儀式、午梆齋堂送位法則、僧值請職交簽法則、討單大進堂掛號法則、罰過勸詞、開導言詞、送單法則、安單法則、入室請開示法則、常日請開示法則、大請職事法則、小請職法則、結夏後告衣假分單式、演習唱念儀式、盂蘭佳節買錫箔、不准告假言辭式、大進堂儀式、八月請示大請職撮要略、四十八單職事次序、九月加香立跪參監香法則、禪堂當值日用規矩法則、有病苦告假儀規、上堂儀式、禪堂儀規等。其他儀規，如起龕、封龕、荼毗、入塔、放生、講經、奠基、佛像開光、估唱、閉關等，均有細緻入微之解説，今見於釋淨慧主編《虚雲和尚全集》「規約」篇中。此不惟曹溪祖庭一家所獨有，十方叢林所遵皆大同小異。今擇其有關職事之要者而節録之。

禪堂班首日行儀規

禪宗一法自達摩祖師東來，開中土禪學先河，繼後歷代祖師演揚，續拈花慧命，大振宗風，今日吾等若不全身荷擔，竭力維持，剎竿倒地，咎將誰歸？故班首一職非等閒可比，須道行卓絕，戒如冰霜，行住坐卧爲禪者之楷模，作衲子之芳規，律人律己，全功全德，每日領衆行持，與大衆結法緣，護常住，續慧命，毫無懈怠。

首座表率叢林、輔翊住持、分座説法、開示後昆、坐禪領衆、謹守規章，凡益衆事皆得舉行。如衣之領，如綱之綱。西堂亞於首座，其才其德，循謹謙雅。後堂扶贊宗風，爲衆模範。堂主扶翊維那，監理堂事。班首爲宗門行法之人，首明絶相超宗大意，拈提祖旨，爲大衆拔楔抽釘，能自行尊規守矩，感衆守寂靜威儀，誠禪人之法身父母，海衆之出世導師，自他俱利，福慧共修。日常云爲於禪堂內外，不得互相口角爭吵，對人必須和顔悦色。不得與參學者各處聚集談笑。清衆違犯堂規，舉罰以三輕香板爲限，不得以流俗粗言喝責參學者。大殿齋堂不得大聲講話講規矩整清衆，而亂清規。

衆職事日行儀規

「非經一番寒徹骨，焉得梅花撲鼻香。」要了生死，成爲出格丈夫，除顧念個人之法身慧命，尤當藉職事擔負一份如來家業，更可從中磨煉動中有不動之旨趣。故歷來祖師多有爲法忘軀，認真於職事者。諸如曹溪負舂黄梅，單紹祖位；潙山執典百丈，丕振宗風；指山蔭涼大樹；睦州垂聲於首座，當不桶箍脱落；雪峰增色於堂司；演祖磨頭叢林取則；楊岐之監寺奕葉傳燈：皆求法之誠，盡職事之責，自利利他，名實符也。

凡道場欲令法席大振，正令全提，充職事者，無論尊卑，須循規蹈矩，遇事權衡輕重，竭盡心力輔翊常住，爲衆如爲己身。蓋職事乃代衆之勞，出言吐語無非助道因緣，舉足動步皆爲衆人模範。檢點習氣毛病最忌含糊，有不如法者應隨見隨説，不必久留胸中招致怨怒。然當以仁厚待衆，俗言：「話到舌尖留半句，理當是處讓三分。凡事留一線，久後好見面。」不可勢力壓人，更勿因同寮不和而向清衆出氣；不可口論規矩内懷私心，切忌但説他非渾忘己過，應當先正自己，而後方正他人，不見他非我是自然上恭下敬，務使内外寮口上下和氣，不起人我是非，以爲助道因緣。凡職事須向煩惱中煉出器量來，有器量即有福德。若是非入耳即打發不開、融受不下，則難出世爲道。若有關係叢林大事不可遲誤者，無論内外職事，皆得隨時經營，有當言者亦可各抒所見，直言無隱，致理無曲斷，事不徇情。若細小事與衆無礙，不害常住者，當善權處之，蓋人不免小過耳。至若職事懈怠不遵規則，老職應當從容勸誡，住持尤宜嚴正警誡。職事如桶，住持桶箍，若太緊則崩裂，若太鬆則散倒。古德云：「以嚴正攝僧，則僧衆端；以嚴正持法，則法門立；以嚴正攝身，則心地正。」若住持以嚴正攝衆職，則衆職咸盡心而效力，又何患叢林之不振興乎！

維那日行儀規

維那乃禪堂規矩之綱，有統理大衆、綱維衆僧之責。調攝掌理堂中之事，必須自具威儀，行止無乖儀規，方可正肅大衆。故堂中大小規則，必先熟諳清楚，如有未能盡悉，預先請問首座班首。

凡事酬商而行，發菩薩心，深明因果，以成就大衆法身道業爲務。

在未分單以前須睡於堂中本位，於分單後可在維那寮睡至七月十五日。其後仍回堂中睡，於堂中睡時，頭朝廣單，腳對香案，右脅吉祥卧，面向外以便照應堂事。早上聽夜巡打過一陣四椎板，維那打一椎槌開静，聽到煞四板則套打三椎叫香。大衆下單，維那在本位，待大衆出堂盡，跟末後走出。如打七期間，此時夯香板應持半平半仄香板出堂，不得隨便帶出。將香板靠禪堂西風楄内柱邊字向外，此時維那可大小架房；回時，將香板橫持手内，在禪堂坡檯中層站候待大衆盥洗畢，自己即可盥洗。招呼取杯篋子後，即拿半平半仄香板進堂，香板歸原處，便衣就坐。看做事有不如法者隨説，不可徇情含糊。平時當值、散香、散杯子、倒開水、打報鐘後，即穿袍搭衣持具，於棕墊蒲團東邊禮佛三拜。向東轉向，從東出至韋馱殿中蒲團禮佛畢，從東邊進堂，往西三塊磚走，如有沖盹即招呼頭抬起來，接著歸位、放具、盤坐。掛二板時，凡做事人有差錯之處，當即請出，一切事畢，上殿同前。禪堂起身引磬皆聽維那招呼，若有班首後進堂，穿衣袍趕不及者，必須等候。

凡禪堂内放捲簾子，送和尚及班首位，掛二板、打抽解，均由維那招呼。若無班首講話，亦由維那招呼倒香。夏天如二板一掛或站板一打，即招呼向前坐，以利聽開示。如冬天加香打七，二板、打站板後，維那持香板從東繞西走一圈。若見有人擋路，香板撥之，放約五尺寬路，以便講開示者就位走之。講畢打催板，大衆行香幾圈後，班首將到位，打抽解，招呼送位。維那不論何時，定走簾子東邊進出。打七時監香由東至西，維那由西至東，對面未卓香板以前，即云某支香打起精神來，卓過香板後歸位。除七期内，每支香皆要招呼三板一鐘打好。香將盡取燃香放桌上。若以引磬開静用指彈兩下，悦衆即開静。若槌子止静、開静，用指彈桌子兩下即可。如禪七期午板香静中及晚六支香靜中，香至一半，維那先打三椎叫香，大衆下位，一齊站起，維那持香板從東繞西，若和尚在堂未放下布簾子，至和尚位即歸；若已放簾子，直至西端書記位即回，並視大衆班次是否整齊，復從佛龕後歸位。放香板響聲略重後，垂手站，候和尚或班首打過警策香板後，聽放香板聲，維那即持香板一卓，大衆復歸位，靜坐至開靜。維那如有他事不能執行己職，即自請班首暫代。如行香維那宜早進堂，不叫衆人吃苦。凡遇事細心斟酌爲要，萬不能忽略於事及委屈於人。堂中不能喜此惡彼，大衆慧命全繫維那，因果不爽，豈不兢兢可畏哉！

僧值日行儀規

僧值一職必須居心如水，執法如山，方能使僧衆威儀，出入次第循規蹈矩。充此職者，應不阿諛，不委曲，不回護，不偏黨，代方丈監察其所不及。古規：自班首起至參頭止，凡五日一换，在晚課畢時行禮交職。今於期頭專請一人，亦時勢使然，而仍不改僧值之名。舉凡關係叢林大事不可遲誤者，無論内外職務，皆應隨時經營，有當言者亦可各抒所見，直言無隱，不必待僧值言之。若住持有犯，亦可在齋堂粥飯時，對衆跪白，所謂「君有諍臣，父有諍子」。若細小事務與衆無礙、不害常住者，僧值亦當善權處之，蓋人人不免小過耳。

早四板響，僧值起身盥洗禮佛，坐聽鉗椎，至大鐘畢，聽大鼓打第二陣，至大殿禮佛三拜，看佛前香燭、蒲團楗鼓，法器是否如法放置本位，有不如法者隨説或自行調放。聽鼓煞三陣，禪堂奓鐘板、揚板出堂三報鐘，菜頭接火點三下，接打「大方廣佛華嚴經」「華嚴海會佛菩薩」三陣，奓接大殿引磬鈴鼓，大衆禮佛三拜。待煞鼓接大楗三下，走至中間，楗五下展具，聽大磬一下禮佛，計大楗三陣、大磬四下禮佛、起具、問訊。至「無見頂相宣説神咒」後，出殿禮四聖，即祖堂、韋馱、伽藍、監齋。拜畢至「楞嚴咒三會」大磬處，回大殿居中，向上一問訊，向西轉至海島禮觀音三拜，從東下至大櫈左邊站立，照應鉗椎唱誦，觀看各人掌心合實及看是否有人拿小櫈子。至「觀音菩薩妙難酬」大櫈交小櫈三下已，以後繞向西單站，對東之鈴鼓，足齊柱側。待班首出位，站西神臺前，向外看班次前後次序，錯亂者扯好，見有不如法者隨説。待班次出畢，即跟後行在方丈前。或不論次序，隨班無定，繞佛三圈。班首合掌，跳小櫈五下，鈴鼓轉單板，須明鐘暗鼓。站東神臺前向外，看各人掌是否合好。班首到位，維那打大磬一下送位，接大櫈五下，小櫈煞尾三下。至和尚歸位時，維那打大磬一下送位。大衆歸位。大磬二下半止佛聲，又一下各跪。僧值繞西，照看大衆位次及各人衣袍是否蓋腳，及掌是否合好，向東單亦然。有不如法者，期頭與平時宜細説，交代清楚，言詞和柔，不可胡喊亂叫。歸，借位跪下。走巡二圈，觀怡山文，皈依煞九鐘十五鼓。課畢唱韋馱、伽藍贊時，僧值至中展具三拜。起看大衆禮拜，如有不如法時，可表堂直言幾句「拜佛聽引磬」，但不可多話。然後立東槅門口，面向內。待首領維那出殿，至和尚蒲團前轉向外。悦衆見僧值面外，方轉面向外立，跟堂師後出殿。待大衆出殿畢，僧值方可回寮。若有禮祖、陞座等，僧值喊「引磬出位雙班行」。待大衆出殿，僧值隨後跟上喊「齊」。維那呼「展具」，悦衆打引磬三拜。禮畢，各回本處。上供、小祈禱略同。

早上聽打叫香，搭衣到大寮照應，飯頭先打齋堂粥飯，後依序客堂、庫房、方丈及外寮各處。飯頭開梆後，僧值至齋堂看兩序碗筷是否整齊。菜頭看禪堂出堂來，於齋堂打出堂火點三下。待和尚到，按古例僧值應呼「站起來」，候和尚將坐，呼「坐下來」。等大衆師齊進齋堂，悦衆打兩椎引磬。問訊後，打火點三陣，其口訣爲「大方廣佛華嚴經」，「嚴」字輕壓。「華嚴海會佛菩薩」

三陣煞尾三下，接引磬三下，維那舉腔念供養咒，行堂添菜飯。隨天氣寒暑，添飯菜時機，遲早不定。侍者侍座出食，待維那呼五觀偈畢，衆答「阿彌陀佛」。侍者回堂居中打問訊歸位。大衆合掌，先收菜碗，後收粥飯碗，僧值云「碗筷威儀」。從東繞西，有出碗行堂不知者，即招呼某序添飯菜，行堂添飯畢，即添菜。持碗時四指托底叫「龍含珠」，拿筷名叫「鳳點頭」。持碗須要平胸口就碗吃，不可傾頭、低頭，腰桿需要坐直，腦後靠著衣領，袍邊遮齊腳尖，屁股當半坐。持碗筷及受食皆不許作聲，吃完將碗筷出齊桌邊，此須在期頭叮嚀教誡。如行堂不及添飯菜時，可自提桶幫忙。看各人吃過，由西至東走一轉，立中間門內三塊磚向上站，和尚放筷子或和尚表堂説畢放筷子，悦衆打引磬結齋畢。立門東面向上待首領出，走向法位前中間，面向外站，大衆出已，隨衆回殿繞佛。如未吃，抽衣過二堂，並照應過二堂師飯菜，不得弄吃私菜。叫行堂碗筷要洗乾淨，輪流掃地，每逢十四、三十日擦洗碗筷。

早回堂至大寮看什麼菜蔬，或須衆人揀菜，要隨時照應。坐早板香，開静。至大寮照應菜飯，若有坡事須臨時安排，亦一併照應。四六支香不坐，每逢月朔望日，僧值照應開梆、上大殿及四聖供。布薩日亦僧值安排，齋堂收好碗筷，抹淨桌子，調好坐凳，散好戒本，鳴大鐘三下，夜巡接打板一圈，待衆人至齋堂，維那呼「同寮師打引磬，迎請和尚（或某某法師）」。僧值領悦衆至方丈或法師寮，迎請至齋堂。按誦戒儀式，僧值照應沙彌何時進堂禮拜，聽教誡後禮拜退出。有欲清淨者，僧值在邊，展四摺具一拜，跪白畢，待上言「善」，僧值答「爾」，一拜起身歸位。並照應其他一切人等，不得偷聽及觀望。誦戒畢，維那呼「同寮師打引磬送和尚回丈室」，首領和尚云「不消送」，即不送。僧值收集戒本交藏主保管。如有設如意齋供衆，僧值事先與維那通白，四支香開靜，打小鼓上大殿供。如有普佛，僧值亦應照應殿堂法器，及迴向香燭供品等。

午堂時到，飯頭開梆過堂，儀式照常。坐午板香後，各處宜多檢查，謹防火燭與賊盜。養息香進堂坐香，待打抽解後，敲末陣散香。僧值進堂，從東繞西，看外寮諸師是否進堂坐香。自歸本位坐香。至開大靜，招呼鼓頭接大鼓畢，鐘頭交大鐘。快慢十八共六陣，夜巡接板，打一圈煞二板畢。如無電燈，僧值應提馬燈出寮，照看各處門户火燭，一一巡過，方可回寮養息。若聞人鬧狗叫，必須留心護持常住，誠恐有人或賊鬧事。若有坡事，必問清何處何事，坡有大小不同，量人多少處之，或打坡板，或掛坡牌。如有人請做佛事等，須與客堂商議，或急或緩，當歇則歇，總宜調衆心安爲要。如有緊要公事，客堂掛普坡牌，內外寮皆要出坡；若有不到者，查明必當舉罰。

凡佛殿上普佛、迴向，及各處上供，或禮祖、影、法堂等，皆僧值前引。設有亡僧洗澡裝缸、荼毗撿骨，皆須照應。燄口、水陸法事，僧值監壇，不諳之處，預問妥適而行，宜多與知客接洽爲要。大寮齋堂行單諸師，發心苦行，不可輕視，諸佛諸祖，皆以行門而出，必須時常調度，善加撫恤。有不如法者，先以婉言勸導，語到理到，自然感人發心。若有粗暴庸輩，當以嚴正警誡，善御之而已矣。要勤察門户，謹慎火燭，恐年幼住衆無知，夜間在外，不可懈怠疏忽。大寮灶門口，不可多放柴火，宜乎遠離放置，臨時備用，預防在前，免後患悔之莫及，是爲至要。

知客日行儀規

客堂爲來寺參訪者首先必到之處，亦爲合寺住衆規矩的監護者，故除關照參學者及住衆外，亦是衆人威儀的典範。客堂職事人員，一般二至數人，任職總以事熟資深者爲重任，次則職依清衆序職爲前後論。當值知客必穿袍子，衣著清潔整齊，並負責接待前來參訪或掛單之參學者及賓客。

如有口音難懂之來客，即請能懂其語者協助接待，方得如法。大進堂、請職及常住之重要公事，概歸大知客辦理。除值日知客外，副知客不穿袍子，並協助辦理客堂事務。其餘知客皆要隨衆上殿、過堂及出坡。每見雲水上士有杯海浮來者、一肩行李者、拗蒲團者、持錫杖者、無衣鉢而欲掛單者及有衣鉢而來過午者，均須見機作事，如法接待。譬如：有僧人挑高脚擔子來客堂，將擔子放門口北柱，進門有問訊或禮拜者（凡禮拜恐係由北方來），即先派照客到外客堂，向掛單人合掌，請問曰：「您老菩薩到常住有什麼事？」彼可能答「打擾常住掛一單」，或「會某某師」，或「特來發心住禪堂」，或「當行單」。問畢即報知客。值日知客穿袍子抄手出外客堂，先到門外看彼有無衣單行李，看畢進客堂門内。此時，掛單人起身作拜勢云：「頂禮知客師父！」知客云：「問訊！」音聲要響亮寬大。隨即問：「師父您從那裏來？」又問：「往那裏去？」「到常住有甚麼事，有何特長？」等等。另須查看其有無戒牒證件等，問畢送單。掛單人問訊而出，挑衣單走知客或照客後，走至上客堂外，先彈槅子，内應方進。低聲招呼掛單人，將衣單放丹墀或廊下。進堂禮佛三拜，復拜寮元師父、香燈師父，又東單一拜及西單一拜後，知客、寮元同合掌而退。掛單後不得高聲講話。如係遠來客僧，送客堂樓上客房，三日後轉上客堂，客僧招待客飯。出塵上士、飛錫高僧來寺掛單行道者，或現瘋癲，或現癡呆，或仰天唾罵等，知客莫疑是瘋子或呆子，看他落草談何，方知接待方向。又或形順者，挑蒲團帶挑經像，四儀整設，目不瞬人，請不開言，罵無愧色，凝神變態，又疑非人，莫衷一是，知客必隨出入，順他行爲，至餓時或睡時，即可看出一個人的儀態，是否真有道行，後再視情況進一步接待。果真法門異僧上士、潛行高人者，即報知方丈，請齋作尊客待。又有方便鏟、拗蒲團來寺掛單者，知客出外，見有蒲團放兩邊柱脚、方便鏟靠兩邊柱擺者，定是銷假；若押蒲團、鏟向內放，定是掛單。鏟向外放，定是趕齋。或蒲團、方便鏟直對客堂，定是會客。知客留心，必先請問掛單人，掛單人先不開口，因恐禁語故也。照客先不問，知客直問云：「老修行何方行脚來？」彼或不答，即云「送單」。彼當隨知客後走，送法同前。彼若答云：「脚跟未動，來自何方，請知客師父道一句。」此時知客留心，萬不能亂開口，即報知方丈，自有圓滿接待。如有持錫杖來寺掛單者，彼至客堂先振錫杖，摇鈴三響，知客即出禮錫三拜，即雙手捧錫杖至方丈室，請方丈出。接談過後，辦大齋送尊客單。其他每有謬立之各説皆非，執事者慎之。現時掛單、討單：來僧先將行李放客堂門外邊，進門禮佛三拜。知客如在即云：「頂禮知客師父！」知客師云：「問訊！」掛單人即問訊。後隨知客師所問，一一作答。知客師問：「有證件否？」掛單人即拿出身份證、戒牒，交知客師登記。登畢，知客師將常住規矩説出，後招呼照客師送單。掛單人送掛單客房，討單人送上客堂。

寮元日行儀規

寮元一職關係重大，其對住衆的態度，關係著掛單人的善根、儀表、道業及寮堂的冷暖動態。何以故？參方衲子，訪道尋師，飽一餐，饑一頓，臥雪眠雲，土席風被，爲道之苦，他苦所不能及。既到常住，一肩雲水，滿面風霜，通身卸卻，靠住寮元。其寮元者，若未參方而少行脚，見真有道之苦行僧人，態度冷淡，毫無温暖，致使這苦行僧疲憊復加困擾，這可能斷人之善根，又使常住成冷冰冰處。果寮元有道心，通達事理，見掛單人來，如見久未謀面故友，慈愛之情，招待之急，無微不至，則使來者倍感温馨。譬如：看真有道之人來，可以休息一天或半天；若有年青知識稍淺之人，須好言安慰勸而誡之；如掛單人有不規行動者，初則好言善勸，次則正聲厲色勸之，繼則依規約誡之。如此是令人修佛種，使常住得人，令有心者故是願住，無心者亦難捨住。如有病者或遠來辛苦者，可先令其休息不隨衆。但有四大規矩，掛單人必要堅守：一、動靜中不得大聲講話；二、同單人不得打架吵鬧；三、不得私出山門或闖别寮；四、不得違拗寮元，必聽寮元招呼行事。如不守此四則，稱爲不善比丘，當不共住。如掛單人犯大規矩，通知客堂；犯小規矩，寮元以婉言勸慰，不得舉手香板，出言惡罵，乃大傷常住道風與聲譽也。

禪堂當值日行儀規

當值師早四板前起床，將被單摺成龍含珠式放好，下單大小架房回堂坐當值位上，聽四板一響，當值即敲一椎大榺開静。夜巡煞四板第二陣，維那師套敲下單叫香三下，當值師開堂門掛簾子，走廊洗臉後，回堂穿袍搭衣，禮佛三拜，掛腿子坐。夜巡聽維那師招呼煞五板後，打「若人欲了知，三世一切佛」板三陣煞尾三下，堂内報鐘接三下，後打「大方廣佛華嚴經」「華嚴海會佛菩薩」（每遍前一個「嚴」字輕打）。副散香師散杯子，當值師打報鐘，悦衆師散鹽或薑，散香師倒開水。夏天吃鹽開水，冬天吃薑開水。每遍報鐘倒開水一圈，三圈倒三次。三遍報鐘後敲二鐘接一板一鐘，後外接大鐘，歸位連鞋盤坐，板椎横持在手，候大鐘煞尾兩下，接大鼓掛二板一鐘。當值師做八件事：

一、香下爐。二、出小榺子拿放香桌上頭，上齊線縫，榺口對香盤，榺椎入榺底下。三、移棕蒲團向上。四、捲棕墊。五、棕蒲團復位放好。六、捲簾子。七、關門。八、移交當值牌。

候大鼓煞尾，套大鼓敲三板一鐘止静，持具合平掌轉面到中間進門五塊磚，二塊白磚中間，腳齊磚縫居中向上問訊。行小方圈至中蒲團，問訊展四摺具，聽悦衆引磬禮佛三拜，第四下引磬帶具起來，面向西，摺好具問訊，轉面向東，往下到中向上問訊，悅衆敲一下引磬開靜。向東轉面，收蒲團，開堂門，即歸本位，具放坐後，掛腿子坐，拿大板椎，横持手內放膝上。聽引磬一下起身，第四下接板。套引磬頭陣板，押七打八，慢慢接打「三世一切佛佛佛佛佛」。第二三陣押四打五，即「若人欲了知，三世一切佛，佛佛佛佛佛」（「了」字輕押），每遍尾煞三下，即「佛佛佛」，由慢至快。敲畢單打一板，又連打二板，接打報鐘一下接火點，三交三接。火點打畢煞尾後，三交三接大殿連環引磬鼓，當值師鎖堂門後上早殿。

當值上殿站東邊，繞佛跟堂內東單尾後走，候三皈依畢禮佛三拜，提前回堂開門，將小𣛮子拿好平胸，面向西站監值位。候接值人回堂，至香桌邊與接值人對位問訊，交值人將小𣛮一舉，調轉小𣛮子，接值人合掌將小𣛮子接到手中一舉。交值人合掌，交值人將具拿歸本位。接值人手持小𣛮子在手，候悅衆進堂，敲三下引磬，對面向上問訊畢，敲小𣛮子一下，必要響亮，敲過放桌上，放法同前。看大衆坐好，放簾子、掩門，敲小𣛮子三下止靜。小𣛮放桌上，放法同前。轉身將堂門掩上不關，此刻有大小架房可以出入，回堂穿袍搭衣，脱鞋盤腿靜坐，鞋子不收。聽外面敲叫香煞過尾，聽開梆放腿子，將小𣛮子拿在手，梆煞尾二下畢，敲一椎小𣛮子開靜。𣛮放桌上，放法同前。開門捲簾子掛好，當值至佛龕後站，大衆聽引磬一下起身，對面再向上問訊，出堂過早堂。當值在後鎖門過堂。

回堂大殿繞佛時，當值不繞佛，提前回堂開門。進堂後點慧命香一支插香牌上，如天氣炎熱，將窗户打開。拿板椎在手，横持平胸，站本位面向西站。看引磬進堂，向位轉面，聽一引磬一板，一引磬一鐘，一引磬二椎大𣛮子起香，將板椎放在桌邊，齊邊內一寸，掛小𣛮子，出堂放簾子掛起，回堂站本位外白磚，齊磚縫，面向香桌，抽衣脫袍。大小架房抓緊回堂，跟維那師後三塊磚行香，聽招呼放簾子，聽招呼掛二板一鐘，送和尚或班首位，要恰到其本位。鉗槌要下得及時，方不受槌點。將板椎掛好，小板椎拿下橫放香盤內。如講開示即拿手中，聽開示畢，打催板二下，小板椎掛好，拿出大槌椎，放法同前。跟維那師後離三塊磚行香，聽招呼打過抽解，槌椎推進，站門口面向西，兩手垂直，候散香上門口對面卓過，從東出掛簾子，先鋪蒲團，後小圍。回堂穿袍搭衣持具，連鞋盤腿子坐，板椎橫放具上，聽維那師招呼下位，敲三板一鐘止靜（早板香）。向位轉西走方圈，聽引磬禮佛三拜，同前。向下由東出外翻止靜牌，由西進堂至中問訊，持具平胸回本位，將具放位後，至香桌對面站定。散香師收蒲團，聽散香師關門，當值出香盤，站香桌對面二塊白磚中間，抽衣脫袍，坐香照常，坐香長短聽維那師作主。維那師鳴指兩下，悅衆敲引磬一下開靜，當值即收香盤，候散香師交好香板，開門掛簾子，維那打三下叫香後一齊放腿子。散香請下問訊時，當值即起身敲大槌子二下起香，槌椎推進，拿小板椎橫放香盤內，小圍要快，聽招呼打站板，維那喊「兩邊坐」，班首講開示。開示畢，或不講開示，聽維那招呼打催板二下，行香幾個圈子後，招呼放簾子，聽招呼打抽解送位，同前。候散香師在門口對面卓過散香，當值從東出掛簾子，後小圍。候人都出堂，自回本位掛腿子坐，等散香師至佛前問訊，將散香送上插好。當值轉面向香桌，散香師至下居中問訊時，當值敲大槌三下止靜（早四支香）。散香師關門，當值出香盤，散香師請香板巡香，當值歸位坐香，均同前。香到維那招呼開靜。當值下位敲大槌二下開靜，當值收香盤，散香師與當值師出堂拿杯籃子、茶壺，散法與倒水，均同前。茶水點心吃畢，杯籃子出堂，維那打叫香三下，大衆放腿子下位，掛腿子坐。散香師請散香居中向上問訊時，當值敲大槌二下，起香後，跟維那後行香。聽招呼放簾子，行二三個圈子，招呼打一椎大椸抽解，椸椎還原處，與散香師到門口對面卓散香後，從東面出掛簾子。小圍後，回本位掛腿子坐。候交散香至佛前插好，向下主中問訊時，當值敲三椎椸子止靜，出香盤歸位坐香，散香師先捲簾子，後關門。

當值聽外面叫香煞尾一椎，香下爐，聽開梆下位，站香桌前，椸椎拿好，梆煞尾二下後即敲大椸一下開靜。收香盤，椸椎放好，歸位穿袍搭衣，板椎拿好，掛腿子坐，橫持板椎，聽引磬起身，腳丁字步，面向東對板，引磬第四下敲板，揚板法式同前。板椎掛好，揚板後，大衆聽引磬禮佛一拜。當值不拜，出門翻牌，候人出盡，關鎖堂門，隨衆過午堂。回殿繞佛，即不繞佛，先回堂開門，點慧命香一支插香牌上，板椎拿好站本位，面向西立，候引磬進堂，向位轉面。套敲一板一鐘二木椸起香（午板香），將板椎直放香桌上，齋邊內一寸，先掛小椸，後出堂放簾子，靠本位子邊抽衣脫袍，小圍。回堂跟維那師後行香，聽招呼放簾子，聽招呼掛二板一鐘，板椎放好，接香插爐內，火頭向上。散香師散好茶杯，當值師倒第一巡茶，第二巡散香師倒，第三巡仍當值倒。吃茶畢，聽維那師卓杯子，散香師收香桌茶杯，放籃子內後，從西順序收。當值師抹桌子水，毛巾放好，拿小板椎橫放香盤內，收東邊茶杯，收好放杯籃內，等杯籃出堂，隨拿帚掃，掃佛前水，歸位拿小板椎在手。散香師拿散香，右轉繞佛龕至東邊白磚卓散香，聽散香卓過打催板二下，小板椎掛好，將大椸椎拖出，離香桌一寸，放簾子。跟維那師後行香，聽招呼打抽解，散香卓過由東出外掛簾子，先放好蒲團後，小圍。回堂穿袍搭衣，聽招呼敲三板一鐘止靜。走方圈拜佛，出外翻止靜牌，均同前早板香。香到，維那師鳴指二下，悅衆敲一椎引磬開靜。當值收香盤，散香開門掛簾子，拿杯籃子。當值出外拿水壺，散杯、倒水、收杯均同前，杯籃子出堂。候散香拿下，散香主中問訊時，當值師即敲大楋二下起香（午四支香）。將椎放原處，小板椎拿出放香盤內，大小架房抓緊回堂，跟維那師後行香，聽招呼放簾子，少頃，聽招呼打站板，同前。小板椎拿好，不講開示放香盤。班首講開示，小板椎拿在手上，講畢打催板二下，小板椎掛好，拿大楋椎，同前。聽招呼打一椎大楋抽解，卓散香掛簾子，同前。小圍後，回堂掛腿子坐，候散香交上插好，至下主中問訊時，當值敲大楋三下止靜。散香先捲簾子後關門，當值出香盤，歸位坐香。散香師請香板、巡香，均同前。香到，聽維那師輕擊桌二下，當值輕輕下位，敲大楋一下開靜，收香盤。當值先鋪棕墊，後出供水。聽晚殿開梆三陣，大衆穿袍搭衣，禮佛三拜，歸位掛腿坐，揚板與前同。揚過板，當值煞尾三下，報鐘，套引小磬三聲，大衆普禮一拜。當值不拜，出外翻牌，看維那師穿袍搭衣在佛前蒲團站好。當值敲一下報鐘，維那師一拜佛，三敲三拜。夜巡在外三接板，接後全寺打一圈，回堂後打煞尾板二下，當值收蒲團捲棕墊，取鐘椎横放膝上，聽起身引磬第二下敲報鐘，即叮叮，大、叮、方、叮，「廣佛華嚴經」（「嚴」字輕捺）、「華嚴海會佛菩薩薩薩薩薩」三遍，最後煞尾六鐘，後三鐘接大殿連環引磬鼓，當值鎖堂門上晚殿。候三皈依畢先回堂開門，將板椎拿好。候引磬進堂，套敲一板一鐘一椎木楋，回本位抽衣脱袍。候人出盡放簾子，敲三下大木楋止靜，掩門，放養息。

當值静中看起香至起養息香時，維那師未到即去喊，敲大楋一下開静。大板椎拿下放桌邊上，開門掛簾子。維那師打下單叫香三下，散香師請散香向下主中問訊時，當值敲大楋三下起香（養息香）。等散香敲過六下，當值至堂外打叫香三陣後，悦衆在禪堂門口、大殿前、客堂、上客堂門口各打叫香一陣。當值跟維那師後行香。聽招呼放簾子，聽招呼送和尚或班首位，掛二板一鐘，拿小板椎横放香盤內，如講開示板椎拿手中，不講開示放香盤內。講過開示打催板二下，小板椎掛好，大梆拖出，跟維那師後行香。聽招呼打抽解，當值到門口面向西站，候散香至門口對面，站定卓散香。當值從東出外掛簾子，先放佛前蒲團，後小圍。穿袍搭衣持具，於本位掛腿子坐，板椎橫放膝上，聽維那師招呼，敲三板一鐘止靜。板椎掛好，向位轉面，向上居中問訊，走方圈至佛前，聽引磬禮佛三拜，同前。此支香不出外翻牌，具放當值位後，散香師收蒲團關門。當值出香盤，歸位坐香，此支巡香可坐半支香，走三個圈子。香到，維那師鳴指二下，悦衆一椎引磬開靜，當值收香盤。如散食品吃等，吃過，維那師三下叫香打過，不散東西亦打。大衆放腿子下位，散香師開門後掛簾子，接著香師請散香。下主中問訊時，當值敲大梆二下起香（晚四支香）。小圍後，跟維那師後行香，聽招呼放簾子，聽招呼敲大梆一下抽解，梆椎放不動，轉身與散香師至門口對面卓散香，由東出掛簾子，等大衆回堂盡，散香師交插好散香。向下主中問訊時，當值敲大梆三下止靜，散香師關門。當值師出香盤，等散香師請好香板。走草鞋圈子時，當值師將棕墊拿至佛前鋪好，在正中加放一棕蒲團，回本位坐香。此支香走四個圈子，香到，維那師輕擊桌二下，當值下位敲大梆一下開靜。收香盤，香下爐，大衆下位掛腿坐，聽悦衆引磬揚板，押七打八，「三世一切佛，一切佛佛佛佛，若人欲了知，三世一切佛，一切佛佛佛佛」三遍，煞三下板，敲報鐘三下，套引磬、小磬三聲，聽引磬大衆禮佛三拜，維那師招呼養息。待大鼓大鐘畢，夜巡板煞過，當值師敲三木梆止靜養息。

監值雙班雙行日行儀規

禪堂日行雙班雙行監值法則，日行舊規分爲五節。早課第一：早四板一響，香燈師起身，如無電燈，趕快點堂內四盞大燈，及架房路燈、手照。司水要先下單挑水洗臉。諸師聽維那招呼，單幔子撩起來，一齊起身，摺被單，枕頭夾好。當值、監值皆先下單。當值下單小圍將門上鉤搭拿下來，取供水杯兩隻擺在香桌上，盤腿子位上坐。監值下單打開水，回來放在香桌底下。巡香師先下單，候司水倒洗臉水，將杯籃提起，放幾個漱口杯子於盆內。維那候煞四板打三下叫香，諸師一齊下單。當值師開門掛簾子，各人必須先小圍後到丹墀洗臉。當值洗面後，先回堂點香七支，倒供水兩杯，一支香插香牌上，餘各三支香，一杯供水奉佛前與韋馱前。衆人回堂，穿袍搭衣，禮佛三拜後歸位，脱鞋子盤腿坐。前晚巡香師將杯籃子裝好杯子，提著跟維那後進堂，放在佛前東邊及西邊的白磚上。維那見各人禮佛畢，招呼煞五板後三陣「若人欲了知」，煞尾三接報鐘。巡香師散香，桌上杯子五個。和尚不在堂衹散三個，及散西邊杯子至東邊交頭。散香師散東邊杯子至西邊交頭，二師各散一邊，散後放籃原處。監值斟香桌開水後向西斟，當值師斟東邊開水，正副悦衆打手照拿薑鹽碗隨當值前行。冬散生薑，夏散炒鹽。當、監值斟第一圈，水壺交頭放置原處。巡、散香師斟第二圈子，當、監值又斟第三圈。二三圈亦均互相交頭。香燈師每一圈開水打報鐘一陣。吃畢，悦衆提壺出堂，監值推開堂門簾子，聽維那卓杯子。當值收東邊前頭杯子，監值收西邊前頭，巡香收西後頭，散香收東後頭。收畢，巡、散香提杯籃子出堂，香燈師報鐘煞尾，接二鐘一板一鐘，接外面大鐘。當值聽大鐘末後一陣放腿子，板椎持在手內，聽大鼓四下掛二板一鐘，將香牌上香插入爐內，拿小櫈子放在桌上，交當值牌。監值雙手取棕拜墊，移放在棕墊外上面的一塊磚處，次捲棕墊畢，再將棕拜墊擺回原處，捲門簾，關門，交監值牌。當值聽煞鼓四下接一板，計三交三接三板一鐘止靜。走方圈，於蒲團上展具三拜，悦衆敲引磬三下起具，待當值轉面向下至中間問訊時，又一下引磬開靜。當值中間問訊畢，面向東轉開門，監值收蒲團，大衆放腿子。凡有普佛或朔望禮祖事，悦衆將引磬一押，維那呼「帶具」，悦衆打起身引磬一下在「具」字上，接押七打八揚板，大衆問訊出堂。維那與班首拱手後站佛前東向外，當值扣板見東單頭動步煞第一陣，引磬出堂煞第二陣，約看諸師走進殿堂煞第三陣，收尾板三下，接打報鐘三下，菜頭或貼案接火點三下。當值鎖門與監值、香燈、司水、看門五人一同上殿，菜頭見殿主收覺路燈煞火板，悦衆接引磬套敲鈴鼓三下，接普禮三拜，煞鼓接大木𣚺三陣、大磬四下。如唱香贊不接大木𣚺，交大磬三下起腔。當監值、香燈、司水及看門五人待皈依畢，一同回堂。香燈端供粥奉韋馱殿，看門，開大側堂門，當值開堂門，監值點手照擺佛龕後，同將草鞋退回本位，如無電燈、香燈各處點燈，大衆回堂。新接值與先當值對位問訊交小𣚺子，新當值將小𣚺子拿在手内面西站。先當值即名爲副值，𣚺子交過歸位。新監值與先監值亦對位問訊，待悦衆引磬進堂，打圓禮引磬三下後放簾子，隨即掛起，以便衆人大小架房。新當值敲小𣚺子一下放在香桌上，隨將草鞋、具拿來。監值不要帶具，聽招呼息佛龕後手照，放簾子。當值敲小𣚺子三下止静。掩門歸位静坐。

早梆第二：候梆聲收尾六下，當值敲小𣚺子一下開静。監值開門捲簾子，悦衆聽火板響接引磬起身問訊，計四下，大衆出堂。當監值、香燈、司水、看門五人，一齊過堂，聽結齋大衆大殿繞佛，五人先回，當值開堂門貼香牌上香一支，開東邊槅子門，監值開西邊槅子門，香燈開後頭窗子。待衆人回堂，悦衆打引磬問訊，當值掛一板一鐘兩椎起香𣚺子，板椎放香桌單邊上。散香師若在後須超前幾步進堂，請散香站在佛龕後面，待兩下起香𣚺子敲過，敲散香西邊三下，東邊三下。監值將簾子放下掛起，衆人抽衣脱袍，換草鞋行香。前晚之巡散香師洗杯子，悦衆整理兩單位子，被單擺齊，單幔重爲撩好及四角衣服歸定位。當值跟維那行香，聽招呼送位掛二板一鐘，坐下持催板椎候班首或和尚開示畢，即打催板二下，聽招呼打抽解。散香至門口與監值對面卓散香，卓畢，監值掛簾子，散香出堂門廊下敲三下，後至敲散香處敲散香，看小圍人回盡煞第三陣，末後一下，隨維那小圍回後敲一陣，末又一下。將散香四六分手持跟維那進堂，跨門檻時用左手，二指將簾子推開放下，進堂挑散香牌交下一位，離三塊磚卓散香，倒散香問訊，接值人低頭還禮，到佛前問訊交散香。當值止静禮佛，出門翻牌歸位，監值即收蒲團關門坐香。當值出香盤，散香師轉爲巡香，請香板走草鞋圈子。待香燃寸許起步巡香，計四個圈子。見有昏沈即下香板，警退昏沈，克除散念，以爲助道因緣。香到，維那鳴指二下，悦衆敲一下引磬開静。當值收香盤，巡香交香板，接散香人請散香，至下主中問訊時，當值打起香槌子二下，各人大小架房。香燈師送香至大寮鳴板三下，候打供飯奉韋馱殿，接散香人敲過六下，放在監值位邊靠門邊倚著，此時可去小圍。如有師代敲者，回來向彼合掌，接過來敲三下。監值師裝杯籃子，準備二板茶，候打抽解放堂外西邊。維那看香燃半支，招呼當值打站板。散香卓過，各人坐下，候班首開示畢催板。如不開示，聽維那招呼倒香催板，打抽解與前同。三椎槌止静，監值師關門，當值則出香盤，散香師請香板巡香，均同前。（早四支香）香到，當值師一椎大槌開静，當值師收香盤，監值師開門，巡香師問訊交香板。如有供，即不坐六支香，聽鼓聲穿衣袍大殿上供；若無供，香到，當值師一椎大槌開静。當值師收香盤，監值師開門，散香師問訊請散香。當值敲起香槌二下，衆起行香，時至聽維那師招呼打抽解，監值師與散香師門口對面卓散香，監值師出門掛簾子。散香師敲法同前，小圍回來敲法亦同前。跟維那師進堂，移散香牌，交散香，均同前。當值師三椎木槌止静，監值師先捲簾子後關門。當值師出香盤，散香師請香板，走草鞋圈子，巡香，均同前。此支香不鋪棕墊，巡香走三個圈子。聽打叫香，巡香師佛前敬三支香一問訊，橫持香板站兩塊白磚中間，等候開靜。當值師聽開梆放腿子，起立持大椀子椎在手。候梆聲煞尾二下，一椎大椀開靜，隨手收香盤。巡香師問訊交香板，監值師開門。

午梆第三：當值聽開梆放腿子，大椀子椎柄橫持在手內，候梆煞尾，一椎椀子開靜。衆人放腿子，穿袍搭衣坐好，悦衆鳴引磬。當值揚板與早課同，惟煞板短不過七，長不過十一下。揚板畢，報鐘三下，套引磬、小磬三下，大衆禮佛一拜。當值出門翻牌，止靜爲放參。大衆出堂，監值、當值等五人同過堂，至回堂點香、開窗格，同上。監值將茶壺提放香桌頭有圓圈印之磚上，兩邊茶壺絆放香桌上，大衆回堂。悦衆打圓禮引磬，後拿二板茶葉於蓋上，監值趕快去打茶回來。若是冬天，將棉墊蓋好，夏天就放香桌頭地下。待掛二板卓散香後，衆人坐下，散香放在佛前西邊，捲袖子，掛簾子，提杯籃子放佛前左右白石磚上。當值接香，監值將茶壺絆子繫好。散香師提西邊籃子，散香桌上杯子。和尚在堂散五個，不在散三個，後向西順序散。巡香師散東邊杯子，監香師斟香桌茶後向西斟，當值斟東邊茶，頭一巡斟交頭便重播原處，以後俱走圈子。巡散香師斟二巡，當監值斟三巡畢，隨下絆子。監值師提壺出堂，聽維那卓杯子聲，監值收香桌上杯子，當值倒香、抹桌子。當監值收東西邊前頭杯子，巡散香收東西邊後面杯子，副巡散香下位收東西角向前杯子。收畢，副巡散香提籃送出，用水洗過，仍須裝好。監值燙茶壺，裝小圍茶，待打抽解後放堂外西邊。散香師杯子收畢，請散香繞佛龕後轉東邊，對香桌白石上卓散香。當值打催板，拖大椀子椎出，拿笤帚抹水，聽招呼打抽解同常。悦衆將小圍茶包好，當值止靜，監值關門，巡香請香板如前。飯菜後巡香更宜認真，午板香要走六個圈子，維那看香大半支，出茶葉包，院衆與監值放腿子打茶回來，香到開靜吃茶。凡小圍茶打進堂，夏天走一個圈子開靜；冬天茶打到回來，小停即開靜，不必走圈子。開静後巡香交過香板，放佛龕上，問訊開門。提杯籃子進堂，西邊拿在手，東邊籃子放東邊白石上。散香桌杯子，和尚不在堂散五個，在堂連悦衆散八個；若添副巡散香十個。向西散班首，散在香板頭上，餘者皆散手中或地下。散香散東邊杯子，當值、監值斟茶一轉；巡散香散二回杯子，茶吃多的人，插放參板子，可拿三個杯子。和尚如在堂，當值悦衆送茶二杯。斟茶巡三個圈子，走到第三轉，不吃茶人杯子放地。吃畢聽維那卓杯子，收杯子與前同。正巡散香提杯籃子送出，洗杯子放杯架上，監值送壺兩把，副巡香提開水壺出，衆人放腿子。請散香從西繞東，對香桌頭白石上一卓，隨手放下。當值敲木樇二下，散香走過佛前敲三下，至後東北角，又是三下，走一轉，放門東裏邊倚好。當值拿笤帚抹水。香燈師如有坡事，出坡人數向維那合掌説明。大衆出堂大小解應盡速回堂經行。散香如有人代敲，即合掌接過敲三下，打站板、催板，抽解樇子止静。午四支香巡香走圈子與早板香同，四個圈子，香到開静。香燈送香到大寮鳴板二下，監值將笤帚六把，簸箕陳茶葉裝好，待打抽解放堂外西邊，四支香止静，與早四支香同。香到開静，大小架房回堂待上晚課。

晚梆第四：當值聞梆聲放腿子，開静揚板翻牌，出佛前和韋馱殿供水。巡香拿笤帚、簸箕放佛龕後，穿袍子敲磬。散香放東邊單幔子，副散香放西邊單幔子。如放香日，歸正副巡香放，大衆出堂。當值巡香脱袍子，六人掃地。當監值從西前向後掃，巡散香從後向前掃，副巡散香掃兩中間。監值將擔搏送出，撣西邊衣竿上灰，巡散香撩兩邊單幔子，副巡散香送笤帚、擔搏，監值鋪棕墊蒲團。候吃點心、粥人回堂，當值點香牌上香一支，請人替代看堂。辦公事人過二堂，香燈添燈油。大衆回堂收洗臉手巾，搭衣禮佛静坐。香到，悦衆報維那，招呼當值點佛前香三支，韋馱殿香三支，香牌上香下爐。維那禮佛三拜，當值打報鐘三下，夜巡接板三下，衆人放腿子，有小圊者可外出抽衣廊下。監值收棕墊，維那又禮韋馱、祖堂。若有普佛、禮祖影堂等，皆帶具。禮畢回堂，從西繞東一圈，見有不如法者隨説。夜巡打板一轉煞板，悦衆鳴引磬一下起身，又一下交報鐘三交三接「大方廣佛華嚴經」「華嚴海會佛菩薩」三陣，看引磬進大殿門，當監值、香燈、司水、看門五人同上殿，與早殿同。皈依畢回堂。如夏天炎熱，繞佛歸位回堂，監值打茶，衆人回堂。悦衆打引磬圓禮，當值接一板一鐘一木椸，衆人抽衣脱袍子，換草鞋出堂，吃茶揩身養息。天涼即免，大衆小圍回堂。維那招呼，當值放簾子，打椸子三下止静，掩門養息。

夜香第五：當值看香與鐘點時至打茶回來，招呼香燈點燈，報維那香到，維那敲開静木椸一下，當值開門掛簾子，衆人將單幔子撩起，被摺好。維那打叫香三下，衆人下單，散香師請散香下居中問訊。當值敲起香椸子二下，散香師西敲三下，東敲三下，衆人行香。維那招呼掛二板，送位卓散香，坐下聽開示。如加香後不卓散香，維那卓香板。散香師提杯籃進堂，先散香桌上杯子。如和尚在堂散八個，巡散香散杯子，當監值斟茶，與二板同，其餘各事照常。至杯籃出堂，請散香打催板經行，監值泡茶壺裝好，打抽解衆人小圍，散香同前。小圍回，復敲一陣，進堂隨手放簾子，交散香，當值止静三板一鐘，行禮歸位。晚不翻牌，監值收蒲團關門。當值出香盤，巡香請香板。養息香不多走圈子，多至三個。香板少下，輕昏放過；低頭打呼，皆下香板打醒，宜響亮爲要。不許下位子、脱衣服、跪立等。香到開静，人多有坐棕毯的須添增，末悦衆、末當值、末巡香、末監香、末散香幫忙。如無電燈，香燈點手照出外，點監值寮内外燈，副悦衆接點大小架房路燈，交請散香行香等均同前。維那下位走一轉，見有不如法者隨説。當值止静，監值關門，巡香聽出香盤，請香板走草鞋圈子，監值鋪棕毯，至多五個圈子。香到下爐，巡香佛前點三支香開静。如無電燈，香燈點手照出去點外面燈，正副監值倒開水，散香、副巡香幫倒。悅衆打引磬一下起身，至第四下，當值接板揚板，引磬敲十椎半。結制後，副當值揚板，正當值穿袍子、帶具。行十方禮畢，佛龕後脱袍子。揚板畢，巡香接小磬三下，悅衆打引磬禮佛三拜。接開大静，敲大鼓，放養息。

禪堂散香巡香日行儀規

散香，這一法器爲從凡入聖之指南針，爲打破虛空之無情棒，爲斬佛魔之寶王劍，爲了生死之活人刀，其大利之廣，望衆略而知之。散香師早四板一響抓緊起床，將被子摺成龍含珠式放好，輕輕下單，小圊後至洗臉處盥洗畢，拿杯籃子在盆内轉幾旋洗淨杯子，將杯子裝好放佛前當中。聽七椎報鐘敲過，提杯藍子先散香桌五個杯子，如和尚不在堂祇散三個，後從班首順序向東散畢，杯籃子放原處。自吃開水，接斟二巡開水，吃畢聽維那卓杯子，先收香桌杯子放籃内後從西單收畢，提杯籃出堂放杯架上，進堂穿袍搭衣，禮佛三拜，歸位静坐，不收鞋子，聽揚板後隨衆上殿。早粥回堂，若散香人住西單，可跟班進堂請散香；如東單後者，在廊下搶在東單頭進堂請散香。請下四六分拿好，至下五塊磚居中。站二塊白磚中間，散香向西倒，平胸主中向上問訊，手離手八寸。問訊時，下齊臍，起身舉散香齊眉，右手拿稍上，手平胸，散香豎直，自西至佛後，離開一塊磚主中站定。聽悅衆引磬問訊後，當值敲二下大木梆起香，將散香西敲三下，東敲三下，敲畢四六分拿好，由東行下放監值位，上齊槅子邊下齊位子邊；如西單人繞佛龕歸位，東單人直去本位抽衣脱袍，大小架房後到禪堂廊下，聽到散香聲，進堂宜走位邊慢行，合掌接過不敲。如未聽到散香聲，進堂到監值位，取散香到手西敲三下，繞至後角東敲三下，散香豎直，上對鼻準，下對胸口，左手擺七分，右手敲散香，手臂不能動。後繞子單二塊磚行，每走三圈敲三下（敲散香時，佛前佛後不敲，佛龕左右不敲，和尚及頭一班首後不敲，鐘板下及其角不敲，其餘三角皆可敲）。聽掛二板一鐘，隨即原地卓散香。卓散香時，第一次卓下隨即抓住，第二次卓下隨它彈跳，卓過連鞋盤腿坐後西或東角坐位第二位子上，散香直放，篾青向上，雙手捧稍聽開示；如不講開示，靜坐一會，聽打過二下催板，隨即起身，每放一腿敲一下，起身又敲一下，仍是西敲三下，東敲三下，靠子單兩塊磚繞行。右手持散香平胸豎直，散香對準鼻梁，後仍每繞三圈一次敲三下，聽敲抽解槌子後，即將散香四六分拿至門口西邊，面向東站，與當值對面。卓散香畢，手拿中間出堂，至廊下均勻敲三下，後至大門口站敲散香位均勻敲三陣。人出盡煞頭陣，人回半煞二陣，人回盡聽維那招呼煞第三陣，煞尾一下。將散香靠好，跟維那後小圍，回來復回原處，將散香拿起，聽維那師招呼敲一陣，煞尾一下。四六分拿好，跟維那師後走至門口，左手推放簾子，輕輕放下，進堂持散香對鼻梁，跟維那後三塊磚走至本位。先用散香挑牌子至接散香人前，離衣二寸半掛好，站離三塊磚齊線縫，對接散香人卓散香；如果散香牌移到後角西或東第一個位子，散香師站在對角磚上卓散香。卓畢，散香向左倒手持平胸，對面問訊，舉齊眉，接散香人坐位子上，點頭還禮，後跟維那走至香桌，看維那師用香板一招或將手一揚，即至佛前，站進門三塊磚齊線縫，向上問訊。散香舉齊眉，左手不動，右手向後抹一把，將散香豎直，左腳先開步，自西上至佛前，篾青向上，三指豎起，散香放原處插好；自東下主中向上問訊，坐監值位面向簾子，唯恐有人衝靜，等當值三板一鐘止靜畢。當值禮佛三拜後，早午板香出外翻牌子回問訊，養息香不翻牌即問訊畢。散香人收蒲團掛好，向東轉面關門，又向西轉面主中問訊，左腳先動，向上至佛龕，請香板夯好。香板尖香字對耳，離耳二寸半，香板柄齊口，拿則指松掌空。向東下主中問訊，兩手距離二寸半，下平臍。起身，香板舉齊眉，左手輕輕垂下，右手持香板，右脚先開步，走第三塊磚，由東轉西，周圍皆圓圈，名草鞋圈。如見有鞋放不整齊或超過坐位邊者，即將香板放左手靠左胯柄垂下，右手整理鞋子後，復歸原手持好。從東繞西至佛前主中站定，名走草鞋圈子。如夏天天長，早板香走過草鞋圈子約站二寸香，看兩單昏沈輕重，若西重即向西，左脚先動步。如有昏沈下香板，不論東西兩單，皆右脚上前，膝頭對膝頭，正下在挑擔肩膀處。不得打在衣領上，又不得點在背上，不得打連二香板，不得打回頭香板。又不得打肩邊骨頭，亦不得傷耳，必須恰當打過就走，不得對面相望。打香板不得故意報仇，不得打反手香板，不得用香板挑撥。夏天單衣，香板宜輕。挨香板人不得翻眼睛，不得故意咳嗽，不得現嗔相，不得現笑相，不得打過不抬頭。如有二人昏沈，則打一重者；如三人昏沈重，即打中間；如四人昏沈，兩頭打之。頭天悦衆當值，早殿敲大椸子人及香燈、司水、外寮行單，早板香上半支皆放過不下香板，如有打呼照常下。唯有客堂僧值、知客、庫頭、都監、副寺、書記及外寮班首、首領概不下香板，若打呼用二指在膝上輕輕推醒。早板香四個圈子，主中站定，香板横持胸次，兩手離開二寸半。不可太下，下則懈怠；不可太上，上則逼迫；取其中道一致。巡香候香燒寸餘才走圈子，不可久站，不可太急，匀匀香了，四個圈子將完，聽悦衆一椎引磬開静，居中向上問訊交香板，向東下主中問訊，向東轉西開門掛簾子，小圍回堂隨衆行香（早板香）。

早板香開静，聽維那三下叫香下位，接散香人至中問訊，請散香，四六分拿好。向東至下主中間問訊，聽二椎起香大椸敲過，即西邊角敲三下，東邊敲三下，後每繞三圈敲三下，直至打站板，催板、抽解、卓散香，出堂外敲同早板香一樣。小圍後進堂，交散香主中問訊，將散香插好，向東下轉面主中問訊時，當值敲三椎木椸止静（早四支香）。即轉面關門，回首向上問訊，請香板、巡香，均同前。香板持在手內站定，如有昏沈走四個圈子，如無昏沈宜少不宜多，香到，聽一椎橅子開靜，問訊交香板，向下至中，問訊、開門同前。聽叫香響，佛前點三支香，即不走圈子。

早六支香：請散香、行香，打抽解後，先止靜、捲簾子，後關門，請香板、巡香均同前。聽叫香響，即不走圈子，佛前點三支香。聽梆聲煞尾六下，當值敲一椎大橅開靜，即問訊交香板，向下主中問訊開門。開大止靜門。回堂歸位，穿袍搭衣，掛腿子坐。聽起身引磬一響，即站至佛龕東小磬邊，面向佛對磬，腳齊磚縫，將磬椎橫持胸次，套敲揚板，後套鐘引磬，即一鐘一引磬。一小磬三敲畢，將椎放好，即普禮佛一拜，跟班過午堂。

午板香：午飯回堂請散香，敲法與早板香同。直到掛二板一鐘，將散香四六分拿好，就地卓散香後，將散香靠在佛前香爐西邊，上對獅子頭，下齊一塊磚縫，掛簾子出堂，提杯籃子進堂。先散香桌上五個杯子，如和尚不在衹散三個，後由西班首位順序向東散，右手提杯籃，左手散茶杯，皆散在手內。散畢面向西站至中間，右腳直，左腳橫，名丁字步。右手拿籃柄，左手扶絆擺好，回監值位拿茶杯，掛腿子坐吃茶。當值倒第一巡茶，散香倒第二巡，第三巡當值倒。吃茶畢，聽維那師卓杯子，散香先收香桌杯子放籃子，後收西邊杯子，當值收東邊杯子。收畢，副散香（即上支香散香）將杯籃子提出堂外，散香師即右手拿散香，四六分豎直，右轉身繞佛龕至東邊齊白石磚頭，對準香桌站好卓散香。卓過走過佛前，西敲三下，東敲三下，後行香敲法同前。直至打抽解，至門口與當值對面卓散香。卓畢出堂敲散香、煞散香，回堂交散香，均與早板香同，請香板、巡香亦同。唯走過草鞋圈子後，約站二寸香走圈子，看昏沈輕重，此支香走六個圈子。如有打呼，香板橫胸次，直去直來，名超手香板。站定後下香板，或以指輕推醒。香到，聽一椎引磬開靜。問訊，交香板，向下主中問訊，向東轉面，開門掛簾子，出外提杯籃進堂，散杯、倒茶、收杯，均同前一樣。

午四支香：請散香人至佛前，主中問訊。散香四六分拿好，向下主中問訊，聽當值二椎起香大椸敲過，即西三下，東三下敲一次。其餘行香、坐香、請香板、巡香，均與早板香同，唯交過散香後，向下問訊。當值三椸止靜後，先捲簾子，後關門。午四支香開靜後，稍事休息，等候上晚殿。

養息香：起香時間快到，接散香人坐監值位，等候起香、請散香。聽當值一椎大椸開靜，維那師打三下，下單叫香。散香人請散香下主中問訊時，當值敲大椸二下起香，散香、敲法均同前。至掛二板一鐘送位，隨即卓散香畢。連鞋子在後單東或西角第二位盤腿坐，等和尚或班首講開示。如不講開示，靜坐一會，聽打二下催板，隨即每放一腿敲一下散香，起身又再敲一下，亦東敲三下，西敲三下。靠子單二塊磚持散香，豎直對準鼻梁行香，每繞三圈敲三下，聽當值打抽解木椸後，將散香四六分拿至堂門口西邊，與當值對面，卓散香出外，煞散香敲法與前同。交散香、請香板皆同前。走過草鞋圈子，主中站定。見有人打呼即開步，持超手香板，直來直去。如無，即在本位盤腿坐香，香板放坐位右後邊地下，柄在下，尖向上放。待香到大半，下位走三個圈子。因養息香乃慧命香，免打擾用功人。

至開靜交香板，主中問訊，向東轉西開門掛簾子。如臨時有水果、點心分吃，等吃畢，維那師打三下叫香，大衆放腿子。接散香人至佛前問訊，請散香同前。

晚四支香：請散香到中間問訊時，聽當值敲二椎起香木椸，即拿散香，西角敲三下，東角敲三下，靠子單二塊磚行香，每三圈子敲一次。至敲抽解木椸，至門口與當值對面卓散香，出外敲散香，均同前。進堂放簾子，移交散香牌。交散香、請香板、走草鞋圈子均同前，主中位站定；因四支香較短，約站一寸香走圈子，共走四個圈子。看維那師將香插香爐內稍作響聲，即將香板拿至佛前佛龕旁豎起，柄朝下擺好，從西上至佛前敬香三支，就地進半步問訊，仍將香板持好，向東轉下，主中站定，香到，聽敲一椎大楗開靜。問訊交香板後，下主中問訊，向東轉西開門掛簾子，開大止靜門。回堂至佛龕東邊站定，將磬椎持好，套接鐘板三磬畢，隨衆禮佛三拜，小圊後回堂養息。

禪堂悦衆日行儀規

悦衆早課下殿站當值悦衆位，面向西立，打過三椎問訊引磬，拱手與對面班首問訊，歸悦衆位。面向西單，引磬合掌横持，等候接引磬人，與接值人對面一舉，接值合掌，即交引磬。接值人接引磬横持，復對面一舉，交值人合掌，接值人即將引磬放位上，側靠右手，磬口向外擺好。交值人拿草鞋具歸位，接值人亦拿草鞋具歸當值悦衆位。有小圊出堂抽衣，回來搭衣進堂，盤腿靜坐。聽木楗開靜畢，維那喊「放腿子」，即拿引磬在手横持，聽維那招呼，一椎引磬起身，三椎引磬問訊。引磬對口拿，必須豎正，雙手捧持，不得偏斜。跟班於維那前走至齋堂，看維那到位，打問訊引磬，撩衣就坐，引磬不放手。候煞火點交引磬三椎畢，復押一椎又打一椎，維那舉腔唱供養偈，在「清」字上下引磬。偈畢，引磬一押又一敲，維那跋五觀偈畢，衆答「阿彌陀佛」，在「陀」字與「佛」字上各敲一椎引磬，合掌受食，引磬放靠維那邊。受食畢結齋，押一椎又打一椎，維那舉腔，「喃」字下打引磬。結齋畢，起身念佛，引磬帶敲每句佛號二椎。持引磬跟維那後，回堂繞佛。看第一班首合掌，即引磬轉板，由海島後繞出，與小木楗歸悦衆位，等維那歸位，敲送班首位大磬後收佛號。維那舉腔迴向，引磬代鈴，小楗代鼓，迴向畢，禮佛三拜。持引磬面向北，候僧值主中向外，持引磬人亦向外站大磬前，在堂師後走進禪堂，與下位班首對面站定。恐散香趕之不及，必稍候片刻。至散香請下主中問訊時，方可打問訊引磬三椎。引磬向班首，對面一舉，候維那走後歸位，將引磬擺在位邊靠右手，引磬口向外、柄在內，與維那對面抽衣脱袍，皆離三塊磚。換過草鞋不能做别事，皆正西副東，正悦衆從首座位理墊子，副悦衆從東理墊子，至維摩龕後。可出堂小圍，回堂經行隨衆，至打抽解。恐香燈有公事不在堂，正悦衆佛前敬香三支，小圍回堂静坐，候當值止静。打過三板一鐘止静，悦衆持引磬在手，當值展具。悦衆敲禮佛引磬共四椎後，輕輕放下。開静時維那師鳴指二下，悦衆拿引磬敲響亮一椎開静。至六支香開静，换鞋襪，穿袍搭衣就坐。引磬横持，聽招呼打起身引磬一下，又一下，又連打二下後，當值揚板，押七打八，揚板復一鐘一引磬一小磬，三交三接畢。三引磬拜下，一椎起身，二椎問訊，面向西站，走維那前，過午堂同前。齋畢結齋，回堂繞佛與回禪堂引磬均同前。抽衣脱袍，小圍回堂，隨衆行香，至掛二板。若和尚在堂，用小盤送茶與和尚吃，回拿香桌上茶自己吃。茶畢，經行至打抽解。恐香燈不在堂，由悦衆敬佛前香。小圍回堂静坐，當值止静，禮佛引磬同前。

至午板香開静，若夏天開窗户，扯簾子。若和尚在堂，送和尚茶。吃畢，如維那招呼翻曬所曬衣服、鞋子等，則於四支香起香前出外一一翻好。四支香開静後，稍事休息，聽開晚殿梆，揚板與前同。如維那有公事不在堂，即向外尋找維那，招呼當值敬香。候維那禮佛畢，歸位，將引磬横持在手，聽維那招呼，打起身引磬一椎，問訊三椎，共四椎，皆套報鐘。後三椎套打「大方廣佛華嚴經」「華嚴海會佛菩薩」三遍，後煞尾六椎。如有普佛等佛事須帶具，先押一椎引磬，聽維那呼「帶具」，「具」字一椎。如帶具，計四椎半引磬。上殿走維那前站悦衆位，看維那到位，打問訊引磬，即轉面向西。凡敲引磬，椎數要匀當，音聲應響亮，拿起放下皆不得作聲。若維那讓大磬，皆副悦衆補班，對面合掌，正悦衆站維那位，拿大磬椎，左手出頭半指，磬法與維那同。惟至煞磬繞佛時，對班首師父合掌，班首一舉手，繞佛歸位時看班首，至海島後即在敲小椷處，向北合掌。見班首至東北角，悅衆至維那位，面向西，候班首將到位，一椎大磬送位；又見和尚及東單尾人至東北角，又敲一椎大磬；和尚至中拜墊時一椎大磬。後四椎半大磬收佛號，迴向同上。

晚殿至「是日已過」八句，到「斯有何樂」後舉「諸師」二字，不舉「大衆」二字、「師」字，「師」字上一椎大磬，後皆與維那磬法相同。下殿時交接引磬與堂內接值同。晚養息香起香，大木椷敲過二下，散香敲六下，即拿叫香至堂門東叫香石上敲三陣，又至客堂、上客堂、大殿門口各敲一陣。回堂放叫香，順圈子走行香。至掛二板，如吃茶時和尚在堂，即先送和尚茶，後自己吃茶，養息香止靜，拜佛引磬同前。四支香開靜，揚板同前。後普禮三拜佛一問訊，計十一椎引磬。

次早四板響下單，若維那不在堂睡，候煞四板，正悅衆替打下單，叫香三下後出外盥洗。吃開水畢，本位靜坐，鞋不收。候三板一鐘止靜，即拿引磬在手，當值開具禮佛三拜，共四椎引磬。看當值向下主中問訊時，響亮一椎引磬開靜。候當值放具畢，打起身引磬，惟有帶具先押後一椎，打在維那呼「具」字上。揚板同前，上殿、下殿、交值皆同前。

禪堂香燈日行儀規

香燈聽四板一響起床，摺好被子，抓緊下單，點上佛龕前大燈。如逢朔望日期，點佛前蠟燭、韋馱殿燈與蠟燭，及樓上觀音堂燈燭。如無電燈，負責點禪堂及廊下各處路燈掛好。洗臉回堂，每早佛前點三支小香、一支大定香，此香一天到晚不斷。韋馱殿、觀音殿點三支小香及一盤小盤香，盤香終日不斷。各處上供水一杯，穿袍搭衣禮佛三拜後，歸本位靜坐。如無電燈，上殿路上燈必須點掛好，禪堂佛前三支小香每天點七次，香燈點五次。即早殿前早板香、午堂前午板香、抽解；晚殿前養息香、抽解及晚四支香。其中上午六支香，午堂前與晚四支香，兩次歸巡香點。隨衆上殿後，回堂靜坐，聽早梆開畢，息蠟燭，各種零細物件收放佛龕內，同當值、司水過早堂。回堂後行香，聽打過抽解，香燈在佛前敬三支小香，香燈不在悦衆代點。韋馱殿、觀音殿一天點三次小香，盤香一天到晚不斷。午板香打抽解，佛前敬小香三支，下午出佛前、韋馱殿、觀音殿供水。平時維那如有吩咐，皆歸香燈、司水二人發心，免勞堂師。四支香開靜，香燈即預備一切所要的燈燭及其他事與應用之物件，一齊仔細拿出擺佛龕上，每日如是，不可改動。晚間起香如無電燈，禪堂、韋馱殿、觀音殿及架房各處燈火，均由香燈點掛。晚四支香開靜，無電燈、路燈及架房燈，進堂點好佛前大琉璃燈，上單養息。此外當須留心，堂外的燈火不能進堂，此名無名火；堂內的燈火可以出堂，此名慧火。

司水日行儀規

司水聽四板一響，即摺被單成龍含珠式放好，趕緊下單出堂。將頭天水瓶之水倒在面盤內給大衆師洗臉，後拿水瓶至大寮打開水。回堂自己盥洗畢，進堂穿袍搭衣禮佛三拜，歸位吃開水靜坐。揚板後與香燈、當值一同上早殿。凡禪堂吃用温、開、涼水皆司水至大寮打。禪堂小圍池約七或八天沖洗一次，夏天三天一沖。禪堂外丹墀如有汙穢，即時打掃清潔。堂師日用手巾，一月約洗六次，曬晾原處。每逢四天放香，司水打掃各班首寮地。如放長香，即到大寮挑熱水一擔，同香燈、副當值數人洗擦放參板。早板香泡茶裝好上午喝。午板香泡茶裝好下午喝，午飯回堂泡好茶，準備吃二板茶，與午板香開靜茶。下午養息香前，先去大寮打開水，準備第二天用。

禪堂諸師行住坐臥日行儀規

禪堂乃是選佛場，禪宗要地，大非等閒，規矩宜嚴謹守護。所謂「開萬聖之圓乘，闡佛祖之慧命，弘宗門之大範，造學者之佛因」。舉止要有規則，自然肅靜無聲，大衆方得安心參禪，克期取證；行住坐臥，自班首乃至清衆，均有儀規可循。

行香：行如風，如風之行止無跡，不得回互盼顧。如穿袍子皆手抄彌陀印，萬不能擺袖子；穿長褂亦不能抄手，須徐徐行步，輕輕擺手。行香擺手，左手擺三分，右手甩七分，須順圈子走，不得穿堂直過，不得逆圈子而行；進堂不問訊，不合掌，不得抄手而行，須兩手垂直，不得東張西望，不得低頭昂腦，不得掉頭顧視，不得交頭接耳，必須將頭靠衣領，端嚴整肅。行走與前人相距三塊磚，不得踏前人腳跟，行走近人之前，而失行之威儀。

住立：立如松，如松之挺直，無有偏斜。不得以兩手抄後，不得叉手而立，不得將腳蹺高處，不得眼睛斜視，不得倚墻靠壁及左右眺望。必須雙手垂直，站立腳跟對齊，前八後二站定。如穿袍子皆捧手，端正無偏則心地公直矣。

坐香：坐如鐘，如鐘之安穩，不稍動搖。凡坐香皆跏趺坐。單跏趺即右腳在下，左腳在上；雙跏趺即先左腳放右大腿上，再右腳放左大腿上。將底下兩衣服角，先包右腿，後包左腿，再包兩膝，名兩把半。膝頭平位邊，頭靠衣領，手捧彌陀印。坐香必須端身正坐，身端則心正，心正則因真，因真則果自不紆曲矣。不但坐香，即一切處人前背後亦然也。

臥睡：佛制四大威儀，臥時皆右手枕頭，左手搭膝，兩腿相疊，不得掉舉。不得仰睡，仰睡名修羅睡；不得左手枕頭，右手搭膝，此睡名畜生睡；不得覆睡，覆睡名餓鬼睡；不得伸兩腳睡，伸腳名死人睡：此皆不名吉祥卧。吉祥卧者，十方諸佛同卧，歷代祖師同卧。不依吉祥卧者，乃蠢動含靈，六道四生同卧。所以天堂地獄，凡聖兩途，祇在卧時一念，可不勉歟！

禪堂出入往返日行儀規

凡住禪堂出入往返，上殿過堂，全在威儀嚴謹，我（凡）僧界中，有三千威儀，八萬細行，不過行住坐卧四威儀中，全在一雙眼睛收得好。眼睛不收則威儀不具，所住禪堂皆住的一雙眼睛。若威儀整肅，名無言教。不言而自信，不教而自成，正是自利利他，實菩薩事也。路途中不得沿途吐痰涕唾，須帶草紙放袖籠內，方便使用。不得東張西望、左右顧視，不得交頭接耳，不得搶前脱後。如有見父母、親戚、師長、同參等，不得途中會話，往返如一。不得人前規矩，背後放逸，若能遵行無犯，便是法門大器。

禪堂上下廣單日行儀規

住寺禪堂諸師，凡養息上廣單時，鞋尖向佛龕，開被單、擺枕頭，概不宜作聲。睡在外者不得在裏睡，睡在後者不得在前睡。西單頭（即第一個單位）睡單前頭朝外，西單二頭朝裏，以次單三在外，單四在裏，以此類推。東單是大悦衆在外，二悦衆在裏，與西單同。司水師睡西單末後，香燈師睡東單末後。必須以次第而安之，若不爾者，名爲攙單，大犯堂規。單上不得看文書，不得縫衣物，不得解包袱，不得交頭接耳，不得唧咕講話，不得有絲毫響動，不得盤腿單上坐。如開大静後，有發心坐香拜佛者，必須輕輕上下單，無絲毫響動聲。下單後除坐香禮拜外，不得在燈下看文書及作針線，更不得三五成群上屏處唧咕談心，執事查出立即重罰。次早催香，若下單後，被條摺好，齊一條線，其餘任何零物，乃至一草，皆要收好，萬不能露外。單上衣架，睡在外者放外架上，睡在裏者放裏架上，前歸前，後歸後，不得參差。架上不能擺篾箱、皮箱、洋傘、提箱、木箱、藤包、方便鏟、扁擔等物。單上不能蓋花被子、紅綠被條，亦不得擺洋枕頭、棕拂子，查出重罰。

管理規制

改革開放落實宗教政策之後，國家宗教事務局、中國佛教協會陸續有《全國漢傳佛教寺院管理辦法》（一九九三）、《宗教活動場所設立審批和登記辦法》（二〇〇五）、《全國漢傳佛教寺院共住規約通則》（修正稿，二〇〇六）、《漢傳佛教寺院住持任職辦法》（二〇〇九）、《宗教活動場所財務監督管理辦法》（試行，二〇一〇）、《漢傳佛教教職人員資格認定辦法》（二〇一〇）、《全國漢傳佛教寺院傳授三壇大戒管理辦法》（二〇一一）等法規頒布，南華寺遵此類相關法規、條例，進一步修訂、完善寺院各項管理制度與清規，形成一套以國家行政法規條例爲依託、寺院管理制度爲主幹、僧伽戒律清規爲核心之現代禪門管理規制體系。以下爲自一九九八年起，由寺僧與全體職工共同制訂、後又增修之各項寺務管理制度，須嚴格遵守。

一、南華寺文物保護規定

南華寺是全國重點文物保護單位，收藏文物衆多，其中多數屬於國家級文物，文物保護責任重大。爲保證文物安全，特制定本規定。

一、根據《中華人民共和國文物保護法》及《中華人民共和國文物保護法實施條例》制定本制度。

二、認真學習、宣傳和貫徹文物保護法規，建立文物保護組織，加强對文物的保護和管理。

三、設立專用資金：（一）文物的保管、陳列、修復、徵集；（二）文物保護單位的修繕和建設；（三）文物的安全防範。

四、建立文物保護的記録檔案，建立文物修復、保養制度，確保文物安全。

五、文物保護單位的記録檔案應充分利用文字、影像製品、圖畫、拓片、摹本、電子文本等形式，有效地表現其所載内容。

六、專人管理藏經閣所藏的文物。文物管理員須具有高度的責任心，忠於職守。並具有一定的文物保護知識，瞭解相關文物保護的法律法規。定期進行文物保護情况點檢，及時掌握文物的安全狀態。

七、南華派出所及其負責管理的保安隊，負責全寺和藏經閣的安全保衛工作，應當建立健全的安全防範措施和規章制度，安全保衛人員應依法配備防衛器械。

八、配備必要的安全防盗監控設施、消防設備，且不得隨意挪動，要保證監控、消防設施設備的狀態完好。

九、保安要堅持二十四小時值班制度，重點監護藏經閣的安全，加强安全檢查巡視，做好交接班的安全確認。

一〇、寺藏文物禁止出借、展覽、複製、拓印。確需修復、複製、拓印的，須照《中華人民共和國文物保護法實施條例》的相關規定執行。

一一、文物收藏室禁止參觀。特殊情況下須經住持批准，由文物管理員或經指定的本寺人員陪同方可參觀。文物管理員應對參觀人員和參觀情況詳細記録。

一二、進入文物收藏室禁止吸煙，禁止帶食品、飲料。

一三、文物收藏室内禁止拍照、攝影，禁止觸摸、搬動文物、翻閱經書。

一四、用於宣傳介紹文物和文物保護須對其進行拍攝的，應按照《中華人民共和國文物保護法》和《中華人民共和國文物保護法實施條例》的相關規定，取得批准後方可進行。

一五、文物收藏室要做好防潮、防火、防蛀工作，定期請專門的文物保護部門和人員進行技術指導。

一六、要對易受潮的經書、字畫等文物適時地進行防潮處理。

一七、不可移動文物的修復，應嚴格遵守《中華人民共和國文物保護法》的規定進行，遵循「修舊如舊」的原則，不得改變其原貌。

一八、寺院活動場所的擴建、拆建、遷建，凡涉及文物的，須制訂文物保護措施並徵得文物主管部門的許可。

一九、進行佛事活動時，應注意保護場所内的文物，不得任意損毀和改變文物原貌。

二〇、禁止遊人在古建築、石碑、古樹等處刻劃、題字。

二一、文物保護工作接受當地政府宗教事務部門和文物保護部門的指導和監督。

二、南華寺治安管理制度

南華禪寺係全國重點文物保護單位、重點旅遊景區，消防保安工作格外重要。爲保證全寺的安全秩序，特制定本規定：

一、根據《宗教事務條例》《中華人民共和國治安管理條例》《企業事業單位內部治安保衛條例》及有關規定，制定本制度。

二、住持爲本寺治安責任人，對本寺治安工作全面負責。

三、本寺與南華派出所合作成立保安隊，由派出所負責培訓，派出所和客堂共同管理，負責南華寺日常安全，維持寺院治安。

四、客堂與派出所應督導保安隊制定治安計劃、落實治安任務，配備安全防範所需的設施。

五、保安員要敬業愛崗，具備基本的保安、消防知識和技能。工作時必須著裝整齊、儀表端莊，按規定佩帶裝備，文明值勤，禮貌待人。發現違反寺規的情況要及時處理並報告主管。

六、保安員要具有高度的責任心，爲寺院的安全高度負責，做好防火、防盜以及其他意外事件的防範工作，保證信徒和遊客的人身和財物安全。

七、保安員要按時到崗，不遲到、早退，做好交接班，交班時應將本班的情況記録清楚完整，接班人員要做好安全確認。認真巡邏，不得擅自脱離崗位。在崗當班時不得接待親友，不得做與工作無關的事情。

八、客堂負責保安員的考勤，獎勤罰懶。有違反規定的，視情節輕重進行扣罰獎金、調離崗位等處罰，嚴重者要解除勞務關係。

九、本寺舉行大型活動，必須制定安全保衛計劃，報市民宗局和曲江區宗教辦公室、公安局批准後認真實施。

一〇、堅決杜絶寺內有盜竊及重大治安事故的發生。如有發生，要及時向公安機關報案，積極配合公安機關偵破案件。事後要認真檢查原因，總結教訓，及時整改。

一一、本寺的治安管理工作應接受市、區宗教部門和公安部門的指導和監督。

三、南華寺保安消防管理規定

南華禪寺係全國重點文物保護單位、重點旅遊景區，消防保安工作格外重要。爲保證全寺的安全秩序，特制定本規定：

一、全寺僧衆要樹立安全防範意識，注意防火防盜。

二、本寺與南華派出所合作成立保安隊，由派出所負責培訓，派出所和客堂共同管理，負責南華寺日常安全消防保衛工作，維持寺院旅遊參觀秩序。

三、保安員要敬業愛崗，具備基本的保安、消防知識和技能。工作時必須著裝整齊、儀表端莊，按規定佩帶裝備，文明值勤，禮貌待人。發現違反寺規的情況要及時處理並報告主管。

四、保安員要具有高度的責任心，爲寺院的安全高度負責，做好防火、防盜以及其他意外事件的防範工作。

五、寺院重點部位要合理配置必要的安全消防設備設施，保安員要做好安全消防設備的保管維護，能熟練使用。

六、殿堂香燈要看護好殿堂香火、燈燭，樹立安全防範意識，下班要進行安全確認，堅決杜絶安全隱患。

七、保安員要做好交接班，交班時應將本班的情況交接清楚，接班人員要做好安全確認。不遲到、早退，認真巡邏，不得擅自脱離崗位。在崗當班時不得接待親友和做與工作無關的事情。

八、保安員和護林員要共同認真負責看護山林，隨時巡邏，禁止一切私砍濫伐、盗竊林木的行爲。做好森林火災的防範。

九、重大節慶期間，要加强保安工作，增加值班人手。

一〇、客堂負責保安員的考勤，獎勤罰懶。有違反規定的，視情節輕重進行扣罰獎金、調離崗位等處罰，嚴重者要解除勞務關係。

四、南華寺衛生管理規定

爲加强南華寺的衛生管理，使寺院内有一個清潔、衛生的環境，特制訂如下規約：

一、保持寺内衛生清潔工作，工作人員不得隨便離開工作崗位，不服從指揮和安排的經教育不改者，寺院作下崗處理。

二、寺内走廊上的蜘蛛網須每天清掃，如果檢查發現有蜘蛛網，每次罰款五元。

三、工作人員實行分片包幹制，誰包幹誰負責，在誰的包幹區發現有紙屑、尼龍袋子、樹枝等物，罰款一元，如此類推。垃圾按指定的地點堆放，誰違反，每次罰款五元。

四、寺内的垃圾箱必須三天清洗一次，如果不按規定時間清洗，每次罰款五元。

五、掃帚工具必須在固定地方堆放，不能隨便亂放，發現有亂放掃帚工具的，每次罰款二元。

六、工作人員必須愛護好公物，每次支用掃帚十把，雨具一套，籮筐一擔，垃圾斗一隻，鐵鏟一把，損壞工具由自己負責。

七、寺內廁所每天沖洗五次，如果廁所不按制度沖洗，廁所有異味，每次罰款五元。

八、聖誕日、節假日隨時增加工作安排搞衛生，要聽從指揮。

九、衛生管理人員工作積極、表現良好的，寺院年終適當給予獎勵。

五、南華寺醫務所制度

一、爲方便本寺僧人及工人與附近居民，以及孤寡貧困人士就醫，本寺創辦南華寺醫務所。本診所本著慈悲濟世扶貧、方便隨緣隨力的原則，持證的孤寡、貧困人士每天二十位內免費，工人與附近居民自費。

二、由於本所規模有限，遇急、危、重、特、疑難之病治療不了時，應及時轉院；經本診所診治五天未見好轉者，應及時進行轉院處理。

三、僧人轉院處理的醫藥費用依常住執事會研究決定處理（住院醫藥費按規定報銷）。

四、中西藥房所進的藥品以常用藥爲主，故藥品品種和數量有限，醫生應根據病情開處藥方。大劑量、大金額的處方單須經主管簽字，藥房方可出藥（特殊情況電話報批），患者自己點藥一律自費。

五、自帶針劑來本所注射時，須持有正規醫院病歷及治療單爲依據，西醫醫生驗證後交由護士注射（西醫醫生和護士在診所的情況下），否則本所有權拒絶注射。

六、因本診所的特殊性，中西醫生與藥房節假日不休息，平時串休，每週三爲西醫醫生和西藥房休息，每週五爲中醫醫生和中藥房休息。

七、中西藥房每月月底進行藥品盤點，根據醫生需要及盤點結果作出下月常用藥藥品的進藥計劃，並報主管、監院批覆，同時上報本月藥品及器械損耗情況報告表。

八、没有特殊情況下，中西醫生不得進入中西藥房，非藥房人員亦不得進入藥房進行藥品查看。

九、診所開放時間内，診所内所有人員不得做與工作無關的事宜。

一〇、由於診所規模有限，技術有限，藥品有限，不完善之處還望患者諒解和理解。

六、財務管理規約

財務管理制度

一、爲規範寺院的財務管理，根據《宗教事務條例》和有關財務法規，制定本制度。

二、財務管理的基本原則：遵紀守法、統一管理、嚴格審批、財務公開。

三、根據寺院自身實際情況，編製財務預算計劃，對於重要活動、大額購物、基建、維修等較大項目的開支，應制定具體的預算計劃，由執事會議研究決定後執行。

四、本寺財務人員由寺院聘請，財務人員須具有必要的資質。財務人員在執事會的領導下行使職責，同時要遵守國家有關法規。會計、出納、物資保管員等工作職位應單獨設置，不得交叉兼職。

五、財務人員不得以個人名義或其他名義開户存款，不得私自挪用、轉借常住資金。除允許少量的現金外，資金收入必須當天存入銀行。

六、對各項支出的審批與報銷，均應嚴格設立審批許可權，由本寺民主決定。凡不符合規定和審批手續不全的收據和發票，一律不許報銷。

七、本寺所有財務管理狀況必須定期進行審計。

八、本寺的財務管理接受上級宗教團體和當地政府宗教事務部門的指導、監督。

南華寺財務管理規定

財務爲一寺重要堂口，經理全寺收支，大衆生活所憑。十方供養，逾於須彌，必須謹慎。現根據《會計法》和《會計基礎工作規範》的要求，結合本寺的實際情況，本著合理利用資金、開源節流、量入爲出的原則，保證寺院的正常運作，特制定本規定。

一、財會人員崗位職責。按國家財務規定設置的會計科目設賬，審核原始憑證，填制記帳憑證，登記會計帳簿，月末結帳編制會計報表。保證會計資料的完整和真實。

二、出納工作職責。負責現金與支票的收支工作。原則上支出費用須以支票結算。資金往來做到日清月算，保證資金安全。

三、審批許可權。本寺各項費用開支，五千元以下由監院審批，一萬元以上由住持審批，重大費用支出須經執事會研究批准。

四、票據的報銷。各項開支都必須有發票，發票背面應列明用途，經辦人、驗收人、證明人簽名後，經審核人批准後方可作爲報銷依據。

五、每月單資發放，由客堂向財務提供考勤記録和人員變動情況，財務據此製作單資表，報請住持審批。單資表應一式三份，住持、監院、財務各保存一份。

六、出納收取現金必須當面出具收據，並將現金及時存入銀行，不得挪用私用，違者重罰。客堂收取的佛事款以及其他各類捐贈款項，必須出具收據，出納應及時核對，回籠現金。

七、財務應督促每天及時收取全寺功德箱內的香油錢，門票款應每日結清，防止私借挪用。

八、會計應保證會計憑證、帳簿、報表及其他會計資料的完整和真實，按時向常住報告財務收支狀況。

會計管理制度

財務爲一寺重要堂口，經理全寺收支，大衆生活所憑。十方供養，逾於須彌，必須謹慎。現根據《會計法》和《會計基礎工作規範》的要求，結合本寺的實際情況，本著合理利用資金、開源節流、量入爲出的原則，保證寺院的正常運作，特制定本規定。

一、財會人員崗位職責。按國家財務規定設置的會計科目設賬，審核原始憑證，填製記帳憑證，登記會計帳簿，月末結帳編製會計報表。保證會計資料的完整和真實。

二、出納工作職責。負責現金與支票的收支工作，原則上支出費用須以支票結算。資金往來做到日清月算，保證資金安全。

三、審批許可權。本寺各項費用開支，五千元以下由監院審批，五千元以上由住持審批，重大費用支出須經執事會研究批准。

四、票據的報銷。各項開支都必須有發票，發票後面應列明用途、經辦人、驗收人、證明人，簽名後經審核人批准後方可作爲報銷依據。

五、每月單資發放，由客堂向財務提供考勤記録和人員變動情況，財務據此製作單資表，報請住持審批。單資表應一式三份，住持、監院、財務各保存一份。

六、出納收取現金必須當面出具收據，並將現金及時存入銀行，不得私自挪用，違者重罰。客堂收取的佛事款以及其他各類捐贈款項，必須出具收據，出納應及時核對，回籠現金。

七、財務應督促每天及時收取全寺功德箱內的香油錢，門票款應每日結清，防止私自挪用。

八、會計應保證會計憑證帳簿、報表及其他會計資料的完整和真實，按時向常住報告財務收支狀況。

九、財務必須做到周清、月結、定期公布，月結報表遞交本寺執事會議，彙報收支情況及預算計劃落實情況，並公布新增財産、現金及收支情況；年終進行清理結算與結帳，包括清理、核對年度預算收支和各類款項數位，確定年度收支範圍；清理來往款項，核對銀行存款和現金，進行財産清查，年終結帳；做到民主理財，民主管理。

一〇、年終應編製會計報表、會計報表附注和財務情況説明書組成的財務會計報表，並報上級宗教事務部門備案。

一一、按照《中華人民共和國會計法》和《會計管理辦法》的規定，規範場所會計檔案管理。對會計憑證、會計帳目、會計報表、年度預算和重要的經濟合同等會計檔案定期歸集，審查核對，整理卷宗，編製目録，裝訂成册，確定專人管理，防止丢失損壞。

一二、本寺財務管理接受上級宗教團體和宗教事務部門的指導、監督。

南華寺財會報帳制度

一、對一次性一千元以上的支出由住持審批，日常事物一次性支出一千元以內的可由當家師審批。
二、每張支出單據須有經辦人簽名，經審批、核實後方可報銷入帳。
三、凡因購公物借公款的，須辦理借款手續。
四、凡裝修、新建等金額較大的支出，事先須經寺廟管理層商議決定，事後由住持審批。

七、崗位責任

南華寺財會人員職責

一、財會人員必須遵守財會制度，嚴格按制度辦理票證的核銷工作。
二、出納員要堅守崗位，做到日清月結，在次月五日前將上月的收支單據結算後移交給會計，接受會計對收支情況的審核和監督。
三、會計要嚴格執行財會制度，堅持原則，在財務移交單據後，要盤點庫存現金及銀行帳户資金結存是否符合當月帳　單。按時做好有關報表。
四、如有挪用公款、貪汙現金，造成寺院經濟損失的，一律作開除處理。

南華寺保安人員職責

一、隊長職責。隊長首先應服從南華寺內主管人和派出所的工作指導方針，負責南華寺全面的保安工作，應對南華寺的安全負相應責任。

二、副隊長職責。隊長協助隊長的保安工作及負責南華寺的消防安全工作，對南華寺的消防安全工作也應負相關責任。

三、隊員職責。隊員應做到及時交接班，出現問題要及時向隊長反映情況，不得擅自離崗，所有隊員要對隊長負責。如有違反保安制度，應嚴肅處理。

四、保安隊人員上班制度。第一班：早上七點半至下午五點。第二班：晚上八點至凌晨五點。正常情況上班，白班兩名隊員守門口，兩名隊員巡邏。

五、工作分工。夜班兩名隊員負責巡邏南華寺全面的保安地帶。門口值班室和寺內值班室各留一名保安隊員值班。不履行職責而造成寺廟財物損失重大或其他重大事故發生，追究當事人的責任或調離保安崗位，直至開除。

保潔員衛生管理責任規定

一、維持寺院衛生，人人有責。

二、寺院環境衛生由保潔員負責清掃，保持清潔衛生，注意清理垃圾，不留衛生死角。

三、各景點的衛生要有專人負責，時時清掃，保持整潔。

四、各殿堂香燈負責殿堂內的衛生，地面要保持整潔，供案、香爐等要經常擦洗，拜墊擺放整齊。

五、配備必要的衛生設施，在主要景點和路段放置垃圾箱等，引導遊客不亂丟垃圾、果皮、紙屑。

六、衛生垃圾定點處理，由環衛部門定期運出。

七、保潔員要按時上下班，認真負責完成本崗位工作，不得敷衍了事、偷懶。客堂負責衛生檢查，不合格者處以扣罰工資、獎金，直至開除等。

停車場管理員責任制度

爲維護好南華寺停車場的秩序和遊客車輛的安全，停車場管理員應遵循以下規定：

一、遵守國家的有關法律、法規和規章；

二、工作人員和收費人員上班應該佩戴工作證件；

三、按照價格主管部門規定的標準收費；

四、保持公共停車場內良好的停車秩序，確保停車設施的正常運行；

五、保障停車安全，杜絶事故隱患，防止車輛丢失、損壞；

七、保證停車場無亂擺賣、追客强賣、乞討等不文明的現象和場地的清潔衛生；

七、指揮車輛必須按指定位置停放，嚴禁堵塞消防通道、進出路口，不得駛入人行道及草坪緑地；

八、嚴禁運載劇毒、易燃、易爆及其他不安全物品的車輛進入停車場；

九、提醒車主，車輛停放後必須關上門窗，防盜系統調至警備狀態。入場證及其他有效證件和貴重物品須隨身攜帶，否則後果自負。

一〇、造成車輛丢失，當事人要承擔一切經濟責任，並解除勞動合同。

南華寺電工工程人員責任職責　一九九九

一、遵守《工作守則》，負責本區的供水、供電及工程維修工作。

二、嚴格執行電工技術操作規程，堅持原則切實執行供水、供電制度，每月按時抄表計費。

三、熟悉工作環境，積極巡迴檢查，工廠一定要做到安全、乾淨、整齊、美觀。

四、履行節約，合理供水、供電，降低經營成本。

五、如水、電路出現故障，必須在接到報告後十五分鐘內趕到現場進行檢修。如接維修通知後，未能馬上到場檢修者，每拖延一天即扣發一天工資和補貼，如此類推。

六、上班時應認真負責工作，如怠忽職守，違反技術操作規程，造成經濟損失的按損失總價的百分之五實行賠償；若造成傷亡事故，扣發當月工資、補貼，並停職檢查；觸犯刑律的，交司法機關處理。

七、健全材料管理制度，實行簽發簽領手續，更換材料應以舊換新，並經主管主任同意。

公共衛生責任制度

一、客堂負責本寺環境衛生的全面工作。

二、維持寺院環境衛生，人人有責。要做好講衛生、愛護環境的宣傳，養成良好的道德習慣。

三、寺院環境衛生由保潔員負責清掃，分片包幹，責任落實到人。

四、常住發給保潔員必要的清掃衛生工具。要愛護保管好衛生工具，不得損壞、丟失。下班後要把工具放置整齊，不得隨意亂放。

五、保潔員要按時上下班，認真負責完成本崗位工作，不得敷衍了事。對各人負責的衛生責任區要時時清掃，不留衛生死角。保持整潔，地面不得有果皮、紙屑、煙頭等。

六、各殿堂香燈師負責殿堂內和門前的衛生，地面要保持整潔，供案、香爐等要經常擦拭乾淨，拜墊擺放整齊。

七、配備必要的衛生設施，在主要景點和路段放置垃圾箱等，引導遊客不亂丟果皮、紙屑等垃圾。對嚴重破壞、汙染環境衛生的行爲要堅決制止。

八、寺院內的廁所由專人負責打掃，要時時清洗、沖刷，不留雜物，沒有異味。

九、寺院內汙水不得亂排亂放，不得亂倒垃圾，應定點傾倒，由環衛部門定期集中運出。

一〇、寺院內不得焚燒垃圾，對於不會汙染環境的樹木枝葉等可以採取挖坑掩埋的方法處理。

一一、建築垃圾、淤泥等雜物由建築施工單位負責清理，施工現場整潔衛生，建築材料定制管理，做到活完地淨。

一二、客堂負責環境衛生的監督檢查，不合格者要督促其及時完成。

南華寺防火安全責任制

一、依據《中華人民共和國消防法》任命傳正法師（方丈）爲南華寺的防火責任人，負責南華寺消防安全工作。

二、本寺堅決貫徹落實逐級防火責任制度。寺內的具體消防安全工作由見義法師負責，見義法師必須依據《中華人民共和國消防法》的有關規定貫徹落實本寺的消防安全工作，保證爲傳正法師負責。

三、保安隊長劉國書協助見義法師做好消防安全工作，保證爲見義法師負責。帶領保安隊員進行防火巡查，並做好記録。組織有關消防活動，協助舉行消防滅火演練，積極參加公安消防機構舉辦的消防安全知識培訓。

四、本寺堅決服從縣消防大隊、南華寺派出所消防安全監督的指導，消除火災隱患。

僧伽規範制度

二〇〇九年三月，南華寺邀請曲江區律師事務所律師，在寺院多寶閣講堂舉辦「宗教與法律的關係」法律知識講座，寺院僧衆以及曹溪佛學院全體師生共二百六十多人聆聽講座。

二〇一〇年一月，國家宗教事務局頒布《宗教活動場所財務監督管理辦法》（試行），自二〇一〇年三月起執行。

二〇一〇年十月，按照廣東省民族宗教事務委員會《轉發省佛教協會關於開展廣東省佛教教職人員資格認定工作的通知》、廣東省佛教協會《廣東省佛教教職人員資格認定辦法》等文件精神，南華寺召開佛教教職人員資格認定工作會議，部署開展佛教教職人員資格認定工作的步驟與要求。傳正要求南華寺法師、學僧積極配合工作，認真落實，切實加强寺院僧尼隊伍的管理。

歷代典職

佛住世時，並無所謂典職，唯以年高德劭，爲衆綱領，以須菩提、舍利弗、優波離、大迦葉等上座及阿闍黎爲執範師。教法東流，叢林蔚興，漸始有職設。唐儀鳳二年（六七七）春，惠能開法曹溪，置執侍、花果（院）基莊主等職。此後有十務（十職）之設，由衆僧分任寮元、堂主、化主等職務。唐貞元、元和年間，百丈懷海制定叢林清規，另立禪居之制。叢林之設，本爲衆僧。開示衆僧，故有長老；表儀衆僧，故有首座；荷負衆僧，故有監院；調和衆僧，故有維那；供養衆僧，故有典座；爲衆僧作務，故有直歲；爲衆僧出納，故有庫頭；爲衆僧主典翰墨，故有書狀；爲衆僧守護聖教，故有藏主；爲衆僧迎待檀越，故有知客；爲衆僧請召，故有侍者；爲衆僧守護衣鉢，故有寮主；爲衆僧供侍湯藥，故有堂主；爲衆僧浣濯，故有浴主、水頭；爲衆僧禦寒，故有炭頭、爐頭；爲衆僧乞丐，故有街坊化主；爲衆僧執勞，故有園頭、磨頭、莊主；爲衆僧滌除，故有淨頭；爲衆僧給侍，故有淨人。所以十方備足，百色現成，萬事無憂，一心爲道而已。見《禪苑清規》卷八。

一、古代歷任典職

曹溪自唐惠能開法，叢林典職制度經歷千餘年，歷任職事，多已無可考辨。惟萬曆志載，曹溪住持制度始於宋天禧間，「遂公所稱第一代者，蓋敕差稱住持者，遂公居第八，非傳燈世系第八也」；塔主，「即古之知殿，蓋曹溪有六祖真身塔故，特設以司之。每歲輪一人，專奉香火、守器物。延僧五人齋居殿中，五鼓誦經畢獻粥，黎明獻飯，暮念經、施食」；首座，「古有前、後二堂，今此仍云首座。歲擇一人，每月朔望率諸僧各殿堂，誦經祝延聖壽」；維那，「此今之悦衆也，歲擇二人，爲各堂念誦，首座兼辦，諸佛逢誕慶，揚表疏」；藏主，「此即古之智藏出，歲擇四人，主藏經出入，與維那同事」。

順治志載：户主「即古之都監寺，並直歲、莊主共三執事。今則一人總之而已，擇其善事一人，專管寺莊田地、賦役、出納，答應官長，數歲一更，是所以副二住持者」。該志載唐代開山督糧、田里户主共一百一十二代：

第一代大鑒圓明能禪師
第二代寶峰珍
第三代萬化能
第四代常川辯
第五代大衲良
第六代南天光
第七代國通達
第八代平和順
第九代南堂愷
第十代秀華清
第十一代巨天果
第十二代海藏會
第十三代志度昇
第十四代日天朗
第十五代惠衲愛
第十六代正庵立
第十七代正善忠
第十八代古賢參

第十九代萬春聰
第二十代萬機敵
第二十一代月秀鉛
第二十二代本空潔
第二十三代月潭澗
第二十四代壽傳福
第二十五代碧霄智漢
第二十六代朗然烔
第二十七代東溪潤
第二十八代世傳如音
第二十九代日罡魁
第三十代忠炅政
第三十一代嶽山正華
第三十二代石軒如略
第三十三代南傳如積
第三十四代德全清能
第三十五代月相文鏡
第三十六代龍泉方識

第三十七代竺溪積鞏
第三十八代碧溪性財
第三十九代孤月清現
第四十代碧峰性瑋
第四十一代東禪正袖
第四十二代華莊性鍦
第四十三代蘆山海寬
第四十四代石舟積昌
第四十五代半峰海禪
第四十六代湧泉海珊
第四十七代厚全正華
第四十八代梅機妙傳
第四十九代華傳超言
第五十代水鏡智鰲
第五十一代石松超禪
第五十二代象漢真權
第五十三代經臺性憲
第五十四代雙橋法泉

第五十五代通洲福善
第五十六代國欽通朝
第五十七代肖竹清顒
第五十八代古林福裕
第五十九代象田普常
第六十代象梅宗茂
第六十一代愛從妙殷
第六十二代粵溪法參
第六十三代茂林德深
第六十四代非臺實矜
第六十五代象外妙機
第六十六代錫峰法慈
第六十七代壽相福容
第六十八代壽政德參
第六十九代瑞臺行諫
第七十代鎮崖明璽
第七十一代翠堂能顓
第七十二代秀庵願倉
第七十三代素成登

第七十四代景吾橋
第七十五代秀雲廣
第七十六代任韜略
第七十七代榕池勝
第七十八仰禪環
第七十九代賓宇祖
第八十代平甫高
第八十一代見陽照
第八十二代一光鏡
第八十三代錦吾聰
第八十四代剩吾賢
第八十五代完初全
第八十六代中月貴
第八十七代三禪觀
第八十八代凌霄輝
第八十九代明六廣
第九十代洞初啟
第九十一代樂然濯
第九十二代達昧新

第九十三代豈凡聖
第九十四代近梅舜
第九十五代接華玉
第九十六代彩雲瑞
第九十七代團月禎
第九十八代惟諒仁
第九十九代凌霄輝
第一百一代體元初
第一百二代定中意
第一百三代譚信緇
第一百四代靈虛珦
第一百五代壽天常
第一百六代會章敏
第一百七代皎環旭
第一百八代以珍聰
第一百九代洞元肇
第一百十代澄燁瑩
第一百十一代淳章文
第一百十二代定修緣

明代憨山復興曹溪職事，據《夢遊集・中興曹溪録》載：「設監寺四名，專掌庫司，收支常住錢穀，置辦什物，主張山門大事，以副住持，凡有事務，同心議處。內以一人專管鎖鑰，經理收貯一應錢糧什物，庶有責成；內以一人監收租課，舉劾弊竇，不使濫觴，爲衆紀綱。設庫司書記一名，專管收支，登記帳簿，以備稽查，不致疏漏。户長一名，此乃舊規，專管里甲，差徭糧稅，仍照常規，此即古副寺。都管一名，此職即古規都知事，乃知事首領，今即以此職統充莊主，率領都寺，徵收各莊租課，催辦合寺糧差，以副户長，亦名直歲。都寺九品，此即古知事，以佐都管徵收糧差，輪流直月，以應接官長，幹辦山門大小事務。」

又，憨山纂修《曹溪通志》載：「都綱爲僧官，則非佛制。」都綱十七人：道瑜 洪武初任，顒謙 正統四年任，懷素 正統十四年任，法演 景泰間任，惠謙 天順間任，慈諒 成化十年任，悟環 弘治七年任，紹宗 弘治十五年任，真宣 正德十五年任，德聰 嘉靖三年任，真羨 嘉靖十年任，應珍 嘉靖十五任，碧山 嘉靖十八任，積灝 萬曆間任，德印 萬曆間任，弘琛 萬曆二年任，正意 崇禎間任。副都綱九人：啟昌 正統間任，慈端 景泰間任，法科 萬曆間任，弘昭 萬曆間任，子勝 崇禎十三年任，淨濯 崇禎十七年任。

除都綱任職外，其餘塔主、首座、藏主、維那等典職均無列名。今據曹溪志所載事記、碑記等，按其列職，記其職事約有：

宋代：開寶九年，院主惠正懷感，都監超淨道隆，副監寺契真，都監契淨，監院靜源。

明代：明隆慶五年，户長僧如積。萬曆六年，户長僧超言。萬曆十八年，户長僧超言、真權。萬曆二十一年，户長僧積昌、正華、妙傳、智龕、真權、法泉。萬曆四十八年，堂主本昂，塔主了際，都管福興，户長僧道勝。

清代：順治九年，户長僧宗肇，僧官圓旭，十房僧戒光，協理融祖、德融。順治十一年，户長僧海瑩，協理可相，十房僧智大。順治十七年，監院慧聰。順治十八年，户長僧德乘，十房僧達機，監院可相，十房都管圓學。康熙二年，監院可相。康熙三年，户長僧了凡，塔主積弘，監院可相。康熙五年，塔主顯潔、明哲，十房僧性逵、悟勝。康熙六年，十房管事如滿。康熙十年，都綱代監院可相，僧綱性昂，户主僧法贊，塔主慧聰。康熙十一年，都綱可相，塔主德興、能持，都管真祥、福寬。康熙十三年，僧官弘裕，十房僧行章。康熙十四年，監院可相，監修德興、淨裕、慧聰，塔主法乾，都管如滿、通聖、智大、湛怡。康熙十六年，十房管事僧真謐。康熙十九年，十房僧行哲。康熙四十九年，户長僧超言。

康熙朝以後，曹溪職事無考。

二、民國歷任典職

民國二十三年（一九三四）農曆八月「六祖誕」日，虚雲自鼓山移錫曹溪南華。據虚雲《重興曹溪南華寺記》載：「雲至曹溪，房分祇有五家，其數不上十人，不居寺內。」此後虚雲即將南華寺改爲十方叢林，首設典職，以期復興。除方丈與「四大班首」之外，立有五大堂口執事，典職設監院、知客、維那、典座、寮元、衣鉢、書記、僧值，共掌禪院大小事務，稱「八大執事」。今可考者爲：

首座：觀本兼監院，民國二十四年（一九三五）春任；覺澄，二十四年（一九三五）任。堂主：樂觀兼知客，三十一年（一九四二）任。副寺：新成，三十五年（一九四六）任。監院：惟因兼知客、書記，三十三年（一九四四）任；知定，三十三年（一九四四）任，後兼南華戒律學院副院長、南華小學校長等。衣鉢侍者：聖一，三十二年（一九四三）任。戒律學院監學：宣化，三十六年（一九四七）任。

三、當代歷任典職

中華人民共和國成立初期，南華寺仍由本煥任主持，惟因任首座代監院。南華寺經歷土改、「大躍進」、人民公社等階段後，寺院僧制廢弛而變爲「管理處」。一九五八年五月，成立「南華寺事務管理委員會」。至一九六五年十一月，南華寺管委會成員有：

主任：林得衆 兼本山住持、雲門首座。「文化大革命」中堅守祖庭，領衆生産，保護文物，維護南華祖庭二十餘年。後還俗。副主任：李志真 後還俗、聞德 女。委員：滿元 兼生産隊長、印清 女，兼生産隊長、惟因 兼會計、宏智 女、聖嬌 女、證果。

直至一九八〇年惟因任南華寺住持後，重新恢復十方叢林。禪院典職在惟因、佛源、傳正等主持下逐步得以恢復、完備。

（一）惟因住持時期 一九八〇年至一九九〇年

一九八七年二月十三日，惟因對職事隊伍進行整頓，安排職事如下：

西堂師：緣如 兼監院、又果 兼知客。後堂：正智 兼維那。堂主：傳正 兼監學。書記：傳慧 兼衣鉢、有學、維光 兼僧值、傳生 兼悦衆、果成 兼知客、演良 兼副寺、傳道 兼典座、維福 兼悦衆、昇華兼副寺。

是年五月十八日調整職事：書記：記光兼堂主、傳生兼維那、紀融兼僧值、紀悟、有生兼衣鉢。

是年七月十五日調整職事：

首座：緣如兼監院、法修、體圓。西堂：寬律、印藻、妙月、繼融。後堂：傳正兼知客、繼光。堂主：有學兼副寺、果成兼知客、圓淨兼衣鉢。書記：繼明兼維那、傳慧、演良兼副寺、傳道兼典座、昇華兼副寺、有生兼僧值、遠機兼副寺、弘濟兼副寺、繼迪兼監學、隨學。

一九八八年三月三日調整職事：

首座：緣如兼監院。堂主：傳正兼知客、繼光兼禪堂。書記：有學兼副寺、果成兼知客、傳慧、繼融兼僧值、繼明兼維那、演良兼副寺、遠機、昇華兼典座、傳道、有生、圓淨兼衣鉢。

一九八八年十一月十八日調整職事：

堂主：宏智兼當家、性德兼當家、寬哲、印清、印極。書記：傳信兼知客、慈融兼知客、隆慶兼維那、明義。

一九八九年二月二十一日調整職事：

首座：緣如兼監院、寬律兼西堂、體圓、德修。西堂：印澡。後堂：傳正兼知客、繼關。堂主：有學、圓淨兼衣鉢。書記：傳慧兼副寺、演良、傳道兼典座、繼融、遠機、有生兼副寺、弘濟兼知客、證慧兼副寺、澄文兼維那、仁爲兼僧值、本華、演成兼庫頭、宗如、繼明、昇華、繼迪。

一九九〇年一月十五日調整職事：首座：緣如兼監院。西堂：傳正兼知客。堂主：有學。書記：傳慧兼副寺、傳道兼典座、繼明兼維那、遠機、繼融、證慧兼副寺、演成兼庫頭、宗如、傳昌兼衣鉢。

（二）佛源住持時期　一九九二年五月至一九九九年六月

一九九〇年下半年惟因圓寂，由傳正兼理寺院住持，職事延續惟因所設。一九九二年，佛源繼席，典職方有調整。農曆六月初一日請職事掛牌：

首座：緣如兼當家。西堂：傳正兼都監、繼光兼知客、印藻兼副寺　堂主：有學、證慧兼副寺、庫房。書記：傳道兼典座、繼融兼副寺、妙峰兼僧值、傳昌兼知客、法智兼知客、繼賢兼衣鉢、傳賢兼副寺、演成兼副寺、遠機、新平兼庫房、妙林兼藏主、傳新、傳慧兼副寺、升品、靜修兼副寺、照品兼副寺、妙峨兼殿主。

一九九五年農曆二月初六日調整職事：首座：緣如兼都監。西堂：繼光兼知客。後堂：有學。堂主：傳慧兼知客、繼賢兼衣鉢、仁條兼知客、僧值。書記：傳道兼典座、演良兼副寺、妙峨兼殿主、傳新、妙林兼藏主、繼禪兼副寺、升品、明訓兼副寺、演華、來望兼副寺。

（三）傳正住持時期　一九九九年七月

一九九九年，傳正升任住持。職事設首座、堂主、西堂、書記等職。在僧職上，以禪院司職設副寺、監院、知客、僧值、藏主、庫房、維那、衣鉢、典座、誦戒等。

首座：緣如兼監院、繼光兼布薩。西堂：有學兼會計。後堂：覺慧兼副寺、管基建。堂主：證慧兼副寺，管九龍泉款、妙林兼藏主，管藏經閣、傳道兼典座、見義兼副寺、聞靜兼知客、緣淨兼維那。書記：繼明兼殿主、來望兼副寺、智生兼知客、惟印兼僧值、興玉兼衣鉢、妙峨兼副寺、升品兼副寺、遠機兼副寺、庫房、法諦兼知客、法觀、有提。

二〇〇〇年，傳正開辦曹溪佛學院，新置教學管理機構，並增典職院長、院長助理、教導長、教務長，教務主任，以及教務處、多寶閣圖書館、《曹溪水》佛學院院刊等司職，又有各僧職兼職寺建、教務，及寺院日常事務，有兼管功德箱、醫務所、九龍泉的之設職。

首座：緣如兼都監、繼光、有學兼副寺、衍嚴、能如、傳道。西堂：法隆兼知客、傳賢、敷淨兼副寺、傳源兼副寺、教務長、果萬、道立兼維那、願恩。後堂：繼賢、妙壽、妙理兼維那、昌實、繼明、悟平、妙林兼藏主、繼福兼庫房、照賢兼知客、法廣兼副寺、副院長、淨恩。堂主：悟佛、來海、悦空、寬聖、賢修、常智、果運、果慈、宗岳、華慧兼監院。書記：都香兼侍者、都應叫、都總、古月兼多寶閣、慧賢兼《曹溪水》編務、法强兼典座、法明、悟成、法偉兼衣鉢、都炳、了悟、衍然、界隆、本純、照定兼僧值、延郡、法成、觀法兼教導長。

無盡庵職事：

後堂：隆慶兼監院。堂主：有峰兼維那、法雨兼知客、宏量兼知客、能弘、傳廣、法平、廣智兼僧值、繼惺兼庫頭、惟定兼典座。

二〇一四年調整職事：

首座：緣如兼都監、繼光、有學兼副寺、院長助理、衍嚴、能如、傳道。西堂：法隆兼知客、傳賢、敷淨兼副寺、傳源兼副寺、教務長、果萬、道立兼維那。後堂：繼賢、妙壽兼僧值、妙理兼維那、昌實、繼明、悟平兼收付、妙林兼藏主、繼福兼庫房、照賢兼知客、法廣兼副寺、副院長、淨恩。堂主：悟佛兼監院、來海、悦空、寬聖、果恒、果運、寬永兼維那。書記：宗岳、悟成、都香兼侍者、都應叫、都總、古月、慧賢兼《曹溪水》編務、法强兼典座、法明、華慧、了悟、衍然、界隆、法偉兼衣鉢、法日。

卷八　弘化行實

卷八　弘化行實

佛教之功，往上則出離生死，向下則普度衆生，所謂上弘下化也。曹溪自惠能開創頓悟法門，以「明心見性」自度度人。惠能寂後，高弟分化四方。北宋時，曹溪禪散爲一花五葉七家，可謂盛極。至明清二代，臨濟成爲中國漢地佛教文化主流。近代曹溪禪門，伴隨中國佛教改革，衝破宗派藩籬，弘揚人生佛教、人間佛教。民國二十三年（一九三四），虛雲主持曹溪中興，一身而兼接五宗法脈，弘傳於海內外，座下皈依弟子數百萬。中華人民共和國成立後，國家百廢待興，曹溪佛教弘傳一度中落。改革開放後，曹溪禪如枯木逢春，逐步恢復。二十世紀八十年代，惟因致力於祖庭之恢復及與外界之交流。九十年代，佛源、傳正致力於寺務整頓及禪文化復興。至新世紀，在傳正弘法主旨引領下，祖庭禪院文化精彩紛呈，曹溪傳統迅速光大。二〇〇二年，又承續虛雲、惟因等祖師手創之戒律學院（培訓班）而恢廓成曹溪佛學院，繼又完善之，建南華圖書館、綜合檔案館、網絡資訊中心、息心園等，爲禪宗發展開闢通途。新世紀以來，南華寺得到廣東省民宗委及省佛教協會等單位多次表彰：二〇〇〇年八月，省民宗委、省佛教協會授予「廣東省文明寺院」稱號。二〇〇四年九月，省民宗委授予「廣東省宗教文明活動場所」稱號。二〇〇七年十二月，在全省「一十百千萬行動」中，省民宗委、省佛教協會授予二〇〇五—二〇〇七年度「模範寺院」稱號。二〇〇九年十二月，省政府召開廣東省第五次民族團結進步表彰大會，授予南華寺「廣東省民族團結進步模範集體」稱號。二〇一〇年九月，在全國開展創建和諧寺觀活動中，南華寺被授予「達標場所」稱號，傳正被評爲創建和諧活動「先進個人」。二〇一三年五月，根據國家宗教事務局及韶關民宗局下發之《關於二〇一三年以「教風」建設爲主題開展和諧寺觀教堂創建活動的通知》精神，南華寺開展「教風年」活動。二〇一四年，國家宗教事務局命名北京市白雲觀、廣東省南華寺等二十四處宗教活動場所爲第二批宗教界愛國主義教育基地。南華寺已巍然成爲中國禪宗弘法交流中心之一。

經籍弘傳

一、六祖壇經弘傳

初祖達摩不立文字，直指人心，見性成佛。六祖惠能繼之以無相爲體、無念爲宗、無住爲本，乃創南宗頓悟法門，流播人間。唐宋之際，禪宗從「不立文字」向「不離文字」「借言以顯無言」轉變，《六祖壇經》及《禪宗燈録》等書籍刊行，參究公案之風日盛。明清時期，《六祖壇經》「以心傳心，見性成佛」之教義，以其文化智慧，立足於現實人生，深入中華精神。

曹溪於六祖禪宗教義之弘傳，最先有六祖高弟筆録其布道法語，其中以法海筆録《六祖大師法寶壇經》流傳最廣，影響甚巨。宋元時期，通行本有惠昕整理本、郎簡整理本、鄭思肖題識本、德異本、宗寶本等。明清以還，《壇經》更爲人崇奉，成化二十一年（一四八五）内府刻《六祖法寶壇經》，憲宗朱見深御製敘。其後，萬曆間有右僉都御史李材重刻本、侯繩武重刻本、韶州知府陳奇謀補刻本、釋泰倉刻本、憨山德清校勘本、王民順刻本、王世貞題跋本、楊起元刻本、王起隆刻本、譚貞默刻本、釋行裕刻本等。

至近代，一批佛學大德出於對民族文化之反省和檢討，掀起佛教改革運動。民國九年（一九二〇），《國立北平圖書館刊》發表《發現西夏文本〈六祖壇經〉》，受到國内佛學學者、居士關注，《壇經》以及六祖研究亦由此而開啟。十九年（一九三〇），胡適爲「整理國故」，連續發表《〈壇經〉考之一——跋〈曹溪大師別傳〉》《〈壇經〉考之二——記北宋本的〈六祖壇經〉》〈荷澤神會大師傳〉》《構建〈壇經〉流傳新體系》等文，提出「敦煌本《壇經》是《壇經》古本，是由神會一系僞造的」觀點，引起學界、教界研究《壇經》之熱潮。二十一年（一九三二），《國立北平圖書館刊》連續發表史金波發現《壇經》殘頁的研究文章。丁福保並爲撰《六祖壇經箋注》。

新時期以來，《壇經》弘傳不斷有新成果。一九九三年十月，上海古籍出版社出版楊曾文《敦煌新本六祖壇經》。一九九八年，佛源主持鐫刻《六祖壇經》等碑石計一百一十六塊，興建《六祖壇經》碑林。進入新世紀，《壇經》弘傳力度加大，並有「集大成」之成果。二〇〇二年，爲舉辦「紀念南華禪寺建寺一千五百週年典禮」，香港江伯昭翻印明憨山德清校勘本《六祖壇經》三千册，以供奉祖庭。又舉行「廣東禪宗歷史文化長廊系列活動·韶關主題活動」，暨「重走唐僧西行路」，恭請《六祖法寶壇經》儀式。二〇一二年，廣東省佛教協會編輯《六祖壇經集成》，由宗教文化出版社出版。該書收録

《壇經》中外文傳本近二十種，頗便讀者閱讀研究。同年十二月，廣東省佛教協會會長明生主編《六祖壇經研究集成》，由金城出版社出版。該書彙集中、韓、日等地學者之《六祖壇經》研究成果，回顧、反思近百年《六祖壇經》研究路徑、方法及得失。二〇一五年，明生主編《六祖慧能與壇經論著目録集成》，由廣東人民出版社出版，對《六祖壇經》研究具有啟發和推動作用。

《六祖壇經》海外之弘傳亦有可觀。二十世紀四十年代末，一泰國華僑在南華寺修禪期間，於六祖真身膝蓋處發現一本《六祖壇經》。回國後，將經書交給高僧佛使尊者。佛使尊者將其譯成泰文，書於寺廟高墻上。此爲《六祖壇經》首次被翻譯成泰文，在泰國佛教界和政界影響頗大，並流傳歐美。此《六祖壇經》今存泰國佛學會。二〇一二年，摩頓·史魯特與史迪芬·泰哲主編《壇經的研讀》，由哥倫比亞大學出版社出版，爲西方大學生課本。

除傳統紙本文獻傳播方式外，南華寺又結合善信需求，以現代工藝方式弘傳《六祖壇經》。二〇〇一年十一月七日，長白石微刻藝術創始人、煙臺信士劉成源爲向南華寺建寺一千五百週年獻禮，以長二十五點九釐米、寬五點八釐米之長白石，歷時四月刻成《六祖法寶壇經》全文。此爲目前世界上最小之《六祖壇經》石刻。二〇一三年，以明曹溪珍藏本《六祖壇經》爲藍本，採用垂露、龍爪、纓絡、蝌蚪等三十二種古篆，歷時六年編製《三十二篆體六祖壇經》，由華東師範大學出版社出版。潮州工藝師劉楚鈿以近三年時間精製潮繡《六祖壇經》，長三十六米，是世界上最長潮繡作品，亦爲唯一手繡《六祖壇經》。安徽潛縣巧匠之竹刻《金剛經》，全長十五點六米。二〇一三年三月，中國銀行韶關分行爲配合廣東禪宗六祖文化節活動，推出「六祖惠能大師金像」，以惠能誕生於六三八年故，每尊用千足金六百三十八克鑄製，全國限量六百三十八尊。

二、寺志編纂

曹溪之有志，殆起於明嘉靖四年（一五二五）羅僑録寺内碑銘暨諸題詠而類刻之也。二十一年（一五四二），徐九皋又命郡爲全志，即龔邦柱所修《南華志》。二書皆不傳。其後黄城、曾旦詳加採訪，成《重修南華志》若干卷。其書亦不見，惟光緒《曲江縣志》引《嶺南文獻》載黄城序文一篇可略見梗概。今存之曹溪志則自明萬曆憨山所纂《曹溪通志》始。

萬曆曹溪通志　明萬曆二十六年（一五九八）釋憨山編修，刻於三十二年（一六〇四）。此志以曹溪爲天下禪宗本源地，志其道脈而不在山水，故稱「通志」。凡四卷，有山川形勢、道脈源流、興廢沿革、傳燈人物、建制規模、王臣外護、香火供奉、清規典職、常住庫藏、品題詞翰十品。天啟間，憨山重事增補，經張育葵修訂爲五卷，有天啟間補刻本。書前有陳大科序、周汝登序、楊起元序。

順治曹溪通志　約清順治十八年（一六六一），余大成據明萬曆本《曹溪通志》增修，記事延至順治年間，成《重修曹溪通志》五卷。

康熙重修曹溪通志　清康熙十年（一六七一）韶州知府馬元修，南華寺住持釋真樸纂，翌年刊刻。全書八卷，分山川形勢、建制規模、道脈源流、傳燈人物、繼席宗匠、佛法提綱、王臣外護、品題詞翰八目。書前有馬元序、史樹駿序。其體例在萬曆志基礎上有變通，爲南華史志編纂最爲完備者。然馬元對初稿並不滿意，曾擬請丹霞別傳寺澹歸禪師重纂。澹歸雖修志未果，然撰有《曹溪通志新舊凡例折衷》《曹溪新舊通志辯證》二文，其《曹溪通志新舊凡例折衷》云：

《曹溪通志》，憨大師列爲十品，雪公謂其非志體，似矣。司馬遷作《史記》，有本紀，有世家，有年表，有書，有列傳，後之史官因之。以志較史，蓋具體而微；以曹溪志較郡邑志，亦具體而微也。郡邑志有志輿地者，即山川形勢品也；有志宫室者，即建制規模與興廢沿革品也。有志財賦者，即香火供奉與常住庫藏品也；有志官師者，即清規典職品也；有志人物者，即傳燈人物品也；有志藝文者，即品題詞翰品也。惟道脉源流及王臣外護，則法門所獨。然道脉一品，猶之世典志理學儒臣相傳一派；王臣外護，大抵可收藝文中，是憨師未嘗有一品不合於志體也。然憨師亦自謂：「雖非志體，頗符經義。」蓋憨師以「品」字爲佛經所稱，而以義相貫，亦非世志所有，恐爲學士家簡點耳。使當日不用「品」字，以山川形勢等品稱山川形勢等志，并無依《壇經》作十品之説，無論雪公不得而議之，即學士家亦不得而議之矣。品之爲解，不過部帙、名位、等之異稱。如《史記》「八書」，有天官、律、曆、禮、樂、平準等。此作十品，有山川、建制、道脉、傳燈等，彼不失史體，此遂失志體耶？又官有九品，魏晉銓敘亦有九品，彼不失序爵序賢之體，此遂失序事之體耶？司馬遷作《史記》，朱熹作《綱目》，其體不同，皆自謂依《春秋》而作。以佛法中人，載佛法之筆，獨不可依《壇經》而作志耶？然憨師無端爲教乘習氣所轉，雪公無端又爲舊志字句所礙，總不細考以立名之異，而遂謂立體之非。譬如律中本無毀犯，人自疑有毀犯，而不通律儀者遂證成其毀犯，交失之矣。今就其新舊志中所删所增，據理折衷，辨其是與不是。雪公有三是：

如興廢沿革併入建制規模，一是也；增入繼席宗匠，二是也；表章憨師中興曹溪一段因緣，三是也。然後辨其不是者。

一，云得法弟子但以南嶽、青原附傳，殊失通志本義，今悉依名數次第臚列，庶知祖師門下得人之盛。此則半是半不是。按憨師「傳燈人物品」，自六祖傳後，一青原、二南嶽、三永嘉，各有傳；其次則智隍、法海、法達、智通、智常、志道、志誠、智徹、神會，列名列地；法珍、法如、方辯列名。且云：四十三人皆有悟道機緣，具載《壇經》及《景德傳燈録》，則憨師未嘗削去諸弟子，特以青原、南嶽爲五宗所自出，故傳之，而永嘉從《維摩》《楞嚴》等經悟入，可以消宗教兩歧之爭，故並傳之耳。雪公能增入崛多三藏等，足四十三人之數，不可謂無功。然四十三人之數，舊志已及之，雪公但可云推憨師之意而詳之，不可竟抹煞憨師，詆其失通志本義，攘爲己有也。且智隍等名，舊志附之傳後，今置之青原、南嶽二傳之先，亦未免輕重失倫矣。

一，繼席宗匠，自宋天禧革律爲禪，其奉敕差及轉運使牒住持者，皆宗門之裔也。僧家淡薄，或無力梓行語録；或有語録，而兵火之餘，至於失傳；或已傳而諸方以私意削删移換，並失其名字；或高潔之流無意於名，雖有語録而不梓者多矣。故予嘗慨然，以爲宗門之見於傳燈者，徒有語耳，而其人之真僞已不可辨。即如數百年後，余襄公之文，雪公不難變換其章句，況於愛憎之心，移張作李，指有爲無，何可勝數！則諸無語録可梓、無氏里可傳者，其間大有真人，不勝低回而憑弔也。然語録、氏里即不可知，而題名亦尚可考。蘇文忠公作《南華長老題名記》，已云自天禧至今明公，已十一世。後來稱「長老」，至四十八代雪堂祖瑩，猶是淳祐十年敕差；五十代古衲遵，即元雲從龍爲作《舍利記》者。終元之時，皆承宋制，至明始用都綱爲住持，其出禮部劄付本府帖下，多不識佛法之僧官，而天下叢林，從此大亂極壞。故舊志「清規典職品」中，列住持世代，皆本於南華長老題名，至七十二代桂庭昌，下注「都綱」二字，則《春秋》之筆，已露於世道升降之際矣。於是憨師爲之歎息曰：「今時稱住持，非古之傳佛心宗、代佛揚化者，蓋所謂應官長、供士客耳。」然憨師所指者，明之時耳，若宋、元之時，天下叢林分爲三等，禪寺請宗師，律寺請戒師，講寺請法師，各居其方丈，各訓其徒衆，不相雜亂。况曹溪初奉敕差住持，與京師諸刹等，其間出轉運使牒，亦與各郡邑禪寺相同，斷不可云自唐迄今，主斯席者僅十有五人也。此雪公之説半是半不是者也。

一，「佛法提綱」當併入「繼席宗匠」內，如「傳燈人物」，敘六祖、青原、南嶽，則一切語句皆附見其中，此定法也。憨師志傳燈人物，不列法海等機緣，此是疏漏處。今當博查《五燈》所有諸師法語，各作一小傳並載，則法道既覺光揚，而綱舉目張，尤爲簡要。然則不載法海等機緣，憨師一半不是；重列「佛法提綱」，雪公一半不是。何也？謂繼席宗匠别有佛法提綱，豈六祖、青原、南嶽傳中無佛法提綱乎？必不然矣。况所載法語，較之三傳，不無水酪之殊，又情面俱存，綱宗安在？恐亦未足以仰對諸祖於常寂光中也。

一，凡例云：「帝王制敕文章，俱修同科，不敢編入臣部者，隆在三也。」雪公通於儒，此自不刊之論，然則君臣分部，等級秩然，禮明而義愈見矣。及觀外護之上，首載歷朝天子，而平南王與公在焉。平南雖爲王，固清之臣也，今於平南疏記不敢編入臣部，徑躋於歷朝天子之內，則所謂「隆在三」者，不已自相矛盾乎！或謂凡例本云帝王，平南亦王也。夫帝王者，原於五帝官天下，三王家天下，而言皆曰有天下云爾。自秦稱皇帝，歷朝相承不改，而一切諸侯王俱在臣位，即史官所編，俱入臣部。故古今制不同，帝王之局亦異，而君臣之分亘萬古而不易，是之謂大一統，是之謂「隆在三」。今以非禮之恭尊平南，恐平南喬梓亦有所不安，且使人謂粵東當塗如督撫、司道、郡邑，鑒定較正，諸公皆不識「君臣」二字，並不辨「帝王」二字，可乎？按憨師舊志曰：「今上至帝王宰官，下及文人名士，無論敕旨、碑銘、記頌、法約、條章，及方之內外，凡有一言一事可以光揚此道、關於法門興衰者，總類爲一品，目曰『王臣外護』。」此故吾法平等之義，而敕旨紀載自然在先，則尊卑等級未嘗不秩然也。今多此一例，便有許多干礙，如著敝絮行荆棘中，此又雪公全是全不是。蓋於凡例中討了十分是，故於志中討得十分不是，若無凡例之是，亦不見志中之不是也。

一，「檄諭等文，詞不雅馴，以及田畝、供奉、典職之屬，另立卷末，存山備考。」此體不然。憨師多一「常住庫藏品」，有一半不是；雪公並削「香火供奉」，又一半不是。如謂土田、供奉不當入志，則郡邑諸志不當志財賦矣。王道先養而後教，佛法亦先食輪而後法輪，曹溪田土雖微，亦王道之養、佛法之食輪、郡邑之財賦志也。今新志猶載香火供奉，不下十紙，而獨不許列於志品，豈可陰享其實而陽避其名耶？

一，曹溪典職，不合清規，宜雪公毅然欲削其籍。然住持之人不同，而住持之名不異，譬如世間官師，不以其人之不肖而去其題名，故憨師以爲愛禮存羊也。凡部劄府帖之流，不能任道法，則宜取其宣力道場者，表而出之。如論免翁源田租抵充蛋稅者，超言等也；論減丁者，妙殷等也；驅除鋪店匪人，禁止畜養生命、盜伐樹木，語語不忘憨師者，積韜等也。此雖承宰官之力，亦藉此等出身辨論，具有撑持門户之志。至從上捐貲修造諸僧，散載建制及護法諸文中，皆曹溪職事，若於職事之下標其名，志其事，使有以示鼓舞，則宣力於道場者從此興起，不亦可乎！然則竟削典職之志，無論於體不合，即於用亦疏，又雪公之半是半不是者也。

一，檄諭等文，憨師載之，自有深意，故其言曰：「高明君子，自當深賞此品，來者漸續，亹亹無窮。」一字一言，可爲曹溪九鼎，深有望焉。今雪公謂之文不雅馴，則大都大寺內「蛇兒年」等敕，何嘗有一字雅馴？其存之者，固謂足以爲曹溪重也。夫護法之分，天子尊而宰官親，是故宰官所有禁約，揭之志中。則僧俗之不法者既知斂戢，而後之司牧其地者追前人之遺範，亦將有興利除害、彰善癉惡之思焉，顧不足爲曹溪重歟？如欲取雅馴，則節略當事之明文，而諸僧呈狀涉於告訐者删去之，其誰曰不可？此亦雪公半是半不是處也。

由此以觀凡例，雪公是者三，半是半不是者六，全不是者一。是與不是既已折衷，請得以愚意論其當志者。一曰山川形勢，二曰建制規模，三曰道脈源流，四曰西天信具，五曰常住土田，六曰繼席宗匠，七曰典職宣勞，八曰王臣外護，九曰品題詞翰。形勢則山川無變，古跡長存矣。建制自寶林及今平藩，特地莊嚴，興廢沿革具焉。道脈所在，斷自曹溪六祖，源則西方一佛，流則東土五宗，「傳燈人物」無庸重出也。曹溪之所獨異於他道場者，以達磨衣鉢，故特立「信具」一志，累朝賜物悉載焉。若憨師「常住庫藏」，自可删也。夫律中有三種物、四種常住。三種物者，佛物、法物、僧物，不許互用是也。四種常住者，現前常住、十方常住、十方現前常住、常住常住是也。前三常住惟是僧物，後一常住通攝三種。今憨師「庫藏品」，所載經像等類，專屬於祖供奉品；所載土田等項，專屬於僧。於三種之義宜分，則庫藏不應獨稱常住；於四種之義宜合，則常住亦應同載土田。然而憨師列爲二品，實有苦心，予既深知，豈容無説？故先志信具，使祖物敻絶於常住之上；後志土田，使僧物清楚於常住之中也。若繼席宗匠，各立小傳，或載法語，其無可考者，謹存其人，以寄瞻仰。蓋宋元之世，繼席即住持；明之世，有住持無繼席；明末及今之世，繼席自繼席，住持自住持，不可不知也。典職自桂庭昌而下，住持以及户長、堂主等，著其功勞。如前所論，外護上自制敕，下逮檄諭，各以類從，無論雅俗，足鎮山門，文孰大焉！品題詞翰，依古今爲先後，一仍舊貫，若泛然無涉於曹溪，與夫譭謗之詞、鄙陋之句，自當選汰，不獨爲山門洗穢，亦爲作者藏拙。此九者可以不稱品，可以不必依經，取其斷然足以爲曹溪通志而已。其諸舊志之顯誤如腰石等，新志之暗移如余靖《法堂記》等，隨見隨拈，一一改正；其遠年無可考訂、現在難以稽查者，以俟後之博雅君子。《徧行堂集》卷十九

道光十六年（一八三六），曲江貢生劉學禮據康熙志重加校刊。民國二十一年（一九三二），張日麟又增補清道光年以後名人詩文等內容，關帝樓吉緣、廣州六榕寺鐵禪、鼎湖山蘭精、其蓮等相助募緣重刊。一九八〇年臺灣文明書局、一九八七年新豐文出版公司之影印本，二〇〇八年香港夢梅館出版楊權等人之點校本，均以張日麟本爲底本。

新編曹溪通志　釋佛源、釋傳正主修，何明棟主編。一九九五年，佛源「思先輩恩光絶不可没，念法脈歷程應有所記，秉承虚雲長老編修新志之遺願」，擬「將清代康熙十一年之後曹溪史實記事，與明代憨山主修、康熙十年重修之《曹溪通志》，進行增補接續」。歷時五年成，分上下兩卷。上卷爲清康熙《曹溪通志》點校本，下卷分十二章，並附有南華寺相關照片。有趙樸初序、釋雲峰序、釋佛源序、釋傳正序、賴龍福序。宗教文化出版社二〇〇〇年版。

南華小志　隋齋居士（胡毅生）編，民國二十六年（一九三七）廣州登雲閣初版。一九九二年，日

本臨濟宗國泰寺派管長澤大道一行參訪南華寺，捐獻一批寺院舊照。乃重印隋齋居士《南華小志》，以參訪團所捐舊照片附焉。

南華小志　惟因法師著，香港佛經流通處一九九二年印行。釋智開跋稱：「述南華寺概況，其研究資料至爲詳細，對於後學研究參看有莫大之助益。」

三、其他史料編寫

南華寺及其傳説　曲江縣文聯編，廣東人民出版社一九八八年版。

南華寺　廣東省博物館編，文物出版社一九九〇年版。該書較系統地介紹南華寺現存重要歷史文物，是一九四九年後國内首本對外宣傳南華寺的圖書。

六祖惠能和南華寺　龍世强編撰，粵北鄉情僑刊一九九〇年版。

曹溪禪人物志　易行廣編著，廣東人民出版社一九九四年版。

禪宗六祖惠能勝跡録　廣東省文物考古研究所編著，科學出版社二〇〇三年版。

南華史略　釋傳正主編，華方田、宋立道、黄夏年撰寫，葉選平題簽，黄心川、楊曾文作序，中國社會科學出版社二〇〇二年版。該書作爲紀念建寺一千五百週年慶典禮物，是一本較全面介紹南華寺之普及性著作。

曹溪大師别傳　楊曾文校訂，南華寺於二〇一一年印行。此書多記《壇經》未記或記而未詳之事。

前有釋傳正序。

惠能評傳 洪修平、孫亦平著，南京大學出版社一九九八年版，收入《中國思想家評傳叢書》。此書係利用敦煌文獻和碑銘石刻等史料，借鑒國内外最新研究成果撰寫而成，對惠能生平事跡、《壇經》形成流變、六祖地位之確立、惠能禪學思想、惠能對傳統佛教之變革與創新和對當代之影響等進行全面分析研究。

雲公老和尚事跡 二十世紀八十年代印行。前有釋傳正重印序。

惟因老和尚圓寂十週年紀念文集 何明棟主編，宗教文化出版社二〇〇二年版。此書彙編惟因老和尚生平、著作、書信及紀念文選等。前有釋茗山序、釋本焕序。釋傳正倡印，四衆弟子捐助六萬一千零四十元。

民國二十四年南華寺同戒録 前有陳濟棠序、李漢魂序、虛雲序。見岑學呂《虛雲老和尚年譜法彙增訂本》。

南華禪寺同戒録 南華禪寺一九八四年印行。前有惟因序。

南華禪寺 釋傳正主編，新華出版社二〇〇〇年版，該書係圖典，中英文圖書。

二〇〇二年春期傳戒同戒録 南華寺二〇〇二年三月印行。前有釋本焕序、釋傳正序。

同戒録 南華禪寺二〇〇六年九月印行。前有住持釋傳正序、釋傳清序、釋繼光序。

同戒録 南華禪寺二〇一四年印行。前有釋傳正序。

拈花笑處　釋傳正主編。分二篇，上篇爲《六祖惠能大師畫傳》，潮州居士陳謙誠繪製；下篇爲《禪宗祖師公案》，遼寧居士郭同良繪製。南華禪寺二〇〇七年印行。前有釋傳正序。

南華禪寺　組畫。二〇〇七年十二月黄金誠創作，被中國國畫家協會編製成二〇〇八年明信片，一套八張，分别爲：南華禪寺遠眺、天下寶林牌坊、五香亭·放生池、鐘樓、大雄寶殿、靈照塔、千年古松、伏虎亭，由北京市郵政局發行。

法界源流圖　巨型木雕作品。反映曹溪禪「一花五葉」盛況。由秦憲生歷四年完成，長三十八米，高零點八米，以「世界最長的木雕藝術作品」被列入「大世界吉尼斯之最」。二〇一一年，陳學宏夫婦以巨款購得該作品，捐入南華寺。

曹溪法會圖　描繪惠能在曹溪舉辦法會盛況。中國華夏文化遺産基金會會長耿瑩和畫家戴培仁、唐建文、劉振波等創作，長六點五米，高二點二米。二〇一三年捐入南華寺。

天下曹溪發源圖　郭同良、高巖、唐大華、宋學遠用中國工筆畫三礬九染技藝繪製。長十二米，寬三米，描繪惠能及其門徒、四大天王、五家七宗傳人、捨地施主陳亞仙、信衆等七百多個人物。二〇一三年捐入南華寺。

四、文集刊物編輯

憨山大師夢遊全集　二十卷。明釋德清撰，清順治十七年耿繼茂刻本

曹溪南華禪寺建寺一千五百週年禪學研討會論文集　曹溪佛學院編，二〇〇二年印行。

曹溪水　爲曹溪佛學院院刊。二〇〇一年八月創刊，前有釋傳正創刊序。

曹溪：禪研究　此爲論文集。第一輯由釋妙峰主編，中國社會科學出版社二〇〇二年版；第二輯、第三輯，釋傳正總主編、釋妙峰主編，中國社會科學出版社二〇〇三年版。前有釋傳正撰卷首語。

曹溪辦學

一、古代講習

曹溪古制傳習，始於禪法弘傳之教。六祖惠能以「涅槃妙心，不立文字，以心傳心」教各學人。惠能寂後，以文獻缺佚，曹溪傳習無聞焉。至明萬曆二十八年（一六〇〇），憨山來曹溪，乃以講習爲急務。《曹溪中興録》載：「師初至，首以作養人才爲急，即選合寺僧衆，四十已上者聽其自便，若四十已下、二十已上者，每房一二人，在寺安居，日日登殿，逐日四時，功課諷誦，祝延聖壽，誤者各罰有差。」又云：「凡有行童二十已下、八歲已上者，盡行報名到住持，拘集在寺，立三學館，分三教授教習經典。一年之中有通二時功課者，乃延請儒師孝廉馮生昌曆，茂才龍生璋、梁生四相，教習四書，講貫義理。其束脩供餽，師自備之。如是三年，有成者乃爲披剃爲僧，總入禪堂，以習出家規矩，令知修行讀誦、書寫經典，各有執業。即今禪堂諸僧，皆吾師作養之人材也。」憨山《自述年譜》載：「庚子歲，當道延余料理曹溪，余應之，至則百廢概不能舉。因思爲治之道，以養材爲本，遂選諸沙彌，設義學，延賓師以教習威儀，誦讀内外經書。稍知信向，則披剃立禪堂，使就清規，受戒法，晝夜禮誦。」四十一年（一六一三），訂立禪堂教習之規，以安常住僧衆，接納十方往來。又先後校刊《六祖壇經》，編修《曹溪通志》，撰作《楞伽筆記》《春秋左氏心法》《金剛決疑》等。其中興曹溪之舉，爲禪宗文化之傳承、發展奠定新基。惜有清一代，曹溪傳習之規又廢弛不舉，文獻無載矣。

二、民國曹溪南華戒律學院

民國三十二年（一九四三）春，虛雲自重慶主持「護國息災大悲法會」後返曹溪，有感於「目下僧尼，全無律儀，尤以廣東爲甚，至遭社會非難」，遂議創辦曹溪南華學戒堂，以傳戒法，立學校，育人才。虛雲懇切挽留聘請在寺參禮之道安、巨贊法師，負責學戒堂籌備事務。據巨贊「學戒堂當與普通佛學院同」之提議，虛雲將學戒堂名爲「曹溪南華戒律學院」，並擬《教習學生規約》八條，親以講席，直截根源，脱落窠臼。六月，南華戒律學院成立，虛雲任院長，知定爲副院長。任課教師除樂觀、知定等駐寺法師外，還聘請海内大德前來任教。李濟深來寺，見虛雲手訂之《曹溪南華戒律學院章程》，乃爲學院題匾。九月，南華戒律學院開學，首批招收青年學僧二百餘名。時學制分預科（四年）、正科（三年）及研究部三級。三十五年（一九四六），宣化至曹溪，先後任南華戒律學院監學、教務主任。數年後，南華戒律學院因社會動盪而停辦。

南華學戒堂創辦緣起

釋知定

原夫佛教之興衰，僧伽之强弱，全在戒學嚴持、違犯之所使然也。故先哲云：「毗尼住則正法住也，不然則五邪罔禁，八穢殉身，虐僧寶之尊稱，失福田之淨德，上無模楷，下闕規繩，縱能聚衆匡徒，悉屬附法魔外，故令正法久住，豈可得乎？」由是觀之，無量法門中以戒行爲第一也。《四分戒本序》説：「世間王爲最，衆流海爲最，衆星月爲最，衆聖佛爲最，一切衆律中，戒經爲上最。」又説：「譬如人毁足，不堪有所涉，毁戒亦如是，不得生天人。」《楞嚴》四種清淨明誨（淫殺盜妄），若犯一種，盡屬魔道，不得成就無上菩提。釋尊涅槃會上最後遺教云：「吾滅度後，凡我弟子，皆應尊敬波羅提木叉爲師，因依此戒得生諸禪定及滅苦智慧。」《大佛頂經》云：「因戒生定，由定發慧，是則名爲三無漏學。」

職是之故，南華主人虚雲長老，乘願再來，涉世利生，已數十載。曠觀現代佛法之墮落，僧尼之弱點，道心微微，邪惡熾盛，推究其歸根結蔕，咸由戒律不振之過患矣。矧粤省之佛徒，從昔已來，於戒學極腐弊，寺庵僧尼，寥寥無幾。自雲公爲李主席請來南華，每春傳戒，至今有年，漸漸更復元氣，信官士女亦得繁多維護，此吾老師之苦行持戒之所致也。今欲續而充之，嶄新今後之佛教，俾青年僧伽精通律藏，認識開遮持犯，自利利他計，乃創立學戒堂，則雲公之意旨，殊深長焉。

《海潮音》第二十四卷第十期

學戒堂規約

規約引：同堂共學，互相警策；非有規矩，不成方圓。如法修行，方循正軌。訂諸章則，各須遵守。

一、上殿、過堂、出坡等隨衆，無病不得告假。倘未准假，藉故推諉者罰。

二、日間堂中聽講、上課之外，須練習文字，自修功課。間進禪堂坐香，不得閒遊談笑、躲避。經告誡不聽者罰。

三、如修禪七，應一律入禪堂參加，本堂功課暫停。不得藉此懈怠，違者罰。

四、出入不得著短服及戴小帽；冬寒不得烘火；殿堂須穿鞋襪。違者罰。

五、凡欲買物，寫條交庶務師，送庫房代辦，不得私擅出外，違者罰。

六、每逢十四、三十日爲剃頭、沐浴、洗換衣服之期，除疾病外，不得私自舉行，違者罰。

七、常住公物，不得疏忽毀壞；公私財物非己有者，不得擅取。違者擯罰。

八、過午不食，無事不得入大寮，過堂不得帶私菜，違者罰。

九、不得喧鬧鬥爭，違者俱擯罰。

一〇、上下樓梯，均須緩步輕行，勿得動聲驚衆，經誥誡不聽者罰。

一一、師長上堂授課，一齊起立，聽講時不得低頭昏睡，不得交頭接耳談話，經誥誡不聽者罰。

一二、須威儀整肅，若故露輕浮，有失禮節，告誡不聽者罰。

一三、不服師長訓責，諍論不休，或出言傲慢者，罰。

一四、對師友均宜謙和禮讓，不得起人我之見，妄論是非長短，亦不得譏諷笑駡，挑撥離間，違者罰。

以上十四條，由一至四爲懶惰者戒；由五至十二爲舉動不如法者戒；十三、十四爲言語不謹者戒。日常動作云爲不易，舉一可以類推也。民國三十二年歲次癸未四月佛誕日，虛雲立。

教習學生規約

第一部分

自正眼不明，人心陷溺，有蔽於聲色貨利者，有惑于異學左道者，有誤於旁蹊曲徑者，舉世茫茫，賴有人焉弘傳正法，使覺樹凋而復茂，慧日暗而再明。無如末劫，障深慧淺，德薄垢重。求其識因果、明罪福亦已難矣，況明心見性、入聖超凡乎？所以剃染雖多，解悟者鮮，因乏明師啟迪；即有教者，不過學音聲法事以爲應世之具，將我佛度世悲心，翻爲粥飯工具，不亦深可慨乎！

學規云：「師者，人之模範，不惟人才所由育，亦治亂所攸關。」何也？彼童子而教之以正則正，習之於邪則邪。所以《易》端蒙養，《論》嚴弟子，擇中才以養育，樹典型以曲成；詩書絃頌，穆穆雍雍，出爲良士，處爲端人。世儒猶是，況我佛子！欲明心見性、入聖超凡，非藉經教以端其根本、戒律以嚴身心、禪定以掃其根塵、智慧以開其聾聵，學而時習，庶易培植，此師資所以不能不慎也！

今爲初學立修行教約，延師教導，至簡易行，各宜遵守，以資深造。余老矣，春霜曉露，救頭不暇，安事小節？慨正法眼滅，僧寶將頹，區區之心，欲有補救，教諸幼學，以樹典型，其亦不以老人爲多事乎！

一、每日清晨至堂，向上問訊，各照位端身正坐，朗聲讀誦，不緊不慢，字句分明。不得講話嘻笑，亂人持誦；不得高聲喧雜。如背誦者，經文生疏，句讀參差，罰跪，令再誦讀；怠惰者重罰。

二、背經畢，大者向師執經問字，小童向年長者認字；若有認字不真，應于師前請問，不得以訛傳訛，違者責罰。

三、認字經過已訖，各各就位熟念，候打叫香，向上一訊退堂，搭衣持鉢，次第隨衆赴齋堂。

四、齋後至堂，向上一訊，入位寫字，不得高聲談論，語笑喧嘩；寫畢出，聽殿打鼓，一齊上殿諷經；不得借事乘機躱懶，查出重責。經畢，改對批字，復位讀經後，抽籤咀經，各盡一日之功，不得違誤。

五、入堂赴供，行如前無異。齋畢，或經行，或静坐，候報鐘響，大小搭衣入堂。晚課不得躱閃及參差緘默，過堂不准帶私菜，不得非時食，紊亂堂規。

六、晚課後，即入堂一訊，各照位端身正坐，朗誦經書。必使聲音清澈，字句分明；毋得語笑交談，至誤功課。不准戴小帽，著短衣，散褲脚，及煙酒等非法，違者重責。

七、剃染原爲修心學道，了脱生死，不是圖衣食混過一生也。必須聽師教訓，做個好人，須當仰體立約本意，切莫懈怠因循。第一，要遵約束，毋得小智輕心。第二，親近正人，時時有益身心。第三，學習經戒，莫負苦口叮嚀。第四，規矩威儀，一切時中遵行。第五，行住坐卧，常常正念攝心。第六，遞相恭敬，毋得强弱欺凌。第七，同爲眷屬，不分貴賤富貧。第八，水乳和合，一切長短莫爭。第九，讀經寫字，熟記端楷要緊。第十，常住公事，大小盡力完成；毋得坐視勞苦，偷懶偷安；毋得村言俗語，傷人父母六親；毋得欺大壓小，有乖六和同住之旨。

八、每日輪流當值一人，掃地、焚香、换水、設座，視衆讀書寫字，查察躱懶私行，戒備閒言雜語，宣示凡事小心；周而復始，毋得違誤參差。

以上教約條款，各宜仰體恪遵，特示。

第二部分

又示：出家原是學佛學祖，須知佛是一切真實。汝等少時欠教，習氣甚深，今教汝等實心實行，正語正言，毋得謊行謅詐，邪言妄語，自損心術，引壞他人。

出入須要端身正視，徐徐而行，毋得亂跑，毋左右顧視。若遇上座，站立一旁候過，毋得相闖及擦肩而行。

在內在外，處衆人群，須要上恭下敬，相愛相親；毋得粗躁，相打相罵，及惡言罵詈。

早晚課誦，及午上應堂，如躲避偷安者，重究。

在院，寒有破衲，飢有粥飯，無求于世，正好安心辦道，習學經文；毋得懶惰睡眠，及闖寮擾衆，不遵法令者重究。

輕口罵詈、傷人父母者重究；竊人什物者重究。

沙彌行堂，待客不得躲懶；存心奸狡、作事不忠心者責罰。

沙彌日有定規，早晨不到背經者，午間不到寫字者，晚上不到讀經者，一日如不到者，罰。

進退須叉手，大小便須淨手，穢手不得奉執經卷，違者究罰。

不得塗畫墻壁，狼藉一切地場及花果。

凡見地上之字紙，拾在籮內，朔望焚化。

凡有經典，須安置高桌上潔淨之處，毋置卑下汙穢處，違者罰。

凡殺盜淫妄之戒，佛子必當遵依，不得掏捏蚤蝨、損傷蟲蟻及一切生命。

毋得盜竊常住及師長、父母一切人銀錢、布帛、穀米一切等物。

毋得親近婦女，共相戲笑，須知生死根本，第一色欲也，誡之誡之，違者重責。

三業之中，意業極重，凡一切善惡，俱起於意根，起念正則爲十善，起念邪則爲十惡，所以端正其心，以爲根本。學道者學此心，修行者修此心，參禪者參此心，念佛者念此心。

凡一切應事接物，逆順境緣，降伏此心。處衆則温柔此心，臨財則清廉此心；事上則忠誠此心，御下則寬和此心；待人則公平此心，分物則平等此心。乃至一切處、一切時，皆所以陶鎔此心，煉磨此心，收攝此心，使其不得恣縱偏枯，貢高驕慢。若有一毫淘汰不淨，則爲魔障，無益於身，非所以學道也。切宜留心恪遵。

戒爲持身之本，成佛之基。單精於持戒，不修餘門，可以成佛；若修餘門，不持戒律，則事倍而功不半。所以五戒不持，人天路絶，爲釋子者，守戒爲先，切要切要。

三、曹溪佛學院

（一）曹溪佛學院之興辦與運作

一九四九年後，南華寺傳習辦學一度中斷。一九八二年五月，國家落實宗教政策，南華寺恢復方丈制，惟因被僧衆推舉爲住持。一九八三年九月，爲復興寺院傳戒教習，培育青年僧才，受廣東省佛教協會委託，惟因在寺開辦學僧培訓班，學制數十天至數月不等。惟因擔任班主任和佛學教師，親自講解《六祖壇經》及《朝暮課誦》等。九月十五日，惟因爲參加僧伽培訓班學員授戒。一九八四年八月，廣東省佛教協會第一届第三次常務理事（擴大）會議在南華寺舉行，會議決定委託南華寺舉辦學制一年之全省僧伽培訓班，挑選本省出家青年，通過考試擇優録取二十名學員入學。僧伽培訓班開設課程有：宗教政策、四十二章經、叢林基本知識、八大人覺經、佛遺教經、佛教初學課本三字經、佛教常識問答、中國佛教史話、六祖壇經、心經等，並設坐禪課習，逢週六上午時事學習，下午勞動。學僧以「口試演講、筆試文章」結業。一九八五年，南華寺舉辦第二期僧伽培訓班。

一九八九年秋，惟因在僧伽培訓班基礎上增設禪學研究班，自任講師，主講《六祖壇經》及佛教宗門主要經論。同時，應培訓班學僧要求，設立南華寺禪學研究院。正當規劃、草擬《南華寺禪學研究院章程》，積極籌備之時，惟因於一九九〇年六月圓寂，此事因而擱置。僧伽培訓班亦於一九九三年停辦。

南華禪寺僧伽培訓班章程

一、名稱

本寺乃禪宗道場，爲成就禪學僧才、續佛慧命起見，在原有培訓班基礎上，加設高級研究班，初級一年，高級班三年，兩班學員二十人，定名爲南華寺禪學研究院。

一、宗旨

培養正知正見，戒品優良、遵紀守法、愛國愛教、管理寺廟、德才兼備的出家僧人，凡是未滿三十歲，信仰虔誠、志願入學者，憑所在寺廟政府或佛教協會介紹證明登記入學。

一、課程

初級培訓班一年，學習二時念誦儀軌、初學課本、佛遺教三經、語文、書法、讀報。高級研究班三年，大專文化，以自學爲主，老師輔導。《壇經》爲必修課，參閲《金剛經》《楞嚴經》《法華經》《華嚴經》「淨行品」「行願品」、《維摩經》《圓覺經》《楞伽經》《大乘起信論》《禪宗語録》等。看經寫筆記，每月寫論文兩篇，談心得體會。自動自覺每天集體静坐一小時，輕勞動一小時，持之以恒，養成能動能静。

一、待遇

每人每月補助生活費三十元，上殿過堂隨衆，結緣平等發給。成績優良者，外出活動優先選送；犯規屢教不改者，開除學籍。

一、其他

院長由住持兼任，屬寺領導。護法樂助基金、經費，專款專用。入學手續：照相、體檢，填履歷、志願書，持介紹證明到派出所登記。倘或學員三四人，亦繼續辦下去，不半途停學。

本章程呈報廣東省佛教協會、省市縣宗教局立案。

一九九九年，傳正任南華寺住持。二〇〇〇年五月，爲發揚光大祖庭傳習興學之風，南華寺通過廣東省佛教協會，向省民宗委遞交《關於申請復辦曹溪佛學院的報告》，即得同意。由此，曹溪興教、興學活動邁上新臺階。

佛學院成立之初，由傳正擔任院長，仁空爲教務長，聘諸山高僧大德及護法檀越參與管理、教學。此後相繼禮請中國佛教協會會長趙樸初、弘法寺方丈本煥、柏林寺方丈淨慧、南普陀寺方丈聖輝、焦山定慧寺方丈茗山、雲居山真如禪寺方丈一誠、廬山東林寺方丈傳印、六榕寺方丈雲峰、光孝寺方丈新成、雲門寺方丈佛源、順德寶林寺方丈宏滿、珠海普陀寺方丈明生、泰國曼谷報恩寺大尊長仁得、美國虚雲寺方丈知定、香港觀宗寺方丈覺光、香港寶林禪寺方丈聖一、香港竹林禪院方丈意昭、臺灣中台禪寺方丈惟覺、臺灣慈光禪學院院長惠空、中國佛教文化研究所所長吴立民，以及美國李浩、泰國張德正、香港鍾燕萍、汕頭黄振達、中山許繼海、廣州許文成、韶關陳來泉、翁清和、深圳劉勤與、林家宏等爲佛學院名譽院長；住持傳正爲院長，南華寺監院緣如、副寺覺慧、法密、妙峰、林得衆、李志真等爲副院長；妙峰兼任教務長，仁空爲教務主任、佛心爲教導長、明願爲監學。佛學院授課教師，聘請法密、妙峰、覺慧、傳源、雲光以及李志真、童汝開等。

二〇〇五年，佛學院實行崗位責任制，全面完善院務、教學各項管理制度，重新修訂《學生學籍管理辦法》《曹溪佛學院院規》《曹溪佛學院院務管理責任制》。二〇〇八年十月二十三日，廣東省佛教院校工作座談會在南華寺召開。中國佛教協會副會長、廣東省佛教協會會長明生，省民宗委副主任楊源興等，以及曹溪佛學院、雲門佛學院、嶺東佛學院、廣東尼衆佛學院四院校負責人參加會議。二〇〇九年六月十五日，國家宗教局四司司長吕晉光、院校處處長李革、調研員趙紅宇、中國佛教協會教務部副主任清遠組成國家宗教局調研組蒞寺，對曹溪佛學院申報國家級佛學院之資質進行考查調研。調研組充分肯定曹溪佛學院之硬件設施和辦學品質，同時提出前瞻性建議。二〇一〇年七月，曹溪佛學院在多寶閣主辦「佛教教育座談會」，中國佛教研究所楊曾文、李志夫、紀華傳，中國佛學院及閩南佛學院、普陀山佛學院、上海佛學院、河北佛學院、杭州佛學院、四川佛學院、哈爾濱佛學院、雲門佛學院、法門寺佛學院等十數所佛學院法師、僧學參加。

在學院管理上不斷探索經驗之同時，傳正致力於佛學院硬件建設。二〇〇二年五月，在正式收回

「文化大革命」時期被占之寺院東側土地上，得檀越居士陳法泉、翁清和闔家助施淨資，修建曹溪佛學院教學大樓，三層總面積二千七百多平方米。二〇〇四年十月，又得潮陽李子龍、李宋明居士捐資助持，興建曹溪佛學院圖書館。同時，又建設連接曹溪佛學院講堂、寺院主刹之文化長廊。在軟件建設方面，二〇〇一年十月，經廣東省民宗委、省佛教協會批准，創辦曹溪佛學院院刊《曹溪水》。該刊開闢拈花妙旨、飛鴻踏雪、雲水偶得、再演摩詰、法海搜珍、高僧行跡、求福做人、經典要義等欄目，爲四衆提供教學、研修之文化園地。

按照教學規劃，佛學院於二〇〇〇年先期開設預科班，學制二年，課程設置：佛學基礎、沙彌律儀、菩薩戒、遺教三經、普賢菩薩行願品、佛學初級課本、十善業道經、勸發菩提心文、俱舍、成佛之道、禪修講座、菩提道次第略論、印度佛教史、百法明門論、八識規矩頌、三論玄義、早晚課誦、信心銘、金光明經、金剛經等佛學課程，以及語文、英語、書法、政治等社會課程。二〇〇五年，按照培養目標，預科班課程設置稍作調整，社會課程添設中國歷史、論語、中庸、大學等；佛學課程添設二課合解（兼法器、唱念教授、彌陀經略解）、四十二章經、四念處經、八大人覺經、童蒙止觀、坐禪三昧經。本科班課程：社會課程設中國哲學史、西方哲學史、寫作、書法、英語、古代漢語、歷代文學作品選、愛國主義教程、佛教愛國主義教程、中國特色社會主義理論概論、法律基礎、宗教法規讀本、當代世界經濟與政治，以及電腦操作基礎知識；佛學課程設佛法概論、印度佛教史、中國佛教史、中國禪宗思想史、三十頌、解深密經、金剛經、禪林寶訓、六祖法寶壇經、大乘起信論、信心銘、楞嚴經、楞伽經、維摩詰經、永嘉證道歌、禪門規矩、三論宗綱要、中論、賢首五教義、教觀綱宗、淨土宗教程、戒律學綱要、比丘戒（兼羯磨法、懺悔）、因明。此後，禪宗專科課程設置：禪宗史、金剛經、六祖壇經、楞嚴經、律學、禪修、四書五經等。佛教養正班開設課程：佛學基礎、二課合解、梵唄等。曹溪佛學院教學實行「學院叢林化、學修一體化」管理模式，務使學僧做到戒、定、慧並重，大小乘相容，內外學並舉，禪學、佛法與生活相結合。爲促進在籍學僧靜心修習，佛學院實行在校僧學食宿、學教、書本費全免，並能領取必需之生活、醫療補助。

二〇〇〇年秋，曹溪佛學院通過考試從各地録取第一届學僧共七十人。九月三日，曹溪佛學院隆重舉行開學典禮，廣東省民宗委副主任黄德才、市人大常委會副主任周百齡、市民宗局局長賴有浩等領導和一誠、佛源、宏滿等諸山長老參加。

二〇〇二年六月，第一届七十名學僧經過兩年學習，如期畢業，其中二十三人考取禪修班，繼續留在佛學院深造。六月九日，學院舉行首届畢業典禮，廣東省民宗委副主任黄德才，韶關市委統戰部副部長、市民宗局局長賴有浩，汕頭市民宗局主任孫建宏，曲江縣副縣長龍昌弟，廣東省佛教協會副會長宏滿、耀智，閩南佛學院教務長浩宇等應邀參加典禮，教務長仁空作曹溪佛學院第一届教學工作總結報告。

二〇〇二年秋，曹溪佛學院增設教理、禪修專業，教理專業學制四年，禪修專業學制二年，設預科班、本科班、禪修班。二〇〇四年，開設本科班，自此邁向佛教高等院校行列。二〇〇五年，在預科、本科班基礎上增設禪宗專科班，學制二年，主要對宗派學理進行深入研究，培養佛教和禪宗專業弘法人才。二〇〇八年，曹溪佛學院首届本科班學僧經四年學習，如期畢業。同年，又開設一年期佛教養正班，以培養具有佛學基礎知識、養成正規叢林生活習慣的年輕僧人爲主。二〇〇九年，曹溪佛學院首招研究生班，培養高學歷僧才。

二〇一〇年七月七日，曹溪佛學院隆重舉行「建院十週年慶典暨曹溪佛學院第五屆畢業典禮」，中國佛學院、法門寺佛學院、杭州佛學院、普陀山佛學院、閩南佛學院、上海佛學院、河北佛學院、江西佛學院、四川佛學院、哈爾濱佛學院、廣東尼衆佛學院、嶺東佛學院、雲門佛學院等二十餘所佛學院僧衆齊聚曹溪祖庭，就「佛教教育發展方向」「佛教教育風格和模式」「學僧現狀之分析與學僧管理的反思」和「師資的提升與存在問題之反思」等主題交流切磋。廣東省民宗委、韶關市政府、曲江區政府以及中國佛教協會、廣東省佛教協會等有關領導出席典禮。中國佛教文化研究所所長楊曾文、中國社科院博士紀華傳等專家學者參加座談會。

二〇一一年，佛學院首届研究生班普能以《六祖慧能大師及其禪法思想》、觀法以《道霈禪師及其〈華嚴經疏論纂要〉研究》、宗岳以《憨山大師研究——以中興南華寺爲中心》通過論文答辯。答辯委員會由中國社會科學院榮譽學部委員、博士生導師楊曾文教授，中國社會科學院世界宗教研究所紀華傳教授，臺灣慈光寺住持、慈光禪學院院長惠空，蘇州戒幢佛學研究所所長濟群，哈爾濱極樂寺方丈、哈爾濱佛學院院長靜波和曹溪佛學院院長傳正組成，楊曾文任主席。二〇一三年五月，第二届研究生班五名學僧順利通過論文答辯，完成學業，傳正院長向五位研究生頒發畢業證書。

曹溪佛學院自二〇〇〇年復辦以來，截至二〇一五年，預科班畢業七届，畢業生二百八十五名；禪宗專科班畢業三届，畢業生五十三名；本科班畢業四届，畢業生九十名；研究班畢業三届，畢業生十九名。曹溪佛學院，已成爲嶺南著名佛學院。

曹溪佛學院招生章程

招生條件

一、在寺院出家一年以上，嚴持律儀並能念誦五堂功課的青年僧。

二、信仰虔誠，品學兼優，自願從事佛教事業。

三、報考本科應具備高中畢業或同等學歷（中級佛學院畢業）以上；報考預科班應具備初中畢業；本院的本科畢業生可以申請報考研究生班。

四、年齡在十八至三十歲之間，没有婚姻戀愛關係。

五、身體健康，五官端正，無殘（隱）疾及傳染病或精神病，没有不良嗜好。

報考辦法及有關規定

一、凡符合本院招生條件者，由本人所在地的寺廟推薦，佛協和宗教部門同意。

二、各地推薦考生時，應嚴格把關，真正把品學兼優的青年僧人推薦上來。

三、報考者須將身份證、學歷證件（影本）及體檢表、近期二寸正面半身免冠僧裝彩色相片四張，隨同報名表用掛號函寄我院，經審核符合報考條件後發給准考證。如審核不合格者，取消報名資格，恕不退回。報考者必須認真如實填寫報名表，並注明報考班級。報名表格可通過電子郵件向本院教務處索取，複印有效。

四、按招生考試通知書規定時間，考生持准考證到指定地點參加考試和面試。考試科目：佛學、政治、語文、史地、英語。面試內容：二時課誦、日常威儀等。

五、考試期間食宿由本院負責免費招待，來回費用（車船、飛機、食宿等費）由考生自理。

録取和入學

一、凡經考試、面試合格被録取者，録取通知書由本院發給考生，憑録取通知書入學。

二、被録取者持録取通知書，按録取通知書規定的時間到本院報到，進行學前教育。

三、所有考生來院費用（車、船、飛機、食宿、行李），一律由本人自理或由所在的寺廟、佛協負責解決。

四、自入學之日起，一律僧儀整肅，攜帶符合教規的衣物及生活用具，不得攜帶非僧人的衣物到校，違者取消入學資格。

有下列情況者，一律退回原推薦單位

一、入學時經複試、體檢，不符合入學條件者。

二、入學後學習不認真，跟不上教學進度，不能遵守學院規章制度者。

三、入學後連續病假一個月以上，或患傳染病、精神病，發現有不良嗜好及事假一個月以上者。

四、凡退學者，一律退回原推薦單位。

在校期間的待遇

一、食宿免費，每月發給一定的生活費。

二、醫療費按學院有關具體規定給予報銷。

三、教科書由本院發給，不收費。

畢業後的去向

一、學生畢業後，學院不包分配，原則上仍回原推薦單位工作。

二、根據需要並徵得原推薦單位的同意，由本院調配安排工作。

三、本科畢業生可報考本院研究生班。

四、本科畢業生參加工作，由用人佛教單位參照大學本科畢業生的待遇負責解決。

曹溪佛學院法師條例

總則

佛學院以培養愛國愛教、解行相應、德才兼備的弘法僧才爲宗旨。佛學院法師是實現此宗旨的核心力量。爲進一步提升法師隊伍整體水準、保持法師隊伍的穩定性，結合曹溪佛學院實際情況，特制定曹溪佛學院法師條例。

第一章　法師的聘請

一、受聘法師須愛國愛教、擁護中國共產黨的領導，遵守國家法律法規、佛門戒律及寺院的共住規約。

二、受聘法師須身體健康，無不良習氣。如有吸煙、喝酒、沈迷網絡等不良習氣者不予聘用。

三、新受聘授課法師需具備佛學專業本科以上學歷，或對某一經論有深入研究者。受聘佛學院其他部門，必須具備大專以上學歷。

四、新聘請法師試用期爲一個學期，試用期滿符合佛學院要求即轉爲正式聘用法師。如不能勝任其職位者（如授課品質很差）轉其他部門。若有不良行爲、邪知邪見者給予辭退。

第二章　法師的行爲準則

一、法師須有崇高的職業道德，能言傳身教、以身作則，能指導學僧學修理念、樹立正見正行，以高尚師德、廣博學識做好培養僧才的工作。

二、儀表端莊，態度祥和，上課及日常生活穿長褂。上殿過堂，禪修勞作，需身行言教。不可無故經常不上殿、不過堂。

三、與學僧相處應慈悲，做良師益友，真誠愛護、關懷學僧成長。舉止應具威儀，處事要公正。法師不得隨意開除學僧，若學僧行爲惡劣，不聽教導，可報教務處依據《學僧管理守則》開會討論決定。

四、非特殊事由，授課期間不得隨意請假離校，更不得在未經學院同意下離校或夜不歸宿。遇重大事情必須請假時，十天内由教務處批；特殊情況，如父母、師長重病或往生，請假不能超過十五天，十天以上由院長批。病假根據具體情況而定。

五、法師應積極參加學院集體會議、活動，應有團隊精神，不可無故不參加。

六、法師行爲處事應以六和爲準則，不得有拉幫結派、寫大小字報、散發傳單等有損害學院、寺院的言行。

七、法師授課須精神飽滿，不得閒扯與教學無關事項，不得論長道短，應揚長避短，與學僧共勉共進。

八、法師教學應認真負責，須寫教學計劃，把握教學進度，不得拖拉課程影響學院教學安排。期末應總結教學得失，不斷提升教學品質。

九、法師上課要準時，不得提前下課，授課內容結束亦不得提前下課，無特殊情況不要拖堂。

十、法師有權力、有義務向學院提出教學、管理方面的各種意見和建議。

第三章　法師的待遇

一、法師在院期間學院免費提供食宿及日常生活設施。

二、法師享有相應單資、課時補貼、教齡補貼、節日補貼等待遇。

三、授課五年以上的法師，如有身體等原因，可申請休假一學期。授課十年以上可申請休假半年。休假期間享有單資、教齡補研究生班五名貼等法師待遇。（每學期申請休假的法師不得超過兩人。）

四、在曹溪佛學院授課、工作滿二十年的法師，即享受終身法師待遇。如不繼續授課、工作者，享受基本單資、教齡補貼等法師待遇，且在常住享受班首執事待遇。

五、正式聘用的法師由佛學院提供醫療保險，若法研究生班五名師患病，醫療保險報銷以外的費用由學院承擔百分之七十，個人承擔百分之三十。如需安排護理人員，亦由學院負責安排。

第四章　法師離校、處理及辭退

一、法師若離職，應在離職前三個月提交辭職申請，並理清與學院、寺院的財物關係，做好交接工作。

二、離職法師，若未達到二十年以上教齡、工齡者，不能享受終身法師待遇。離職後即與學院、寺院脱離關係。

三、嚴重違反國家法律法規，觸犯國家刑法者，給予辭退。

四、觸犯四根本戒律者，辭退。

五、有打架、鬥毆、夜不歸宿、喝酒等不良行爲，經學院警告仍不悔改者，辭退。

六、若在學院拉幫結派、寫大字報、散發傳單，根據情節輕重，給予相應處理。影響惡劣者辭退。

七、若法師不能勝任教學（即教學品質很差），教務處可將其轉到其他部門，不服從者辭退。

八、此條例最終解釋權歸曹溪佛學院院務管委會。

曹溪佛學院學籍管理條例

一、新生必須按期持録取通知書來院報到，並辦理入學手續。無故逾期三天不報到者，取消入學資格。

二、入學新生，必須進行身體複查，不合格者，取消入學資格，退回原地。

三、開學後自上課之日起，三日内無故不到者，按自動退學處理。

四、學生有下列情形之一者，應予退學：

（一）就讀一學期，有三門以上必修課成績不及格者。

（二）經醫院診斷，證明患有精神病、傳染病或其它頑症，影響正常學修，並在短期内不能康復者。

（三）對佛教無信仰或改變信仰者。

（四）發現隱瞞實情，入校後存在婚姻、戀愛關係者。

（五）一學期曠課、曠殿累計超過十節者。

（六）發現在校内外飲酒、吸煙、食肉、不穿僧裝、留長髮（一釐米以上）等不良習氣，經批評教育仍不悔改者。

（七）無故夜不歸宿及屢次于晚自修後還出山門者（晚十點爲準）。

（八）反對四項基本原則，組織或煽動鬧事、打架鬥毆、擾亂社會秩序、破壞學院安定團結，情節嚴重者開除，永不録用。

（九）違反國家政策法令、觸犯國家刑律的各種犯罪行爲者。

（一〇）破壞公共財産、盜竊國家、集體或私人財物，造成嚴重危害或損失者。

（一一）因違寺規院紀，曾受過警告、記過、留校察看處分，在處分期間無悔改表現者。

五、基本單資和普佛票每學期放假前發一次，中途輟學者不發學期基本單資。

六、學生完成教學計劃規定的全部課程，成績合格者准予畢業，並發給畢業證書。畢業前有不及格的課程，可以補考一次，經補考仍不及格者，按結業論處。

七、私自出門做佛事，寺内殿堂替人開光、灑淨、兜售經書和紀念品、化緣等，一經發現即勒令退學。

八、任何奬勵及處分決定均記録在該學僧檔案中。

九、本條例自公布之日起執行。

十、本條例最終解釋權歸曹溪佛學院教務處、教導處。

曹溪佛學院奬助學金管理辦法

總 則

爲鼓勵學僧在院期間奮發向上、刻苦學習，充分調動學僧的學習積極性，促進學僧盡快成長爲有信仰、有文化、講修行的優秀僧才；根據院長大和尚指示，結合我院實際情況，特制定本辦法。

一、奬學金種類

曹溪佛學院奬學金，共設四種，分别是：優秀奬、進步奬、專長奬、全勤奬。

二、參評資格

紀律上：

（一）優秀奬、進步奬、專長奬參評者每學期不得缺勤超過五個課時。三次遲到、早退按一課時計算。

（二）抽煙、喝酒、吃肉、外出上網等違反重大紀律者，不能參與評選。

（三）在院期間不尊重法師（老師）、損壞常住財物等不能參與評選。

成績上：

（一）全勤獎成績上無要求，課堂、殿堂全勤即可。

（二）優秀獎參評者：各方面表現優秀，且考試成績在班上前五名。

（三）進步獎參評者：學習成績、學習態度有明顯進步，各方面都表現良好，並能得到法師（老師）的肯定。

（四）專長獎參評者：能對某一經論有較全面的把握，並能得到授課法師的認可；或能在省級以上佛教刊物上發表相關文章者（同一經論每人祇能參評一次）。

三、提名方法及確定

全勤獎無須提名。優秀獎、進步獎、專長獎在每個學期期末由各班級同學自己推選一個人作爲參考，綜合班主任法師、授課法師（老師）的意見來確定。

優秀獎、專長獎、進步獎祇能參評其中一項。

四、名額分配、獎金數額

（一）優秀獎：一千元，共設五名。

（二）專長獎：八百元，不限名額。

（三）全勤獎：四百元，不限名額。

（四）進步獎：三百元，共設三名。

五、考核準則

（一）學習成績考核，以考試總分爲標準，分爲五種：九十分（平均分）以上者爲優；八十至八十九分爲良；七十至七十九分爲中等；六十至六十九分爲及格；六十分以下者爲不及格。

（二）品行成績評定，從五個方面考察：

學習：以學習態度來評定標準。

修持：以按時參加上殿、過堂、坐禪、誦戒、威儀爲標準。

遵紀：以學生守則及規章制度爲標準。

團結：以尊敬老師、尊重僧衆、團結同學爲標準。

勞動：以每天清掃和參加其它勞動爲標準。

評定等級按優、良、差三級劃分。

（三）凡考試作弊、協助他人作弊者，一經發現皆作零分處理。考試不及格，每一門扣罰單資一百元（補考費）。三門不及格者旁聽或降級，旁聽期間無基本單資。

六、獎勵與處分

（一）獎勵，實行精神鼓勵和物質獎勵相結合的原則。方式分爲口頭表揚、通報表揚、發獎狀、獎品等。

（二）學習成績優異、在勞動和修持等方面表現突出者，每學期獎勵一次。獎勵標準依照《曹溪佛學院獎學金實施規則》。

（三）無故缺勤九次（課堂、殿堂、坐禪、誦戒累計）則記大過一次。兩年中三次記大過者不予畢業，一學期累計缺勤超過十次者給予退學處理。

（四）對違犯院規校紀或對法（老）師的批評進行頂撞者，視其情節輕重和態度表現，給予批評教育、警告、記過、留校察看、退學、開除學籍等處分。

（五）留校察看處分（旁聽）期間，視其改正態度，至少一個月後方能解除，留校察看期間無基本單資。

（六）學習不努力，屢次違犯院規、寺規者，不虛心接受批評改正過失者，給予開除。開除學籍的學生，不發給學歷證明。

（七）損壞學院及常住各項設施者，須按原價賠償。

曹溪佛學院學僧管理規約

學僧基本守則

一、愛國愛教，遵紀守法，遵守社會公德，愛護常住及學院一切財產。

二、嚴格遵守常住及佛學院的各項規章制度，僧裝整齊，威儀具足，認真上殿、過堂、誦戒、出坡，勤奮學習。

三、尊重師長，尊敬僧衆，團結同學，開展批評與自我批評，發揚「六和精神」。

四、積極參加集體勞動和公益活動，堅持鍛煉身體，保持集體、個人和環境衛生。

課堂規則

一、上課鈴響後，歸位端坐，保持肅靜，等候老師上課。老師步入講臺時，由班長呼「起立」，全體同學合十致敬，行注目禮。下課鈴響後，由班長呼「起立」，全體起立，向老師合十致敬，老師答禮後，學生方可離開教室。

二、上課期間，一律不准會客，接聽電話。若在公共場所（課堂、殿堂、齋堂、禪堂）接聽電話者，即刻没收，並記過。若手機響動影響大衆上課，罰一百元。

三、不得遲到、早退、曠課。班長呼「起立」後進教室者，即爲遲到；遲到者應自動站在門外，經授課老師允許後方可進教室。下課鈴未響離開教室者，即爲早退；上課鈴響後，二十分鐘進入教室者爲曠課；下課鈴未響，提前二十分鐘離開教室亦爲曠課。遲到、早退三次爲曠課一節。

四、上課時要注意聽講，做好筆記，不准看與本科目無關的課外讀物，保持良好的課堂秩序。

五、上課必須注意儀表整潔，統一穿長衫，不得穿拖鞋進入教室，禁止帶茶杯、食品進入教室。

六、上課時，任何人不得以任何理由隨便説話，避免影響或打斷老師的授課與思路。即使是提出與本節課内容相關的問題，首先必須在原位舉手，經老師同意後，方可發言，凡學生發言或回答問題時必須主動起立。

七、保持教室清潔，學生輪流值日，值日生要準備老師茶水，抹擦黑板及一切上課必備器材。每天下午放學後打掃、清潔教室。

八、在課堂、晚餐、禪堂及日常出門，須著長衫，以示威儀。

殿堂規則

一、早殿聞二板聲洗漱，排班上殿，沿路不得喧嘩打鬧，雙手平胸默然而行，晚殿亦然。

二、進大殿後依次站立，不得左顧右盼。念誦時要注意符合法器節奏，聽從糾察師的指揮。

三、不得遲到、早退、曠殿。遲到以第三遍鐘十八下止爲標準。早退以韋陀贊或伽藍贊前爲標準。遲到及早退三次按一次曠殿計算，超過或提前十分鐘進出殿堂爲曠殿。

齋堂規則

一、按座位定餐具，不亂坐亂用，不散心雜話，除特殊病號外，一律到齋堂進餐。

二、保持清潔，不丢雜物，不浪費食物，餐具要擺放整齊。

三、不准到大、小寮私取飯菜。

四、認真念誦供養咒及齋畢迴向，不得無故不去迴向。

宿舍規則

一、按時作息，晚十點前熄燈（大小），違者罰五十元。衣被放置整齊，室內用具保持整潔。不准亂丢、亂放雜物。寢室內輪流值日，負責本室衛生和作息制度。

二、無故不得聚集一室，閒談世間雜話，或聽流行歌曲。不得在宿舍會客、高聲談笑、玩耍、唱歌及一切擾亂作息行爲。

三、非本室人員不得留宿，不得隨便串寮，不得隨便翻動他人物品。

四、不准看小説、下棋、打撲克、麻將等。

五、不得在宿舍內設供佛像、焚香，墻上不許亂帖、亂掛畫像等。
六、不許在房間使用加熱器，亂拉電線。節約用電，隨手關燈、關電扇。注意防火防盗。
七、宿舍內不允許存放刀具、易燃等危險品。
八、宿舍內不允許存放與僧人身份不相符的衣物、鞋等。
九、使用答録機者，一律配備耳機，以免影響他人的學習和作息。
十、離開寮房一律不得穿背心、拖鞋、褲衩，違者罰。
十一、若發現吸煙者，第一次給予批評、警告。若再犯者則處以跪香、拜佛、扣罰單資（一百元）、記過等。經屢教不改者，送交教導處嚴肅處理。

衛生規則

一、公共衛生，按組包片。每天早晨務必認真打掃，清除垃圾。
二、個人衛生，保持儀容整潔，衣被應在指定地點晾曬。
三、不得隨地吐痰，亂丢果皮雜物，隨便倒汙水、垃圾等。
四、教學樓及寢室須按時大掃除。

教習行政管理制度

作息規約

一、聽叫響進齋堂用餐，聞板聲進大殿課誦。

二、聽上課預備鈴響，速進教室等候上課。

三、晚上止靜板響，即準備熄燈就寢，不得再聽音像製品或在他人房間串寮閒談。

四、遵守午休時間，不得影響别人。

五、無論何時何因外出，務必於晚八點前返院，不得夜不歸宿；實不能回校者，應先向教務處説明。週一晚上九點前，必須在宿舍校區。平常晚自習後一律不准出山門，違者罰。

會客規約

一、直系親屬來院探親，須報客堂安排接待，不得私自或擅自留宿及陪同出遊。

二、一般客人來訪，由客堂登記通知本人會客，會客一律在客堂進行，不得私自帶入宿舍或教室等地。尤其是女客，更應注意。

請假規約

一、若須外出，應寫請假條，説明事由、時間、地點等，經批准方可。

二、上課期間一律不得請假外出，如有特殊情況須經教務處同意。書面寫好後，事假一天以内由班主任批准，一天以上由班主任、教導長批准。

三、因病請假者，須有醫生證明，填寫請假條。兩天以上由班主任、教導長批准。

四、若班主任不予准假，請假人不得再向上請假；若班主任准假後還須向上報批，教務處不批則請假失效。教務處批覆的，最後由請假人把假條交給班主任或考勤班長作考勤記録。

五、不得超假。假期滿後即到批假法師處銷假，如有未經續假不歸者，以曠課論處，嚴重者勸退處理。

考勤規約

一、學生實行考勤制度，必須按時上課、課誦以及參加學院的各項活動，因故不能參加者必須提前請假。

二、上課與殿堂考勤由班主任或班長具體執行，由教導長負責監督實行。

三、考勤工作必須細緻認真，應及時填寫考勤表，每週在班級上公布一次考勤情況，或張貼考勤表，或班主任口頭在班上公布。每月考勤表上交到教務處檢查、匯總統計並存檔。

四、集體活動無故不參加者，除給予批評教育外，每半天按曠課三次計算。

教習部門職能規約

院長工作職責

院長是在當地政府宗教主管部門的行政領導下，負責領導和管理學院，在學院管理中居於核心地位，具有領導權威。院長的領導和管理，對本院的佛教教育事業負責。其職責範圍是：

一、認真貫徹黨和政府有關宗教信仰、僧伽教育的方針政策，執行中國佛協、省佛協的有關指示。

二、院長對外代表學院，對內主持全院行政工作，對學院有關方向性、戰略性、全域性以及富有創造性決策，負有全權責任。

三、負責主持並召集院務會議、行政會議、教職員工全體會議。院務會議，一般在學期的初、中、末召開，審議和決定學院的重大問題。行政會議，一般每月一次例會，研究並解決學院日常行政工作的重要問題。全體會議，學期始和學期末集中教職員工，由院長公布本學期計劃安排或對本學期總結、評比結果。

四、負責組織研究和審定學院教育事業發展規劃、教學計劃及院務會議制度的各項制度、指令的實施；圖書資料的建立和利用；院外的學術討論交流活動。開展經費節支及學院的基本建設、計劃等。

五、負責調節部門間共同辦理的事項，力戒推諉拖拉、扯皮踢球，講究辦事效率。

六、指導制定、檢查和督促落實學院各項規章制度，如《曹溪佛學院教學管理整體規劃》《曹溪佛學院法師條例》《曹溪佛學院學僧管理守則》《曹溪佛學院圖書館管理條例》《〈曹溪水〉編輯部工作職責》等。

七、注意多層次管理學院辦法，逐級指示，不越級指示，可越級檢查；抓好學院自身建設，及時組織師生學習好黨和政府的有關政策、法規和各種文件精神，使學院辦學方向明確。

八、負責考核各部門工作人員，獎懲嚴明，注意培養和選拔人才，搞好學院組織建設、師資建設。

九、關心下屬的學習、工作和生活，幫助他們解決實際問題，使其樂於恪盡職守；信任下屬的事業心和責任感，支持他們的工作、充分發揮其能力和才智。

副院長工作職責

一、副院長在協助院長做好上述工作外，還應做好分管的工作，以及院長委託的其它事項。

二、副院長負責佛學院與常住的溝通，並協助常住對佛學院基建的規劃與落實。

教務處工作職責

教務處是院長領導下的有關教學、管理的執行機構。其職責有：

一、根據有關政策、指示、規定，結合本院實際，擬訂全院教學工作計畫；總結教學方面的各種經驗，在院領導的指導下制定教學方面的有關規章制度；研究並提出僧伽教育事業的發展規劃、專業設置、調整並組織實施。

二、對師資的審定、調度、外聘等具體工作，向院長提出參考建議。

三、檢查落實法師、老師工作規範，核定其工作量，並審查其教學講義。

四、抓好師資培養，定期進行教學品質評估，討論研究並提出改進意見，使教學品質不斷提高。

五、組織教職員工學習好各級檔案和時事政治，以及各級會議精神。

六、組織編寫教學工作計劃、教學方法文稿。組織教學研究會議，交流教學工作經驗，不定期進行聽課或組織教學觀摩，協助編輯部辦好《曹溪水》雜誌及相關宣傳資料。

七、做好教材、講義的訂購以及教學資料的編寫工作。

八、積極開展文化交流、組織學術研討及對外弘法活動。

九、掌握教學最新資訊，瞭解兄弟院校的教學動態，改進教學方法，提高教學品質。

十、負責全院學僧的招生、畢業工作，做好學僧的畢業文憑和結業、畢業證書的準備及發放工作。

十一、擬訂課程配置、授課計劃、課程表、作息時間表、考試日程表等。

十二、負責擬定考試例題，制訂閱卷評分及考場紀律，做好考試題目的保密工作。

正、副教務長工作職責

教務長是佛學院建設良好道風、學風的主要負責人，必須以「堅持原則、堅持團結、正直無私、心懷學院、忠於事業、嚴於律己、寬以待人、言傳身教、爲人表率」的準則指導自己的言行。

一、教務長在院長領導下，執行各項教學任務和管理工作，做到事事有落實。

二、具體負責全院的思想政治工作和教學管理行政業務，提高全院師生的思想素質和工作能力。關心法師和學僧的學習、思想、工作和生活，注意培養、提高教學和管理水準，發揮他們的積極性，使全院工作井然有序。對學僧生活上要關心愛護，學習修持上要嚴格要求。

三、全面落實教學工作計劃，集思廣益、適時而合理地調整不適應的環節，總結經驗提出改進建議。建立協調的、有活力的教學秩序、管理秩序、生活秩序。

四、負責定期召開教務會議，傳達上級精神，布置具體工作，聽取各部門負責人的工作開展情況的彙報，並就各部門工作中的重要問題組織討論，檢查總結工作進展情況。

五、帶頭遵守常住和學院的各項規章制度，搞好個人修持，在威儀、僧格中做師生的表率。

六、負責對法師、教師、教務行政管理人員進行思想教育、業務能力的考核，對聘任或解聘教師及行政管理人員任免等問題，向院長和各級主管部門提出建議。具體落實院長委託的其它有關工作。

七、虛心聽取師生的各類意見，對好的意見和建議要及時採納，決策民主，處理問題要實事求是。

八、樹立牢固的組織觀念，服從院長的領導，重大事情做到事前請示，事後彙報。

九、能舉賢薦能，善於提拔和培養忠於職守、熱愛佛教教育事業的青年骨幹。任期內不盡心盡職，工作無進展，應主動提出辭職，工資降級。

十、凡是教務處或是各部門需用人員，要徵詢大家意見，對實際工作的性質職能瞭解，嚴禁假公濟私，没有原則性，任意安置工作人員。對已聘用的教師和其它工作人員，要先作一個學期的適應期，據其工作能力，再作轉正調整。

教導長的工作職責

一、教導長根據本院的宗旨、培養目標和要求擬訂或修改《曹溪佛學院學生管理守則》，對學生開展工作。

二、配合各部門法師、老師，負責對學生進行思想教育，檢查和督促各項規章制度的執行和落實。

三、熱情關懷和愛護學僧，負責做好學僧的思想、政治工作，堅持不懈地進行四項基本原則的教育、愛國主義和宗教情操教育、勞動教育、學院各項規章制度的教育。使學僧在德、智、體各方面都得到發展。

四、向教務處反映學僧對教學、生活等方面的意見，促進法師、老師和學僧的團結。

五、做好學僧幹部的選拔、培養、指導工作，加强學僧自我管理和自我教育能力的培養和鍛煉。瞭解、研究學生的思想和學習情況，並認真負責地做好學生的品德評定、畢業鑒定。

六、負責制訂學生的各項表卡，執行學僧獎懲制度，認真推舉優秀學生，並給予適當的物質和精神獎勵，對學僧違犯院規院紀的行爲，提出具體處理意見。

七、經常與任課法師、老師聯繫，結合教學實踐，教育學僧明確學習目的，端正學習態度，培養學僧的興趣和自學能力。對學習有困難、成績差的學生進行幫助、督促，並協同任課法師、老師進行重點輔導。

八、領導安排班主任的工作。組織和指導學僧參加各項公益活動，搞好清潔衛生，绿化美化院容，參加文體活動等，並完成院領導交辦的其它各項工作。

教務主任的工作職責

一、協助教務長統籌教學實施，計劃教學用品的採購。

二、負責學院各種檔案的完善與管理。

三、負責佛學院的文字、檔案工作。

班主任基本職責

班主任是班級工作組織的領導者，在院各級領導的指導下進行工作。

一、班主任要熱情關懷和愛護學僧，負責做好學僧的思想政治工作、宗教道德和情操的培養工作；教育學僧遵守學院守則和各項規章制度，遵守國家法律和各項政策，使學生在戒、定、慧三學方面不斷進步。

二、經常與各任課法師、老師聯繫，瞭解和研究學生的思想與學習情況，教育和明確學習目的和培養目標，端正學習態度，改進學習方法，學好各門功課，不斷提高學習成績。

三、做好《學生管理守則》中有關考勤、品德、紀律、成績評定、畢業鑒定等有關規定和要求，並配合教務處做好學生的生活安排，建立學習和生活的良好秩序。

四、關心學僧的生活和身體健康，加强生活管理，組織和指導學僧搞好文體活動，搞好個人清潔衛生，使學僧養成良好的生活習慣。

（二）參訪交流

民國二十三年（一九三四），虛雲移錫曹溪，接引四方來學，開啟近代曹溪禪門參學、講學之風。二十四年（一九三五），應虛雲邀請，太虛大師參訪曹溪，禮謁祖師，並作《遊南華寺參禮六祖開示》《讚揚六祖功德以祝南華之復興》演講。三十七年（一九四八），宣化、本煥應虛雲邀請參學曹溪。宣化受命任南華寺戒律學院監學，後任教務主任。虛雲觀其爲法門龍象，乃傳授法脈，爲潙仰宗第九代接法人，摩訶迦葉初祖下第四十五代。

一九四九年後，曹溪祖庭參學之風式微。至二十世紀八十年代，始又稍稍恢復。一九八三年九月，住持惟因重開南華僧伽培訓班。此後於一九八四、一九八八、一九八九年，連續舉辦戒律研修培訓，接引十方學僧。一九九五年十一月，應佛源邀請，中國佛教協會副會長聖輝參訪南華寺，爲南華寺僧尼作「中國漢傳佛教共住規約」講學。

二〇〇〇年，曹溪佛學院成立，曹溪祖庭參學、講學交流亦逐步繁榮。二〇〇一年五月二十二日至六月一日，中國佛學院二〇〇一屆畢業生「禪宗祖庭朝拜團」一行三十二人來寺參學朝禮，並與曹溪佛學院師生舉行「關於佛教教育和院校工作座談會」。六月，應傳正邀請，深圳弘法寺方丈、曹溪佛學院名譽院長本煥，中國佛教協會副會長兼南普陀寺方丈聖輝來寺講學，分别爲曹溪佛學院師生作開示。二〇〇二年十一月，法國梅村禪修中心導師一行禪師，率美、法等國代表團三十餘人來祖庭參學朝聖。傳正聘請一行爲南華寺首座及曹溪佛學院名譽院長，一行聘請傳正爲美國加州分院鹿野苑道場名譽方丈。十一、十二日晚，一行爲曹溪佛學院師生、居士舉辦兩場禪學講座。二〇〇四年五月，曹溪佛學院教務長仁空率曹溪佛學院全體師生，參學廣西桂林壽佛塔、能仁禪寺、棲霞寺。二〇〇九年六月，臺灣大華嚴寺方丈、國際華嚴學會會長海雲參學南華寺，爲曹溪佛學院師生及信衆講經説法，介紹賢首宗思想、賢首宗應發揮的作用等。八月二十一日至二十三日，北京大學李四龍教授率華夏儒商國學院學員參學南華寺，並爲學員開設佛學講座，講授《般若波羅蜜多心經》《金剛經》。二〇一〇年三月，馬來西亞繼程法師一行參拜南華寺，並爲佛學院全體師生及寺院居士、義工發表演講。二〇一一年五月，美國羅耀拉瑪莉曼大學、廣州中山大學學生交流團一行，參學南華寺。二〇一二年五月，中山大學哲學系與美國羅耀拉大學合辦之「比較宗教禮儀暑期課程班」四十餘名學員來寺參學。二〇一三年五月，應南華寺和曹溪佛學院邀請，臺灣慈光禪學院院長惠空一行再次來曹溪佛學院講學，圍繞「成佛道次第」主題爲學僧們作精彩開示講座。六月，閩南佛學院教務長傳明在多寶閣爲曹溪佛學院八十多名學僧舉行「作如來使，行如來事——法華經如來使精神解讀」講座。七月，香港教育學院、香港中文大學、香港浸會大學二十四名「香港準教師粵北服務體驗營」與韶關學院十二名志願者來寺參學。九月七日，時值「紀念六祖惠能大師圓寂一千三百週年暨曹溪講壇落成典禮」法會，曹溪講壇以「壇經智慧·幸福人生」爲主題舉辦佛學講座。

不但在南華寺、本院與參訪者交流切磋，佛學院師生還定期參訪他山。二〇〇六年六月，佛學院師生到陝西、河南作畢業參學之旅，先後參訪法門寺、淨業寺、草堂寺、大慈恩寺、大興善寺、臥龍寺、白馬寺、少林寺等祖師道場。二〇一〇年六月，佛學院應屆本科、預科畢業班師生在證果法師帶領下，赴四川參訪峨眉山報國寺、華藏寺、萬年寺，成都昭覺寺、文殊院、寶光寺等佛門聖地。峨眉山佛教協會會長、峨眉山佛學院院長永壽及華藏寺監院傳法爲曹溪佛學院學僧作慈悲開示。

另，參與佛教文化講座、講經活動，亦曹溪弘化重要內容之一。二〇〇三年四月，南華寺與國家文化部、印度旅遊文化部、廣東美術館、廣東省民宗委等單位共同舉辦之「天竺之魂——印度古國青銅雕像展」在廣東美術館展出。十三日，傳正在主展廳主持「祈禱世界和平」法會，佛學院教務長仁空、教務主任法源主持「中印兩國佛教文化及其發展」講座。二〇〇八年四月，中國佛教協會、中華宗教文化交流協會在北京法源寺聯合主辦「漢傳佛教講經交流會」，曹溪佛學院宗岳應邀參加。二〇〇九年十月，中國佛教協會在杭州佛學院舉辦「二〇〇九漢傳佛教講經交流會」，曹溪佛學院慧賢應邀前往參加講經交流。二〇一〇年十一月，中國佛教協會在杭州佛學院主辦「二〇一〇漢傳佛教講經交流會」，曹溪佛學院通揚，應邀前往參加。二〇一一年八月，第三次「二〇一一漢傳佛教講經交流會」在杭州佛學院舉行，曹溪佛學院淨心應邀前往參加。二〇一二年二月，雲門佛學院舉辦「雲門禪宗學術研究交流會」，曹溪佛學院教務長傳源率通廣法師前往參加。四月，「第三屆世界佛教論壇」在香港紅磡體育館舉行，傳正率曹溪佛學院師生一行出席論壇。二〇一五年十一月，由中國佛教協會主辦，省佛教協會、杭州漢傳佛教講經交流基地協辦，南華寺承辦之「二〇一五中國佛教講經交流會」在曹溪講壇舉行。國家宗教事務局副局長蔣堅永、廣東省副省長温國輝、韶關市委書記藍佛安、省政協民宗委主任羅繼東、省佛教協會會長明生等出席開幕式。省委統戰部常務副部長、省民宗委主任陳小山，韶關市委副書記、代市長駱蔚峰等及高僧大德、講經法師和聽經信衆一千五百餘人參加閉幕式。本次講經交流會邀請來自中國大陸漢語系、藏語系、南傳巴利語系，以及來自香港、臺灣地區的法師同臺講經，係中國佛教協會成立以來首次舉辦的兩岸三地、三大語系法師同臺講經活動。來自全國二十五個省、市和中國佛學院的二十九位講經法師從《金剛般若波羅蜜經》《般若波羅蜜多心經》等十六部佛教經典出發，以「如何安頓身心」「如何建立信仰」「如何認識因果」「如何依教修學」「如何利益衆生」五個問題爲導向，圍繞「慈悲·圓融·宏博」的主題，宣講佛教教理教義。

（三）學術研討

伴隨近代佛教改革運動，佛法逐步走向社會，曹溪禪門學術亦由此興起。民國十一年（一九二二）三月，《國立中山大學文史學研究所月刊》發表鄧爾雅《曹溪南華寺宋刻五百羅漢記》，記民國七年、八年間（一九一八—一九一九）發現羅漢樓五百尊宋代木刻羅漢之經過，引起教内外人士關注。是年，太虚大師撰《曹溪禪新擊節》文，以「曹溪之自悟、曹溪之悟他、曹溪之自性」介紹曹溪禪教義，刊於《海潮音》。民國二十二年（一九三三），羅香林在《國立中山大學文史學研究所月刊》發表《禪宗與曹溪南華寺》文，有關南華寺史學、文化弘傳之學術研究，達至高潮。

一九四九年後，佛教學術研討一度停歇。一九六三年二月至九月，書畫鑒定家張珩、畫家謝稚柳、李可染、金石學家容庚及廣東省文物考古研究所有關人員，先後對南華寺北宋木雕羅漢新發現進行考古，並發表《南華寺木雕羅漢》文，引起轟動。故宫博物院、廣東省博物館等單位派人來寺考察此批珍貴文物。一九八〇年，南華寺修復「文化大革命」中被損壞之六祖真身。一九八一年，中山大學人類學系楊鶴書撰《「金剛不爛身」與防腐葬》文，開「文化大革命」後曹溪禪門學術爭鳴與文化交流傳播之先聲。是年，中國社會科學院民族語言研究所研究員照那斯圖、常鳳玄來寺考察寺藏「八思巴文聖旨」文物，並將其譯成漢文。一九八二年，《中山大學學報》（哲社版）第二期，發表楊鶴書《廣東南華寺發現八思巴文、藏文重要文物》。一九八七年，香港《中國文化研究所學報》發表廣東省博物館徐恒彬

《南華寺六祖慧能真身考》。

南華寺高僧大德亦發揮自身優勢，參與並帶動曹溪禪學術文化研討。一九八三年，住持惟因復辦「南華戒律培訓班」，並於《法音》期刊先後發表《修行漫談》《福慧雙修》《自性自度》《解行相應》等文，以示初學；輯《南華小志》，介紹南華寺歷史；又以《禪七開示》《惟因和尚法語》等流通於世，爲海内外轉載、翻印。一九九二年十一月，住持佛源應邀參加北京第四屆中日佛教學術交流會議，其參會論文《中國佛教禪淨雙修的傳統》發表於《佛教研究》創刊號。

一九九九年，傳正接任曹溪住持，踵武前修，大力推進曹溪學術交流，以弘化社會。二〇〇一年九月，傳正會同韶關市、曲江縣政府有關部門負責人前往北京，向國務院宗教事務局、中國佛教協會遞交關於《南華禪寺舉辦建寺一千五百週年慶典申請》，其間就相關事宜與楊曾文、張新鷹、宋立道、黄夏年、華方田、黄心川、方立天等著名學者舉行座談。九月十四日，《參考消息》登《南天梵刹，禪宗祖庭——具一千五百年歷史的佛教聖地南華寺》一文。十二月，爲助法南華寺文化建設，傳正發出《支持南華禪寺申報世界文化遺産倡議書》。

二〇〇二年十月，舉辦「南華禪寺建寺一千五百週年慶典新聞發布會」，新華社、中國新聞社、人民日報、經濟資訊報、南方日報等十餘家新聞媒體參加發布會。

十一月五日至六日，由本寺主辦、中國社會科學院世界宗教研究所協辦之「曹溪南華禪寺建寺一千五百週年禪學研討會」在韶關市隆重舉行，來自中國、日本、韓國等國的佛教界法師妙峰、聖凱、仁空、慧覺、願廣、理淨、道堅、法廣、崇觀、菩提、法緣、崇慈、智楠等，專家學者黄心川、杜繼文、方立天、樓宇烈、楊曾文、李富華、孫昌武、方廣錩、賴永海、洪修平、宋立道、王邦維、麻天祥、馮學成、魏道儒、班班多傑、邢東風、黄夏年、徐文明、吕建福、崔正森、馮達文、馮焕珍、劉斯翰、中島隆藏、朴永焕、宗晧、惠空、惠謙等，共百餘人參加。世界宗教研究所張新鷹在開幕式上代表協辦單位致辭。傳正作「天下禪宗，法脈同源」的主旨發言。學者們深入探討了南華禪寺的歷史和現狀，高度評價了六祖惠能在中國佛教史上的地位。一致認爲，禪宗作爲一個佛教宗派，真正的創立當始自六祖惠能，惠能對傳統禪學進行了根本性的變革，從而具有中國佛教史上的「六祖革命」。曹溪南華寺作爲六祖最重要的弘法基地，而且是六祖真身所在地，其特殊的歷史地位與影響是其他寺院所無法比擬的。唐以後南禪一花開五葉，在大江南北廣泛傳播，這與南華寺有著極深的淵源。本次會議，無論在規模上，還是在論文水平上，都是以往佛教學術研討會少有的，是新世紀伊始國内佛教界和學術界聯袂取得重要成績的一次盛會。十日，本寺隆重舉行「紀念南華禪寺建寺一千五百週年典禮」，海内外曹溪禪宗諸山長老及檀越居士、嘉賓十多萬人參會。本月，「六祖禪宗的歷史地位與中華文化」論壇由中國評論月刊、廣東珠江文化研究會主辦，南華寺承辦。珠江文化研究會會長、中山大學教授黄偉宗主持論壇，黄心川、方立天、楊曾文、方廣錩、樓宇烈、鄧國偉、劉斯翰等先生出席，就惠能及南華寺對中國乃至世界宗教、文化、思想之影響及歷史地位等問題，進行深入探討。

二〇〇九年九月，「第二届廣東禪宗六祖文化節」在南華寺舉辦。二十一、二十二日，「禪宗與中國文化學術研討會」在曹溪温泉度假村隆重舉行，中國佛教文化研究所、北京大學、中國人民大學、復旦大學、南京大學、武漢大學、臺北大學等禪宗、禪學研究專家學者共三百餘人參加研討會，圍繞「禪宗思想」「禪宗歷史與文化」「禪宗歷史與社會」三個主題發言。

二〇一三年九月，「紀念六祖惠能大師圓寂一千三百週年學術研討會」在廣州召開，中國社會科學院教授黃夏年主持大會，北京大學、南京大學、廣東省珠江文化研究會、中國人民大學、東南大學、四川師範大學、臺灣慈濟大學、廣州中山大學等代表出席，並圍繞「禪宗思想」「禪宗歷史」「禪與社會」三大主題展開交流。

（四）曹溪短訓班

南華週末淨心班　二〇一三年四月至六月，在曹溪禪修中心息心園舉辦第一期「南華週末淨心班」，五十二名學員參加。共五次活動，隔週一次，先後講解「日常基本禮儀、禪堂基本規矩」「寺院巡禮：以南華寺爲例」「三皈、五戒與十善」「禪之源：佛的生平與禪」「禪宗史概況」「達摩禪：二入四行論」、《六祖壇經》、「修習止觀坐禪法要」，法師作隨緣開示並與學員互動。

夏令營　二〇〇六年五月，曹溪佛學院爲讓社會青年學生瞭解佛教，深植菩提善根，提升心靈層次，圓融人際關係，以「禪悅人生·和諧社會」爲主題舉辦「禪悅行」夏令營，國內十餘所高校學生、在學居士近三百人入營，開設禪修、禪學講座，並參與禪修體驗。二〇〇七年七月，舉辦第二屆「禪悅行」夏令營，清華大學、北京大學、中山大學等高校三百名學子入營。二〇〇九年七月，舉辦第三屆「禪悅行」夏令營，全國各地高校三百餘學子入營。韶關市、曲江區陳爲佳、梁妙珍、李慶斌等領導，黑龍江省佛教協會會長靜波等法師，出席開營儀式。傳正作開示，並爲夏令營授旗。二〇一〇年七月，舉辦第四屆「禪悅行」夏令營，二百餘學子入營。二〇一一年七月，舉辦第五屆「禪悅行」夏令營，北京大學、中國人民大學、雲南大學、浙江大學、南京大學、中山大學等八十二所高校二百多學子入營。中國社會科學院楊曾文，蘇州戒幢佛學研究所濟群，韶關市、曲江區領導趙才金、吳春騰、梁志勇等，參加開營儀式並發言。二〇一二年七月，舉辦第六屆「禪悦行」夏令營，三百多學子入營。二〇一三年七月，舉辦第七屆「禪悦行」夏令營，各地高校以及留學加拿大、烏克蘭、英國之海外學子三百餘人入營，韶關市副市長蘭茵、曲江區副區長盧春燕、市民宗局副局長趙才金等出席開營儀式。二〇一四年七月，舉辦第八屆「禪悦行」夏令營，各地高校學子三百餘人入營，韶關市副市長蘭茵、市民宗局局長趙衛東、閩南佛學院副院長傳明參加開營儀式。二〇一五年七月，舉辦第九屆「禪悦行」夏令營，各地高校學子三百餘人入營，中國佛學院永興法師參加開營儀式。

法會弘化

據《壇經》載，曹溪法會始於唐儀鳳二年（六七七），韶州刺史韋璩率僚屬請惠能入城内大梵寺爲衆開緣説法。此爲首次曹溪弘法法會，因緣殊勝。宋元時期佛典、禪籍研討之風興起，進一步促進曹溪法門教義之傳播，然弘化法會闕於記載。明萬曆間，憨山中興曹溪，主要精力在建設道場，整頓教風，似亦無暇致意於法會弘傳一節。近代中國佛教復興、改革運動中，曹溪禪門亦秉持祖師「佛法出世間，不離世間覺」之教法精義，走向「人間佛教」弘揚道路。民國二十三年（一九三四），虚雲住持南華後，曹溪傳戒法會、息災法會等，在禪文化弘傳過程中影響非小。自一九五七年以後，曹溪禪門約二十年不振。一九七八年南華寺作爲宗教活動場所正式重新對外開放，法會文化逐漸恢復。在惟因、佛源、傳正三位住持引領下，法會弘傳活動得以隆興。

一、傳戒法會

（一）民國傳戒

虚雲痛心於佛法衰微，三門塗炭，釋子掛名受戒而不遵崇，外服袈裟而行同凡俗。爲挽頽風，乃建立長期戒壇，逢年傳戒，期滿後入學戒堂重行熏習，以資深造。

民國二十三年（一九三四）冬，傳戒法會一開，求戒與隨喜者達數百人之多。

二十四年（一九三五）農曆九月十五日，虚雲啟壇傳授三壇大戒，爲數百位戒子圓具足戒，數百名韶關、廣州及香港居士前來隨喜受菩薩戒。時曹溪修理各殿宇事陸續有成，戒期中政府要員林森、蔣中正、居正分别爲之題詞、捐款，陳濟棠、李漢魂分别撰寫《南華寺同戒録序》。

二十五年（一九三六）春，虚雲啟建傳戒大壇。

二十六年（一九三七）春，舉行三壇大戒傳戒法會，虚雲任得戒和尚，幻禪任羯磨和尚，明一任教授和尚，融月任大證和尚、碧璘任二證和尚、大海任三證和尚、竺慈任四證和尚、映慧任五證和尚、普書任六證和尚、智印任七證和尚，爲十二名比丘、六名比丘尼、四名優婆塞、三名優婆夷共二十五名戒子授戒。是年，西藏榮增堪布活佛和羅格更桑等來皈依。

二十九年（一九四〇）春，舉行三壇大戒傳戒法會，虚雲、復仁任得戒和尚，常義任羯磨和尚，昌成任教授和尚，映慧任大證和尚，常鎮任二證和尚，宏學任三證和尚，繼恩任四證和尚，壽寧任五證和尚，宏就任六證和尚，洞達任七證和尚，爲三十四名比丘、十四名比丘尼、一名優婆塞、三名優婆夷共五十二名戒子授戒。

三十年（一九四一）春，舉行三壇大戒傳戒法會，昌仁、虚雲任得戒和尚，今純任羯磨和尚，演林任教授和尚，上奎任大證和尚，今豐任二證和尚，緒光任三證和尚，宏學任四證和尚，宏就任五證和尚，洞達任六證和尚，能靜任七證和尚，爲五十五名比丘、十七名比丘尼、三名優婆塞、十名優婆夷，共八十五名戒子授戒。

三十一年（一九四二），舉行三壇大戒傳戒法會，虚雲任得戒和尚，碧璘任羯磨和尚，普書任教授和尚，妙雲任大證和尚、宏學任二證和尚、永義任三證和尚、洞達任四證和尚、復祥任五證和尚、能靜任六證和尚、廣隆任七證和尚，爲四十名比丘、三十五名比丘尼、六名優婆塞、十二名優婆夷共九十三名戒子授戒。

三十二年（一九四三），舉行三壇大戒傳戒法會，虚雲任得戒和尚，復仁任羯磨和尚，碧璘任教授和尚，宏學任大證和尚，爲七十一名比丘、三十四名比丘尼、兩名沙彌、十七名優婆塞、十名優婆夷共一百三十四名戒子授戒。

三十三年（一九四四），舉行三壇大戒傳戒法會，虚雲、復仁任得戒和尚，碧璘任羯磨和尚，明一任教授和尚，宏學任大證和尚、振興任二證和尚、心安任三證和尚、繼來任四證和尚、緒光任五證和尚、宏興任六證和尚、壽山任七證和尚，爲七十二名比丘、二十六名比丘尼、兩名沙彌、十名優婆塞、七名優婆夷共一百一十七名戒子授戒。國民政府主席林森爲傳戒法會題「梵戒精嚴」賀詞。

三十四年（一九四五），舉行三壇大戒傳戒活動，虚雲、復仁任得戒和尚，碧璘任羯磨和尚，振興任教授和尚，隆明任大證和尚、心安任二證和尚、明法任三證和尚、寬道任四證和尚、能文任五證和尚、宏興任六證和尚、心岸任七證和尚，爲十八名比丘、兩名比丘尼、四名優婆夷共二十四名戒子授戒。

三十五年（一九四六），舉行三壇大戒傳戒活動，虚雲、復仁任得戒和尚，能持任羯磨和尚，振興任教授和尚，能正任大證和尚、洞達任二證和尚、宏興任三證和尚、寬道任四證和尚、能文任五證和尚、宏法任六證和尚、濟月任七證和尚，爲五十八名比丘、五十一名比丘尼、兩名沙彌、三名沙彌尼、五名優婆塞、二十名優婆夷共一百三十九名戒子授戒。

三十七年（一九四八），舉行三壇大戒傳戒活動，虚雲任得戒和尚，隆善任羯磨和尚，影波任教授和尚，宏學任大證和尚、印明任二證和尚、海岸任三證和尚、能文任四證和尚、法證任五證和尚、式桂任六證和尚、古鑑任七證和尚，爲五十二名比丘、二十六名比丘尼、兩名優婆塞、六名優婆夷共八十六名戒子授戒。

三十八年（一九四九）農曆四月初八日，舉行三壇大戒傳戒活動，虚雲任得戒和尚，宏妙任羯磨和尚，密一任教授和尚，宏學任大證和尚、因宏任二證和尚、寬明任三證和尚、安慈任四證和尚、野萍任五證和尚、心悟任六證和尚、緣深任七證和尚，爲九十三名比丘、二十六名比丘尼、三名優婆塞、四十三名優婆夷共一百六十五名戒子授戒。

（二）當代傳戒

一九五〇年，曹溪如法開壇傳戒，虚雲、心虔任傳戒和尚，宏妙任羯磨和尚，密一任教授和尚，宏學任大證和尚、傳心任二證和尚、惟佑任三證和尚、野萍任四證和尚、定慧任五證和尚、德普任六證和尚、能靜任七證和尚，爲二十四名比丘、一名比丘尼、三名優婆塞、一名優婆夷共二十九名戒子授戒。

一九五三年十二月至次年一月，啟壇傳授三壇大戒，由虛雲爲得戒大和尚，方丈本煥爲傳戒大和尚，惟因任羯磨和尚，佛源任教授和尚，悟三任大證和尚、體圓任二證和尚、靈機任三證和尚、一心任四證和尚、了道任五證和尚、果戒任六證和尚、定然任七證和尚，參與傳戒法會，爲八十五名比丘、五十八名比丘尼、五名優婆塞、十三名優婆夷共一百六十一名分別來自全國十六個省市的戒子授戒。

一九五六年十二月，舉行傳戒法會，虛雲、本煥任傳戒和尚，了來任羯磨和尚，佛源任教授和尚，連生任大證和尚、雲安任二證和尚、福觀任三證和尚、見性任四證和尚、永通任五證和尚、明輝任六證和尚、振會任七證和尚，爲九十七名比丘、一百七十七名比丘尼、四名優婆塞、六十八名優婆夷共三百四十六名戒子授戒。自一九五〇年至此，先後有七百餘僧衆到曹溪祖庭受戒。

一九五七年至二十世紀八十年代改革開放之前，曹溪傳戒一度中斷。寺院恢復宗教活動後數年，傳戒傳統方得以接續。一九八三年九月十五日至三十日，南華寺爲僧伽培訓班學員舉行受戒儀式，全國各地趕來要求受戒者，有二百零二名戒子經過批准，一同參與受戒法會。惟因任傳戒和尚，佛源任羯磨和尚，清和任教授和尚，遠照任大證和尚，慧原任二證和尚，雪峰任三證和尚，本智任四證和尚，遠弘任五證和尚，德修任六證和尚，永敷任七證和尚，爲二百五十一名戒子授戒，其中比丘六十四名、比丘尼一百二十名、沙彌八名、沙彌尼七名、優婆塞七名、優婆夷四十五名。

一九八五年一月十五日至二十九日，舉行傳授三壇大戒法會，惟因任傳戒和尚，慧原任羯磨和尚，本智任教授和尚，遠照任大證、志禪任二證、雪峰任三證、德修任四證、宗益任五證、新成任六證、心印任七證，爲三百六十五名戒子授戒，其中比丘九十一名、比丘尼一百五十五、沙彌三名、沙彌尼三名、優婆塞十五名、優婆夷九十五名。

一九八八年農曆四月初八日，舉行傳戒法會，全國二十四個省、市，香港、澳門地區，以及美國、泰國共九百六十四名戒子授戒。廣州光孝寺住持本煥任得戒法師，美國知定法師任羯磨師，廣州本智任教授師。法會向新戒贈送戒本、戒衣，法事周隆，功德圓滿。

一九八九年農曆九月，舉行「曹溪六祖肉身道場傳千佛大戒法會」。方丈惟因爲傳戒和尚，雲門寺方丈佛源爲説戒和尚，香港大嶼山寶蓮寺住持聖一爲羯磨和尚，香港佛教青年會導師暢懷爲教授和尚，新成、廣明、德修、又果、心印、新琳、傳清法師等爲尊證阿闍黎。來自北京、陝西、河北、廣東、山西、遼寧、廣西以及香港、新加坡等地求戒弟子七百五十人接受三壇大戒。

一九九四年四月，舉行傳授三壇大戒大法會。聘請深圳弘法寺方丈本煥、香港大嶼山寶蓮寺方丈聖一、江西雲居山真如禪寺方丈一誠等爲大僧十師，寬敬尼等爲亞部十師，分别建設二部戒壇。法會以二部僧戒法相授。本寺方丈佛源爲得戒和尚，聖一爲羯磨和尚，一誠爲教授和尚，爲來自國内二十五個省、市以及韓、日、美、馬來西亞一千餘名求戒者授戒。

一九九八年十一月，舉行冬季傳授二部僧戒法會。本寺方丈佛源爲傳戒和尚，武漢歸元寺方丈昌明爲羯磨和尚，江西雲居山方丈一誠爲説戒和尚，北京法源寺能行爲教授和尚，爲來自國内二十多個省、市和馬來西亞、新加坡等地共九百餘名戒子授戒。

二〇〇二年四月，舉行爲期一個月傳授二部僧三壇大戒法會。本煥任得戒和尚，傳正任傳戒和尚，弘川任説戒和尚，聖修任教授阿黎，傳清任羯摩阿黎，新戒弟子六百餘名。此次爲五位尼泊爾沙彌尼授具足戒，對促進中尼兩國佛教界友好往來，擴大南華寺對外影響力具有積極意義。

二〇一二年六月，舉行傳法大典，洞雲宗第五十一世傳正日明禪師在方丈室惟因老和尚法像前將正法眼藏囑予曹溪佛學院本科四年級二十三位學僧。傳正向法師們頒授法卷、念珠，並作開示，法子由此成爲洞雲宗第五十二代傳人。

二〇一四年十月，舉行傳授二部僧三壇大戒法會。

二〇一六年七月，舉辦洞雲正宗傳法大典，傳正爲曹溪佛學院本科應屆畢業學僧以及外來法師共十七人傳授洞雲正宗第五十二代法。

近代南華禪寺歷次傳戒情況

傳戒時間	三師			七證							戒弟子						總數
	戒和尚	羯磨	教授	大	二	三	四	五	六	七	比丘	比丘尼	沙彌	沙彌尼	優婆塞	優婆夷	
一九三七年	虛雲	幻禪	明一	融月	碧璘	大海	竺慈	映慧	普書	智印	12	6			4	3	25
一九四〇年	虛雲 復仁	常義	昌成	映慧	常鎮	宏學	繼恩	壽寧	宏就	洞達	34	14			1	3	52
一九四一年	昌仁 虛雲	今純	演林	上奎	今豐	緒光	宏學	宏就	洞達	能靜	55	17			3	10	85
一九四二年	虛雲	碧璘	普書	妙雲	宏學	永義	洞達	復祥	能靜	廣隆	40	35			6	12	93
一九四三年	虛雲	復仁	碧璘	宏學	洞達	親雷	宏三	繼來	印明	青持	71	34	2		17	10	134
一九四四年	虛雲 復仁	碧璘	明一	宏學	振興	心安	繼來	緒光	宏興	壽山	72	26	2		10	7	117
一九四五年	虛雲 復仁	碧璘	振興	隆明	心安	明法	寬道	能文	宏興	心岸	18	2				4	24
一九四六年	虛雲 復仁	能持	振興	能正	洞達	宏興	寬道	能文	宏法	濟月	58	51	2	3	5	20	139
一九四七年	虛雲	復仁	禪明	圓融	慧定	宏學	昌成	振興	能文	明法	195	183			14	95	487
一九四八年	虛雲	隆善	影波	宏學	印明	海岸	能文	法證	式桂	古鑑	52	26			2	6	86
一九四九年	虛雲	宏妙	密一	宏學	因宏	寬明	安慈	野萍	心悟	緣深	93	26			3	43	165
一九五〇年	虛雲 心虔	宏妙	密一	宏學	傳心	惟佑	野萍	定慧	德普	能靜	24	1			3	1	29

續表

一九五三年	虛雲 本煥	惟因	佛源	悟三	體圓	靈機	一心	了道	果戒	定然	85	58			5	13	161
一九五六年	虛雲 本煥	了來	佛源	連生	雲安	福觀	見性	永通	明輝	振會	97	177			4	68	346
一九八三年	惟因	佛源	清和	遠照	慧原	雪峰	本智	遠弘	德修	永敷	64	120	15		7	45	251
一九八五年	惟因	慧原	本智	遠照	志禪	雪峰	德修	宗益	新成	心印	91	158	3	3	15	95	365
一九八八年	本煥	知定	本智	意超	新成	德修	遠照	心印	新琳	正智	486	326	2	1	19	130	964
一九八九年	惟因 佛源	聖一	暢懷	廣明	新成	德修	又果	心印	新琳	傳清	307	291			22	130	750
一九九四年	本煥 佛源	聖一	一誠	德修	本智	清和	又果	覺修	證慧	海慈	510	368			45	274	1197
一九九八年	佛源 一誠	昌明	能行	緣如	傳清	證慧	願炯	海慈	隆醒	妙華	372	603					975
二〇〇二年	本煥 傳正	傳清	聖修	緣如	又果	宏滿	明生	圓淨	證慧	妙林	339	345					684
二〇〇六年	傳正 傳清	繼光	傳昌	緣如	傳道	證慧	圓淨	繼明	繼福	遠機	300	277	1	2			580
二〇一四年	傳正	繼光	有學	緣如	傳道	衍嚴	證慧	傳賢	繼賢	□□	308	273					581

注：除表中南華寺舉辦二十三次大型傳戒法會外，一九三四年、一九三五年、一九三六年、一九三八年、一九三九年、一九五六年，虛雲於南華寺傳戒法會六次並任得戒和尚。據《虛雲和尚年譜長編》（葉兵編著）及上表統計，一九三四年至二〇一四年，南華寺傳戒法會共二十九次，其中一次爲居士戒、二十八次爲三壇大戒。戒子多者達九百七十五人，少者二十五人；戒期最長者達五十三天。

二、佛事法會

佛事法會制度，最早始於佛家禪俗。及至近代，因「人間佛教」之提倡，佛事法會經歷從「治心」到「薦亡」之轉變，且從個人「積德行善」逐步向社會服務發展，得到廣大信衆護持。民國時期，曹溪佛事法會隆盛。一九四九年後，曹溪佛事法會停滯三十餘年，至二十世紀八十年代始逐步恢復。進入二十一世紀，得各級政府支持和信衆護法，曹溪佛事法會制度重新走向興盛。

（一）水陸法會

民國時期，曹溪水陸法會曾因戰亂一度興盛。民國九年（一九二〇），虛雲撰《水陸法會會誦執事規約》。抗戰爆發後，虛雲啟建護國息災水陸大法會，超度抗戰死難同胞亡靈。三十一年（一九四二）冬，受國民政府主席林森邀請，虛雲專赴重慶主持「護國息災大悲法會」，南華寺水陸法會因此受全國矚目。

一九四九年後，曹溪水陸法會停滯三十餘年。直至二十世紀八十年代初國家宗教政策重新得到落實，南華寺法會文化漸興，水陸法會才得以恢復。一九八八年六月三日（農曆四月十九日），方丈惟因在三壇大戒傳戒法會結束後，復續曹溪水陸息災法會前緣，啟建曹溪「十方法界聖凡水陸普度大齋勝會」，法會七天。自此以後，水陸法會步入正軌，法會規制亦逐步得到完善。

一九八九年十月十九日至二十五日，南華寺應香港、潮汕等地居士要求，舉辦七天「祈求世界和平，消災消難，超度祖先」水陸法會，惟因主法。來自香港、潮汕以及韶關本地信衆、居士百餘人參加。

一九九〇年十二月，南華寺舉辦「十方法界聖凡水陸普度大齋勝會」。是年惟因往生，傳正代主法席。二〇〇一年傳正接任佛源法席，至二〇〇八年，南華寺水陸法會由每年度一場遞增至兩場以上。

二〇〇八年九月二十二日，舉辦「十方法界聖凡冥陽水陸空普度大齋勝會」，傳正主法。十月二十日，舉辦本年度第二場「冥陽水陸空普度大齋勝會」，傳正、有學、傳昌、智淨等主法。

二〇〇九年十月十一日至十七日，舉辦水陸法會，知客師照賢主法，後堂代副寺傳道頌誦《慈悲梁皇寶懺》，傳正主禮水陸法會送聖儀式。十二月七日，在惠來黃光山佛光寺舉行「熏壇啟建法界聖凡水陸普度大齋勝會」，時適逢黃光山佛光寺落成開光。傳正、有學、果智、傳賢等主法。

二〇一二年七月二十二日，啟建水陸法會，傳正、緣如、有學、傳昌、智淨主法。八月五日觀世音菩薩成道日，舉辦本年度第二場「十方法界聖凡水陸普度大齋勝會」，傳正、緣如、有學、傳昌、智淨等主法。十月二十七日觀世音菩薩出家日，舉辦第三場「啟建水陸法會冥陽兩利普度大齋」，傳正、有學、緣如主法。

二〇一三年十月六日，啟建水陸法會，傳正、有學、緣如、智淨、繼賢主法。十月二十二日，舉辦本年度第二場十方法界聖凡水陸法會，傳正主法。

二〇一四年七月十八日，啟建本年度首場水陸法會，傳正、緣如、繼光、有學、智淨、繼賢等主法。八月二十九日，舉行本年度第二場水陸法會，傳正、有學、智淨、繼賢主法。九月二十日，舉辦本年度第三場水陸法會。十一月十六日，舉行本年度第四場水陸法會，傳正、繼光、有學、智淨、繼賢共同主法。

二〇一五年六月四日，舉行本年度首場水陸法會，傳正、有學、繼賢主法。九月十七日，舉行本年度第二場「法界聖凡冥陽兩利水陸空普度大齋勝會」，首座有學、後堂繼賢共同主法。十月七日，舉辦本年度第三場「法界聖凡冥陽兩利大齋勝會」。傳正、有學、繼賢共同主法。十月二十二日，舉辦本年度第四場「法界聖凡冥陽兩利普度大齋勝會」，首座有學、後堂繼賢共同主法。

（二）盂蘭盆、燄口法會

盂蘭盆法會，於農曆七月十五日衆僧自恣時，爲七世父母及現在父母在厄難中者，集百味飯食安盂蘭盆中供養十方自恣僧，七世父母依之得離惡趣苦，生人、天中，享受福樂。燄口，係施食餓鬼之法事，其儀式大體包括敬供（集衆陞座、入定、灑淨、普供等）和悲施（入定、召請各種衆生光臨法會、顯施捨、滅障、迴向等）兩部分，其間念佛誦經、施食，使餓鬼蒙佛法力超生淨土。

二〇一〇年八月二十四日（農曆七月十五日），南華寺古無盡庵舉辦盂蘭盆法會，由當家隆慶主法。二〇一一年四月五日清明節，南華寺在大雄寶殿舉行往生普佛與燄口法會，首座緣如主法。此次燄口共設三壇，殿内設瑜伽壇、靈壇，殿外設面燃大士壇。八月，南華寺古無盡庵舉辦本年度盂蘭盆報恩法會，當家師隆慶主法。二〇一四年八月六日，南華寺古無盡庵舉辦盂蘭盆報恩法會。八月十日（農曆七月十五日）佛歡喜日，南華寺舉辦放生法會。

（三）禪七法會

禪七法會，因清末民初伴隨「人間佛教」之提倡而興起。每逢冬日，僧衆即以克期取證，於寺院禪堂内，以每七日爲一期，合共七期，計七七四十九日，靜坐、喝茶、跑香等，具結禪修，故稱禪七、打禪七。民國時期，虛雲復興南華，曹溪始有禪七法會制度。一九四九年後，南華寺禪七法會制度中止，至二十世紀八十年代始逐步恢復。新世紀以來，禪七法會呈現興盛景象。

二〇〇八年十一月二十八日（農曆十一月初一日，以後每年均以農曆此日爲始），南華寺在禪堂舉行禪七起七儀式，傳正主法。法會開始，衆僧在維那師引領下，整齊有序地進入禪堂，靜坐、喝茶、跑香。法會如期圓滿。二〇〇九年十二月十六日，南華寺在禪堂舉行禪七起七儀式，爲期七七四十九日的禪七法會正式開始，維那果萬，主法傳開。二〇一〇年十二月七日，南華寺在禪堂舉行禪七起七儀式。維那果萬，主法傳正。二〇一一年十一月二十五日，南華寺在禪堂舉行禪七起七儀式。維那果萬，主法緣如。在寺東禪堂，亦同時舉行起七儀式。二〇一二年十二月十三日，南華寺禪堂舉行禪七法會起七儀式。維那龍親，主法緣如。在寺東禪堂亦同時舉行簡短起七儀式。二〇一四年十二月二十二日，南華寺在禪堂舉行禪七起七儀式。維那首立，主法緣如。與此同時，在寺東禪堂亦舉行簡短起七儀式。二〇一六年十一月二十九日，南華寺在禪堂舉辦冬季禪七法會。同時，在寺東禪堂，衆居士爲精進道業，續佛慧命，亦坐禪參究四十九天。

三、放生法會

二〇〇九年八月四日，南華寺舉辦放生法會。法會由護法居士王祖正主持，願恩法師主法。二〇一〇年十一月五日（藥師佛聖誕日），南華寺弘法團法師率在家居士、信衆，在韶關沐溪水庫旁舉行放生法會，普聖主法。二〇一一年五月十日（農曆四月初八日），傳正率兩序僧衆及居士信衆等在大雄寶殿舉行浴佛法會，弘法團維那妙理擔任主法，僧衆將動物放生寺院四處。二〇一二年十一月十三日

（農曆九月三十日），南華寺紀念藥師佛聖誕，弘法團法師率領在家居士信衆前往曲江沐溪水庫舉行放生法會，普聖主法。二〇一三年一月十九日（農曆臘月初八日），釋迦牟尼佛成道日，南華寺在曲江區蒼村水庫舉行放生法會，普聖主法。二〇一三年二月八日，南華寺弘法團在曹溪山門前舉行年末放生法會。四月四日（農曆二月二十四日），南華寺弘法團舉辦清明放生法會。六月十二日，南華寺弘法團衆法師帶領在家居士於大雄寶殿前舉行端午節祈福放生法會。十月二十三日（農曆九月十九日），觀世音菩薩出家日，在大雄寶殿前舉行放生法會，延郡主法。二〇一四年一月二十五日，曹溪弘法團於曹溪門前舉辦春節祈福放生法會。

四、紀念法會

（一）浴佛法會

二〇〇九年五月二日（農曆四月初八日），南華寺舉行浴佛法會。方丈傳正主壇。二〇一〇年五月二十一日，舉行浴佛法會，首座緣如主壇。二〇一二年四月二十八日釋迦牟尼佛誕辰，舉辦浴佛法會。二〇一三年五月十七日、二〇一四年五月六日，連續兩年舉辦浴佛吉祥祈福法會，傳正、緣如主法。

（二）南華誕

唐先天二年（七一三），惠能圓寂，真身迎歸寶林寺供奉。次年，守塔僧令韜在每年農曆二月初八日（生誕）和八月初三日（忌辰）舉行祭祀惠能活動，稱六祖誕。宋乾德六年（九六八）宋太祖敕賜額南華禪寺後，又稱南華誕。宋以後南華誕演化爲民間廟會。據光緒《曲江縣志》卷三「風俗」載：「（二月）八日往南華禮六祖誕，至者如市。（八月）三日祀灶神，又往南華禮六祖。」又稱「春秋會」。清同治年間，始有民間藝術表演「唱燈子」「舞春牛紙馬」「唱採茶」等。民國間，曹溪禪門屢遭兵燹法難，然南華誕仍有舉行，並衍化爲祝聖息災祈福法會。一九四九年後，南華誕法會三十年無聞。一九八一年三月十三日（農曆二月初八日），南華寺首座惟因復辦六祖誕法會，來自香港、澳門、廣州及本地四衆弟子二萬餘人參加，自此規制逐步完善。南華生誕和忌辰法會均爲兩日。首日（農曆二月初七日、八月初二日），信衆自午時起來寺，設消災、超度位，會齋。晚聞二板，諸師、信衆齊集大雄寶殿，方丈進殿，跪念佛號、拜願，退殿後禮拜六祖。次日（農曆二月初八日、八月初三日），晨起擊鼓鳴鐘，焚香禮佛、頌誦經文、祈禱、禮拜六祖。上午八時許，信衆入大雄寶殿焚香禮佛、頌誦經文、祈禱、迴向，在六祖殿焚香禮祖、頌誦經文、祈禱、禮拜六祖。中午時分，信衆在齋堂午齋，大衆師齊集大殿上供。午齋後，大衆師齊集大雄寶殿前舉行放生法事。最後，焚香禮佛，頌誦經文，點燈祈禱，傳燈。此後六祖誕法會幾乎每年舉辦，且往往與其他法會相結合。如一九八六年三月十六日（農曆二月初七日）六祖誕，舉行諸佛菩薩聖像陞座典禮大法會。香港佛教聯合會會長覺光，寶蓮禪寺方丈聖一，竹林禪院住持意昭，香港佛經流通處智開，大嶼山石溪蘭若心明、泉慧，廣州光孝寺方丈本煥，雲門寺方丈佛源等，與港澳護法居士及四衆弟子數萬人參加。惟因主法，香港及海外信衆捐款四十多萬元，泰國僧衆捐贈二十一萬張金箔。一九八九年三月十五日，舉辦六祖誕辰日朝拜暨重建南華禪寺下院古無盡庵開光法會，惟因主法。九月二日（農曆八月初三日），舉行「曹溪六祖肉身道場傳千佛大戒法會」。一九九九年三月二十五日，舉辦六祖誕辰息災法會。九月十二日，舉辦六祖忌辰息災法會。

二〇〇六年五月十一日，南華誕廟會作爲文化空間類項目列入「廣東省第一批省級非物質文化遺産代表作名録」，傳承人爲釋傳正。

二〇〇七年三月二十四日，舉辦「六祖惠能大師誕辰一千三百六十九週年紀念大會」，佛學院師生、寺院護法居士等三百餘人參加，廣東省民宗委副主任楊源興、韶關市副市長蘭茵、市政府副秘書長陳爲佳、廣東省佛教協會會長明生等出席。九月三日，爲紀念六祖惠能大師圓寂一千二百九十四週年，祈禱世界和平、國泰民安、風調雨順、人民安樂，舉行萬佛塔奠基儀式，傳正主法。二〇一〇年三月二十三日，舉辦南華誕法會，方丈傳正主法。九月十日，舉行紀念六祖大鑒禪師一千三百七十四週年消災法會，首座緣如主法。二〇一一年三月十二日，舉行普佛供齋消災法會。傳正主法。八月三十一日，舉行南華誕法會，有學主法。二〇一三年三月十九日，舉行南華誕祈福法會及六祖惠能大師金像開光儀式。中國民族報社、河南省宗教局、安徽省宗教局、湖北省民宗委、韶關市民宗局聯合組成的「紀念六祖惠能示寂一千三百週年中央媒體採訪團」參訪南華寺，傳正就「大南華」總體規劃向採訪團作介紹。九月七日，隆重舉辦紀念六祖惠能大師涅槃一千三百週年法會。前此一日，舉行「萬燈耀祖庭」傳燈法會，爲六祖惠能、憨山、丹田三位大師真身更換法衣，傳正主法拈香。二〇一四年三月十九日，舉辦南華誕祖庭禪燈妙音傳燈法會，全國各地上萬信衆湧聚南華寺，手捧蓮花燈，齊念《祈願文》。

五、慶典法會

一九九二年五月十日（農曆四月初八日），舉行南華禪寺方丈佛源大和尚陞座暨虛雲老和尚、惟因和尚舍利塔落成開光法會，香港大嶼山寶蓮寺方丈聖一、宏勳、見慧和中國佛教協會常務理事、河北省柏林禪寺方丈淨慧，廣東省佛教協會會長、廣州六榕寺方丈雲峰，廣東省佛教協會副會長、廣州光孝寺方丈本煥以及海峽兩岸暨香港和馬來西亞四衆弟子數千人出席法會，本煥爲佛源送座。韶關市、曲江縣、乳源縣有關領導出席。

一九九九年七月二十六日，南華寺舉行傳正和尚陞座暨智藥三藏尊者紀念堂、虛雲和尚紀念堂落成慶典法會，全國政協常委、中國佛教協會副會長聖輝、中國佛教協會副會長兼雲居山真如禪寺方丈一誠、廣東省佛教協會副會長兼深圳弘法寺方丈本煥、廣東省佛教協會副會長兼雲門寺方丈佛源、香港竹林禪院方丈意超、南京靈谷寺方丈真慈、廣東省宗教局局長劉文炎、韶關市副市長楊春芳等到會祝賀。一誠、佛源爲傳正送位、送座。粵港近萬名四衆弟子參加法會。

二〇〇二年十一月十日，隆重舉辦紀念南華禪寺建寺一千五百週年法會。國家宗教局副局長楊同祥，廣東省人大常委會副主任侶志廣，副省長李蘭芳，省政府副秘書長黄業斌，省民宗委主任温蘭子，香港立法會議員葉國謙，全國政協常委、中國佛教協會副會長聖輝，中國佛教協會諮議委員會主席本煥，中國佛教協會副會長淨慧、根通、明生、都龍莊，香港竹林禪院方丈意超，中國佛教協會教務部清遠，黑龍江省佛教協會會長靜波，廣東省佛教協會會長新成，陝西草堂寺方丈宏林，山西五臺山塔院寺方丈寂度，法國梅村國際禪修中心一行，韓國曹溪宗代表法律，韶關市市長徐建華、副市長楊春芳、縣長練建秋等出席，海内外嘉賓十多萬人參加典禮。韶關市副市長楊春芳、曲江縣縣長練建秋先後致詞祝賀，高度評價南華寺近年來在傳正的領導下愛國愛教、扶貧救災、支援社會教育方面的工作，讚揚南華寺在寺院建設、道風建設、文物保護方面的成績。中國佛教協會會長一誠、香港邵逸夫、李嘉誠，國家宗教局、中國佛教協會，香港、臺灣佛教團體等發來賀信、賀電。香港石景宜向南華寺贈送三套巴利文貝葉經，韶關市市長徐建華回贈刻有「貝葉真經耀祖庭，景宜善舉載南華」的紀念牌匾。全國政協副主席葉選平、香港立法會議員譚耀宗、葉國謙分別爲南華寺題字、題匾。是日，又舉行三位祖師復位暨四位侍者陞座開光法會，傳正、本煥、聖輝、淨慧、意超、新成、寂度共同主持法會，近萬人參加。又舉行六祖衣鉢慶典吉祥物開光儀式，中國佛教協會副會長淨慧主持開光儀式，聖輝、傳正、新成、寂度、又果、意超、心印及法國一行、韓國法律等參加開光法會。

二〇〇四年十一月，傳正率團參加安徽和縣綽廟鄉舉行的憨山大師紀念堂落成開光法會，並致詞。該紀念堂由南華寺捐資一百五十萬元修建，占地一千八百平方米。

二〇一一年六月，舉行紀念六祖惠能大師涅槃一千三百週年暨「曹溪講壇」奠基法會，傳正主法。韶關市委書記鄭振濤、副市長蘭茵、市民宗局局長趙衛東、曲江區區長吳春騰、廣東省佛教協會會長明生、常務副會長宏滿、雲門寺住持明向等參加法會。

二〇一四年八月，舉行六祖惠能涅槃一千三百零一週年紀念法會暨萬佛塔開工儀式。韶關市委常委、曲江區委書記黃勁東，韶關市副市長蘭茵，曲江區區長范國文，韶關市民宗局局長趙衛東等領導，以及護法居士代表和南華寺四衆弟子參加法會。

六、文化交流法會

一九九六年十一月十四日（農曆十月初四日），佛源組織舉辦「第四屆佛教禪宗世界一花大法會」。這是一九四九年後曹溪祖庭首次國際禪宗文化交流活動。來自美國、日本、韓國、南非、柬埔寨、法國、愛爾蘭、馬來西亞、新加坡、香港等國家與地區代表一百三十八人參加法會。廣東省宗教局局長劉文炎、韶關市副市長楊春芳、曲江縣副縣長張亞嬌到會祝賀。韓國崇山禪師、美國大光禪師爲衆人開示，柬埔寨僧王高山那打、韓國碧巖禪師與照普、南非居士法蓮等分别發言。

二〇〇五年十一月，南華寺會同國家農業部、廣東省旅遊局及韶關市人民政府等單位，舉辦「中國韶關首届（國際）茶禪旅遊文化節」，先後舉行「祈禱世界和平，構建和諧社會」祈福放生法會、「茶禪一味」高峰論壇、「書畫茶禪」等活動。來自海内外茶文化專家、茶商及佛教界高僧等參加文化節。

二〇〇七年三月，南華寺舉行「六祖惠能大師誕辰一千三百六十九週年紀念大會」，四衆弟子共三百餘人參加。傳正作《傳承六祖禪宗優秀思想文化，爲構建社會主義和諧社會做貢獻》發言，韶關市副市長蘭茵、廣東省佛教協會會長明生、廣東省民宗委副主任楊源興、曲江區委副書記吴春騰發表講話。九月，在新山門廣場舉辦「紀念六祖大師圓寂一千二百九十四週年暨首届韶關曲江禪宗文化旅遊節」，廣東省民宗委主任陳緑平、韶關市委書記徐建華、市政協主席鄧蘇夏及曲江區委書記闕定勝等領導，中國佛教協會副會長、廣東省佛教協會會長明生，廣東省佛教協會副會長、南華寺方丈傳正，海峽兩岸暨香港、澳門和韓國、新加坡諸山長老及信衆四千餘人出席開幕式。九月十三日，在「拈花笑處」舉行「禪宗祖師殿開光法會」，來自海峽兩岸暨香港、澳門諸山長老及信衆千餘人參加法會。

二〇〇九年九月，舉辦「二〇〇九廣東禪宗六祖文化節」。廣東省副省長雷于藍、原省長盧瑞華、國家宗教局副局長齊曉飛、省政府副秘書長江海燕、省民宗委主任陳緑平、省文化廳廳長方建宏等，以及廣東省佛教協會會長明生、中國佛教協會副會長祜巴龍莊勐、臺灣中國佛教會理事長淨良、澳門佛教總會理事長健釗、香港佛教僧伽聯合會會長紹根等參加開幕式。期間，又舉行六祖惠能大師塑像揭幕儀式、大雄寶殿重修落成典禮暨開光祈福大法會、禪修中心掛牌儀式、禪宗與中國文化學術研討會、禪悦行暨六祖真身瞻禮朝拜、禪宗文化書畫攝影展、大型佛教文藝晚會《壇經梵音》等活動。

二〇一〇年十一月，廣東國際旅遊文化節之「南華祈福法會」在大雄寶殿前舉行，來自内地與香港、澳門以及海外的近千名嘉賓參加法會。

二〇一一年十一月六日，廣東國際旅遊文化節之「南華祈福法會」在大雄寶殿舉行。南華寺方丈傳正、順德寶林寺方丈宏滿、龍山國恩寺方丈如禪共同主法。

二〇一二年三月，爲籌備二〇一三年六祖涅槃一千三百週年紀念法會，啟動重新六祖殿工程。三月三日，寺院全體僧衆及檀越居士舉行恭迎祖師殿供奉惠能、憨山、丹田三位祖師真身移錫曹溪大雄寶殿儀式。八月十七日，隆重舉行「祖印重光」暨二〇一三年紀念六祖惠能大師示寂一千三百週年啟動儀式。廣東省民宗委原主任劉文炎，廣東省民宗委宗教處長黄心怡，中國佛教協會副會長、廣東省佛教協會會長明生，中國佛教協會教務部副主任清遠，廣東省佛教協會常務副會長宏滿，廣東省佛教協會副會長明向，韶關市佛教協會副會長頓林，韶關市委副書記陳向新，市委常委、曲江區委書記黄勁東，副市長蘭茵，市人大常委會原副主任楊春芳，市委統戰部副部長、市民族宗教局局長趙衛東，曲江區區長范國文，區委宣傳部副部長鍾日强等到會，數千信衆參加儀式。

二〇一三年九月七日，舉行「紀念六祖惠能圓寂一千三百週年暨曹溪講壇落成典禮」法會，海内外專家學者、高僧大德及社會各界人士十餘萬人參加典禮。蔣堅永、林雄、艾學峰、傳正分别致辭，中國佛教協會副會長、廣東省佛教協會會長明生宣讀中國佛教協會會長傳印講話稿。會後舉行「祖印重光」

重建六祖殿落成典禮、紀念六祖惠能圓寂一千三百週年《南華寺》特種郵票首發儀式、「慧海禪燈」大型書畫展。

二〇一五年十一月，「二〇一五中國佛教講經交流會」由南華寺承辦，十八日在曹溪講壇開幕，傳正主持。國家宗教局副局長蔣堅永，廣東省副省長温國輝，韶關市委書記藍佛安，廣東省民宗委主任羅繼東、副主任曾曉暉，中國佛教協會副會長如瑞、心澄、正慈、演覺、宗性，副會長、廣東省佛教協會會長明生等致辭，四衆弟子三千餘人出席。來自全國各地二十九位法師進行講經交流，吉林通化臥佛寺妙舍、四川峨眉山佛學院印一、浙江温州太平寺真仁榮獲「金蓮花獎」一等獎，湖北武漢蓮溪寺武昌佛學院尼衆部覺道、河北唐山千佛寺當藏、中國佛學院大圓、山東菏澤三學淨苑心覺、中國佛學院耀行榮獲「金蓮花獎」二等獎，廣東佛學院寬德、上海法藏講寺慧澤、中國佛學院靈巖山分院隆月、廣東曹溪佛學院振晨、安徽合肥廬江金剛寺本無、杭州佛學院明齊、遼寧葫蘆島興城般若講寺果極榮獲「金蓮花獎」三等獎。

慈善公益

一、息災賑濟

《佛説諸德福田經》云：「佛告天帝，復有七法，廣施名曰福田，行者得福即生梵天。」曹溪自開山以來，即以修諸福德，廣利十方三世衆生爲己任。宋元時期，曹溪僧衆施田、造橋、鋪路，利濟來往。明萬曆中，淨空效普賢願力，結十萬八千飯僧緣，以法爲導，以食爲資，啟以「華嚴」「楞嚴」「法華」「諸經」「淨土」等七大法壇，志結千日長期，糾實行僧四十八人，跪諷《華嚴》大經若干部，薦亡息災，彰往開來。憨山中興曹溪，興立佛圖、僧房、堂閣，善教化，育養衆人，施與所乏，給孤獨長者，門不安守，不拒行路乏糧者。入清，雖祖庭衰敗，然一遇荒災，寺院僧侶仍以心懷悲憫，盡施寺物，奔走救濟。又以慈悲法水，撫慰傷痛，滌除悲苦。清同治十三年（一八七四），曹溪曲江大旱，州府、民間多次求雨，災情不減。南韶連兵備道林述訓與曲江知縣張希京到南華寺舉辦祈雨法會，至祖殿禱祝畢，雨雲密布，大雨滂沱三日，農田禾苗得潤。是年大獲收成，時人作歌曰：「祖師來兮靈昭昭，至誠感兮肅星軺」「慈雲擁兮雨瀟瀟，慰農望兮不崇朝。」

民國時期，曹溪承續祖師普渡衆生因緣，從傳統慈善布施，延展至「社會教化，人心淨化」之社會公益。民國二十八年（一九三九）春戒，虛雲「以各省多有兵事，來寺求戒者益衆，予提議當兹抗日戰爭，兵民損傷甚衆，凡爲佛子，應各發心。乃設壇，每日禮懺二小時，薦亡息災，全體大衆減省晚食，節積餘糧，獻助國家賑款，均贊助實行」（《虛雲老和尚自述年譜》）。二十九年（一九四〇）廣州淪陷後，廣東省軍民政機關陸續遷韶關，各地逃亡而來投之僧人日漸增多。爲廣濟僧衆，虛雲募緣重修曲江大鑒寺殿宇僧舍，以爲南華下院。又修葺月華寺，廣接僧衆。七月七日，爲紀念抗日戰爭三週年，虛雲應廣東省長李漢魂之請，親率寺僧舉行護國息災大悲法會，祭奠、超度爲國捐軀陣亡的抗戰將士，在寺院設醮超度亡魂。是日，廣東省財政廳廳長兼廣東省銀行行長顧翊群，在南華寺「殿西鼓樓」興建「南華寺抗戰陣亡將士紀念碑」并撰碑記。又建如意寮，置備藥物，治療僧衆疾病。三十年（一九四一），曲江縣遭受戰亂天災之苦，民衆流離失所，食不裹腹。虛雲募化二十餘萬元，捐獻給駐韶廣東省政府，用於賑災濟民。三十一年（一九四二）冬，應國民政府主席林森邀請，虛雲赴重慶，在慈雲、華嚴寺啟建護國息災大悲法會，並請求林森在法會期間施行大赦，賑濟難民，減輕賦稅，禁止屠宰牲畜，茹素放生，保護寺院，免除僧役等。三十三年（一九四四），受廣東省佛教會委託，虛雲在南華寺籌建護國息災法會。

一九八六年六月，爲響應聯合國「國際和平年」及政協全國六屆四次會議全體宗教界委員關於「全國宗教人士共同祈禱世界和平」之倡議，南華寺全體僧衆及韶關、曲江佛門四衆弟子數百人，在南華寺大雄寶殿舉行祈禱世界和平大法會。是月，南華寺僧衆爲非洲旱災捐款一千多元。二十世紀九十年代，南華寺賑災、救助活動逐步擴大範圍，走進鄉鎮社區。一九九〇年十二月，南華寺承繼前緣，舉行「十方法界聖凡水陸法會」，祈求世界和平，消災彌難，超度祖先。一九九一年夏，安徽、江蘇等地發生嚴重洪澇災害，南華寺僧衆、檀越居士向受災地區捐款。一九九九年，住持傳正開啟禪院慈善公益、賑災救助新篇章。本年爲助持地方造林緑化、修造河堤工程，捐款五十萬元。

二〇〇二年八月，粵北發生歷史罕見洪災。傳正帶頭捐款五千元，並發動南華寺僧衆向災區捐款捐物。二十二日，傳正親率韶關市佛教協會、南華寺賑災慰問團到重災區樂昌兩江鎮開展賑災活動，將南華寺僧衆、居士及寺院内外店主、小攤主所捐三萬多元善款、三千斤大米、五十床棉被等，分發給災民。

二〇〇三年四月，國内爆發嚴重急性呼吸綜合徵（SARS）疫情。傳正率兩序大衆，舉辦七天期護國息災大悲會，祈願災疫永息、國泰民安。

二〇〇五年七月，廣東各地自六月以來遭受嚴重洪澇災害。南華寺發動僧衆、檀越居士捐款捐物。十一日，向廣東省佛教協會捐贈賑災款五萬元。十二日，向韶關市佛教協會捐贈救災款三萬元。十八日，向韶關市政協捐贈救災款二萬元、大米三萬三千斤。

二〇〇六年七月，韶關市區、曲江、乳源、樂昌等地遭遇百年一遇特大洪災，數十萬群衆無家可歸。傳正發動南華寺僧衆捐款捐物。十五日，傳正率領賑災團到災區開展賑災活動，捐款八十餘萬元。二十一日，南華寺代表隨廣東省委統戰部、省民宗委、省佛教協會以及中山西山寺代表組成之慰問團，由省委統戰部副部長、省民宗委主任温蘭子率領前往乳源重災區桂頭鎮慰問，慰問團向受災群衆捐款五百萬元，南華寺捐款三十萬元。二十四日晚，傳正組織觀看專題片《衆志成城抗洪魔》後，南華寺僧衆、居士及「禪悦行」夏令營營員踴躍捐助，再募集救災善款三萬餘元。

二〇〇八年一月，韶關地區遭遇百年罕見特大冰雪災害，數萬車輛和人員被困於京珠北高速公路。傳正即組織人員緊急採購食品、礦泉水和禦寒衣物，自二十七日起派九輛大貨車、三輛貨櫃車運送救災物資，並派十餘位師父及曹溪佛學院學僧，爲滯留旅客分發食品及千餘件棉被、棉衣。又派人購置煤氣爐、烙餅大鍋，在乳源大橋鎮收費站設立廚房，晝夜爲滯留旅客熬煮八寶粥、薑湯、烙餅。二十九日，傳正前往京珠北雲巖、梅花段，向被困司機發送食品，安撫情緒。此次賑災，南華寺與樂昌居士林發動廣大信衆捐款捐物近一百萬元，其中南華寺捐款達四十萬元。是年春節，南華寺舉辦「雪災消弭、國泰民安」消災祈福法會。

二〇〇八年五月十二日（佛誕日），四川汶川發生里氏八級强烈地震。消息傳來，傳正將普寧居士楊楚賢、黄偉璿啟建之水陸法會改爲地震災區消災祈福水陸法會，且發動寺院僧衆及廣大信衆，按照中央「一方有難，八方支援」號召，開展募捐活動。傳正帶頭捐款三萬餘元，南華寺四衆弟子、護法居士及曹溪佛學院師生慷慨解囊，數日內捐款達五十萬元。十三日，又啟建水陸道場，祈願天災永息、國泰民安，願地震中死難同胞早生安養。二十一日，舉辦爲期七天水陸法會後，又啟建三天期誦經禮懺息災法會，爲地震災區人民祈願，超度亡者，願災難早日消弭。是年，南華寺先後向四川災區捐款達三百一十多萬元。

六月，由廣東省佛教協會主辦、南華寺參與承辦之「廣東省佛教界抗震救災慈善募捐晚會」在廣州天河體育中心體育館舉行，廣東省委、省政府及廣東諸山長老、各界嘉賓與四衆弟子四千餘人參加晚會。中國佛教協會一誠及傳正等二十多位長老共同主法，爲地震災區民衆舉行誦經祈福消災儀式。晚會共募得賑災善款三千二百萬元，其中南華寺獨捐三百萬元，廣東省副省長雷于藍代表省紅十字會接受捐款。

二〇〇九年五月十二日汶川大地震一週年紀念日，曹溪佛學院組織學僧爲汶川地震遇難者舉行誦經超度法會。是日，南華寺還舉辦汶川超度祈福法會，爲地震死難同胞超度往生，爲災區生存者祈福迴向。

二〇一〇年四月五日（農曆二月二十一日），恭逢普賢菩薩聖誕暨傳統清明節，南華寺舉行聖誕普供及清明超度法會，在海會塔、虛雲舍利塔以及惟因舍利塔等處舉行祭祖儀式。還設壇燄口，布施十方法界六道群靈，普令亡靈得以往生淨土。

四月十四日，青海省玉樹藏族自治州發生七點一級地震災害。次日，南華寺僧衆及曹溪佛學院全體師生在多寶閣講堂舉行誦經息災祈福法會，齊誦《地藏王菩薩本願經》，祈願地震死難者蒙佛慈力往生淨土，幸存者早日化險爲夷。並爲地震災區舉行捐款，共募集善款二萬六千餘元。二十二日，南華寺舉行「祈願青海玉樹縣地震災區生者安康逝者早生安養誦經法會」並爲災區捐款，傳正主持帶頭捐款一萬元，寺院常住法師、護法居士踴躍捐款，共募得善款十三萬元。後於六月二日，又爲青海玉樹地震災區隆重舉行超薦祈福法會，傳正主法。

五月十四日，韶關市曲江區樟市鎮蘆溪瑤族村五百六十多位瑤族同胞因洪災受困，傳正從寺院庫房調出四千多斤大米、三百多斤食油，及時送往災區，幫助瑤族同胞度過難關，重建家園。

八月十六日，因甘肅舟曲于八月七日發生特大山洪泥石流地質災害，致當地一千二百五十餘人遇難，四百九十人失蹤，南華寺於當晚在大雄寶殿舉辦「祈求甘肅舟曲泥石流災區遇難同胞往生淨土」大型超亡祈福法會，祈願災區同胞早離苦海，遇難者往生淨土。傳賢、敷淨、智淨、悟平、曙鈞主法。傳正帶領全體僧衆、善信爲災區捐款，發心幫助災區群衆度過難關，重建家園。韶關市民宗局局長蔡昌芳出席捐款儀式並捐款。

二〇一一年一月七日，韶關北部山區發生寒潮災害，曲江羅坑鎮等地近三千名中小學生被迫停課。傳正立即發起寒冬送暖扶貧活動。當日，在韶關光達鋼鐵有限公司熱心助持下，南華寺知客照賢、僧值妙壽代表全寺僧衆，爲羅坑鎮送去棉被三百套、毛毯三百套，幫助瑤族同胞度過難關。五月，乳源部分鄉鎮發生洪澇災害。傳正帶領韶關市佛教協會工作人員，在韶關市民宗局局長趙衛東率領下前往災區慰問群衆，並發動宗教界捐款，幫助災區群衆盡快恢復生産生活。

二〇一三年四月二十日，四川雅安蘆山發生七級地震，百餘人遇難，受災人數達數十萬人。是日，南華寺舉辦息災超亡祈福法會，祈願遇難同胞蒙佛慈力往生淨土，幸存者早日化險爲夷，從此消災免難，身心康泰。

二〇一五年三月一日，南華寺大護法朱帆居士恭請啟建祈福大悲懺法會，祈禱世界和平、國泰民安。朱帆多年護持六祖道場，曾捐建「祖印重光」六祖殿。二十四日，南華寺舉辦新春祈福報恩消災吉祥齋僧法會。法會由香港旭日集團楊浩、楊釗、楊勳等護法居士啟建，首座衍嚴主法。四月二十九日，南華寺爲尼泊爾和西藏地震災區舉行消災吉祥普佛法會。傳正主法，並率衆捐款，法師和居士們慷慨解囊，不少來寺禮佛的遊客也積極參與，募得善款近三十萬元。九月三日，舉行紀念中國抗戰暨世界反法西斯戰爭勝利七十週年祈禱世界和平法會，祭奠中國人民抗日戰爭暨世界反法西斯戰爭中遇難者，緬懷爲反抗侵略、爭取民族獨立自主而獻身之英烈。傳正主法。

二、扶貧公益

《大寶積經》云：「貧者給財，病者施藥，無護作護，無歸作歸，無依作依。」曹溪自開山弘法之始，即行大乘菩薩「六度」之法，唯成佛先度衆生，施孤寡、病殘、窮困以援手。民國時期，曹溪公益慈善在「人間佛法」理念推動下，逐步走向社會。民國二十一年（一九三二），住持瓊山參與國民教育運動，爲不使四周村落兒童失學，在寺內創辦小學，自爲教師，開近代廣東寺院興辦國民教育先河。三十二年（一九四三），虛雲在南華寺興辦義學，專門收留近鄉貧困失學兒童免費入學。是年曲江縣成立寺廟與公益慈善事業委員會，主持寺廟產業、地方公益及社會福利事業，南華寺作爲委員會下屬公益慈善機構，在寺內設立災民收容所。

二十世紀五十年代初期，南華寺實行「農禪並重」，承續慈善公益、自利利他傳統，於生産上自給自足，每年向國家交售稻穀、花生、水果等農産品外，且向地方貧困單位和個人贈施自耕自養産品。一九六六年，「文化大革命」開始，禪院慈善公益事業被迫停止。八十年代初，南華寺響應中國佛教協會會長趙樸初「發揚人間佛教的優越性」號召，慈善公益事業逐步恢復。一九八五年，惟因向南華鄉首捐曹溪大橋、學校建設助款一千多元，開中華人民共和國成立後南華寺參與社會公益活動之先河。一九八七年四月，南華寺參加曲江縣社會福利基金募集。此後，在惟因、佛源、傳正主持下積極參與社會公益基金募集工作，慈濟衆生，福利社會。

二十世紀九十年代，南華寺牢記「弘法爲家務，利生爲事業」之祖訓，按照「來自十方，用之十方」之原則，逐步將寺院公益慈善事業制度化。九十年代初國家發起「希望工程」公益活動，南華寺積極參與所在地區「希望工程」建設。先出資六十萬元，捐建曲江縣白土鎮中心小學教學大樓；後又助資十餘萬元，爲曲江縣第三小學添置教學桌椅等；助資大塘鎮火山塘口小學十萬元，新建教學樓；爲大塘鎮火山歷山小學助資萬餘元，建設學校飲用水工程，解決師生飲用水問題。一九九八年，佛源帶領寺衆助資曲江重陽鎮暖水小學五十五萬元，新建教學大樓；同年，爲解決曲江中學、曲江職業高中、曲江三中以及馬壩一中師生上學、放學行路難問題，捐資五十多萬元修建曲江馬壩河大橋。一九九九年，南華寺捐資二萬元，用於救助曲江江灣鎮瑤族小學貧困學生。九月，傳正率領寺僧前往曲江羅坑、楓灣、火山三鎮，慰問貧困户及學校師生，發送慰問金、文具等共三萬餘元。

一九九九年十一月，傳正募緣捐助曲江縣人民政府五十萬元，護持地方植樹造林及興修曹溪河堤工程。

二〇〇一年七月，爲助持西北貧困地區，南華寺向大西北捐施扶貧專款二萬元。十二月，韶關市佛教協會組織全市各寺院走向瑤山，到乳源必背山區開展扶貧活動，傳正率寺院僧衆捐款一萬八千元；又向曲江殘疾兒童啟智學校捐款二萬元；助資江灣鎮茶園山瑤族小學三萬元，添置教學桌椅。

二〇〇二年七月，曲江縣民政局、縣社會福利院向曹溪南華寺、無盡庵贈送「行善積德，功德無量」匾，褒揚其爲曲江慈善事業所做貢獻。爲幫助曲江縣啟智學校解決教學困難，寺院又捐資二萬元，購置教學設備。是年，傳正以個人名義資助地方貧困大學生，並資助汕頭海門地區失學兒童重返校園。

二〇〇五年元月，傳正率韶關市佛教協會一行三十餘人，再次到乳源瑤族自治縣必背鎮公坑村民委員會，開展韶關市佛教協會春節慰問活動，向瑤胞發放大米、棉襖、棉被、衣物及現金等，合共四萬餘元。期間，傳正向公坑村小學捐贈現金三千元，幫助學校改善辦學條件。

二〇〇七年三月七日，韶關市佛教協會「一十百千萬行動」啓動儀式在曹溪佛學院舉行，傳正主持，副市長蘭茵、市政府副秘書長陳爲佳、市民宗局局長蔡昌芳等領導出席，三百餘人參加。在寺院周邊六十多畝山地、景觀綠化帶種植三萬八千棵樹木。同時，南華寺向曲江區一百位特困單身母親捐贈價值約二萬元的大米和棉被。

二〇〇八年十月，傳正委託知客照賢代表南華寺，在曲江區有關領導帶領下，將二萬七千三百斤大米送到羅坑鎮山區二百七十三户特困瑤胞家中。

二〇〇九年十月，南華寺在「二〇〇九廣東禪宗六祖文化節」活動結束後，向少數民族貧困地區捐贈一千斤大米。

二〇一〇年二月，南華寺與廣東省公益事業促進會、韶關市潮人海外聯誼會，在韶關召開「和諧韶關，奉獻社會」會議。參會人員組成「送温暖關愛單親特困家庭春節慰問團」，分别到武江、湞江、曲江三區約二百餘户單親、低保家庭慰問，並向特困家庭發放慰問金約合人民幣十六萬七千八百元。二月十一日，住持傳正帶領寺院大護法王祖正，與韶關市民宗局局長蔡昌芳等領導到始興縣深渡水瑤族鄉，開展二〇一〇年新春送温暖活動。傳正代表南華寺共送去大米二萬斤、人民幣五萬元。十月（農曆重陽節），南華寺響應韶關市委、市政府創建「文明城市」號召，當家悟佛、維那妙理、典座法强及護法居士王祖正，將價值一萬元的大米、食用油捐贈曲江區馬壩福利中心敬老院，院長楊貞錫代表敬老院感念善舉。

二〇一二年元月，韶關氣温驟降，住持傳正領兩序大衆發起寒冬送暖扶貧活動，得韶關市光達鋼鐵有限公司響應，出資購買棉被和毛毯。知客照賢、僧值妙壽代表南華寺至羅坑向瑤族同胞慰問春節，送去棉被、毛毯各三百套。八月，南華寺會同廣東省公益事業促進會專程到曲江社會福利院獻愛心，監院悟佛、護法居士王毓麟以及廣東省公益事業促進會愛心人士等，向福利院捐贈大米、麵粉、食用油、藥品以及慰問金。八月九日，獻愛心人士一行二十二人來到「曉梅陽光巧家園」殘疾人手工編織工廠，送去豐富的物資和暖洋洋的温情。「巧家園」負責人甯曉梅向南華寺和廣東省公益事業促進會贈寫「扶殘助殘，奉獻愛心」錦旗。隨後，獻愛心人士一行又到韶關市社會福利院慰問老人和孤殘兒童，贈送生活用品、藥品和二萬元慰問金。福利院院長對南華寺以及廣東省公益事業促進會表示誠摯的感謝，並回贈錦旗。

二〇一三年一月二十三日春節來臨之際，南華寺典座法强代表寺院向曲江區大塘敬老院捐贈大米、食用油等生活物資。二月五日，年終歲末，南華寺啟動「春暖人心，愛進萬家」慈善捐贈活動。方丈傳正率知客照賢、後堂悟平及護法居士王祖正，向曲江區馬壩福利中心贈送禦寒棉衣、食用油等慰問品。傳正給福利院老人們派發新春紅包和禦寒棉衣。隨後，一行人又到曲江區婦聯，爲貧困家庭捐贈食用油、棉衣，送上節日慰問。傳正大和尚派發新春紅包。

二〇一四年一月八日（農曆十二月初八日）爲釋迦牟尼佛成道日、傳統臘八節，南華寺熬製臘八粥（也稱七寶粥），舉行節日施粥活動。二十三日，住持傳正帶領宗岳、妙理等法師及王祖正居士，前往羅坑鎮瑤寨鄉村開展慰問活動。傳正與曲江區副區長盧春燕等，將數十萬元善款及糧油等慰問品發放給瑤寨貧困家庭。

二〇一五年二月，南華寺在曲江區小坑鎮空洞瑤族村舉辦「瑤族慈善行」慰問活動。當家悟佛、知客照賢以及護法居士王祖正等，向當地三十户人家送去大米、食用油、棉被、藥物等慰問品。四月十二日，傳正委託典座法强與八位常住到曲江區羅坑鎮，向當地養老院和四百多户貧困家庭捐助大米共計六噸餘、食用油近五千斤。九月三日，南華寺慧定、法强等法師代表方丈傳正，到甘肅省清水縣白駝鎮民安寺，捐贈大米十三噸、食用油三噸及其他物品。隨後法師們爲清水縣六十四個道場及縣中心敬老院分發大米和食用油。

二〇一六年二月三日，傳正委託當家悟佛、知客照賢、觀法及王祖正居士等，在馬壩人民公園慰問困難群衆，發放春節慰問品大米二百袋、食用油二百桶。五月三十日，南華寺攜手甘肅省清水縣「一對一獻愛心」貧困兒童資助協會，在金集鎮北天明寺向清水縣貧困居民捐贈大米和食用油共十七噸和價值二十三萬元的其它生活物資。傳正經兩日奔波，陸續將物品分贈附近二十多個寺院、敬老院。爲感謝傳正大和尚及南華寺常住的慈悲善舉，清水縣金集鎮人民政府及衆善信特寄來感謝信。十二月十七日，南華寺舉辦一年一度的歲末大關懷活動，在曲江區民宗局局長徐群寶帶領下，傳正委託南華寺知客照賢、宗岳，前往羅坑鎮開展扶貧關懷活動，將生活日用物資贈送給貧困家庭。二十二日，傳正率敷淨、照賢、有學、繼明、悟平、悟成、法偉等法師一行代表南華寺兩序大衆，再次在曲江馬壩鎮人民公園向當地下崗工人、單親家庭、殘疾人士、部分貧困瑤族村民共計一百九十户貧困家庭送去大米、食用油等物資以及慰問金數萬元，並致以新春祝福。期間，寺院還提供了現場義診和贈送醫藥服務活動。

南華寺除扶貧工作成績可觀之外，還踴躍參與其他社會公益活動。如在義務醫療方面，一九九九年十一月，南華寺得到曲江縣衛生局助持，獲准開辦禪寺醫療室，以利僧衆。二〇〇五年九月，南華寺醫療室升格爲「南華寺醫務所」並開業，爲廣大僧衆及禪院周邊地區特困群衆提供免費醫療服務，廣種福田。二〇〇七年元月二十二日，按照廣東省民宗委、省佛教協會關於開展「一十百千萬行動」要求，當家師照遠，知客師智淨、繼明帶領南華寺醫務所醫生首次與羅坑鎮醫院聯合，在曲江區統戰部、羅坑鎮有關部門領導帶領下，往曲江羅坑鎮舉行扶貧義診活動。當日爲數百名鄉親進行體檢、診療，並發放約合四萬餘元的藥品。二〇〇八年十一月十二日，南華寺聯合曲江區民宗局、區殘聯、農工黨曲江支部，到曲江羅坑鎮開展送醫藥、送大米活動。爲羅坑鎮二百餘名民衆義診，並贈送常用藥品一百多種，發放大米八百多斤。二〇一一年一月十二日，當家悟佛與醫務院繼明代表南華寺，到大塘鎮舉辦義診送藥活動。七月，南華寺向曲江區社會福利院捐贈價值近六千元藥品，福利院副院長藍桂鳳代表福利院感念善舉。二〇一四年一月十二日，當家師悟佛帶領寺內醫務人員，與曲江區農工黨支部成員一道，將價值一萬二千餘元藥品送到曲江羅坑鎮，並爲當地村民義診。

爲保護和美化環境，每年三月，南華寺僧衆積極參與韶關市一年一度的「全民植樹節」及市宗教界護林活動。

南華寺不但以一寺力量參與扶貧公益，還積極響應政府和社會號召，聯合社會力量，參與各種公益組織，使扶貧公益制度化、規模化。二〇〇七年四月，南華寺按照廣東省佛教協會「一十百千萬行動」要求，組織成立南華寺弘法團。二〇〇八年十二月，曲江區慈善會成立。曲江區政協副主席、南華寺住持傳正因長期致力於慈善事業，被選爲慈善會名譽會長。在捐贈儀式上，南華寺向曲江區慈善會捐款五萬元。二〇〇九年元月十五日，傳正參加廣東省佛教界「百寺扶千户」活動對口扶持儀式，代表韶關市佛教界，將扶持本市九十六户的承諾牌交給韶關市民宗局局長蔡昌芳。二〇一〇年六月，南華寺被省民宗委評爲廣東宗教界「十百千」扶貧濟困工程先進集體。二〇一二年五月，兩岸三地的佛教徒、賢達和各界人士與方丈傳正等在南華寺舉行「佛教文化慈善基金會」籌備論證會，商討籌建南華禪寺（香港）佛教文化慈善基金會相關事宜。此舉得政府讚賞和支持，韶關市委副書記、市長艾學峰，副市長蘭茵，市委常委、曲江區委書記陳向新等領導出席論證會。

對外交流

一、國內交流

（一）與港澳臺的交流

香港

一九八一年九月，香港古巖淨苑住持意昭率香港佛教朝聖團六十餘人參訪南華寺，禮祖拜佛。一九八五年二月，應香港佛教志蓮圖書館邀請，知客又果和事務管理委員會副主任林得衆赴香港參加「香港佛教藝術攝影展覽」開幕典禮，並先後到香港大嶼山寶林寺、寶蓮寺等十多所寺院參訪。一九九一年八月，香港佛教聯合會「香港佛教徒朝山團」參訪南華寺，朝禮惠能真身。一九九二年四月，寺僧傳新、法慧應邀赴港道榮園定居弘法。六月，香港佛教聯合會會長覺光法師，率領香港佛教界四衆弟子一百二十餘人參訪南華寺，禮佛拜祖。一九九三年十二月，佛源應邀出席香港大嶼山寶蓮寺天壇大佛落成開光大法會。二〇〇六年九月二十四日，香港佛光工程基金會一切如來心秘密全身舍利寶篋印陀羅尼寶塔組委會副主任徐銘禪等來寺，將寶塔安奉於大雄寶殿。二〇〇七年十一月，曹溪佛學院六十名師生在教務長妙航的帶領下，赴香港參加香港三德弘法中心在亞洲博覽館以「愛我神州，祈福中華」爲主題舉辦的「香港回歸十週年：萬衆供佛齋天法會暨大型梵樂演唱會」。二〇〇九年八月，香港佛教護生會會長照品、戒淨法師率香港蓮池寺、準提閣、護生會法師及四衆居士一百餘人，護持《大藏經》來寺。二〇一一年二月，香港竹林禪寺方丈意昭一行參訪南華寺，對曹溪網絡部建設提出建議。二〇一二年二月，香港九龍東潮人聯會會長吳哲歆率「新春赴粤訪問交流團」六十餘人來寺參訪。傳正會見交流團成員，介紹「大南華」建設規劃，邀請他們參加二〇一三年南華寺「紀念六祖大師涅槃一千三百週年法會」。

澳門

二〇一二年二月，澳門佛教總會會長泉慧長老與香港妙覺精舍宣揚長老一行參訪南華寺，傳正在禪海岸方丈室與兩位長老交談，並邀請他們參加二〇一三年南華寺「紀念六祖大師涅槃一千三百週年法會」。是年四月，曹溪佛學院教務主任宗岳率佛學院十七位法師，赴澳門參加東亞運動會體育館內舉行的「佛陀頂骨舍利瞻禮祈福大法會」。

臺灣

一九九一年五月，臺灣成一法師率華嚴蓮社朝山團參訪南華寺，朝禮惠能祖師。一九九四年三月，臺灣「南華禪寺朝聖團」五十餘人參訪南華寺。二〇〇〇年十二月，臺灣財團法人佛陀教育基金會徐業鴻向南華寺捐贈一百箱《大藏經》及録音、録影帶等佛教經書、法物。二〇〇一年六月，臺灣海峽新聞出版社社長、海協會秘書長許永樹及夫人與三十位臺商來南華寺參訪。許永樹伉儷將一座漢白玉釋迦牟尼佛像送入南華寺供奉，代表海峽新聞出版社將《佛光大藏經》之《般若藏》贈送南華寺，臺商向南華寺捐贈四十餘册珍貴經書。二〇〇二年十月，臺灣「法鼓山二〇〇二年大陸佛教古跡巡禮團」五百餘人在聖嚴法師帶領下，由中國佛教協會副會長、廣東省佛教協會副會長明生及中國佛教協會國際部妙虚法師、教務部妙航法師等陪同，參禮曹溪祖庭。南華禪寺與巡禮團互贈經書、法寶。二〇〇八年十二月，臺灣臺中縣菩薩寺住持慧光率「法界行腳團」參訪南華寺，參拜禪宗祖庭，頂禮六祖真身。二〇一〇年六月，臺灣淡江大學管理學院執行長劉燦梁率上海、浙江、廣東等地企業家、居士一行來寺參訪，並將《禪宗經典》贈送給南華寺，傳正以《新編曹溪通志》回贈。二〇一二年四月，臺灣慈光寺住持、曹溪佛學院碩士研究生導師惠空到寺參訪，並爲佛學院學僧作「禪觀教育的價值與重要性」學術演講。十一月，臺南市大智山玄空寺住持法一，臺灣海峽兩岸文教經貿宗教交流協會總執行長蘇品惠女士、秘書長陳順華一行三十餘人，參訪南華寺。二〇一三年十一月，臺灣佛光山開山宗長星雲率佛光山開山寮特助慈惠、國際佛光會世界總會秘書長慈容、美國西來大學執行董事依空、國際佛光會中華總會秘書長覺培等四十餘人蒞寺參訪。傳正在禪海岸方丈室與星雲親切交談。星雲表示此次率團參訪曹溪祖庭，一爲傳承弘揚中國文化，加强兩岸禪宗文化交流與合作；二爲拜謁祖庭，參禮祖師，遂了一生所願。七日，星雲在曹溪講壇舉行「六祖惠能大師與人間佛教」開示講座。

（二）與内地的交流

一九九九年六月，安徽省全椒縣憨山大師研究會榮譽會長蔡有方等一行六人來寺參訪。七月二十一日，四川再版《洪武南藏》工作委員會副主任廣成專程來寺，贈送《洪武南藏》樣書。

二〇〇〇年十月，傳正率寺院職事有學、智生、妙峰、悟平等赴湖北黄梅四祖寺，應邀出席本焕陞座並開光法會。期間，傳正一行禮謁三祖、五祖道場。

二〇〇一年七月，曹溪佛學院全體師生到安徽、湖北、江西等地朝拜禪宗祖庭。參禮安徽九華山三祖寺、湖北四祖寺、五祖寺、江西寶峰寺、雲居山及淨宗祖庭東林寺、西林寺，並在各寺舉行座談會。九月二十九日，河北省涿州市盧氏宗親會會長盧振國一行來寺禮祖。十月一日，憨山後裔旅美華人蔡有方等來寺禮祖。

二〇〇三年十一月，南京棲霞山棲霞寺方丈真慈一行參訪南華寺。參訪團參觀曹溪寺院、曹溪佛學院，並與佛學院師生開展交流。

二〇〇八年七月，曹溪佛學院師生參訪潮州開元寺、泉州承天寺、福鼎太姥山平興寺、福州西禪寺、廈門南普陀寺等，並與各寺院作參訪交流。

二〇〇九年二月七日，閩南佛學院教務長傳明爲禪學會成員發表「禪修的主要途徑」的演講。八日，復旦大學王雷泉教授爲曹溪佛學院學僧作「天台與禪宗對煩惱即菩提的闡釋」的學術報告。四月，佛門泰斗本焕莅臨南華寺，傳正陪同參觀新建曹溪禪宗祖師殿。傳正向本焕詳細介紹祖師殿供奉的八十八尊禪宗祖師銅像。應傳正以及佛學院全體師生的邀請，本老爲佛學院學僧作了開示。午齋後，本老揮毫寫下「惟因知果」爲留念。八月，河南嵩山少林寺與佛教在綫聯合主辦第四屆「機鋒・辨・禪」活動。曹溪佛學院首次派出法師參加，慧賢榮獲二等獎。

二〇一〇年元月，浙江普陀山佛學院教務長門肅法師率普陀山佛學院法師、教師參訪團一行二十一人，參訪南華寺並曹溪佛學院，舉行弘法交流。六月，中國社會科學院首屆宗教博士學位高級研修班、「中國禪宗祖庭巡禮參學團」在王志遠教授率領下到寺作爲期十一天的參學。傳正贈送《六祖壇經》等書籍並做開示。八月，河南嵩山少林寺舉辦第五屆少林問禪之「機鋒・辨・禪」比賽活動，曹溪佛學院派宗岳、慧賢參賽，分獲二等獎、三等獎。是月，廣東省地方志辦公室向南華寺捐贈《廣東歷代方志集成》，南華寺回贈《新編曹溪通志》作爲答謝。十月，潮汕佛教協會覺慈念佛堂朝拜團一行百餘名居士參訪南華寺。傳正聽取居士、善信學佛心得，解答衆人修學疑惑。應朝聖團善信求授皈依，傳正主法爲衆善信授受三皈依。

二〇一一年六月，廣東尼衆佛學院師生數十人參訪南華寺，曹溪佛學院教務長傳源、教務主任宗岳帶領師生參觀曹溪佛學院、圖書館、網絡資訊部。傳正爲師生作開示。七月，廣東四會六祖寺住持大願陪同韓國六祖禪院院長延和參訪南華寺。大願向傳正介紹二〇一一年廣東禪宗六祖文化節的活動安排，並誠摯邀請傳正參加。傳正希望文化節能弘揚禪宗六祖優秀文化，並祝文化節取得圓滿成功。八月，江西雲居山真如禪寺住持純聞率衆弟子參學南華寺。二十五日，曹溪佛學院法師與真如禪寺耀偉法師等舉行座談會。臺灣慈光寺住持、慈光禪學院院長惠空以及惠州市佛教協會會長、惠州市永福寺住持妙峰等參加座談並作開示。

二〇一二年三月二十一日，西北民族大學教授、博士生導師多識到寺參訪，並爲佛學院學僧作「藏傳佛教與禪宗關係」的專題學術報告。六月底，曹溪佛學院教導長通揚率佛學院應届本科畢業學僧參禮湖北四祖寺、五祖寺，江西東林寺、江西佛學院、雲居山真如寺、青原山淨居寺禪宗祖庭。十二月二日，河北省涿州清涼寺辦事處馬坊村六祖禪寺舉行「六祖文化景區一期工程竣工典禮暨六祖寶像迎請儀式」。南華寺方丈傳正等參加典禮。六祖坐像據説是世界唯一一尊紫銅塑像，原由泰國僧王贈予韶關南華寺，由南華寺轉贈涿州六祖禪寺供奉。

二〇一三年六月，爲配合「紀念六祖惠能圓寂一千三百週年暨二〇一三廣東禪宗六祖文化節」活動，中央電視臺大型文化系列電視專題片《中華百寺·南華寺》在曹溪門前廣場舉行開機儀式。九月，「二〇一三廣東禪宗六祖文化節」分别在廣州、韶關、雲浮三地拉開帷幕。九月六日，南華寺爲六祖惠能、憨山、丹田三位大師真身更换法衣法會如期舉行，來自韓國、日本、緬甸、斯里蘭卡、泰國及港澳臺地區的十餘萬高僧、信衆齊參加。十五日，大型文化電視系列專題片《中華百寺·南華禪風》在北京舉行媒體見面會暨禪宗智慧當代傳播研討會。參會人員稱讚《南華禪風》將成爲禪宗和南華寺的文化名片，也將成爲韶關的城市名片。

二、海外交流

（一）與亞洲各國的交流

日本

一九八〇年八月，「日本佛教徒朝禮團」在團長松原上田禪師率領下朝禮祖庭，首座惟因接待朝禮團一行。此爲曹溪祖庭恢復後的首次海外文化交流。

一九八一年十月，日本佛教「華南禪跡訪華團」十二人，在愛媛縣大乘寺住持職澤井進堂團長率領下，來寺朝禮。

一九八四年九月，日本臨濟宗永保寺佛教徒訪華團二十四人來寺禮佛拜祖，並參觀僧伽培訓班。十月，日本京都大學人文科學研究所「日本禪宗史跡旅行團」八人，在所長柳田聖山教授帶領下，參禮祖庭。

一九八五年四月，日本佛教憧憬堂光明觀音會一行八人來寺禮佛。六月，日本佛教「中國禪文化研修旅行團」一行二十二人來寺參觀，并與僧伽培訓班師生座談交流。

一九八六年二月，日本神户市以福祥寺長老河野太通爲團長的「日本禪宗六祖大師足跡參拜訪華團」一行十四人來寺朝禮。

一九九一年十一月，日本大本山相國寺訪華團一行十八人來寺禮謁惠能真身。

一九九二年四月，日本臨濟宗國泰寺派信徒參拜團一行二十人，在管長澤堉植大道、臨濟宗國泰寺派無門寺住職島津香越率領下來寺禮佛拜祖。參拜團將大正七年（一九一八）、昭和六年（一九三一）拍攝的一批南華寺全貌及殿堂照片資料，贈送給南華寺。

一九九四年九月，日本臨濟宗國泰寺第五次訪華團一行二十一人參訪南華寺，禮謁惠能真身。

一九九七年十月底，南華寺住持佛源、知客覺慧、繼賢參加中國佛教協會代表團，佛源爲副團長，赴日本參加中、日、韓三國佛教交流會。交流會期間，代表團參訪日本京都、奈良等地的寺院。

一九九九年十月，傳正參加中國佛教協會代表團赴日訪問，參禮京都、神户各地寺院，與日本佛教界進行交流，出席廣島中日兩國法師祈求世界和平誦經法會。

二〇〇五年九月，日本臨濟宗妙心寺則竹秀南大型訪華團，在廣東省佛教協會明生會長的陪同下來寺參訪。

韓國

一九九一年七月，韓國佛教曹溪宗「韓中佛教友好促進會訪華團」一行四十三人，在昌一、知元法師率領下來寺朝拜惠能真身。

一九九二年七月，韓國曹溪宗比丘尼一行四十餘人來寺禮佛拜祖。

一九九三年十月，韓國「世界一花」朝山團一行七十六人，在韓國觀音禪院方丈、曹溪宗第七十八代傳人崇山禪師率領下來寺禮拜惠能真身。朝山團包括來自韓國、日本、柬埔寨、美國、加拿大等十多個國家的成員，其中有柬埔寨僧王摩可·高沙那打、韓國秀峰禪師等著名高僧大德。

一九九五年五月，應韓國漢城曹溪宗華溪寺住持崇山禪師邀請，南華寺住持佛源前往韓國傳戒。期間，佛源先後朝禮漢城華溪寺、釜山金井梵魚寺、慶州吐含山佛國寺、慶南梁山靈鷲禪林、通度寺等寺院，並留下題詠詩作十餘首。

一九九六年九月，南華寺住持佛源被邀請爲中國佛教協會代表團顧問，出席在韓國漢城召開的中、日、韓三國佛教交流會。

一九九九年九月，韓國曹溪宗朝聖團一行二十餘人在無相法師率領下來寺禮謁惠能真身。朝聖團向南華寺贈送《高麗大藏經》一部。新任住持傳正接待朝聖團一行。

二〇〇〇年三月，韓國佛教參觀團在韓國臨濟宗真際法師率領下來寺禮拜六祖真身，並在寺內禪堂坐香參禪。

二〇〇一年三月，韓國曹溪宗代表團來寺禮祖。南華寺舉辦「韓中佛教文化交流大法會：大韓佛教曹溪禪宗與中國佛教禪宗南華禪寺法脈傳授儀式」。二十六日，韓國曹溪宗智異山碧松寺應元法師一行來寺禮祖。六月，韓國伽耶山海印寺僧伽大學定慧、聖悟、尹正賢、西潭、覺範、妙吉、柳圓照等一百三十餘人參訪團來寺禮拜六祖真身。

二〇〇二年一月二十七日，韓國朝禮南華寺接法代表團一行十六人，在韓國曹溪宗道園、慧昭法師率領下來寺參訪。傳正偕同副寺有學、知客惟印等接待來賓，並隆重舉行了「六祖惠能大師法脈傳授建幢儀式」。傳正爲韓國曹溪宗代表傳授法脈經書，賜道元法號爲法源，賜慧昭法號爲法廣。

二〇〇七年四月，韓國曹溪宗總務部主任玄門法師一行五人來寺禮謁惠能真身。玄門建議爲加强韓國曹溪宗與祖庭的交流，增進中韓兩國佛教界的交往與友誼，在祖庭建立一座韓國曹溪宗祖師道義禪師紀念碑，以供曹溪宗弟子和信衆參拜，認祖歸宗。傳正歡迎韓國曹溪宗常來做客，並介紹南華寺的歷史以及正在建設的「大南華」規劃情况。臨別時，玄門法師揮毫題「世界一花」，並將「高麗藏」金匾贈送給南華寺；傳正亦揮毫題「中韓法脈」，並贈《六祖法寶壇經》及六祖衣鉢金像法物。

二〇〇八年三月，韓國日光寺代表團參訪南華寺。

二〇〇九年十月，韓國曹溪宗海印寺宗性長老、高麗大藏經研究所理事長宗林法師、登龍寺住持本明率「中國禪宗祖庭巡禮參觀團」一行十五人，參訪南華寺，尋根拜祖。

二〇一〇年三月，韓國東國大學佛教學院院長、曹溪宗考試委員會委員長法山長老率韓國僧人、護法居士參訪團二十人，在中華佛光文化慈善基金會秘書長嚴超義博士陪同下，參訪南華寺。法山一行對傳正爲弘揚禪宗文化所做的努力表示感佩，並贊同傳正弘揚禪宗六祖文化、加强中韓佛教文化交流的倡議與意見。

二〇一〇年十二月，韓國佛教宗正協會總正釋迦山長老率韓國護法、善信二十餘人參訪南華寺。釋迦山長老一行讚歎南華寺深厚的佛教文化底蕴及氣勢恢宏的建築群。

二〇一一年七月，韓國六祖禪院院長釋延和由四會六祖寺住持大願陪同參訪南華寺。十一月，韓國榮州市市長金宙榮率領榮州市市政府代表團一行參訪南華寺，並參加二〇一一廣東國際旅遊文化節南華寺祈福法會。金市長對南華寺的建築規模、管理水準、文化底蕴讚不絶口。傳正代表南華寺向代表團一行贈送了曹溪珍藏本《六祖壇經》、六祖金像、衣鉢及六祖茶等禮品，金市長回贈韓國高麗參，並題寫「惠能法師的智慧照亮全世界」以作留念。十二月，韓國曹溪宗佛教文化交流團一行六十餘人在智玄長老的率領下參訪南華寺。傳正與交流團座談，並邀請交流團一行參加二〇一三年農曆八月初三舉行的紀念六祖惠能大師涅槃一千三百週年法會。

二〇一二年六月，韓國靈山禪學大學平生教育院院長李浚碩教授率禪學大學師生參訪南華寺。傳正爲韓國師生做方便開示，勉勵師生增加對禪宗及中華傳統文化的理解，並希望南華寺與韓國佛教界以後能在弘揚佛法方面深化合作。傳正邀請李浚碩明年參加在南華寺舉辦的紀念六祖惠能大師涅槃一千三百週年紀念法會。

二〇一三年元月，韓國佛教曹溪宗總務院院長慈乘，東北大學總長金熙玉女士，韓國水泳聯盟會長、二〇一〇廣州亞運會體育代表團團長李起興等二十餘人，參訪南華寺。慈乘法師對曹溪弘傳禪宗的巨大貢獻表示讚歎。傳正希望與韓國社會各界增進交流，弘揚佛教文化，祈福世界和平，並盛情邀請韓國曹溪宗慈乘法師一行參加即將舉行的紀念六祖惠能大師涅槃一千三百週年紀念法會。

泰國

二〇〇〇年七月，泰國御封華宗大宗長仁得長老與泰國泰華感恩慈善基金會會長張德正一行參訪南華寺，中國佛教協會副會長茗山、一誠與傳正共同接待參訪團一行。張德正向南華寺贈送釋迦牟尼佛、六祖惠能兩尊大型青銅佛像及一百尊小型佛像，並請求爲其帶來的千餘尊小佛像開光。南華寺舉行隆重的萬佛聖像開光水陸大齋法會。

二〇〇八年七月，世界佛教華僧會會長，泰國摩訶朱拉隆功大學臺灣分校、淨覺僧伽大學校長淨心長老，世界佛教華僧會副會長本靜法師一行參訪南華寺。淨心應傳正邀請，揮毫題寫「無住生心」。

二〇一三年九月，泰國高僧普陀達摩・亞能（Phraanan Phuttatummo）率泰僧四人及二十多名信衆參訪南華寺，並參加紀念六祖惠能涅槃一千三百週年法會。普陀達摩・亞能等將一尊七點五米高的素可泰佛像及兩尊高三米、重十噸的大象雕塑贈予南華寺，以充供養。泰僧和信衆向傳正贈送一部泰文版《六祖壇經》及羅漢佛舍利等法物。

越南

二〇〇九年十一月，越南安子竹林禪派代表團四十人，在越南崇福竹林禪院上座通觀法師、副住持心正法師、大叻竹林禪院副住持慧通法師、原慶禪院住持惠燈法師率領下參訪南華寺，並恭送佛舍利到南華寺供養。南華寺首座緣如、西堂有學、監院果智等率全體僧衆及佛學院師生、信衆護法，在曹溪山門前迎請佛舍利。

二〇一〇年十一月，越南胡志明市人民檢察院檢察長武氏金紅女士一行，在曲江區區委書記胡書臣等陪同下參訪南華寺，觀賞寺藏文物，瞻仰惠能真身。武氏金紅女士對南華寺弘傳佛法的貢獻表示讚賞，並祝願兩國友誼地久天長、人民生活更美好。

柬埔寨

二〇一〇年九月，柬埔寨王國佛教法宗派宗長、西哈莫尼佛教大學校長布格里僧王率領柬埔寨王國政府宗教部、國務大臣馮法拉，柬埔寨王國政府副首相辦公室副主任農裟非，副國務大臣那頌哈，副國務大臣、僧王顧問林康，西哈莫尼佛教大學副校長、僧王終身助理喜索菲，柬埔寨干丹省首席和尚馮安他等一行來寺參訪。布格里對傳正的熱情接待表示感謝，對能夠參禮曹溪祖庭感到高興和榮幸，並衷心祝願兩國友誼地久天長、人民生活更美好。

尼泊爾

二〇〇二年四月，尼泊爾佛教復興會會長、「世佛聯」副主席兼執委魯克達杉一行，在中國佛教協會副秘書長倪强和廣東佛教協會會長明生等陪同下參訪南華寺。十九日，南華寺舉行傳授二部僧三壇大戒活動，五位尼泊爾沙彌尼參加受戒。

二〇一一年八月，尼泊爾駐華大使坦卡·普拉薩德·卡爾基率駐華使節及尼泊爾藍毗尼佛教大學代表團一行，在中國佛教協會副秘書長延藏法師陪同下參訪南華寺。

二〇一一年元月，傳正應廣東省民宗委、省佛教協會邀請，參加廣東省佛教交流團訪問新加坡、泰國等國家的活動，開展佛教文化交流。

（二）與歐美各國的交流

一九八三年三月，以僧伽在家訓練課總務恒侍與法界大學副校長恒道爲顧問、法界大學學士恒佳爲團長的美國萬佛城法界大學朝聖團十一人，來寺禮佛拜祖。

一九八五年三月，美國加州萬佛城法界大學「禮祖朝山團」六人，來寺禮佛拜祖。

二〇〇二年七月，加拿大卡爾加里大學宗教系佛教研修團一行二十人由龍達瑞博士帶領，在中國佛教協會張帆、廣東省佛教協會光偉法師陪同下參訪南華寺，體驗寺院生活。傳正爲研修團成員作開示，贈送中英文版《六祖壇經》。

二〇一二年四月，國際友人 Cullan Joyce 和 Beenunula 一行參訪南華寺。Cullan Joyce 爲非裔美國人，虔誠的佛教徒，曾學習禪宗修行方法；Beenunula 來自澳大利亞，兒時曾隨緣參訪南華寺。傳正勉勵其精勤不懈，將曹溪法種帶回去，爲世界的佛法弘傳交流做貢獻。

二〇一二年五月，加拿大湛山精舍開山宗長性空長老率加拿大佛教會會長、潮汕籍達義法師一行參訪南華寺。傳正對湛山精舍、加拿大佛教會的弘法活動，尤其是四大佛教名山的建設，以及促進中加佛教文化交流取得的成就表示讚歎。性空一行參觀了南華寺檔案室、圖書館、網絡資訊部等文化設施，對寺院文化建設給予高度評價。性空、達義分別爲曹溪佛學院學僧作開示，勉勵學僧珍惜在六祖道場學習的難得機遇，並希望曹溪佛學院能爲加拿大佛學界輸送更多優秀僧才。

二〇一三年九月，加拿大佛教會會長、加拿大湛山精舍住持達義一行再次參訪南華寺，對曹溪講壇的宏偉規制以及書畫石刻的精湛工藝歎爲觀止，對傳正弘復盛唐「大南華」之舉表示高度讚賞。

（三）其他交流

一九八六年四月，荷蘭舍里寧根大學動物考古學家巴斯車在中國科學院、中山大學、廣東省考古隊有關人員陪同下，考察完獅子巖後，來南華寺參觀。

是年六月，來韶關參加第一届瑶族國際學術研討會的八個國家和地區的十六名專家、學者到南華寺進行宗教歷史文化專題考察。

是月，菲律賓、日本、新加坡、柬埔寨等國駐廣州領事一行八人，在副縣長龍昌第的陪同下參訪南華寺。

卷九　文物典藏

卷九　文物典藏

南華寺建寺歷史甚爲悠久，寺中建築屢遭兵火毁損及人爲破壞，迭經復建重修，現存傳統建築多爲民國時期所建，一九四九年以來亦先後有多次修繕。寺中還存有諸多文物典藏，時代最早者爲北齊銅鑄佛像，最著名者非六祖、憨山、丹田真身莫屬，另有歷代朝廷聖旨及御賜、北宋木雕五百羅漢等，亦極爲珍貴。此類均爲沾前人之手澤而代代相傳永保者。二十世紀六十年代後，廣東省人民委員會公布南華禪寺被列爲第一批省級重點文物保護單位，曲江縣人民委員會亦將其列爲第一批縣級文物保護單位，後又升格爲第五批全國重點文物保護單位，並頒布相關法規文件，明確其保護範圍及措施。以下將寺中歷代重要文物，無論存佚，均作一簡述。

祖師信具

惠能真身　供奉於六祖殿内。通高八十釐米；身披袈裟，結跏趺坐，雙手疊置腹前作入定狀，栩栩如生。據文獻記載及文物考古學界考證，此造像是由惠能弟子方辯以惠能肉身爲基礎，以夾紵法塑造而成。

丹田真身　明僧丹田肉身像。

憨山真身　明天啟三年（一六二三），憨山寂於曹溪。其靈龕於次年正月歸匡山。因匡山地多陰濕，不便安葬，二十年後重返曹溪。大衆開靈龕瞻視，見師面容如生，乃依天竺之法，用海南栴檀末塗其體，披上千佛衣，供奉於憨山塔院。現與惠能、丹田肉身並供奉於寺內。

無盡藏尼真身（佚）　惠能往黃梅求法，途經曹溪，得無盡藏尼薦引，村民曹叔良乃率衆等重建寶林寺。唐上元三年（六七六）圓寂後，惠能建無盡庵，設龕供奉觀音大士法相及無盡藏尼真身。「文化大革命」中，尼真身不知所終。

智藥三藏真身（佚）　梁天監三年（五〇四）寶林寺依智藥倡議而建成。智藥又建月華寺而居。智藥圓寂後，弟子將其真身供奉於月華寺，至二十世紀五十年代仍存。後因土改及「文化大革命」衝擊，真身下落不明。

千佛袈裟　長二百八十六釐米，寬一百四十六釐米，絹體呈杏黃色，共五十行，每行金線繡二十佛像，總計千數，均結跏趺坐。復以藍、淺藍、朱紅、黃諸色絲繡蓮瓣陪襯，背光和圓光亦爲藍色或淺藍色。衣緣以金線繡出十二條戲珠游龍，彩雲火燄，縈回繚繞。據考證，此袈裟係唐中宗所賜。至今保存完好。

花緞襪　長五十四釐米，底長爲二十七釐米；呈黃色，織有飛鳳和雲紋。原件傳爲唐武則天敕賜六祖惠能説法時穿用，已佚。現藏品爲清代倣製品。

錫杖　全杖錫制，長二百四十釐米，杖頭呈蓮花心形，兩邊各有三個扣環。傳爲憨山所製，或謂三寶太監所施。

六祖衣鉢　屈眴布佛衣，初爲達摩信衣，六祖得自五祖弘忍。至六祖不再下傳，而藏於曹溪。又，史載衣鉢爲唐中宗御賜，傳至明代正德年間。萬曆志卷三載：衣爲九條金縷，其締乃白氎。「鉢盂一個，傳謂魏提學擊碎，今其徒以漆緝固之，惟露一片約寸許，觀之非銅非鐵，非瓦非石，蓋四天王所獻如來者。」佚。爲供祀六祖惠能，護法居士陳法泉、賴漢標、翁清和等二十二人捐資，鑄造貼金青銅衣鉢，鉢高一點八米，直徑兩米；衣鉢總重約三噸，基座乃花崗巖雕花須彌座。二〇〇二年十一月，於「南華禪寺建寺一千五百週年慶典」時捐入，永作供養。

腰石　石長方形，青石質，凹面呈腰狀，長三十八釐米、寬十六釐米，厚七釐米，一端有孔。旁刻楷書銘文：「龍朔元年鐫。師墜腰石，盧居士志。桂林龔邦柱書。」陰刻《六祖腰石銘》，乃明崇禎十二年（一六三九）曲江知縣陳豐頊所撰。康熙志載：「師往黃梅禮五祖，應對契旨，恐人害之，著槽廠去。後五祖至碓房，見師腰石舂米，語曰：『求道之人，當如是乎！』龍朔元年，師受衣鉢南歸，石留黄梅，上刻『龍朔元年盧居士志』八字。至明嘉靖年間，韶州有仕於黄梅者，遂持歸曹溪，今存焉。」翁方綱《粤東金石略》云：「且黄梅東禪寺仍有一墜腰石，漁洋《皇華紀聞》亦載之，則此石殆亦未可信也。」經鑒定，此石爲明代複修品。

歷朝聖旨

據《六祖壇經》《天聖廣燈録》《曹溪通志》載，自南朝梁至明代，共有十四位皇帝給南華寺下聖諭二十餘道，並有賜額、賜物、賜經等。較著者有：

一、周萬歲通天元年（六九六），武則天頒《天册金輪敕書》，遣中書舍人吳存穎專持水晶鉢盂一副、磨衲一條、白㲲兩端、香茶五角、錢三百貫，以表摯誠。

二、唐神龍元年（七〇五），中宗頒《遣内侍薛簡往寶林寺迎師敕》，惠能上表以疾辭。九月，中宗復詔謝師，賜水晶鉢一口、磨衲袈裟一件，絹五百匹。十二月十九日，敕改寶林寺名爲「中興寺」。

三、唐神龍三年（七〇七）十一月十八日，中宗頒旨，敕韶州刺史重加崇飾寶林寺，並賜額「法泉寺」，又以惠能新州故宅爲國恩寺。

四、唐先天二年（七一三）惠能入滅，十一月十三日，以全身入曹溪塔。

五、唐上元元年（七六〇），肅宗遣使詔諭法泉寺，請惠能衣鉢，歸内供養。

六、唐永泰元年（七六五）五月五日，代宗夜夢六祖大師請衣鉢。七日，敕刺史楊瑊云：「朕夢感能禪師請傳衣袈裟卻歸曹溪，今遣鎮國大將軍劉崇景頂戴而送。朕謂之國寶，卿可於南華寺如法安置，專令僧衆親承宗旨者嚴加守護，勿令遺墜。」

七、唐元和七年（八一二），憲宗頒旨，追賜惠能「大鑒禪師」謚號，賜塔額曰「元和靈照之塔」。

八、唐大中年間（八四七—八五九），宣宗賜寺名「南華寺」。

九、宋開寶元年（九六八），太祖平南漢，劉氏殘兵作梗，師塔遂爲煨燼，有制興復，賜額「南華禪寺」。

十、宋太平興國元年（九七六），太宗遣郎中李頌、司徒張公詔新師塔七層，賜額曰「太平興國之塔」，加謚爲「大鑒真空禪師」。

十一、宋天禧四年（一〇二〇），真宗奉莊獻皇太后旨，遣使南華寺迎致信衣到宫中瞻禮，賜選任南華寺住持普遂號爲「智度禪師」，兼賜藏經供器。

十二、宋天聖元年（一〇二三），仁宗詔諭「具列輿迎師真身及大内供養」。加謚惠能爲「大鑒真空普覺禪師」。

十三、宋熙寧十年（一〇六八），神宗加謚惠能爲「大鑒真空普覺圓明禪師」。

十四、元皇慶元年（一三一二）至延祐四年（一三一七），仁宗先後詔賜兩道《護寺免差敕》（八思巴蒙古文）。

十五、元延祐四年（一三一七），仁宗詔賜南華寺金書《孔雀經》一部。元朝第八代帝師公哥羅竹堅參巴藏卜（又譯：貢噶洛追堅贊貝桑布）發布護持南華寺法旨（藏文）。西藏僧人鎖南領占巴藏卜於明英宗天順八年（一四六四）五月十五日譯之。

十六、明正統十年（一四四五），英宗頒旨，御賜《大藏經》。

十七、明天順年間（一四五七—一四六四），英宗再御賜金書《華嚴經》，大字、小字各一部。經卷採用經折梵夾式裝璜。

十八、明成化七年（一四七一），憲宗撰《御製壇經法寶敘》，頒旨南華寺院刊行《壇經》（曹溪本）。版本被譽爲「曹溪原本」。

現存於寺內聖旨有：

周武則天聖旨 又稱「天册金輪敕書」「萬歲通天元年賜水晶鉢盂磨衲袈裟敕」。爲武周萬歲通天元年（六九六）所賜。宣紙墨書，黄綾裝裱。全長一百三十九釐米，寬四十二釐米；鈐「敕命之寶」印一方。卷末有清兩廣總督張之洞閱後題「大清光緒十五年十月初十日慈聖萬壽祝釐禮畢還署展讀此卷題記」。聖旨全文如下：

天册金輪聖神皇帝賜賚六祖大師宣詔

師以道契無爲，德光先聖，入大乘之頓教，表無相之真宗。既而名振十方，聲譽四海，萬機無惱，八識俱安，功超解脱之門，心證菩提之序。朕以身居極位，事繼繁煎，空披頂戴之誠，佇想醍醐之味，恨不趨陪下位，側奉聆音，傾求出離之源，高步妙峰之頂。師以宏揚之内，大濟群生，横舟楫於苦海之中，究沈溺於愛河之岸。今遣中書舍人吴存穎，專持水晶鉢盂一付、磨衲一條、白氎兩端、香茶五角、錢三百貫，前件物微，少伸供養，以表朕之精誠。仍委韶州節加宣慰，安恤僧徒，勿使喧繁寺宇。萬歲通天元年敕。

八思巴文旨 又稱八思巴文聖旨。宣紙墨書，黄綾鑲裱。全長三十八點五釐米，寬五十五釐米，有文字共五十八行，上鈐朱印「御前之寶」。聖旨原爲兩件，一九四九年後重新裱製聖旨，因不識文字而錯裁誤裱爲一整幅。一九八一年，中國社會科學院研究員照那斯圖（蒙古族）、常鳳玄專程來寺考察，將寺内收藏兩件、國内首次發現之元代「八思巴文聖旨」譯成漢文。第一件從左起首行至第三十行；第二件從第三十一行至第五十八行。從第三十行至四十一行爲一段，第四十二行至五十八行爲另一段，應將第三十一行至四十一行此段接於第五十八行末尾，方能通讀。左卷譯文爲：

（上闕）靠長生天的氣力，托大福蔭的護助，皇帝聖旨。

向軍官們、士兵們、城子達魯花赤們、官員們、來往的使臣們宣諭的聖旨。

成吉思汗、窩闊台皇帝、薛禪皇帝、完澤篤皇帝和曲律皇帝聖旨裏説道：「和尚們、也里可温們、先生們不承擔任何差發，禱告上天保佑。」兹按以前的聖旨，不承擔任何差發，禱告上天保佑；給廣東道韶州路，六祖大鑒真空普覺圓明廣照禪師生前所建曹溪寶林山南華禪寺所屬□□路勉普戒院，廣州路棗樹巷南華戒院、杭州路南華禪寺等寺院的福心弘辯慈濟大師、德異長老收執的聖旨。在他們的寺院、房舍裏，使臣不得下榻，不得索取鋪馬、祇應，不得徵收地税、商税，（不得搶奪）寺院所屬土地、河流、人畜、園林、碾磨、店舍（下闕）

右卷譯文爲：

（上闕）靠長生天的氣力，托大福蔭的護助，皇帝聖旨。

向宣慰司、廉訪司官員們、軍官們、士兵們、城子達魯花赤們、官員們宣諭的聖旨。

成吉思汗、窩闊台皇帝、薛禪皇帝、完澤篤皇帝和曲律皇帝聖旨裏説道：「和尚們、也里可温們、先生們不承擔任何差發，禱告上天保佑。」兹按以前的聖旨，不承擔任何差發，禱告上天保佑；給□□路何遇祖居士之意所建圓覺寺的和尚們收執的聖旨。在他們的寺院、房舍裏，使臣不得下榻，不得索取鋪馬、祇應，不得徵收地稅、商稅，不得搶奪寺院所屬土地、河流、人畜、園林、碾磨、店舍、解典庫、浴池、船栰（殘闕）。和尚們也不得依仗聖旨去做無理的事，如做，他們豈不怕？（下闕）

聖旨末有清兩廣總督張之洞題「署南韶連道林君賀峒，自韶州南華寺向主僧索觀此四卷，郵寄廣府見示，題歲月而歸之。光緒己丑十月，無競居士張之洞記」。

護寺免差敕書 又稱護寺帝師法旨。萬曆志載：「元延祐五年賜護寺免差敕。」「此敕本爲梵書，天順間西域有梵僧來譯之。」元仁宗聖旨，頒發帝師公哥羅竹堅參巴藏卜法旨。今存裝裱件全長三十二點八釐米，分三部分：第一部分爲藏文長腳榜書（屬官方檔書寫文體），長一百零四釐米，寬四十三釐米；上鈐朱紅帝師印一方，十點五釐米見方，印文爲八思巴文，漢譯爲「大元帝師統領諸國僧尼中光釋教之印」。該部分內容，本爲十二行，裝裱時將原件裁爲上下兩部分，錯裱製爲左右兩部分，原藏文榜書係右六行在上，左六行在下；第二部分爲明天順八年（一四六四）鎖南領占巴藏卜用藏文行書之抄文，共八行，寬四十一釐米，長九十釐米；題記三行，爲八思巴文。寬四十一釐米，長十八釐米；第三部分爲明天順八年（一四六四）鎖南領占巴藏卜的楷書漢語譯文。全文爲：

皇帝聖旨。帝師公哥羅竹堅參巴藏卜法旨。

敕諭文武官、僧俗軍民、使臣人等，韶州府南華禪寺、廣州府南華戒院住坐弘圓慈濟大師第長老，敬順天道，照依比先聖旨，本寺所有差役人夫吃食等項盡皆蠲免，亦不許往來諸色人等住坐，攪擾此寺。原有佃户、財物、田地、河水、水磨、資畜等項，不許故意生事，侵占攪擾，著他自在修行。因此賜與護敕，敢有違者，奏知朝廷，治罪不饒。本寺僧衆倚敕勢力，不許違法。

大都大寺內蛇兒年正月三十日。

藏文榜書右裝裱邊欄有虛雲題「佛曆二九六一年，歲次甲戌八月廿二日，進院住持禮祖後觀此，虛雲拜識」，下有鈐章。

頒賜《大藏經》敕書　爲明英宗於正統十年（一四四五）賜南華寺《大藏經》聖旨，宣紙墨書長卷，雲紋黃綾裱裝，保存較好。長一百七十七釐米，寬四十七釐米；卷末有「大清光緒十有五年冬十月，張之洞觀於廣州督署」題記。敕書全文爲：

皇帝聖旨。朕體天地保民之心，恭承皇曾祖考之志，刊印大藏經典，頒賜天下，用廣流傳。兹以一藏安置廣東韶州府南華禪寺，永充供養。聽所在僧官僧徒看誦讚揚，上爲國家祝釐，下與生民祈福。務須敬奉守護，不許縱容閒雜之人私借觀玩、輕慢褻瀆，致有損壞遺失。敢有違者，必究治之。諭。正統十年二月十五日。

經籍法器

一、寺藏經籍

宋版磧砂藏　全稱《磧砂版大藏經》，係南宋平江府陳湖中磧砂洲延聖院刻版，至元代始補刻而成。南華寺藏經閣所藏經書殘卷五百六十一本，經本尺寸高二十七釐米，寬十五釐米；印製於南宋時期。

御賜金書孔雀經　據萬曆志載：金書《孔雀經》一部，元延祐四年（一三一七）賜。

御賜金書大方廣佛華嚴經　明天順間英宗所賜。據萬曆志卷三載，共賜金書《法華經》二部，一太監蕭福江供，一太監凌法意供，宣德間施；金書大字《華嚴經》一部、金書小字《華嚴經》一部，天順間欽賜。今全書僅存一册殘卷，其餘流失。經卷採用經折梵夾式裝璜，版框高三十釐米，寬十一點五釐米，半頁五行，行十七字。用金水書寫。

乾隆大藏經　南華寺藏經閣所藏《大藏經》，爲清代官刻漢文藏經。始刻於清雍正十一年（一七三三），完成於乾隆三年（一七三八）。全藏採用梵夾式裝璜，以千字文順序編號，共七千二百四十卷。民國二十二年（一九三三），廣東西北區綏靖委員李漢魂捐廉奉《大藏經》，復祖殿爲藏經閣，造儲寶櫥以庋，以永其傳。

銅版金剛經　銅版《金剛經》，一册。乃使用銅版印刷術印製於清乾隆年間。經本長三十二點一釐米，寬二十點三釐米。和碩親王書，周邊刻紋式蔓草花邊。

二、法物供器

千佛鐵塔　古稱降龍塔，安放於大雄寶殿前西側鼓樓下。塔座鑄於南漢時期，高一百二十釐米，分兩部分：下半部爲方形須彌座，邊長一百六十一釐米，四角有金剛力士；上半部爲圓柱形仰蓮座，十六片蓮花瓣構成，座上周邊有兩圈弦紋，弦紋間有銘文，已銹蝕不可讀。塔身早已毀壞。清雍正五年（一七二七）在佛山重鑄，爲四角五層倣樓閣式，空心，高五百一十釐米；第一層爲塔銘，二層以上鑄浮雕佛像共一千零二十八尊。塔簷下有蔓草紋，四角攢尖頂，上置寶葫蘆。塔身總分十三段，拼裝連接。改稱千佛塔。塔銘曰：

蓋聞世尊法王，正覺成於天竺；達摩初祖，重印傳自崇山。鑄丈六之金身，皓月遙臨丹地；繪千尊之寶相，明星近耀珠林。法鼓長鳴，智燈永爛。我六祖大鑒禪師，靈稱善慧，化號能仁。道以神通，知菩提之無樹；佛從心得，識明鏡之非臺。洞風旛之微言，金繩獨開覺路；付袈裟之法物，寶筏廣度迷津。六葉於兹弘敷，千花自此競秀。探山韶石，卜勝地於南華；嘗水曹溪，尋真源於東渚。鉢開陳洞，遂得仙壇；錫飛空中，俄成佛國。蔭慈雲於大千世界，便使火宅頻涼；懸慧日於四達康衢，直今晨昏早曉。顧蛟藏黃壤，尚擅地而未降；遂塔煉烏金，俾潛蹤而永伏。寶林禪境，梵徹千峰；大雄靈區，龍歸一掬。丹楹不改，侍側之虎無驚；蓮座依然，點頭之石屹立。何蘭若難免劫火，而紺宇忽來偷兒？鐵石飛空，如漂碎峰之杵；浮屠失所，以亡刮眼之金。重器已遭沈淪，象教遂爾零落。誰憐絶紐，共振頹綱。欣逢太守宗、黃二公，還似如來再世，參及不二，悟入無爲。聆紫洞之溪聲，廣長爲舌；攬碧崖之山色，清淨是身。廉俸特捐，謀詰匠於珠浦；塔圍重鑄，復巨制於□巖。護法殷勤，重比龍持貝葉；衛道親切，盛同象負蓮花。叢林倏然維新，銘刻應宜再泐。第伽藍須記，愧乏鴻文；而頭陀有俾，願效椽筆。聊書讚揚俚句，用付道峻高僧。點畫有涯，留片言於鹿苑；功德無量，垂萬化於鷲山。佛座毫光，長映山輝而環照；梵宫聲韻，永偕泉響以齊聲。

庶幾化洽三生，人遊竺國；行看慶衍千載，世居化城云。爰爲之銘曰：天竺古先生，修行並傳道。達摩護鉢來，立教除煩惱。五葉結果成，六祖承法寶。南華作佛場，毒龍便制倒。寶塔重更新，禪山如再造。聽法有獮猿，參禪多釋老。施檀林勞芳，□□□□草。寶林勝祇園，山深月皓皓。龍飛雍正五年丁未歲一陽月穀旦立。

賜進士第、翰林院檢討加二級、翁山弟子李林薰沐拜題。中憲大夫、知韶州府事加二級、紀録四次宗諱思聖，誥授中憲大夫、知韶州府事加二級、紀録八次吴諱騫，賜進士出身、文林郎、知曲江縣事加一級蔡諱書紳，賜進士出身、文林郎、知仁化縣事雷諱應，賜進士出身、文林郎、知翁源縣事陳諱于旛，署韶州府、知仁化縣知縣事、曲江縣縣丞加一級范諱德玉，曲江縣典史唐諱佐，韶州府司務廳施諱有正，翁源縣典史沈諱琳，候選通判沈六成，候選州同知沈謙，敕授儒林郎、候選州同、翁源邑人郭千安，信商岑俊，候選州同知張玉麟，原任羅定州東安縣儒學教諭、候補儒學教諭許蓉城，敕授儒林郎、候選州同知、貢生吴維翰，敕授儒林郎、候選州同知岑必元，信商汪明，當年住持僧福城，當年户僧官悦權，當年户長僧廣訥，當年守塔僧卓然，當年十房僧卓然，當年十房僧悦成，募理住持僧道峻。佛山隆盛爐鑄造。

南漢鐵鐘 懸於大雄寶殿内。鑄造於南漢大寶七年（九六四）。頂有龍形鈕，紋飾有直線和蓮花紋。高一百七十釐米，口徑九十五釐米，重八百六十三公斤。有銘文：

大漢皇帝維大寶七年歲次甲子正月一日戊寅，鑄造洪鐘一口，重銅一千二百六十千斤，於長壽寺，永充供養。其鐘元在長壽寺，至今戊辰歲四月八日，卻移於法明寺，永充供養。

都維那僧惟省、直歲僧法光、典座僧令恩、上座文昌。

又有宋開寶九年款：

南華禪院奉敕宣賜廣州長壽寺鐘一口，將鎮祖山，功資國祚。以開寶九年丙子歲九月二十五日，得廣州差人船，同前副監寺契真大師懷□、都監契淨大師□□、監院淨源大師□□、守護傳法衣鉢普□□□

按，對照今存鐘銘拓件，即自「契真大師」以下銘文與道光《廣東通志·金石略》所載不同，爲「珣甫部署到山，故録於後：院主惠正大師懷感、都監起淨大師道隆、監院淨源大師支乙、首護傳法衣鉢□□大師□□」。

上有款識：「穹然而隆，訇然而宏。其形其聲，傳茲不窮。癸未七月，蘭堠道人志。」道光《廣東通志·金石略》案云：此鐘蓋自法明寺移至者。據宋開寶九年款，法明寺當在廣州，今不可考。長壽寺即今六榕寺。款識云「癸未」，或即太平興國八年。

元豐二年鐵鐘　元豐二年（一〇七九）七月，鍾順捨財二十二貫文省贖造。巨贊《參禮祖庭記》記本鐘「在舊禪堂（原五祖殿址），有鐵鐘一，高三尺，大二圍，元豐二年造」。有識云：「大宋韶州岑水銀銅場大街上清信奉佛弟子鍾順，特發心誠，抽捨淨財貳拾貳貫文省贖造大鐘，入寶林山南華禪寺僧堂前，永充供養祈福，意者保扶在堂父母各增善壽，欲乞闔家清吉，子孫（中闕）信州鉛山縣寄居韶州岑水場弟子邵智，南華寺第七代住持志拱。」道光《廣東通志·金石略》案，《元豐九域志》載「岑水三銀場」而不及「銅」，此識可補其闕矣。

元豐三年鐵鐘　《廣東通志·金石略》載：鐘在韶州大鑒寺。其識略云：「寄居韶州岑水場贛縣王純捨入大歷寺僧堂內永充養。」大歷寺遺址不可考，鐘何年移至大鑒寺亦不可考。

元豐五年鐵鐘（佚） 道光《廣東通志·金石略》載：元豐五年第七代住持志拱造。高約三尺，大一圍半。有鑄鐘銘記：「信州鉛山縣邵智高鑄，元豐五年七月。」

乾道銅鑄鐘 懸於寺內鐘樓。南宋乾道三年（一一六七），由第十九代住持奉寧募資所鑄。高二百七十五釐米，口徑一百八十一釐米，壁厚十點八釐米，重萬斤。頂有龍形鈕，口作花瓣形。鐘身周鑄有捐造者姓名及銘文：「敕著韶州曹溪寶林山南華禪寺住持嗣祖賜紫正覺了悟大師奉寧，謹募十方善男信女資財，鑄造大鐘，永鎮祖席。以此殊勳，仰祝今上皇帝聖壽無疆、十方捨財檀信增延壽福者。皇宋乾道三年歲次丁亥十一月初一，江西隆興府鑄造。」據道光《廣東通志·金石略》，題名有右朝散郎知韶州軍州事廖伯憲，右朝議郎、通判韶州事軍州事王營，學正余至，右朝請郎、知英州軍州軍事廖容，廣州東莞縣英州指使陳英、岑水場進武校尉劉珪。該鐘擊時聲聞數里。舊「南華晚鐘」景取此。

乾道銅爐 道光《廣東通志·金石略》載：「乾道三年（一一六七）游智文鑄，寺僧奉寧題。」

至元鐵鑄千僧鍋 民國二十五年（一九三六）南華寺建香積廚時從土中挖出，移置大殿後觀音菩薩座前。通高一百六十釐米，口徑二百零八釐米，壁厚二十五釐米；圓底弧壁，深腹，鍋唇外折。歷時久遠，鍋沿上銘文多已模糊難辨。據《粵東金石略》載，此鍋鑄造於元至元四年（一三三八）。相傳能煮白米數百斤，可飯千僧。

銅鏡 共三面。一爲元至正四年（一三四四）造。鏡面直徑七十一釐米，厚一釐米；素面光滑，背有四枚乳釘鈕。另二均爲明萬曆二十四年（一五九六）造。其一鏡面直徑四十七釐米，厚六毫米；素面，四枚乳釘鈕。另一鏡面直徑七十點五釐米、厚一釐米，素面，四乳鈕。

雙耳三足銅鑄香爐 鑄有「宣德」及「內用」字樣，當爲明宣德間造。屬皇宮品，國家一級文物。

銅香爐 明宣德間造。

鐵鼓 明景泰五年（一四五四）造。高六十四釐米，面徑七十五釐米，底徑二十七釐米，壁厚三毫米，鼓腹、腰兩側各置一環，沿飾乳釘紋。鼓面邊沿飾兩道弦紋，銘文：「新會守禦千户所金紫街居住奉佛信女楊妙香，喜捨鐵鼓壹面入南華寺六祖殿前，永充供養，祈增福禄。景泰五年冬吉日造。」

明代寺存法物供器 據萬曆志載，當時寺存法寶有：一，無盡燈一座（成化間皇帝欽賜）。二，珍珠履一雙（成化間王太后賜）。三，九蓮觀音一軸（弘治四年張太后賜）。四，賜金牌一面（上書「太子千秋」四字，嘉靖四十四年中使賫）。五，瑪瑙數珠一串。六，銀燈二盞、玻璃燈一盞、瑪瑙數珠一串（韶州府通判唐侃施）。七，袈裟白玉環三（又緑玉環一、金環一。疑上方所賜，年號無考）。八，響鞋一隻（此乃三寶太監所施。俗稱「羅漢靸」也。以皮爲之，厚一寸許，累疊而成，上一大絆以受足背，前一小絆受足大指）。九，昆盧帽一頂（韶州府通判莫相施銀）。十，繡羅漢十八幅（宣德二年淮王之國時所賜，疑先朝舊物也。其密緻工巧，五綵絢爛，望之儼然如有生氣，雖設色之善者或不能及，惜乎山僧不知寶重，積至損壞）。以上明代法物供器，今皆不存。

龍泉釉三足瓷香爐 清嘉慶間造。高十三釐米，最大直徑二十九釐米。

五百羅漢彩色瓷瓶 清代製造，共三尊。一尊高六十一釐米，最大直徑二十二釐米，口徑十五點五釐米；瓶口爲盤口，直頸，溜肩，圈足；外壁繪五百羅漢像，頸部前後各繪一尊佛像，腹部四面各繪天王像，足底有「清雍正年製」楷書款。另兩尊爲五彩羅漢燈籠瓶，高四十五釐米，最大直徑二十釐米；瓶口爲盤口，直頸，溜肩，圈足；通體繪五百羅漢像，瓶腹四面各繪四天王像。

豆青色六角雙身花瓶 清代製造。高六十九釐米，直徑四十六釐米，口徑十五點五釐米；瓶口爲六角廣口，六邊頸，溜肩；外壁繪畫以花卉、山水間隔，頸部前後各繪山水禪意畫兩幅，六角足底。

四足銅鼎香爐 製造年代不詳。

寺藏造像

一、金屬造像

銅鑄佛像 原藏於海會塔，北朝齊皇建元年（五六〇）造。佛像臉形清秀，髻較高，右手向前伸，左手旁擺作説法狀，兩邊飄帶飛舞，後有圓光和背光，上刻纖細火燄紋，足踏蓮座，座爲四腳方臺，座與臺高二釐米，通高八點一釐米。背面陰刻銘文爲「皇建元年五月五日，淳于忠爲善養造佛像一區」。

釋迦牟尼鐵像 造於隋唐時期，內空，高四十一釐米，寬二十三釐米；結跏趺坐，足底朝上，左掌平放於盤腿上，右手托舉，螺髻。眉目清秀，端莊慈祥。衣紋線條清晰。

摩利支天人鐵像 隋或唐初造。高七十釐米，肩寬十九釐米，底寬二十九釐米；爲天女形立像，作摩利支天手印，體型各部比例不當，頭大身細，上長下短；方頤細目，直鼻大耳，窄斜肩，平胸小腹，跣足露趾。頭戴髮髻冠，冠上有花髮，冠兩側寶繒下垂至肩。內著袒右肩「僧祇支」內衣裙，裙下作喇叭形，「僧祇支」及裙帶均作結。外著敷搭雙肩袈裟式外衣。雙手披帛下垂至腿部。衣紋均採用突起線條。體著白粉，衣、冠著石青，寶繒各披帛著朱砂。採用複合範以生鐵鑄成，空心，有唐俑風格。

觀音菩薩坐像　隋或唐初鑄品，高六十一點五釐米，寬二十六釐米。爲垂足正坐式，跣足露趾，額前有「吉祥痣」，作彌陀手印。面相、體形、衣紋、鑄法均與摩利支天像相似，頭戴較高化佛冠。冠中央坐佛，外披氅，「僧祇支」及外衣裳裙均弔垂複雜精細之瓔珞至腿部上卷。雙手帶釧，無披帛。

太子佛銅像　宋代造，高數寸。農曆四月八日佛誕日，寺院舉行浴佛法會，在大殿以水盆供奉太子像，寺僧及信徒以香湯沐浴太子像。太子鑄像乃取傳説太子初誕生時右手指天左手指地而言「天上天下，唯我獨尊」意，故以童子形立像，一手指天，一手指地。

四大天王木雕像　明成化十七年（一四八一）造。四尊，各尊通高八十六點五釐米，座高二十釐米。樟木質地。戴冠，身穿盔甲，腳踏雲靴，肩飾飄帶。雕工精細，比例勻稱，各具雄姿。

觀音菩薩鐵像　明代造。通高六十六釐米，寬四十二釐米。垂足端坐於蓮花座中，頭戴冠，右手扶垂膝蓋，雙目閉合作凝思狀。

監齋菩薩銅造像　明代造。通高五十一釐米。戴冠，身穿袍甲，腳穿雲靴，雙腿向左斜坐，左手前伸，右手執利斧。

天靈官銅造像　明代造。通高七十三點五釐米。戴冠，臉向左側，身穿盔甲，腳穿雲靴踏輪，左手握拳，右手高舉持鐧。

六祖銅像 明代造。高四十二釐米，寬二十三釐米。二尊。內空，無座。結跏趺坐，雙掌疊於腹前。身著長袍，褶紋線條流暢。雙目閉合，面貌安詳。

釋迦牟尼佛銅像 清乾隆間造。通高六十一點五釐米。垂足端坐相，戴冠，端坐於蓮花中，左手扶垂膝蓋，作入定狀。

觀音菩薩鐵像 清代造。高四十釐米，寬四十釐米，厚十七釐米。垂足端坐相，頭戴盤髻鬘冠，左手扶垂膝蓋，作入定狀。

十一面千手千眼觀音菩薩鎏金銅像 二〇一三年曹溪南華禪寺舉辦紀念六祖惠能圓寂一千三百週年法會，大連空淨居士等自佛陀故鄉尼泊爾輾轉西藏迎請至曹溪供養。法像採用紫銅胎，成十一面五層構像，通體鎏以九九純金。主尊觀音立於束腰仰覆蓮臺上，面容慈祥，裸上身，掛瓔珞，主臂雙手合十，其餘六主臂結不同手印，持寶珠、弓、箭等各種法器。其他九百九十隻手臂略小，排列於身後兩側（兩側各十一層，每層各四十五隻手），組合成多重圓形身光。

素可泰式釋迦牟尼銅像 二〇一三年南華寺舉辦紀念六祖惠能大師圓寂一千三百週年法會時，泰國高僧普陀達摩·亞能（Phraanan Phuttatummo）能與泰國部分信衆捐資鑄造，贈予南華寺供養。坐落於曹溪講壇大殿後、六祖法相殿前。佛像按泰國 Wat Phra Tat Seang Keaw Mongkol 寺院供奉之「素可泰」佛像鑄造，爲釋迦牟尼站立形狀，神態安詳，體姿莊嚴。其頭戴蓮塔寶冠飾，身披袈裟斗篷，腳踏蓮盤，通體漆以黑金銅色。高七點五米，重十噸。

素可泰銅像 與素可泰式釋迦牟尼銅像同人同時捐資造，同時安置。坐落於釋迦牟尼像兩側。像以泰國古猛獁象爲造形，用石灰銅鑄，高三米，重十噸。

祖師殿禪宗歷代祖師銅鑄塑像群 位於主刹西側拈花笑處祖師殿內。有歷代祖師坐姿銅像八十八尊，時爲全國規模最大禪宗祖師銅像群，以下列名計八十七軀：西塔光穆像，高一百二十八釐米，寬八十八釐米，厚七十釐米（以下省稱）：

丹霞子淳像 153×86×83　龍潭崇信像 127×85×80　萬年曇賁像 131×90×63

虛庵懷敞像 131×90×63　溈潭善清像 131×98×96　靈源惟清像 157×94×95

東林常聰像 132×85×72　黄龍慧南像 126×75×75　黄龍祖心像 128×95×65

寶峰克文像 126×88×68　明庵榮西像 126×95×72　德山緣密像 146×82×78

雲門文偃像 126×82×70　玄沙師備像 128×102×90　羅漢桂琛像 126×100×88

法眼文益像 132×80×76　藥山惟嚴像 127×77×77　德山宣鑑像 127×82×72

洞山良价像 127×72×72　曹山本寂像 127×85×78　永嘉玄覺像 128×126×78

六祖惠能像 132×176×77　南陽慧忠像 132×90×62　青原行思像 132×90×62

荷澤神會像 126×95×90　天皇道悟像 111×145×61　馬祖道一像 131×96×66

百丈懷海像 128×98×72　石頭希遷像 127×95×75　韶州法海像 128×97×75

南嶽懷讓像 128×80×78　天童從瑾像 132×98×75　育王介諶像 128×86×76

夾山曉純像 132×60×83
雲居了元像 130×81×69
永明延壽像 130×90×63
夾山善會像 128×145×83
大陽警玄像 126×66×72
雲居道膺像 132×92×68
臨濟義玄像 128×90×70
趙州從諗像 130×83×95
溈山靈祐像 129×77×67
密雲圓悟像 128×80×80
密庵咸傑像 128×78×78
漢月法藏像 135×90×68
五祖法眼像 130×83×80
圓悟克勤像 128×82×73
石霜楚圓像 128×85×66
首山省念像 132×80×70

兜率從悅像 139×135×80
智門光祚像 135×170×66
天台德韶像 188×85×65
船子德誠像 123×99×65
投子義青像 128×77×74
雲巖曇晟像 133×65×73
黄檗希運像 153×107×70
南塔光湧像 133×90×68
香嚴知閒像 126×79×80
憨山德清像 128×98×80
無準師範像 128×70×65
虎丘紹隆像 130×87×75
楊岐方會像 128×89×66
濟顛道濟像 128×92×86
德清虛雲像 132×89×72
風穴延沼像 132×93×80

長靈守卓像 126×85×75
雪竇重顯像 128×85×66
清涼泰欽像 128×120×85
雪峰義存像 153×86×83
芙蓉道楷像 128×88×70
南泉普願像 128×88×67
興化存獎像 130×77×80
仰山慧寂像 128×135×95
洞山守初像 143×92×92
破庵祖先像 128×88×60
幻有正傳像 128×80×78
大慧宗杲像 128×86×80
白雲守端像 128×88×75
南華惟因像 128×97×80
南院慧顒像 170×97×80
汾陽善昭像 148×85×73

資福如寶像　135×95×76　無著文喜像　132×68×84　三角志謙像　130×83×83

天衣義懷像　130×80×88　香林澄遠像　133×100×78

二、泥陶造像

五百羅漢群泥塑造像　民國二十三年（一九三四）虚雲移建大雄寶殿時塑。在大雄寶殿内四壁，整體塑像面積五百五十四平方米，墻體有彩塑上半部塑成名山大川，下半部塑成波濤海洋，五百羅漢塑在其中。群像布局合理，色彩豔麗，塑造羅漢神情各異，表情逼真，平均身高一點一米。

三寶大佛泥塑造像　民國二十五年（一九三六）塑。在大殿内，中爲釋迦牟尼佛，左爲阿彌陀佛，右爲藥師琉璃光佛。頭有螺髻，身穿通肩式衣，結跏趺坐於蓮臺上，手疊置於胸前，作入定狀。兩側立迦葉和阿難尊者像。像高八點三一米，全身貼金。

四大天王泥塑造像　最早塑於民國二十六年（一九三七）。一九四九年後，數度重塑。在天王殿内左右側，分别爲手握寶劍南方增長天王、手持琵琶東方持國天王、手持寶傘北方多聞天王、手纏大蜃西方廣目天王，合稱「四天王」。各像頭戴毗盧帽，身穿鎧甲，高四米。

彌勒佛泥塑坐像　塑於民國二十六年。在天王殿中央，左手攜一布袋，笑口常開，故名歡天喜地佛。

觀音菩薩泥塑造像　民國時期塑。在大殿釋迦牟尼佛像屏墻後，高四米。像跣足，立於鼇頭，手執柳枝、淨瓶，全身貼金。兩側立善財童子。

哼哈二將泥塑門神　在曹溪門兩側。傳説爲「天龍八部」第二部神將，是守護佛法之天神。始塑於民國時期，「文化大革命」時被毁。二十世紀八十年代重塑，後屢次重新。二〇〇二年建寺一千五百週年紀念時重塑，通高約三米。

六祖大師陶坐像　由佛山石灣中國陶瓷藝術大師黄志偉設計，以六祖惠能真身爲藍本創作而成。高五十四釐米，寬四十釐米。二〇一五年三月捐入南華寺。

三、木雕造像

羅漢群像　宋慶曆三年至八年（一〇四三—一〇四八）廣州會首弟子楊仁禧組織募化雕造。捐造者爲廣州、泉州、連州、潮州、衢州籍之商人、手工業者、僧人和平民等，匠師有張續、蔡文贇、廖永昌、王保、郝璋等。原存於羅漢樓。民國二十六年（一九三七），虚雲拆斯樓，移位改建爲四大天王殿，並將北宋木雕像十八尊重新髹漆塗金（即在海會塔發現的一批），其餘全部收入三尊大佛腹中。一九六三年，廣東省文物管理委員會先後三次發現。第一次是二月間在寺内功德堂發現一尊，第二次是六月間在寺南三華里的海會塔發現十八尊，第三次是十月間會同曲江縣文化局在寺内大雄寶殿三寶佛腹中清理出三百四十一尊。此批雕像每尊都由底座和坐像兩部分組成，通高四十九點五至五十八釐米不等，直徑二十三點五至二十八釐米不等。全部爲坐像，以整塊木坯雕成，木料主要爲柏木，少量爲楠木、樟木或檀香木。羅漢造像手法寫實，構圖緊湊，雕工洗練，刀法純熟，渾厚質樸。雕像銘文爲考察宋代以前廣州城坊和對外貿易情形有重要參考價值。一九六四年五月十三日，廣東省文化局、廣東省文物管理委員會下發《關於南華寺北宋木雕羅漢像處理問題》文：

廣東省人民委員會：

關於執行文化部文物管理局六四年三月十四日文物字第六十四號「對南華寺北宋木雕處理意見的覆文」，我們提出如下的建議，請批示：

一、關於選調曲江南華寺北宋木雕羅漢像一百六十尊（其中五十尊交故宮博物院，一百一十尊交廣東省博物館保管陳列）的問題，建議由省人委文教辦公室、廣東省文化局、廣東省文物管理委員會、韶關專署文化局、曲江縣文化局組成「南華寺北宋木雕像處理小組」到現場進行選調，並由省人委文教辦公室任組長。選調時應當全面考慮照顧三個保管單位的陳列需要，原則是好壞兼配，其中故宮博物院所選調的五十尊應有百分之八十爲最精品，省博物館所選調的一百一十尊應有百分之六十爲精品，座銘題記與廣東歷史有較密切關係者，原則上應由省博物館保存，將其中一部分利用光孝寺大殿連同有關該寺文物作出陳列。南華寺內的應保存五十到六十尊較精的木雕像，以備遊覽者參觀。

二、兩個單位（故宮博物院、省博物館）的選調工作一次完成，並由曲江縣文化局協助辦理裝運。時間暫定在六月份的第一週內開始進行。

三、建議省人委於最近正式下達有關選調南華寺木雕像的通知給韶關專署和曲江縣人委研究執行，並由他們做好必要的準備工作。南華寺僧衆的思想教育工作應請曲江縣人委事先做好。

四、在選調一百六十尊木雕像之後，南華寺仍保存有二百尊，廣東省文化局（六十三）社内字第六十三號「關於發現曲江南華寺北宋木雕像」向文教辦公室的報告中，曾計劃撥款一萬元給韶關專署文化局和曲江縣文化局在寺内建造櫃架，加以妥善保管。由於我局今年文物修整經費不多，難以撥出，建議由省人委批撥專款解決。

以上意見，是否有當，請予批示。

是年六月八日，廣東省人民委員會辦公廳下發《廣東省人民委員會辦公廳關於南華寺北宋木雕羅漢像處理問題的覆函》：

省文化局、文管會：

一九六四年五月十三日來函悉，關於南華寺北宋木雕羅漢像處理問題，省人委原則上同意你們所提出的建議。由有關單位組成「南華寺北宋木雕羅漢像處理小組」，並可由省文管會任組長。有關南華寺建造櫃架所需的經費，因省財力很緊，無法撥給專款，請在今年文化支出預算中安排解決。對南華寺僧衆的思想教育工作，請你們直接與韶關專署、曲江縣人委聯繫，共同做好這一工作，此覆。

群像原有五百四十餘尊，一九六四年十月，根據文化部和省人民委員會行文，省博物館派人來寺提調宋代木雕羅漢六十尊，其中五十尊收藏於北京故宫博物院，十尊收藏於省博物館。「文化大革命」期間，被國家及省文物院館等單位借去百餘尊作研究之用，剩餘三百六十尊。

靈童侍者　明刻。通高四十七釐米。像站立，波斯人面相，凸眼高鼻連鬚，身著廣袖長衣，籠袖拱手於胸前。相傳爲六祖惠能弟子。

羅漢像　群像，共一百三十三尊。清代雕，多爲樟木質地。像均高五十八釐米。此批木雕係北宋刻像五百羅漢遺失部分（一百四十尊）之補刻，刻工遠不如宋刻。

法界源流圖　汕頭籍一級工藝美術師秦憲生以清乾隆年間繪製、國家一級甲等文物《千佛圖》爲藍本，於一九九五年始，歷時四年，以細葉樟木雕成。上有神態各異之佛像六百三十多尊、佛具和法器六百七十多件及珍禽異獸數十隻。長三千八百釐米、高八十釐米、厚十五釐米。二〇〇六年，陳學宏以巨款購藏。二〇一一年十月，陳學宏、唐八妹夫婦將其捐入南華寺。

六祖惠能大師臺屏像　由彩畫名師楊國榮雕造。高八十八釐米，寬五十五釐米，厚二十五釐米。由椴木、紅木雕成。作品雕繪惠能立於寶林寺菩提樹下，近景爲山石溪流，石上刻惠能菩提偈。二〇一五年三月，由作者捐入南華寺。

四、竹刻造像

五百羅漢長卷　大型浮刻竹雕。長三十三點五米，高一點三五米。係民間工藝美術家曹憲中於南華寺建寺一千五百週年時創作。作品以禪境山水自然爲背景，輔以佛教歷代菩薩爲構圖。

匾聯書畫

一、匾額

曹　溪　木横匾。懸於頭山門（曹溪門）正中簷。楷書御題，紅漆地金字。右款「康熙乙未仲秋吉旦」，鈐「爲善最樂」印章；左款「禾川吴儼重立」。

南華禪寺　木豎匾。懸於「曹溪」匾下門楣。二方：一爲宋太祖賜額「敕賜南華禪寺」匾；一爲一九八六年春中國佛教協會會長趙樸初訪問南華寺題「南華禪寺」，並鈐印。楷書，棕底金字，邊框浮雕金龍。

寶林道場　木横匾。懸於二山門（寶林門）門楣。楷書，紅漆地金字。左款「中華民國二十七年戊寅林森題」，右款「佛曆二千九百六十五年虚雲重建」。

宣揚佛典　木横匾。藏於藏經閣。楷書，漆金地黑字。匾長二點九四米、寬一點一五米。邊框浮雕爲二龍戲珠、雙鳳朝陽、梅、鹿、鵲。右款「中華民國二十六年」。左款「蔣中正」，並鈐章。

齋　堂　木横匾。懸於齋堂門楣。草書，紅底黑字。右款「東坡居士書」。左款「佛曆二千九百六十二年十月朔旦虚雲重鐫」。

按：傳云此匾爲蘇東坡書，字跡瀟灑蒼勁。虚雲稱此筆跡係民國二十三年（一九三四）從雲南祝聖寺取來。

法雨歡騰　木横匾。懸於藏經閣一樓門楣。楷書。右款「咸豐六秋季」。左款「五福薰沐敬書」，並鈐印。

祖　殿　木豎匾。懸於祖殿正中簷。行楷，紅漆底金字。邊框浮雕金漆龍紋。有載原匾早毀，僅餘「祖」字。二十世紀八十年代初復新祖殿，南華禪寺管理處副主任林得衆倣原題字補書「殿」字。

靈　照　石刻横匾。嵌於塔門。篆書。右款「中華民國廿二年九月重修」，左款「吴川李漢魂書」。

禪　堂　木横匾。懸於寺西廂廊後禪堂門楣。楷書，紅漆地金字。右款「佛曆二千九百六十六年己卯虚雲重建」。左款「葉恭綽」，並鈐印二方。

古無盡庵　石刻横匾。嵌於寺西無盡庵内正門。楷書。右款「丁卯初夏」。左款「趙樸初」並鈐印。

三聖殿　木横匾。懸於寺西無盡庵内三聖殿正門楣。行楷，紅漆底金字。右款「佛曆二千五百四十三年」。左款「笠舟敬題」。

報恩堂　木横匾。懸於東廊報恩堂正門楣。楷書，棕漆底金字。左款「余藻華」，並鈐印。

伽藍殿　木横匾。懸於東廊伽藍殿正門楣。楷書，上下邊飾蔓花雙龍戲珠，左右飾蔓花龍紋。左款「童汝開書」，並鈐印。時間不詳。

客　堂　木横匾。懸於東廊客堂正門楣。楷書。右款「佛曆二千九百六十六年己卯，虚雲重建」。左款「葉恭綽」。鈐印二。

正法久住　木横匾。懸於祖殿後舊方丈室（原蘇程庵）内正門楣。楷書，黑漆底金字。右款「傳正大和尚陞座留念」。左款「南華佛藝雕刻殿敬賀，己卯年佛」。

禪光普照　木横匾。懸於祖殿後方丈室西側門楣。楷書，紅漆底金字。右款「道光二十二年壬寅歲仲秋桂月穀旦立」。左款「沐恩信生黄維軒同妻張楊氏偕男王金潾敬酬」。

祖師殿　木横匾。懸於西廊祖師殿正門。行楷，紅漆底金字。左款「連登敬書」。

西歸堂　木横匾。懸於西廊西歸堂正門。隸書，紅漆底金字。左款「龔澂寓」，並鈐印。

大雄寶殿　木横匾。懸於大雄寶殿正門。楷書，紅漆底金字。

藏經閣　木横匾。懸於法堂二層正門。楷書，紅漆底金字。一九七九年藏經閣重新後，南華寺管理處副主任林得衆題。

方　丈　木横匾。懸於祖殿右側舊方丈側門。楷書。右款「癸亥年七月」。左款「得衆書」。

天王寶殿　木横匾。懸於天王殿正門。楷書，黑漆底金字。題額人、時間不詳。

鐘樓、**鼓樓**　石横額。分别書於鐘、鼓樓正門上方。「鐘樓」爲魏碑體，「鼓樓」爲草書。額題人、時間不詳。

伏虎亭　爲卓溪泉前重建伏虎亭額，林得衆書，時間不詳。

飛錫橋　爲卓溪泉前重建伏虎亭後額，題額人、時間不詳。

中山亭　爲寺院主刹東側無名橋東中山亭額題，一九八八年重建後，住持惟因題。右款「佛曆二五三二年歲次戊辰四月初八日」。左款「住持惟因暨兩序大衆重建」。

禪　堂　木横匾。懸於息心園東側新建禪堂正門楣。楷書，紅漆底金字。住持傳正二〇〇三年題。左款「壬辰年」。

祖印重光　木横匾。懸於祖殿正門。楷書，紅漆底金字。右款「西元一九八五年八月吉日立」。左款「林得衆書」。加鈐印。

天下寶林　石刻横匾。懸卓錫泉石坊正上方。楷書。右款「戊寅年」。左款「佛源題」。加鈐印。

曹溪聖地　石刻横匾。懸卓錫泉石坊背面。楷書。右款「戊寅年」。左款「佛源題」。加鈐印。

息心園　木横匾。懸於息心園正殿大樓頂正中簷。行楷，紅漆底金字。左款「戊子傳正」，並鈐印。匾框飾蔓花金紋。

多寶閣　木豎匾。懸於寺東多寶閣正門楣。楷書，紅漆底金字。左款「葉選平」，並鈐印。匾框浮雕金龍紋。

曹溪佛學院　木豎匾，二方。一懸於寺東佛學院教學大樓樓頂正中簷。行書，紅漆底金字，匾左款「戊子傳正」，並鈐印。匾框飾浮雕金龍紋。一懸於教學大樓一層正門側。楷書，左款「六榕雲峰書」，並鈐印。

五香亭　木横匾。懸於曹溪門内放生池橋上五香亭楣。棕漆底金字，右款「壬辰年」。左款「傳正書」。

寶林初祖　木横匾。懸於智藥三藏紀念館正門上簷。楷書，棕漆底銅字。右款「己卯年」。左款「佛源」，加鈐印。

智藥三藏　木橫匾。懸於智藥三藏紀念館內佛龕上簷。楷書，黑漆底金字。右款「戊寅年」。左款「佛源題」，加鈐印。

禪海岸　木橫匾。懸於新建方丈接待園正門上簷。楷書，紅漆底金字。左款「戊子傳正」。加鈐印。

念佛堂　木橫匾。懸於新建海會塔樓二層門簷。楷書，棕漆底金字。右款「公元一九八五年冬月立」。左款「林得衆書」。加鈐印。

幻遊虛雲　木橫匾。懸於虛雲紀念館正門上簷。楷書，棕漆底金銅字。右款「己卯年」。左款「佛源」。加鈐印。

惟因知果　木橫匾。懸於寺東「惟因紀念堂」正門上簷。楷書，棕漆底金字。左款「己丑年，本煥百三歲」。加鈐印。

拈花笑處　木豎匾。懸於主刹西側拈花笑處祖師殿外門楣。楷書，棕漆底金字。周邊雕金龍紋。左款「丁亥年，傳正」。加鈐印。

二、楹聯

曹溪山門聯　庾嶺繼東山法脈；曹溪開洙泗禪門。款「林得衆書，公元一九八五年歲次乙丑」。

放生橋池五香亭聯　見性非明鏡；清心聞妙香。　無力放生先戒殺；有心爲善莫欺天。

寶林山門聯　東粵第一寶刹；南宗不二法門。款「釋靜修、石峰金、梁志海敬製，林得衆書，佛曆二千五百三十九年歲次乙亥八月初三日」。

天王殿殿前楹柱聯　祖庭開象鼻，山前是莊嚴初地；法輪轉龍漢，劫後有欣慨滿懷。

天王殿内供奉彌勒佛聯　日日攜空布袋，少米無錢，卻剩得大肚寬腸，不知衆檀越信心時將何物供養；年年坐冷山門，接張待李，總見他歡天喜地，試問這頭陀得意處有甚麽來由。款「林得衆書，一九八三年歲次癸亥仲冬重鎸」。

雲海樓聯　鋤月耕雲，種曇花祇樹；枕流漱石，聽暮鼓晨鐘。款「吳川李漢魂書」。

大雄寶殿殿前柱聯　重新震旦河山，幸結法緣參六祖；誰弄修羅兵杖，終資威力殄群魔。款「騰衝李根源題，民國七年」。

報恩堂聯　知本返本報本，心心自然，本來澈參面目；佛恩國恩親恩，世世普資，恩有圓滿菩提。

伽藍殿聯　資護法於伽藍，笙磬聲中標玉尺；尊遺囑於佛敕，頻繁座上禮金仙。

客堂聯　湖海漫周遊，媿見眉山悟通礙，溪雲看仔細，更登祖殿認菩提。款「民國八年乙未，長沙章士釗題」。

客塵易伏，家賊難防，各自謹守；堂前掃淨，寶主相逢，去送來迎。

齋堂聯　粥去飯來，莫把光陰遮面目；鐘鳴板響，常將生死掛心頭。　漫道寸絲不掛，一件濕衫誰著去；休云粒米無餐，百般滋味孰嘗來。

西歸堂聯　日輪西去，了知婆娑光陰有限；淨土歸來，始信極樂壽命無窮。款「杜衡權書」。

祖師殿聯 祖意西來，一葦渡江雲月冷；玄風東播，五燈映地水天長。

功德堂聯 功積祇園，果因不昧；德輝西域，福慧無疆。

禪堂聯 禪宗法門不二；堂中妙諦宜參。 選佛場開宗古佛；傳燈會啟續心燈。 憤志不知寒夜永；篤行那覺暑天長。

韋馱殿聯 護法安僧，親受靈山囑咐；降魔伏怨，故現天將威風。

藏經閣殿前柱聯 曹溪法乳，澤洽新容，畢竟佛能超萬劫；梵殿潮音，聲宏塵世，慰教人得拜雙林。款「秦咢生書」。

祖殿（六祖殿）聯 衣鉢真傳，明心見性；菩提無樹。落葉歸根。款「吳川李漢魂敬書」。 嘗一勺之甘泉，毓秀鍾靈，不異西天福地；受六傳之法雨，明心見性，無殊東魯淵源。款「清光緒二年閏五月，督修祖殿信官蔡潤泉題」。

祖殿西側僧伽培訓班聯 萬法空明皆佛性；一塵不染證禪心。 培育僧才，愛國家，愛佛教；莊嚴佛土，明心性，明法緣。

祖殿後方丈樓（舊蘇程庵）聯 大道無私，玄機妙悟傳燈録；因緣有分，勝地同登選佛場。 無法向人説；將心與汝安。

祖師影堂堂前聯 創業誠難，今日易忘前日德；立基匪易，先人衹望後人賢。

智藥三藏紀念堂聯 西天來震旦，植樹羊城，預知六祖傳心印；南海到寶林，飲水曹溪，留得真身在月華。款「一九九五年，佛源題」。 尊者航海而來，垂示鄉人建刹，謂有菩薩應世；環顧山水靈秀，掬飲甘泉香美，贊是西天寶林。款「一九九五年，佛源題」。

虛雲紀念堂堂前聯 參見祖師，必須空心無我；來到佛地，總是宿世有緣。款「佛源題」。 法海明星，五葉流芳從祖跡；宗門巨匠，鞠躬盡瘁護心燈。款「佛源題」。

卓錫泉坊聯 六祖當年尋源卓錫；九龍今日浩氣淩雲。 寶林山是袈裟地；卓錫泉開甘露門。

無盡庵聯 出世非離世；入塵不染塵。款「一九八六年，趙樸初撰題」。 明月清風無盡藏；悲心忍土有深緣。款「一九八六年，趙樸初撰題」。

海會塔聯 雲障日光知不滅；水清月現悟無生。

念佛堂聯 念佛念心，念心念佛；參禪參性，參性參禪。款「林得衆書，一九八五年」。

上客堂聯 草鞋踏破，到此般般放下；肩膀磨穿，從今步步登高。

庫房聯 楊岐燈盞明千古；寶壽生薑辣萬年。

曹溪佛學院教學樓聯 勤修清淨波羅蜜；恒不忘失菩提心。款「二〇〇二年秋，茗山書」。

曹溪講堂山門聯 曹溪一滴潤法界；六祖四句定乾坤。款「傳正敬書，壬辰年八月初三日」。

東禪堂聯 十方同來聚，個個學無爲；此是選佛場，心空及第歸。

多寶閣聯 寶閣藏聖意，五葉花開香世界；學院繼先賢，四衆雲集證禪心。款「葉選平書」。 多寶閣中無法寶；南禪佛地有真禪。款「丁亥年，傳正書」。

禪海岸聯 曹河洗滌，入山般般放下；雨天路滑，到此步步留神。 南華經史，傳正宗風明自性；寺貌吉光，曹溪法乳溉群黎。 南宗聖地再三遊，傳來無邊法雨；華嶺迦天千五載，正覺不二禪機。　右款「南華寺一千五百週年志慶，即呈傳正大師法獻，歲次壬午年書」。左款「香港林百欣敬獻，楊瑞生拜書，西星恭刻」。

三、曹溪禪繪

六祖挾擔圖　南宋釋直翁畫。此畫係據《壇經》載六祖惠能「負薪至市」禪宗公案所繪。畫上端有徑山偃溪廣聞題贊：「擔子全肩荷負，目前歸路無差。心知應無所住，知柴落在誰家。」有「廣聞印章」「偃溪」「起於澗東」「直翁」「釋氏道雄」等印。

虛雲牧牛頌　南宋初廓庵師遠禪師曾作《牧牛頌》并圖，真跡早佚，後有倣繪本。虛雲《牧牛頌》依據其題序頌，續和作頌。甲、撥草尋牛圖，題詩：欲將白棒碎虛空，借比牧牛吼六通。逐澗沿山尋覓去，不知行跡遍西東。乙、驀然見跡圖，題詩：尋遍山邊與水邊，東西南北亦徒然。誰知祗在此山內，仿佛低頭自在眠。丙、逐步見牛圖，題詩：野性疏慵恣懶眠，溪邊林下露尖尖。微痕一綫知尋覓，尋到無尋頭角全。丁、得牛貫鼻圖，題詩：驀直當前把鼻穿，任隨踍跳與狂顛。饑餐渴飲無虧欠，吩咐牧童仔細牽。戊、牧護調馴圖，題詩：養汝辛勤歲月深，不耕泥水祇耕雲。晨昏有草天然足，露地高眼伴主人。己、騎牛歸家圖，題詩：雲山何處不吾家，兩岸青青盡物華。隨分不侵苗與稼，倒騎牛背勝靈槎。庚、忘牛存人圖，題詩：始自郊原遍海涯，歸來倒駕白牛車。畫堂深處紅輪展，新婦原來是阿家！辛、人牛雙忘圖，題詩：憶昔寒爐撥死灰，杳無蹤跡枉徘徊。而今凍破寒梅蕊，虎嘯龍吟總異才。壬、返本還元圖，題詩：物物頭頭別有天，此中消息幾人傳？忽然怒作獅子吼，獨露鬚眉照大千。癸、入廛垂手圖，題詩：拽轉乾坤眼界寬，聊將一手挽狂瀾。高懸日月超羅網，聾瞶偏邪返本端。入廛垂手，濟度衆生而垂慈悲之手，入市井之塵境相，以喻不偏居向上，更能向下入利他之境。悲智願行，成就一身，自度再自度，度他再度他。此幅圖是指禪修行者得道後，要入世弘法。總頌：「本無一事可思求，平地風波信筆收。從地倒還從地起，十方世界任優遊。」

南華禪寺六祖殿歷代祖師像録 前有佛源序：「千人學佛，萬衆參禪。禪是何物，豈容易言哉！當初釋迦世尊，靈山聚會，拈花示衆，默不作聲。諸大弟子，不解其意，惟有迦葉開顔微笑，悟契佛心。於是釋尊宣布：吾有正法眼藏，涅槃妙心。實相無相，微妙法門，不立文字，教外别傳，付囑摩訶迦葉尊者。千餘年後，此微妙法門，由達摩尊者自西竺傳來震旦。東土惠能六祖，發揚光大。歷經唐宋元明諸朝，禪宗人才輩出，龍象爭鳴，遞代相傳。五宗七派，各有稟承，宗旨不失，遠播十方。今據宗門典籍，録選繼席高賢，鐫石二十三尊形影，供養於六祖殿内，頌贊古德偉功。略敘數語，以表致誠。佛曆二五四二，公元一九九八年歲次戊寅二月初八日，佛源敬立。」歷代祖師像：惠能、懷讓、道一、無住、懷海、天然、惟儼、曇晟、靈祐、從諗、義玄、良价、文偃、慧寂、德誠、遂寧、崇信、神贊、智閒、俱胝、省念、方會、守端、紹隆、咸傑、慧海、義懷、虚雲、復仁、本焕、惟因、佛源、傳正。

禪宗歷代祖師公案畫像 遼陽畫家郭同良繪於二〇〇五年。東土禪宗八十八位祖師重彩工筆畫像，共八十八幅，每幅長一百四十釐米，高八十三釐米，現存曹溪講壇展廳内。依序爲六祖惠能、南嶽懷讓、青原行思、永嘉玄覺、南陽慧忠、韶州法海、荷澤神會、馬祖道一、百丈懷海、南泉普願、趙州從諗、溈山靈祐、仰山慧寂、香嚴智閒、南塔光湧、西塔光穆、無著文喜、資福如寶、三角志謙、黄檗希運、臨濟義玄、興化存獎、南院慧顒、風穴延沼、首山省念、汾陽善昭、石霜楚圓、石頭希遷、天皇道悟、龍潭崇信、船子德誠、夾山善會、德山宣鑑、雪峰義存、藥山惟儼、雲巖曇晟、洞山良价、曹山本寂、雲居道膺、大陽警玄、投子義青、芙蓉道楷、丹霞子淳、南華惟因、雲門文偃、德山緣密、洞山守初、香林澄遠、智門光祚、雪竇重顯、天衣義懷、雲居了元、玄沙師備、羅漢桂琛、法眼文益、天台德韶、清源泰欽、永明延壽、黄龍慧南、黄龍祖心、東林常總、寶峰克文、靈源惟清、泐潭善清、兜率從悦、夾山曉純、長靈守卓、育王介諶、萬年曇貫、雪庵從瑾、虚庵懷敞、楊岐方會、白雲守端、五祖法演、圓悟克勤、大慧宗杲、虎丘紹隆、濟顛道濟、密庵咸傑、破庵祖先、無準師範、憨山德清、幻有正傳、密雲圓悟、漢月法藏、古巖虚雲。

曹溪法會長卷　畫師郭同良作。全卷總長十三米，高六米，工筆重彩，以六祖惠能坐壇弘法爲中心，以曹溪自然山水爲背景，天上以四大天王馭龍登雲顯現護法，地境以曹溪山水相間，構繪出曹溪法會祥雲飄渺之虚幻禪境。畫卷有僧尼、沙彌、道士、居士、官員、儒生等近七百人。六祖惠能涅槃一千三百週年紀念慶典時，贈南華寺珍藏。

祖師殿禪宗一花五葉壁畫　位於拈花笑處祖師殿左右内壁。由郭同良倣明戴進《達摩六代祖師像》長卷，工筆彩繪而成。壁畫由何處惹塵埃、不落階層、神情不動、磨磚成鏡、不昧因果、臨濟示寂、天人供養、佛前與佛後、三心不可得、山芋熟了没有等十組人物畫像群構成。左右壁畫共長十八點四米，高四米。歷時年餘，於二〇〇七年末完成。

六祖大師生平事跡畫卷　設色工筆絹本長卷。郭同良等居士應南華寺邀請，依據《六祖壇經》等文獻所載禪宗六祖惠能公案，歷時七年繪製。此卷由一百零三幅作品構成，每幅作品均高六十五釐米，長一百三十釐米。

六祖惠能大師畫傳 連環畫。潮籍畫師陳謙誠居士依據史載惠能生平，運用白描技法繪製。每幅高八十釐米，長一百二十釐米，共一百幅。

天下曹溪法源頭 絹本工筆劃。郭同良、高巖、唐大華、宋學遠等四名畫家，應南華寺邀請，爲紀念六祖惠能圓寂一千三百週年，連袂創作。總長十二米、高三米。畫面運用傳統工筆劃三礬九染技法，描繪六祖惠能及其門徒、四大天王、捨地施主陳亞仙、四方信衆共七百餘人。作品有兩層，裏層是鉛筆畫稿，外層在絹上勾勒墨線。

卷十　藝文詞翰

卷十　藝文詞翰

古人云：「山不在高，有仙則名。水不在深，有龍則靈。」韶州雖爲南來北往各色人等必經之地，然曹溪卻爲一平淡無奇之山丘小溪，正因佛門之龍象盤踞於此，故寶林之名震動天下，曹溪之地亦爲車馬填塞，禮佛之衆竟絡繹不絕。倘無智藥三藏寶林之創，無六祖惠能南禪法門之開，無歷代祖師前赴後繼、支撑祖庭，又何得古今之名士專爲繞道於此，流連忘返，以致往來書翰如飛雲聚雨，酬唱絃誦似高山流水？想彭澤、右軍婉轉之筆，固得溪壑風雲之助；而斜川、蘭亭培塿之丘，可不端藉名篇佳什爲之增重，致其名跡幾與泰華相頡頏。自古及今，其事萬殊，理則一致，曹溪能無知乎？今之新修斯志，乃一仍舊貫，一則依時，一則按類，擇取古來詩文若干，不但意欲爲讀者鹽梅調味，亦以爲山門鼓舞歌吹也。

碑　記

六祖能禪師碑銘并序

王維（六九九—七五九）　字摩詰，河東蒲州（今山西祁縣）人。開元進士。官至尚書右丞。有《王摩詰文集》。

無有可捨，是達有源；無空可住，是知空本。離寂非動，乘化用常，在百法而無得，周萬物而不殆。鼓棹海師，不知菩提之行；散花天女，能變聲聞之身。則知法本不生，因心起見；見無可取，法則常如。世之至人，有證於此，得無漏不盡漏，度有爲非無爲者，其惟我曹溪禪師乎？

禪師俗姓盧氏，某郡某縣人也。名是虛假，不生族姓之家；法無中邊，不居華夏之地。善習表於兒戲，利根發於童心。不私其身，臭味於耕桑之侶；苟適其道，羶行於蠻貊之鄉。年若干，事黄梅忍大師。願竭其力，即安於井臼；素刳其心，獲悟於稊稗。每大師登座，學衆盈庭，中有三乘之根，共聽一音之法。禪師默然受教，曾不起予；退省其私，迥超無我。其有猶懷渴鹿之想，尚求飛鳥之跡。香飯未消，弊衣仍覆。皆曰升堂入室，測海窺天，謂得黄帝之珠，堪受法王之印。大師心知獨得，謙而不鳴。天何言哉，聖與仁豈敢；子曰賜也，吾與汝弗如。臨終，遂密授以祖師袈裟，而謂之曰：「物忌獨賢，人惡出己，吾且死矣，汝其行乎！」禪師遂懷寶迷邦，銷聲異域。衆生爲淨土，雜居止於編人；世事是度門，混農商於勞侶。如此積十六載。

南海有印宗法師，講《涅槃經》，禪師聽於座下。因問大義，質以真乘，既不能酬，翻從請益。乃歎曰：「化身菩薩，在此色身；肉眼凡夫，願開慧眼。」遂領徒屬，盡詣禪居。奉爲掛衣，親自削髮。於是大興法雨，普灑客塵，乃教人以忍，曰：「忍者，無生方得，無我始成。於初發心，以爲教首。至於定無所入，慧無所依，大身過於十方，本覺超於三世。根塵不滅，非色滅空；行願無成，即凡成聖。舉足下足，長在道場；是心是情，同歸性海。商人告倦，自息化城；窮子無疑，直開寶藏。其有不植德本，難入頓門，妄繫空花之狂，曾非慧日之咎。」常歎曰：「七寶布施，等恒河沙；億劫修行，盡大地墨。不如無爲之運，無礙之慈，弘濟四生，大庇三有。」既而道德遍覆，名聲普聞。泉館卉服之人，去聖歷劫；塗身穿耳之國，航海窮年。皆願拭目於龍象之姿，忘身於鯨鯢之口。駢立於户外，趺坐於床前。林是旃檀，更無雜樹；花惟薝蔔，不嗅餘香。皆以實歸，多離妄執。九重延想，萬里馳誠，思布髮以奉迎，願叉手而作禮。則天太后、孝和皇帝，並敕書勸諭，徵赴京城。禪師子牟之心，敢忘鳳闕；遠公之足，不過虎溪。固以此辭，竟不奉詔。遂送百衲袈裟及錢帛等供養。天王厚禮，獻玉衣於幻人；女后宿因，施金錢於化佛。尚德貴物，異代同符。

至某載月日中，忽謂門人曰：「吾將行矣。」俄而異香滿室，白虹屬地。飯食訖而敷坐，沐浴畢而更衣。彈指不留，水流燈燄；金身永謝，薪盡火滅。山崩川竭，鳥哭猿啼。諸人唱言，人無眼目；列郡慟哭，世且空虛。某月日遷神於曹溪，安座於某所。擇吉祥之地，不待青烏；變功德之林，皆成白鶴。嗚呼大師，至性淳一，天資貞素，百福成相，衆妙會心。經行宴息，皆在正受；談笑語言，曾無戲論。故能五天重跡，百越稽首。修蛇雄虺，毒螫之氣銷；跳殳彎弓，猜悍之風變。畋漁悉罷，蠱酖知非。多絶羶腥，效桑門之食；悉棄罟網，襲稻田之衣。永惟浮圖之法，實助皇王之化。弟子曰神會，遇師於晚景，聞道於中年。廣量出於凡心，利智踰於宿學。雖末後供，樂最上乘。先師所明，有類獻珠之願；世人未識，猶多抱玉之悲。謂余知道，以頌見託。偈曰：

五蘊本空，六塵非有。衆生倒計，不知正受。蓮花承足，楊枝生肘。苟離身心，孰爲休咎？其一。

至人達觀，與物齊功。無心捨有，何處依空？不著三界，徒勞八風。以兹利智，遂與宗通。其二。

愍彼偏方，不聞正法。俯同惡類，將興善業。教忍斷嗔，修慈捨獵。世界一花，祖宗六葉。其三。

大開寶藏，明示衣珠。本源常在，妄轍遂殊。過動不動，離俱不俱。吾道如是，道豈在吾。其四。

道遍四生，常依六趣。有漏聖智，無義章句。六十二種，一百八喻。悉無所得，應如是住。其五。

曹溪第六祖賜謚大鑒禪師碑

柳宗元（七七三—八一九）　字子厚，河東（今山西永濟）人。登進士第，又中博學宏詞科。終柳州刺史。有《河東先生集》。

扶風公廉問嶺南三年，以佛氏第六祖未有稱號，疏聞於上，詔謚「大鑒禪師」，塔曰「靈照之塔」。元和十年十月十三日，下尚書祠部，符到都府，公命部吏洎州司功椽，告於其祠。幢蓋鐘鼓，增山盈谷，萬人咸會，若聞鬼神。其時學者，千有餘人，莫不欣躍奮厲，如師復生，則又感悼涕慕，如師始亡。因言曰：「自有生物，則好鬥奪相賊殺，喪其本實，悖乖淫流，莫克返於初。」孔子無大位，没以餘言持世。更楊墨黄老益雜，其術分裂。而吾浮屠説後出，推離還源，合所謂生而靜者。梁氏好作有爲，師達摩譏之，空術益顯。六傳至大鑒。大鑒始以能勞苦服役，聽其言，言希以究，師用感動，遂受信具，遁隱南海上，人無聞知。又十六年，度其可行，乃居曹溪爲人師，會學去來，嘗數千人。其道以無爲爲有，以空洞爲實，以廣大不蕩爲歸。其教人，始以性善，終以性善，不假耘鋤，本其靜矣。中宗聞名，使幸臣再徵，不能致，取其言以爲心術。其説具在，今布之天下，凡言禪皆本曹溪。大鑒去世百有六年，凡治廣部而以名聞者以十數，莫能揭其號。乃今始告天子，得大謚，豐佐吾道，其可無辭？公始立朝，以儒重，刺虔州，都護安南。由海中大蠻夷連身毒之西，浮舶聽命，咸被公德。受旂纛節戟，來莅南海。屬國如林，不殺不怒，人畏無噩，允克光於有仁。昭列大鑒，莫如公宜。其徒之老，乃易石於宇，使來謁辭？其辭曰：

達磨乾乾，傳佛語心。六承其授，大鑒是臨。勞勤專默，終揖於深。抱其信器，行海之陰。其道爰施，在溪之曹。龐合猥附，不夷其高。傳告咸陳，惟道之褒。生而性善，在物而具。荒流奔軼，乃萬其趣。匪思愈亂，匪覺滋誤。由師內鑒，咸獲於素。不植於根，不耘乎苗。中一外融，有粹孔昭。在帝中宗，聘言於朝。陰翊王度，俾人逍遥。越百有六祀，號謚不紀。由扶風公，告今天子。尚書既復，大行乃誄。光於南土，其法再起。厥徒萬億，同悼齊喜，惟師教所被。洎扶風公所履，咸戴天子。天子休命，嘉公德美。溢於海夷，浮圖是視。師以仁傳，公以仁理。謁辭圖堅，永胤不已。《河東先生集》卷六

大唐曹溪第六祖大鑒禪師第二碑并序

劉禹錫（七七二—八四二）　字夢得，河南洛陽人。加檢校禮部尚書。永貞革新，貶連州刺史。有《劉賓客集》。

元和十一年某月日，詔書追褒曹溪第六祖能公，謚曰「大鑒」，實廣州牧馬總以疏聞，繇是可其奏，尚道以尊名，同歸善善，不隔異教，一字之褒，華夷孔懷，得其所故也。馬公敬其事，且謹始以垂後，遂咨於文雄今柳州刺史河東柳君爲前碑。後三年，有僧道琳率其徒由曹溪來，且曰願立第二碑，學者志也。維如來滅後，中五百歲，而摩騰、竺法蘭以經來華，人始聞其言，猶夫重昏之見曶爽。後五百歲，而達摩以法來華，人始傳其心，猶夫昧旦之睹白日。自達摩六傳至大鑒，如貫意珠，有先後而無同異，世之言真宗者所謂頓門。

初，達摩與佛衣俱來，得道傳付，以爲真印。至大鑒置而不傳，豈以是爲筌蹄耶？芻狗耶？將人之莫已若而不若置之耶？吾不得而知之也。按，大鑒生新州，三十出家，四十七年而殁，既殁百有六年而謚。始自蘄之東山從第五師，得授記以歸。高宗使中貴人再徵，不奉詔，第以言爲貢，上敬行之。

銘曰：

至人之生，無有種類。同人者形，出人者智。蠢蠢南裔，降生傑異。父乾母坤，獨肖元氣。一言頓悟，不踐初地。五師相承，授以寶器。宴坐曹溪，世號南宗。學徒爰來，如水之東。飲以妙藥，瘥其瘖聾。詔不能致，許爲法雄。去佛日遠，群言積億。著空執有，各走其域。我立真筌，揭起南國。無修而修，無得而得。能使學者，還其天識。如黑而迷，仰見斗極。得之自然，竟不可傳。口傳手付，則礙於有。留衣空堂，得者天授。

《劉夢得文集》卷二十

憨山大師塔銘

錢謙益（一五八二——一六六四）　字受之，號牧齋，江蘇常熟人。萬曆一甲三名進士，授編修。官至禮部侍郎，南明弘光朝禮部尚書。入清，爲禮部侍郎。有《初學集》《有學集》。

神宗顯皇帝握金輪以御世，推慈聖皇太后之志，崇奉三寶，以隆顧養。上春秋鼎盛，前星未耀，慈聖以爲憂。建祈儲道場於五臺山，妙峰登公與憨山大師實主其事。光宗貞皇帝遂應期而生，於是二公名聞九重，如優曇鉢花應現天際。妙峰不出王舍城，大作佛事；而大師有雷陽之行，其機緣所至，横見側出，固非凡情之可得而測也。大師之遷化於曹溪也，大宗伯宣化蕭公親見其異，爲余道之。而順德劉起相、陳迪祥以行狀來謁余表塔。余曰：「有吾師宣化公在，他日請爲第二碑。」又明年乙丑，曹溪、廬山二處建塔。其住持本昂，福善及法性弟子超逸等，走書來告，曰：「大師東遊，得子而憙曰：『刹竿不憂倒卻矣。』燈炧月落，晤言亹亹，所以付囑者甚至。塔前之銘，非子誰宜爲？」余何敢復辭。

謹按，師諱德清，族蔡氏，全椒人也。父彦高，母洪氏，夢大士抱送而生。七歲叔父死，屍於床。

問母「從何處去」，即抱死生去來之疑。九歲能讀《普門品》。年十二辭親入報恩寺，依西林和尚。內江趙文肅公摩其頂曰：「兒他日人天師也。」十九祝髮，受具戒於無極湛公。聽講《華嚴玄談》，至《十玄門》「海印森羅常住」處，悟法界圓融無盡之旨。慕清涼之爲人，字曰澄印。從雲谷會公縛禪於天界寺，發憤參究。疽發於背，禱護伽藍神，願誦《華嚴》十部，乞假三月，以畢禪期。禱已熟寐，晨起而病良已。三月之內，恍在夢中。出行市中，儼於禪坐，不見市有一人也。雪浪恩公長於師一歲，相依如無著、天親。嘉靖丙寅，寺燬於火，誓相與畜德俟時，以期興復。師既巍然出世，而雪浪卒爲大論師，修治故塔，稍酬誓願焉。師嘗聽講於天界，廁溷清除，了無人跡，意主東淨者非常人也。既之，一黄面病僧，目光激射，遂與定參訪之約，質明則已行矣，即妙峰登公也。師以江南習氣軟暖，宜入冬冰夏雪苦寒不可耐之地，以痛自磨厲，遂飄然北邁。天大雪，乞食廣陵市中，曰：「吾一鉢足以輕萬鐘矣。」抵京師，妙峰衣褐來訪，鬚髮鬖毿，如河朔估客。師望其眸子識之，相視一笑。參徧融貞公，融無語，惟張目直視。又參笑巖，巖問：「何方來？」曰：「南方來。」巖曰：「記得來時路否？」曰：「一過便休。」巖曰：「子卻來處分明。」遊盤山，至千像峰石室，見不語僧，遂相與樵汲度夏，時萬曆元年癸酉也。明年，偕妙峰結冬蒲坂，閱《物不遷論》，至「梵志出家」，頓了旋嵐偃嶽之旨，作偈曰：「死生晝夜，水流花謝。今日方知，鼻孔向下。」峰一見，遽問師何所得。師曰：「夜來見河中兩鐵牛，相鬬入水去，至今絶消息。」峰曰：「且喜有住山本錢矣！」遇牛山法光禪師，坐參請益。法光發音如天鼓，師深契之。送師遊五臺詩云：「雪中師子騎來看，洞裏潛龍放去休。」且曰：「知此意否？要公不可捉死蛇耳。」師居北臺之龍門，老屋數椽，在萬山冰雪中，春夏之交，流澌衝擊，靜中如萬馬馳驟之聲。以問妙峰，峰舉古人「三十年聞水聲不轉意根，當證觀音圓通」語。師然之，日尋緣溪横彴，危坐其上。初則水聲宛然，久之忽然忘身，衆籟闃寂，水聲不復聒耳矣。一日粥罷經行，忽立定，光明如大圓鏡，山河大地，影現其中。既覺，身心湛然，了不可得，説偈以頌之。遊雁門，兵使胡君請賦詩，甫搆思，詩句逼塞喉吻，從前記誦見聞，一瞬現前，渾身是口，不能盡吐。師曰：「此法光所謂禪病也，惟熟睡可以消之。」擁衲跏趺，一坐五晝夜，胡君撼之不動，鳴擊子數聲乃出定。默坐卻觀，如出入息，住山行腳，皆夢中事，其樂無以喻也。還山刺血書《華嚴經》，點筆念佛，不廢應對，口誦手畫，歷然分明。鄰僧異之，率徒衆相嬲，已皆讚歎而去。嘗夢與妙峰夾侍清涼大師，開示初入法界圓融觀境，隨所演説，其境即現。又夢登彌勒樓閣，聞説法曰：「分別是識，無分別是智。依識染，依智淨。染有生死，淨無諸佛。」自此識智之分，了然心目也。師既建祈儲道場，遂遠遁東海之牢山。慈聖命龍華寺僧遂庵行求得之，遣使再徵，不能致。賜内帑三千金，復固辭。使者不敢復命。師曰：「古有矯詔賑饑之事，山東歲凶，以此廣聖慈於饑民，不亦可乎？」使者持賑籍還報，慈聖感歎，率闔宮布金造寺，賜額曰「海印」。師詣京謝恩，爲報恩寺請藏。上命師賫送，因以便歸省父母，寺塔放光累日。迎經之日，光如浮橋北度，經在塔光中行也。師還，以報恩本末具奏，曰：「願日減膳羞百金，十年工可舉也。」慈聖許之。歲乙未而黄冠之難作，師住山十三年，方便説法。東海彌離車地，咸向三寶。而黄冠以侵占道院，飛章誣奏，有旨逮赴詔獄。先是，慈聖崇信佛乘，敕使四出，中人讒搆，動以煩費爲言，上弗問也。而其語頗聞於外廷，所司遂以師爲奇貨，欲因以株連慈聖左右，并按前後檀施帑金以數十萬計，拷掠備至。師一無所言，已乃從容仰對，曰：「公欲某誣服易耳。獄成，將置聖母何地乎？公所按數十萬，在縣官錙銖耳。主上純孝，度不以錙銖故傷聖母心。獄成之後，懼無以謝聖母，公窮竟此獄，將安歸乎？」主者舌吐不能收，乃具獄上。所列惟賑饑三千金，有内庫籍可考。慈聖及上皆大喜。坐私造寺院，遣戍雷州，非上意也。達觀可公急師之難，將走都門，遇於江上。師曰：「君命也，其可違乎？」爲師作《逐客説》而別。師度庾嶺，入曹溪，抵五羊，赭衣見粵帥，就編伍於雷州。歲大疫，死者相枕藉，率衆掩薶，作廣薦法會。大雨平地三尺，癘氣立解。參政周君率學子來扣擊，舉「通乎晝夜之道而知」發問。師曰：「此聖人指示人，要悟不屬生死一著耳。」周君憮然擊節。粵之孝秀馮昌曆輩，聞風來歸，師擬大慧冠巾説法，搆禪室於壁壘間。説《法華》至寶塔示現娑婆，華藏湧現目前，開悟者甚衆。居粵五年，乃克住錫曹溪，歸侵田，斥僦舍，屠門酒肆，蔚爲寶坊。緇白坌集，攝折互用，大鑒之道，勃焉中興。甲寅夏，師在湖東，慈聖賓天，詔至慟哭，拂剃返僧服。又三年，念達觀法門死生之誼，赴葬於雙徑，爲作荼毗佛事。箴吳越禪人之病作《擔板歌》，弔蓮池宏公於雲棲，發揮其密行以示學者。自吳門返廬山，結庵五乳峰下，效遠公六時刻漏，專修淨業。居四年，復往曹溪。天啟三年癸亥，宣化公赴召來訪，劇談信宿。公謂師色力不難百歲，更坐一十餘夏如彈指耳。師笑曰：「老僧世緣將盡，幻身豈足把翫哉！」別五日，果示微疾。韶陽守張君來問，師力辭醫藥，坐語如平時。既別，沐浴焚香，集衆告別，危坐而逝，十月之十一日也。曹溪水忽涸，百鳥哀鳴，夜有光燭天。三日入龕，面顔發紅，鬚髮皆長，鼻端微汗，手足如綿。僧徒驚告，謂師復生。蕭公語：「余衰老赴闕，跋涉二萬里，何所爲哉？天殆使爲師作末後證明耳。」嗚呼，知言哉！

師長身魁碩，氣宇堂堂，所至及物利生，機用善巧，如日暄雨潤，加被而人不知。山東再饑，師盡發其囷，親泛舟至遼東，糴豆以賑，旁山之民，咸免捐瘠。税使與粵帥有隙，嗾市民以白艚作難，群譟圍帥府。師緩頰諭税使解圍，不動聲色，會城以寧。珠船千艘，罷采不歸，剽掠海上，而開礦之役，繹騷尤甚。採使謁曹溪，師以佛法攝受，徐爲言開採利害，由是珠船罷採不入海，而礦額令有司歲解。

制府戴公詒書謝曰：「吾乃今知佛法慈悲之廣大也。」師爲余言，居北臺，大雪高於屋數丈，昏夜可鑒毛髮，堅坐待盡，身心瑩然。遲明，塔院僧穴雪以入，相攜行雪洞中里許乃出。當詔獄拷治時，忽入禪定，搒箠刺爇，若陷木石。逾年在雷陽，聞侍者趣呼，逮繫毒楚卒發，幾無完膚，此《楞伽筆記》所由作也。師東遊至嘉興楞嚴寺，萬衆圍繞，有隸人如狂易狀，搏顙不已，曰：「我寺西仲秀才也，身死，尚在中陰，聞肉身菩薩出世，附隸人身求解脱耳。」師爲説三皈五戒，問：「解脱否？」曰：「解脱。」竟慒然而覺。師之樹大法幢，爲人天眼目，豈偶然哉！師世壽七十八，僧臘五十九，前後得度弟子甚衆。從師於獄職納橐者，福善也；終始相依於粵者，善與通岸、超逸、通炯也；貴介子弟剜臂然燈，以求師道，現大士像於瘡痂中而坐脱以去者，即墨黄納善也；粵士皈依者，孝廉馮昌曆、御史王安舜爲上首，劉起相、陳迪祥、歐文起，梁四相、龍璋皆昌曆之徒也。師所著有《楞伽筆記》《華嚴綱要》《楞嚴懸鏡》《法華擊節》《楞嚴法華通議》《起信唯識解》若干卷，《觀老莊影響論》《道德經解》《大學中庸直指》《春秋左氏心法》《夢遊集》又若干卷。嗟乎！師於世間文字，豈必不逮古人？有不逮焉，亦糟粕耳。師於出世間義諦，豈必不合古人？有不合焉，亦皮毛耳。惟師夙乘願輪，以大悲智入煩惱海，以無畏力處生死流，隨緣現身，應機接物，末後一著，全體呈露。後五百年使人知有一大事因緣，是豈可以語言情見，擬議其短長者哉！是故讀師之書，不若聽師之言；聽師之言，又不若周旋瓶錫，夷考其平生，而有以知其願力之所存也。謙益下劣鈍根，荷師記莂，援據年譜行狀以書茲石，其詞寧繁而不殺者，欲以示末法之儀的，啟衆生之正信也。銘曰：

人生出没，五濁世間。生死之涂，屹立重關。重關峻複，誰不退墮。師子奮迅，一擲而過。濟河焚舟，縣車束馬。一鉢飛渡，誰我禦者。冰山蟄伏，雪窖沈埋，冰解凍釋，水流花開。光明四照，上徹帝闇。榮名利養，匪我思存。震霆赫怒，我性不遷。桁楊木索，説法熾然。覺範朱崖，妙喜梅州。雷陽萬里，謂我何求。軍持應器，横戈杖錫。毁形壞衣，古有遺則。大鑒重輝，靈照不昧。屈眴之衣，如施晝繢。師之示現，如雲出谷。觸石膚寸，雨必待族。雲歸雨藏，山川自如。孰執景光，以窺太虚。福德巍峨，文句璀璨。視此肉身，等一真幻。匡山不來，曹溪不去。塔光炳然，長照覺路。 康熙志卷五

憨山大師曹溪肉身塔院碑　前人

我海印憨山大師，以天啟三年癸亥冬十月十二日坐化於曹溪。故宗伯宣化蕭公，囑韶州守張翼軫建塔院、造影堂，葬有日矣。五年乙丑，侍者福善、介侍、衆緣固請兩粤當道，奉迎靈龕，窆廬山五乳峰下。少年惑於青烏家言，撤甓出龕，如舊浮供。南康推官錢啟忠以私淑弟子，謀卜善地，以妥師靈，弗墨食，不克葬。南海弟子劉起相爲瑞州推官，瞻禮悲泣，復奉靈龕歸曹溪。江神撝訶，風日助順，道路軒豁，干戈遠屏，崇禎十六年癸未之九月也。總戎宋紀暨五羊善信，議荼毘建塔。啟龕，雙趺儼然，髮爪俱生，容顔光潤，膀腹下垂處，皆可捫揣。海衆踴躍，謂師再生，贊歎號呼，不忍舉火，議全身供養，如能大師故事。竺僧屑海南旃檀香塗體，尊奉於舊塔院，即大師所卜天峙岡地，去南華寶林半里許。時則癸未之□月□日，距癸亥入滅，二十有一年矣。先是，五乳塔成，謙益徇福善之託爲銘，南海陳相公子壯鑱石於曹溪，而甲申供奉之事，未有撰第二碑者。歲在庚子，謙益既訪求《夢遊全集》，較讎卒業，乃略記最後因緣而論次之曰：

昔者世尊婆羅樹間灰身滅度，分舍利爲八分，阿難已下諸祖多用火光三昧入滅。師子比丘遭罽王難，恐異端學起，故傳袈裟爲信。此去六傳，至於大鑒，衣止不傳，而留肉身於末後，此何故哉？衣之

所傳者信也，衣則器而已矣。有器則有爭，爭斯竊，竊斯盜斯殺者，皆器之爲也。北宗立大通爲六祖，又立普寂爲七祖。南宗分神會、懷讓爲二，又立神會爲七祖。兩家之爭端，已肇於此矣。時代寖久，爭竊滋多。佛所訶窮人僭號者，必將相挺鋒起。大鑒知其然，故曰「衣止不傳，命如懸絲」，止衣者，所以止器也，器止則爭止。一花之葉果自成，而五宗之蘖牙不自我作，此置衣不傳之深旨也。衣既止矣，無器則何以表信，所謂「直指人心，見性成佛」者將無夸父謑詬索之而彌遠乎？則莫若示之以肉身。肉身不壞，即金剛身，即那羅延身，即清淨妙法身。天魔無所得其便，外道無所作其孽，訞邪惡慧無所熾匿其奸欺，誰得而爭之而竊之而盜之？是故佛祖以舍利爲舍利，而大鑒以身爲舍利；佛祖以衣爲衣，而大鑒以身爲衣。使千百世衆生，見之仰之，如黑夜之斗極，如復關之符節，傳爲信器，莫尚於兹。不然，則此皮囊血肉，煅之灰埸，散之尸陀林，餵虎豹，飼魚雀，何所不可？而香泥上之，漆葉護之，又諄復於楊柳爲官之難，何爲也哉？自唐先天二年，迄崇禎癸未，計一千年。我憨山大師復以肉身住持曹溪，踵大鑒之後，現不壞身而爲説法。然後知後五百歲法城頽倒，裨販之徒，螟蛉之子，爲爭爲竊，爲盜爲殺者，不得以信器爲口實。大鑒留衣之旨益信，而大師現身説法，堅固光明，爲大鑒證明於千年之後。兩鏡交光，不謂之傳信不可也。嗚呼！法運衰微，統要譌濫，以僭亂爲譜系，以欺誣爲正令。受大和鴟梟之房，翻謂舉揚；應布裩吐血之報，轉相誇詡。今也戒思巋然，慈嚴交仰，不言而辯，不怒而威，居今之世，碪椎邪僞，折伏妖魔，孰有先於此者乎？

萬曆丁巳□月，大師東遊洫三峰，然燈説戒。漢月師請坐堂上，勘辯學人。余與漢師左右侍立，諸禪人魚貫而前，摳衣胡跪，各各呈解。大師軟語開示，應病與藥，皆俛首點胸，禮拜而退。厥後爭開堂豎拂，開化一方，今亦多順世去矣。宿因不忘，法幢如故，曹侯溪畔，長明燈前，豈無有乘願隨侍，披衣擊扣如平生者乎？此則具天眼者悉知悉見，而非人之所能及也。緇白四衆，善根淳熟，有能謁大師塔院，頂禮慈容，契會先後兩大師分明救世之深心，是真皈依，是真供養，燕公無礙香不妨隨心到南海矣。謙益下劣弟子，慚負記莂，不能弘闡吾師微言大道，謹采劉龐跡，推廣唐人《佛衣銘》之緒言，以詔告末法。乃作銘曰：

未申劫濁，禍亂遙午。大士全身，坐鎮南土。屈眴磨納，重暉盛唐。紅爪丹唇，欣欣樂康。嗟彼開寶，淚涌蘄州。那延在定，奚感奚訓。至人無心，龍天有意。二祖一師，示現碩異。曹溪之源，溯星宿海。橫流滔天，一滴未改。大鑒云亡，莫紀謚號。百有六祀，爰塔靈照。惟忠惟孝，吾師道原。身雲心月，長護金輪。庾詞斲碑，鉤引緣起。豐佐吾道，以竢柳子。《牧齋有學集》卷三十六

蘇程庵銘并序

蘇軾（一〇三七—一一〇一）　字子瞻，號東坡居士，四川眉山人。嘉祐進士。侍讀學士、禮部尚書。有《東坡七集》《東坡易傳》等。

程公庵，南華長老辯公爲吾表弟程德孺作也。吾南遷過之，更其名曰蘇程，且銘之曰：

辯作庵，寶林南。程取之，不爲貪。蘇後到，住者三。蘇既住，程則去。一彈指，三世具。如我説，無是處。百千燈，同一光。一塵中，兩道場。齊説法，不相妨。本無通，安有礙。程不去，蘇亦在。各遍滿，無雜壞。　康熙志卷五

卓錫泉銘并序

前人

六祖住曹溪，卓錫泉湧，清涼滑甘，贍足大衆，逮今數百年矣。或時小竭，則衆汲於山下。今長老

辯公住山四歲，泉日湧溢，聞之嗟異。爲作銘曰：

祖師無心，心外無學。有來叩者，雲湧泉落。問何從來，初無所從。若有從處，來則有窮。初住南華，集衆偵水。水性融會，豈有無理。引錫指石，寒泉自冽。衆渴得飲，如我説法。云何至今，有溢有枯。泉無溢枯，溢其人乎？辯來四年，泉水洋洋。烹煮濯溉，飲及牛羊。手不病汲，肩不病負。匏勺瓦盂，莫知其故。我不求水，水則許我。訊於祖師，有何不可。萬曆志卷二

南華長老題名記　前人

學者以成佛爲難乎？累土畫沙，童子戲也，皆足以成佛。以爲易乎？受記得道，如菩薩大弟子，皆不任問疾。是義安在？方其迷亂顛倒流浪苦海之中，一念正真，萬法皆具；及其勤苦用功，爲山九仞之後，毫釐差失，千仞不復。嗚呼！道固如是也，豈獨佛乎？子思子曰：「夫婦之不肖，可以能行焉。及其至也，雖聖人亦有所不能焉。」孟子則以爲，聖人之道，始於不爲穿窬。而穿窬之惡，成於言不言。人未有欲爲穿窬者，雖穿窬亦不欲也。自其不欲爲之心而求之，則穿窬足以爲聖人。可以言而不言，不可以言而言，雖賢人君子有不能免也。因其不能免之過而遂之，則賢人君子有時而爲盜。是二法者，相反而相爲用，儒與釋皆然。南華長老明公，其始蓋學於子思、孟子者，其後棄家爲浮屠氏，不知者以爲逃儒歸佛，不知其猶儒也。南華自六祖大鑒示滅，其傳法得眼者散之四方，故南華爲律寺。至吾宋天禧三年，始有詔以智度禪師普遂住持，至今明公蓋十一世矣。明公告東坡居士曰：「宰官行世間法，沙門行出世間法。世間即出世間，等無有二。今宰官傳授，皆有題名壁記，而沙門獨無有。矧吾道場，實補佛祖處，其可不嚴其傳？子爲我記之。」居士曰：「諾。」乃爲論儒釋不謀而同者以爲記。康熙志卷三

書南華長老重辯逸事　前人

契嵩禪師常嗔，人未嘗見其笑；海月慧辯師常喜，人未嘗見其怒。余在錢塘，親見二人皆趺坐而化。嵩既茶毗，火不能壞，益薪熾火有終不壞者五。海月比葬，面如生，且微笑，乃知二人以嗔喜作佛事也。世人視身如金玉，不旋踵爲糞土，至人反是。余以是知一切法，以愛故壞，以捨故常在，豈不然哉！余遷嶺南，始識南華重辯長老，語終日，知其有道也。予自南海還，則辯已寂久矣。過南華，弔其衆，問塔墓所在。衆曰：「我師昔作壽塔南華之東數里，有不悦師者，葬之別墓，既七百餘日矣。今長老明公獨奮不顧，發而歸之壽塔。改棺易衣，舉體如生，衣皆鮮芳，衆乃大服。」東坡居士曰：「辯視身爲何物，棄之屍陀林，以飼烏鳥，何有安以壽塔爲？知明公知辯者，特欲以化服同異而已。」乃以茗果奠其塔而書其事，以遺上足南華塔主可興師。

康熙志卷五

古衲和尚舍利塔記　雲從龍（？——一二九六）

字無心，甘肅隴西人。成吉思汗曾孫。景定進士。征南大將軍、行中書省參知政事。至元間爲廣東地方安撫使、宣慰使及提刑按察使。

舍利，一名堅固子，一名金剛子。按經所載，過去諸佛入般涅槃，闍維金身，所獲舍利，其數甚多，五色絢爛，至堅至剛。當時見者，天龍鬼神，人及非人，莫不頂禮，讚歎稀有。隨力分取，各於其國建大寶塔，如佛在世，恭敬供養。如此舍利，是諸如來大堅固力、大般若智、大光明藏、大圓覺海之所從出，非小根器之所能有。乃知此事，亦是了達生死、具正知見之印證也。佛之教法自入中國，學者甚衆，得者甚寡。舍利之見，世爲稀有。何以故？爲其所學非正法，故不守戒律，不修禪定，講說持論，見聞覺知，作有漏因，每以聲聞外道趨向爲極則事。是故達磨一葦西來，憫念學者迷惑錯亂，失其本心，盡反前轍，不立文字，直指人心，見性成佛。初傳衣鉢於二祖可，五傳至能，衣止不傳，所傳者唯心爾。始歧而二，繼離爲五，枝分派別，彌滿天下，而南華實宗主之。蓋以祖師衣鉢在，故歷代主僧，例無其人，意觀於海者難爲水也。六百餘年後有李氏子者，曲江人，生而淳，長而樸，不解世諦，不紹家業，尤不喜文字學，切慕草間桑下之樂，父母不能禁，許令出家。祝髮於韶之華嚴院，法嗣風旛之僧曰祖中。出世住月華，住大鑒，每以平常心接人，人或易之。師曰：「個事不在筆端上，不在口角頭，顧心地何如爾。」後住南華，適丁亥運遷革，僧徒逃難，西來衣鉢爲有力者負之而去。師惟隻影，煮折腳鐺，兀守祖師真身於窮山虎狼叢中，終不退轉。事甫定，則物色衣鉢，旋聞有獻於上者。已，仍奉旨給還，師頂授復歸，西天衣鉢，永爲鎮重。方且匡徒領衆，隨宜說法，續曹溪一脈生意。偶劇盜洊至，鎮山之寶，常住金穀，席卷一空。方且殺戮焚蕩，兇燄日熾，衆皆危懼。師與其徒奉祖師并衣鉢出避入郛，相時爲歸計。至元二十八年八月初三日祖師諱辰，忽示微疾。次日子時，謂弟子曰：「世緣已畢。」沐浴更衣，索筆書偈曰：「六十五年，佛法罔然。浮雲既散，月現碧天。」書畢，跏趺而逝。其於臨死生之際，可謂了了者矣。越月荼毗，得舍利十餘，色若紫玻瓈，叩之聲鏗鏗然作金玉聲。此非平昔踐履真實，見趣透徹，得大堅固力，果能如是耶？弟子法泳等塔而藏之，屬予爲記。予曰：「達磨之教，不立文字，何以記。爲請益堅，辭不獲，因述其顛末云。師名法遵，號古衲。銘曰：

伊佛之法，自西徂東。其大無外，其傳靡終。佛佛相承，心心至通。惟我遵公，得法於中。非言非默，若晦若蒙。靈光内照，心境昭融。不衣不鉢，遠紹祖風。出有入無，流珠耀空。植塔曹溪，佳氣鬱葱。瘞靈骨於不朽，而其所以冥會默契於過去諸佛者又奚窮。　康熙志卷五

重建大鑒禪師信具樓記

李嗣（一四二六—一四九四）　字克承，廣東南海人。景泰五年進士。任户部侍郎、都察院左僉御史。

韶曹溪巒林蔚秀，泉香壤沃，霏藍翕黛，光景可挹，天地造設之名勝也，南宗六祖禪師演化道場在焉。寶殿後舊有衣鉢之樓，洪武間毁於兵燹。八十八代住持慧淳始追復之，益拜殿於前，爲高者三十有六尺，爲楹者若干，工精材美，規制面勢，咸宜於時，悦可人意，雄昔偉觀矣。予以總憲撫南畿，道經韶候詔節。少憩寺，慧淳雅貌清臞，性謹篤，有可與語者。揖問師之緣起，出信具覽之，歷道厥詳。問樓之創何所以，曰：「復妥師靈而藏信具焉。」問面勢誰其主之，曰：「治厥故也。」問厥俗臘及材用之所從出，曰：「寺有常住，土田頗饒，徒衆繁夥，歲入租爾，輸官賦役，日支不外餘也。」慧淳，南海農家子，臘甲幾重逢矣。景泰間，入禮廣聰學浮圖，法歷戒禁，獲領袖於斯，且躬際皇明盛德之涵煦，達人善政之庇覆，幸莫大也。矧韶人淳慤，多喜施，慧淳幼而老，不知干戈之苦，不蠶耕而足衣食，不功澤在人而冒惠施，所獲者不在俗妻子之遺也。嘗縮衣節口，銖積寸累，出内廉慎，以迄于成，庶圖少報焉者。不意老至力不足也，乃扣達遐邇。時南雄郡伯江公寔爲倡先，檀越咸喜極，相工材，預時具備。以成化二十一年乙巳七月壬子吉而經始之，逾歲告成，月吉迎師像、信具而妥藏於中。欲文而紀歲月者未獲焉，願丐垂不朽之光。嗚呼！有才而無財，不可底于成；無才而有財，克于

成者，未之有也。由洪武距今百有餘年，博聞該見有志之士，補苴調脯未始有可爲之地者，蓋人有不爲也，而後可以有爲。慧淳之操心也大，其爲伊道計也深，可謂述前人之所未述，能在人之所難能。非惟妥藏克光前休而垂永久，抑俾其教流行焚修，有自鞏固皇圖於悠長者。一舉而兩得，功莫大焉。合記而刻諸堅珉，庶傳遠而弗替，復爲後之來者勸，宜唯之以文。既而入貳地官，出清醝法，公冗未脱藁，繼以病歸。慧淳推其孫之達者真秀、圓通來穗石申謁文，於是書其告我者，俾歸而鑱諸石。萬曆志卷二

修建華嚴道場千日長期碑記銘

釋德清

曹溪爲天下禪林冠，一脈派五宗，源如洙泗。第僻處嶺外，道路間關，故高人上士，足跡罕至。而其徒見聞狹陋，而種田博飯，無復知有向上事，其習俗久矣。余素與達觀師深有慨焉，常有願而未能及也。丙申春，余蒙恩遣海外，取道覲六祖肉身，睹其香火崇祀之嚴，叢林凋落之甚，不覺涕下霑衣也，一食而去。居無幾何，適蒙制臺左司馬陳公深念名山寥落，欲以余托跡焉。余自知取辱法門，且在行間，安敢事事。既而觀察海門周公署掾南韶，亦屢致之，不可。及惺存觀察祝公乃力致之，余始翻然，猶未遑安處。戊戌秋九月，適淨空上人同寺僧行裕、真權、淨泰輩謁余於五羊，余一見蹙然而喜。居頃之，上人晉云：「某生西蜀，近峨嵋，效普賢願力，因遍歷諸方，以飯僧爲佛事。比自北而南，遊履至此，謁六祖於曹溪，願就勝道場地，欲結飯僧緣十萬八千計，以酬本願，乞師指南。」余欣然而起，曰：「大哉上人願力，普則普矣，而所施之地，猶未然也。且結衆緣，須天下之交路人半僧之所可耳。今曹溪遠隔嶺表，衲子畏途，足跡罕至，安以一飯之故而蹈山川之險乎？且不爲食來，聖訓在耳；法食

平等，摩詰傳心。上人其以法爲導而以食爲資，是所謂由香飯而入律儀，此吾佛利世之嘉謨，菩薩所修之妙行也。」上人聞而歡喜，躍然從事。乃與裕、權、泰輩竭力經營，志結千日長期，糾實行僧四十八人，跪誦諱《華嚴》大經若干部，即卜是年十月爲始，至辛丑十月望爲終。當結制之初，刹竿方豎，草單一揭，而遠近嚮風，歸者如市。金粟雲委，一時貴官長者，莫不傾心護法。六時禮誦，鐘梵交參，雖無華座之師，而音聲色相，適足以感諸天而驚四衆。三年如一日矣，安居怡曠，終始無虞。自非六祖大師寂光朗照，山靈呵護，何以至此？斯亦法道之前矛也。上人喜其滿志，而大願已酬，將杖錫遠遊，隨方演化。又願以此施者受者，著名貞石，用以彰往開來，以垂不朽，乞余言以紀其勝。余時方執崇修之役，以畢期入山，睹其列者如林，歡喜合掌，爲之贊曰：

清淨法身，草木瓦礫。觸目常光，見者不識。寶林之山，其狀自別。曹溪之水，其味更冽。祖師未來，山水已開。祖師既至，其道乃熾。祖師滅度，山水露布。飲啄安居，不知其故。不聾不瞽，如盲若癡。採薪汲水，用之靡宜。叢林秋晚，草枯水涸。我念皈依，思之如渴。枝葉雖凋，逝者如斯。我卓錫來，將以濬之。爰有上人，亦隨我願。引華藏流，先開一線。積粒粒米，如香飯界。勺滴滴水，灌華藏海。食者之福，量等虛空。施者之福，福更無窮。上人志滿，我願未足。一口汲盡，祖師乃出。康熙志卷五

蘇程庵碑記銘

余大成　字集生，號石衲，江寧（今南京）人，萬曆進士。

余南遷度大庾，抵高涼之龍湫。越歲，移僦南華僧寮，起西水。禪期時，老臘倪公以憨大師所定

《曹溪志》，後之人多隨意續入，不無襍沓，屬余爲更定。余謝不敏，然且閱之。見所志二賢閣，云即程蘇庵故址，因程明道、蘇東坡論道，於此結庵，故以爲名，嘉靖二十五年改建。余爲掩卷，輾然曰：「異哉！」余記《文忠公集》有《蘇程庵銘》，安得所謂程蘇庵？又公自謂：「程公庵，南華長老辯公爲吾表弟程德孺作。余南遷過之，更名蘇程。」安所謂程明道？此必改建二賢之前輩，别有一篇杜撰志曹溪者，不得不仍之耳。適從斷碑中磨抄斑蘚，得其記，讀之而果也。且云訪二程、東坡遺跡，而爲之表章，則是三賢也，曷稱二賢？又稱盧氏之宗旨如醇酒，伊川懼醉而不飲，爲賢；明道因大醉而大醒，爲上士；東坡竟醉矣，爲下士。嘻！其甚矣。盧氏宗旨，且未輕議，如文忠公亦何可深非？公之來此在惠，惠人德之，至今勿諼。蓋其時程正輔者，是公母舅程濬之子，以提刑至惠，公欲借手以陰惠之人，凡橋梁錢穀軍興之務，無不密爲劈畫，事在往復七十牘中，每署一好事，牘尾必誡以勿令人知，羈孤之放臣，多畏故也。視彼無畏於人，且無庸借手於人，而誓不肯作一好事，若惟恐令人有去後之思而頌德焉者，誠未知孰賢？而一旦遭貶，儕於下士。嘻！其甚矣。仲尼讀百二十國寶書，而後執《春秋》之筆以貶人。今之貶人者，豈不自擬《春秋》？而惜其讀《春秋》未讀《宋書》，亦未讀蘇氏書也。若其卒讀，豈不知洛黨之首程，蜀黨之首蘇，而偏欲合此兩黨人，使群倪於經筵者，復觳牴於梵宇。有識見之，寧無掩口？又豈不知德孺之於正輔，弟也。其事公則猶是兄也，相好無相尤久矣。辯公亦直移鶴峰之甘棠，而潤以曹溪之一滴，又何忍奪之？正恐德孺拱手以讓二程，二程亦必不受耳，故不若仍舊貫之爲便。會方伯蕭公茹園過余西水，聞而快之，遽改二賢閣顔，顔之曰「蘇程庵」而去，且屬余書其後。時幼子五美攜公《寓惠集》，舉重辯師逸事一則以進曰：「師作塔南華之東數里，惡師者葬之别墓，七百餘日矣。後長老明公發而歸之壽塔，舉體如生。故知師亦有異焉者矣。計師所作庵，距今五百年所，改而爲閣，距今八十年所。今寺僧適更新之，而後閣復爲庵，此與師所作塔，必需之七百日之後而始復其故，豈不亦各有因緣？」余曰：「然！」爰命美子，大索公爲辯公所書《卓錫泉銘》、柳子厚《大鑒碑》及所作小記，而皆非其故矣，徒增一番憑弔。因念余故下士也，公既遭貶爲下士，宜余五十五年余强半與公同，不獨醉盧氏酒同也。余母氏感香光之祥，光中現僧伽黎而乳，此與公之爲五祖後身，其始生則同日者之言，謂余命宫守磨蝎，畢此一生。譽恒於斯，謗恒於斯，惟公亦然。此其立命則同，乃至奉告身安置嶺南同，事在甲戌年同，六月出金陵同，十月到戍同，時惟幼子侍行同。而絶細事如乙亥年之四月十一日初食荔枝，則又同。六月公書子厚碑陰刻石於南華，余亦於是月大索公南華諸石，而因以改正「蘇程」，則又同。並記之。康熙志卷五

佛衣銘并序

劉禹錫

吾既爲僧琳撰曹溪第二碑，且思所以辯六祖置衣不傳之旨，作《佛衣銘》曰：

佛言不行，佛衣乃爭。忽近貴遠，古今常情。尼父之生，土無一里。夢奠之後，履存千祀。惟昔有梁，如象之狂。達磨救世，來爲醫王。以言不痊，因物乃遷。如執符節，行乎復關。民不知官，望車而畏。俗不知佛，得衣爲貴。壞色之衣，道不在兹。由之信道，所以爲寶。六祖未彰，其出也微。既還狼荒，憬俗蚩蚩。不有信器，衆生曷歸。是開便門，非止傳衣。初心有終，傳豈無已。物必歸盡，衣胡久恃。先終知終，用乃不窮。我道無阿，衣於何有。其用已陳，孰非芻狗。康熙志卷五

六祖腰石銘并序

陳豐頊　福建晋江人。崇禎進士，授江陵知縣，調丹徒、曲江兩縣，升南京禮部郎中。

師腰石棄在黄梅。嘉靖間，鄉人有官於楚者，舁以歸。至今謁師者，未嘗不謁石。睹斯石，有道心焉。陳子曰：求道者如入寶山，得則金玉，不得瓦礫。師唯不向黄梅求道也，師向黄梅求道，竟得兹石，不亦宜乎！夫以石如衣焉則可，衣非道也，石安取？以石即道焉則可，祖道非師道也，石安取？嘗潛心頓門，妄云有得。蓋自學樵飯母，聞應沃心，師之爲師，固已作祖有餘。而逢客多事，師復過聽，促裝别母，千里問津，所求何物，時已見笑於忍祖矣。槽廠著去，原非爲惡人害汝也。固謂螙兹獦獠，枉具利根，舍爾真佛，貪我晌布，必將磨落之不堪而後厭。當此之時，祖悟而師未悟，是以捐軀爲法，竭蹶徒工，忘己非輕，假物作重，碓頭腰間，猶然求福田，不求出離之大衆也。迨夫米熟慧生，睹我本來，如見父母。書廊半偈，愧悔已形；杖碓三更，籠牢亦盡。當此之時，祖悟而師亦悟。區區衣鉢，且未足愚自渡者之心，而况乎此石？是故登舟把艣，明悔前迷，擲鉢磐上，已將棄去不取矣。祖有道，師亦有道。金剛如故，應住無加，汗血八月，僅博袈裟。一講所得，孰與市上多耶？是固秀若衆等所倦聽者，而均不師若也，何哉？於是諸上人請曰：「道不從石，亦不從祖。石以道傳，亦以文顯，願居士留意焉。」遂銘之曰：

師腰斯石，一舉一俯。舉則拔山，俯則飲羽。祇求米熟，不求勞苦。自師視之，以當一石。自我視之，亦當一石。若有鈍賊，妄生荆棘。謂法須石，謂鏡須拭。稽請大師，如黄梅日。頑質頑石，護以膠漆。勞彼迷根，永不得逸。康熙志卷五

卓錫泉來復記

李日宣　字晦伯，江西吉水人。萬曆進士。因功晉升兵部尚書，擢吏部尚書。有《敬修堂全集》。

夫道之行世，如水之行地，無往不在。故地中有水，取義曰師。師，衆也，故稱容民蓄衆。夫民一日不飲水則渴，非水何以能蓄？惟地脈有疏闕，而水通塞。因之有識者亦惟信其無往不在，而闕疏通塞，偶然之數，可勿問也。曹溪爲六祖傳道地，環兩溪四山，悉載道場版圖，無他別業。至本山前有卓錫，後有明通兩泉。泉有時巨細，而流絶無闕塞，自唐至今，未之有異。惟錫泉於萬曆十三年八月偶竭，有異人來，言此必山中有暗圩者爲之祟。圩者聞而恐，即暗自掘去，異人亦隨乘空。次年三月，泉果復。山靈之不受妒若此，此後無聞也。今崇禎甲申，余奉憲入蜀，爲寇阻，乃假道兩粵，來謁六祖，滌鹵取泉。而僧衆謂去年癸未八月，泉忽竭，今未復也，余爲悵然。聞去冬僧衆曾禱於祖，得「利見大人」籤。今春太守黄公循故事行寮，得徙一二圩。至五月，余值至不數月，同觀察李公、督軍宋公與家叔祖司李及金令君先後亦至，皆徘徊雨中。僧衆有舉術數家言者，謂欲取厚利，時同坐黄公子觀生、李明經預凡等相視沈吟，余未之然，則草一口占詰之，時五月二十日有二日也。諸公既別去，余灼艾假館調攝。至六月初三日午刻，忽有僧奔來告泉至者，余急走捷足視之，井久枯而冷，今果生寸水。按井口，遂有暖氣炙手，少頃，龍口下滴不斷。至次早起視，則引之長流矣。僧衆急鳴鐘，約會合寺，叩祖殿謝。余復爲口占記之，時初四日辰刻也。僧衆復謁謝余館。余避席不敢當，因謂衆僧曰：「和尚無以祖籤有『利見大人』語，今見大人多矣。」因憶周海門先生序《曹溪志》，有取於蕭方伯「禪林洙泗」題，謂「禪本曹溪，儒宗洙泗，庶幾近之」語，與余初至所見意合。念古聖賢，凡識道地源流，必取諸水，以水有浸入濬發義，而入有淺深，發有巨細，關係世道不小，但勿爲坎止，流行自如，要在人自悟取。曹溪山田，舊有定界。年來值鄰近側目，挖石誘水，幾於斲龍廢田，大爲道地慮。尋得憨大師料理，先後徼諸地方宰官，執正護持，始復睹曹溪威儀。乃泉流告竭，行者心惻。此諸和尚所以於兹泉去來深用憂喜，即我輩之溯曹溪思振者，亦未有不誦禱讚歎於兹泉之來復也。若夫祖靈自在，一脈流衍，千條萬派，真氣不移，亦在諸和尚努力承當，仰答祖德。余幸逢其盛，因衆僧來請，留一口占，爲之書始末以報諸宰官。時監司李諱含樸，順天人；督軍宋諱紀，浙江人；太守黄諱錕，山東人；司李即家叔祖諱邦英；邑侯金諱鼎，江西人。

詰泉口占　前人

問泉何以來，錫聲振象臺。問泉何以去，象鼻屏無語。法本無生滅，泉安有去住。晝夜原不舍，滄桑自鮮垢。一滴況千古，長源寧終涸。若復有來去，去豈是真浦。若復無來去，去亦何太窳。爲語護錫人，溪上饕欲吐。

喜泉口占　前人

跫然報泉來，環橋人如堵。鐘聲振百寮，合掌以告祖。去秋迄今夏，龍井純乾土。枯暑舌若焦，連陰唇無鹵。群緇泣象奴，百禮祈龍主。祖誡莫任癡，意若有待爾。一朝來宰官，相邀扣慈父。數語聊詰之，十日井生乳。轉盼龍氣舒，津津循舊武。地脈有滯疏，泉意無茹吐。以此占山靈，鬱葱自今古。大衆來稽首，讚歎聲如滸。

卓錫泉銘

金鼎　饒陽人。崇禎十五年曲江知縣。

泉之流，何以來。泉之止，何以往。卓者錫，不由想。詰者詩，非關杖。心源深，道濟廣。太師公，乃龍泉。康熙志卷四

南華寺復田記

林承芳　字開先，號文峰。廣東三水人。萬曆進士，授翰林院編修。有《文峰集》《竹窗存稿》。

我聞真如不變，知識弗以稱善；佛性無方，南北實匪異教：廼忘斯筌者寡矣。佛名爲覺，正以開覺有情；身等於空，似彼壞空何取？自昔黄金布地，既號寶坊，魏闕贖縑，厥取佐饌，良由隨坐之衣，非一，招提之供孔熯。廼有肘後生楊，道周莳棘，抑獨何與？曾不爲法忘身，終焉割膚飫腹。嗟乎！資益色身，實比丘慧命；自墮鬼國，則伊誰諐尤？是以七聖之財既焚，三緣之業徒積。豈不大謬於人天，獲罪於名教哉！前念之迷，覆隕之轍，不遠之復，天地之心，此則大鑒真空普覺圓明禪師所望於今日諸緣覺者也。象嶺之陽，曹溪之絡，慈雲法雨之所迴薄，象跡蜂歌之所莊嚴，天王外衛以奠坤維，羅漢列參以正太紫，故爾西天分源，寶林同勝。百七十年之靈讖，式開厥先；一十有六之觀門，爰出於世。若智藥三藏，已知其爲無上法寶矣。迨夫解説涅槃，而無盡藏窺豹於斑；更張寶刹，而曹叔良得馬于牡。嗚呼！逢懷遇會，人厄其幾；非風非旛，天開其朕。摩詰謂名是虚假，則鬻薪者何人？夢得謂衣是筌蹄，則傳髓者何物？是知水陸非龍象不任，言語即鸚鵡爲車。不然，身心既非樹臺，妙理不關文字，又何必

自性自度之勤殷，無情無種之諄切乎？是則因地之生爲無生，既悟之度爲普度。所以隨流遡源，嘗而知演法；生龍白象，見而知平天。不然，坐具所罩，爐煙所指，而曰愛障，則大鑒普覺之名既遠，弼義何取乎？故法門既啟，叢林是腓。印宗皈命，徒既千餘，律師頂禮，人亦阡陌。大願之船，孰不共載？昏衢之炬，孰不與照？飛錫掛錫者踵錯，蒲塞蒲夷者袂連，波演那既匪數椽之週，阿蘭若又豈一丘可辦？時則佛力廣大，坐具始展；信衣圓靈，寶坊斯永。嗣是世主檀那，則有若思超脫，頂戴無由；欣侍衣法，林麓弗奪。又如中興法泉，先後輪奐；上元廣德，重疊霑渥。雖未足顯揚宏烈，報稱萬分。然開甘露門，寔潛寒暑；招迷津渡，亦成振發。又有元和靈照之建，白馬同供；普覺圓明之稱，金人斯感。嗚呼！紫房丹室，無出塵籠；法步蓮音，未沾揚瀝。我先帝應彼昌期，植兹種好。優鉢千年之花，金輪瑞應；震旦五葉之果，心印內傳。是以六百四十函，規大覺而佇真諦；八萬四千法，現智寶而引金繩。繼武在成化之年，惠生有《壇經》之布。實恐化跡繁流，舟航既遠；法身長往，糟粕乃尋。使非序其梗概，何以發彼顓蒙？稱其博施無窮，爲善不倦，信矣。凡此，豈徒靈儀夜飛於東閣，神契闇託於西方者乎？頃者惡道生嗔，欲届遺種；狂慧既逞，三忘隨生。盜戒弗受，四恩何恤。則遊士林涣之嗔貪也。乃有直指使者汪公、蔡公、黄公、程公，知成憲之來由，諳佛供之久詘。曰隨坐之衣，豈容窺覺？招提之供，何與侵漁？時則督府大司馬劉公方伯、連帥監司守貳，暨邑長令若張公、李公、游公、王公、龔公、陳公、劉公、吕公、黄公、劉公，作而和曰：「衣紫乘雕，匪同往貫。戢姦禁暴，惟有司存。矧兹發明資乎十力、弘建出于四依者乎？」廼相與左提右挈，上觀下獲，爰書既具，奸宄革心，故牒仍存，天人快意。其知寺任者則釋超言性憲，痛彼昏之罔念，恐檀那之久諼，將藉法言，庶其弗替，遺之嗣哲，用以知今。不敏敢握彤管而降心，顯智珠以普照。石寶龍峰，揭之貞石；梵筵僧飯，詳具碑陰。詞曰：匪意胡法，胡身之觸。彼樹之無，葉胡弗六。法匪爾傳，匪爾身有。厥面胡壁，而胡年之九。匪衣弗爭，胡爭之信。匪文伊字，而胡出之於口。匪衣弗動，動則曷從。匪刃弗傷，傷則曷常。弗從弗常，而説偈曰：諸有爲法，諸有爲相。不有醫王，胡應猴窗。風旛弗揚，石且以僵。萬曆志卷二

書翰

與南華辯長老書

蘇軾

某啟：竄逐流離，愧見方外之舊。達觀一視，延館加厚，洗心歸依，得見祖師，幸甚幸甚！人來辱書，具審法體佳勝，感慰兼集。某到惠已百日，杜門養痾。凡百粗遣，不煩留念。蒙致子由往來書信，異鄉隔絶，得聞近耗，皆法慈垂卹，知幸知幸！末由面謝，惟冀千萬爲衆保練。不宣。

又

筠州書信已領足，兼蒙惠麵粉瓜薑湯茶等，物意兼重，感怍不已。柳碑、庵銘，並佳貺也。《卓錫泉銘》已寫得，并碑樣並附去。鐘銘，子由終當作，待更以書問之。紫菜、石髮少許，聊爲芹獻。陋邦乃無一物，愧怍！卻有書一角、信篭三枚、竹筒一枚，封仝並寄子由，不免再煩差人送達，澌悚之至！

又

某頓首：淨人來，辱書，且審法體勝常，深慰馳仰。至此二年，再涉寒暑，粗免甚病。但行館僧

舍，皆非久居之地，已置圃築室，爲苟完之計，方斫木陶瓦，其成當在冬中也。九月中，兒子般挈南來，當一禮祖師，遂獲瞻仰爲幸也。伏暑中，萬萬爲衆自重。不宣。

又

某近苦痔疾，極無聊，看書筆硯之類，殆皆廢也。所要寫王維、劉禹錫碑，未有思意下筆。又觀此二碑，格力淺陋，非子厚之比也。張惠蒙到惠，幾不救，近卻又安矣，不煩留念。寄拄杖，甚荷雅意。此木體用本自足，何用更點綴也。呵呵！適會客，書不盡所懷，續奉狀也。正輔提刑書，告便差人達之，內有子由書也。

又

某再啟：所要寫柳碑，大是山中闕典，不可不立石。已輟忙揮汗寫出，仍作一小記。成此一事，此生結緣於祖師不淺矣。荒州無一物可寄，衹有桄榔杖一枚，木韌而堅，似可採，勿笑勿笑！舍弟及聰師等書信領足，此自有去人，已發書矣。張惠蒙去歲爲看船，不得禮拜祖師及衣鉢，甚不足。今因來人，令相照管一往，不訝喧聒。此子多病，來時告令一得力莊客送回也，留住五七日可矣。

又

學佛者張惠蒙，從余南遷。余遊南華，使惠蒙守船。明年六月，南華禪師使人於惠，惠蒙曰：「去歲不得一禮祖師、參辯公，乃可恨。欲與是人俱往，請留十日而還。」余佳其意，許之。且令持此請教誨於辯公，可痛與提耳也。紹聖二年六月十一日。康熙志卷六

送壇經與友人

楊起元（一五四七—一五九九）　字貞復，號復所。歸善（今廣東惠州）人。萬曆進士，官至禮部尚書。

秦火之後，古書之存於世者無幾。佛，周初人也，從西方入中國，其言與六經相發明者、多矣。文中子曰：「負樵幾禮，揭竿幾樂，吾其求諸野乎！夫野尚可求也，矧聖人之典哉！其辭而闕之者，心不虛而好名之爲累也。非反本復始好古君子，不足以語此矣。《壇經》出六祖，六祖原不識字，何故能説經？讀者誠知其所以然，其庶幾乎？　康熙志卷六

又與憨大師書

前人

病後俗冗，近始讀大製《曹溪通志》及《觀老莊影響論》等書，深爲歎服。所謂不知《春秋》不能涉世，不知老莊不能忘世，不參禪不能出世。及孔子，人乘之聖；老子，天乘之聖；佛，能聖能凡能人能天之聖。如此之類，百世不易之論也。尚坐塵襟未滌，第撰《通志序》一首，以見向往之志，不刻可也。《外證學編》一部，寄覽教之。中有《重刻壇經序》及《送壇經與友人書》，似與《曹溪志》相關涉，惟筆削收入，或別有指教，願樂欲聞。杖錫東飛何時？不勝延佇。　康熙志卷六

請大休禪師住曹溪書

張國勳　遼東人。順治間兩廣總督部院大廳都督。

自三請開口，拜違慈顔，於十月十九日抵江寧，十二月初十日鼓棹長行矣。俟到粵任，諸事役務少有頭緒，耑使迎接吾師，聽風旛話，千祈慨允，不勝榮荷，翹首瞻戀，不盡依依。一請。

愚自舒城虔修小函，差王中軍送至蓮座。嗣來溯洄江水，遠企慈雲，如挹吾師德範。兹月二十一日度庾關，將至端峽矣。韶陽於曹溪，僅隔帶水，彼中爲南派正宗，愚懇請再整鶩塵。弟子去彼匪遥，得吾師駕至，使菩薩樹下復光，乃弟子之深願，粤中士民之深幸也。萬萬放心。振錫而來，愚則已之，不來不休而已矣。特遣舍侄奉迎，翹首錫音，無既瞻切！二請。

愚拜辭吾師，曾三具荒函，想俱投蓮座矣。粤中情況，寇賊作祟，生民不得安枕。回視嘉禾吾師教化之所，宛然另一境界。吾師何不普慈雲於炎海，令吴越獨私造化耶？懇其飛錫，萬勿固辭。駕過嶺東，慈航早濟，使登彼岸。愚敬拭一單，恭迎南華道左矣。弟子身沈宦海，苦不可言。冀法幢高豎，愍心教我，至禱！三請。

道光志卷六

與雪樵禪師修通志書　馬元

遼東籍北直真定人，康熙間韶州知府。

杖屨西來，名山有托，得聞緒論，深啟蓬心。更惠木和尚《語録》，中間明良遇合，恍有都俞景象，餘皆清夜鐘也。謝謝！小啟不足爲老和尚引重，聊以誌皈依耳。萬祈斤削，望望！附瀆者，南華奇秀甲天下，《通志》一書，猶足供人卧遊。昨偶披閲，見其殘缺失次，魯魚亥豕，幾不可辨，悄悦久之。幸老和尚卓錫兹土，倘諭主者迅加補葺，令還舊觀，則憨大師遺烈既藉重光，而維持祖堂厥功尤偉。告成之日，舉而相示，弟獲報數言傳不朽，誠於地主生輝多矣。冗次走勒，統維慈照。

又

道駕光臨，仰如麟鳳。誌目井井，已占羽儀。憨公而後，何幸再得主持也！「建制」列於二卷，尤前人所未備。若削去冗示，芟繁就簡，廓清之功，卓越萬萬，更爲心服。但願早成，樂觀其盛耳。

又

寶林握别，又踰許時。雖嶺表暄和，而流光暗度矣。接教，深感注念。晤實公，知道體清嘉，慰慰！《通志》告成，捷而且工，至憨大師遺訓，字字親切，直與吾儒「任重道遠」之旨互相發明。和尚極力表章，厥功尤偉。前所未竟，尚望主持。若參訂姓氏，自屬領袖，弟得與周曲江附驥，已堪不朽；獨實公再造之勳，似應論列，尚存卷次，並可紀名。俟五羊梓人到時，再一商略耳。實公還山，先璧二册，餘亦無他議，祇是筆削精當，讀之未忍釋手。拙序瓦缶小鳴，聊以應命，楊少宰云「不足刻也」，惟裁之。

又

久暌道範，念兹勿忘。昨奉手書，有如晤對。特以積冗糾纏，遂疏修候，深爲歉仄！《通志》見示，足仞慧力，謹用鐫章，同原本賫上。天氣稍寒，遠役良苦，來春竣事，亦自不遲。但重煩清神，感無量耳。「山圖」前已具稿，以未有定式，尚遲脱穎，頃即檢發促之，續當偕「參訂姓氏」報命。匆匆草復，臨風馳溯。

又

時逼歲除，風雨載道，遙瞻佛火，竚换新煙。鹿鹿陳人，惟有頌「盍簪」之句，以送舊愁耳。修志重費清神，不禁心佩。昨李舍親傳示大札，深切五中。謹再奉二十金備用，耑役賫奉，並候興居。其「參訂姓氏」，俟來正報命可也。　康熙志卷六

復實行禪師座　前人

匆匆握別，未竟闊悰，遥望蓮華，時時在念。接教，知《通志》刻工細數，弟雖力綿，若不倡捐，恐難濟勝，謹如命發來二十五金，以爲勸始。其一切庀材鳩工，總藉雪公及和尚主持，弗煩另撥差船也。至道場荒落，全仗王力，始得更新。弟忝附地主，而名山大業，豈敢自私，似應啟請一言弁冕，自在和尚與雪公酌行之。再查憨公曩日修復，亦匪一人之功。兹者同郡寮屬，並當相告，良以獨爲君子，古人所恥，固非旁貸，正樂衆擎耳。向諭發示藉手馳上存稿二册，統此奉璧，乞致雪公。從前姓氏，俱待商確，方可付梓，并復。康熙志卷六

復鼎湖山巽海上座　釋虚雲

老益精進，爲道殷勤，飽餐法味，至慰！雲龍鍾殘朽，視聽失聰，徒負虚名，衒惑聽衆。今爲償債祖庭，事繁任重。昨承法諭，謙詢般若深義。如斯妙典，實欠精研，向以文字緣薄，疏忽遲復，諸乞諒之。師持《金剛經》，皆因夙植多種善根，而得如是。然世人有如理如事者，深淺不同。若得理益，證實相般若；若得事益，證文字般若。如六祖聞「應無所住」，在黄梅三鼓入室所證者，即與諸佛齊等，實相般若也。如德山祖師，初講《金剛經》開悟世人，自至龍潭，一場懡㦬，斯即文字般若也。法達禪師持《法華經》見六祖，祖不允許。首山在風穴誦《法華》受心即此。略舉古人獲益之概。至論《楞嚴》云：「理雖頓悟，事乃漸除。尊者謂『希更審除微細惑』。故古人以理去事，打掃現業流識，切須

仔細究竟此事。如人飲水，冷暖自知。」師年高德重，深契般若，大有因緣，甚爲難得，乞善保任。

復新架坡普陀寺轉道和尚　前人

竊念祖庭零落，既任仔肩，當始終其事。今處此時局，顧念三位祖師真身所在，既是一脈兒孫，責在藐躬，安忍抛棄！人生假體，本是空花，有何輕重？衹以隨緣運任，逆來順受，倘祖師遺蜕，劫運亦且難逃，則衹有相與存亡，同歸於盡而已。所不能去心者，顧此十方來衆，同爲宗下兒孫，涉遠逃災，前來依止，安忍拒絶。現計堂中食指三百餘衆，烽火之厄，尚無已時。雖佛祖龍天，冥加庇護，不曾別遭險事，然首陽薇蕨，眼前將盡，亦惟有隨夷齊一路，同作餓莩耳。我公熱腸，素所欽佩，來教稱此後若有相當因緣，雖毫釐亦當爲力。願仗公福，現身爲流水長者，濟彼池魚，縱西江一勺，涸轍之鮒，亦同拜恩無盡也。

復圓瑛法師　前人

頃奉來函，謂接待圓明講席事忙，真乘願再來。赴應濁運，砥柱中流，弘法自務，導化遐邇，不辭勞瘁，僧俗均賴，想諸佛祖於大寂定中，欣贊無量。雲識淺德薄，鼓山數年，實出不得已也。今老病催逐，風燭殘年，不過勉支一時，久待賢能。誰知鼓山交典未克，而粵中夙債忽催，豈非羅網自投？今到曹溪，雖是祖庭，早成蔓草荆棘，百無一就。既已來之則安之，莫非定業。因兹二邊都是祖庭，如其不顧，甚怖因果相加。自維力弱，實難全負，故於鼓山無能顧及，前曾屢函告辭，請舉高德。昨常住遣復寶二監院來粵妥商，特修蕪函，派二師前來禮座，面呈一切。望公不吝慈悲，分神祖刹，則常住幸甚！大衆幸甚！不必再議選舉。伏祈法駕早降，龍天同感。

復郭涵齋寬慧居士　前人

衲爲南華建設計劃，常時發生種種困難，其間尤以塑佛像事，爲難更甚，不得已，赴香港作將伯之呼，甫於古曆本月初四返寺。案列手書二件，及寶公大札一件，均閱悉。承蒙寶公及諸檀那不棄，以大溈山家風囑咐，殊不敢當。然藉此可以償回鄉之願，亦是快事。惟南華功行，至圓滿之日尚遠，觀本監院，今春放戒，另有其他因緣。衲並未將南華寺傳與，不過倣福建鼓山舊例，臨時開戒一期而已。遠道傳聞，或有失實。況修造南華，值此進退維谷、萬分困難之際，此事既由衲擔任，似有全始全終之必要，更不能因困難而退，就此卸責。衲既不能離南華，自難分身於南嶽，祇得有負雅愛及寶公盛情，疚歉之處，容後領責。講經一節，亦姑俟諸將來也。此間荷六祖庇蔭，一切甚爲安全。敵機雖常過境，並無舉動；南華又與市鎮遠隔，似無其他危險。如風聲緊急，請至荒山暫避何如？

附　郭涵齋寬慧居士來書

師尊座下：久疏箋問，孺慕彌深，敬維杖履康强爲祝！南華修造，計必日新。聞寺事正交觀本法師，傳付得人，道場光大，幸慰無量！廣州連被敵機轟炸，摧殘達於極點。聞曲江亦時虞不靖，不審南華可安居否？此間居士林同人，擬接法駕還湘暫避。去春曾聞吾師談及，出家後迄今未回鄉，如精神尚健，爲桑梓弘法一行，亦是一段大因緣，在四衆中莫不馨香禱祝者也。大溈密印寺，粗具規模，一切尚須整理。寶生大師，備函奉請駐錫兹山，出於至誠。山中與外緣隔絶，洵爲高年養静之地，於工程經費瑣屑之事，決不敢以此上累清修也。禪宗衰替，繼續乏人，孤負祖庭，令人增歎！務懇俯允賁臨，成就衆生之願爲荷。如已定局，請即電示，或快函告知，以便由林中、寺中公推二人加函前往歡迎也。弟子 郭寬慧頂禮，六月十一日。

復慧融和尚　前人

雲日前爲南華事，有香港之行，本月初四日始返曹溪。此行計一月有餘，當此非常時期，亦無甚成效。回寺得閱大札，不勝詫異。此事古曆二月間，有貴省人證蓮、明海二師，據云俗係胞兄弟，來敝寺討單，進禪堂後，於入室時，道及擬請雲至貴寺云云，雲即嚴辭卻之。該二師於三月間溜單他去。雲對此事早已忘卻，亦無派人前赴貴寺偵察等事。至云差遣僧士一節，敝寺正感人才缺乏，自顧不暇，亦不敢冒昧派差。大和尚過信人言，致有此誤會。在貴寺無論何事，既有地方檀越，又有佛教會及政府機關團體，自能料理。雲遠居廣東，相隔太遠，更自問何人，敢有此權力，遠及鄰省耶？總之，捧讀大和尚來書，具見謙謙有德，且懷重振祖風之宏願，尚希發勇猛心，努力做去。一面與當地宰官居士，同心協力，何患不能興利除弊？重建大慧之法幢、恢復靈巖之令譽，爲期必不甚遠也。雲下風遜聽，亦爲之欣幸無已。惟祈大雄大力，不避勞怨，不辭艱難困苦，勉力行之。

附　慧融大和尚來書

後學久仰，圓音高唱於南華；自愧障深，未克親炙於座右：斯乃善根鮮薄之所招感也。竊思丫山靈巖寺，贛南惟一之禪席。創自南唐普舉禪師，於茲開山，由是高僧疊出，禪德踵至。大慧杲於此高建法幢，因此靈巖之名，更加顯著。自前清兵燹後，至光緒初年，吾祖普會老人募建梵宇，恢復舊規。今大殿外四圍，均有碑記。普老西歸後，以其剃度子孫住持斯席，均各飽私囊，經二十餘年之習慣，一時難以頓除。後學每思滿吾祖十方叢林之心願，半年以來，終成畫餅。辱承和尚遺忠亮大師來山，偵察一切，并云我師老人，慈允差遣有德僧士，飛錫降臨於靈巖，垂注法雨於嶺北。後學決意退讓，斷不附和子孫習慣之陋規。惟冀我公不吝法雲，懇踐前言，急遣大德上座三五位光臨庾地，扶持大慧杲禪師這根刹竿子，普令大地衆生，知有出身之路。如是方便功德，惟佛與佛乃能究竟其底源。後學不勝翹企之至。　虚雲和尚法彙·書問

復屈居士問法書　前人

（上略）承詢成佛究爲三身齊現，具足一切神變功德，抑爲自心透脱，便算究竟等義，謹以薄識，略敘大概。論到此事，不無權實修證深淺因果之殊，至如實際理地，本無名言説相，但一法性身，常居法性土，離四句，絶百非，有何開口處？但有言説，都無實義。如世尊掩室，文殊揮劍，淨名杜口，丹霞火燒，趙州謂不喜聞，德山以喝，雲門以棒，從上佛祖，無非顯兹妙義。不過宗門以直捷示人，截斷葛藤，故六祖答智通問：「清淨法身，汝之性也；圓滿報身，汝之智也；千百億化身，汝之行也。」祖已明示三身四智，神通妙用，不欠絲毫。至於權變方便，説個「佛」字，皆是不得已也。宗門但論見性，不重禪定解脱。悟心之人，自解作活計，翻轉本體作功夫，終日使得十二時辰，是爲全性起修，全修在性，善能調熟，不離當生，即證聖果。六祖曰：「終身不退者，定入聖位。」古云：「頓悟初心，即究竟圓極，寂滅真如。」《宗鏡録》：「問：一心成佛之道，還假歷地位修證否？答：此無住真心，實不可修，不可證，不可得。非取果，故不可證；非著法，故不可得；非作法，故不可修。若論地位，即在世諦行門，亦不失理。以無位中論其位次，不可決定有無之執。經明十地差別，如空中鳥跡，若圓融門，寂滅真如，有何次第？若行布門，對治習氣，昇進非無；若得直下無心，量出法界之外，何用更

歷階梯？若未頓合無心，一念有異者，直以佛知見治之。究竟成佛果，不可偏執一見，成儱侗病也。」

昔皓月供奉問長沙岑曰：「天下善知識，證三德涅槃也未？」岑曰：「大德問果上涅槃？因中涅盤？」曰：「果上涅槃。」岑曰：「天下善知識未證，功未齊於諸聖。」曰：「未證何名善知識？」岑曰：「明見佛性，亦名善知識。」問：「未審功齊何道，名證大涅槃？」岑曰：「摩訶般若照，解脱甚深法。法身寂滅體，三一理圓常。欲識功齊處，此名常寂光。」又問：「如何是因中涅槃？」岑曰：「大須知見地了徹，直與佛祖把手同行，但得因中涅槃；其多生熾然之結習，須次第盡，方得超出三界。」《楞嚴》云：「理則頓悟，乘悟併銷；事非頓除，因次第盡。」惟宗下用功，水到渠成，超證十地等妙，有不期然而然也。阿難尊者云：「不歷僧祇獲法身。」永嘉云：「證實相，無人法，刹那滅卻阿鼻業。」又云：「彈指圓成八萬門，刹那滅卻三祇劫。」奈何行人，習有輕重，證有深淺不同。在諸大祖師，證與佛齊，人法空，能所寂。煩惱菩提、生死涅槃、佛魔、凡聖等，悉是假名。經云：「但以假名字，引道於世間。」如伶人舞戲相似；終日吃飯，不曾咬著一粒米；終日穿衣，未曾沾得一縷紗。凡所施設，一切事務，如壽祖云：「修習空花萬行，宴坐水月道場。降伏鏡裏魔軍，大作夢中佛事。」餘或未及者，須由功業勵行，爲本修因；若不降心而取證者，無有是處。 以上《虛雲和尚法彙・書問》

復太虛法師 前人 一九三六

太虛法師智照：久別矣，比維威儀自在，動定勝常，無病少惱，善教弟子，爲頌爲慰！虛雲一副老骨頭，拼力支撐，雖知無濟，爲祖庭計，固欲留待明眼人耳。現有米糧，不足數月之需，常住寥寥數十人，尚如此困苦，遑論擴展！但「隨緣度日」四字，則隨處行得也。茲有許筠臺居士囑爲代請大筆揮題，謹將原信附上，如復件，請徑寄韶州上後街許君收可也。南華道場，固天下之公物，當與天下人共圖重興，敬希南針時錫，俾有循守，尤冀運廣長舌，與居士輩有心者謀之，甚幸甚幸！專此問訊道安，不一。虛雲槃譚，丙子九月。《海潮音》第十七卷

復太虛法師　前人　一九三七

太虛法師慧鑒：曲江曹溪南華寺乃六祖肉身成道之地，爲歷史名勝重心，法寶莊嚴，四方信仰。邇以滄桑洊歷，龍象淒寒，日漸荒落。前年爲李師長伯豪發起重修，不以雲龍鍾老拙，邀來住持。惟雲接手之始，寺藏拮据萬分。又見該寺年永荒圮，道場變成荒蕪，設非重修改造，終無復興之望。嗣經詳加設計，另從根本改建，總共需款二十萬元以上。徵諸各界善信，均邀贊同，故即鳩工庀材，分期舉辦，先奠中基。現在大殿雖已告成，其餘未完工程，尚須十餘萬元之巨。除在省港勸捐外，不能不再向他處募集，以期集腋成裘，完斯功德。考六祖於曹溪説法，當時得法弟子四十三人，青原、南嶽，最居上首。迨後分支五宗，皆是六祖法裔，對此始祖聖跡興修，具有責成。玆特派敝徒寬鑑晉謁法階。素稔法師久居京滬，尚祈將諸情狀，廣爲宣傳，協助勸募，俾全部工程，得早完滿，永振宗風。竊雲年屆衰邁，不能竟此偉業，極盼法師南來，幫忙一切，或派令徒來此長住，俾可襄助進行，至深歡企。玆逢南華宣傳，敬請斧削。臨風布臆，餘情由寬鑑面達。手此，敬頌，放大光明。虛雲和南，丁丑五月初四日。

《海潮音》第十八卷

示弟子傳開　釋惟因

傳開仁者慧鑒：六月十三日來書已悉。我一向對你的忠實修行很讚歎的，尤其是你在南華時殷勤侍

我，使我永遠不會忘記啊！但是你的見識不廣，心量又狹，出家以來，少受教育，雖然好修行而路頭不識，人執法執，不能真實解脱，反而煩惱叢生，身心不安。對此，我不得不爲你進一言。古人出家，隨師五載，方外出參學。所到之處，亦必依止大德善知識，學習正法，免入歧路，腳跟站穩，遠離魔障。今勸你萬緣放下，身口意三業清淨，即是修行。身不惡行，口不惡言，意不邪思，現生便能解脱，不是一定要到西方煩惱乃除。凡所有相，皆是虚妄。見佛現前，不生歡喜，見魔王來，亦不恐怖，心無罣礙。你可多念《心經》《金剛經》。念佛念得緊張時會生毛病，那時則連念佛也要停止，暫時放下，勿死執法。要知道離心之外，無佛可成，無衆生可度。了脱自己心中煩惱，即自在，即解脱。今叫你時常觀無常、苦、空、無我、五藴和合，假名爲我，勿生執著，多結人緣。你可時時來函告知情況，我當回答你的問題。若有經濟困難，應實告知，當代解決。此詢法樂！

致省佛協雲峰會長函

前人

雲峰會長：您好！最近珠江電影院與港商在寺合拍影片，大意是借南華寺作爲黄梅東山寺，説唐代惠能與神秀爲爭衣鉢引起武鬥，五祖坐在當中，看兩人鬥爭，數十僧人比武大會，等等。

一、歷史無這樣的記載，劇情與事實不符，醜化惠能與神秀，衆多佛教徒看了大爲反感。二、站在國家立場，影片要正面教育青少年，「五講四美」，而該片大肆宣揚武鬥，起反作用，危害社會治安，流毒甚大，後果誰負，不堪設想。三、以前聞説少林寺僧人吃肉影片，東南亞國家禁止進口。拍電影者，既要重事實，又要考慮國家聲譽、國際影響。四、香港佛教徒來寺參觀，當看到惠能與神秀武鬥時，憤慨地説，若果該片將來在香港放映，香港佛教會登報聲明，禁止佛教徒去看。五、國内外佛教徒如果看到該片，必定責怪南華寺爲他們提供拍片場地。我是負責人，爲團結廣大佛教徒，爲維護政府宗教政策，不得不直言不諱。

爲此敬請您老，以省佛教會名義，向上級照實報告，責成珠江電影院迅速修改該片内容，以免發生不良後果。敬祝暑天安好！

南華寺住持惟因，一九八五年七月三十一日。

致宣化函　前人　一九八九年五月十七日

宣化老法師：您老好！素仰大德戒幢高樹，法雨普施，譯經偉業，功垂萬世，屢贈書刊，獲益良多。奉邀前往參加傳戒盛典，曷勝榮幸！奈因幻軀衰朽，飲食不便，特此告辭。此間修建雲公老人舍利塔，工程將半，倘得鼎助，幸莫大焉！

又

宣化老法師道鑒：您老托意超法師送來美金五千元修建雲公老人舍利塔的款，經已收到。該塔幸得大力支持，很快就會完成，謹此致謝！

致淨慧函　前人　一九八九年五月二十九日

淨慧法師：您好！十三日惠書敬悉。建議印《惟因和尚法語》，以法利生。這是學菩薩者應做的事情。今匯人民幣二千元，助印一千本。款不夠，再寄。封面請法師題字，找一幅山水畫表示曹溪與寶林山。虛老圓寂三十週年紀念需款時，南華當助化。最近，萬佛城宣化法師邀請我九月去參加傳戒盛典，我以老病告辭。臺灣來參觀的比丘尼看了《禪七講話》，贊我有慧解。香港《大公報》説我住南華五十年有定力，八風吹來吹去不動搖。香港聖一法師等人亦擬把《禪七講話》兩稿付印。

致惟因函

釋知定　一九八四年五月十六日

惟因法師：八月十四日惠書領悉多時，因寺務繁忙，故未克即覆，幸諒！在來信中，知法駕安康，度生如意，尤以祖庭恢復，將復舊觀，尤爲喜慰無量！承邀回國禮祖，本當束裝就道，藉敘吾人卅餘年闊别之情緒。奈寺務繁複，事事必須親力親爲，而外地來函請往請經者亦多。今冬須應聘飛往臺灣傳戒，明春又要應聘飛三藩市講經，明秋或會應聘前往加拿大多倫多講學（愚以前是每二年即須往多市爲多大學生講解佛學），是以分身乏術。禮祖之期，待稍能抽暇，當前往一行也。專此敬覆，並頌□□。

致惟因函

釋宣化　一九八九年六月十六日

惟公上座道席：南華一别，屈指將四十餘載。化業障深重，流浪香江，已十餘載。與一九六二年業風吹至美洲，自稱墓中僧，不啻萬死千生，幸托諸佛菩薩護念，幻軀未亡。一九六八年，應華盛頓大學數十名學者邀請，成立《楞嚴經》暑假講修班，爲期九十六天。一九七〇年，因緣會遇建立金山聖寺。一九七四年，在北加州瑜伽市達摩鎮創設萬佛聖城，成立育良小學、培德中學、法界佛教大學，造就世出世間人材。戰兢惕厲，唯恐寡過未能，有負雲公遺囑。今聞修建雲公舍利寶塔，當盡綿薄，以助基成，後日當將捐款奉上。禪學講話大作，可否在萬佛城月刊發表，以增光篇幅，希見告爲盼！

致惟因函

李吴菊芳　一九八七年十月四日

惟因大和尚法座：月前，此間佛恩寺法雲法師以其收到上人七月三十日手書見示，函中對伯豪生前至誠禮佛、修繕南華，備加藻飾，且來電悼念，至深感謝！緣以曹溪法乳，曲水慈航，伯豪服務粵北之際，夙已欽儀福地，心向菩提。是故重整山門寶殿後，專派秘書吳種石先生躬赴福建鼓山湧泉寺，敬邀虚雲和尚卓錫南華。事在五十多年前，興廢滄桑，不足論矣。惟伯豪遁蹈海隅以來，雖不聞外事，南宗名刹則迄未忘懷，念兹在兹，恒抱永伴佛座蓮燈，求得植因證果之願，一九八二年萬里之行，意即在此。此次伯豪西歸，法雲大師暨多位僧伽曾設醮追薦，而經營窀穸，答謝弔唁，諸事紛紜，今始稍暇，稽時致意爲歉！頃已決定將伯豪遺照兩幀寄上，如何安置，則悉聽上人法旨。至於另有一幅虚老油畫法相，伯豪生前長期高懸香案前供奉者，現亦一併送上，希望在南華能保存久遠。如何寄遞到，當別通知。

又，關於環寺造林（或就南華禪寺附近造林），前經李湞在應邀返國講學時曾與中央林業部洽商，大概目前仍在研究細節。鄙意欲先植南華李果木一千株，南華李爲曲江名産，具體做法包括養活率、管理、收成等等，未悉寺中能否有把握承擔任務？有何高見，盼能惠示。

致慈學函

釋佛源

慈學法師：明真老法師前次給我的信中亦曾説道，人的生命在一彈指間是可以消滅的。你我都在社會上勞碌幾十年，但回想究竟做了一些什麽呢？對出家的初志有没有達到呢？對佛祖的言教有没有理會呢？多是觸色身而貪染，隨生死以漂流，不知多麽可憐！現在你的處境比我好一點，但色身和精力也是日近衰老，如不爭取時間（在有機會可擺脱的時候）加速自己的修持，成熟自己的慧力，等到穿衣吃飯什麽也要别人照顧的時候才忙著念佛、看話頭，那是來不及了。俗話説：「少時不努力，老大徒傷悲。」一世間法是如此，況了生脱死這個嚴重關頭乎！故此我是主張你爭取退休，退休後要裝一個傻瓜，裝一個病人，抓緊時間看經念佛。力求消溶一切妄想，返回清淨自然。

關於我的問題，請你不用操心。目前生活在六祖、憨祖、丹田祖師真身之邊，不管有什麼境界，我都安閒自在。上廬山，上九華，看來都是不可能的，因我們没有退休的條件，任何其他地方都不能隨便遷居。況我現在已感到色力不足，病之後面是一個死字，死字當前，祇有萬緣放下，努力用功才是出路。所以你不要掛念我，我自有我的業緣，祇要能自己主宰自心，處於地獄猶得安樂。

你師父是有他的見解，我們有我們的看法。現在這時候，不但佛不出世，菩薩也不會來應世，因衆生業重，難調難伏，但這些都不必管它，惟有自己覺察自己爲是。佛言：「比丘入聚落，不破壞他事，不觀作不作，但自觀身行，諦視善不善。」你説要遞點東西給我，我現在勸你不要這樣。你我的一個共同目標，是消溶一切順逆境界，不要被順逆所轉，要使情識轉爲智慧，否則就是隨他業力牽了。況我衣食無欠，樣樣都無困難。

致傳正函

李焯芬　香港大學副校長

二〇〇二年十二月七日

尊敬的南華寺傳正大和尚慧鑒：香港大學在本港歷史悠久，向爲中西文化交流的中心。北望神州，中國大陸自開放以來，宗教研究蓬勃發展，潛藏著豐富的佛學研究人才和資源。放眼世界，各地佛學研究日漸興旺，百花齊放。香港地位優越，可以兼取海内外所長。處於這種國際大背景下，爲了應時代的需要、社會的要求，香港大學佛教研究中心於二〇〇一年正式成立，開啟香港大學人文科學研究的一個新臺階。香港大學佛學研究中心自創辦以來，先後招收五名哲學碩士、博士生，四十六名佛學碩士生；與此同時，有近二百名香港大學本科學生選修本中心提供的佛學課程。爲推動香港佛學研究的氣氛，本中心每年舉辦一次佛學學術講座系列（共八個佛學講座）。本年從十月至十二月間，本中心舉辦「東蓮覺苑佛學學術講座系列二〇〇二」，主題爲「佛教與中國文化」，主要演講嘉賓爲：國學大師饒宗頤教授、方立天教授、賴永海教授、李焯芬教授、梅維恒教授和淨因法師，反響非常熱烈。應聽衆之要求，整個講座系列將被録製成數碼光碟發行。爲確保其内容之生動，我們特委派楊秀立先生，到大陸拍攝與講座内容相關的風景。自古以來，雲門寺爲禪宗著名的道場，故懇請大和尚慈悲，爲楊秀立先生等人在雲門寺拍攝實景時提供方便。

雜　文

六祖大師法寶壇經贊

釋契嵩（一〇〇七—一〇七二）　字仲靈，藤津（今廣西藤縣）李氏子。靈隱寺僧。皇祐間入京師，賜號「明教大師」。有《鐔津集》。

贊者，告也，發經而溥告也。《壇經》者，至人之所以宣其心也。何心邪？佛所傳之妙心也。大哉心乎！資始變化，而清淨常若，凡然聖然，幽然顯然，無所處而不自得之。聖言乎明，凡言乎昧；昧也者變也，明也者復也。變復雖殊，而妙心一也。始釋迦文佛以是而傳之大龜氏，大龜氏相傳之三十三世者傳諸大鑒。大鑒傳之而益傳也。

説之者抑亦多端，固有名同而實異者也，固有義多而心一者也。曰血肉心者，曰緣慮心者，曰集起心者，曰堅實心者，若心所之心益多也，是所謂名同而實異者也。曰真如心者，曰生滅心者，曰煩惱心者，曰菩提心者，諸修多羅其類此者，殆不可勝數，是所謂義多而心一者也。義有覺義，有不覺義，心有真心，有妄心：皆所以別其正心也。方《壇經》之所謂心者，亦義之覺義，心之實心也。

昔者聖人之將隱也，乃命乎龜氏，教外以傳法之要，意其人滯跡而忘返，固欲後世者提本而正末也。故《涅槃》曰：「我有無上正法，悉已付囑摩訶迦葉矣。」天之道存乎易，地之道存乎簡，聖人之道存乎要。要也者，至妙之謂也。聖人之道以要，則爲法界門之樞機，爲無量義之所會，爲大乘之椎輪。《法華》豈不曰「當知是妙法，諸佛之秘要」，《華嚴》豈不曰「以少方便，疾成菩提」。要乎其於聖人之道，利而大矣哉！是故《壇經》之宗，尊其心要也。

心乎若明若冥、若空若靈、若寂若惺。有物乎？無物乎？謂之一物，固彌於萬物；謂之萬物，固統於一物。一物猶萬物也，萬物猶一物也，此謂可思議也。及其不可思也，不可議也，天下謂之玄解，謂之神會，謂之絕待，謂之默體，謂之冥通。一皆離之遣之，遣之又遣，亦烏能至之微？其果然獨得與夫至人之相似者，孰能諒乎？推而廣之，則無往不可也；探而裁之，則無所不當也。施於證性，則所見至親；施於修心，則所詣至正；施於崇德辯惑，則真妄易顯；施於出世，則佛道速成；施於救世，則塵勞易歇。此《壇經》之宗，所以旁行天下而不厭。

彼謂「即心即佛」，淺者何其不知量也！以折錐探地而淺地，以屋漏窺天而小天，豈天地之然耶？然百家者，雖苟勝之弗如也。而至人通而貫之，合乎群經，斷可見矣。聖人變而通之，非預名字，不可測也。故其顯說之，有倫有義；密說之，無首無尾。天機利者得其深，天機鈍者得其淺。可擬乎？可議乎？不得已況之，則圓頓教也，最上乘也，如來之清淨禪也，菩薩藏之正宗也。論者謂之玄學，不亦詳乎！天下謂之宗門，不亦宜乎！

《壇經》曰「定慧爲本」者，趣道之始也。定也者，靜也；慧也者，明也。明以觀之，靜以安之。

安其心，可以體心也；觀其道，可以語道也。「一行三昧」者，法界一相之謂也。謂萬善雖殊，皆正於一行者也。「無相爲體」者，尊大戒也；「無念爲宗」者，尊大定也；「無住爲本」者，尊大慧也。夫「戒定慧」者，三乘之達道也。夫「妙心」者，戒定慧之大資也。以一妙心而統乎三法，故曰大也。「無相戒」者，戒其必正覺也。「四弘願」者，願度，度苦也；願斷，斷集也；願學，學道也；願成，成寂滅也。滅無所滅，故無所不斷也；道無所道，故無所不度也。「無相懺」者，懺非所懺也。「三歸戒」者，歸其一也。一也者，三寶之所以出也。説「摩訶般若」者，謂其心之至中也。「般若」也者，聖人之方便也，聖人之大智也，固能寂之、明之、權之、實之。天下以其寂，可以泯衆惡也；天下以其明，可以集衆善也；天下以其權，可以大有爲也；天下以其實，可以大無爲也。至矣哉，般若也！聖人之道，非夫般若不明也，不成也；天下之務，非夫般若不宜也，不當也。至人之爲，以般若振，不亦遠乎哉？「我法爲上上根人説」者，宜之也。輕物重用則不勝，大方小授則過也。「從來默傳分付」者，密説之謂也。「密」也者，非不言而闇證也，真而密之也。不解此法，而輒謗毁，謂「百劫千生，斷佛種性」者，防天下亡其心也。

偉乎《壇經》之作也！其本正，其跡效；其因真，其果不謬。前聖也，後聖也，如此起之，如此示之，如此復之。浩然沛乎，若大川之注也，若虚空之通也，若日月之明也，若形影之無礙也，若鴻漸之有序也。妙而得之之謂本，推而用之之謂跡。以其非始者始之之謂因，以其非成者成之之謂果。果不異乎因，謂之正果也；因不異乎果，謂之正因也。跡必顧乎本，謂之大用也；本必顧乎跡，謂之大乘也。乘也者，聖人之喻道也；用也者，聖人之起教也。

夫聖人之道，莫至乎心；聖人之教，莫至乎修；調神入道，莫至乎一相止觀；軌善成德，莫至乎一行三昧。資一切戒，莫至乎無相；正一切定，莫至乎無念；通一切智，莫至乎無住；生善滅惡，莫至乎無相戒；篤道推德，莫至乎四弘願；善觀過，莫至乎無相懺；正所趣，莫至乎三歸戒；正大體裁大用，莫至乎大般若；發大信，務大道，莫至乎大志；天下之窮理盡性，莫至乎默傳；欲心無過，莫善乎不謗。定慧爲始，道之基也；一行三昧，德之端也；無念之宗，解脱之謂也；無住之本，般若之謂也；無相之體，法身之謂也；無相戒，戒之最也；四弘願，願之極也；無相懺，懺之至也；三歸戒，真所歸也；摩訶智慧，聖凡之大範也。爲上上根人説，直説也；默傳，傳之至也；戒謗，戒之當也。

夫妙心者，非修所成也，非證所明也。本成也，本明也。以迷明者復明，所以證也；以背成者復成，所以修也；以非修而修之，故曰正修也；以非明而明之，故曰正證也。至人暗然不見其威儀，而成德爲行藹如也；至人頽然若無所持，而道顯於天下也。蓋以正修而修之也，以正證而證之也。於此乃曰：罔修罔證，罔因罔果。穿鑿叢脞，競爲其説，繆乎至人之意焉。噫！放戒定慧，而必趨乎混茫之空，則吾未如之何也。甚乎含識溺心而浮識，識與業相乘，循諸嚮而未始息也。象之形之，人與物偕生，紛然乎天地之間，可勝數邪？得其形於人者，固萬萬之一耳。人而能覺，幾其鮮矣。聖人懷此，雖以多義發之，而天下猶有所不明者也；聖人救此，雖以多方治之，而天下猶有所不醒者也。賢者以智亂，不肖者以愚壅，平平之人以無記惛。及其感物而發，喜之怒之，哀之樂之，益蔽者萬端，曖然若夜行而不知所至。其承於聖人之言，則計之博之。若蒙霧而望遠，謂有也，謂無也，謂非有也，謂非無也，謂亦有也，謂亦無也。以不見而卻蔽，固終身而不得其審焉。海所以在水也，魚龍死生在海，而不見乎水；道所以在心也，其人終日説道，而不見乎心。悲夫！心固微妙幽遠，難明難湊，其如此也矣。

聖人既隱，天下百世雖以書傳，而莫得其明驗。故《壇經》之宗舉，乃直示其心，而天下方知即正乎性命也。若排雲霧而頓見太清，若登泰山而所視廓如也。王氏以方乎世書曰：「齊一變至於魯，魯一變至於道。」斯言近之矣！《涅槃》曰「始從鹿野苑，終至跋提河，中間五十年，未曾説一字」者，示法非文字也，防以文字而求其所謂也。曰「依法不依人」者，以法真而人假也；曰「依義不依語」者，以義實而語假也；曰「依智而不依識」者，以智至而識妄也；曰「依了義經，不依不了義經」者，以了義經盡理也。而菩薩所謂「即是宣説大涅槃」者，謂自説與經同也；聖人所謂「四人出世，護持正法，應當證知」者，應當證知，故至人推本以正其末也；自説與經同，故至人説經如經也；依義依了義經，故至人顯説而合義也，合經也；依法依智，故至人密説變之通之而不苟滯也；示法非文字，故至人之宗尚乎默傳也。聖人如春，陶陶而發之也；至人如秋，濯濯而成之也。聖人命之而至人效之也。至人，固聖人之門之奇德殊勳者也。夫至人者，始起於微，自謂不識世俗文字。及其成至也，方一席之説而顯道救世，與乎大聖人之云爲者，若合符契也。固其玄德上智，生而知之，將自表其法而示其不識乎！

死殆四百年，法流四海而不息。帝王者，聖賢者，更三十世求其道而益敬。非至乎大聖人之所至，天且厭之久矣，烏能若此也！予固豈盡其道，幸蚊虻飲海，亦預其味，敢稽首布之，以遺後學者也。

《鐔津集》卷三

論六祖壇經 蘇軾

近讀《六祖壇經》，指説法、報、化三身，使人心開目明，然尚少一喻。試以喻：眼見是法身，能見是報身，所見是化身。何謂「見是法身」？眼之見性，非有非無，無眼之人，不免見黑，眼枯睛亡，見性不滅，則是見性，不緣眼有無，無來無去，無起無滅，故云「見是法身」。何謂「能見是報身」？

見性雖存，眼根不具，則不能見，若能安養其根，不爲物障，常使光明洞徹，見性乃全，故云「能見是報身」。何謂「所見是化身」？根性既全，一彈指頃，所見千萬，縱横變化，俱是妙用，故云「所見是法身」。此喻既立，三身愈明。如此是否？《蘇軾文集》卷六十六

六祖大鑒禪師贊

釋宗杲（一〇八九—一一六三）宋僧，安徽宣城人。孝宗賜號「大慧禪師」。卒謚「普覺」，塔名「寶光」。有《正法眼藏》。

擔柴賣火村裏漢，舌本瀾翻不奈何。自道來時元没口，卻能平地起風波。《大慧普覺禪師語録》卷十二

六祖大鑒真空普覺圓明禪師傳贊

釋德清

六祖慧能大師者，俗姓盧氏，其先范陽人。父行瑫，武德中左官於新州，遂籍焉。師生三歲喪父，其母守志鞠育。及長，家貧，採樵以給。一日負薪入市，聞客誦《金剛經》至「應無所住而生其心」，遂悟。問客曰：「此何法也？得於何人？」客曰：「此名《金剛經》，得於黄梅忍大師。」祖遂告母以爲法尋師之意。先至韶州，遇無盡尼，説《涅槃》義，遂修曹溪寶林寺以居之。頃即之黄梅謁大師，一見默識之，遂傳衣法，令隱於懷集、四會之間獵人隊中十有六年。至儀鳳元年正月，届南海法性寺，時印宗法師講《涅槃經》，座下有二僧，見風吹旛動，論動義未決。祖曰：「非風非旛，仁者心動。」印宗聞之，知是異人，問之，祖以實告，遂出示衣鉢，一衆驚歎。乃集衆剃髮於菩提樹下，智光律師授具足戒。印宗集緇白千人送歸寶林，開法於曹溪。座下開悟者三十餘人，獨青原思、南嶽讓二大師爲上

首，自此道分兩派。祖一日告衆曰：「吾忝受忍大師衣法，今爲汝等説法，不付其衣。蓋爲汝等信根淳熟，決定不疑，堪任大事。聽吾偈曰：心地含諸種，普雨悉皆生。頓悟華情已，菩提果自成。」是爲此土六祖。贊曰：樵斧纔抛，以石墜腰。靈根久植，從此抽條。源出曹溪，横流大地。直至於今，無處不是。

青原弘濟禪師行思傳贊　前人

吉州青原山行思禪師，本州安城劉氏子。幼出家，每群居論道，師惟默然。後聞曹溪，往參，問曰：「當何所務即不落階級？」祖曰：「汝曾作甚麼來？」師曰：「聖諦亦不爲。」祖曰：「落何階級？」師曰：「聖諦尚不爲，何階級之有？」祖深器之，居衆首焉。一日，祖謂師曰：「從上衣法雙行，師資遞授，衣以表信，法乃印心。吾今得人，何患不信？吾受衣以來，遭此多難，况乎後代爭競必多，衣即留鎮山門，汝當分化一方，毋令斷絶。」師既得法，歸住青原。六祖將示滅，有沙彌希遷問曰：「和尚百年後，希遷未審當依附何人？」祖曰：「尋思去。」及祖順世，遷每於静處端坐，寂若忘生。第一座問曰：「汝師已逝，空坐奚爲？」遷曰：「我稟遺命，故尋思耳。」座曰：「汝有師兄思和尚，今在吉州，汝緣在彼。師言甚直，汝自迷耳。」遷即禮辭祖龕，直詣青原參禮。師曰：「子何方來？」遷曰：「曹溪。」師曰：「將得甚麼來？」曰：「未到曹溪亦不失。」師曰：「若恁麼用到曹溪作甚麼？」遷曰：「若不到曹溪，爭知不失？」詰勘多端，機辯自在，遂印爲法嗣，是爲曹溪下一世。贊曰：天然尊貴，不落階級。一語投機，如蜂得蜜。曹溪一脈，枝分派衍。從此兒孫，雷驅電捲。

南嶽大慧禪師懷讓傳贊　前人

南嶽懷讓禪師者，金州人也，姓杜氏。生時白氣應於玄象，太史占奏爲國之法器。帝勑金州太守，親慰其家。年十歲，有異僧見之，告其父母曰：「此兒出家，必獲上乘。」年十五辭親，依荆州玉泉寺弘景律師出家授具。後謁嵩山安和尚，指詣曹溪參六祖。祖問：「甚麼處來？」曰：「嵩山來。」祖曰：「甚麼物？恁麼來？」師無語。遂經八載，忽然有省，乃白祖曰：「某甲有箇會處。」祖曰：「作麼生？」師曰：「説似一物，即不中。」祖曰：「還假修證否？」師曰：「修證則不無，染汙即不得。」祖曰：「衹這不染汙的，諸佛之所護念，汝善護持。西天般若多羅讖：汝足下出一馬駒，踏殺天下人。並在汝心。」師執侍一十五年。後往衡嶽，有沙門道一在山常習坐禪。師知是法器，乃取一磚於庵前石上磨。一曰：「磨作甚麼？」師曰：「作鏡。」一曰：「磚豈得成鏡耶？」師曰：「磨磚不得成鏡，坐禪豈得做佛？」一曰：「如何即是？」師曰：「如牛駕車，車若不行，打車即是，打牛即是？」一大了悟，遂付其法。偈曰：「心地含諸種，遇澤悉皆萌。三昧花無相，何壞復何成？」是爲曹溪下一世。贊曰：氣概沖天，心虛没量。攪曹溪水，興波作浪。睡著馬駒，一磚打起。蹴踏横行，觸者皆死。

六祖大師肉身贊　前人

一陽來復，暖氣漸臨。三陽滿足，萬物皆春。一陰初至，流火内凝。三陰始交，草木頓零。有力造化，尚使枯榮。何況無生，念念薰蒸。以有入空，四大俱融。以空入有，有則不朽。空有兩忘，適同金剛。山河大地，盡常寂光。是故我師，爲法中王。

傳法衣贊　前人

如是之法，不絶如縷。佛眼明見，示之以此。爲世福田，植真種子。力耕者生，荒穢者死。祖業既明，固當止止。

鉢盂贊　前人

以智爲身故無相，以慧爲命故無量，以法爲食故無妄。非器之能器，故其名曰應量。

響鞋贊　前人

塵不至足故最白，足不至地故無著。兩不相到故行密，行不履影故無跡。此之謂善逝世間，曰天人師佛。

墜腰石贊　前人

師心匪石何其堅，師心匪法何所傳？傳之者妄，得之者筌。師之道惟此而已，固不在言。余以弘法罹難，蒙恩遣雷陽。以萬曆丙申春仲謁曹溪六祖大師，以行役迫促，不遑寧止，惟此一瞻禮光相，説偈贊歎而去。越二年戊戌，孟夏既望，適觀察海門周公以入賀相攜，因再過曹溪，得睹信具，故各爲言以志之。

自題像贊四則　前人

威威堂堂，澄澄湛湛。不設城府，全無崖岸。氣蓋乾坤，目撐雲漢。流落今事門頭，不出威音那畔。無論爲俗爲僧，肩頭不離扁擔。若非佛祖奴郎，定是覺場小販。不入大冶洪爐，誰知他是鐵漢。祇待彌勒下生，方了這重公案。

又

少小出家，老大還俗。裝憨打癡，有皮没骨。不會修行，全無拘束。一朝特地觸龍顏，貶向雷陽作馬卒。而今躲嬾到曹溪，學墜石頭舂米穀。

又

爲六祖而來，因讓師而去。來去雖似奔忙，法門本來無住。祇爲撑持父子門庭，不是妄生閒氣。歷盡艱難，參殘竹篾，落得滿面風塵，當作西來祖意。到底一片金剛心，尚留再布曹溪地。

又

飲曹溪水，喫栗棘飯。説木札禪，做生鐵漢。見之不識，聞之莫辨。當年一鉢走韶陽，曾向祇園閒打算。至今山色與溪聲，廣長舌相何時斷？試問林中晏坐人，此中可是憨山面？　康熙志卷六

中興曹溪憨山大師肉身法像贊　譚貞默（一五九〇——一六六五）

字梁生，嘉興人。崇禎進士。國子監司業兼祭酒。有《譚子雕蟲》《掃庵集》。

現佛現祖，嫡宗嫡教。傳曹溪衣，寫楞伽照。龍門海印，清涼竅妙。歷刼肉身，一方雙到。

曹溪大休和尚像贊　前人

靈山記莂，萬古曹溪。風旛大樹，寶林菩提。掀翻溟渤，踢倒須彌。優鉢羅花，虚空三現。先覺先知，去來快便。説法度人，誕登彼岸。　休師坐脱，塔於憨祖肉身出塔之地，今爲衣鉢塔者。同在盧祖南華寺天峙岡，不越數武。　康熙志卷六

讀壇經原本頌　嚴仲慤　法名大參。明末清初浙江嘉興人。

吾禾西池道人，胸藏二酉，教通三乘。掃庵道人手著萬牒，旨歸道一。不肖參笥無片楮，腹無隻字。掃道人爲曹溪肉身憨祖法子，參忝曹溪大鑒聞孫，乃憨祖年譜、《壇經》原本俱從西池藏中傳布。掃道人手疏年譜，訂正《壇經》，悉付剞劂，流通薄海内外。參惟得而誦讀之，不能如兩道人興波作浪於曹源活水中，克家之謂何？愧怍忻忭，爰申讚頌云：

西祖單傳意，墜在曹溪水。浸殺天下人，偷心誰不死。愧余六十三，未解啟口齒。偶過著作堂，得遇西池氏。罪彼宗寶僧，示我常白紙。古本及時册，一一都披視。朱紫久混淆，異同難定止。衆目相諦觀，十手來共指。千年陳葛藤，今日重新起。曹水與憨山，肉身無彼此。年譜與壇經，面目恰相似。譜喜手疏成，經訛正當剞。四謗顯其非，增減奪一是。黑豆未生芽，二者從何擬。好個真消息，古今無異旨。直下絶淆訛，不須翹足竢。翻怪老臊鬍，無事中生事。頭正兼尾正，僧史耀青史。

順治壬辰季夏，曹溪法孫轆轢道人嚴大參合十題。

六祖大師法寶壇經曹溪原本

六祖塔功德疏　蘇軾

朝奉郎提舉成都府玉局觀蘇軾，先於紹聖之初謫往惠州，過南華寺，上謁六祖普覺大鑒禪師而後行。又謫過南海，遇赦放還。今蒙恩受前件官，再過祖師塔下，全家瞻禮，飯僧設浴，以致感恩念咎之意，爲禳災集福之因，具疏於後。

伏以竄流嶺海，前後七年；契闊死生，喪亡九口。以前世罪業，應墮惡道；故一生憂患，常倍他人。今兹北還，粗有生望，伏願示大慈愍，出普光明。憐幼稚之何辜，除其疾恙；念餘年之無幾，賜以安閒。輒敢不自求本心，永離諸障，期成道果，以報佛恩。　康熙志卷五

募六祖袈裟疏

王岱　字山長，號了庵，湖南湘潭人。崇禎舉人。康熙薦舉鴻博，官澄海知縣。有《溪上草堂詩文集》。

《曹溪志》載：六祖至寶林，因堂隘狹，於陳亞仙乞坐具地，亞仙許諾。則展具盡蓋曹溪四境，亞仙乃求留祖墓。後人遂傳爲美談，余謂衆生失卻六祖一片菩薩心矣。六祖當日爲法苦行，舂頭帶石，豈欲求安？其後遁跡戎伍，肉邊著菜，豈有虛僞，不過欲了徹生死，自度度人，何以術取人祖墓地？夫六祖袈裟廣濶，祖必自知，而始言一坐具地，既展盡蓋其地，是欺也，詐也。釋法一真不妄，豈容欺詐？若云袈裟本窄，展時忽廣闊，是其神通。佛法最忌神通，便落小乘。六祖傳燈正法，決不作此鬼怪伎倆。故六祖傳法不傳衣，正不欲眩惑後人。今涅槃後，遂偶留軀殼，腹披袈裟，亦不過爲世人示尊信，未可執相求真也。兹南華香火僧宗聞，因祖衣之敝，欲重新之，請余爲疏。了庵爲之偈曰：佛法真空有，安用身外物。披衣示尊信，安論新與故。若以相求真，恐失祖法處。可故亦可新，無著亦無住。欲得此中因，歸問曹溪路。

重修南華寺疏

歐樾華　廣東曲江人，咸豐拔貢。參與纂修同治《韶州府志》。

曹溪南華寺供奉南宗六祖大鑒禪師真身，自唐以來，千有餘年，香火綿延，鼓鐘丕振，洵西竺無雙福地，爲東山第一法門。水有異香，別開梵宇；峰多神秀，肇造叢林。考智藥遺言百六年，寶坊星麗；

溯黄梅得道四十人，弟子雲羅。惟菩提不著塵埃，悟空寶偈；故檀越真心皈奉，任罩袈裟。自闢道場，遂成佛國。塔名靈照，曾奉詔於元和；堂是本來，紀庀材於成化。鴻規漸廓，鹿苑頻增。迨我熙朝，并包寰宇，澤潤生民。藩王恭膺簡命，底定海邦。帶礪申盟，蜺旌遙駐；馨香寅祝，鳥革重輝。妙選總持，何遜恒河之衆；鼎新方丈，居然崧嶽之高。乃歲月侵凌，欂櫨蘚蝕；風霜剥落，柱礎苔封。雖佛法無邊，不羨人間金碧；而真靈有在，共瞻天上迦藍。伏惟佛祖慧證風旛，道傳泉錫。化不言化，惟殷勸善之懷；靈之又靈，總以普施爲念。歲在辛未，災成三月，澤靳當春。時觀察林、邑侯張親詣祇林，肅祈甘澍。誠存爲物，爇一瓣心香；德動維皇，叩三更腰石。遙祝令回赤日，果然福庇蒼生。坐掃妖氛，五嶺欣瞻福地；立除旱魃，十州共戴羅天。法雨醍醐，頓生歡喜；祥雲繚繞，大顯慈悲。是有功德於民，禮宜虔祀；惟自得師者聖，體合居尊。倘祖殿三間，僅延明月；而寺門一帶，半屬荒煙。則尋衣鉢之源，相嗟蔓草；訪華嚴之道，難問曇花。言念報功，何堪展禮。今議葺修祖殿，以肅觀瞻；重建大雄寶殿，以崇宗仰。因而羅漢樓、鐘樓、鼓樓、山門等處，次第舉修。夫裘美千金，集非一腋；山成九仞，累以萬夫。廣廈須大材，疇搜巖而採幹；名山有奇氣，請翦棘以升階。法莊之界三分，鳩工經始；寶座之圖十丈，鵠企彌殷。南海西天，重刊古碣；禪林洙泗，續訂遺碑。是釋自有宗，道待人者頭陀一念；佛之言弼，心其事者頂禮萬家。爰占景福之同，議勸多金之助。幸攄誠悃，恪奉佛因。同治《韶州府志》卷二十六

南華禪寺重建説法堂募緣疏

蔣伊（一六三一——一六八七）　字莘田，江蘇常熟人。康熙進士。有《莘田文集》。

韶陽南華禪寺爲嶺南第一叢席，開山自梁天竺僧智藥始。及六祖大鑒禪師傳黄梅衣鉢，具正法眼，

樹大法幢，緇素翕集，人天叶應，説法三十七年，座下得法者四十五人，此説法堂之所由建也。其後興圮不一，具載余、黄兩先生記中。今歲甲子初秋，予奉命探訪粤東諸名山大川，將繪圖以獻。因至曹溪，得禮大鑒禪師。周覽諸山，峰翠環匝，水香縈洄，真東南法席之冠也。寺僧巨庵念説法堂圮，誓願重建，介鄭太史珠江請予爲之唱導。夫佛法自東漢入中土，不過經論義諦、功德莊嚴而已。迨初祖得拈花微旨，一掃有爲，歸之了自心、見自性，不假外求。六傳至大鑒，而其道大昌。曹溪分二派，曰青原、南嶽。青原、南嶽復分五派，曰曹洞、法眼、雲門、臨濟、溈仰，天下稱爲五宗，燈燈相續，印印相承，將及千載，至於今不替。蓋南華實禪門之闕里，而説法堂又南華之緇帷杏壇也。其所繫慧命甚重，可聽其頹落已耶？巨庵以興復爲己任，願力堅固，將見一彈指頃金輝碧湧，俾祖堂焕復舊觀。六祖常寂光中，定爲證明；憨山諸老亦必乘願再來，爲大導師，説無上法。所謂不離自性即是福田，下視有爲因緣，如浮漚起滅，何可同日而語哉！

《莘田文集》卷十三

爲六祖請賜加封謚號呈文

釋虚雲

嘗聞崇德報功，歷代著褒揚奉祀之典；前賢往哲，盛世重追封加謚之文。故我六祖慧能禪師，生於唐代，得衣鉢真傳，大顯法化。唐中宗神龍元年，遣内侍馳詔迎請，不赴。惟於曹溪（即今南華寺）闡揚心地般若法門，嗣法者四十三人，聞法而不失宗旨者萬千之衆。其後分爲五宗：曰臨濟、曰曹洞、曰溈仰、曰雲門、曰法眼，皆一脈相承，普遍南北。法眼一宗，遠傳於泰國、高麗。曹洞亦盛行於日本。教化廣被，淵源深遠，古今鮮見。玄宗先天二年，六祖示寂，留肉身於曹溪。憲宗謚曰「大鑒禪師」。至宋朝，太宗加謚曰「大鑒真空禪師」，仁宗加謚曰「大鑒真空普覺禪師」，神宗加謚曰「大鑒真空普覺圓明禪師」。宋以後，地方有司未爲請謚，故無聞焉，然曹溪禪道愈久而彌著者也。

宋儒周濂溪，參學於東林聰禪師，得心性之傳，並得竹林壽涯禪師所授易學，而二師皆淵源於曹溪。二程朱陸性理之學，又皆出於濂溪。考其法脈源流，宋明兩代言性理之學者最著，其於曹溪，則猶古之洙泗也。至於道家，如唐之呂洞賓，參學於黄龍禪師，而得悟道。元之張紫陽，得《雪竇祖英禪師語録》啟發，始開妙悟。此道家猶龍一派稱爲純正者，以得聞曹溪之禪法，而中興其宗派焉。故曹溪不獨爲禪門之祖庭，亦儒道兩家之大宗師也。蓋其源遠則其流長，佛教傳入中國，始於漢而盛於唐。法師如林，惟我六祖遠紹直指單傳、明心見性之宗，化行中外，朝野尊崇，得不謂一代之人傑、三教之師表耶？

兹更就其與粵東文物關係論之。相傳曲江張九齡於童年時，嘗隨其家長參禮曹溪，六祖爲之摩頂授記，謂「此子器量不凡，他日必束帶立朝，身爲大臣」。曲江風度，膾炙人口，而不知已於齠齔之年，早得祖師爲之印證矣。嶺南文化落後，自六祖得衣鉢後，教化普施，從此粵人不再以獦獠見嘲於中原矣。粵東文物之盛，亦自此始。未幾而有黄巢之亂。黄巢曾率兵取道曹溪，以不禮於祖庭，風雨晦冥，迷途失路，終日不能出山，乃懾栗禮敬，始解昏厄。後將其屯兵之營田，盡捨於南華，供奉祖庭香火。志書名其地爲黄巢莊。是以魔王而轉爲護法，尤爲奇事。又韓愈以謗佛被貶爲潮州刺史，三致書於大顛禪師，親入山敬禮，爲大顛所折服。唐尚書孟簡作《韓愈别傳》，記其問答之言。宋歐陽修跋其别傳，則曰：「反復讀之，知大顛果非常僧也。」又曰：「若非深達先王之法言者，莫之能爲也。」大顛爲曹溪第四傳弟子，其見韓愈之年已八十八歲。韓愈未至潮時，潮人早受法化久矣。後人謂潮州賴有韓愈開闢草萊，不知其功乃種因於大顛禪師也。曹溪弟子分化各方，蠻煙瘴雨之鄉，咸沐其化。其與廣東文化關係之深，殊未易殫述。

自唐迄今，千有餘年，各地禪寺類多頽毀，獨曹溪一寺（初名寶林，後名南華），巍然獨存，香火綿綿。每年六祖誕降之期，曲江近縣善信之士，咸來進香頂禮，絡繹於道。其德澤感人，靈顯佑世，千年如一日。政府對於蒙藏之喇嘛、班禪，既嘗頒給封號矣，此固懷柔深意。若特擇其道義精純、化行中外如六祖者，追封謚號，尤見遐邇一體，天下歸仁。或慮當茲非常時期，奚暇及此。第考唐太宗時，崇奉佛法。開元二年，詔凡兵災之處，悉建寺供佛。十五年再下詔，凡戰地皆立佛寺。至於太原舊第，亦施以奉佛。果被法鼓所震，變炎火爲青蓮；梵音所聞，易苦海如甘露。此殆其所見者大，所知者深也。

今歲首，陪都開護國息災大悲法會，抑見弘濟萬品，典御十方，尊崇佛法，慶洽人天。濟濟群公，共修福業，永作善緣，同心同德，護法宏教如此。理合呈請鈞府，敬祈轉呈政府主席，明令頒給六祖禪師封號，以垂久遠，光昭萬代，福蔭邦家。謹呈。

虚雲和尚法彙·文記

六祖大師法寶記序

郎簡（九六八—一〇五六）　字叔廉，臨安（今浙江杭州）人。宋景德間進士，官至刑部侍郎。

按《唐書》曰：「後魏之末，有僧號達磨者，本天竺國王之子，以護國出家，入南海。得禪宗妙法，自釋迦文佛相傳，有衣鉢爲記，以世相付受。達磨賫衣鉢航海而來，至梁，詣武帝，問以有爲之事，達磨不說。乃之魏，隱於嵩山少林寺，以其法傳慧可。可傳僧璨，璨傳道信，信傳弘忍，忍傳惠能，而復出神秀。能於達磨爲六世，故天下謂之六祖。」《法寶記》蓋六祖之所說其法也，其法乃生靈之大本。人焉、鬼神焉，遂與其清明廣大者紛然而大異。六祖憫此，乃諭人，欲人自求之，即其心而返道也。然天下之言性命者多矣，若其言之之至詳，理之之至當，推之之至悉，而釋氏得之矣。若其示之之至真，趨之之至徑，證之之至親，而六祖之於釋氏，又得之也。六祖於釋氏教道，可謂要乎至哉！今天子《開善閣記》謂「以本性證乎了義」者，未有捨六祖之道而有能至於此者也。是則六祖者，乃三界之慈父，諸佛之善嗣歟。偉乎！惟至聖而能知至道也。然六祖之説，余素敬之，患其爲俗所增損，而文字鄙俚繁襍，殆不可考。會沙門契嵩作《壇經贊》，因謂嵩師曰：「若能正之，吾爲出財模印，以廣其傳。」更二載，嵩果得曹溪古本校之，勒成三卷，粲然皆六祖之言，不復謬妄。乃命工鏤板，以集其勝事。至和三年三月十九日序。

《鐔津集》卷十一

御製壇經法寶序

朱見深（一四四七—一四八七） 明朝第八位皇帝，年號成化，廟號憲宗。

朕聞佛西方聖人也，爲善不倦，博濟無窮。又曰佛弼也，其弼世教而隆大行者也。故《周頌》曰：「佛時仔肩，爲我顯德行。」是知佛爲弼訓，無餘蘊矣。昔達磨遠歸東土，不立文字，直指人心，見性成佛。夫性，天人一也；文字，惟心畫而性融焉。有善有惡，有邪有正，得其正則性善而言順，得其邪則性惡而言乖。子思曰「自誠明謂之性」，又曰「誠者天之道，不誠無物」。苟能於性上究其真宗，辯其善惡，則聖賢地位，何患乎不至耶？故佛樂於爲善，心無邪見，性體圓明，虛靈澹泊，於空而不著空，於相而離諸相，所以成佛果而弼隆朕治道也。若謂崇供養而求福田利己，朕所不取焉。越嶺南有禪師者盧能，乃新州人也。師於黃梅，得衣鉢之傳，究性宗之學，隱於曹溪。没後，其徒會其言，傳爲《壇經法寶》。其言正，其性善，大概欲人循諸善道，離諸惡趣，與吾儒窮理盡性、自誠入聖之理而無殊矣。因萬機之暇製爲序，命廷臣趙玉芝重加編録，鋟梓以傳，爲見性入善之指南云。故序。

康熙志卷三

重刻法寶壇經序

屠隆（一五四四—一六〇五）　字長卿，浙江鄞縣人。萬曆進士，任禮部主事、郎中等職。有《鴻苞集》等。

佛者，覺也，覺悟也，悟本性也。本性之中，妙湛圓寂，本自無迷，又焉有悟？衆生染著塵溷，播弄識神，昭昭靈靈，精光外走，六根四大，不悟假合，於是有形骸障；飲食男女，妄生貪著，於是有嗜欲障；豪傑殫智力以營世務，於是有名功障；才士騁聰穎而工藻繢，於是有文字障；拘常隨俗，縛而不解，則有事障；窮玄參妙，悟而轉迷，則有理障。種種顛倒，惣屬無明，沈淪諸趣，輪轉生死，實由於此。初祖西來，盡掃文字見解，單提性宗，頓悟成佛。是故迷情未盡，則歷萬劫而不超凡；自性若明，則一刹那而立證聖。既曰自性，本自如如。迷時謂之衆生，自性非減，佛是衆生，譬之水結爲冰，不離此水；悟時謂之佛，自性非增，衆生是佛，譬之冰消爲水，本自無冰。迷則有縛有解，愈解愈縛；悟則無縛無解，並解縛而兩忘。迷則以藥治病，藥即是病；悟則無病無藥，合病藥而雙遣。當其久在迷途，千生萬劫，無限轆轤；及其豁然大悟，一了百了，有何階級？故悟惟一頓，安得有漸？分頓漸二門，不悟者之言也。何以故？六祖一樵採獦獠，聞「應無所住而生其心」，言下立悟，遂傳諸佛心印。神秀之徒，時時定攝，時時拂拭，而爭祖爭衣。貪嗔不除。故知悟必以頓，漸則未悟。悟之法門，有一無二。六祖之《法寶壇經》，蓋言悟也，言頓也。其言「迷時師度，悟時自度」「心悟轉法華，心迷法華轉」，悟之謂也；其言「凡夫即佛，煩惱即菩提」「前念迷即凡夫，後念悟即佛」，頓之謂也。打迷網於一空，耀心珠於獨朗，布寶筏於苦海，秉慧炬於昏衢，未有若此經之明白直截者也。六祖未嘗讀書識字，而吐語爲經，符契千聖，乃知般若之中，何物不照，何義不了？雲間侯大將軍繩武，昔闖粵東，參禮六祖，皈依三寶，祇奉如來，爲補陀大檀越。今刻此經於海上，以廣大乘之教，以弘普度之心，而屬隆一言發明宗旨。隆博地凡夫，未明性地，以迷人而强作悟語，是諸佛菩薩之所呵也，隆則烏敢！若乃投誠佛門，讚揚功德，其庶乎立悟之因地也。

萬曆志卷二

六祖大師法寶壇經序

釋泰倉　嘉靖間南華寺住持。

夫事無鴻纖，但有補於見聞，使人警寤而趨善道以明自性者，則不可以不傳而貽諸後也。昔六祖大師，即古佛再來。自正唐貞觀十二年戊戌歲二月八日子時出見世間，師乃歷劫熏煉以成佛，心如太虛，同日月之明，而尚且遵依授接，方以爲天人之師。所説法要，弟子法海録爲《壇經》留傳。君子凡看之際，未合佛心者，不免懷疑。貧道閲藏經，教中挈題贊佛祖致極之談，乃先賢之所以化後人，依法修行，同成佛道。故前聖之教，千劫一逢，勿以一生空過，余輒於兹云云。蓋聞乾元資始，三辰著象於天；坤道資生，萬物動形於地。皇王於是建國，賢聖所以垂文，起名教而莫同，制威儀而有别。至如畫卦觀爻，蓋取隨時之象；綜經織緯，匯通爲政之辭。大禮同和，大樂同節，安上治民，移風易俗，斯乃生前之事，略矣可言。死後問知，仲尼弗語。縱使絳雪縈空，玄霜拂樹，餌金丹而九轉，吞玉髓以千年。乘雲也，駕九色之玄龍；遊漢焉，控三山之素鵠。逍遥瑪臺之上，容與琳闕之間。未窺解脱之門，終趣蓋纏之境。唯正覺淵沖，真如妙有，不生不滅，無相無言。隨緣應質，則假色成形；隨類觀音，則因聲示説。故有白銀千尺之體，紫金丈六之身，八部般若之文，四種悉檀之義。神通自在，慧力無窮。因導化行，開示悟入，歸依者盡發菩提，迴向焉普登常樂。是以獮猴建塔，遂生忉利之天；野雁銜華，復往彌陀之國。豈直日藏沙門，孤遊正道；月光童子，獨見如來。四生因玆度脱，六道藉此昭蘇，實火宅之高車，昏河之大筏。若乃周室昭王之世，影奪恒星；漢朝明帝之時，光夢如日。使旋西寓，化漸東都，置像南宮，申心北面。余聞自梁普通八年間，西傳二十八代祖達磨大師東來震旦此土爲初祖，方三傳至黄梅。五祖會中開化而度天人，直指之旨，化利天下。六祖自聞，急趨御前。五祖一見問答，音詞相契，授以衣法，爲第六代祖。回隱之際十五稔，次居曹溪，説法度人，不擇聖凡。而直指人心、見性成佛之旨，再曰慎勿於彼外求，若不信此，終非得也。後志者德異全其文，鏤板流通。又曹溪道進重刻板流傳，其板歲久湮没。貧道泰倉忝遇傳燈之記，遂尋先賢之蹤跡，跋爲後賢之識，刻板流通，遵補祖道，以報佛恩。伏望凡四衆君子習誦，自當信於自心即是佛心，心者無相，勿以外求。晝夜精專密，密玆參，久乃方中囙地，可信自心即佛心者也。余自譴兼虧聖德，願更迴神慮，別俟勝賢；妙果方因，使無斷絶。經稱一句染神，歷劫不朽；大智慧海，信爲能入。固知深解大乘，佛法久住，功德易滿，智慧最高。守質抱愚，仰希聽覽；徒伸庸俚，終不自宣。余發重誓：庶金剛之域，與鷲嶺而長存；法寶斯傳，等雞山而不滅。以爲序耳。六祖禪師自唐開元元年癸丑歲示寂，至嘉靖十四年乙未歲，已得八百二十三年矣。廣東韶州府曹溪寶林山勑賜南華禪寺沙門泰倉敘。

明泰倉刻《六祖大師法寶壇經》

重刻六祖壇經序

釋德清

世尊説法四十九年，乃云未説一字。末後拈花，迦葉破顔微笑，於是有教外别傳之旨。西天四七，祖祖相傳，是爲心印。達摩東來，直指一心，不立文字。六傳至曹溪，衣鉢乃止，以其信心者衆矣。六祖得黄梅心印，以悟本來無一物，遂爲的骨子。開法於曹溪，以無説而説，門人吠聲逐塊，緝之曰《壇經》。其所指示，唯般若一心，心外無法。則口説者如天鼓音，空谷響耳，豈實法哉？余蒙恩於嶺外，幸作六祖奴郎，聊爲料理廢墜之緒。因見經本數刻，多有改竄不一。蓋以後世聰明君子，將謂老盧本賣柴漢，目不識丁，怪其所説無文彩，故妄易之耳。嗟乎！大音希聲，至文無文。況闡無言之道，假舌相以宣鳴乎！夫水流風動，皆演圓音，又何文之有？予偶得古本，乃爲勘訂，其所記參差者，復爲整齊，分爲十品，以雅稱經名也，刻於山中。適大將軍張君樂齊先開府於粤，間訪予於山中，嘗以此經贈之。别十年，公歸林下。予過錢塘，公一見歡若更生。談及此經已重刻行，感公力能荷法，乃序之，以見公爲禪將軍，其有以發見聞之勇猛於此事者勸。

刻法寶壇經序　前人

或謂吾佛四十九年末後拈花，且道未談一字，單傳達磨西來，直指人心，見性成佛，不立文字，目爲單傳，此經豈非文字乎？然殊不知此事，人人本來具足，不欠一法，不立一法。既本具足，是則佛未出世，塵塵刹刹，未嘗不熾然常説；祖未西來，物物頭頭，未嘗不分明直指。如是觀之，世尊終日直指，達磨九年説法，又何有教外教内、單傳雙傳耶？若人頓見自心者，則説與不説，皆戲論矣。此《壇經》者，人人皆知出於曹溪，而不知曹溪出於人人自性；人人皆知經爲文字，而不知文字直指人心。心外無法，法外無心，一味平等，原無纖毫回避處。悲哉人者！覿面不知，知則諦信不疑。本來無事，無事則又何計佛祖出世不出世、説法不説法耶？是則此刻，刻空中鳥跡耳。

《憨山老人夢遊集》卷十，順治十七年刻本

壇經序

祝以豳

自達摩以心印傳二祖，并《楞伽》四卷授之，曰：「此如來心地要門。」至五祖易以《金剛》，六祖遂從《金剛》悟入，既悟，置衣鉢不傳。於是《楞伽》、《金剛》皆爲絶學，而《壇經》出矣。《壇經》者，《楞伽》、《金剛》之註疏，而闡圓頓秘密不絶之學，如摩尼珠，如吹毛劍。苟非鈍根下器，讀之鮮不決目洞胸、涕汗交下者，直指人心，見性成佛，所謂教外别傳，非與？顧舊本漫滅，余將謀重鋟之梓，而憨頭陀業先之矣。梓未竟，余以入賀萬壽行，頭陀扁舟破浪，追及靈鼂，謂：「曹溪行脚僧，可無爲《壇經》作一法施？」余時未及擬議，曰：「即法施，無踰頭陀。」第爲讚歎如此。

重刻法寶壇經序

楊起元

儒者類以了生死觀佛，而詆其不可以治天下國家。夫心明而不可以治天下國家，是目明而不可以視，耳明而不可以聽，豈事之理哉？愚謂佛學，經世之極者也，而不與世爲偶。夫身在堂上，然後能辨人於堂下；身在井上，然後能救人於井中。若混於堂下則俱迷，從於井中則俱溺。此其故，予難言之矣，要可以意會而不可以言悉。予不佞，無默識之才，有途説之病。而六祖大鑒禪師，予東粵人也，得法黄梅，弘法曹溪，是有《法寶壇經》之籍。東南人士，家傳人誦，咸曰：「此佛而儒者也。」其直指人心、見性成佛，與吾孟氏道性善、稱堯舜同功，則不以異端擯棄，有自來矣。而予隨衆讀誦，晚乃自謂有得於其見過知非之旨。孔子曰：「已矣乎！吾未見能見其過而内自訟者也。」何絶望至此哉？蓋過不在於過，而在於善。凡吾人自以爲善而帖然安之者，即過也。何者？是皆識爲之也。識生於習，孔子之所謂習，即佛之所謂業也。業識所現，智者過而不留，而愚夫執以爲是，以至認賊爲子，喪真失常。蓋孔子於其門人僅許顏子，有不善未嘗不知；於其交遊僅與伯玉，欲寡其過而未能；至其自嗚，亦僅曰「五十學《易》，可以無大過矣」：蓋其難如此。凡吾人不見性體，即不能見過；性體一見，過狀歷然。不能見過而自謂見性者，欺也；不至見性而自謂見過者，亦欺也：見過者是見性之實也。見性如人之活，見過如人知痛知癢，謂活人不知痛癢，無是理矣。問人之活否，曰「知痛癢矣」；問人見性否，曰「知過矣」：此孔子之旨也，亦佛之髓也。《六祖壇經》屢發之矣，於法達念《法華》三千部，而責其負此事業，全不知過。他日又語神會曰：「吾常見自心過愆，不見他人是非好惡，何不自知自見，乃問吾見與不見！」至哉言乎！蓋菩提無樹，明鏡非臺，直入此門，方知真實。世之學人，樹菩提而臺明鏡者，即以爲賢，此有爲之法，有漏之因，宜其麻木不知痛癢也。《老子》曰：「自知者明，自勝者强。」故《壇經》之旨，使人自知、自勝、自競業、自篤恭，其修身治世之益，有非言説所能盡者。《孟子》曰：「行有不得者，皆反求諸己，其身正而天下歸之。」《詩》云：「永言配命，自求多福。」此之謂也。此予之所自謂有得於《壇經》者也。雖然，安知予之自謂有得者之非失耶？鼴鼠飲河，僅足自充其腹耳。然一滴之水，即全河之水，見少見多，與水無與。後之誦經者，得無以予言增業哉！此經南中無善板，故重刻而序之如此。蓋欲吾人由是經教，以詣我孔聖見過自訟之域，安而能遷，淨而能洗，共證本來，淨諸業障而已矣。

萬曆志卷二

重録曹溪原本法寶壇經緣起

王起隆　字季延，號止庵，浙江秀水人。明諸生。

余家藏有萬曆元年癸酉李見羅先生重刻《曹溪法寶壇經》原本一帙，先居士秀川公手澤存焉。其本之善，段落渾成，理趣周匝，視諸方刻本絶異。童習迄今，珍逾拱璧。今夏攜過研山，偕道一主人展閲，適有楞嚴經坊所刻方册《壇經》在案，取一對之，則竄易顛倒，增減删改，大背謬於原本，未有如是極者。蓋至元辛卯元僧宗寶改本，而徑山寂照庵於萬曆己酉刊行者也。

夫佛門宗印，一絲不得走移；祖師言句，一字不容增減。《壇經》開頓教門，五宗之所自出，固佛祖心髓也。可竄易乎？可顛倒乎？可增減删改乎？自至元迄今，三百餘年矣；即萬曆己酉迄今，亦四十四年矣。東南所行《壇經》，罕見曹溪原本，概多宗寶方册。方册改本之雲霧不除，曹溪原本之杲日青霄何從見仰，洵可悲可痛！必先商流通原本，方可徐議銷毀改本也。道一主人護持祖命，念切救頭，當以原本立付剞劂。復屬余字櫛句比，詳明楷定，以告諸方。余非樂爲索瘢，要惟千秋法寶，明晦攸關，何敢安於襲舛。竊謂宗寶之自用自專，大舛大錯，當以佛性四謗定之。佛祖建立一切法，後人增一字爲增益謗，減一字爲減損謗，紊一字爲戲論謗，背一字爲相違謗。四謗不除，即百非俱起，退衆生心，墮無間罪業，不通懺悔矣。宗寶之於《壇經》，按之四謗，實無所不有。數其大端，更竄標目，割裂文義，顛倒段落，删改字句。其膽甚狂，其目甚眯，安得再遲鳴鼓之攻哉！

考祖二十四傳衣，三十九祝髮，説法利生三十七載，門人法海等録爲《壇經》。然《壇經·付囑流通》文中，載祖將順世時，示門人法海等曰：「我於大梵寺説法，以至於今，抄録流行，目曰《法寶壇經》。汝等守護，遞相傳授。」據此，則《法寶壇經》四字爲祖所自立。抄録雖屬門人，全文實祖自鑒定矣，可一字更易耶？

《大藏·壇經》不載品目，曹溪原本則分「悟法傳衣第一」「釋功德淨土第二」「定慧一體第三」「教授坐禪第四」「傳香懺悔第五」「參請機緣第六」「南頓北漸第七」「唐朝徵詔第八」「法門對示第九」「付囑流通第十」。此十目中，目各四字，按之全文，字字具有原委著落。即非祖所自立，必當時得法弟子如行思、懷讓，親炙門人如法海、神會等之所製造，非唐以後人臆置明矣，可恣臆割裂耶？今宗寶之改本標目，則盡改四字爲二字：「行由第一」「般若第二」「疑問第三」「定慧第四」「坐禪第五」「懺悔第六」「機緣第七」「頓漸第八」「宣詔第九」「付囑第十」。按於全文，便不賅不括而無原委，不彰不明而無著落。如山無來脈，水無來源，一望而神氣索然矣。非減損謗與相違謗兼有之者耶？此大頭顱之最舛謬也。

載將逐段血脈條分縷析之。如「悟法傳衣第一」，大師一日所說也，宗寶妄嫌繁長，割截上半行由得法事意爲「行由第一」，於原文末增出「一衆聞法，歡喜作禮而退」十字以結之，是無尾生尾也。割截下半說摩訶般若波羅蜜法爲「般若第二」，於原文上增出「次日韋使君請益，師陞座告大衆曰」十四字以始之，是無頭安頭也。夫一日所說法，可截爲兩日乎？若以繁長，佛七日演《華嚴》竟，傅大士一語講經竟，繁乎不繁乎？悟法傳衣，悟何法？正悟摩訶般若波羅蜜「但用此心，直了成佛」之法也。分一篇爲兩截，則悟法何安頓乎？前半但說行由，尚未說法，何得遽著「一衆聞法歡喜作禮而退」之語乎？此皆割裂不通，首犯相違、戲論兩大謗者。

因一節差錯，遂節節差錯矣，下此移「釋功德淨土第二」分作「疑問第三」也。夫功德，掃有爲功德，顯自性功德也；淨土，掃十萬八千西方，顯自性西方也。直指人心、見性成佛之的旨，攝盡無餘。單標「疑問」二字，瑣細可得諮諏，何能賅此極大因緣？此減損謗也。移「定慧一體第三」分作「定慧第四」也。「定慧一體」者，指定慧與「一行三昧」與「正教無有頓漸」爲一體也。祖師文字，正以錯綜愈妙；定慧等學，即是一行三昧。一行三昧，即是本性頓教。宗寶執泥「定慧」二字，遂將一分，分爲三截。移出一行三昧後「善知識。定慧猶如何等」至「亦復如是」十句四十六字，作定慧一截。下「一行三昧」及「正教無有頓漸」，各增「師示衆云」四字，共增八字，分爲二截。三截判然，定慧則定慧矣，一體成何一體乎？割剥聖文一篇貫串，鼎峙横分，使血脈隔别不通，增益、戲論、相違謗，三備之矣。

移「教授坐禪第四」分作「坐禪第五」也。文本一篇，截成兩段。去「此門坐禪」上轉文一「然」字，直云「此門坐禪，元不著心」至「卻障道」也。後一段移作前一段，而削去「《淨名經》云」三句計十二字。「師示衆云：善知識，何名坐禪」至「自成佛道」前一段移作後一段，既顛倒聖文矣。《淨名經》與《菩薩戒經》二經文，乃教授坐禪公據，承上貫下之文。削《淨名》，存《菩薩戒》，輪翼不能偏運，豈非腰截經文耶？減損、戲論、相違謗，亦具足焉。

移「傳香懺悔第五」分作「懺悔第六」也。此一大分五香、四弘誓、無相三皈依戒、一體三身自性佛，內有四大段落，合《無相頌》爲五，得不分截，幸矣。但「懺悔」先之「傳香」，正以傳戒香、定香、慧香、解脱香、解脱知見香五分香，故此「懺悔」足賅四弘誓等大法也。單提「懺悔」二字，人天小果，何所不可名乎？非灼然減損謗乎？

移「參請機緣第六」分作「機緣第七」也。其尤謬者，宗寶自跋有云：「取其本校讐，訛者正之，略者詳之，復增入弟子請益機緣，庶幾學者得盡曹溪之旨。」夫弟子請益機緣，六祖被機點化説法。利生之大，如法達之於《法華》，智通之於《楞伽》，志道、志徹、尼無盡藏之於《涅槃》，闡如來大經旨趣之大者。青原之「不落階級」，南嶽之「修證不無，汙染不得」，永嘉之「一宿覺」，闢五宗要領，參取無生綱宗之大者。當日《壇經》問答，公案昭然。宗寶猥云「增入」。夫增入者，本無而有，本少而多之謂也。宗寶不幾貧劫剽財，遽稱陶頓耶？大妄語，增益謗之謂何？

移「南頓北漸第七」分作「頓漸第八」也。南北伊何？南能北秀也。南以「本來無一物」爲宗，是名曰頓；北以「時時勤拂拭」爲宗，是名曰漸。北秀心服南能，而北之學徒忌祖傳衣得法，笑南「不識一字」。秀因以「獨得無師智」曉之，分中數條，不離此指，故曰南北頓漸。今離「南北」而但曰「頓漸」，不幾顧一指而失肩背與？此大減損謗也。

移「唐朝徵詔第八」分作「宣詔第九」也。夫徵者，徵祖赴京供養請益也。爰有內侍薛簡詔迎問答，表奏祖語。及祖上表辭疾，詔從師便，並奉磨衲袈裟，敕韶州修飾寶林寺宇，並賜新州舊居爲國恩寺之事。蓋其時則天登伽，中宗癡豎，宸極淫穢，祖不肯同安、秀二師輕出，乃祖師自重出處。但曰「宣詔」，宣何詔乎？不抹煞六祖之高潔乎？是又減損謗之大者。

將「法門對示第九」「付囑流通第十」兩分扭作一分，改爲「付囑第十」也，義尤可駭。夫法門對示，以「三科」對示「十八界」，以「十八正」祛「十八邪」，可掩抹耶？三十六對，天然佛法，可顢頇儱侗耶？自「太極元年壬子七月」以下，思理楫歸新州，示最後語，方是付囑。法門對示，全屬説法，不得混爲付囑也。

初截一分爲兩，是斷鶴脛使短；末紐兩分爲一，是續鳧頸使長。戲論之謗，至於此極。一質原本，罪過顯然，此各段落之大錯也。

又有關係血脈天然呼吸照應，妄行增減，窒礙壅淤，爲開門見山大錯之昭彰者。曹溪原本開章「悟法傳衣第一」文中，「大師告曰」下有「善知識，淨心念摩訶般若波羅蜜。大師良久，復告衆曰」二十二字。此二十二字，與後文「我今爲説般若波羅蜜法，令汝等各得智慧」一段，呼應極其喫緊。

今直云「大師告衆曰：善知識，菩提自性」云云，此上删去「總淨心念摩訶般若波羅蜜。良久復告」十八字。「能一聞經」下，上有「云應無所住而生其心」十字，與後文「祖以袈裟遮圍，不令人見，爲説《金剛經》」至「應無所住而生其心，惠能言下大悟」一段，呼應極及其喫緊。今删去「云」字下十字、前段「良久」二字，從上佛祖説法，以楔出楔，俱用此二字爲鞭影；與後文祖出坐磐石上，爲惠明説法，明良久」二字，又一呼一應，極其喫緊。況後段「應無所住而生其心」一句，係六祖悟由，宗寶不知何見，擅行删去原文，使後文之述盡失精彩。如此慧命攸關，盡情抹煞，豈非減所必不可減，爲減損謗之重大，不通懺悔者與？「祖三鼓入室得法，何期自性」十句下，原本云「祖知悟本性，即名丈夫、天人師、佛」祇十三字，此當下印許，擊石閃電，應弦倒之箭鋒機也。宗寶又不知何見，妄增「謂惠能曰：不識本心，學法無益；若識本心，見自本性」二十字，機語遲滯，箭鋒落之繞矣。虚空打橛，平地骨堆，一線有差，白雲千里，豈非增所必不可增，爲增益謗之重大，不通懺悔者與？他若原本有「我亦要誦此，結來生緣，同生佛地」十三字，改作細注，去「同生佛地」四字。又原本有「五祖歸，數日不上堂」至「衆乃知焉」四十三字，亦改作細注。又原本有「明回至嶺下」至「咸以爲然」二十八字，亦改作細注。「咸以爲然」下，有「惠明後改道明，避師上字」十字，原本特作細注。又原本中細注更有四處，共長短五段，則知細注乃後人增益，不得以細注混失正文甚明也。「傳香懺悔第五」分中，原本「我有一《無相偈》，若能誦持」，訛作「師持」；「參請機緣第六」分中，原本「法海參祖『即心即佛偈』『定慧』等等」，訛作「等持」，此亦減損、相違謗也。

懷讓參祖文，原本有「西天般若」至「不須速説」二十七字，今添細注云「一本無此二十七字」。夫「馬駒踏殺天下」，此西天般若多羅預讖，佛祖觀未來際，如觀掌中庵摩羅果。此而爲疑信有無語，則「供養十方羅漢僧」與「逢懷止，遇會藏」之讖，俱浪蕩語矣。智隍參祖文，有「汝擔心如」至「無不定時也」三十五字，今細注云「一本無此三十五字」，止云「師憫其遠來，遂垂開決」。不知大法不可以輕心慢心求，至人爲法忘軀，立雪斷臂、腰石春米即榜樣，何有於路之遠來？三十六字開示大定最明。若無此，則開示更屬何語？不反滋千古不決之疑乎？此等則增益、戲論謗之大者。

方辯參祖文，原本至「人天福田」止，今添入「師仍以衣酬之」細字四行，計六十九字。夫方辯固以香泥塗師肉身者，瘞衣事屬不經，原本所無，何得妄混？「付囑流通第十」分末文，「達磨所傳信衣，中宗賜磨衲寶鉢，及方辯塑師真相，並道具等」，原本有「主塔侍者尸之」六字。尸，主也。此主塔侍者，上足令韜也。令韜即對張淨滿處分事，爲柳守嘉歎者。宗寶妄行削此一句，於禪門築室獨居之賢，湮沈本末矣。此盡四謗紛紜、百非俱起之大錯也。

宗寶於宗門向上佛祖慧命事，全然望洋。再讀其跋語，有曰「余初入道，有感於斯，續見三本不同，互有得失，其板亦已漫滅，因取其本校讐，訛者正之，略者詳之」云云。夫《壇經》非文字，乃祖意佛心。曰「初入道，有感於斯」，已爲悠悠浮泛、大不中理之談矣。「訛者正之」，是其減損；「略者詳之」，是其增益。曰「三本不同」，曰「其板漫滅」，是其明知信臆改竄，相違戲論，亦有不安於心，以數語爲逋逃重業之飾辭也。又見陸五臺先生有刻《壇經》一跋云：「《壇經》乃曹溪弟子法海集，元僧宗寶裒益成書。微言具在，惟科門對法，辭多不倫，存之問知道者。」是五臺亦未得見曹溪原本，而曰「裒益成書」，曰「科門對法不倫」，曰「存之問知道」，固閱之不安於心、危疑不定之微詞也。

或者曰：破句讀《楞嚴》，不妨得悟，近且有爲《壇經》節文者矣，何子齗齗不置如老吏勘獄之爲？余應之曰：「悲乎子之言！祖庭草滿，佛日沈山，宗燈熄燄。干城正法之士，雖捐頭目腦髓以爭，烏能已也。」《壇經》五宗宗印，流出現量祖心，如起世界之山河既定，爲巨室之梁柱已安。宗寶之徒，不知妄作，乃以螢火上藐太陽，可任其存留，作舞文法寶之俑，開迷誤衆生之罪耶？古德錯下轉語，罰作野狐；昭明科分《金剛》，苦受地獄。《壇經》宗趣，無欠無餘，有何有餘可節？有何不足可文？此亦宗寶之盲盲相引者。六祖常寂光中，其安之耶？今與道一主人矢願梓傳，其經坊方册舊板，願爲文明告六祖，公請銷毁，免留爲紫朱苗莠之殃。此六祖放大光明之日，余得藉以慰先居士夙心，成一大時節因緣，龍天實鑒之矣。玄黓執徐且月既望，秀水參學曹溪弟子西池王起隆薰沐敬識。《〈壇經〉諸本集成》，宗教文化出版社二〇一四年版

重訂曹溪法寶壇經原本跋

譚貞默

不慧弟子福徵默自揣，歷劫鈍根，無能一超直入。自追隨曹溪憨祖，於寂照宗鏡之間，親炙最深。以至覿面大善知識，不知幾何人，終未曉何者爲勾當公案。上至曹溪盧祖《壇經》，每一展誦，但知欽其寶，全莫探其奥，惟日從眼耳鼻舌語言文字中作鬼窟活計耳，此如語實語不誑語也。既從南雍，休沐里居，惟日與止庵遐道人、轆轢參道人兩公作落草盤桓事。一日，遐道人奉其先秀川公所藏《法寶壇經曹溪原本》至研山敝廬中，不慧相與讀之。見開口豎義第一句，曰「善知識，總淨心念摩訶般若波羅蜜，大師良久乃復告衆」云云。一時梵語華言，以至威音王前這著子，早已和盤托出。回思疇昔所習《壇經》，絕無此段語句。駭歎之際，輒取徑山化城所刻、楞嚴經坊所行方册對閲之，則「應無所住而生其心」一句悟因，亦行删去。止云：「一聞經語」，竟不曉所聞云何？僅述後文，早失呼應。如許擅

筆訾謬，不堪屈指。若夫更竄標題，去四字作兩字，則失本來面目；顛倒段落，或離一爲兩，或合兩爲一，則斷次第血脈。删改字句，或減有而無，或增無而有，或更大書作細注，或添細注混大書，則塗糊全部精光，幾於青蠅玷璧矣。今藏本前擅題云「風旛報恩光孝禪寺住持嗣祖比丘宗寶編」。後跋略云：余初入道，續見三本不同，互有得失，其板亦已漫滅。因取其本校讐，訛者正之，略者詳之，復增入弟子請益機緣云云。又題「至元辛卯夏南海釋宗寶跋」。即此數語，自供顛倒《壇經》罪案，已無遁形。計自唐代太極壬子，迄元代至元辛卯，已歷五百八十四年。宗寶不過住持光孝，非關得法禪和，何得妄稱嗣祖？至今曹溪《法寶壇經》原本完好現在，明代成化七年辛卯重刻於曹溪，有御製序；萬曆元年癸酉李見羅先生載刻有序；萬曆四十四年丙辰本師憨祖從曹溪至匡廬，復刻於法雲寺。至今匡山誦習，悉遵曹溪原本，不行宗寶改本，何得妄稱當時板已漫滅？至煩訛略增詳，且不稱校而稱編，妄筆意造，抑何擅也！無乃蔑視無上法寶，僅作語言文字觀乎？佛祖慧命，不離語言文字，不即語言文字，必使一句一字無訛，庶幾無字無句得證。如《楞嚴》一經，破臂西來，江心洗出，惟字血淨盡無訛，故破句讀時可悟。《壇經》爲曹溪法滴，此方大宗。自非改本魔翳盡除，安得原文祖日重朗？止庵遐道人相與研山休夏，殫七日心力，爲之字櫛句比，憑藉天台正諦，討論曹溪嫡傳。義例方成，而轆參道人適至。臨之録稿，爰付剞劂，圓就不朽勝因。的是一夕團圝話，千秋莫大緣，此順治壬辰六月十二日事也。因以骨髓兒孫，得見祖襧完璧正印，不勝欽喜讚歎。遂與道一主人商略推敲，竟席卒業。隨屬侍問學人莊念《禮記》一經中，《中庸》第三十一、《大學》第四十二，《大學》即《中庸》下篇，次序畫然。現出監板《十三經》最易考據，妄爲宋儒割裂顛倒，致以《大學》先《中庸》，甚且先《論語》，而文中章句各别，紛紜雜出。自《禮記》監本、鄭玄古本行世，《大學》及朱熹今本，即程頤外本，甚有程灝自定《大學》別本，賈逵、虞松石經本，即兩程已自角立，諸家從何會通？儒道反始還原，必遵開成鄭本，已定入《見聖編》行世，不復更竄一句一字矣。至如《壇經》諸本殽訛，甚有節文妄作。而坊册流通，關係尤大；反始還原，必遵曹溪原本，始可息群喙而斬葛藤。道一居士志在會通孔佛門庭，歸併宗教脈絡。即《中庸直指》《大學決疑》，先後較然其義，並得本師憨祖啟發。況今曹溪肉身相對、覿面親炙盧祖者，而可不流傳其匡山定本，俾佛祖宗教梵語唐言統歸一貫乎？藉手年譜疏竟，重了大事因緣，眼前隻字不移，究竟言語道斷，無負發真歸元、虛空消隕之義云爾。曹溪受法弟子福徵譚貞默槃談謹識。

《〈壇經〉諸本集成》，宗教文化出版二〇一四年版

憨山大師夢遊全集序

錢謙益

憨山大師《夢遊全集》，嘉興藏函止刻《法語》五卷。丙申，龔孝升入粵，海幢華首和尚得余書，犍椎告衆，訪求鼎湖棲壑禪師藏本，曹秋岳諸公繕寫歸吳，謙益手自讐勘，撰次爲四十卷。大師著述，援筆立就，文不加點，字句不免繁芿，段落間有失次。東遊時，曾以《左氏心法序》下委刊定，見而色喜，遂削前藁。今兹讐勘，僭有行墨改竄，實稟承大師墜言，非敢僭踰，犯是不韙也。既徹簡，乃爲之序曰：

佛祖闡教，以文説法。慈氏之演瑜珈，龍樹之釋般若，千門萬户，羅網交光，郁郁乎，燦燦乎，千古之至文也。大教東流，人文漸啟，遁遠濬發於南，什肇弘演於北，椎輪大輅，實惟其始。隋唐以來，天台、清涼、永明之文，如日麗天，如水行地。大矣哉！義理之津涉，文字之淵海也。逮及有宋，

教廣而文煩，其最著者三家：鐔津以孤亢崇教，其文裁而辨；石門以通敏扶宗，其文奥而麗；徑山以弘廣應機，其文明而肆。夫文而至於辨也，麗也，肆也，其城塹日以堅，其枝葉日以富，其撈籠引接日以慱，浩浩乎卮言之日出，而岌岌乎津梁之日疲也。《繫辭》有之：「易之作也，其於中古乎？作易者其有憂患乎？」豈不信哉！我大師廣智深慧，真參實悟。惟心識智，夢授於慈氏；華嚴法界，悟徹於清涼。被根應病，横説豎説，千言萬偈，一一從如來文字海中流出。以鐔津之崇教者，固其城塹；以石門之扶宗者，沃其枝葉；以徑山之應機者，暢其撈籠引接。務欲使末法衆生，霑被其一言半句，皆將飲河滿腹，同歸於智海而後已。《雜華》言：金翅鳥王，以清淨眼觀察諸龍命應盡者，以左右翅鼓揚海水，悉令兩闢，取而食之。大師説法爲人，欲搏生死大海水，取善根衆生置佛法中，亦復如是。日者廣南繕寫書生陳方侯觸語悲悟，放筆薙髪。大師博取深心，光芒昱曜，凌紙怪發。善根衆生，應機吸受如方侯者，歷河沙劫猶未艾也。嗚呼，偉矣哉！大師與紫柏尊者，皆以英雄不世出之資，當獅絃絶響之候，捨身爲法，一車兩輪。紫柏之文雄健而斬截，大師之文紆徐而悲惋，其爲昏塗之炬火則一也。昔人歎中峰輟席，不知道隱何方；又言楚石季潭而後，拈花一枝幾熄。由今觀之，不歸於紫柏、憨山而誰歸乎？後五百年，魔外蜂生，篤生二匠，爲如來使，佩大法印，燃大法燈，殆亦儒家所謂名世間出者。裨販剽賊之徒，往往篡統系，附師承，竊竊然爲蚍蜉之撼樹。大師之集行如日輪當陽，魑魅斂影，而魘寐者猶懵而未寤也。然則大師同體大悲，如作《易》之有憂患者，其何時而止乎？斯可爲痛哭也已。《夢遊集》本初傳武林，天界覺浪和尚見而歎曰：「人天眼目，幸不墜矣！」亟草一疏，唱導流通。毛子子晉請獨任鏤版，以伸其私淑之願。子晉歿，三子聿追先志，遂告成事。其在嶺表共事搜葺者，孝廉萬泰、諸生何雲、族孫朝鼎也。其佽助華首網羅散者，曹溪法融、海幢池目及華首侍者今種、今照、今光也。皆與有法乳之勞，法當附書。

嶺南刻憨山大師夢遊全集序　前人

憨山大師《夢遊集》，吳中未有全本。丙申冬，龔孝升入粤，余托其訪求海幢華首和尚得鼎湖棲壑禪師藏本。曹秋岳諸君集衆繕寫，載以歸吳。余校讎刊定，勒成四十卷，毛子晉請任鏤板。子晉歿，三子繼志，告成有日矣。己亥秋，王大哉自粤歸，言彼有譚柯上人名濟航者，自東兖入蜀，精研宗教。棲壑化去，購得《夢遊集》本於鼎湖，捐衣貲付梓。以余爲白衣老弟子，俾序其緣起。余惟大師集本，鼎湖、虞山頗有異同。鼎湖則大師原藁，弟子福善、通炯及五羊劉司理起相所結集也。虞山則經余勘較，間以管窺之見，撮略字句，移置段落者也。二本蓋少異矣，而未嘗不以佛身匠譬之：鼎湖本則十身相海，相好莊嚴之身也；虞山本則優闐香像，毘首羯摩摹刻之身也。是二身者現相利生，有何差别？故知二木不妨兩行，並舟而觀月，分河而飲海，其聞法得益，則一而已矣。大師閔東海彌戾車地不通佛法，駐錫牢山，取外道七真盤互之區，移爲佛國。以是因緣，弘法罹難，有嶺海之行。今既光復祖庭，報滿示化，而航上人以東海之人表章遺集，標人天眼目於嶺外。大師大光明幢建立於那延羅窟者，譬諸高山日輪，留暉平地，火傳燈續，豈可誣哉？於乎！佛法不可思議，大師身後因緣亦不可思議。余之託軺車訪求也，華首之揵椎告衆也，棲壑之深藏有待也，陳方侯之放筆善來也，航上人之發願流聞也，如磁吸鐵，如鐘應霜，豈有使然者哉？恒河沙劫，佛法無盡，大師光明無盡，上人誓願亦無盡。大師常寂光中應爲破顔，加被余與一切人天，歡喜讚歎，亦非塵劫海墨所可窮盡也。《牧齋有學集》卷二十一，康熙三年刻本

南華寺同戒録序

釋虚雲

末法既斁，毘尼久衰，不獨新進四衆不知戒律爲何物，即當世之號稱善知識者，亦多言而不行，行且不密，坐使世尊宏法範世之悲願、古德高賢闡教度人之苦心，如崦嵫落日，不絶如縷。雲投足桑門，棲影佛域，歲月電逝，倏七十餘年。既道業之無成，又行持之多缺，在山門爲贅人，在佛祖爲不肖。每念及此，如矛刺心。往歲粤中仁士，謬採虚聲，迎來南華，付以重任。嗟乎！六祖示寂至今垂千三百年，五葉雲礽，遍於震旦，何曹溪源頭反塞而不流，南華門庭傾而不振？追溯其故，皆往昔之人不審毘尼，一往放逸，有以致之。使悉能嚴淨戒律，仰體祖意，則何至有今日乎？竊南華之衰，不自今始，憨祖當日《中興録》已慨乎言之。矧雲去憨祖日遠，才力更遜，侈言重興，難於往日。本年冬，復經四衆請求，結壇説戒。道德才位，俱屬忝竊，第爲道場及晚近法門計，亦不容峻辭。於是於十月朔始，至十一月終，五十餘日之中，日與求戒弟子切磋開導，盡雲所知而領導諸師，啟發備至。願戒弟子輩，今而後時日凛若在壇，持之終形壽，如居浮囊而渡瀛渤，則定慧因之日增，法門因之日盛。雲老矣！願若輩念如來慧命所寄之戒法，祖師形神所棲之道場，勉之毋或忘焉！民國二十四年乙亥，無量壽佛誕日，南華司律沙門虚雲序於信具樓。

虚雲和尚法彙·文記

佛法省要序

前人

諸家聖賢立言，繁如恒星，其主旨無非利生。然流行之有通塞，弘化之有廣狹，全在義之淺深，益之大小，又如湖海廣狹之不同耳。季同王居士發菩提心，述《佛法省要》，標名爲唯一真理宗教，世界和平保障。意蓋謂於今瘡痍滿目，皆因衆生不識真理，述妄爲真，釀成惡業。今欲免脱劫難，非洞明真僞，徹證真理，别無妙術。故特揀百家之言，實無有逾佛者。夫惟佛表顯聖凡不二，慈悲普遍，妙化三乘，天堂地獄，苦樂情亡。乃至一切衆生皆我父母，冤親平等，如是以觀。佛實如日光之普照，海涵之無涯，舉世果能家家信受，人人奉行，何處更有惡劫來臨？奈鮮信行，招來自作自受之報，佛説爲可憐憫者，悲哉！夫佛典廣有三藏，不下萬餘部，自非久習不可，一時初學，難以入門。故王居士特會綱要，問序於余。雲因老病，耳目失用，加之力弱，搦管無能，對於諸方函件，早經謝絶。今因居士著述，不遠由滇寄來，恐阻居士之大心，聊贅數言，以應悲願。普勸天下萬世衆生，嗣後勿再造殺因，庶免召殺機果報。即古德云「諸惡莫作，衆善奉行」，天下太平矣，豈不樂哉！至末段述祖師機緣，功行明心，所説不虚。依此行持，得大法益，證者知焉。是爲序。民國三十一年歲次壬午曹溪南華祖庭幻遊虚雲。

《佛法省要》，大法輪書局一九四四年版

六祖壇經序

釋傳正

古德有云：「無《壇經》稟受，非惠能弟子。」由斯緣故，宋、元、明、清歷朝以來，惠昕、契嵩、德異、宗寶，泰倉、憨山、虚雲等諸大善知識，將法海禪師編集《壇經》原本，進行深入研究，數次勘校，刊印流通。爲使六祖禪修頓悟法門宗旨不失，傳承久遠而播於四海之内也。近世禪宗泰斗雲公老人及恩師惟因公，皆依《壇經》法露普潤後學，並囑解行相應，刻苦修持，持之以恒，久而久之，必證正果。盡自形壽，弘法利生。前年己卯歲次，幸有香港江伯昭保存《壇經》古本，並奉獻曹溪祖庭珍藏。此本乃明朝泰倉禪師刻版，憨山禪師勘校也。壬午年（二〇〇二）是南華禪寺自智藥尊者開山祖建寺一千五百週年之際，持此殊勝因緣，重印古本《壇經》三千册，敬贈各大善知識，共霑法益，禪源長流也。壬午年仲春，曹溪南華禪寺住持傳正敘。《六祖壇經集成》，廣東省佛教協會二〇一二年版

重印金剛經六祖口訣序　前人

嘗聞般若爲諸佛之母，而《金剛經》者乃《大般若經》六百卷之綱宗也。一切諸佛及諸佛阿耨多羅三藐三菩提法，皆從此經出。如來爲發大乘者、爲發最上乘者説。昔日黄梅五祖弘忍大師，常觀僧俗，但持《金剛經》，即自見性，自了成佛。六祖惠能大師，慧根宿具。初於賣柴次，一聞經語，心即開悟。繼於黄梅踏碓八月。三更入室，五祖爲説《金剛經》，至「應無所住而生其心」，大師言下大悟，一切萬法不離自性。祖知大師已識本心，見自本性，便傳頓教以及衣鉢，繼承祖位，是爲禪宗第六代祖。後駐錫曹溪寶林。因韶州韋刺史入山請師出，於韶關大梵寺講堂爲衆開壇説法。弟子法海録成《法寶壇經》一卷。故知大師與《金剛經》法緣之深厚者矣。世有《金剛經六祖口訣》一卷，流通至今，則不知爲何人所録。《金剛》一經，古今持誦不絶，家喻户曉，感應獲益者不計其數。故所有注釋，多達數百餘家，繁簡不一。惟《六祖口訣》一書，言簡理當，三根普被。根機利者得其深，根機鈍者得其淺。近得香港佛經流通處印行《金剛經六祖口訣》一書，惜爲數鮮少，不足以供信樂者之求。故將各方樂助印經緣款，如數悉以重印《口訣》五千册，贈送諸方，共結法緣。復願出資功德主、讀誦受持行人以及見聞隨喜者，皆發菩提心，同登般若門，共成無上道。是爲序。佛曆二千五百三十五年，一九九一年辛未九月十九日，釋傳正書於南華禪寺客堂。《南華史略》，中國社會科學出版社二〇〇二年版

三十二篆體六祖壇經序　前人

佛法西傳四七至菩提達摩，開中土禪法，六傳至吾祖惠能，演法曹溪三十七載，得其門人輯録其語，成爲吾華夏佛典之經籍《法寶壇經》。此後禪門弟子徒孫霑甘露味，入聖超凡者莫計其數。悟佛心宗，行善大知識者名載《傳燈》，先有南嶽、青原盡得無巴鼻，後出馬祖、石頭，機智圓明，玄風大震，乃至有臨濟、潙仰、曹洞、雲門、法眼諸公巍然而出。由此，禪門「一花五葉」，遍布海内外，五家綱紀同源《法寶壇經》。古曰：「夫經籍也者，機神之妙旨，聖哲之能事，所以經天地，緯陰陽，正綱紀，弘道德。顯仁足以利物，藏用足以獨善。」古評《法寶壇經》：「言簡義豐，理明事備，具足諸佛無量法門。」又謂：「其法門具足無量妙義，妙義發揮諸佛無量妙理。善入者，即同善財於一念間圓滿功德，與普賢等，與諸佛等。」宋契嵩贊《壇經》之作偉乎，「其本正，其跡效；其因真，其果不謬」。又頌《壇經》：「浩然沛乎，若大川之注也，若虚空之通也，若日月之明也，若形影之無礙也，若鴻漸之有序也。」謂《壇經》大乘也，「聖人之喻道也；用也者，聖人之起教也」。余性自幼向佛，少時嘗閱佛門典籍，尤以《壇經》言簡，妙義妙理，最爲嗜好。一九八〇庚申，余至曹溪南華，得於惟因恩師座下披剃。師施以《壇經》法露，普潤後學，並囑以解行相應，刻苦修持，持之以恒。一九九九乙卯，余再入曹溪南華，陞座伊始，誓以盡自形壽，弘法利生之行，普施《壇經》法雨，潤濟弘嗣後學。是年有香港檀越江伯昭奉獻自藏古本《壇經》，余勝喜愉閲，校之以往所讀《壇經》各本，悉知刊本係爲憨山祖師勘訂之本。鑒別往昔所藏傳世版本，或有節略，或有删改，亦如憨祖所言：「前因見經本數刻，多有改竄不一，後人節略太多，已不見六祖大全之旨。」故余於二〇〇二壬午，以憨祖勘訂《六祖壇經》重刊爲曹溪珍藏本，以助檀越信衆後學，釋讀正解《法寶壇經》之要義全旨。二〇一三年癸巳，恭逢六祖涅槃單千三百週年，余得衆檀越信士發心，以吾祖三十三世立派於曹溪南華，引爲三十二篆體，重書憨祖勘本《六祖壇經》，祖典新籍，蔚爲壯舉。自古佛有行持經典十法行，謂書寫、供養、施他、聽聞、披讀、受持、開演、諷誦、思維、修習，以獲福聚無量。古《妙法蓮華》明示：「讀誦、受持、抄寫、供養此經，具有無邊功德」也。古《華嚴》亦載：毗盧遮那如來，「剥皮爲紙，析骨爲筆，刺血爲墨，書寫經典，積如須彌」，爲重法故，不惜身命。又有無著菩薩，抄經修持有五功。及明代有吾祖憨山刺血泥金，書《華嚴》大經，「久之不在書與不書」，「其心湛然，得一切境界」。今諸檀越以法供養行持，以國粹書法三十二篆，集勘重抄《法寶壇經》，藉以修持淨化心靈，攝取殊勝功德。余憾爲其舉，隨喜輯本鋟梓，以圖與諸勝士共用佛祖所傳之妙心。余惟願開卷舉目《壇經》，法露普潤，續祖慧命無盡，余志滿矣！是爲序。曹溪釋傳正薰沐手撰，時佛曆二五五七年五月，西曆二〇一三年癸巳仲夏。《三十二篆體六祖壇經》，南華禪寺二〇一三年版

虛雲和尚住持南華寺序

羅品葵（一八九〇——一九四三）　字玄同，廣東封開人。嶺南畫派畫家。

兀然而弗誘於物曰戒，確乎而不易其素曰定。斯儒者用是以持其氣，僧伽用是以持其心者與？世衰道微，邪説跛行盈天下。天下之士，沈溺於功利，苟可以至於聞達，苟可以便其淫荒者，雖降志辱身，亦赧然爲之。人禽之別，不辨久矣。士果卓然自拔於衆狂，吾謂必從戒慎恐懼始。孰謂戒慎？曰：處群

陰相剥之際，非終日乾乾，夕惕若厲，弗足以自存其性，弗克以自成其德。夫邪色不入於目，戒慎之至也；惡聲不入於耳，恐懼之至也。斯寧修其身而已哉！儒曰敬生靜，靜生定。吾心定，而萬物自定矣，定所以治亂也。君子之學，撥亂世而反之正，非拳拳者，惡足以服膺哉！若禍福猶嬰吾之念，利害則奪吾之心，吾之志且昧於安危，吾之精且搖於得失，吾之一身猶日在旁皇紛擾之中，以之及物，得不棼乎？及其棼也，則相競以智，相傾以巧，彼爲欺詐，我爲恣睢，天下之事，將沸然潰敗，涣汗而不可收拾，惡足以成物哉？故曰：人必有所不爲也，然後足以有爲。不爲，非戒而何哉？有爲，非定而何哉？以是，吾之於儒也，守伊川主靜之語焉；於釋也，守臨濟戒定之旨焉。竊以爲息當世之譸張，戢一時之杌隉，捨是不足以撑柱之。己欲立而立人，己欲達而達人。吾以身爲士則，敢不戒乎？吾以言爲世法，敢不慎乎？臨濟法印，必歸乎戒定者，用以絶門諍也。夫如是，則持臨濟之旨者，不必以毗盧釋迦爲佛，而以自身爲佛。我守僧伽之戒，即佛矣，天下惡有不守戒律之世尊乎？我修禪宗之定，即佛矣，天下惡有不修禪定之菩薩乎？是臨濟起宗門之衰，救末法之弊者，殆以行不以言也。今虚雲和尚，戒嚴而行淑，名德之懋，播於震旦。彼宗之碩彦，圖張皇恢拓禪宗之緒，自東甌鼓山湧泉寺，迎主南華。人天龍象，靡不歡喜；簪笏晉紳，靡不誠敬。夫豈不曰曹溪有公，則病者可起，僵者可振，瞶者可明，聾者可聰，壅者可拓，滯者可宏耶？或曰：「虚老雖肫肫其仁，淵淵其淵，非勒雷霆而提日月者也。其自身成佛則可，冀其使世界一切衆生盡皆成佛，恐非所任也。」余曰：「否。臨濟在明季，法運中微矣，漢公出，返其諦於密，以高峰之心爲心，以覺範之法爲法，宗風再振，洋溢乎中國，施及蠻貊。揆厥用之以起信者無他，戒與行也。今岳岳之虚公，又何異乎漢公哉！」虚公赴粤北，道過香江，余以公此行繫乎臨濟之盛衰也，爰攄所畜，以爲此序。《佛學半月刊》，一九三四年第一百二十期

跋曹溪碎鉢

釋真可（？—一六〇四）　字達觀，號紫柏老人。吴江句曲（今江蘇句容）人。

夫一心不生，則聖凡無地，物我同光。是故聖人不同，而此心此道未始不同也，唯執情忘本，乃見有不同耳。老子生於佛後，孔子生於老後，我讀《道德》不見其有非佛之言，我讀《春秋》《論語》亦不見有非佛之言。大都聖人應世，本無常心，但以百姓心爲心，故凡可以引其爲善者，靡所不至。譬如良醫，但欲愈病，參苓薑桂隨宜用之，至於奇症怪疾，雖砒霜蛇蠍亦所不忌，其去病一也。後世三家之徒，不達聖人本意，互相是非，攻擊排斥，血戰不已，是何異操戈而自刃也。我聞莊衢魏公，本朝盛德君子，妒曹溪一鉢而不能容，手碎之，何示人不廣若是？雖然，大鑒本以虛空爲鉢，天地萬物爲鉢中之食，能稻糧饑饉、藥草疾疫，公亦鉢中食耳，安有食食哉？夫何故無能所，故無能所則無待，無待則獨立，獨立則無生心措手之地。嗚呼！起公九原，讀是跋，寧不汗顔哉？雖然，且道如何是和事老人手段：逆順境緣風過樹，殘生不直半文錢。

題詠

自衡陽至韶州謁能禪師

宋之問（約六五六—七一二）　字延清，虢州弘農（今河南靈寶）人。曾被放欽州，來嶺南，經韶州。

謫居窺炎壑，孤帆淼不繫。別家萬里餘，流目三春際。猿啼山館曉，虹飲江皋霽。湘岸竹泉幽，衡岑石閣閉。嶺嶂窮攀越，風濤極沿濟。吾師在韶陽，欣此得躬詣。洗慮賓空寂，香焚結精誓。願以有漏軀，聿薰無生慧。物用益沖曠，心源日閒細。伊我獲此途，遊道迴晚計。宗師信捨法，擯落文史藝。坐禪羅浮中，尋異南海裔。何辭禦魑魅，自可乘炎癘。迴首望舊鄉，雲林浩虧蔽。不作別離苦，歸期多年歲。

贈仰山大師 張喬 池州（今安徽貴池）人。唐咸通進士，與許棠、鄭谷等稱「咸通十哲」。隱居九華山以終。

仰山因久住，天下仰高名。井邑身誰到，林泉性本清。野雲看處盡，江月定時明。髣髴曾相識，今來隔幾重。

贈仰山禪師歸曹溪 前人

曹溪山下路，猿鳥重相親。四海求玄理，千峰繞定身。異花天上墮，靈草雪中春。自惜經行處，焚香禮舊真。

六祖曹溪寶 克符道者 唐末禪僧，臨濟義玄弟子。又稱紙衣和尚。晚居涿州。

南得黄梅意，曹溪記法泉。三衣兼祖印，一鉢盡師傳。慈月光千海，玄河注百川。神州十二代，法眼繼相傳。

題曹溪祖師堂　貫休（八三二—九一二）　俗姓姜，字德隱，婺州蘭溪（今屬浙江）人。唐天復間入蜀，封禪月大師，賜紫。有《禪月集》。

皎潔曹溪月，嵯峨七寶林。空傳智藥記，豈見祖禪心。信衣非苧麻，白雲無知音。大哉雙峰溪，萬古青沈沈。

同李秘校譚員外月華長老謁慈濟禪師會宿寶林道場　余靖

祖堂留勝跡，再宿此登臨。雲月自明暗，山川無古今。谷聲猿嘯遠，泉脈虎跑深。共到忘言處，休論佛與心。

同黃宰遊寶林精舍書祐長老壁　前人

浮生萬慮日營營，同訪禪居耳目醒。尋勝已窮煙靄外，談空應有鬼神聽。松筠不變春長在，風雨無時地本靈。便擬搆庵來結社，莫嫌頻此扣巖扃。

六祖南華寺　郭祥正（一〇三五—一一一三）　字功父，當塗（今屬安徽）人。宋皇祐進士。歷官秘書閣校理、朝請大夫等。有《青山集》。

水轉山來曲曲梯，參差樓殿占清暉。龍章鳳襲藏天篆，玉索金鉤貢祖衣。春去不知庭柏老，月明誰棹釣船歸。曹溪有路人人到，踏斷玄關古亦稀。

寄蘇伯固

蘇軾

昔在九江，與蘇伯固唱和。其略曰：「我夢扁舟浮震澤，雪浪横空千頃白。覺來滿眼是廬山，倚天無數開青壁。」蓋實夢也。昨日又夢伯固手執乳香嬰兒示余，覺而思之，蓋南華賜物也。豈復與伯固相見于此耶？今得來書，知伯固已在南華相待數日矣，感歎不已，故先寄此詩。

扁舟震澤定何時，滿眼廬山覺又非。春草池塘惠連夢，上林鴻雁子卿歸。水香知是曹溪口，眼淨同看古佛衣。不向南華結香火，此生何處是真依。

見六祖真相

前人

云何見祖師，要識真來面。亭亭塔中人，問我何所見？可憐明上座，萬法了一電。飲水既自知，指月無復眩。我本修行人，三世積精煉。中間一念失，受此百年譴。摳衣禮真相，感動淚雨霰。借師錫端泉，洗我綺語硯。

丙寅十月遊南華

朱翌（一〇九七—一一六七）　字新仲，號灊山居士。舒州（今安徽桐城）人。政和八年，同上舍出身。有《灊山集》。

五年四轉入曹溪，飛蓋干霄日爲低。人定忽聞鐘不戛，飲香休問水流西。桄榔子熟旒珠重，荳蔻叢深扇羽齊。鬱鬱蒼蒼千嶂裏，犯寒猶著一蟬嘶。寺鐘聲戛，近稍清矣。曹溪西流。

南華卓錫泉復出　前人

竹龍銜尾轉山房，飲足寒清滴夜長。曾問鞠窮目眢井，爲焚安息坐胡床。千山從此俱蒙潤，一綫纔通未可量。六月炎方了無暑，誰知世上有清涼。

遊南華寺　楊萬里（一一二七—一二〇六）　字廷秀，號誠齋。吉州吉水（今屬江西）人。有《誠齋集》。

南斗東頭第一山，白頭初得扣禪關。祖衣半似雲煙薄，金鎖纔開霧作團。

南華寺五首　李昴英（一二〇〇—一二五七）　字俊明，號文溪。廣東番禺人。宋寶慶間探花，龍圖閣待制、吏部侍郎，封番禺開國男。有《文溪集》。

誦經聽得入從門，壁上偷他四偈言。畢竟單傳端的處，賣薪供母是心源。

西方骨董南方寶，留鎮曹溪幾百年。自是後人當不得，有如翁者亦單傳。

從前梵説墮虚空，獨有壇經説不同。體用圓明皆實相，一丁不識卻心通。

未參五祖已開山，合下全身此地安。不是香煙忘故里，衣留孔道要人看。

清者何曾飲盜泉，僧盂底飯逆巢田。此疑欲問師無語，風撼長松嘯半天。

舟次南華寺　李喬木　字楹礎。汴梁（今屬河南）人。建炎間進士。官至銀青光禄大夫、兵部尚書。紹興間因忤秦檜謫嶺南。

衣鉢相傳舊，菩提漫爾栽。好山僧獨占，冒暑我初來。野鳥迎人語，溪塘傍竹開。登臨問因果，老衲笑相陪。

望南華寺　文天祥（一二三六——一二八三）　字宋瑞，號文山，吉州盧陵（今屬江西）人。有《文山詩集》。

北行近千里，迷復忘西東。行行至南華，匆匆如夢中。佛化知幾塵，患乃與我同。有形終歸滅，不滅惟真空。笑看曹溪水，門前坐松風。

謁南華一律　屠鏞（一四四一——一五一二）　字朝宗，號丹山。浙江鄞縣人。成化進士。吏部尚書，加太子太傅兼掌都察院事。

乘閒遠訪梵王家，十里松陰一徑斜。甘雨隨車蘇草木，祥風捲旆入煙霞。月明詞客同看竹，春到山僧自種茶。試問老禪千載事，篋中留得舊袈裟。

遺辯宗和尚　劉大夏（一四三七——一五一六）　字時雍，號東山。湖廣華容（今屬湖南）人。有《東山詩集》。

平生最慕南華寺，路出曹溪偶爾來。獨對老僧終日坐，此心便覺少塵埃。

謁六祖　湛若水（一四六六—一五六〇）　字元明，號甘泉，廣東增城人。弘治進士。爲南京國子監祭酒、南京禮部尚書、吏部尚書、兵部尚書，追贈太子少保。有《甘泉集》。

大師天所生，靈境地所啟。白業入玄門，下士超上智。化身隨香煙，落葉歸根蒂。草木皆佛性，雲日昭定慧。

應變意彌定，到寺心頗動。因知泥空著，無事乃大用。溪行得自身，雲臥無塵夢。覺聞隔嶺鐘，風吹過陰洞。

登塔　黄衷（一四七四—一五五三）　字子和，南海（今廣州）人。弘治進士。歷福建轉運使、廣西參政、雲南布政使，終兵部侍郎。有《海語》。

絶頂天門近，雲霞上客衣。蒼杉巢鵲遍，古路見人稀。偶與道心愜，寧知塵事違。大千何世界，一點佛燈微。

遊南華寺二首　施儒（一四七八—一五三九）　字聘之，號西亭。浙江歸安人。正德進士，嘉靖初爲廣東兵備僉事。有《學庸臆説》。

天造南華境，山開六祖靈。樓臺入煙霧，鐘磬落青冥。靜浴曹溪水，親翻貝葉經。遍觀諸寶藏，塵夢一時醒。

南華一首　王大用（一四七九—一五五三）

字時行，別號槩谷。福建莆田人。擢廣東右布政，轉廣西左布政。升右都御史，入掌院事。

習勞陟崇岡，選勝窮玄境。二溪紛朝宗，四峰鬱藩屏。天家遞興廢，兹焉得其靜。永懷南華師，爲爾發深省。

同黄才伯遊南華　章拯（一四七九—一五四八）

字以道，浙江蘭溪人。弘治進士。嘉靖中累官至工部尚書。有《樸庵文集》。

韶陽多勝景，詎得無異人。曲江滙武溪，寶林亦横陳。巖巖大鑒師，一語了諸塵。云何無住心，眩俗留色身。衣鉢等瓦礫，傳者豈其真。我來試一勺，愛此青嶙峋。乘月出白沙，悠然詩興新。

遊南華寺　顧應祥（一四八三—一五六五）

字惟賢，號箬溪，江蘇長興人。弘治進士，南京刑部尚書。

十里松陰入翠微，半空樓閣映晴霏。潭龍已化猶餘塔，心印無傳祇有衣。盡向遺骸參佛相，誰還一語了玄機。芒鞵步出清溪晚，水自潺潺雲自飛。

登鐘樓　前人

臥穩招提境，聞鐘遽攬衣。樓高世緣斷，山靜鳥音稀。宦轍嗟何遠，閒情幸未遲。摩挲訪前事，碑刻恨湮微。

遊南華同章樸庵提學作　黄佐（一四九〇—一五六六）　字才伯，號希齋、泰泉，廣東香山人。正德進士。歷廣西學政，擢南京國子祭酒。

午夜招提客，跏趺坐轉貪。永懷三觀力，未了十玄談。草樹音仍寂，茶蔬澹自甘。前身今忽悟，瀟灑向瞿曇。

遊南華寺　吴廷瀚　江西無爲人。進士。嘉靖爲廣東按察司僉事。

蘭若生名山，于焉集佳瑞。青岡奄真姿，崇林鬱空翠。甘溪來何方，一脈泄靈異。遂使神智人，尋源而得至。其後南宗師，説法于此地。上座天神臨，洗鉢游龍戲。無上蘭臺函，琅然發真秘。乃知下下人，具此上上智。煩惱爲菩提，兹法原不二。一時妙覺體，塵坌忽如棄。凡夫來何遲，況此文墨吏。苦緣萬念著，往往生嗔恚。聞經坐中起，自心不可示。溪聲與山色，了此清淨意。謝師啟一言，吾生澹無事。

遊南華寺　文郁　御史

一入南華寺，都忘夢裏身。雲開溪弄影，花好洞藏春。活水烹新茗，僧床拂舊塵。蒲團高兀兀，閒坐洗吾心。

遊南華寺　劉喬　字述憲，江西萬安人。成化進士，官至湖廣左布政使。

今識南華路，穿雲入翠微。勝遊方外得，此境粵中稀。石洞龍深臥，禪枝鳥倦飛。使君行役苦，曹水欲生譏。

南華寺參六祖　徐元春　浙江嘉興人，嘉靖間推官。

路入招提境，堂開選佛場。非臺明鏡曉，不夜慧燈長。萬劫空遺骨，三生挹妙香。曹溪溪下水，還過石頭岡。

謁六祖　戴有孚　江西永新人。嘉靖三十三年任韶州府通判。

歧路積氛埃，獨懷超世志。對此南華峰，聿思明鏡慧。伊人貞睿聖，片言折宗旨。豈惟超北禪，吾流驚妙契。何用充棟書，反以滋群蔽。耿光溢千年，雲麗袈裟地。我來及首春，新葉長蕉荔。歷窮臺殿深，眺屢郊原媚。泠泠卓錫泉，鼎鼎西來味。異域本天開，天花時亦墜。五嶽未終陟，茲遊應相繼。

遊南華　周瑯　字光載，湖北蘄水人。正德進士。官廬州知府，遷廣東督學。

崎嶇歷山谷，窈窕經林丘。廣川相縈帶，梵境迴以幽。金光蕩松�，鐘磬雲間流。苔痕交虎跡，塔影沈龍湫。依依示化身，鬱鬱祥煙浮。撫念得深省，榮利非所求。人生異金石，蹤跡那久留。安得逐群衲，從此事焚修。

又

弱齡事篇翰，中年役纓冕。世路浩紛馳，潦倒嗟重趼。適來偶公暇，逐勝忘疲喘。睠兹靈境幽，登巔越層巘。古殿隱松杉，迴廊映苔蘚。連岡宿雲霧，環溪挹清淺。福地啟玄宗，圓經證前典。悠悠累劫灰，奕奕金身展。試此塵慮消，覺路應非緬。浮榮竟何俾，徒倚成悲泫。

宿南華寺

姚鵬　字鳴南，崇德（今屬浙江桐鄉）人。弘治進士，正德間任韶州知府。

雨宿南華寺，空堂夜半時。塵勞無地著，鐘磬出雲遲。人寂僧歸定，風喧鳥亂枝。欲投香火社，惟有樂天知。

宿南華寺

李遂　字邦良，江西豐城人。嘉靖進士。官都御史、廣東按察使。

妙有超三乘，微塵遍八埏。菩提何法相，衣鉢是空筌。悟從無住入，訣匪夜深傳。死骨遺神秀，應知未解禪。

宿南華寺

胡汝霖　字仲望，號青厓，綿州（今四川綿陽）人。嘉靖進士。官廣東按察司提學僉事。

西方聖人者，六代此開山。道妙形神外，名垂宇宙間。定僧依福地，遊客慕禪關。嶂擁屏千疊，溪回玉一灣。登臨初不厭，棲息豈知還。笑被風塵染，華簪漸欲斑。

遊南華 何維柏（一五一〇—一五八八） 字喬仲，號古林，廣東南海人。嘉靖進士。任禮部侍郎、南京禮部尚書等。有《天山草堂存稿》。

南華路口別多時，尚逐塵勞覺已非。野寺蒼松虛鶴夢，洞門芳草待人歸。傳燈塔裏留僧偈，説法堂前有佛衣。日暮肩輿獨乘興，曇花琪樹正依依。

宿南華寺 劉穩（一五一九—一五七五） 字朝重，號仁山，湖廣衡陽（今湖南酃縣）人。嘉靖進士。由南京兵部郎中出爲廣東南韶兵備僉事。

舊謁黄梅寺，今登法寶堂。風旛驚妙悟，衣鉢歎荒凉。明鏡懸團影，菩提散異香。最憐沈苦海，還欲駕慈航。

遊南華寺 鄒善 號穎泉，江西安福人。嘉靖進士。累擢山東提學僉事，授太常卿致仕。

誰道諸天遠，南行得勝遊。水猶西竺味，山共寶林幽。不二門常闢，給孤園可留。悟來無一字，自性是真修。

遊南華 黄在衮 廣東順德人。經魁，官荊府左長史。

偶遊雙鷲思微茫，梵落平堤慧日長。石鼎搖青浮貝動，金砂含翠斷臺荒。晴廻覺海探龍藏，雪滿祇園過雁堂。可是袈裟垂巨石，幾人能得出迷方。

遊南華寺 趙志皋（一五二四—一六〇一） 字汝邁，號瀫陽，浙江蘭溪人。隆慶進士。任廣東副使，改任國子監司業、祭酒、南京吏部侍郎。萬曆入內閣首輔。有《靈洞山房集》等。

金剛一誦悟如來，遂駕黄梅上乘回。自解性空無住相，何疑心鏡有塵埃。千年遺骨今猶供，半夜傳衣舊已灰。誰會門中求不二，青蓮重向座間開。

自有神機制毒龍，溪山廻合白雲封。六傳盡得西來意，五葉能開南教宗。風静爐香圍翠竹，月明旛影落長松。空堂坐罷諸天迥，寶樹煙籠起暮鐘。

南華寺 游朴（一五二六—一五九九） 字太初，號少潤，福建柘洋（今柘榮縣）人。萬曆進士，官至湖廣布政司右參政。有《藏山集》《諸夷考》等。

偶酌曹溪水，言尋不二門。空傳無相偈，誰識本來存。衣鉢真塵物，風旛亦囈言。祇餘山上月，仿佛鑒師魂。

遊南華　郭棐（一五一九—一六〇五）　字篤周，南海（今廣州）人。嘉靖進士，官至雲南右布政使。

一酌曹溪水，泠然清客心。野雲飛不定，江月影長陰。六葉藏珠鉢，千秋見寶林。悠然趺坐處，幽鳥隔花吟。

又

窣堵巃嵸倚碧霄，四山靈氣護僊寮。雲邊袈影開金刹，天外紅光度石橋。客到鳴鐘群籟應，僧來説偈五花飄。瓣香一縷心如見，笑對菩提思泬寥。

宿曹溪禪林　前人

曹溪溪水發天馨，偶向溪頭一濯纓。寶樹春來爭荏苒，紺流東去總清泠。千山霽後舒玄覽，五葉從前演法乘。欲見本來真面目，焚香終夜讀壇經。

法堂夜坐　前人

夜深群籟寂，明月在菩提。吾性應如是，圓光自不迷。

自濛瀼趨南華　袁昌祚（一五三八—一六一六）　原名炳，字茂文，廣東東莞人。隆慶進士。歷廣西提學僉事、四川參議。

爲愛曹溪勝，郵亭晚泊船。行隨僧錫入，坐想佛衣傳。樹色深圍寺，山腰細引泉。眺遊情不厭，翻欲息塵緣。

晚眺　前人

溪水粼粼觸石磯，溪雲晴拂萬山飛。遥看宿鳥鳴高樹，知有孤僧下翠微。

將入曹溪使者來迓謝張明府　前人

寶刹參差出紫氛，四天鐘磬隔溪聞。憐君幸借東山屐，鎮日捫蘿憩法雲。

曹溪　湯顯祖（一五四〇—一六一六）　字義仍，號海若，江西臨川人。萬曆進士。任南京太常寺博士、詹事府主簿和禮部祠祭司主事。有《玉茗堂全集》。

熱海行難到，黄梅渴未沾。無因四千里，分取一杯甜。

南華三十三景　陳履祥（一五四〇—一六一〇）　字光庭，號文臺，浮梁（今江西景德鎮）人。歲貢生。講學金陵，門徒八百餘。

佛祖以三十三天而立派於南華，今余因三十三祖而取景爲南華偈云。

自性七寶集，須彌無頂畛。一領索一珠，大千注不盡。寶山

白象何所去，青山一片雲。壇經拈動處，紅日雨紛紛。象嶺

巍巍四空天，依依法王子。持世法華音，天鬣拘那履。四天王嶺

天台五百雄，矗矗南華勝。迴向不迴心，超入如來乘。羅漢嶺

法水杳無津，瀼瀼性空出。自在甘露施，豈必神龍沫。卓錫泉

禮佛雲穿膝，攤經字浸臺。清風寒石壁，隻履印黄梅。拜石

實相本來無，幻形安得有。一棒打教空，真空難著手。祖師肉身

卓石引流泉，伏虎當其處。虎嘯不知年，清風逐日吹。伏虎亭

當年不有魏，今日已無劉。色空空色界，那得説曹侯。曹侯村

安禪重滅親，脱屣攜家去。化鶴不須歸，菩提志其處。陳亞仙祖墓

是一不屬二，離二無一門。百千一萬億，一一統乾坤。不二門

禿龍驕不馴，降心無生忍。大身銀漢遊，小身優鉢隱。降龍塔

西水未南流，曹溪已鹵味。心轉法華西，南海西何既。曹溪水

身入如來室，神入如來衣。屈眴億萬縷，一縷一僧依。信衣

度火石藏身，幻形爲世難。法在幻乃真，水蒸石不爛。避難石

朝漱曹溪水，暮啜曹溪霞。千巖嵌一鉢，度盡曹溪沙。鉢盂嶺

水溪何盪盪，石立何齒齒。金剛執如意，如是更如是。盪水石

米熟篩如珠，春沙豈得米。腰取般若珍，舂出真如髓。腰石

一果無量花，一花無量果。滿院樹菩提，恒河沙佛夥。花果院

鎖龍棲禪定，年深應解脱。誰教自性度，我來一聲喝。鎖龍石

化人弘化術，臭腐化神奇。神奇化不化，借問轉輪誰。化人亭

傳來七佛心，面壁九年坐。度看石上痕，丈人應識我。坐石

三山噴紫煙，臬臬金仙至。海色映旃壇，殷勤龍伯施。香爐峰

佛逢人度悟，山逢軍度迷。看山誰見性，解甲事阿彌。迷軍山

福重禍如海，患大貴若身。長笑盍歸來，青山不負人。招隱巖

萬薪一火盡，九原深不鋪。真空無一得，立地塹浮屠。萬人井

曹溪一字無，大藏五千説。春深鳥自呼，風掀月不缺。説法堂

人馬不度海，水馬不度山。解鞍縱天馬，來往四禪關。馬鞍山

大佛自西來，高僧從東去。笑殺顚頇人，中途日延佇。西來橋

借得彌勒袋，花林拾紫英。迦陵曾會意，滿載不相驚。挹翠亭

明鏡蒙塵暗，明心暗室光。始知心匪鏡，明暗二俱亡。明鏡堂

龍氣盤山轉，山迴龍與迴。乘龍流水去，飛夢遶山來。迴龍山

蜕委步凌虛，神遊影絶響。跫然聆足音，傳衣因可想。響鞋

謁六祖真相 王弘誨（一五四一——一六一七） 字紹傳，號忠銘，安定（今屬海南）人。嘉靖進士。官南京禮部尚書。有《天池草》《尚友堂稿》。

卓錫泉邊護法龍，寶坊叢裏振南宗。尋師一叩西來意，雲在青天鶴在松。

遊南華 前人

幾載齋心學上乘，入門覺路羡初登。夢回欲解無生義，猶愧曹溪一宿僧。

曹溪　林如楚（一五四三—一六二三）　字道茂，號碧麓，福建侯官（今屬福州）人。嘉靖進士。督學廣東，得士甚多。官終工部尚書。有《碧麓堂集》。

大士傳心印，南宗最上乘。如何千劫裏，已少六朝僧。禪院聞風鐸，花龕見夜燈。到來無一字，面壁記吾曾。

寺曉　前人

春潭宿霧然，微月林端見。欲起還復睡，谷鶯纔一囀。經都在何處，隱隱來深院。開户寂無人，落花紅幾片。

晨起步東林，林深翠堪挹。凝然百慮遺，漱齒泉屢汲。參差望厓湫，逶迤度原隰。借問雨何來，山廚煙火濕。

曹溪挽憨山大師有跋　蕭雲舉（一五四四—一六二七）　字允升，廣西宣化（今南寧）人。萬曆進士。晉太子太保掌詹事府事、禮部尚書。有《清羅集》。

鼓棹霜林扣夕扉，故人把袂洽心期。十年契闊龍華會，萬里音書雁斷時。茆結牢山歸北海，花開庾嶺向南枝。衡陽地褊袈裟闊，匡嶽雲深杖錫移。臺鏡本空觀自性，風旛一動想能師。幾回涼月陪清話，一宿秋風對故知。隱几談天收密義，揮毫見地掃群疑。久無黏縛心常定，空有慈悲首重垂。落葉寒深忘語倦，聽鐘夜半説心危。每嗟塵世塗多苦，更到禪堂路轉歧。法語聽來堪唯唯，客程催去故遲遲。老知湖海應難遇，會屬機緣忽漫離。雁過寒山秋影盡，馬嘶曹水去聲悲。宗門摧棟材難得，覺海藏舟事莫追。睡蝶蘧蘧纔入夢，猶龍矯矯欲何之。悟來已是經千劫，化去何煩贊一辭。忘我非貪無相好，觀空莫詑有形奇。回看峰色林端寺，應想潮音篋裏詩。圓寂那曾分去住，莊嚴不改舊威儀。衹愁法侶應稀少，託鉢傳衣更屬誰。天啟癸亥孟冬，以北征之便，過南華訪憨山上人，信宿劇談，良慰積想。別去五日，而師忽化去。生死事大，無常迅速，可畏哉！漫爲排律七言近體，計二十韻。聊見機緣之非偶，撫流而自惕。吾師孔氏，惟聞道而兢兢。三教歸一，不宜作二見也。

過曹溪謁六祖大師　釋德清

曹溪滴水自靈淵，流入滄溟浪拍天。多少魚龍從變化，源頭一脈尚泠然。

樵斧纔抛石墜腰，黄梅夜半寂無聊。自持一鉢南歸後，從此兒孫氣日驕。

避難石　前人

無端一念若膻腥，從此形骸累不輕。十載獵叢張網處，石頭滿眼盡無生。

贈曹溪行腳僧　前人

曹溪行腳來，元自曹溪去。久假而不歸，忽憶曹溪路。即墮宰官身，依然無所住。任運大化中，襬（"衤"旁）襶安能護。猶記別時言，菩提本無樹。以是不迷人，觸目多感悟。隨緣到故鄉，萬山滿煙霧。未入曹溪門，此心已如故。況見昔時人，凄然瀝情素。提起屈眴衣，宛若初分付。椎碎墜腰石，打開寶藏庫。掇出如意珠，獨誇長者富。三車隨所施，諸子忽驚怖。一喝泣鬼神，片言逐狐兔。魍魎頓潛蹤，龍蛇喜交錯。經行寂滅場，往來憑杖屨。穿破礀底雲，踏乾草頭露。瓦礫盡生輝，靈源永不涸。誰知先後身，主賓自相顧。願執漚和鞭，長驅白牛步。

重至曹溪　前人

昔日住曹溪，白髮雙耳垂。今朝復重來，圓頂光陸離。改頭不改面，就裏無成虧。祇爲祖師禪，要作克家兒。一片金剛心，化作貪嗔癡。性命都抛卻，四大如枯枝。費盡老婆心，靈驗無毫釐。且止停君駕，隨緣了斯須。今生縱無成，尚有未來期。假使百千劫，此志終不移。定要祖道光，照耀如摩尼。真使西來意，如初分付時。始遂此老願，不辜一雙眉。好生置高閣，勿使八風吹。

觀察海門周公屬修曹溪志大爲感歎遂賦相逢行以贈　前人

曹溪一滴水，誰云西天來。瞿曇不出世，老胡眼未開。洪波浩大地，彌漫浸九垓。魚龍失性命，狐狸謾驚猜。白牯一隻眼，蘗奴半邊腮。劫火黑其膝，虚空轟若雷。青山覆白雲，古路横蒼苔。敝衣纔著體，滿面生塵埃。驅車出門去，歧路多徘徊。故鄉日以遠，親友相追陪。翹首望長安，雲山鬱崔嵬。通衢列方軌，躊躕何遲回。忽見眼中人，百念一齊灰。虚空倏隕裂，大地俱隤頹。擘破鐵圍關，打落凡聖胎。披毛帶角墮，劍樹刀山摧。經行寂滅地，坐卧光明臺。回視器中蚊，啾啾誠堪哀。幻綱時方結，龜毛繩正絯。瞻彼大力人，優哉復優哉。

觀察李公曹溪過訪夜坐　前人

萬壑風生住，三車長者來。旃檀嚴淨土，優鉢出天台。白社開蓮漏，青牛問劫灰。玄心才一悟，身世總塵埃。

霜月明金界，清霄坐寶林。三生成幻夢，一語見真心。寂滅吹天籟，虛空響梵音。多慚玄度侶，高駕費追尋。

酬董國博崇相過訪曹溪　前人

君向曹溪來，直入曹溪路。溪上忽逢君，乍見已如故。一笑心眼開，主賓忘禮數。促膝坐更深，歷歷披情素。高懷皎冰雪，清言振金玉。俯視六合空，長軀千里步。歲暮事遠遊，理冥無去住。把手送君行，溪橋獨延佇。

別曹溪二首　前人

爲決曹溪萬里流，歸心常撫大刀頭。因思血浸齊腰雪，千古令人痛未休。

自爲曹溪杖策來，坐看山色笑顔開。從今一別千峰去，鳥語溪聲不盡哀。

入曹溪　董應舉（一五四七—一六三九）　字見龍，號崇相，福建閩縣（今屬福州）人。萬曆舉人。歷廣州府學教授、吏部主事、大理寺丞，擢太僕卿兼河南道御史。

停舟入曹溪，曹溪還幾里。不見曹溪人，但見曹溪水。曹溪水自流，曹溪雲自起。雲水相與泊，吾意悠悠耳。

謁六祖　楊起元

來到師門謾説禪，寶林今始識西天。蒼蒼古木清因地，泌泌春流帶福田。錫水暗通香積裏，盂龍長護法堂前。千經一句渾無用，使我真慚學蠹編。

寄懷憨山禪師　前人

聞説憨公到寶林，朝來乘興一相尋。田間雪積平如掌，寺裏鐘稀寂似心。爐熱旃檀香細細，園開祇樹宇沈沈。由來此法應無著，不見空歸義自深。

贈憨山禪師　周汝登（一五四七—一六二九）

字繼元，號海門，嵊縣（今屬浙江）人。萬曆間任廣東按察使。

萬曆丁酉，憨山上人奉旨徙居海外。余以量移來此，盤桓半載，談證無虚日。明年，余以入賀北發，上人棹舟送我於濛瀼之月華寺，指點曹溪，去五羊幾千里矣。明發分手，欲别猶難，爲書四十字貽之。時戊戌孟夏之二十有一日也。

已覺情空盡，何當此日心。欣從龍窟遠，話别虎溪深。雨榻開蓮卷，風槐過寶林。共攜千里道，臨發更沈吟。

遊南華　陳大綸

廣西宣化（今南寧）人。嘉靖間韶州知府。

今我篤真遊，載入曹溪林。佳景協清夏，飛潛獲我心。上有千年木，一鳥懷其音。下有千仞潭，雙龍復潛吟。暮夜神不寐，萬籟含幽陰。焚香攬玄默，孤棲思不禁。緬彼寂樂人，其理尚可尋。塵世豈不悠，須臾成古今。因識無生理，石門芳草深。

遊南華　王汝孝　山東東平人。嘉靖進士。官至禮部郎中、河南右布政使。

久慕曹溪勝，焚香禮大千。法門元不二，空界果誰緣。貝葉傳三昧，曇花照四禪。真如清淨域，何用謝塵喧。

遊南華　張玉　安徽鳳陽人。

繫馬松陰聽晚鐘，諸天樓閣翠重重。身遺南粤經千古，道啟中原第六宗。明鏡無臺塵自靜，斷碑有字蘚還封。老僧衹管參禪坐，直在白雲深處逢。

遊南華　胡相　盧陵（今江西吉安）人，萬曆間官羅定州知州。

杖履入南華，天高日未斜。攤經翻貝葉，搖麈看曇花。佛土秋逾淨，香臺夜復佳。名山吾欲買，不用苾芻賒。

遊南華　周啟祥　字南鶴，浙江海寧人。隆慶進士。廣州知府。

天籟初收曉氣分，梵音縹緲入凝雲。花迎甘露含珠影，溪傍衹園瀉縠紋。谷口松蘿如有待，林端麋鹿自成群。爲探寶地躭幽賞，欲向初禪辟世氛。

遊南華　郭大治　字思道，號粤白，廣東番禺人。嘉靖舉人。知縣，贈參政。

寶林稱勝地，紺鉢得真傳。一悟菩提法，千春祇樹先。象山青得月，溪水紫生煙。覽景憐春仲，逢僧且問禪。

遊南華　劉克正　字懋一，號海樵。廣東從化人。隆慶進士。官翰林院檢討。

道在無生悟者稀，遲來猶得款禪扉。天開寶地出龍象，人自祇園傳鉢衣。溪上雲霞常映帶，林中蘭若歲芳菲。勞勞塵土多年夢，暫向空門學息機。

送僧歸曹溪　黎民衷　廣東從化人。有《清居集》。

多時共話菩提樹，半偈深知去住情。今日祥煙何處所，芙蓉驛路水邊城。西風飛錫楚山明，翠竹黄花恰有情。千載傳心如見佛，更從何地學無生。

渡曹溪一絶　釋真可

踏來空翠幾千重，曲折曹溪鎖梵宫。欲問嶺南傳底事，青山白鳥水聲中。

贈本來和尚　前人

前後千峰去復來，幾回蠟屐破蒼苔。祇今懶向諸方走，飯罷和雲臥石臺。

弔故檀越亞仙偈并序　前人

凡生於三有之中者謂之有情，有情則有欲，有欲則有待，有待則有我立矣。我所既立，則好惡死生而無所不至，故一切衆生於所好之境，則堅然計爲我有，所以欲拔其一毛而利天下不爲也。雖復君臣父子之際，朋友夫婦兄弟之間，設無故欲拔其一毛，未始不變色而拒焉。陳亞仙初本深山曠野一凡民耳，且以六祖初非有故，一旦乞其地，以袈裟爲盟，亞仙以爲袈裟不過丈許，多地之中，施丈許猶一毛耳。不意六祖袈裟一展，覆其四境，使亞仙祖宗故有之業，須臾俱爲祖有，而亞仙竟不食言，如祖所乞，不生悔心。化火宅而爲蓮界，轉熱惱而作清凉，一捨永遠，世陪祖享，此非見之明、行之勇，孰能致於是哉！余故感而弔之。偈曰：

亞仙初凡民，見祖捨我所。一如棄敝屣，終不生悔心。非大明勇者，所作安如此。漢高與項籍，世并稱英雄。若較陳亞仙，一籌不及彼。愚者以爲誕，智者以爲用。愚智莫測者，日用獨不昧。衆人本非愚，亞仙亦非智。因緣會遇時，寂默而昭著。

南華謁祖師二絶　劉欽軫　江西泰和人。

天學陳先生尋清公海上因謁祖師於此，遂續祖偈，立曹溪景而去，其往劫哉！予來有感焉，用鐫附志末，爲後人覓祖師法者指南云。

明鏡非臺何處尋，青山百轉繞花林。聞來挹秀曹溪上，流水潺潺白日沈。

大鑒千秋去不還，重來化鶴此雲間。三三題出空無住，陣陣黐清雪滿山。

陪趙太史遊南華寺 曾仕鑑 字明吾，廣東南海人。萬曆舉人。任內閣中書，歷官户部主事。有《洞庭》《羅浮》諸集。

卓錫何年寶刹開，一燈傳影自黄梅。菩提非樹衣終授，楊柳爲官骨未灰。定裏風旛元不動，空中臺鏡本無埃。藤蘿信宿諸天外，月滿曇花特地來。

一溪晴鎖萬山雲，客餉能將佛供分。腰石尚存居士誌，坐衣中有亞仙墳。松懸塔影虚堂入，香繞經聲静夜聞。頓教不傳遺鉢在，遠來何事惠將軍？

贈憨山大師 張應申 字維貞。廣東東莞人。萬曆舉人。有《二酉山房草》。

曹溪日以遠，披豁得吾師。龍象經行日，優曇示現時。彌天開法眼，初地許攢眉。自墮貪嗔障，皈依畏後期。

謁南華十二絶（録一） 任可容 字子賢，安徽懷寧人。萬曆進士。歷處州知府，遷廣東按察副使，兵備惠潮。

扶輿佳氣鬱巃葱，庾嶺岧嶢紫氣重。一勺曹溪分萬派，至今猶自説南宗。

曹溪次郭篤周勳卿韻并懷王唯吾勳丞日子開學憲三君子 丁此呂 南昌人，參政。

曹溪溪口水泠泠，一望芙蓉插漢青。福地天開千葉祖，香泉雲護四時馨。宗傳南頓真超筏，教接西來獨振鈴。讀罷遺經禪宇寂，憑欄天外眺空冥。

千秋如畫列維藩，萬疊雲屯萬壑奔。佛國河山同帶礪，禪宗洙泗此淵源。法華輪在誰窺藏，蘭若叢開別有村。衲子勞勞供物役，卻憐淨土亦塵樊。

挽憨山師四章有敘 吳中偉（一五六三—一六三一） 字境虛，號生白，浙江海鹽人。

憨山大師，禪宗龍象。余治湖南，獲展參詣。庚申春，再承乏嶺表，道經曹溪，頂禮南華祖像，僅蔽風雨。雖巨材山積，而龜曝鶴飛，丹青剥落。徘徊久之，慨焉太息。詢厥所以，老比丘答言：「此我憨大師未竟業也。安禪七日，金地將完，纔構三塗，法輪中輟。」言罷掩抑，悲不自勝。予重憐其意，語之曰：「若等真思大師，余當爲若招之。」比丘百餘輩，咸各歡喜無量，投地稱謝。遂重趼千里，殷勤啟請。始於比年月再入曹溪，則僧輩已三請，而予亦三致書師矣。卓錫之日，法訊見貽，薄宦糾纏，未遑酬次。每念他日北歸，庶幾從容化城，仰參心諦。而僧臘已盡，遽證涅槃，俾予數年所懷，竟成虛想。夫金剛不壞則大教常流，石電難延則肉軀等盡。予悼宗風之永寂，哀玄義之將頹，感往多哀，傷今欲絶，攬筆成誄，情見乎詞矣。

歸盡天龍有大師，講壇花雨落遲遲。廚中法膳慈宮出，嶺表恩流聖主知。鷗鳥宰官疑玩世，旃檀海藏有經時。是誰高足如迦葉，把頌遺言痛所思。

曹溪滴滴泣南華，當日親承坐具紗。心印獨傳無一字，地金重布有三車。林風月掩牀頭火，穀雨煙消定後茶。末法中興還更墮，低回雙樹獨長嗟。

讖記南宗歲已千，道場重此更安禪。法流心在無窮悟，祖去衣焚不再傳。泣斷比丘黃葉下，靈埋鑠子白雲邊。應留遺教經同佛，猶自中流得寶船。

滿月當年亦試參，皈心初地憶湖南。衣從白氎身常淨，教演青蓮知再含。金版譯窮經幾部，銀鉤書就祖千函。是誰檀越真相負，三度書招祇自慚。

曹溪禮六祖真相

祝以豳　字耳劉，浙江海寧人，萬曆進士，官至工部左侍郎。

自聞曹溪語，久識曹溪路。今茲行腳至，踄歷怳夢寐。未掬水已香，悠然領心素。萬杉繡寶林，十里罥蒼霧。旋入不二堂，默記本來句。示寂既千載，四大兀堅固。寂後尚有身，本無曷以喻。不有即不空，真空即常住。所以永劫存，菩提無樹故。捧持乾陀鉢，摩挲屈眴布。異寶紛前陳，太初一瞬度。自笑七尺軀，人寰五石瓠。諸緣息未能，性海若與渡。倘許排頓門，蘧然一宿悟。

讀曹溪通志十品

前人

扁舟江上夕陽迷，十品何來刮目鎞。若道正因無一字，底將綺語施曹溪。

絕學誰超最上乘，壇經了卻十年燈。姓名不向能師道，自許曹溪行腳僧。

謁六祖大師 釋通岸（一五六六——一六四七） 字覺道、智海。憨山大師書記。後居訶林。工詩，曾與陳子壯等結社，稱「南園十二子」。有《棲雲庵集》。

飛閣巍然駕碧霄，天開勝跡自南朝。非臺鏡裏休勤拭，彩筆空中莫浪描。浮世但誇金鏁骨，黃梅誰識石懸腰。應憐一脈曹溪水，涓滴能分萬派遙。

謁六祖兼訪清頭陀有賦 李開芳（？——一六二三） 字伯東，號還素，福建温陵（今泉州）人。萬曆進士。任廣東藩臬，遷江西布政使，進南京太僕寺卿。有《天風堂集》。

生來已半百，不識自頭面。一叩六祖身，毫光爲我現。遺骨千年香，衣鉢完而縹。鼻祖傳在玆，玉環紫金昇。累朝藉靈長，睿藻何燦炫。千僧爲孫子，明燈永朝晛。溪水甘如蜜，山形宛寶殿。凡此種種相，可悟不可見。總歸真空裏，千秋一瞬電。向迷誰指點，莫脱世情罥。非不讀六籍，一讀一瞑眩。文字原不立，何字可寓眴。祖賚我頭陀，性從憨山繕。親受天竺師，恍祖黃梅眷。三更月吐時，圓照滿赤縣。謬許我根深，當下梵聲囀。未到米熟時，不圖有篩旋。一唯不爲少，千言何足羨。始覺苦縛久，頓入良爲便。西天匪萬里，在在呈前見。真我認是我，四大錯相戀。五蘊皆空時，不思惡與善。感君此單傳，滄桑變不變。自性了真常，光明普周遍。

用憨禪師韻賦謝　前人

不入曹溪路，曷從覺本來。從今空四諦，誰復戀三臺。光借金爐色，寒吹玉管灰。旃檀直指後，何自染塵埃。

香泉流佛脈，落葉響疏林。真相三千界，虛空一片心。鉢深龍聽法，夜靜鳥知音。長腳尋真徧，于今慰所尋。

曹溪謁六祖步憨大師韻　余大成

未到曹溪早無口，半邊鼻孔漫撩天。分明四句中途語，攪亂支那也枉然。

教他舂米卻舂腰，惹得黄梅不自聊。半夜駝回鉢袋子，那堪暴富小兒驕。

宿南華步紫柏老人韻　前人

鼓寂鐘沈隔萬重，相逢嚴棘又魔宫。後先攜手曹溪路，總在風旛廊廡中。

再謁六祖　前人

南華寺裏一花開，昔日龐公今再來。重見東山撾法鼓，故教西水吼春雷。

南華參憨公禪師言贈　前人

望入曹溪路，飛嵐鎖玉津。天空花雨淨，山靄法雲新。明鏡懸臺日，菩提辟坐塵。俛眉開一笑，重見本來人。

法在衣仍在，心空體更空。三車離火宅，五葉透靈叢。幻跡獵人伍，圓機旛影通。惠明尋往劫，瞻禮到新蒙。

護禪因觸網，杖錫復登壇。玉帶瓊仙解，曇花寶樹攢。逢人餐露液，以我彈金丸。自在天身見，應多得度歡。

大道饒分岐，圓通不二門。杖頭肩日月，麈尾注乾坤。鈴鐸醒塵夢，麟豼挽俗轅。功成多寶塔，法席許同温。

遊曹溪謁六祖三首　梅之焕（一五七五—一六四一）　字彬父，别號信天，湖廣麻城（今屬湖北）人。萬曆進士。官至甘肅巡撫。

一月舟中浪拍天，暫騎瘦馬問金仙。祇言世外風波少，獵裏藏身十五年。

怪得疏慵似野僧，卻于個裏悟前生。山空樹老無人會，溪鎖寒煙月自明。

一鉢猶能伏毒龍，避人飛向獵圍中。隨緣應度在無定，雌伏由來屬大雄。

夏日同閔紉弦先生飲卓錫泉　王命璿（一五七五—一六五三）　字君衡，福建龍巖人。萬曆進士。授新會知縣，巡按廣東。起爲刑部侍郎。

少憩曹溪吸錫泉，南華故是古西天。一聲雷送風頭雨，幾片雲垂澗下田。坐處水壺清徹底，爾來臺鏡映無邊。劈開荒霧山河現，留履於今憶昔賢。

重遊南華寺

王思任（一五七五—一六四六）　字季重，浙江山陰（今紹興）人。萬曆進士。官至禮部尚書。有《王季重十種》。

萬里南華一坐蓮，松間紫火發青煙。三更日出天雞叫，偶念彌陀便是禪。入寺

宗風飛絮不沾泥，六祖真傳豈爲西。若認此臺無鏡在，誰將古月照曹溪。入溪

坐起還同放倒參，當時豈料守燈龕。祇言打獵挑柴漢，坐在人前不愧慚。肉身

天西一具破袈裟，鍼到傳時線不差。傳到不傳纔是服，彌天撒去敢爭些。看衣

曾作番僧面壁供，是誰陶冶是誰鎔。西來乞食無多子，願捨娑婆拳毒龍。看鉢

渡江無力摘蘆輕，今日留他待怎生。踏破此鞋何處覓，聊傳東土看修行。響鞋

曾説牛頭若鍊腰，誰知此石自西描。五宗今日皆能吃，飯熟多時不肯撩。腰石

心動還將心裏醫，風旛斜處不曾思。果然一掬清明水，點破如何就得知。風旛

春日宿南華方丈

李孫宸（一五七六—一六三四）　字伯襄，廣東香山（今中山）人。萬曆進士。晉禮部尚書。有《建霞樓集》。

弭棹尋幽訪翠微，人間寶地此應稀。偈從頓教參無樹，燈自相傳授有衣。月滿經堂僧入定，天清卓錫鶴俱飛。悠悠萍梗寧須問，暫借空門悟息機。

展現六祖所傳信具作禮一偈　魏浣初（一五八〇—？）　字仲雪，江蘇常熟人。萬曆進士。官至布政司參政。有《四如山樓集》。

鏡臺寶樹蘭埃外，琳宇金容法界中。都把山河爲坐具，不由文字立宗風。傳衣亦是聊傳信，擊鉢安能更擊空。悟得雨皆龍自致，人身涕唾海潮通。

又次韻留别輓無梅軒　前人

蒻笠樱篢來處攜，懸知暈在夕陽西。果聞鐘鼓崇朝咽，爲寫煙嵐四望迷。象嶺鬱葱深護寺，曹溪飛濺欲平堤。過橋帶雨看三笑，借得禪和四大棲。

曹溪謁六祖四首　何吾騶（一五八一—一六五一）　字龍友，號象岡。廣東香山（今中山）人。萬曆舉人。任大學士兼代理首輔。有《元氣堂集》。

暫向曹溪路，緇塵迴已分。風清盤細草，路遠出香雲。松影千峰暗，泉聲隔嶺聞。遙聆仙梵落，不覺雨華紛。

夙昔懷真秘，搴帷訪路微。一空原不二，是了更何非。山即毘盧帽，雲如敗色衣。天開能祖地，漫語道南歸。

昔聞沙是佛，今識佛留身。萬劫何曾變，真空不礙塵。風旛如在目，菜肉若爲陳。一種和光意，于今欲渡人。

我遲未千載，不及祖生時。得聽真如偈，堪爲引導師。佛光猶在面，法寶可應私。倘悟西來理，傳燈已在兹。

宿等持上人講堂　前人

獨行苦無徒，修士悵空谷。唯德自有鄰，斯言可三復。能祖南歸時，川原盡駭矚。卜地成祇園，乃在曹溪麓。千峰啼夜猿，白日走麇鹿。入境一以遥，禪林自幽獨。豈知大因緣，徒衆轉擎踘。但看千人鍋，都由三更熟。我來遇雨塗，泥濘困童僕。既至盥沐趨，暢然展心曲。似遇平生親，一登太古樸。經義久皈依，快瞻真面目。圓明似鏡光，平常若菜肉。令我處處和，識今在在足。善哉人天師，何代不瞻服。乃知佛功德，度思良匪局。自今來已遲，遲早吾自勖。

曹溪謁祖　孫朝肅　字恭甫，江蘇常熟人。萬曆進士。官至廣東布政使。

余歸田五年，忽有瓊崖之命。已具疏乞休矣，夜感異兆。遂治裝踰嶺，謁六祖於寶林，且得見西來衣鉢。因思宦轍所至，無非夙緣，不可强也。歸抵濛瀼，舟中援筆記之。

名山洵奇絶，五丁啟蒙翳。複巘看象形，迴岡起龍勢。爰有身毒僧，飲泉識靈閟。讖記百六年，直接西來意。説法旃檀林，河沙等超濟。負薪者獦獠，頓悟心無住。北往梅子熟，南來性豈異。風旛衆喙息，心生法一切。以此照迷途，孤燈破群蔽。𨂂步寶林山，人天爭授記。卓錫泉甘洌，大衆萬千隸。青原南嶽流，盡厭醍醐味。一滴五派分，拈花有夙契。棒喝雖熾然，寂寂印宗諦。余本山谷禪，無端罥塵世。銜命遊粤東，先感法施惠。問路溯曹源，雙樹愜幽憩。膜拜兩足尊，皈依結精誓。薰沐展信衣，匍匐捧量器。矢念發大雄，願獲無漏智。往因故不微，證果詎云細。始解世間法，性海無邊際。大千可縱遊，那畏炎方癘。四十而無聞，躑躅悔短歲。雲壑領妙心，松風理半偈。去住兩無蹤，虚舟等不繫。

遊曹溪參六祖　袁崇焕（一五八四——一六三〇）　字元素，廣東東莞人。萬曆進士。任薊遼督師。崇禎三年，被誣與後金有密約而遭磔殺。

虞帝南遊時，此地幾陵谷。黄梅證道歸，此事非變局。即今南華源，已接西天竺。頓門從此開，信衣不必續。在俗已成僧，寧擇菜與肉。風旛未足疑，在獵心無逐。何須轉法華，自性無不足。我來禮金身，恍惚舊眷屬。四十未有期，已失初面目。劍樹狎如家，愛河湛且浴。非盡還是非，愈解愈桎梏。騎驢更覓驢，失鹿還夢鹿。無邊是苦海，有底非黑獄。我性自貪頑，他塵豈淫酷。以兹煩惱因，電光空僕僕。如控惡毒龍，豈但難把捉。願師善知識，爲我從頭燭。願師大慈悲，更與同人勖。

戊辰給假南還道經曹溪參謁六祖時未留題今補寄四律　李士淳（一五八五——一六六五）　字二何，廣東梅州人。崇禎進士。授吏部右侍郎兼翰林院編修。

我到曹溪三十年，雲山入夢尚回環。未留一字恥隨俗，閲盡千言誰解禪。欲向源頭尋活水，先從溪口酌清泉。壇經刊後無文義，依樣葫蘆了夙緣。

游曹溪參六祖　黄儒臣　東莞人。

清晨溯曹溪，漭蕩騁遐矚。晴旭散煙霏，葱蒨森以緑。參差歷隰原，迤麗窮崖谷。和尚坐具地，已冒四山麓。繞鉢降龍歸，持咒馴虎服。乃知法力大，能資衆生福。而我煩惱多，思就清涼浴。泠泠溪下流，宛來自西竺。琳宮窈窕開，香閣崚嶒屬。林幽翠欲流，鳥聲在深竹。諸品俱寂然，吾心何起伏。區區有漏因，轉令生刺促。寧知累劫塵，世界藏一粟。所以五葉花，祇餘一燈續。能師大智人，作務隨庸俗。片言啟悟機，萬法自心足。色身豈必存，威儀仍自肅。但澂般若心，菩提果應熟。

遊南華　劉體仁　字公勔，號蒲庵，明末清初潁川衛（今安徽阜陽）人。順治進士，官刑部郎中。

行人何處訪南華，一派曹溪路入斜。鐵鎮龍潭呈寶地，錫飛象嶺卜僧家。不從文字窺心印，直悟真如散雨花。竟日徘徊非想界，愁將塵態避煙霞。

秋日入曹溪宿等上人方丈　梁元柱（一五八九—一六三六）　字仲玉，號森琅，廣東順德人。天啟進士。補福建道御史，監北京鄉試。有《偶然堂集》。

秋清祇樹晚含霜，乘興同過選佛場。面北袈裟方丈地，天南炎海一津梁。談深夜月探玄鉢，座酌溪泉引錫長。自覺浮生閒半日，前途底事卻茫茫。

謁六祖　王永圖　江蘇宜興人，崇禎間官韶州知府。

南宗一派振禪機，坐具天開擁翠微。萬里從分初地果，千年真見寶林衣。浮屠寂寂傳燈朗，梵唄紛紛法雨霏。塵夢暫醒尋往劫，幾人此地得皈依。

遊南華寺（二首録一）　田仰　江西泰和人，參政。

塵勞求息駕，禪悦慰初心。梵唄揚清韻，煙霞結翠陰。鉢殘金石脱，衣敝水田侵。欲問西來意，機緣何處尋。

謁六祖　陳玄藻　福建莆田人。嘉靖進士，歷官左布政。

溪流迴合漾清暉，古刹參禪願不違。佩玦兼留持飯鉢，素珠久綴鏤金衣。一花五葉傳宗遠，無樹非臺喻法微。遺像森然如指引，誰云隻履已西歸。

宿南華方丈　徐遵湯　字仲昭，江蘇江陰人。萬曆副榜。

在家常夢到南華，及到南華夢在家。初地若教成幻想，故鄉亦可作空花。

遊南華（二首）　吕承明　江蘇江陰人。

真是傳衣處，非徒選勝遊。恒河天地滿，歷劫古今愁。朝爽先臨塔，寒聲盡入流。往因如未托，瓢笠也難留。

吳儂來粤嶠，寶地此躋攀。龕現空中相，花開鏡裏顔。禪宗無世代，佛國有河山。好借維摩榻，塵途一息閒。

秋日晚過平岡望南華寺

張育葵　字午卿，江蘇江陰人。崇禎進士。曲江知縣。

巉崖絶澗石堪攜，一路行吟到日西。欲向名山尋舊跡，何妨暝壑轉平堤。嶺頭紺殿歸雲護，海外瑤臺夕樹迷。驛火郵燈傳送急，忽聞孤磬是禪棲。

宿南華寺

前人

夜闌深箐寂無嘩，何處山間不可家。拙宦逢僧談世幻，勞人據榻夢天涯。寶林檻外三珠樹，優鉢燈前五葉花。辭累不須瓢笠早，清霄聊與托袈裟。

曹溪遙慟詩

譚貞默

甲子暮春寓燕京石鐙菴，聞憨山本師曹溪寂音，集諸緇白弟子，建誦經念佛道場，因作《遙慟詩》五十韻以志哀慕。

師作人天準，神當定慧揚。誕星峨步肅，印月玉毫彰。超繫思非練，空緣澤自祥。道消窮末葉，覺大緝頽綱。邪種驅乂聚，清徽振鉢芳。春晞洪量溢，夏烈迅威張。龍壁九年觀，冰參萬里方。應虚傾道俗，證化導侯王。聖供袈裟紫，慈名璽敕黄。伊蒲珍積具，頂相影圖將。洪號欽山嶽，崇規曜棟梁。定儲罹法難，報國服戎行。粤嶺什公路，曹溪六祖場。密因敷瘴癘，圓導徹蠻荒。狂象銷魔力，獰龍洗毒腸。處幽名愈大，在險動彌藏。度戒紛緇白，行檀濟泳翔。塵芬留義室，猿菓綴禪牀。易簡符周孔，虚明鑄老莊。宿朝探譯制，積祏照留詳。餐飫天花肆，鍼醫衆寶坊。緒言蟲櫱木，通議日扶桑。舌出總持骨，胸開冥蹟倉。法華弘擊節，疑諦決金剛。影響敷懸鑑，楞伽發祕囊。操觚寧待匠，趺坐即成章。左史詮洙泗，兵韜革渭泱。叩津淵味瀉，宣籥睿音昌。運帚無懷智，吟編有惠康。辯靡一物礙，趣會九流旁。恩旨隨飛錫，丰容儼碩强。玄麾上盧岫，法旆下衡襄。燕市酬知願，圜中念骨藏。荼毘雙徑偈，銘碣梵村香。皈信化城道，機緣宗鏡堂。瞻依五度淨，矜式四儀良。耆宿旃檀繞，衣冠絡索長。提攜孩戀慕，燈火草商量。筆録東遊地，心期立雪鄉。逡巡巖瀑隔，合沓歲陰茫。忍土移南紀，慈輪擁昔疆。寶林隨順去，庾嶺慭遺亡。現滅暉殊景，環悲墮慘霜。泥洹隱顯跡，殄瘁白緇傷。維衛旋西履，閻浮失普航。禮官需謚典，節鎮護靈裝。五乳鵝王寂，雙林鹿女喪。榮哀天爵貴，壽臘足尊常。塔影持遺教，龕靈逗妙光。及門情倍慟，希想夢時颸。緬邈同千古，低徊愧一杭。幸堪勤拂拭，餘蔭得清涼。

憨山本師年譜疏起率成十章有引　前人

庚寅三月三十日，自金陵席地壇移寓雨花臺左偶諧居，得本師《憨山老人年譜自敘實録》，蓋王季延起隆同予婿高念祖佑釲從東禪默庵禪友明起覓原本寄至，向來所見並散失未全者也。此譜乃本師臨化親筆授記，敘丁巳歲略云：「留請淨慈宗鏡堂，時諸方名德俱集湖上偕譚生問法，東南法會之最勝者，昔所未見。」又云：「凡一往所經，隨手之作，玄津壑公、譚生孟恂録成四卷刻之，名《東遊集》。」時余以丙辰樓圯之厄，三梁翼蔽，再生因緣，至徑山寂照庵皈依本師，命名「福徵」，命字「梁生」，而示之偈。晨夕隨侍八閱月，歷三吳諸剎，至金沙乃別。本師瀕行，以手笑撫余肩曰：「身後事乃屬汝。」茲得《年譜》，將殫思疇昔侍間所聞，爲之疏述。一時捧誦歡喜，頂禮讚歎，得十絶句。

譜成雙樹望花開，宗鏡因緣久浪猜。萬里曹溪離亂後，西林肉佛竟歸來。本師初出家金陵報恩寺西林房。

五乳曹溪法嗣多，秣陵十輩老禪和。金針度處憑誰覓，繡出鴛鴦沐錦波。素華、智旭、融澄、廣捨、寬居、廣用、堅如、慈任、明記、仁錫諸法屬。

江上飛書付法徒，天邊傳語授衣珠。竺乾洙泗光華遍，誰道人間判佛儒。

雙徑皈依歲閱吳，尋常入定侍雙趺。備聞慈后莊嚴事，弘法忘身爲集枯。李太后祈儲隆施及爲泰昌保儲犯患事。集菀、集枯，晉獻公二公子爭立時語。

一喝親教淨土生，一言頻睹鬼神驚。面如滿月唇弦月，具相慈威畫不成。事詳《年譜疏述》。

説法由來不用機，上堂衹見佛威儀。撇開拄杖婆心大，泥水天花導衆歸。

當年手録東遊集，累牘香光者話頭。不似諸方拈句子，糊心脱口賣風流。者，禪書「這」通。

佛眼全通儒眼尊，肉身顯是法身存。普天率土光明遍，函蓋單傳直指門。

紫柏當年肝膈同，遠將康贊印憨公。髑髏影響曹溪現，吳粵交光在個中。達觀大師與本師法契甚深，同罹保儲之難。先是，本師戍粵，達師寫康居國會尊者影，作贊寄之。其敘有「曹溪肉佛所現，憨師康祖分身」云云，其言果驗。

歷數曹溪恰過千，寶林對面肉身傳。儒門五百興名世，倍紀應知歷劫緣。盧祖以唐貞觀戊戌春生，憨祖以明天啟癸亥冬化，相越一千零十七年。

自讚述疏憨本師年譜實録　前人

一代稱尊三佛祖，三朝定嗣一乾坤。網羅國史詮禪史，打疊宗門印法門。三佛祖者，憨師并蓮師、達師。三朝者，神廟及光廟、熹廟。老宿者，一時力爭建儲之臣。枯菀是非者，一時官府嫌怨之隙。譜者，禪史。疏者，國史。

枯菀諱談偕老宿，笑啼直筆另乾坤。因緣時節真奇特，孔席偏能報佛門。
恩怨劫灰消溟渤，是非輪旭付乾坤。春秋筆削西來意，左氏心傳不二門。
乾宁宫闈經日月，冰山瘴海歷乾坤。素王諱義空王筆，心鏡同懸有及門。

送大休和尚應請之曹溪兼簡張大將軍葵軒廣州郡守王邁人南雄郡守鄭雨爲　前人

葵軒昔鎮我郡，今移鎮粵東。邁人、雨爲並我郡人。

正令全憑一指提，元來曹洞是曹溪。混同南北狐蹤絶，函蓋乾坤象法齊。肉祖重輝遺柱石，寶林載震付金鎞。大將軍現天龍力，海藏光明佇劇犀。憨本師肉身在曹溪。

甲午孟秋二日同婿高念祖放舟送大休和尚因寄香供謁憨本師與話曹溪大統事雨中度杉青閘而别率拈二絶　前人

徂暑連舟過雨涼，曹溪一滴普汪洋。好參肉祖生前譜，直指南華有瓣香。大休和尚從侍約三十人，同閲肉祖憨本師年譜。

此行莫作等閒看，佛祖光明付大檀。彈指清規齊百丈，再來輪藏主雄觀。

曹溪謁祖　葉紹顒（一五九四—一六七〇）　字季若，吴江（今屬江蘇）人。巡按廣東。

一滴曹溪五派開，瑞雲琪樹護香臺。幾年獵隱傳衣後，此地壇經轉法來。月寂風旛無動相，山空花雨靜塵埃。還思三匝當時事，攬轡聊同一宿回。

宿南華方丈和魏仲雪宗師韻 陳衍虞（一五九九——一六八八） 字伯宗，號園公，廣東海陽（今潮安）人。

煙嵐滿目似堪攜，聽罷松濤象嶺西。到此方知文字幻，向來空被業塵迷。寒燈照雨光流塔，晚菊含霜秀隔堤。最是高閒枝上鳥，宵宵得傍寶林棲。

禮曹溪祖塔（二首） 陳朝輔 字平若，一字葦庵，鄞縣（今浙江寧波）人。富藏書，輯有《四明文獻》。

萬仞芙蓉護翠微，卻從初地證初衣。香來水是天應是，動處旛非風亦非。鉢淨有潭龍不住，臺空無樹鳥先歸。分明認取三更月，肯許朦朧掩竹扉。

單提密意靜中參，隻履西行道已南。米碓頓還真面目，金剛不壞老瞿曇。花開五葉終成果，燈燄千枝自結龕。慚愧蘧廬門外宿，祇從文字諷琅瑯。

謁曹溪（二首） 林翰沖 字啟翺，號莞卿，漳浦人。崇禎進士，韶州推官。

生來便識祖留身，今日山堂拜古人。不壞金剛還碩果，頓超心印足傳薪。鶴飛千洞泉仍湧，寶衍如林法孰真。獨有西天無異水，年年香發送迷津。

名山浩劫建重輝，百六十年應不違。自是仙胎花鶴淨，寧貪庾嶺象龍肥。壇經悟到原無字，正果圓來定有希。慚愧袈裟羅漢飯，疑師當日尚傳衣。

六祖真相 何三省（一六一一——一六七四） 字觀我，江西廣昌人。崇禎進士。督學廣東。有《夢齋詩集》。

巍然趺坐遍光明，猶似傳衣偈乍呈。種就菩薩花五葉，塵消明鏡碓三更。獨參最上原無相，留向諸根證有成。誰謂金僊世外杳，親瞻莖草自晶晶。

南華恭謁六祖同曲江尹陳惺齋探卓錫泉次壁間韻 前人

佛入千餘年，宗風獨此勝。黄梅米熟時，廣大非恒徑。炯炯人天眼，廓然掃陰凝。香蓮出汙泥，蓮香絶滓濘。返照密自知，無音誰式聽。真空且不留，況乃鐘與磬。風旛時寂然，有動斯相應。停舟禮空王，禪林聊借凭。衣在衆香歸，探泉登絶磴。坐對映冰玉，流連忽及暝。是水皆水性，寧問湞與凌。法雨足繽紛，猶餘玄屑賸。

訪曹溪 潘復敏 浙江新昌人。崇禎間曲江知縣。

山將藍蘸樹含蒼，路指南宗古道場。冷暖自知君解否，可尋溪口味泉香。

再尋南華 前人

又來方丈學參禪，午夜依稀面壁年。静引風旛都入鉢，黄梅消息一爐煙。

曹溪禮六祖漫賦四章至末則重有感矣

蕭丁泰　字吉甫，湖廣漢陽（今屬湖北）人。歷陝西布政使、貴州左布政使。

寶林深處啟禪扉，問水尋源識者稀。半夜櫂船憑自力，經年守網隱玄機。菩提無樹誰傳法，屈眴何緣獨授衣。禮罷慈容披聖跡，頓令心地得皈依。

黃梅米熟一燈懸，南北分宗頓教先。字義融通冰即水，風旛靜處火生煙。了心不必依文句，喫菜何妨向肉邊。解道本來無一物，尚留半偈證言詮。

慈雲慧月兩悠悠，法相堂堂在上頭。象嶺盤旋仍北拱，香溪曲折逐西流。已知佛性無同異，豈戀塵寰怯去留。爲與兒孫存榜樣，幻軀靈骨任春秋。

四山矗矗水盈盈，田野川原一望平。護法天王張坐具，布金居士捨墳塋。樵蘇香積如雲爨，襏襫山農帶雨耕。縱是祖庭秋晚日，忍看狸虎各縱橫。

謁六祖

朱景運　上元（今屬南京）人，崇禎門翁源知縣。

駐馬依雞林，顒瞻皈上士。忘言挺身教，肉相猶嶔嶷。因叩叔良前，此溪馨豈已。並問祖遷後，示香仍古水。曹流有遇合，溽派胡寂爾。澌川香垢分，人邪聖邪起。祖振袈裟角，默默示所以。有身顯晦生，山水動靜始。響鞋來西洋，踏筏皆香瀰。諦觀鞋細紋，高皮乏半趾。所以示不著，南青皆望履。陰陰榕殿燈，千顆龍珠晷。上映祖肩環，金玉爭壇綺。慈容宣妙光，馥雲馴鹿兕。何期內天人，外乃驕倀豸。猛虎嘯幽藍，深夜負嵎喜。慈慘等是溪，香流不均洗。因知喧寂場，恩威互徙倚。引簪味旛風，動與靜乎視。辭塔息公廡，霜蟾迸松蘂。

遊南華寺不果紀事八首（録一） 曹溶（一六一三—一六八五） 字秋嶽，浙江嘉興人。崇禎進士。清授廣東布政使。有《靜惕堂詩詞集》。

昨過安流駛，風檣捲浪花。今來折篙櫂，竹纜澀浮沙。濟勝乖神助，看山減鬢華。夕陽茅屋好，秋興冷茶瓜。

曹溪禮大鑒禪師塔 陳子升（一六一四—一六九二） 字喬生，號中洲。廣東南海人。永曆時以諸生授兵科給事中。晚年出家盧山。有《中洲草堂集》。

寶林天外指黄梅，花發菩提五葉開。祖法云何便南去，新州元自具西來。山間逐獵人終散，鉢裏降龍蜕已灰。聞道此心無所住，願隨溪水日瀠洄。

月華灘 釋澹歸（一六一一—一六八〇） 法名今釋，俗名金堡，號衛公。仁和（今浙江杭州）人。有《徧行堂集》。

月華灘接曹溪近，智藥先來導祖風。南海肉身從此數，西天香水到今同。一爐宿火遊絲繞，夾岸荒煙落照空。冷暖望中休比擬，至人自古不存功。

入曹溪訪天拙禪師即事　前人

廿載曹溪路，重來鬢已斑。煙疏石角舖，雲薄馬鞍山。映樹人相見，隨田犬獨還。好風吹愈有，記得近禪關。

憨公乘願力，欲起祖庭秋。此日方懷德，當年竟結讐。業因魔事盡，真骨妙香浮。寄語風波客，吾今亦自由。

入南華寺禮六祖塔三首和龔宗伯（録一）　彭孫貽（一六一五—一六七三）

字仲謀，號茗齋，浙江海鹽人。有《茗齋集》。

聖者南行日，非關憶故溪。再來果願力，何處更菩提。風動旛如昔，江流月自西。拈花無可語，磔格鷓鴣啼。

入南華寺禮憨山大師塔和芝麓宗伯三首（録一）　前人

北寺囊頭日，憨山故自憨。豈須關國本，幾至殺瞿曇。雞足非長寂，龍鱗亦易探。雷陽風景在，圓鏡印珠龕。

屠沽曹溪地，重開選佛場。宰官俱北面，慈聖且西堂。山靜真空境，衣熏大慧香。江風吹五乳，七祖度韶陽。

春日雨中至南華瞻禮六祖因拜憨大師塔院賦紀八章　龔鼎孳（一六一六—一六七三）

字孝升，號芝麓，安徽合肥人。清初「江左三大家」之一。

浩劫西來願，春泥屐肯封。法雲懸一水，香雨散諸峰。沙細青林磴，天空午壑鐘。蒼蒼初地迴，花葉啟南宗。

老石蟠榕大，修篁拔地陰。到山群籟息，過雨翠微深。遲暮悲塵事，兵戈長道心。風旛珠塔外，真有妙香尋。

依舊盧居士，千春過劫灰。夙因明智藥，大事到黃梅。獸網香雲護，鼉宮毒霧迴。派留衣鉢遠，龍象未須哀。

墜石懸腰後，飛泉卓錫前。了知心不住，安用跡頻傳。練慧因多難，開天小四禪。經行祇樹遍，粥鼓靜花煙。

再闢幽溪霧，延緣石棧分。入門叢桂長，擊磬祖堂聞。臘淨層臺雪，龕移五老雲。當時擔骨血，瘴嶺學從軍。

誰信溪山老，陰關廟社憂。禍機緣羽翼，年譜自春秋。出世心偏熱，支傾死未休。人天紛涕淚，空指法幢流。

屠肆天風掃，金繩海色明。四山浮坐具，千指束躬耕。茶筍春塖賤，徵徭累代輕。鬘雲珠玦繞，不改梵宮清。

好事岷峨客，桄榔復此庵。風波增慧業，親串共煙嵐。代易松千尺，人歸月一潭。平生詩酒汙，今日洗瞿曇。

次韻和龔孝升總憲禮六祖并拜憨大師八章　周日燦

山東即墨人。順治選貢，任廣東南韶兵備道按察司僉事。

地迥空諸界，天圍敞四封。泉鳴深淺澗，雲駛往來峰。法相留遺蜕，經聲起梵鐘。雖云開五葉，到此總歸宗。

古道通修徑，松杉護翠陰。緑隨千嶂合，義與白雲深。觸現有縫塔，瀾翻無住心。刹那諸相盡，應不費追尋。

劫火紛飛後，靈根自不灰。種深羅漢果，味熟聖僧梅。想絶空千偈，神行笑萬回。迷津依寶筏，淪溺不須哀。

慧業文人事，誰當作佛前。真空原不著，勝事偶然傳。象嶺應開祖，龍潭欲定禪。揭來無聚散，暮靄與雲煙。

曹溪重出世，性諦本無分。衣閟心光滿，燈傳夙義聞。攜來廬阜瀑，看盡海東雲。猛力承當處，群魔欲掃軍。

何事禪棲客，猶擔世外憂。觀空如止月，肅氣欲横秋。説法追迦葉，談詩陋惠休。一燈龕影寂，法雨向東流。

本是因緣地，從前指授明。溪香通鼻觀，土衍足躬耕。物産年華换，僧寮去住輕。夜深鈴鐸接，夢覺有餘清。

由旬琳宇迥，何異一枯庵。跡勝山藏寺，林深樹布嵐。猿聲依古洞，月影散空潭。道駕欣相附，拈花優鉢曇。

和前韻八首（録一）　張瑋　山東人，韶州總鎮。

返照其何已，香臺紫霧封。一心澄碧水，千佛現青峰。有字深秋葉，無言子夜鐘。春來花更馥，了了裕真宗。

和前韻八首（録一）　錢朝鼎　字禹九，號黍谷，江蘇常熟人。順治進士。歷任刑部主事、廣東提學、大理寺少卿。

千年禪悦地，嶺翠萬重封。泉響空山梵，燈明後夜峰。歸雲時下鶴，遠寺互聞鐘。一静了群動，拈花諦正宗。

奉和前韻（録一）　曾弘　號石屋老人，江西吉水人。順治間任嶺東海防兵備分巡道。

杖履來初地，前山雲半封。天空摩獨鳥，日霽現奇峰。梵静龍歸鉢，更闌鶴唳鐘。何須分五葉，惟願了三宗。

次韻奉和龔孝升總憲遊曹溪禮六祖並拜憨大師八章（録一）　洪琮

字瑞玉，歙縣人。順治進士。歷官韶州推官、陝西刑部主事，轉任陝西提學。

西竺寶林舊，中興年代分。應知如是住，乃得未曾聞。難石經蠻雨，邊樓擁戍雲。直心甘放逐，弘法渡迷軍。寺有迷軍山避難石，憨大師謫此安置。

戊戌秋過南華口占（二首録一）　前人

躑躅關門候吏還，一過香阜萬緣删。雲中雞犬仙常近，物外田園佛未慳。啼鳥似驚遊客幻，落花應愛祖堂閒。行行重理穿林屐，拚付秋心與好山。

遊南華謁六祖並憨大師作（二首録一）　金光

字公絢，浙江義烏人。尚可喜幕客。

名藩崇佛闢荆蓁，古刹巍峨此日新。衣鉢自歸從獵漢，溪山長供賃舂人。花開錦石呈真趣，苗發平田占好春。更愛憨山老禪悦，南宗寂歷又傳薪。

遊南華寺有引　詹换緑

福建晉江人，曲江令。

丙申春入韶石，舟至濛瀼，同刊江黄秋聞、古莆陳簡卿問程曹溪禮六祖遺像，逢李培之同寅，共訪大休禪師。詰旦，復問路登舟，山山積雪，如出玉山行，衣帽盡漬，覓村舍熫之以火，冰寒侵骨，幾忘體疲。憶十年前待罪曲江，簿書鞅掌，未遂勝遊。後往還嶺上，舟過者數，俗冗奔馳，未獲眺覽，兹何幸而遂了此夙緣也。然非黄子壯余，則雨色紛霪，輿亦少阻。不然，或先一日雪，行止尚未可料也。人與山水，均有奇緣，信哉！回舟次，紀之以詩。

春山無晴晦，蒼菁雨亦爾。泊舟聞水香，肩輿入林薮。一徑臨溪灣，溪從山徑徙。松竹蔭溪流，淙湲數十里。鬱幽蔽澗深，聲聞失所視。木橋百丈横，顛隥僅容趾。渡溪達山門，一山寺皆水。登堂瞻偉儀，廊廡悉隨喜。碑勒與扁題，唐宋諸人紀。柳子厚碑記，蘇東坡題額。衣鉢歷傳新，一千百年矣。折腰猶有石，護僧尚有履。孫僧嚴守衛，相襲如傳璽。存亡此山川，興廢幾姓氏。異代英雄手，一朝未可恃。感兹道力深，罔墜刼灰裏。更來世外交，傾蓋逢元禮。相將扣禪扉，静院聆玄旨。揮麈片時談，道妙消繁鄙。平旦辭山門，霏霏霧四起。寒風侵帽衣，泥深没石瀡。崎嶔半日程，更問昨舟艤。回視前溪山，溪山雪瀰瀰。

南華寺禮六祖塔

吴綺（一六一九—一六九四）　字園次，號綺園，江都（今江蘇揚州）人。順治貢生。任湖州知府。有《林蕙堂集》。

曹溪流未斷，紆道謁南能。密樹青千疊，寒山緑幾層。泉清猶滿鉢，龕冷尚留燈。老矣還乘興，憑高杖古藤。

南華山寺

施閏章（一六一九—一六八三）　字尚白，號愚山，安徽宣城人。順治進士。授刑部主事，舉博學鴻詞科。有《學餘堂集》。

祖衣留嶺外，古刹面滄洲。地闊巖扉緑，松高塔院秋。荒臺過虎跡，靈瀑吼龍湫。誰識曹溪意，年年水自流。

南華寺禮六祖真身及青原南嶽兩大師侍立像　高佑釲　字念祖，浙江嘉興人。貢生。考授州判。有《懷寓堂詩》。

本來面目護禪門，卓錫泉流溉後昆。六祖欲浣五祖所傳屈眴信衣，卓錫泉湧，至今清甘。東坡有銘。五葉應知花是一，青原南嶽總同根。

天峙岡禮憨山大師真身於塔院　前人

重浚曹溪通正傳，從軍奇特此機緣。金剛不壞同盧祖，詳見年譜及先大夫所撰傳贊。漫去旁觀别一天。塔院兩軒最幽勝，顔曰别一天。

大休和尚塔　前人

寶壽傳燈照白蓮，吾從伴竹愛逃禪。師爲石雨和尚法孫，説法我郡東郭白蓮寺，以伴竹居爲方丈。今瞻窣堵曹溪路，龍象還如在法筵。

南華雪櫃和尚見示手録弘覺禪師北遊集　前人

弘覺家風動至尊，木陳和尚奉旨萬善殿開堂。曹溪一脈紹師門。南宗記取北遊録，更喜齊名有報恩。謂大覺禪師玉林和尚。

立秋日送雪櫃和尚開法曹溪　魏禮（一六二八—一六九三）　字和公，江西寧都人。有《魏季子詩文集》。

濟上家風得大機，白雲高坐見人稀。絶無言處千花繞，欲有行時一葉飛。溪水生香迎桂棹，嶺猿隨梟候山扉。宮中賜出袈裟在，禮向西來舊祖衣。

南華三景詩　廖燕（一六四四—一七〇五）　字夢醒，號柴舟，廣東曲江人。有《二十七松堂集》。

蒲牢何處發音雄，暮課工忙古寺中。幾杵響空彌野壑，一時和梵徹蒼穹。荒山有竅虛能應，塵世無心夢易通。聲出前溪猶未歇，行人遙指夕陽紅。南華晚鐘

瀲灩長溪繞寺門，傳云西竺此同源。深藏魚鱉潛興怪，寒洗冰霜別出村。兩巖影分巖樹碧，中流波動雨雷痕。閒來一勺香猶在，煮茗燒松更細論。曹溪香水

石室空隆透幾層，翠微深處見雲興。洞陰斑蘚生虛壁，樹老蒼松掛古藤。山鬼檄驅衣錦客，野人書約種畬僧。到來注易經年久，流水巖前早凍冰。獅巖招隱

暮春寓曹溪同陳崑圃黃少涯釋四無西山採茶偶作　前人

幽事僧同韻，扶筇破曉煙。亂雲行處濕，數畝摘時鮮。綠足三春雨，香生半夜泉。歸來忙欲試，移鼎向南天。

遊曹溪禮六祖并憨山塔院次韻　前人

曹溪傳勝跡，洞口亂雲封。望阻疑山遠，行彎覺磵重。一林秋杪露，幾杵午堂鐘。稽首龕中老，知予不二宗。

勝地同天竺，淵源到此分。性空惟己見，道妙許誰聞。紅染霜酣樹，青浮雨閣雲。莫臨高處望，山

色尚迷軍。迷軍，山名。

辛巳秋日重遊曹溪祖庭　前人

曾掬曹溪洞口泉，重來已隔廿餘年。苔侵破壁題痕舊，景入新秋畫譜妍。夜靜風翻千樹月，曉寒雨洗一潭煙。此身豈是維摩後，欲結青山世外緣。

四無獨漉諸公送余月華寺作別　釋大汕（一六三三—一七〇四）字厂翁，號石濂。廣州長壽寺住持。

惆悵山前路，明霞漲一川。半黄沙際月，亂緑草中天。人立溪頭樹，帆開渡口煙。相依不忍别，舟子遠歸船。

烏石登岸入寶林漫興　前人

舍舟烏石灘，籃輿穿澗麓。青翠宕春光，窈窕盤空谷。一路太古風，林巒壓地軸。象嶺起中天，左右幾峰伏。亂香花莫知，我行心肅肅。有泉巔上來，飛灑落珠玉。高眺在巖頭，轉盼在巖腹。近樹有茅茨，臨溪結箬屋。暫憩以息勞，還貪石牀宿。亞仙行田處，新月照煙緑。曠哉樂道人，雲物共幽獨。直入萬山中，振衣禮白足。

曹溪寶林寺雙松歌　前人

昔登匡廬峰，手攀五老松。影帶彭蠡湖，浩蕩開心胸。今朝曳杖寶林裏，搏空疊疊緑雲起。崚嶒屈曲赤銅姿，輪囷離奇妙無比。一株蕭森直北横，一株夭矯南向生。盤旋如蓋斗霄黑，老幹撑開豁地明。杜陵四顆無足對，天台橋畔焉堪賽。花鱗碧爪倒影掛蛇孫，輕陰薄露亂灑明月碎。風定法壇前，細細出飛泉。忽作雷雨奔，排宕皆青煙。枕松根，臥松葉，夢去尋詩更怡悦。斗大茯苓正可餐，紛紛落子驚蝴蝶。傳聞即此龍潭龍，從來不受大夫對。西山東嶺松，黄崖白嶽松，滄桑變處盡相從。羨爾雙雙挺翠立，祇因身許梵王宫。

遊曹溪呈大休禪師　程可則　字彦揆、周量、湟溱，廣東南海人。順治間應閣試。任廣西桂林知府。有《海日樓集》。

振策出重城，迢遥越陂岸。微雨不滑地，輕風午來散。好鳥相與鳴，三花遞淩亂。忽聞鐘磬聲，遥出珠林半。信步陟元閣，跡與人間斷。大師開竹房，茶瓜列香案。夜静蘿月佳，微言雜清盥。幽賞契未已，晨雞漏將旦。祇愁下山去，渺然隔星漢。何時解塵纓，因師發慚歎。

曹溪八韻有引（録一）　陸世楷（一六七二—一六九一）　字英一，號孝山，浙江平湖人。順治拔貢。授平陽府通判，南雄、思州知府。

南華爲粤東第一道場。丁酉歲，余再過韶陽，俱以冗次未及瞻禮。偶曾旅庵憲副持龔大中丞紀遊八章索和，勉次前韻，用志景仰之思，非强作臥遊語也。

定室香猶結，靈臺鏡自明。不須慈筏渡，長有福田耕。蠟屐登山便，蓬舟載石輕。未能共高會，空憶塵談清。懷龔大中丞

次韻奉和龔孝升總憲遊曹溪禮六祖並拜憨大師八章（録一）　陳昉　豫章（今屬江西）人，韶別駕。

見説南華勝，亭亭不受封。一乘超十地，千載現雙峰。海日朝飛鏡，山風夜度鐘。人天觀聽寂，彈指即標宗。

次韻奉和龔孝升總憲遊曹溪禮六祖并拜憨大師八章（録一）　孫之屏　字獻卿，遼東人。順治韶州知府。

禪河艤寶筏，覺路啟花封。超入從初地，相期在別峰。高山飄響磬，半夜過疏鐘。爲閲傳燈録，燃藜照五宗。

和陳令升前韻二首（録一）　范駿　浙江海寧人。

稽首南華去復還，欲將塵慮暫爲删。一泓流水機常逝，千載傳燈法不慳。雲伴客遊隨客轉，月依人憩照人閒。名心到此渾消卻，静理鐘聲度遠山。

寄天拙和尚三章（録一）　孫晉　號魯山，安徽桐城人。天啟進士，授河南南樂知縣，升工部給事中、大理寺卿。有《廬山》《曹溪》諸集。

十年躑躅曹溪夢，此際蹁躚入寶林。雙塔峰高懸慧日，一泓水淨印禪心。松杉盡帶旃檀氣，獅象如聞鸞鳳音。天柱飛來堪卓錫，同公靜對碧雲深。

復魯山孫居士三章　釋本宗　字天拙。南華寺住持。

自住幽溪絶訪尋，松杉手植漸成林。漫云未破浮生夢，已覺先空出世心。古樹經秋添翠黛，曉鐘遇雨報新音。蒲團坐穩無餘思，花落苔階任淺深。

車騎遥遥度水斜，已聞一犬吠鄰家。到門未下維摩榻，入寺先看天女花。更羨攜來多玉樹，猶憐別去吐奇葩。知君能踐重遊約，共拾青松煮絳霞。

舊事相看嬾再提，但將心跡付深溪。衹知世外無今古，孰識人間有悟迷。丹桂月移浮暗影，蒼苔鹿過印新蹄。夜來誰發蘇門嘯，驚起空林一鳥棲。

次龔總憲遊南華瞻禮六祖並拜憨大師塔院之作末章呈韶諸護法　前人

人家蒼翠隔，精舍紫煙封。涓滴分千派，群山仰一峰。鴉棲斜日樹，林度曉風鐘。傳得黃梅法，來開南土宗。

樹從何代植，庭際尚垂陰。説法人空遠，衡陽草自深。雲歸寧有意，客到豈無心。遺跡千年在，今朝細細尋。

全身曾示現，不與劫同灰。秋雨溪頻漲，春風嶺放梅。鳥因尋食去，僧是看雲迴。山磬聲初寂，松濤豈暮哀。

憨師與吾祖，何曾有後前。但將名共永，肯以法同傳。自得離言旨，無煩復説禪。獅山連象嶺，喬木盡含煙。

本來元一致，儒釋豈容分。未破情關鎖，還拘世見聞。荷戈朝出戍，帶甲夜眠雲。更道猶多暇，書摹王右軍。

禪門洙泗處，興廢總關憂。前到知何日，今來屬季秋。敢云山有主，漫謂死方休。自古曹溪水，能爲萬派流。

鳥語出林曉，山光入户明。路無塵客到，僧有石田耕。蒼蘚杖頭滑，白雲衣上輕。坐來未亭午，聽得一鐘清。

官署清如水，何須復結菴。江城連雨露，山寺接煙嵐。伏虎猶存閣，降龍尚有潭。最憐匡護力，火内是優曇。

步王季重遊南華八首（録一）　　趙霖吉

睢州（今河南睢縣）人。進士。順治十七年任韶州知府。

群峰匝繞勢如蓮，夜半松梢漬翠煙。清冷鐘聲驚客夢，頓令我亦愛逃禪。入寺

和天拙和尚次龔總憲韻八首（録一）　　凌作聖

江南五河（今屬安徽）人。拔貢。順治十五年曲江知縣。

若無開闢手，此道久塵封。參破因千劫，何妨頂五峰。光明如在月，聲響即非鐘。解得其中意，毋勞問所宗。

和龔芝麓總憲八韻（録五）　周南　安徽桐城人。生員。

夙有曹溪約，春雲莫漫封。洗心裏錫水，對面數天峰。荒驛惟留艇，寒山不到鐘。一花開五葉，何處叩三宗。時偕丘曙戒太史、郭堯功别駕、安靖九明府返棹過曲江，擬同遊不果，因作此詩。

衝雲行鏡裏，曉霧失晴陰。徑折蒼苔滑，溪寒紫邏深。風帆纔入眼，動靜已關心，個裏些須子，芒鞵何處尋。南華道上兼懷丘太史諸公。

乍奉滄洲使，終欣廊廟憂。三乘能演法，九辯悉悲秋。蹈海遺康樂，看雲老貫休。蘭臺隔蓮社，溝水可同流。寄訊龔大中丞。

失路盲青眼，逢君分外明。喜膺金篦刮，願借石田耕。俗累三春盛，閒身一葉輕。西來橋下水，卓錫有餘清。贈天拙和尚。

曲江春色好，花縣映茅庵。天柱標青靄，蓮花出紫嵐。堂陰欹鶴署，山月小龍潭。入社緣彭澤，香分優鉢曇。酬凌曲江睿公明府地主之誼。

甲辰仲春偕紀少參載之蕭參戎柔以入南華禮六祖暨憨大師肉身止宿山中次早瞻依衣鉢口占紀事（六首録一）　談兆隆　字伯棟，號劬懷，丹徒人。天啟拔貢，順治間歷官國子監學正。

入山不厭深，聞道不厭早。菩提樹下人，説法無昏曉。一滴遍千溪，春風搖百草。對此不壞身，鬚眉欲枯槁。

曹溪謁祖

孫魯　姑蘇人。康熙五年任高州同知。

戊辰八月，先大夫之任海南，感異夢，道由曹溪謁六祖真身，宛如夢中所見。余時幼，未能從也。歲丙午，余量移高凉。舟過韶郡，因念先人記聞，齋沐趨謁。得見衣鉢諸寶，次日謁憨大師肉身。師以癸亥示寂，龕移廬山。甲申仍歸曹溪，啟龕將葬，真身儼然，四衆驚歎，遂漆身供養。當戊辰，師龕猶未至曹溪也。余根乘淺劣，得追奉先人親見兩大士，感往因之有素，念歷劫之相殊，敬次原韻恭紀。

停橈上笱輿，奥區鬱蓊翳。峩冠布蓮華，峰嶺會形勢。掬水知溪香，源演西天閟。自昔盧居士，嘿識黄梅意。一滴曹溪乳，津梁終古濟。萬法自性生，心應無所住。解此不二法，了達等無異。信衣摩衲鉢，坐具覆一切。行者南來宗，不斷亦不蔽。承旨獲菩提，花葉遥受記。浩劫法雲垂，魔燄總儓隸。千載誕憨公，足飽禪悦味。五臺冰雪姿，直結南宗契。法幢人天師，登壇證聖諦。雷陽戍作禪，振錫思出世。蕩掃劫灰塵，龍象蒙慈惠。匡廬拈瓣香，歸根寶山憩。摳衣禮肉身，俯仰欽弘誓。先子信根熟，尊宿許法器。前兹四十春，皈依上根智。夢寐印瞿曇，因緣感非細。嶺海宦遊蹤，經行滿邊際。小子泛星槎，襆被走瘴癘。再世瞻慈容，感歎今昔歲。燈火寶坊林，鐘鼓壇經偈。信宿得心安，身世渺無繫。

寄贈曹溪實行和尚有引（四首録一）

張文炳　直隸滄州（今屬河北）人，康熙初年任分守嶺南道布政司參政。

先是，平藩大建南華土木之役，一以委公劄余共襄其事。以裁冗代覲，不及睹其成功，爲之悵然。

自把西堂袂，昌黎遇大顛。蒼茫庭樹意，脱略野狐禪。松粉炊金粟，荷衣綻水田。新知遽遠别，嶺海總浮煙。

南華志勝兼似敬止大師　徐景份

功在曹溪盡得知，殘碑讀罷不勝悲。祇今追憶流言日，曾似東山破斧時。

次芝麓龔堂翁春日雨中至南華瞻禮六祖因拜憨山大師塔院賦紀八章（録一）

王令　字仲錫，陝西渭南人。康熙十三年任廣東按察使。有《古雪堂文集》行世。

盡道南華好，我來雲半封。蒼茫穿古徑，隱約别前峰。肉祖原非相，山空不是鐘。源流分合處，識此即真宗。

庚戌秋得奉俞旨回京守制道經曹溪進謁大鑒憨師二祖真身即事有作似實行老禪師

周有德　字彝初，漢軍鑲紅旗人。康熙六年擢兩廣總督。

終喪欣得請，歸路遂兹遊。策騎陟高岫，攜僧事遠搜。金剛身尚在，般若智難侔。瞻仰清機發，皈依何所求。

實行禪師出張虎别憲副贈卷索題依韻四首（録一）　馬元

萬里南遷客，經行庾嶺顛。虚懷安謫宦，入寺遇逃禪。老樹環香國，清流灌稻田。到來澄百慮，獨聽石堂煙。

曹溪瞻禮六祖二首（録一）　周韓瑞　福建莆田人。舉人。康熙七年任曲江知縣。

上方金碧敞琉璃，今古皇王願力支。地脈長占龍象勝，佛心難道獦獠歧。偈參無物根元淨，艤把中江度不疑。十五六年擔荷事，艱辛誰許獵人窺。

過塔院禮憨大師　前人

師自贊云：「無論爲俗爲僧，肩頭不離扁擔。若非佛祖奴郎，即是覺場小販。」故篇中及之。

别一洞天絶點塵，木犀香裹禮真身。離牢穿嶺回深劫，領衆匡徒理廢畇。自認覺場小販子，誰知槽廠再來人。肩頭扁擔難抛卻，爲荷新州供母薪。

喜雪大師重修曹溪通志　前人

巨然一字師堪拜，子美千秋律并尊。道契帝王攀象座，權歸筆削整沙門。金剛不壞钁邊礫，玉版静參雪候苞。此日因緣知祖意，五宗燈火晃高言。

庚戌春暮入南華禮六祖及憨大士（六首録一）　朱克振　字肇修，河北南宫人。曲江縣丞。有《方有齋集》。

凌曉籃輿出，高天引望長。秧針纔入緑，麥浪欲歸黄。雨滌山容嫩，風過竹粉香。行行初地近，木末見僧房。

見六祖真相　鄭畊

入夏苦炎蒸，近結山林想。古寺陟層巒，虚懷任長往。祖師一杖履，燈火懸其上。低頭憾業愆，悔艾生悲愴。蒼蒼林木深，習習秋泉響。萬慮一息歸，前溪風正長。

曹溪冬日　鄒衍中　字希虞，廣東英德人。崇禎拔貢。

白作平川青作城，到來不復問誰擎。風濤盡日熾然説，器鉢三更尚有聲。枯木何年曾習定，寒雲無恙亦經行。繁霜點點疏鐘內，莫漫空中數壞成。

遊曹溪和張聖斧韻（四首録一）　廖糴　廣東曲江人。

寶林隔斷世緣遥，夜静鐘聲徹九霄。更有一般奇特處，龍歸帶得雨瀟瀟。

卓錫泉　黄登　字俊升，廣東番禺人。明亡，與梁無技等創探梅詩社。有《見堂詩草》。

歸自黄梅欲浣衣，石因錫卓瀑泉飛。我來飲水尋源上，一派音聲出翠微。

重修曹溪通志成奉和家大宗伯原韻寄懷八首（録一）　龔百朋　江蘇武進人。

屢渡曹溪水，遥山霧雨封。未能遲短棹，空自數前峰。塵夢依官柳，疏林隔梵鐘。卧遊時獨往，朗詠記吾宗。

憶曹溪塔影六首（録一）　周龍德　福建莆田人。

相照去來現，不瞞日月燈。高何妨俯仰，隱孰失觚稜。摸捉知難準，推遷信有憑。本來誰識取，慧炬徹層層。

芃莽老和尚修南華志成以書見貽恨未有復也兹因百公座元偶遊湖上拈一詩以廣其勝時在壬子小春大雪前五日（二首録一）　胡濈　安徽休寧人，爲潮州參軍。

遠承尺素自曹溪，珍重開緘慰所思。千載源流弘正眼，一燈明燄淨毘尼。誰憐法運凋零日，正是宗風整頓時。盧祖功臣雖獨任，萑苻未靖莫班師。

曹溪水　釋福恩　清初南華寺僧。

一掬已聞香，源流分萬派。蕩月出波瀾，溪山相映帶。

曹溪　梁佩蘭（一六二九—一七〇五）　字芝五，號藥亭，廣東南海人。康熙進士。「嶺南三大家」之一，有《六瑩堂集》。

一燈陳後一燈新，不到南華總未真。寂寞袈裟惟半幅，繁華天地已微塵。溪香盡是葱河水，山靜都無獵户人。便過雲門亦如此，手開金鎖悟前因。

南華寺　王攄（一六三五—一六九九）　字虹友，號汲園，江蘇太倉人。有《蘆中集》。

吾生遠在東海涯，問禪每欲之南華。五羊歸客五千里，到此將一停輕艖。六祖得法破頭寺，一偈妙合傳袈裟。南行追者至大庾，錫端泉湧咸驚嗟。後來兩宗盛南北，道實由此匪由他。靈照之塔傳百禩，其名賜自唐元和。云是禪林冠嶺外，柳子作記言非誇。乃知水香曹溪口，竺僧有言誠不訛。滄桑屢更歷久遠，寶地允爲神護呵。豈無異人相繼出，演法或可聞三車。如何風雨阻登涉，道心空鋭成蹉跎。世人大事都未曉，算數不啻恒河沙。我亦緣慳願莫遂，白頭萬里徒奔波。歸向蒲團覓清淨，永無淫室從登伽。

曹溪八頌　釋成鷲（一六三七—一七二二）　字跡删，廣東番禺方氏子。年四十一，從石洞和尚披剃，繼法於碩堂本果。爲鼎湖山第七代住持。沈德潛譽爲「詩僧第一」。有《咸陟堂集》。

天上花冠色正萎，那伽大定已多時。靈山何事不歸去，坐久成勞知未知。肉身

楚人拾得楚人弓，北秀何如塞上翁。解道本來無一物，金襴還與刹竿同。信衣

拾將瓦礫作黄金，補綴方知用意深。一曲無絃人不會，爲君漆過斷紋琴。綴鉢

微時故劍不妨求，出匣猶存舊蒯緱。莫與鉛刀同鈍置，當年憑爾覓封侯。腰石

踏著虚空卻有聲，出門寸地未曾平。而今始識曹溪路，隻履全抛自在行。響鞋

梵語華言墨瀋新，九重珍重下温綸。吾家自了無文字，莫向黄麻認主人。墨敕

爲止兒啼轉法輪，卻拈黄葉作家珍。殷懃爲報南宗道，莫把明珠錯贈人。念珠

從來吾道有循環，留與兒孫著眼看。覿面相呈衣線事，當中圓月照心寒。寶環

南華禮六祖真身　潘耒（一六四六—一七〇八）　字次耕。吴江（今屬江蘇）人。康熙舉博學鴻詞，授翰林院檢討。有《遂初堂集》。

醫王不虚生，審病乃發藥。佛語流教宗，名相紛纏縛。大士垂悲憐，乘願來濁惡。現身不識字，心光洞寥廓。婆娑老黄梅，張網羅燕雀。俊哉一神鷹，寶珠當頭掠。半夜奪虎符，三軍皆錯愕。歸來隱曹溪，潛光守屈蠖。多口談風旛，天龍識頭角。崛起標法幢，洪爐鼓橐籥。盡掃筌蹄空，朕迹不留著。心

宗炳朝光，義學掩夜爝。至今衆兒孫，萬流禀一勺。我來遊寶林，璇房粲巖壑。清溪駛潺潺，香風浩漠漠。中有不壞身，跏趺儼如昨。肅拜瞻慈容，悲感淚潸落。窮子久逋家，金鎞未刮膜。願垂圓鏡光，彈指開樓閣。

曹溪十詠（録一）　釋真修　豫章（今屬江西）人。順治四年任南華寺賜紫住持。

結個茅庵峭壁天，一瓢一榻自安然。生涯偏在鋤頭下，石爛松枯不記年。

南華即事（八首録一）　釋超多　清初南華寺僧。

法社千秋造化功，累朝宸翰紫煙封。四圍城塹天王嶺，一幅溪山象鼻峰。法語轟轟垂暮鼓，婆心片片付霜鐘。至今的骨單傳在，户外誰云立五宗。

重興憨大師塔院　釋成己　原江南籍，薙髪訶林，住持廣州夢覺庵。康熙七年延請住持曹溪。

白象開形勢，天南現寶林。祖庭分一脈，塔院對三岑。駐錫渾如昨，歲舟忽已今。龕歸江路永，銘紀法源深。氣養容無改，名高德共欽。雲遊高第散，苔跡影堂侵。持鉢嗟綿力，檀施感大心。久長期樸素，華麗謝璆琳。頓改常行徑，疏通適眺臨。樓開風颯颯，窗掩雨沈沈。引水供廚饌，懸燈聽梵音。種松山補缺，移竹砌餘陰。本願逃空谷，何緣望布金。祇應明月夢，玄度得相尋。

送金公絢先生遊南華　釋成式

王程初發早春遊，弱柳毿毿映紫騮。一路溪山挼彩筆，六時花雨濕重裘。閒從慧業參明鏡，肯擬雄心付白鷗。玉帶誰能酬偈得，錦帆歸計莫遲留。

平南王入山重興祖庭志喜（二首録一）　釋悟勝　清順治間南華寺住持。

臺殿崔巍湧上方，賢王願力與山長。前身智藥應重現，溪水還流舌上香。

平南王入山重興祖庭志喜　釋德興　清康熙間南華寺僧。

十里青陰繞徑長，寶林喬木雜幽篁。西來衣鉢藏真地，南國山河古道場。一滴曹源開鼻祖，千秋法社賴賢王。請看宫殿巍峨處，應識嘉名共水香。

平南王入山重興祖庭志喜　釋可相　南華寺僧，康熙初年任都綱、監院。

王公千里遠，恩渥及山林。不枉曹溪駕，何期布地金。雲凝新殿靄，樓傍古松陰。旦夕經行遍，長沾雨露深。

平南王入山重興祖庭志喜　釋定慧　清康熙間南華寺僧。

曹溪源水接西乾，萬壑千峰護寶筵。霽月團團懸象嶺，晴霞片片落花田。尋香早愜神僧記，布地今看長者錢。自識賢王功業偉，名山法社兩悠然。

平南王入山重興祖庭志喜 釋宗鑑 清康熙間南華寺僧。

堅心爲法等金剛，光造精藍勝道場。鷲嶺雪痕新放𥆧，靈源水味又重香。山幽溪靜看龍伏，雪澹天空送鳥翔。莖草拈來成丈六，我王原是法中王。

曹溪四詠 釋超學

四山齊坐斷，寧爲水田寬。要驗方來客，如何度祖關。天王嶺

儼爾聲聞衆，摩肩列幻身。雲山無定跡，煙月寫清真。羅漢峰

形化原無著，金幢尚記年。最憐頭角異，能悟祖師禪。降龍塔

遠分西地脈，來濬五宗流。誰識波瀾闊，横將江漢收。曹溪水

元旦寓南華四公天峙靜居 釋超質

歲復今朝起，山春鳥語通。人當鐘磬裏，杖寄水雲中。杯茗情無限，瓶花意不窮。相逢欣道誼，揖讓古時風。

曹溪同跡刪上人賦 汪後來 廣東番禺人。康熙武舉。雍正初薦鴻博。

南天第一刹，西來第六枝。梁唐懸四世，二百有餘機。肉身兹演法，智藥已前知。夏熟王戎李，秋

垂大谷梨。金莖雲表露，卓錫湧泉奇。衣鉢爭何拙，難磨一偈詞。龕園龍象建，福地亞仙施。智珠分滿月，佛火續重離。苦海慈航渡，枯株花雨滋。聖相僧繇繪，壇經鳩什披。溪流分派遠，源滙日瀰瀰。藥自醫王種，教主大宗師。

曹溪南華寺禮六祖真身（録二）　釋元璟　字借山。康熙浙江天童寺僧。有《完玉堂詩集》。

午過天王嶺，溪流有異香。群峰森玉立，一塔閃金光。榕樹千冬碧，稻田百頃黄。升堂禮我祖，靈境是家鄉。

笑見祖師在，肉身即法身。寶珠懸不夜，金鏡照無塵。五葉難爲繼，一燈傳有人。蒼黄風掃地，繞膝涙盈巾。

韶州寶林寺觀乞食僧歸院　梁麟生　字靈長。廣東順德人。雍正諸生。有《菂房集》。

我不出家心好佛，每戴儒冠坐僧室。葷辛斷絶學談禪，一歲常過三百日。五山城西金榜東，寶林晶宇長相容。曲江去鄉九百里，無端古寺相雷同。五山寶林在城郭，古跡靈區亦參錯。禪房左控鍊丹堂，塔院前通玉皇閣。曲江寶林江一灣，南郊郊外如深山。葱河一水遥灌注，芙蓉疊嶂長迴環。兩山相殊似相似，殊處江山似處閒。初來何識有其處，無心也逐遊人去。春鳥啼時似喚還，梅花香處還留住。是時日晚天冥冥，寺前寺後幽幽清。乞食僧歸渡江水，搖鈴擊盞行滄溟。堂頭毘盧帽冠首，六環錫杖高擎手。

鉢盂捧著棒頭人，龍象分行來左右。未到沙彌先候門，佛殿闐闐鐘鼓喧。似虎□鞋踏梯磴，袈裟吹起雲飛翻。須臾方丈門深掩，一聲雲板人聲歛。笑辭白足頻回頭，錦繖朱旛猶爍閃。計我居客舍，一日如三霜。何如傍砌臺，聞著天花香。天花飛落不見影，能使聞香客心冷。在予夙習何能除，欲乞高僧爲摩頂。

自濛瀼捨舟登岸至曹溪訪髻珠上人 黄世成（一七〇五—一七七六）

字培山，江西信豐人。乾隆進士。官禮部主客司主事。有《平庵詩集》。

彼岸原非遠，登時不用舟。到來西竺界，更與故人遊。衣鉢今猶古，龕燈春復秋。何當成二老，還往繼風流。

曹溪盪水石 前人

曹溪源來盪水石，湍急飛流落寒碧。喧豗石上走玉龍，百道分奔沫相射。韶陽季秋炎未除，皎日飛光雪花白。赤腳褰衣踏疾流，石滑難支浪分擘。同人對面語不聞，耳邊聒聒風軒軒。剖瓜石上立水食，涼徹内外清心魂。石下澄潭靜可掬，兩岸青山映空緑。峽中横石遏衆流，欲架飛槁跨長木。從兹日臥水石間，亦足娱心散遊目。何必廬山千仞峰，高天仰視懸飛瀑。

春日侍家君登南華寺命和壁間我愛南華好 饒慶捷 號曼唐，廣東大埔人。

乾隆進士。

我愛南華好，西溪隔竹林。離家纔數武，挈伴一重臨。德樹尋原遠，原唱爲家選拔成庵公、家州佐西牧公各題句。禪堂得趣深。蕭然雲水意，領略輞川吟。

我愛南華好，追隨愜素襟。每年逢勝日，此地一來臨。先大父錫三公作登高會於此，至今踵行。未解拈花意，時聞佩韘箴。南陔他日約，莫負遂初心。

南華李二首 吕堅（一七四二—一八一三） 號石飄，廣東番禺人。乾隆歲貢生。有《遲删集》。

縹李黄梅種自仙，木難千顆碧含煙。如瓶定長尋常價，碎鉢猶供伍伯錢。凡佳品所生之地，輒來胥役之擾。夙根非是菩提樹，結果寧因薝蔔禪。問嶺頭人心動否，風晴門外鳥鵨先。元稹詩：「果重鳥先鵨。」

南宗種樹老頭陀，花葉相當一刹那。濺到佛牙凝凍醴，擊來鬼膽破青莎。南華李佳者墮地輒碎云。道旁兒苦鐘聲寂，相傳六祖鑄鐘成，戒其徒弗擊。自行種樹後，行二十里鐘鳴，遂不遠達，而李亦聞聲畢佳，餘則否。園内丁愁竹簏多。蹊上不冠言見性，空門鑽刺奈公何。

南華菌 黎簡（一七四七—一七九九） 字簡民，號二樵，廣東順德人。有《五百四峰堂詩鈔》。

粳米瀋蒸禾稈熏，崇墉陰屋漚氤氲。有根亦幻饒青李，南華寺青李傳亦六祖遺種。無種還生摘紫雲。可雜官廚沾肉味，年來官吏取之甚頻。差同春茗作韡紋。山中蒼石朝陽氣，香飯齋期食不貧。

六祖南華寺 楊倫（一七四七—一八〇三） 字西龢，陽湖（今屬江蘇常州）人。乾隆進士，官廣西荔浦知縣。有《九柏山房詩》。

五葉傳衣正，能窺不二門。力殫勤石碓，性定驗風旛。孤塔留靈照，花宫避俗喧。曹溪一滴水，誰與辨真源。

宿南華寶林寺　彭輅　字敬輿，廣東高要人。拔貢。乾隆時英德教諭。有《詩義堂集》。

屢過曹溪口，溪流今始沿。傳衣止南國，飲水到西天。五葉菩提盡，孤燈自在眠。從何問三世，感慨付坡仙。

曹溪　屈仲師　廣東番禺人。有《醉鄉詩稿》。

大地應從轉法輪，五燈相續亦前因。宗風自此分南北，色相猶能示幻真。杵米已供無量衆，塵埃不染鈍根人。從今欲識菩提樹，溪水西來日日新。

南華寺　李符清　字仲節。合浦（今屬廣西）人。乾隆舉人。有《海門詩鈔》。

檥舟訪南華，繞寺菩提樹。潭空巨魚躍，山靜一鳥度。老僧骨相奇，披衲來相晤。自汲曹溪水，烹茶留客住。衣鉢祖師傳，湛然無來去。我本不談禪，頗識禪中趣。相對忽忘言，豁然塵夢悟。暝色起疏林，欲覓來時路。白雲滿空山，茫茫不知處。

雨宿南華寺丈室　章銓　字掄庭，浙江歸安（今屬湖州）人。進士。嘉慶四年官韶州知府。有《染翰堂詩集》。

纔離犖确住僧寮，丈室支床待語朝。風靜旛竿高不動，竟忘户外有芭蕉。

夜半扣門衣鉢傳，便辭舂米下江船。早知妙不關文字，面壁何須苦十年。

寺内參禪十二僧，法幢經卷佛前燈。也知六祖真身在，高坐蓮臺喚不譍。

流泉滮滮潤苗田，法雨繽紛灑佛前。莫但種菇誇土産，秋來香稻負盈肩。

遊南華八詠（録一）　　江南傑　　潯州（今屬廣西）人。參軍。

粤東環海皆山，而曹溪爲最。余髫年應試，每擬步遊瞻禮盧祖、憨師，會以俗羈，不果所願。迨後受事潯陽，接晤道開祥生上人，言及勝躋，時欲一航就道，又緣匏繫，終爲草草勞人，迷失仙境，信非偶然。率爾援筆，步龔總憲八韻，寄附識之。

遙望曹溪地，春雲遍處封。蒼松生細雨，寒霧映高峰。隱隱無僧舍，沈沈有夜鐘。若非坐具闊，誰信啟南宗。

遊南華八詠有引（録一）　　葉芳　　浙江金華人。舉人。康熙三十一年任曲江知縣。

韶人樂事，競稱南斗攬春華；騷客高風，雅尚曹溪敲好句。余學制曲江，心竊嚮往之而未逮也。兹當癸酉花朝後十日，春光明媚，案牘稍閒，正欲問俗觀風，兼可尋真訪道。因謁祖山，登眺不已。啜清泉，臥竹榻，悠然善矣。興會所到，賦詩八首以志勝遊，不自計其工與拙云。

出郭巡南陌，春深山色濃。朝霞飛片片，晴翠積重重。黯澹村莊樹，蕭疏古寺鐘。爲參六代祖，直入白雲峰。

贈足因禪師　前人

地迥超凡境，山僧契佛深。崖松多古色，幽壑散春陰。入定雲歸鉢，談空月照心。曹溪一滴水，妙諦此中尋。

南華李　方濬頤（一八一五—一八八八）　號子箴，安徽定遠人。道光進士。歷兩廣鹽運使兼署廣東布政使等職。有《二知軒詩鈔》。

曹溪水何甘，滋培孕紅縹。齊名老子祠，芬馨溢嶺表。仙佛道一貫，因果原不小。我如井上螬，夢向禪山遶。

南華寺　林直　字子隅，福建侯官（今屬福州）人。有《壯懷堂集》。

曹溪一勺水泠泠，六祖心傳尚典型。賜塔千尋靈照晚，開山百代暮雲青。香殘珠鉢常棲案，雨過巖花靜上瓶。醉把柳州碑記讀，松風短榻夢忪惺。

南華寺　張經贊　字南皆，湖南武岡人。有《燹餘吟草》。

曹溪脈注九龍泉，卓錫場開六祖禪。東粵叢林惟有此，南宗衣鉢竟無傳。我來悵望空濛刹，佛法難爭氣數權。聞道金輪封敕在，琳函啟讀墨猶鮮。唐代武則天封敕以迄明時敕諭均存，並裝潢成軸，字跡完好。

風雨謁南華寺　俞功懋　字慕白，浙江海鹽人。優貢。光緒間官合浦知縣。有《碧城詩鈔》。

非樹非臺一物無，六師遺偈悟禪枯。法王孤露輪空轉，僧侶零星院半蕪。風雨滿山湮古碣，蛟龍出穴撼浮圖。遑須委鬼驚投鉢，彈指興衰說病臞。

南華寺　倪鴻　字延年，號雲癯、耘劬，廣西桂林人。宦遊粵東，與陳澧等相往還。

花雨繽紛龍象奇，客來應有空王知。溪光抱寺緑千尺，塔影當門紅一枝。古錦裝池歷代敕，殘碑剥落何人詩。白頭老衲解人意，衣鉢傳觀談祖師。

遊南華寺二首　汪瑔（一八二八—一八九一）　字芙生，山陰（今浙江紹興）人。客居番禺（今廣州）。有《隨山館集》。

耳熟南華寺，西風偶一來。塔依秋樹立，門向水田開。碑版無王少，僧雛少辨才。頓宗今寂寞，何處證非臺。

金碧凋殘後，行人說尚王。康熙中平南王尚可喜重建。空門猶劫火，古殿幾斜陽。散佚傳鐙録，蕭條選佛場。我來弔方陸，風雅亦微茫。鄭蘐坪灝若《筆記》載：方密之爲僧後名與可，有《南華寺與今龍夜坐》詩墨跡長軸。嘉慶甲戌，蘐坪曾於寺中見之，今不復存矣。今龍，即武林陸講山，嘗賣藥嶺南者。

南華寺　商廷焕　字明章，漢軍旗人。有《味靈華館詩》。

都從震旦講生生，天遣曹溪演上乘。佛鉢毁時纔有教，菩提種處久無僧。未難妙義窺靈照，誰與元機啟慧能。飯飽禪關閒徙倚，黄梅山下月初昇。

南華寺河流改道　釋虚雲

南華寺前河流向寺門，衝湧有礙。余向南畫地，以改河流，才興工程，一夜雨雷震，大水横流。次日新河頓成，舊河填塞，故紀之。

風雷並吼地靈驚，滂沱一夜到天明。開門另闢新世界，南岸河成一字形。昔日分流皆没跡，溝坑窪曲似掌平。神工妙應非人測，嶽神移松昔顯靈。

題智藥三藏開闢曹溪寶林山即今南華寺　前人

鳥瞰高峰聖域圖，形如象鼻護禪都。預知英俊如林木，曾飲溪流淨鉢盂。鏡樹原無真面目，碓房應有探驪珠。精靈山水誠如此，嚮往情殷古丈夫。

南華枯木吟并序　釋觀本　法名明一，廣東香山（今中山）人。依虚雲薙染受具。民國間任南華寺首座代監院。

南華祖庭後九龍泉畔，有參天老樹三株，其一上段已枯折，其二枒杈摇落，不知幾經年月也。鼓山雲公老人入主祖席，乙亥冬期傳戒，四方來者數百人。自明代憨山清公而後，冷落數百年之祖庭，忽欣欣有朝氣。而物感亦於然起變化，冬月寒枝，忽發嫩葉，三株次第向榮。昔聞玄奘三藏，西域取經，靈巖寺之古松，枝枝西向。及歸，枝忽東回，門弟子喜曰：「教主歸矣。」乃西迎之，公果還，遂號曰「摩頂松」。今此瑞應，得無類是？因爲長歌記之。

君不見寶林山下九龍泉，流澤涓涓遍大千，曹溪一滴成漪漣。又不見一花五葉無根樹，普蔭人天春煦嫗，葛藤豈落有無句。何來豫章落葉吟，庾信卻抱淮南心。不萌之草藏香象，舊處枯椿何所尋。誰知萬象森羅中，枯椿向上還有事。從來感應成道交，幾微歷歷不思議。昔聞大唐西域記，鉢羅山上灰菩提。涅槃佛節葉凋落，一夕新抽還舊荑。無憂王妃曾剪伐，外道異見還災梨。祠天火燄茁雙樹，香乳灌溉枝還齊。又聞三十三晝度樹，葉黃萎落諸天喜。不久還生如鉢花，果上色香更鮮美。阿含經說聖弟子，離欲歸真亦如此。四禪得果成樂遊，枝葉先零差可擬。吾人莫作繫驢橛，珊瑚枝枝撐著月。誰知碓嘴已生華，臘月蓮花豈不發。靈苗有在當諦觀，祖庭雜作等閒看。枯榮兩樹灼然見，植材記取高安灘。南華老樹半心空，寒枝百尺凌蒼穹。中有三株生意盡，屹然椔杌將毋同。今冬忽作欣欣意，枝柯萌蘖還青葱。如是新條占瑞應，勉哉蘭桂當印證。萬物一體原同根，集枯集菀何曾定。莫作時人見牡丹，惘然譜作如夢令。我今更與蛇添足，覺華遍映塵中鏡。未明道眼出家兒，園樹生耳還信施。老子堂前雙柏枝，得時枯幹還離披。嶽神得戒尊所師，北巖松柏爲東移。儒門孝弟多祥熙，庭槐紫荊猶有知。古云草木有道存，黃花翠竹皆靈源。會心痛領法界性，體用都歸不二門。我佛嘗說枯樹經，著眼宗門絕後醒。兩般雜糅成一什，解嘲聊作自心銘。憨公没世四百年，南華晻曖草芊芊。而今佛日濛氾出，又見曹溪大願船。夾溪桃李釀春風，把舵慶值河上公。西來細認摩頂松，葉葉枝枝今已東。誰歟誰歟枯木衆，誰歟誰歟雲中龍，誰歟誰歟起吾宗。梅開一鋪真功德，冷香和月一聲鐘。

壽雲老和尚百歲　林森（一八六八—一九四三）　原名天波，字長仁，號子超，福建閩侯人。民國二十年任國民政府主席。

皎日東升，黑山頓曙。舉杖一喝，龍降虎伏。始興雞山，繼闢西山。元戎下拜，國王動顔。優曇栗開，菡萏梅放。菜花青蓮，瑞雪春降。念念應佛，其感乃神。鼓山歸老，大法東行。祖席重興，宗風再振。經緯萬端，公乃遊刃。緇推慈父，素戴典型。誰謂公老，海鶴精神。萬衆同祝，寶掌千齡。

南華口占　釋止觀

五祖傳心印，南宗第一人。曹溪留法乳，祖殿禮真心。説頓空三昧，聞薰淨六塵。住持延長老，古刹賴重新。

送虛雲上人之曹溪住持南華法席　釋本清

自從心法東來後，傳到曹溪萬法通。衣鉢豈因窺祖位，風旛聊以見禪功。獦獠更有誰稱聖，龍象今惟公是雄。此日山門再收拾，十方翹首仰南宗。

南華謁虛雲老和尚　岑學呂（一八八二—一九六三）　字伯某，廣東順德人。曾任廣東省府秘書長。皈依虛雲，法名寬賢。

兩月以來渾似夢，行船走馬又看花。故人滿眼容乞食，蘇小同鄉許住家。襟上酒痕痕是淚，耳邊聲浪浪淘沙。飄然直入曹溪去，消受禪師一碗茶。

南華鐘聲

李漢魂（一八九四—一九八七）　字伯豪，號南華居士，廣東吳川人。民國二十七年任廣東政府主席，護持虛雲重興曹溪。

民國十七年，韶關率部北上。夜聞寺院鐘聲，有感而作。

靜夜聽鐘聲，浩然有歸志。心燈晦復明，彼岸猶堪冀。誓以普賢行，證取文殊智。度盡衆生迷，閻浮化祇樹。

請虛雲老和尚住持南華禪寺

前人

載得高僧南渡日，正當斯寺中興年。潮音欲聽人如海，衣鉢初來劫似煙。誰惘風波沈大地，應攜花雨散諸天。禪關寂寞吾猶羨，時覺鐘聲在耳邊。

爲發願重修南華寺，已募得二萬餘元。民國二十三年甲戌，《致鼓山虛雲禪師書》，發表在一九三四年一月十六日出版的《佛學半月刊》。得虛老應允，即派秘書吳種石，偕南華住持瓊山大師同至香港，與利園佛學會當事人會商一致。而後，與南華寺僧福果、之清等緇素代表十餘人到閩迎接。

敬祝曹溪宗師虛雲長老百齡大壽

釋明性

宗師入定得長壽，花甲重周尚有年。玉樹滿庭聽妙法，芝蘭列室獻華筵。人間滅劫南天佛，海屋添籌陸地仙。一滴曹溪甘露水，普天同慶嶺南禪。

南華寺

顧毓秀（一九〇二—二〇〇二）　字一樵，江蘇無錫人。曾任國立中央大學校長。

頓悟離名相，真常不二門。菩提非有樹，葉落自歸根。地淨花無住，心明性乃存。一塵渾不染，萬象盡皆春。

丙寅初春訪南華寺作（二首）　趙樸初（一九〇七—二〇〇〇）　安徽太湖人。歷任中國佛教協會秘書長、副會長、會長等職。

靈光不滅獨南華，宋刻元書盡足誇。啟請祖堂三不朽，祖堂供六祖、憨山、丹田真身像。儻能萬劫度恒沙。

古樹多依古寺門，參天千丈水松青。寺後有水松數株，爲稀有植物。舉頭欲乞天龍力，與我曹溪一勺清。曹溪水近遭汙染。

南華祖庭一千五百週年志慶　釋本焕（一九〇七—二〇一二）　法名本幻，後改本焕，湖北新洲人。嗣虚雲法脈，歷任曹溪南華、丹霞別傳、廣州光孝、黄梅四祖、新洲報恩、深圳弘法諸寺住持。

南來北往弘聖教，華夏祖庭利人天。禪宗門下言無二，寺主慧命世代傳。

參觀韶關南華寺　馬萬祺（一九一九—二〇一四）　廣東廣州人。中國政協副主席、澳門中華總商會永遠會長。

南華寺廟顯靈光，六祖參禪佛法揚。明鏡菩提無一物，心田唯有渡慈航。一九八七年二月十八日於韶關。

贊惟因老法師（二首）　釋雲峰（一九二一—二〇〇三）　廣東海康人。廣東省佛教協會會長，广州六榕寺住持。

教澤常留萬古長，發揚師德映輝光。宗風丕振後人繼，道跡賢蹤永不忘。

是我同參亦我師，壇經導讀令深思。菩提自性本清淨，萬法能生旨在斯。

庚辰春節憶惟因和尚　釋佛源（一九二三——二〇〇九）　字妙心，湖南益陽人。承虛雲法脈，爲雲門宗第十三世。一九九二年任曹溪南華寺住持。

心地無非最可親，謹持虛老學禪人。曹溪駐錫當方丈，重慶息災護法輪。爲報祖恩甘受苦，嚴明因果掃貪嗔。般若金剛經一卷，雖經磨難不離身。

曹溪通志問世　釋一誠（一九二七—二〇一七）　法號衍心，又號常妙，湖南望城人。投虛雲門下受具足戒，得潙仰、臨濟法脈。住持江西真如禪寺，中興馬祖道場寶峰禪寺。

曹溪編通志，南華集高賢。文史千古記，聖跡萬代傳。

紀念虛公圓寂四十週年祝虛雲和尚傳出版　釋淨慧（一九三三—二〇一三）　法號妙宗，湖北新洲人。早年侍虛雲。歷主柏林、四祖、玉泉法席。

紅海浮雲四十年，叢林猶見一燈傳。錚錚鐵骨中流柱，藹藹慈容苦海船。絶世風規承往聖，彌天願力啟時賢。春秋百廿無窮事，字滿虛空未足宣。

大事年表

南朝

梁天監元年（五〇二）

西域高僧智藥三藏至曹侯村，歎其地與印度寶林山同，倡言於此建寺。地方官員表上朝廷，梁武帝准旨并御書「寶林」寺名。天監三年（五〇四）寺成。

陳天嘉元年（五六〇）

淳于忠爲寶林寺造銅佛像一區。此爲南華寺現存最古文物。

隋

隋末，寶林寺毁於戰火。

唐

龍朔元年（六六一）

惠能往黄梅求法，途經韶州，遇無盡藏尼，探討佛經奥義。無盡藏尼發動鄉人重修古寶林寺，延惠能居之。惠能自念求法，未幾辭去。

儀鳳元年（六七六）

正月初八日，惠能在法性寺「論風旛」。十五日，於菩提樹下剃髮受戒，開東山法門。

儀鳳二年（六七七）

二月初八日，法性寺印宗及近千名僧衆護送惠能來寶林，大開法筵。

韶州刺史韋璩領官僚、儒宗學士、僧尼道俗千餘人，禮請惠能移席曲江大梵寺説法。弟子法海輯録其法語爲《法寶壇經》。

儀鳳三年（六七八）

以從之者衆，惠能乞坐具地於陳亞仙。

約儀鳳二年至先天二年間（六七七—七一三）

惠能重建月華寺。

弘道元年（六八三）

惠能在新州故居興建報恩寺。後於神龍三年（七〇七）中宗賜名「國恩寺」。

萬歲通天元年（六九六）

武則天御賜惠能水晶鉢盂一副、磨衲一條、白氈兩端、香茶五角、錢三百貫，派中書舍人吳存穎專程送達寶林寺，并囑韶州官員維護寶林寺及僧徒安全。

約長安元年（七〇一）

懷讓依曹溪惠能爲師。景雲二年（七一一），讓獲「秘印」赴南嶽住持般若寺。

約是年，神會來拜惠能爲師。爲增長見聞，北遊參學。景龍中（七〇七—七一〇），復歸曹溪。惠能甚器之，臨終授記。後創爲荷澤宗。

神龍元年（七〇五）

因國師神秀薦，中宗遣使迎請惠能上京，辭不赴。九月，詔賜磨衲袈裟一領、絹五百匹、水晶鉢一口。十二月十九日，敕改寶林寺爲中興禪寺。

神龍三年（七〇七）

十一月十八日，中宗改寶林寺爲法泉寺并賜寺額。後又改廣果寺。玄宗時改建興寺。肅宗改國寧寺。宣宗改南華寺。

約景雲二年（七一一）

希遷來投惠能出家。

先天元年（七一二）

七月初六日，惠能令弟子到新州國恩寺速建報恩塔。

先天二年（七一三）

八月初三，惠能在國恩寺圓寂。惠能於曹溪弘法近四十年，倡頓悟法門，聽法者常數千人，賢者四十三人，最著者爲行思、懷讓、法海、神會等。

開元元年（七一三）

曹溪僧崇一等於十一月十三日迎回六祖真身。韶州刺史韋璩爲撰碑記。惠能遺體由弟子方辯塑成夾紵結跏趺坐像，留存至今。

開元十年（七二二）

八月初三夜，河南汝州張淨滿爲新羅僧金大悲收買，欲盜惠能真身頭顱入新羅供養，被捕。曹溪首座令韜恕其罪。

開元十二年（七二四）

神會在河南滑臺大雲寺設無遮大會，與崇遠辯論，南宗頓教觀念逐漸壓倒北宗。後於德宗貞元十二年（七九六），敕立神會爲禪宗七代祖師。

約乾元三年（七六〇）

王維應神會之請撰《六祖能禪師碑銘并序》。此爲現存最早記録惠能生平之文字。

上元元年（七六〇）

肅宗遣使迎請惠能衣鉢入宫供養。後代宗永泰元年（七六五）詔遣鎮國大將軍劉崇景恭送衣鉢回曹溪。

貞元十七年（八〇一）

朱陵沙門智炬輯《大唐韶州雙峰山曹溪寶林傳》，取「禪宗祖統西天二十八祖」之説，述曹溪寶林道脈源流。

元和七年（八一二）

憲宗詔賜六祖塔爲「元和靈照之塔」。

元和十年（八一五）

柳宗元撰《曹溪第六祖謚大鑒禪師碑》。

元和十三年（八一八）

劉禹錫應寺僧道琳之請，撰《大唐曹溪第六祖大鑒禪師第二碑》。

光化年間（八九八—九〇一）

惟勁輯《續寶林傳》四卷。該書續智炬《大唐韶州雙峰山曹溪寶林傳》，述近百年禪宗道脈發展中主要人物事跡。

南漢

大寶七年（九六四）

七月初一日，鑄成一鐵鐘。現仍懸掛於大雄寶殿。

南漢某年

信衆奉千佛鐵塔入寺供養。

宋

開寶元年（九六八）

寺宇及靈照塔燬於兵火。後復建，太祖敕賜南華禪寺。

太平興國元年（九七六）

太宗遣郎中李頌、司徒張公入曹溪重建廟宇。又復建靈照塔，御賜額「太平興國之塔」，加謚惠能「大鑒真空禪師」。

端拱二年（九八九）

在寺内興建三相公祠，供奉唐薛簡、劉禹錫、劉崇景像。

天禧四年（一〇二〇）

韶州轉運使陳絳奏請從全國選任南華寺住持，南陽賜紫僧普遂受詔住寺。真宗遣内使來曹溪，迎奉六祖法衣到宫中瞻禮。賜南華禪寺以藏經、供器、金帛等物，賜普遂爲「智度禪師」。

天聖十年（一〇三二）

仁宗御賜轎具，遣使迎請惠能真身及衣鉢入宫供養，後遣使送回曹溪。

明道二年（一〇三三）

經湖南按察使推薦，寶緣任住持，并得賜袈裟，賜法號「慈濟禪師」。

康定二年（一〇四一）

慈濟主持興建法堂成，十二月，余靖撰《韶州曹溪寶林山南華禪寺重修法堂記》。是年，余靖又撰《韶州南華寺慈濟大師壽塔銘》。

慶曆二年（一〇四二）

建韋陀殿。

慶曆五年（一〇四五）

廣州會首楊仁禧發起募捐，造五百羅漢木雕像。慶曆八年（一〇四八）成。

熙寧元年（一〇六八）

神宗加謚惠能「大鑒真空普覺圓明禪師」。

元豐三年（一〇八〇）

興建伽藍堂，又名護法堂。

元祐五年（一〇九〇）

重辯禪師進院任第十代住持，興復祖庭。

紹聖元年（一〇九四）

蘇軾貶惠州，途經曹溪，將程公庵改稱「蘇程庵」，并撰詩文。後又應請書柳宗元《大鑒禪師碑》以刻石。

政和年間（一一一一—一一一八）

興建禪堂。

紹興二十年（一一五〇）

大慧宗杲來寺，與住持月庭明遊。

紹興二十四年（一一五四）

六祖塔被火。後紹興三十二年（一一六二）住持奉寧募緣重修。

乾道年間（一一六五—一一七三）

興建方丈室。

乾道三年（一一六七）

十一月初一日，江西隆興府鑄大銅鐘入寺供養。

淳熙九年（一一八二）

住持子超將售賣衣鉢所得，存入南華寺永利庫。

嘉定四年至九年（一二一一—一二一六）

廣州馬階、孫妙德捐資捨田。

寶慶元年（一二二五）

住持閒雲禪師主持建長生庫。住持惠照禪師主持建免軍庫。

嘉熙元年（一二三七）

興建觀音殿。

嘉熙三年（一二三九）

興建普庵殿。

景炎三年（一二七八）

文天祥從江西轉戰韶州，乘隙來寺拜惠能真身，有詩。明年五月十八日，文天祥被押解北京，宿寺中。見押送之元兵洞開六祖真身，愴傷不已，撰詩紀之。

元

至元二十四年（一二八七）

南華寺突罹災禍，僧徒星散，六祖衣鉢被盜。住持古衲尋訪六祖衣鉢，乃知有人將六祖衣鉢呈獻元帝。後賜還寺，未幾，古衲奉持六祖真身、衣鉢暫避乳源。

大德五年（一三〇一）

住持法脈興建鐘、鼓樓。

大德十年（一三〇六）

興建三寶殿（即大雄寶殿）。

約皇慶元年（一三一二）

仁宗賜旨，詔守城官兵、往來使臣等保護曹溪寺産，免寺僧賦役。

延祐四年（一三一七）

仁宗賜金書《孔雀經》一部入寺。帝師公哥羅古羅思監藏班藏卜發布護持南華寺法旨（藏文）。是年，興建諸天殿。

延祐五年（一三一八）

正月三十日，仁宗賜南華寺護寺免差敕。

天順元年（一三二八）

天順帝欽賜金書大字《華嚴經》一部、金書小字《華嚴經》一部入寺。

至元四年（一三三八）

寺後山常有猛虎出没擾民。住持首衆對虎誦經説法，建伏虎亭。

明

永樂六年（一四〇八）

住持觀意重修鐘樓。後又建挹翠亭。

宣德二年（一四二七）

宣宗賜金書《法華經》、絲繡羅漢像十八幅。太監蕭福、江陵、法意施捨金書《法華經》三部。

宣德六年至七年（一四三一—一四三二）

三寶太監鄭和喜捨響鞋一雙、瑪瑙一串、鐵錫杖一枝。

正統十年（一四四五）

二月十五日，英宗賜《大藏經》，并頒布敕諭。

正統年間（一四三六—一四四九）

於禪堂後興建御經閣（即藏經閣）。修建五祖殿，供奉自達摩以來諸祖師像。

景泰年間（一四五〇—一四五六）

重修觀音堂。

天順年間（一四五七—一四六四）

英宗御賜金書《華嚴經》二部。

成化元年（一四六五）

憲宗禮請惠能衣鉢入宮，命沿途各寺院、各府縣教官及書院主講恭迎瞻禮。入都，京城各大寺院爭迎供養。憲宗敕修六祖塔。

成化十年（一四七四）

住持惠勉修羅漢樓。

成化十三年（一四七七）

重建六祖塔。

成化二十一年（一四八五）

十一月，憲宗命趙玉芝重輯《六祖壇經》，并御製序文。住持惠淳興建信具樓。

明成化年間（一四六五—一四八七）

憲宗御賜無盡燈一座，王太后欽賜珍珠鞋一雙。重修諸天殿。

弘治三年（一四九〇）

住持惠淳主持重建韋馱殿，興建拜殿。

弘治四年（一四九一）

張太后欽賜九蓮觀音聖像一幅入寺供養。

正德二年（一五〇七）

秋，住持如靖與法師惠鉛重修六祖説法堂。

正德三年（一五〇八）

住持如靖主持重建六祖説法堂。

正德十一年（一五一六）

住持智漢主持重修靈照塔。

正德十二年（一五一七）

六月，住持清潔主持重修大雄寶殿，十四年（一五一九）落成。

嘉靖四年（一五二五）

廣東左參政羅僑編輯南華寺碑銘、題詠、詩文成册，刻印流通。

嘉靖八年（一五二九）

住持圓璽重修六祖殿、普庵殿。

嘉靖九年（一五三〇）

住持真圓重修鼓樓。

嘉靖十三年（一五三四）

住持太倉、僧通圓重修韋馱殿。建寶林門爲第二山門。

嘉靖十四年（一五三五）

住持真滿重建羅漢閣。

嘉靖十六年（一五三七）

正月，住持太倉重修六祖殿，翌年二月落成。

重修拜殿。

太倉以元代宗寶所編《六祖大師法寶壇經》爲本，重刻《六祖壇經》流通。

嘉靖十八年（一五三九）

住持悟全重修方丈室，二十年（一五四一）春落成。

嘉靖二十一年（一五四二）

韶州知府符錫書刻憲宗《御製壇經法寶序》碑，住持悟全興建御碑亭。廣東參議徐九皋囑符錫、龔邦柱依羅僑輯本重纂《南華志》。

嘉靖二十四年（一五四五）

住持淨琛重修曹溪門

嘉靖二十六年（一五四七）
僧明紀、智綱重修飲香亭。知韶州府陳大綸重建禪堂。

嘉靖二十七年（一五四八）
住持淨鏡重修靈照塔。

嘉靖二十八年（一五四九）
韶州府將原寺屬之土名小溪五十畝、土名金剛堆黄塘隊八畝、土名圓石五畝，共計六十三畝供奉田，劃撥給韶州通天塔守塔僧所有。

嘉靖三十二年（一五五三）
住持悟環重修諸天殿。

嘉靖三十四年（一五五五）
韶州府通判戴有孚興建曹溪古渡亭。

嘉靖三十六年（一五五七）
住持廣粢重修鐘樓。

嘉靖四十四年（一五六五）

世宗賜南華寺「太子千秋」金牌一。南韶兵巡道劉穩發布《爲嚴禁約以蘇貧僧事》告示，責令僧官楊悟聰召僧人回寺常住，并查究來往官員之需索酒飯者。

隆慶五年（一五七一）

寺僧正袖重修祖堂古齋廚。住持悟全等改建龍王廟。寺僧行裕重刻《壇經》。

隆慶六年（一五七二）

閏二月，韶州知府舒大猷張貼《爲嚴禁需索山僧以安梵刹事》公告於寺，囑僧官楊悟聰、住持妙善記載公差人役經過投宿需索僧人飯食者，以便核究。

三月，南韶兵巡道發布《爲禁約事》告示，嚴禁砍伐南華寺四天王山界内外樹木。

萬曆元年（一五七三）

住持了頎重建本來堂。住持妙善、性奎興建靜觀亭，後改爲「不二門」。

光孝寺住持應堅捐資在飛錫橋上興建卓錫泉亭。

本年前後，翁源謝良善，將位於横坑鎮六頃九十五畝田地捐入寺中，作六祖香燈田。

萬曆二年（一五七四）

住持海袖等重建鼓樓。

都綱弘琛、住持悟全重修御經閣。後於萬曆十九年（一五九一），巡撫兩院司道又主持重建。閣內毗盧像爲禮部尚書王弘誨捐修。

萬曆四年（一五七六）

五月，韶州府發布《爲乞恩分豁貽累事》文告，禁止强斬南華寺周圍樹株竹木。

萬曆六年（一五七八）

韶州府通判王命爵採納遊學林涣言，命南華寺以税銀六十兩充交糧差，六十兩代蛋民交課税，列入規章，自此寺供不足。後寺長僧超言、性憲向按察院申訴。

萬曆七年（一五七九）

十二月，南韶兵巡道沈植發布文告，嚴禁私發硃票，用低價向各僧迫取椒茶、棕皮、竹杠等項。

住持應頎修建觀音橋。

萬曆十年（一五八二）

《南華志》刊行後，南韶道僉事沈植重加修飾，成《重修南華志》。

萬曆十八年（一五九〇）

住持照權向官府申訴，香燈田終於歸還南華寺。韶州知府陳奇謀、同知劉承範、布政司左布政張大忠皆批准前寺租六十兩豁免，且從滃光廠税中支出六十兩以補前銀之缺。

十一月初二，住持照權請求韶州知府協助修理寺宇。巡視官員程達、同知劉承範參與其事。明年閏三月完工，兩廣總督劉繼文撰《重修南華寺碑記》。

萬曆二十一年（一五九三）

户長僧積昌等移建御碑亭於御經閣旁。

住持法閏、子賢重建挹翠亭，豎牌坊，題額「嶺南第一山」。

萬曆二十二年（一五九四）

重修禪堂。

萬曆二十三年（一五九五）

達觀真可與憨山德清有共赴曹溪以重開法脈之約。真可先期到達，見寺宇荒敗，悲傷不已。

住持法閏重建盪水石水口城隍廟。

萬曆二十四年（一五九六）

憨山充軍雷州，途經韶州，攜侍者福善來寺禮拜六祖真身。

二月初二，將鉢盂石下之田買入祖殿，立《衆信捨財買田記》碑。

萬曆二十六年（一五九八）

三月，寺僧行裕、真權等聯名上書韶州府，乞發布「杜害安僧」文告。

廣東按察使、署理南韶連道臺周汝登請憨山纂修《曹溪志》。三年後修成，名《曹溪通志》。

吏部侍郎楊起元組織重刻《壇經》。

萬曆二十八年（一六〇〇）

六月，兩廣總督戴鳳岐下發《爲申明寺田充餉銀兩事》文，減免田賦。

憨山應南韶觀察祝以豳請，住持南華寺。憨山選僧誦經、傳授戒法、示教童僧、培祖龍、改風水、驅流棍、新祖庭、清租課、立庫藏等，祖庭面目一新。

萬曆二十九年（一六〇一）

正月初五，兩廣總督戴鳳岐發布《爲禁約事》文告，驅逐奸徒，清理山門。

萬曆三十一年（一六〇三）

十一月十二日，憨山訂立《曹溪寶林禪堂十方常住清規》。因達觀「妖書」事牽連，憨山被遣送雷州。

萬曆三十三年（一六〇五）

四月，憨山因兩廣總督令，回廣州修建長春庵，以爲供奉六祖場所、曹溪廨院。

萬曆三十四年（一六〇六）

憨山遇赦，再回曹溪。

萬曆三十六年（一六〇八）

二月，嶺西道臺馮元成來寺，憨山條陳修葺大殿之困難。馮元成言於兩廣總督戴耀，募得近千金。憨山親赴肇慶採購木材時，遭誣陷被訟，候於芙蓉江船上二年，病幾死。事白，憨山辭去。

萬曆三十八年（一六一〇）

九月，曲江縣轉發由南贛軍門牛、布政司、韶州府批准之《爲乞恩豁累事》文告，准豁免南華寺四十八丁。

萬曆四十二年（一六一四）

僧丹田坐化。其真身現安奉於六祖殿。

萬曆四十四年（一六一六）

十一月，住持道宣動員僧衆捐資重新六祖靈照塔。明年二月竣工。

萬曆四十七年（一六一九）

二月二十五日，韶州府應南華寺住持僧積韜等乞請，發布文告：「嚴禁越界盜砍，杜絶遊棍圖賴，驅逐流民瘋廢」。

萬曆四十八年（一六二〇）

正月，翁源知縣黃發布文告，命十房僧衆封鎖照管寺門外翁源縣官員往來住歇之公館。

五月，住持僧積韜等呈稱，近來寺僧惠鎮等在石牌坊右側起造店鋪十餘間，鄉民謝華宇等在東路口建房開設飯店。韶州府發布文告：「驅逐黨棍，究懲奸邪，以杜違禁，以禁山門免致貽累。」

萬曆年間（一五七三—一六二〇）

住持海登爲僧之病篤者興建延壽堂。

天啟元年（一六二一）

九月，住持積韜、道宣等呈稱：「近有豪惡，謀吞寺業，潛住僧屋下謀復店鋪。」提刑按察司巡視海道副使祝發布《爲禁約事》文告。

天啟二年（一六二二）

憨山應請再入曹溪，爲衆說戒講經。

天啟三年（一六二三）

十月，憨山圓寂。

天啓六年（一六二六）

冬，廣州光孝寺住持寄莽通炯入曹溪，於象嶺爲憨山建塔。

天啓七年（一六二七）

袁崇焕辭官返鄉省親。途經韶州，參拜祖庭。

寺僧方覺在曹溪門右募建十方院，爲進香者更衣之所。

崇禎二年（一六二九）

曲江知縣張發布《爲禁約事》文告，特申五禁示諭僧俗人等。

崇禎六年（一六三三）

住持宗政重修曹溪門。

崇禎八年（一六三五）

余大成應僉公請審訂《曹溪通志》。關南宗族道丁泰即將「二賢閣」額改爲「蘇程庵」。余大成往博山延請超廛禪師來曹溪訂立規矩，置田贍衆。

崇禎十三年（一六四〇）

寺僧將憨山遺骸漆布陞座，安放塔院真身堂。今供奉於六祖堂。

崇禎十七年（一六四四）

五月，吏部尚書李日宣與南韶道李含樸等遊曹溪。

清

順治五年（一六四八）

住持真修重修靈照塔。

順治七年（一六五〇）

真修募捐重修大殿，并得平南王尚可喜資助。惠潮道曾弘撰記。

順治八年（一六五一）

真修主持重修飛錫橋。住持融六應平、靖二王之請，至廣州長壽寺講《楞嚴經》。

順治九年（一六五二）

十月，寺僧就六祖香燈糧米五十石及膳夫、日晨雜役蠲免事，請求曲江知縣陶批准，南華寺協理德融在儀門、山門立碑爲例。

順治十一年（一六五四）

正月，住持慧聰等因駐軍要求寺僧出夫，特請韶州知府趙霦吉、清軍廳傅弘烈批示免派。

六月初六，應兩廣總督部院大廳都督張國勳請，大休智珠住持曹溪。皈依弟子數千人，宗風重振。

韶州府別駕周憲章批免六祖香燈田糧米雜差，僧可相立碑爲記。

順治十三年（一六五六）

八月十五日，大休智珠示寂。

十一月二十日，曲江知縣劉昺豁免南華寺買米事，尚之智爲之勒碑。

順治十五年（一六五八）

六月，知曲江縣褚唐傑豁免南華寺正税之外其餘雜差、膳夫、日晨等項。

順治十六年（一六五九）

住持心照修建方丈室。

順治十七年（一六六〇）

住持心照修建方丈室完工，洪琮爲撰碑記。

康熙元年（一六六二）

鄉人朱廷佐等屢在龍脈、象腿等處鑿石挖窯，致井泉枯涸，并遣暴徒傷及寺僧。嶺南道布政使司參政張文炳批示韶州府「即嚴拿爲首者，重加究治」。

康熙二年（一六六三）

春，左都御史龔鼎孳、南韶兵憲周日燦等來寺瞻禮。

韶州知府趙霖吉捐俸修建伏虎亭，韶州協鎮林本直、同知傅弘烈等襄助。

康熙三年（一六六四）

五月，南韶道張文炳、曲江知縣凌作聖准免新增香燈糧米、禪堂新施糧米若干。立《蠲免二項雜派碑記》。

康熙五年（一六六六）

三月二十八日，住持可相呈請廣東分守嶺南道布政使司參政張文炳，發布告示：「本寺祖山界爲東至象尾坑水，西至天王嶺上拜石，南至祖師後龍山，北至大溪田邊。凡此範圍内，均不得盜葬及盜砍樹木等。」

春，平南王尚可喜來寺瞻禮。後將祖殿移建於佛殿後，於祖殿處興建藏經樓，改御經閣爲祖殿。尚可喜撰碑記。

鎮南王尚之信捐資重鐫卓錫泉碑。

康熙六年（一六六七）

三月廿六日，住持德熙等呈請韶州府准免僧侶差役。韶州府正堂劉允之。

尚之信主持重修龍王亭。

曲江縣芙蓉驛方國龍捐資重修觀音堂，翌年告成。

康熙七年（一六六八）

春末，總鎮、贈太保尚之廉來寺。與廣州夢覺庵院主成己募金重建憨山塔院。是年秋動工，九年（一六七〇）工竣。

平南王尚可喜禮請雪櫶真樸任南華寺住持。鼎新曹溪寺宇，改建鐘樓於天王殿前之左，重建羅漢樓。

康熙十年（一六七一）

韶州知府馬元、釋真樸重修《曹溪通志》印行。

康熙十一年（一六七二）

平南王尚可喜倡修御經閣，兩廣總督周有德、金光祖、廣東巡撫劉秉權、提督左都督嚴自明及左布政使徐炟、按察司佟養鉅等官員與尚可喜子尚之信、尚之孝襄助。七月十七日動工，十月二十七日工竣。尚可喜撰碑記。

康熙十三年（一六七四）

二月，南華寺呈請曲江縣府免除僧人税役，曲江縣正堂何廷球批示准免。

康熙十五年（一六七六）

真樸於寺重刊德清本《六祖壇經》。

康熙十六年（一六七七）

十二月二十四日，住持法乾等特向韶州府呈文，懇免濛瀼司於寺「照煙派夫，以應公務」，韶州知府李復修准免。

康熙十七年（一六七八）

廣東中鎮總兵官甯天祚來寺拜謁六祖真身，并捐資重修住持阿盤方丈室。

康熙十九年（一六八〇）

八月三十日，住持可宣等呈文濛瀼司黄錫裳，懇恩准照豁免僧夫事，准之。

雍正三年（一七二五）

年初，住持福成控告村民侵占南華寺山場。十月十五日，韶州府立碑以標南華寺山場地界：東至寶蓋嶺頂，南至南華楊梅沖，西至象尾坑水，北至二坑田口视壍，至象尾坑口大石，下接鷓鴣田坳，至後山沖坑水。

因原南漢千佛鐵塔僅存塔座，塔身已毁，韶州知府宗思聖倡議并捐俸鑄造，得後任知府黄文煒等襄助。雍正五年（一七二七）由佛山隆盛爐鑄造。翰林李林撰《重修寶塔銘》。

道光十六年（一八三六）

曲江貢生劉學禮重校《曹溪通志》，更名《重修曹溪通志》。

同治十一年（一八七二）

八月，分巡南韶連兵備道觀察林述訓倡修南華寺，南韶連鎮總兵鄭紹忠、郡紳歐孝廉響應，住持徵余主持事宜。

同治十二年（一八七三）

初冬，祖殿、大雄寶殿依次竣工，林述訓又倡修羅漢樓。

同治十三年（一八七四）

曲江春旱，林述訓與曲江知縣張希京一同到寺之祖殿禱雨，當日大雨滂沱，連下三次。當年莊稼大豐收。

夏，林述訓晉京述職，委託張希京修建羅漢樓、鐘樓、鼓樓、山門等，次年告竣。

住持慧心等爲天王嶺背坳樹木訴訟案了結，案前之事不究，惟責邱國光等人出銅錢兩千文爲寺内香油錢。爲杜絶爭端，請曲江縣令立碑爲界。

宣統三年（一九一一）

革命軍駐扎寺内。寺僧將《曹溪通志》刻板搬至曲江縣城關帝樓保存。

民國

民國七年（一九一八）

粵贛湘邊防軍務督辦李根源多次來寺禮佛，并捐廉倡議修復殿宇。

李根源函請虚雲出任南華寺住持，未果。

民國十三年（一九二四）

九月，康熙《曹溪通志》刻板被兵火焚燬。

十月二日，陸海軍大元帥孫中山來寺瞻仰惠能真身。見寺周樹木被砍，乃囑住持善加保護，并捐資三百銀元。

民國十七年（一九二八）

廣東省政府主席陳銘樞在廣州面請虚雲住持曹溪，虚雲因福建鼓山邀約在先，無以應。

十二月，日本常盤來寺考察，攝得照片二十三幅。

民國二十年（一九三一）

住持靜光主持考證、修補千佛袈裟等珍貴文物。

民國二十一年（一九三二）

廣東西北綏靖委員兼獨立第三師師長李漢魂駐守韶關，在廣州發起成立重修南華禪寺籌備會，帶頭捐獻巨資，霍芝庭、李宗仁、陳濟棠、余漢謀等紛紛襄助。民國二十二年（一九三三）九月動工重修，翌年八月竣工。李漢魂撰《重修南華寺記》，鄒魯書碑。

住持瓊山爲使村童不致失學，在寺内創辦小學并自任教師。

張日麟等重刊《曹溪通志》。

民國二十三年（一九三四）

李漢魂多次致函致電禮請鼓山虛雲住持南華寺。八月，派人專程恭迎虛雲來曹溪。

冬，虛雲在南華寺啟建傳戒法會。

虛雲爲祖殿復名，殿中阿育王佛龕内安放惠能真身，兩側樓房式佛龕，左爲憨山真身，右爲丹田真身。

民國二十四年（一九三五）

十二月十六日，竹摩法師參禮曹溪，虛雲老和尚代表靈默法師迎接。

應虛雲之邀，太虛大師來寺。太虛爲新戒陞座説法，講《讚揚六祖功德以祝南華之復興》。

民國二十五年（一九三六）

春，舉行三壇大戒傳戒法會。國民政府要員蔣中正及居正、林超（林森子）先後來寺禮佛。林森與居正等捐助重建大雄寶殿，蔣中正捐助重鑿新河。

虛雲主持新建大雄寶殿。新建殿宇房舍二百四十三楹；重塑大小佛像六百九十餘尊。

虛雲請廣東省政府派人幫助勘定寺院界址，繪製寺院、文物圖案，得廣東省政府批准。前北區綏靖處所辦之林場交由南華寺管理。

民國二十六年（一九三七）

春，舉行三壇大戒傳戒法會。

五月，爲募集修建寺宇巨款，太虛將虛雲信函刊登在《海潮音》上，爲南華寺募化。

虛雲主持移位重建曹溪門、羅漢樓（改稱天王殿），興建虛懷樓、雲海樓。

民國二十七年（一九三八）

日軍占領廣州，廣東省政府北遷韶關。省主席李漢魂將家屬遷往南華寺精舍。

虛雲主持移位重建寶林門、鐘樓、鼓樓。

民國二十九年（一九四〇）

春，舉行三壇大戒傳戒法會。

七月七日，抗日戰爭三週年，虛雲應李漢魂請，在南華寺舉行宗教儀式，紀念抗日陣亡將士。廣東省財政廳廳長兼銀行行長顧翊群出資在殿西鼓樓興建「南華禪寺抗戰陣亡將士紀念碑」并撰碑記。虛雲聯絡社會名流爲南華寺捐款獻物，自己在寺捐建一面石鼓，上鎸蘇東坡詩句「飄流百戰偶然存」。在祖殿舊址興建禪堂。

廣州淪陷後，各地逃亡來韶僧人日漸增多。虛雲主持修葺大鑒寺、月華寺殿宇僧舍作爲南華下院，安頓逃難僧人；興建如意寮置備藥物，治療僧衆疾病。

民國三十年（一九四一）

春，舉行三壇大戒傳戒法會。

五月，國立中央大學校長顧毓琇偕夫人王婉清來寺參拜。

秋，廣東省佛教會在曲江成立，虛雲被推選爲理事長。

冬，南華寺與漳溪鄉黎、謝兩姓就田産問題訴諸官司，歷經七年未結案。

虛雲於大殿之後、靈照塔之前興建法堂。

曲江縣遭受天災，民衆流離失所。虛雲捐二十餘萬元給駐韶廣東省政府，以賑濟災民。

民國三十一年（一九四二）

一月，第四戰區司令長官張發奎來寺瞻禮，重書「靈照」匾。

七月，廣東省政府一批政要來寺，日軍飛機轟炸南華寺。虛雲安排省府政要隱藏祖師堂內，自己則在大殿拈香祝禱。一架飛機俯衝到寺前投下一顆巨彈，未中。不久，兩架飛機在寺西四十里處自相撞毁。

舉行三壇大戒傳戒法會。

虚雲在寺内創辦南華佛學院，樂觀、知定主講。未幾停辦。

十一月六日，虚雲應國民政府主席林森、考試院院長於右任邀，在屈映光、張子廉等專程迎請下，啟程赴重慶主持救國息災法會。

國民政府軍事委員會桂林辦公廳主任李濟深來寺參訪。

民國三十二年（一九四三）

正月初一，重慶慈雲、華巖兩寺同時啟建護法息災法會，虚雲主法。虚雲請求林森在法會期間施行大赦，賑濟難民，減輕賦税，禁止屠宰牲畜，茹素放生，保護寺院，免除僧役等。法會共四十九天，林森、蔣中正、屈映光等到法壇拈香，林森及蔣中正、戴季陶、何應欽等分設齋筵招待虚雲。蔣中正問及佛法與基督教、唯物唯心等問題，虚雲予以解答，侍者惟因擔任記録，并整理交付印刷流通。

代理住持復仁正式出任方丈。

虚雲發心建荼毗爐以焚化亡僧遺骨，建七衆海會塔以集納骨灰。

重修伏虎亭。

四月佛誕日，重訂《教習學生規約》等。

舉行三壇大戒傳戒法會。

虚雲在南華寺創辦南華戒律學院。又於寺中創義務小學，收留近鄉貧困子弟免費入學。

冬，虚雲擬移錫乳源，復興雲門大覺寺。撰《重興曹溪南華禪寺記》詳敘重興南華寺因緣及作爲。

民國三十三年（一九四四）

虛雲退院。十一月，廣東省佛教會在南華寺籌建護國息災法會，虛雲主壇。會期七天。舉行三壇大戒傳戒法會，國民政府主席林森爲法會題「梵戒精嚴」。

民國三十四年（一九四五）

舉行三壇大戒傳戒法會。

民國三十五年（一九四六）

舉行三壇大戒傳戒法會。

復仁退院，移錫香港，修圓代理住持。未久，修圓移錫雲南，靈源任住持。僅數月，靈源移錫香港大嶼山。

民國三十七年（一九四八）

十一月二十一日，美國阿難陀·詹寧士隨虛雲到南華寺，請求虛雲將禪宗要旨、法語及南華、雲門寺史跡等編輯爲《菩提流動月刊》，以帶到美國宣傳。

宣化來寺，任南華戒律學院監學法師、教務主任。九月，南華寺遭匪劫，法師、學僧相繼離去，宣化獨任南華戒律學院課程。

舉行三壇大戒傳戒法會。

一九四九年

元旦，《菩提流動月刊·曹溪專號》發行。

四月八日，本焕任住持，虚雲由雲門寺步行百里來爲之送座。

五月五日，舉行三壇大戒傳戒法會。

中華人民共和國

一九五〇年

舉行三壇大戒傳戒法會。

一九五三年

十二月二十四日，南華寺將抗戰期間暫供於雲門寺之惠能、憨山真身迎回寺内。

十二月二十六日至一九五四年一月十三日，舉行傳戒法會。

中共中央華南局指示廣東省文化局撥付專款四千五百萬元維修南華寺。

一九五四年

寺僧志真、印宏出席廣東省五四青年代表大會。志真被選爲大會委員。

一九五五年

三月二日，寺僧召開全體會議，討論、批判北大西洋理事會在美國操縱下通過的關於準備原子戰爭的一系列決議，聯合簽名反對使用原子武器。

本焕從香港、澳門募得一批金箔，爲大雄寶殿等殿堂的佛像全部貼金。循例開壇傳戒。

一九五六年

十二月，舉行傳戒法會。

一九五七年

七月，日本曹洞宗管長高階瓏仙率日本佛教親善使團來訪。

一九五八年

住持本焕、寺僧連生等五人被錯劃爲右派分子。

五月，南華寺成立第一届事務管理委員會，林得衆爲住持兼事務管理委員會主任。

六月，中共中央委員，廣東省委第一書記、省長陶鑄來寺視察。

八月十七日，中共中央政治局在北戴河召開擴大會議，會上，毛澤東高度讚揚惠能及《法寶壇經》。

林得衆當選爲廣東省第二屆政協委員。

一九五九年

寬定等在港、澳募集金箔，爲南華寺及大鑒寺諸佛和菩薩重新貼金。

一九六〇年

三月十三日，廣東省宗教事務處在南華寺召開現場會議，號召全省僧衆、道士向南華寺學習自力更生、自食其力先進事跡。

一九六一年

十月三十一日，廣東省人民委員會公布南華寺等爲第一批省級文物保護單位。

國家文物局張衡率工作人員來寺考察，發現宋代木雕羅漢像。

一九六二年

七月七日，廣東省人民委員會重新公布南華寺等爲第一批古建築及歷史紀念物類省級重點文物保護單位。

一九六三年

十月十日，曲江縣人民委員會重新公布南華寺爲第一批縣文物保護單位，保護範圍包括「全座寺及寺内一切附屬文物」。

三十日，寺僧在大雄寶殿三寶佛像腹内發現宋代木雕羅漢像三百四十一尊，連同以前留存的十九尊，共三百六十尊。

十一月十八日，廣東省文化局劃撥維修六祖殿經費五千元。

廣東省政府撥款重修天王殿。

重修放生橋及橋上五香亭，改原木板橋爲鋼筋混凝土橋。

一九六四年

二月十六日，全國人大常委會委員長朱德攜夫人康克清蒞寺視察。

三月二日，廣東省文化局劃撥南華寺維修專款二十四萬元。

一九六五年

十一月三日，中共中央總書記鄧小平在廣州軍區領導陪同下蒞寺視察。

中共中央政治局常委、中央委員會副主席、中共中央經濟工作五人小組組長陳雲蒞寺視察。

中共中央委員、全國政協副主席謝覺哉蒞寺視察。

一九六六年

八月，時逢「破四舊」，韶關地委書記陳大良、團委書記陳玉輝等指示保護寺院文物。

一九六七年

曲江縣「五七幹校」在南華寺内成立。

一九七〇年

曲江縣「五七幹校」搬出南華寺。廣東礦冶學院搬入。

一九七一年

年初，廣東礦冶學院以南華寺作爲學校籌建處，改建曹溪門，并把楊梅沖一帶寺屬範圍内的古無盡庵、普同塔、化身窨、憨山紀念塔、七衆海會塔等拆毁。

一九七三年

五月三日，國家文物局副局長徐彬如到寺，覆核南華寺管委會和曲江縣部分老幹部請求保護南華寺之專題報告。

十月，廣東省委書記王首道專程到曲江，指示保護南華寺古跡，責令廣東礦冶學院搬出寺外建校。

一九七五年

六月，廣東省文化局決定撥專款一萬元爲南華寺安裝避雷針。

十二月六日，廣東省文化局覆函曲江縣文化局，明確南華寺保護範圍。

一九七六年

一月，南華寺二十五名僧尼全部轉城鎮户口，按城鎮居民標準供給糧油物資。

夏初，大雄寶殿遭雷擊，屋脊正中巨型佛珠被擊碎，瓦面被擊出裂縫。

七月，廣東省文化局特撥資金三萬元維修藏經閣。

廣東省革命委員會撥款重修鐘樓。

一九七七年

九月七日，曲江縣革命委員會在南華寺召開座談會，與相關部門負責人協商劃定南華寺山林地界。

十月二十日，廣東省文化局撥款二萬元資助維修六祖殿。

一九七八年

元旦，南華寺作爲宗教活動場所正式對外開放。

七月十八日，經廣東省革命委員會批准，南華寺再次被列爲省級文物保護單位。

一九七九年

三月二十二日，曲江縣委召開會議，重新明確劃定南華寺風景區範圍：東至楊梅沖的蠟燭埂沿至山頂；西至南華寺開闢的防火線直至山頂上，下至公路邊；南至曹溪河高岸；北至寶林山頂。

四月，「南華寺事務管理委員會」合併爲「南華禪寺管理處」。十二日，曲江縣勞動局發文，決定將南華寺僧衆二十一人轉爲南華管理處職工。

七月，廣東省革命委員會主任、廣州軍區司令員許世友蒞寺參觀。

佛源應中國佛學院邀請前往主講律學。他將祖師真身遭遇損傷之事向上彙報，中國佛教協會會長趙樸初立即致函廣東省委書記、省長習仲勳。習仲勳即派專人到寺，協助南華寺恢復六祖、丹田真身。

一九八〇年

年初，香港大嶼山寶蓮寺方丈聖一等爲重修南華寺祖殿募捐。

五月二十一日，六祖殿重修工程正式啟動。

八月二十四日，松原上田禪師率日本佛教徒朝禮團來寺禮祖。

是月，日本佛教臨濟宗拜塔訪華團來寺禮祖。

十二月十六日至二十三日，惟因赴京出席中國佛教協會第四届全國代表大會，并當選中國佛教協會第四届理事會理事。

一九八一年

三月十三日，舉行「六祖惠能大師誕辰法會」，四衆弟子二萬餘人參加。

十月十九日，舉行「重修南華禪寺六祖殿落成開光法會」。

日本愛媛縣大乘寺長老澤井進堂率「日本佛教華南禪跡訪華團」來寺朝禮。

斯里蘭卡佛教負責人來寺參訪。

惟因募修方丈室，翌年竣工。

一九八二年

三月六日，撤銷管理處，恢復寺院方丈制。僧衆推選惟因爲住持。

六月四日，李漢魂專程從美國來寺朝禮。

十二月二日至六日，廣東省佛教協會第一届代表大會在廣州舉行。惟因當選爲省佛教協會副會長兼秘書長，李志真爲理事。

一九八三年

二月七日，中共中央總書記胡耀邦、中共中央書記處候補書記郝建秀等在廣東省委書記林若、省長劉田夫等陪同下蒞寺視察。

四月九日，國務院批轉《國務院宗教事務局關於確定漢族地區佛道教全國重點寺觀的報告》，確定中國大陸漢族地區重要佛教寺廟一百四十二所，南華寺名列其中。

七月十七日至十九日，廣東省佛教協會第一次常務理事會議在南華寺舉行。

九月十一日，南華寺舉辦廣東省僧伽培訓班，全省各寺院五十餘名僧尼入班。十五日至三十日，南華寺爲僧伽培訓班學員舉行受戒儀式。

十月三日，曲江縣政府發布《關於保護南華寺文物和風景區的布告》。

惟因當選爲廣東省政協委員。

南華寺收回韶關大鑒寺的房地産管理權。

惟因决定在無盡庵後重建海會塔。耗資人民幣九萬餘元。

一九八四年

八月十八日，廣東省佛教協會一届三次常務理事（擴大）會議在南華寺舉行。

九月十三日，廣東省省長梁靈光蒞寺考察。

惟因當選爲韶關市佛教協會會長，林得衆爲副會長兼秘書長，李志真爲副秘書長。

十一月，曲江縣政府撥款十萬元重修曹溪門，爲大雄寶殿五百羅漢像重新上彩。

全國人大常委會副委員長、全國總工會主席、全國老齡工作委員會顧問劉寧一蒞寺參觀訪問。

一九八五年

元旦，南華寺受廣東省佛教協會委託舉辦第二期僧伽培訓班。

一月，舉行傳授三壇大戒法會。

七月三十日，韶關市宗教界「爲四化做貢獻經驗交流會」在南華寺召開，住持惟因，事務管理委員會副主任林得衆、又果作爲先進集體和先進個人代表發言。

南華寺向南華鄉捐款一千餘元，支援修建曹溪大橋和學校。

一九八六年

三月十日，全國政協副主席、中國佛教協會會長趙樸初偕夫人陳邦織到寺禮佛，瞭解宗教政策落實情況。

十六日，舉行「諸佛菩薩聖像陞座典禮大法會」。香港及海外等佛教徒慷慨捐款四十餘萬元，泰國僧衆捐贈二十一萬張金箔。

八月二十六日，制定《南華禪寺管理制度》。

十月二十四日，中共中央顧問委員會委員劉田夫蒞寺參觀。

全國政協副主席谷牧蒞寺視察。

重建中山亭，重建曹溪門，恢復舊制。

南華寺僧衆爲非洲旱災捐款一千多元。

一九八七年

一月二十九日，全國政協副主席王光英偕夫人一行蒞寺參觀。

八月十五日，曲江縣政府頒布《關於南華寺風景區建設管理的暫行規定》。

十二月三十日，李漢魂親屬將李供養之虛雲遺像送到南華寺安奉，並商議投資籌建「南華紀念林」等事宜。全國政協副主席趙樸初有詩贊之。

惟因往江西雲居山迎請虛雲舍利回寺，建塔供養。

一九八八年

五月，舉行傳戒法會。

知客傳正主持重建待賢樓。

一九八九年

五月十七日，《南華禪寺安全管理規則》開始實施。

九月底至十月，舉行「曹溪六祖肉身道場傳千佛大戒法會」。

知客傳正主持修建齋堂。

一九九〇年

三月，美、英、法等二十多個國家駐廣州領事館領事和夫人來寺參觀。

五月三日，國務委員袁寶華莅寺參觀。

五月三十日，方丈惟因和尚圓寂。省、市、區領導和四衆弟子二百餘人在涅槃堂舉行悼念法會，廣東省佛教協會副會長佛源致悼詞。下午，舉行荼毗，廣東省佛教協會會長本焕説法舉火。

推舉傳正爲代理住持。

傳正主持修建惟因舍利塔，十二月落成。

中顧委常委陳丕顯莅寺參觀。

中紀委副書記韓光莅寺參觀。

傳正主持修建報恩堂、伽藍殿。

一九九一年

九月，廣東省省長朱森林來寺考察。

民政部致信感謝南華寺爲安徽、江蘇等洪澇災區人民捐款賑災。

傳正主持修建西歸堂、虛懷樓、雲海樓、靈照塔。

一九九二年

五月十日，隆重舉行「南華禪寺方丈佛源大和尚陞座暨虚雲老和尚及惟因和尚舍利塔落成開光法會」。本焕爲佛源送座。

六月十三日，廣東省省長葉選平蒞寺參觀，題「南華禪寺」匾額。

香港、廣州信士及韶關市、曲江縣有關單位捐資整修靈照塔。

一九九三年

四月，全國政協原副主席、中顧委常委劉瀾濤蒞寺參觀。

十月，佛源當選爲中國佛教協會常務理事兼諮議委員會副主席。

冬，佛源興建第一山門牌樓。明年夏竣工。

一九九四年

二月二十四日，制定《共住規約》。

四月至五月，隆重舉行傳授三壇大戒大法會。

二十六日，曲江縣公布省級文物保護單位南華寺保護範圍和建設控制地帶。

重修寶林門。

一九九五年

一月五日，中共中央政治局原常委宋平莅寺參觀。

十月，藏經閣維修工程動工，歷時一年竣工。

二十五日，廣東省省長朱森林莅寺視察。

一九九六年

十一月十四日，第四屆佛教禪宗「世界一花」大法會在南華寺舉行。來自美、日、韓等國家與其他地區代表一百三十八人參加法會。

佛源主持興建虛雲老和尚紀念堂。重建法堂，明年竣工。

一九九七年

三月二日，全體常住僧衆大會討論通過《南華禪寺共住規約》。

四月，佛源當選爲韶關市佛教協會會長，林得衆當選爲名譽會長。

三十日，全國人大常委會副委員長費孝通來寺參觀。

興建智藥三藏尊者紀念堂。

一九九八年

一月，佛源當選廣東省第九屆人大代表。

十一月至十二月，舉行傳授二部僧戒。

重修祖殿。

一九九九年

六月二十二日，廣東省委書記任仲夷蒞寺視察。

七月二十六日，舉行「傳正和尚陞座暨智藥三藏尊者紀念堂、虚雲和尚紀念堂落成慶典法會」。

九月，向羅坑、楓灣、火山等鎮貧困户及學校師生發送慰問金等約三萬餘元。

十一月，捐資人民幣五十萬元支援曲江縣造林緑化工程、馬壩鎮修造河堤工程。

冬，重修鐘樓，中山許繼海捐資。重修鼓樓，汕頭黄振達、黄亞琴捐資。

二〇〇〇年

五月三十日，曲江縣人大常委會印發《部分省、市、縣人大代表視察南華禪寺寺院管理建設的會議紀要》，提出早日恢復南華寺在一九六二年「四固定」期間確定之界址和被毁宗教建築物等問題。

是月，傳正主持興建登覺橋（又稱未名橋），橋下蓮池改爲放生池。

六月，中共中央政治局委員、廣東省委書記李長春，省委常委蔡東士、副省長鍾啟權來寺視察。傳正面呈《關於要求落實宗教政策的請示》，要求歸還被韶鋼集團等所占用之土地與房産。李長春對南華寺恢復重建情況表示滿意，要求南華寺一定要保護好文物。

九月三日，曹溪佛學院隆重舉行首屆開學典禮。

傳正主持重建鼓樓，是年八月竣工。

二〇〇一年

三月六日，韓國曹溪宗代表團來南華寺朝拜訪問，舉行「韓中佛教文化交流大法會：大韓佛教曹溪禪宗與中國佛教禪宗南華禪寺法脈傳授儀式」。

八日，全國政協副主席張思卿蒞寺參觀。

六月七日，廣東省人大常委會副主任李近維蒞寺視察森林及古樹保護情況。

八日，曲江縣人大常委會通過《關於批准〈南華寺佛教場所和佛教建築遺址保護範圍及建築控制地帶〉的決議》。

二十五日，國務院公布南華寺列入第五批全國重點文物保護單位。

七月二十三日，曲江縣國土局確認南華寺土地範圍。

八月十五日，曲江縣政府批覆同意實施《曲江縣南華寺總體規劃》。

十月，曹溪佛學院院刊《曹溪水》創刊。

十一月十九日，廣東省政府派遣以省政府副秘書長黄業斌爲組長的土地問題工作組，召集南華寺住持和松山職業技術學院領導，實地考察與調解協商。二十日，簽定《關於解決南華寺東側土地問題的協定》，規定二〇〇二年六月前，學院應將一百七十二點三三畝土地及土地上之房産一併交還南華寺。

十一月二十七日，省政府下發《關於對南華禪寺東側土地歷史遺留問題處理的批覆》。

職事會決議收購九龍泉飯店，改爲南華素食館。

二〇〇二年

一月二十七日，韓國朝禮南華寺並接法代表團來寺，參與「六祖惠能大師法脈傳授建幢儀式」。傳正爲韓國曹溪宗代表傳授法脈經書。

二月十四日，全國政協副主席王文元蒞寺參觀並指導工作。

三月二十八日，傳正向曲江縣政府、縣政協和韶關市人大提交《關於南華禪寺申報世界文化遺産的提案》。

四月十二日，尼泊爾佛教復興會會長、世界佛教徒聯誼會副主席兼執委魯克達杉一行來寺參訪，並送五位尼泊爾沙彌尼到寺求戒。

十九日，舉行傳授二部僧三壇大戒法會。是日，國土資源部副部長孫文盛、廣東省副省長許德立蒞寺參觀。

是月，重修放生橋五香亭。

五月二十九日，「松山職業技術學院、南華禪寺部分土地及房産移交儀式」在韶關市政府南樓會議室舉行，廣東省政府副秘書長黄業斌等出席並將國土使用證頒發給傳正。

六月九日，曹溪佛學院舉行首屆畢業典禮。

八月十五日，曲江縣縣長練建秋等蒞寺召開現場會議，決議將寶林山八百多畝林地交由南華寺管理使用。

十一月五日，由南華寺主辦、中國社科院世界宗教研究所協辦之「曹溪南華禪寺建寺一千五百週年禪學研討會」在韶關市隆重舉行。十日，舉行「紀念南華禪寺建寺一千五百週年典禮」。十一日，舉行「曹溪佛學院教學大樓落成剪綵暨佛學院第二屆開學典禮」。

十二月，傳正當選廣東省第十屆人大代表。

改建原齋堂爲講堂，改庫房爲水陸内壇，改香積廚爲上客房。

二〇〇三年

四月四日，廣東省省長黄華華、韶關市委書記覃衛東蒞寺視察。

四月二十五日至五月一日，爲抗擊「非典」疫情，祈求人民身體健康，舉辦大悲法會。

七月十六日，中共中央政治局委員、廣東省委書記張德江，副省長游寧豐來寺視察。

二〇〇四年

二月十日，中央軍委主席江澤民視察南華寺。

十一月十六日，南華寺捐資修建安徽和縣憨山大師紀念堂落成開光。

十二月二十三日，中共中央對外聯絡部副部長馬文普蒞寺考察。

二〇〇五年

三月十五日，省、市、區領導爲南華寺舉行「廣東省宗教文明活動場所」授牌儀式。

九月十日，全國人大華僑事務委員會副主任張幗英帶領廣東省人大代表視察組蒞寺考察。

十一月三十日，廣東省委常委、廣州市委書記林樹森率省人大代表視察團蒞寺考察。

十二月八日，全國政協常委盧榮景蒞寺考察。

三十日，廣東省人大常委會主任黄麗滿蒞寺考察。

二〇〇六年

二月，「大南華佛教文化規劃」專案被列入省「十一五」規劃、市「十一五」重點規劃專案。

五月十一日，南華誕廟會作爲文化空間類項目列入廣東省第一批省級非物質文化遺産代表作名録，傳承人爲釋傳正。

七月十二日，圖書館舉行落成暨交接儀式。是日，舉行「廣東禪宗歷史文化長廊系列活動·韶關主題活動」，暨「重走唐僧西行路」，恭請《六祖法寶壇經》啟動儀式。

十五日，韶關市區、曲江、乳源、樂昌等地遭受超百年一遇特大洪災。傳正帶領南華寺僧衆到災區慰問災民，並先後捐款捐物八十餘萬元。

二十一日，傳正等到乳源瑤族自治縣桂頭鎮進行慰問，代表南華寺捐款三十萬元。

二十四日，全寺僧衆、居士及參加「禪悦行」夏令營營員爲抗洪救災捐款三萬餘元。

十月二十六日，中共中央組織部副部長李智勇蒞寺參觀。

十一月二十九日，國家民委副主任吴仕民蒞寺考察指導工作。

二〇〇七年

三月七日，南華寺向曲江區一百位特困單身母親捐贈價值約二萬元的大米、棉被。

二十四日，南華寺舉行「六祖惠能大師誕辰一千三百六十九週年紀念大會」。

四月十五日，南華寺按照廣東省佛教協會「一十百千萬行動」要求，成立「曹溪弘法團」。

八月十六日，全國人大民族委員會副主任任尤仁蒞寺調研。

九月十二日，「紀念六祖大師圓寂一千二百九十四週年暨首屆韶關曲江禪宗文化旅遊節」開幕式在新山門廣場舉行。

十月六日，外交部原部長李肇星蒞寺參訪。

十一月二十二日，中共中央委員鄧楠蒞寺考察。

二十三日，國家文化部副部長周和平蒞寺考察。

二〇〇八年

一月十一日，傳正當選廣東省第十一屆人大代表。

一月二十四日至二月三日，韶關地區遭遇特大冰雪災害，大量車輛和人員被困京珠北高速公路。傳正組織人員採購救災物資，到現場救災，並發動寺僧、居士、信衆捐款，舉行消災祈福法會。

四月十日，中共中央政治局常委、全國政協主席賈慶林在中共中央政治局委員、廣東省委書記汪洋，省長黄華華陪同下，到寺視察。

三十日，南華寺根據區人大常委會審議通過《關於批准「擴大六祖避難石和禪關摩崖石刻文物保護單位建設控制地帶」的決議》，向區政府申請徵用南華村委兩處約一萬平方米山地，獲區政府批准。

五月十二日佛誕日，當四川大地震消息傳來後，專爲災區舉行消災祈福水陸法會七天、大悲懺法會三天，爲地震中死難同胞超度。同時，全寺向災區捐款三百一十多萬元。

六月二十一日，廣東省佛教協會在廣州天河體育館舉辦「廣東省佛教界抗震救災慈善募捐晚會」，爲地震災區共募得善款三千二百萬元，其中南華寺捐款三百萬元。

二十六日，曹溪佛學院在多寶閣大講堂隆重舉行第一届本科、第三届專科、第四届預科畢業典禮。

九月十四日，全國人大常委會副委員長烏雲其木格蒞寺參觀視察。

十一月二日，國防部長梁光烈到寺考察。

二十二日，全國政協副主席鄭萬通蒞寺參觀。

二月十九日，曲江區慈善會舉行成立大會，南華寺捐款五萬元。傳正當選慈善會名譽會長。

二十五日，廣東省副省長宋海等蒞寺考察，解決南華寺古建築因松山職業技術學院長期大量抽取地下水而導致地基下沈和墻壁嚴重開裂等問題。

二〇〇九年

一月二日，全國政協副主席王志珍蒞寺參觀。

三月五日，南華寺針對近年來網絡上盜用韶關南華寺名義招聘僧人做法事，并許以高額工資甚至利潤分紅之啟事，特發聲明以正視聽。

五月十二日，南華寺舉辦紀念汶川地震一週年超度祈福法會。

八月一日，廣東省副省長宋海蒞寺考察「大南華」規劃實施情況。

九月二十日至二十三日，隆重舉行「二〇〇九廣東禪宗六祖文化節」。廣東省副省長雷于藍、原省長盧瑞華、國家宗教事務局副局長齊曉飛等出席開幕式。其間，舉行大雄寶殿重修落成典禮暨開光祈福大法會、禪修中心掛牌儀式、禪宗與中國文化學術研討會。

十一月十八日，南華寺獲「廣東省民族團結進步模範集體」稱號。

二〇一〇年

二月，傳正當選爲中國佛教協會常務理事。

七日，南華寺代表參加韶關「送温暖、關愛單親特困家庭春節慰問團」，向二百餘户單親和低保家庭發送慰問金共約十六萬七千八百元。

八日，全國政協民宗委主任、中國記者協會主席田聰明蒞寺參訪。

三月二十七日，國務院發展研究中心主任、黨組書記張玉臺蒞寺參觀考察。

四月一日，國防部原部長遲浩田蒞寺參觀。

四月十四日，青海玉樹發生强烈地震，造成大量人員傷亡。十五日、十九日、二十二日，曹溪佛學院全體師生爲震區災民舉行祈福法會，傳正帶頭捐款，共募集善款二萬六千餘元。

八月十六日，南華寺舉行「祈求甘肅舟曲泥石流災區遇難同胞往生淨土」超亡祈福法會，傳正帶領南華寺全體僧衆爲災區捐款。
九月二十九日，南華寺獲全國創建和諧寺觀教堂活動「達標場所」稱號，傳正獲「先進個人」榮譽。

二〇二一年

一月二十一日，國家發改委副主任解振華蒞寺參訪。
二十九日，國務院原副總理吴儀、廣東省副省長肖志恒等蒞寺參訪。
五月一日，全國人大常委會副委員長、中國工程院院士桑國衛蒞寺考察。
六月二十一日，中共中央統戰部副部長楊晶、廣東省副省長雷于藍、廣東省民宗委主任陳緑平等蒞寺考察。
二十七日，南華寺被評爲「廣東省宗教界『十百千』扶貧濟困工程先進集體」。
七月十四日，曹溪佛學院舉行首届研究生畢業論文答辯會。
十月三日，全國政協副主席張思卿蒞寺參訪。

二〇一二年

一月二十六日，全國人大常委會副委員長周鐵農蒞寺考察。
三月二日，廣東省委統戰部副部長、省民宗委主任陳小山蒞寺調研「大南華」建設。
九月十日，修訂《曹溪佛學院學僧管理守則》。
十一月七日，韶關市政府發布《韶關市大南華地區控制性規劃》。

二〇一三年

一月二十一日，傳正當選爲廣東省第十二屆人大代表。

三月九日，舉行六祖惠能大師金像開光儀式。

六月十八日，國家宗教局副局長蔣堅永蒞寺考察指導工作。

九月五日，泰國高僧普陀達摩·亞能（Phraanan Phuttatummo）等來寺參拜，並將一尊高七點五米的素可泰佛像和兩尊高三米重十噸的大象塑像贈予南華寺。

六日，爲惠能、憨山、丹田大師真身更換法衣法會舉行，來自中國内地及港澳臺地區，韓國、日本、泰國、緬甸、斯里蘭卡等國的十餘萬高僧、信衆齊集南華寺，傳正主法拈香。

七日，隆重召開「紀念六祖惠能圓寂一千三百週年大會」，國家、省、市領導出席紀念大會。

十一月七日，臺灣佛光山開山宗長、國際佛光會世界總會會長星雲率團來寺參訪，並作「六祖惠能大師與人間佛教」講座。

二〇一四年

一月二十三日，傳正率法師及護法居士前往羅坑鎮瑶寨鄉慰問，並爲村民吳觀嬌化緣送去四萬元現金。

三月二十日，國家宗教事務局副局長張樂斌蒞寺調研指導工作。

十二月十二日至十四日，由中國禪宗網主辦、南華寺協辦、雲智信文化研究院承辦的首屆「中國寺院數字傳播智慧營」在南華寺結營。

國家宗教事務局命名北京市白雲觀、廣東省南華寺等二十四處宗教活動場所爲第二批宗教界愛國主義教育基地。

二〇一五年

三月二十六日，珠江電影集團、珠江交響樂團「梵音六祖惠能華誕大型交響樂《禪頌六祖》全球首演」在南華寺舉行。

五月二十七日，斯里蘭卡羅曼那派僧王 Napana Premasiri Thero 率僧團來寺，禮拜祖師真身。

六月五日，舉辦水陸法會，並特別爲六月一日長江客輪「東方之星」號遇難者祈福超度。

二十五日，全國政協民宗委主任朱維群等十人蒞寺調研。

九月十八日，由中國佛教協會主辦、南華寺承辦的二〇一五中國佛教講經交流會在曹溪講壇舉行。

參考文獻

高僧傳　〔梁〕釋慧皎撰　湯用彤校注　中華書局一九九二年版
宋高僧傳　〔宋〕贊寧撰　范祥雍點校　上海古籍出版社二〇一四年版
五燈會元　〔宋〕普濟著　中華書局一九八四年版
宋僧録　李國玲編著　綫裝書局二〇〇一年版
古尊宿語録　〔宋〕賾藏主編集　中華書局一九九四年版
景德傳燈録　〔宋〕道元輯　朱俊紅點校　海南出版社二〇一一年版
建中靖國續燈録　〔宋〕惟白輯　朱俊紅點校　海南出版社二〇一一年版
曹溪中興憨山肉祖後事因緣　〔明〕譚貞默撰　民國元年嘉興承啟堂刊本
曹溪大師别傳　〔日〕釋祖芳校訂　日本卍新纂續藏經本
禪燈世譜　〔明〕吴侗集　〔明〕釋道忞重編　民國十二年上海涵芬樓影印本
居士分燈録　〔明〕朱時恩録　日本卍新纂續藏經本
錦江禪燈　〔清〕丈雪通醉編　吴華、楊合林點校　中州古籍出版社二〇一九年版

佛祖道影　虚雲大師重輯　中華書局二〇一六年版

釋氏疑年録　陳垣撰　中華書局一九六四年版

雙桂禪燈録　釋身振編撰　山東畫報出版社二〇一五年版

巴蜀禪燈録　四川省宗教志辦公室編　成都出版社一九九二年版

敕賜鼓山湧泉禪寺同戒録　民國六年鼓山湧泉寺印本

南華寺同戒録　虚雲輯　民國二十四年韶州風度中路同志安印務局鉛印本

蘇軾年譜　孔凡禮撰　中華書局二〇〇五年版

虚雲和尚年譜（增訂版）　淨慧主編　中州古籍出版社二〇一二年版

虚雲和尚傳　何明棟著　宗教文化出版社二〇〇〇年版

虚雲和尚傳　李曙豪編著　暨南大學出版社二〇一四年版

〔雍正〕廣東通志　〔清〕郝玉麟修　清雍正九年刻本

〔道光〕廣東通志　〔清〕阮元修　清同治三年刻本

〔民國〕廣東通志　朱慶瀾、梁鼎芬、鄒魯等修　一九八七年謄印本

〔乾隆〕廣州府志　〔清〕金烈修　清乾隆二十四年刻本

〔光緒〕廣州府志　〔清〕瑞麟修　清光緒五年刻本

〔康熙〕韶州府志　〔清〕唐宗堯修　清康熙二十六年刻本

〔同治〕韶州府志　〔清〕額哲克修　清同治十三年刻本
韶關市志　韶關市地方志編纂委員會編　中華書局二〇〇一年版
韶關市志（一九八八—二〇〇〇）　吴士清修　方志出版社二〇一一年版
〔光緒〕曲江縣志　〔清〕張希京修　清光緒元年刻本
曲江縣志　曲江縣地方志編纂委員會編　中華書局一九九九年版
曲江縣志（一九七九—二〇〇〇）　韶關市曲江區地方志編纂委員會編　方志出版社二〇一一年版
曲江文物志　禤細賢主編　廣東人民出版社二〇一五年版
曲江文史資料選輯（第五輯）　曲江縣政協文史資料委員會編　一九八四年鉛印本
曹溪通志五卷　〔明〕釋德清纂　明萬曆刻本
曹溪通志八卷　〔明〕釋德清纂　清順治增刻本
曹溪通志八卷首一卷　〔清〕馬元修、釋真樸纂　清道光十六年懷善堂刻本
曹溪通志　楊權、張紅、仇江點校　廣東教育出版社二〇一六年版
新編曹溪通志　釋佛源、釋傳正主修　何明棟主編　宗教文化出版社二〇〇〇年版
南華小志　隋齋居士編　民國二十六年版
南華寺　廣東省博物館編　文物出版社一九九〇年版
曹溪南華禪寺　南華禪寺二〇〇〇年鉛印本

南華禪寺　釋傳正主編　新華出版社二〇〇二年版
南華史略　釋傳正主編　中國社會科學出版社二〇〇二年版
曹溪禪人物志　易行廣編著　廣東人民出版社一九九四年版
光孝寺志　〔清〕顧光、何淙修撰　中華書局二〇〇〇年版
潮州市佛教志·潮州開元寺志　釋慧原編撰　潮州開元寺一九九二年内刊本
粤東金石略補注　〔清〕翁方綱著　歐廣勇、伍慶禄補注　廣東人民出版社二〇一二年版
廣東碑刻集　譚棣華等編著　廣東高等教育出版社二〇〇一年版
廣州碑刻集　冼劍民、陳鴻鈞編　廣東高等教育出版社二〇〇六年版
廣州寺庵碑銘集　李仲偉、林子雄、崔志民編著　廣東人民出版社二〇〇八年版
韶關歷代寺院碑記研究　莫昌龍、何露編著　暨南大學出版社二〇一二年版
六祖壇經　〔明〕釋德清勘校　曹溪南華禪寺二〇〇二年影印本
新版敦煌新本六祖壇經　楊曾文校寫　宗教文化出版社二〇〇一年版
六祖壇經箋注　丁福保著　華東師範大學出版社二〇一三年版
六祖慧能與壇經論著目録集成　明生主編　廣東人民出版社二〇一四年版
唐五代禪宗史　楊曾文著　中國社會科學出版社一九九九年版
五家禪源流　蔡日新著　甘肅民族出版社二〇〇九年版

曹溪：禪研究　釋妙峰主編　中國社會科學出版社二〇〇二年版

支那文化史略（圖版）　〔日〕常盤大定著　〔日〕關野貞攝　東京法藏館刊行一九三九年版

明清佛教史研究序説　長谷部幽蹊著　新文豐出版公司一九七九年版

雲居法彙　純聞主編　大象出版社二〇一四年版

本煥長老開示集　印順法師主編　宗教文化出版社二〇一二年版

本煥思想與佛學教育研究　北京大學佛學教育研究中心、本煥學院主編　宗教文化出版社二〇一六年版

惟因老和尚圓寂十週年紀念文集　何明棟主編　宗教文化出版社二〇〇二年版

佛源老和尚開示録　雲門佛學院編　雲門佛學院二〇〇八年鉛印本

佛源妙心禪師廣録　釋明向、馮焕珍編　上海古籍出版社二〇一四年版

普照知訥真心思想研究　李海濤著　宗教文化出版社二〇一五年版

青原法派研究　徐文明著　中國社會科學出版社二〇一六年版

楊岐派史　徐文明著　中國社會科學出版社二〇一八年版

中國嵩山少林寺建寺1500週年國際學術研討會論文集　釋永信、吴立民主編　宗教文化出版社一九九六年版

禪和之聲：「禪宗優秀文化與構建和諧社會」學術研討會論文集　明生主編　宗教文化出版社二〇〇七年版

禪和之聲：「2009年廣東禪宗六祖文化節」學術研討會論文集　明生主編　宗教文化出版社二〇一〇年版
六祖慧能思想研究：「慧能與嶺南文化」國際學術研討會論文集　《學術研究》雜誌社　一九九七年版
宋之問集　〔唐〕宋之問撰　四部叢刊續編本
王摩詰文集　〔唐〕王維撰　上海古籍出版社二〇一六年影印本
河東先生集　〔唐〕柳宗元撰　國家圖書館出版社二〇一九年影印本
劉賓客集　〔唐〕劉禹錫撰　中華書局二〇一六年影印本
禪月集校注　〔唐〕貫休撰　陸永峰校注　巴蜀書社二〇一二年版
蘇軾詩集　〔清〕王文誥輯注　孔凡禮點校　中華書局一九八二年版
蘇軾文集　孔凡禮點校　中華書局一九八六年版
武溪集　〔宋〕余靖撰　明成化九年刻本
鐔津文集　〔宋〕釋契嵩撰　文淵閣四庫全書本
誠齋集　〔宋〕楊萬里撰　民國上海商務印書館影印本
文溪集　〔宋〕李昴英撰　清道光二十年南海伍氏詩雪軒刻本
灊山集　〔宋〕朱翌撰　清乾隆道光間長塘鮑氏刻知不足齋叢書本
青山集　〔宋〕郭祥正撰　北京圖書館出版社二〇〇四年影印本
文天祥全集　〔宋〕文天祥撰　熊飛、漆身起、黄順强校點　江西人民出版社一九八七年版

東山詩集 〔明〕劉大夏撰 明嘉靖五年屠應埙刻本
湯顯祖詩文集 〔明〕湯顯祖著 徐朔方箋校 上海古籍出版社一九八二年版
游樸詩文集 〔明〕游樸撰 福建人民出版社二〇一五年版
甘泉集 〔明〕湛若水撰 清刻本
海語 〔明〕黄衷撰 清道光十一年南海伍氏刻本
玉茗堂全集 〔明〕湯顯祖撰 清康熙三十三年阮峴刻本
敬修堂全集 〔明〕李日宣撰 清乾隆李氏家刻本
鴻苞集 〔明〕屠隆撰 明萬曆三十八年刻本
憨山老人夢遊集 〔明〕釋德清撰 清順治十七年刻本
楊復所先生詩集 〔明〕楊起元撰 清光緒刻本
了庵詩文集 〔明〕王岱撰 清乾隆刻本
牧齋初學集 〔清〕錢謙益撰 四庫叢刊景明崇禎本
牧齋有學集 〔清〕錢謙益撰 四部叢刊景清康熙本
陳恭尹詩箋校 〔清〕陳恭尹著 陳荆鴻箋釋 陳永正補訂 李永新點校 廣東人民出版社二〇一六年版
學餘堂文集 〔清〕施閏章撰 清文淵閣四庫全書本
完玉堂詩集 〔清〕釋元璟撰 清康熙刻本

莘田文集　〔清〕蔣伊撰　清康熙刻本

大汕和尚集　〔清〕大汕和尚著　萬毅、杜靄華、仇江點校　中山大學出版社二〇〇七年版

徧行堂集　〔清〕澹歸和尚著　段曉華點校　廣東旅遊出版社二〇〇八年版

六瑩堂集　〔清〕梁佩蘭撰　清道光二十年南海伍氏詩雪軒刻本

林蕙堂全集　〔清〕吳綺撰　清康熙三十九年吳壽潛廣州刻本

遂初堂集　〔清〕潘耒撰　清康熙四十九年刻本

咸陟堂集　〔清〕成鷲和尚著　曹旅寧、蔣文仙、楊權、仇江點校　廣東旅遊出版社二〇〇八年版

巨贊法師全集　朱哲主編　社會科學文獻出版社二〇〇八年版

蘆中集　〔清〕王攄撰　清康熙刻本

鹿岡詩集　〔清〕汪後來撰　清乾隆刻本

葯房詩稿　〔清〕梁麟生撰　清雍正三年式穀堂刻本

桐陰詩鈔　〔清〕饒慶捷撰　清嘉慶五年刻本

九柏山房詩　〔清〕楊倫撰　清嘉慶十七年遂初堂刻本

詩義堂集　〔清〕彭輅撰　清咸豐二年蘇元暉刻本

五百四峰堂詩鈔　〔清〕黎簡撰　清乾隆嘉慶間順德衆香亭刻本

遲删集　〔清〕吕堅撰　清嘉慶刻本

海門詩鈔　〔清〕李符清撰　清嘉慶三年鏡古堂刻本

二知軒詩存　〔清〕方濬頤撰　清光緒四年刻本

壯懷堂詩　〔清〕林直撰　清光緒三十一年羊城刻本

燹餘吟草　〔清〕張經贊撰　清光緒武岡張氏守丹山房刻本

碧城詩鈔　〔清〕俞功懋撰　清光緒十三年古鹽俞氏粤東刻本

退遂齋詩鈔　〔清〕倪鴻撰　清光緒七年鉛印本

隨山館全集　〔清〕汪瑔撰　清光緒刻本

味靈華館詩　〔清〕商廷焕撰　清宣統二年瀋陽商氏刻本

虚雲和尚詩偈全編　淨慧主編　金城出版社二〇一一年版

虚雲和尚全集　淨慧主編　中州古籍出版社二〇〇九年版

李漢魂將軍文集　康普華主編　中國社會出版社二〇一五年版

惟因和尚文集　南華禪寺曹溪弘法團印本

中國歷代僧詩總集　楊鐮主編　廣陵書社二〇一七年版

粤東詩海　〔清〕温汝能纂輯　清嘉慶温氏刻本

粤東文海　〔清〕温汝能輯　清嘉慶温氏刻本

全粤詩　陳永正主編　嶺南美術出版社二〇〇九年版

曹溪南華寺宋刻五百羅漢記　鄧爾雅撰　國立中山大學文史學研究所月刊，一九三三年第一卷第三期

記曲江南華寺北宋木雕羅漢像　黄玉質撰　《廣東省博物館建館三十週年論文集（1959—1989）》
紫禁城出版社一九八九年版

廣東南華寺發現八思巴字、藏文重要文物　楊鶴書撰　《中山大學學報》一九八二年第二期

廣東韶關南華寺水松的年代及生境初步研究　李平日等撰　《熱帶地理》二〇〇四年第四期

廣州光孝寺歷代住持考述　達亮撰　《韶關學院學報》二〇一六年第十一期

韶州南華寺歷代住持考述　達亮撰　《中國禪學》（第九卷），宗教文化出版社二〇一九年版

曹洞宗壽昌系法脈考略　任宜敏撰　《浙江學刊》二〇一六年第三期

《壇經》所見六祖惠能「墜腰石」考　邱亮撰　《中國典籍與文化》二〇一六年第四期

萬曆年間南華寺田賦爭端初探　劉鈺琳撰　《長江大學學報》二〇一六年第五期

明末清初的嶺南佛寺與中外交通：以廣州光孝寺和韶州南華寺爲中心　何方耀撰　《學術研究》
二〇一二年第八期